Erich Urban

Das Kochbuch für alle

Erich Urban

Das Kochbuch für alle

ISBN/EAN: 9783944350011

Auflage: 1

Erscheinungsjahr: 2013

Erscheinungsort: Bremen, Deutschland

@ Kochbuch-Verlag in Access Verlag GmbH, Fahrenheitstr. 1, 28359 Bremen. Alle Rechte beim Verlag und bei den jeweiligen Lizenzgebern.

Das Kochbuch für Alle

Herausgegeben von
Erich Urban

124. bis 135. Tausend

Im Verlag Ullstein / Berlin

Copyright 1920 by Ullstein & Co., Berlin
Printed in Germany

Der Feinschmecker Nach einem Kupferstich von Louis Philibert Debucourt

Zum Geleit

... „Ich kann kochen" — wie wenige vermögen das reinen Herzens von sich zu sagen! Ja, wer legt heut überhaupt noch Wert darauf, kochen zu können? Denn um die edle Kochkunst ist es heut übel bestellt. Die jungen Damen interessieren sich für alles mögliche. Sie malen, sie spielen Klavier, sie singen, sie turnen, sie fechten, sie spielen Tennis, sie studieren Medizin, sie laufen in die Sensationsprozesse: kurz, für alles haben sie Lust und Zeit. Nur am Kochherd zu stehen: pfui, wie spießig! Wie unmodern! Wie bekommt man da schmutzige Hände! Wie leidet da der Teint! Es verlangt gewiß kein vernünftiger Mensch von einem jungen Mädchen, von einer eleganten Frau, daß sie die Hälfte des Tages oder noch mehr am Kochherd verbringt, daß sie höchsteigenhändig Buletten dreht und Hasen spickt, daß sie am Morgen denkt: „Was machst du zu Mittag?" und am Nach= mittag: „Was kochst du zur Nacht?" Nein, aber daß das Gefühl für das Künstlerische im Kochen so ganz abhanden gekommen ist, das ist das Betrübende und im Interesse unserer Damen so tief Bedauerliche. Ich brauche gar nicht auf das Mittelalter zurückzugreifen, wo dieselben Hände, die sich mit dem angeblich „ordinären" Kochen befaßten, gleichzeitig die herrlichsten Stickereien zuwege brachten, wo der Wrasen die Stimmbänder so wenig schädigte, daß sie noch für Madrigale von Luca Marenzio und für Kirchenlieder von Johann Sebastian Bach ausreichten. Nein, es gibt auch heut noch Frauen — aber zu wenig —, die am Herd so trefflich sind wie am Konzertflügel und im Zusammenstellen eines kalten Buffets so geschickt wie in der kritischen Betrachtung eines Gemäldes. Die uns täglich und stündlich beweisen, daß man das Praktische mit dem Ideellen sehr wohl verbinden kann, daß das Ideal der Frau erst dann erfüllt ist, wenn sie beide Teile gleichmäßig in sich vereint, daß schließlich alles, aber auch alles, doch nur dem Willen, der Kraft, dem „Eros" entspringt.

Leben wir somit nicht gerade in Blütejahren der Kochkunst, so muß doch auch zu Ehren der Frauen, die heut der Küche gleichgültig gegenüberstehen, gesagt werden, daß sie nicht allein die Schuld tragen, daß ihnen die Freude an der Sache zum Teil auch durch die bis jetzt bestehenden Kochbücher vergällt worden ist. Gewiß, ein Kochbuch ist in erster Linie ein praktisches Buch, ein Nachschlagebuch, ein Rezeptbuch, das sofort wieder in die Schublade zurückwandert, wenn es seine Schuldigkeit getan hat. Aber selbst auf diesem seinem ureigensten Gebiet hat das Kochbuch bis jetzt nicht das geleistet, was man billig von ihm verlangen kann. Doch ich will selbst diesen Willen zur Tat als die Tat selbst nehmen und anerkennen, daß es viele gute und zuverlässige Rezeptbücher gibt. Damit aber ist noch lange nicht gesagt, daß es auch gute Kochbücher sind im modernen Sinne. Denn darüber müssen wir uns klar sein, daß zum Kochen genau so viel Talent und ursprüngliche Begabung gehört wie zum Dichten, Malen und Komponieren, daß demnach nur der ein wahrhaft gutes Kochbuch zu liefern versteht, der den Kochkunsttrieb im Menschen, mag er weiblichen oder männlichen Geschlechts sein, zu wecken versteht. Mit anderen Worten: wenn man heut die Kochkunst etwas über die Achsel ansieht, so liegt das mit daran, daß ein bloßes Nachschlage- und Rezeptbuch dem sensiblen, farbenfreudigen Empfinden moderner Menschen nicht mehr genügt, daß die überall aufkeimende Lust und Liebe zum Kochen auf dem sandigen Boden veralteter Kochtheoretik einfach verkümmert ...

*

Mit dieser Fanfare leitete ich im Sommer 1908 die erste Auflage unseres Kochbuchs „Ich kann kochen" ein. Ich gestehe offen: ich hoffte auf einen Erfolg, aber nicht auf diesen, obwohl ich mit meinen Mitarbeitern von der Richtigkeit unserer Grundsätze überzeugt war und an die Arbeit alle Energie und die höchste Begeisterung gewendet hatte.

Die Widerstände schienen mir zu groß! Die Parole „Ran an den Kochtopf!" mußte für die Frau etwas Abschreckendes, Verstimmendes haben. Sie bedeutete Verletzung der weiblichen Eitelkeit. Sie stellte an die geistige Regsamkeit und die Arbeitskraft der Frau Ansprüche, die von gewisser Seite damals gerade beseitigt waren. Die Bestrebungen, der Frau das Kochen zu verekeln, sie von der Küche zu befreien und den Mann ins Wirtshaus zu weisen, hatten — natürlich! wie süß klang den Frauen die verführerische Melodie im Ohr! — Erfolg gehabt. Das Einküchenhaus winkte, die Universalküche, mit dem verlockenden Ruf: „Einer für alle!" Die Vermännlichung der Frau — mit der Abkehr von jeder weiblichen Tätigkeit — zeigte ihre ersten Ansätze. Und wer sich noch einen Rest von Liebe zur Kochkunst bewahrt hatte, wurde auf die Kochkiste verwiesen, in die alles zum alleinseligmachenden Weiterschmoren gestopft wurde.

Ich gebe heut mit Freuden zu, daß wir uns damals alle geirrt haben. Ich sage es zu Ehren der Frau und auch ein ganz klein bißchen zu Ehren der Männer, die vielleicht durch leise Rebellion mitgeholfen haben.

Hunderttausend Exemplare in achtzehn Jahren — ist das nicht ein stolzes Ergebnis? Zeigt das nicht, daß die Frau nicht so schlimm ist, wie sie selbst tut und wie andere sie machen? Es muß doch in diesem Buch, das mit dem Frontalangriff auf die Frau beginnt, etwas sein, das sie aufpeitscht, das sie aus ihrer Lethargie reißt und sie zum Besseren führt. Und wenn ich mir nun, wo die neue Auflage fertig vorliegt, überlege, was das ist, so finde ich als ersten Grund das Herz, die Liebe, die Hingabe, die wir alle hineingegossen haben. Lese ich nur einmal das Kapitel von Frau Wilhelmine Bird über Obst und Gemüse, so schlägt mir heut noch die Lohe der heiligen Begeisterung und Überzeugung daraus entgegen. Auch die Briefe von Elsa Herzog an eine Jungvermählte (über „Feine Küche") sind ganz persönlich und bekennerisch bis zur Lüftung letzter Schleier. So etwas wirkt natürlich und dauert an!

Noch etwas kommt hinzu: Die Kochkunst, die arme, geschlagene Kochkunst, hat begriffen, daß sie die Frau von vorn, offen und ehrlich, nicht erobern kann. So geht sie Schleichwege! Sie nutzt das heftig erwachte Interesse der Frau am eigenen Körper aus, um sich als erwünschte Hilfskraft in empfehlende Erinnerung zu bringen. „Kraft und Schönheit" — „Iß gut und bleibe schlank" — „Wie bleib' ich jung und schön?" — Wie, braucht man zur Lösung all dieser hochwichtigen Probleme nicht ein ganz klein wenig die Kochkunst? Als die Küche ihre Zusammengehörigkeit mit diesen Bestrebungen erkennt und sich mit ihnen identifiziert, tut sie das Klügste in ihrem langen Leben!

Bei dieser Jubiläumsauflage sind in erster Linie die Bilder erneuert worden: daß sich in achtzehn Jahren die Mode geändert hat, ist nicht meine Schuld! Auf den Frauenbildern regiert natürlich der Bubikopf, als Symbol des Wiedererwachens weiblicher Energie. Der Textteil im großen und ganzen ist gut und heut noch gültig. Ja, wenn ich mir das medizinische Kapitel, die Kapitel über Obst und Gemüse und Bäckereien ansehe, so muß ich stolz sagen: wir haben damals geradezu die Gabe der Prophetie erwiesen! Wer wußte damals schon etwas von Handgriffen in den Abbildungen? War das Sterilisieren allgemein bekannt? Wenn heut allgemein sterilisiert („eingeweckt") wird, wenn die übrigen Kochbücher sich schlecht und recht zu Bildern verstehen — unser Verdienst und unser Vorgang allein ist es!

Die allzu speziellen Texteinleitungen sind zum Vorteil des Praktischen etwas zurückgedrängt. Die Abschnitte über Apparate und über Ärztliches sind auf den modernsten Stand gebracht, das Kapitel über Kinder- und Krankenkost durch 50 Rezepte vermehrt. Ganz neu ist die „Moderne Geselligkeit" gestaltet: hier hat sich fast alles von Grund auf verändert.

So stellt sich unser liebes „Ich kann kochen" im neuen, schmucken Gewand von modernstem Schnitt dar. Daß es ein Kochbuch der Frauen — und, wie ich mir habe sagen lassen, auch der Männer — ist, weiß ich. Daß es ihnen lieb und wert bleibt, ist mein Wunsch bis zur nächsten Auflage.

Berlin, September 1926

*

Ich habe diesen Worten nichts hinzuzufügen. Die „nächste Auflage" kommt viel schneller, als ich erträumt, ein Zeichen, daß Weg und Geist die richtigen sind. Das Buch erscheint in der bewährten Gestalt, doch durchgesehen und dem neuesten Stand der Kochkunst angepaßt. Neu und verbreitert sind die Abschnitte über Kalorien, Vitamine und Rohkost, ferner das gesellschaftliche Kapitel. Jeder Leser und jede Leserin — die vor allem! — wird sich jetzt an Hand unseres Kochbuchs ihre Entfettungs- und Verjüngungskur selbst verordnen können.

Berlin, Januar 1928

*

In dem einen Jahr, das die letzte Auflage nur gebraucht hat, um sich völlig zu erschöpfen, sind **Vegetarismus** und **Rohkost** immer deutlicher in den Vordergrund getreten. Nachdem also in der letzten Auflage die Theorie des Vegetarismus und der Rohkost auseinandergesetzt war, folgt jetzt die Tat: 100 vegetarische und Rohkostrezepte, denen Text und 17 sehr wichtige Rezepte für Leberdiät bei perniziöser Anämie, aus der Feder einer Fachärztin, angehängt sind. Ferner hat das **Kochen mit Elektrizität**, auch auf dem Lande mit seinen Überlandzentralen, in der Zwischenzeit stark zugenommen. Das Kapitel „Die Küche" ist also in der vorliegenden neuen Auflage, in Hinsicht auf Kochen mit Elektrizität und **zeitgemäße Küchengestaltung**, textlich und bildlich ganz neu gemacht. So fehlt nichts von den letzten Errungenschaften in unserm Kochbuch, das längst ein Buch der kulinarischen Erbauung und des Bekennens geworden ist.

Berlin, März 1929

Dr. Erich Urban

Inhalt

Zum Geleit	V—VIII
Das Essen im Leben des Menschen	1—10
Die Küche	11—33

Küchenraum	11—12	Küchentracht	27
Herd oder Kochmaschine . .	12—15	Wirtschaftsbuch und Kochbuch .	27
Gasherd	16—17	Maße und Gewichte . . .	28
Spiritusherd	17	Brennmaterial	29
Kochen mit Elektrizität . .	18—20	Beleuchtung	29—30
Grude	21	Verletzungen und Verbrennungen	
Küchenmöbel	21—23	beim Kochen	31
Küchengeräte	23—26	Küchenkalender	32—33
Kochkiste und Sparkochapparate	26—27		

Zahmes Fleisch	34—79

Säugetiere	34—68	Vögel	69—79
Rind	37—50	Huhn	69—73
Kalb	50—57	Pute	73—74
Schwein	58—66	Gans	75—78
Schaf	66—68	Ente	78
		Taube	79

Wild	80—96

Haarwild	80—91	Federwild	91—96
Bär	80	Auerwild	91
Elchwild	81	Birkhuhn, Haselhuhn, Schnee-	
Gemse	82	huhn	91—92
Rotwild	82	Fasan	92—93
Damwild	83	Rebhuhn	93—95
Rehwild	83	Krammtsvögel	95
Schwarzwild	86	Schreitvögel	95
Dachs	87	Schwimmvögel	96
Hase und Kaninchen . . .	88—91		

Fische, Krusten- und Schalentiere . . . . 97—130

Süßwasserfische	99—115	Seefische	115—123
Raubfische	99—101	Hering	116—118
Karpfenartige Fische	101—106	Schellfisch	118—120
Salmoniden	106—108	Breitfische	120—122
Aal	108—110	Die übrigen Fische	122—123
Zander	110—112	Krusten- und Schalentiere	124—130
Die übrigen Fische	112—113	Krebs	124—126
Kaviar, Froschkeulen und anderes für Feinschmecker	114—115	Hummer	126—128
		Krabbe	128
		Auster	128—129
		Muschel	129—130

Gemüse . . . . 131—205

Kohlgemüse	132—140	Tomaten	166—170
Wurzelgemüse	140—152	Dauergemüse	170—175
Spinat und Stielgemüse	152—157	Hülsenfrüchte	176—177
Zwiebeln	157—158	Pilze oder Schwämme	177—185
Petersilie	158—159	Salat	185—194
Schotengemüse	159—163	Kartoffel	194—200
Gurkengemüse	163—165	Küchenkräuter und Rettiche	200—204
Kürbisgemüse	165—166	Gewürzessige	204—205

Obst . . . . 206—257

Das rohe Obst	206	Konservieren von Obst und Gemüse	233—257
Das geschmorte Obst	207—212	Sterilisiertes Obst	233—246
Obstgerichte	212—213	Sterilisiertes Gemüse	246—249
Obstsuppen	214—215	Marmeladen	249—251
Obstsäfte	215—220	Gelees	251
Obstweine	220—230	Obstpasten	252
Liköre	230—233	Essigfrüchte	252—255
		Früchte in Alkohol	255—256
		Obst und Gemüse zu dörren	256—257

Milch und Ei . . . . 258—269

Die Milch	258—264	Das Ei	264—269

Mehl, Zucker, Gallert . . . . 270—335

Das Mehl	270—324	Aufläufe und Puddings	281—288
Mehlsuppen	271—272	Schaumspeisen	288
Suppeneinlagen	272—274	Gebäck	288—324
Mehlsoßen	274—275	Zucker	324—329
Nudeln und andere Mehlspeisen	275—278	Gallert (inkl. Fruchteis)	329—335
Omelette, Schmarren, Pfannkuchen, Milchnudeln	278—281		

Getränk . . . . 336—345

Wasser	336	Wein	340—341
Kaffee	337	Kochwein	341—344
Tee	338	Spirituosen	344
Kakao und Schokolade	338—339	Mineralwasser, Limonaden,	
Alkoholische Getränke	339	Brausen	344—345
Bier	340		

Feine Küche . . . . 346—361

Vorspeisen	346—349	Braten	355—357
Suppen	349—351	Speisezettel	358—359
Fische	351—353	Nachtisch	359—361
Zwischengerichte	353—355		

Küche des Auslandes . . . . 362—377

Frankreich	362—363	Nordamerika	371—372
Italien	363—364	Rußland	372—373
Spanien und Portugal	364—365	Polen	373—374
Orient	365—366	Spanisch-Amerika	374
Skandinavien	366—367	Südafrika und Australien	374
Holland	367—369	Asien	375—377
England	369—371		

Moderne Geselligkeit . . . . 378—394

Kinder- und Krankenkost . . . . 395—414

Richtiges Tranchieren . . . . 415—416

Vegetarische Rezepte . . . . 417—423

Rohkost-Rezepte . . . . 424—431

Lebergerichte gegen Erkrankungen an perniziöser Anämie . . . 432—433

Küchenzettel, Fachausdrücke und kleine Küchenwinke . . . . 434—437

Register . . . . 438—447

Das Essen im Leben des Menschen

Zweck des Essens ist die Versorgung des Körpers mit Stoffen, die zu seiner Erhaltung und Kräftigung dienen und das durch Arbeitsleistung Verlorene ersetzen. Die Notwendigkeit des Ersatzes wird durch bestimmte, sehr pünktlich arbeitende Signale angezeigt: Hunger und Durst.

Hunger tritt in zweierlei Formen auf. Die eine äußert sich durch ein unangenehmes Leeregefühl, das von den Magennerven verursacht wird. Dieser Hunger kann schon durch bloße Anfüllung des Magens, selbst mit nicht nahrhaften Stoffen, befriedigt werden und ist nur ein Vorbote des bald darauf eintretenden allgemeinen Hungergefühls, des Gewebshungers, der mit dem Gefühl einer leichten Schwäche verbunden ist und nur durch Zufuhr von nahrhaften Stoffen gestillt werden kann. Auch beim Durst finden wir zuerst nur ein Trockenheitsgefühl im Munde und Rachen, das durch einfache Anfeuchtung vergeht, während das allgemeine Durstgefühl, der Gewebsdurst, zu einer genügenden Flüssigkeitsaufnahme zwingt.

Unsere Nahrung besteht aus einem Gemenge von Nahrungsmitteln; diese wieder sind Gemische von Nahrungsstoffen, die aus chemisch bestimmbaren Bestandteilen zusammengesetzt sind. Jedes Nahrungsmittel hat eine verschiedene chemische Zusammensetzung. Beispielsweise enthält das Fleisch als wichtigsten Bestandteil Eiweiß, die Kartoffel Stärke und Zucker, Stoffe, die man unter dem Namen Kohlehydrate zusammenfaßt, die Butter Fett. Eine wichtige Rolle in der Ernährung spielen Wasser, Salze und die in letzter Zeit entdeckten Vitamine. Der Nährwert eines Nahrungsmittels richtet sich nach seinem Gehalte an Nahrungsstoffen.

Die Eiweißstoffe finden sich in tierischer und pflanzlicher Nahrung; sie gehören zu den wichtigsten Bausteinen des Körpergewebes und bilden den Grundstoff der Körperzellen. Sie haben ihren Namen vom Hühnereiweiß und zeichnen sich durch ihre Gerinnungsfähigkeit bei Einwirkung von Hitze aus. Nun darf man sich aber nicht vorstellen, daß z. B. das Hühnereiweiß, so wie wir es aus dem aufgeschlagenen Ei herausfließen sehen, schon reines Eiweiß ist; erst wenn man es verdampfen läßt, so daß sein ganzer Wassergehalt schwindet, erhalten wir reines Eiweiß. Es entstehen dann aus 100 Gramm Hühnereiweiß 13½ Gramm reines Eiweiß. Eine Ernährung ohne Eiweiß ist nicht durchführbar. Der tägliche Eiweißbedarf eines Menschen ist auf 60—80 Gramm berechnet worden.

Der durchschnittliche Bedarf an Fett wird mit 56 Gramm berechnet. Das Fett ist eine hervorragende Kraftquelle des menschlichen Körpers und kann das durch Hunger verlorene Körperfett fast vollkommen ersetzen. Ein Überfluß von Nahrungsfett wird im Körper als tote Last in Form des Fettpolsters abgelagert, um in Zeiten des Mangels helfend einzugreifen.

Die Kohlehydrate sind hauptsächlich in den pflanzlichen Nahrungsmitteln enthalten. Ihre Hauptvertreter sind Zucker und Stärke. Sie bilden mit die Hauptnährquellen des Körpers und erhalten die Spannkräfte der Gewebe. Ihr täglicher Verbrauch wird auf 500 Gramm berechnet; diese sind enthalten in 694 Gramm Roggenmehl oder 650 Gramm Reis oder 526 Gramm Rohzucker oder 2083 Gramm Milch.

Der Wassergehalt des menschlichen Körpers beträgt fast ⅔ seines Gewichts. Er wird dauernd durch Atmung, Harn und Schweiß vermindert und muß immer wieder ersetzt werden. Wir genießen das Wasser nicht nur als Trinkwasser, in Suppen oder in gemischten Getränken, sondern wir führen es auch mit der festen Kost zu, besonders mit Gemüse und Obst, die oft mehr als 99% Wasser enthalten.

Die Salze (Nährsalze) sind wichtige Hilfskräfte für den Aufbau und Wiederersatz des Gewebes. Das bekannteste dieser Salze ist das uns unentbehrliche Kochsalz, das zugleich auch Würzstoff ist. Seine Entziehung ruft einen krankhaften Zustand hervor, der Salzhunger genannt wird. Schon Ferdinand Cortez hat sich diese Beobachtung zunutze gemacht, als er bei der Eroberung von Mexiko den sonst gut mit Nahrungsmitteln versehenen Bewohnern ihre Salzquelle, das Meerwasser, absperrte und sie so zur Übergabe zwang.

Die Forschungen der letzten Jahre haben zur Entdeckung gewisser Ergänzungsstoffe in der Nahrung geführt, die man als Vitamine bezeichnet. Der Name ist vom lateinischen vita (Leben) hergeleitet. Sie sind wissenschaftlich noch nicht erforscht, aber mit Sicherheit wissen wir, daß ihr Mangel in der Nahrung schwere Erkrankungen erzeugt, und daß diese Krankheiten wieder durch Verabfolgung von Vitaminen in schnellster Weise geheilt werden. Die Vitamine stammen alle aus der Pflanzenwelt und finden sich auch bei allen Tieren, die sich aus den Erzeugnissen der Pflanzenwelt ernähren. Diese Ergänzungsstoffe sind ungemein wichtig für unser Dasein und zu seiner Erhaltung unentbehrlich. Wir kennen bis jetzt nur wenige bestimmte Vitaminarten, und die Forschung der nächsten Jahre wird noch manches Rätsel auf diesem Gebiete lösen müssen. Die Vitamine besitzen meist eine große Empfindlichkeit gegen Hitze und werden durch Kochen (Kochkiste, Konserven) zerstört. Auch vertrocknete oder verdorbene Nahrungsmittel verlieren ihr Vitamin. Wir unterscheiden bis jetzt drei Arten von Vitaminen: 1. das antirachitische, das auf die Entwicklung der kindlichen Knochen wirkt und die sogenannte englische Krankheit verhindert; es findet sich besonders im Lebertran, den wir ja schon seit alter Zeit, aus reiner Erfahrung, ohne Kenntnis seiner wissenschaftlich begründeten Wirkung derartig erkrankten Kindern geben; 2. das antineuritische, das bestimmte Nervenerkrankungen heilt und sich in der Reiskleie und in Getreidekörnern findet; 3. das antiskorbutische, das in frischen Früchten und Gemüsen vorkommt; es ist sehr hitzeempfindlich und geht durch Kochen zugrunde. Der Skorbut war eine früher sehr gefürchtete Krankheit. Sie befiel besonders Schiffsmannschaften, die bei langen Seereisen Ernährung durch Konserven hatten. Erfahrungsgemäß gab man als Heilmittel dagegen schon lange Zitronen, die sehr reich an diesem Vitamin sind. Wir erkennen also, wieviel gerade auf dem Gebiet der Ernährung die Erfahrung leistet, und K a h n hat recht, wenn er in seinem prächtigen Buch über „Das Leben des Menschen" sagt: „Noch immer steht die alte tausendjährige Muhme E r f a h r u n g am Herd des Hauses und rührt den Brei im Topf mit dem gebräunten und abgestoßenen Löffel, den sie von ihrer Ahnin erbte, und lächelt des jungen Fantes W i s s e n s c h a f t, der mit dem großen Tabellenbuch draußen auf der Schwelle des Hauses sitzt und rechnet."

Den Gehalt der wichtigeren Nahrungsmittel an Vitaminen geben wir nebenstehend wieder. Wir bezeichnen in der Tafel mit A das antirachitische, mit B das antineuritische und mit C das antiskorbutische Vitamin.

Alle bisher geschilderten Nährstoffe sind größtenteils an und für sich geschmacklos; wir bedürfen daher der G e w ü r z e, um einen bestimmten Geschmack und Geruch und dadurch Anregung des Appetites zu erzeugen. Denselben Zweck erfüllen die sogenannten G e n u ß m i t t e l (Kaffee, Wein, Bier, Tabak).

Bei der A u s w a h l d e r K o s t muß berücksichtigt werden, daß die tierischen Nahrungsmittel das Eiweiß in größerer Menge und verdaulicherer Form enthalten als die Pflanzenkost. Wenn wir unseren Eiweißbedarf nur aus dem Pflanzenreich entnehmen, so müssen auch die Nahrungsmengen bedeutend größer sein, und damit wieder verbindet sich eine starke Überlastung des Magens und des Darmes. Es entsprechen z. B. 150 Gramm Rindfleisch, dessen Eiweißgehalt ungefähr 50 Gramm beträgt, 2550 Gramm Kartoffeln oder Rüben oder 1700 Gramm Spinat oder 450 Gramm Erbsenbrei. Es ist zwar eine

Ernährung allein durch Pflanzenkost möglich, wie sie uns der Zwang des Krieges lange Zeit auferlegt hat, aber niemand wird wohl behaupten können, daß er auf Grund dieser Ernährung sich eines besonders guten Kräftezustandes erfreut und an Körpergewicht zugenommen habe. Hier hat jeder am eigenen Leibe feststellen können, ob die Forderung der Pflanzenköstler (Vegetarier), alle fleischentstammten Nahrungsmittel zu meiden, berechtigt ist oder nicht. Der Einwand, daß der Fleischgenuß deshalb ungesund und zu verbieten sei, weil durch Fleischgifte und tierische Eingeweidewürmer schwere Gesundheitsstörungen hervorgerufen werden, ist nur wenig stichhaltig, denn dieselben Gefahren bedrohen auch die Genießer pflanzlicher Nahrung. Man denke an die Mutterkornvergiftungen und andere durch giftige Samenbeimischungen zum Weizen und Roggen bedingte Gefahren, an die gerade während des Krieges so oft aufgetretenen Pilzvergiftungen usw. Man soll auch nicht vergessen, daß der Neugeborene seine Tätigkeit im Leben mit dem Genusse eines tierischen Nahrungsmittels beginnt und daß der Mensch vor den Tieren die Kochkunst voraushat. Was für die Verarbeitung durch die Zähne nicht taugt, bereiten wir uns in zweckmäßiger Weise für den Genuß vor. Etwas Gutes haben aber diese vegetarischen Bestrebungen doch insofern, als sie den früher so übermäßigen Fleischgenuß bedeutend eingeschränkt haben.

Wie schon erwähnt, verarmen Gemüse und Obst beim Kochen an Vitaminen und verlieren auch wichtige Nährsalze, die sie an das Kochwasser abgeben. Es liegt daher nahe, sich nach einer Kost umzusehen, die

Vitamingehalt der wichtigsten Nahrungsmittel

■ sehr viel ▲ viel ▴ mäßig — wenig 0 fehlt

	A	B	C
Milch	■	▴	▴
Rahm	■	▴	—
Saure Milch . . .	▴	▴	▴
Käse (fett)	■	▴	—
Hühnerei	▴	■	0
Butter	■	▴	0
Lebertran	■	▴	0
Pflanzenbutter .	0	0	0
Tomate	▴	■	■
Kohlrabi	▴	▴	▴
Sellerie	▴	▴	▴
Mohrrüben . . .	▴	▴	■
Zwiebel	▴	▴	▴
Spinat	■	■	▴
Blattsalat	▴	▴	▴
Schnittlauch . .	▴	▴	▴
Sauerkraut . . .	▴	▴	▴
Pflanzenöle . . .	—	0	0
Blütenhonig . . .	0	0	0
Mandeln und Nüsse . . .	—	▴	0
Äpfel und Birnen . . .	0	▴	▴
Kirschen	0	▴	▴
Apfelsinen	0	■	■
Bananen	▴	▴	■
Zitronen	0	■	■
Erdbeeren	0	■	■
Weintrauben . . .	0	■	■

diese Mängel vermeidet und dem menschlichen Körper möglichst viele Vitamine zuführt. Diese Ernährungsart glaubt man in der R o h k o s t gefunden zu haben. Sie besteht hauptsächlich aus Obst, Gemüsen, Salaten, Nüssen, die in verschiedenen Mischungen und Zubereitungsarten roh genossen werden. Salat und Obst werden ja schon von jeher im täglichen Speisezettel verwendet. Jetzt wird aber auch der Genuß roher Gemüse, wie Weißkraut, Blumenkohl, Kohlrabi, Schwarzwurzel, Spinat usw., angeraten, auch roher Hafer, Weizen und Roggen gehören zur Speisekarte des Rohköstlers. Es handelt sich hier um eine zwar vitamin- und nährsalzreiche Kost, aber auch zugleich um eine außerordentlich eiweiß- und fettarme. Aus diesem Grunde sind Rohkostgerichte, die aber nicht von jedem Magen vertragen werden, ein gutes Hilfsmittel bei Entfettungskuren. Reine

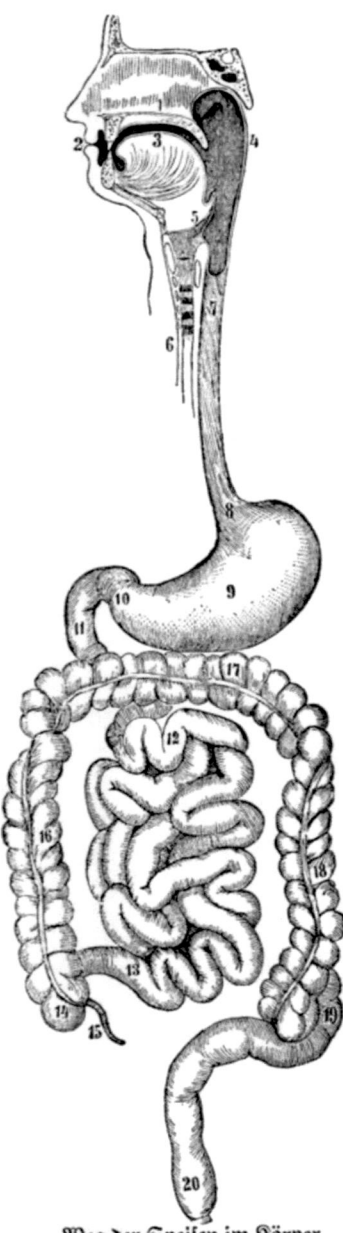

Weg der Speisen im Körper

2 Mund. 3 Zunge. 7 Speiseröhre. 8, 9, 10 Magen. 11 Zwölffingerdarm. 12, 13 Dünndarm. 14 Blinddarm. 15 Wurmfortsatz. 16 aufsteigender, 17 wagerechter, 18 absteigender Dickdarm. 20 Mastdarm

Rohkost darf nur kurze Zeit unter genauer ärztlicher Kontrolle gegeben werden. Daß übrigens, wie von den Vorkämpfern der Rohkostbewegung behauptet wird, Rohkost Schutz gegen alle möglichen Krankheiten gewährt, ja sogar gegen den Krebs wirksam ist, ist noch nicht bewiesen.

In unserem Körper geht ein steter Ersatz der verbrauchten Kräfte und Teile vor sich. Diesen Vorgang bezeichnet man als den Stoffwechsel, dessen wissenschaftliche Erforschung wichtige Aufschlüsse über die Ernährung und die Ausnutzung der Nahrung für den Aufbau unseres Körpers gibt.

Früher wurde der Nährwert eines Nahrungsmittels so berechnet, daß man sagte: dieser Stoff enthält soundsoviel Mengen Fett, soviel Eiweiß und soviel Kohlehydrate. Oder, um mit dem Volke zu sprechen, ein Nahrungsmittel ist alles das, was nährt. Aber bei der wissenschaftlichen Untersuchung kommen wir mit diesen Erklärungen nicht aus; wir haben deshalb für die Berechnung des Nährwertes des Nahrungsmittels ein Einheitsmaß eingeführt, die Verbrennungswärme. Es wurde nämlich festgestellt, daß bei der Ernährung aus den eingeführten Nahrungsstoffen im Körper Wärme erzeugt wird. Diese Wärmemenge wird gemessen. Als Maßeinheit gilt die Kalorie, das ist diejenige Wärmemenge, die notwendig ist, um 1 Liter Wasser von 0 Grad auf 1 Grad zu erwärmen. Es ist nun festgestellt, daß die Nahrungsstoffe bei der Verbrennung außerhalb des Körpers dieselbe Wärmemenge erzeugen wie im Körper, und in besonderen Vorrichtungen wurden derartige Verbrennungen vorgenommen, und dabei wurde folgendes festgestellt. Es entstehen aus

1 Gramm Fett . . . . 9,3 Kalorien
1 „ Eiweiß . . . . 4,1 „
1 „ Kohlehydraten . . . . 4,1 „

Das würde also nach der oben gegebenen Erklärung des Begriffes Kalorie heißen, daß durch Verbrennung von 1 Gramm Fett 9,3 Liter Wasser von 0 auf 1 Grad erwärmt werden können. Diese drei Nahrungsstoffe können sich in der Nahrung gegenseitig vertreten, aber nicht in den gleichen Gewichtsmengen, sondern so, daß 100 Gramm Fett der Menge von 226,8 Gramm Eiweiß oder Kohlehydraten entsprechen. Das Fett ist also der wirksamste Stoff einer regelrechten Ernährung, und Fettmangel führt zur Unterernährung und Entkräftung.

Die Größe des Nahrungsbedarfes richtet sich nach der Körpergröße (und nach der körperlichen Arbeit und Bewegung). Je größer das zu ernährende Gebiet ist, desto größer ist auch der Nahrungsbedarf. Besonders einflußreich ist die Muskelarbeit. Ein mittelschwerer arbeitender Mensch braucht ungefähr 3000 Kalorien. Über die achtunggebietende Eßlust berühmter Männer wird vielfach berichtet. So erzählt Elisabeth Charlotte von Ludwig XIV., daß er bei einer einzigen Mahlzeit vier volle Teller verschiedener Suppen, einen ganzen Fasan, ein Feldhuhn, einen großen Teller Salat, zwei große Schnitten Schinken, Hammel mit Brühe und Knoblauch, einen Teller Gebäck und dann noch Früchte und harte Eier genossen habe. Andererseits gibt es ja auch Hungerkünstler, die mehrere Tage hintereinander hungern können.

Sehr wichtig ist die Beurteilung der Nahrung nach dem Werte ihrer **Verdaulichkeit**. Man spricht von schwer und leicht verdaulichen Speisen. Je schneller eine Speise den Magen verläßt, um so verdaulicher ist sie. Der Grad der Verdaulichkeit hängt ab von Menge und Umfang der auf einmal eingeführten Speise, ihrer chemischen Zusammensetzung und vor allen Dingen ihrer Zubereitung in der Küche, die Pettenkofer das Laboratorium für die Gesundheitspflege der Menschheit nennt. Durch genaue Untersuchungen hat man die Zeit feststellen können, in welcher zugeführte Speisen aus dem Magen in den Darm wandern.

In 1—2 Stunden verlassen den Magen: 1 Glas Wasser, Tee oder Kaffee, Bier, Wein, Brühe, Milch und weiche Eier. In 2—3 Stunden: ½ Liter saure Milch, 200 Gramm Schellfisch, 150 Gramm Blumenkohl oder Spargel oder Kartoffeln, 100 Gramm hartes Ei, Rührei oder Wurst, 72 Gramm Austern, 70 Gramm Weißbrot oder Zwieback. Es brauchen 3—4 Stunden: 200 Gramm Taube, 160 Gramm Schinken, 150 Gramm Schwarz- oder Weißbrot, Reis, Spinat, Gurkensalat, Äpfel, 150 Gramm Keks, 100 Gramm Kalbsbraten, 72 Gramm Kaviar. Am längsten — 4—5 Stunden — brauchen: 280 Gramm Ente, 250 Gramm geräucherte Zunge, Hasenbraten, Gänsebraten, Rebhuhn, 200 Gramm Salzheringe, 100 Gramm Rauchfleisch. Was man übrigens häufig mit Verdaulichkeit verwechselt, ist die **Bekömmlichkeit** einzelner Lebensmittel. Gute und leichte Bekömmlichkeit sind sehr schwankende und wechselnde Begriffe, für die sich allgemeingültige Regeln nicht aufstellen lassen. Einen Beweis dafür bietet uns die Milch. Der eine verträgt nur rohe Milch, der andere nur gekochte, der wieder nur saure oder Buttermilch. Oft sieht man auch, daß nach Genuß vollkommen einwandfreier Milch Verdauungsstörungen auftreten. Die Speisen, deren Genuß keinerlei Beschwerden macht, sind eben für ihre Verzehrer gut und bekömmlich. Man kann vielleicht nur sagen, daß allzu harte, zähe, dickderbe und vor allen Dingen schlecht zubereitete Speisen schwer bekömmlich sind. Eine Vorbedingung guter Verdaulichkeit ist das Kauen der Nahrung. Die wörtliche Richtigkeit des alten Sprichworts: „Gut gekaut ist halb verdaut" haben wissenschaftliche Versuche als außerordentlich zutreffend erwiesen. Schlecht gekautes Essen belastet Magen und Darm in hohem Maße, da diese schon sonst mit reichlicher Arbeitsleistung gesegneten Eingeweide nun auch noch die Kauarbeit ersetzen müssen, außerdem wird die im Munde schlecht verarbeitete Nahrung auch schlecht ausgenutzt.

Von weiterer Wichtigkeit ist die **Ausnutzung** der Nahrung. Es werden nicht immer sämtliche Nährstoffe eines Nahrungsmittels voll für den Körper dienstbar gemacht. Die Ausnutzungsgröße ist sehr wechselnd. So werden ausgenutzt

    bei reiner Fleischkost   97% Eiweiß, 96% Fett, 98% Kohlehydrate
    „   „ Pflanzenkost 73%   „   75% „   95%   „
    „   gemischter Kost 85%   „   90% „   95%   „

Die **Wirkung des Kochens** auf die Nahrungsmittel ist verschieden. Das Fleisch erleidet dabei durch Wasserverlust eine erhebliche Gewichtsabnahme; aus 100 Gramm

Gruppierung der Nahrungsmittel nach der Höhe ihres Kaloriengehaltes

(Nach H. Strauß)

100 Kalorien sind enthalten in:

I. Nahrungsmittel von niedrigem Kaloriengehalt

1250	g	Bouillon.
500—670	„	Gurken, Grüner Salat zubereitet, Preiselbeeren, Kopfsalat, Spargel gekocht, Endiviensalat.
400—500	„	Spargel roh, Preiselbeeren gekocht, Himbeeren, Radieschen, Spargelsalat, Sauerkraut roh.
330—400	„	Apfelsinen, Heidelbeeren.
290—330	„	Schleimsuppe, Johannisbeeren, Erdbeeren.
250—290	„	Stachelbeeren.
220—250	„	Brot-, Mehl-, Reis-, Grieß-, Nudel-, Sagosuppe, Heidelbeeren gekocht, Blumenkohl, Buttermilch, Lagerbier, Weißbier, Rettich.
200—220	„	Obstsuppe, Spinat, Mohrrüben roh, Aprikosen roh.
180—200	„	Apfelbrei, Apfelmus, Pilsener Bier, Pfirsiche roh, Birnen, Austern, Apfel, Zwiebeln, Kirschen, Zwetschen.
170—180	„	Münchener Bier, Eierklar roh, Sellerie roh.
150—170	„	Teltower Rübchen, Saure Milch.
140—150	„	Moselwein, Rheinwein, französ. Rotwein, Kuhmilch, Kefir, Rotkraut, Weißkraut, Sauerkraut, Weintrauben.
130—140	„	Mohrrüben zubereitet, Grünkohl.
125—130	„	Ei (1 Ei wiegt durchschnittlich 45 g), Hecht gekocht, Karpfen gekocht.
120—125	„	Grüne Erbsen roh, Meerrettich roh, Kohlrabigemüse, Wirsing mit Mehl gekocht, Kabeljau gekocht.
110—120	„	Kabeljau gekocht.
105—110	„	Schellfisch gekocht, Kartoffeln gekocht, Forelle gekocht.
100—105	„	Kartoffeln gekocht, Forelle gekocht.
95—100	„	Stachelbeerkompott, Kalbsmilch gekocht.
85—90	„	Kalbsschnitzel, Kalbsbraten leicht gebraten, Sardellen gesalzen.
80—85	„	Kalbfleisch gekocht.
80	„	Kartoffelgemüse, Schaumwein, Roastbeef, Lendenbraten, Beefsteak gebraten, Flammeri, Auflauf, einfache Mehlspeisen, Kalbsbraten vom Grill.
75—80	„	Kartoffelbrei.
70—75	„	Madeira, Marsala, Sherry, Hammelkotelett.
65—70	„	Hammelbraten, Lachsschinken, Portwein, Rehbraten.

II. Nahrungsmittel von mittlerem Kaloriengehalt

60—65	g	Rinderschmorbraten, Kalbsbraten durchgebraten, Kartoffelsalat, Bückling, Hammelfleisch gekocht, Huhn (Brust).
55—60	„	Rahm, Erbsenbrei, Rindfleisch gekocht.
50—55	„	Schweinefleisch gekocht, Schinken roh und gekocht, Blutwurst.
50	„	Rührei, Kartoffeln geröstet.

45–50	g	Schweinebraten, Räucherlachs.
40	„	Pumpernickel, Himbeersaft, Kieler Sprotten.
35–40	„	Schwarzbrot, Grahambrot, Leberwurst, Brötchen, Rosinen.
30–35	„	Kümmelkäse, Romadourkäse, Eierkuchen, Kognak.

III. Nahrungsmittel mit hohem Kaloriengehalt

30	g	Honig, Keks, Aal, Arrak, fettes Rindfleisch, Erbsen, Bohnen, Linsen, Fromage de Brie, Schlackwurst.
25–30	„	Camembertkäse, Zwieback, Honigkuchen, Eigelb.
25	„	Holländer Käse, Edamer Käse, Gorgonzola, Chartreuse, Zucker, Bonbons, Biskuit, Kuchen.
20–25	„	Roquefortkäse, Schweizer Käse, Rum, Marzipan, Benediktiner.
20	„	Mettwurst, Kakao, Gervais, Schokolade, Zervelatwurst, Salamiwurst, Räucherzunge.
15	„	Mandeln, Nüsse, Gänsebraten.
11–12	„	Butter, Speck geräuchert, Pflanzenöl.

Aus diesen Angaben läßt sich nun sehr leicht und bequem der Kaloriengehalt einer Mahlzeit berechnen, z. B. für eine mästende Kost:

1. Frühstück:

200 g Sahne	364	Kalorien
2 Eier	67	„
2 Weißbrötchen (70 g)	184	„

2. Frühstück:

1 Weißbrot	92	„
40 g Butter	320	„

Mittagessen:

200 g Bouillon mit 1 Eigelb	75	„
200 „ Kalbsbraten	330	„
150 „ Kohlrabigemüse	120	„
100 „ Kartoffelbrei mit 40 g Butter	450	„
50 „ Käse (Gruppe III)	200	„
100 „ Stachelbeerkompott	100	„

Nachmittags:

100 g Sahne mit 50 g Kaffee oder Tee	185	„
20 „ Zucker	80	„
100 „ Kuchen	400	„

Abends:

100 g Brötchen	250	„
50 „ Butter	400	„
50 „ Mettwurst	250	„
1 Ei	33	„
150 g Kartoffelsalat	240	„
50 „ Nüsse	350	„
200 „ Birnen	100	„

Summa: 4590 Kalorien

rohem Fleisch werden 50—70 Gramm gekochtes. Gemüse geben beim Kochen an das Kochwasser 20—25% Eiweiß, Fett und Kohlehydrate ab, und die in ihnen enthaltenen Vitamine werden zerstört oder vermindert. Beim Braten verändert sich nur der Wassergehalt, während beim Dämpfen der Wassergehalt sich nicht verändert, vorausgesetzt, daß es in einem gut geschlossenen Gefäße erfolgt. Während das Fleisch durch das Kochen an Umfang geringer wird, nehmen die meisten pflanzlichen Nahrungsmittel Wasser auf und vergrößern durch Quellung beträchtlich ihre Masse. Diese Vergrößerung ist für die Ernährung durchaus nicht unwichtig, da sie dazu beiträgt, S ä t t i g u n g s g e f ü h l zu erzeugen. Während der eine zur Sättigung große, umfangreiche Nahrungsmengen gebraucht, ist der andere an kleinere Mengen gewöhnt, denn jeder Magen ist auf eine gewisse Füllung eingestellt und empfindet jedes Mehr oder Weniger sehr deutlich. Das Gewicht der täglichen Nahrungsmenge beträgt im Durchschnitt mit Einschluß der Wasseraufnahme $1/_{10}$ des Körpergewichtes.

Auch die W ä r m e d e r S p e i s e n ist für die Ernährung nicht gleichgültig. Ist es doch eine bekannte Erfahrung, daß sehr heiße oder sehr kalte Getränke schädlich wirken, andererseits haben wir bei Erkrankungen bestimmte Wärmegrade der Speisen uns zunutze gemacht. Bei Erbrechen und Übelkeit gibt man sehr kalte Getränke oder Eis, während man bei Leibschmerzen zum warmen Getränk greift. Es ist nachgewiesen worden, daß Speisen von 38 Grad Wärme den Magen am schnellsten verlassen, während kältere oder wärmere längere Zeit brauchen.

Da das Essen die Gesundheit erhalten soll, so muß auch die B e s c h a f f e n h e i t d e r Nahrungsmittel eine gesundheitsgemäße sein. Bei uns hat der Staat durch Nahrungsmittelgesetze eine gewisse Sicherheit für Eßwaren geschaffen. Doch ist es nicht immer leicht, den Nahrungsmittelfälschern beizukommen. N a h r u n g s m i t t e l f ä l s c h u n g e n kommen dadurch zustande, daß entweder fremde Stoffe in betrügerischer Absicht zu Färbezwecken oder als Erhaltungsmittel oder zur Erhöhung des Warengewichtes zugesetzt werden, oder es wird überhaupt für eine verlangte Ware nicht diese, sondern eine Verfälschung abgegeben. Meist tragen diese Fälschungen hochtönende, natürlich fremdländische Namen und suchen den Ruf ihrer grenzenlosen Nährkraft und Bekömmlichkeit durch einen recht hohen Preis zu festigen. Sieht man sich nun das Mädchen aus der Fremde etwas genauer an, so wird man bald eine recht alte einfache Bekannte erkennen, der man nur ein neues ausländisches Mäntelchen umgehängt hat.

Ein dringendes Erfordernis ist Ordnung und Pünktlichkeit in der Einnahme der Mahlzeiten. Wir genießen gewöhnlich drei Mahlzeiten am Tage: das Frühstück, das Mittagessen und das Abendbrot, zu denen noch öfters ein zweites Frühstück und eine Nachmittagsmahlzeit hinzukommt, besonders für Leute, die sehr früh aufstehen und tüchtig geistig oder körperlich tätig sind. Wir nehmen das erste Frühstück meist morgens um 8 Uhr. Es besteht aus einem Getränk (Kaffee oder Kaffee-Ersatz oder Tee) mit Brot, Butter, Honig oder Marmelade. Die Hauptmahlzeit des Tages liegt in dessen Mitte und besteht aus einer Suppe, Fleisch und Gemüse oder Kartoffeln, Obst oder eingemachten Früchten und ab und zu Mehlspeisen. Die letzte Mahlzeit ist das Abendessen. Dieses muß um so geringer sein, je später es eingenommen wird, da es sonst den Schlaf ungünstig beeinflußt. Es scheint so, als würde sich jetzt bei uns auch die sogenannte e n g l i s c h e T i s c h z e i t mehr einbürgern, die die Hauptmahlzeit an den Schluß des Tages legt und den Vorzug hat, daß die Arbeit nicht durch das Mittagessen plötzlich unterbrochen wird und dann wieder aufgenommen werden muß, denn wir alle wissen aus Erfahrung, daß ein gefüllter Magen nicht nur die Arbeit behindert, sondern auch eine gewisse Müdigkeit und Trägheit begünstigt. Außerdem ist man nach dem Essen arbeitsfrei, kann sich ausruhen und so der Verdauung Zeit lassen, die Speisen ausgiebig und genügend zu verarbeiten.

Tabelle, aus der man den täglichen Kalorienbedarf (ca. 3000) eines normalen menschlichen Körpers berechnen kann

1 g Fett = 9,3, 1 g Eiweiß = 4,1, 1 g Kohlehydrate = 4,1 Kalorien

	% Eiweiß	% Fett	% Kohlehydrate	Kalorien
Apfel	0,5	0	11,0	50
Austern	5,8	1,0	3,5	45
Birnen	0,5	0	13,0	60
Blumenkohl	2,0	0	4,0	25
Blutwurst	9,5	9,5	19,5	210
Brühe	0,5	0,5	0	5
Brot (Roggen)	4,5	0,5	48,0	220
Brot (Weizen, Weißbrot)	5,5	0,5	56,6	260
Butter	0,5	82,0	0,5	770
Buttermilch	3,5	0,5	4	35
Ei	12,2	11,4	0,7	168
Erbsen (grüne)	4,5	0,5	10,5	65
Erdbeeren	1,0	0	9,5	45
Flußaal	12,0	25	0	280
Hase	22,0	1,0	0,5	100
Hecht	19,5	0,5	0	85
Hering (Matjeshering)	18,5	8,5	0	155
Huhn	20,0	4,5	1,5	130
Kalbfleisch	19,0	2,5	0,5	105
Karpfen	16,2	8,0	0	140
Kartoffeln	1,5	0	20,5	90
Käse (Quark)	16,0	1,0	4,0	90
Käse (fett)	23,0	27,0	3,0	360
Käse (mager)	32,0	4,0	4,5	190
Kuhmilch (voll)	3,1	3,5	4,8	65
Kuhmilch (Magermilch)	3,5	1,0	4,8	40
Kuhmilch (Sahne)	3,5	10,0	4,0	125
Kuhmilch (Buttermilch)	3,6	0,5	3,8	35
Leber	17,5	3,5	3,5	120
Margarine	0,5	80,5	0,4	755
Reh	20,0	2,0	0,5	105
Reis	6,5	0,5	76,0	345
Rüben (Mohrrüben)	1,0	0	8,5	50
Schinken (geräuchert, mager)	23,5	7,5	0	165
Spargel (gekocht)	1,0	0	1,0	10
Spinat	1,5	0	1,5	10
Taube	21,0	0,9	0,5	100
Zucker	0	0	98,0	400
Zwieback	7,5	2,0	73,0	350

Die Aufnahme von Flüssigkeiten während der Mahlzeiten ist möglichst einzuschränken. Schon die Kinder müssen daraufhin erzogen werden. Auch der übertriebene Genuß von dünnen Suppen ist nicht empfehlenswert.

Eine selbstverständliche Forderung für alle Mahlzeiten ist Sauberkeit. Nicht nur Sauberkeit am eigenen Leibe, sondern auch Sauberkeit des Geschirrs, der Tischwäsche und des Eßzimmers, das gut lüftbar sein muß. Das Essen soll nicht eher begonnen werden, bis es in der Küche vollständig fertiggestellt und anrichtebereit ist, damit lange Pausen zwischen den einzelnen Gängen vermieden werden. Da der Appetit auch von der Gemütsverfassung abhängt und schlechte Stimmung ihn stark herabsetzen kann, muß alles Derartige während des Essens ausgeschaltet werden. Wie oft wird aber hiergegen gesündigt! In vielen Familien ist die Essenszeit dazu ausersehen, um alle die kleinen Nadelstiche des grauen Alltags zu besprechen, die Kinder müssen über die Schule berichten, was nur den sogenannten Musterkindern wirkliche Freude macht, die Hausfrau bejammert das sich täglich mehrende Ungemach mit den Dienstboten, und der Hausherr ergänzt das Trauerlied durch Betonung der beruflichen Sorgen. Das alles kann aber ebensogut außerhalb der Mahlzeiten zur Sprache kommen. Das Essen soll ein Vergnügen sein, von dem der alte Feinschmecker Brillat-Savarin sagt: „Das Eßvergnügen bedingt weder Verzückung, noch Verhimmelung, noch Leidenschaft, aber es gewinnt durch die Dauer, was es an Tiefe verliert, und zeichnet sich noch besonders durch den eigentümlichen Vorteil aus, daß es zu allen anderen Vergnügungen stimmt oder uns wenigstens über ihren Verlust tröstet."

Die Küche

Der Küchenraum

Die Hausfrau wird wohl nur in seltenen Fällen in der glücklichen Lage sein, auf die bauliche Anlage und Ausstattung des Küchenraumes Einfluß ausüben zu können. Wir wollen aber doch die beachtenswertesten Punkte erwähnen, da es beim Mieten einer Wohnung von Wichtigkeit ist, grobe Fehler der Anlage zu erkennen. Die Küche sei vor allem mit einem großen luftigen Fenster ausgestattet, das am besten nach Norden oder Osten gelegen ist. Die Südseite, so sehr man sie bei Zimmern schätzt, ist bei der Küche zu vermeiden. Da die Speisekammern meistens neben der Küche liegen, so würden auch sie Südseite haben. Unter der hohen Temperatur aber, die die lange Sonnenscheindauer mit sich bringt, verderben die Vorräte darin zu rasch.

Die Bekleidung von Wänden und Boden kann oft noch in alten Küchen nach dem Wunsch der Hausfrau geändert werden. Da erste Bedingung einer Küche peinlichste und weitestgehende Reinlichkeit ist, so ist es selbstverständlich, daß sowohl Wände wie Boden so ausgestattet sein müssen, daß sie gründliches Scheuern vertragen. Der idealste Fußbodenbelag sind immer Fliesen. Sie lassen sich mit schärfster Sodalauge behandeln, und ihre glatte, fugenlose Fläche bietet Bakterien und Staub keinen Anhalt. Allerdings haben sie den Mißstand, daß sie kalt sind, aber dagegen läßt sich mit einer Linoleumunterlage an den Stellen, wo meist gearbeitet wird — etwa vor dem Herd und dem Küchentisch —, leicht abhelfen. Gegen das Linoleum ist in hygienischer Beziehung auch nichts einzuwenden: es kann mit scharfer Seifenlauge behandelt werden, ohne darunter zu leiden. Unterlagen aus Gespinstfasern sollten nie in der Küche benutzt werden; ihr engeres oder weiteres Geflecht prädestiniert sie förmlich zu Staubfängern, und mit Klopfen und Bürsten allein läßt sich der in der Küche wünschenswerte Grad von Reinlichkeit nicht erreichen.

Wo keine Fliesen vorhanden sind, soll der Boden zum mindesten mit einem Anstrich aus Ölfarbe und Fußbodenlack versehen werden. Der Anstrich muß so stark sein, daß er die Fugen zwischen den einzelnen Brettern gründlich deckt und ausgleicht, da sich ja bekanntlich in diesen trotz größter Sauberkeit Staub und Schmutz festsetzen. Sind die Fugen zu stark, um sich mit der Farbe allein füllen zu lassen, so müssen sie ausgespant werden. Man kann das selbst vor-

Neuzeitliche Küchengestaltung

Küchenschrank mit eingebauten Schütten, Fächern und Spültisch

nehmen, indem man aus gut getrocknetem Scheitholz oder aus Latten schmale Späne schnitzt, die der ungefähren Breite der zu schließenden Ritze entsprechen. Die Späne müssen, damit sie sich gut eintreiben lassen, keilförmigen Querschnitt haben, also unten etwas schmaler sein als oben. Diese Späne werden einfach auf die Ritze aufgesetzt und mit einem Hammer eingeschlagen. Wenn man sie nicht zu dünn gemacht hat, klemmen sie sich von selbst fest. Dann werden die Spalten erst mit der Farbe überstrichen, die die kleinsten Zwischenräume noch ausfüllt. Diese Fugenlosigkeit ist bei dem weißgescheuerten Bretterboden, auf den unsere Mütter so stolz waren, nie zu erzielen, und darum sollte man einen solchen durch Auspanen, mehrmaligen Ölfarbenanstrich und zuletzt mit einem Überzug aus Fußbodenlack stets in einen gestrichenen verwandeln. Sehr gut eignet sich zum Bodenbelag für die Küche auch Linoleum, vor allem das sogenannte Inlaid-Linoleum oder das Kork-Linoleum, mit dem der ganze Boden fugenlos belegt wird. Doch ist das immerhin eine etwas kostspieligere Sache, denn auch die besten Fabrikate werden sich bei der starken Inanspruchnahme, die beim Küchenboden nicht zu vermeiden ist, in absehbarer Zeit abnutzen.

Ähnliche Gesichtspunkte wie für den Fußbodenbelag kommen für die Wandbekleidung in Frage. Auch für diese sind Fliesen das Schönste und Wünschenswerteste. Besonders über der Kochmaschine, wo die Wand durch den Wrasen der Speisen und das Verspritzen bratenden Fettes sehr leidet, sind die Fliesen, die sich einfach und leicht abwaschen lassen, ein geradezu ideales Wandbekleidungsmaterial. Wo die Küche nicht damit ausgestattet ist, findet die Hausfrau einen Ersatz für sie in gestrichenem und emailliertem Zinkblechbelag, der in Fliesenmuster unter den verschiedensten Namen und in den verschiedensten Qualitäten in den Handel kommt. Wer aber diese Ausgabe scheut, soll zum mindesten darauf sehen, daß die Wände der Küche bis zu zwei Dritteln ihrer Höhe mit einem glatten Ölfarbenanstrich versehen sind, da dieser im Gegensatz zu der einfach geweißten Wand abwaschbar ist.

Moderner Kühlschrank
mit elektrischer Eisbereitung

Die **Fensterdekoration** soll so glatt und einfach wie möglich und aus einem leicht waschbaren Stoff sein.

Herd oder Kochmaschine

Das wichtigste Möbel in der Küche ist natürlich der **Kochherd**. Von seiner Güte und richtigen Behandlung hängt in erster Linie das Gelingen der Speisen ab. Vor nicht allzu langer Zeit hatte man es nur mit der mit Kohlen zu heizenden Kochmaschine zu tun. Heute macht aber der Gasherd ihr häufig den Rang streitig, auch der Spiritusherd ist mit den Fortschritten der Technik zu großer Vollkommenheit gelangt, und das „Mädchen für alles" der modernen Technik, die Elektrizität, stellt sich der Hausfrau als ungefährlichste und sauberste Wärmequelle in mannigfacher Gestalt zum Kochen zur Verfügung.

Die verbreitetste aller Kochmaschinen ist aber immer noch die mit Kohlenfeuerung. Auch an ihr ist die Zeit nicht spurlos vorübergegangen, und wir finden die verschiedensten und oftmals überraschend praktische Modelle. Die einfachste Form ist wohl die aus Tonplatten mit gußeiserner Deckplatte, die mit verschieden großen, durch eine Anzahl von Ringen geschlossenen Kochlöchern versehen ist. Die Feuerung ist an ihr gewöhnlich seitlich

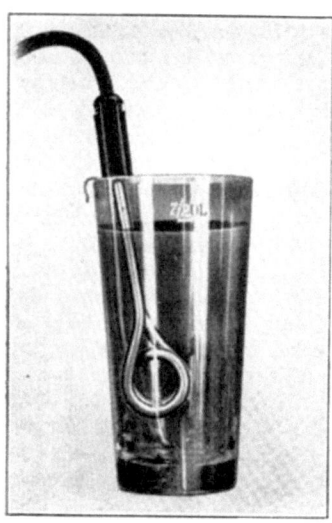

Tauchsieder
zur Erwärmung kalter Getränke

angebracht, das Feuerungsmaterial wird auf einem Rost aufgeschichtet und in Brand gesteckt, und die Asche fällt in einen unter dem Rost befindlichen Aschenraum ab. Der Feuerungsraum selbst steht unmittelbar mit dem Kamin in Verbindung, und durch an der Wand angebrachte Schieber, die in den Kamin hineinragen, läßt sich der Zug beliebig regulieren. An der Stirnseite der Kochmaschine, dort, wo der Feuerungsraum aufhört, befindet sich gewöhnlich eine mit Blech oder Schamottesteinen ausgekleidete Röhre, die mit Türen geschlossen ist und zum Warmhalten fertiger Speisen, Wärmen von Tellern und Geschirr usw. benutzt werden kann. Bei einigen Konstruktionen liegt diese so, daß der Feuerungsraum unter oder über ihr fortgeht. Sie ist dann bedeutend kleiner, dafür ist aber die Wärme in ihr so stark, daß sie nicht nur zum Warmhalten, sondern auch zum Zubereiten von Speisen Verwendung finden und besonders zum Braten und Backen benutzt werden kann.

Die überschüssige Wärme der Heizung kann aber auch anders ausgenutzt werden. Die Wärmeröhre kann kleiner ausgestaltet werden und eine sogenannte „Wärmeschlange" in den Ofen eingebaut sein. Diese besteht aus einem vielfach gewundenen und dadurch sehr langen Metallrohr, das mit der Wasserleitung in Verbindung steht und sich von dieser aus selbsttätig mit Wasser füllt. Durch die Wärme der Heizung wird dieses Wasser auf eine ziemlich hohe Temperatur gebracht. Durch eine besondere Leitung steht dann die Wärmeschlange wiederum mit dem Spültisch, manchmal sogar mit dem Badezimmer in Verbindung. In einzelnen Fällen ist auch nur außen an der Wand der

Carnifix
elektrische Bratröhre der A. E. G., Berlin

Kochmaschine ein Hahn angebracht, so daß das Wasser direkt abgelassen werden kann. Diese Konstruktion ist immer eine sehr vorteilhafte, da sie gestattet, heißes Wasser ohne besondere Aufwendung an Brennmaterial in verhältnismäßig großer Menge fortwährend vorrätig zu haben.

Die äußere Bekleidung der Kochmaschine ist, wie erwähnt, am häufigsten aus Schamottesteinen hergestellt, doch findet man auch nicht selten eiserne Öfen, die nur einen Rostschutzüberzug haben, und

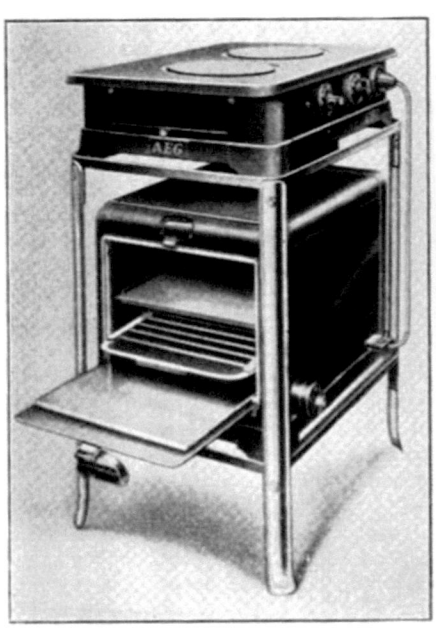

Zweistellen-Volksherd

solche aus emailliertem Eisenblech. Die Kochmaschinen aus Schamottesteinen oder emailliertem Eisenblech sind den einfachen eisernen deshalb bei weitem vorzuziehen, weil sich sowohl der Emaillemantel der Schamottesteine wie der des Eisenblechs anstandslos abwaschen läßt. Bei den einfachen eisernen Herden wird man trotz der Rostschutzfarbe mit dem feuchten Abwaschen vorsichtig sein und, wenn es gar nicht zu umgehen ist, wenigstens sofort für gutes Nachtrocknen sorgen müssen. Danach wird mit Graphit poliert nachgeschwärzt. Die Türen an der Feuerung und dem Aschenraum sowie die um die Heizplatte laufenden Stangen sind meist aus Messing oder Nickel. Beide Metalle sind durch fleißiges Putzen leicht blank zu halten und bilden so einen hervorragenden Schmuck der Küche. Außer den vielen käuflichen Putzmitteln bietet der Haushalt selbst dafür manches schätzenswerte Material. So wird Nickel sehr schön, wenn wir es mit Schlämmkreide, die mit etwas Spiritus angerührt wird, abreiben. Die Reste abgebrannter Gasglühlichtstrümpfe sollten niemals fortgeworfen werden, da sie allen Metallen, vom einfachen Weißblech bis zum Silber, ohne ihnen im geringsten zu schaden, einen herrlichen Glanz verleihen. Der glatte Rand aus blankem Eisen, der bei fast allen Kochmaschinen um die eigentliche, aus geschwärztem Eisen bestehende Kochplatte läuft, läßt sich nur durch tägliches Abreiben mit nicht zu grobem Rost- oder Schmirgelpapier reinigen. Die geschwärzte Kochplatte wird ebenfalls täglich durch Abwischen mit in heißes Sodawasser getauchtem Tuch von den verspritzten Speiseresten befreit, gut nachgetrocknet und mit Graphitpulver neu geschwärzt.

Der Feuerungsraum muß gut mit Schamottesteinen ausgekleidet sein. Es ist nötig, diese Ausmauerung von Zeit zu Zeit erneuern zu lassen, zum mindesten jährlich einmal, da die Auskleidung durch das Feuer leidet und ausbrennt. Bei Kochmaschinen, die sehr stark in Anspruch genommen sind und an denen viel mit hellem und scharfem Feuer gearbeitet wird, kann es auch nötig werden, die Ausmauerung durch den Töpfer zwei- bis dreimal im Jahre vornehmen zu lassen. Die Ausgabe ist nur eine scheinbare, da sie durch Ersparnis an Brennmaterial reichlich wieder einkommt. Denn abgesehen davon, daß der zu stark ausgebrannte Ofenraum die Hitze nicht genügend zusammenhält, vergrößert er sich auch und frißt auf diese Art bedeutend mehr Brennmaterial als in normalem Zustand. Auch leidet die Brennfähigkeit, da der Zug aus dem Schornstein und damit die Zufuhr von zum Brennen nötiger Luft resp. Sauerstoff eben nur auf den normalen Raum berechnet ist. Um diesen Zug voll zur Geltung zu bringen, muß aber nicht nur der Feuerungsraum in geeignetem Zustand und vor allem nicht unnötig von Schlacken beengt sein, sondern auch der Aschenraum muß häufig geleert werden, und besonders darf die sich sammelnde Asche niemals bis an den Rost heranreichen. Auch dieser Rost verbraucht sich naturgemäß im Laufe der Zeit, und es ist wichtig, auch ihn rechtzeitig zu erneuern und auszubessern. Denn wenn die Stäbe durch Ausglühen zu dünn werden, fallen nicht nur die verbrannten

Teekessel

Aluminium-Schnellkocher

Elektrische Kochapparate

feinen Aschenteile durch den Rost, sondern auch unverbrannte glühende Teilchen des Brennmaterials, die so unausgenutzt verlorengehen.

Zum Entzünden des Feuers ist es gut, einen ziemlich heftigen Zug herzustellen; das beste Mittel, das Feuer rasch in Gang zu bringen, wird immer feingespaltenes, trockenes, kienhaltiges Holz sein. Man entzündet einige dieser Holzspäne außerhalb des Herdes und stellt sie dann vorsichtig zwischen das aufgeschichtete stärkere Holz in den Feuerungsraum der Maschine. Wenn dieses Holz genügend Feuer gefangen hat, legt man etwas Koks nach, und erst wenn dieser in heller Glut ist, kann man mit Preßkohlen das Feuer erhalten. Will es einmal nicht gleich brennen, so nehme man unter keinen Umständen zu dem so ungeheuer gefährlichen Zugießen von Petroleum seine Zuflucht. Wenn man mit einigen Stücken lose geballten Zeitungspapiers nicht imstande ist, die Holzscheite zum Brennen zu bringen, so muß man eben noch einmal anfangen und sie von neuem aufschichten. Beim Aufschichten ist immer darauf zu sehen, daß die Luft gut zwischen den einzelnen Scheiten durchstreichen kann, eventuell muß man den Zug vermehren oder vermindern, was man einerseits durch die Schieber an der Wand, anderseits durch Öffnen oder Schließen der Tür am Aschenraum erreicht. Kohlenanzünder, die vielfach im Handel vorkommen, sind ebenfalls ein sehr gutes Mittel, das Feuer in Gang zu bringen.

Für den Bratofen, sofern er nicht von der Feuerung der Kochmaschine aus mitgeheizt wird, ist gewöhnlich eine eigene Feuerung vorhanden mit eigenem Schieber an der Wand, um den Zug zu regulieren. Da es beim Backen hauptsächlich auf eine gleichmäßige, nicht zu hohe Temperatur ankommt, so wird man für Backzwecke den Bratofen meist mit Preßkohlen heizen. Ist der Ofen heiß, so erhält man die erforderliche Glut durch Nachlegen.

Brotröster
Spezialaufnahme der A. E. G., Berlin

Sehr häufig finden sich in neuen Wohnungen Kochmaschinen, die sowohl für Gas- wie für Kohlenbetrieb bestimmt sind, sogenannte „kombinierte Herde". Für sie gelten, je nachdem sie benutzt werden, sowohl die Vorschriften für den Ofen mit Kohlenfeuerung wie für den mit Gasfeuerung.

Der Gasherd

In neuen Häusern, wo auch die Küche an die Zentralheizung angeschlossen ist, wird man sich meistens ausschließlich des **Gasherdes** bedienen. Seine Vorzüge sind aber so groß, daß er auch in anderen Wohnungen wenigstens während der warmen Jahreszeit benutzt werden sollte. Seine Bedienung ist die denkbar einfachste, und bei einigem Nachdenken und einiger Aufmerksamkeit wird er sich im Gebrauch nicht teurer stellen als die Kohlenfeuerung. Da man die Flammen nur so lange brennt, wie die Speisen wirklich darauf stehen, so ist es klar, daß man in diesem Fall sogar zu Ersparnissen gegenüber der Kohlenfeuerung kommen wird, die schon lange vor Beginn des eigentlichen Kochprozesses in Betrieb gesetzt werden muß und natürlich auch nicht in dem Augenblick erlischt, wo das Kochen beendet ist.

Man wähle nur eine der Konstruktionen mit allseitig geschlossenen Platten, da die älteren, die einzelne offene Kochlöcher haben, eine zu schlechte Ausnutzung der Wärme ergeben. Bei den Herden mit geschlossenen Platten sind die einzelnen Kochlöcher mit beweglichen Ringen bedeckt, unter denen sich die Gasflammen befinden. Zum Ankochen nimmt man die Ringe des betreffenden Kochloches ganz oder teilweise weg, entzündet die Flamme und läßt nun die Speise direkt über der Flamme ankochen. Wenn aber die Speisen im Kochen sind,

Elektrische Kaffeemaschine

schließt man die Kochstellen mit den Ringen, so daß eine vollständig geschlossene Platte entsteht, und verlöscht die Flammen bis auf eine oder bei sehr großen Platten höchstens zwei. Unter der geschlossenen Platte verbreitet sich die Wärme gleichmäßig und genügend, um die Speisen im Kochen zu erhalten. Man wird, wenn die Platte gut durchhitzt ist, sogar sehr oft in der Lage sein, die Flamme nach einiger Zeit kleiner zu stellen. An den von der Flamme am weitesten entfernten Teilen der Platte herrscht immer noch eine genügende Wärme, um Teller und

Schüsseln vorzuwärmen. Einige Typen von Gasherden besitzen ein Abzugsrohr für die abziehenden Wärmegase, das mit einer Wasserblase umgeben ist. In ihr können ohne weitere Kosten, nur durch die Abwärme dieser Gase, einige Liter Wasser auf eine ziemlich hohe Temperatur gebracht werden. Zur Vervollständigung des Gaskochers mit geschlossener Platte (und häufig in der Konstruktion mit ihm verbunden) gehört der **Bratofen mit Gasfeuerung**. Auch diesen gibt es in mannigfachen Ausführungen. Diese Bratöfen sind jetzt so vervollkommnet, daß nicht nur große Braten darin zubereitet werden können, sondern daß sie auch zur Herstellung aller Arten von Backwerk dienen, ja es gibt einige Konstruktionen, die mit eigenen Vorrichtungen zum Sterilisieren von Fleisch, Obst, Gemüsen usw. ausgestattet sind. Sie haben besondere Vorrichtungen, um die Oberhitze zu regulieren, und im Innern verstellbare Platten und Roste. Auch die Wärmezufuhr kann aufs genauste geregelt werden. Sehr bewährt hat sich der „Lucullus", ein Bratapparat mit Gasfeuerung und Rost, auf dem Braten ohne Fettzugabe zu schönem Saft und feinstem Geschmack gedeihen.

Sollte das Herdgas nicht gleichmäßig brennen, so ist der Schaden meist ohne Schwierigkeiten zu beheben. Das Durchstechen der kleinen Löcher am Brenner mit einer feinen Nadel ist gut, wird aber allein nicht immer zum vollen Erfolg führen. Zunächst drehe man, wie überhaupt bei allen handwerklichen Arbeiten an Gasapparaten, den Haupthahn am Gasmesser zu. Dann hebe man den Brenner ab, der auf dem Ausflußrohr sitzt, und löse die kleine Schraube vorn am großen Gasrohr, das um den Herd läuft. Hier blase man kräftig durch und stoße mehrere Male mit einem starken Draht durch das so geöffnete Rohr. Damit wird man in den meisten Fällen zum Ziele gelangen.

Um eine sparsame und rationelle Ausnutzung des Gasherdes zu erzielen, ist es nicht nur nötig, die Gaszufuhr mit größter Aufmerksamkeit zu regeln, sondern es müssen vor allem auch alle Teile, die Zuleitungsrohre, der Gasschlauch, die Hähne usw., immer fest und gasdicht schließen. Denn abgesehen davon, daß das in den Raum unverbrannt entströmende Gas Kopfschmerzen und selbst leichte Vergiftungserscheinungen hervorruft, schon ehe es sich durch seinen eigentümlichen Geruch bemerkbar macht, verteuert es natürlich das Kochen mit Gas. Es ist also gut, wenn man die Hähne öfters durch Ableuchten mit einem Licht selbst untersucht. An den undichten Stellen pufft eine kleine Flamme auf. Hat man Verdacht, daß Gas ausströmt, so lösche man alle Flammen im Küchenraum, schließe den Haupthahn am Gasmesser und benachrichtige einen Fachmann oder die Gasanstalt.

Dem **Gasschlauch** ist besondere Aufmerksamkeit zu widmen. Man soll nur den allerbesten Gummi verwenden. Sehr bewährt haben sich die in Spezialgeschäften für Gummiwaren käuflichen roten Gummischläuche, wie sie in chemischen Laboratorien gebraucht werden. Beim Überziehen über die Rohre am Gaskocher und an der Zuleitung muß man sehr vorsichtig verfahren, damit der Schlauch nicht aufschlitzt. Sollte er trotzdem beim Überziehen einen Schlitz bekommen haben, so nehme man ihn sofort wieder ab und schneide die schadhafte Stelle etwas unterhalb des Schlitzes, also in dem noch heilen Schlauch, mit einer guten Schere glatt weg. Gummischläuche sind sehr empfindlich gegen Temperaturschwankungen und werden besonders bei Kälte leicht hart und brüchig. Wenn man also seinen Gasherd im Winter benutzt, muß man den Schlauch, ohne ihn zu knicken, etwa um einen runden Gegenstand gewickelt, in einem wohltemperierten Zimmer aufheben.

Außer den Gummischläuchen gibt es auch vorzügliche, absolut gasdichte Metallschläuche aus Stahl oder Messing. Sie sind sehr beweglich und haben, da sie natürlich nicht elastisch sind, zum Überziehen über die Rohre an ihren beiden Enden Mundstücke aus Gummi.

Der Spiritusherd

Eine gewisse Ähnlichkeit mit den Gasherden haben die neuzeitlichen Spirituskocher, da auch sie mit Gas, und zwar mit Spiritusgas, betrieben werden, das sich aus dem eingefüllten Spiritus entwickelt. Wenn diese Spirituskocher auch zum regelmäßigen Kochen wohl selten angewendet werden, so sind sie auf dem Lande, im Wochenendhaus, wenn keine Gas- oder elektrische Leitung vorhanden ist, und auf der Reise doch sehr brauchbar. Sie bestehen aus einer oder mehreren Kochstellen und einem hinten an dem Herd befindlichen Spiritusbehälter. Will man den Spirituskocher in Brand setzen, so öffnet man einen oder beide Hähne, so daß von dem Behälter zu den Kochstellen Spiritus fließen kann. Zugleich gießt man etwas Spiritus in die Höhlung, die sich um die Kochstellen herum befindet. Diesen Spiritus steckt man mit einem Zündholz in Brand. Durch die entstehende Wärme vergast der zufließende Spiritus, und es entsteht eine schöne blaue Spiritusgasflamme, die fast geruchlos ist und große Hitze entwickelt. Durch einfaches Zudrehen der Hähne hört der Spirituszufluß auf, und die Flamme verlischt von selbst.

Kochen mit Elektrizität

Das Kochen mit Elektrizität stellt die angenehmste, weil sauberste, jederzeit betriebsbereite und vor allem absolut ungefährliche Art der Zubereitung von Speisen dar. Ihre Nachteile bestehen in der durch den oft hohen Preis des elektrischen Stroms bedingten Verteuerung des Betriebs. Manche Elektrizitätswerke geben allerdings den Strom für den Verbrauch im Haushalt billiger ab als den für die Beleuchtung. Man kann diesen Vorteil auch da ausnutzen, wo keine eigene Leitung für Gebrauchsstrom vorhanden ist. Es wird einfach ein sogenannter „Vergütungszähler" aufgestellt, d. h. ein kleiner Elektrizitätszähler, der zwischen die Lichtleitung und den Kochapparat eingeschaltet wird, so daß der für den Kochapparat verbrauchte Strom über den Vergütungszähler geht. Der Stromverbrauch, den dieser anzeigt, wird dann zum ermäßigten Tarif in Rechnung gestellt.

Zum Kochen mit Hilfe der Elektrizität verwendet man durchweg Gefäße, Herde, Apparate, Pfannen usw., in deren Böden und Wandungen elektrische Heizkörper eingeschlossen sind. Diese bestehen meist aus einem Asbestgewebe oder einer Quarzschicht, durch die dünne Drähte aus Widerstandsmetall geführt sind. Die Apparate können in einfachster Weise mit einer Zuleitungsschnur und einem Steckkontakt an die elektrische Hausleitung angeschlossen werden. Dadurch ist man mit der Zubereitung von Speisen nicht auf die Küche beschränkt. Mit Hilfe einiger elektrischer Kochapparate läßt sich in jedem Junggesellenheim eine Kochecke einrichten. Die AEG hat eine große Anzahl von Geräten geschaffen, in denen man nicht nur kochen, sondern auch braten, backen, ja sogar Obst und Gemüse sterilisieren kann. Dadurch daß die Heiz-

Vergütungszähler
Kontrolliert den für den Kochapparat verbrauchten Strom

quelle, die ja nur in einigen in Isoliermaterial eingebetteten Drähten besteht, so gut wie gar keinen Platz wegnimmt, zeichnen sich alle diese Apparate durch ihr geringes Raumbedürfnis aus. Die großen Überlandzentralen versorgen heute weite Gebiete des Landes mit elektrischer Energie. So wird man sich der Vorteile des elektrischen Kochens gerade häufig auch auf dem Lande, im Wochenendheim usw. bedienen können.

Die Erhitzung geschieht bei allen elektrischen Kochgeräten dadurch, daß der hindurchgehende Strom die obenerwähnten Drähte zum Glühen bringt, die dann ihre Wärme den Apparaten selbst und ihrem Inhalt mitteilen. In dem Augenblick, wo die Speisen gar sind, das Teewasser kocht usw., schaltet man einfach ab, so daß der Stromverbrauch und die Hitzentwicklung nur so lange stattzuhaben, wie sie wirklich benötigt werden.

Mit besonderer Sorgfalt ist darauf zu achten, daß man niemals ein leeres Gefäß durch den Steckkontakt einschaltet. Ebenso dürfen sie nie entleert werden, bevor der Strom ausgeschaltet ist. Die Wandungen würden unter Umständen verbrennen und das ganze Gefäß unbrauchbar werden. Wo Geräte mit Temperaturreglern ausgestattet sind, benutze man diese, denn jede Überhitzung nutzt die Heizelemente vorzeitig ab. Außerdem erhöht sich dadurch die Wirtschaftlichkeit des Kochprozesses selbst. Bei den meisten Systemen wird die Regelung der Hitze dadurch bewirkt, daß eine entsprechende Anzahl von Heizelementen zu- oder abgeschaltet wird, je nachdem man mehr oder weniger hohe Temperaturen benötigt oder — in einem Backapparat — nur Unterhitze oder auch Oberhitze braucht. Je weniger Heizelemente aber unter Strom stehen, um so geringer ist der Verbrauch.

Bevor man einen elektrischen Küchenapparat in Gebrauch nimmt, überzeuge man sich davon, ob die auf ihm angegebene Voltzahl mit der der Hausleitung übereinstimmt. Am einfachsten geschieht das, indem man eine Lampe aus einem Beleuchtungskörper herausschraubt und die auf

Schaltuhr
Bewirkt die Ein- und Ausschaltung des Stroms im Kochprozeß

dem Sockel angegebene Voltzahl mit der des Geräts vergleicht. Auch auf dem Schild des Elektrizitätszählers findet man die entsprechenden Angaben. Es gibt heute meist nur Geräte für 110 Volt (110 V) und 220 Volt (220 V). Des weiteren findet man auf allen Geräten eine Angabe über die Wattzahl, die sie verbrauchen. Auch diese Angabe ist für den Anschluß an die Hausleitung wichtig.

Es ist nämlich von großer Bedeutung, daß man die Leitung nicht „überlastet", d. h. nicht mehr Geräte anschließt, als die Sicherung zuläßt. Man merke sich daher, daß an eine Steckdose bei 110 Volt Apparate bis 650 Watt, bei 220 Volt Apparate bis 1200 Watt angeschlossen werden können. Bei größeren Leistungen ist durch den Installateur eine Steckdose bzw. eine Sicherung für 10 Ampere anzubringen. Durch die sogenannten „Mehrfachstecker" ist es möglich, an dem gleichen Steckkontakt eine ganze Anzahl von Geräten anzuschließen. Wenn also eine Teemaschine 300 Watt hat und eine Wärmplatte und ein Brotröster je 50, so kann man sie alle drei unbesorgt durch den Mehrfachstecker mit einem gewöhnlichen Steckkontakt verbinden. Hat aber ein elektrischer Back- und Bratapparat 600 Watt und man will von dem gleichen Steckkontakt aus noch gleichzeitig einen Wasserkocher mit 400 Watt betreiben, so muß man selbstverständlich die Sicherung gegen eine höhere auswechseln lassen.

Ebenso, wie man elektrische Apparate nicht vor dem Füllen einschalten darf, muß man auch dafür sorgen, daß sie während des Kochprozesses stets gefüllt bleiben. Sonst treten die gleichen Schäden ein. Man muß also stets für Nachfüllen von Flüssigkeit usw. sorgen. Allerdings hat die Technik es verstanden, diese Sorge auf verschiedenen Wegen zu erleichtern.

Zunächst baut sie elektrische Geräte mit „Überhitzungsschutz". Diese intelligenten Geräte sorgen selbst dafür, daß ihnen nichts passiert, wenn die Hausfrau durch Abhaltungen verhindert ist, auf sie aufzupassen. Werden solche Gefäße aus irgendeinem Grunde überhitzt, so schaltet der eingebaute Überhitzungsschutz den Strom ohne weiteres aus und zeigt dies auch äußerlich an. An irgendeiner Stelle springt ein roter Knopf aus der Gefäßwandung, der sich erst dann wieder zurückdrücken läßt, wenn die Überhitzungsgefahr beseitigt ist, d. h. z. B., wenn wieder Wasser in den Apparat nachgefüllt ist.

Ökonom
Universal-Kochapparat

Kochen heut ein Vergnügen!
Elektrischer Kochherd und Bratröhre, sauber und bequem

Eine andere Form der Selbstüberwachung ist die S ch a l t u h r. Sie gleicht in ihrem Äußern einer gewöhnlichen Uhr, aus der aber zwei Leitungsschnüre herausgehen. Die eine Leitung wird mit der Steckdose an der Wand verbunden, die andere mit dem elektrischen Kochgerät, das zu einer bestimmten Zeit ein= und wieder ausgeschaltet werden soll. Am Zifferblatt der Uhr befinden sich zwei kleine verstellbare Einrichtungen. Die eine wird auf die Stunde gestellt, zu der der Kochprozeß beginnen soll, die andere auf die Zeit, zu der er beendigt ist. Die Hausfrau kann also ruhig um neun Uhr morgens fortgehen, nachdem sie die vorgerichteten Speisen dem Kochapparat anvertraut hat. Handelt es sich um ein Gericht, das nach zweistündiger Kochzeit um 1 Uhr fertig sein soll, so stellt sie die Einschaltvorrichtung auf 11 Uhr. Pünktlich um 11 Uhr wird der Kochprozeß beginnen, der dank der auf 1 Uhr gestellten Ausschaltung genau um diese Zeit beendet wird.

Außer zum Braten, Backen, Kochen, Dämpfen und Sterilisieren läßt sich die Elektrizität auch zum Warmhalten von Speisen und Geschirren, „Wärmekammern", verwenden, die den Kochgeräten aufgesetzt werden und in wirtschaftlicher Weise die beim eigentlichen Zubereitungsprozeß der Speisen entstehende Abwärme ausnutzen. Auch elektrische Dörr= apparate gibt es, die der Konservierung von Obst und Gemüse durch Trocknung dienen. Sie bestehen aus aufeinandergesetzten Hürden, durch die die Wärme hindurchstreicht und das darin befindliche Obst und Gemüse dörrt.

Die Grude

Die **Grude** oder der Grudeherd ist in den letzten Jahren sehr verbessert worden und stellt z. B. in dem Typ des Rieschelschen Wellsieb=Grudeherds eine begrüßenswerte Ergänzung der Kochmittel dar. Die Grude wird überall da verwendet werden, wo dauernd eine Wärmequelle bereit sein muß. Also z. B. in Hotels, Pensionaten, Wirtschaften mit größerem Betrieb. Aber auch die Hausfrau wird sehr froh sein, wenn sie in jedem Augenblick über warmes Wasser verfügt. Darüber hinaus kann man in der Grude Speisen in fest geschlossenen Töpfen bereiten, trockene Früchte und Gemüse aufquellen, dünsten, braten, backen und sterilisieren. Die Grude entwickelt weder Rauch noch Ruß. Aufmerksame Behandlung ist Vorbedingung. Gebrauchsanweisung erhält man beim Kauf der Grude.

Küchenmöbel

Möbel dienen in der Küche lediglich als Aufbewahrungsort für Geräte und Vorräte und als Arbeitsmöglichkeit. Nach diesen sachlichen Gesichtspunkten muß auch ihre Ausgestaltung und Anordnung erfolgen. Deshalb braucht eine Küche noch lange nicht nüchtern und reizlos zu wirken. Helle Farben und gute glatte Formen geben stets einen freundlichen Gesamteindruck, der durch waschbare Fensterbekleidung in kräftigen licht= und waschechten Farben sehr gesteigert werden kann.

Der erste Grundsatz für die neuzeitliche wirtschaftliche und hygienische Küche heißt: Nichts

Das moderne Frühstück
Kochplatte und Brotröster auf dem Frühstückstisch
Spezialaufnahme der A. E. G., Berlin

herumhängen oder -stehen lassen! Alles soll staubsicher aufbewahrt werden, aber so, daß es mit einem Griff zur Hand ist und ohne Zeitverlust benutzt werden kann. Dazu dienen Schränke, die zur Aufnahme der verschiedensten Küchengeräte eingerichtet sind. Die Geräte stehen je nach ihrer Eigenart entweder auf Borden oder in Abteilungen, für andere sind Schubfächer oder englische Züge, wie wir sie von Bureaumöbeln her kennen, angebracht. Löffel, Fleischklopfer usw. sind an einem Brett an der inneren Schranktür befestigt. Der obere Teil des Schrankes aber ist mit größeren und kleineren Glasschütten ausgestattet, die an einem Henkel leicht herausgenommen werden können. Sie ersetzen die früher frei herumstehenden Tönnchen für Mehl, Hülsenfrüchte, Gewürze usw. Eine Ausgußöffnung an ihrem vorderen Rand macht den Löffel zum Herausnehmen unnötig. Diese Glasschütten, die keine scharfen Ecken haben, lassen sich außerordentlich leicht reinigen. Die Türen dieser Schränke schließen staubdicht und sind im Interesse einer einfachen Reinigung ganz glatt ausgestaltet.

Die neueren wissenschaftlichen Forschungen haben ergeben, daß Arbeiten, die im Stehen verrichtet werden, vielfach viel mehr ermüden als solche im Sitzen. Langes Stehen ist im allgemeinen Frauen überhaupt gesundheitlich wenig zuträglich. Darum hat man nun auch die Küchenmöbel so ausgestaltet, daß die meisten, wenn nicht alle Arbeiten, die bei der Vorbereitung und der Herstellung der Speisen zu erledigen sind, im Sitzen ausgeführt werden können. Man erreicht dies dadurch, daß man unter der eigentlichen Platte des Küchentisches noch eine tiefere, sogenannte „Arbeitsplatte" anbringt, die herausgezogen und hineingeschoben werden kann. Auf ihr werden alle Arbeiten, wie Rühren, Schnitzeln usw., ausgeführt, die eine tiefere Stellung des Arbeitsgeräts bedingen. Dann aber hat man auch Küchenstühle konstruiert, die wie die früheren Kontorschemel oder Klavierstühle zum Höher- oder Tieferstellen durch Drehen eingerichtet sind. Man kann sich auf diesen Drehstühlen auch weit nach der Seite herausbeugen, so daß man bei guter und richtiger Anordnung des Arbeitsgeräts bei vielen Verrichtungen die verschiedensten Gegenstände ergreifen kann, ohne daß man aufstehen muß. Diese Küchenstühle sind mit Lehnen versehen, was viel dazu beiträgt, Ermüdung zu verhindern und die Arbeitsfrische zu bewahren. Die Platten des Küchentisches dürfen nicht gestrichen oder lackiert sein. Sie sollen entweder aus festem, ungestrichenen Hartholz gefertigt sein, das sich mit Sand und Soda stets tadellos abscheuern läßt, oder mit starkem Linoleum fest belegt werden. Wo man ihn unmittelbar an die Wasserleitung anschließen kann und wo er auch mit dem Ausguß direkt zu verbinden ist, ist ein Spültisch sehr angenehm. Am besten sind solche mit zwei Abteilungen, so daß in der einen abgewaschen und in der anderen nachgespült werden kann. Hat er Klappen, um ihn abzuschließen, so sollten auch sie, wie die Spülbehälter, mit Zinkblech ausgeschlagen sein. In aufgeschlagenem Zustand geben sie dann eine gute Ablagestelle für das gespülte Geschirr, das auf ihnen abtropfen kann, ohne irgendwo Flecken zu verursachen. Der Belag mit Zinkblech ist sehr dauerhaft und läßt sich mit Seife und Blitzblank oder auch mit Oleum, das aber, weil giftig, nur mit großer Vorsicht anzuwenden ist, immer gut reinigen. In geschlossenem Zustand ist ein solcher Spültisch mit Klappen eine willkommene Vermehrung des Arbeitsraums in der Küche, da er wie ein Tisch zu verwenden ist.

Besondere Sorgfalt muß die Hausfrau dem in jeder Küche vorhandenen Ausguß angedeihen lassen. Wie unangenehm ist es, wenn er sich verstopft! Und doch läßt sich das bei einiger Aufmerksamkeit durchaus vermeiden. Eine häufige Ursache dieser Verstopfung ist, daß z. B. sehr fettiges Spülwasser, wie es leider oft vorkommt, in den Ausguß gegossen wird. Aber jede Hausfrau könnte sich doch selbst sagen, daß dieses Fett, sowie es in Berührung mit dem kalten Metall kommt, erkaltet und erstarrt und so eine undurchdringliche und feste Schicht im Rohr bildet. Ist man sich bewußt, auf diese Art an der Undurchlässigkeit des Ausgusses schuld zu sein, so versuche man zunächst durch Nachgießen von kochendem

Wasser die harte Fettschicht wieder zu schmelzen und mit dem Wasser zusammen hinabzuspülen. Daß feste Bestandteile, auch solche, die durch die Löcher des Ausgusses hindurchrutschen, nicht mit dem Spülwasser hineingeschüttet werden sollten, ist eine alte Weisheit, gegen die immer wieder gefehlt wird. Da das Rohr des Ausgusses meistens ganz kurz unterhalb des Beckens eine Biegung macht und ein Knie bildet, bleiben diese festen Teile nur allzugern dort liegen und führen früher oder später zu einer vollkommenen Verstopfung. Es gibt in den Haushaltungsgeschäften sehr billige Einhängesiebe aus Drahtgeflecht, die alle festen Teile zurückhalten. Sie bieten außerdem den Vorzug, daß sich in ihnen Nahrungsmittel direkt unter der Wasserleitung waschen und spülen lassen. Natürlich muß man sich dann zwei Einhängesiebe halten, eines, in dem man die Nahrungsmittel wäscht und spült, und ein anderes für das Durchgießen des Spülwassers.

Eine große Erleichterung gewährt es der Hausfrau, während des Sommers einen **Eisschrank** zur Verfügung zu haben. Wenn es auch nicht absolut notwendig ist, so halten sich doch während der heißen Jahreszeit alle Vorräte und Reste darin besser. Allerdings nur, wenn man dem Eisschrank eine sorgfältige Behandlung zuteil werden läßt. Sonst wird er in wenigen Wochen eine Brutstätte für Schimmelpilze, und die Hausfrau wird bestürzt Gemüse, Obst und Speisereste mit einer lustig florierenden grünen Pilzdecke darauf hervorziehen. Da er, um das Eis möglichst lange vor dem Schmelzen zu bewahren, luftdicht schließen muß und durch das schmelzende Eis und das Verdunsten des Eiswassers eine beträchtliche Feuchtigkeit in ihm herrscht, so kann man ihn nur durch peinlichste Reinlichkeit und häufiges Scheuern mit grüner Seife, die stark desinfizierende Eigenschaften besitzt, rein erhalten.

An Stelle des Eisschranks ist heute vielfach der **Kühlschrank** getreten. In ihm befindet sich ein Behälter, der mit flüssigem Gas gefüllt ist. Ein Elektromotor, der an die Hausleitung angeschlossen wird (für genügend hohe Sicherung sorgen!), setzt die Einrichtung in Bewegung, die das Verdunsten des flüssigen Gases und seine Wiederverdichtung zu einer Flüssigkeit bewirkt. Bei diesem Vorgang werden so hohe Kältegrade erzeugt, daß nicht nur Speisen und Getränke kühl gehalten werden können, sondern daß auch künstliches Eis oder Fruchteis hergestellt werden kann. Durch diese Schränke ist man vom Bezug von Natur- oder Kunsteis unabhängig.

Küchengeräte

Die Kochgeschirre und Küchengeräte sind so mannigfacher Art, daß es ganz unmöglich ist, sie alle einzeln aufzuzählen. Nur über die verschiedenen Materialien, aus denen sie hergestellt sind, deren Behandlung und Reinigung sowie über eine Anzahl neuer, besonders praktischer Konstruktionen soll hier gesprochen werden.

Der größte Teil unseres Küchengeschirrs ist gegenwärtig aus emailliertem Metall, meist emailliertem Eisen. Diese **Emailgeschirre** haben große Vorzüge, denen sie ihre Beliebtheit verdanken. Die guten Qualitäten sind bei einigermaßen sorgfältiger Behandlung recht haltbar; es lassen sich eigentlich alle Gerichte in ihnen zubereiten, wenn auch einzelne in ihnen leichter anbrennen als z. B. in irdenen. Solange ihr Emailmantel keine Schäden aufweist, sind sie gesundheitlich ganz einwandfrei. Beginnt dieser aber schadhaft zu werden, so geben diese Geschirre nach zwei Seiten hin zu Bedenken Anlaß. Erstens mischen sich die feinen Emailsplitter unter die Speisen und können Verletzungen der Magen- und Darmwand herbeiführen, zweitens tritt, sobald der Emailüberzug abgesplittert ist, die Luft mit dem ungeschützten Eisen in Berührung, das dann zu rosten beginnt. Solche Gefäße sind vor allem ganz ungeeignet zur Bereitung von Speisen, die Säuren enthalten, wie z. B. Obst usw. Sie sind am besten aber überhaupt von der weiteren Benutzung als Kochgeschirre sofort auszuschließen.

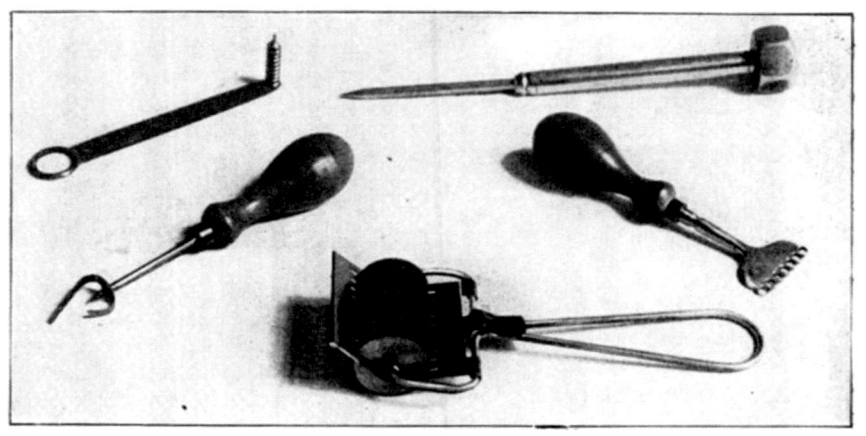

Praktische Küchenapparate
von A. Bertuch in Berlin

Rettichbohrer — Blitzschneider — Eiszerkleinerer
Karottenschneider — Meerrettichreißer

Emailgeschirr von guter Qualität, das richtig behandelt wird, wird seinen Emailüberzug aber ziemlich lange Zeit tadellos behalten. Zu seiner richtigen Behandlung gehört, daß es niemals leer auf die erhitzte Herdplatte oder direkt auf das Feuer gestellt wird, daß man nicht kochend heißes Fett in ein kaltes Emailgeschirr hineingibt, sondern das Fett erst in ihm zergehen und heiß werden läßt, und daß man auch ein gefülltes Emailgeschirr, wenn es sehr kalt ist, nicht unmittelbar auf die offene Flamme setzt, sondern es langsam anwärmen läßt. Gereinigt wird Emailgeschirr auf die denkbar einfachste Art mit heißem Wasser und Sodazusatz. Wenn die Töpfe unten schwarz sind oder sich die Speisereste allzu fest angesetzt haben, kann man ruhig mit feinem Sand scheuern.

T o n g e s c h i r r e werden heute in unseren Küchen weniger benutzt, als sie es verdienen. Sie haben sehr große Vorzüge, denen als einziger Nachteil eigentlich nur ihre relativ große Empfindlichkeit gegen Hitze, ihre Zerbrechlichkeit überhaupt, entgegensteht. Das einfache irdene Geschirr kann auf Gasfeuerung oder auf offenem Kohlenfeuer absolut nicht benutzt werden. Man kann diese Empfindlichkeit allerdings dadurch bedeutend vermindern, daß man sich vom Klempner unter den Boden eine Platte von Schwarzblech binden und das ganze Gefäß mit einem Netz von Draht umflechten läßt. Da bleihaltige Glasuren heute verboten sind, so ist Tongeschirr ein gesundheitlich ganz einwandfreies Kochgefäß. Obst, das zum Einkochen bestimmt ist, und Gemüse, das in Metall- und Emailgeschirren sehr häufig seine Farbe verändert, sollte nur in irdenem Geschirr zubereitet werden.

Weit hitzebeständiger als die einfachen sind die sogenannten „f e u e r f e s t e n" T o n g e s c h i r r e, die aber auch bedeutend teurer sind. Sie kommen unter den verschiedensten Namen in den Handel. Ihnen nahe verwandt sind die feuerfesten Porzellan- und Glasgeschirre, die sich vor allem gut zur Zubereitung von Speisen eignen, die im Bratofen aufgezogen oder gebräunt werden und in der gleichen Schüssel auf den Tisch kommen. Es muß bemerkt werden, daß der Ausdruck „feuerfest" sowohl für Ton- wie für Porzellan- und Glasgeschirre niemals bedeuten kann, daß sie absolut feuerfest sind. Es ist nie rätlich, solche Gefäße auf die offene Flamme zu bringen. Vorsicht muß man bei ihnen immer walten lassen und sie vor starkem Temperaturwechsel in acht nehmen. Wenn man ein solches Gefäß etwa aus der eiskalten Speisekammer in den heißen Bratofen setzen wollte oder umgekehrt, so darf man sich nicht darüber wundern, wenn es springt.

Das Kupfergerät, das wir heute gebrauchen, soll immer stark verzinnt sein, denn Kupfer bildet mit allen Säuren, die ja in vielen Speisen enthalten sind, leicht den giftigen Grünspan. Obst, das immer Säuren enthält, oder Speisen, die mit Essig oder anderen Säuren zubereitet werden, sollte man nie in Kupfergefäßen kochen. Im allgemeinen aber ist Kupfergeschirr sehr angenehm in der Küche, und manche Speisen gelingen darin besser als in Geräten aus anderem Material, da es sich sehr gleichmäßig erhitzt. Die Reinigung von kupfernen Gegenständen ist ziemlich einfach. Sie werden heiß ausgewaschen und das Kupfer mit irgendeinem, natürlich ungiftigen, Putzmittel wieder blankgerieben.

Sehr beliebt sind Geschirre aus **Reinnickel, Nickellegierungen und Aluminium**. Sie sehen hübsch aus, sind sehr haltbar, und ihre Reinigung ist eine sehr einfache. Wenn sie ständig in Gebrauch sind, genügt nach dem Spülen in warmem Wasser ein einfaches Nachpolieren mit einem weichen, trockenen Tuch, um ihnen ihren schönen, silberähnlichen Glanz wiederzugeben. Wenn sie selten gebraucht werden, laufen sie allerdings in dem Dampf und Wrasen der Küche leicht an. Stark angelaufenes Nickelgeschirr wieder blank zu bekommen, ist aber eine oft etwas mühselige Aufgabe, darum halte man es stets gut blank und lasse es nicht zu sehr anlaufen. Man kann es mit Schlämmkreide und Spiritus, die man zu einem dicken Brei zusammenrührt, blankputzen sowie auch mit guter Metallputzpomade. **Schwarzeisernes** Gerät ist noch bei Kuchenblechen, Stielpfannen, Waffeleisen und Kaffeeröstern in Gebrauch.

Elektrisch betriebene Küchenmaschinen
Alexanderwerk, Berlin

Speisen- und Geschirrwärmer

Ein Teil unserer Küchengeräte, wie Kochlöffel, Hackbretter, Nudelholz usw., sind aus Holz, und zwar sollten sie am besten aus hartem, weißem Lindenholz sein. Diese Holzgegenstände nehmen leicht durch längeren Gebrauch eine unscheinbare bräunliche Färbung an. Dem läßt sich entgegenwirken, wenn man sie bei der jedesmaligen Reinigung mit starkem Seifenwasser behandelt und sie nach dem Abtrocknen, bis sie vollständig trocken sind, in die Sonne oder wenigstens in die freie Luft legt. Bleichend wirkt auch eine Reinigung mit einer nicht zu starken Chlorlösung. Danach ist besonders gut mit recht heißem Wasser nachzuspülen und ebenfalls in der Sonne gründlich zu trocknen. Kleinere Gegenstände, wie Kochlöffel usw., kann man in dieser Chlorlösung sogar auskochen.

Um die Arbeit in der Küche zu erleichtern und vor allem zeitraubende Arbeiten, wie Gemüse- und Fleischzerkleinern, Gemüseputzen, Teigrühren, Herstellen von Eisspeisen, Kaffeemahlen usw., zu erleichtern, wurde ein kleiner Küchenmotor konstruiert, auf den Küchenmaschinen aufzustecken sind, die diese zeitraubenden Arbeiten vom Motor angetrieben aufs schnellste erledigen.

Kochkisten und Sparkochapparate

Eine **Kochkiste** sollte in keiner Küche fehlen. Mit ihrer Hilfe spart man Arbeit, Zeit, Brennmaterial und dadurch Geld. Ihre Wirkung beruht auf dem physikalischen Grundsatz, daß ein Gegenstand, der von schlechten Wärmeleitern umgeben ist, der also gut „isoliert" ist, seine Temperatur, sei sie nun kalt oder warm, nur sehr langsam verändert. So kann die Kochkiste nicht nur zum Warmhalten und, wie ihr Name schon sagt, zum Garkochen dienen, sondern auch als Eisschrank, ja beinahe als Eismaschine. In ihrer einfachen Form kann die Hausfrau sie sich leicht selbst herstellen. Sonst findet sie in den Haushaltungsgeschäften in den verschiedensten Ausführungen und zu den verschiedensten Preisen geeignete Apparate.

Will man sich die Kiste selbst herstellen, so verschafft man sich zunächst eine nicht zu große, starke, gut schließende Holzkiste mit Deckel. Der Deckel muß mit Scharnieren befestigt sein und erhält einen Verschluß. Um die Kiste leichter handhaben zu können, bringt man an den beiden Seiten Henkel aus lackiertem Eisen an, die ebenso wie Scharniere und

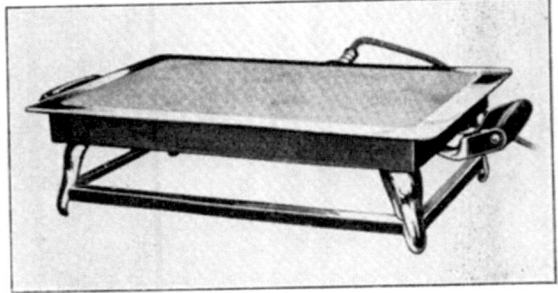

Wärmeplatte
zum Warmhalten von Speisen und Tellern auf dem Eßtisch

Verschluß in Eisenwarengeschäften käuflich sind. Dann beschafft man sich je nach der Größe der Kiste ein oder zwei Töpfe mit gut schließenden Deckeln und möglichst fest an die Kistenwand zu klappenden, beweglichen Henkeln. Diese Töpfe müssen aber mindestens 10 Zentimeter niedriger sein als das Innere des Kistenraums. Man beginnt zunächst damit, den Boden möglichst fest und gleichmäßig, etwa 5 Zentimeter hoch, mit dem Füllmaterial zu bedecken. Als solches kann **Heu, Holzwolle, kleingeschnitzeltes Papier** oder **Zeitungspapier** dienen, das man, um es geschmeidig zu machen, mehrere Male zusammenknüllt und wieder glattstreicht, um es schließlich in zusammengeknülltem Zustand zu verwenden. Die Hauptsache ist, daß recht fest gepackt wird. Ein fest gestopftes Kissen füllt den Raum zwischen den Töpfen und dem Deckel vollständig aus.

Um nun in einer solchen Kiste zu kochen, hat man die Speisen auf dem Feuer oder auf der Gas- oder Spiritusflamme, je nach ihrer Natur, eine viertel oder halbe Stunde lang anzukochen und nach dieser Zeit, wenn sie tüchtig im Kochen sind, den geschlossenen Topf rasch in die Kochkiste zu setzen, diese zu schließen und die Speisen, ohne daß man sich im geringsten um sie kümmert, ruhig ihrem Schicksal zu überlassen. Man kann im allgemeinen rechnen, daß sie in der Kochkiste etwa die doppelte Zeit brauchen werden, die sie auf Feuer brauchen würden.

Die Küchentracht

Einschieben des Gebäcks in den Carnifix

Wie bei der gesamten Einrichtung der Küche, ist auch für den Anzug der in ihr Arbeitenden Einfachheit, Zweckmäßigkeit und vor allem leichte Reinigungsmöglichkeit Bedingung. Darum ist den Waschstoffen vor allen anderen der Vorzug zu geben. Am besten eignet sich ein fußfreies Kattunkleid mit kurzen Ärmeln, über dem man eine große waschbare Schürze trägt. Das Haar wird am besten schlicht und recht fest geordnet. Die Sitte, in der Küche große weiße Rüschen zu tragen, die das Haar in sich aufnehmen, ist im Interesse des Haares, das so vor Mehlstaub usw. geschützt ist, und der allgemeinen Appetitlichkeit als sehr praktisch zu rühmen. Es ist kein Vergnügen, in der Suppe ein Haar zu finden.

Das Wirtschaftsbuch und das Kochbuch

Um die Möglichkeit einer genauen Kontrolle des Gebrauchs und der Ausgaben zu haben, die an den einzelnen Tagen für die Küche aufgelaufen sind, ist es praktisch, für die Auslagen für Lebensmittel und Küche ein besonderes **Wirtschaftsbuch** zu führen. Ein solches Buch gestattet bei regelmäßiger Benutzung in späteren Zeiten ganz interessante Vergleiche, wie sich die Preise der einzelnen Lebensmittel im Laufe der Jahreszeiten und der Jahre verändern usw. Es erleichtert die Aufstellung eines rationellen Küchenzettels.

Am bequemsten ist es wohl, wenn man die Auslagen der einzelnen Tage mit Datum zusammenschreibt und am Ende jedes Monats das Fazit zieht.

Am Ende des Monats trägt man die Summe unter der Bezeichnung „Küchenbuch" dann in das andere, allgemeine Wirtschaftsbuch über.

Ebenso wichtig ist es, sich trotz aller gedruckten Kochbücher ein eigenes handschriftliches anzulegen, in das man die Rezepte, die man von guten Freunden bekommt oder sonstwie sammelt, einträgt. Der besseren Übersichtlichkeit halber nimmt man entweder ein Buch, das man sich selbst in verschiedene große Abteilungen einteilt, oder ein solches, bei dem man vorn ein alphabetisches Inhaltsverzeichnis anlegt. Selbstverständlich muß man sowohl die Seiten des Buches wie die Rezepte selbst numerieren. Sehr angenehm ist es, wenn man zwischen dem Titel und der eigentlichen Kochvorschrift eine Aufstellung alles dessen einfügt, was man zur Herstellung der jeweiligen Speise benötigt. Man ist dadurch viel rascher in die Lage versetzt, sich die guten Dinge, die man braucht, vorher zusammenzuholen und zu besorgen.

Maße und Gewichte

Sehr oft ist es bei der Zubereitung von Speisen von großer Wichtigkeit, die einzelnen Bestandteile recht genau abwiegen und abmessen zu können. Deshalb bilden ein genauer Satz von Maßen für Flüssigkeiten und eine exakt gehende Wage nebst Gewichtssatz notwendige Inventarstücke.

Als Hohlmaß wird in der Küche lediglich das Litermaß benutzt. Ein solcher Maßsatz besteht am besten aus einer Reihe von Porzellan- oder Steingutgefäßen, die geeicht sind. Man wird sich in den meisten Fällen mit Gefäßen von $1/8$, $1/4$, $1/2$ und 1 Liter begnügen können, da man größere Mengen oder Zwischenmaße ja leicht durch Benutzung der verschiedenen Gefäße sich abmessen kann. In österreichischen Kochrezepten liest man sehr häufig die Bezeichnung 1 Deziliter. Das bedeutet $1/10$ Liter, und danach kann man sich also sehr genau richten. 5 Deziliter z. B. sind gleichbedeutend $1/2$ Liter usw.

Was Gewichte anbetrifft, so rechnet man in der Küche nach Gramm, Pfund und Kilogramm. In Österreich und Süddeutschland gebraucht man außerdem noch den Ausdruck Dezigramm (Deka), der 10 Gramm bedeutet: 3 Dezigramm z. B. sind 30 Gramm. Wer in der glücklichen Lage ist, noch ein Kochbuch aus Großmutters Zeit zu besitzen, muß sich außerdem folgendes merken: Das alte Pfund, das er darin angegeben findet, hat nicht 500, sondern 560 Gramm. Es ist in 32 Lot eingeteilt, ein Ausdruck, den man in alten Rezepten ständig angewendet findet. 1 Lot ist nach unserem Gewicht 17,5 Gramm.

Die verbreitetste Küchenwage und zugleich die bequemste ist die Tafelwage mit Gewichtssatz, wie sie in den Kaufläden benutzt wird. Will man Gramme genau abwiegen, besonders bei Gewürzen usw., so ist es am praktischsten, eine gutgehende Briefwage zu benutzen.

Ersatz für Maße und Gewichte

1 Wasserglas	¼ Liter
1 Suppenteller ungefähr	¼ Liter
1 Weinflasche	¾ Liter
⅛ Liter	7 Eßlöffel
1 gestrichener Eßlöffel Fett	20 Gramm
1 gestrichener Eßlöffel Mehl	10 Gramm
1 gestrichener Eßlöffel geriebene Semmel	10 Gramm
1 gestrichener Eßlöffel Salz	20 Gramm
1 gestrichener Eßlöffel grober Zucker	15 Gramm
1 Liter Wasser, Milch, Saft	1 Kilo

Das Brennmaterial

Das älteste und bekannteste aller Brennmaterialien ist das Holz. Sein Gebrauch für Heizzwecke ist in steter Abnahme begriffen, was zum Teil daran liegt, daß Kohle leichter und bequemer zu transportieren ist und bereits zerkleinert ins Haus geliefert wird, zum Teil aber an den durch die vielfache industrielle Verwertung des Holzes gesteigerten Preisen. In großen Städten wird fast gar nicht mehr mit Holz geheizt, und auch in kleineren und auf dem Lande ist eine Abnahme unverkennbar. Zwischen den einzelnen Holzsorten ist kein sehr großer Unterschied in bezug auf ihren Heizwert, was man schon daraus erkennen kann, daß die besten Hölzer einen Heizwert von 5000 Kalorien, die schlechtesten einen solchen von 4600 Kalorien besitzen. Ordnet man die einzelnen Holzsorten nach ihrem Heizwert, so ergibt sich folgende Reihenfolge von der besten zur schlechtesten: Linde, Tanne, Ulme, Fichte, Espe, Weide, Kastanie, Lärche, Birke, Eiche, Akazie, Weißbuche, Rotbuche.

An die Stelle des Holzes ist das Brikett getreten. Billige Briketts zu kaufen, empfiehlt sich nicht, da ja bei ihnen nicht die Zahl und der Rauminhalt, sondern lediglich der Heizwert bezahlt wird, der dem Fabrikanten genau bekannt ist. Das heizkräftigste unter allen Brennmaterialien ist die Steinkohle. Ihr Heizwert beträgt 7800—8500 Kalorien für ein Kilo verbrannter Kohle, doch kommt für ihre Bewertung nicht die Heizkraft allein in Betracht, sondern auch die sogenannte Backfähigkeit. Beim Erhitzen der Steinkohle entstehen nämlich größere oder geringere Mengen fett- oder harzartiger Körper, die sich unter Gasentwicklung und Aufblähen zersetzen und einen festen Rückstand hinterlassen, der die einzelnen Kohleteilchen zusammenbackt. Je nach der Backfähigkeit unterscheidet man: gasreiche Sand- und Sinterkohle, Gaskohle, Backkohle und Kokskohle, gasarme Sinterkohle u. a. m. Die letztere Sorte ist die beste und heizkräftigste unter allen Steinkohlensorten.

Ein vielfach verwendetes Brennmittel ist der bei der Gasbereitung abfallende sowie in besonderen Betrieben hergestellte Koks. Er entsteht beim Erhitzen der Kohle auf 1000 bis 1200 Grad. Unter Koks im allgemeinen versteht man Steinkohlenkoks, während der aus Braunkohle hergestellte Grudekoks genannt wird. Die Güte eines Kokses läßt sich im allgemeinen schon aus seinem äußeren Ansehen beurteilen. Ein guter Koks muß sehr hart sein und möglichst feine Poren haben. Er muß ferner einen hellen Klang besitzen. Je nach dem Rohmaterial, aus dem der Koks hergestellt wird, schwankt sein Heizwert zwischen 6500 und 8000 Kalorien. Ein besonderer Vorteil des Kokses ist der, daß er ziemlich rauchfrei brennt, daß sich also seine Verwendung schon aus hygienischen Gründen empfiehlt.

In verschiedenen Haushaltungen hat sich jetzt der Brauch eingeführt, die Asche dadurch von neuem auszunutzen, daß man sie nochmals auf die glühenden Brikette auflegt. Dies kann in einfacher Weise geschehen. Am besten ist es, wenn man sie flach über die brennende Kohlen- oder Brikettschicht breitet. Würde man zu hohe Schichten auflegen, so würde der Luftzutritt abgesperrt und dadurch die Verbrennung und Wärmeentwicklung vermindert werden. Unter der Asche würde zwar das Feuer weiterglimmen, es würde jedoch nur sehr wenig Wärme liefern. Enthält die Asche noch viele unverbrannte Kohlenbestandteile, so kann man sie in der Herdfeuerung, in der ein kräftiger Zug herrscht und infolgedessen mehr Luft vorhanden ist, verbrennen.

Die Beleuchtung

Für die Beleuchtung der Küche stehen, je nach den örtlichen Verhältnissen, Gas, Elektrizität, Petroleum und Spiritus, dieser meist in der Form des Spiritusglühlichts, zur Verfügung.

Die Frage, welche von den zahlreichen modernen Lichtquellen die billigste sei, ist sehr schwer zu beantworten. Es wäre gänzlich falsch, wenn man z. B. sagen würde: Die elektrische

Glühlampe kostet pro Brennstunde soundsoviel, die Petroleumlampe hingegen nur soundsoviel, folglich ist die letztere die billigere.

Die Lichtstärke läßt sich nur dadurch in Erfahrung bringen, daß man sich über sie zuverlässige Angaben machen läßt, ehe man sich für die eine oder andere Beleuchtungsart entschließt. Bei Petroleum- und Gaslampen war ja die Angabe der Lichtstärke nie gebräuchlich. Bei elektrischen Glühlampen war sie früher auf jeder einzelnen Lampe aufgeschrieben. Seit dem Jahre 1916 sind jedoch die führenden Fabriken der Glühlampenindustrie dahin übereingekommen, diese Bezeichnung wegzulassen und die Lampen nur noch mit der Angabe des Wattverbrauchs und der Lampenspannung zu versehen. Die beiden auf den Lampen angebrachten Zahlen sagen uns also weiter nichts, als daß die betreffende elektrische Glühlampe soundsoviel elektrischen Strom (ausgedrückt in Watt) verbraucht und daß sie an eine Leitung von 110 oder 220 Volt anzuschließen ist.

Beim Gasglühlicht fehlt jede Bezeichnung über die Kerzenstärke. Diese hängt auch zum Teil von der Beschaffenheit des Gases ab. Immerhin läßt sich für die verschiedenen Arten von Gasglühlichtbrennern wenigstens eine ungefähre Kerzenstärke angeben, und wenn man dann noch die Größe des Gasverbrauches und den Gaspreis kennt, so genügt dies, um die nötigen Berechnungen über die Kosten anzustellen.

Bei Vergleichen zwischen elektrischer und Gasbeleuchtung ist noch zu beachten, daß sich das Verhältnis im allgemeinen deshalb etwas zugunsten der elektrischen Beleuchtung verschiebt, weil sie bequem anzuzünden und auszulöschen ist. Während man also die Gasbeleuchtung brennen läßt, löscht man die elektrische Lampe beim jeweiligen Verlassen des Raumes meist aus, und es dürfte sich deshalb empfehlen, bei Kostenanschlägen für das ganze Jahr von der Zahl der Brennstunden beim elektrischen Licht noch einen Betrag von 10% in Abzug zu bringen.

Die Abwäscherin
Nach einem Kupferstich von Beauvaulet

Verletzungen und Verbrennungen beim Kochen

Jede Schnittwunde, besonders aber jede Stich- und Rißwunde der Hände muß sorgfältig beachtet werden, da kleinste Verletzungen zu ernsten Erkrankungen führen können. Eine Wunde, die besonders stark blutet oder aus der das Blut im Strahl herausspritzt, ein Zeichen, daß ein Blutgefäß getroffen ist, bedarf schleuniger ärztlicher Hilfe. Bis zu deren Eintreffen wird das verletzte Glied durch Zusammenschnüren mit einem Bande oder Gummistreifen in der Richtung nach dem Herzen abgebunden und so eine vorläufige Stillung der Blutung herbeigeführt. Kleinere, nicht blutende Wunden müssen sorgfältig gereinigt und danach einschließlich der umgebenden Haut mit verdünnter Jodtinktur bepinselt werden, um das Wuchern schädlicher Wundkeime zu verhüten. Bei einer blutenden Verletzung schwemmt der heraustretende Blutstrom schon selbst die Keime aus der Wunde heraus, und es ist ganz verkehrt, wenn man die blutende Stelle unter die Wasserleitung bringt, denn dadurch werden nur Krankheitskeime hineingespült. Erst die Wunde, die längere Zeit geblutet hat, darf vorsichtig gereinigt, mit einem Jodanstrich versehen und mit einem reinen Leinenläppchen oder Mull verbunden werden. Jede leichte Erhöhung der Körperwärme erfordert ärztliches Eingreifen. Gefährlich und im höchsten Grade dumm und unsinnig ist es, Spinngewebe auf frische Wunden zu legen, mit Karbolwasser zu baden oder ein mit Speichel befeuchtetes Heftpflaster aufzukleben.

Bei Quetschungen ist besonders das tiefere Gewebe gefährdet. Zellgewebsentzündungen, die zu heftigen Eiterungen, Zerstörungen an den Weichteilen, Sehnen, Knochen und dauerndem Schaden — vor allem an den Händen — führen, können entstehen. Bei kleineren Quetschungen: Kühlen mit essigsaurer Tonerdelösung, feuchter Verband damit, Schutzverband. Bei größeren: Schutzverband, sofort Arzt.

Einer besonderen Behandlung bedürfen die Brandwunden. Bei Verbrennungen, die nur Rötung und Schmerzhaftigkeit der Haut hervorrufen, helfen Umschläge mit essigsaurer Tonerde oder mit Borwasser, auch kleinere Brandblasen können so behandelt werden; sie aufzustechen, ist wegen der damit verbundenen Gefahr des Eindringens von Keimen gefährlich. Bei stärkeren Verbrennungen mit ausgedehnter Blasenbildung wirkt am besten das Auflegen einer Brandbinde, die in allen Apotheken und Drogenhandlungen zu haben ist. Tiefere Verbrennungen, die weite Teile der Haut ergriffen haben, dürfen nur ärztlich behandelt werden. Auch Vergiftungen müssen sofort der ärztlichen Behandlung überwiesen werden, doch soll die vorsichtige Hausfrau alles tun, um sie vermeidlich zu machen; dazu gehört besonders, daß sie alle Gefäße, die irgendwelche scharfen, ätzenden oder sonstwie schädlich wirkenden Stoffe enthalten, unter Verschluß hält und sie niemals mit Nahrungsmitteln zusammen in demselben Schrankfache aufhebt, außerdem soll es Grundsatz sein, alle Tüten, Schachteln oder Gefäße durch Aufkleben eines Zettels mit dem Namen des Inhaltes genau kenntlich zu machen. Es ist meist zwecklos, durch Riechen oder Schmecken den Inhalt eines nicht bezeichneten Gefäßes feststellen zu wollen; besser und vorsichtiger ist es, unbekannte Sachen in den Mülleimer zu befördern.

Zur Verhütung von Verbrennungen fasse man heiße Töpfe nur mit Topflappen oder Asbestanfasser an.

Küchenkalender

Januar

Fische: Aal, Barbe, Barsch, Blei, Dorsch, Flunder, Forelle, Hecht, Hering, Kabeljau, Karausche, Karpfen, Kaulbarsch, Lachs, Lachsforelle, Makrele, Rochen, Schellfisch, Scholle, Schleie, Seezunge, Wels, Zander, Stockfisch, Klippfisch. — Austern, Hummern, Muscheln, Kaviar.

Zahmes Geflügel: Ente, Huhn nur zum Kochen, Gans, Kapaun, Poularde, Perlhuhn, Taube.

Gemüse: Alle Kohlarten, Artischocken, Erdschocken, Mohrrüben, Meerrettich, Porree, Sellerie, Spinat, Schwarzwurzeln, Teltower Rübchen, Sauerkraut, Trüffeln, Endivien, Rapünzchen.

Obst: Apfel, Nüsse, gedörrtes Obst, ausländisches Obst.

Februar

Fische: Aal, Barbe, Barsch, Dorsch, Flunder, Forelle, Kabeljau, Karpfen, Kaulbarsch, Lachs, Makrele, Schellfisch, Scholle, Schleie, Seehecht, Seezunge, Steinbutt, Wels, Zander. — Austern, Muscheln, Kaviar, Langusten.

Zahmes Geflügel: Huhn, Kapaun, Poularde, Taube, Perlhuhn.

Gemüse: Alle Kohlarten, Artischocken, Erdschocken, Mohrrüben, Meerrettich, Porree, Sellerie, Spinat, Schwarzwurzeln, Teltower Rübchen, Sauerkraut, Endivien, Rapünzchen, Champignons (in Frühbeeten), Pastinaken.

Obst wie im Januar.

März

Fische: Barsch, Brasse, Flunder, Forelle, Karpfen, Kaulbarsch, Makrele, Schellfisch, Scholle, Schleie, Seehecht, Seezunge, Steinbutt, Wels, Stör. — Austern, Langusten, Kaviar, Muscheln.

Zahmes Geflügel: Nur zum Kochen und Dämpfen.

Gemüse: Artischocken, Blumenkohl, Kerbel, Mohrrüben, Morcheln, Pastinaken, Sellerie, Spinat, Sprossenkohl, Schwarzwurzeln, Teltower Rübchen, Radieschen, Rapünzchen, Porree, Erdschocken.

Obst wie im Januar.

April

Fische: Brasse, Flunder, Forelle, Hecht, Kabeljau, Lachs, Makrele, Schellfisch, Schleie, Seezunge, Steinbutt. — Austern, Hummern, Langusten, Krabben, Kaviar, Froschschenkel, Kiebitz-, Möweneier, Weinbergschnecken.

Zahmes Geflügel: Junge Hähnchen, junge Enten, junge Tauben.

Gemüse: Mohrrüben, Spargel, Blumenkohl, Sprossenkohl, Morcheln, Schwarzwurzeln, Spinat, Kerbel, Champignons, Schnittlauch, Rapünzchen, Radieschen, Salat, Porree, Erdschocken, Morcheln.

Obst: Rhabarber.

Mai

Fische: Aal, Brasse, Dorsch, Forelle, Hecht, Kabeljau, Karausche, Lachs, Lachsforelle, Makrele, Schellfisch, Scholle, Schleie, Seezunge, Steinbutt, Zander, neuer Matjeshering, Seelachs. — Hummern, Krebse, Krabben, Langusten, Muscheln, Kaviar, Froschschenkel, Kiebitz-, Möweneier, Weinbergschnecken.

Zahmes Geflügel: Hühner, Gänse, Enten, Tauben, Poularden.

Gemüse: Blumenkohl, Kohlrabi, Rüben, Spargel, Spinat, Karotten, Kresse, Salat, Gurken, Champignons, Radieschen, Rettiche, Porree, Erdschocken.

Obst: Rhabarber, Stachelbeeren.

Juni

Fische: Aal, Flunder, Forelle, Hecht, Karpfen, Lachs, Seezunge, Steinbutt, Saibling, Matjeshering. — Krebse, Hummern, Krabben.

Zahmes Geflügel: Hühner, Gänse, Enten, Tauben, Poularden.

Gemüse: Blumenkohl, Bohnen, Erdschocken, Karotten, Kohlrabi, Mohrrüben, Mangold, Schoten, Spargel, früher Wirsing und Weißkohl, Spinat, Rüben, Steinpilze, Champignons, Gurken, Salat, Radieschen.

Obst: Erdbeeren, Stachelbeeren, Johannisbeeren, Kirschen.

Juli

Fische: Aal, Barbe, Blei, Flunder, Forelle, Karpfen, Kaulbarsch, Lachs, Lachsforelle, Scholle, Seezunge, Steinbutt, Saibling, Zander. — Krebse, Hummern, Langusten, Krabben.

Zahmes Geflügel: Tauben, Hühner, Enten, Gänse, Poularden, Kapaunen, junger Truthahn.

Gemüse: Bohnen, Karotten, Mohrrüben, Kohlrabi, Blumenkohl, Rüben, Schoten, junger Kohl, Steinpilze, Champignons, Radieschen, Rettiche, Salat, Artischocken, neue Kartoffeln.

Obst: Erd-, Stachel-, Johannis-, Himbeeren, Kirschen, Aprikosen, Nüsse.

August

Fische: Aal, Barbe, Barsch, Blei, Flunder, Forelle, Hecht, Karausche, Kaulbarsch, Scholle, Schleie, Seezunge, Steinbutt, Saibling, Zander. — Krebse, Hummer, Langusten, Krabben.

Zahmes Geflügel: Enten, Gänse, Hühner, Puter, Tauben.

Gemüse: Artischocken, Bohnen, Blumenkohl, Mohrrüben, Karotten, Schoten, Kohlrabi, Maiskolben, junger Kohl, junge Kartoffeln. Steinpilze und andere Pilze, Rüben, Tomaten, Salat, Gurken.

Obst: Erd-, Him-, Brom-, Johannis-, Heidel-, Preiselbeeren, saure Kirschen, frühe Äpfel und Birnen, Aprikosen, Pfirsiche, Reineclauden, Pflaumen, Mirabellen, Melonen, Holunderbeeren, Nüsse.

September

Fische: Aal, Barbe, Barsch, Blei, Flunder, Forelle, Hecht, Hering, Karausche, Scholle, Schleie, Seezunge, Steinbutt, Saibling, Zander. — Austern, Hummern, Krebse.

Zahmes Geflügel: Enten, Gänse, Hühner, Kapaunen, Poularden, Puten.

Gemüse: Alle Kohl- und Rübenarten, Bohnen, Maisknollen, Kohlrabi, Pilze, Porree, Sellerie, Endivien, Salat, Rettiche, Melonen, Kürbisse, Gurken, Tomaten.

Obst: Äpfel, Birnen, Holunderbeeren, Hagebutten, Pfirsiche, Preiselbeeren, saure Kirschen, Pflaumen, Quitten, Melonen, Nüsse.

Oktober

Fische: Aal, Barbe, Barsch, Forelle, Hecht, Karpfen, Kaulbarsch, Lachs, Scholle, Schleie, Seezunge, Steinbutt, Zander, Wels, Rochen. — Austern, Hummern, Krebse, Kaviar, Muscheln.

Zahmes Geflügel: Wie im September.

Gemüse: Alle Kohl- und Rübenarten, Schwarzwurzeln, Sellerie, Spinat, Steinpilze, Trüffeln, Rapünzchen, Porree, Tomaten, Rettiche.

Obst: Äpfel, Birnen, Hagebutten, Nüsse, Trauben, Quitten, Pflaumen, Kastanien, Kürbisse.

November

Fische: Aal, Barsch, Dorsch, Hecht, Hering, Kabeljau, Karpfen, Lachs, Schellfisch, Scholle, Schleie, Seehecht, Seezunge, Steinbutt, Wels, Seeaal, Rochen.

Zahmes Geflügel: Wie im September

Gemüse: Alle Kohl- und Rübenarten, Artischocken, Kohlrabi, Sellerie, Meerrettich, Rettiche, Schwarzwurzeln, Kerbel, Tomaten, Endivien, Kürbisse, Sauerkraut.

Obst: Äpfel, Birnen, Nüsse, Trauben, Melonen, Quitten, Kastanien.

Dezember

Fische: Aal, Barbe, Barsch, Brasse, Dorsch, Flunder, Hecht, Kabeljau, Karpfen, Kaulbarsch, Lachs, Makrele, Schleie, Seezunge, Steinbutt, Tarbutt, Zander, Rochen. — Kaviar, Hummern, Krebse, Langusten, Austern, Muscheln.

Zahmes Geflügel: Enten, Gänse, Hühner, Kapaunen, Poularden, Puten, Tauben.

Gemüse: Alle Kohl- und Rübenarten, Artischocken, Schwarzwurzeln, Sellerie, Porree, Rapünzchen, Endivien, Zichorie, Sauerkraut.

Obst: Äpfel, Winterbirnen, getrocknetes Obst.

Zahmes Fleisch

Die Säugetiere

Unter Fleisch im engeren Sinne versteht man gemeinhin die rote, quergestreifte Muskelsubstanz von warmblütigen Tieren (Säugetiere, Geflügel). In erweiterter Anwendung des Begriffes sind ihm berechtigterweise auch die muskulösen Bestandteile kaltblütiger Wirbeltiere (Reptilien, Amphibien, Fische) und niederer Tiere (Krustentiere, Schalentiere usw.), die zum menschlichen Genusse Verwendung finden, beizurechnen. Aus praktischen Gründen ist es zweckmäßig, diesen volkstümlichen Begriff zu erweitern. Dies ist z. B. in der Fassung des deutschen Fleischbeschaugesetzes geschehen, das als „Fleisch" bezeichnet alle „Teile von warmblütigen Tieren, frisch oder zubereitet, sofern sie sich zum Genuß für Menschen eignen". Dieser Auffassung soll die nachstehende kurze Darlegung des Begriffes „Fleisch" sich anschließen, unter dem wir also im wesentlichen folgendes zusammenfassen wollen:

1. Muskelfleisch, das ist die Summe der quergestreiften Muskeln, die als rote, derbelastische, kontraktile Stränge im wesentlichen die beweglichen Skeletteile der Wirbeltiere (und auch vieler niederer Tiere) verbinden und durch ihre Formänderung die Bewegungen der lebendigen Tiere bewirken. Sie bilden, je nach Tiergattung, Rasse und individueller Entwicklung, zwischen 30 und 40% der Gesamtmasse des Körpers. Als geweblich gleichgeartet sind ihnen die Zunge und das Herz zuzuzählen.

2. Knochen, das sind die mannigfach geformten, durch Gelenke und Bänder zu einem stabil-beweglichen Gerüstwerk gefügten harten Gebilde, die dem muskulösen Bewegungsapparat als Stützpunkt dienen und um die lebenswichtigen Organhöhlen des Körpers (Schädelhöhle, Rückenmarkskanal, Brusthöhle usw.) widerstandsfähige Hüllen bilden. In ihrem Innern weisen sie zwischen dem Gewebswerk der eigentlichen Knochensubstanz mannigfach geformte Rinnen auf („krause" Knochen und Röhrenknochen!), die das Knochenmark beherbergen, eine je nach dem Alter, dem Ernährungs- und Gesundheitszustand des Tieres sowie dem Sitz in verschiedenen Knochenteilen verschieden beschaffene fettartige Substanz mit zelligen Beimengungen. Bei sehr jungen Tieren ist das Knochenmark, auch der Knochenröhren, rot. Im reiferen Alter wird es in den Röhren mehr und mehr gelblich, sofern nicht gewisse Erkrankungen eine Rotfärbung erzeugen. Die Knochen samt ihren Anhangsbestandteilen enthalten eine eigenartige Substanz, den Leim (Gelatine), der durch Kochen daraus gewonnen wird und sich als eine je nach der Herkunft und Konzentration durchscheinende, farblos bis braungelb erscheinende, bei Zimmertemperatur mehr oder weniger erstarrende Masse präsentiert.

Für die Küche ist der Knochen (insbesondere der „krause", an zelligem, rotem Mark reiche) durch seinen Markgehalt wertvoll für die Gewinnung kräftiger und schmackhafter Fleischbrühe, ferner als Quelle der als Grundlage mancher Gerichte (Sülzen, Aspiks) dienenden Gelatine. Für solche Zwecke ist die Verwendung von bänder- und sehnenreichen Schweine- und Kalbsfüßen am meisten zu empfehlen.

3. Eingeweide. Hierunter versteht man die in den Leibeshöhlen liegenden, den Zwecken des Blutumlaufs, der Blutbildung, der Atmung, der Nahrungsaufnahme und -verarbeitung, der Ausscheidung und der Fortpflanzung dienenden Organe des Tierkörpers. Diese Organe wollen wir in zwei Gruppen betrachten:

a) **Organe der Brusthöhle.** In Betracht kommen hier die Lungen, das Herz und (bei Kälbern) die Thymusdrüse (Kalbsmilch, Bries). Bezüglich der Lungen ist auf eine schön rosarote Farbe und elastische Beschaffenheit zu achten. Das Herzfleisch muß außen glänzend, von braunroter frischer Farbe und derber, druckfester Konsistenz sein. Bei den Lungen achte man auch darauf, daß sie frei von Knötchen und die Luftröhre nebst Verzweigungen nicht mit Fadenwürmern, übermäßigen Mengen Schleim oder sonstiger Flüssigkeit erfüllt sind. Die Thymusdrüse (Bries), meist nur vom Kalb als solche verwendet, ist die Substanz, die in den frühen Entwicklungsstadien der Tiere an der Blutbildung (weiße Blutkörperchen) mitwirkt, sich in den ersten Wochen nach der Geburt jedoch zurückzubilden beginnt, um ihren drüsigen Charakter mehr und mehr zu verlieren und einem fettreichen Bindegewebsklumpen Platz zu machen. Da die Drüsensubstanz für den Gaumen das Wesentliche an diesem Organ ist, empfiehlt es sich, es möglichst von jungen Kälbern auszuwählen. Beim Einkauf von Brustorganen achte man auf die Beschaffenheit der an ihnen befindlichen Lymphdrüsen. Die wichtigsten finden sich an der Gabelungsstätte der Luftröhre und im Mittelgekröse zwischen den Lungenflügeln. Als sonstige Bestandteile der Brusteingeweide wären die vom Herzen ausgehenden großen Gefäße sowie der Schlund zu nennen. Beide finden jedoch in der Küche wohl kaum Verwendung. (In den Schlächtereien verschwinden sie meist mit ihren Nachbarorganen in der Leberwurst!)

b) **Die Baucheingeweide.** Der Magendarmkanal mit Nahrungsorganen (Leber, Bauchspeicheldrüse) bildet den wesentlichsten Teil der Baucheingeweide. Beim Rind und den anderen Wiederkäuern ist der Verdauungskanal außerordentlich weitläufig entwickelt, schon durch die geräumige, komplizierte Anlage des vierteiligen Magens (Pansen, Haube, Buch, Labmagen). Die Leber ist für die Küche das wichtigste Organ der Bauchhöhle, während die zwischen den Dünndarmschlingen liegende Bauchspeicheldrüse keine Bedeutung für Genußzwecke besitzt. Beim Einkauf von Leber achte man auf frisches, glänzendes Aussehen und einigermaßen derbes Verhalten gegen Druck; auch beachte man die Beschaffenheit der an der Rückfläche beim Eintrittsort der großen Pfortader liegenden Lymphdrüsen. Zu den Baucheingeweiden zählen ferner die Nieren. Sie dienen im lebendigen Organismus der Harnabsonderung; für Küchenzwecke sind insbesondere die Nieren junger Tiere (Kalb, Schaf) beliebt. Rindernieren zeigen traubige Oberfläche und gelbbraune (Kalb) bis rotbraune Farbe. Die Nieren der übrigen Schlachttiere sind bohnenförmig, Schweinenieren mehr länglich und flach, von graubrauner Farbe, Schafnieren verhältnismäßig kürzer und dicker und satter braun (rötlichbraun) gefärbt. Die Oberfläche der Nieren muß einen leichten samtartigen Glanz und eine durchweg gleichmäßige Färbung besitzen, die für die einzelnen Tiergattungen von der beschriebenen Art nicht wesentlich abweichen darf. Außerdem kommt den Nieren eine derbe Druckfestigkeit zu; der tastende Finger darf bei mäßigem Druck nicht in die Substanz einbrechen. Der im Innern der Niere liegende Hohlraum (Nierenbecken), aus dem der Harnleiter als bleistift- bis fingerstarker Kanal entspringt, darf nicht mit Flüssigkeit gefüllt sein; kleine Steinchen, die man mitunter darin findet, haben für die Genußtauglichkeit untergeordnete Bedeutung.

Endlich ist von den Baucheingeweiden die Milz zu erwähnen. Sie dient im Leben den Zwecken der Blutbereitung (rote und weiße Blutkörperchen). Ihre Form ist beim Rind und Schwein langgestreckt und flach, beim Schaf rundlich-flach. Die Farbe der Rindermilz ist auf der Oberfläche rotbraun (bei älteren und mäßiggenährten Tieren) bis stahlgrau (bei Masttieren), beim Schwein rötlich braun, desgleichen beim Schaf. Die Durchschnittfläche der Milz aller Tiere ist rotbraun bis braunrot, das Gefüge der durchschnittenen Milz darf nie flüssig sein. (Die Milz des Geflügels ist kugelig bis bohnenförmig.) In der Küche wird gemeinhin nur die Milz von Rindern, insbesondere Kälbern, als solche verwendet.

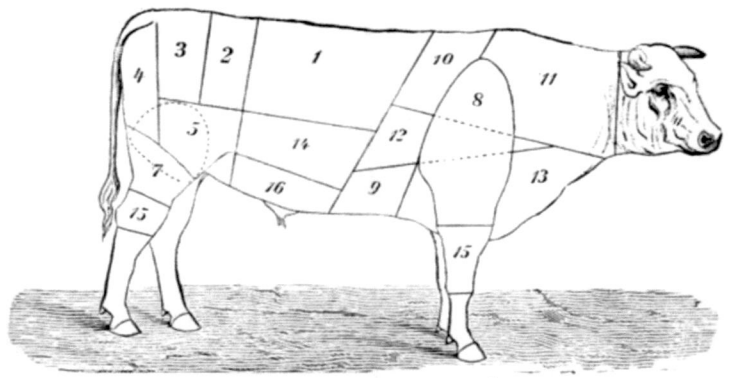

Fleischeinteilung beim Rind in Berlin

1 Rinderbraten, 2 Blume, 3 Eckschwanzstück, 4 Mittelschwanzstück, 5 Kugel, 6 Oberschale, 7 Unterschwanzstück, 8 Stich, 9 Mittelbrust, 10 Fehlrippe, 11 Kamm, 12 Querrippe, 13 Brustkern, 14 Quernierenstück, 15 Hesse, 16 Dünnung

4. Das Fett. Das Fett findet sich bei gutgenährten Tieren an verschiedenen Stellen des Körpers abgelagert. Lieblingsstellen für die Ablagerung sind die Nierenkapseln (Rind), das Gekröse, die Innen- und Außenseite der Bauchwände, die Unterhaut (Schwein). Die Neigung zum Fettansatz ist bei den Tieren nach Gattung, Rasse und Eigenart verschieden. Während z. B. das Schwein bekanntlich in auffälligem Maße dazu neigt, zeigen Pferde, insbesondere warmblütiger (edler) Rassen, diese Eigenschaft wenig oder gar nicht. Der mehr oder weniger fette Zustand der Tiere ist ein gewisser Maßstab für ihre Qualität (Mast). Die Güte des Fettes hängt jedoch nicht unbedeutend von der Art der zur Mästung verwendeten Futtermittel ab. Ein wertvoller Umstand für die Beurteilung von Schlachttieren ist stets der Fettgehalt der Nierenkapseln (Nierenstollen!). Masttiere zeigen strotzende Fettballen auf den Nieren. Fehlt das Fett an dieser Stelle, so hat man es unfehlbar mit alten, unterernährten oder kranken Individuen zu tun.

5. Gehirn und Nerven. Beide besitzen für die Küche geringe Bedeutung.

6. Drüsen und Lymphapparat. Drüsen nennt man eigentümliche Bestandteile des Körpers, die die Fähigkeit besitzen, spezifische Säfte zu bilden und auszuscheiden. Sie bilden mikroskopisch kleine bis mehrere Kilo schwere Gebilde von meist lappiger und traubiger Form. Es gibt mancherlei Drüsen: Speicheldrüsen, Schweißdrüsen, Magendrüsen, Leber-, Milchdrüsen u. a. Letztgenannte bieten für uns das meiste Interesse; besonders das Kuheuter als Lieferant der Milch und auch als wohlschmeckendes Gericht (besonders von jüngeren Kühen).

Der Lymphapparat verdient deshalb die Beachtung der Küche, weil er in den meisten Fällen für die gesundheitliche Beurteilung des Fleisches von Wichtigkeit ist. Man scheidet den Lymphapparat in Lymphgefäße und in Lymphdrüsen. Ihre Oberfläche muß stets glatt sein und dem tastenden Finger mäßigen Widerstand leisten. Der Durchschnitt soll eben gleichmäßige Schnittflächen von saftig-grauem Aussehen ergeben. Die normale Größe aller Drüsen ist beim Rind eine feiner Haselnuß bis Walnuß, beim Kalb einer Bohne bis reichlich Haselnuß, beim Schwein und Schaf noch etwas weniger.

7. Das Blut. Das Blut wäre schließlich nach unserer vorausgenommenen Darlegung des Begriffes „Fleisch" in diesem Zusammenhang zu behandeln. Dieser „ganz besondere Saft" stellt ein Gemenge verschiedenartiger Bestandteile dar, die man in Blutflüssigkeit, Blutkörperchen und Blutfaserstoff einteilen kann.

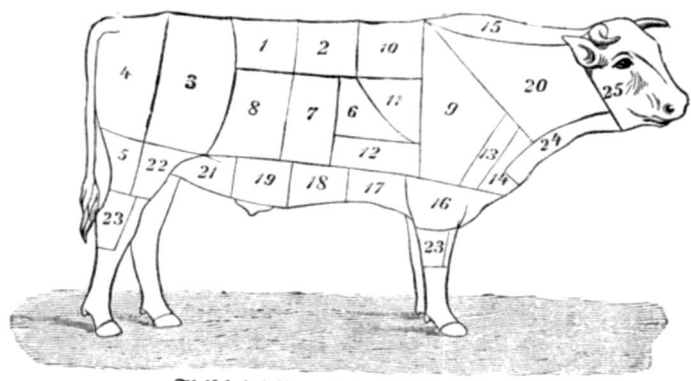

Fleischeinteilung beim Rind in Wien

1 Beiried, 2 Ried (Rostbraten), 3 Hüferschwanzl, 4 Gschnattes Schwanzl, 5 Ortschwanzl, 6 Rieddeckel, 7 Zwerchried, 8 Schlemmried, 9 Schulter, 10 Dicker Spitz, 11 Kruspelspitz, 12 Mageres Meisl, 13 und 14 Fettes Meisl, 15 Kamm, 16 Brustkern, 17 dickes Kügel, 18 mittleres Kügel, 19 Dünnes Kügel, 20 Triftl, 21 Bauchfleisch, 22 Zapfen, 23 Wadschinken, 24 Stich, 25 Backen

Was nach den vorgeführten Substanzgruppen des Schlachttierkörpers als für den Genuß völlig u n b r a u c h b a r zurückbleibt, ist nicht viel: die H a u t mit ihren Anhangsgebilden (Klauen, Hörner, Haare, Borsten, Federn). In manchen Fällen finden auch von der Haut noch mehr oder weniger große Teile Küchenverwendung (Schweineschwarte, Kalbskopf, fast stets die Haut des Geflügels). Grundsätzlich ausgeschlossen vom Genuß für Menschen sind — wenigstens bei zivilisierten Völkern — die F o r t p f l a n z u n g s o r g a n e.

Die chemische Z u s a m m e n s e t z u n g des Fleisches ist verschieden, doch gibt es gewisse Eigenschaften, die allen Fleischarten gemeinsam sind. Durchschnittlich enthält das Fleisch 75% Wasser und 25% feste Teile, unter denen 19% Eiweiß und 1,5% Fett sind. Der hohe Eiweißgehalt zeichnet das Fleisch besonders aus. Wir essen das Fleisch meist in gekochtem Zustande, roh ist es wegen der Gefahr der Eingeweidewürmer nur mit größter Vorsicht zu genießen und soll Kindern und Kranken niemals gegeben werden. Daß das weißlich aussehende Fleisch leichter verdaulich sein soll als das dunkle, ist ein Aberglaube. Die Zubereitung des Fleisches geschieht durch Einwirkung der Hitze, durch die wir das Fleisch kochen, dünsten oder braten. Dabei tritt ein erheblicher Gewichtsverlust ein, der auf Wasserabgabe zurückzuführen ist. So werden aus 100 Gramm Rindfleisch durch Kochen 75 Gramm, durch Braten 70—80 Gramm, je nachdem ob es stark oder leicht (englisch) gebraten ist. Alles Fleisch, das zum Braten, Rösten oder Schmoren verwendet werden soll, muß abgehangen sein, weil es dadurch infolge gewisser chemischer Vorgänge im Innern der Fleischfaser mürber und verdaulicher wird. Zur Herstellung guter Brühen wird am besten nicht abgehangenes Fleisch genommen. Die Fleischbrühe, die durchschnittlich 0,5% Eiweiß, 0,5% Fett und 97,5% Wasser enthält, ist kein Nährmittel, sondern wirkt nur appetitreizend und spielt deshalb in der Krankenküche eine wichtige Rolle.

Das Rind

Das Rind nimmt zweifellos zur Zeit die erste Stelle unter den Schlachttieren ein.

Spezielle Eigenschaften des Rindfleisches

Das Fleisch des Rindes wie aller anderen Schlachttiere ist, wie schon früher erwähnt, bezüglich seiner Qualität weitgehend von allen möglichen Umständen abhängig. O ch s e n

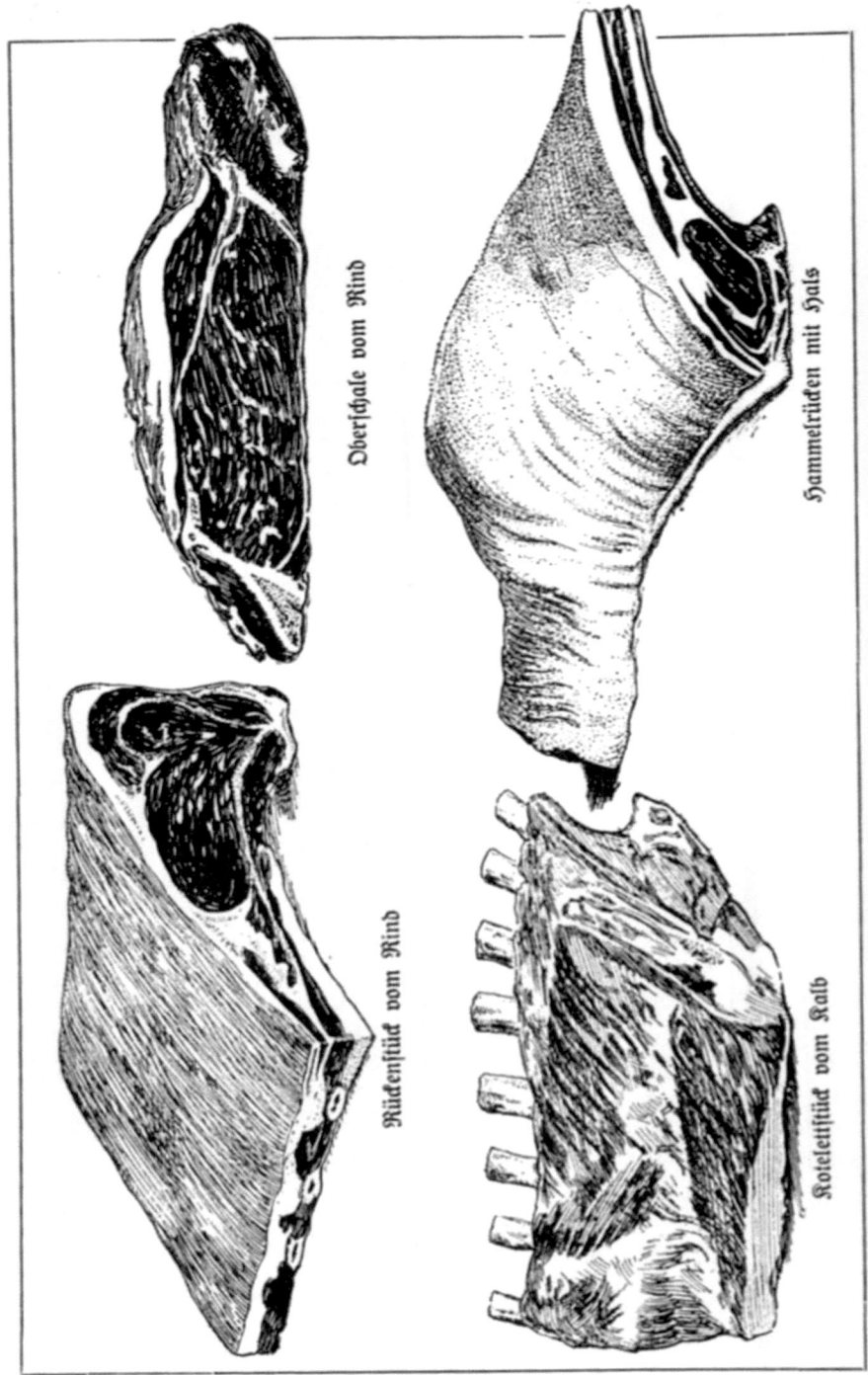

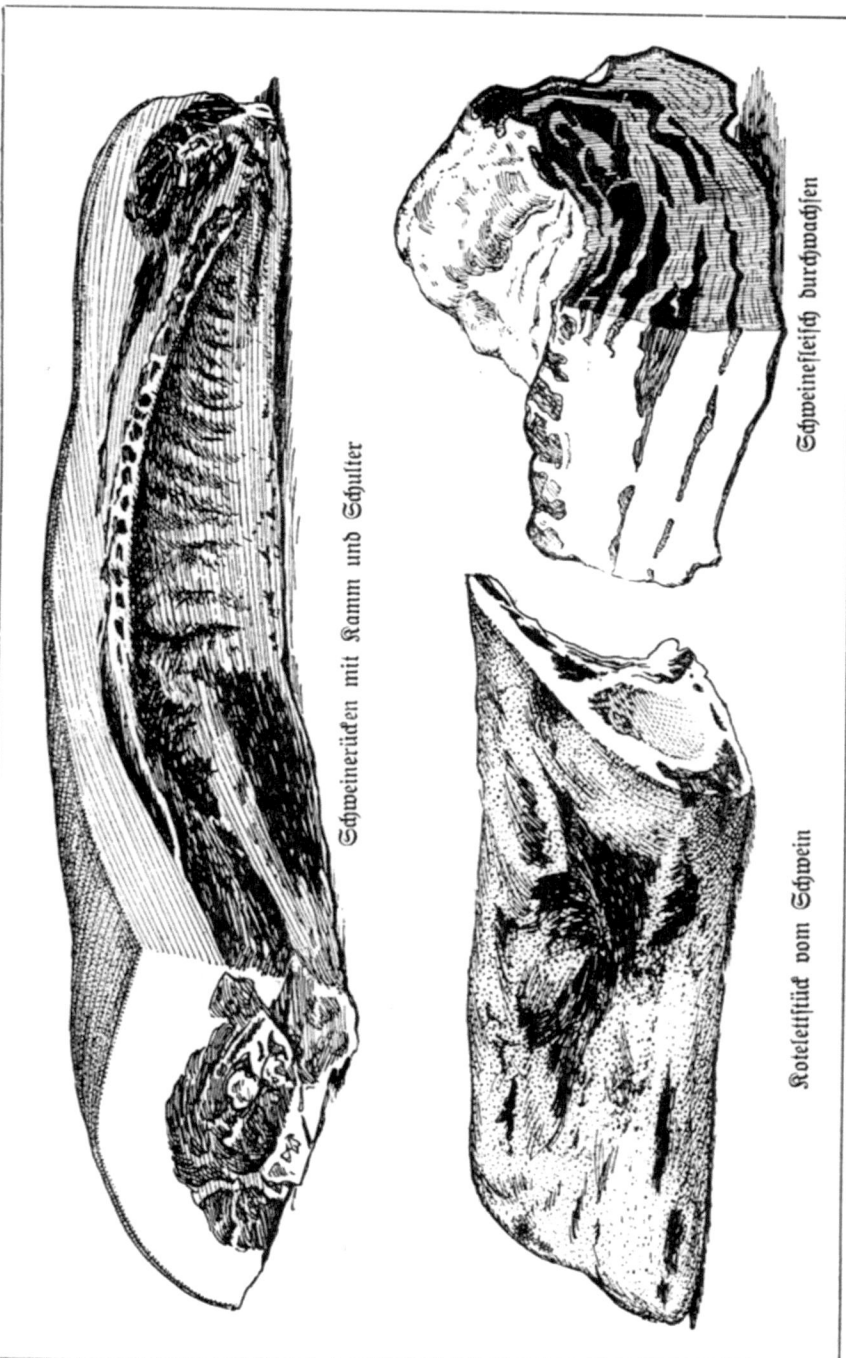

im Alter von 1½—6 Jahren haben hellrotes, bei längerem Liegen an der Luft ziegelrotes Fleisch. Es ist bei ausgemästeten Exemplaren stark fettdurchwachsen (marmoriert) und von mäßig fester Konsistenz. Älteres Ochsenfleisch ist dunkler, derber und zäher. **Bullen-fleisch** (1½—4 Jahre) ist dunkelrot, derb, grobfaserig und fettarm. Das Fleisch der **Mastfärsen** (Kalben) und jungen **Mastkühe** unterscheidet sich nur wenig von dem junger Ochsen. Ältere, abgemolkene **Kühe** haben hellere, mattere, sehr schlaffe und fettarme Muskulatur. (Dieses Fleisch eignet sich zur Herstellung von Fleischbrühe und von Dauerwurst.) **Jungrinder** endlich besitzen blaßrotes, wenig fettreiches, festes und elastisches Fleisch. **Kalbfleisch** ist durch eine blaßrote Farbe und feine Faser ausgezeichnet. Besonders blaß bis fast weiß ist das Fleisch milchgemästeter Tiere. Der Fettgehalt der Muskulatur ist stets gering. Häufig zeigt Kalbfleisch, besonders bei längerem Hängen im Felle, einen deutlich säuerlichen (von Fleischmilchsäure herrührenden) Geruch. Besondere Erwähnung verdienen die **Doppellender Kälber**, die das Produkt intensivster Mastleistung darstellen. Ihr Fleisch ist dunkelrot und trocken (aber nicht fettreich). **Unreifes Kalbfleisch**, d. h. Fleisch von in der ersten Lebenswoche geschlachteten Kälbern, ist noch blasser als sonst die Regel, feucht und brüchig. Die Muskeln sind schlaff und schwach entwickelt.

Das **Rindfleisch** ist das blutreichste aller Fleischarten. Mittelfettes Rindfleisch enthält 20% Eiweiß, 7,5% Fett und 71% Wasser. Rindertalg besteht aus 0,5% Eiweiß, 91,5% Fett und 1,5% Wasser. Es ist das am meisten begehrte Fleisch und besitzt das dichteste Gewebe, so daß es schon dadurch als sehr nahrhaft kenntlich ist. Die einzelnen Fleischstücke zeigen bestimmte Unterschiede in ihrer Zusammensetzung, je nach den Körperstellen, denen sie entnommen sind.

Halsstück	73,5% Wasser	19,5% Eiweiß	5,8% Fett
Lendenstück	63,4% "	18,8% "	16,7% "
Schulterstück	50,5% "	14,5% "	34,0% "
Hinterviertel	55,0% "	20,8% "	23,3% "
Zunge	65,6% "	15,3% "	16,8% "
Niere	75,5% "	16,4% "	4,1% "
Leber	71,5% "	17,7% "	3,4% "
Knochenmark	4,7% "	2,8% "	83,6% "

Fleisch- und Wurstvergiftung

Durch den Genuß des Fleisches erkrankter Tiere oder von Fleisch, das nach der Schlachtung mit Krankheitskeimen in Berührung gekommen ist, kommt es zu ernsten Leiden, wie Ruhr, Typhus und Magendarmerkrankungen. Besonders die Wurstvergiftungen (Botulismus) sind gefürchtet und deshalb so heimtückisch, weil die Wurst, die die Krankheitskeime enthält, gut aussehen und schmecken kann.

Bratzeiten-Tabelle für Geflügel, Schlachtvieh, Wild

Gewicht oder Stückzahl	Art des Stückes	Dauer	Temperatur
	Geflügel		
½ Kilo	Ente	15—20 Minuten	Mittelhitze
1 Stück	Fasan	60 Minuten	heißer Ofen
1 Stück	Gans, junge	80—90 Minuten	Mittelhitze
½ Kilo	Gans, fette	20—25 Minuten	anfangs schwache Hitze, dann auf Mittelhitze steigern
1 Stück	Huhn, junges	25—35 Minuten	Mittelhitze
1 Stück	Huhn, Mast	30—40 Minuten	Mittelhitze
1 Stück	Kramtsvogel	15 Minuten	Mittelhitze
1 Stück	Poularde	60—90 Minuten	Mittelhitze
½ Kilo	Pute	20 Minuten	anfangs schwache Hitze, dann auf Mittelhitze steigern
1 Stück	Rebhuhn, junges	30—40 Minuten	Mittelhitze
1 Stück	Taube, junge	30—40 Minuten	schwache Hitze
	Schlachtvieh		
½ Kilo	Filet (Rinder)	8—10 Minuten	heißer Ofen
½ Kilo	Hammelkeule (fette)	15—20 Minuten	Mittelhitze, später Hitze steigern
½ Kilo	Hammelrücken (englisch)	10—12 Minuten	heißer Ofen
½ Kilo	Kalbskeule	10—15 Minuten	Mittelhitze
½ Kilo	Kalbsrücken	10—12 Minuten	Mittelhitze
½ Kilo	Roastbeef (englisch)	8—10 Minuten	heißer Ofen
½ Kilo	Schweinefleisch	15—20 Minuten	schwache Hitze, später steigern
1 Stück	Schweinefilet	20 Minuten	Mittelhitze
½ Kilo	Schweinekeule	15—20 Minuten	schwache bis Mittelhitze
½ Kilo	Braten aus gehacktem Fleisch	20 Minuten	Mittelhitze
	Wild		
1 Stück	Hase je nach Alter	40—60 Minuten	heißer Ofen
½ Kilo	Rehkeule	15—20 Minuten	heißer Ofen
1 Stück	Rehrücken, je nach Größe	30—45 Minuten	heißer Ofen
½ Kilo	Spießerkeule	15—20 Minuten	Mittelhitze
½ Kilo	Spießerrücken	15—20 Minuten	Mittelhitze
½ Kilo	Wildschweinskeule	25 Minuten	schwache Hitze, später auf Mittelhitze steigern

Die Tabelle gibt einen Anhalt zum Berechnen der Bratzeiten verschiedener Fleischstücke. Bei größeren Gewichten ist die Bratzeit entsprechend zu vervielfachen, z. B. ½ Kilo Roastbeef erfordert 8—10 Minuten, 2 Kilo benötigen 32—40 Minuten. Sind die Stücke groß, so verringert sich die Zeit etwas. Allerdings hängt die Bratzeit auch sehr von der Beschaffenheit des Fleisches, des Ofens und von dem persönlichen Geschmack ab.

Man probiert die richtige Temperatur des Ofens folgendermaßen aus: Bei schwacher Hitze ist ein in den Ofen gelegtes weißes Papier nach 5 Minuten noch weiß. Mittelhitze färbt ein Papier in der gleichen Zeit goldbraun, während ein heißer Ofen das Papier zum Zerfallen bräunt.

Rezepte

Klare Brühe

750 Gramm Rindfleisch, Suppengrün, 20 Gramm Salz

Das gewaschene Fleisch wird mit 2½ Liter kaltem Wasser aufgesetzt, abgeschäumt, mit Salz und dem geputzten, gewaschenen Suppenkraut versehen und auf gelindem Feuer in festverschlossenem Topf zu einer guten Suppe eingekocht. Nach 2½—3 Stunden wird das Fleisch herausgenommen, die Brühe durch ein Sieb gegossen, das Fett abgeschöpft, die Suppe wieder aufgestellt und die Einlagen, wie Klöße, Nudeln, Gemüse usw., hineingelegt. Man rechnet auf die Person ¼—½ Liter Suppe. Wird Reis dazu serviert, so wird er körnig und weich ausgequollen allein dazu gereicht. Das Rindfleisch, von dem Brühe gekocht wurde, wird in fingerdicke Scheiben quer zur Fleischfaser geschnitten, auf einer länglichen flachen Porzellanplatte so angerichtet, daß die Stücke halb aufeinanderliegend mit der Fettseite nach oben zu stehen kommen. Es wird mit etwas Fleischbrühe übergossen, mit Salz und Petersiliengrün bestreut und mit dem hübsch zugeschnittenen Suppengrün ringsum garniert.

Ochsenschwanzsuppe

½ Kilo Rinderknochen, 1 Ochsenschwanz, Suppengrün, 100 Gramm Speck oder roher Schinken, 75 Gramm Butter, 1 Glas Madeira, 1 Glas Weißwein, 1 Löffel Mehl, Pfeffer

Aus den gut gewaschenen Knochen werden 1—1½ Liter leichte Brühe gekocht, die durch ein Sieb gegossen wird. Ein schöner großer Ochsenschwanz wird gewaschen, in Stücke zerhackt und in siedendem Wasser einige Minuten abgewällt, dann abgetropft. Inzwischen hat man im Suppentopf geschnittenes Suppengrün in etwas zerlassener Butter durchdünsten lassen, fügt nun die Knochenbrühe und ein Glas Weißwein, die Ochsenschwanzstücke und einige Speck- oder Schinkenscheiben dazu und läßt alles langsam weichkochen. Die Schwanzstücke werden aus der Brühe genommen, diese entfettet, durch ein Sieb gerührt, mit einem Löffel in Butter braungeröstetem Mehl verkocht, mit etwas Cayennepfeffer und 1 Glas Madeira gewürzt, gut abgeschmeckt und über die in die Terrine gelegten Schwanzstücke angerichtet.

Brühe mit Einlagen

In klare Brühen, sowohl helle als braune, werden meist Einlagen gegeben. Diese bestehen oft aus feinen Gemüsen, z. B. Blumenkohl, Rosenkohl, Spargel, Mohrrübchen, Schoten, die für sich allein gargekocht und mit kochender Brühe übergossen werden. Andere beliebte Einlagen sind Makkaroni, Bandnudeln, Fadennudeln, Fassonnudeln oder Reis, ferner alle Arten Klöße, z. B. Schwemmklöße, Eierstich, Leberklöße, Fleischklöße. Makkaroni, Nudeln, Reis usw. werden ebenfalls in schwachgesalzenem Wasser nebenher gargekocht und kurz vor dem Anrichten in die Suppe gegeben. Zu Ostersuppen pflegt man ganze, pflaumenweich gekochte Eier in die Brühe zu legen.

Klöße und andere Suppeneinlagen

Schwemmklößchen für klare Brühe

¼ Liter Milch, 50 Gramm Butter, 125 Gramm Mehl, 3 Eier

In einer Kasserolle wird ¼ Liter Milch mit 50 Gramm Butter zum Kochen gebracht, dann 125 Gramm Mehl hineingestreut und unter fortgesetztem Rühren ein geschmeidiger Teig abgebrannt, der sich von der Kasserolle löst. Der Teig wird noch heiß unter stetem Rühren mit einem ganzen Ei und 2 Dottern vermischt. Man kocht zuerst einen Probekloß. Ist er haltbar, dann werden kleine Klöße mit einem in heißes Wasser getauchten Löffel abgestochen, in kochendes Salzwasser gelegt und, wenn sie an die Oberfläche steigen, mit dem Schaumlöffel herausgenommen. Man richtet die kochende Brühe darüber an.

Leberklößchen

200 Gramm Kalbsleber, 30 Gramm Butter, 2 Eier, 1 Milchbrot, Muskatnuß, Majoran, Salz und Pfeffer

200 Gramm gute, frische Kalbsleber werden gehäutet, von Röhren und Sehnen befreit, fein gehackt und durch ein Sieb gestrichen. 30 Gramm Butter werden zu Sahne gerührt und ein abgeschabtes oder abgeriebenes, in Milch geweichtes Milchbrot, zwei ganze Eier, Salz, Pfeffer, etwas geriebene Muskatnuß und pulverisiertes Majorankraut sowie die Lebermasse nach und nach dazugefügt, so daß eine gut haltbare Klößmasse entsteht, der nach Belieben noch ein Löffel feingeriebene Semmel beigefügt werden kann. Von dieser Masse werden runde Klößchen geformt oder Klöße mit dem Löffel abgestochen und in Salzwasser 6—7 Minuten gekocht, mit dem Schaumlöffel herausgenommen und in die heiße Brühe gelegt.

Deutsche Fleischklößchen

200 Gramm gehacktes Rindfleisch, 50 Gramm geschab'er Speck, 1 Ei, 125 Gramm geriebene Semmel, geriebene Zwiebel, Pfeffer, Salz, Muskatnuß

Rindfleisch und Speck müssen recht fein gehackt sein und werden mit Salz, etwas Pfeffer, geriebener Muskatnuß, einer Messerspitze geriebener Zwiebel, dem Ei, 125 Gramm geriebener, mit Sahne oder Milch angefeuchteter Semmel zu einem guten Teig vermischt. Daraus werden runde Klößchen geformt, in Salzwasser 10 Minuten gekocht und in die Fleischbrühe eingelegt.

Kartoffelklößchen

30 Gramm Butter, 1 Ei, 250 Gramm Kartoffeln, 1 Eßlöffel Mehl, 5 Gramm Salz, eine Prise Muskat

250 Gramm tags vorher in der Schale gargekochte Kartoffeln werden fein gerieben. Die Butter wird zu Sahne gerührt, nach und nach unter beständigem Rühren mit einem ganzen Ei, einem gehäuften Eßlöffel voll Mehl, den geriebenen Kartoffeln, etwas Salz und geriebener Muskatnuß vermischt. Von dieser Masse, der, wenn sie nicht gut halten sollte, noch etwas Mehl hinzugefügt werden kann, werden runde Klöße geformt, die 6—8 Minuten in siedendem Salzwasser gekocht und in die heiße Suppe gelegt werden.

Eierstich

3 ganze Eier, 6 Eßlöffel Brühe oder Milch, Salz, Muskatblüte, etwas Butter

Die Eier werden nebst einer Prise Salz und gestoßener Muskatblüte mit 6 Eßlöffel kalter Brühe verquirlt und diese Masse in einen nicht zu hohen, sondern mehr flachen, gut mit Butter ausgestrichenen Tassenkopf oder Napf gegossen. Dieser Napf wird so lange in heißes (nicht zum Kochen kommendes) Wasser gestellt, bis die Eier vollständig erstarrt sind. Kurz vor dem Anrichten stürzt man sie aus der Form, schneidet sie mit dem Gemüsemesser oder auch mit dem einfachen Messer in Streifen und gibt diese in die Suppe.

Einlauf

1 ganzes Ei, Salz, Pfeffer, 1 Teelöffel Zucker, Muskat, Mehl

Aus den oben benannten Teilen wird ein dickflüssiger Teig gerührt und über den Quirl kurz vor dem Anrichten in die kochende Brühe gegossen.

Rinderbraten

2 Kilo Rindfleisch, Oberschal- oder Rippenstück, 1 Zwiebel, 1 Brotrinde, nach Belieben Suppengrün, 50 bis 100 Gramm Speck, 100 Gramm Butter, ¼ Liter saure Sahne

Um einen saftigen Braten zu erhalten, muß das Fleischstück lieber groß und dick als dünn und klein sein, da er in letzterem Falle sehr oft trocken, zähe und unschmackhaft wird. Die Überreste eines großen Bratens lassen sich ja auch gut zu allerhand Resterspeisen, wie Haschee usw., verwenden. — Das Fleisch wird gut geklopft, reichlich mit Speck gespickt in den passenden Schmortopf gelegt, in dem die Butter erhitzt wurde, und darin von allen Seiten angebraten. Später wird siedendes Wasser dazugefüllt und der Braten fleißig begossen. — Der Soße fügt

Einlauf in die Brühe
Der dickflüssige Teig wird über den Quirl in die Brühe gegossen

man eine Brotrinde, getrocknete Pilze und nach Belieben Suppengrün hinzu. Der Braten bedarf zum Garwerden 2—3 Stunden im geschlossenen Topf. Gegen Ende der Bratzeit wird etwas saure Sahne zugefüllt, die tüchtig verkocht. Sobald der Braten gar und herausgenommen ist, wird die Soße mit etwas siedendem Wasser von der Pfanne losgekocht, durch ein Sieb gerührt, wenn nötig entfettet, abgeschmeckt und entweder so oder mit etwas in saurer Sahne verquirltem Weizenmehl sämig gemacht. — Der Rinderbraten wird in 1 Zentimeter dicke Stücke, an denen etwas Fett bleiben muß, zerschnitten. Diese ordnet man auf einer Platte und begießt sie, wenn in der Küche tranchiert wird, mit der Soße, sonst gibt man diese nebenher. — Zu jedem Braten werden unbedingt gewärmte Teller gegeben.

Saurer Rinderbraten

2 Kilo Schwanzstück, Essig, Speck, Gewürz und Suppengrün, 100 Gramm Butter, ¼ Liter saure Sahne, Braunbier, Zwiebel, Lorbeerblätter, Nelken

Das gut geklopfte Fleisch wird in einen Napf gelegt und mit nicht zu scharfer Marinade aus Essig und Braunbier übergossen, die mit 2 in Scheiben geschnittenen Zwiebeln, 2 Lorbeer-

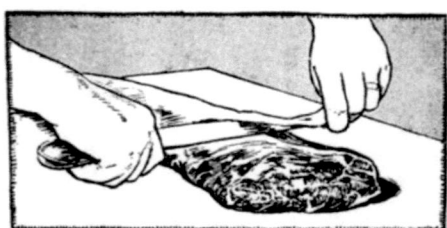

Vorrichten von Rinderfilet
Die linke Hand erfaßt das obere Ende der Haut, die rechte löst die Haut mit dem flachen Messer vom Fleisch

blättern, einigen Nelken, Gewürzkörnern und etwas geputztem, zerschnittenem Suppengrün aufgekocht worden ist. Vor dem Zubereiten, das nach 6—8 Tagen geschieht, wird das Fleisch abgetrocknet und gespickt, indem man grobe Speckfäden schneidet, diese gut in Salz und Pfeffer wälzt und dann mit einer Spicknadel oder auch mit einem Messer= oder Quirlstiel in das Fleisch tief hineinschiebt. Die Butter muß in der Bratpfanne oder einem weiten Topf kochend gemacht, das Fleisch hineingelegt und auf beiden Seiten angebraten werden. Dann wird kochendes Wasser dazugegossen, eine Schwarzbrotrinde dazugelegt und das Fleisch unter fleißigem Begießen langsam gargebraten. Gegen Ende der Bratzeit wird etwas saure Sahne dazugefügt. Die Soße wird gut vom Bodensatz losgekocht, durch ein Sieb gestrichen, wenn nötig entfettet und mit etwas saurer Sahne, in die man, falls sie nicht bindig genug ist, etwas Mehl verquirlt, verkocht.

Rinderfilet

Ein Filet von 2—2½ Kilo, 100 Gramm Speck, ½ Liter saure Sahne, 150 Gramm Butter

Das gut von allem Fett, Haut und Sehnen befreite, oben recht regelmäßig in zwei Reihen gespickte Filet wird mit etwas feinem Salz bestreut, in die Bratpfanne gelegt und mit 150 Gramm gebräunter Butter übergossen, in den Ofen gestellt und 30 Minuten gebraten. Dann wird etwas kochendes Wasser hinzugefüllt und, wenn man will, auch gleich ein paar Löffel saure Sahne. Das Zufüllen muß, so oft es nötig scheint, wiederholt, der Braten fleißig begossen werden. Zum Braten pflegen 40 Minuten Zeit auszureichen. Zuletzt kann der Braten auch mit etwas saurer Sahne bestrichen werden. Die Soße wird entfettet und entweder so gereicht oder noch mit etwas in Sahne verquirltem Mehl oder Kartoffelmehl verkocht. Das Filet wird in dünne Stücke geschnitten, auf einer flachen Platte derart angerichtet, daß es seine Form wiederhat, mit seinem Safte begossen und gewöhnlich mit rund ausgestoßenen, gerösteten Kartoffeln garniert.

Filet Rossini

½ Kilo Filet, 1 große Gänseleber, 1 große Trüffel, 1 großes Stück Butter, 1 Portion Madeirasoße, Salz, Pfeffer, geröstetes Weißbrot

Das Filet wird in 3—4 dicke Scheiben geschnitten, diese werden gut geklopft, gesalzen, gepfeffert und in Butter rasch gebraten. Auf jede Scheibe kommt eine Scheibe der Gänseleber, die ebenfalls in Butter gedünstet wurde, und auf die Gänseleber wieder je eine Scheibe geschmorter Trüffel. Jede dieser drei oder vier Filetscheiben erhält eine geröstete Weißbrotschnitte als Unterlage. Dazu wird Madeirasoße gereicht.

Roastbeef

3 Kilo Roastbeef, 1 Zwiebel, 20 Gramm Salz, nach Bedarf 200 Gramm Butter

Gutes Roastbeef soll an der Oberseite von einer dicken Fettschicht überzogen sein und kann daher im eigenen Fett gebraten werden, d. h. man übergießt das Fleischstück mit kochendem Wasser, um durch dieses und die einwirkenden Dämpfe das Fett zu lösen. Das Fleisch wird tüchtig geklopft, in die Pfanne gelegt und mit ½ Liter kochendem Wasser begossen, dann in den sehr heißen Bratofen geschoben. Um ohne Thermometer den richtigen Hitzegrad des Ofens festzustellen, legt man ein Stück weißes Papier hinein. Ist dieses nach Verlauf von 5 Minuten braun, so ist der richtige Hitzegrad erreicht. — Der Braten wird fleißig mit dem Wasser begossen. Ist das Wasser verdampft und reichlich Fett ausgetreten, so ist der Braten alle 5 Minuten mit dem Fett zu begießen. Ist noch nicht genügend Fett in der Pfanne, so ist nochmals Wasser über den Braten zu gießen. Wenn das Fett die richtige Farbe hat, schön braun, ist nach und nach etwas Wasser beizufügen, daß die Soße nicht zu dunkel wird. — Als Bratzeit rechnet man für je ½ Kilo 8—15 Minuten, je nachdem eben das Fleisch blutig (englisch), rosig oder durchgebraten gewünscht wird. In der letzten Viertelstunde der Bratzeit fügt man löffelweise die Sahne dazu oder stellt die Soße auch ohne Sahne fertig. Sie wird sämig gemacht und durch ein Sieb gegossen. Um dem Fleisch den Saft zu erhalten, ist das Roastbeef erst eine Viertelstunde nach der Fertigstellung zu zerschneiden und zu salzen, selbstverständlich aber warmzustellen. Wird es vorher gesalzen, so wird das Fleisch zähe. — Nur wenn das Roastbeef mager ist, verwendet man Butter oder Rinderfett in der üblichen Weise zum Anbraten. Roastbeef wird besonders gut auf dem Rost oder im Lucullus.

Gedämpfter Rostbraten

Die Fleischscheiben werden geklopft und mit Salz und Pfeffer bestreut, mit kleingeschnittener

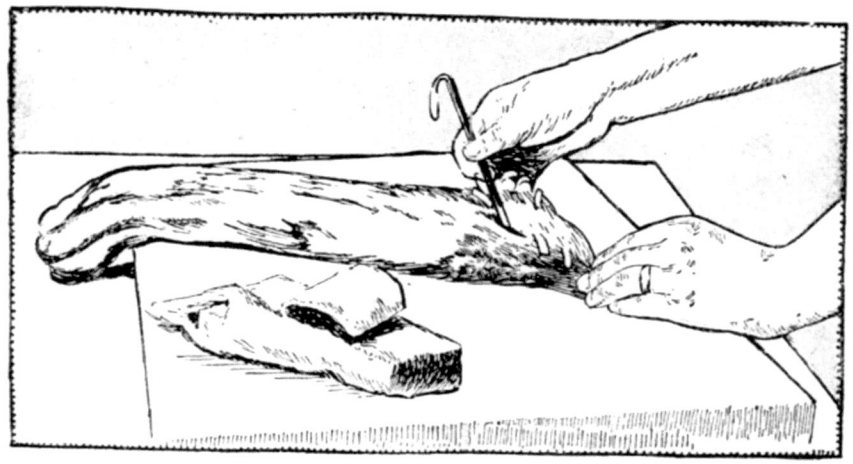

Spicken von Rinderfilet
Die Speckstreifen werden längs des Rinderfilets von oben nach unten eingezogen

Zwiebel in Fett angebraten, in einem Topf mit nicht zuviel Wasser gedämpft, dazu ein paar in Streifen geschnittene saure Gurken gegeben.

Lungenbraten (Filet) als Wiener Braten (österreichisch)

Lungenbraten, 20 Gramm Salz, 100 Gramm Speck, Zwiebel, Mohrrüben, Sellerie, ¼ Liter saure Sahne, 1 Teelöffel Kapern

Ein mürber Lungenbraten wird gesalzen, gespickt und mit blätterig geschnittener Zwiebel, Sellerie und Mohrrüben langsam gedünstet. Wenn das Fleisch weich ist, nimmt man es aus dem Saft, der durchgetrieben und mit Sahne und Kapern vermischt wird. Dann läßt man den Lungenbraten noch eine Weile in dem Saft kochen und serviert ihn mit Nudeln oder irgendeiner Art Klöße.

Filetbeefsteaks

750 Gramm Filet, 125 Gramm Nierenfett (oder Butter)

Aus dem mürben, gut abgehängten Filetstück werden 4—5 schöne Beefsteaks geschnitten, die geklopft, mit Pfeffer und Salz bestreut und auf dem mit Nierenfett (oder Butter) fett bestrichenen Rost über hellem scharfem Feuer rasch gebraten werden, wobei man sie noch mit etwas zerlassener Butter beträufelt.

Beefsteak à la Nelson

1 Scheibe Filet aus der Mitte, 50 Gramm Butter, 1 Portion geschälte Kartoffeln, Zwiebeln, Salz und Pfeffer, 2 Löffel Bratenjus

Zu diesem Gericht gehört eine Extrakasserolle à la Nelson, die sich auch auf den Tisch bringen läßt. Die Zwiebeln und Kartoffeln werden in Stücke geschnitten, überbrüht und in die mit Butter ausgestrichene Kasserolle getan. Obenauf kommt das Beefsteak mit dem Bratenjus, dem man auch noch allerhand feine Pilze wie Champignons, Steinpilze, Trüffeln usw. zufügen kann. Das Ganze wird in 20 Minuten weichgedünstet und in der Kasserolle aufgetragen.

Rumpsteat

750 Gramm Rumpsteat, 100 Gramm Butter, Salz, Pfeffer, Meerrettich oder Zitronen

Die handgroß geschnittenen Rumpsteaks werden gut geklopft, in zerlassene Butter getaucht und auf dem Rost auf beiden Seiten braungebraten, wie Beefsteaks. Wer keinen Bratrost zur Verfügung hat, kann die Rumpsteaks auch in steigender Butter in der Stielpfanne braten. Sie werden erst während des Bratens mit Salz und Pfeffer bestreut, auf heißer Schüssel angerichtet, mit geschabtem Meerrettich und Sardellenbutter belegt oder mit Zitronensaft beträufelt und mit geschmorten Kartoffeln umkränzt.

Polpetti mit Polenta (österreichisch)

½ Kilo Rindfleisch, 10 Gramm Salz, 1 Prise Pfeffer, 1 kleine Zehe Knoblauch, 2 Eier, geriebene Semmel nach Bedarf, 125 Gramm Butter oder Fett, 1 Prise Muskatnuß, 2—3 Eßlöffel Tomatenmark

½ Kilo Rindfleisch, fein geschabt, mengt man mit Salz, Pfeffer, fein geriebenem Knoblauch, Muskatnuß, geriebener Semmel und 2 ganzen Eiern. Von diesem Fleischteig sticht man mit einem Eßlöffel große Nocken (Kugeln) aus und rollt sie in fein gesiebter geriebener Semmel. Inzwischen läßt man Butter in einer

Kasserolle heiß, aber nicht braun werden, legt die Nocken nebeneinander, läßt sie goldgelb anlaufen und stellt sie von der starken Hitze weg an eine kühlere Stelle des Herdes. Dort vergießt man sie langsam mit verdünntem Tomatenmark, womit sie noch eine Stunde gedünstet werden. Man serviert die Polpetti mit Polenta.

Boeuf à la mode
2 Kilo Rindfleisch, 20 Gramm Salz, Gewürz, Zwiebel, 200 Gramm Speck, Suppengrün, 1/4 Flasche Rotwein 1/4 Flasche Weißwein, Zitronenscheiben

Das Fleisch soll möglichst abgelegen, aber von einem jungen, gut gemästeten Ochsen sein. Es wird gewaschen, abgetrocknet, gespickt und mit Bindfaden umschnürt, damit es saftig bleibt. Der Boden eines Schmortopfes wird mit Speckscheiben und zerschnittenem Wurzelwerk belegt, darauf legt man das Fleisch, bedeckt es wieder mit Speckscheiben, Wurzelwerk, Salz, Gewürzkörnern, einigen Zitronenscheiben, gießt halb Rot- und Weißwein, halb leichte Brühe oder auch nur Wasser darüber, deckt einen gut passenden Deckel auf und läßt das Fleisch 4—5 Stunden auf gleichmäßigem Feuer langsam dämpfen, während es ab und zu gewendet und begossen wird. Die Brühe muß sehr kräftig und gut sein. Sie wird, sobald das Fleisch weich genug und aus dem Topf genommen ist, durch ein Sieb gerührt, mit etwas in Wein verquirltem Mehl sämig gekocht und sehr sorgfältig abgeschmeckt. Dazu werden Bechamelkartoffeln, Kartoffelpüree, Makkaroni oder Kartoffelnocken gereicht.

Châteaubriand
1 dicke Scheibe aus dem Filet (ca. 1/2 Kilo), 100 Gramm Butter, Salz, Pfeffer, 1 pikante Soße

Das Châteaubriand wird wie das Filetbeefsteak in reichlich Butter gebraten, eingesalzen, gepfeffert und mit einer pikanten Soße, z. B. Bearnaisesoße, oder einem Salat serviert.

Rostbraten, mit Gemüse garniert
1 dicke Scheibe Zwischenrippe (etwa 1/2 Kilo) mit Knochen, 100 Gramm Butter, Salz, Pfeffer, 1 reichliche Portion extrafertig zubereitete grüne Erbsen, Karotten, Blumenkohl, Tomaten und andere feine Gemüse

Die Fleischscheibe wird tüchtig geklopft, gesalzen, gepfeffert und in der Butter auf beiden Seiten rasch braungebraten. Das Stück kommt dann auf eine große (heiße) Schüssel und wird mit den Gemüsen zu einem schönen Gesamtbild garniert.

Pichelsteiner Fleisch
750 Gramm gutes Rindfleisch, 150 Gramm Rindermark, Kartoffe.n, Zwiebe.n, Sellerieкraut und Petersilie, verschiedene Gemüse, wie fein geschnittene Mohrrüben, Sellerie, Kohl, Blumenkohl oder Rosenkohl

Pichelsteiner Fleisch wird vorteilhaft in einer Pichelsteiner Kasserolle zubereitet, in der es auch angerichtet wird. Derartige Kasserollen sind in jedem Küchenbedarfsgeschäft zu haben. Das Fleisch wird nach dem Klopfen in zollgroße Würfel geschnitten, der Boden der Kasserolle mit einigen Rindermarktstücken belegt, darauf abwechselnd von den Fleischwürfeln nebst einigen Zwiebelscheiben, Gemüsen, in Scheiben geschnittenen, einige Minuten in kochendem Wasser gebrühten Kartoffeln, Salz und Pfeffer geschichtet, wieder Mark, Fleisch usw. in derselben Reihenfolge. Obenauf kommt eine Lage Mark. Darüber füllt man einen Löffel Fleischbrühe, steckt die Kasserolle mit ihren beiden Teilen fest aufeinander und läßt das Gericht bei einmaligem Umdrehen der Kasserolle gar werden, was ungefähr eine Stunde dauert. Natürlich kann dieses Gericht auch in der einfachen Kasserolle hergestellt werden, die aber fest zugedeckt werden muß.

Deutsches Beefsteak
1/2 Kilo Schabefleisch, 100 Gramm Butter, Salz, Pfeffer, Sahne, 2 gekochte geriebene Kartoffeln

Das Fleisch wird mit einem Blechlöffel geschabt oder durch die Maschine gedreht, mit Pfeffer, Salz, etwas Sahne, zwei geriebenen, tags vorher gekochten Kartoffeln oder etwas aufgelöster Butter oder etwas aufgelöstem Rinderfett vermischt. Wenn nur das Fleisch allein genommen wird, werden die Beefsteaks meist zu trocken. Dann werden flache, beliebig große Beefsteaks geformt, die in gelbgemachte, kochend heiße Butter gelegt und auf beiden Seiten 4—5 Minuten gebraten werden. Nach Belieben belegt man die Beefsteaks mit in Butter goldbraungerösteten Zwiebelringen.

Esterhazy-Rostbraten (österreichisch)
1/2 Kilo Rostbratenfleisch, 10 Gramm Salz, 50 Gramm Speck, 3 Sardellen, etwas Zitronenschale, 1 Teelöffel Kapern, 1/2 Mohrrübe, Petersilienwurzel, Sellerieknolle, 1 Zwiebel, 1 Lorbeerblatt, 30 Gramm Butter, Fleischbrühe, 1 Teelöffel Mehl, 1/4 Liter saure Sahne

Die Rostbratenscheiben werden leicht geklopft, gesalzen, mit fein gehacktem Speck und Sardellen bestrichen und mit etwas geschnittener Zitronenschale und Kapern bestreut. Jede wird einzeln zusammengerollt und gebunden. In eine Kasserolle gibt man 1/2 Mohrrübe, 1/2 Petersilienwurzel, 1/4 Sellerieknolle, 1 Zwiebel, alles fein nudelig geschnitten, ferner ein Lorbeerblatt, 1 Stückchen Butter und legt die gerollten Rostbraten darauf. Sie werden schön braun angebraten und dabei öfter begossen unter Hinzufügen der nötigen Fleischbrühe. Wenn sie weich sind, nimmt man sie aus dem Saft, entfernt die Fäden, macht die Soße mit etwas Mehl sämig, verkocht sie gut und streicht sie über die Rostbraten. Durch Zusatz von etwas saurer Sahne und Kapern bekommt die Soße einen angenehmen Geschmack. Sie wird mit dem Zusatz auf dem Rostbraten nochmals erhitzt.

Gulasch aus Rind- und Kalbfleisch

1 Kilo Kalb- oder Rindfleisch, 4—5 Zwiebeln, Paprika, Salz, etwas Sahne und Mehl

1 Kilo Kalb- und Rindfleisch, schön durchwachsen, wird in nicht zu große Stücke geschnitten und mit Paprika und Salz bestreut. 4—5 große Zwiebeln werden in Würfel geschnitten und alles zusammen mit wenig Wasser aufgesetzt, langsam bei mäßigem Feuer geschmort und öfter umgerührt. Wenn es anfängt braun zu werden, wird immer etwas Wasser dazugegossen, bis es gar ist. Die Soße wird mit etwas Sahne und Mehl sämig gemacht.

Gulasch (österreichisch)

³/₄ Kilo Rindfleisch, 70—100 Gramm Speck, 1—2 große Zwiebeln, 2 Messerspitzen Paprika, 1 Eßlöffel Essig, ³/₄ Liter Fleischbrühe oder Wasser, 1—2 Tomaten, ¹/₂ Kilo Kartoffeln, 10 Gramm Salz, 1 Prise Pfeffer, 1 kleine Zehe Knoblauch, 1 Messerspitze Kümmel oder Majoran

Zur Zubereitung von Gulasch verwendet man abgelegenes (abgehängtes) Fleisch von den Vorderteilen des Ochsen oder, wenn es besonders fein sein soll, das Ende von Lungenbraten (Filet), Lungenbratenspitzen genannt. — Zuerst schneidet man geräucherten Speck in kleine Würfel, läßt diese gelb werden und röstet darin großblättrig geschnittene, verringelte Zwiebeln, bis sie etwa goldgelb sind, worauf man 2 Messerspitzen guten Paprika damit verrührt und etwas Essig darauf spritzt. Dann gibt man das in Würfel geschnittene Fleisch, Salz, Pfeffer, Majoran, Knoblauch oder Kümmel und eine Tomate hinein, läßt das Ganze erst etwas rösten und gibt dann nach und nach, aber sehr langsam, nur schöpflöffelweise, so viel Fleischbrühe zu, daß die Brühe so hoch wie die Fleischstücke steht. Das Fleisch wird bei mäßiger Hitze zugedeckt gedünstet, bis es weich ist. Eine Viertelstunde vor dem Anrichten gibt man geschälte, in 4 Teile geschnittene, angekochte Kartoffeln dazu und läßt sie mit dem Fleisch gardünsten.

Rouladen

³/₄ Kilo gutes Rindfleisch (Schabefleisch oder Rouladenfleisch), 100 Gramm Speck, 100 Gramm Butter, Salz, Pfeffer, 1 Pfeffergurke, 1 Salzgurke, 3—4 Zwiebeln, 20 Gramm Mehl

Die ungefähr handgroßen Scheiben werden gut geklopft, von allen Sehnen und Häuten befreit, in der Mitte mit Salz und feinem Pfeffer bestreut und mit dünnen Speckscheiben oder Speckstreifen belegt. Man kann Speck und Zwiebeln durch die Maschine treiben und dann auf die Rouladen streichen. Wer es liebt, kann auch Gurkenstücke dazufügen. Die Scheiben werden zusammengerollt, mit gebräuntem Zwirn umbunden, in eine Kasserolle mit gelbgemachter Butter gelegt und rundherum angebraten. Dann wird etwas kochendes Wasser dazugegossen und die Rouladen 1½—2 Stunden auf gelindem Feuer langsam gargedämpft. Wenn zuviel Flüssigkeit einkocht, muß etwas heißes Wasser oder heiße Brühe nachgefüllt werden. Kurz vor dem Anrichten wird die Soße mit Salz abgeschmeckt, sämig gemacht, verkocht und über die Rouladen angerichtet. — Eine andere Füllung besteht aus 125 Gramm gehacktem Kalbfleisch, 125 Gramm gehacktem rohem Schinken, einigen gewässerten entgräteten gehackten Sardellen, einem Eßlöffel Kapern, einem Ei, etwas Pfeffer und so viel geriebener Semmel, daß die Masse hält.

Szrajn

³/₄ Kilo gutes Rindfleisch, 150 Gramm Butter, 10 Gramm Salz, Pfeffer, 2—3 Zwiebeln, 20 Gramm Mehl

Aus dem sehr saftigen Fleisch werden fingerstarke Scheiben geschnitten, die man mit dem Rücken des Hackmessers klopft und gut von allen Häuten, Fett und Sehnen befreit. Die Butter muß in der Kasserolle gelb werden. Dann werden die Scheiben hineingelegt, mit Salz, Pfeffer, einigen fein gehackten Zwiebeln (wenn es beliebt ist, auch mit einem kaum erbsgroßen Stückchen Knoblauch) bestreut und auf gelindem Feuer, gut zugedeckt, weichgedünstet, wobei hin und wieder etwas kochendes Wasser oder Brühe nachgefüllt wird. Die Soße wird abgeschmeckt und sämig gemacht und über dem Fleisch angerichtet.

Gedämpfter Ochsenschwanz

1 Ochsenschwanz, 1 Portion Kräuter, 50 Gramm Mehl, Suppengrün, Zwiebel, 4 Gewürznelken, 1 Eßlöffel Zitronensaft

Der frische Ochsenschwanz wird gut gewaschen, in den Gelenken in gliedlange Stücke zerlegt, 15 Minuten in stark kochendem Wasser abgewällt, 1 Stunde zum Abkühlen in frisches Wasser gelegt und abgetrocknet. Die Fleischstücke werden in eine Kasserolle getan, mit 1¾—2 Liter Wasser übergossen, 2 mit je 2 Nelken besteckte Zwiebeln, 3 in Stücke geschnittene geputzte Karotten, Pfeffer, Salz, Petersilie, etwas Thymian und Basilikum dazugefügt und das Fleisch so lange auf gelindem Feuer gedämpft, bis es sich vom Knochen zu lösen beginnt, also ungefähr 3 Stunden (Kochkiste). Dann wird das Fleisch herausgenommen, die Brühe durch ein Sieb gegossen, kurz eingekocht, wenn nötig mit etwas brauner Mehleinbrenne sämig gekocht, mit Zitronensaft nach Geschmack pikant gemacht und über das Fleisch gefüllt.

Ochsenzunge zu kochen

1 Ochsenzunge, 1 Portion Suppengrün, 30 Gramm Salz, 6 Pfefferkörner

Beim Einkauf einer Zunge soll darauf gesehen werden, daß sie möglichst dick, mit glatter, nicht zu harter Haut ist, weil man dann ziemlich sicher ist, daß die Zunge von einem nicht zu alten Tier stammt. Der Schlund wird abgeschnitten und die Zunge 1—2 Stunden in reichlich kaltem Wasser eingewässert. Dann wird sie in einem breiten Topf mit kaltem Wasser aufgesetzt, ganz allmählich zum Kochen gebracht, gut abgeschäumt, Salz, zerschnittenes Suppengrün, 1 Zwiebel, 1 Kräutersträußchen, 6 Pfefferkörner dazugefügt und die Zunge 3½—4 Stunden langsam weichgekocht. Die Haut wird abgezogen, die Zunge tranchiert und mit Kapern-, Sardellen-, Rosinen- oder Tomatentunke gereicht. Zur Bereitung der Soße kann die Zungenbrühe verwendet werden. Die Abfälle sind zu Buletten oder dgl. zu verwenden.

Ochsenzunge zu pökeln

1 Ochsenzunge, 50 Gramm Salz, 1 Messerspitze Salpeter, 1 Teelöffel Zucker

Eine schöne frische Zunge wird vom Schlund befreit, mit einem reinen weichen Tuche gut abgewischt und mit einer Handvoll Salz, das man mit einer Messerspitze Salpeter und einem Teelöffel Zucker mischte, so lange von allen Seiten tüchtig eingerieben, bis das Salz zerflossen und in das Fleisch eingedrungen ist. Im Winter kann die Zunge ungefähr 10 bis 14 Tage in zugedeckter irdener Schüssel liegenbleiben, im Sommer 8—10 Tage; sie muß täglich gewendet werden. Soll sie gekocht werden, so wässert man sie über Nacht in reichlichem kaltem Wasser ein, setzt sie mit frischem kaltem Wasser auf, läßt sie langsam weichkochen, zieht die Haut ab, legt sie auf ein Brett, bedeckt sie mit einem zweiten, etwas beschwerten Brett und läßt sie auskühlen. Als Aufschnitt oder Beilage zu Gemüse vorzüglich. Die Zunge kann nach dem Pökeln auch 10 bis 14 Tage in schwachen Rauch gehängt werden.

Euter

½ Kilo Euter (von der jungen Kuh), 6 Pfefferkörner, 3 Gewürzkörner, 1 Nelke, 1 kleines Stück Lorbeerblatt, 1 Zwiebel, 1 Ei, geriebene Semmel, 10 Gramm Salz, 1 Prise Pfeffer, 50 Gramm Fett

Das Euter wird gut gewässert und in reichlich Wasser mit den Gewürzen weichgekocht. In kaltem Wasser gespült, wird es in fingerdicke Scheiben geschnitten, in Ei und Semmel paniert und in Butter goldgelbgebacken.

Königsberger Fleck

1 Kilo Kaldaunen, 1—2 Zwiebeln, 75 Gramm Butter, 1 Löffel Mehl (oder geriebene Semmel), etwas Petersilie, 1 Stielchen Majoran, 1 Prise Muskat, Pfeffer, Salz

Die in kleine Stücke geschnittenen Kaldaunen (Flecke) werden in Salzwasser gargekocht und dann noch 15 Minuten in einer Soße gedämpft, die aus den oben benannten Zutaten und der Kaldaunenbrühe hergestellt ist.

Falscher Hase

½ Kilo Rindfleisch (Schabefleisch oder gehacktes), 325 Gramm gehacktes Schweinefleisch, 2 Eier, 2 abgeschälte, eingeweichte Brötchen, 50 Gramm Butter zum Abbrennen des Semmelkloßes, 3—4 gewiegte Sardellen, 1 Messerspitze Pastetengewürz, 10 Gramm Salz, 1 Prise Pfeffer, 1—2 Eßlöffel geriebener Parmesan- oder Schweizerkäse, 50 Gramm Speck. Zum Braten: 125 Gramm Fett, ¼ Liter saure Sahne, 20 Gramm Mehl, ½ Teelöffel Kapern

Die eingeweichten Brötchen werden gut ausgedrückt, mit geriebener Zwiebel, den 50 Gramm Butter zum Kloß abgebacken, bis die Masse sich vom Topfe löst. Etwas abgekühlt, wird der Kloß zuerst mit den Eiern und den übrigen Zutaten vermischt, gut durchgearbeitet und pikant abgeschmeckt. Sollte die Farce zu weich sein und nicht formen lassen, so werden ein paar Löffel Mehl oder Semmelmehl zugefügt. Man formt mit angefeuchteten Händen oder Butterhölzern ein längliches Brot, macht mit einem in Wasser getauchten Quirlstiel in der Mitte des Brotes eine gleichmäßige Vertiefung, so dem Braten die Form eines Rückens gebend. Mit dem feuchten Quirlstiel werden senkrechte Vertiefungen gemacht, in die man den in ein Zentimeter starke Streifen geschnittenen Speck hineindrückt. Man bringt den Braten wieder in gute Form, gibt ihn in die gelb gewordene Butter und brät ihn unter fleißigem Begießen und vorsichtigem Schütteln im Ofen bei Mittelhitze zu guter Farbe. Unter Beifügen von Wasser und Sahne wird die Soße gewonnen, die nach Belieben mit Mehl sämig gemacht und noch gut abgeschmeckt wird.

Bratklopse in Sahnensoße

¾ Kilo gehacktes Rindfleisch, 125 Gramm gehacktes Rindernierenfett oder 200 Gramm Schweinefleisch, 60 Gramm Butter, ¼ Liter saure Sahne, 1—2 Eier, 4 Sardellen, 60 Gramm geweichte Semmel, Salz, Pfeffer

Aus dem gehackten Rindfleisch wird mit dem gehackten Fett oder Schweinefleisch, 60 Gramm in Wasser geweichter ausgedrückter Semmel, 5 gewässerten entgräteten Sardellen (oder einem Heringsrücken) nebst Pfeffer, Salz, 2 Eiern und 1—2 Eßlöffel Sahne ein ebener Teig gemacht, aus dem man runde Klopse formt. Diese werden in Mehl gewälzt und in 60 Gramm erhitzter Butter mit ein paar Zwiebelwürfeln bräunlich gebraten. Dann wird ¼ Liter saure Sahne dazugegossen, die Klopse werden 10—15 Minuten darin leise gekocht und in der Soße angerichtet.

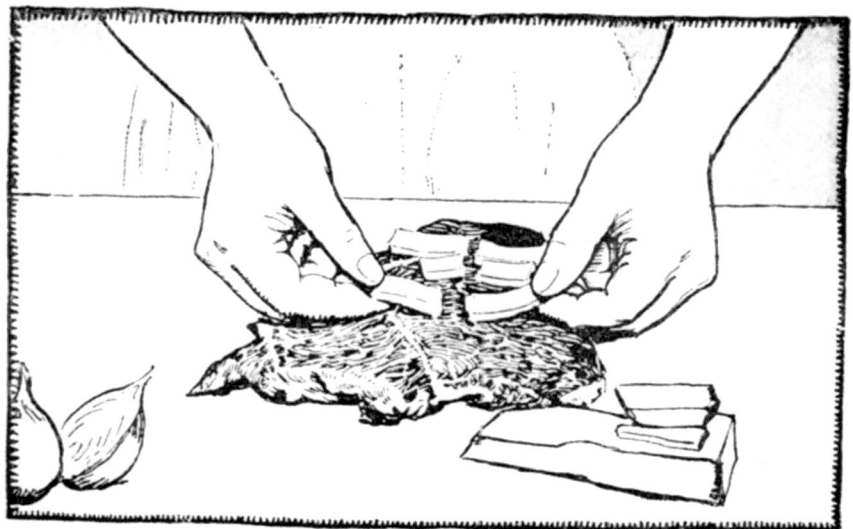

Rouladen machen
1. Belegen der Fleischscheiben mit Speck, Gurke und Zwiebel

Beefsteak à la Tatar

¼ Kilo Schabefleisch, 2 Eidotter, 5 Gramm Salz, 1 Prise Pfeffer, 1 Salzgurke, 1 Pfeffergurke, 1 große geriebene Zwiebel, 3—4 Sardellen, 1 Teelöffel Kapern und Mixpickles

Das Schabefleisch wird mit Salz und Pfeffer gut durchgeknetet, zu einem schönen runden Beefsteak geformt. Obenauf kommen die Eidotter, die gehackten oder geriebenen Zwiebeln, die Sardellen und Kapern, im weiteren Umkreis die geschälten, in Scheiben geschnittenen Gurken und Mixpickles. Als Frühstück und zu Bier beliebt.

Rouladen machen
2. Das Binden der fertigen Fleischrollen

Königsberger Klopse

750 Gramm gehacktes Rindfleisch, 125 Gramm gehacktes Schweinefleisch, 6 Sardellen, 2 Eier, 1 Zwiebel, 75 Gramm Butter, 1 geweichtes Milchbrot, 2 Eßlöffel Kapern, 2 Löffel Mehl, 1 Zitrone, Pfeffer, Zucker

Das geweichte, gut ausgedrückte Brötchen wird mit etwas Butter, geriebener Zwiebel zum Kloß abgebacken; abgekühlt gibt man die Eier, das Fleisch und 1—2 gehackte Sardellen dazu, verarbeitet die Masse gut, schmeckt sie pikant ab und formt mit bemehlten Händen runde Klöße davon, die in Salzwasser 10 Minuten gekocht werden. Zur Soße werden 2 Löffel Mehl in zerlassener Butter geschwitzt, mit dem Kochwasser der Klöße aufgefüllt, tüchtig durchgekocht und dann durch ein Sieb gegeben. Man fügt die Kapern und Klopse hinzu, die noch etwa 10 Minuten darin ziehen müssen, ohne zu kochen. Die übrigen fein gehackten Sardellen oder fein gehackten Heringe, eine entfernte Zitronenscheibe werden dazugegeben, die Soße mit Pfeffer, Zucker und Zitrone säuerlich abgeschmeckt.

Buletten oder Frikandellen

½ Kilo Fleisch (halb Rind, halb Schwein), 1 Ei, 1 geweichte Semmel, Salz, Pfeffer, geriebene Semmel, geriebene Zwiebel, etwas Sahne, 100 Gramm Butter

Buletten oder Frikandellen können von gekochten oder gebratenen Fleischresten oder auch nach Belieben von frischem gehacktem Fleisch hergestellt werden. Auf ½ Kilogramm Fleisch rechnet man 1 Ei. Man vermischt das gehackte gekochte Fleisch mit frischem gehacktem Schweinefleisch oder fein geschabtem fettem Speck, geweichter, ausgedrückter Semmel, etwas Sahne, Pfeffer, Salz und formt flache Buletten davon, die in geriebener Semmel gewendet und in gelb gemachter Butter auf beiden Seiten zu schöner Farbe gebraten werden. Die Bratbutter kann mit etwas Wasser, Brühe oder Sahne verkocht oder auch so als braune Butter gereicht werden. Oft werden diese Frikandellen auch als Beilage zu Gemüse gereicht.

Rinderpökelbrust (hamburgisch)
(Für Hausschlachtungen)

50 Kilo Rinderbrust, 30 Gramm Salpeter, 2—3 Kilo Salz, 125 Gramm weißer Pfeffer, 50 Gramm Muskatblüte, 70 Gramm Gewürznelken, 1 Teller Wacholderbeeren, 1 Teller Schalotten, ½ Teller Rokambole und Knoblauch, 6 Teller Zwiebeln, 10 Gramm Lorbeerblätter, 4 Hände Basilikum, 4 Hände Thymian und Majoran

Das Fleisch, das von den Knochen befreit ist, wird tüchtig mit Salz und Salpeter eingerieben und dann lagenweise mit den obenbenannten Ingredienzien in ein gut schließendes Faß geschichtet. Obenauf kommt ein Deckel mit mehreren Steinen beschwert, so daß die Brühe etwas über den Deckel hinausfteht. Nach 3—5 Wochen sind die Stücke zum Kochen reif.

Hamburger Rauchfleisch

1 großes Stück (etwa 10 Kilo) bestes junges Ochsenfleisch, ½ Kilo Salz und 15 Gramm Salpeter

Das Fleisch wird mit Salz- und Salpetermischung eingerieben. Wenn sich Lake bildet, ist es fleißig zu wenden. Nach 4 Wochen wird es herausgenommen, abgetrocknet, in Papier gewickelt und etwa 3—4 Wochen in den Rauch gehängt. Beim Kochen wird das Stück eine Nacht gewässert und dann in reichlichem Wasser weichgekocht. Als Beigabe dazu schmeckt geriebener Meerrettich mit Schlagsahne, gefroren, oder mit geriebenen Äpfeln, Orangensaft, Rheinwein und Zucker vermischt.

Ausbraten von Rinderfett

2 Kilo Rindernierentalg, ¼ Liter Milch

Das Rinderfett wird gut in öfter erneuertem Wasser 12 Stunden eingewässert, in Würfel geschnitten oder durch die Fleischmaschine gedreht, mit ¼ Liter Milch in eine Kasserolle getan und auf gelindem Feuer ganz langsam ausgebraten, bis das Fett klar wird. Das Fett muß vom Feuer genommen werden, ehe es zu bräunen beginnt. Es wird von den Grieben klar abgegossen und in einem Steintopf an kühlem Ort gut verdeckt aufbewahrt. Die Grieben lassen sich zu Frikandellen oder auch zu Bratkartoffeln verwenden.

Das Kalb

Kalbfleisch hat einen etwas größeren Wassergehalt als das Rindfleisch; sein Nährwert hängt von dem Alter des geschlachteten Tieres ab. Je jünger das Tier ist, um so wasserreicher, nährstoffärmer und geschmackloser ist sein Fleisch. Die gesetzliche Schlachtgrenze ist leider bei uns nicht festgelegt; es sollte verboten werden, Kälber, die jünger als einen Monat sind, zu schlachten. Sehr blasses Kalbfleisch ist blutarm und deshalb schlechter als das bluthaltige, da mit dem Blute auch wichtige Nährsalze fehlen. Die Zusammensetzung der einzelnen Stücke ist folgende:

Fettes Fleisch	18,0% Eiweiß	10,0% Fett	69,0% Waffer	
Mageres Fleisch	20,5% „	3,0% „	74,0% „	
Hirn (gekocht)	10,5% „	10,0% „	78,0% „	
Milch	27,3% „	0,4% „	70,0% „	

Am leichteften verdaulich find Kalbshirn und Milch, ihr Nährwert ift aber auch in Anbetracht des hohen Preifes nicht fehr bedeutend. Der Gefchmack des Kalbfleifches ift nicht fo kräftig wie der des Rindfleifches, außerdem ift es weniger leicht verdaulich, da feine Fafern beim Kauen den Zähnen ausweichen.

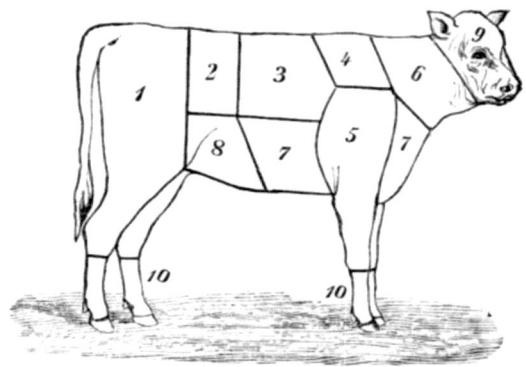

Fleifcheinteilung beim Kalb
1 Keule, 2 Nierenbraten, 3 Rücken, 4 Kamm, 5 Bug, 6 Hals, 7 Bruft, 8 Bauch, 9 Kopf, 10 Füße

Gefpicktes Herz (öfterreichifch)

Kalbsherz, Salz, Knoblauch, Speck, Mohrrübe, Sellerie, Fleifchbrühe, Peterfilie, faure Sahne, Paprika

Ein Kalbsherz wird mit Salz und Knoblauch eingerieben und mit Speckfchnitten ftark durchzogen. Man legt es auf Speckfcheiben in eine Kafferolle und dünftet es im Ofen mit nudelig gefchnittener Mohrrübe, Sellerie und Peterfilie unter häufigem Begießen mit Fleifchbrühe. Wenn das Herz weich ift, wird es aus dem Saft genommen, diefer mit Fleifchbrühe, faurer Sahne und Paprika aufgekocht und über das Herz geftrichen.

Kalbfleifchfuppe

½ Kilo Kalbfleifch (Bruft oder Kamm), Suppengrün, 1—2 Eier

Das forgfältig gewafchene Fleifch, dem einige Kalbsknochen beigefügt werden können, wird mit kaltem Waffer aufgefetzt, abgefchäumt, mit Salz und zerfchnittenem Suppengrün verfehen und langfam fo lange gekocht, bis das Fleifch weich und die Suppe kräftig genug ift. Es muß gleich fo viel Waffer aufgegoffen werden, daß nicht nachgegoffen zu werden braucht, weil fonft die Suppe nur fchwach und unfchmackhaft wird. In einem Tiegel wird eine helle Mehlfchwitze von Mehl in zerlaffener Butter bereitet, die durch ein Sieb gegoffene Brühe damit verkocht, mit Salz abgefchmeckt und mit 1—2 zerquirlten Eidottern abgezogen. Um die Suppe voller und fättigender zu geftalten, gibt man für fich allein ausgequollenen Reis, Nudeln, Klöße oder allerlei Gemüfe, z. B. Blumenkohl, Spargel oder Schwarzwurzeln, hinein. Auch das Gemüfe, die Nudeln, die Klöße müffen vor dem Einlegen in die Suppe für fich allein gargekocht werden.

Das Fleifch wird als Ragout oder als Frikaffee gegeben oder gehackt als Hauptbeftandteil von Buletten oder Fleifchpudding.

Wenn die Suppe befonders kräftig fein foll, wird das Fleifch in Würfel gefchnitten, mit kaltem Waffer aufgeftellt, gefchäumt, mit Wurzelwerk und Salz noch eine kleine Stunde auf ganz gelindem Feuer gekocht, durch ein Sieb gerührt, mit Arrowroot, Grieß oder Sago verkocht.

Mockturtlefuppe

¼ Kalbskopf, 60 Gramm roher Schinken, ½ Kilo Kalbshefe, 60 Gramm Mehl, 65 Gramm Butter, 1 Glas Rotwein, 1 Glas Madeira, 1 Zwiebel, Suppengrün, Gewürz, 20 Gramm Salz, 1 Prife Pfeffer, 2½ Liter Waffer

Der kleingefchnittene Schinken und das Fleifch werden mit dem Suppengrün angebraten, der gebrühte Kopf dazugetan, 2½ Liter Waffer aufgefüllt und das Ganze langfam weichgekocht. Unterdeffen wird Mehl mit Fett goldbraungeröftet, die gewonnene Bouillon und die in Rotwein, Salz und Pfeffer marinierten

Fleischteile dazugefügt. Die Suppe muß noch eine gute Stunde schön sämig kochen, wird mit Madeira, Salz und Pfeffer abgeschmeckt und noch durch Klößchen verfeinert. Man kann auch hartgekochte Eier hineingeben.

Kalbsbraten
1 Kalbskeule, 125 Gramm Speck, 250 Gramm Butter, ½ Liter saure Sahne

Das Fleisch muß gut abgehängt sein, im Sommer 2 Tage, im Winter 8—10 Tage. Es wird gehäutet, geklopft, nach Belieben auch noch für einen Tag in abgesahnte Milch gelegt, dann abgetrocknet, gespickt, mit feinem Salz bestreut und in die Pfanne gelegt (die gespickte Seite nach oben), in der man 125 Gramm Butter hat gelb werden lassen. Dann wird die Oberfläche des Bratens mit 125 Gramm kochender Butter übergossen und die Pfanne in den gut geheizten Ofen gestellt. Man begießt fleißig etwa 8—10 Minuten und gibt, wenn die Butter goldbraun ist, ¼ Liter heißes Wasser zur Bratenbrühe und läßt den Braten unter fleißigem Begießen und Nachgießen von etwas heißem Wasser zu schöner Farbe braten. Sollte er zu schnell bräunen, so wird ein Stück weißes, mit Butter bestrichenes Papier auf den Braten gelegt. Wer es liebt, kann eine braune Brotkruste und einige gedörrte Pilze oder Champignons mit in die Pfanne legen. Gegen Ende der Bratzeit, die für eine große Keule 2—2½ Stunden, für eine kleinere etwas kürzere Zeit beträgt, wird die saure Sahne dazugefüllt und auch der Braten mit der Soße bestrichen. Sobald der Braten weich genug ist, wird er herausgenommen, die Soße mit Wasser vom Bodensatz losgekocht, nach Belieben durch ein Sieb gerührt, abgeschmeckt und sämig gemacht. Beim Tranchieren hat man, da die Keule aus verschiedenen Muskeln, auch Nüssen genannt, besteht, darauf Rücksicht zu nehmen. Man nehme jedes Fleischbündel extra vor und schneide niemals mit, sondern gegen die Fleischfaser. Kalbsbraten wird, wozu man ja in einem kleineren Haushalt stets kommt, so aufgewärmt, daß man erst die Soße in einem Tiegel erhitzt (evtl. mit Zusatz von etwas Wasser) und die ganzen Stücke, nicht etwa die Scheiben, hineinlegt; oder man erwärmt das Fleisch auch in Scheiben in einem Sieb über einem Topf mit kochendem Wasser.

Kalbsbraten (jüdisch)
2 Kilo Kalbsbrust, 125 Gramm Gänsefett, einige Zwiebeln, Zitronenscheibe, geriebene Semmel

Ein schönes Stück Kalbsbrust wird mit kochendem Wasser gebrüht, mit kaltem abgewaschen und mit Salz eingerieben. Dann wird es mit kaltem Wasser, einigen Zitronenscheiben, einer Schwarzbrotrinde und einigen geschälten kleinen Zwiebeln aufgesetzt, zuerst die obere Seite nach unten gelegt und umgewendet, sobald sie weich genug ist. Während des Bratens im gut geheizten Ofen wird der Braten öfter dünn mit gutem, feinem Gänsefett bestrichen, zuletzt mit geriebener Semmel bestreut, die mit zerlassenem Gänsefett beträufelt wird und eine schöne Kruste bilden muß. Die Soße muß gut kurz einkochen, wird durch ein Sieb gerührt und, wenn nötig, mit etwas Kartoffelmehl sämig gekocht.

Kalbsrücken
Kalbsrücken, 125 Gramm fetter Speck, 125 Gramm Butter, ½ Liter saure Sahne, Salz, 1 Handvoll Steinpilze

Der Kalbsrücken wird durch Abhacken der auf beiden Seiten überstehenden Rippenenden und Herausnehmen der Niere gestutzt, sauber abgehäutet, rasch gewaschen, in dichten Reihen schön gleichmäßig gespickt und mit Salz eingerieben. Er kommt dann in die Pfanne, in der die Butter braungemacht wurde, wird dort ½ Stunde lang mit dem Fett übergossen und nach Zugießen in einer weiteren guten Stunde fertiggebraten. Mit der sauren Sahne kann man auch eine Handvoll gebrühte Steinpilze zufügen. Tranchiert wird er, indem man mit einem langen, flachen Messer die Fleischstreifen auf beiden Seiten des Rückgrats lostrennt und diese wieder in fingerdicke Streifen schräg zum Rückgrat schneidet.

Kalbsnierenbraten
2 Kilo Kalbsnierenstück, 125 Gramm Butter, ¼ Liter saure Sahne, Salz

Das Kalbsnierenstück wird auf der oberen Seite gehäutet, von dem überflüssigen (Nieren-) Fett befreit, sauber (aber nur ganz schnell) gewaschen, gesalzen und eventuell durch Binden in schöne Form gebracht. In der Pfanne wird die Butter hellbraun gemacht, das Nierenstück hineingelegt, etwa ½ Stunde bei Mittelhitze mit dem heißen Fett übergossen und nach Zugießen von Wasser in 1½ Stunden fertiggebraten. Etwa 10 Minuten vor dem Anrichten wird die saure Sahne zugefügt und die Soße schön dick eingekocht. Tranchiert wird der Kalbsnierenbraten auf folgende Weise: Das Rückgrat wird gewöhnlich schon roh beim Schlächter durchgehackt. Die Niere wird zuerst herausgelöst und in hübsche Scheiben geschnitten, das lappige Stück Fleisch wird abgelöst und in der Küche verwendet. Die Rippen werden zerschnitten, die großen Rippen teilt man. Nun wird der Braten hübsch angerichtet und auf jede Schnitte Braten ein Stückchen Niere gelegt; die Soße wird besonders angerichtet. Bei feinen Mahlzeiten trennt man die Rippen nicht, sondern schneidet Scheiben, die man durch geschickte Messerführung von den Rippen ablöst. Die Knochen kann man nutzbringend so

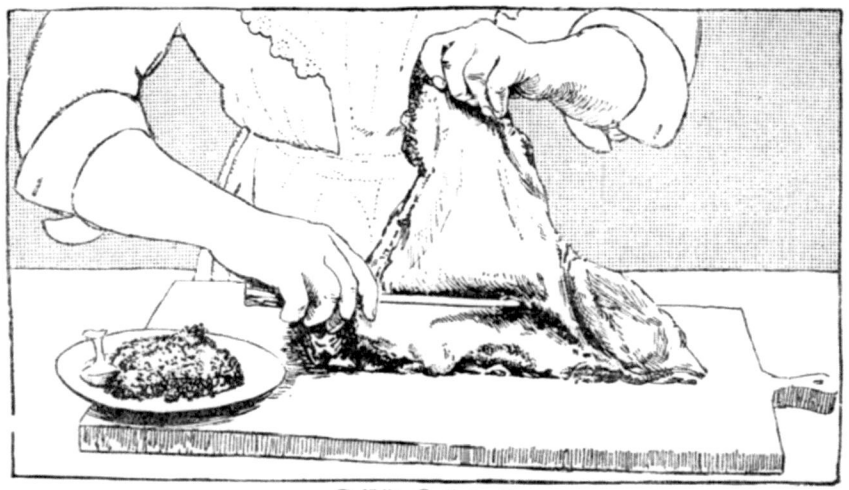

Gefüllte Kalbsbrust
1. Ausschneiden der Tasche mit einem großen flachen Messer. (Spezialaufnahme von Otto Preuß in Steglitz)

verwenden, daß man sie vor dem Einsetzen des Bratens in Salzwasser auskocht und die Brühe dann zum Zugießen verwertet. Die Soße wird dadurch kräftiger im Geschmack.

Kalbsfilet mit Champignons

1 Kalbsfilet, 125 Gramm fetter Speck, 125 Gramm Butter, ¼ Liter saure Sahne, 1 Portion zubereitete Champignons, Salz

Das Kalbsfilet wird sauber gehäutet, rasch in Wasser getaucht, mit einem sauberen Tuch abgetrocknet, in hübsche Form gebracht und mit gleichmäßigen Speckstreifen bespickt. In der erhitzten Butter wird das Kalbsfilet ohne Zugießen in etwa 20 Minuten gebraten und dann mit der sauren Sahne übergossen. Die Champignons werden nach Geschmack darüber garniert. Tranchiert wird das Kalbsfilet, indem man es in fingerdicke Scheiben schneidet, deren jede mit Champignons belegt wird.

Gefüllte Kalbsbrust

1 Kalbsbrust, 1 Semmel- oder Fleischfarce, 150 Gramm Butter, ¼ Liter saure Sahne, Salz

Die vom Schlächter bereits vom Hauptknochen befreite Brust wird sauber gewaschen und mit einem Messer nach allen Seiten ohne Verletzung der äußeren Haut erweitert. In die Höhlung wird eine Semmel- oder Fleischfarce gefüllt, die Brust wieder zugenäht und im Ofen in brauner Butter zu schöner goldgelber Farbe gebraten. Dann gibt man die nötige Portion Wasser, setzt abermals 1—1½ Stunden die saure Sahne hinzu und glasiert die Brust mit ein paar Löffeln der eingedickten Soße. Da der Teig meist stark aufgeht, so lasse man ihm beim Füllen hinreichend freien Raum. Tranchieren der gefüllten Kalbsbrust: Man schneidet die Brust der Länge nach unter den Knorpeln durch, drückt aber nur leicht mit dem Messer, damit die Fülle beisammen bleibt. Dann schneidet man die Rippen Stück für Stück mit ihrer Fülle ab und legt sie schuppenartig aufeinander auf eine Bratenplatte; die Soße wird nebenher gereicht.

Kalbsnuß, auf der Pfanne gebraten

⅔ Kilo Kalbfleisch aus der oberen Nuß, 65 Gramm Butter, 15 Gramm Salz, Pfeffer

Das Steak wird geklopft, gehäutet, gesalzen, gepfeffert, durch Zusammenschieben von allen Seiten wieder in eine schöne Form gebracht und in einer Pfanne auf mäßigem Feuer bei häufigem Umdrehen in etwa 15 Minuten gebraten. Die Pfanne kann mit einigen Löffeln Brühe abgekocht und zu dem Steak frische Butter gereicht werden.

Kalbshaxe

1 fleischige Kalbshaxe, 125 Gramm Butter, ¼ Liter saure Sahne, 40 Gramm Salz

Die Kalbshaxe wird sauber gehäutet, gewaschen, eingesalzen und in die Pfanne gelegt, in der vorher die Butter bräunte. Hier brät sie im mittelheißen Ofen etwa ½ Stunde und nach Zugießen von Wasser noch 1 Stunde, worauf die saure Sahne darübergegossen und die Soße schön dick eingekocht wird. Zu der Kalbshaxe, die schön lichtbraune Farbe haben und ordentlich glänzen muß, schmecken aus-

Gefüllte Kalbsbrust
2. Einfüllen des Teiges in die Tasche

gezeichnet alle grünen Salate und Rührkartoffeln. Das Tranchieren ist sehr einfach, da man nur das Fleisch vom Bein zu lösen hat.

Kalbfleisch in Bier

1—1½ Kilo Kalbsbrust, ½ Liter Braunbier, 60 Gramm Butter, 1 Portion Zwiebel, Gewürz und Zitrone, 1 Löffel Mehl, 20 Gramm Salz

Das von den Knochen befreite Fleisch wird in Mehl gewälzt und im Topf mit der Butter und den übrigen Zutaten schön braungebraten. Nachdem man das Bier hinzugefügt hat, schmort man es noch 1—1½ Stunden und schmeckt die sämige Soße mit Salz und Zitronensaft ab.

Verschiedene Gattungen Kalbsschnitzel (Wiener Art)

a) Kaiserschnitzel

½ Kilo Fleisch vom Kalbsschlegel, 10 Gramm Salz, 30 Gramm Speck, 50 Gramm Butter, ⅛ Liter saure Sahne, Zitronensaft, Zitronenschalen

Von einem schönen Kalbsschlegel werden fingerdicke Scheiben geschnitten, gut geklopft, gesalzen und auf einer Seite mit Speck durchzogen. Man legt die vorbereiteten Schnitzel in heiße Butter, mit der gespickten Seite nach oben, und brät sie schön gelb. Wenn die Schnitzel etwas Farbe haben, begießt man sie mit saurer Sahne und läßt sie unter öfterem Begießen fertigbraten. In den Saft gießt man noch etwas Zitronensaft, gibt fein gehackte Zitronenschalen hinein und richtet die Schnitzel mit dem Saft übergossen an.

b) Paprikaschnitzel

½ Kilo Fleisch vom Kalbsschlegel, 10 Gramm Salz, 30 Gramm Speck, Zwiebel, Paprika, 50 Gramm Schweinefett, ⅛ Liter saure Sahne, Fleischbrühe

Die Paprikaschnitzel werden wie die Kaiserschnitzel vorbereitet und gebraten, jedoch nicht in Butter, sondern in heißem Schweinefett, in dem geröstete Zwiebel mit Paprika verrührt wurde. Die Sahnensoße kann man, wenn sie zu dick sein sollte, mit etwas Fleischbrühe vergießen.

c) Naturschnitzel

½ Kilo Fleisch vom Kalbsschlegel, 10 Gramm Salz, 10 Gramm Mehl, 50 Gramm Butter, Fleischbrühe eventuell Fleischextrakt

Schöne, fingerlang und fingerdick geschnittene Schnitzel vom Kalbsschlegel werden geklopft, gesalzen, auf einer Seite ganz leicht in Mehl getaucht und in einer flachen Pfanne mit Butter gebraten. Wenn alle Schnitzel fertig vom Saft abgegossen sind, wird etwas Fett und der zurückgebliebene Saft mit sehr guter Fleischbrühe und, wenn notwendig, mit etwas Fleischextrakt aufgekocht und über die Schnitzel gegeben.

d) Panierte Schnitzel

½ Kilo Fleisch vom Kalbsschlegel, 10 Gramm Salz, Mehl, 1 Ei, geriebene Semmel, 100 Gramm Schweinefett, Zitronenscheiben, Petersilie

Von dem Kalbsschlegel schneidet man fingerdicke Schnitten ab, klopft diese gut, salzt sie, dreht sie in Mehl, gequirltem Ei und geriebener Semmel und bäckt sie in heißem Schweinefett schön goldgelb. Es muß ziemlich viel Schweinefett in der Pfanne sein, so daß die Schnitzel beim Braten im Fett schwimmen. Sie werden mit Zitronenscheiben und grüner Petersilie verziert und mit Salat serviert.

Kalbskotelette

½ Kilo Kotelette, 1 Ei, 100 Gramm Butter, Salz, Pfeffer, geriebene Semmel

Die gut zurechtgehauenen Kotelette, deren Knochen zierlich gestutzt sind, werden sauber zurechtgemacht, gut geklopft, mit Salz und Pfeffer bestreut, in geschlagenem Ei und geriebener Semmel gewendet und in der flachen Stielpfanne in gebräunter Butter auf beiden Seiten zu schöner Farbe gebraten. Man gibt Stangenspargel, Schoten mit Karotten oder auch nur Kartoffelpüree oder Röstkartoffeln dazu.

Faschierte Kalbsschnitzchen (österreichisch)

½ Kilo Fleisch vom Kalbsschlegel oder Schulter, 10 Gramm Salz, 1 Semmel, Milch, 50 Gramm Butter, Fleischbrühe

Schönes Fleisch vom Kalbsschlegel oder von der Kalbsschulter wird sehr fein gehackt, mit einer in Milch geweichten Semmel durch die Fleischmaschine getrieben und gesalzen. Man formt von dem Fleischteig schöne runde Laibchen und brät sie langsam in Butter. Wenn sie schön hellbraun und durchgebraten sind, verkocht man den Saft mit etwas Fleischbrühe und bringt sie mit diesem zu Tische.

Frikassee von Kalbfleisch

1 Kilo Kalbfleisch, 150 Gramm Butter, Gewürz, Kapern, Pilze, Weißwein, Zitronensaft, Fleischklöße, Krebsschwänze

Das Fleisch wird in Stücke geschnitten und in der in der Kasserolle gelbgemachten Butter angebraten. Dann wird heißes Wasser oder Brühe, Salz und Gewürz hinzugefügt, die Kasserolle zugedeckt und das Fleisch eine gute Stunde langsam über gelindem Feuer geschmort, wobei, wenn zuviel Flüssigkeit einschmoren sollte, etwas siedendes Wasser nachgefüllt wird. Wenn das Fleisch weich ist, wird die Brühe sämig gemacht, mit Weißwein und Zitronensaft und nach Belieben mit Kapern gewürzt. Außerdem können für sich allein abgekochte Kalbsmilch, Steinpilze oder Champignons, pikante Fleischklöße oder Semmelklöße, Blumenkohl oder Schwarzwurzeln, jedes für sich allein gargekocht, zum Frikassee gegeben werden, ebenso Krebsschwänze und gefüllte Krebse. Wenn die Soße pikanter sein soll, wird sie mit Sardellenbutter gewürzt.

Kalbsgulasch

750 Gramm derbes Kalbfleisch, 100 Gramm Speck, ¼ Liter saure Sahne, 1—2 Zwiebeln, 1 Messerspitze Paprika, 50 Gramm Butter, Mehl, Salz

Das Fleisch wird in ziemlich große Würfel geschnitten. Eine oder zwei feingeschnittene Zwiebeln werden in dem Speckfett aus dem würflig geschnittenen ausgebratenen Speck gelblich geröstet, das Fleisch dazugefügt, alles mit Salz und einer Messerspitze Paprika gewürzt, so lange unter wiederholtem Rühren gedünstet, bis es Farbe hat. Dann wird etwas Wasser oder Brühe, etwas in Butter durchgedünstetes Mehl und einige Löffel saure Sahne hinzugefügt, alles gehörig verkocht, gewürzt und abgeschmeckt. Dazu Bechamelkartoffeln oder Kartoffelpüree.

Gebackene Kalbszungen

3 Kalbszungen, 1 Ei, 100 Gramm Butter, geriebene Semmel, Salz

Die Zungen werden in Salzwasser weichgekocht, nach dem Herausnehmen mit kaltem Wasser abgeschreckt, damit sie sich leicht abziehen lassen, dann abgezogen, nach vollständigem Erkalten der Länge nach durchgeteilt, in geschlagenem Ei und geriebener Semmel gewendet und in gebräunter Butter auf beiden Seiten zu schöner Farbe gebraten. Dazu Sardellen- oder Kapernsoße und Schmorkartoffeln.

Gebratene Kalbsleber

½ Kilo Kalbsleber, 100 Gramm Butter, 10 Gramm Salz, 1 Prise Pfeffer, 1 Zwiebel

Die von Häuten, Röhrchen und Adern sorgfältig befreite, gut gehäutete Leber wird in Scheiben geschnitten, in Mehl gewendet, in gebräunte Butter gelegt und nach Belieben mit oder ohne Hinzufügen einiger Zwiebelscheiben rasch auf beiden Seiten gargebraten. Wenn bei vorsichtigem Hineinstechen mit der Gabel kein Blutstropfen mehr heraustritt, so ist die Leber gar. — Die Leber darf erst nach dem Braten gesalzen werden, da sie sonst hart und zäh wird. Die Bratbutter kann dazugereicht werden. Sie ist sehr wohlschmeckend, wenn sie mit etwas saurer oder süßer Sahne verkocht wird.

Gedämpfte gespickte Leber

½ Kilo Leber, 60 Gramm Speck, 100 Gramm Butter, 1 Obertasse leichte Brühe, 1 Glas Weißwein, 1—2 Löffel Weinessig, 1 Stück Zitronenschale, Wurzelwerk, Pfefferkörner, Zwiebel, Lorbeerblatt, Mehl

Die sorgfältig gehäutete Leber wird mit feinen Speckstreifen gespickt und in der erhitzten Butter einige Minuten geschmort. Dazu wird eine Obertasse leichte Brühe, im Notfall Wasser, gefügt, ferner ein Glas Weißwein, 1—2 Löffel Weinessig, so daß die Leber mit der Flüssigkeit gut bedeckt ist, ein Stückchen

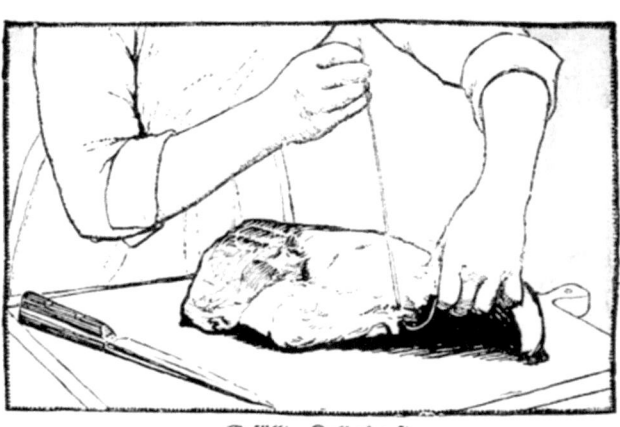

Gefüllte Kalbsbrust
3. Zunähen der Tasche und Zurechtdrücken der Kalbsbrust

Zitronenschale, Lorbeerblatt, Salz, eine Zwiebel, etwas zerschnittenes Wurzelwerk und etliche Pfefferkörner. So muß die Leber, gut zugedeckt, auf kleinem Feuer eine Stunde dämpfen, worauf die Soße durch ein Sieb gestrichen und mit etwas Mehl verkocht wird.

Geschmorte Leber (jüdisch)

Die Leber wird n i ch t koscher gemacht, sondern nur gewässert, mit Salz von allen Seiten bestreut und auf glühenden Kohlen geröstet, kann auch nur in Fett oder Tomor mit Zwiebel geschmort werden, wobei immer etwas Wasser zugegossen wird, damit es eine schöne, sämige Soße gibt.

Geschmorte Leber (jüdisch)

750 Gramm Kalbsleber, Wasser oder Braunbier, Gänsefett, 1 Zwiebel, Pfeffer oder Gewürz, 1—2 Löffel Mehl

Die Leber, die koscher gemacht sein muß, wird in einer Kasserolle in Wasser oder Braunbier mit etwas Gänsefett, einer Zwiebel, einigen Pfeffer- und Gewürzkörnern langsam weichgeschmort. Dann wird 1—2 Löffel Mehl darübergestreut, das noch ein Weilchen mit der Soße verkochen muß, und diese über die in Scheiben geschnittene Leber angerichtet.

Leberklöße (Leberknödel)

750 Gramm Kalbsleber, 4 Eier, 2—3 alte Semmeln, ¼ Liter Milch, 1—2 Zwiebeln, 1 Stück Butter, Petersilie, Majoran, Pfeffer, Salz, Muskat, Mehl

2—3 altbackene Semmeln oder Milchbrote werden in feine Scheiben geschnitten, mit ¼ Liter siedender Milch übergossen und darin ganz aufgeweicht. Dann wird die Masse zerrührt, mit 4 ganzen zerquirlten Eiern, der gehackten, durch ein Sieb gestrichenen Leber, 1—2 geriebenen und in Butter durchgedünsteten Zwiebeln oder Schalotten, etwas gehackter Petersilie, Majoran, Pfeffer, Salz, Muskatnuß und Mehl so vermischt, daß ein gut haltbarer Teig entsteht. Von dem wird erst ein Kloß zur Probe geformt und in Salzwasser gekocht. Er muß beim Kochen halten und beim Aufschneiden locker und gar sein. Dann werden die übrigen Klöße geformt, in Salzwasser gekocht, mit brauner Butter übergossen oder zu Sauerkohl gereicht.

Kalbsbeuschel (österreichisch)

Kalbsbeuschel (-geschlinge), Essig, 1 Zwiebel, 20 Gramm Salz, Wurzelwerk, Pfeffer, Gewürz, 100 Gramm Butter, 100 Gramm Mehl, Petersilie, ⅛ Liter saure Sahne, Zitronensaft, Eier, Lorbeerblätter

Ein schönes frisches Kalbsbeuschel wird gut gewaschen, in größere Stücke geschnitten und mit dem nötigen Wasser und Essig, Zwiebel, Salz, Wurzelwerk, Pfefferkörnern, Gewürz und Lorbeerblättern gekocht. Wenn das Beuschel weichgekocht und ausgekühlt ist, schneidet man es in schöne, feine Nudeln. In 100 Gramm Butter röstet man ebensoviel Mehl, gibt etwas fein gehackte Petersilie hinein und vergießt es mit der geseihten Suppe, in der das Beuschel gekocht wurde, säuert die Soße nach Geschmack und gibt, wenn man will, ⅛ Liter saure Sahne dazu. Letzteres ist nicht unbedingt notwendig. Nun gibt man das geschnittene Beuschel mit etwas Zitronensaft in die Soße und verkocht alles zusammen. Die Soße darf nicht zu dick sein. Das Beuschel wird, mit Spiegeleiern belegt, entweder mit Semmelklößen oder mit Grießnocken als Beilage zu Tische gebracht.

Gebratene Nieren

4—5 Kalbsnieren, 125 Gramm Butter

Die gut geputzten, von allem Fett befreiten Nieren werden in gebräunter Butter in einer Kasserolle gelbgebraten, dann mit etwas Fleischbrühe und Salz überfüllt und auf gelindem Feuer gargedünstet.

Saure Kalbsnieren (süddeutsch)

3—4 Kalbsnieren, 75 Gramm Butter, 2 Löffel Mehl, 2 kleine Zwiebeln, ¼ Liter Fleischbrühe, 1 Löffel Essig, Salz, Pfeffer

Die vom Fett befreiten Nieren werden in feine Scheibchen geschnitten, ebenso werden 2 kleine Zwiebeln fein gehackt. In 75 Gramm gelber Butter werden 2 Eßlöffel Mehl brauner geröstet, die fein gehackten Zwiebeln und die Nierenschnitten dazugefügt und alles über gelindem Feuer ziemlich weichgedünstet. Dann werden ¼—⅜ Liter Fleischbrühe und etwas milder Essig dazugefügt, das Gericht mit Pfeffer und Salz gewürzt und die Nieren nun vollends weichgedämpft.

Eingemachtes Kalbsbries (österreichisch)

Kalbsbries (-milch), Salz, Wasser, 100 Gramm Butter, 1—2 Eßlöffel Mehl, Fleischbrühe, 2 Eidotter, Zitronensaft, Weißwein, Champignons

Das Kalbsbries wird vor der Bereitung in lauwarmes Wasser gelegt (das Wasser so oft gewechselt, bis es nicht mehr blutig ist), von der Haut befreit und in Salzwasser gekocht. Wenn es gar ist, legt man es in kaltes Wasser. In einem Stück Butter wird etwas Mehl geröstet, mit Fleischbrühe und mit Wasser, in dem das Bries gekocht wurde, vergossen, so daß eine lichte Mehltunke entsteht. 2 Eidotter, der Saft einer halben Zitrone und etwas weißer Wein werden gut abgerührt, mit der Soße vermischt und so lange am Feuer gerührt, bis sich die Eier verbunden haben. Nun gibt man das zerteilte Bries und einige in Butter gedünstete Champignons in die Soße und bringt alles zusammen in einer runden Schüssel mit kleinen Semmelklößchen garniert zu Tische.

Gebackenes Kalbshirn
1 Kalbshirn, 1 Ei, 50 Gramm Butter, geriebene Semmel

Das Gehirn wird gewässert, bis keine Blutäderchen mehr sind, von allen Häutchen und Äderchen vorsichtig befreit, in kochendem Salzwasser abgewällt, in kaltem gekühlt und abgetropft, in Ei und geriebener Semmel gewälzt und in gebräunter Butter auf beiden Seiten zu schöner Farbe gebacken.

Kalbsmilch
1 Kalbsmilch, 100 Gramm Butter, 10 Gramm Salz, 1 Prise Pfeffer

Die Kalbsmilch wird mit kaltem Wasser aufgesetzt und, sobald sie heiß geworden ist, auf ein Sieb gelegt. Dieses Verfahren kann zweimal wiederholt werden, damit die Milch recht weiß wird. Dann wird sie in kaltem Wasser gekühlt, in 2—3 Stücke zerschnitten, mit Pfeffer und Salz bestreut und in steigender Butter hellgelbgebraten. — Oder die Kalbsmilch wird gebrüht, in Scheiben geschnitten, in Ei, Pfeffer, Salz und geriebener Semmel gewendet, in gebräunter Butter zu schöner Farbe gebacken und beim Anrichten mit Zitronensaft beträufelt.

Gefüllte Milz (jüdisch)
1 große Milz, Weißbrot, 125 Gramm Rinderfett, 2 Eier, Salz, Pfeffer, 1 kleine Zwiebel

Zu einer großen Milz nimmt man 8 Weißbrötchen, die in Würfel geschnitten werden, 125 Gramm rohes Rinderfett, ebenfalls in Würfel geschnitten, dazu 2 Eier, Pfeffer und Salz, eine kleine Zwiebel, gerieben oder kleingeschnitten. Vor dem Koschermachen wird die obere Haut von der Milz abgezogen, die Ader herausgenommen, die Milz an einer Seite aufgeschnitten, das Blut mit einem Löffel herausgekratzt. Dann wird die Teigmasse zusammengerührt, die Milz damit vollgefüllt, wieder zusammengenäht, in einem Topf Wasser gekocht und mit etwas Fett oder Butter kurz eingeschmort.

Kalbskopf
1 Kalbskopf, 50 Gramm Butter, 15 Gramm Salz, 1 Prise Pfeffer, Lorbeerblatt, 1—2 Zwiebeln, 1 Kräutersträußchen, 1—2 Löffel Mehl, 1 Glas Weißwein, Zitronensaft

Der gut geputzte und gesengte Kalbskopf wird, nachdem Hirn und Zunge herausgenommen sind, 10 Minuten in kochendes Wasser gelegt, kalt abgespült und in heißem Wasser mit Pfeffer, Salz, Lorbeerblatt, 1—2 Zwiebeln und einem Kräutersträußchen 2 Stunden gekocht. Dann wird das Fleisch abgelöst und in Scheiben geschnitten, ebenso die Zunge abgezogen, in Scheiben geschnitten und das weichgekochte Hirn vorsichtig in Stücke zerlegt. In 50 Gramm zerlassener Butter werden 1 bis 2 Löffel Mehl gelbgedünstet, diese Einbrenne mit ⅜ Liter Kalbskopfbrühe (die natürlich durch ein Sieb gegossen ist) verkocht, die Soße mit Weißwein und Zitronensaft gewürzt und über die in erwärmter Schüssel geordneten Fleischstücke gefüllt.

Gebackene Kalbsfüße
3 oder 4 Kalbsfüße, 200 Gramm Butter, Essig, Wurzelwerk, 1—2 Zwiebeln, 1—2 Lorbeerblätter, Zitronenschale, Pfeffer- und Gewürzkörner, 1 Ausbackteig

Die Füße müssen von frischgeschlachteten Tieren sein. Sie werden sauber geputzt, gewässert und gebrüht, in Wasser mit Salz, etwas Essig, Wurzelwerk, 1—2 Zwiebeln, 1—2 Lorbeerblättern, etwas Zitronenschale, Pfeffer- und Gewürzkörnern beinahe weichgekocht, von den Knochen abgelöst, in Stücke geschnitten, in einen dicken Teig von Ei, Milch und Mehl getaucht oder erst in Mehl, dann in Ei, dann in geriebene Semmel getaucht und in siedender Butter zu schöner Farbe gebacken.

Gallert oder Stand von Kalbsfüßen
(Für Aspiks, Gelees, Sülzkotelette usw.)

Für 1 Liter Geleeflüssigkeit ist 1 Kilo Kalbsfüße notwendig. Diese werden sehr sauber zurechtgeputzt, mehrmals aufgehauen, gebrüht, gewaschen, mit 3—4 Liter Wasser aufgesetzt und 3—4 Stunden gekocht. Dann wird die Brühe durch ein Sieb gegossen, zum Erkalten gestellt, entfettet, bis auf ¾ Liter Menge auf gelindem Feuer eingekocht, mit Zitronensaft und Weißwein abgeschmeckt und mit Eiweiß geklärt.

Gefüllter Darm (jüdisch)
1 Stück Darm, 4 Semmeln, Salz, Pfeffer, Zwiebel, Mehl, Pflaumen, Eiergraupen

Das Fett vom Darm wird heruntergezogen und in Würfel geschnitten. Dann nimmt man 4 Semmeln, ebenfalls in Würfel geschnitten, Pfeffer, Salz und Zwiebel sowie Mehl. Alles wird zusammengerührt, der Darm umgekehrt und die Masse lose hineingefüllt. Dann wird der Darm an beiden Enden zusammengebunden, mit kaltem Wasser gewaschen und mit kaltem Wasser aufgesetzt. Wenn er zu kochen anfängt, wird er in kaltes Wasser gelegt und mit einem Messer gut abgekratzt, ein paarmal gewaschen und dann mit Zwiebel zum Schmoren aufgesetzt. Oder er wird mit Pflaumen oder in Eiergraupen gekocht. Auch in Mohrrübengemüse kann man ihn kochen. Dadurch wird das Gemüse recht fett.

Das Schwein

Die handelsübliche Bewertung der Schlachtschweine umfaßt folgende vier Gruppen:
1. vollfleischige Schweine der feineren Rassen und deren Kreuzungen im Alter bis zu 1¼ Jahren;
2. fleischige Schweine;
3. gering entwickelte Schweine sowie Sauen und Eber;
4. ausländische Schweine (unter Angabe der Herkunft).

Das Fleisch von Mastschweinen ist blaßrot und rosarot, zum Teil weiß (blasse Muskeln), stark mit Fett durch- und umwachsen, feinfaserig und von geringer Druckfestigkeit. Ein deutlicher Geruch fehlt. Alte Zuchttiere, Eber und Sauen, haben dunkelrotes, festes und fettarmes Fleisch (häufig auch wenig „Speck": Unterhautfettgewebe). Unkastrierte Eber haben einen unangenehm urinösen Geruch im Fleisch (Ebergeruch). Wenn er auch nach dem Kochen und Erkalten nicht verschwindet, ist das Fleisch vom menschlichen Genuß auszuschließen. Beim Kochen wird Schweinefleisch weiß, das Fleisch aller übrigen großen Schlachttiere grau.

Fleischeinteilung beim Schwein
1 Schinken, 2 Rückenstück, 3 Kotelettenstück, 4 Kamm, 5 Vorderschinken und Bruststück, 6 Bauch, 7 Kopf und Nacken, 8 Bein

Schweinefleisch gehört zu den fettreichsten Fleischarten. Das Fett umhüllt nicht nur die Muskeln, sondern ist auch fest zwischen ihnen eingelagert. Sein Nährwert ist gerade durch diesen reichen Fettgehalt ein bedeutender. Der Geschmack des Schweinefleisches hängt zum großen Teile von der Fütterung ab. Ein traniger Geschmack ist auf Fütterung mit Fischmehl zurückzuführen. Es enthält fettes Fleisch 14,1% Eiweiß, 32,5% Fett und 49% Wasser; mageres 19,6% Eiweiß, 6% Fett und 72,5% Wasser. Das Schweineschmalz enthält 96% Fett. Geräuchertes Schweinefleisch verliert durch das Räuchern Wasser und nimmt dafür Salz auf; es besitzt dadurch mehr Nährstoffe als das frische Fleisch.

Frischer Schweineschinken

1 schöner, entbeinter, sauber eingekerbter, nicht zu fetter Schinken (etwa 4 Kilo), Salz, ein paar Gewürz- und Pfefferkörner, 1 Zwiebel, 2 Teelöffel Kartoffelmehl

Der vom Schlächter schön hergerichtete Schweineschinken wird sauber gewaschen, von dem blauen Stempel befreit, mit Salz eingerieben und mit der eingekerbten Schwarte nach oben in eine Pfanne mit genügend Wasser gelegt. Das Feuer muß zuerst sehr milde sein, damit die Schwarte nicht verbrennt. Dann steigert man für etwa 2 Stunden die Glut, bis die Schwarten gut knusprig sind. Nach 3 Stunden nimmt man den Braten heraus, fettet die Soße ab, gibt das in kaltem Wasser gelöste Kartoffelmehl dazu und kocht die Soße schön sämig. Ein Schweineschinken wird beim Tranchieren mit der in den weniger fleischigen Teil gestoßenen Gabel gehalten und das dicke Fleisch in schönen, nicht zu dünnen Scheiben bis auf den Knochen gehend geschnitten und losgelöst. Meistens ist jedoch bei Braten der Knochen gelöst, und dann schneidet man einfach große, gut aussehende Scheiben.

Saurer Schweinebraten
1 Schweineschinken, Marinade mit Gewürz, Wacholder, Zwiebel, Lorbeerblatt, Essig, Kräuter

Der Schinken wird von der Schwarte und einem Teil des Fettes befreit, in einen großen Napf gelegt, mit Pfeffer- und Gewürzkörnern, Salz, Zwiebelscheiben, Wacholderbeeren, einem Lorbeerblatt bestreut und mit abgekochtem, wieder abgekühltem, nicht zu scharfem Essig übergossen. Ein Sträußchen Kräuter (Salbei, Basilikum und Thymian) wird dazugefügt. In dieser Lake bleibt das Fleisch bei täglich zweimaligem Wenden etwa 6 Tage liegen. Die Keule wird beim Herausnehmen abgetrocknet, in eine Pfanne, in die man etwas Wasser und eine Obertasse der durchgesiehten Marinade gefüllt hat, gelegt und 3—3½ Stunden bei fleißigem Begießen und Zugießen von Wasser und Marinade gargebraten. Die Soße wird zuletzt sämig gemacht.

Gebratenes Spanferkel
1 Spanferkel, 80 Gramm Butter, Salz

Das gut vom Schlächter vorgerichtete Spanferkel wird innen tüchtig mit feinem Salz eingerieben, außen mit Salzwasser bestrichen und in eine große eiserne Bratpfanne gelegt, deren Boden mit Querhölzern bedeckt ist. Die Vorderfüße werden unter die Brust, die Hinterfüße unter sich selbst gebogen. Der Ofen muß stark geheizt sein. In die Pfanne wird zerlassene Butter gegossen. Während des Bratens muß anfangs jeder Tropfen Saft, der herausquillt, mit einem reinen Tuch sorgsam abgewischt werden, weil dieser sich bräunen und die Haut fleckig machen würde. Nachdem der Braten ein Weilchen so im Ofen gestanden hat, wird er auf der Oberfläche dann und wann mit Olivenöl oder zerlassener Butter oder mit Speckfett bestrichen. Hin und wieder muß auch leicht eine Spicknadel eingeführt werden, damit die Hautfläche keine Blasen bildet oder reißt. Je nach der Größe braucht das Spanferkel 1¼—1½ Stunde zum Gar- und Weichwerden. Die Kruste muß schön braun und knusprig sein. Es wird ohne Soße zu Sauerkraut angerichtet, oder es wird Salat, feinsäuerliches Kompott oder pikante Soße (Olivensoße oder Kapernsoße) dazu gereicht.

Gedämpftes Schweinekarre
3 Kilo Karre, 1 Flasche Weißwein oder 2 Flaschen Weißbier, 1 Dosis Kräuter, Pfeffer, Gewürz, Lorbeerblatt

Schwarte und Fett werden sorgfältig abgeschnitten. Dann werden ¾ Liter Wasser und ¾ Liter Weißwein (oder 1½ Liter leichtes Weißbier) mit einem Kräutersträußchen, Lorbeerblatt, Pfeffer- und Gewürzkörnern zum Kochen gebracht, das Fleisch hineingelegt und langsam darin gargedämpft. Als Soße kann die mit Champignons, Schwitzmehl durch ein Sieb gerührte Brühe gereicht werden, oder es wird eine Tomatensoße oder Tomatenmus dazu bereitet.

Szegediner Gulyás (österreichisch)
750 Gramm Schweinefleisch, 10 Gramm Salz, ½ Teelöffel Kümmel, 1 Zwiebel, 50 Gramm Schweinefett, 2 Messerspitzen Paprika, ½ Kilo Sauerkraut, 50 Gramm Speck

¾ Kilo Schweinefleisch von der Schulter schneidet man in kleine Würfel und streut Salz und Kümmel darüber. Während das Fleisch etwas abliegt, läßt man eine große fein gehackte Zwiebel in heißem Schweinefett gelbrösten, verrührt sie mit zwei Messerspitzen Paprika, gibt das Fleisch dazu und so viel Wasser, daß es davon bedeckt ist. Wenn das Fleisch ½ Stunde gedünstet hat, gibt man ½ Kilo rohes Sauerkraut, würflig geschnittenen Speck und noch etwas Salz hinein und kocht es langsam weiter, bis das Fleisch und das Sauerkraut weich sind und der Saft verkocht ist.

Schweinekamm in Bier (märkisch)
1 Kilo Schweinekamm, 1 Flasche Weißbier, Suppengrün, Zitrone, Gewürz, 2—3 kleine Tomaten, 1 Löffel Kartoffelmehl, 10 Gramm Salz

Das Fleisch wird geklopft und schwach gesalzen in einen Schmortopf gelegt, mit Weißbier (Berliner Weißbier) übergossen, mit zerschnittenem Suppengrün, Zitronenschale und Gewürz versehen und gut zugedeckt im Schmortopf über gelindem Feuer langsam gargeschmort. Es können auch 2—3 kleine zerschnittene Tomaten hinzugefügt werden, die der Soße einen pikanten Geschmack geben. Wenn das Fleisch gar ist, wird es herausgenommen, die Soße durch ein Sieb gerührt, mit etwas verquirltem Kartoffelmehl gebunden und abgeschmeckt.

Schweinefilet
1 Schweinefilet, 50 Gramm Speck, 75 Gramm Butter, ⅛ Liter saure Sahne

Das Filet wird gehäutet, fein gespickt, mit Salz bestreut, in eine Pfanne mit kochender, gelbgemachter Butter gelegt und im Ofen bei fleißigem Begießen und Hinzufüllen von etwas siedendem Wasser und zuletzt saurer Sahne weich- und hellbraungebraten und die Soße mit saurer Sahne und ein wenig Mehl verkocht.

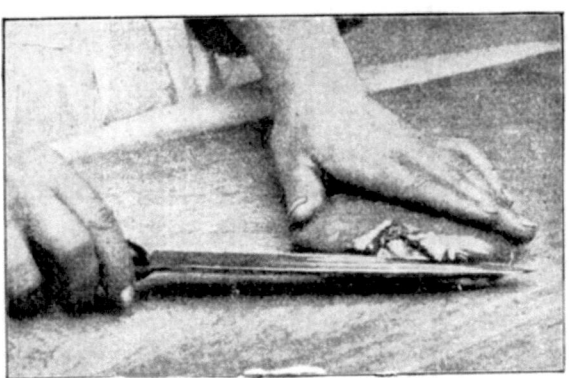

Vorrichten einer Schweineniere

1. Die linke Hand liegt flach auf der Niere, während die rechte mit dem flachen Messer sie in zwei Hälften schneidet

Schweinekotelette und Schweineschnitzel

750 Gramm Schweinekotelette oder Schweineschnitzel, 1 Ei, 75—100 Gramm Butter oder Fett, 10 Gramm Salz, 1 Prise Pfeffer, geriebene Semmel

Die Kotelette werden gut zurechtgeputzt, geklopft, gesalzen, gepfeffert, in Ei und geriebener Semmel gewendet und in der flachen Stielpfanne in gelbgemachter Butter unter öfterem Wenden auf beiden Seiten goldbraungebraten. Dazu werden allerhand feine Gemüse, z. B. Spargel, Schoten, Karotten, Blumenkohl oder Rotkohl, auch Kartoffelsalat gereicht.

Schweineschnitzel werden aus der Keule geschnitten und ebenso zubereitet. Wenn die Kotelette in Ei und Semmel gewendet sind, müssen sie sofort gebraten werden; wenn sie längere Zeit so liegenbleiben, fällt die Semmel leicht ab. — Auf dieselbe Art kann man Schweinefilet behandeln. Man schneidet das Filet in 3—4 quadratische Stücke, klopft sorgsam jedes Stück, bestreut es mit Salz und Pfeffer und brät es ohne Panierung rasch in brauner Butter. Man erhält dabei Kotelette von großer Zartheit und vielem Saft.

Schweinekotelette mit Kräutern

450 Gramm Kotelette, 1 Dosis Kräuter, 100 Gramm Butter, Salz, Pfeffer

Die Kotelette werden sauber zurechtgeschnitten, an den Knochen zierlich gestutzt und beiseitegestellt. In ein wenig zerlassener Butter werden 1—2 Löffel gehackte Petersilie, ebensoviel gehackte Salbei und Schalotten nebst Pfeffer und Salz unter beständigem Umrühren durchgedünstet, die Masse vom Feuer genommen und mit 1—2 zerquirlten Eigelben vermischt. Die Kotelette werden in diese Mischung getaucht, so daß sie gut eingehüllt sind, in geriebener Semmel gewendet, nach 10 Minuten in gelbgemachte Butter gelegt, auf beiden Seiten braungebraten und mit der Bratbutter angerichtet.

Schweinekopf (niederösterreichische Art)

1 Schweinekopf, 1½ Liter Wasser, ¼ Liter Essig, 1 Zwiebel, Wurzelwerk, 10 Gramm Salz, 1 Prise Pfeffer, 1 kleine Zehe Knoblauch, 3—4 Schalotten, Öl

Ein reingeputzter Schweinekopf wird in 1½ Liter Wasser, ¼ Liter Essig mit 1 Zwiebel und etwas Wurzelwerk weichgekocht. Das Fleisch wird dann aus dem Sud genommen, in fingerdicke Stücke geschnitten und auf einer Schüssel angerichtet. Von dem Sud wird das Fett rein abgenommen, Salz und Pfeffer beigemischt. Der Geschmack muß angenehm sauer sein. Wenn man will, gibt man fein gedrückten Knoblauch dazu oder fein geschnittene Schalotten, mischt dieses gut durcheinander, gießt es über den gekochten zerschnittenen Schweinekopf und läßt es so an einem kalten Ort stehen, bis es vollkommen steif ist. Man richtet den Kopf entweder im ganzen an oder schneidet ihn in beliebige Stücke und gibt Essig und Öl dazu.

Eisbein mit Erbsen und Sauerkohl

1 Kilo Eisbein, ½ Kilo Erbsen mit Hülsen, 1 Kilo Sauerkohl, 3 Zwiebeln, 75 Gramm Butter, 1 Löffel Bratenschmalz

Das Eisbein wird sauber gewaschen und mit reichlich Wasser und einer Zwiebel auf mildem Feuer weichgekocht. In einem zweiten Topf wird der Sauerkohl mit wenig Wasser, der zweiten Zwiebel und dem Bratenfett gekocht. Der dritte Topf gehört den Erbsen, die eingeweicht, dann weichgekocht, durch ein Sieb gerührt und mit einem Stück Butter und Salz abgeschmeckt werden. Ist alles gar, so wird das Eisbein in einer Deckelschüssel mit etwas Brühe serviert. Die zweite Schüssel birgt den Sauerkohl, der schön dick (ohne Soße!) eingekocht wurde. Daneben steht die flache Schüssel mit dem Erbsenpüree, über das die dritte würflig geschnittene, in Butter gedünstete Zwiebel geschüttet wurde. Der echte Berliner trinkt dazu eine kühle Blonde. Statt Eisbein verwendet man auch Pökelkamm, Pökelrippen, Pökelschnauzen usw.

Schweineohren mit Senfsoße

1 Portion Ohren oder Schnauze, 1 Dosis Gewürz, Suppengrün, Essig, Weißwein, 1 Senfsoße

Die sauber geputzten Ohren (manchmal wird auch eine Schnauze dazu genommen) werden in Wasser nebst Salz, Pfeffer- und Gewürzkörnern, Zwiebeln, Suppengrün, etwas Essig und Weißwein langsam gargekocht, abgetropft, in Stücke geschnitten und in einer Senfsoße nochmals aufgekocht und angerichtet. An Stelle der Senfsoße kann auch eine pikante Kapernsoße bereitet werden.

Kasseler Rippespeer
2 Kilo Kasseler Rippespeer, 1 Teelöffel Kartoffelmehl, nach Bedarf 100 Gramm Butter

Das gut gewaschene Fleisch wird mit etwa ¾ Liter kochendem Wasser in den Ofen gestellt, wobei die Fleischseite zuerst nach unten gelegt wird. Wenn diese fast gar ist, wird es gewendet und bei fleißigem Begießen schön braungebraten. Der Ofen muß, wenn das Fleisch hineingestellt wird, nur mäßige Hitze haben, die nachher gesteigert werden muß. Die Soße wird mit etwas verquirltem Kartoffelmehl verkocht. Wenn das Fleisch nicht fett genug ist, brät man es erst in Butter an, füllt dann kochendes Wasser auf und macht es fertig. Bratzeit etwa 1½ Stunden.

Bratwurst in Bier
½ Kilo Bratwurst, 1 Flasche Braunbier, Fischpfefferkuchen, Suppengrün, Zwiebeln, Zitronenscheiben, 1 kleines Lorbeerblatt, Salz, Gewürz- und Pfefferkörner, 1 Löffel Kartoffelmehl, 1 Löffel Essig, Zitronensaft, Zucker

Die Bratwurst wird gewaschen, gebrüht, in eine Kasserolle gelegt und mit dem Bier übergossen. Zerschnittene Zwiebeln und Wurzelwerk, 1—2 Zitronenscheiben, Lorbeerblatt, Salz, Gewürz- und Pfefferkörner sowie der zerschnittene Pfefferkuchen werden dazugefügt und langsam mit der Wurst weichgeschmort. Die Wurst wird dann herausgenommen, die Soße durch ein Sieb gerührt, nach Bedarf entfettet, mit etwas Kartoffelmehl verkocht, nach Belieben mit Essig, Zitronensaft oder Zucker abgeschmeckt und über die in tiefer Schüssel angerichtete Bratwurst gefüllt.

Schinken zu kochen
Der gut abgewaschene, mit einem Bastwisch abgeriebene Schinken wird 12 Stunden in reichlichem kaltem Wasser gewässert, das nach 6 Stunden erneuert werden muß. Nach dem Herausnehmen wird alles Unreine abgeschnitten und entfernt, der Schinken in reichlichem kaltem Wasser auf schnellem Feuer zum Kochen gebracht und der Kessel auf eine weniger heiße Stelle gestellt, wo der Schinken ununterbrochen ganz langsam fortkochen muß. Nach ungefähr 3½—4 Stunden wird durch Hineinstechen mit einer Spicknadel versucht, ob der Schinken weich genug ist. Dann wird der Kessel vom Feuer genommen, und der Schinken muß in der Brühe vollständig auskühlen, was mehrere Stunden Zeit erfordert.

Schinken in Burgunder
1 kleiner roher Schinken, ½ Liter Burgunder, 6 bis 8 Zwiebeln, 1—2 Mohrrüben, Nelken, Zitronenschale, Zucker

Der Schinken wird gewaschen, abgetrocknet, über Nacht eingewässert und in Wasser halb weichgekocht. Dann wird er herausgenommen, die Schwarte abgezogen und — falls er zu fett ist — das Fett etwas abgeschnitten. Nun wird in passendem Schmortopf ½ Liter Burgunder (oder anderer guter Rotwein) mit 6—8 kleinen Zwiebeln, am besten Schalotten, 2 kleinen Mohrrüben, einigen Nelken und etwas Zitronenschale zum Kochen gebracht, der Schinken hineingelegt und gut verdeckt darin weichgekocht. Das Kochen muß langsam geschehen: es darf nicht zuviel Brühe einkochen. Dann nimmt man ihn heraus, schöpft das Fett von der Soße, kocht sie kurz ein, legt den Schinken nochmals hinein und stellt den Schmortopf offen in den heißen Ofen, wenn nötig auf ein paar Ziegelsteine oder einen Rost, bis der Schinken unter öfterem Begießen sich gebräunt hat. Nachdem er herausgenommen ist, wird die Soße vom

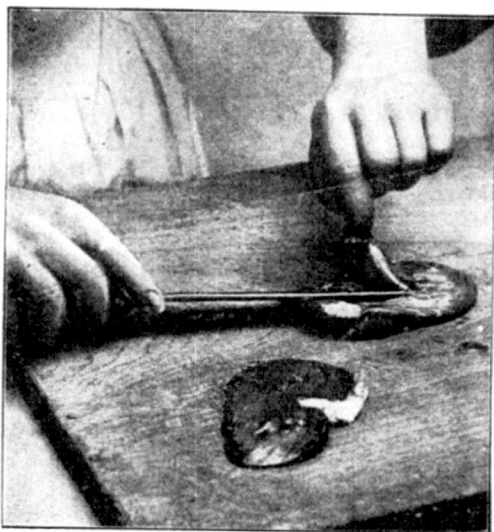

Vorrichten einer Schweineniere
2. Die harnhaltigen Stränge werden mit dem Messer herausgeschnitten

Bodensatz losgekocht, mit etwas Brühe verdünnt, mit 1 Glas Rotwein, Zucker und Zitronensaft verkocht, abgeschmeckt, durch ein Sieb gegossen und ein Teil über den Schinken, der andere nebenher gereicht. Der Schinken wird mit kleinen gedämpften Zwiebeln, glasierten Kastanien und Kartoffelbällen garniert.

Prager Schinken

Der Schinken wird vom Bein, der Schwarte und allem Schwarzen befreit, über Nacht eingewässert, abgetrocknet, mit einer Mischung von gestoßenen Nelken, Pfeffer, Lorbeerblättern und Salbei — oder an Stelle des Salbeis mit Thymian, Basilikum, Majoran und Estragon — bestreut und in eine große, fingerstark ausgerollte Teigplatte von gutem Brotteig so fest eingeschlagen, daß kein Saft herausfließen kann. Er wird auf ein mit Mehl bestreutes Blech gelegt und 3—4 Stunden in dem gut geheizten Ofen gebacken. Der auf diese Weise zubereitete Schinken bleibt besonders saftig und ist vorzüglich als kalter Aufschnitt. Man kann ihn jedoch ebensogut warm zu feinen Gemüsegerichten reichen.

Der Schlachttag der Hausfrau

Beim Schlachten des Schweins soll das **Blut** möglichst warm „aufgefangen" werden. Man gibt es durch ein Sieb in einen Topf, dessen Boden man mit etwas Salz bestreut hat, dann schlägt man das Blut mit einem Schneebesen oder einem kleinen Reiserbesen, bis es kalt ist (um das Gerinnen zu verhüten), schüttet es in einen reinen Steintopf und stellt es, bis man es zu den Blutwürsten braucht, kalt (aber es darf nicht so kalt stehen, daß es gefriert).

Die Därme müssen sehr gründlich mit oft erneuertem kaltem Wasser und Salz gereinigt werden; man kann, wenn sie eine Spur von Geruch haben, auch eine schwachrosa Lösung von übermangansaurem Kali verwenden.

Beim **Zerlegen des Schweins** werden Schinken und Speckstücke zurechtgehauen; einen Teil des Specks (die weichen Teile) nimmt man fort und kocht sie gar, aber nicht zu weich, um sie nach dem Erkalten in Würfel zu schneiden und mit zur Wurstfüllung zu verwenden. Das sogenannte **Mett**fleisch, nämlich das, was auf den Rückenrippen sich befindet (wenn es gebraten wird, heißt das Stück Rippespeer), wird in eine besondere Mulde gelegt und kaltgestellt. **Ohren, Pfoten und Schnauze** werden gewässert, um dann gekocht und zu Sülze verbraucht zu werden. Das beim Zerteilen des Fleisches sich noch findende Kleinfleisch wird mit Wasser gekocht, um später durch die Maschine gedreht und zu Wurstzutat verwendet zu werden. Das gute **Nierenfett** wird kurze Zeit gewässert, dann abgetropft und in Würfel (zu Schmalz) geschnitten oder durch die Fleischmaschine gegeben, das **Darmfett** muß aber gründlich mit oft erneutem Wasser gewässert werden, ehe man es schneiden kann. Die **Leber** wird gewaschen, von allen Häuten und Sehnen gelöst, dann entweder roh oder gekocht durch einen Durchschlag gerührt oder auch auf dem Reibeisen gerieben. Herz, Milz, Magen werden nach sorgfältigem Reinigen mit dem Wellfleisch gekocht, um später mit zur Wurstfüllung verbraucht zu werden; die Lunge, natürlich sauber gereinigt, wird für sich allein gekocht.

Wie man pökelt. Wenn man nur ein Schwein schlachtet oder nur das Fleisch von einem halben Schwein zu Wurst usw. zubereitet, so kann man die großen Stücke (Schinken, Speckseiten und Schultern), die später geräuchert werden, und die kleineren Stücke (Eisbein, Kopfstück oder Backe, Ohren, Pfoten usw.), die man aus der Pökellake kochen will, in einem Faß einpökeln. Es soll ein schönes festes, möglichst von Eichenholz hergestelltes Faß sein. Auf 50 Kilogramm Fleisch rechnet man 2½ Kilogramm Salz und 50 Gramm gestoßenen Salpeter und ebensoviel Zucker. Das Faß wird innen (es muß vollständig trocken sein) mit Salz ausgestreut, auch den Boden muß Salz bedecken. Dann reibt man jedes fleischige Stück, also Schinken, Schulter usw., erst mit Salpeter, dann mit Salz ein, die Fettstücke (Speckseiten) nur mit Salz und packt sie, immer die Fleischseite nach oben, so ein, daß es immer glatte Lagen gibt, indem man die Lücken zwischen den großen Stücken mit kleinen Stücken ausfüllt. Das letzte Salz streut man glatt darüber, sprengt dann reines Wasser darauf, damit sich die Pökellake rascher entwickelt, legt den Holzdeckel auf, der mit einem Stein beschwert wird, und läßt es an kühlem, luftigem Ort stehen. Das kleine Fleisch ist in 10—14 Tagen gut durchgepökelt, Speckseiten müssen ungefähr 3 Wochen, große Schinken 4 Wochen im Pökel liegen und werden dann für 4—4½ Wochen in den Rauch gehängt. Das Räuchern kleiner Stücke wird in der Stadt beim Schlächter bewirkt, in eigener Räucherkammer muß darauf geachtet werden, daß das Rauchfeuer gut unterhalten wird. Der Rauch darf das über ihm hängende Fleisch erst treffen, wenn er abgekühlt ist. Wacholderzweige, zum Rauchfeuer getan, wie in Mecklenburg, Holstein und Pommern üblich ist, verbessern den Geschmack. Nach dem Räuchern werden die Schinken in Säcke von sauberem, losem, weichem Stoff gehüllt und frei hängend in luftigem Raume aufbewahrt.

Rezepte für den Schlachttag

Wurstbereitung aus rohem Fleisch

Schlackwurst

(Zervelatwurst oder Mettwurst)

Zu dieser Wurst, die man, im Winter zubereitet, geräuchert und im leichten luftigen Raum freihängend bis zum nächsten Sommer aufbewahren kann, nimmt man das feinste, oben auf dem Rippenstück befindliche Fleisch. Auf 5 Teile Fleisch 1—1½ Teil Fett. Fleisch und Fett werden sein gehackt oder öfter durch die Maschine gedreht, d. h. erst das Fleisch, dann das Fett, dann mischt man beides und wiegt die Masse. Auf 3 Kilogramm Wurstmasse nimmt man 80 Gramm sehr feines Salz, 15 Gramm gestoßenen weißen Pfeffer, 6 Gramm sehr fein gepulverten Salpeter und einen Teelöffel feinen Zucker. Alles wird sehr gut miteinander verarbeitet, mit einer Maschine oder einem einfachen Wursttrichter in passende Rinder- oder Schweinedärme gefüllt (am besten hält sich die Wurst im sogenannten Fettdarm), mit einem sauberen Tuch gut abgewischt, dann an die Luft gehängt, bis die Haut gut getrocknet ist, und 10—14 Tage dem Rauch ausgesetzt.

Bratwurst

Mageres Fleisch und Fett zu gleichen Teilen wird durch die Maschine gedreht, bis es fein genug ist, dann gewogen. Auf 2½ Kilogramm Fleisch nimmt man 25 Gramm fein gehackten Kümmel, ebensoviel geriebene Zwiebel, 75 bis 80 Gramm Salz, 20 Gramm Pfeffer, wenn man will, einen Löffel Weißwein. Alles wird gemischt, lose in Därme gefüllt und, wenn man nicht in einigen Tagen die Wurst verbraucht, ein paar Tage geräuchert. Aber auch dann muß sie doch binnen 1—2 Wochen verbraucht werden.

Mettwurst

Mettwurst ist die Bezeichnung für eine weiche, aus dem besten Rückenfleisch des Schweines bereitete, nicht zu fette Wurst, die bekanntlich in besonderer Güte in Westfalen, Braunschweig, Mecklenburg, Pommern (Rügenwalde) hergestellt wird. Auf 2 Kilo mageres Fleisch wird ½ Kilo Fett genommen, beides sehr fein gehackt oder durch die Maschine gedreht, mit 50 Gramm Salz, 10 Gramm feinem Pfeffer und 10 Gramm Salpeter, nach Belieben 5—6 Gramm feinem Zucker gemischt, in dünne Därme fest gestopft, einige Tage an der Luft getrocknet, abgerieben und für 8 bis 12 Tage in den Rauch gehängt.

Salami

Man nimmt auf 5 Kilo Schweinefleisch 2½ Kilo von Haut und Sehnen befreites Rindfleisch, hackt es sehr fein und bindet es in eine Serviette, die man frei aufhängt, damit der Saft gut abtropft. Je trockner das Fleisch ist, desto besser hält sich die Wurst. Dann mischt man 2 Kilo feinwürflig geschnittenen Speck darunter, gibt 200 Gramm Salz, 60 Gramm gestoßenen Pfeffer und den Saft von 1—2 zerquetschten, in Rotwein gelegten Knoblauchzehen (man gießt den Wein durch ein Haarsieb) sowie noch 2—3 Glas Rotwein darunter und vermischt alles sehr gut. Die Rindsdärme müssen 24 Stunden in Wein, der mit Kräutern gewürzt wurde, weichen. Dann stopft man die Wurst sehr fest und hängt sie, sobald sie trocken ist, in den Rauch.

Zervelatwurst

2½ Kilo ganz mageres Schweinefleisch, ½ Kilo durchwachsenes Schweinefleisch, 1½ Kilo sehr gutes Rindfleisch (Lende oder Rücken) und ½ Kilo frisches Schweinefett (Rückenfett) wird, nachdem es sorgfältig von allen Häutchen und Sehnen befreit ist, sehr fein gehackt und mehrere Male durch die Fleischhackmaschine getrieben, so daß es eine teigartige Masse bildet. Diese wird mit 8 Gramm fein gemahlenem, 16 Gramm ganzem weißem Pfeffer, 100 Gramm Salz und 10 Gramm fein gestoßenem Salpeter tüchtig durchgeknetet. Die Masse wird mit einem Wursttrichter oder mit der Wurststopfmaschine fest in gut gereinigte Schweine- oder Rinderdärme gefüllt, wobei öfter die sich zeigenden Luftbläschen mit einer feinen Nadel aufgestochen werden. Die Würste müssen gut zugebunden und einige Tage lang an einer Stange frei schwebend in einem luftigen Raum gehängt werden, damit sie gehörig austrocknen. Dann kommen sie 13—16 Tage in den Rauch, um, wenn sie fertiggeräuchert sind, wieder in einem kühlen Raume aufbewahrt zu werden. Frost dürfen die Würste nicht bekommen.

Wiener Bratwürste (österreichisch)

Schweinefleisch, Rindfleisch, Speck, Salz, Pfeffer, Zitronenschale, weißer Wein, Schafsdärme, Schweinefett

Von 1 Kilo Fleisch, mageres Schweinefleisch und Rindfleisch, werden alle Fasern entfernt und dieses 250 Gramm Speck fein geschnitten oder durch die Fleischmaschine getrieben. Das Fleisch wird gehörig gesalzen, gepfeffert, mit fein geschnittener Zitronenschale vermengt und mit einigen Löffeln weißem Wein befeuchtet und gut vermischt. Die gut geknetete Masse wird mit Hilfe der Wurstspritze in reine Schafsdärme gefüllt. Nun wird die Wurst in entsprechend lange Teile zerschnitten, die man mit dünnen Spänen durchsticht, damit sie sich nicht lockern. Die Bratwürste werden zum Braten schneckenförmig in eine Pfanne mit lauwarmem Schweineschmalz gedreht und ziemlich schnell gebraten. Man serviert sie mit Kremser Senf zu Sauerkraut oder Kartoffelpüree.

Kochwurst, Sülze u. a.

Blutwurst I

1½ Kilo durchwachsenes Schweinefleisch (Brust- oder Bauchfleisch), Herz und Nieren werden gekocht und nach dem Abkühlen in Würfel geschnitten. Dazu werden 300 Gramm würflig geschnittenes gekochtes Fett gefügt, 8 Gramm fein gestoßene Gewürzkörner, 7 Gramm gestoßene Nelken, 10 Gramm gestoßener Pfeffer, 1—2 Eßlöffel ein pulverisiertes, durchgesiebtes Majorankraut und Salz nach Geschmack sowie so viel durch ein Sieb gegossenes Blut, daß ein dünner Brei entsteht, der aber nicht allzu flüssig sein darf. Der ganze Teig wird mit dem Wursttrichter in gut gereinigte mittelstarke Därme gefüllt. Die Würste werden gut zugebunden, mit Holzspeilen festgemacht, mit kaltem Wasser im Kessel zugesetzt und bei kleinem Feuer gekocht, bis beim Einstechen mit einer langen spitzen Nadel kein Blutstropfen mehr heraustritt. Kleinere Würste ziehen 1—1½ Stunde. Sie werden nach dem Herausnehmen auf Langstroh gelegt, frisch verzehrt, indem sie nochmals erwärmt in Butter gebraten werden, oder einige Tage in den Rauch gehängt. Blutwurst muß, auch wenn sie geräuchert ist, bald verzehrt werden, allzulange hält sie sich nicht.

Blutwurst II

5 Milchbrote oder Semmeln werden in Scheiben geschnitten, in einen Napf gelegt, mit etwas von der fetten Brühe übergossen, in der man das Wurst- und Wellfleisch gekocht hat, und zum Erweichen an eine warme Stelle gestellt. Von gekochtem Wurstfleisch und Fett schneidet man Würfel und läßt das Fleisch durch die Maschine gehen, mischt es mit der geweichten Semmel, etwas Mehl, etwas Salz, gestoßenen Nelken, gestoßenem Gewürz (in Mecklenburg werden auch Zucker und Rosinen dazugefügt) und so viel von dem durch ein Sieb gegossenen, vorher gut durchgequirlten Blut, daß ein ebener, nicht fester Teig entsteht. Dieser wird in die gereinigten Därme gefüllt. Die Därme dürfen aber nicht zu voll gestopft werden, da die Masse quillt. Die Würste werden zugebunden, gekocht, bis beim Stechen mit der Nadel kein Blutstropfen mehr kommt, meist frisch gegessen oder für einige Tage geräuchert. Sie halten sich aber nicht lange.

Leberwurst

Man hackt das gekochte, zu Leberwurst bestimmte Fleisch besser auf dem Brett mit dem Wiegemesser, als daß man es durch die Maschine dreht. Auf 2½ Kilo Leber, die gebrüht resp. gekocht und durch ein Sieb gerührt oder gehackt ist, rechnet man 1¼ Kilo gehacktes gekochtes Fleisch (Brust, Rippenfleisch, Herz, Magen) und 1¼ Kilo gekochtes Fett, das entweder gehackt oder in kleine Würfel geschnitten wurde. Auf 5 Kilo Wurstmasse rechnet man 100—125 Gramm Salz, 20 bis 25 Gramm gestoßenen Pfeffer, 15 Gramm Piment, 10—12 Gramm gehackten Majoran oder Thymian und ebensoviel fein gehackte Zwiebel. Die Wurst wird gestopft und zugebunden (mit Holzspeilchen), in reichlich siedendes Wasser gelegt, 20—30 Minuten langsam bei schwachem Feuer gekocht (damit sie nicht platzt), herausgenommen und auf Langstroh zum Trocknen gelegt. Einen Teil verzehrt man bald ungeräuchert, will man sie 14 Tage bis 3 Wochen konservieren, hängt man sie 4—6 Tage in den Rauch.

Leberwurst auf andere Art

Die Leber wird gewässert, gekocht, gerieben und durch ein Sieb gerührt. Etwas gekochtes Bauchfleisch wird durch die Maschine gedreht und gekochtes Fett feinwürflig geschnitten. Dieses Fleisch und Fett werden mit der Leber vermischt, etwas Brühe von dem gekochten Fleisch dazugefüllt, ferner einige geriebene, vorher in Butter gargedünstete Zwiebeln, Salz, fein gestoßener Pfeffer und Gewürz (vielfach wird auch Zucker hinzugefügt) dazugetan und eine ebene Masse davon geknetet, die lose in die passenden Därme eingefüllt wird. Dann werden sie in das kochende Wurstwasser vorsichtig eingelegt und 15—25 Minuten gekocht. Entweder frisch verspeist oder für 4—8 Tage in den Rauch gehängt.

Grützblutwurst

Man kocht 1 Kilo Gerstgrütze oder Hafergrütze mit Wasser, ½ Kilo würfelig geschnittenem ausgebratenem Fett (vom Schwein), beliebigen gehackten Fleischresten und fein geschnittenen weichgekochten Schwarten und einem kleinen Eßlöffel Salz zu recht steifem Brei, der dann auskühlen muß. Nach vollständigem Erkalten mischt man dazu ½ Liter Schweineblut, 1—2 fein geriebene Zwiebeln, noch etwas Salz, gehackten Majoran und Thymian und füllt die Masse in Därme, nicht zu fest, da die Grütze noch quillt. Sie müssen eine gute halbe Stunde kochen und werden bald verbraucht.

An Stelle von Schweinefleisch, Schweineleber und Schweineblut kann man, wenn man Gelegenheit hat, mehrere Kaninchen zu schlachten (etwas Schweinefett muß allerdings dazugenommen werden), auch diese Teile der Kaninchen nehmen und auf diese Weise beliebige Kaninchenwurst herstellen.

Preßwurst (österreichisch)

1 Kilo Schweinefleisch, 2 Schweineohren, ½ Kilo geräucherte Zunge, Petersilie, Salz, Pfeffer, Zwiebel, 200 Gramm Speck, 2 Liter Schweineblut, Schweinemägen, Weinessig, Lorbeerblätter, Zitronenschalen

1 Kilo frisches Schweinefleisch vom Hals, die Ohren des Schweines und ½ Kilo geräucherte Zunge werden weichgekocht, würflig geschnitten und in eine tiefe Schüssel getan. Etwas fein geschnittene grüne Petersilie, Salz, Pfeffer, fein gehackte Zwiebel und 200 Gramm würflig geschnittenen zerlassenen Speck vermischt man mit etwas Schweineblut, ¼ Liter der Brühe, worin das Schweinefleisch gekocht wurde, sowie mit den Fleischstücken. Die gut vermengte, nicht zu steife Masse füllt man in einen großen oder zwei kleinere Schweinemägen und bindet diese an beiden Enden mit einem starken Bindfaden ab. Die Preßwurst wird in einem Gemenge von Wasser, Weinessig, Salz, Pfeffer, Lorbeerblättern und Zitronenschalen 2 Stunden gekocht. Man legt sie nach dieser Zeit auf ein Brett, bedeckt sie mit einem zweiten Brett und beschwert dieses mit einem Gewicht. Die Wurst darf erst, wenn sie ganz ausgekühlt ist, verbraucht werden. Man schneidet sie feinblättrig und serviert sie, mit Aspik verziert, mit Essig und Öl.

Sülze

1 halber Schweinekopf nebst einigen Schweine- und Kalbsfüßen, 1 Dosis Gewürz, 1—2 Zwiebeln, Lorbeerblatt, Thymian und Basilikum, Salz, Pfeffer, 2 Löffel Essig, Zitronenschale, 1 Pfeffergurke

Der halbe Schweinekopf wird mit den Schweine- und Kalbsfüßen und den Gewürzen in Salzwasser weichgekocht. Hierauf trennt man das Fleisch von den Knochen, schneidet es in Würfel, mischt es mit der fein gehackten Zitronenschale, der ebenfalls würflig geschnittenen Pfeffergurke und dem Essig und kocht es noch einmal mit der Brühe gut durcheinander. Die Masse wird in eine mit kaltem Wasser ausgespülte Form gegossen und nach Erstarren umgestürzt. Zu dieser Sülze, die nach Belieben hübsch ausgeputzt werden kann, ist eine Remoulade oder Mayonnaise besonders schmackhaft.

Schweineschmalz oder Schweinefett

Das Fett (Rückenfett oder Liesen oder beides zusammen) wird über Nacht oder doch mehrere Stunden in kaltes Wasser gelegt, das vorteilhaft ein-, zweimal zu erneuern ist, auf einem Siebe abgetropft, in Würfel geschnitten oder durch die Fleischmaschine gedreht und in eine Kasserolle getan, in die ein klein wenig kaltes Wasser gegossen ist, dann auf gelindes Feuer gestellt, damit das Wasser gut verkocht und das Fett ganz langsam und allmählich ausbraten kann. Zu schnell ausgebratenes Schmalz nutzt das Fett nicht genügend aus. Wenn schon etwas flüssiges Fett sich zeigt, werden einige gut abgewischte, von der Blume und Kernhaus befreite, säuerliche Äpfel und einige geschälte kleine Zwiebeln, auch einige Stielchen Majoran, Thymian und Beifuß dazugefügt, die Äpfel aber vor dem Zerfallen, das Kraut nach einigen Minuten, die Zwiebeln, sobald sie weich- und goldgelbgebraten sind, herausgenommen. Das Fett muß klar und gelb, die Zwiebeln goldgelb sein. Dann wird das Fett durch ein Sieb in Töpfe oder Büchsen gefüllt, die Grieben mit Zwiebeln und Äpfeln vereint und zu Pellkartoffeln als einfaches Abendgericht serviert. Das Schmalz wird nach vollständigem Erkalten zugebunden und alsdann an einem luftigen und kühlen Ort aufbewahrt.

Schinken zu pökeln und zu räuchern

Auf einen gut zurechtgehauenen Schinken im Gewicht von 6—7 Kilo werden 260—275 Gramm Salz, 5—6 Gramm Salpeter und 15 Gramm Zucker gerechnet. Salpeter und Zucker werden fein gestoßen, sehr gut mit dem Salz vermischt und der Schinken überall kräftig damit eingerieben, ganz besonders an den Knochen, die man auch besserer Haltbarkeit halber mit gestoßenem Pfeffer einreiben kann. Nun wird der Schinken in den Pökeltopf gelegt, der an kühlem Ort stehen und gut verdeckt sein muß, täglich gewendet und mit der sich bildenden Lake begossen. Sollen größere Vorräte von Fleisch gepökelt werden, so ist das Kochen einer Pökellake vorteilhafter. In diesem Falle rechnet man für 20—25 Kilo Fleisch 8 Liter Wasser, die mit 1 Kilo 375 Gramm Salz, 125 Gramm Zucker und 25 Gramm Salpeter gekocht werden. Man läßt die Flüssigkeit aber ganz auskühlen, ehe das Fleisch fest in ein Pökelfaß eingeschichtet und mit der Lake begossen wird. Die Zwischenräume zwischen größeren Fleischstücken müssen durch kleinere ausgefüllt werden. Dann wird das Faß gut zugeschraubt. Die beste Zeit zum Einpökeln der Schinken ist der Winter oder das erste Frühjahr. Sie bleiben höchstens 4—6 Wochen in der Lake, werden herausgenommen, abgetrocknet, 2—3 Tage frei hängend in einem kühlen luftigen Raum gelassen, dann in den Rauch gehängt und je nach Größe 4—4½ Woche geräuchert. Es ist vorteilhaft, nur mit Holz zu räuchern und diesem etwas Wacholderreisig beizufügen. Zu langes Räuchern macht das Fleisch zähe und dürr.

Das Schaf

Einteilung des Schaffleisches

1. Mastlämmer und jüngere Masthammel;
2. ältere Masthammel;
3. mäßig gut genährte Hammel und Schafe (Merzschafe).

Mastschaffleisch ist hellrot bis ziegelrot, hat feine Fasern und ist mäßig derb. Bezüglich des Mastzustandes sind die beim Rinde gemachten Angaben sinngemäß anwendbar. Eine beliebte Delikatesse gibt das Fleisch junger Mastlämmer; diese sollen jedoch bei der Schlachtung nicht unter drei Wochen alt sein.

Hammelfleisch ist ziemlich leicht verdaulich und hat einen eigenen Geschmack, der sich in bestimmter Zubereitung dem Wildgeschmack ähnlich machen läßt. Mageres Hammelfleisch enthält 19% Eiweiß, 5,5% Fett und 72% Wasser, fettes hat 16% Eiweiß, 26,5% Fett und 52% Wasser.

Hammelfleischbrühe

½ Kilo Hammelfleisch, Suppengrün, Salz, Grieß, Gräupchen oder Reis als Einlage

Das Fleisch darf nicht sehr fett sein oder muß sorgfältig von allem Fett befreit werden. Es wird mit kaltem Wasser aufgesetzt, zum Kochen gebracht, abgeschäumt, mit Salz und Wurzelwerk versehen, in denen 2—3 Borrestangen nicht fehlen dürfen, und 2—2½ Stunden gekocht. Die Brühe wird entfettet, durch ein Sieb gegossen und entweder mit Grieß, Gräupchen oder Reis, die man vorher gar gemacht hat, vermischt oder zu Kartoffel-, Rüben- und Hülsenfruchtsuppen verwendet. Klare Hammelfleischbrühe wird fast niemals gereicht. Übrigens gilt sie als heilsam gegen Darmkatarrhe.

Hammelkeule

1 Hammelkeule, 100 Gramm Butter, 50 Gramm Speck, 1 Portion Schalotten, Mousserons und Brotrinde, 1 Teelöffel Kartoffelmehl

Die Keule wird von Haut und Fett befreit, gut geklopft, mit feinen Speckfäden gespickt, mit Salz bestreut und in der Bratpfanne in reichlich zerlassener Butter unter fleißigem Begießen und öfterem Nachfüllen von kochendem Wasser oder kochender Brühe langsam bei guter Ofenhitze gar-, weich- und saftiggebraten. Viele Hausfrauen lieben es, wenn 2—3 geschälte Schalotten, einige getrocknete Pilze (am besten kleine Mousserons) und eine geröstete Brotrinde mit in die Pfanne gelegt werden, die der Soße und dem Fleisch ein feines Aroma geben und die Soße sämig machen. Wenn der Braten fertig ist, wird die Soße entfettet, durch ein Sieb gegossen, mit etwas in Wasser verquirltem Kraftmehl verkocht und abgeschmeckt. Tranchieren: Die Gabel wird in den dicksten Teil der Keule gestochen, während mit der rechten Hand dünne Scheiben quer bis zum Röhrknochen durchschnitten werden, die dann von unten mit einem Schnitte vom Knochen gelöst und auf einer flachen Schüssel, mit der braunen Kruste nach oben, angerichtet werden.

Hammelkeule wie Wildbret

1 Hammelkeule, 100 Gramm Butter, 100 Gramm Speck, ¼ Liter saure Sahne, 1 Marinade

Die Hammelkeule wird gehäutet, vom Fett befreit, geklopft und für 2—3 Tage in eine Marinade von mildem, gekochtem und wieder erkaltetem Estragonessig gelegt, der einige zerquetschte Wacholderbeeren zugefügt werden können. Ebenso vorteilhaft ist es, den gut vorbereiteten Braten für die gleiche Zeit in saure Milch oder Buttermilch zu legen, die aber während der Zeit einmal erneuert werden muß. In der Beize oder in der Milch muß das Fleisch täglich einmal umgewendet werden. Dann wird es herausgenommen, abgetrocknet, gespickt, mit Salz bestreut, in 200 Gramm siedende Butter gelegt und im Ofen unter fleißigem Begießen und Nachfüllen von kochendem Wasser gar- und weichgebraten. Gegen Ende der Bratzeit wird nach und nach etwas saure Sahne dazugegossen und der Braten damit überstrichen. Wenn die Soße, die gut vom Bodensatz losgekocht wird, nicht sämig genug ist, muß sie mit ein wenig in saurer Sahne verquirltem Mehl gebunden werden.

Geschmorte Hammelkeule

1 Hammelkeule, Schalotten, Wurzelwerk und Kräuter, Salz, ½ Liter braunes Bier, 1—2 Löffel Mehl, Zitronensaft

Die gut abgehängte, von Haut und Fett befreite, geklopfte Keule wird mit Schalottenstückchen oder Salbeisprossen gespickt, die in kleine in das Fleisch gemachte Einschnitte hineingeschoben werden. Dann wird sie in einen passenden Schmortopf gelegt, mit Salz, einigen

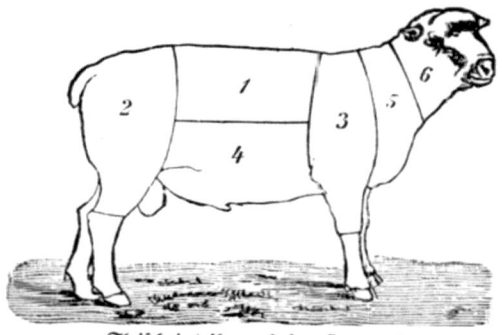

Fleischeinteilung beim Hammel
1 Rücken, 2 Keule, 3 Bug, 4 Brust und Bauch, 5 Hals, 6 Kopf

Pfeffer- und Gewürzkörnern, Lorbeerblatt, Petersilie, Thymian, Basilikum, zerschnittenen Zwiebeln und Wurzelwerk bestreut, mit leichtem braunem Bier (kein bitteres Bier!) oder Wasser übergossen und über gelindem Feuer gut zugedeckt langsam gargeschmort, wobei man öfter etwas Wasser oder Fleischbrühe hinzufügt und das Fleisch fleißig damit begießt. Die Brühe muß recht kurz einschmoren, wird, sobald das Fleisch weich ist, entfettet, durch ein Sieb gerührt, mit etwas Brühe und 1—2 Löffel Mehl sämiggekocht, abgeschmeckt und mit etwas Zitronensaft oder Essig pikant gemacht. Zu diesem Gericht passen grüne Bohnen, Wachsbohnen oder ein Pilzgericht.

Hammelrücken

1 Hammelrücken, 200 Gramm Butter, Salz, Zwiebeln und Wurzelwerk, 1 Teelöffel Kartoffelmehl

Der Hammelrücken wird geklopft, von der Niere befreit, an den Rippen gestutzt, in eine Pfanne mit genügend Butter gelegt und mit den Zwiebeln und dem Wurzelwerk bei starkem Feuer in etwa einer Stunde weichgebraten. Die Soße wird entfettet und mit etwas in kaltem Wasser gelöstem Kartoffelmehl sämiggekocht. Hammelrücken wird wie alle Rücken tranchiert. Liebt man den Hammelrücken nur wenig durchgebraten, so ist er schärferer Hitze und kürzerer Bratzeit auszusetzen.

Hammelkotelette

½ Kilo Hammelkotelette, 50 Gramm Butter, Salz, Pfeffer

Die Kotelette werden zugestutzt, geklopft, die Rippchen sauber abgeschabt, mit Pfeffer und Salz bestreut und in steigender Butter auf beiden Seiten schnell zu schöner Farbe weich- und doch saftiggebraten. Sie können auch nach Belieben auf der Oberseite mit geriebenen Schalotten bestrichen, mit zerlassener Butter beträufelt und so auf dem Rost gebraten werden.

Hammelkotelette sind passend zu grünen Bohnen, Wachsbohnen, Rosenkohl oder glasierten Zwiebeln.

Hammelnieren am Spieß

½ Kilo Hammelnieren, 1 Portion feines Öl, Salz, Pfeffer, 1 Portion Kräuterbutter, 1 Zitrone

Die Hammelnieren werden gehäutet und so aufgeschnitten, daß die beiden Hälften wie ein Medaillon aufklappen, dann zu mehreren an einen Spieß gesteckt, mit Salz und Pfeffer bestreut, durch Öl gezogen und auf starker Glut von beiden Seiten in zirka 5 Minuten gebraten. Man richtet sie auf heißer Schüssel mit Kräuterbutter und Zitronenscheiben an.

Hammelfleisch mit Currysoße

1 Portion kalter Hammelbraten, 1 Portion Brühreis, 50 Gramm Speck, 50 Gramm Butter, 1 Eßlöffel Currypuder, Salz

Der Hammelbraten wird in große Würfel geschnitten und mit dem Speck, der Butter, etwas Brühe und dem Curry eine Viertelstunde gedünstet. Dann formt man auf heißer Schüssel einen Reisrand, tut das Fleisch in die Mitte und gießt die durch das Curry olivengrüngelblich gefärbte Soße darüber, was ein sehr hübsches Bild und gleichzeitig ein äußerst pikantes Gericht ergibt.

Lammbraten

1 Lammrücken oder 2 Lammkeulen, 100 Gramm Butter, 100 Gramm Speck, Salz, 1 Teelöffel Kartoffelmehl

Das gut zurechtgehauene Fleisch wird gespickt (es kann auch ungespickt bleiben), mit Salz bestreut, in eine Pfanne mit reichlich siedender Butter gelegt und bei guter Ofenhitze im Bratofen unter fleißigem Begießen und Nachfüllen von etwas heißer Brühe oder Wasser zu schöner Farbe und gargebraten. Die Soße wird mit etwas in Wasser oder Sahne klargerührtem Kartoffelmehl verkocht und sorgfältig abgeschmeckt. Soll der Braten auf Wildbratart bereitet werden, so werden 6 Wacholderbeeren fein gestoßen, ebenso 4 Nelken und 7 Pfefferkörner, dieses Gewürz mit fein gehacktem Estragon, Rosmarin- und Majoranblättern sowie 3—4 gehackten Schalotten gemischt und die Keulen damit kräftig eingerieben. Dann werden sie in eine tiefe Schüssel gelegt und mit 2 Obertassen Rotwein und 2—3 Löffel mildem Essig übergossen. In dieser Marinade bleibt das Fleisch bei täglich einmaligem Wenden 3 Tage liegen. Dann wird es abgetrocknet, mit Salz bestreut, in siedender Butter gelegt, im Ofen bei fleißigem Begießen und Nachfüllen von Wasser, 1—2 Löffel der durch ein Sieb gegossenen Marinade und saurer oder süßer Sahne gar- und saftiggebraten. Nach Herausnehmen des Bratens wird die Soße mit Sahne und etwas Kartoffelmehl verkocht und gut abgeschmeckt.

Lammfleisch (ungarisch)

750 Gramm Lammfleisch, 100 Gramm Butter, 3 bis 4 Zwiebeln, 1 Teelöffel Paprika, 1 Löffel Mehl

Das gut abgehängte mürbe Fleisch wird in große Würfel geschnitten, 3—4 fein gehackte Zwiebeln werden in zerlassener Butter gelbgeröstet, 1 Teelöffel Paprika darüber gestreut, das mit Salz bestreute Fleisch dazugefügt, ein Deckel auf die Kasserolle gedeckt und das Gericht über gelindem Feuer bei öfterem Schütteln der Kasserolle langsam gargedünstet. Die Brühe wird mit ein wenig in Butter braungeröstetem Mehl verkocht, abgeschmeckt und mit dem Fleisch auf erwärmter Schüssel angerichtet. Dazu Schmorkartoffeln.

Hammelbrust mit Kümmel

750 Gramm Hammelbrust, 75 Gramm Butter, Wurzelwerk, 3 Löffel Mehl, 1 Glas Weißwein, Zitronenscheiben, 2 Löffel Kümmel

Das Fleisch wird in Wasser mit Salz und Wurzelwerk weichgekocht, herausgenommen, in Stücke geschnitten und die Brühe durch ein Sieb gerührt. Aus 3 Löffel Mehl und 75 Gramm Butter wird eine gelbe Mehleinbrenne bereitet, die ½ Stunde mit ¾—1 Liter der Fleischbrühe, 1 Glas Weißwein, 1 Lorbeerblatt, 2 Zitronenscheiben und 2 Eßlöffel gestoßenem Kochkümmel gehörig durchkochen muß. In dieser Soße müssen die Fleischscheiben ein kleines Weilchen ziehen, worauf Soße und Fleisch in einer erwärmten Schüssel neben Salzkartoffeln angerichtet werden.

Irish-Stew

1 Kilo Hammelfleisch (Rippenstück), 1 Kilo Kartoffeln, Zwiebeln, 75 Gramm Butter, 1 Weißkohl, 1 Teelöffel Kümmel

Das Fleisch wird in Würfel geschnitten, die mit Pfeffer und Salz bestreut werden. Kartoffeln werden geschält, in dicke Scheiben geschnitten, gebrüht oder 10 Minuten abgewellt und abgegossen. Den Boden einer Kasserolle oder einer Puddingform belegt man mit Butterflöckchen, tut darauf eine Schicht Kartoffelscheiben, darauf Fleischwürfel, die mit zerschnittenen Zwiebeln und Weißkohl bestreut werden, und fährt mit dem Einlegen abwechselnd fort, bis Kartoffeln, Fleisch und Kohl verbraucht sind. Dazwischen werden einige Butterflöckchen gelegt und das Ganze (Kartoffeln bilden die oberste Schicht) mit 1 Liter kochendem Wasser übergossen. Das Gefäß wird gut und fest verschlossen, in der Puddingform im Wasserbade 2—3 Stunden gekocht oder die Kasserolle auf gelindem Feuer 2—2½ Stunden zum Dämpfen gestellt, wobei sie öfter leicht geschüttelt wird. Es wird in erwärmter Schüssel angerichtet.

Die Vögel

Das Huhn

Aus der zoologischen Klasse der Vögel sind einige Gattungen von den Ordnungen der Hühnervögel, Tauben und Schwimmvögel in die Hege und Pflege des Menschen übergegangen. Man bezeichnet die Haustiervögel kurzweg als Geflügel. Die bedeutungsvolle Stellung des Geflügels in der Tierzucht wird noch nicht lange und noch lange nicht genugsam gewertet.

Eigenschaften des Schlachthuhns

Wenn irgend tunlich, ist ein gewisser Grad von Mästung zu verlangen. Dieser äußert sich in der Rundung der Formen, insbesondere am Kiel des Brustbeins, und deren muskulöser Seitenbedeckung. Gemästete Tiere haben stets auch reichlich Fett unter den rückwärtigen Partien des Bauchfells und zwischen den Hüllmembranen der Därme. Die

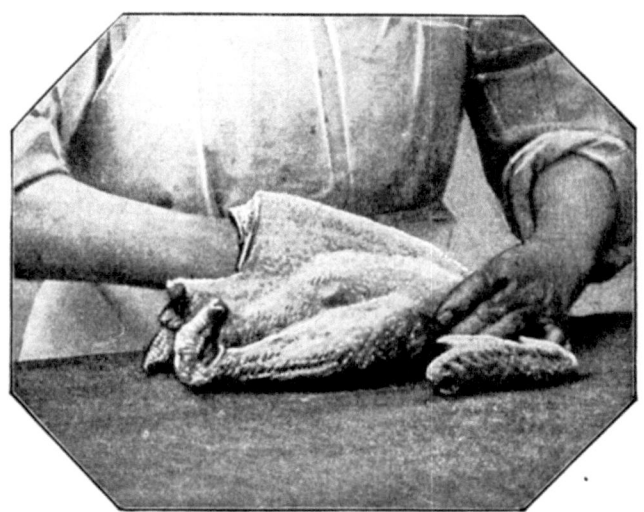

Vorrichten der Poularde
1. Ausnehmen

Spezialaufnahmen aus dem Hotel Adlon, Berlin

Leber vollgemästeter Tiere wird gelblichgrau bis fast gelblichgrauweiß. Hühnerfleisch ist gelblichweiß bis reinweiß und von außerordentlich feiner Faser. Sehr wesentlich für die Güte ist das Alter. Am besten sind Masttiere im Alter von 4—6 Monaten (Kapaune, Poularde). Früher als mit 6 Wochen soll ein Kücken jedoch nicht geschlachtet werden. Ältere Tiere (2 Jahre und darüber) eignen sich zum Braten nicht, sind dagegen gut für Gewinnung von sehr aromatischer Fleischbrühe. — Eine sanitätspolizeiliche Kontrolle des Schlachtgeflügels besteht nicht. Man achte deshalb auf eine gute Beschaffenheit

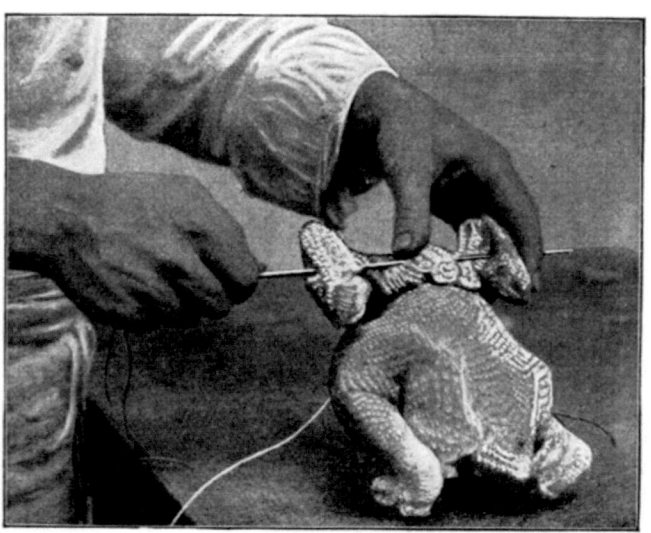

2. Nähen der Flügel

besonders des geschlachtet eingekauften Geflügels.

Das zahme Geflügel ist leicht verdaulich, wohlschmeckend und nicht sehr fetthaltig. Als Nährmittel steht es nicht besonders hoch, zumal da auch der Kaufpreis ein recht bedeutender ist. Für die Kinder- und Krankenkost ist es wegen seiner leichten Verdaulichkeit und seines Eiweißgehaltes zu empfehlen. Am häufigsten werden bei uns gegessen:

Gans (fett) . . .	15,0% Eiweiß	42,5% Fett	38,0% Wasser
Huhn	19,2% „	4,5% „	72,0% „
Taube	21,0% „	1,0% „	75,1% „
Truthahn . . .	22,5% „	8,0% „	66,0% „

Geflügel wird durch die Verdauung gut ausgenutzt, und zwar werden von seinem Eiweiß 97,5%, von seinem Fett 95% verwertet.

Geflügel vorzurichten

Alles Federvieh muß bald nach dem Schlachten trocken, d. h. ohne daß es gebrüht wird, vorsichtig gerupft werden, damit die Haut nicht einreißt. Dann wird es gesengt, wobei man es bei den Füßen faßt und über das Feuer hält, aber so, daß die Haut nicht schwarz wird. Hierauf reibt man Gänse und Enten noch mit etwas warmem Kleie-

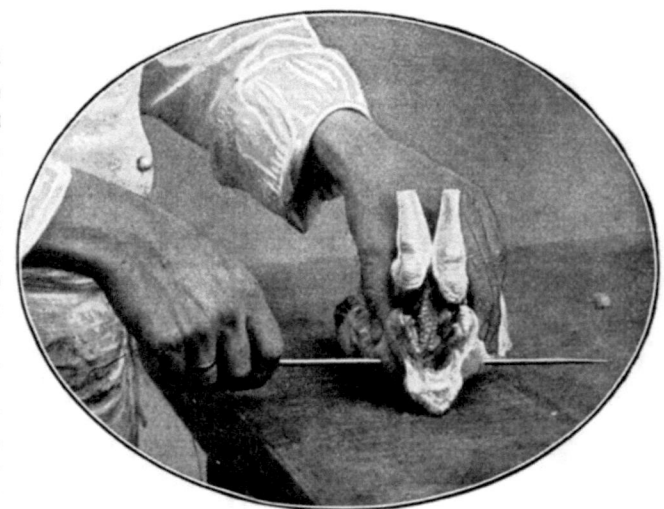

3. Nähen des Hinterteils

wasser und Mehl ab und entfernt die Stoppeln.

Beim Vorrichten werden die Füße im ersten Gelenk mit scharfem Messer abgeschnitten, Augen ausgestochen, die Schnäbel — nach Belieben auch der ganze Kopf — abgehackt. Zwischen Hals und Flügel wird dann auf dem Rücken ein Schnitt gemacht, mit dem Zeigefinger hineingegriffen und Kropf und Gurgel vorsichtig herausgezogen. Dann

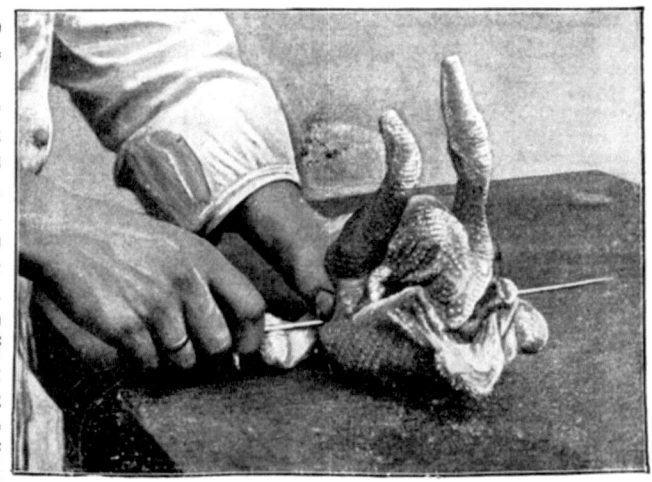

4. Die Keulen der Poularde werden genäht

wird unten am Bauch ein Einschnitt gemacht — nach Belieben ein Querschnitt oder Längsschnitt —, die Stelle der Darmöffnung abgeschnitten und sehr vorsichtig hineingefaßt, damit die Öffnung nicht zu groß wird und die Galle nicht zerreißt. Nun wird mit den Fingern vorsichtig das Eingeweide in der Bauchhöhle gelockert und herausgezogen, auch das geronnene Herzblut herausgenommen. Von der Leber wird ganz behutsam die Galle getrennt, der Magen an der Stelle, wo er die weiße Haut hat, aufgeschnitten, seines Inhaltes entleert und die innere Haut vollständig abgezogen.

Nun wird das Geflügel in ein weiches leinenes reines Tuch geschlagen und so bis zum Bereiten in einen kühlen Raum gestellt. Gewaschen wird es erst kurz vor dem Braten. Magen, Herz, Flügel, Füße, Hals und Kopf von Enten und Gänsen geben das sogenannte „Klein". Die Füße werden gebrüht und von der Haut befreit. Der Kopf wird sehr sorgfältig gesäubert. Gänse- und Entenblut, das mit Essig vermischt ist, hält sich bei sehr kaltem Wetter im Winter offen aufbewahrt 6 bis 7 Tage.

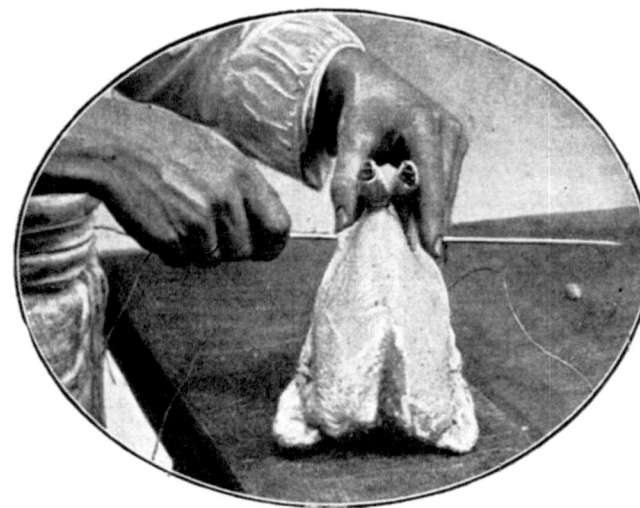

5. Nähen der unteren Brust

Im allgemeinen wird nur zahmes Geflügel gefüllt, beim Wildgeflügel einzig und in nur einigen Fällen die Wildente. Während man Gänsen und Enten den

Leib füllt, wird anderem Geflügel, z. B. Poularden, Kapaunen und Puten, der Kropf gefüllt. Dazu wird beim gut vorgerichteten Tier mit dem Zeigefinger in den Halseinschnitt gegriffen, die Haut über der Brust vorsichtig von dieser abgelöst, ein Stück Brotrinde oder ein Stück des Halses in die offene Gurgelstelle gesteckt und die fertige Füllung behutsam hineingestrichen, dann die Haut — bei Enten und Gänsen der Leib — mit gebrühter Baumwolle wieder zugenäht.

Hühnersuppe

1 Suppenhuhn, Suppengrün, 1 Einlage, Salz

Junge Hühner geben keine gute Brühe, eine ein- bis zweijährige Henne gibt die beste Suppe. Nach gehörigem Putzen und Zurechtmachen wird sie samt Magen, Herz und Leber mit 3—3½ Liter kaltem Wasser aufgesetzt, geschäumt, gesalzen, mit dem Suppengrün, in dem aber nur sehr wenig Mohrrübe sein darf versehen und alles 2—2½ Stunden langsam gekocht. Dann wird das Huhn aus der Brühe genommen, diese entfettet und entweder so, mit der Einlage von Spargel oder Blumenkohl, oder mit Klößchen, mit Grieß, Reis, Graupen, Nudeln usw. gereicht. Vielfach wird die Hühnersuppe mit 1—2 Eidottern abgezogen und zuletzt mit einem guten Stück frischer Butter versehen, die nicht mehr mitkochen darf. Auch das zerschnittene Hühnerfleisch wird oft in die Suppe gelegt. Auf andere Art kann das zerlegte Huhn, wenn es recht schön weichgekocht ist, als besonderes Gericht mit holländischer Soße oder Frikasseesoße, auch mit in Wasser und etwas Brühe und Butter gargedünstetem Reis und Parmesankäse, auch mit Graupen oder Hirse angerichtet werden. Oder man kann das Huhn in schöne Stücke zerteilen, diese in Ei und Semmel wälzen, in Butter hübsch knusprig backen und mit Selleriesalat als Fleischgericht geben. Den feinen Geschmack und den Saft des jungen Huhns hat es dann allerdings nicht.

Huhn mit Reis

2 Hühner, 400 Gramm Reis, Zwiebeln, 125—150 Gramm Butter, Salz

Die gut vorgerichteten Hühner werden in nicht zu große Stücke geschnitten, von den Knochen möglichst befreit, mit dem schon in Wasser mit Butter leicht angedünsteten Reis in eine Kasserolle getan, mit Salz und 2 Eßlöffel fein geschnittener, in Butter angerösteter Zwiebel bestreut, mit 1—2 Löffel Fleischbrühe begossen, langsam weichgedünstet und nach sorgfältigem Abschmecken in erwärmter Schüssel angerichtet.

Huhn auf Jägerart

1 Huhn, Suppengrün, Pfeffer, Salz, 75 Gramm Champignons, einige gehackte Schalotten, ¼ Liter Weißwein, 2 Eßlöffel Tomatenpüree, braune Mehleinbrenne, grüne Petersilie

Das Huhn wird in größere Stücke zerlegt, mit Salz und Pfeffer eingerieben und mit Suppengrün in einem passenden Topf dreiviertel gargedämpft. Dann gibt man in feine Scheiben geschnittene Champignons dazu, läßt es völlig gar werden und nimmt das Fleisch aus der Soße. Diese wird mit einigen gehackten Schalotten, etwas Weißwein, 1—2 Eßlöffel Tomatenpüree und einer aus einem Stück Butter und Mehl hergestellten Einbrenne verkocht, zum Schluß mit grüner, geschnittener Petersilie gewürzt und dann über das Huhn gegeben. In einem Reisrand angerichtet, gibt dieses Gericht einen sehr guten Zwischengang. Man kann es aber natürlich auch als Hauptgericht gelten lassen.

Hühnerfrikassee

2 Hühner, 250 Gramm Butter, Suppengrün, 3 Eidotter, 1 Portion Semmelklößchen, 1 Löffel Mehl, Muskat, Pfeffer, Zitronensaft, 1 Portion Blätterteig, Kalbsmilch, Krebsscheren und -schwänze, Spargel, Blumenkohl, Pilze

Die gut vorgerichteten Hühner werden in Stücke zerlegt, mit Salz bestreut und eine Stunde beiseite gestellt, während die Köpfe, Hälse, Flügel, Mägen und Herzen mit dem nötigen Salz und Suppengrün zu einer hellen schmackhaften Brühe gekocht werden. Die Hühnerstücke werden mit 250 Gramm zerlassener Butter in eine Kasserolle gelegt, unter Begießen und öfterem Wenden gedünstet, mit der durch ein Sieb gegossenen Hühnerbrühe übergossen und langsam darin weichgedünstet, aber nicht gebräunt. Inzwischen werden aus geweichter und geriebener Semmel, Salz, Ei, Butter, gehackter Petersilie eine Anzahl feiner Semmelklößchen bereitet, die in schwachgesalzenem Wasser gargekocht werden. Nachdem die Hühnerstücke herausgenommen sind, wird die Brühe durch ein Sieb gegossen, mit etwas in Butter gargedünstetem, aber hell gebliebenem Mehl verkocht, mit Muskatnuß sowie weißem Pfeffer und Zitronensaft gewürzt, abgeschmeckt, mit 2—3 Eidottern abgezogen und über die Hühnerstücke und Klöße gefüllt. Der Rand der Schüssel wird mit Blätterteig-Halbmonden belegt. Nach Belieben kann durch abgekochte, gargedünstete Kalbsmilch, Krebsscheren und -schwänze und gefüllte Krebsnasen, durch in Butter gedünsteten Spargel, Blumenkohl, Champignons, Morcheln usw. das Gericht noch bereichert werden, was die Kosten natürlich etwas erhöht.

Backhühner (österreichisch)

Hühner, Salz, Mehl, Eier, geriebene Semmel, Schweinefett, Petersilie

Hierzu werden zarte junge Hühner verwendet, diese gerupft, ausgenommen und ausgewaschen. Der Schnabel wird abgebrochen, die Augen werden ausgestochen und die Füße bis zu den Knien abgeschlagen. Die Hühner werden der Länge nach auseinandergeschnitten und jede Hälfte knapp über dem Schenkel auseinandergeteilt. Die Flügel werden rückwärts gegen den Hals gedreht, dann die Gelenke der Schenkel eingeschnitten und die Schenkelknochen einwärts gesteckt. Man salzt die Hühnerstücke, dreht sie erst in Mehl, dann in gequirlten Eiern und schließlich in sein gesiebter geriebener Semmel. Knapp vor dem Gebrauch werden die Hühner und deren Mägen und Lebern in sehr viel heißem (schwimmendem) Schweinefett goldgelbgebacken. Die fertigen Stücke legt man auf eine Schüssel und stellt diese bis zum Anrichten in die heiße, aber offene Röhre. Man verziert die Backhühner mit gebackener Petersilie und gibt gemischten Salat dazu.

Pörkelt- oder Paprikahühner (österreichisch)

Hühner, Salz, 120 Gramm Butter oder Speck, Zwiebel, Paprika, Fleischbrühe, saure Sahne

Zwei Hühner werden, nachdem sie leicht gewaschen sind, je in vier Teile geteilt und gesalzen. In einer Bratpfanne läßt man 120 Gramm Butter oder zu Würfeln geschnittenen Speck heiß werden, gibt eine fein gehackte große Zwiebel hinein, röstet sie, bis sie gelb ist, und rührt dann eine Messerspitze voll Paprika dazu. Die vorbereiteten Hühner werden in Fett und Zwiebel gelegt, zugedeckt und langsam gedünstet. Wenn die Hühner beinahe weich sind, gießt man ¼ Liter Fleischbrühe dazu, läßt sie gut verkochen und mengt gute saure Sahne bei.

Poularde

1 Brüsseler Poularde, 125 Gramm Butter, 60 Gramm Speck 4 5 frische Trüffeln, 1 Zitrone, ¼ Liter Sahne, 20 Gramm Salz, 1 Teelöffel Kartoffelmehl

Die Poularde wird ausgenommen, gewaschen, vorgerichtet und in die richtige Form gebracht. Die Brust, die mit Zitronensaft verarbeitete Butter und nach Belieben die frischen geschälten Trüffeln. Nachdem die Poularde mit heißem Wasser überbrüht ist, wird sie mit brauner Butter übergossen und in guter Hitze dunkelgelb-, nicht braungebraten. Die Soße wird mit Salz abgeschmeckt, mit Jus, Sahne und etwas Kartoffelmehl verdickt und zu der Poularde, die an den Keulen mit Manschetten ausgeputzt wird, gereicht. Dazu paßt Salat oder Kresse. Tranchieren: Man sticht die Gabel mit der linken Hand oberhalb des Schenkels in den Körper und trennt den Schenkel mit dem Messer ab. Nun löst man das Fleisch von der Brust so ab, daß es am Flügel hängt, den man dann vom Gerippe herunterschneidet.

Junges Huhn

2 Brathühnchen, 100 Gramm Butter, 100 Gramm Speck

Die gut geputzten Hühner werden innen und außen mit Salz eingerieben, wenn man will, mit etwas grüner Petersilie gefüllt, mit Speckplatten umbunden (die nach Belieben auch wegbleiben können), in die Pfanne mit brauner Butter gelegt und bei fleißigem Begießen und Nachfüllen in guter Mittelhitze gar- und goldgelbgebraten. Die Prozedur des Tranchierens umfaßt zwei Handgriffe: 1. Halbieren des ganzen Huhnes; 2. Halbieren der beiden Hälften zwischen Brust und Keule. Gefüllte junge Hühner werden der Länge nach halbiert, mit der Fülle auf die Platte gelegt, die Soße für sich dazugegeben.

Die Pute

Das Fleisch der Puten ähnelt dem Hühnerfleisch; es ist weiß bis gelblich (an den Schenkeln dunkler und grobfaseriger!), bei gemästeten Tieren sehr zart und wohlschmeckend mit einem charakteristischen süßlich-aromatischen Geschmackston. Bei alten Hühnern ist dieser mitunter unangenehm hervortretend („mistig") und entwertet den Braten.

Außer den vorbeschriebenen Hühnervögeln sind als ihre nahen Verwandten und Genossen auf dem Geflügelhof die Perlhühner, Pfauen und Fasane zu erwähnen. Sie sind sämtlich in zahlreichen Spielarten, zumeist als Ziergeflügel, vertreten. Ihre Zucht zu Verwertungszwecken ist jedoch nicht entwickelt. Bemerkenswert ist die vorzügliche Qualität der Perlhühner und des Perlhuhnfleisches.

Auch junge Pfauen schmecken sehr gut. Der Fasan ist als Bratenlieferant allgemein hochgeschätzt; doch ist er im allgemeinen mehr dem Wildgeflügel zuzuzählen.

Pute mit Gemüsen garniert: Blumenkohl, Kastanien, glasierte Zwiebeln, Champignons usw.

Putenbraten

1 Pute, 125 Gramm Butter, 125 Gramm Speck, 30 Gramm Salz, 1 Füllung

Die Pute wird ausgenommen, von Hals, Kopf, Flügeln und Füßen befreit, vorsichtig des Kropfes entledigt, sorgfältig gewaschen, abgetrocknet und innen mit Salz ausgerieben. Der Kropf wird ¼ Stunde erst in lauwarmem, dann in kaltem Wasser innen und außen gewässert, mit einer der nachstehend angeführten Füllungen versehen und in die Halsgrube eingenäht. Das ganze Tier, das durch diese Kropffüllung ein schönes Aussehen bekommen hat, wird jetzt mit Speckplatten belegt, mit Salz eingerieben und in gute Form gebracht. Im Ofen wird alsdann die Butter braun gemacht, die Pute hineingelegt, etwa ½ Stunde mit dem Fett übergossen und nach Zufüllen der nötigen Menge Wasser in 2½—3 Stunden gar und zu schöner brauner Farbe gebraten. Sollte die Soße noch nicht bindig genug sein, so rührt man etwas Kartoffelmehl daran. Die Pute wird wie folgt zerlegt: Zuerst trennt man die Brust und die Flügel (Huhngeschmack!) ab und schneidet diese wieder in fingerdicke Scheiben. Dann schneidet man die Keulen (Rindfleischgeschmack!) herunter. Endlich kommt das Seiten- und Rückenfleisch (Schweinefleischgeschmack!) an die Reihe. Das Putenklein verarbeitet man entweder mit Rindfleisch zu einer Brühe oder verkocht es mit Teltower Rübchen zu einem pikanten Gericht.

Füllungen zur gebratenen Pute

1. Leberfüllung

Die Putenleber, etwas Kalb- oder Schweinefleisch, 2 bis 3 Schalotten, 3 Eier, Petersilie, 150 Gramm geriebene Semmel, Salz, Sahne, Pfeffer

Die Putenleber, wenn möglich, auch Lebern von Huhn oder Gans, und etwas Kalb- oder Schweinefleisch werden gehackt, durch ein Sieb gestrichen, mit fein gehackter Petersilie, 2 bis 3 in Butter durchgedünsteten geriebenen Schalotten, 150 Gramm geriebener Semmel, 1 Ei, 2 Eidottern, etwas Salz, Sahne und Pfeffer tüchtig vermischt und gut abgeschmeckt.

2. Mandelfüllung

100 Gramm Butter, 2—3 Eier, 200 Gramm geriebene Semmel, 8—10 bittere Mandeln, 70 Gramm Korinthen, Salz, Muskatnuß

Die Butter wird zu Sahne gerührt, mit 2 ganzen Eiern und einem Eidotter, Salz, Muskatnuß, den gestoßenen oder geriebenen Mandeln, 70 Gramm gereinigten Korinthen und 200 Gramm geriebener Semmel vermischt.

3. Pikante Fleischfüllung

Die Putenleber, 250 Gramm kalter Kalbsbraten, 60 Gramm geschabter Speck, 100 Gramm Butter, 2 bis 3 Sardellen, Kapern, 1—2 Eier, 2 Schalotten, Petersilie, 2—3 Milchbrote, Salz

Die gehackte Putenleber, gehackter Kalbsbraten, geschabter Speck, gehackte entgrätete Sardellen, 2 geriebene Schalotten und gehackte Petersilie werden in zerlassener Butter gedünstet, mit 2—3 geschälten, in Milch geweichten Milchbroten, Salz, 1—2 Eiern, gehackten Kapern, nach Bedarf etwas geriebener Semmel vermischt und gut abgeschmeckt.

Perlhuhn oder Pfau gebraten

1 junges Perlhuhn oder 1 junger Pfau, 125 Gramm Butter, 125 Gramm Speck, Salz

Das Perlhuhn oder der Pfau wird von Hals, Kopf, Flügeln und Füßen befreit, gut ausgenommen, gewaschen, abgetrocknet, mit Salz ausgerieben, mit Speck bewickelt und in der braunen Butter in 2—2½ Stunden im Ofen unter fleißigem Begießen gebraten. Die Soße wird abgeschmeckt und eventuell mit etwas Kartoffelmehl sämig gemacht.

Die Gans

Der wirtschaftliche Wert der Gans ist bedeutend. Sie liefert Fleisch, Fett, Delikatessen (Leber) und Federn. Das Fleisch ist saftigrot (gekocht graubraun), bei Mastgänsen mit Fett durchsetzt, von aromatischem Geruch und Geschmack. Mastgänse haben reichliches Fettpolster unter der Haut, unter dem Bauchfell und zwischen den Gedärmen. (Man achte auf runde, gut gepolsterte Formen!) Hafergemästete Gänse sind anderen vorzuziehen, da hierbei vor allem das Muskelfleisch an Qualität gewinnt. Die Gänseleber ist eine hochgeschätzte Delikatesse. Normale Gänselebern sind rötlichbraun bis graubraun, gemästete gelblichbraun bis fast weiß. Im Zustand der Hochmast ist ihre Größe oft bis aufs Doppelte bis Dreifache gewachsen. Die Lebern sind dann ganz mürbe und brüchig; der Bruch trieft von Fett. Der Fettzustand der Leber wird von manchen Produzenten durch Verabreichung von Antimonsalzen (Spießglanz), die eine fettige Entartung der Leber bedingen, gefördert. Dies ist vom gesundheitlichen Standpunkt aus zu verwerfen. Überhaupt sind die überfetteten Lebern im Genußwert nicht als die besten anzusehen. Sehr berühmt sind die elsässischen Gänselebern (Straßburger). Manche Leute finden besonderes Wohlgefallen an der ausgebratenen Haut der Gänse (Gänsegrieben). Zu ihrer Herstellung wird die Haut fetter Gänse abgestreift und über leichtem Feuer langsam ausgeschmort, bis sie knusprig wird. Das hierbei ausgeschmorte Fett ist wie das bei Braten erhaltene sehr wohlschmeckend. Nicht ganz gleichwertig ist das Fett aus der Fettunterlage des Bauchfells und der Darmbekleidung.

Gänsebraten (mit verschiedener Füllung)

1 Gans, 750 Gramm Äpfel zur Füllung, 1 Büchel Majoran oder Beifuß, Salz, 1—2 Teelöffel Kartoffelmehl

Die Gans muß sehr sorgfältig gereinigt, ausgenommen, von den kleinen Federspulchen befreit, gewaschen und abgetrocknet sein. Sie wird mit gut abgeriebenen, aber ungeschälten, von der Blüte befreiten Äpfeln, am besten Borsdorfer Äpfeln, gefüllt, zugenäht und mit der Brustseite nach unten in die heißem Wasser gefüllte Pfanne gelegt, gesalzen und unter fleißigem Begießen mit der Bratbrühe 1 Stunde gebraten. Zu Beginn der zweiten Stunde wird die Gans umgedreht (also jetzt Brust nach oben!) und dann nicht mehr, zur Gewinnung der knusprigen Haut, begossen. Nach etwa zweistündiger Bratzeit wird die Soße entfettet, mit etwas Kartoffelmehl verkocht und neben der in schöne Scheiben geschnittenen Gans gereicht. Während des Bratens muß aller Satz von der Bratpfanne gut losgerührt werden. In der letzten halben Stunde der Bratzeit bespritzt man die Gans einige Male mit kaltem Wasser, dadurch wird sie im Verein mit der Ofenhitze ganz knusprig.

Andere Füllungen sind solche mit geschnittenen, geschälten, vom Kernhaus befreiten Äpfeln, die oft, z. B. in Mecklenburg, noch mit Backpflaumen gemischt werden. Außer der Apfelfüllung werden vielfach, z. B. in Sachsen und in der Mark Brandenburg, ein paar Stielchen Beifuß oder Majoran mit in die Gans gegeben. Oder es werden ½ Kilo geschälte Kastanien, die man vorher in Butter oder in Gänsefett hell gargeschmort hat, hineingelegt. In Österreich wird die Gans meist ungefüllt gebraten, aber mit feingestoßenen Wacholderbeeren eingerieben. In Rußland füllt man sie entweder mit Äpfeln, die mit Salz und Majoran bestreut werden, oder mit Sauerkraut, das mit 2—3 zerschnittenen Zwiebeln halb weichgedünstet ist, oder mit ½ Kilo in Fleischbrühe dick aufgequollener Buchweizengrütze. Eine feine Fleischfüllung für die Gans besteht aus der gehackten Gänseleber, 250 Gramm Kalbsleber, 200 Gramm Kalbfleisch, 200 Gramm magerem Schweinefleisch, 200 Gramm Luftspeck, alles fein gehackt und mit 2—3 Eigelb, zwei eingeweichten und zerdrückten Milchbrötchen, Salz, Pfeffer, geriebener Semmel und mit etwas fein pulverisiertem Thymian vermischt.

Das Tranchieren der Gans vollzieht sich in 3 Hauptmomenten: 1. Abtrennung der Keulen, 2. Loslösung der Brust und der Flügel, 3. Zerteilung der abgelösten Brust und der Keulen in eßfertige Stücke.

Gekochte Gans (mecklenburgisch)

1 Gans, 1 Kilo grüne Erbsen, 2 Eier, Salz, Suppengrün, Gewürz, 1 Stück Butter, 1 Löffel Mehl, Zucker, Muskatnuß, 2 Eidotter

Eine gut zurechtgemachte Gans, die nicht zu fett sein darf, wird in Wasser nebst Salz, Wurzelwerk und Gewürz langsam weichgekocht. Inzwischen wird 1 Kilo Erbsen (nach dem Aushülsen gewogen) in etwas zerlassener Butter durchgedünstet, ein Löffel Mehl, etwas Zucker und eine Messerspitze geriebene Muskatnuß darübergestäubt und etwas siedendes

Waſſer dazugegoſſen, womit die Erbſen durchkochen müſſen. Sobald ſie ganz weich ſind, werden ſie mit zwei in etwas Sahne verquirlten Eidottern abgezogen und nebſt ihrer gut abgeſchmeckten Brühe über die Gans, die in nette Stücke zerlegt iſt, gefüllt.

Gänſeklein

1 Gänſeklein, Suppengrün, Gewürz, Salz, Pfeffer, 1 Stück Butter, Peterſilie, 1 Löffel Mehl, 1 Lorbeerblatt

Das Gänſeklein — alſo Kopf, Hals, Füße, Flügel, Magen und Herz — wird zurechtgehauen, Hals und Flügel in mehrere Teile zerlegt. Es wird mit kaltem Waſſer aufgeſetzt, gut geſchäumt, dann geſalzen und mit zerſchnittenem Suppengrün, 1 Zwiebel, 1 Lorbeerblatt, Gewürz- und einigen Pfefferkörnern verſehen. Nach 1½—2 Stunden wird die Brühe durch ein Sieb gegoſſen, mit glattgerührtem Mehl oder auch mit recht fein geriebener Semmel ſämig gekocht, mit fein gehackter Peterſilie abgeſchmeckt und über das Gänſeklein gefüllt. Anſtatt der Peterſilie kann nach Belieben fein gehacktes Majorankraut genommen werden. Ferner können dem Gänſeklein kleine für ſich allein in Salzwaſſer gargekochte Semmelklößchen hinzugefügt werden. Gänſeklein wird auch mit verſchiedenen Gemüſen bereitet, z. B. mit weißen Rüben, weißen Bohnen, Kartoffeln oder Reis. In dieſen Fällen wird das Klein mit reichlichem Waſſer aufgeſetzt, gargekocht, herausgenommen und ſo lange warmgeſtellt, bis man in der durchgeſeihten Brühe weiße Rüben, Bohnen oder Kartoffeln gekocht oder guten Reis ausgequellt hat. Nachher wird das zerſchnittene Gänſeklein in den mit etwas Schwitzmehl gebundenen Rüben oder Bohnen, den Kartoffeln oder dem Reis warmgemacht. Zu dem Reis werden meiſt nur zwei Drittel der Brühe genommen, das andere Drittel mit Schwitzmehl verkocht und mit gehackter Peterſilie gewürzt über den Reis gefüllt. Nach demſelben Rezept wird Entenklein bereitet. — Eine beſondere Virtuoſität gehört zum Herausnehmen des Gehirns aus dem Schädel. Man muß dabei vor allem darauf achten, daß einem der Kopf nicht ausrutſcht und über den Tiſch ſpaziert. Man ſtößt alſo erſt die Gabel bis auf den Grund hinein und drückt dann feſt das Meſſer neben der Gabel in die Schädeldecke.

Gänſeleber mit Äpfeln und Zwiebeln

1 Gänſeleber, 100 Gramm Butter, Äpfel, Zwiebeln, Salz, Pfeffer

Die ſorgſam von der Galle befreite Leber wird in ein paar Stücke zerlegt, in Mehl gewälzt und in heißer Butter mit Zugabe von Zwiebel- und Apfelſcheiben langſam gargedämpft, dann erſt geſalzen und angerichtet.

Gänſe-Pökelfleiſch

Das in Stücke gehauene Gänſefleiſch wird mit einer Miſchung von Salz und Salpeter (auf einen Eßlöffel Salz eine Meſſerſpitze Salpeter) tüchtig überall eingerieben, feſt in einen Steintopf gepackt und täglich mit der ſich bildenden Lake übergoſſen; oder man kocht eine Lake aus Waſſer, Zucker, Salz und Salpeter, läßt ſie auskühlen und packt das Fleiſch ſo hinein, daß nirgends eine leere Stelle bleibt. Auf 2 Liter Waſſer rechnet man ½ Kilo Salz, 60 Gramm Zucker und 15 Gramm Salpeter. Das aus der Lake genommene, eingewäſſerte oder nur abgewaſchene Fleiſch wird mit Erbſen, Bohnen oder auch anderem Gemüſe gekocht.

Weißſauer von Gans

1 nicht zu fette Gans, 4 Kalbsfüße, 20 Gramm Salz, 1 Zwiebel, 2—3 Zitronenſcheiben, 1 Stückchen Ingwer, ½—¾ Liter Weineſſig, ein paar Pfeffer- und Gewürzkörner, 1 Nelke

Die gut fleiſchige, nicht zu fette Gans wird nach dem Zurechtputzen und Ausnehmen in paſſende Portionsſtücke zerlegt und zuſammen mit 4 in Stücke gehauenen, gut geſäuberten Kalbsfüßen mit kochendem Waſſer aufgeſetzt und während des Kochens abgeſchäumt. Dann wird ſehr vorſichtig Salz dazugefügt ſowie einige Zitronenſcheiben, Pfeffer

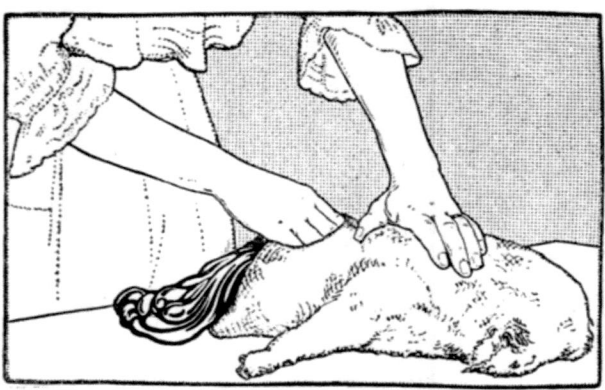

Richtiges Ausnehmen einer Gans
Die linke Hand liegt flach auf der Bruſt, die rechte zieht mit einem Ruck die Gedärme heraus

und Gewürzkörner, auch eine Nelke. Während des Kochens wird das Fett von der Brühe abgefüllt und, wenn das Fleisch bald weich scheint, ½ Liter guter Weinessig dazugegossen. Sobald das Fleisch weich genug ist, wird es herausgenommen und entweder in eine Schüssel oder in einen Steintopf gelegt, je nachdem man das Fleisch sofort servieren oder aufbewahren will. Die Brühe muß bis auf 2½—3 Liter einkochen. Man entfettet sie, klärt sie mit Eiweiß (siehe Gallert) und gießt sie durch ein Sieb über die Gänsestücke. Weißsauer hält sich mehrere Wochen; es ist vorteilhaft, zerlassenes Fett darüberzuziehen, das erstarrt und das Fleisch luftdicht abschließt. Aber auch nur mit Pergamentpapier sorgfältig zugebunden, hält es sich lange. Es schmeckt besonders gut zu Bratkartoffeln. So wird auch Entenweißsauer bereitet.

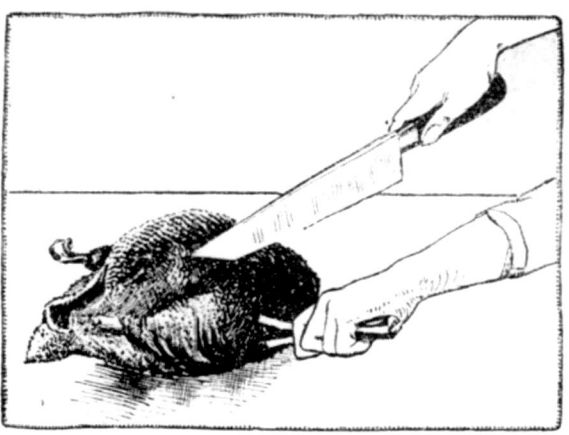

Zerteilen der Gans
1. Das Abtrennen der Keulen

Schwarzsauer von Gans

Beim Schlachten der Gans wird das Blut aufgefangen und mit etwas Essig gut verquirlt. Das Gänseklein wird mit Salz und nicht zu vielem Wasser aufgesetzt, abgeschäumt und in kurzer Brühe langsam weichgekocht, worauf die Brühe durch ein Sieb gerührt wird. In dieser Brühe werden 2 Händevoll frischer, in Viertel geschnittener Birnen, nach Belieben auch Backbirnen, weichgekocht, dann werden 2 Obertassen Blut, gestoßene Nelken, Pfeffer und etwas Zucker hinzugefügt und die Soße, wenn sie nicht sämig genug scheint, mit etwas in Butter braungeröstetem Mehl dicklich gekocht. Inzwischen ist eine Anzahl einfacher Semmelklöße bereitet und in Salzwasser gargekocht worden, die mit dem Fleisch auf einer Schüssel geordnet und mit den Birnen und der Brühe überfüllt werden. Schwarzsauer hält sich auch im Winter nur ein paar Tage und muß bald verzehrt werden. Sehr beliebt ist auch Entenschwarzsauer.

Spickgans

Um Spickgans zu bereiten, werden die Gänse gut gereinigt, ausgenommen, Hals und Flügel sowie Füße dicht am Rumpf abgehauen, dieser der Länge nach in Rücken und Brust gespalten und die Brust zu schöner Form dressiert; oder man löst das Brustfleisch vorsichtig von den Knochen und näht es so zusammen, daß Fleisch auf Fleisch zu liegen kommt und rundum Fett ist. Oft sind aber die Spickbrüste am Knochen beliebter, weil sie nicht so leicht austrocknen. Sie werden außen und innen gehörig mit Salz und Salpeter eingerieben und in einen Steintopf oder ein Pökelfaß gelegt, wo sie 5 bis 6 Tage liegenbleiben und täglich mit der sich bildenden Salzlake begossen werden. Dann werden sie gut abgetrocknet, in weißes Papier gehüllt, damit das Fett schön weiß bleibt, und in gelinden, nicht zu warmen Rauch gehängt. Guter Holzspänerauch, gemischt mit etwas Wacholderholz, gibt vorzüglichen Geschmack. Nach 6—7 Tagen sind sie genug geräuchert und werden frei hängend an kühlem, luftigem, trockenem, aber frostfreiem Ort aufbewahrt. Will man eine schöne flache, brötchenartige Form erzielen, so preßt man sie zwischen zwei mit Steinen beschwerten Brettern. Bei der Verwendung schneidet man sie in nicht zu dünne Scheiben und bedeckt nach Gebrauch die Schnittfläche mit einem Blatt Pergamentpapier.

Straßburger Gänseleberpastete

2 schöne Lebern, 250 Gramm Trüffeln, 500 Gramm Schweinefleisch, 500 Gramm Schweinerückenfett, 200 Gramm Schinken, 200 Gramm Speck, 125 Gramm Butter, 1 Glas Madeira, 6 Champignons, Kräuter

Die sehr schönen weißen Lebern werden, nachdem sie von der Galle befreit und gut außen herum beputzt sind, 10—12 Stunden in öfter erneute Milch gelegt, dann abgetrocknet, mit länglichen Trüffelstücken gespickt, mit Salz bestreut und in reichlicher Butter halb weichgedünstet. Inzwischen sind 500 Gramm Schweinerückenfleisch, 500 Gramm Rückenfett, 200 Gramm magerer roher Schinken mehrmals durch die Maschine gedreht und ver-

Zerteilen der Gans
2. Die linke Hand hält mit der Gabel die Gans, während die rechte mit dem Messer die Brustleiten ablöst

mischt und 200 Gramm geschälte frische, in Scheiben oder Stifte geschnittene Trüffeln in 100 Gramm Butter und 1 Glas Madeira weichgedünstet. Die Schalen der Trüffeln werden nebst 2 Schalotten, 6 geputzten Champignons und etwas Petersilie fein gehackt und in einigen Löffeln fein geschabtem Speck über dem Feuer weichgedünstet, dann mit dem Fleischgemisch gut verrührt und diese Farce mit Salz, Pfeffer und etwas Madeira gewürzt. Die Pastetenterrinen oder auch Weckgläser in geeigneter Form werden rundherum mit den übrigen Speckscheiben belegt. Dann wird ein Teil der Farce hineingestrichen, einige Leberstücke oder 2 Leberhälften daraufgelegt, auf diese kommt ein Teil der in Butter und Madeira gedünsteten Trüffeln, wieder Farce, die anderen Leberhälften, danach Trüffeln. Zuletzt wird der Rest der Farce darübergestrichen, das Ganze mit Speckscheibe belegt, der Deckel aufgelegt, die Terrinen in einer Bratpfanne im Wasserbad eine Stunde im Bratofen langsam gekocht. Die Terrinen müssen dann im Wasserbad erkalten und werden dann am Rande, wo Deckel auf Terrine stößt, mit einem zwei Finger breiten Streifen Papier beklebt, so daß keine Ritzen sind. Man kann auch Stanniolstreifen nehmen.

Gänseschmalz

Das Fett (Liesen und Darmfett) wird 24 Stunden in frisches, drei- bis viermal zu erneuerndes Wasser gelegt. Dann läßt man es abtropfen, schneidet es in Würfel oder dreht es durch die Maschine, setzt es mit 1 Messerspitze Salz, 1 Apfel, 1 Zwiebel und 1 Stiel Majoran auf und läßt es auf langsamem Feuer ausschmelzen, wobei es öfter umgerührt werden muß. Sobald das Schmalz klar und die Grieben goldgelb sind, wird es durch ein Sieb in einen Steintopf gegossen und beiseite gestellt.

Die Ente

Das Fleisch der Ente ist vollrot, heller als Gänsefleisch, in gekochtem Zustand bräunlichgrau. Unterhaut, Bauchfell und Gedärme verhalten sich bezüglich des Fettpolsters ähnlich wie bei der Gans. Entenfleisch übertrifft, richtig zubereitet, alles Geflügelfleisch an Wohlgeschmack, Zartheit und saftiger Güte.

Entenbraten

1 Ente, 1 Füllung, Salz

Die Bratenten sollen jung und möglichst nicht zu fett sein. Sie werden gesalzen, mit Wasser aufgesetzt und im Ofen unter fleißigem Begießen zu schöner Farbe gebraten. Meist werden sie mit Kastanien gefüllt; doch kommen für die Ente auch alle die Füllungen zur Verwendung, die für die Gans üblich sind: Apfel, Apfelschnitzel, Fleisch- und Leberfüllung usw. Wenn sie mit Kastanien gefüllt werden soll, werden diese oben mit dem Messer eingeschnitten, mit kochendem Wasser aufs Feuer gestellt und so lange langsam gekocht, bis sich die innere und äußere Schale löst. Dann werden sie sauber geputzt, mit einem großen Stück frischer Butter, etwas Zucker, Salz und Fleischbrühe fast weichgedünstet und in die Ente gefüllt. Die Bratsoße wird entfettet, abgeschmeckt und, wenn nötig, mit etwas in Wasser verquirltem Kartoffelmehl verkocht. Entenklein und Entenweißsauer werden nach dem Rezept „Gans" bereitet.

Die Taube

Das Fleisch der Tauben ist hellrot (junge Tiere) bis dunkelrot (alte Tiere), besonders auf der Brust kräftig entwickelt. Beim Braten (resp. Kochen) wird es braungrau. Junges Taubenfleisch ist von hohem Wohlgeschmack, saftig und zartfaserig. Ältere Tauben haben zäheres Fleisch (schon vom zweiten Jahr ab), das sich zum Braten nicht mehr gut eignet. Dagegen ist es hervorragend geeignet zur Herstellung von Kraftbrühen, Ragouts und dergleichen.

Taubensuppe

2 Tauben, Suppengrün, 1 Einlage, Salz

Dazu können eventuell auch ältere Tauben genommen werden. Sie werden nach dem Ausnehmen und Reinigen mit kaltem Wasser aufgesetzt, zum Kochen gebracht, geschäumt, mit Salz und Suppengrün versehen und in 1 bis 1½ Stunden langsam weichgekocht. Die Brühe wird durch ein Sieb gegossen, mit Nudeln oder Grieß verkocht oder mit etwas in Butter hellgelb geröstetem Mehle legiert und mit einem Eigelb verquirlt.

Gebratene Tauben

4 Tauben, 200 Gramm Butter, 75 Gramm Speck, evtl. 1 Teelöffel Kartoffelmehl, süße oder saure Sahne

Die sauber vorbereiteten Tauben werden dressiert, auf der Brust gespickt oder mit Speckscheiben umbunden, gesalzen, in erhitzte Butter gelegt und bei fleißigem Begießen und öfterem Nachfüllen von etwas kochendem Wasser gargebraten. Die Soße kann mit etwas Kartoffelmehl, mit süßer oder saurer Sahne verkocht werden. Wenn die Tauben g e f ü l l t werden sollen, wird entweder eine Mandelfüllung, wie bei Pute angegeben, bereitet, oder eine von den gehackten Taubenlebern-, -mägen und -herzen, fein gehacktem rohem Schinken, geweichter und geriebener Semmel, 1 Ei, Salz und gehackter Petersilie hergestellte Füllung.

Tauben mit Spargel

2 Tauben, 125 Gramm Butter, ½ Kilo Spargel, 2 Eier, 2 Löffel Mehl, ¾ Liter Wasser oder Brühe, Zitronensaft

Die Butter wird in der Kasserolle siedend heiß gemacht, mit 2—3 Löffel Mehl zu heller Mehleinbrenne gerührt und mit ¾ Liter Wasser oder leichter Brühe verkocht. Darin müssen die in Hälften geschnittenen, gut gesäuberten Tauben fast weichdämpfen. Inzwischen wird der geschälte, in 4 Zentimeter lange Stücke geschnittene Spargel in Salzwasser einige Male aufgekocht, aber nicht ganz weich, mit dem Schaumlöffel herausgenommen, zu den Tauben gelegt, mit ihnen noch durchgedünstet, die Soße abgeschmeckt, mit 2 Eidottern abgezogen und mit etwas Zitronensaft geschärft.

Das Wild

Haarwild

Das Fleisch des Wildes ist sehr dicht und ziemlich hart gefasert, sehr wohlschmeckend und leicht verdaulich, enthält aber nur wenig Fett. Es hat einen kräftigen, eigentümlichen Geruch und Geschmack. Der sogenannte, von vielen Menschen geschätzte „Hautgout" oder zu gut deutsch „Fäulnisduft", der sich beim Abhängen des Wildes nach längerer Zeit entwickelt, kann nicht als gesundheitsgemäß angesehen werden. Die Zusammensetzung des Wildes ist:

Reh . . . 20,0% Eiweiß 2,0% Fett
Hase . . . 22,0%   „   1,0% „

Beim Einkauf von Wild ist darauf zu achten, daß man weder durch Krankheit verendete noch in Schlingen oder Fallen gefangene Tiere kauft. Jene erkennt man (nach Gerlach) daran, daß die Haut nicht rein weißlich, sondern mehr bläulich oder bräunlich gefleckt ist; diese haben natürlich keine Schußwunde. Ferner darf das Wild nicht zu sehr zerschossen sein. Ein Rückenstreifschuß verletzt schon die besten Teile und macht das Fleisch minderwertig. Das Abhängen des Wildes muß an einem kühlen und zugigen Ort geschehen; es bleibt dabei im Fell, muß aber ausgeweidet und mit Heu oder Papier ausgestopft sein.

Einige Ausdrücke der Weidmannssprache zu kennen, ist auch für die Hausfrau und Köchin nicht ganz überflüssig. Hier eine kurze Liste:

Augen = Lichter; Ohren = Gehöre, Lauscher; Nase = Windfang; Maul = Gcäse; Zunge = Lecker; Blut = Schweiß; Beine = Läufe; Schwanz = Wedel, beim Schwarzwild = Bürzel; mehrere Stücke Wild zusammen = Rudel, beim Rehwild = Sprung, beim Schwarzwild = Rotte.

Der Bär

Das Fleisch junger, ein- bis zweijähriger Tiere ist sehr zart, kann auch durch Einlegen in Marinade noch verbessert werden. Verarbeitet werden alle Teile, hauptsächlich die Keulen: Bärenschinken.

Bärenbraten
1 Bärenkeule oder 1 Bärenrücken, ½ Liter saure Sahne, etwas Mehl

Der Bärenbraten ist in Deutschland weniger bekannt als in Rußland, wo es noch Bären gibt. Ist der Braten von einem jungen Tier, so wird er so zubereitet, ältere müssen stets einige Tage in einer Essigbeize, dann noch einen Tag in Milch liegen, damit sie mürbe werden. Das Wildbret junger Bären, z. B. eine Keule oder ein Rückenstück, wird abgewaschen, 1 Stunde in kaltes Wasser gelegt, abgetrocknet, in eine Pfanne gelegt, mit etwas Wasser begossen und unter fleißigem Begießen im Ofen bei guter Hitze und öfterem Umwenden 4—5 Stunden langsam gebraten. Die obere Seite wird mit saurer Sahne bestrichen, gebräunt und die Soße mit etwas gebräuntem Mehl verkocht.

Bärenschinken in Burgunder
1 Bärenschinken, Zwiebeln, Petersilienwurzel, Mohrrübe, Sellerie, Wacholderbeeren, Pfeffer- und Gewürzkörner, 1½—2 Flaschen Burgunder

Der gut abgelegene, gewaschene Schinken wird gesalzen, nebst einigen Zwiebeln, zerschnittener Petersilienwurzel, Mohrrüben, Sellerieknolle, Wacholderbeeren, Pfeffer- und Gewürzkörnern in einen Schmortopf gelegt, mit ½ Liter Wasser oder Brühe und 1½ bis 2 Flaschen Burgunder übergossen und auf dem Herd oder im Bratofen 4—5 Stunden weichgedämpft, wobei er öfter begossen werden muß. Dann wird der Schinken aus der Brühe genommen und warmgestellt. Die Brühe wird durch ein Sieb gerührt, entfettet, kurz eingekocht, abgeschmeckt und neben dem Schinken gereicht. Als Beilage dient gedämpftes Kraut oder Sauerkraut.

Jagdtabelle für Preußen

Die Termine für den Beginn der Niederjagd werden vom Regierungspräsidenten je nach Beschaffenheit des Wildes festgesetzt

▲ = Schonzeit
Weiß = Jagdzeit

	Januar	Februar	März	April	Mai	Juni	Juli	August	Septbr.	Oktober	Novbr.	Dezbr.
Männliches Elchwild	▲	▲	▲	▲	▲	▲	▲	▲		▲	▲	▲
Weibliches Elchwild und Elchkälber	▲	▲	▲	▲	▲	▲	▲	▲	▲	▲	▲	▲
Männliches Rot- und Damwild			▲	▲	▲	▲	▲					
Weibliches Rot- und Damwild, Wildkälber			▲	▲	▲	▲	▲	▲	▲	16/10		
Rehböcke	▲	▲	▲	▲	16/5							
Weibliches Rehwild, Rehkälber	▲	▲	▲	▲	▲	▲	▲	▲	▲			
Dachse	▲	▲	▲	▲	▲	▲	▲					
Biber	▲	▲	▲	▲	▲	▲	▲	▲				▲
Hasen	15/1	▲	▲	▲	▲	▲	▲	▲	▲			
Auerhähne						▲	▲	▲	▲	▲		
Auerhennen			▲	▲	▲	▲	▲		▲	▲		
Birk-, Hasel- und Fasanenhähne						▲	▲	▲	15/9			
Birk-, Hasel- und Fasanenhennen			▲	▲	▲	▲	▲	▲	16/9			
Rebhühner, Wachteln, schottische Moorhühner	▲	▲	▲	▲	▲	▲	▲	▲				
Wilde Enten				▲	▲	▲						
Schnepfen			15/4	▲	▲							
Trappen				▲	▲	▲						
Wilde Schwäne, Kraniche, Brachvögel, Wachtelkönige, Sumpf- und Wasservögel, außer wilden Gänsen						▲						
Drosseln	▲	▲	▲	▲	▲	▲	▲		21/9			
Truthähne					14/5	▲	▲	▲	▲	16/10		
Truthennen	▲	▲	▲	▲	▲	▲	▲	▲		16/10		

Das Elchwild

Der gewaltigste Hirsch, der in Deutschland (Ostpreußen), freilich nur noch in ganz geringer Anzahl, vorkommt, ist der Elch. Er wird gegen 2 Meter hoch und bis zu 10 Zentner schwer. Das Wildbret geringerer Hirsche verwendet man in ähnlicher Weise wie das des Rotwildes. Eine gut zubereitete Elchzunge gilt als Leckerbissen.

Elchrücken

1 Elchrücken, 250 Gramm Butter, ½ Liter saure Sahne, 125 Gramm fetter Speck, 1 Dosis Gewürz, Salz, 1 Dosis Wacholderbeeren, 2 Teelöffel Kartoffelmehl

Der Rücken wird geklopft, sauber gehäutet, rasch abgewaschen, abgetrocknet, mit gleichmäßigen Speckfäden tief gespickt, gesalzen und im Ofen bei starker Hitze unter häufigem Überfüllen der braunen Butter in zirka 80 Minuten gebraten. Die gestoßenen Wacholderbeeren werden darübergestreut, der Rücken mit der sämig eingekochten Soße überzogen und mit Kaviar serviert.

6 Kochen

Die Gemse

Die einzige in Deutschland vorkommende Antilope, die Gemse, ist ein erklärtes Gebirgstier. Das Gemswildbret wird von mancher Seite als recht schmackhaft gelobt, aber dann stammt es gewiß von jungen Stücken; das der älteren muß einem gehörigen Beizprozeß unterzogen werden.

Gemse (Tiroler Art)

Gemsfleisch, Zwiebel, Lorbeerblätter, Pastinake, Thymian, Gewürznelken, Wacholderbeeren, Zitronen, Essig, Speck, Salz, Pfeffer, Rotwein, saure Sahne, Bratenfett, Schwarzbrotrinden, Fleischbrühe

Die Tiroler haben eine eigene Art, Gemswild zuzubereiten, das von den Fremden, die nach Tirol kommen, mit vieler Vorliebe gespeist und von diesen als vorzüglich zubereitet bezeichnet wird. Die Bereitungsweise ist folgende: Nachdem die Gemse abgezogen, zerteilt und rein ausgewaschen ist, wird sie in ein irdenes Gefäß gelegt, gesalzen, mit einigen Zwiebeln, Lorbeerblättern, Pastinake, Thymian, Gewürznelken, Wacholderbeeren und einer in 4 Teile geschnittenen Zitrone gewürzt und mit heißem Essig übergossen, zugedeckt, beschwert und an einem kalten Orte aufbewahrt. Nach 5—6 Tagen wird der Rücken oder der Schlegel herausgenommen und wie ein Rehschlegel gespickt. Dann wird er in ein Bratgeschirr gelegt, mit einer Zwiebel, Lorbeerblatt, Pfeffer und Salz nochmals gewürzt, mit ½ Liter rotem Tiroler Wein und 0,3 Liter saurer Sahne und etwas Bratenfett übergossen, einige Schwarzbrotrinden beigelegt und in dem Bratofen unter öfterem Begießen weich und kurz in seinem Saft gebraten, wobei man öfters etwas saure Sahne und Wein nachgießen muß. Beim Anrichten wird der Gemsschlegel auf eine Bratenschüssel gelegt, der zurückgebliebene Saft mit etwas Fleischbrühe aufgekocht und als gebundene, lichtbraune Soße darübergeseiht und sogleich zu Tisch gebracht.

Das Rotwild

Unser herrlicher Rothirsch führt mit Recht den Titel „König der Wälder". Die Abschußzeit für den Hirsch beginnt im August, für Tiere und Kälber Mitte Oktober. Das Wildbret von jungen Stücken ist hervorragend, alte Hirsche dagegen sind recht zäh. Hirschleber muß zum Gebrauch ganz fein gehackt oder besser durch die Maschine gedreht werden.

Hirschbraten

1 Rücken oder 1 Keule, 125 Gramm Speck, 250 Gramm Butter, ¼ Liter saure Sahne

Der gut abgelegene, gesäuberte, gehäutete Rücken oder die Keule wird reichlich gespickt, in eine passende Pfanne gelegt, in der die Butter braungemacht worden ist, mit Salz bestreut, mit einem mit Butter bestrichenen Papier zugedeckt und so bei fleißigem Begießen und Nachfüllen von etwas kochendem Wasser im Ofen gebraten. Nach einer Stunde kann das Papier fortgenommen werden. Gegen Ende der Bratzeit, die je nach der Größe des Wildbretstücks 2—3 Stunden dauert, wird fette saure Sahne zur Soße gefüllt und der Braten damit bestrichen. Sollte die Soße von der Sahne allein nicht die gehörige sämige Beschaffenheit erhalten, kann sie mit etwas in saurer Sahne verquirltem Kartoffelmehl verdickt werden.

Hirschbraten am Spieß

1 Rücken, 250 Gramm Butter, ¼ Liter saure Sahne, ¼ Liter Brühe, 2 Zitronenscheiben, 125 Gramm fetter Speck, Salz

Der schön gespickte Braten wird an dem Spieß befestigt, einige Male über dem Feuer gedreht, mit zerlassener Butter bestrichen, gesalzen und 1½—1¾ Stunden unter fleißigem Drehen und Begießen gebraten. In die untergestellte Pfanne werden nebst der abtropfenden Butter ¼ Liter saure Sahne, ebensoviel leichte Brühe oder Wasser und zwei entkernte Zitronenscheiben getan. Während der noch nötigen Bratzeit wird der Braten fleißig mit dieser Mischung begossen und die Soße zuletzt durch ein Sieb gerührt und abgeschmeckt.

Hirschsteaks

1½ Kilo Hirschrücken oder Fleisch aus der Keule, 150 bis 200 Gramm Butter, Salz, Pfeffer, 60 Gramm fetter Speck, Mehl, 1—2 Löffel saure Sahne

Das Fleisch wird in möglichst gleichmäßige Scheiben geschnitten, die geklopft, nach Belieben mit etwas Pfeffer und Salz eingerieben oder auch noch mit feinen Speckstreifen gespickt werden. Dann werden sie in Mehl gewendet und in steigender, gelbgemachter Butter auf raschem Feuer auf beiden Seiten gebraten. Nach Belieben können dann 1—2 Löffel saure Sahne zur Bratbutter gegeben und die Steaks noch ein paar Minuten darin durchgedünstet werden. Auf andere Art wird das Fleisch, das dann aber nicht aus der Keule zu sein braucht, durch die Fleischmaschine gedreht, von allen Sehnen befreit, nebst etwas zerlassener Butter, Pfeffer und Salz zu Steaks geformt, die in Butter auf beiden Seiten gebraten werden.

Die Abfälle werden nebst etwas Wurzelwerk mit Wasser ½ Stunde gekocht, durch ein Sieb gerührt, mit gebräuntem Mehl dicklich gekocht, mit einem Glas Madeira gewürzt und über die gebratenen Steaks gegossen.

Hirschleber
1 Hirschleber, 1—2 Zwiebeln, Salz, Pfeffer, 50 Gramm Butter, 1 Löffel Mehl, 2 Löffel Brühe, 1 Teelöffel Senf, Essig

Die Leber wird gewaschen, gehäutet, in Stücke oder Scheiben geschnitten und mit 1 bis 2 geriebenen Zwiebeln, etwas Pfeffer und Salz in gebräunter Butter unter fleißigem Rühren in der Kasserolle etwa 8—10 Minuten gebraten. Mit Mehl bestäubt, mit Wasser oder Brühe aufgekocht, wird das Gericht zuletzt mit einem Teelöffel Senf, der in etwas Essig verrührt wird, pikant gemacht.

Hirschfleischragout
1 Kilo Hirschkochfleisch, 125 Gramm Speck, 3 Zwiebeln, 1 Lorbeerblatt, Salz, Pfeffer, 2—3 Löffel Mehl, Essig

Das gut gereinigte, geputzte, in mundfertige Stücke zerlegte Fleisch wird mit 125 Gramm klein geschnittenem Speck, in Scheiben geschnittenen Zwiebeln, 1 Lorbeerblatt, Salz und Pfeffer in einer Kasserolle angebräunt, dann alles gut zugedeckt, ½ Stunde auf gelindem Feuer geschmort. Dann wird das Fleisch herausgenommen, die Brühe mit 2—3 Löffel Mehl durchgerührt, diese Einbrenne mit ¾ Liter Wasser und etwas mildem Weinessig 15 bis 20 Minuten verkocht, die Soße durch ein Haarsieb getrieben und das Fleisch wieder hineingelegt, damit es vollends darin dämpft. Dazu werden Kartoffelpüree, gebratene Kartoffeln, Makkaroni oder Semmelklöße gereicht. Das Ragout kann auch mit Weißwein, einigen sauren Gurkenscheiben, Kapern, Sardellen und Pilzen nach Belieben gewürzt werden. Wer es süßsauer liebt, fügt ein Stückchen Zucker zur Brühe, in der das Fleisch weichdünstet.

Das Damwild

Das Wildbret ist im allgemeinen feister als das des Rotwildes und wird von den besten Kennern diesem vorgezogen; während der Brunst erlegte Hirsche aber soll man nicht in die Küche bringen, da ihnen ein sehr unangenehmer Geruch eigen ist.

Damhirschrücken (Karlsbader Art)
Damhirschrücken, Speck, Schinkenfilets, Marinade, Zwiebel, Weißwein, saure Sahne, Kapern, Orangen- und Zitronensaft, Salz

Von einem noch jungen Hirsch wird das Fleisch vorsichtig abgelöst, so daß 2 Filets entstehen, abgehäutet, eines davon fein gespickt, das andere mit rohen Schinkenfilets durchzogen. Beide werden einige Stunden in die Marinade gelegt. Dann wird eine Kasserolle mit breiten Speckstücken belegt, über diese kommen einige Scheiben geschnittene Zwiebeln. Auf diese legt man die beiden gesalzenen Filets, würzt sie noch mit einem Teil ihrer Marinade, gießt eine Flasche weißen Wein darüber und läßt sie im Bratofen langsam dünsten. Wenn sie weich, schön braun gefärbt und glasiert sind, werden sie ausgehoben, schräg in schöne Schnitten geschnitten, wieder zusammengeschoben und in eine passende lange Schüssel gelegt. Der Saft wird geseiht, entfettet und dann mit saurer Sahne und einem Glas Rheinwein dickfließend eingekocht, mit 4 Eßlöffelvoll Kapern, etwas Orangen- und Zitronensaft vermengt, nochmals einige Minuten gekocht und den schön glasierten Filets beigegeben.

Das Rehwild

Unsere kleinste und zierlichste Hirschart ist das Reh. Wenn es sich lohnen soll, für spätere Tage überhaupt noch Wildbretrezepte in die Kochbücher aufzunehmen, so ist es dringend nötig, daß unsere Jagdgesetze einer gründlichen Durchsicht und Verbesserung unterzogen werden.

Rehkeule
1 Rehkeule, 200 Gramm Butter, 125 Gramm fetter Speck, ½ Liter saure Sahne

Die Keule wird dadurch in runde Form gebracht, daß man das Bein austrennt, und zwar so, daß man mit der linken Hand das untere Beinende erfaßt und mit der rechten Hand mit dem Messer die Fleischbündel vom Bein bis zum Gelenk ablöst und am Gelenk das Bein abschneidet. Die Keule wird dann geschickt gehäutet, was viel schwieriger ist als beim Rücken, da die Häute hier nicht einfach, sondern in Gruppen gelagert sind. Man geht also so vor, daß man sich die Fleischgruppen einzeln vornimmt und sie von den Häuten befreit. Die vom Bein abgelösten Fleischbündel werden dann an die Keule herangespickt, diese selbst in Reihen gleichmäßig mit Speckstreifen bedeckt und genau wie der Rücken gebraten. Die besonders tüchtige Hausfrau, die alles verwertet, kann aus dem Bein selbst noch Brühe gewinnen, indem sie das Bein vor dem Braten der Keule 1 bis

Richtige Handhaltung beim Spicken des Rehrückens

1½ Stunde in Salzwasser kocht und die Wildbrühe später zum Zugießen oder mit den Resten der Keule zu einer Suppe benutzt.

Rehrücken
1 Rehrücken, 125 Gramm fetter Speck, 250 Gramm Butter, ½ Liter saure Sahne

Der Rehrücken wird durch Stutzen der Rippen in gute Form gebracht und auf folgende Weise gehäutet: Man hebt an einem Ende etwas die Haut, ergreift das Hautzipfelchen mit der linken Hand und schiebt mit der rechten Hand ein großes Messer zwischen Haut und Fleisch. Dann hebt man die Schneide des Messers gegen die Haut und fährt in dieser Stellung den Rücken hinauf, ungefähr, wie man mit einem Brieföffner einen Brief aufschlitzt. Auf diese Art behandelt man erst die linke Seite des Rückens, dreht den Rücken dann herum und nimmt dieselbe Arbeit sorgfältig auf der rechten Seite vor, die durch das Herumdrehen die linke geworden ist. Nachdem man den Rücken schnell gewaschen und abgetrocknet hat — nicht wässern! —, spickt man ihn in zwei Reihen. — Der fertige Rücken wird dann leicht mit Salz eingerieben, in die vorher mit kochend heißem Wasser ausgespülte Pfanne — nicht austrocknen, trocknet durch die Hitze von selbst aus! — gelegt und die Butter in großen Stücken auf den Rücken verteilt. Die langsam schmelzende Butter wird so lange in Abständen von 5 Minuten über den Rücken gegossen, bis sie fast bläulichen Dunst ausströmt — also sechsmal ungefähr —, und der Rücken in ungefähr ¾—1 Stunde bei hoher Temperatur gebraten. Die saure Sahne wird nach dieser Zeit rein über den Rücken gegossen und das Ganze in weiteren 10 Minuten zu schöner Farbe fertiggemacht. Das Zerteilen des Rückens erfolgt so, daß die Fleischstreifen zuerst durch einen Längsschnitt vom Rückgrat abgetrennt, dann in ungefähr fingerbreite, schräg zum Rücken laufende Scheiben geschnitten und diese Scheiben auf das Knochengerüst wieder so aufgeordnet werden, daß der Rücken als Ganzes wieder in die Erscheinung tritt.

Rehkotelette mit Champignons
1 Kilo Rehrücken, 250 Gramm Champignons, 200 Gramm Butter, Salz, Pfeffer, 2—3 Löffel Brühe, ½ Zitrone, 1 Löffel Mehl

Die Rehkotelette werden in beliebiger Stärke vom Rücken gehackt, geklopft, mit Pfeffer und Salz bestreut und in der erhitzten gelbgemachten Butter etwas durchgedünstet. Dann werden 2—3 Eßlöffel Brühe oder Bratenjus (im Notfall Wasser), der Saft von ½ Zitrone und 250 Gramm gut zurechtgemachte geschnittene Champignons dazugefügt und alles zusammen so lange gedämpft, bis Fleisch und Pilze gar sind. Die Soße darf nicht zu lang sein; sie wird abgeschmeckt und, wenn nötig, mit Mehl sämig gemacht.

Gebeizter Rehschlegel (österreichisch)
1 Rehschlegel, Salz, 125 Gramm Speck, Zwiebel, ¼ Liter saure Sahne, Mehl, Mohrrübe, Sellerie, Petersilie, Thymian, Wacholderbeeren, Pfeffer, Rotwein, Weinessig, Wasser

Einen abgehäuteten, gespickten, ungesalzenen Rehschlegel begießt man mit Wildbretbeize und läßt ihn bedeckt an einem kühlen Orte stehen. Der Schlegel soll öfter in der Beize umgedreht werden und nicht länger als 5 bis 6 Tage darin liegen. Vor dem Gebrauch hebt man den Schlegel aus der Beize, salzt ihn und gibt ihn zu gerösteter Zwiebel in heißes Fett von zerlassenem Speck. Der Rehschlegel wird je nach der Größe 1¼—2 Stunden langsam gebraten und, wenn er Farbe bekommt, abwechselnd mit saurer Sahne und der Beize begossen. Von dem restlichen Teil der Beize wird die dazugehörende Wildbretsoße gemacht, indem man die Wurzeln mit Speck dünstet, bis alle Flüssigkeit verdampft ist, etwas mit Mehl stäubt und mit der siedenden Beize vergießt und durchtreibt. Der Schlegel wird schön tranchiert und wieder zusammengelegt und mit dem eigenen Saft übergossen. Die Wildbretsoße wird in einer Soßenterrine zu Tische gebracht. Als Beilage verwendet man Butterteig- oder Kartoffelkräpfchen. Die Bereitung der Wildbretbeize ist folgende: Nudelig geschnittene Petersilie, Mohrrübe, Sellerieknollen, Zwiebel, einige Thymianstielchen, 5 Pfefferkörner, 2 Wacholderbeeren, ¼ Liter roter Wein, ½ Liter Weinessig und 1 Liter Wasser werden ¾ Stunden gekocht und, erst ausgekühlt, weiterverwendet.

Rehrouladen

Eine kleine Rehkeule, 250 Gramm Speck, Wein, ¼ Liter saure Sahne, 2 Milchbrote, Sardellenbutter, Salz, Pfeffer, Zitrone, 2 Löffel Schalotten, Kräuter und Pilze, Brühe, 2 Löffel Essig

Aus der gut zurechtgemachten, enthäuteten Keule werden nicht zu dünne handgroße Scheiben geschnitten. Dann wird das kleine Fleisch und die Abfälle zusammen mit 125 Gramm Speck fein gehackt, mit 125 Gramm in Wein geweichten Milchbrötchen, etwas Sardellenbutter, Pfeffer, gehackter Zitronenschale und 2 Löffeln in Butter durchgedünsteter, gehackter Schalotten, Champignons, Estragon, Pimpinelle, Thymian und Kerbel (fines herbes) vermischt. Nach Belieben kann diese Mischung noch durch ein Sieb gestrichen werden. Mit dieser Füllung werden die Scheiben in der Mitte bestrichen, vorsichtig zusammengerollt und mit Garn umwickelt. Der Boden einer Kasserolle wird mit Speckscheiben belegt, darauf kommen die Rouladen nebeneinander. Sie werden mit Speckscheiben bedeckt, mit so viel leichter Brühe oder Wasser nebst 1—2 Löffel Essig begossen, daß die Flüssigkeit etwas über dem Fleisch steht, und im Ofen oder, indem ein mit glühenden Holzkohlen belegter eiserner Deckel auf die Kasserolle gedeckt wird, bei gelinder Unterhitze weichgedämpft. Die Brühe wird durch ein Sieb gegossen, entfettet, dann mit etwas saurer Sahne verkocht, abgeschmeckt und nun über die von den Fäden befreiten Rouladen gegossen.

Gebratene Rehleber

1 Portion Rehleber, Salz, Pfeffer, Mehl, 50 Gramm Butter

Die Rehleber wird gehäutet, in Scheiben geschnitten, mit Pfeffer und Salz bestreut, in Mehl gewendet, in erhitzte Butter gelegt und auf beiden Seiten braungebraten. Auch können die Scheiben nach Bestreuen mit Pfeffer und Salz in Ei, dann in geriebener Semmel gewendet und in gelbgemachter Butter auf beiden Seiten gebraten werden.

Rehpastete

1 Rehrücken, 3 Trüffeln, 125 Gramm Butter, 1 Dosis feine Kräuter, 250 Gramm Speck, Salz, Pfeffer, 1 Ei, Blätterteig

Von einem gut abgehängten Rücken wird das Fleisch an beiden Seiten gelöst und in kleine, nicht zu dünne Scheiben geschnitten, die mit Pfeffer und Salz bestreut, in zerlassener Butter gewendet und mit in Butter durchgedünsteten gehackten feinen Kräutern (Schalotte, Champignons, Estragon, Pimpinelle, Thymian und Kerbel) bestrichen werden. Die Abfälle der Keule und vielleicht noch 300 Gramm anderes Rehfleisch werden fein gehackt und mit geschabtem Speck, einer gehackten Trüffel, etwas Salz und verschiedenem Gewürz zu einer feinen Füllung gemischt, die durch ein grobes Sieb gestrichen wird. Die Pastetenform wird mit zerlassener Butter ausgepinselt, mit Blätterteig oder mürbem Pastetenteig ausgelegt und auf dem Boden mit einer Schicht der Füllung bestrichen. Dann

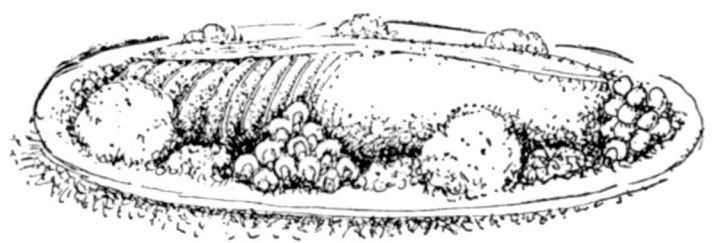

Angerichteter Rehrücken

werden die mit den Kräutern belegten Fleischscheiben daraufgeschichtet, in die Mitte zwei in Scheiben geschnittene, in etwas Brühe und Madeira weichgeschmorte Trüffeln gelegt. Das Ganze wird mit dem Rest der Füllung, diese wieder mit feinen Speckscheiben bedeckt, der ziemlich dick ausgerollte Teigdeckel darübergelegt und gut am Rand zusammengedrückt. Der Teigdeckel wird mit Ei überstrichen, mit einer Öffnung versehen, dieser der Teigkamin aufgesetzt und die Pastete 1½ Stunden im Ofen gebacken. Dann wird sie aus der Form genommen, der Deckel ringsherum aufgeschnitten, durch den Kamin einige Löffel Trüffelsoße gegossen und Trüffelsoße nebenbei gereicht.

Rehfleisch

wird sonst wie Hirschfleisch behandelt, nur daß die Bratzeit natürlich entsprechend verkürzt werden muß. Die Rezepte: Rehbraten am Spieß, französisch, Rehfleischragout, Rehsteaks siehe also unter „Hirsch".

Das Schwarzwild

Die geeignetsten Stücke zum Braten sind Keule, Rücken und Blatt. Das Fleisch junger Tiere brät man ungebeizt, das älterer erst dann, wenn es mehrere Tage in einer Beize gelegen hat. Letztere wird von nicht zu scharfem Essig (auch von Rotwein), der mit einigen geschnittenen Zwiebeln und zerquetschten Wacholderbeeren, Lorbeerblatt usw. aufgekocht ist, hergestellt. Das Fleisch muß 2—3 Tage bei mehrmaligem Wenden in der Beize liegen und wird dann in der Pfanne oder am Spieß unter fleißigem Begießen mit dem Safte gebraten. Zum Braten wird nach Belieben Butter oder auch Schweineschmalz oder beides zu gleichen Teilen genommen.

Frischlingsbraten

1 Frischling, 1 milde Beize, Salz, Pfeffer, Nelken, 1 Füllung von Schalotten, Speck, Zitronenschale, 1 Ei, geriebenes Schwarzbrot und Essig, 1 Löffel Kartoffelmehl

Der Frischling muß gut gesengt und geputzt werden, wird nach sorgfältigem Zurechtmachen 1—2 Tage in eine milde Beize von gekochtem Essig mit Zwiebeln und Wacholderbeeren gelegt, gut abgetrocknet, mit einem Gemisch von Salz, gestoßenen Nelken und Pfeffer tüchtig eingerieben, mit einer Mischung von gehacktem Wildfleisch, gehackten, in Butter gargedünsteten Schalotten, gehacktem Speck, Zitronenschale, geriebenem Schwarzbrot, Kapern, 1—2 Löffel Essig, 1 Ei, Salz, Pfeffer und Nelken gefüllt, sauber zugenäht, mit einem mit Butter bestrichenen Papier umbunden und am Spieß langsam gebraten. Nach einem Weilchen wird das Papier entfernt und der Braten fleißig mit der abgetropften Brühe begossen, die, mit etwas Kartoffelmehl verkocht, nachher zum Braten gereicht werden kann. Meist aber wird eine pikante Soße, z. B. eine Kapernsoße, dazugegeben.

Wildschweinskeule mit Burgunder

1 Keule, 1 Flasche Burgunder, 1 Dosis Wurzelwerk und Kräuter, ½ Liter Fleischbrühe, 1 Löffel Kartoffelmehl

Die Keule wird von der schwarzen Haut befreit, mit einem weichen Tuch gut abgewischt, mit Salz bestreut und in eine passende Kasserolle mit geschälten Schalotten oder Zwiebeln, zerschnittenem Wurzelwerk, Lorbeerblatt, etwas Thymian, Pfefferkörnern, Gewürznelken und Wacholderbeeren gelegt. Darüber wird ½ Liter Fleischbrühe oder Wasser und 1 Flasche Burgunder gegossen und die Keule, gut verdeckt, auf gelindem Feuer ganz langsam weichgedämpft. Wenn sie weich ist, wird sie herausgenommen, auf allen Seiten gut beschnitten, mit dicker Soße überzogen, während die Brühe durch ein Sieb gerührt, entfettet, abgeschmeckt und mit etwas in Wein verquirltem Kartoffelmehl sämiggekocht wird. Dazu muß von dem Burgunder ein kleines Glas zurückbehalten werden.

Wildschweinskopf

1 Kopf, 1 Dosis Gewürz und Kräuter, ½ Liter Essig oder Rotwein, 100 Gramm Butter, Zitronensaft, 1 Portion bunte Butter, 1 halbe Zitrone

Der Kopf muß zunächst abgesengt werden. Dann wird er sehr sauber gewaschen, die Haut vom Ober- und Unterrüssel losgeschnitten und auch vor der Stirn ein Einschnitt gemacht, weil sonst die Haut beim Kochen aufplatzen würde. Dann muß er — am besten über Nacht — in kaltem Wasser liegen, damit er den Geruch vom Absengen verliert. Wenn er nicht in einem mit einem Einsatz versehenen Schinkenkessel gekocht werden kann, muß der Kopf in ein altes leinenes, einige Stunden in kaltem reinem Wasser eingeweichtes Tuch gebunden werden, so daß die Ohren glatt anliegen. Nun wird das Tuch mit dem Kopf in den Kessel gelegt, mit 2 Teilen Wasser und 1 Teil guten Essig übergossen (es kann auch nach Belieben etwas Rotwein dazugefügt werden) und mit geschälten Zwiebeln, Pfeffer, Salz, Gewürzkörnern, 2 Lorbeerblättern, Nelken, Salbei, Thymian, Wacholderbeeren, auch einem Stielchen Rosmarin bestreut. Die Brühe muß, nachdem sie angekocht ist, 4—5 Stunden nur in leichtem Perlen erhalten werden, so daß der Kopf mehr zieht als kocht. Der Kopf muß auch in der Brühe erkalten, eventuell hält er sich 2—3 Wochen in der Brühe, die in einen passenden Steintopf gegossen wird. Soll der Kopf angerichtet werden, so wird die Haut am Halse fortgeschnitten, die Augen, die Ohren, das Maul und die Stirn mit einer Mischung von Butter mit Zitronensaft bestrichen und diese weißen Stellen mit rot oder grün gefärbter Butter mittels einer Papiertüte bespritzt. In die Schnauze wird eine halbe Zitrone gesteckt; auch kann der Kopf noch mit Petersilie, Zitronenscheiben, Gurken, gekochten Eiern, roten Rüben usw. nach Belieben verziert werden. Es wird Cumberland- oder Remouladensoße dazu gereicht.

Wildschweinfleisch mit Hagebutten (österreichisch)

Wildschweinfleisch, Rotwein, Zwiebel, Lorbeerblätter, Wacholderbeeren, grob geschnittenes Kraut, Mohrrüben, Salz, Gewürznelken, Rinderschmalz, Essig. Hagebuttenmarmelade

Von dem Schlegel des Wildschweines wird die schwarze Haut abgeschabt und das Fleisch, mit einem Tuch abgetrocknet, in Beize gegeben. Zu dieser kocht man 2 Teile Rotwein mit 1 Teil Weinessig und 1 Teil Wasser und nudelig geschnittene Mohrrüben, Zwiebel, Lorbeerblätter, Wacholderbeeren, grob geschnittenes Kraut und das nötige Salz. Eine mit Gewürznelken gespickte Zwiebel wird in heißer Butter gebräunt und mit dem Sud beigegeben. Das Wildschweinfleisch wird in der Beize möglichst weichgekocht und mit dieser erkalten gelassen. Vor dem Gebrauch nimmt man nur so viel Fleisch aus der Beize, wie man braucht, kocht es mit einem Teil der Beize auf, schneidet es in schöne Stücke und

Vorrichten des Hasen
1. Abziehen des Fells

seiht die entfettete Beize darüber. Man serviert es mit Hagebuttenmarmelade. Das übrige Fleisch bleibt in der Beize. Man kann auch ein ganzes Wildschwein, in Stücke geteilt, mehrere Wochen in dieser Art aufbewahren, nur muß das Fleisch ganz von der Beize bedeckt sein, und auf der Oberfläche muß sich eine dichte Fettschicht bilden.

Der Dachs

Der Dachs findet auch mitunter den Weg durch die Küchentür. Es ist aber unbedingt erforderlich, ihn vom Fleischbeschauer untersuchen zu lassen, da er nicht selten Trichinen beherbergt. Das Fleisch hat einen recht zarten, gar nicht sehr wilden Geschmack. Keulen und Rücken können geräuchert werden.

Dachsbraten

1 Dachsrücken oder Keule, 1 milde Beize, 125 Gramm fetter Speck, 150 Gramm Butter, ¼ Liter saure Sahne

Keulen oder Rücken von einem jungen Dachs müssen nach sorgfältigem Zurechtmachen 2 bis 3 Tage in eine Beize von nicht zu scharfem Essig nebst Salz, Zwiebelscheiben, zerschnittenen Mohrrüben und Sellerie, Pfeffer- und Gewürzkörnern, Basilikum, Thymian und Lorbeerblättern gelegt werden. Dann wird der Braten abgetrocknet, gespickt, in heiße Butter gelegt und unter fleißigem Begießen 1 bis

1½ Stunde gebraten, worauf die Soße nach Belieben mit etwas Wein oder saurer Sahne verkocht wird. Das Fleisch älterer Tiere muß vor dem Einlegen in die Beize wenigstens 24 Stunden in Salzwasser gelegt werden. Dachsfleisch hat den Geschmack von feinem Rehfleisch und ist von diesem gar nicht zu unterscheiden.

Hase und Kaninchen

Wildkaninchen und Hase unterscheiden sich, abgesehen von ihrer verschiedenen Größe in folgenden Punkten: die Farbe des Kaninchens ist in der Hauptsache ein schwach bräunliches Grau, die des Hasen ein bräunliches Gelb mit schwarzer Sprenkelung, am Halse rötlich; die Ohren (Löffel) sind beim Kaninchen kürzer als der Kopf, beim Hasen länger, die des Kaninchens haben nur einen schmalen schwarzen Rand, die des Hasen einen schwarzen Fleck an der Außenseite der Spitze, woran Meister Lampe sofort zu erkennen ist. Schwarze, weiße und blaugraue Kaninchen werden hier und da beobachtet. Der Bauch beider Vettern ist weiß.

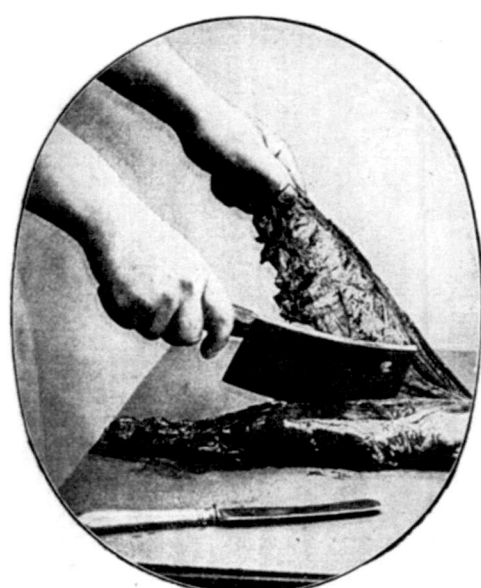

Vorrichten des Hasen
2. Abschlagen der Rippen

Hasenbraten

1 Hase, 125 Gramm Speck, 200 Gramm Butter, 1 Löffel Kartoffelmehl, ¼ Liter saure Sahne

Der Hase wird sehr sorgfältig von den dünnen Häuten befreit, aber so, daß das Fleisch nicht zersetzt wird. Die Vorderläufe werden abgeschnitten und die Schlußknochen geknickt, damit die Keulen, die selbstverständlich am Hasen bleiben, gut liegen. Dann wird der Rücken mit Speckstreifen in 4 Reihen und die Vorderläufe auch recht reichlich gespickt. Eine Hasenbratenpfanne für Hasen ist sehr zu empfehlen, doch kann er auch in einer gewöhnlichen Pfanne gebraten werden. In der Pfanne müssen 200—250 Gramm Butter hellbraun werden. Dann wird der Hase, die gespickte Seite obenauf, hineingelegt und bei fleißigem Begießen im gutgeheizten Ofen 50—60 Minuten gebraten, während hin und wieder einige Löffel heißes Wasser nachgefüllt werden. Ältere Hasen werden vorteilhaft 1—2 Tage vor dem Braten in Milch oder Buttermilch gelegt. Gegen Ende der Bratzeit gibt man ¼ Liter saure Sahne löffelweise dazu und bestreicht auch den Braten damit. Nachdem der Hase herausgenommen ist, wird der Bratensatz mit etwas siedendem Wasser von der Pfanne losgekocht und, wenn die Soße dicklich gewünscht wird, mit 2 Löffel in saurer oder süßer Sahne verquirltem Kartoffelmehl sämiggekocht. Wenn keine saure oder süße Sahne vorhanden ist, kann zur Not auch Buttermilch zum Zugießen genommen werden. Zum Hasenbraten ist das passendste Kompott Apfelmus und Preiselbeeren. Als Gemüsebeilage ist Sauerkraut oder Rotkohl, vor allem aber Grünkohl beliebt. Beim Tranchieren wird der Rücken in 4 Stücke geteilt und die Keulen in 3 Teile zerlegt, die Knochen müssen aber vor dem Braten eingeknickt werden.

Faschierter Hase (österreichisch)

Hasenfleisch, ½ Kilo Schweinefleisch, 100 Gramm Speck, 1 Semmel, geriebene Semmel, 1 Ei, Pfeffer, Zitronenschalen, Salz, Butter, saure Sahne

Von den vorderen Teilen des Hasen, wie den Läufen, der Brust, Lunge und Herz, wird das rohe Fleisch abgeschabt, mit ½ Kilo nicht sehr fettem Schweinefleisch fein gehackt und vermengt. Hierzu gibt man 100 Gramm geschabten geräucherten Speck, eine in Wein geweichte Semmel, etwas geriebene Semmel, ein ganzes Ei, fein gehackte Zitronenschalen, Pfeffer und das nötige Salz. Aus der gut vermischten Fleischmasse wird ein Hasenrücken geformt, der, mit Speck durchzogen und mit Butter belegt, im heißen Ofen unter öfterem Begießen mit dem entstehenden Saft gebraten wird. ¼ Stunde vor dem Gebrauch gießt man etwas saure Sahne zu dem Bratensaft und läßt ihn mit diesem gut verkochen. Zu dem faschierten Hasen reicht man Nudeln, Bratkartoffeln oder Makkaroni.

Hasenpfeffer

1 Portion Hasenklein, 1 Glas Essig, Gewürz, 1 Glas Rotwein, 125 Gramm Butter oder Speck, 2 Löffel Mehl, 2 Zwiebeln, 1—2 Stücke Zucker, das in Essig verquirlte Hasenblut

Die Vorderläufe, der in zwei Teile gespaltene Kopf, Brust Hals, Lunge, Leber und Herz des Hasen werden sehr sorgfältig gewaschen und in einer Kasserolle mit so viel Wasser, daß es etwas übersteht, einem Weinglas voll Essig, 1—2 Lorbeerblättern, Salz, Pfeffer- und Gewürzkörnern sowie 2—3 Nelken beinahe weichgekocht. Dann werden 2 Löffel Mehl und 2 gehackte Zwiebeln in 125 Gramm Butter oder würflig geschnittenem, fettem, ausgelassenem Speck braungeröstet, diese Einbrenne mit der durch ein Sieb gegossenen Hasenkleinbrühe verkocht, ein Glas Rotwein (das nach Belieben auch wegbleiben kann) und 1—2 Stückchen Zucker dazugefügt und das Fleisch auf gelindem Feuer noch kurze Zeit damit durchgedünstet. Zuletzt wird die Soße mit dem in Essig verquirlten Hasenblut (falls es zu Gebote steht und frisch genug ist) aufgekocht. Aber auch ohne das Hasenblut ist das Gericht bei sorgfältiger Bereitung schmackhaft. Es wird mit Salzkartoffeln angerichtet. Wenn das Klein einige Tage aufbewahrt werden soll, muß es in Essig gelegt und jeden Tag darin umgewendet werden. Das Hasenblut muß sofort mit etwas Essig angerührt werden und darf nicht länger als höchstens 2 Tage an kühlem Ort bewahrt werden.

Gebratene Hasenleber

4 Hasenlebern, 125 Gramm Butter, Salz, Pfeffer, 1 Löffel Mehl, 2—3 Zwiebeln

Die Hasenlebern sollen möglichst frisch zubereitet werden. Sie werden, nach dem Abwaschen in Milch oder Wasser, gehäutet, in Scheiben geschnitten, gepfeffert, gesalzen, mit Mehl gestäubt oder in Ei und geriebene Semmel getaucht und in gebräunter Butter mit oder ohne die Zugabe einiger in Scheiben geschnittenen Zwiebeln auf beiden Seiten bräunlich gebraten. Die Hasenleber kann als Beilage zu Sauerkraut oder anderem Gemüse gereicht werden, aber auch als Gericht für sich, mit Zitronenvierteln garniert und mit Kapernsoße, die nebenher gereicht wird.

Hasensuppe

Knochen und Gerippe eines Hasen, Salz, 1 Zwiebel, Gewürz, 1 Mehleinbrenne, 1 Glas Rotwein

Das Gerippe und die Knochen eines gebratenen Hasen werden fein zerhackt, mit dem nötigen Wasser, Zwiebeln, Gewürz, Salz mehrere Stunden (Kochkiste) gekocht. Dann wird die Brühe durch ein Sieb gerührt, mit einer goldbraunen Mehleinbrenne verkocht und nach Belieben mit etwas Rotwein abgeschmeckt. Sie wird über in Butter gerösteten Semmelwürfeln angerichtet.

Auf andere Art kann Hasensuppe bereitet werden, indem das sogenannte Klein (Vorderläufe, Kopf, Herz, Gekröse) in Wasser nebst Salz, Lorbeerblatt, einer mit Nelken besteckten Zwiebel, Thymian und zerquetschten Wacholderbeeren 2 Stunden gekocht wird. Die Brühe wird durch ein Sieb gerührt, mit brauner Mehleinbrenne verkocht und abgeschmeckt.

Kaninchensuppe

1 Kaninchen, Suppengrün, 2 Eier, geriebene Semmel, 1—2 Zwiebeln, 1 Löffel Mehl, Gewürz, Salz, Pfeffer

Alles Fleisch wird von den Knochen gelöst und in kochendem Salzwasser weichgekocht, dann abgekühlt und fein gehackt. Die Knochen werden zerkleinert, mit 1—2 Zwiebeln und zerschnittenem Suppengrün in genügendem Wasser 1—1½ Stunden gekocht, dann die Brühe durch ein Sieb gegossen, mit etwas in Butter gelb geröstetem Mehl verkocht und mit Pfeffer,

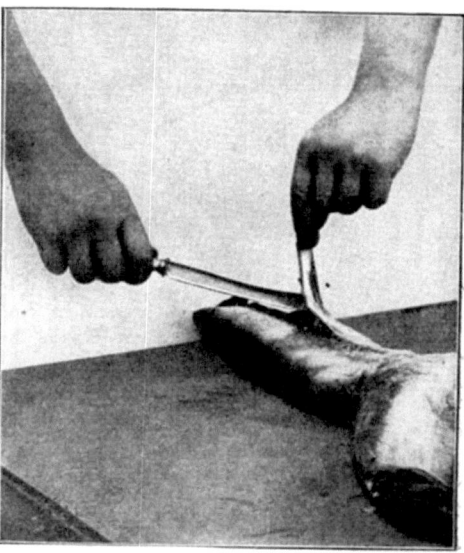

Vorrichten des Hasen
3. Abziehen der Rückenhaut

Salz und Muskatnuß gewürzt. Aus dem fein gehackten Fleisch wird mit Eiern, geriebener Semmel, Salz, Pfeffer, etwas Milch oder zerlassener Butter ein guter, haltbarer Kloßteig gemacht. Davon werden Klößchen geformt, die in der Brühe gargekocht werden.

Kaninchenbraten

1 Kaninchen, 100 Gramm Speck, 50 Gramm Butter, ¼ Liter saure Sahne, 1 Löffel Kartoffelmehl

Kopf, Bauchhaut und Vorderbeine des Kaninchens werden abgehackt, daß es die Gestalt eines Hasen hat. Dann ist es genau wie der Hase auf Rücken und Läufen mit Speckstreifen gespickt, mit Salz bestreut, in eine Pfanne mit gebräunter Butter und etwas zerlassenem, würfelig geschnittenem Speck gelegt und unter fleißigem Begießen mit Butter und unter Nachgießen von heißem Wasser und saurer Sahne eine knappe Stunde gebraten, bis es weich, saftig und braun ist. Die Soße wird sämig gekocht, nach Belieben auch, damit sie pikanter wird, mit 1—2 Löffel Senf verrührt. Soll das Kaninchen vor dem Braten gebeizt werden, so ist eine e i n f a c h e B e i z e folgende: 1 Liter milder Essig wird mit 2 Lorbeerblättern, 1 bis 2 zerschnittenen Zwiebeln, Pfefferkörnern und Nelken zum Kochen gebracht und heiß über das Fleisch gegossen. Es bleibt 1 Tag unter öfterem Umwenden darin liegen, wird abgetrocknet, gespickt und, wie oben beschrieben, gebraten. Eine f e i n e r e B e i z e wird aus ½ Liter Essig, ½ Liter Rotwein, Zwiebelscheiben, Lorbeerblatt, 6—7 Wacholderbeeren, Pfefferkörnern und einem Kräutersträußchen bereitet. Die Beize darf nur eben aufkochen, wird ebenfalls heiß über das Kaninchen gefüllt und kann, wenn es beliebt ist, zum Zugießen zum Braten benutzt werden.

Kaninchen (ungarisch)

1 großes Kaninchen, Zwiebeln, Wurzelwerk, 100 Gramm Butter, ¼ Liter s..ure Sahne, 1—2 Löffel Mehl, ½ Liter Brühe, 1 Messerspitze Paprika

Das Kaninchen wird in Stücke geschnitten, die mit Salz bestreut und in der zerlassenen Butter nebst zerschnittenem Wurzelwerk und Zwiebeln halb weichgedämpft werden. Dann werden 1—2 Löffel Mehl darübergestäubt und nach 1—2 Minuten ½ Liter leichte Brühe oder Wasser und ¼ Liter fette saure Sahne dazugefügt. Unter fortgesetztem fleißigem Umrühren wird alles zum Kochen gebracht, die Brühe mit einer Messerspitze Paprika gewürzt, das Fleisch darin vollends weichgeschmort und herausgenommen. Von der Brühe wird das Fett abgeschöpft, diese durch ein Sieb gerührt, noch ein wenig durchgekocht, abgeschmeckt und über den in einer Schüssel geordneten Kaninchenstücken angerichtet.

Kaninchenragout

1 Kaninchen, 50 Gramm Speck, 75 Gramm Butter, Essig, Zwiebeln, 2 Löffel Mehl, Salz, 1 Glas Rotwein

Ein in Stücke gehacktes, gut zurechtgemachtes Kaninchen wird nebst Herz, Lunge und Leber für 2 Tage in eine wie vorn angegebene Beize gelegt und öfter umgewendet. In der zerlassenen Butter wird der würflig geschnittene Speck mit 2 zerschnittenen Zwiebeln und 2 Löffel Mehl bräunlich geröstet, diese Einbrenne mit ½ Liter Wasser, etwas von der durch ein Sieb gegossenen Beize und Salz verkocht und das Fleisch, gut zugedeckt, langsam darin weichgedünstet. Zum Schluß wird das in Essig aufgefangene und verquirlte Kaninchenblut und 1 Löffel Zucker dazugefügt. Dann darf die Soße aber nicht mehr kochen. Das Gericht schmeckt auch ohne das Blut sehr gut; nach Belieben kann mit etwas Wein gewürzt werden.

Haschee von Wildbret

1 Portion Wildfleisch, 2—3 Zwiebeln, 50 Gramm Butter, 2 Löffel Mehl, Salz, Pfeffer, Zitronensaft

Die Überreste von kaltem gekochten oder gebratenen Wildbret werden von den Knochen gelöst und fein gehackt, während die Knochen mit Wasser ausgekocht werden. Die Brühe der Knochen wird durch ein Sieb gestrichen. Ein paar Zwiebeln oder Schalotten werden fein gehackt, in etwas zerlassener Butter unter Hinzufügen von 2 Löffel Mehl gelbbraungeröstet und diese Einbrenne mit der durchgeseihten Brühe verkocht. Dann wird das gehackte Fleisch dazugefügt und alles unter beständigem Rühren 10 Minuten gedämpft, abgeschmeckt, mit Pfeffer und Zitronensaft gewürzt und zu Bratkartoffeln oder im Reisrand angerichtet.

Wildbretsuppe

¾ Kilo Kochfleisch, Suppengrün, Salz, 1 Zwiebel, 1 Glas Rotwein

Das gesäuberte Fleisch wird in Stücke geschnitten, mit kaltem Wasser aufgesetzt, zum Kochen gebracht, abgeschäumt, mit Salz, dem zerschnittenen Suppengrün und einer braungerösteten Zwiebel versehen und weichgekocht. Dann wird die Brühe durch ein Sieb gegossen. Das Fleisch kann nach Belieben mit Ragoutsoße gegeben oder zur Herstellung von Buletten oder Haschee benutzt werden. Dann wird die Brühe mit 2 Löffel in Butter braungeröstetem Mehl tüchtig verkocht, gut abgeschmeckt und mit gebratenen Semmelwürfeln angerichtet. — Oder das Fleisch wird gehackt, im Mörser gestoßen, durch ein Sieb gestrichen und mit der Suppe verkocht. In diesem Falle wird sie Wildpüreesuppe genannt. — Die Suppe wird besonders wohlschmeckend, wenn sie zuletzt mit 1 Glas Rotwein gewürzt wird.

Wildbretsalat

1 Portion Wildbraten, Sardellen, Salz- und Pfeffergurken, Kapern, Salz, Pfeffer, Speiseöl, Essig, 1 Portion Mixed Pickles oder Champignons

Dazu kann alles übriggebliebene Wildbret, auch Wildgeflügel, verwendet werden. Das Fleisch wird von den Knochen gelöst, in Würfel oder in dünne Streifen geschnitten, mit kleingeschnittenen entgräteten gewässerten Sardellen, klein geschnittenen Salz- und Pfeffergurken und Kapern vermischt, alles mit Salz, Pfeffer, feinem Speiseöl und feinem Essig angemacht, gut durcheinandergemischt und beim Anrichten mit Mixed Pickles oder in Essig eingemachten Champignons verziert.

Federwild

Das Auerwild

In der Reihe unserer Waldhühner nimmt nach Größe und Majestät der Erscheinung Tetrao urogallus, der Auer- oder Urhahn, den ersten Rang ein. Zum Braten sind eigentlich nur jüngere Stücke des Auerwildes verwendbar, ältere müssen sehr lange hängen; mit dem Vergraben in die Erde, wovon man öfter reden hört, werden wohl unsere Hausfrauen kaum einen Versuch machen; ein kräftiges Beizen dürfte eher zum Ziele führen. — Der Magen des Auerhahns enthält eine Menge kleiner Steinchen, die das Kunstgewerbe bei der Herstellung von Schmucksachen benutzt.

Auerhuhn, gebraten

1 Auerhuhn, 1 Marinade, 125 Gramm fetter Speck, Salz, Pfeffer, 200 Gramm Butter, 1—2 Zwiebeln, 1 Mohrrübe, 2 Lorbeerblätter, 1 Zitronenscheibe, 10 Wacholderbeeren, 1 Glas Madeira, 1 Teelöffel Kartoffelmehl

Das Auerhuhn wird wie anderes Wildgeflügel gerupft, gesengt, ausgenommen, gewaschen, 24 Stunden in eine Marinade von Essig und Weißwein gelegt, abgetrocknet, gespickt oder mit Speckscheiben umbunden und mit Salz und Pfeffer eingerieben. In der Pfanne oder Kasserolle werden 200 Gramm Butter aufgelöst und Speckscheiben, 1—2 Zwiebeln, 1 zerschnittene Mohrrübe, 2 Lorbeerblätter, 1 entfernte Zitronenscheibe und Wacholderbeeren dazugelegt. Darin muß das Auerhuhn bei häufigem Begießen im gut geheizten Ofen 3—3½ Stunden braten. Die Soße wird entfettet, durch ein Sieb gerührt, abgeschmeckt, mit 1 Glas Madeira gewürzt und mit etwas in Wein verrührtem Kartoffelmehl verkocht. Junge Auerhähne und -hennen werden nicht in Essig gelegt, sondern, nachdem sie 4—5 Tage abgehängt sind, gerupft, ausgenommen, gesengt, gewaschen, mit Salz und Pfeffer eingerieben, gespickt oder mit Speckscheiben umbunden in 250 Gramm steigende Butter gelegt und unter fleißigem Begießen und Zugießen von etwas siedendem Wasser 2—2½ Stunden gebraten. Hierauf wird die Bratbrühe nach Belieben mit Brühe oder saurer Sahne verkocht.

Birkhuhn, Haselhuhn und Schneehuhn

Das **Birkhuhn** ist über einen großen Teil Europas verbreitet und lebt ebenfalls in den Bergen, findet sich aber auch zahlreich in der Ebene, dort, wo Moor, Bruch und große Wiesenflächen vorhanden sind (Lüneburger Heide, Spreewald, Havelluch usw.). Das Wildbret des Birkwildes ist ebenso schmackhaft wie das der Schnee- und Moorhühner, demjenigen des Haselhuhns aber wird von Kennern rückhaltlos der erste Preis zuerkannt, es ist sogar Gegenstand dichterischer Verherrlichung geworden.

Der **Haselhahn** ist — kurz gesagt — ungefähr so gefärbt wie die Birkhenne, aber merklich lebhafter und sofort kenntlich an der tiefschwarzen, weiß eingerahmten Kehle und dem mit schwarzem Endsaume versehenen Schwarz. Sein Gewicht übersteigt wenig das des Rebhuhns.

Das **Schneehuhn** (nordisch rype und ripe) gelangt im Wege der Einfuhr zu uns und kommt zumeist aus Skandinavien und Rußland. Das junge Schneehuhn desselben Jahres unterscheidet sich vom älteren dadurch, daß die erste Schwungfeder bei ihm zugespitzt, bei letzterem vorn abgerundet ist. Dies muß sich die Hausfrau auch für unser Rebhuhn merken! Ältere Birk- und Schneehühner soll man möglichst lange hängen lassen.

Birkhuhn, gebraten

1 Birkhuhn, 125 Gramm Speck, 150 Gramm Butter.

Das Birkhuhn wird gerupft, gesengt, gehörig gereinigt und ausgenommen, mit einem Tuche abgewischt, mit etwas Salz bestreut, auf der Brust gespickt oder mit Speckscheiben umbunden, in reichlicher Butter bei fleißigem Begießen im Ofen zu schöner Farbe gebraten und der Bratensaft nach Belieben mit Kartoffelmehl oder mit saurer Sahne verkocht. Ein junges Tier bedarf 30—45 Minuten zum Braten. Das in Essig und Gewürz gebeizte Birkhuhn wird abgetrocknet, gespickt oder in Speckscheiben gehüllt, in zerlassene Butter gelegt, unter fleißigem Begießen und Zugießen von etwas durch ein Sieb gefüllter Beize weichgebraten und später 1 Gläschen Malagawein dazugefügt. Die Soße wird mit etwas in Malaga verrührtem Kartoffelmehl sämiggekocht.

Russische Haselhuhnsuppe

2 Haselhühner, Suppengrün, 70 Gramm Butter, ¼ Liter süße Sahne, 1 Ei, Salz, 1 geweichte Semmel, geriebene Semmel, Gewürz

Die Haselhühner werden abgezogen, ausgenommen, gut gereinigt und abgewischt. Das Keulfleisch wird abgelöst, um zu Klößchen verwendet zu werden. Das übrige Fleisch nebst Gerippe wird mit 3½ Liter Wasser aufgesetzt, zum Kochen gebracht, abgeschäumt und mit Salz und Wurzelwerk versehen. Sobald das Fleisch weichgekocht ist, wird es herausgenommen, die Brühe durch ein Sieb gerührt und die Knochen fortgetan. Die Brühe wird dann mit Butter, nach Belieben auch mit ½ Obertasse feiner Graupen oder Gerstengrütze langsam verkocht oder mit in Butter geröstetem Mehl sämiggemacht. Das Brustfleisch wird in Würfel geschnitten und beiseite gestellt. Indessen wird aus dem fein gehackten rohen Keulfleisch, 1 geweichten Semmel, 1 Ei, geriebener Semmel, Salz, süßer Sahne und Gewürz ein Kloßteig gerührt und Klöße davon geformt, die in gesalzenem Wasser gargekocht und nebst dem Brustfleisch in die Suppe gelegt werden, darin garzuziehen.

Haselhuhn, gebraten

1 Haselhuhn, 125 Gramm fetter Speck, 80 Gramm Butter, 1 Dosis Wacholderbeeren, Salz, ¼ Liter saure Sahne

Das Haselhuhn wird von seinem Federkleid befreit, ausgenommen, gewaschen, abgetropft, gesalzen, mit Speck umwickelt und in der Butter 1—1½ Stunden schön weichgebraten. Dazu schmeckt Sauerkohl. — Beim Abziehen des Balges macht man erst aus Brust oder Rücken einen Riß und zieht dann die Haut mit den Federn herunter. Die Flügel werden in alter Weise gerupft.

Schneehuhn

Schneehuhn wird ebenso bereitet wie Haselhuhn und meist auch mit Sauerkohl gereicht.

Der Fasan

Der Fasan bedarf hier keiner näheren Beschreibung, da jede Köchin ihn kennt; sie wird ja wohl auch imstande sein, den farbenprächtigen, etwa 1½ Kilo schweren Hahn von der unscheinbar gekleideten leichteren Henne zu unterscheiden. Der Sporn ist bei alten Hähnen

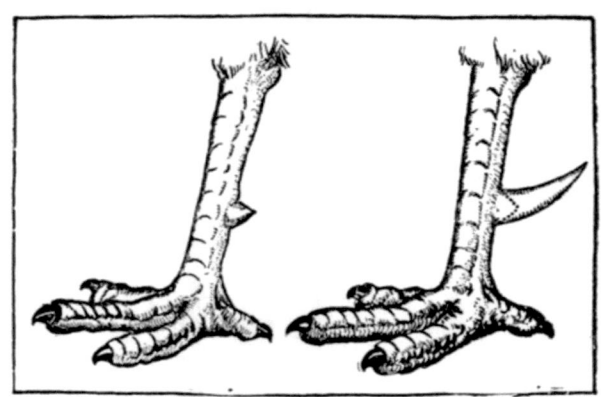

Woran erkennt man das Alter eines Fasans?

Der junge Fasan hat einen kurzen, stumpfen Sporn | Der alte Fasan hat einen langen, scharfen, sichelförmigen Sporn

lang, bei jungen gleicht er einem ziemlich stumpfen Dorn. Das Gefieder ganz jugendlicher Hähne ist noch nicht gleichmäßig durchgefärbt, sondern zum Teil fleckig; diese sind natürlich am zartesten.

Fasan, gebraten

1 junger Fasan am Spieß zu braten, 100 Gramm fetter Speck, Salz. (Für die Pfanne noch 80 Gramm Butter und ¼ Liter Brühe)

Der Fasan wird gerupft, gesengt, ausgenommen, aber möglichst nicht gewaschen, sondern nur mit einem weißen Tuch ausgewischt, zu guter Form gerichtet, mit Salz bestreut, mit Speckscheiben umbunden, in einen mit Butter bestrichenen weißen Papierbogen gehüllt und am Spieß bei hellem Feuer ½ Stunde gebraten. Dann wird das Papier entfernt, damit der Fasan bräunen kann. Der Bratensaft wird verkocht und dazu gereicht. Soll der Fasan in der Pfanne gebraten werden, so wird er ebenfalls mit Speckscheiben umbunden, mit reichlich zerlassener Butter in die Pfanne gelegt und 1—1¼ Stunde bei fleißigem Begießen gebraten. Er muß lichtbraun sein. Die Soße wird gut mit ein wenig Brühe oder Wasser verkocht und abgeschmeckt. Als Kompott ist Pfirsich- und Aprikosenkompott am passendsten, an Salaten wird entweder Sellerie-, Brunnenkresse- oder Endiviensalat nebenher serviert.

Fasan mit Sauerkraut

1 Fasan, 250 Gramm Speck, 150 Gramm Butter, 1 Glas Weißwein (oder Apfelwein), ½ Kilo Sauerkraut, 2 Zwiebeln, 1 Löffel Mehl

Der gehörig abgehängte Fasan wird gerupft, ausgenommen, ausgewischt, zu netter Form gerichtet, mit Speckscheiben umbunden und in reichlicher steigender Butter in der Pfanne lichtbraungebraten. Inzwischen ist das Sauerkraut mit 2 fein gehackten, vorher in Butter durchgedünsteten Zwiebeln, ½ Liter Wasser oder Brühe und 1 Glas Weißwein langsam fast weichgedünstet und mit etwas in Butter gar- und gelbgedünstetem Mehl sämiggekocht worden. In dieses Kraut wird der halbfertig gebratene Fasan gelegt und mit ihm zusammen langsam weichgeschmort. Der zerlegte Fasan wird in die Mitte einer erwärmten Schüssel gelegt und mit Sauerkraut umgeben.

Fasan mit Trüffeln

1 Fasan, 250 Gramm Trüffeln, 250 Gramm Speck, 150 Gramm Butter, Salz, Pfeffer, 1 Glas Madeira, 1 Teelöffel Kartoffelmehl

Der gut abgehängte Fasan wird gerupft, gesengt, ausgenommen und abgewischt. 250 Gramm Trüffeln werden gut gereinigt, geschält und auf gelindem Feuer mit 150 Gramm fein geschabtem Speck, Pfeffer, Salz und einem Glas Madeira weichgedämpft. Diese Mischung wird nach dem Erkalten in den Fasan gefüllt, der, zugenäht und mit Speckscheiben umbunden, noch 1—2 Tage in einen luftigen Raum gehängt wird, damit das Trüffelaroma gehörig durchzieht. Dann wird er am Spieß, mit reichlicher Butter begossen, oder in der Pfanne in reichlicher siedender Butter gar-, weich- und lichtbraungebraten. Hin und wieder muß etwas heißes Wasser zur Bratbrühe gefüllt und der Braten fleißig begossen werden. Die Soße wird mit etwas Brühe verkocht, nach Bedarf mit etwas in Wasser verquirltem Kartoffelmehl sämiggemacht und kann mit einigen für sich allein in etwas zerlassener Butter weichgeschmorten Trüffelscheiben verziert werden.

Das Rebhuhn

Das Rebhuhn ist unser bekanntestes Federwild. Was der Hausfrau und Köchin zu wissen frommt, ist die Art der Unterscheidung des jungen vom alten Huhn (beim Händler oder der Marktfrau gibt es selbstverständlich immer „nur junge"!!). Erkennungszeichen für das junge Huhn: die mehr oder weniger gelblich gefärbten Ständer (Beine), die spitze Schwungfeder (vgl. Schneehuhn) und der schmutziggelbe, oft mit dunkler, bräunlicher Spitze versehene Schnabel; bei alten Hühnern ist der Schnabel hellgrünlichgrau.

Rebhuhnsuppe

2 alte Rebhühner, 200 Gramm Butter, 1—2 Milchbrote, Salz

Zwei alte Rebhühner werden gebraten. Nachdem sie gut ausgekühlt sind, wird das Brustfleisch abgelöst und beiseite gestellt, während das übrige Fleisch sein gehackt und im Mörser zerstoßen, die Knochen aber und das ganze Gerippe zerhackt wird. Die zerhackten Knochen werden mit 2½ Liter Wasser, leichter Fleischbrühe oder Knochenbrühe langsam ausgekocht und durch ein feines Sieb gestrichen. Nun wird die Suppe wieder auf gelindes Feuer gestellt, mit 1—2 in Scheiben geschnittenen, im Ofen hellbraungerösteten Milchbrötchen eine kleine Stunde durchgekocht, nochmals durch ein Sieb gerührt, mit Salz gewürzt und über dem in Würfel geschnittenen Brust-

Das Herrichten von Rebhühnern
Die mit Speck umwickelten Hühner sind auf der Platte geordnet

fleisch angerichtet. Die Suppe muß gut sämig, hellbraun und recht glatt sein. Mit dem Fleisch darf sie nicht mehr kochen.

Rebhuhnsuppe mit Linsen
2 alte Rebhühner, ½ Kilo Linsen, 125 Gramm Butter, Zwiebeln, Suppengrün, Salz, Pfeffer

Zwei alte Rebhühner werden gebraten. Inzwischen sind die über Nacht geweichten Linsen in kaltem weichem Wasser aufgesetzt, langsam weichgekocht und durch ein Sieb gestrichen worden. Die Rebhühner müssen erkalten. Dann wird das Brustfleisch abgeschnitten, alles übrige Fleisch nebst Knochen und Gerippe fein gehackt und in Brühe oder Wasser 1 Stunde gehörig ausgekocht. Einige fein gehackte Zwiebeln und zerschnittenes Wurzelwerk werden in zerlassener Butter braungeröstet, 3 Liter Brühe oder Wasser darübergefüllt, alles 1 Stunde langsam gekocht, durch ein Sieb gegossen, mit der durch ein Sieb gestrichenen Brühe des Rebhuhngerippes vermischt, mit dem dazugefügten Linsenpüree zu sämiger Suppe verkocht, abgeschmeckt, mit Salz und Pfeffer gewürzt und über dem kleingeschnittenen Brustfleisch angerichtet.

Gebratene Rebhühner
2 junge Rebhühner, 125 Gramm fetter Speck, 125 Gramm Butter, Weinblätter

Die gut gerupften, ausgenommenen Rebhühner werden innen und außen mit einem Tuch abgerieben, aber nicht gewaschen, gesalzen, mit Speckscheiben und darauf mit Weinblättern umbunden, bei hellem Feuer am Vogelspieß gebraten und fleißig mit zerlassener Butter und dem abgetropften Saft begossen. Der verkochte Bratensaft wird nachher als Soße gereicht. Sollen die Rebhühner im Ofen in der Pfanne gebraten werden, so spickt man sie mit dünnen Speckfäden auf der Brust, oder man bindet Speckplatten darum. Oft wird ein Rebhuhn gespickt, das andere in das Speckhemdchen gehüllt. Weinblätter werden dann meist weggelassen. Dann werden die Hühner in kochende Butter gelegt und im Ofen unter fast unausgesetztem Begießen weichgebraten. Sobald sie gar sind, wird die Soße mit etwas Brühe von der Pfanne losgekocht und abgeschmeckt. Man kann auch während der letzten Bratzeit etwas dicke Sahne dazufügen, die Hühner fleißig mit dem Bratensaft begießen, mit saurer Sahne bestreichen und die Soße mit Sahne verkochen.

Rebhuhn in Sauerkraut
2 alte Rebhühner, 125 Gramm fetter Speck, ½ Kilo Sauerkraut, 1 Flasche Weißwein oder Apfelwein, 125 Gramm Butter, 2 Zwiebeln

Die Rebhühner werden gut zurechtgemacht, mit Speckscheiben umbunden und in reichlicher kochender Butter bei fleißigem Begießen halb gargebraten. Das Sauerkraut wird mit zwei kleingehackten, in Butter gelbgerösteten Zwiebeln, 1 Flasche Weißwein und etwas Brühe oder Wasser auf gelindem Feuer langsam weichgeschmort. Sobald die Hühner halbgar sind, also nach ungefähr 35—40 Minuten, werden sie aus der Butter genommen, in das Sauerkraut gelegt, mit einigen Löffeln von der Bratbrühe überfüllt und langsam mit dem Sauerkraut vollends weichgeschmort und abgeschmeckt. Das Sauerkraut wird in der Mitte einer Schüssel angerichtet, die Rebhuhnstücke ringsherumgelegt.

Ältere Rebhühner, gedämpft
2 ältere Rebhühner, 125 Gramm fetter Speck, 100 Gramm Butter, Zwiebel, Mohrrübe, Lorbeerblatt, Kräuter, Gewürz, Salz, Pfeffer, 2 Glas Weißwein, 1½ Tasse Brühe, 1 Mehleinbrenne

Dazu können ältere Rebhühner, die sich zum Braten nicht mehr eignen, genommen werden. Sie werden nach Putzen und Reinigen mit ziemlich starken, in Salz und weißem Pfeffer gewälzten Speckstreifen gespickt, in eine mit

Speckscheiben belegte, fett mit Butter ausgestrichene Kasserolle getan und mit einer in Scheiben geschnittenen Zwiebel, 1 zerschnittenen Mohrrübe, ½ Lorbeerblatt, Salz, einigen schwarzen Pfefferkörnern und einem Kräutersträußchen versehen. 2 Glas Weißwein und 1½ Tasse leichter Brühe oder Wasser werden daraufgegossen und mit den Hühnern langsam 1¼ Stunde auf gelindem Feuer weichgedämpft. Wenn sie weich sind, wird die Brühe entfettet, durch ein Sieb gerührt, mit etwas in Butter braungeröstetem Mehl verkocht, abgeschmeckt und nach Belieben mit etwas Weißwein gewürzt.

Kramtsvögel

Der eigentliche Kramtsvogel ist die Wacholderdrossel. Aber nicht sie allein wird in den Dohnen (Rutenhügel, mit Roßhaarschlingen versehen und mit Ebereschenbeeren beködert) gefangen, sondern auch die Wein-, Ring-, Mistel-, Schnarr- und die liebe Singdrossel, die Primadonna unserer Wälder.

Kramtsvögel, gebraten

4 Kramtsvögel, 125 Gramm fetter Speck, Salz, Pfeffer, 1 Dosis zerstoßene Wacholderbeeren, 125 Gramm Butter, 1—2 Löffel Rotwein

Wenn die Kramtsvögel unausgenommen gebraten werden, ist doch stets der Magen, der einen bitteren Geschmack hat, zu beseitigen, ebenso die Gedärme; aber Herz und Leber sollen mitgebraten werden. Es gibt aber auch Hausfrauen, die sich an das „alte Herkommen" nicht kehren, die Kramtsvögel ausnehmen, auswischen und leer braten. Nach Belieben werden sie mit Salz bestreut und mit Speckscheiben umbunden; man kann sie aber auch ohne Speckscheiben braten. Es ist dringend nötig, reichliche und gute Butter zum Braten zu verwenden; sie muß hellbraun werden. Dann werden die sauber zurechtgemachten Vögel dicht nebeneinander hineingelegt, mit feinem Salz bestreut und erst auf der Brust, dann auf dem Rücken langsam bei fleißigem Begießen im Ofen gargebraten. Gegen Ende der Bratzeit wird etwas siedendes Wasser dazugegossen und einige zerstoßene Wacholderbeeren dazugefügt. Sie brauchen zum Braten 20—30 Minuten. Beim Anrichten werden sie auf geröstete Semmelschnitten gelegt, die Soße abgeschmeckt und, wenn nötig, mit ein wenig Kartoffelmehl verkocht. Sie werden auch sehr wohlschmeckend, wenn mit den Wacholderbeeren kurz vor dem Garwerden einige Löffel Rotwein dazugefüllt werden. Dann wird auch die Soße mit ein wenig Rotwein verkocht. — Man kann auch die Eingeweide, wie zu Schnepfenbrötchen, hacken, mit Salz, Pfeffer und Zitronensaft pikant machen und auf gerösteten Semmelschnitten im Ofen etwa 15 bis 20 Minuten backen.

Schreitvögel

Unter den Schreitvögeln, deren wir viele in der Küche verwenden können, sind Waldschnepfe und Bekassine wohl am bekanntesten.

Die Waldschnepfe, vom Jägerhumor der „Vogel mit dem langen Gesicht" genannt, hat ungefähr die Stärke des Rebhuhns, dunkle, glänzende Augen, einen langen, vorn abgerundeten Stecher (Schnabel) und ziemlich niedrige stämmige Ständer (Beine); ihre Oberseite ist rostbraun mit schwarzbrauner und bräunlichweißer Zeichnung. Sie wandert zum Herbst in wärmere Länder und kehrt im Frühjahr nach Deutschland zurück.

Erheblich kleiner als ihre den Wald bewohnende Base ist die Bekassine. Das Wildbret der Bekassine, die wir auf überwässerten Wiesen und im Bruchgelände aufsuchen müssen, ist außerordentlich zart und wird von Feinschmeckern noch über das der Waldschnepfe gestellt.

Die Trappe ist der stärkste und schwerste Vertreter unserer heimischen Vogelwelt, alte Hähne wiegen bis zu 15 Kilo! Eine genaue Beschreibung dieses fliegenden Recken erübrigt sich hier, wenn man nur sagt, daß er eine gewisse Ähnlichkeit mit dem Puter hat und oberseits rostgelb gefärbt ist, mit schwarzen Querbinden. Ältere Stücke sind für die Küche kaum verwendbar, d. h. aus dem Brustfleisch wird eine umsichtige Hausfrau immer noch eine schmackhafte Schüssel herzustellen imstande sein; sie beizt es, brät es, läßt es erkalten, dreht es durch die Maschine und macht eine Art Pastete daraus oder das, was der Deutsche kaum anders als „Pain" benamset. Jüngere Trappen kann man genau so wie Puten zubereiten.

Schnepfe, gebraten

1 Schnepfe, 150 Gramm Speck, Salz, Pfeffer, Schalotte, Zitronenschale, 1 Milchbrot, 1 Ei, 1 Portion Weißbrotschnitten, 1 Zitrone

Ganz hervorragend gut werden die Schnepfen und Bekassinen, wenn sie in Speck gehüllt und am Spieß gebraten werden. Jedoch kommt meist das Braten in der Pfanne zur Anwendung. Wenn die Schnepfen ausgenommen sind, werden sie innen und außen mit etwas feinem Salz eingerieben. Die Eingeweide, mit Ausnahme des Magens, werden mit etwas fettem Luftspeck, einer kleinen Schalotte und ein wenig Zitronenschale sehr fein gehackt, mit einem geweichten, wieder ausgedrückten Milchbrötchen, einem Ei, etwas Salz und Pfeffer vermischt, auf Weißbrotschnitten gestrichen und diese vorsichtig in heißer Butter gebraten und abwechselnd mit Zitronenvierteln um die gebratenen Schnepfen garniert.

Trappe, gebraten

1 junge Trappe, 100 Gramm Speck, 125 Gramm Butter, Salz, 1 Teelöffel Kartoffelmehl

Die Trappe wird von dem Klein befreit, ausgenommen, gewaschen, dressiert, gesalzen, mit Speckscheiben bewickelt und im Ofen bei fleißigem Begießen schön braungebraten (2 bis 2½ Stunden). Tranchiert wird sie nach Muster „Pute".

Schwimmvögel

Von den Schwimmvögeln haben für unsere Küche nur die Wildenten Bedeutung; denn der auch hierhergehörige S c h w a n kommt nur in ganz vereinzelten Fällen einmal in die Hand der Hausfrau, und dann wird sie ihn wahrscheinlich ohne viel Kopfzerbrechen wie eine Gans behandeln, nur daß ältere Vögel durch längeres Hängen weicher gemacht werden müssen. Junge Schwäne und W i l d g ä n s e geben sehr schmackhafte Gerichte (z. B. Weißsauer); man kann auch die Brüste räuchern.

Wenn von den W i l d e n t e n bei uns die Rede ist, so handelt es sich gewöhnlich um die Stock= oder Märzente und die Krickente. — Die Krickente, die am zahlreichsten in den Vogelkojen der nordfriesischen Insel gefangen wird, ist besonders fein im Geschmack. — Hegt man Verdacht, daß das Wildbret einer Ente tranig schmecken könnte, so lege man sie entweder in Milch oder Buttermilch oder lasse sie — nach ostpreußischem Brauch — mit frischem Wiesenheu kurz aufkochen, oder aber — und das ist ein radikales Mittel — man ziehe die Haut ab.

Wildgans, gebraten

1 junge Wildgans, Salz, Pfeffer, 100 Gramm Butter, evtl. saure Sahne und Thymian

Es eignen sich nur junge Wildgänse, die im Herbst erlegt worden sind, zum Braten; hat man eine ältere, so muß sie 1—2 Tage in Essigbeize eingelegt werden, doch steht der Wohlgeschmack des Bratens dann auch noch in Frage. Sie darf, gleich der Wildente, nur 2, höchstens 3 Tage in den Federn hängen. Die Wildgans wird nach Rupfen und Absengen ebenso ausgenommen und zurechtgemacht wie die zahme Gans; Hals, Kopf, Flügel und Füße werden abgehauen. Dann wird sie mit kochendem Wasser gebrüht, abgetrocknet, in- und auswendig mit Salz und Pfeffer eingerieben, in etwas zerlassene Butter gelegt und unter fleißigem Begießen im Ofen weich=, braun= und saftiggebraten. Die Bratbrühe wird mit etwas Wasser oder Brühe losgekocht, kann auch mit saurer Sahne und etwas Thymiankraut gewürzt werden. Anstatt der Bratensoße kann eine extra bereitete Oliven= wie Pomeranzensoße dazu gereicht werden.

Gebratene Wildente

1 Wildente, Kartoffeln und Petersilie oder Kastanien zur Füllung, Salz, 125 Gramm Butter, 3 Zitronenscheiben, 8 Wacholderbeeren, ¼ Liter saure Sahne, 1 Glas Rotwein

Die gut vorbereitete Ente wird mit Kartoffeln und Petersilie oder auch mit Kastanien gefüllt oder auch ungefüllt gelassen, mit Salz eingerieben, in 125 Gramm zerlassene kochende Butter gelegt, mit 1 Lorbeerblatt, 3 entfernten Zitronenscheiben, 8 zerquetschten Wacholderbeeren versehen und unter fleißigem Begießen und Nachfüllen von siedendem Wasser und dicker saurer Sahne in 1¼—1½ Stunde weich=, braun= und saftiggebraten. Die Soße wird mit etwas Brühe verkocht, kann nach Belieben auch mit 1 Glas Rotwein gewürzt werden. Auf andere Weise brät man die mit feinen Speckstreifen auf der Brust gespickte, gesalzene Ente in Butter auf beiden Seiten an, gießt ½—¾ Liter kochenden Weißwein darüber und läßt sie zu bei fleißigem Begießen und Nachfüllen von heißem Wasser im Ofen gardämpfen, worauf die Soße mit ein wenig in Weißwein verquirltem Kartoffelmehl oder einer hellbraunen Mehleinbrenne verkocht wird.

Die Fische

Das Fischfleisch hat einen bedeutend höheren Wassergehalt als das der Landtiere. Wird den Fischen durch Trocknen oder Räuchern das Wasser entzogen, so steigt ihr Nährwert beträchtlich. Der Fettgehalt der Fische ist mit vereinzelten Ausnahmen gering. Wir unterscheiden Süßwasser- und Seefische.

Süßwasserfische sollen immer im lebenden Zustande eingekauft werden, da sie sonst leicht verderben und schwere Vergiftungen hervorrufen können. Es enthalten

Flußaal	11,9% Eiweiß,	25,0% Fett,	58,0% Wasser	
Barsch	18,4 „	0,6 „	79,5 „	„
Forelle	18,6 „	1,9 „	77,5 „	„
Hecht	17,9 „	0,5 „	80,0 „	„
Hering (frisch)	15,0 „	6,9 „	75,0 „	„
Kabeljau	15,5 „	0,3 „	82,4 „	„
Schellfisch	16,4 „	0,0 „	81,5 „	„

Seefische unterscheiden sich von den Süßwasserfischen durch ihren etwas größeren Salzgehalt. Da sie noch mehr zur Verderbnis neigen als die Süßwasserfische, ist beim Einkauf Aufmerksamkeit geboten.

Der Geschmack des Fischfleisches ist durch die verschiedene Beschaffenheit des Fettes bedingt. Fisch ist leicht verdaulich, doch haben viele Menschen eine ausgesprochene Abneigung gegen seinen Genuß. Die Beschaffenheit des Fleisches richtet sich nach der Art, der Größe und der Jahreszeit des Fanges. Am besten ist das Fleisch der schnell schwimmenden Raubfische. Bei der Herrichtung der Fische ist besondere Vorsicht geboten, damit keine Verletzungen der Hände eintreten, die oft recht bösartig verlaufen.

Den Fischen ähnlich sind die Krusten- und Schalentiere, die sich durch einen hohen Eiweißgehalt auszeichnen. Alle haben aber die gefährliche Eigenschaft, im toten Zustande schnell in Fäulnis überzugehen und lebenbedrohende Gifte zu bilden, durch die der größte Teil der überhaupt vorkommenden Nahrungsmittelvergiftungen entsteht. Manche Menschen können sie gar nicht genießen, da sich sofort Nesselausschläge und unangenehme Beschwerden einstellen. Verdorbene Krebse erkennt man an dem gestreckten Schwanz und einem durchdringenden Ammoniakgeruch. Die Krustentiere enthalten durchschnittlich 13—15% Eiweiß und 0,5—1% Fett. Die Auster hat 5,8% Eiweiß, 1% Fett, 3,5% Kohlehydrate, 0,52% Kochsalz und 87,4% Wasser. Die jetzt auch öfters auf den Tisch kommende Miesmuschel übertrifft die Auster durch ihren höheren Eiweißgehalt von 8,5%, noch höher steht die bei uns weniger geschätzte Weinbergsschnecke, die einen Eiweißgehalt von 15,5% aufweist, dann kommt die Schildkröte mit 17,6% und zum Schluß ein nicht den eben genannten Tierarten angehörendes Fleisch, der Frosch, dessen Eiweißgehalt gar 23% erreicht.

Vergiftung mit Miesmuscheln

Diese Vergiftungen kommen nicht allzu häufig vor, sie sind aber außerordentlich gefährlich. Darum immer nur frische, geschlossene Muscheln verwenden, nicht offene! Auch durch den Genuß von Austern können Gesundheitsschädigungen hervorgerufen werden, wenn die Tiere Wasser aufgenommen haben, das Krankheitskeime enthält.

Fischvergiftung

Fischvergiftungen entstehen durch den Genuß fauler Fische oder Fischkonserven, die verdorben sind. Schon äußerlich sind die Büchsen, in denen sich schlecht gewordener Inhalt befindet, daran erkenntlich, daß sie aufgebeult sind, und daß beim Öffnen ihnen mit lautem Zischen Gase entströmen. Der Genuß hat schwere Krankheiten zur Folge.

Zubereitung der Fische

Beim Schlachten der Tiere ist jede unnötige Quälerei — also auch das beliebte Schuppen bei lebendigem Leibe! — zu vermeiden. Der Fisch wird mit der handtuchbewehrten Linken gepackt, durch einen Schlag auf den Kopf betäubt und durch einen kräftigen Nackenschnitt dicht hinter dem Kopf getötet. Beim Schuppen fährt man mit dem Messer oder Fischschupper sorgsam gegen den Strich, also vom Schwanz zum Kopf, und hebt so stufenweise die Schuppen ab. Zur Vermeidung von Verletzungen hackt man die Bauch- und Rückenflossen vorher ab. Das Ausnehmen hat so zu geschehen, daß Galle und Leber nicht verletzt werden. Der Bauch wird der Länge nach — namentlich bis tief über den After hinaus! — aufgeschnitten, die Eingeweide quer mit dem Messer herausgenommen und zum Schluß die dunkle Haut, die am Rückgrat sitzt, ausgekratzt. Die Größe der Stücke richtet sich dann nach dem Bedarf. Das Fischkochen geht am besten in einem mit einem Fischheber versehenen Fischkessel vor sich. Fische in Stücken müssen in kochendes Wasser gelegt werden, damit der Nährwert durch plötzliches Erstarren der Außenseite erhalten bleibt. Dann dürfen sie nur noch auf heißer Stelle garziehen. In das Fischwasser ist eine tüchtige Gabe an Salz, Gewürz, Lorbeerblatt, Zwiebel und Petersilienwurzel zu geben. Der Modergeschmack, der manchem Fisch nach seinem Standort anhaftet, kann (aber wird nicht immer!) durch Abwaschen in Wasser mit Salz und Kleie oder durch Hinzufügen einer Schwarzbrotrinde beseitigt werden. Verletzungen durch Fische müssen sofort sachgemäß behandelt werden! Aus Nachlässigkeit ist da schon manche Blutvergiftung entstanden. — Einen großen Fisch, der, gekocht oder gebraten, ganz aufgetragen wird, darf man nur mit Silber berühren. Man zieht mit dem Fischmesser oder einem geeigneten Ersatzinstrument (Löffel, Spargelheber, Tortenmesser) eine Linie auf jeder Seite vom Kopf bis zum Schwanz und markiert die einzelnen Stücke durch Eindrücke des Löffels usw. Da Fischfleisch blättert, ist weiter nichts nötig.

Worauf ist beim Einkauf von Fischen zu achten?

Beim Einkauf getöteter Fische ist in erster Linie frischer Geruch und appetitliches Aussehen maßgebend. Man kaufe nur bei renommierten Firmen, die Gewähr für gute Ware bieten. Trotzdem ist es aber von Wichtigkeit, wenn sich die Hausfrau von der Frische und Güte selbst überzeugen kann. Es seien darum hier einige Merkmale frischer und verdorbener Fische angegeben.

Frische getötete Fische haben leuchtend rote, schleimige Kiemen, festes Fleisch, klare, nicht grünliche und tiefliegende Augen. — Beim Einkauf lebender Fische achte man auf lebhafte Tiere; auf dem Rücken oder auf der Seite schwimmende weise man zurück. — Verdorbene Fische zeichnen sich durch scharfen Ammoniakgeruch aus, haben weiches Fleisch, meist auch grünliches und unappetitliches Aussehen. — Während der Laichzeit gefangene Fische haben weniger schmackhaftes Fleisch.

Süßwasserfische

Raubfische

Unter den Raubfischen, die in deutschen Gewässern und Seen hauptsächlich vorkommen, ist der bekannteste der H e c h t.

Nach dem Hecht ist der B a r s ch der schlimmste Räuber unserer Gewässer. Das Fleisch des Barsches wird oft unterschätzt. Da er sich nur von lebendem Getier nährt und ein außerordentlich reiner Fisch ist, liefert er ein überaus schmackhaftes weißes und festes Fleisch. Besonders die jungen Barsche, die gewöhnlich verächtlich beiseite geworfen werden, kann man geradezu als eine Delikatesse bezeichnen.

Eine besondere Stellung unter den Raubfischen unserer Gewässer nimmt der W e l s ein. Er wird bis zu 2½ Zentner schwer. Das Fleisch besonders von den kleineren, bis zu 3—4 Kilo, ist äußerst wohlschmeckend und hat eine gewisse Ähnlichkeit mit dem der Schleie.

Hechtsuppe

½ Kilo Hecht, 60 Gramm Butter, ½ Tasse saure Sahne, 125 Gramm geriebene Semmel, 2—3 Zwiebeln, Ingwer, 1—2 Lorbeerblätter, Salz, Pfeffer, Gewürzkörner, 3 Petersilienwurzeln, 5—6 Kartoffeln, süße Sahne, Petersilie, Zitronensaft

Der gereinigte, ausgenommene Hecht wird gespalten, in Stücke geschnitten und diese mit gehackten Zwiebeln, gestoßenem Ingwer, gestoßenen Lorbeerblättern, Salz, Pfeffer und Gewürzkörnern bestreut, 1—2 Stunden beiseite gestellt. Dann werden sie abgetrocknet, mit 2—3 Liter Wasser auf ganz gelindes Feuer gestellt, mit 3 zerschnittenen Petersilienwurzeln, 60 Gramm Butter, 5—6 großen geschälten, in Scheiben geschnittenen Kartoffeln, ½ Tasse saurer Sahne und der geriebenen Semmel versehen und alles vollends gargekocht. Dann werden süße Sahne und gehackte Petersilie, nach Belieben auch fein gehackter Schnittlauch dazugetan, die Suppe abgeschmeckt und noch mit etwas Zitronensaft oder ein klein wenig Essig pikant gemacht.

Hecht, grün

1 Kilo Hecht, 125 Gramm Butter, Wurzelwerk, Wasser, Salz, Petersilie

Der mittelgroße Hecht (dieser ist der beste!) wird geschuppt, ausgenommen, gewaschen und abgetrocknet. Inzwischen wird im Fischkessel Wasser mit 1 Petersilienwurzel, Lorbeerblatt, Zwiebel, Gewürz, Salz und 1 Stückchen Butter zum Kochen gebracht, der Hecht hineingelegt, einige Minuten gekocht und dann zum Garziehen auf die heiße Herdstelle gebracht. Die Zugabe von frischer Butter verbessert das Fleisch der Hechte. Kurz bevor die Fische mit dem Fischheber herausgenommen werden, wird 1 Löffel kaltes Wasser in die Fischbrühe gegossen. Beides, Butter und dieser Guß kaltes Wasser, tragen dazu bei, das Fischfleisch „blätterig" zu machen. Aus einer Mehlschwitze, der Fischbrühe und reichlich Petersilie wird die Soße gerührt und mit Salzkartoffeln zum Hecht gegeben. Die Hechtleber, die als besondere Delikatesse gilt, wird stets mitgekocht und mitserviert.

Brathecht

1 Kilo kleine Hechte, 125 Gramm Butter, geriebene Semmel, Salz, 3—4 Zitronenscheiben

Zu Brathechten werden kleine Fische bevorzugt. Sie werden geschuppt, ausgenommen, gewaschen, getrocknet, am Rücken mit mehreren kleinen Einschnitten versehen und ½ Stunde beiseite gestellt. Dann werden sie abgetrocknet, in geriebener Semmel und Mehl gewendet und in die Stielpfanne in gebräunte Butter gelegt, in der sie auf beiden Seiten zu

Richtiges Abschuppen eines Fisches

Der Schwanz des Fisches wird mit der linken Hand gepackt, während die rechte mit dem Fischschupper mit leichtem Druck von unten nach oben fährt

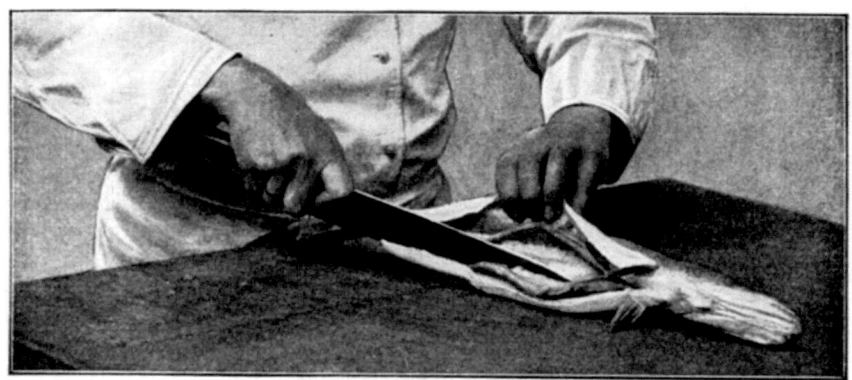

Richtiges Ausnehmen eines Hechtes
Austrennen der Eingeweide mit dem Küchenmesser

schöner Farbe braten müssen. Dazu reicht man am liebsten Kartoffelsalat. Diese Vorschrift findet auch auf Zander, Maränen und Kaulbarsch Anwendung.

Gespickter Hechtbraten

1 Hecht (etwa 1½ Kilo), 75 Gramm fetter Speck, 150 Gramm Butter, ¼ Liter süße oder saure Sahne, 1 Löffel Mehl, weißer Pfeffer, 1 Messerspitze Muskatblüte, 1 Glas Madeira

Der Hecht wird geschuppt, ausgenommen, gewaschen, gehäutet, mit Salz bestreut, eine Stunde beiseite gestellt, abgetrocknet, vorsichtig in möglichst regelmäßigen Reihen auf dem Rücken mit feinen Speckstreifen gespickt und mit Mehl bestreut, das mit etwas feinem weißen Pfeffer und 1 Messerspitze gepulverter Muskatblüte vermischt ist. In der Bratpfanne muß die Butter hellgelb werden; der Fisch wird hineingelegt, unter fleißigem Begießen im Ofen braungebraten, vorsichtig auf eine erwärmte Schüssel gelegt und warmgestellt, während der Bratensaft mit etwas Wasser, süßer oder saurer Sahne und einem kleinen Glas Madeira verkocht wird. Etwas Sahne kann auch schon während des Bratens dazugegossen und der Hecht auf der Oberseite damit befüllt werden.

Petersilienhecht mit Klößen

1 Kilo Hechte, 100 Gramm Butter, Petersilienwurzeln, Petersilie, 1 Ei, 200 Gramm geriebene Semmel, Salz, Pfeffer, Muskatnuß, Gewürzkörner, 1 Mehleinbrenne

Der gut gereinigte Fisch wird von oben nach unten gespalten, von der Rückengräte befreit, in Stücke geschnitten und diese in eine gut mit Butter ausgestrichene Kasserolle gelegt. Dazu werden 3 in Streifen geschnittene geschälte Petersilienwurzeln, Salz, gestoßener Pfeffer, geriebene Muskatnuß und einige Gewürzkörner gelegt, alles mit Wasser oder auch dünner Fleischbrühe übergossen und, gut zugedeckt, 15 Minuten gekocht. Dann werden 1 Stück in Mehl gerollte Butter oder eine helle Mehleinbrenne und reichlich gehackte grüne Petersilie hinzugefügt und mit der Brühe verkocht. Die Hechtstücke werden herausgenommen und die Brühe noch ein wenig kurz eingesiedet. Während die Hechtstücke kochen, rührt man 50 Gramm Butter zu Sahne, vermischt sie mit 1 zerquirlten Ei, der fein gehackten Hechtleber, etwas Salz und 200 Gramm geriebener Semmel; aus diesem Teig formt man Klöße und kocht diese in Salzwasser gar. Hecht und Klöße werden auf eine erwärmte Schüssel gelegt und die Soße darübergefüllt.

Ungarischer Hecht

1 Kilo Hechte, 50 Gramm Butter, 4—5 Sardellen, Sahne, 1 Zwiebel, geriebene Semmel

Der Hecht wird geschuppt, ausgenommen, gewaschen, der Länge nach von oben nach unten gespalten, von Kopf und Schwanz befreit und von allen Gräten nach Möglichkeit gelöst. Dann werden die Stücke mit Salz bestreut dicht nebeneinander in eine breite, aber nicht tiefe, mit Butter ausgestrichene Bratpfanne gelegt, während eine kleine geriebene Zwiebel in Butter gelblichgeröstet, mit einigen Löffeln süßer Sahne und den gewässerten, entgräteten, gehackten Sardellen vermischt wird. Diese Masse wird über die Fischstücke gefüllt, die noch dick mit geriebener Semmel bestreut, ½ Stunde beiseite gestellt und mit aufgelöster Butter beträufelt werden. Der Fisch wird unter öfterem Begießen mit der Soße in mäßig heißem Bratofen braungebacken.

Barsch, gebacken

750 Gramm kleine Barsche, 1 Ei, 100 Gramm Fett, geriebene Semmel

Dazu werden kleine Fische gewählt, geschuppt,

ausgenommen, gewaschen, abgetrocknet, leicht auf dem Rücken eingekerbt, gesalzen, 1 Stunde beiseite gestellt, in Mehl, zerquirltem Ei und geriebener Semmel gewendet und in heißer Butter goldbraungebacken.

Gefüllter Hecht (jüdisch)

1 Hecht, Zwiebel, 1 Ei, 75 Gramm Butter, Salz, Pfeffer, geriebene Semmel, Petersilienwurzel, Milch, etwas Mehl

Nachdem der Hecht saubergemacht ist, wird er halbiert, in beliebig große Stücke geschnitten und eingesalzen. Von den Mittelstücken höhlt man das Innere aus, wiegt das Fischfleisch mit etwas Zwiebel. Dann nimmt man ein Ei, etwas geschmolzene Butter, Pfeffer, Salz und etwas geriebene Semmel, macht davon einen recht lockeren Teig und füllt damit wieder die ausgehöhlten Fischstücke. Dann kocht man den Fisch, indem man ihn in kaltem Wasser aufstellt, mit Petersilienwurzel und Zwiebel, gibt ein Stück Butter, nachdem der Fisch kocht, hinzu, rührt zuletzt etwas Milch, mit Mehl verquirlt, hinzu und läßt es eine Weile kochen.

Der Hecht kann auch im ganzen gefüllt werden; er wird geschuppt, der Bauch der Länge nach aufgeschlitzt, das Fleisch mit der Gräte lang herausgenommen und die Füllung dann hineingelegt. Der Bauch wird zugenäht und der Fisch im ganzen gekocht. Er schmeckt auch kalt geliert sehr gut.

Kaulbarschsuppe

¾ Kilo Fische, Wurzelwerk, Zwiebeln, 75 Gramm Butter, ⅛ Liter Sahne, 1 helle Mehleinbrenne, Salz, Pfeffer, Petersilie, 1 Ei, geriebene Semmel

Die geschuppten und gut vorbereiteten Fische werden in Salzwasser mit Zwiebel und Wurzelwerk (Sellerie, Petersilienwurzel) weichgekocht. Dann werden einige der ansehnlichsten Stücke entgrätet und beiseite gestellt, während die übrigen nebst dem weichgekochten Wurzelwerk durch ein Sieb gerührt werden, wobei die Fischbrühe nach und nach dazugegossen wird. Diese Brühe wird mit einer hellen Mehleinbrenne, 1 Stück Butter, etwas Sahne und Pfeffer zu einer glatten, sämigen Suppe verkocht, die zuletzt mit reichlich gehackter Petersilie gewürzt wird. In die Terrine werden die zerpflückten Fischstückchen gelegt, mit Ei, Butter, Mehl, geriebener Semmel und Salz zu einer guten Masse verarbeitet, zu Klößen geformt, in Salzwasser gargekocht und in die Suppe gelegt.

Gekochter Wels

1½ Kilo Wels, 1 Fischsud, 1 holländische Soße

Der Fisch wird sorgfältig gereinigt, ausgenommen, gesalzen und mit einem Fischsud übergossen, der aus Wasser mit Wurzelwerk, Zwiebeln, Salz, Essig, Weißwein, Lorbeerblatt, 1 Kräuterbündchen und Pfefferkörnern gekocht und durch ein Sieb gegossen ist. Nachdem der Fisch in dieser Brühe langsam über gelindem Feuer gargekocht ist, wird er mit holländischer Soße angerichtet.

Gedämpfter Fisch

1 Kilo Fisch (beliebiger Flußfisch), 150 Gramm Butter, ¼ Liter saure Sahne, 20 Gramm Salz, 1 Prise Pfeffer, 1 Eßlöffel gehackte Petersilie

Man bereitet den Fisch am besten in einer feuerfesten länglichen, niedrigen Form, in der er auch zu Tisch gegeben wird. Die Fische werden nach sorgfältiger Vorbereitung mit Salz und Pfeffer eingerieben, in die erhitzte Butter gelegt, mit der sie fleißig begossen werden, und im Ofen gebraten, bis die Fische Farbe haben (etwa ¼ Stunde). Dann wird die Sahne beigefügt und der Fisch vollends gargedämpft. Vor dem Anrichten mit gehackter Petersilie bestreuen.

Karpfenartige Fische

Der Karpfen ist ein großer, breiter Fisch mit starkem Rücken, der in der Färbung sehr wechselt (goldgelb bis blaugrün, Lippen und Bauch gelblich). Die edelste Karpfenart ist die **Schleie**. Der Rücken ist hellolivengrün bis schwarz, bei einigen der Bauch goldschimmernd. Eine andere Karpfenart ist der **Blei**, auch Brasse genannt, ein Fisch, der wegen seiner vielen Gräten nicht besonders beliebt ist.

Bierkarpfen (Weihnachts- und Silvesterkarpfen)

1 Kilo Karpfen, 10 Gramm Salz, Zwiebel, Kräuter, Gewürz, Kochpfefferkuchen, 1 Zitrone, 1 Flasche Braunbier

Beim Schlachten des Fisches wird das Blut in Essig aufgefangen und damit verquirlt. Nach dem Reinigen und Ausnehmen wird der Karpfen gespalten oder ungespalten in Stücke geschnitten und im Schmortopf nebst zerschnittenen Zwiebeln, 1 Lorbeerblatt, Zitronenscheiben, Salz, Pfeffer- und Gewürzkörnern (nach Belieben auch einigen Nelken) und einem zerschnittenen Stück braunen Pfefferkuchen (sogenannten Fischpfefferkuchen) eingelegt. Darüber wird 1 Flasche leichtes süßes Braunbier gegossen und die Fischstücke darin langsam weichgekocht. Die Soße wird, sobald die Fischstücke herausgenommen sind, durch ein Sieb gerührt, mit dem Karpfenblut und, falls sie vom Pfeffer-

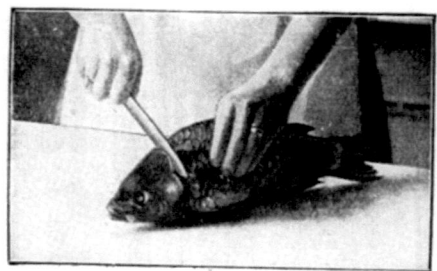

Töten eines Karpfens durch Genickschnitt

kuchen noch nicht sämig genug sein sollte, mit etwas in Wein verquirltem Kartoffelmehl oder 1 Stückchen in Mehl gerollter Butter verkocht, abgeschmeckt, nach Bedarf nachgewürzt und über den Fisch gefüllt.

Karpfen in Rotwein

1 Kilo Karpfen, 50—75 Gramm Butter, 1 Lorbeerblatt, 1 Zitrone, Pfeffer- und Gewürzkörner, einige Schwarzbrotrinden, 1 Stück Zucker, ½ Flasche Rotwein, Salz, 2 mit Nelken besteckte Zwiebeln.

Das Blut wird beim Schlachten des Fisches in Essig aufgefangen, der Fisch gereinigt, gespalten, in Stücke geschnitten, gewaschen und abgetrocknet. Dann muß die Butter in einer Kasserolle zergehen, und die Fischstücke werden darin mit Salz, 2 mit Nelken besteckten Zwiebeln, einigen Pfeffer- und Gewürzkörnern, entkernten Zitronenscheiben, Lorbeerblatt, einigen Schwarzbrotrinden eingelegt, mit dem Rotwein so übergossen, daß sie vollständig damit bedeckt sind, und 10—15 Minuten über gelindem Feuer langsam gargekocht. Dann werden sie herausgenommen, das in Essig gequirlte Blut und ein Stück Zucker zur Soße gefügt, diese damit durchgekocht, durch ein Sieb gerührt, abgeschmeckt und über die Fischstücke gefüllt.

Karpfen, blau

1 Kilo Karpfen, Essig, Suppengrün, Zwiebel, Gewürz, Petersilie

Der Fisch wird nach Belieben geschuppt (viele Hausfrauen lassen ihn zum Blauen ungeschuppt), ausgenommen, in einer Schüssel mit siedendem Essig übergossen und ¼ Stunde ans offene Fenster gestellt. Dann wird er mit kaltem Wasser aufgesetzt, mit Salz, Suppengrün, Zwiebel, Lorbeerblatt, 1 Sträußchen Petersilie, Pfeffer- und Gewürzkörnern und dem Essig, der zum Blauen benutzt worden ist, überfüllt, langsam auf gelindem Feuer zum Kochen gebracht, 5—6 Minuten gekocht und dann zum Garziehen auf die heiße Stelle gestellt. Mit dem Fischheber herausgehoben, wird der Fisch auf eine längliche Schüssel gelegt und mit Petersilie garniert. Dazu wird frische Butter und geriebener Meerrettich, manchmal auch geschlagene Sahne gegeben. Wenn der Fisch vor dem Blauen in Stücke geschnitten ist, wird er nicht mit kaltem Wasser aufgestellt, sondern in dem kochenden Fischsud, dem etwas Essig und Weißwein nebst den obengenannten Gewürzen zugefügt ist, zum Kochen gebracht und nach dem Garwerden mit dem Schaumlöffel herausgenommen. — Sämtliche Karpfenrezepte finden auch auf den Blei, Alant und die Karausche Anwendung. Karpfen mit eingesunkenen Augen, fleckigem und schleimigem Rücken sollen beim Kauf zurückgewiesen werden.

Karpfen (jüdisch)

1 Kilo Karpfen, 100 Gramm Butter, 60 Gramm Zucker, Essig, Gewürz, Salz

Das Blut des Fisches wird beim Schlachten in einer Obertasse voll Essig aufgefangen. Der Fisch wird geschuppt, gereinigt, ausgenommen, in eine passende Kasserolle oder Pfanne gelegt, mit der Butter, dem Zucker, Salz und Gewürz sowie dem in Essig verquirlten Blut überfüllt, mit einem passenden Deckel bedeckt, über gelindem Feuer etwa 15 Minuten gedünstet und herausgenommen. Die Soße wird durch ein Sieb geseiht und abgeschmeckt.

Der Karpfen kann auch in Essigwasser mit Zwiebel und Gewürzkörnern gekocht werden (Bereitung der Soße). Man weicht etwas Fischpfefferkuchen ein, kocht ihn dann mit etwas Fischwasser, Rotwein, etwas Zitronensaft und Zucker nach Geschmack gut durch, seiht die Masse durch und tut dann geschnitzte Mandeln und Rosinen dazu.

Gespickter Karpfen

1½ Kilo Karpfen, 60 Gramm Speck, 100 Gramm Butter, 1 Mehleinbrenne, Kapern, Zitronensaft, Essig

Zu diesem Gericht ist ein größerer Karpfen erforderlich, damit er sich nach Schuppen, Reinigen und Ausnehmen (wozu man einen möglichst kleinen Einschnitt in den Bauch macht) gut auf dem Rücken auf beiden Seiten mit feinen Speckstreifen spicken läßt. Dann wird er mit Salz bestreut, auf einer Bratenleiter in die Pfanne gelegt, mit reichlich siedender Butter übergossen und im Ofen bei mäßiger Hitze unter fleißigem Begießen 40—45 Minuten gebraten. Die durchgeführte Brühe wird mit Mehleinbrenne, Kapern, etwas Essig und Zitronensaft zu einer pikanten Kapernsoße verkocht, oder der Fisch wird nur mit der Bratbrühe gereicht.

Bemooster Karpfen

1 Kilo Karpfen, 100 Gramm Butter, ½ Liter Weißwein, 3 Eier, Senf, Öl, Essig, Pfeffer- und Gewürzkörner, Zucker, Petersilie

Der gut vorbereitete und ausgenommene Karpfen wird mit Salz bestreut, dann in die zerlassene Butter gelegt, mit Pfeffer- und Gewürzkörnern und einem Sträußchen Petersilie bestreut, mit Wein überfüllt, unter fleißigem Begießen 30—40 Minuten gedämpft und in der Soße zum Auskühlen gestellt. Von 3 hartgekochten, zerquetschten Eidottern, Senf, etwas Speiseöl, Salz, Zucker und feinem Essig wird eine dicke Remouladensoße gerührt und durch ein Sieb gestrichen. Der abgekühlte Karpfen wird mit der Eiersoße überzogen und mit Petersilie und, wenn man verschwenderisch sein will, auch mit Eierhälften, mit Krebsschwänzchen, kalten Fischklößchen, Scheiben von Lachs und Salatblättern garniert.

Marinierter Karpfen

1 Kilo Karpfen, Öl oder Butter, 1 Liter Essig, 5 bis 6 Schalotten, 1 Dosis Gewürz

Der gut gereinigte und vorbereitete Fisch wird gespalten, zerschnitten, die Stücke mit Salz bestreut, 1½ Stunde fortgestellt, abgetrocknet, auf beiden Seiten mit Öl oder geklärter Butter bestrichen, auf dem Rost bei mehrmaligem Wenden und Bestreichen mit Butter oder Öl gar- und hellbraungebraten, zum Auskühlen gestellt und nach vollständigem Auskühlen in einen Steintopf gelegt. 1 Liter milder Essig wird mit 5 Schalotten, Lorbeerblatt, 1 Teelöffel Salz, englischem Gewürz, Zitronenschale, Pfefferkörnern und Nelken aufgekocht, dann vollständig abgekühlt über den Karpfen gefüllt und mit 2 Eßlöffel Kapern vermischt. Der Topf wird gut verbunden. Nach 3—4 Tagen sind die Stücke gut durchzogen. Sie halten sich ungefähr 10—14 Tage schmackhaft, wenn der Topf in kühlem, luftigem Raum bewahrt wird.

Marinierter Karpfen (österreichisch)

Karpfen, Butter, Kapern, Zitronenschalen, Weinessig, Pfeffer, Gewürz, Ingwer, Knoblauch, Gewürznelken, Zwiebel, Petersilie, Essig, Öl, Salz

Der geschuppte, ausgenommen, gesalzene Fisch wird in zwei Finger breite Stücke geschnitten. Diese werden auf ein Holzspießchen gesteckt und quer über eine Bratenpfanne gelegt, jedoch so, daß sie die Pfanne nicht berühren. Man brät die Fischstücke in der Röhre unter fortwährendem Bestreichen mit Butter ½ Stunde, legt sie nachher behutsam in ein tiefes Gefäß und bestreut sie mit fein gehackten Zitronenschalen und Kapern. Es werden nun Weinessig mit Pfefferkörnern, Gewürz, Ingwer, 1 Zehe Knoblauch, Gewürznelken, eine blätterig geschnittene Zwiebel und Zitronenschalen aufgekocht und der Essig warm über die Fischstücke geseiht. Diese werden an einen kühlen Ort zur Aufbewahrung gestellt, beim Gebrauch mit Petersilie verziert und mit Essig und Öl oder mit Mayonnaise serviert.

Rogensuppe

1 Portion Karpfenrogen, Essig, Salz, 2 Schalotten, 100 Gramm Butter, 2—3 Löffel Mehl, 1—2 geriebene Zwiebeln, 1 dünne Erbsenbrühe, 1 Portion geröstete Semmelwürfel

Der Rogen von zwei schönen Karpfen wird mit etwas Wasser, Essig, Salz und 2 Schalotten gargekocht und in Stücke geschnitten. In reichlich zerlassener Butter werden 2—3 Löffel Mehl und 1—2 geriebene Zwiebeln hellbraungeröstet, diese Einbrenne mit durchgegossener, nicht dicker, sondern wie dünner Erbsenbrühe oder mit Fischwasser verkocht, der Rogen hineingelegt, die Suppe abgeschmeckt und über in Butter braungerösteten Semmelwürfeln angerichtet.

Schleie, blau

1 Kilo Schleie, Essig, Wurzelwerk, Zwiebel, Gewürz, Petersilie, Salz, 1 Zitrone

Der gut vorbereitete und gesäuberte Fisch wird in eine Schüssel gelegt und mit siedendem Essig geblaut. Indessen ist reichliches Wasser nebst Salz, Zwiebel, Wurzelwerk, Lorbeerblatt, Petersilie und Gewürzen zum Kochen gebracht worden. Der Fisch wird hineingelegt, der Essig, der zum Blauen benutzt ist, dazugefügt, der Fisch langsam 12—15 Minuten gargekocht, herausgenommen, mit Sträußchen grüner Petersilie und Zitronenvierteln garniert. Man gibt frische Butter dazu, häufig auch zerlassene oder braune Butter. Auch geriebener Apfel und Meerrettich ist beliebt dazu.

Schleie mit Dill

1 Kilo Schleie, Sellerie, Petersilienwurzel, Zwiebel, Gewürz, Dill, 60 Gramm Butter

Der gut gereinigte Fisch wird in Stücke zerschnitten, die in so viel siedendes Wasser gelegt werden, daß sie gerade damit bedeckt sind, und mit 1 Lorbeerblatt, 2—3 kleinen Zwiebeln, 1 Petersilienwurzel, etwas zerschnittener Sellerieknolle, Gewürz- und Pfefferkörnern darin ankochen und dann langsam garziehen müssen. Wenn die Fischstücke gar sind, wird die Brühe nach Belieben durch ein Sieb gerührt, mit in zerlassener Butter gargedünstetem Mehl und reichlich gehacktem frischem Dillkraut verkocht, abgeschmeckt und über die Fischstücke gegossen.

Schleie mit saurer Sahne

1 Kilo Schleie, 100 Gramm Butter, 2 Eier, faure Sahne, Kapern, 1 Zitrone, 1 Mehleinbrenne, Salz, Pfeffer

Der gut vorbereitete Fisch wird in Stücke geschnitten und in nicht zuviel Wasser mit Salz, Zwiebel und etwas Butter langsam weichgekocht, dann herausgenommen. Die

Süßwasserfische
1. Barsch. 2. Karpfen. 3. Zander. 4. Plötze und Rotfeder. 5. Schleie. 6. Hecht. 7. Aal.

Seefische
1. Lachs. 2. Hering. 3. Schellfisch. 4. Dorsch. 5. Makrele. 6. Seezunge. 7. Scholle. 8. Steinbutt.

Brühe, die nach Belieben durch ein Sieb gerührt wird, wird mit einer hellen Mehleinbrenne oder einem Stückchen in Mehl gerollter Butter sämiggemacht, mit Pfeffer, Kapern, entkernten Zitronenscheiben und saurer Sahne verkocht, abgeschmeckt, mit 2 Eigelb abgezogen und über die in erwärmter Schüssel angerichteten Fischstücke gegossen.

Die Salmoniden

Als der edelste Fisch gilt der L a c h s oder, wie er am Rhein genannt wird, S a l m. Eine andere Lachsart ist der H u c h e n; er ist im Donaugebiet Standfisch, geht im Frühjahr stromaufwärts und laicht in kleinen Bächen mit starker Strömung im März, April und Mai. Zur Laichzeit zeigt er einen rosigen, bis ins Kupferrote gehenden Schimmer.

Der bekannteste und zugleich vorzüglichste Fisch aus der Salmonidenklasse ist die F o r e l l e, die je nach dem Standort, dem Bachgrund, verschieden gefärbt ist.

Lachs gekocht

2 Kilo Lachs, Salz, Wurzelwert, Pfeffer- und Gewürzkörner, Kräuter, Zwiebeln, Lorbeerblatt, 2 Liter Weißwein, Essig, 1 Stück Butter, Petersilie

Der gut gesäuberte Lachs oder, falls er sehr groß ist, ein Stück aus der Mitte, wird sorgfältig geschuppt, gereinigt, mit Salz bestreut und einige Stunden beiseite gestellt. Inzwischen wird die Fleischbrühe bereitet, indem mehrere Zwiebeln und zerschnittenes Wurzelwerk über gelindem Feuer in etwas zerlassener Butter gargeröstet werden. Dazu werden der Weißwein, der Essig, 1 Liter Wasser, ein Kräutersträußchen, 2 Lorbeerblätter, einige Pfeffer- und Gewürzkörner gefügt und alles ganz sacht 45 Minuten gekocht. Der Fisch wird, nach Belieben ganz oder in Stücke geteilt, in den Fischkessel oder ein anderes passendes Gefäß gelegt, mit Salz bestreut, mit der durch ein Sieb gerührten Fischbrühe übergossen, die ihn gerade bedecken muß, und langsam zum Kochen gebracht. Je nach der Größe muß der Fisch 1—1½ Stunde ganz gelinde kochen. Die Gare erkennt man daran, daß das Fleisch sich beim Druck mit einem Löffel leicht von den Gräten löst. Er wird sofort aus der Brühe genommen, denn er verliert an Wohlgeschmack, wenn er lange darin stehenbleibt. Der Fisch kann mit Petersilie garniert und mit zerlassener oder frischer Butter gereicht werden. Es kann aber auch die Fischbrühe mit etwas Mehleinbrenne zu sämiger Soße verkocht und nach Geschmack gereicht werden. — Lachsfleisch soll nie braun oder gelb, sondern stets rot oder rötlich aussehen. — Sämtliche Lachsvorschriften passen auch auf den S t ö r.

Lachs, blau

1 schöner Lachs von 2 Kilo, 1 Flasche Weißwein, Wurzelwerk, Kräuter, 2—3 Lorbeerblätter, Pfeffer- und Gewürzkörner, 125 Gramm Butter, Essig, 2—3 Eßlöffel Salz

Der Fisch wird geschuppt, gereinigt, in eine passende Schüssel gelegt und mit siedendem Essig übergossen. So muß er 10 Minuten stehen, wird dann in den Fischkessel gelegt und mit so viel Wasser, Weißwein und dem zum Blauen benutzten Essig überfüllt, daß er gut bedeckt ist. Dazu kommen: 2—3 Eßlöffel Salz, 125 Gramm Butter, 4 zerschnittene Zwiebeln, Mohrrüben und Petersilienwurzeln, ein Sträußchen Estragon, Lorbeerblätter, einige Pfeffer- und Gewürzkörner. Nun muß der Fischsud schnell zum Kochen kommen, worauf der Kessel vom offenen Feuer fort auf eine heiße Stelle gestellt wird, damit der Fisch nur gelinde weiterperlt. Nach ungefähr ½ Stunde wird der Fisch gar sein, wovon man sich durch Einstechen mit einer spitzen Gabel überzeugen muß. Dann wird der Fisch auf eine erwärmte Schüssel gelegt und entweder mit zerlassener Butter oder mit zerlassener Sardellenbutter oder auch mit Champignon- oder Krebssoße gereicht.

Lachskoteletten

1 Kilo Lachs, 1—2 Eier, 150 Gramm Butter, Salz, Pfeffer, Mehl, geriebene Semmel, Zitronensaft

Die Koteletten werden mit scharfem Messer in beliebiger Stärke aus einem schönen Mittelstück geschnitten, von Haut und Gräten befreit, mit Salz und Pfeffer bestreut, in Mehl gewendet, dann in verquirlte Eier getaucht, in geriebener Semmel gewälzt und in einer Pfanne in hellbraun gemachter Butter auf beiden Seiten zu schöner goldbrauner Farbe gebraten. Auf erwärmter Schüssel angerichtet werden sie mit Zitronensaft beträufelt mit der Bratbutter gereicht. Dazu Reis oder gedünstete Champignons. — Nach Vorschrift werden auch Zanderkoteletten gestellt.

Lachs, gebraten

1 Kilo Lachs, Olivenöl, 1 Zitrone, Petersilie, Reis oder Tomatensoße

Ein schönes Stück Lachs aus der Mitte 1 Stunde eingesalzen, abgetrocknet, in Marinade von 8 Löffel Speiseöl, dem einer Zitrone und etwas Petersilie gelegt 1 Stunde herausgenommen, mit w Bindfaden umbunden, damit es nicht ze und auf dem Roſt über gelindem Feuer bei fleißigem Beträufeln mit der Marinade gebraten und mit Kapern= oder Tomatenſoße gereicht. Das Stück Lachs kann nach dem Marinieren auch nach Belieben in Butter in der Pfanne gebraten werden; dann braucht auch die Beize nicht dazugegeben zu werden, ſondern das Stück wird auf beiden Seiten gebraten und fleißig mit der Bratbutter überfüllt.

Mayonnaiſe von Lachs

750 Gramm Lachs, 1 Mayonnaiſenſoße, 1 Garnitur Kopfſalat, Eierviertel uſw.

Der Lachs wird in geſalzenem Waſſer gargekocht, nach dem Erkalten in ſchöne Stücke zerlegt, mit ſehr ſorgfältig gerührter dicker Mayonnaiſenſoße überfüllt und zierlich mit Kopfſalat, Eiervierteln uſw. belegt.

Marinierter Lachs

1 Kilo Lachs, 1 Liter Eſſig, Butter oder Öl, Salz, Zitronenſcheiben, Lorbeerblatt, Eſtragon, 8 Pfefferkörner

Der Lachs wird in handbreite Streifen geſchnitten, dieſe mit Öl oder zerlaſſener Butter beſtrichen und entweder auf dem Roſt oder in der Pfanne gar= und bräunlichgebraten. Inzwiſchen iſt von 1 Liter beſtem Eſſig, Salz, einigen entfernten Zitronenſcheiben, Lorbeerblatt, etwas Eſtragon und 8 Pfefferkörnern eine Beize gekocht worden, die nach vollſtändigem Abkühlen über die erkalteten, in einen Steintopf gelegten Lachsſcheiben gefüllt wird. Der Topf wird gut mit Blaſe verbunden und an kühlem Ort aufbewahrt.

Lachs zu räuchern

1 großer Lachs, Salz, Salpeter

Ein großer, ſchöner Lachs wird geſchuppt, der Länge nach geſpalten, von den Eingeweiden, Kopf und Rückgrat ſorgfältig befreit, mit Salz und wenig Salpeter eingerieben, 3 bis 4 Tage an einen kühlen Ort geſtellt, dann abgewaſchen, mit breiten, zugeſpitzten Holzſpeilen ausgeſpannt, mit weißem Papier umbunden und 14—16 Tage in gut geregelten Rauch gehängt.

Maifiſch gekocht

1 Maifiſch, Salz, Gewürzkörner, Zitronenſchale, 1 Lorbeerblatt, 1 Zwiebel, 50 Gramm Butter, etwas Eſſig

Der gut vorbereitete, ausgenommene Maifiſch wird in ſiedendem Waſſer mit Salz, Gewürzkörnern, etwas Zitronenſchale, 1 Lorbeerblatt, 1 Zwiebel, 50 Gramm friſcher Butter und etwas Eſſig gargekocht, herausgenommen und auf erwärmter Schüſſel angerichtet. Daneben werden braune heiße Butter und Senf ſowie kleine runde Salzkartoffeln gereicht.

Forellen

½ Kilo Forellen lebend, 125 Gramm friſche Butter, Wurzelwerk, Zitrone, Salz, Waſſer

Die lebenden Forellen werden bis kurz vor dem Kochen in ſprudelndem Waſſer gelaſſen. Zum Schlachten nimmt man ſie raſch heraus, legt ſie — den Bauch nach oben — in die mit einem Tuche bewaffnete linke Hand, entfernt mit einem ſchnellen Schnitt die Eingeweide und wirft ſie in heißes Waſſer, das langſam zum Kochen gebracht wird. Sobald das Waſſer kocht, werden ſie vorſichtig herausgenommen und auf einer Schüſſel mit krauſer Peterſilie und Zitronenſcheiben ſerviert. Dazu wird friſche Butter gereicht. — Sämtliche Forellenrezepte gelten auch für Saibling und Äſche.

Forellen, blau

½ Kilo Forellen, Eſſig, Wurzelwerk

Die Forellen werden, wie alle Fiſche, die „blau" werden ſollen, nicht geſchuppt, ſondern nur ausgenommen. Sie werden dabei ſo wenig wie möglich mit der Hand berührt und am beſten auf ein feuchtes Küchenhandtuch gelegt. Dann werden ſie nebeneinander in eine tiefe, gut paſſende Schüſſel gelegt, mit kochendem Eſſig übergoſſen und ſo ¼ Stunde möglichſt in Zugluft geſtellt. Durch das Übergießen mit dem kochenden Eſſig werden die Fiſche blau, ſie dürfen aber nicht viel berührt werden. Dann wird genügend Waſſer im Fiſchkeſſel mit Salz, 1 Zwiebel, 1 Lorbeerblatt, einigen Pfefferkörnern, Nelken und 1 Glas Eſſig aufgekocht, während es kocht, die Forellen nebſt dem Eſſig hineingeſchüttet, gut zugedeckt und auf heißer Stelle nach einmaligem Aufſtoßen zum Garziehen geſtellt. Die Fiſche werden auf erwärmter Schüſſel, mit Peterſilienſträußchen geſchmückt, angerichtet, und entweder friſche, in Förmchen gedrückte Butter oder auch geſchmolzene Butter dazu gereicht.

Forellen in Tokayer (ungariſch)

½ Kilo Forellen, 1 Flaſche Tokayer, 1 Lorbeerblatt, Rosmarin, Muskatblüte, Safran, Salz, etwas Butter, 1 Löffel Mehl, 1 Zitrone

Die ausgenommenen, gewaſchenen und abgetrockneten Forellen werden auf dem Rücken auf beiden Seiten etwas eingekerbt, mit Salz beſtreut, in eine Kaſſerolle gelegt, mit Tokayer übergoſſen, daß ſie gerade mit Flüſſigkeit bedeckt ſind, und mit 1 Lorbeerblatt, Rosmarin, Muskatblüte, Salz und einer Meſſerſpitze Safran beſtreut. In dieſem Weinſud müſſen die Fiſche auf ſehr gelindem Feuer gar ziehen, worauf ſie herausgenommen und auf erwärmter Schüſſel warmgehalten werden, während die Brühe durch ein Sieb gerührt, mit etwas in Mehl gerollter frischer Butter und dem Saft einer Zitrone verkocht und über die Fische gefüllt wird.

Gebackene Forellen (österreichisch)
Forellen, Salz, Mehl, geriebene Semmel, Schweinefett

Hierzu verwendet man kleine Forellen, die nicht zerteilt, sonst jedoch genau wie die gebackenen Karpfen behandelt werden. Die Forellen werden sauber gewaschen, ausgenommen und mit Salz bestreut 1 Stunde liegen gelassen. Nach dieser Zeit dreht man den Fisch in einem Gemenge von Mehl und geriebener Semmel, bis er ganz davon bedeckt ist, und backt ihn in heißem Schweinefett schön hellbraun. Jeder Fisch wird mit 1 Zitronenscheibe garniert. Man kann den Fisch auch zuerst in Mehl, dann in gequirlten Eiern und zum Schluß erst in geriebener Semmel wälzen, ehe er gebacken wird.

Huchenschnitzel (österreichisch)
Huchen (Donaulachs), Salz, Pfeffer, Butter, weiße Fleischbrühe, Zitronensaft, Sardellenbutter, Kräuterbutter

Von dem Fleisch eines schönen Huchens werden Filets geschnitten, diese mit Salz und Pfeffer bestreut und auf ein Stück frische Butter in eine Pfanne gelegt, die man mit Papier bedeckt. Knapp vor dem Anrichten stellt man die Pfanne auf Kohlenfeuer, brät die Fischschnitzel erst auf einer, dann auf der anderen Seite schnell ab und legt sie auf eine heiße Schüssel. In die Butter gibt man etwas weiße Fleischbrühe, Zitronensaft, ein wenig Sardellen- und Kräuterbutter, kocht den Saft auf und gießt ihn über die Schnitzchen.

Der Aal

Der dunkelfarbige, durch seinen langgestreckten Körper an eine Schlange erinnernde Fisch ist in fast allen unseren Gewässern zu Hause. Über die Beliebtheit des Aales in frischem wie in geräuchertem Zustande ist hier kein Wort weiter zu verlieren; sein Fleisch ist sehr fett und von bekanntem Wohlgeschmack. Leider steht er recht hoch im Preise!

Aal zu töten und vorzurichten

Wer sich den Aal nicht gleich beim Fischhändler töten lassen will, kann dies mit ein wenig Geschicklichkeit und ein paar sicheren Griffen leicht selbst tun, ohne sich und das Tier dabei unnötig zu quälen. Man greift den Aal mit einem rauhen Tuch am Kopf, möglichst ihm die Kiemen dabei zurückdrückend, schlägt mehrmals auf den Kopf, daß er betäubt ist, und sticht nun mit einem spitzen Messer dicht hinter dem Kopf ins Rückgrat hinein, die Wirbelsäule durch scharfen Schnitt und Umdrehen des Messers vom Kopfe trennend. Wird der Aal abgezogen, so wird er an einer Schnur aufgehängt und nach den beiden Abbildungen hier behandelt. Man kann den Aal nun auf zweierlei Art ausnehmen. 1. Man nimmt ihn wie jeden andern Fisch aus, indem man das Darmende löst und nun den Fisch bis zum Kopf aufschlitzt, das Messer möglichst flach führend, damit die Galle nicht verletzt wird, die dem Fisch einen bitteren Geschmack geben würde. Nach dem Ausnehmen wird der Fisch in beliebige Stücke geschnitten, gewaschen und verwendet. 2. Durch andere Art teilt man sich den Aal durch Einritzen in die Haut in die gewünschten Stücke, löst das Darmende, schneidet dann vorsichtig die eingeritzten Stücke rundherum bis zu den Eingeweiden sowie die Rückgräte durch, löst das Innere vorsichtig an den Wandungen und zieht dann mit dem Kopf die ganzen zusammenhängenden Eingeweide heraus. Man hat auf diese Art dicke Stücke, die weniger leicht zerkochen.

Das erste Stück nach dem Kopf darf nicht zu klein werden (je nach der Größe des Fisches 2—3 Finger breit), weil man sonst beim Schneiden auf die Galle treffen würde. Auf diese Art ausgenommen, ist der Aal besonders für Gallerte geeignet.

Hamburger Aalsuppe

1 Kilo Aal, 1 Liter gute Rinderbrühe, 1 kleiner Selleriekopf, 1 mittelgroße Mohrrübe, 2 Porreestangen, 1 mittelgroße Petersilienwurzel, 1—2 Suppenteller junge grüne Erbsen, Petersilie, Salbei, Thymian, Bohnenkraut, 1 Handvoll Portulak, ½ Kilo Birnen, Weißwein, Zucker, Zitronenschale, ½ Liter Essig, ½ Liter Wasser, Schalotten, Nelken, Salz, Pfefferkörner, Zitronensaft, 3 Eigelb, 1 Portion kleine Semmelklöße, 1 Mehleinbrenne

Die berühmte, furchtbar komplizierte Hamburger Aalsuppe wird am besten in drei Abteilungen hergestellt. 1. A b t e i l u n g: Die Rinderbrühe wird mit dem Sellerie, der Mohrrübe, dem Porree, der Petersilienwurzel, den Erbsen, der Petersilie, der Salbei und dem Thymian 30—35 Minuten aufgekocht, dann mit einer Mehleinbrenne vermischt, in der Bohnenkraut und Portulak dünsteten, und abermals 10—15 Minuten durchgekocht. 2. A b t e i l u n g: Der Aal wird gehäutet, in Stücke geschnitten, 1 Stunde eingesalzen beiseite gestellt, mit ½ Liter Essig, ½ Liter Wasser, den Schalotten, Nelken, Pfefferkörnern und Salz aufgesetzt und ¼ Stunde auf gelindem Feuer durchgekocht. 3. Abteilung: Beide Abteilungen werden zusammengetan, mit 3 Eigelb abgezogen, mit Zitronensaft abgeschmeckt und in die Terrine gefüllt, wo die in Weißwein, Zucker und Zitronenschale gedünsteten Birnen warmstehen. In die Suppe kommen noch die Semmelklöße, und dann wird sie so verspeist, daß man entweder alles zusammen ißt oder die Hälfte der Semmelklöße und Birnen neben der Suppe reicht.

Aal in Bier (märkisch)

1 Aal (etwa 1 Kilo), 2 kleine Flaschen Berliner Weißbier, 4—5 kleine Zwiebeln, Lorbeerblatt, Gewürz, Salbei, Salz, 1 Stück Butter, 1 Löffel Mehl

Der Aal wird gut gereinigt, gehäutet und ausgenommen, mit 4—5 kleinen geschälten Zwiebeln, Salz, Lorbeerblatt, Salbei und Gewürz in eine Kasserolle gelegt, mit so viel Weißbier übergossen, daß er gerade mit der Flüssigkeit bedeckt ist, und muß auf schwachem Feuer garziehen. Zuletzt wird ein Stückchen frische Butter dazugefügt und die Brühe mit 1—2 Löffel in Wasser verquirltem Kartoffelmehl sämiggekocht und abgeschmeckt. Dazu Salzkartoffeln und Gurkensalat.

Gebackener Aal (norddeutsch)

1 Kilo Aal, 2 Eier, 250 Gramm Backfett, geriebene Semmel, Zitronenscheiben

Der vorbereitete, enthäutete Aal wird in Stücke geschnitten, in siedendem gesalzenem Wasser aufgekocht und dann auf einem Siebe abgetropft. Sobald sie trocken abgelaufen sind, werden die Stücke in zerquirltes Ei getaucht, in geriebener, recht fein gesiebter Semmel gewendet, in heißem Fett (möglichst schwimmend) zu schöner goldbrauner Farbe gebacken, auf erwärmter Schüssel geordnet, mit Zitronenscheiben garniert und Remouladensoße dazu gereicht.

Aal, grün

1 Kilo Aal, Essig, Wurzelwerk, Kräuter, Salz, Zwiebeln, Gewürz, Petersilie, Zitronenscheiben

Der gehörig vorbereitete und mit Salz abgeriebene Fisch wird in Stücke zerschnitten, die mit heißem Essig übergossen, in siedendem Wasser einmal aufgekocht, dann herausgenommen, in eine andere Kasserolle gelegt, mit Wasser, Salz, zerschnittenen Zwiebeln, Wurzelwerk, Lorbeerblättern, Gewürz, Salbei, Thymian und Estragon bestreut, 12—15 Minuten aufgekocht und dann noch ein Weilchen zum Ziehen gestellt. Die Aalstücke werden auf erwärmter Schüssel mit Petersilie und Zitronenscheiben angerichtet und entweder mit Essig und Öl oder einer Kapern- oder Meerrettichsoße gereicht.

Saurer Aal

1 Kilo Aal, ¾ Liter Essig, Zitrone, Kräuter, Gewürz, Salz, Zwiebel

Der Aal wird kräftig mit feinem Sand und Salz abgerieben, bis er blau aussieht, dann gewaschen, ausgenommen, ausgewischt, in Stücke geschnitten und auf der Haut hier und dort mit einer spitzen Gabel zerstochen. Dann werden die Stücke in einer Kasserolle geordnet und mit so viel gutem Essig überfüllt, daß sie oben bedeckt sind. Dazu fügt man Salz, Zitronenscheiben ohne Kerne, einige kleine geschälte Zwiebeln oder Schalotten und Gewürzkörner, läßt alles unter öfterem Schäumen 15—20 Minuten leise kochen, schüttet die Aalstücke nebst der Brühe in eine Terrine oder einen Steintopf, läßt sie erkalten und deckt sie fest bis zum Gebrauch zu.

Vorrichten des Aals

1. Die linke Hand hält den Aal, die rechte macht mit einem spitzen Messer einen Einschnitt unter dem Kopf

Aal in Gelee

1 Kilo Aal, ½ Zitrone, 3—4 Schalotten oder 1 Zwiebel, 10 Gramm Salz, 3 Lorbeerblätter, 6 Pfefferkörner, ¼ Liter Essig, Petersilie, Thymian, Basilikum, Gelatine, etwas Speisefarbe oder Extrakt, zum Klären 2 Eiweiß und die Eierschalen

Am geeignetsten ist ein mittelstarker, nicht zu fetter Aal. Er wird gut gesäubert, in Stücke geschnitten, dann mit Salz, Essig, Kräutern, Zwiebel, Zitronenscheiben, Gewürzen und dem nötigen Wasser (der Fisch soll gerade bedeckt sein) erhitzt. Wenn er kurz vor dem Kochen ist, wird er etwa ¼ Stunde zum Garziehen an die Herdseite gestellt. Dann wird der Aal herausgenommen, muß abtropfen, während die Brühe noch einkochen, dann nach dem Entfetten abkühlen muß. Auf 1 Liter Flüssigkeit rechnet man 25 Gramm Gelatine, die gewaschen zur Fischbrühe gegeben wird. Soll der Gallert geklärt werden, so fügt man zwei zu leichtem Schnee geschlagene Eiweiß sowie die gereinigten, fein zerdrückten Eierschalen zu der lauwarmen Fischbrühe und läßt nun alles unter Rühren langsam zum Kochen kommen. Wenn sich Flöckchen bilden, was nach kaum 5 Minuten der Fall ist, wird der Topf zugedeckt an die kühle Herdseite gestellt. Nach etwa 10 bis 15 Minuten hat sich die Brühe geklärt: der durch das Kochen geronnene Eiweißschnee hat alle Unreinigkeiten an sich gerissen. Man seiht nun die Brühe durch einen Geleebeutel oder durch Fließpapier, nachdem sie nochmals auf Säure abgeschmeckt ist. Warm darf der Gallert reichlich sauer sein, weil er erkaltet weniger scharf schmeckt. Der geklärte Aspik wird nun über die Aalstücke in eine Glasschale gegossen, oder man gießt sich in ein Sturzglas einen „Spiegel", d. h. eine dünne Schicht Aspik, die man auf Eis oder in der Kälte erstarren läßt. Wenn fest geworden, werden in hübsche Muster ausgeschnittene Gurken, Mohrrüben, auch Kapern gelegt, darüber wieder eine dünne Schicht Gallert gefüllt und erst, wenn diese steif geworden ist, die Aalstücke. Darüber kommt wieder Gallert. Durch Eintauchen in warmes Wasser mit daraufgelegtem Teller ist das Gelee zu stürzen. Im Sommer sind Gallertspeisen schwer ohne Eis herzustellen. Andere Fische lassen sich auf die gleiche Weise behandeln. Man gibt gern Bratkartoffeln, auch Remouladen- und Mayonnaisensoße dazu.

Spickaal

Der Aal wird gut abgerieben, gewaschen, ausgenommen und mit einer Mischung von einer Handvoll Salz mit 10 Gramm Salpeter gehörig eingerieben, 4—5 Tage an kühlem Ort in einer Porzellanschüssel aufbewahrt und dann einige Tage in nicht zu warmen Rauch gehängt, wo er goldbraun werden muß. Wer keine Rauchkammer hat, hilft sich, indem ein kleiner Herd von Backsteinen gemacht wird. Auf diesen Herd schichtet man die trocknen Sägespäne zum Räuchern. Auf die Backsteine stellt man eine oben und unten offene große hölzerne Tonne, legt eine Stange oben quer über, befestigt an dieser den Aal, so daß er im Innern der Tonne nicht zu nah über dem Rauch hängt und deckt, wenn das Feuer aus ist und sich nur noch Rauch entwickelt, eine alte Sackleinwand über die obere Öffnung.

Der Zander

Der Zander gehört zu den Stachelflossern, ist also eine Barschart. Er kommt in ganz Deutschland in Flüssen und Seen vor.

Zander, gekocht

1 Zander, Salz, evtl. 1 Fischsud

Der Fisch wird geschuppt, ausgenommen, gewaschen, 1—2 Stunden

Vorrichten des Aals

2. Die rechte Hand packt den Aal am Kopf, während die linke, mit einem Tuch bewaffnet, die Haut mit kräftigem Ruck herunterzieht

eingesalzen an einen kühlen Ort gestellt, sodann im Fischkessel mit Wasser und Salz angekocht und vom offenen Feuer fort auf die heiße Stelle gestellt, wo er noch ungefähr 30—40 Minuten garziehen muß. Auf andere Art wird zuerst ein Fischsud bereitet, indem Wasser mit Salz, Gewürz, Zwiebeln, Lorbeerblatt, nach Belieben auch etwas zerschnittenem Wurzelwerk und einem Kräutersträußchen eine kleine Stunde gekocht, dieser Sud dann durch ein Sieb gegossen und zum Erkalten gestellt wird. Der Fisch wird mit der erkalteten Brühe im Fischkessel aufgesetzt, zum Kochen gebracht und gargekocht. Der Fisch wird auf erwärmter Schüssel angerichtet und mit einer der folgenden Soßen gereicht: Sardellen-, Holländische, Senf-, Kräuter-, Krebs- oder Trüffelsoße. Vielfach wird auch nur zerlassene Butter und Senf oder in zerlassener Butter verrührter Senf daneben gereicht.

Zander, überbacken

1 Kilo Zander, Petersilie, Schalotten, Champignons, 180 Gramm Parmesankäse, 60 Gramm Sardellen, 125 Gramm Butter

Der Zander wird aus Haut und Gräten gelöst und in zwei gleiche Teile geteilt. Aus der einen Hälfte werden gleichmäßige Stücke geschnitten, die, leicht gesalzen, beiseite gestellt werden; die zweite Hälfte wird fein gehackt und mit fein gehackten, in Butter gargedünsteten Schalotten, Champignons und Petersilie, etwas Sardellenbutter, Parmesankäse und geriebener Semmel zu einem feinen pikanten Teig abgerührt. Der Boden einer feuerfesten Tonform oder Schüssel wird mit Butter bestrichen, ebenso der innere Rand. Auf den Boden wird eine Schicht des Fischteigs gestrichen, darauf kommt eine Lage Zanderstücke, dann wieder Fischteig und Zanderstücke, bis aller Vorrat verbraucht ist. Die oberste Teigschicht wird mit geriebener Semmel und Parmesankäse bestreut und mit zerlassener Butter oder zerlassener Krebsbutter beträufelt und die Masse bei guter Oberhitze, evtl. auf einem Stein stehend, zu schöner Farbe gebacken. Die Form wird ohne Soße oder mit Sardellen- oder Krebssoße aufgetragen. Man gibt den Zander auch mit Champignonsoße in Teigrand oder gebacken mit Kräuterbutter.

Schill oder Fogosch auf dem Rost gebraten (österreichisch)

Schill, Salz, Pfeffer, Mehl, Butter, geriebene Semmel, Zitronenscheiben

Der geschuppte, gereinigte Fisch wird der Länge nach in zwei Teile geschnitten, von den großen Gräten befreit und jede Hälfte in drei Finger breite Stücke zerteilt. Die Fischfilets werden mit Salz und Pfeffer eingerieben, leicht in Mehl gedreht, in zerlassene Butter getaucht und mit geriebener Semmel bestreut;

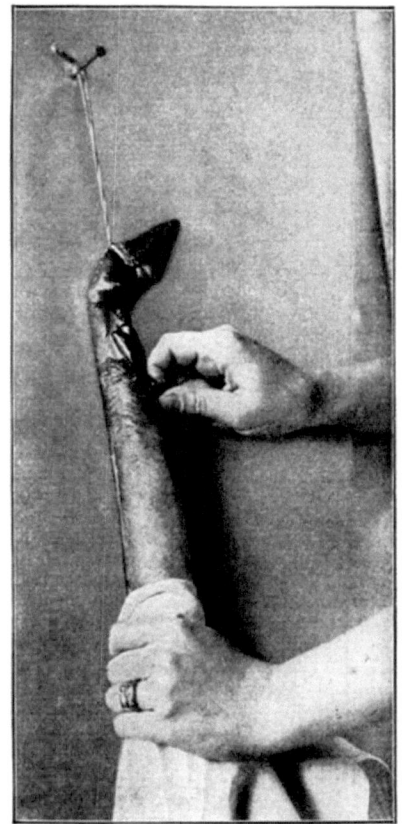

Vorrichten des Aals

3. Das Genick ist durchschnitten, und der Aal wird jetzt unten weggezogen, während der Kopf mit den Eingeweiden am Nagel hängenbleibt

eine halbe Stunde vor dem Gebrauch werden sie auf dem Rost bei mittelstarker Glut auf beiden Seiten schön lichtgelb gebraten, mit Zitronenscheiben belegt und mit pikanter Soße zu Tische gebracht.

Petersilienzander

1 Kilo Zander, Petersilienwurzel, Zwiebeln, Petersilie, 60 Gramm Butter, Salz, Pfeffer- und Gewürzkörner, Nelken, Muskatblüte, 1 Löffel Mehl

Der Fisch wird gut gereinigt, ausgenommen, nach Waschen und Abtrocknen in Stücke zerteilt und in eine mit Butter bestrichene Kasserolle auf eine Unterlage von zerschnittenen geschälten Petersilienwurzeln und Zwiebelscheiben gelegt. Dazu werden Salz, Pfeffer und Gewürzkörner, Nelken und etwas Muskatblüte gefügt, alles mit kaltem Wasser übergossen und der Fisch auf gelindem Feuer darin langsam fast weichgekocht. Dann werden 3—4 Löffel gehackte Petersilie dazugefügt, der Fisch vollends gargedämpft, die Brühe, nachdem der Fisch herausgenommen ist, mit in Butter gelb- und gargedünstetem Mehl verkocht, nach Belieben durch ein Sieb gerührt und über den Fisch gegossen.

Schill mit Mayonnaise (österreichisch)
Schill, Weißwein, Wasser, Salz, Pfeffer, Zwiebel, Mayonnaise, Zitronenscheiben, eventuell Kaviar oder Gurken und Schwämme

Man gibt in eine tiefe Kasserolle 1 Liter leichten Weißwein, ½ Liter Wasser, etwas Salz, Pfeffer und eine blättrig geschnittene Zwiebel und läßt dies gut verkochen. In der siedenden Flüssigkeit wird der gereinigte Fisch weichgekocht und mit dieser erkalten gelassen. Man garniert entweder den ganzen Fisch mit Mayonnaise und legt rund um die Schüssel Zitronenscheiben, auf die man etwas Kaviar häuft, oder man zerteilt den Schill in schöne, gleichmäßig große Stücke, dreht diese in Mayonnaise und gibt eingelegte, kleine Gurken und Schwämme dazu.

Die übrigen Fische

Sterlet
½ Kilo Sterlet, Salz, Ei, Mehl oder geriebene Semmel, 100 Gramm Butter, 2—3 Löffel saure Sahne, 1—2 Zitronenscheiben, 1 Löffel Kapern

Aus dem Rogen des Sterlets wird der feinste Kaviar gewonnen, der früher kaum in den Handel kam, sondern für den russischen Kaiserhof und die russische Hofgesellschaft reserviert wurde. Als Speisefisch tritt er ebenfalls fast nur in Rußland auf, da sein hoher Preis ihn für andere Haushaltungen unerschwinglich macht. Er wird in Rußland nach sorgfältigem Zurechtmachen, Ausnehmen und Reinigen mit Salz bestreut, etwa ¼ Stunde beiseite gestellt, abgetrocknet, mit Ei bestrichen, mit Mehl oder geriebener Semmel bestreut und in zerlassener, gelbgemachter Butter in der Bratpfanne bei fleißigem Überfüllen schön gargebraten. Gegen Ende der Bratzeit werden ein paar Löffel dicke saure Sahne, einige entfernte Zitronenscheiben und 1 Löffel Kapern dazugefügt.

Gebratener Hausen
1 oder mehrere schöne Fischstücke, 100 Gramm Butter, geriebene Semmel, 1 Zitrone

Die gut vorbereiteten Fischstücke werden sehr fett mit feiner Butter bestrichen, mit fein gesiebter, geriebener Semmel bestreut und entweder auf dem Rost oder auf der Pfanne in Butter bei fleißigem Begießen mit Butter gebraten, auf eine erwärmte Schüssel gelegt und mit Zitronenvierteln garniert.

Gebackene Maräne
1 Portion Maränen, Salz, Zitronensaft, 1—2 Glas Moselwein, Ei, Mehl, geriebene Semmel, Bratfett

Die gut gereinigten und sorgfältig ausgenommenen Fische werden leicht gesalzen, mit Zitronensaft beträufelt, mit Moselwein besprengt und 1—1½ Stunde beiseite gestellt. Dann werden sie vorsichtig abgetrocknet, in Mehl, Ei und geriebener Semmel gewälzt und in heißem Fett goldgelbgebacken.

Alant, gebraten
1 Kilo Alant, 1 Ei, 200 Gramm Butter, ⅛ Liter saure Sahne, geriebene Semmel

Der Fisch wird geschuppt, ausgenommen, in Stücke geschnitten, 2 Stunden beiseite gestellt, abgetrocknet, in Ei und geriebener Semmel gewendet und in gebräunter Butter auf beiden Seiten zu schöner Farbe gebraten. Wenn der Fisch aus der Pfanne genommen ist, wird die Bratbutter mit etwas saurer Sahne verkocht und abgeschmeckt.

Karauschen mit Dill
1 Kilo Karauschen, Wurzelwerk, Gewürz, Dill, 60 Gramm Butter, Sahne, 1 Löffel Mehl, 1 Messerspitze weißer Pfeffer

Die gut vorbereiteten ausgenommenen Fische werden 1 Stunde vor dem Kochen mit Salz bestreut, abgetrocknet, in Salzwasser nebst 1 Zwiebel, zerschnittener Petersilienwurzel und Sellerie, Lorbeerblatt, Gewürz- und Pfefferkörnern und 1 Eßlöffel Butter zum Kochen gebracht, zum Garziehen auf die heiße Stelle gerückt. Dann werden sie herausgenommen. Ein Teil der Fischbrühe wird durch ein Sieb gegossen, mit etwas in Butter gar- und abgedünstetem Mehl, etwas Sahne und 1—2 Eßlöffel gehacktem frischem Dill, nach Belieben auch etwas gehackter Petersilie und 1 Messerspitze weißem Pfeffer verkocht, abgeschmeckt und neben den auf erwärmter Schüssel angerichteten Fischen gereicht.

Barbe, gebraten
1 Kilo Barbe, 125 Gramm Butter, Salz, Mehl

Der gut gereinigte und ausgenommene Fisch wird in Stücke geschnitten (die großen Stücke noch gespalten), gesalzen, abgetrocknet, in Mehl gewendet, in ganz heiße Butter, die gekocht hat und nicht mehr kröscht, gelegt und darin schnell auf beiden Seiten recht kroß gebraten. Gebratene Barbe wird vielfach zu Bohnen und Äpfeln oder zu Kartoffelsalat gereicht.

Plötzen
1 Kilo Plötzen, Salz, Wurzelwerk, Gewürz,
1 Zitronensoße

Größere Fische werden nach sorgfältigem Reinigen und Ausnehmen mit Salz bestreut, 1 Stunde beiseite gestellt, dann in Salzwasser mit Wurzelwerk und Gewürz langsam weichgekocht und mit einer Zitronensoße gereicht. Kleinere Fische werden nach dem Reinigen und Ausnehmen gleichfalls gesalzen, nach 1—1½ Stunde abgetrocknet, in Mehl gewendet und in gebräunter Butter gebraten, dann zu Gemüse oder zu Kopfsalat gereicht.

Stinte, gekocht
1 Portion Stinte, 1 Fischsud, 1 saure Speck- oder Kümmelsoße

Die Fische werden gut gereinigt, ausgenommen, gewaschen und abgetrocknet. Der Fischsud wird aus genügendem Wasser nebst Salz, Essig, Zwiebel, Gewürz und Kümmelkörnern ½ Stunde gekocht und durch ein Sieb gegossen. Die Fische werden hineingelegt, zum Kochen gebracht, einige Minuten gekocht, dann zum Garziehen auf die heiße Stelle gestellt, auf einen Durchschlag zum Ablaufen gelegt, auf heißgemachter Schüssel angerichtet und mit einer sauren Speck- oder Kümmelsoße überfüllt.

Stinte mit saurer Sahne
1 Portion Stinte, Salz, Pfeffer, Gewürz, Zwiebel, 60—70 Gramm Butter, 1 Tasse saure Sahne, 1 Löffel Mehl

Die gut gereinigten Fische werden mit Salz, Pfeffer, Gewürzkörnern und fein gehackter Zwiebel bestreut, ½ Stunde beiseite gestellt, dann abgetrocknet, mit 60—70 Gramm zerlassener Butter, 1 Obertasse saurer Sahne und etwas Wasser in eine Kasserolle getan, rasch auf hellem Feuer gargekocht, herausgenommen und warmgehalten, während die Soße mit etwas in wenig zurückgelassener saurer Sahne verquirltem Mehl verkocht, abgeschmeckt und über die Fische gefüllt wird.

Ukelei, gebacken
1 Portion Ukelei, Salz, Mehl, Ei, geriebene Semmel, 1 Portion Backfett, evtl. 1 Specksoße

Die Fische werden gesäubert, leicht gesalzen, in Mehl gewälzt, in geschlagenem Ei, zuletzt in geriebener Semmel gewälzt und in genügendem, gut erhitztem Backfett zu schöner goldbrauner Farbe gebacken. Sie können mit der Bratbutter oder auch mit einer für sich bereiteten säuerlichen Specksoße angerichtet werden.

Schmerlen, gekocht
1 Portion Schmerlen, ½ Flasche Weißwein, Salz, 1—2 Lorbeerblätter, Pfeffer- und Gewürzkörner, Essig, Öl oder 1 holländische Soße

Die gut gesäuberten und ausgenommenen, gewaschenen und abgetrockneten Fische werden mit etwas Weißwein besprengt und fortgestellt. Inzwischen wird von halb Weißwein und halb Wasser nebst Salz, Lorbeerblättern, Pfeffer- und Gewürzkörnern eine Brühe bereitet und zum Kochen gebracht. Sobald sie siedet, werden die Fische hineingelegt, einmal aufgekocht und auf die heiße Stelle gestellt, um dort noch 10—15 Minuten zu ziehen. Dann werden sie vorsichtig herausgenommen, auf eine erwärmte Schüssel gelegt und mit Essig und Öl oder mit holländischer Soße gereicht.

Fischsülze
1 Portion Fischfleisch, 1 Liter Essig, 1 Fischsud, Zitronensaft, Gelatine

Zu Fischsülze kann man jeden beliebigen See- oder Flußfisch nehmen. Man zieht aber dabei natürlich solche, die die wenigsten Gräten besitzen und sich mühelos entgräten lassen, vor. Die gut aus Haut und Gräten gelösten, möglichst gleichmäßigen, nicht zu großen Stücke werden mit heißem Essig übergossen und ein Weilchen beiseite gestellt. Inzwischen wird von etwas Weißwein, mildem Essig, einigen entfernten Zitronenscheiben, Nelken, Lorbeerblatt, Muskatblüte und Salz ein Sud gekocht. Die Fischstücke werden hineingelegt, auf gelindem Feuer gargekocht, vorsichtig mit dem Schaumlöffel herausgenommen und mit Zitronensaft bespritzt. Die gut eingekochte Brühe wird durch ein sehr sauber gespültes, mehrere Stunden eingewässertes Mulltuch gegossen und gemessen. Auf je ¼ Liter werden 4—5 Gramm Gelatine gerechnet, die mit heißem Wasser und Essig aufgelöst, gut verquirlt und zu der Brühe gemischt werden. Die Fischstücke werden in Würfel geschnitten, in eine Schale oder Form gelegt, die Brühe darübergefüllt und alles zum Erkalten in einen kühlen Raum oder in den Eisschrank gestellt. Es wird Essig und Öl oder auch Remouladensoße dazu gereicht.

Fischgulyás (österreichisch)
Stücke vom Karpfen, Scheiden, Hecht, Stör, Salz, Paprika, Schweinefett, Zwiebel, Wasser

Von geschuppten, ausgenommenen, jedoch nicht gewaschenen Fischen schneidet man kleine, viereckige Stücke, bestreut sie mit Salz und Paprika und gibt sie mit dem ganzen blutigen Saft in heißes Fett, mit viel fein gehackter, gelbgerösteter Zwiebel. Wenn die Fischstücke Farbe haben, schüttet man so viel Wasser darauf, daß sie bedeckt sind, und läßt das Ganze zu einer suppigen Speise, ohne es umzurühren, verkochen. Am wohlschmeckendsten wird die Speise, wenn man mehrere Gattungen Fische verwendet, wie Karpfen, Scheiden, Hecht oder Stör.

Kaviar, Froschkeulen und anderes für Feinschmecker

Der vorzüglichste und feinste Kaviar kommt vom Sterlet; doch hat man auch Kaviar vom Stör und Hausen. Je heller das Kaviarkorn, desto wertvoller ist der Kaviar.

Außer dem echt russischen Kaviar hat man auch den geringeren, kleinkörnigen, dunkeln, sogenannten Elbkaviar, der natürlich viel wohlfeiler ist. Am wenigsten geschätzt ist der rötliche Kaviar der Meeräsche, des Zanders und des Thunfisches.

Kaviar soll angenehm, mild=pikant schmecken und darf keinen tranigen Beigeschmack haben. In Rußland werden Kaviarschnitten oft als Appetitreizung zu Beginn des Mittagessens gereicht, in Deutschland meist nach der Suppe als hors d'œuvre. Ferner serviert man ihn in Rußland zu den dort allgemein beliebten Blini, d. h. kleinen warmen Buchweizenpfannkuchen.

Kaviarsoße
1 Portion Kaviar, 3—4 Eidotter, Öl, Essig

3—4 hartgekochte Eidotter werden, solange sie noch warm sind, durch ein Haarsieb gestrichen und mit feinstem Öl, etwas Essig und Kaviar nach Geschmack verrührt und zu feinen Fischen gereicht.

Kaviarschnitten
1 Portion Kaviar, 1 Portion Semmelschnitten, feinste ungesalzene Butter, 1 Zitrone

Kleine, nach Belieben vorher geröstete oder auch frische Weißbrotschnitten werden mit feinster Butter und dann mit Kaviar bestrichen, wozu man sich keines Stahlmessers, sondern eines Hornmessers bedienen muß. Die Schnitten werden auf eine Schüssel gelegt und mit Zitronenvierteln garniert.

Froschkeulen, gebacken
1 Portion Froschkeulen, Salz, Pfeffer, Zitronensaft, Ei, geriebene Semmel, 100 Gramm Butter

In den meisten Fällen werden die eßbaren Frösche (der einzige eßbare Frosch ist der grüne Wasserfrosch, Rana esculenta) schon kochfertig zurechtgemacht verkauft. Sonst wird der frisch geschlachtete Frosch abgehäutet, die Keulen abgeschnitten und das übrige fortgetan. Die Keulen werden gewaschen, abgetrocknet, mit Salz und Pfeffer bestreut, mit Zitronensaft beträufelt und zu 1 Stunde beiseite gestellt. Dann werden sie wieder abgetrocknet, in Ei und geriebener Semmel gewendet und in gebräunter reichlicher Butter zu schöner Farbe gebacken.

Fischotterbraten
1 Fischotter, 1 Marinade, 200 Gramm Butter, 1 Serie Kräuter und Gewürz, ¼ Liter Weißwein, ⅛ Liter Essig, 1 Löffel Mehl, Zitronensaft

Der abgehäutete Fischotter wird sorgfältig ausgenommen, gewaschen, von Kopf, Schwanz und Füßen befreit, 1 Stunde gewässert, abgetrocknet und in eine aus Essig mit Zwiebeln, Majoran, Thymian, Salbei, entfernten Zitronenscheiben, Lorbeerblättern, Nelken und Pfefferkörnern gekochte Marinade gelegt. 2 bis 3 Tage soll der Fischotter darin bleiben; er wird dann abgetrocknet, mit 200 Gramm zerlassener Butter in eine Pfanne gelegt, mit 2 Zwiebeln, 1 Lorbeerblatt, Zitronenscheiben, etwas Essig, Salz, Pfeffer= und Gewürzkörnern versehen und im Ofen unter fleißigem Begießen weichgebraten. Sobald das Fleisch sich zu bräunen beginnt, werden ¼ Liter Weißwein und ⅛ Liter Essig an die Soße gegossen, diese durch ein Sieb gerührt, mit etwas in Butter braungedünstetem Mehl sämiggemacht und nach Belieben entweder mit Zitronensaft oder mit gehackten Sardellen, klein geschnittenen Essig= oder Salzgurken, weichgedämpften Pilzen und 1 kleinen Glase Madeira verkocht.

Biberschwanz
1 Biberschwanz, Salz, Essig, Ei, geriebene Semmel

Der Biberschwanz, den manche für eine Delikatesse erklären, wird gut geschuppt, gereinigt, gewaschen, abgetrocknet, in halb Wasser, halb Essig und etwas Salz weichgekocht, herausgenommen und abgetropft. Dann wird er in Ei und geriebener Semmel gewendet, mit Butter begossen und auf dem Rost oder in der Pfanne im Ofen unter fleißigem Beträufeln zu schöner Farbe gebraten. Er dient entweder als Beilage zu gedämpftem Biberfleisch oder wird für sich mit Zitronenvierteln angerichtet.

Schildkrötensuppe
2 Schildkröten, 125 Gramm Butter, 1 zerschnittene Zwiebel, Sellerie, Mohrrübe, Petersilienwurzel, ½ Liter Brühe, 2 Liter Wasser, Salz, Muskatblüte, Cayennepfeffer, braune Grundsoße, 2 Glas Madeira

2 geschlachtete Schildkröten werden für einige Stunden in frisches Wasser gelegt. Dann werden die Schilde gut gesäubert und die Tiere in siedendem Salzwasser 15 bis 20 Minuten gekocht, bis sich die grüne Haut zwischen den Schilden löst. Nun werden 125 Gramm Butter zerlassen, eine zerschnittene Zwiebel, zerschnittener Sellerie, Mohrrübe und Petersilienwurzel hineingelegt, die Schildkröten daraufgetan, etwas Wasser oder

Brühe dazugegossen und alles langsam gekocht, bis sich am Boden brauner Satz bildet. Dann werden 2 Liter Wasser oder Brühe hinzugefügt und alles so lange recht langsam gekocht, bis die Schilde sich leicht ablösen lassen. Nun werden die Tiere herausgenommen, die Eingeweide fortgenommen und weggeworfen, das Fleisch in Stücke geschnitten, in eine andere Kasserolle gelegt und mit der ersten Brühe, die durch ein Sieb gerührt wird, überfüllt. Die Suppe wird mit Salz, Muskatblüte und Cayennepfeffer gewürzt und mit brauner Grundsoße und 2 Glas Madeira verkocht, bis das Fleisch weich genug ist. Beim Anrichten werden noch Fisch- oder Fleischklößchen hineingelegt.

Seefische

Bis vor wenig Jahrzehnten war der Seefischverbrauch in Deutschland noch erstaunlich gering; die weiter von den Küsten entfernt Wohnenden kannten eigentlich nur Salzhering, Bückling und Flunder; Luxusgerichte der „Oberen Zehntausend" waren Seezunge und Steinbutt. Das änderte sich, als die immer wachsende Ausdehnung des Eisenbahnnetzes schnellere Beförderungsmöglichkeiten schuf und seitdem der Fang in der Nordsee mit besonders zu diesem Zwecke gebauten kleinen Dampfern betrieben wurde. Allerdings mußte sich der billige Seefisch auch jetzt erst den Markt schrittweise erobern, denn das Publikum brachte ihm ein Mißtrauen entgegen, das an sich ganz unberechtigt und dadurch zum Teil erklärlich war, daß unsere Hausfrauen ihn nicht schmackhaft zuzubereiten verstanden und daß der oft recht schwerfällige Kleinhandel ihn leider häufig in wenig appetitlichem Zustande (womöglich vor dem Laden in der Sonne liegend) seiner Kundschaft anbot.

Was die Vorbereitung der Seefische für Topf und Pfanne anlangt, so merke man sich der Einfachheit halber die Regel von den vier S, die bedeutet: Säubern, Salzen, Säuern, Stehenlassen! Ist das Wetter kühl oder steht ein Eisschrank zur Verfügung, so tut man wohl daran, den gründlich gesäuberten (nicht gewässerten!) Seefisch bereits am Tage vor dem Gebrauch mit Salz einzureiben und mit Zitronensaft oder Essig zu beträufeln.

Der frische, grüne Hering ist einer der feinsten Fische überhaupt, von dem — wenn er richtig zubereitet ist — Kenner sagen, daß er sich selbst neben der hochedlen Bachforelle getrost sehen (soll heißen: essen) lassen kann.

In der Herstellung von Fischkonserven hat Deutschland bemerkenswerte Fortschritte gemacht. Ihre ständig zunehmende Beliebtheit ist auch dem Umstande zuzuschreiben, daß sie eben jederzeit tischfertig zur Hand sind und (z. B. mit gekochten Eiern) mancher Hausfrau die Sorge um ein rasch herzurichtendes Frühstück oder Abendbrot zerstreuen helfen.

Bemerkungen zu einzelnen Seefischen

Schellfisch: Da er feiner und demgemäß teurer ist als Kabeljau usw., so beachte man einige Merkmale, die ihn ohne weiteres kenntlich machen: Die Seitenlinie ist schwarz, ein ebensolcher Fleck befindet sich hinter und über der Brustflosse, also der Flosse, die hinter den Kiemen sitzt. Bartfaden kurz.

Kabeljau: Getrocknet heißt er Stockfisch, gesalzen und getrocknet Klippfisch, nur gesalzen (im feuchten Zustande) Laberdan. Kommt auch geräuchert in den Handel.

Scholle: Die Scholle ist gewöhnlich rot gefleckt. Von den Augen zieht sich nach hinten zu eine harte Leiste mit größeren, leicht fühl- und sichtbaren Höckern.

Rotzunge: Die Rotzunge muß besonders erwähnt werden, da sie oft in den Handel kommt. Sie gehört zur Gruppe der feineren Seefische. Man unterscheidet die echte Rotzunge oder Limande von der gewöhnlichen oder Hundszunge. Erstere ist rotbraun mit helleren Stellen, letztere graubraun, dünner und schlanker als jene.

Vorbereitungs- und Kochvorschriften für Seefische

Frische Fische zum Unterschied von Klippfisch, Salzfisch und Salzhering **nicht wässern**.

Nach dem Einkauf baldigst säubern, d. h. schuppen, vom Schwanz nach dem Kopfe zu, Kiemen, Eingeweide, innere graue Häute, das geronnene Blut entfernen und mit einer Wurzelbürste in kaltem Wasser gut abbürsten.

Ganz oder geteilt mit Salz einreiben, mit Essig oder Zitronensaft beträufeln und 2 bis 3 Stunden stehen lassen.
Der F i s ch s u d für Seefische muß vorher ½ Stunde mit Gewürz, Salz, Zwiebel, Wurzelzeug und Essig kochen. Dann gibt man den Fisch ins kochende Wasser und läßt ihn 15 bis 20 Minuten zugedeckt mehr garziehen als kochen.

Der Hering

Der frische Hering

Die frischen Heringe, die hin und wieder auch in großen Vorräten in das Binnenland kommen, müssen möglichst frisch zubereitet, mit peinlichster Sorgfalt geschuppt und gereinigt werden. Das Reinigen geschieht auf folgende Weise: Der Kopf wird abgeschnitten, längs des Bauchs mit sehr scharfem Messer ein Einschnitt gemacht, sämtliche Eingeweide herausgenommen und die innere dunkle Haut fortgeschabt. Dann werden sie sehr gut in öfter erneuertem Wasser gewaschen, abgetrocknet, eingesalzen und einige Stunden beiseite gestellt.

Frischer Hering, gekocht

15 frische Heringe, Essig, Butter, Meerrettich oder eine Petersiliensoße

Die Fische werden sorgfältig gereinigt, geschuppt und ausgenommen, gewaschen, abgetrocknet, mit Salz bestreut und 1—2 Stunden beiseite gestellt. Damit das Salz besser in die Fische einzieht, wird der Rücken einige Male mit einer starken Nadel oder Gabel gestochen. Die vorbereiteten Fische werden schnell in mildem Essig getaucht und in siedendes Wasser gelegt, in dem sie ungefähr 10—12 Minuten garziehen müssen. Sie werden, sobald sie gar sind, vorsichtig herausgenommen, auf eine erwärmte Schüssel gelegt und mit zerlassener Butter und geriebenem Meerrettich oder einer Petersiliensoße gereicht.

Gebackene frische Heringe

10 Heringe, 1 Ei, 1 Zitrone, 150 Gramm Butter oder Fett, Salz, Pfeffer, geriebene Semmel

Die gut vorbereiteten Heringe werden nach Waschen und Abtrocknen von Flossen, Kopf und Schwanz befreit, mit sehr wenig Pfeffer, etwas Salz und Zitronensaft gebeizt, 1 Stunde beiseite gestellt, abgetrocknet, in Mehl, dann in Ei, dann in geriebener Semmel gewendet und in erhitztem Fett schön goldbraun und kroßgebacken. Sie können mit Kopfsalat oder auch mit heißer Senfbutter angerichtet werden. Frische Kartoffeln oder Kartoffelsalat passen auch dazu.

Frische Heringe in Gelee

15 Heringe, Suppengrün, Gewürz, Zwiebeln, 1 Salzgurke, 1 Zitrone, 10 Blatt Gelatine, 1 Glas Weißwein, Essig, ½ Liter leichte Brühe

Die gut zurechtgemachten Heringe werden in Salzwasser, das vorher schon ½ Stunde mit Zwiebeln, Gewürz und Suppengrün gekocht hat, 8—10 Minuten gargekocht, dann herausgenommen und mit Gurken- und entfernten Zitronenschale in eine Porzellanschale oder einen Steintopf gelegt. Das Fischwasser ist durch ein feines Sieb gegossen und etwas eingekocht worden. Dann werden, wenn vorhanden, etwas leichte Brühe und 10 Blatt in lauwarmem Wein aufgelöste weiße Gelatine sowie etwas Estragonessig beigefügt und die Brühe so abgeschmeckt, daß das Gelee fein pikant, aber nicht zu scharf sauer wird. Es wird dann über die Heringe gegossen, die ganz damit bedeckt sein müssen. Nach 12—15 Stunden können die Heringe aufgetragen werden.

Marinierte Bratheringe (Pommersche)

15 Heringe, 125 Gramm Butter oder Fett, 1 Zitrone, Lorbeerblätter, Essig, Gewürz, Zwiebel, Kräuter

Die vorbereiteten Heringe werden abgetrocknet, in Mehl gewendet, in heißem Fett oder Butter auf der Stielpfanne schön braun auf beiden Seiten gebraten, zum Erkalten auf Löschpapier gelegt und mit entfernten Zitronenscheiben, Senfkörnern und 1—2 Lorbeerblättern in eine Terrine oder in einen Steintopf geschichtet. Inzwischen ist guter Essig mit einigen zerschnittenen Zwiebeln, Salz, Nelken, Pfefferkörnern und Thymianstengeln aufgekocht, abgekühlt und durch ein Sieb gegossen worden. Die erkalteten Heringe werden damit übergossen. Nach 1—2 Tagen sind sie gut durchzogen. Der Essig muß kalt auf die gebratenen Heringe gegossen werden, weil sie sonst weich und dadurch unansehnlich werden.

Der Salzhering

Bei eingesalzenen Heringen, diesem besten und unentbehrlichsten Volksnahrungsmittel, werden im allgemeinen zwei Arten unterschieden. Der sogenannte M a t j e s h e r i n g, der noch nicht völlig ausgewachsen ist und deshalb weder Rogen noch Milch hat, ist äußerst milde im Geschmack, auf der feinsten Tafel beliebt und spielt auch oft als Beilage zu Gemüse, ganz besonders zu grünen jungen Bohnen, eine Rolle. Er braucht nicht eingewässert zu werden, sondern wird nur kurze Zeit vor dem Anrichten abgewaschen, abgetrocknet und mit grüner Petersilie oder Salatblättern umlegt.

Die ausgewachsenen Heringe heißen V o l l h e r i n g e und haben Milch und Rogen. Zu den beliebten Sauerheringen sind die mit Milch besonders erwünscht, weil die Milch, mit Essig verquirlt, zum Einlegen mitverwendet wird. Sollen die Vollheringe so gegessen oder zu irgendwelchem Gericht benutzt werden, so ist es dringend notwendig, sie mindestens zwölf Stunden in öfter erneutem Wasser einzuwässern. Auch das Einlegen in süße abgerahmte Milch ist zu empfehlen; es entfernt den Salzgeschmack und macht die Heringe sehr mild und wohlschmeckend. Gute Salzheringe sollen frisch nach Salz riechen und einen breiten, fetten, fleischigen Rücken haben, von dem sich die Haut leicht abziehen läßt, ohne daß Fleisch daran sitzen bleibt. Heringe, die ranzig oder tranig riechen, trocken und schmierig aussehen, sowie die, deren Bäuche rotgefärbt sind, sollen nicht gekauft werden. Beim Zurechtmachen wird das untere Ende des Kopfes geschickt mit dem Messer fortgerissen, der Fisch gut gewaschen, die Haut nach dem Bauch hin abgezogen, das Innere gut abgeschabt, besonders die dunkle Haut fortgenommen und Milch oder Rogen entfernt. Matjes- und Salzheringe werden auf gewaschenen Weinblättern oder mit frischer grüner Petersilie angerichtet.

Marinierte Heringe

15 Heringe, Essig, Zwiebeln oder Schalotten, Gewürz, Gurken

Die gut gesäuberten, ausgeputzten Salzheringe werden 12 Stunden in Wasser, ebenso lange Zeit in abgesahnter Milch gelegt, nochmals gut abgespült, abgetrocknet, gehäutet, ausgenommen, der untere Teil des Kopfes mit den Augen entfernt, so daß nur die Schädelgräte stehen bleibt, und die Milch mit etwas gutem, mildem Weinessig verquirlt. Dann werden die Heringe in einen Steintopf geschichtet, die verquirlte Milch dazugefügt und der mit zerschnittenen Zwiebeln oder Schalotten, Lorbeerblättern, Pfeffer- und Gewürzkörnern aufgekochte Essig lauwarm darübergegossen. Sobald der Essig abgekühlt ist, wird der Topf zugebunden und an kühlem luftigem Ort aufbewahrt. Nach 2—3 Tagen sind die Heringe mit der Marinade durchzogen und werden auf einer Schüssel angerichtet, mit etwas Essig von der Marinade und Zwiebelscheiben überfüllt, mit ½—1 zerschnittenen Salzgurke garniert und, falls es beliebt ist, mit ein paar Tropfen feinen Speiseöls beträufelt. Manche Hausfrauen fügen der Marinade noch Kapern und Perlzwiebeln bei.

Rollmops (Berliner Spezialität)

15 Heringe, 1 Marinade, Zwiebeln, Senfkörner, Gurken

Die Heringe werden nach sorgfältigem Wässern und Zurechtmachen der Länge nach in Hälften geteilt, sehr sorgfältig entgrätet, von Kopf und Schwanz befreit und recht gleichmäßig aufgerollt. Dann werden sie mit spitzen durchgesteckten Hölzchen befestigt, in einen Topf gelegt, mit der gequirlten Milch und der oben beschriebenen gekochten Marinade übergossen, mit Zwiebeln, Senfkörnern und Gurken garniert und an einem kühlen luftigen Ort aufbewahrt.

Gebackene Salzheringe

4 Heringe, 1 Ei, 60 Gramm Fett, Mehl, geriebene Semmel

Die Heringe müssen gut gewässert werden. Dann werden sie gewaschen, abgehäutet, der Länge nach in Hälften zerlegt, von allen Gräten befreit, in ungefähr 6 Zentimeter breite Stücke geschnitten, abgetrocknet, in Mehl, Ei und geriebener Semmel gewendet und in heißer Butter auf beiden Seiten schön goldbraun gebacken.

Bismarckheringe

3—4 Heringe, 1 Beize, Zwiebeln, Gewürz, Pfeffer, Essig

Einige gewässerte, gut gesäuberte Heringe werden der Länge nach in Hälften geteilt, von allen Gräten befreit, mehrere Stunden in einer Beize von Salz, Zucker und Zitronensaft beiseite gestellt, dann mit feinen Zwiebelscheiben, Gewürz und Pfeffer in einen kleinen Steintopf gelegt und mit aufgekochtem, wiedererkaltetem, nicht zu scharfem Essig übergossen.

Heringssalat

2 Heringe, 150 Gramm Kalbsbraten, 6 Äpfel, 2 Gurken, Essig, Öl, 2 Eier, Senf, 12—13 Kartoffeln, Salz, Pfeffer, 1 Zwiebel

Die in Milch und Wasser gut ausgezogenen Heringe werden gehäutet, entgrätet und in Würfel geschnitten. Ebenso werden 12—13 in der Schale gekochte, abgezogene Kartoffeln, 2 geschälte Gurken (1 Salz-, 1 Pfeffergurke), der Kalbsbraten, wenn möglich auch noch ein Stückchen harte Zervelatwurst in Würfel geschnitten, alles gut gemischt und entweder mit Öl, Essig, Pfeffer, Zucker, der Heringsmilch usw. angemacht oder mit einer von Eigelb nebst Salz, Öl, Essig, Sahne oder Milch, Senf, Zucker, nach Belieben etwas Brühe, weißem Pfeffer usw. gerührten, erst abgeschmeckten Salatsoße gemischt. Wer es liebt, kann der Masse auch etwas gehackte Zwiebel beifügen; auch geschnittene Cornichons, Mixed Pickles usw. bilden manchmal einen oder den andern Bestandteil. Der Salat muß vor dem Auftragen 3 bis 5 Stunden durchziehen.

Gebackene Heringskartoffeln (Prinzeßkartoffeln)

2 Heringe, 1½ Kilo Kartoffeln, 1—2 Eier, ½ Liter saure Sahne oder Milch, 60 Gramm Butter, Parmesankäse

Die gewässerten Heringe werden gehäutet, entgrätet und in Würfel geschnitten. Ebenso

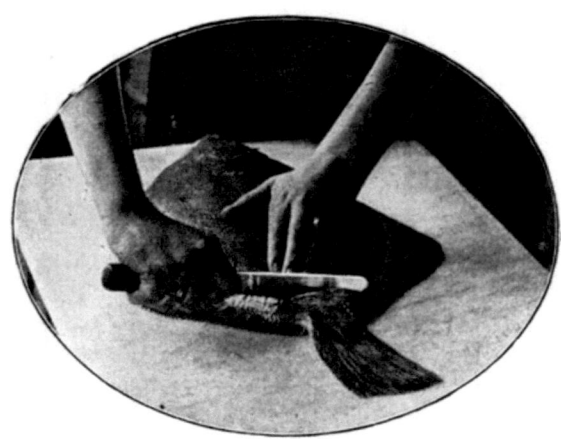

Vorrichten der Scholle
1. Mit einem spitzen Messer wird am Schwanz ein Einschnitt gemacht und die Haut etwas losgeschabt

Der Schellfisch
Englische Schellfischsuppe
1 Kilo Schellfisch, Petersilie, Gewürz, Zwiebel, 60 Gramm Butter, Madeira, 2—3 Löffel Mehl

Der gut gereinigte Fisch wird aus Haut und Gräten gelöst und in nette Stücke zerlegt, während Kopf, Schwanz, Abfall und Gräten in 2—2½ Liter Wasser oder leichter Brühe mit Zwiebel, Petersilie und Gewürz eine Stunde langsam gekocht werden, worauf die Brühe durch ein Sieb gegossen wird. Das Mehl wird in der Butter braungeröstet, die Brühe dazugegeben, diese damit 10—15 Minuten verkocht, abgeschmeckt und mit Madeira gewürzt. Die Fischstücke läßt man in der fertigen Suppe garziehen und richtet sie mit der Suppe zusammen an.

werden die in der Schale gekochten Kartoffeln abgezogen und in Scheiben geschnitten. Eine feuerfeste Tonform oder Auflaufform wird mit Butter ausgestrichen. Auf den Boden kommt eine Lage Kartoffelscheiben, dann Heringswürfel, wieder Kartoffelscheiben, Hering, bis die Form fast gefüllt ist. Die oberste Schicht müssen Kartoffelscheiben sein. Die saure Sahne wird mit den Eidottern verquirlt und über die Speise gegossen, die mit Butterflöckchen belegt, mit geriebenem Parmesankäse bestreut und ½ Stunde im gut heißen Ofen zu lichtbrauner Farbe gebacken wird.

Warme Heringssoße
1 Hering, Schalotten, 60 Gramm Butter, Essig, Kapern, Gewürz, 1—2 Löffel Mehl

Der gut gewässerte Hering wird entgrätet und sehr fein gehackt. In der zerlassenen Butter werden die fein gehackten Schalotten und 1—2 Löffel Mehl gar- und gelbgeröstet, diese Einbrenne mit Brühe oder Wasser vermischt und mit dem fein gehackten Hering, etwas Essig (oder Weißwein), Kapern und gehacktem Estragonkraut zu gut sämiger, pikanter Soße verkocht.

Gehackte Heringsmilch mit Zwiebeln (sog. „Studentenkaviar")
3—4 Heringsmilchen, 1 Zwiebel, einige Weißbrötchen, Butter

Die gut gewässerten, von den schmutzigen Strähnen befreiten Milchen werden mit der Zwiebel durchgehackt und auf Buttersemmeln gestrichen. Ein ganz ausgezeichnetes Katerfrühstück.

Schellfisch, gekocht
1 Kilo Schellfisch, 100 Gramm Butter, Senf, Salz, Gewürz, 1—2 Lorbeerblätter, 1—2 Zwiebeln

Der Schellfisch wird geschuppt, gut gereinigt und ausgenommen, namentlich die schwärzliche Haut innen gut weggeschabt, gewaschen, abgetrocknet, nach Belieben ganz gelassen oder in Stücke geschnitten und in siedendes, gesalzenes Wasser gelegt, das vorher schon ein Weilchen mit Gewürz, 1—2 Lorbeerblättern, 1—2 Zwiebeln gekocht hat. Der Fisch muß einmal aufkochen, worauf der Kessel zum Garziehen auf die heiße Herdstelle gestellt wird. Er ist gar, sobald sich die Flossen leicht herausziehen lassen oder der Augapfel hervorquillt. Ob der Fisch vor dem Kochen eine Stunde wässern soll, richtet sich nach dem Geschmack. Viele Leute lieben den etwas intensiveren Seewassergeschmack nicht, und dann ist längeres Wässern (d. h. nicht länger als 1 Stunde) anzuraten. Der Fisch wird mit zerlassener oder gebräunter Butter und Senf gereicht und mit Petersilie und Salzkartoffeln garniert.

Schellfisch, gebacken
1½ Kilo Fisch, 100 Gramm Fett, Mehl

Der gut vorbereitete und gereinigte Fisch wird von der Haut befreit, sorgfältig aus der großen Gräte gelöst, in möglichst gleichmäßige Stücke geschnitten und mit Salz bestreut ein Weilchen weggestellt. Dann werden die Stücke in Mehl gewälzt und in heißem Fett zu schöner Farbe gebacken.

Der Dorsch

Der Dorsch gehört zu den Schellfischen und kann in jeder Art, die für die Schellfische angewendet wird, zubereitet, gekocht, gebacken, gebraten und zu pikanten Fischgerichten, Fischsalat, Fischklößen, Buletten verarbeitet werden.

Gebackener Dorsch mit Kartoffeln

1 Kilo Dorsch, 200 Gramm Butter, 1½ Kilo Kartoffeln, ½ Liter saure Sahne, 2—3 Zwiebeln, geriebene Semmel.

Der gut gereinigte Fisch wird aus Haut und Gräten gelöst, in nette Stücke zerlegt, mit Salz bestreut und ½ Stunde beiseite gestellt. Dann wird er in wenig Wasser mit wenig Salz langsam fast weichgekocht, abgetropft und zum Erkalten gestellt. Die Kartoffeln werden in der Schale fast gargekocht, abgegossen, abgezogen und in Scheiben geschnitten; ebenso werden ein paar fein gehackte Zwiebeln in zerlassener Butter weichgedünstet. Eine feuerfeste Tonform oder Blechform wird mit Butter ausgestrichen und mit geriebener Semmel bestreut. Eine Schicht Kartoffeln wird hineingelegt, darüber kommen die Fischstücke, Zwiebel- und Butterstückchen, und jede Lage Fischfleisch wird mit geriebener Semmel überstreut, die mit etwas Sahne befüllt ist. Die oberste Schicht, die Kartoffelscheiben bildet, wird dick mit geriebener Semmel bestreut, mit Butterstückchen belegt und mit süßer Sahne übergossen, die Form in den heißen Ofen gestellt und das Gericht langsam in 30 Minuten zu schöner Farbe gebacken.

Der Kabeljau

gehört gleich dem Dorsch zu den Schellfischen, und alle Bereitungsarten des Schellfisches kommen auch für den Kabeljau in Betracht. Nur kommt im allgemeinen der Kabeljau weniger als Schellfisch und Dorsch vom Fangplatze frisch, d. h. auf Eis, zur Versendung in das Binnenland, sondern er wird entweder in Fässer eingesalzen und heißt dann Laberdan, oder er wird in noch größeren Mengen ungesalzen sofort an der Luft getrocknet und heißt dann Stockfisch; aufgeschnitten, gesalzen und dann getrocknet heißt er Klippfisch.

Kabeljau-Curry

750 Gramm Kabeljau, 125 Gramm Butter, 1 Apfel, 2 Zwiebeln, Thymian, Salz, Pfeffer, 1 Obertasse Sahne, ¼ Liter Brühe, 1 Prise Currypulver, 1 Teelöffel Reismehl.

Der Kabeljau wird gereinigt, aus Haut und Gräten gelöst, in nette Stücke geschnitten, mit 2 in Scheiben geschnittenen Zwiebeln, 1 großen geschälten, in Scheiben geschnittenen Apfel, etwas pulverisiertem Thymian und Salz in Butter durchgedünstet, bis die Zwiebeln goldbraungebraten sind. Hierauf fügt man ¼ Liter Wasser oder Brühe, eine Prise Currypulver und 1 Teelöffel Reismehl dazu, läßt alles auf sehr gelindem Feuer 10—15 Minuten leise ziehen, gießt dann die Sahne dazu, würzt mit Salz und Pfeffer, läßt das Gericht nochmals aufkochen und richtet es in Reisrand an.

Der Stockfisch

Beim Einkauf von Stockfisch ist besonders auf die weiße Beschaffenheit des Fleisches zu achten: er darf nicht gelb oder braun aussehen, Flecke oder Schimmelansatz haben. Meist wird der Stockfisch schon geweicht und gewässert verkauft, wenn nicht, muß man sich schon selbst der Mühe unterziehen. Beim Drücken muß er sich fest anfühlen. Er wird zuerst 5 Minuten in Wasser gelegt, nach dem Herausnehmen mit hölzernem Hammer leise mürbe geklopft, danach 24 Stunden mit 1 Löffel Pottasche in weiches Wasser gelegt und unter öfterem Wechseln des Wassers 3—4 Tage eingeweicht, bis das Fleisch weiß und weich ist. Dann wird er abgetrocknet, aus Haut und Gräten gelöst, in beliebige Stücke zerteilt und in einen Topf mit kaltem Wasser getan, um in der Nähe des Feuers, nicht auf offenem Feuer, allmählich warm gemacht zu werden. Vorläufig darf der

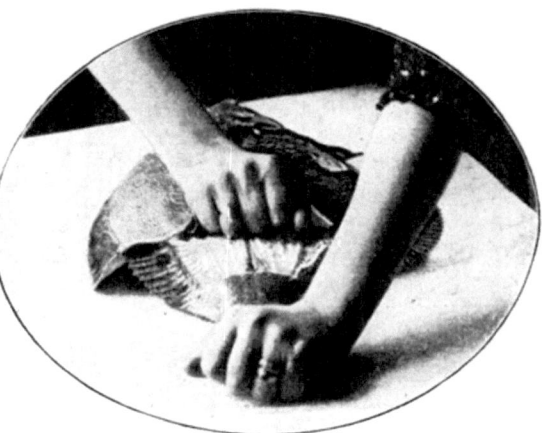

Vorrichten der Scholle

2. Die linke Hand packt den Schwanz, die rechte, mit einem Tuch umwickelt, faßt die losgelöste Haut und reißt sie mit einem kräftigen Ruck herunter

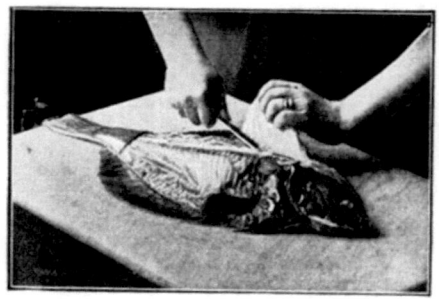

Vorrichten der Scholle
3. Das Fleisch wird von den Gräten gelöst

Fisch nicht heiß werden. Um den oft etwas scharfen Geruch des Stockfisches zu vermeiden, werden gern 1—2 Stückchen glühende Holzkohlen mit in das Wasser, worin der Fisch liegt, geworfen. Der Fisch wird kurz vor dem Auftragen zu schnellem Kochen gebracht, geschäumt und auf ein Sieb zum Abtropfen gelegt. Beim Anrichten wird er vorsichtig mit Salz bestreut und mit brauner Butter und Senf oder einer Senfsoße gereicht. — Die Stockfisch-Vorschriften gelten auch für den K l i p p f i s c h.

Stockfisch, gebraten
1 Kilo Stockfisch, Salz, 2 Eier, geriebene Semmel, 100 Gramm Butter

Der genügend gewässerte Stockfisch wird von der Haut, möglichst auch von allen Gräten befreit, in beliebig große Stücke zerlegt, mit etwas Salz bestreut, ¼ Stunde beiseite gestellt, in Ei und geriebener Semmel gewendet und in heißem Fett schwimmend zu schöner Farbe gebacken.

Laberdan, gekocht
1 Kilo Laberdan, Salz, 1 Stück Butter

Laberdan muß, wie der Stockfisch, vor dem Gebrauch 2—3 Tage in weichem, öfter erneutem Wasser gewässert werden. Er wird dann mit reichlichem weichem, kaltem Wasser ohne Salz aufgesetzt, mit einem Stück Butter versehen und zum Ziehen auf eine heiße Stelle gestellt. Erst kurz vor dem Anrichten darf er zum Kochen kommen, muß ein- bis zweimal aufkochen und wird dann mit brauner Butter und Senf oder mit Senfsoße aufgetragen.

Laberdan, gebacken

Der 1—2 Tage in öfters erneuertem Wasser eingeweichte, abgetropfte Fisch wird mit kaltem Wasser aufgesetzt, fast bis zum Kochen gebracht, dann aber für 15—20 Minuten zum Ziehen gebracht, ohne zum Kochen zu kommen. Dann wird er abgegossen, auf einem Siebe abgetropft, in große Stücke zerlegt, die, von allen Gräten befreit, in Mehl gewendet und in steigender Butter hellbraun gebraten werden. Nebenbei werden 3 in feine Scheiben geschnittene Zwiebeln in Butter gebräunt, die Butter mit 1 Löffel eingerührtem Mehl dicklich gekocht, und alles mit etwas Milch oder Sahne zu geschmeidiger Soße verkocht. Die Soße wird mit etwas Cayennepfeffer gewürzt und über dem Laberdan angerichtet.

Fischkoteletten

Fischkoteletten werden aus dem Rückenfleisch großer Seefische, z. B. Seehecht, Kabeljau oder Schellfisch, geschnitten, vorsichtig von der Haut befreit, leicht mit Salz bestreut, ein Weilchen beiseite gestellt, dann in Ei und geriebener Semmel gewälzt und in der Stielpfanne in gebräunter Butter auf beiden Seiten zu schöner Farbe gebraten. Sie werden als Beilage zu Gemüsen, aber auch als selbständiges Gericht zu Kartoffelsalat oder Kopfsalat aufgetragen. Nach Belieben können sie auch, wenn sie erkaltet sind, gleich frischen Bratheringen mit gekochtem, abgekühltem Essig, Lorbeerblatt, Pfeffer und Gewürz mariniert werden.

Die Breitfische

Frische Flunder, gekocht
4 frische Flundern, Salz, Lorbeerblatt, Gewürz, Petersilienwurzel, 1 Zwiebel, 50 Gramm Butter oder eine Petersiliensoße

Die Flunder wird zuerst kochfertig gemacht, was folgende Handgriffe erfordert: 1. Am Schwanz wird mit einem runden Messer ein Querschnitt auf der dunkeln, kieseligen Seite des Tieres gemacht und die Haut so weit losgeschabt, daß man sie fassen kann. Dann nimmt man das untere Ende eines Küchenhandtuches in die linke, das obere in die rechte Hand. Die linke Hand packt den Schwanz, die rechte das losgetrennte Hautstückchen und zieht die ganze Haut mit einem Ritz bis zum Kopf herunter. 2. Der Kopf wird mit einem scharfen Messer rund herum aus dem Fisch herausgeschnitten. 3. Am Bauch der Flunder wird ein tiefer, nach beiden Seiten hin gehender Querschnitt angebracht und das Eingeweide mit dem Zeigefinger herausgeholt. — Die so vorbereitete Flunder wird dann sauber gewaschen, abgetrocknet und zur Verarbeitung gesalzen beiseite gestellt. Das Kochwasser wird jetzt mit allen Zutaten zum Aufwellen gebracht. Die Flundern kommen hinein und müssen, bis sie gar sind, auf heißer Stelle ziehen. Dazu braune Butter oder eine Petersiliensoße (unter Benutzung der Fischbrühe). Flunder wird gegessen, indem man die Fleischstreifen mit dem Messer von der großen Gräte abtrennt und diese Streifen dann einzeln — ganz oder zerteilt — verspeist.

Frische Flunder, gebacken

4 frische Flundern, Salz, Pfeffer, ein Gemisch von Mehl und geriebener Semmel, 60 Gramm Butter, 1 Zitrone

Die Flunder wird wie vorher zurechtgemacht, mit Salz und Pfeffer eingerieben, in Mehl und Semmel gewälzt und in Butter schön knusprig gebacken. Garnitur von Zitronenscheiben, deren Saft dann beim Genuß darübergepreßt wird.

Scholle, gekocht

1 Kilo Schollen, Salz, Essig, Wurzelwerk, Gewürz, Zwiebel

Die Scholle wird nach dem Muster „Flunder" vorgerichtet, mit Salz bestreut, mit Essig besprengt und 1—2 Stunden beiseite gestellt, damit das weiche Fleisch härter wird. Dann wird sie abgetrocknet, in siedendes, nicht zu scharf gesalzenes Wasser gelegt, mit den Zutaten einige Minuten gekocht, dann zum Ziehen an eine heiße Stelle gerückt, damit das Fleisch nicht zu weich wird. Sie wird behutsam herausgenommen, auf eine erwärmte Schüssel gelegt und mit holländischer Soße oder auch mit Senfbutter gereicht.

Scholle, gebacken

1 Kilo Schollen, 1 Ei, 200 Gramm Butter und Schmalz, geriebene Semmel, Mehl

Die gut vorbereitete Scholle wird in Stücke geschnitten, mit Salz bestreut, mit Essig bespritzt, 1 Stunde fortgestellt, dann abgetrocknet, erst in geschlagenem Ei, dann in geriebener Semmel und Mehl gewälzt und in siedendem Schmalz möglichst schwimmend zu schöner Farbe und recht kroß gebacken. Da Scholle sehr leicht weich wird, muß sie schnell gebacken oder gebraten und sofort aufgetragen werden.

Seezunge, gekocht

1 Kilo Seezunge, Salz, Essig, 1 Zitrone, Petersilie

Die Seezunge wird nach dem Muster „Flunder" vorgerichtet, mit kaltem Wasser, Salz und etwas Essig schnell zum Kochen gebracht und auf die heiße Stelle zum Ziehen gestellt. Sobald sich das Fischfleisch leicht von den Gräten löst, wird die Seezunge herausgenommen, auf eine erwärmte Schüssel gelegt, mit Petersilie und Zitronenscheiben garniert und mit holländischer Soße gereicht. — Nach dem Muster „Seezunge" wird auch die Rotzunge behandelt.

Seezunge, gebacken

1 Kilo Seezunge, 1 Ei, 150 Gramm Butter, 100 Gramm Schmalz, Salz, Pfeffer, 1 Zitrone, geriebene Semmel

Die Seezunge wird vorgerichtet, in Stücke geschnitten, mit Salz bestreut, 1 Stunde beiseite gestellt, oder mit Zitronensaft, Salz und Pfeffer gebeizt und 1 Stunde fortgestellt. Dann werden die Stücke abgetrocknet, in geschlagenem Ei, dann in geriebener, gesiebter Semmel gewendet und in der Kasserolle in siedendem Fett schwimmend gebacken. Sie werden mit Zitronenscheiben garniert und mit Kapern- oder Krabbensoße oder Kopfsalat gereicht.

Seezunge, überbacken

1 Kilo Seezunge, Champignons, Schalotten, Petersilie, 60 Gramm Butter, 1 Glas Weißwein, 1 Teelöffel Sardellenessenz, 1 Teelöffel Champignonessenz

Der Fisch wird gut gesäubert und ausgenommen, mit Salz bestreut und ein Weilchen beiseite gestellt. Eine längliche, feuerfeste tiefe Schüssel wird mit Butter ausgestrichen, mit gehackten Champignons, Schalotten und Petersilie belegt und mit Pfeffer und Salz bestreut.

Fisch mit Tomaten garniert

Der Fisch wird daraufgelegt, mit gehackten Schalotten, Champignons und Petersilie, Pfeffer und Salz bedeckt; diese fines herbes werden dick mit geriebener Semmel bestreut; darauf kommen wieder Butterflöckchen, ein Glas Weißwein, ein Teelöffel Sardellenbutter und ein Teelöffel Champignonessenz. Das Gericht wird im Ofen bei guter Oberhitze 30 bis 40 Minuten gebacken und sofort angerichtet. Man kann auch kleine Muscheln auf die gleiche Weise füllen und sie, wenn überbacken, auf einer Schüssel mit Salz anrichten, worin sich die Muscheln gut anordnen lassen.

Steinbutt, gekocht

2 Kilo Steinbutt, Wurzelwerk, Kräuter, 150 Gramm Butter, 1 Flasche Weißwein, ¼ Liter Essig, Salz, Pfefferkörner

In der zerlassenen Butter wird zerschnittenes Wurzelwerk — also Mohrrüben, Petersilienwurzel, Sellerie, Porree, 1—2 zerschnittene Zwiebeln — unter beständigem Umrühren durchgedünstet, 2—3 Liter Wasser, ¼ Liter Essig und 1 Flasche Weißwein dazugegossen, ein Kräutersträußchen, Salz und Pfefferkörner dazugefügt und der Sud 1 bis 1½ Stunde gut verkocht. Dann wird die Brühe durch ein Sieb über den in den Fischkessel gelegten, sorgfältig gereinigten und ausgenommenen Steinbutt gefüllt, der darin langsam auf gelindem Feuer garziehen muß. Am besten läßt man ihn erst einmal aufkochen, stellt den Kessel dann auf die heiße Stelle und läßt den Fisch 20—25 Minuten ziehen. Durch zu langes Kochen zerfällt er und verliert an Geschmack. Er wird mit Petersilie garniert und mit holländischer Soße gereicht. — Diese Steinbutt-Vorschriften finden auch auf Heilbutt und Tarbutt Anwendung.

Steinbutt auf dem Rost

2 Kilo Steinbutt, 1 Zitrone, 100 Gramm Öl, Salz, Pfeffer, geriebene Semmel

Der Fisch wird gut gereinigt, eingekerbt, für mehrere Stunden in eine Beize von Zitronensaft, feinem Öl, Salz und Pfeffer gelegt, dann mit geschmolzener Butter oder Öl bestrichen, mit geriebener Semmel bestreut und auf dem Rost auf beiden Seiten hellgelbgebraten. Dazu wird gebräunte Butter gereicht, die mit etwas Brühe verkocht und mit Zitronensaft geschärft ist.

Die übrigen Fische

Der Tunfisch

kommt fast nur in Öl mariniert in den Handel. Beim Auftragen wird er aus der Büchse genommen, in Stücke geschnitten, auf einer Schüssel geordnet und mit einer aus rohem Gelbei mit feinem Öl, Zitronensaft, Pfeffer und Salz gerührten pikanten Soße überfüllt.

Roche mit Butter

1 Kilo Roche, 1 Weinglas Essig, ¼ Liter Weißwein, 2—3 Zwiebeln, Mohrrüben, Petersilie, Lorbeerblatt, Pfefferkörner, Nelken, Salz, 1 Kräutersträußchen, 125 Gramm Butter, 3—4 Schalotten

Der Fisch wird ausgenommen, von Kopf und Schwanz befreit, mit Holzasche und Sand außen ordentlich abgerieben, dann in mehrmals erneutem Wasser abgewaschen, in den Fischkessel oder in die Kasserolle gelegt und mit kaltem Wasser, 1 Weinglas Essig, ¼ Liter Weißwein, einigen Zwiebeln, Mohrrüben, Petersilie, Lorbeerblatt, Pfefferkörnern, Nelken, Salz und Kräutern zum Kochen gebracht. Nach 3—4maligem Aufkochen wird die Brühe rein abgeschäumt, der Kessel vom Feuer genommen und auf die warme Stelle gestellt. Beim Anrichten wird die dunkle Haut abgezogen. In 125 Gramm gebräunter Butter werden 3—4 in Scheiben geschnittene Schalotten und 3—4 Eßlöffel voll gehackter Petersilie dunkelgeröstet, etwas von der durch ein Sieb gegossenen Fischbrühe dazugegossen, die Soße abgeschmeckt und über den Fisch gefüllt.

Makrele, gekocht

1 Kilo Makrelen, 1 Salzmarinade mit Essig, 2 bis 3 Zwiebeln, Estragon, Thymian, Basilikum, Salz, Pfeffer, Nelken, holländische oder Kapernsoße oder braune Butter

Die Makrele ist ein fetter, etwas weichlicher Fisch, der eigentlich nur ganz kurze Zeit nach

Kalte Fischplatte
Makrelen in Aspik mit Mixed Pickles garniert

dem Fang zubereitet werden sollte. Um ihr Fleisch herzhafter zu machen, wird sie, nachdem sie geschuppt, ausgenommen und sauber gewaschen worden ist, 1 Stunde in starkes, mit etwas Essig vermischtes Salzwasser gelegt. Um sie recht wohlschmeckend zu kochen, werden 1 Stunde vorher in Salzwasser einige geschnittene Zwiebeln, Estragon, Thymian, Basilikum, Pfeffer und Nelken gehörig gekocht, die Brühe durch ein Sieb gerührt, der Fisch hineingelegt, zum Kochen gebracht, einmal aufgekocht und dann zum Garziehen auf die heiße Herdstelle gestellt. Dazu wird holländische oder Kapernsoße, auch braune Butter gereicht.

Lamprete
1 Lamprete, Salz, Pfeffer, ½—¾ Liter leichte Brühe, 1 Glas Weißwein, 3—4 Schalotten, 10—12 Champignons, Petersilie, Lorbeerblatt, 1 Zitrone, 1 Stück Butter, 1 Eßlöffel Mehl

Der Fisch wird gehörig mit Salz abgerieben, sorgfältig ausgenommen, von Kopf und Schwanz befreit, in Stücke geschnitten mit Salz und Pfeffer bestreut und in einer Kasserolle mit ½—¾ Liter Wasser oder dünner Brühe, 1 Glas Weißwein, 3—4 Schalotten, 10—12 kleinen geputzten Champignons, etwas gehackter Petersilie, 1 Lorbeerblatt und etwas Zitronenschale über schwachem Feuer eine Stunde gedämpft, worauf der Fisch herausgenommen und auf erwärmter Schüssel warmgehalten wird. Die Brühe wird durch ein Sieb gerührt, mit etwas in Butter gar- und gelbgeröstetem Mehl verkocht, mit Zitronensaft gewürzt und über den Fisch gegossen.

Neunaugen zu töten und zurechtzumachen
Neunaugen müssen nach dem Fang zunächst von dem ihnen anhängenden Schleim befreit werden. Sie werden entweder in einen großen Kessel getan, schnell durch Übergießen mit siedendem Wasser getötet, dann tüchtig mit einem neuen Reisbesen durchgearbeitet und mehrere Male mit reinem Wasser überspült; oder die in einen Steintopf gelegten Fische werden schnell mit reichlich Salz überstreut, wodurch sie auch getötet werden. Danach werden sie so lange mit dem Reisbesen bearbeitet, bis sich kein Schaum mehr bildet, dann in mehrmals erneutem kaltem Wasser abgewaschen, abgetrocknet, aufgeschnitten, von allen Eingeweiden befreit, tüchtig abgewaschen und abgetrocknet.

Neunaugen, gebraten
1 Portion Neunaugen, Butter, Marinade

Die gut gereinigten, ausgenommenen, abgewaschenen und abgetrockneten Fische werden mit Butter bestrichen und auf dem Rost gebraten oder in die Pfanne, in steigende Butter gelegt und rundherum schön hellbraun gebraten, nach dem Abkühlen in einen Steintopf gelegt und mit Essig übergossen, der mit Lorbeerblatt, Pfeffer- und Gewürzkörnern, Nelken, Schalotten und ein wenig Salz einige Minuten gekocht hat und vollständig wieder abgekühlt ist. Nach 2—3 Tagen sind sie genug durchzogen, halten sich natürlich aber nur ungefähr 2 Wochen in dieser Marinade.

Bücklinge, gebraten
1 Portion Bücklinge, Butter, Mehl, geriebene Semmel, Salz, Pfeffer

Die Bücklinge werden abgezogen, von den Gräten befreit, mit Salz und Pfeffer bestreut, in Mehl und Semmel gewälzt und in der Butter gebraten. Dazu passen Eierspeisen aller Art.

Bücklings-Rührei
2 Bücklinge, Eier, Butter

Die Bücklinge werden aus Haut und Gräten gelöst und in nette Stücke zerlegt, die in zerlassener Butter in der Stielpfanne etwas anziehen müssen. Dann werden die mit etwas Wasser und Salz verquirlten Eier daraufgegossen und ein schönes, flockiges Rührei davon abgerührt, das auf erwärmter Schüssel angerichtet und nach Belieben mit fein gehacktem Schnittlauch bestreut wird.

Kieler Sprotten mit Rührei
Sprotten, Eier, Schnittlauch, Salz, Pfeffer, Butter

Einige recht frische, von Haut und Gräten befreite, in Stücke zerlegte Sprotten werden in der Stielpfanne in zerlassener Butter gut heißgemacht. Darauf werden die nötigen, mit etwas Wasser und gehacktem Schnittlauch verquirlten Eier gegossen und ein feinflockiges Rührei davon abgerührt.

Sardellensoße
60 Gramm Sardellen, 60 Gramm Butter, 2—3 Löffel Mehl, 1 Portion Brühe, Pfeffer, Essig, Zitronensaft

Die gewaschenen, geputzten und entgräteten Sardellen werden fein gehackt. 2—3 Löffel Mehl werden in der zerlassenen Butter gar- und gelbgedünstet. Diese Einbrenne wird mit Brühe oder Wasser zu ebener Soße verkocht, kurz vor dem Anrichten mit den gehackten, nach Belieben noch durch ein Sieb gestrichenen Sardellen vermischt und mit Pfeffer, Essig oder Wein und Zitronensaft abgeschmeckt.

Sardellen zu wässern und herzurichten
Die Sardellen werden etwa 15 Minuten in kaltes Wasser gelegt, von den Gräten und den schwarzen Streifen befreit und so lange mit der Fingerspitze vorsichtig abgewaschen, bis alle silbrige Haut entfernt ist.

Sardellenbutter
Die wie im vorigen Rezept vorbereiteten Sardellen werden sehr fein gewiegt, dann durch ein Sieb zu der zu Sahne gerührten Butter gegeben und gut untermischt.

Wie man Krebse ißt:
1. Die rechte Hand packt den Rücken und hebt den Panzer ab, während die linke den Körper am Schwanz festhält (Aus der „Traube" in Berlin)

Die Krusten= und Schalentiere
Der Krebs

Krebse zu kochen

Große Krebse, Kümmel, Salz, Wasser, frische Butter, Petersilie

Die lebenden Krebse werden mit der linken Hand am Rücken gepackt und mit der rechten Hand, die eine harte Stielbürste hält, tüchtig abgebürstet. Die Tiere sind in dieser Lage ganz wehrlos. In einem Topf ist unterdessen mit Salz und einem Kümmelbeutelchen so viel Wasser kochend gemacht worden, daß die Krebse reichlich damit bedeckt sind. Die Krebse langsam in Wasser heiß zu machen, ist eine unnötige Quälerei, genau wie die Angewohnheit, durch Abbrechen der mittleren Schwanzflosse den Darm zu entfernen. Sind die Krebse schön rot geworden, was durch Zerstörung des Farbstoffes geschieht, so zieht man den Topf vom Feuer und läßt die Krebse an einer heißen Stelle noch 10—15 Minuten ziehen. Man richtet die Krebse in einer Terrine mit der Brühe recht heiß an, die man durch frische Butter und gehackte Petersilie noch appetitlicher macht. Manche fügen der Brühe in den letzten 5 Minuten ein mit Mehl verknetetes Stück Butter hinzu, das sie schön sämig macht. Auch recht heiße Teller sind erforderlich, da das den Wohlgeschmack sehr hebt. Man kann auch eine Soße dazu reichen, die so zu machen ist: Ein Stück Butter wird mit geriebener Semmel geröstet und dann Krebsbrühe bis zur Sämigkeit zugefüllt und mit gehackter Petersilie gewürzt. Ein Kapitel für sich ist das Krebsessen: von 100 Leuten lassen in Gesellschaften immer 50 die Krebse vorbeigehen, weil sie sie nicht essen können oder sich genieren, die Finger zu gebrauchen. Hier aber heißt es beherzt zugreifen! Man schneidet dem Krebs erst die Nase ab und hebt den Panzer ab. Dann legt man das Schwanzfleisch bloß, indem man mit einem Krebsmesser die Schuppen an der Seite einkerbt und sie abhebt. Bricht man nun die Scheren ab, so hat man den ganzen Krebs vor sich, der nun leicht zu verzehren ist, wenn man ihn bei den Beinen hält. Dann kommen die Scheren an die Reihe. Ich schneide von der Schere die obere Kuppe mit dem Messer ab, drehe das untere, bewegliche Glied hinein und stoße damit das Fleisch heraus. Zum Schluß kommen die Abfallteile an die Reihe: Bauch, Füße usw., die ordentlich — nur nicht genieren! — ausgesaugt werden.

Krebsbutter

Krebsbutter wird aus den getrockneten, im Mörser fein zerstoßenen Schalen durch Schwitzen mit Butter hergestellt. Man läßt beides ¼ Stunde unter Rühren schmelzen, ohne die Butter zu bräunen. Man rechnet ungefähr halb so viel Krebsschalen als Butter. Die Butter wird dann vorsichtig abgegossen. Die Schalen mit Wasser auskochen und zu Suppen verwenden.

Frikassee von Krebsen

30 Suppenkrebse, 125 Gramm Butter, 1 Kalbfleischfarce, Blätterteig, 3 Eier, Sahne, Salz, Pfeffer, weiße Grundsoße, 1—2 Schalotten

Die Krebse werden in siedendem Salzwasser gargekocht, aus den Schalen gebrochen, das

Krebsfleisch der Scheren und Schwänze mit der Brühe beiseite gestellt und von den zerstampften Schalen Krebsbutter bereitet. Inzwischen wird von gehacktem Kalbfleisch mit etwas zerlassener Butter oder geschabtem Speck, Salz, Pfeffer, 1 Ei und geriebener Semmel eine feine Kalbfleischfarce gemischt, von einer Hälfte Klößchen geformt, während die andere Hälfte in die gut ausgekratzten Krebsnasen gefüllt wird. In einem Teil der Brühe, in der die Krebse kochten, müssen die Klöße sowie die gefüllten Krebsnasen garziehen. Die andere Brühe der Krebse wird mit etwas weißer Grundsoße oder etwas in der Krebsbutter gargedünstetem Mehl sorgfältig verkocht, mit etwas gehackter Petersilie und 1—2 geriebenen, in Butter gargedünsteten Schalotten gewürzt; wenn sie kocht, werden die Schwänze und Scheren hineingelegt, die aber nicht mehr mitkochen dürfen. Zuletzt wird diese Masse nach sorgfältigem Abschmecken mit 1—2 in Sahne verquirlten Eidottern abgezogen und in die Mitte einer erwärmten Schüssel gelegt. Die Klößchen legt man ringsherum, außen um die Klößchen die Krebsnasen, und gibt Halbmonde von Blätterteig ringsherum.

Krebssuppe

30 Suppenkrebse, ¼ Kilo Butter, 2 Eier, Fleischbrühe und ½ Kilo Fleisch, 1 Portion Gemüse, 2 bis 3 Löffel Mehl

Die Krebse werden in Salzwasser gargekocht, aus Scheren und Schwänzen gebrochen und beiseite gestellt, während aus den zerstampften Schalen und Leibern (die gut ausgeschabten Krebsnasen werden ebenfalls beiseite gestellt und mit einer feinen Semmelmasse gefüllt) nebst 250 Gramm Butter eine gut geschmeidige Krebsbutter bereitet wird. In dieser Krebsbutter, die in gut passender Kasserolle auf gelindem Feuer gelassen wird, werden 2—3 Löffel Mehl gargedünstet. Dann wird diese Einbrenne mit 2 Teilen durch ein Sieb gegossener Fleischbrühe und 1 Teil durch ein Sieb gegossener Krebsbrühe 15—20 Minuten verkocht, mit zerquirlten Eidottern abgezogen, abgeschmeckt und nach Bedarf gewürzt. Die Suppe wird über die in einer Terrine warmgestellten Krebsschwänze und -scheren und in Butter durchgeschmorten jungen Erbsen oder Spargel oder Blumenkohl oder Morcheln oder ein Gemisch davon gegossen. Die gefüllten Krebsnasen werden dann hineingelegt. Diese Krebssuppe ist wesentlich zu verbilligen, wenn man zur Bereitung der Krebsbutter die Schalen von Krebsen nimmt, die man vielleicht am Abend vorher gegessen hat. Länger die ausgebrochenen Schalen aufzubewahren, ist aber wegen der sofort eintretenden Fäulnis nicht ratsam!

Krebsklöße (für Suppen oder Frikassees)

20 Krebse, süße Sahne, 1 Kalbsmilch, 3 Eier, Salz, Mehl, geriebene Semmel

Die Krebse werden gargekocht, abgetropft und nach dem Auskühlen aus den Schalen gebrochen. Von den Schalen wird Krebsbutter bereitet. Das Krebsfleisch wird nebst einer in siedendem Wasser blanchierten, gekühlten, abgetropften Kalbsmilch fein gehackt, mit etwas von der Krebsbutter, der süßen Sahne, 3 Eiern, etwas Salz, Mehl und so viel feingeriebener Semmel vermischt, daß ein guter, ebener Kloßteig entsteht, aus dem Klöße beliebiger Größe geformt und in Salzwasser gargekocht werden.

Wie man Krebse ißt:

2. Der Schuppenpanzer auf dem Schwanz wird mit dem Messer abgehoben und das Fleisch herausgeholt

Wie man Krebse ißt:
3. Der obere Rand der Schere wird abgeschnitten und das Fleisch mit dem herausgedrehten Zangenglied von unten herausgestoßen

Krebsſoße

120 Gramm Krebsbutter, 1—2 Löffel Mehl, ¾ Liter leichte Brühe, Zitronenſaft, Pfeffer, 1—2 Eier, evtl. Sardellenbutter

Krebsſoße wird faſt ohne Ausnahme von Krebsbutter bereitet. 120 Gramm Krebsbutter müſſen in der Kaſſerolle auf gelindem Feuer zergehen. Dann werden 1—2 Löffel Mehl hineingegeben und eine ebene Mehlſchwitze davon abgerührt, die keine Klümpchen haben darf. Dieſe Einbrenne wird mit ⅝ Liter leichter Brühe, im Notfall mit Waſſer verkocht, mit Zitronenſaft und weißem Pfeffer gewürzt, abgeſchmeckt, mit 1—2 Eidottern abgezogen und, falls man ſie hat, mit einigen kleingeſchnittenen Krebsſchwänzen verfeinert. Noch pikanter kann die Krebsſoße geſtaltet werden, wenn ſie vor dem Abziehen mit Eidottern noch mit Zitronenſaft und Sardellenbutter gewürzt wird.

Der Hummer

Hummer zu kochen

1 Hummer, Salz, Peterſilie, Waſſer

Viele ziehen den feinen, zarten Krebs dem etwas groben Hummer vor: aber auch er hat, namentlich friſch aus dem Meer, z. B. bei einer guten Flaſche Moſel auf Helgoland gegeſſen, ſeine Reize. Der Hummer wird genau ſo gereinigt und gekocht wie der Krebs. Nur muß er länger ziehen: kleine Hummer 20 Minuten, mittlere 20—40 Minuten und große 1 Stunde. Der Hummer wird auf einer Serviette mit friſcher Butter gereicht. Seine Zerteilung geſchieht in 3 Stadien. Erſter Moment: Längsſchnitt des

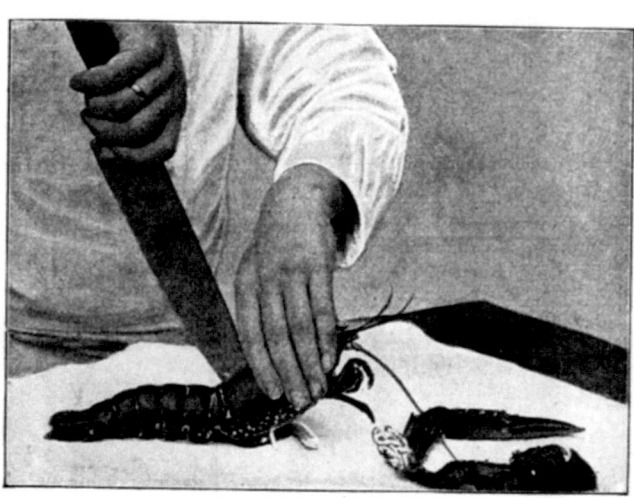

Zerteilen eines Hummers:
1. Der Hummer wird mit einem ſpitzen ſtarken Meſſer durch Längsſchnitt vom Rücken nach dem Schwanz in 2 Hälften zerlegt

ganzen Tieres mit einem kräftigen, spitzen Messer. Zweiter Moment: Querschnitt der Scheren. Dritter Moment: Seitenschnitt der Mittelglieder. Das Fleisch aus diesem geöffneten Hummer wird dann mit einer zweizackigen Hummergabel aus den Schalen geholt. — Der gleichen Behandlung unterliegt die Languste.

Hummersuppe

Hummer, 2½ Liter Milch, 60 Gramm Butter, Salz, Pfeffer, 1 Portion Semmelklößchen

Aus dem gespaltenen, gargekochten Hummer wird das Fleisch ausgebrochen und in kleine Stücke zerschnitten. ⅔ des Hummerfleisches werden beiseite gestellt; der 3. Teil nebst den im Steinmörser zerstampften Schalen und Beinen wird in 2½ Liter Milch langsam ausgekocht. Dann wird die Suppe durch ein Sieb gerührt, mit Salz und Pfeffer gewürzt, noch mit einem guten Stück

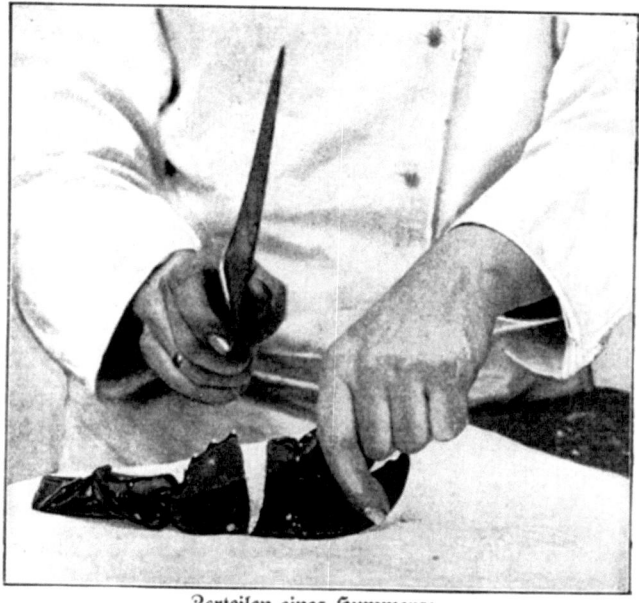

Zerteilen eines Hummers:
2. Das Hauptglied der Schere wird durch einen kräftigen Messerhieb aufgeschlagen und auseinandergebrochen

frischer Butter verrührt, verkocht und über dem Hummerfleisch mit einigen kleinen, für sich allein gargekochten Semmelklößchen angerichtet.

Hummersoße

1 Hummer, 100 Gramm Butter, Wurzelwerk, 1 Zwiebel, ½—¾ Liter leichte Brühe, 1 Löffel Mehl, Salz, Muskatnuß, evtl. Sardellenbutter

Der gargekochte, gespaltene Hummer wird aus Schwanz und Scheren gebrochen, ein Teil des Fleisches in kleine Stücke zerschnitten und beiseite gestellt. Die gestoßenen Schalen und Beine werden in zerlassener Butter gargedünstet. Dann wird ½—¾ Liter Brühe, im Notfall Wasser, dazugegossen, kleingeschnittenes Wurzelwerk und 1 Zwiebel dazugefügt und alles langsam auf

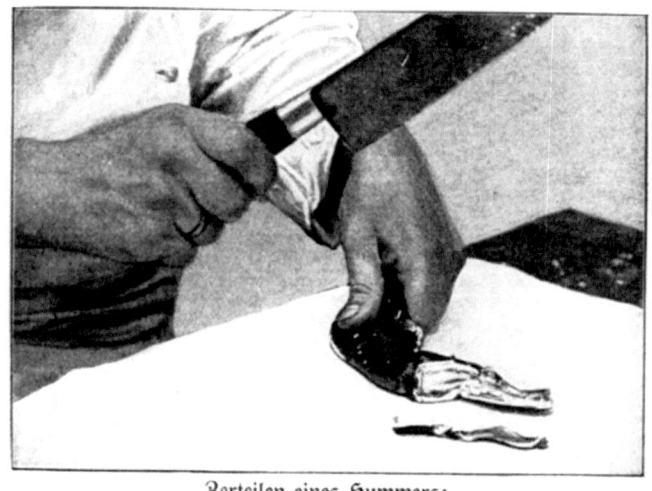

Zerteilen eines Hummers:
3. An den Mittelgliedern der Schere wird die seitliche Kante durch einen Messerhieb abgeschlagen

Garnierter Hummer

gelindem Feuer 1 Stunde ausgekocht, durch ein Sieb gestrichen, mit etwas in Butter gargedünstetem Mehl sämiggekocht, mit Salz und geriebener Muskatnuß, wenn es beliebt ist, auch mit etwas Sardellenbutter gewürzt und mit 1—2 Eßlöffel Hummerfleisch vermischt. Das übrige Hummerfleisch kann zu Salat oder Hummerklößchen verwendet werden.

Hummermayonnaise

Gekochter Hummer, Mayonnaisensoße, Zitrone, Kaviar, Krebsschwänze, Kopfsalat

Zu Hummermayonnaise kann auch guter Büchsenhummer verwendet werden, obgleich sie von frischem Hummer im allgemeinen beliebter ist. Büchsenhummer wird auf eine Schüssel gelegt und mit dicker, feiner Mayonnaisensoße überfüllt. Frischer Hummer wird gargekocht, das ausgelöste Fleisch in nette Stücke zerlegt, für 1 Stunde mit Salz, Pfeffer, Öl, Zitronensaft und mildem Weinessig gebeizt beiseite gestellt und dann mit Mayonnaisensoße vorsichtig gemischt. Die Schüssel wird mit Kaviar, Zitronenscheiben, Kopfsalat und Krebsschwänzchen belegt.

Hummersalat

1 weiblicher Hummer, Salz, Pfeffer, Essig, 2 Eier, feines Öl, Senf, evtl. etwas Brühe, 1 Prise Zucker

Zu Hummersalat wird meist ein weiblicher Hummer gewählt, da dessen Eier, feingestoßen, mit feinem Öl vermischt und durch ein Sieb gerührt, der Salatsoße ein besonders schönes Aussehen und eigenartigen Geschmack verleihen. Der Hummer wird gekocht, gespalten, aus den Schalen gelöst in nette Stücke zerlegt, die mit Pfeffer und Salz bestreut und mit Estragonessig besprengt beiseite gestellt werden. Die Soße wird von zwei hartgekochten, feingedrückten Eidottern, feinem Essig, Salz, Pfeffer, Senf und dem mit den Hummereiern gemischten Öl bereitet. Nach Belieben wird auch etwas Brühe und eine kleine Prise Zucker dazugefügt. Die Soße kann allein über die Hummerstücke gefüllt werden. Es können aber auch Fischfleischstückchen und ganz trockene, sorgfältig gewaschene Salatblättchen mit dazugenommen werden.

Die Krabbe

½ Kilo Krabben, 1 gehäufter Kochlöffel Salz

Die Krabben, die sprungfrisch sein müssen, werden sauber gewaschen und in das kochende Salzwasser geworfen, wo sie bis zum Rotwerden bleiben. Dann werden sie auf einem Sieb abgetropft und in eine Porzellanschüssel geschüttet; sie entwickeln dort das bewußte pikante Aroma. Länger als 24 Stunden dürfen sie aber so nicht stehen. — Die gleiche Vorschrift findet auch bei den Garnelen Verwendung.

Austern zu öffnen und zu essen

1 Dutzend Austern, 1 Zitrone

Die Auster — bei der man die holsteinische, die englische, die holländische und die grüne französische Spielart unterscheidet — wird mit dem Austernbrecher so geöffnet, daß man die Auster in die linke Hand nimmt und mit der rechten den Brecher in das „Schloß" stößt. Die Auster muß aber so gehalten werden, daß kein Wasser herausläuft. In Restaurants wird diese Manipulation mit der Maschine vorgenommen; auch ins Haus bekommt man die Auster leicht geöffnet geliefert. Die vollen Austernschalen werden dann auf eine mit Eisstückchen belegte Platte garniert und mit Zitronenvierteln geputzt. — Beim Essen entfernt man mit dem Messer den „Bart", träufelt etwas Zitronensaft über das Tier und schlürft es mit dem Austernsaft herunter. Die Auster schmeckt am besten „naturell"; doch hat die feine Küche sie auch für ihre Zwecke zu verwerten gewußt.

Gebratene Austern

2 Dutzend Austern, 125 Gramm Parmesankäse, 125 Gramm Butter, 1 Prise Cayennepfeffer, geriebene Semmel

Die Austern werden aus den Schalen gelöst, die Bärte entfernt und die Austern wieder hin-

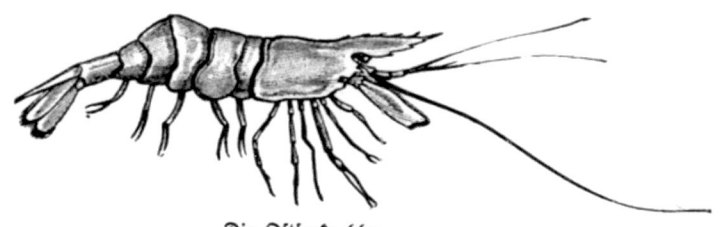

Die Ostseekrabbe

eingelegt; die obere Schale wird fortgelassen. Nun werden sie mit einer kleinen Prise Cayennepfeffer, geriebenem Parmesankäse, geriebener Semmel und Butterstückchen bestreut, auf ein Blech geordnet, in den heißen Ofen geschoben, rasch übergebraten und sehr heiß aufgetragen.

Austern mit Champagner

1 Dutzend Austern, 2 Glas Champagner, 1 Dosis feine Kräuter, etwas Brühe, helles Schwitzmehl, Semmelscheiben

Die Austern werden geöffnet und das Wasser in einem Glas aufgefangen. In einer Kasserolle werden 2 Obertassen mit etwas hellem Schwitzmehl verkochte Brühe oder 2 Obertassen weiße Grundsoße mit 2 Glas Champagner und einem Kräutersträußchen bis zum Kochgrad erhitzt und mit dem Austernwasser vermischt. Die Soße wird einige Minuten verkocht, die Austern hineingelegt und alles auf heißer Stelle nochmals fast bis zum Kochgrad erhitzt. Kochen darf das Gericht nicht mehr. Die Schüssel wird mit Semmelscheiben umlegt.

Helle Austernsoße

1 Dutzend Austern, ¼ Liter Weißwein, 60 Gramm Sardellen, 1 Zitrone, 2 Eier, 1 Löffel Mehl, 1 Stück Butter, ½ Liter Brühe

Die Austern werden geöffnet, von den Bärten befreit und mit dem Austernwasser und ¼ Liter Weißwein ein paar Minuten gekocht. Dann wird etwas Mehl in Butter gedünstet, diese Einbrenne mit etwas Brühe, Zitronensaft und den entgräteten, fein gehackten Sardellen verkocht, die Soße durch ein Sieb gestrichen, mit dem gekochten Austernwasser und Wein vermischt, die gehackten Austern hineingelegt, alles bis zum Kochgrad erhitzt und zuletzt mit 2 Eigelb abgezogen.

Die Muschel

Muscheln zu kochen

50 Muscheln, 1 Stück Sellerie, 1 Zwiebel, Salz, Pfeffer

Die Muscheln, deren Frische man an den geschlossenen Schalen und dem reinen Seearoma erkennt, werden sauber mit einer harten Bürste gereinigt und von dem an ihnen haftenden Kraut befreit. In einem geräumigen Topf werden das Selleriestück und die Zwiebel mit reichlich Salz und Pfeffer nur in so viel Wasser angekocht, daß der Boden gerade feucht ist. Auf diese Mischung werden die Muscheln geschichtet und so lange in dem festgeschlossenen Topf gedünstet, bis die Schalen weit geöffnet sind und die Tiere sich als gelblich gefärbte Körperchen zeigen. Dann haben die Muscheln auch das Seewasser von sich gegeben, werden nun in eine Schüssel gelegt und mit der Brühe aufgetragen. Das Essen der Muschel ist ähnlich dem der Auster. Die obere Schale wird weggebrochen, der Bart entfernt, indem man ihn vorn zwischen Daumen und Oberschale klemmt und abreißt, das Tier aus seinem Schließmuskel gehoben, mit Brühe übergossen und heruntergeschluckt.

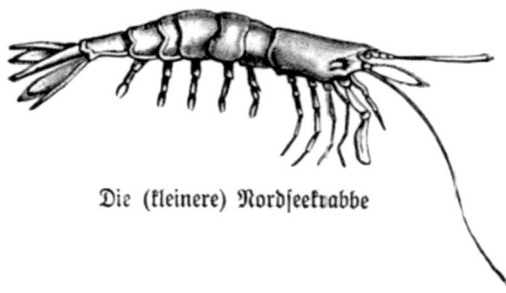

Die (kleinere) Nordseekrabbe

Muschelsoße

50 Gramm Butter, 50 Gramm Mehl, ½ Kilo Muscheln und ½ Liter Brühe davon, Salz, Pfeffer, 1 Ei

Nachdem die Muscheln (Mies= oder Pfahl= muscheln) im Wasser mit Salz abgekocht sind, nehme man sie aus den Schalen, reinige sie von den Bärten und lege sie in die Soße, die man wie Austernsoße bereitet hat.

Salat von Muscheln

Wenn bei einem Gericht einige Muscheln übriggeblieben sind, werden sie zerschnitten und nach Verhältnis mit kleingeschnittenen Gurken, Zwiebeln und Sardellen vermischt, mit Essig, Öl, Pfeffer und Salz angemengt und zum Suppenfleisch gegeben. Zu einer selb= ständigen Salatschüssel bleiben die Muscheln ganz und werden entweder (mit Weglassung der Gurken) nach vorstehender Angabe gemischt oder mit einer Mayonnaisensoße übergossen.

Muschelfrikassee

2 Kilo Muscheln, 1 Teelöffel Kümmel, Salz, 1 große Zwiebel, ½-Kilo-Büchse Morcheln, Pfifferlinge oder Champignons, oder 100 Gramm gedörrte Pilze, ½-Kilo-Büchse Spargel, 50 Gramm Butter, 40—50 Gramm Mehl, 1—2 Eigelb oder Trockenei, Zitronensaft, Weiß= wein oder Apfelwein

Die Muscheln werden wie gewöhnlich nach der üblichen Reinigung mit ganz wenig Wasser, wenig Salz, Kümmel, zerschnittener Zwiebel gekocht, bis sich die Schalen öffnen, dann ausgelöst, von den Bärten und der harten Muskel entfernt. Von der Butter, dem Mehl und der vom Salz ab= gegossenen Muschel= brühe bereitet man eine helle Mehl= schwitze, die mit Zi= tronensaft, Weißwein oder Apfelwein pi= kant abgeschmeckt wird. Spargel und Pilze werden erhitzt und werden, wie auch die Muscheln, mit der mit Ei abgezogenen fer= tigen Soße gemischt angerichtet. Verwen= det man Dörrpilze, so müssen diese vorher geweicht und gekocht werden. Das Kochwasser ist zur Soße verwendbar. Durch kleine Sem= mel= oder Fleischklößchen läßt sich das Gericht noch verfeinern. Besonders gut ist das Fri= kassee überbacken, entweder in Muscheln oder in einer Form; es wird mit Käse und Sem= mel bestreut und mit Butter beträufelt im Ofen zu guter Farbe gebacken.

Feine Muschelsuppe

läßt sich aus den gleichen Zutaten wie das Frikassee bereiten, nur muß man 100—125 Gramm Mehl und 2—2½ Liter Flüssigkeit rechnen. Solche Suppe ist sättigend und gibt mit einem kleinen Nachtisch ein vollständiges Mittagessen. Zur Verlängerung kann man auch in Scheiben geschnittene heiße, in der Schale abgekochte Kartoffeln beifügen.

Muschelgemüse

Auf die Person ½ Kilo Muscheln, 1 Handvoll in Scheiben oder Würfel geschnittene Kartoffeln, Suppen= grün, 50 Gramm Mehl, 50 Gramm Fett, Salz und Pfeffer, Muskatnuß, Zwiebel

Nach Reinigung ohne Wasser angesetzt, wer= den sie nach 10 Minuten gar sein. Man löst das Fleisch aus den Muscheln und gibt es nach Beseitigung der Zunge wieder in das Muschel= wasser zurück. Inzwischen hat man auf je ein Pfund Muscheln eine Handvoll Kartoffeln in Würfel oder Scheiben geschnitten, dem ent= sprechend geschnittene Mohrrüben, ebenso Sellerie und fein ge= schnittene Zwiebel in knapp Wasser garge= kocht. Dazu wird das Muschelwasser nebst Fleisch gegeben, das Ganze etwa 10 Mi= nuten zusammen lang= sam gekocht, und mit einer Mehlschwitze versehen, so daß das Gericht bündig ist und schließlich mit Salz und Pfeffer und einem Stäubchen Muskatnuß gewürzt wird. Sehr gut sind einige Tomaten dazu.

Altgriechischer Fischteller

Das Gemüse

Die Gemüse enthalten hauptsächlich Kohlehydrate und Eiweiß, außerdem wichtige Vitamine, Nährsalze und die unverdauliche Zellulose, die die Nährstoffe des Gemüses umhüllt. Um die Zellulosekapsel zu sprengen, müssen die Gemüse gekocht werden, dabei verlieren sie an ihr Kochwasser 20—25% Eiweiß, Fett und Kohlehydrate. Dieser Verlust wird durch Salzzusatz zum Wasser geringer. Deshalb soll das erste Kochwasser nicht, wie es leider noch häufig geschieht, beim Kochen der Gemüse fortgegossen werden.

Kohlgemüse. Das Kohlgemüse ist im großen und ganzen schwer verdaulich und ruft im Darme Gärungserscheinungen hervor. Die grünen Kohlarten zeichnen sich durch ihren, die Blutbildung begünstigenden Eisengehalt aus. Die Zusammensetzung einiger Kohlarten ist folgende:

Blumenkohl	1,8% Eiweiß	0,0% Fett	3,8% Kohlehydrate	90,9% Wasser
Rosenkohl	3,5% „	0,0% „	5,5% „	85,6% „
Wirsingkohl	2,4% „	0,4% „	4,0% „	90,0% „

Wurzelgemüse. Zu ihnen gehören alle Rübenarten. Sie sind nur jung leicht verdaulich, ältere Wurzelgemüse müssen sehr lange gekocht werden. Jungen Kindern und magenschwachen Menschen werden sie am besten in Breiform gereicht. Auch der Eisengehalt der Rüben ist ziemlich beträchtlich: 8,6 Milligramm in 100 Teilen getrockneter Rüben. Die übrigen Nährstoffe sind:

Gelbe Rübe	0,8% Eiweiß	0,0% Fett	8,5% Kohlehydrate	87,0% Wasser
Kohlrübe	1,0% „	0,0% „	7,0% „	89,5% „
Teltower Rübe	2,5% „	0,0% „	9,5% „	82,0% „

Hülsenfrüchte sind außerordentlich eiweiß- und kohlehydratreiche Nahrungsmittel, deren volle Nährkraft aber nur durch langes und gründliches Kochen herauskommt. Man kann durch Zusatz von etwas Natron zum Kochwasser das Weichwerden bedeutend beschleunigen. Auch sie enthalten Eisen: 100 Gramm getrocknete Erbsen 6,2—6,6 Milligramm, Linsen 9,5 Milligramm. An weiteren Nährstoffen besitzen:

Grüne Erbsen	4,7% Eiweiß	0,3% Fett	10,4% Kohlehydrate	77,7% Wasser
Grüne Bohnen	2,0% „	0,0% „	5,5% „	88,7% „
Linsen	18,2% „	0,6% „	47,0% „	11,0% „
Bohnen (weiße)	18,0% „	0,5% „	40,0% „	14,0% „

Knollengemüse, als deren wichtigstes und beliebtestes die Kartoffel zu gelten hat; sie enthält 1,5% Eiweiß, 0,0% Fett, 20,5% Kohlehydrate und 74,9% Wasser. Davon werden im Körper ausgenutzt vom Eiweiß 78%, vom Fett 60%, von den Kohlehydraten 96%.

Die Kartoffeln, die ein alter Dichter als „ein echtes Magenpflaster" preist, haben einen hohen Sättigungswert und bilden deshalb eines der bedeutendsten Volksnahrungsmittel. Weber, der „lachende Philosoph", sagt von ihnen: „Die Kartoffel ist mir ein Sinnbild des Volkes; unbemerkt, ohne Aufsehen und gering geschätzt, bildet sie im Schoße der Erde ihren groben, aber höchst nützlichen Knollen."

Kartoffelvergiftungen sind bei uns nicht häufig; sie entstehen durch ein Gift, das sich in den Keimen der Kartoffeln bildet; deshalb ist es ratsam, die Keime vor dem Kochen zu entfernen.

Sproſſen, mit ihrem berühmteſten Vertreter, dem Spargel, dem „König der Gemüſe". Er beſitzt 1,0% Eiweiß, 0,0% Fett, 1,0% Kohlehydrate, 95,0% Waſſer. Spargel iſt eins der vornehmſten und ſchmackhafteſten Gemüſe; er wirkt etwas harntreibend und ſoll deshalb von Kranken mit Vorſicht genoſſen werden. P i l z e enthalten reichlich Eiweiß und ſind ziemlich ſchwer verdaulich. Die Pilzvergiftung iſt eine der häufigſten Nahrungsmittelvergiftungen; ſie nimmt oft einen tödlichen Ausgang, deshalb muß bei Auswahl der Pilze größte Aufmerkſamkeit walten. Alle die berühmten Volksmittel, um giftige Pilze von ungiftigen zu unterſcheiden, ſind unbrauchbar und verwerflich. Es gibt nur ein einziges wirkſames Mittel, das Schutz gewährt, das iſt die eigene genaue Kenntnis der einzelnen Pilzarten.

Zu den häufigſten Pilzvergiftungen gehören die Vergiftungen durch den Genuß von Lorcheln; das Gift der Lorcheln iſt in heißem Waſſer leicht löslich und zerſetzt ſich beim Trocknen der Pilze, deshalb ſind die in Waſſer ausgekochten oder längere Zeit ſorgfältig getrockneten Lorcheln ungiftig; das Kochwaſſer iſt wegen der darin enthaltenen Gifte fortzugießen. Die Vergiftung äußert ſich in Übelkeit, Erbrechen, Kopfſchmerzen und Durchfällen. — Sehr ſchwere Krankheitserſcheinungen machen die Vergiftungen mit dem Satanspilz, der dem Steinpilz äußerlich ſehr ähnlich ſieht, und ebenſo die Fliegenpilzvergiftung, die mit rauſchartigen Zuſtänden, Krämpfen und Bewußtloſigkeit einhergeht. Ein dem Champignon ähnlicher Pilz, der Knollenblätterſchwamm, erzeugt die gefährlichſten Vergiftungen, die meiſt trotz aller Hilfsverſuche zum Tode führen.

Praktiſcher Gemüſedämpfer

Kohlgemüſe

Weißkohl

Guten Kohl erkennt man an der friſchen Farbe, dem feſten Kern und den knuſprigen, glasartig ſpröden Blättern!

Weißkohl mit Hammelfleiſch
1 Kopf Weißkohl (1½ Kilo), ½ Kilo Hammelfleiſch, Kartoffeln (oder 2 Löffel Mehl und 1 Löffel Butter)

Zu ½ Kilo Hammelfleiſch — es eignet ſich hierzu die flache Rippe oder das Kotelettſtück am beſten — ſteht ein Kopf Kohl im Gewicht von 1½ Kilo in richtigem Verhältnis. Das Fleiſch wird, nur gerade mit Waſſer bedeckt, aufs Feuer geſtellt, unter Hinzugabe von entſprechend Salz, 1—2 Zwiebeln, etwas Kümmel und einer kleinen Mohrrübe. Der Kohl wird in Achtel geteilt und nur von dem dicken Strunk befreit. Die Blattrippen gehören als Nährſalzträger zu dem Gemüſe und dürfen daher nicht fortgeworfen werden. Der Kohl wird gewaſchen und dann in ſiedendes Waſſer gegeben und zum Kochen gebracht, mit einer Schaumkelle herausgehoben und dem inzwiſchen ins Kochen geratenen Fleiſch zugefügt. Es kommt nun darauf an, ob der Kohl auf einem guten Boden gewachſen oder mit friſcher Latrine gedüngt worden iſt. Im erſten Falle geben wir, der ausgezogenen Nährſalze wegen, das Waſſer, in dem der Kohl abgekocht wurde, ebenfalls zu dem Fleiſch, im zweiten Falle aber werden wir das Waſſer des üblen Geruches wegen fortgießen und dem Gericht die fehlende Flüſſigkeit in reinem Waſſer nachgeben. Iſt das Fleiſch und der Kohl nahezu gar, was 1½—2 Stunden dauert, ſo kommt eine Lage mehliger Gemüſekartoffeln darauf. Das Ganze kocht nun in inniger Verbindung fertig. Mehlige Kartoffeln machen das Gericht in der Regel ſo bündig, daß kein Mehl mehr nötig ist. Im anderen Falle werden 2 Löffel Mehl in 1 Löffel Butter geschwitzt und mit dem Gemüse verbunden.

Weißkohl mit Speck

1 Kopf Weißkohl (1½ Kilo), durchwachsener Speck, 1½ Kilo rohe Kartoffeln, Kümmel, Zwiebel, schwarzer Pfeffer

Hierzu lösen wir die Blätter des Kohls einzeln aus, brühen ihn, belegen eine Kasserolle mit fein geschnittenen, zarten, durchwachsenen Speckscheiben, darauf eine Lage in dicke Scheiben geschnittener roher Kartoffeln, dann eine fingerdicke Lage Kohlblätter, bestreuen diese mit etwas Kümmel, fein geschnittener Zwiebel und etwas schwarzem Pfeffer. Man gibt hierauf wieder eine Lage durchwachsener Speckscheiben, dann Kartoffeln und wieder Kohlblätter, bis die Kasserolle ziemlich gefüllt ist. Die oberste Lage muß Speck sein. Nun füllt man das Kohlwasser darauf, so daß es gerade deckt, und läßt das Gericht einschmoren. Nötigenfalls muß etwas Wasser nachgezossen werden. Das Gericht wird am besten in einer Kasserolle zubereitet und darin gereicht.

Gefüllter Weißkohl

1 Kopf Weißkohl, 400—500 Gramm Fleisch zur Farce, 1—2 Sardellen, Fleischbrühe (oder Fleischextrakt), Kapern, Salz, Pfeffer, Muskat

Ein recht fester Kopf von etwa 1½ Kilo Schwere, wird in der Mitte der Länge nach geteilt, dann in Wasser überkocht. Hierauf löst man die Hälfte der Blätter in beiden Teilen aus, füllt beide Höhlungen mit einer lockeren Fleischfarce, die mit Hilfe einiger Sardellen und Kapern recht pikant gemacht wurde, fügt beide Teile aneinander und befestigt sie mit einem Faden, der beim Anrichten gelöst wird. Der geschlossene Kopf wird nun in eine etwas enge Kasserolle gestellt, mit Kohlwasser und Brühe, die eventuell durch Fleischextrakt hergestellt wurde, bedeckt und eingedünstet. Der Brühe werden die ausgelösten Kohlblätter fein geschnitten beigegeben, nebst etwas Salz, Pfeffer und einem Stäubchen Muskat. Sehr gut kann man auch Soßenreste statt der Fleischbrühe darangeben und etwas Wasser dazusetzen. Mit einer Gabel ist leicht zu prüfen, wann der Kohl weich ist. Die Soße wird dann mit ein wenig Mehl bündig gemacht.

Weißkohl mit Sahne

1½ Kilo Weißkohl, 75 Gramm Butter, Mehl, ⅛ Liter Sahne, Salz, Muskat, Pfeffer

Der Kohl wird beliebig zerschnitten, einmal schnell überkocht und dann, mit etwas Salz, Muskat, ein wenig Pfeffer eingeschichtet, kurz eingekocht. Dann wird in Sahne ein der Quantität des Kohls entsprechendes Stück Butter (auf 1 Kilo Kohl etwa 50 Gramm) nebst 1 Löffel Mehl verquirlt und über den Kohl gegeben, um damit aufzukochen.

Kohlrollen

Man läßt Weißkohlblätter in kochendem Wasser etwas ziehen, damit man sie rollen kann. Dann macht man eine Füllung von gemahlenem Fleisch, geweichter Semmel, Zwiebel, Salz und Pfeffer, 2 Eiern, etwas Schmalz, legt auf jedes Blatt etwas von dieser Füllung, rollt es zusammen, bindet es zu, wälzt es in Mehl und brät es in Fett schön braun, gießt dann etwas Wasser hinzu und läßt es so fertigschmoren.

Bayrisch Kraut

1 Kopf Weißkohl, 50 Gramm reines Schmalz, 1 Zwiebel, Pfeffer, Salz, ½ Flasche leichter Wein (oder etwas Weinessig), Zucker (oder Apfel)

Der Kohl wird recht fein gehobelt und mit kochendem Wasser schnell überbrüht, dann zum Abtropfen auf ein Sieb gebracht. Auf einen mittelgroßen Kopf werden 50 Gramm reines weißes Schmalz zerlassen und eine fein gehackte Zwiebel darin weichgedünstet. Dann wird der Kohl mit etwas Pfeffer und Salz hineingegeben und mit einer halben Flasche leichten Weins getränkt, unter Zugabe von

Hobeln von Weiß- und Rotkohl
Kohl geviertelt, Rippen entfernt

etwas Zucker. In gleicher Art ist er auch statt mit Wein mit feinem Weinessig, dem aber etwas mehr Zucker zukommt, herzustellen, oder man kann reichlich feinsäuerliche Äpfel statt Wein nehmen. Dazu ist gebackene Kalbsleber sehr gut.

Weißkohl mit Eiersoße und Fleischklößchen

1 Kopf Weißkohl, 100 Gramm Butter, 2 Löffel Mehl, ¼ Liter Milch, 5 Eier, 1 Teelöffel Zitronensaft, Salz, Muskat, Zucker

Hierzu wird der Kohlkopf in Achtel geteilt, der dicke Strunk ausgeschnitten und der Kohl gedämpft. Er bedarf zum Garwerden mindestens 1 Stunde. Dann wird aus 100 Gramm Butter, 2 Löffel Mehl und ¼ Liter Milch eine Soße unter ständigem Rühren gleichmäßig hergestellt, nach und nach das Gelbe von 5 Eiern dazugerührt, ohne daß die Masse ins Kochen kommt, dann 1 Teelöffel Zitronensaft nebst Salz und etwas Muskatnuß sowie eine Prise Zucker dazugegeben. In dieser Soße zieht der Kohl noch einige Minuten und wird dann mit Garnierung von Fleisch- oder Leberklößchen aufgetragen.

Jägerkohl

1 mittelgroßer Kopf Weißkohl, 1½ Kilo fette Hammelrippen oder Keulenfleisch, Salz, Pfeffer, 1 große Zwiebel, in Würfel geschnitten, 1 Kilo rohe Kartoffelscheiben

Dieses bei Herren sehr beliebte kräftige Gericht wird am besten in einer Puddingform hergestellt, in der alles Aroma erhalten bleibt. Der Kohl wird je nach Größe in Viertel oder Achtel geschnitten, einmal überkocht und abgetropft. Das Fleisch wird in mundgerechte Stücke zerschnitten. Manche Hausfrauen schneiden auch nur dicke Scheiben vom Fleisch und lassen die Rippen daran, dann wird alles schichtweise eingeordnet. Man beginnt mit Kohl, gibt dann Fleisch, Salz, Pfeffer, Zwiebel und Kartoffelscheiben gleichmäßig darauf, um so fortzufahren, bis die Form voll ist. Zum Schluß gibt man ½—¾ Liter Wasser, und wenn das Fleisch nicht fett war, ein, zwei Stückchen Fett darauf. In fest verschlossener Form kocht das Gericht 2½—3 Stunden im Wasserbad. Im Topf bereitet, erfordert es nur höchstens 2 Stunden Kochzeit, bedarf aber größerer Aufsicht und häufigen Zugießens von Flüssigkeit.

Sauerkraut mit Schweinerippchen

1 Kilo Sauerkraut, 1 Kilo Schweinerippchen (oder Eisbein), 1 Messerspitze Kümmel

Zum Kochen von Sauerkraut muß ein bestimmter Kochtopf in der Küche sein, der nur hierzu gebraucht wird, und zwar muß es ein irdener oder ein solcher aus weißer Emaille sein. Wenn, wie es oft im Handel vorkommt, das Sauerkraut zu scharf ist, so darf es nicht gewaschen, sondern nur fest ausgedrückt werden, da wir ihm sonst durch das Auswaschen der Säure leicht die Verdaulichkeit und auch damit den eigenartigen Geschmack nehmen. Auf 1 Kilo Sauerkraut kann man 1 Kilo frische, oder wer es liebt, gepökelte Schweinerippen oder Eisbein geben. Die Hälfte der Rippen kommt als Unterlage, auf der das Kraut aufgeschichtet wird. Man muß das Kraut gabelweise abheben und in den Kochtopf bringen, damit es recht gelockert hineinkommt. Es bewahrt ein viel besseres Aussehen dadurch. Obenauf wird die andere Hälfte der Rippen gegeben, eine Messerspitze Kümmel hinzugefügt, mit Wasser etwas überstehend bedeckt und dann langsam gargeschmort. Das Kraut wird derart angerichtet, daß es die eine Hälfte der Schüssel, die Rippchen die andere Hälfte einnehmen. Gutes Sauerkraut ist fernig, nicht grau und schleimig!

Sauerkraut mit Kartoffeln gebacken

1 Kilo Sauerkraut, ¼ Kilo fetter Speck, 1 Zwiebel, Kartoffelbrei, 3 Löffel Semmelkrume, Parmelankäse, 50 Gramm Butter, ⅛ Liter Sahne oder Milch

Hierzu wird zunächst ein recht geschmeidiger Kartoffelbrei mit Milch und Butter hergestellt. Zu 1 Kilo Kraut wird fetter Speck, ¼ Kilo, in kleinen Würfeln, nebst einer würfelig geschnittenen Zwiebel goldgelb gebraten. Die Zwiebel darf nicht braun werden. Das Kraut wird in Wasser weichgedämpft. Nun kommt in eine porzellanene Backform zunächst eine Lage Kraut, eine Lage Kartoffelbrei, dann die Hälfte der Speckßoße. Diese Lage wiederholt sich. Die dritte Lage besteht nur aus Kraut und Kartoffelbrei. Sie wird mit 3 Löffelvoll feiner Semmelkrumen, 1 Zentimeter starker Schicht geriebenen Parmesankäses bedeckt, die wieder mit Semmelkrumen überstreut und dann mit 50 Gramm Butter in kleinen Stückchen belegt wird. ⅛ Liter Sahne oder Milch wird darübergegossen und das Gericht nun in einem Ofen mit guter Oberhitze goldgelb gebacken und in der Form aufgetragen. Hierzu eignen sich Würstchen und Koteletten.

Gebackenes Sauerkraut mit Eierguß

1 Kilo Sauerkraut, 100 Gramm Schmalz, ½ Liter saure Sahne, 2—3 Eier, 60 Gramm Mehl, Zucker, Salz, Muskat, Butter, einige Löffel Weißwein

Das Sauerkraut wird mit reichlich Schmalz und einigen Löffeln Weißwein weichgekocht und dann in eine Porzellanform, die mit Butter ausgestrichen war, locker aufgeschichtet. Man bereitet einen recht schaumig gequirlten Guß von ½ Liter saurer Sahne, 2—3 Eidottern, 60 Gramm Mehl, etwas Zucker, einer Prise Salz und einem Stäubchen Muskat, dem schließlich noch das zu Schnee geschlagene

Eiweiß untermischt wird. Diese Masse wird über den Kohl gefüllt und bei guter Oberhitze überbacken.

Sauerkrautpastete
1 Kilo Sauerkraut, Weißwein, Blätterteig, Kartoffeln, 1 Fasan (oder 2 Rebhühner), Speck

Dieses Gericht ist bei richtiger Zubereitung ganz vortrefflich. Mit Blätterteig, den man beim Konditor bestellen kann, wird eine Porzellanform dünn ausgefüttert. Von einem recht saftig in Weißwein eingedünsteten Sauerkraut kommt eine etwa 5 Zentimeter hohe Lage darauf, hierauf eine dünne Lage in Scheiben geschnittener Kartoffeln und dann das saftig gebratene Fleisch eines Fasans oder einiger Rebhühner mit der kurz eingesottenen Bratensoße. Nun kommt wieder eine 5 Zentimeter starke Lage Kraut, die mit feinen Speckscheiben reich belegt wird. So kommt die Pastete, mit einem Teigdeckel geschlossen, in den Ofen zum Backen, was höchstens 1 Stunde beansprucht. Der Ofen muß sehr heiß sein, des Blätterteigs wegen, der sonst die Butter ausläßt und zähe wird. Das Gericht muß gleich nach Fertigstellung dargeboten werden, da der Teigdeckel sich sonst senkt.

Sauerkrautsuppe
Brühe, Reste von Sauerkraut, Kartoffeln

Hierzu verwendet man in der Regel etwaige Reste von Kraut. Mit Brühe hergestellt, in die das Kraut nebst kleinen runden Kartoffeln gegeben wird, schmeckt sie sehr gut.

Krautsuppe mit Sahne und Fleisch
½ Kilo Sauerkraut, 50 Gramm Butter, 3 Löffel Mehl, ¼ Liter saure Sahne oder Milch, Fleischreste oder Fleischklößchen oder Würstchen, Salz, Pfeffer, Kümmel

½ Kilo Kraut wird mit 1 Liter Wasser weichgekocht. Aus 50 Gramm Butter und 3 Löffel Mehl wird eine Grundsoße hergestellt, der man ¼ Liter saure Sahne oder im Notfalle Milch zufügt. Hiermit wird das Kraut verkocht, so daß es eine nicht zu dünne Suppe gibt, der man dann geschnittene Fleischreste, Fleischklößchen oder ganz kleine Würstchen, auch kleingeschnittenen gekochten Schinken sowie etwas Kümmel und Pfeffer zusetzt. Diese Krautsuppen können in allen möglichen Variationen hergestellt werden, namentlich unter Zuhilfenahme etwa vorhandener Reste.

Russische Kohlsuppe oder Schtschi
¼ Kilo frisches Kraut, ¼ Kilo Sauerkraut, 1 Handvoll Pilze, 1 Lorbeerblatt, 1 große Zwiebel, Gewürz, Brühe von ½—1 Kilo fettem Rindfleisch, ¼ Liter saure Sahne, 2 Löffel Mehl

¼ Kilo geschnittenes frisches und ¼ Kilo Sauerkraut werden mit einer Handvoll Pilze, einem kleinen Lorbeerblatt, einer großen Zwiebel und einigen Gewürzkörnern in der vorher bereiteten Brühe von ½—1 Kilo fettem Rindfleisch 2 Stunden gekocht. Dann wird ¼ Liter saure Sahne mit 2 Löffel Mehl verquirlt, der Suppe verbunden und noch einmal mit dieser aufgekocht. Das Rindfleisch wird in kleine Stückchen zerschnitten der Suppe beigemengt.

Sauerkraut mit Schinken
1 Kilo Sauerkraut, 50 Gramm Schmalz, ½ Kilo Äpfel, 200 Gramm Schinken, ¼ Liter saure Sahne

In eine mit Butter gut ausgestrichene Porzellanform oder irdene Servierkasserolle wird eine gut fingerstarke Lage von Sauerkraut gegeben, auf die einige Stückchen Schmalz kommen. Diese Schicht wird mit einer Lage in Viertel geteilter und von dem Kernhaus befreiter feiner Äpfel bedeckt, der eine Lage nicht zu salzigen und nicht zu trockenen, fein geschnittenen Schinkens folgt. Mit diesen Lagen wird fortgefahren, bis die Form voll ist. Nun wird so viel Wasser zugefüllt, daß es knapp deckt, und dann ¼ Liter saure Sahne zum Eindünsten darübergegossen. Das Gericht muß etwa drei Stunden langsam in einem Ofen mit wenig Unterhitze backen und wird dann mit Bratwürstchen und kleinen Kartöffelchen garniert.

Wirsingkohl

Sämtliche Zubereitungsarten des Weißkohls (mit Ausnahme von Sauerkohl) gelten auch für Wirsingkohl.

Wirsingkohl
1 Kopf Wirsingkohl, 100 Gramm Butter, Salz, Mehl, Muskat

Dieser Kohl ist entschieden feiner im Geschmack als der Weißkohl. Am besten bewahrt man seine Eigenart, wenn man ihn, in Achtel geschnitten, nach Auslösen des dicken Strunks schnell mit siedendem Wasser überbrüht, in knappem Wasser garkocht und ihn nur mit 100 Gramm Butter auf einen mittelgroßen Kopf durchschwenkt, indem man nebst Salz noch etwas Mehl und eine Prise Muskat darüberstäubt.

Wirsingkohlrollen mit Pilzen gefüllt

Pilze beliebiger Art werden gesäubert, zerkleinert und in etwas Fett mit einer fein gehackten Zwiebel weichgedämpft. Mit einem Schaumlöffel hebt man sie danach aus und füllt die Kohlblätter damit, die nun zusammengerollt und dicht aneinander in eine Kasserolle gelegt werden. Die Flüssigkeit, die sich bei dem

Dünsten der Pilze bildete, wird mit kochendem Wasser verdünnt und mit etwas Pfeffer, auch wohl noch mit einem guten Brühwürfel oder etwas Maggi-Essenz gewürzt darübergegeben und das Ganze auf langsamem Feuer gargeschmort. Wer die Soße sämig liebt, stäubt noch etwas Mehl daran.

Wirsingkohl mit Rindfleisch und Kartoffeln
1 Kopf Wirsingkohl, 1 Kilo durchwachsenes Rindfleisch, Salz, 1 Zwiebel, Sellerie (oder Petersilienwurzel), Kartoffeln

1 Kilo durchwachsenes Rindfleisch, etwa Fehlrippe, wird mit 1 Liter kochendem Wasser, Salz, einer zerschnittenen Zwiebel und etwas Sellerie oder Petersilienwurzel aufs Feuer gesetzt. Ein abgeblätterter Kopf Wirsing von ziemlicher Größe wird gebrüht und eventuell mit dem Brühwasser, das aber nur knapp genommen werden durfte, langsam gekocht, bis die Fleischbrühe ziemlich von dem Kohl eingezogen ist. Eine halbe Stunde vor Fertigstellung werden, in der Menge nach Geschmack, kleine geschälte Kartöffelchen dazugegeben, damit auch diese von der Fleischbrühe anziehen. Ist es gar, wird das Gericht durch etwas Mehl bündig gemacht, wenn es besonderer Wunsch ist, sonst schmeckt es naturell eigentlich am besten. Das Fleisch wird in Stücke geschnitten um den Kohl gelegt.

Wirsing auf italienische Art
1 großer Kopf Wirsingkohl, 125 Gramm Butter, 200 Gramm Reis, Fleischbrühe, Salz, Paprika, 50 Gramm Parmesankäse

Ein großer Wirsingkopf wird in kleinere Stücke geschnitten und schnell gebrüht, dann auf ein Sieb zum Abtropfen gebracht. Nun kommt in eine Kasserolle 125 Gramm Butter, dahinein 100 Gramm abgebrühter Reis, dann der Kohl und nochmals 100 Gramm Reis. Das Ganze wird mit Fleischbrühe angefüllt, mit Salz und etwas Paprika gewürzt und dann eingedämpft. Bei Fertigstellung werden noch 50 Gramm geriebener Parmesankäse darübergegeben.

Wirsingrollen
1 großer Kopf Wirsingkohl, ½ Kilo Fleisch- oder Leberfarce, 125 Gramm durchwachsener Speck, 1 Zwiebel, Salz, Pfeffer

Es ist zweckmäßig, einen recht großen Kopf zu benutzen, um gute Rollen anfertigen zu können. Die Blätter werden einzeln abgelöst und einige Minuten in kochendes, ungesalzenes Wasser gelegt, um sie zum Rollen gefügig zu machen. Eine gut gewürzte Fleisch- oder auch Leberfarce, die recht geschmeidig und saftig sein muß, wird auf die Blätter gegeben, und diese rollt man dann nicht zu fest, damit die Füllung sich dehnen kann, zusammen und steckt ein Wursthölzchen durch. Ein flacher, breiter Schmortopf wird mit Scheiben von durchwachsenem Speck ausgelegt; man läßt diesen zunächst etwas anbraten und legt die Rollen dicht aneinander darauf. Ist noch eine weitere Anzahl Rollen vorhanden, so gibt man erst wieder eine Zwischenlage fein geschnittener Speckscheiben darauf, füllt das Ganze mit Kohlwasser an und läßt das Gericht unter Hinzugabe noch einer fein geschnittenen Zwiebel sowie von etwas Salz und Pfeffer kurz einschmoren. Die Speckscheibchen werden dem Gericht mit der vorhandenen Soße beigegeben.

Grünkohl

Grünkohl, lang gekocht
2—2½ Kilo Grünkohl, 1 Kilo Schweinerippchen, 1 Zwiebel, Salz, Mehl, Zucker

Da diese Sorte Kohl in der Regel viel von Raupen aufgesucht und verunreinigt wird, so ist es doch nötig, das Wasser, in dem er gebrüht wurde, fortzugießen. Es ist nicht nötig, daß er verkocht; man wird durch ein schnelles Brühen mit siedendem Wasser allzu viele Nährsalze fortnehmen, und man reinigt ihn dadurch genügend. In manchen Gegenden, so Hannover und Westfalen, kocht man ihn lang, und man behauptet, daß er dadurch einen viel besseren Geschmack bewahrt, als wenn er, wie der Spinat, fein gehackt wird. Am besten schmeckt er, wenn er eine Portion Frost bekommen hat. Er gewinnt dann die Süße, die wir ihm sonst durch Zucker geben müssen, auf natürlichem Wege. Der braune Krauskohl erscheint als der feinere und mildeste. Vortrefflich schmeckt der braune wie der grüne Kraus-

Abpflücken von Grünkohl

kohl mit fetten Schweinerippen; denn diese Art Kohl braucht viel Fett. 1 Kilo Schweinerippen werden abwechselnd mit dem vorgebrühten, nur abgestreiften Kohl zu Feuer gebracht. Eine nußgroße Zwiebel wird fein zerschnitten nebst Salz dazugegeben. Dann wird kochendes Wasser bis zur Deckung darübergegossen, nachdem vorher etwas Mehl zum Bündigkochen darübergestäubt war. So schmort das Ganze, bis der Kohl ganz weich und geschmeidig ist. Nötigenfalls wird noch etwas Zucker dazugetan. Man umrandet den fertigen Kohl mit den Fleischstücken und gibt Salzkartoffeln dazu. Das Vorrichten des Grünkohls geschieht so, daß man erst ein Blatt aus dem ganzen Kopf herausbricht und dann jede Seite einzeln oder auch (bei starken Blättern) beide zusammen von der Rippe abstreift. Als Verzierung bei Grünkohl dienen z. B. gedämpfte Kastanien die, man aber auch durchmischen oder in einem Schüsselchen dazu reichen kann. Als Beilage können Rauchfleisch, Bratwurst, Schweinskoteletten, Pökelfleisch usw. gereicht werden, doch kocht man den Kohl dann nur mit Fett.

Grünkohl auf holsteinische, auch hannoversche Art

2 Kilo Grünkohl, 150 Gramm Fett, Porree, Salz, Pfeffer, 50 Gramm Hafergrütze, Zucker

Nachdem der Kohl abgestreift und gebrüht ist, wird er mit etwas Porree grob gehackt und in reichlichem Fett und dem nötigen Wasser eine gute Stunde gekocht. Dann gibt man Salz, etwas Pfeffer und auf 1½ Kilo Kohl 2 Löffelvoll Hafergrütze sowie ein wenig Zucker dazu; damit vermischt, kocht er dann völlig gar und wird mit runden Bratkartoffeln garniert.

Grünkohl auf französische Art, mit Sahne

2 Kilo Grünkohl, 1 große Zwiebel, 125 Gramm Butter, geriebene Semmel, Salz, weißer Pfeffer, ⅛ Liter süße Sahne

Nachdem der Kohl gebrüht, wird er unter Hinzugabe einer großen Zwiebel fein gehackt. Dann werden Butter und geriebene Semmel zum Bündigkochen beigegeben. Mit Salz und ein wenig weißem Pfeffer kocht er dann ziemlich ein und wird bis zur völligen Fertigstellung mit süßer Sahne übergossen, die wiederum ziemlich eindämpfen muß. Er wird mit gedämpften Kastanien garniert und mit kleinen Fleischstücken gereicht.

Grünkohlsuppe

1 Kilo Grünkohl, 1 halbe Stange Porree, etwas Sellerietraut, 2 Liter Rinderpökelbrühe, 5—6 Löffel Hafergrütze

Etwa 1 Kilo Kohl wird gebrüht, auf einem Sieb abgetropft und recht fein gehackt, nebst einer halben Stange Porree und etwas Sellerietraut. Hierzu eignet sich vorzüglich die Brühe von mild gepökeltem oder frischem Rindfleisch. Das Kraut wird hineingegeben und unter ständigem Rühren auf etwa 1 Liter Brühe 2 bis 3 Löffelvoll Hafergrütze darangerührt. So läßt man sie 2 Stunden langsam kochen und schneidet das Fleisch, von dem die Brühe bereitet wurde, beim Anrichten in Stückchen daran.

Rosenkohl

Rosenkohl

½ Kilo Rosenkohl, 30—40 Gramm Butter, Salz, 1 Löffel Mehl

Die Rosen sind am besten, wenn sie recht fest geschlossen sind. Lose Rosen muß man abblättern, da sie in der Regel streng schmecken. Der Hals darf nicht zu kurz abgeschnitten werden, da die Rosen sonst leicht auseinanderfallen. Schnell mit kochendem Wasser nur gebrüht, werden sie je nach der Quantität in Butter, ungefähr 30—40 Gramm auf ½ Kilo Rosen, gegeben, ein wenig Wasser und mit Salz und einem knappen Löffel Mehl hinzugefügt und das feine Gemüse dann unter öfterem Schütteln weichgekocht. Sie verlieren das Beste, wenn sie zerfallen sind. Die Flüssigkeit muß ganz eindünsten.

Rosenkohl in Sahne und Butter

½ Kilo Rosenkohl, ¼ Liter süße Sahne, 50 Gramm Butter, Muskat

Nachdem ½ Kilo Rosen in wenig Salzwasser weichgekocht sind, werden sie in eine Mischung von ¼ Liter süßer Sahne und 50 Gramm Butter nebst einem Stäubchen Muskat über dem Feuer so lange langsam geschwenkt, bis sie alle Flüssigkeit aufgesogen haben. Eine vortreffliche Zugabe zu Rouener Ente oder Hammelkoteletten.

Rosenkohl in Fleischbrühe

1 Kilo Rosenkohl, Brühe von 1 Kilo Rindfleisch, 50 Gramm Butter

1 Kilo vorbereitete Rosen werden in der kurzen, kräftigen Brühe von 1 Kilo Rindfleisch kurz eingedünstet. Das Rindfleisch wird in gleichmäßige Stücke geschnitten, paniert, in Butter überbraten, in die Mitte einer Schüssel gegeben und von dem Rosenkohl umkränzt.

Rosenkohl auf spanische Art (à l'espagnole)

1 Kilo Rosenkohl, 60 Gramm Butter, 1 Glas Madeira, 1 Löffel Zitronensaft, 1 Prise Zucker, Maronen, ein braune Grundsoße, Würstchen

Die Rosen werden gebrüht und in heißer Butter durchgeschwenkt. Dann wird eine kurze braune Grundsoße mit einem Glas Madeira und einem kleinen Löffel voll Zitronensaft nebst einer Prise Zucker gemischt, über die angerichteten Röschen gegeben und mit eingedünsteten Maronen sowie kleinen panierten Würstchen garniert.

Kohlrabi

Suppe von Kohlrabi

Die Köpfchen werden nach Vorrichtung in kleine Würfel geschnitten und mit Zugabe einiger Brühwürfel oder Maggi-Essenz weichgekocht. Das zarte grüne Blattwerk wird sehr fein gehackt und zum Schluß mit durchgekocht. Man macht die Suppe mit einigen Löffeln in Fett geschwitztem Mehl bündig, kann aber auch zu dem Zweck eine Handvoll geschälter, kleingeschnittener Kartoffeln von Anfang an mitkochen.

Kohlrabi auf einfache Art

15 Kohlrabi, 50 Gramm Butter, 2 Löffel Mehl

Die Knollen werden fein geschält und in feine Scheibchen geschnitten, die Herzblätter werden kleingeschnitten und in ein wenig Wasser weichgekocht. In einer Kasserolle ist der Quantität entsprechend Butter zerlassen, in der die Kohlrabischeiben umgeschwenkt werden. Unter Hinzufügung der Blätter nebst dem Wasser, in dem sie gekocht waren, müssen sie dann unter Zugabe von etwas Mehl völlig gar werden. Man kaufe nur Kohlrabi mit frischen, grünen Blättern!

Kohlrabi in Eiersoße

15 Kohlrabi, 50 Gramm Butter, 2 Löffel Mehl, Salz, weißer Pfeffer, 3 Eier, ¼ Liter Milch, 1 Glas Weißwein, 1 Prise Zucker

Hierzu werden kleine Köpfchen genommen, die nicht zerschnitten werden dürfen. In Butter nebst etwas Wasser, Salz und etwas weißem Pfeffer werden sie gargedünstet. Dann wird eine weiße Grundsoße aus 50 Gramm Butter und 2 Löffel Mehl hergestellt, der unter ständigem Rühren das Gelbe von 3 Eiern nebst ¼ Liter Milch zugegeben wird, ohne daß sie aber kochen darf. Ein Glas Weißwein, in Ermangelung dessen ein Teelöffel Zitronensaft nebst einer Prise Zucker, wird dazugefügt und dann alles über die Kohlrabi gegeben, die in Quantität zu dieser Soße 1—1½ Kilo betragen können. Das Gericht wird zu Hammelkoteletts serviert.

Gefüllte Kohlrabi

15 Kohlrabi, 300 Gramm gebratenes Fleisch, etwas gekochter Schinken, 2 Sardellen, 1 Ei, Zitronenschale, Pfeffer und Salz zur Farce, 50 Gramm Butter, ½ Liter Fleischbrühe, Mehlschwitze

Hierzu ist der Riesenkohlrabi in seinen jüngsten Stadien am besten, da andere Sorten leicht holzig sind, wenn sie die nötige Größe erreicht haben. Aber auch der Wiener Glaskohlrabi, der im Juli am besten ist, eignet sich sehr gut dazu. Nachdem die Köpfe fein geschält und das Grüne verlesen ist, wird eine dicke Scheibe abgeschnitten und der Kopf bis zur Hälfte ausgehöhlt. Nun bereitet man eine Farce, am besten aus gekochtem oder gebratenem Kalbfleisch, da diese immer lockerer als von frischem Fleisch wird, ein wenig gekochter Schinken, einigen Sardellen, etwas geriebener Zitronenschale, feiner Semmel und 1 Ei sowie Salz und Pfeffer gut durchgemischt. Hiermit werden die Köpfchen gefüllt und dicht nebeneinander in einen Schmortopf, dessen Boden mit Butter ausgelegt war, gestellt. Ist die Butter im Steigen begriffen, so wird genügend Fleischbrühe daraufgefüllt, in der die Köpfchen gardünsten. Die inzwischen weichgekochten Kohlrabiblätter sowie das Ausgeschabte des Kopfes wird durch eine Mehlschwitze mit der Flüssigkeit zu einer kurzen kräftigen Soße verbunden und über die hübsch angerichteten Kohlrabi gegeben.

Kohlrabi mit brauner Soße

15 Kohlrabi, 2 Löffel Mehl, 50 Gramm Butter, ¼ Liter Fleischbrühe, Sardellen, Kapern, 1 Teelöffel Zitronensaft, 1 kleine Zwiebel, Zucker, Salz, Pfeffer

Zwei Löffel Mehl werden in 50 Gramm braun auf-

Gefüllte Kohlrabi

steigender Butter dunkelgeschwitzt und ¼ Liter gute Fleischbrühe damit verkocht. Einige fein gehackte Sardellen, einige Kapern, 1 Teelöffel voll Zitronensaft, eine kleine gehackte Zwiebel und so viel Zucker, daß nur gerade die äußerste Säure gebrochen ist, kommen dazu. Diese Ingredienzien müssen gut miteinander zu einer etwas dicken Soße eingedämpft sein. Salz und Pfeffer nach Geschmack. Die Kohlrabi wurden inzwischen in ganzen Köpfen in wenig Salzwasser gargekocht und das Wasser noch mit der Soße verkocht. Die Köpfchen werden nun mit der Soße übergossen und mit Kalbskoteletten oder Schnitzel dargeboten.

Kohlrabi mit Tomatensoße
15 Kohlrabi, 75 Gramm Butter, Tomaten, Salz, Pfeffer, Zucker

Hierzu werden die Köpfchen in Scheiben geschnitten, in zerlassener Butter gargedünstet, so daß die Butter ganz einzieht. Dann werden Tomaten, die nur zerschnitten, ohne Wasser und nur mit einem Stück Butter durchgeschwenkt waren, durch ein Sieb getrieben und mit den Scheiben des Kohlrabi unter Zugabe von etwas Salz, Pfeffer und Zucker gut gemischt.

Blumenkohl

Blumenkohl
1 Blumenkohl, braune Butter, Salz

Will man den Blumenkohl im ganzen auf den Tisch bringen, so ist es nötig, nachdem er geputzt wurde, 1 Stunde mit dem Stiel nach oben in Salzwasser zu legen, da es vorkommen kann, daß kleine Raupen usw. sich in den Winkeln aufhalten. Er wird nur einmal mit heißem Wasser übergossen und dann, gerade bedeckt mit heißem Salzwasser, gargekocht. Mit brauner Butter übergossen, gibt man ihn dann als selbständiges Zwischengericht.

Blumenkohlauflauf
1 Blumenkohl, 100 Gramm Butter, 2 Löffel Mehl, ¼ Liter Sahne oder Milch, 4 Eier, 2 Löffel geriebener Parmesankäse

Hierzu wird der Kohl in kleinere Röschen geteilt, in knappem Salzwasser gekocht und auf ein Sieb zum Abtropfen gelegt. In 100 Gramm Butter werden 2 Löffel Mehl geschwitzt und dann mit ¼ Liter Sahne oder Milch verschlagen und zum Abkühlen hingestellt. Dann werden 4 Eidotter damit vermischt, zuletzt zieht man den steifen Schnee der Eier darunter sowie 2 Löffel geriebenen Parmesankäse und gibt die Masse über den in einer porzellanenen Backform angerichteten Blumenkohl. So in den Ofen gebracht, muß er zu schöner Farbe bei guter Oberhitze backen, was etwa eine halbe Stunde in Anspruch nimmt. Mit gebackenen Hähnchen garniert, ist es ein sehr feines Gericht, und so ist der Blumenkohl auch als selbständiges Gericht bei größeren Essen. Die Hauptsache ist, daß die Form nach Beimischung des Eierschnees sofort in den Ofen kommt, damit das Volumen bleibt.

Blumenkohl mit Eiersoße
1 Blumenkohl, Saft einer Zitrone, 80 Gramm Butter, 2–3 Eier, 1 Löffel Mehl, 1 Prise Zucker

Der Kohl wird nach Vorbereitung im ganzen in knappem Wasser, dem man den Saft einer halben Zitrone nebst einem nußgroßen Stück Butter zufügt, gargekocht. Dann werden 75 Gramm Butter zu Schaum gerührt und nach und nach, unter ständigem Rühren über dem Feuer, 2–3 Eigelb, 1 Löffel Mehl, der Saft einer halben Zitrone, eine Prise Zucker und das Blumenkohlwasser dazugegeben. Bis zu guter Konsistenz verdickt — kochen darf sie nicht; ist man nicht sicher in der Handhabung, so ist es besser, sie im Wasserbade zu machen — wird sie über den auf einer flachen Schüssel aufgesetzten Blumenkohl gegeben und das Ganze mit Hammelkoteletten en papillotes begrenzt.

Blumenkohl, überbacken
1 Blumenkohl, ¼ Liter Milch, 2 Eier, 25 Gramm Butter, 2 Löffel Mehl, Salz, Muskat, Parmesankäse, geriebene Semmel, Krebsbutter

Der abgekochte Blumenkohl wird in eine Backschüssel geschichtet und mit folgender Soße überzogen: ¼ Liter Milch wird mit 2 Eigelb, 25 Gramm Butter, 2 Löffel Mehl, etwas Salz und Muskatnuß verquirlt und im Wasserbad oder über dem Feuer geschlagen, bis es dicklich ist, dann mit Blumenkohlwasser vermischt, ohne die Soße zu sehr zu verdünnen. Diese wird dann über den Blumenkohl gegeben, mit Parmesankäse und fein geriebener Semmel bestreut und mit Krebsbutter übergossen, dann in guter Oberhitze zu schöner Farbe gebacken und beim Anrichten mit kleinen Beefsteaks umgeben.

Blumenkohl mit Béchamelsoße
1 Blumenkohl, 100 Gramm Butter, 1 Zwiebel, 1 Mohrrübe, 1 Strauß Petersilie, weißer Pfeffer, 1 Lorbeerblatt, ¼ Liter Sahne, Muskat, Salz

Der Kopf bleibt ganz, wird in wenig Wasser gargemacht und auf ein Sieb zum Abtropfen gegeben, dann mit einer Béchamelsoße überfüllt, die in folgender Weise hergestellt wird: In 100 Gramm Butter werden gedünstet: eine große, fein gehackte Zwiebel, eine kleine Mohrrübe, ein Sträußchen Petersilie, etwas weißer Pfeffer, ein kleines Lorbeerblatt. Man gießt nach und nach ¼ Liter Sahne dazu, läßt alles noch einmal aufkochen, gießt es dann durch ein Sieb, würzt noch mit etwas Muskatnuß und etwas Salz und gibt diese kurze Soße über den Blumenkohl. Noch verfeinern läßt sich das Gericht, wenn man es in der beschriebenen Weise in einer feuerfesten Form anrichtet, mit geriebenem Parmesankäse und Semmelbröseln bestreut, mit Butter, auch Krebsbutter, beträufelt und im Ofen überbackt.

Blumenkohl, in Kalbsbrühe gedünstet
1 Blumenkohl, ½ Kilo Kalbfleisch, Suppengrün, Gewürz, 1 Lorbeerblatt, Mehlschwitze, Petersilie, 75 Gramm Butter

½ Kilo derbes Kalbfleisch wird unter Hinzugabe von Suppengrün, einigen Gewürzkörnern und einem kleinen Lorbeerblatt gekocht, um ½ Liter Brühe herzugeben. Diese wird über den in kleinere Rosen geteilten Kohl gegeben, der darin nun weichdünsten und die Brühe fast ganz aufnehmen muß. Der Rest der Flüssigkeit wird mit einer Mehl- und Butterschwitze verbunden, mit gehackter Petersilie versehen und dann über den Blumenkohl gegeben. Das Kalbfleisch wird in gleichmäßige Stücke geschnitten, paniert, in Butter überbraten und dann als Garnitur nebst einigen runden gerösteten Kartoffeln dazugegeben.

Feine Blumenkohlsuppe
1 Blumenkohl, 500 Gramm Rindfleisch, Suppengrün, 1 Lorbeerblatt, 1 Zwiebel, 3 Eier

Rindfleisch vom Kamm wird mit 1 Liter Wasser, 1 Lorbeerblatt und 1 Zwiebel aufgesetzt. Ein kleiner Blumenkohl, knapp mit Wasser bedeckt, wird gargekocht und durch ein Sieb getrieben. Die inzwischen fertige Fleischbrühe gießt man durch das Sieb und setzt das Blumenkohlpüree sowie das Blumenkohlwasser dazu. Die kernigen Stücke des Fleisches werden in kleine Filets geschnitten und das übrige durch ein Sieb getrieben, beides dann der Suppe zugefügt. Mit dem Gelben von 3 Eiern wird sie dann durch langsames Einquirlen bündig gemacht.

Einfache Blumenkohlsuppe
1 Blumenkohl, 50 Gramm Butter, 3 Löffel Mehl, 1—2 Eier, Salz, Muskat

Ein mittelgroßer Blumenkohl wird mit 1 Liter kochendem Wasser angesetzt. Weichgekocht, wird die eine Hälfte durchgetrieben, die andere Hälfte in kleine Röschen geteilt. Von 50 Gramm Butter und 3 Löffel Mehl macht man eine Mehlschwitze, der das Blumenkohlwasser nach und nach zugerührt wird, um dann mit dem Gelben von 1—2 Eiern abgezogen zu werden. Unter Hinzugabe der kleinen Röschen, möglichst auch kleiner lockerer Fleischklößchen, wird die Suppe, die mit dem nötigen Salz und ein wenig Muskat gewürzt wird, aufgetragen.

Wurzelgemüse

See- oder Meerkohl

See- oder Meerkohl
1 Bund Meerkohl, Butter, Mehl, 1—2 Eier

Die langen, rippenartigen Stiele werden in handlange Stücke geschnitten, zusammengebunden und in Salzwasser, dem etwas Zucker zugesetzt wurde, weichgekocht, was sich schnell vollzieht. Abgetropft, wird mit Hilfe des Kohlwassers, etwas Mehl und Butter eine gebundene Soße hergestellt, die mit dem Gelb von 1—2 Eiern geschlagen über den Kohl angerichtet wird.

Karotten und Mohrrüben

Mit dem Namen Karotte bezeichnen wir die frühen, ganz kurzen, meist abgestumpften Sorten der Gartenmohrrübe.

Karotten
1 Kilo Karotten, 50—75 Gramm Butter, Petersilie, Zucker, Salz

Die ersten Karotten des Frühjahrs zeichnen sich durch besondere Zartheit aus. Nicht so süß wie die späteren, muß ihnen in der Regel mit etwas Zucker nachgeholfen werden. Man putzt sie am leichtesten, indem man sie mit kochendem Wasser, dem ein Stückchen Soda zugesetzt wurde, übergießt; sie lassen sich dann leicht abreiben, wonach sie noch einmal abgewaschen werden müssen. Sie werden dann knapp mit kochendem Wasser, dem etwas Salz und Zucker zugegeben wird, bedeckt und weichgekocht. Dann nur in Butter und reichlich Petersilie umgeschwenkt, sind sie das Gericht des Feinschmeckers. Anderenfalls macht man aus Butter, die nicht zu knapp bemessen sein darf, eine Mehlschwitze, in die man dann etwas von dem Karottenwasser und die Karotten selbst nebst reichlicher

Petersilie gibt und damit umschwenkt. (Gute Karotten sind lebhaft rot und fest!)

Karotten mit Sahne

1 Kilo Karotten, 20—30 Gramm Butter, Salz, Pfeffer, 2 Eier, süße Sahne, Petersilie

Geputzt und in dicke Scheiben geschnitten, werden sie mit Butter, etwas Wasser, Pfeffer und Salz in eine Kasserolle gegeben, um langsam darin zu dämpfen. Dann werden 2 Eier, mit einer entsprechenden Quantität süßer Sahne verquirlt, mit den Karotten gemischt, die nun noch ¼ Stunde ziehen, aber nicht kochen dürfen. Es wird gehackte Petersilie darübergestreut und das fertige Gericht mit Croquettes aus panierter Kalbsmilch oder Lammkoteletten serviert.

Karottenpüree

½ Kilo Karotten, ¼ Liter Fleischbrühe, Salz, Zucker, Zitronensaft

Die Karotten werden mit wenig Salzwasser weichgekocht und dann durch ein Sieb gepreßt. Mit etwas kräftiger Fleischbrühe übergossen, unter Zugabe von etwas Zucker, wird das Ganze noch einmal durchkocht und dann mit ein wenig Zitronensaft geschärft. In dieser Weise stellen Karotten ein gutes Krankengericht dar.

Karotten mit Spargel und Schoten

½ Kilo Karotten, ½ Kilo Spargel, ½ Kilo Schoten, 50—75 Gramm Butter, Mehl, Zucker, Petersilie

Jedes der Gemüse wird zunächst allein gekocht, wie immer in möglichst wenig Wasser, um die Nährsalze zu konzentrieren. Nach Garmachen (nicht zerkochen) werden sie abgetropft, das Kochwasser mit einem guten Stück Butter, etwas Mehl und etwas Zucker kurz eingekocht und hier hinein das Gemüse nebst einem reichlichen Zusatz von gehackter Petersilie gegeben, um darin noch eine Weile zu ziehen, ja nicht zu kochen.

Mohrrüben (Möhren)

Diese etwas weniger feine, aber dennoch sehr gutschmeckende Rübe eignet sich für alle vorgenannten Zubereitungsarten ebenfalls, wird aber mehr noch zu einfacheren Arten gebraucht. So z. B.:

Möhren, mit Fleisch und Kartoffeln gekocht

1 Kilo Möhren, 1 Kilo Kartoffeln, 750 Gramm Rindfleisch (oder Hammelrippen), Petersilienwurzel, 1 Zwiebel, Pfefferkörner, Petersilie

Rindfleisch oder Hammelrippen werden mit etwas Petersilienwurzel, einer Zwiebel und einigen Pfefferkörnern aufs Feuer gebracht. Halb gar, werden die in längliche Streifen geschnittenen Mohrrüben und gegen Schluß noch die geschälten Kartoffeln dazugegeben. Zusammen kocht dieses gar und wird endlich mit etwas Mehl bündig gemacht und reichlich mit frischer Petersilie versehen.

Möhren mit Äpfeln nach rheinländischer Art

1 Kilo Möhren, 4—5 Äpfel, 2 Zwiebeln, Salz, Zucker, 50 Gramm Butter

In Butter werden zwei gehackte Zwiebeln hellgeschwitzt und dann mit ½ Liter Wasser verkocht. Hierhinein werden die in längliche Streifen geschnittenen Möhren nebst 4 bis 5 guten weinsäuerlichen Äpfeln gegeben, etwas Salz und ein wenig Zucker hinzugefügt und nun kurz eingekocht. Zuletzt läßt man auch noch ein Stück Butter darüber zerschmelzen.

Möhren mit Pastinaken

Dies gibt gemischt auch ein sehr gutes Gericht. Nach Abkochen werden sie in einer Soße von Butter und Mehl und Petersilie geschwenkt.

Kohlrüben

Die gelbfleischigen Kohlrüben sind die besten.

Kohl- oder Steckrüben

1 Kohlrübe, Butter oder Rinderfett, Mehlschwitze, Salz, Pfeffer, Zucker

Die fleischigen Rüben sind in der Regel die süßesten. In längliche Stücke geschnitten, werden sie kurz mit Wasser, dem ein der Menge entsprechendes reichliches Stück Butter oder Rinderfett beigegeben wurde, bedeckt. Das Fett zieht in die Rüben ein, und sie werden schmackhafter, als wenn sie nur in Wasser garkochen. Sie bedürfen keines langen Kochens. Mit einer Mehlschwitze versehen, etwas Salz, einer Prise Pfeffer und nötigenfalls noch Zucker, werden sie umgeschwenkt und mit kleinen Fleischbeilagen und wohl auch noch mit kleinen Salzkartoffeln zu Tisch gegeben. Gute Kohlrüben sind roh steinhart!

Kohlrüben mit Pökelrippen oder Kamm

1 Kohlrübe, ½ Kilo Pökelrippchen oder Kamm, 1 Kilo Kartoffeln, Pfeffer

Beide Fleischarten eignen sich vortrefflich dazu. Das Fleisch wird mit nicht zuviel Wasser ziemlich weichgekocht, Pökelfleisch darf nur langsam kochen; es wird sonst zäh und strähnig. Dann werden die in längliche Streifen geschnittenen Kohlrüben dazugegeben sowie eine Portion geschälter Kartoffeln und nun alles zusammen gargekocht. Salz darf natürlich nicht mehr zugefügt werden, wohl aber ist ein wenig Pfeffer gut. Sollten die Kartoffeln das Gericht, das sich sozusagen bündig machen muß, noch nicht bündig genug gemacht haben, so muß dieses durch eine Mehlschwitze aus Schweineschmalz geschehen. Auf die gleiche Weise mit

Hammel- oder Rindfleisch gekocht, schmecken sie auch recht gut; man gibt in dem Fall noch gehackte Petersilie dazu, die ja immer verbessert, nie verdirbt.

Kohlrüben auf russische Art
1 Kohlrübe, 1 Stück Fett, Salz, Nelkenpfeffer, 1 Zwiebel, braune Butter

Die Rüben werden kleingeschnitten, mit einem reichlichen Stück Fett, aber wenig Wasser, auf das Feuer gebracht. Sind sie weich und ist die Flüssigkeit ziemlich eingezogen, so werden sie durch ein Sieb geschlagen, mit Salz und etwas fein gestoßenem Nelkenpfeffer sowie einer recht fein geschnittenen Zwiebel gewürzt, nötigenfalls auch noch nachgesüßt und dann mit brauner Butter übergossen, um dann mit gepökeltem oder geräuchertem Schweinefleisch angerichtet zu werden.

Mairüben, weiße, auch Speiserüben genannt

Mairüben

Diese müssen, da sie oft etwas zu streng schmecken, erst einmal abgekocht und abgegossen werden. Sie sind in gleicher Weise zu reinigen wie die Karotten und werden in leicht gesalzenem Wasser gargekocht. Sie werden entweder mit brauner Butter übergossen oder in mit reichlich Butter hergestellter weißer Mehlschwitze gargedünstet. Sie eignen sich als Zwischengericht wie zu kleinen Fleischbeilagen.

Mairüben mit Hammelfleisch
1 Kilo Mairüben, ½ Kilo Hammelrippen, ½ Kilo Kartoffeln, 1 Zwiebel, Pfeffer, Salz, 1 Lorbeerblatt, Petersilie, etwas Mehl

Da die Rübe sehr viel Fett verträgt und fordert, so sind Rippen hierzu am besten. Das Fleisch wird angesetzt mit einer Zwiebel, etwas Pfeffer, Salz und einem Lorbeerblatt und nicht zu viel Wasser. Ziemlich gargekocht, werden erst die Rüben, die in dicke Scheiben geschnitten sind, dazugegeben und nun langsam mit dem Fleisch gargekocht. Man kann vor Schluß auch eine Portion Kartoffeln mitkochen oder gibt Salzkartoffeln extra. Fein gehackte Petersilie sowie nötigenfalls eine Bindung mit etwas kaltem Wasser klargerührtem Mehl darf nicht vergessen werden.

Mairüben mit Steinpilzen
1 Kilo Mairüben, ½ Kilo Steinpilze, 50 Gramm Butter, Mehl, 1 Zwiebel, schwarzer Pfeffer, 1 Teelöffel Fleischextrakt, etwas Weißwein (oder Zitronensaft)

Dies ist eine sehr gute Zusammenstellung. Es wird aus gebräunter Butter und Mehl eine dunkle dicke Soße gemacht, der eine fein gehackte Zwiebel, etwas schwarzer Pfeffer, ein Teelöffel in Wasser gelöster Fleischextrakt und ein wenig Weißwein oder Zitronensaft zugefügt wird. Dieser kurzen Soße setzt man das Wasser, in dem die Rüben und die Steinpilze etwa 10 Minuten kochten, zu, verkocht alles gut miteinander und gibt dann die Rüben und Steinpilze hinein, damit sie nun völlig garziehen, aber nicht kochen. Vortrefflich zu Hammelkoteletten.

Teltower Rübe

Die Teltower Rübe, dieses köstliche Produkt, erreicht ihren höchsten Wohlgeschmack nur auf Sandboden.

Teltower Rüben
1 Kilo Teltower Rüben, 50—75 Gramm Butter, 1 Löffel Mehl, 2 Löffel Zucker

Diese ausgezeichnete Rübe, die allerdings, um gut zu sein, dem märkischen Boden entsprossen sein muß, soll in tabakbrauner Färbung auf den Tisch kommen. Um dies zu erreichen, wird als Grundlage etwas brauner gebrannter Zucker, der aber nicht verbrannt sein und bitter schmecken darf, genommen. Man gibt 2 Löffel feinen Zucker mit ein paar Tropfen Wasser in eine Pfanne und füllt, sobald der Zucker sich gelöst und gebräunt hat, sofort Wasser zum Verkochen dazu. Das Putzen der Rüben ist wohl etwas zeitraubend, und es ist daher ratsam, wo größere Mengen gebraucht werden, es am Abend vorher zu verrichten. Sie lassen sich aber anders als durch Schaben nicht vorteilhaft reinigen. Verbraucht man sie nach dem Vorrichten nun nicht gleich, so müssen sie in Mehl oder Milch gelegt werden für den Fall, daß man sie weiß belassen will. Die gewaschenen Rübchen werden in dem mit braunem Zucker gefärbten knappen Wasser aufs Feuer gesetzt, ein Stück Butter, 50—75 Gramm auf 1 Kilo Rüben mindestens, dazugegeben und ohne irgendeine andere Zutat langsam gargeschmort, aber nicht zu lange, damit sie nicht verkochen und jedes Rübchen für sich allein bleibt. Zum Schluß, wenn die Flüssigkeit ziemlich eingezogen ist, wird noch ein gestrichener Löffel Mehl mit Butter verknetet dazugegeben, der langsam in der noch vorhandenen Feuchtigkeit vergehen und eine ganz leichte Bindung herstellen muß. Besonders fein zu gebratener Ente. (Die echte Teltower Rübe ist hellbraun, nicht weiß!)

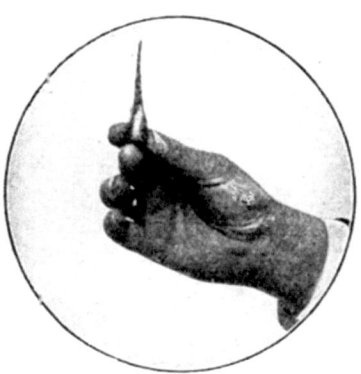

Die Teltower Rübe

Unecht: dick und rund!   Echt: schlank und spitz!

Teltower Rüben mit Hecht oder Zander

1 Hecht oder Zander, Zwiebel, Lorbeerblatt, Salz, Pfeffer, 1 Gericht Teltower Rüben nach dem vorstehenden Rezept

Die Rüben werden, wie vorher angegeben, gedünstet, dann mit einer Mehlschwitze versehen. Der Fisch wurde mit einer Zwiebel, Lorbeerblatt, reichlich Salz und etwas Pfeffer gekocht und dann in nicht zu kleine Stücke zerpflückt den Rüben beigegeben, vorsichtig gemischt, um noch etwas an heißer Stelle zu ziehen.

Teltower Rüben mit Hammelfleisch

1½ Kilo Teltower Rüben, 1 Kilo Hammelfleisch, Pfefferkörner, 1 kleine Zwiebel, Mehl

1 Kilo vom Kotelettstück wird mit einigen Pfefferkörnern, 1 kleinen Zwiebel und nur wenig Wasser zur Hälfte gargekocht. Dann gibt man die geschabten und gewaschenen Rüben dazu, um die Brühe damit noch mehr einkochen zu lassen. Zum Schluß wird das ziemlich kurze Gericht mit etwas Mehl bündig gemacht.

Schwarzwurzeln

Dieses Gemüse ist noch viel zu wenig geschätzt.

Schwarzwurzeln

1 Kilo Schwarzwurzeln, 2 Löffel Mehl, 1 eigroßes Stück Butter, 3 Löffel saure Sahne, Salz, Muskat, Petersilie

Die Wurzeln müssen glatt und schlank und nicht zu dünn sein, da sie sonst gar nichts ausgeben. Sie werden vorsichtig geschabt und sofort in reichlich Wasser, dem ein Löffel Mehl zugegeben wurde, gelegt. Sie werden in fingerlange Stücke geschnitten, mit kochendem Wasser bedeckt, aufgesetzt und langsam gargekocht, was nicht viel Zeit in Anspruch nimmt. Dann wird das Wasser mit 2 Löffel Mehl, auf 1 Kilo gerechnet, mit einem eigroßen Stück Butter und einigen Löffeln saurer Sahne verkocht, mit etwas Salz und nach Geschmack mit etwas Muskatnuß und reichlich gehackter Petersilie versehen, zum Einziehen noch einige Minuten hingestellt und mit kleinen Fleischbeilagen zu Tisch gegeben.

Gebackene Schwarzwurzeln

1 Kilo Schwarzwurzeln, 6—8 Löffel Mehl, 1 Löffel Butter (oder feines Provenceröl), Weißwein (oder Weißbier), 2 Eier, Backfett

Hierzu müssen ziemlich starke Wurzeln genommen werden, die in wenig Wasser weichgedünstet, in fingerlange Stücke zu schneiden sind. Es wird ein Ausbackteig hergestellt aus 6—8 Löffel Mehl, 2 Eigelb, 1 Löffel Butter oder feinem Provenceröl nebst so viel Weißwein oder Weißbier, das den Teig gut locker macht, daß es einen dickflüssigen Teig gibt, der noch mit dem Weißen von 2 Eiern vermischt wird. Hiermit wird jede einzelne Wurzel umgeben und in heißem Backfett zu goldgelber Farbe gebracht, was eine Minute beansprucht bei jedesmaliger Portion. Diese gibt man als selbständiges Gericht.

Schwarzwurzeln à la creme

1 Kilo Schwarzwurzeln, 100 Gramm Butter, ¼ Liter dicke Sahne, 3 Eier, Milch

Hierzu werden die Wurzeln in kurzen Stückchen gleich in Milch gekocht, der etwas Butter zugesetzt ist. Vor Anbrennen ist das Gericht zu schützen. Dann werden auf 1 Kilo Wurzeln 100 Gramm Butter zu Sahne gerührt, unter ständigem Rühren ¼ Liter dicke Sahne dazugegeben und dann die Masse mit 3 Eigelb bis beinahe zum Kochen gebracht. Läßt die Konsistenz der Soße es zu, denn sie muß wie eine Creme sein, so wird die noch etwa vorhandene Wurzelmilch dazugerührt. Mit Kalbsmilch gegeben, ist dies ein sehr feines Gericht.

Schwarzwurzeln, gebacken, mit Parmesankäse

1 Kilo Schwarzwurzeln, 6 Löffel Mehl, 100 Gramm Butter, ¼ Liter Milch, 1 große Zwiebel, Salz, Pfeffer, Parmesankäse, Semmelkrumen

Die weichgekochten Wurzeln werden in eine Porzellanbackform gebracht und folgende Soße bereitet: Auf 1 Kilo Wurzeln gibt man 6 Eßlöffel Mehl mit 50 Gramm Butter und ¼ Liter Milch nebst einer großen fein gehackten Zwiebel aufs Feuer und läßt es zu einer nicht zu dicken Soße glattkochen. Mit Salz und etwas Pfeffer sowie 2 Löffel geriebenem Parmesankäse und dem noch vorhandenen Wurzelwasser werden die Wurzeln dann übergossen, mit einer 1 Zentimeter starken Schicht Parmesankäse nebst etwas Semmelkrumen bedeckt und dann mit haselnußgroßen Butterstückchen belegt. Bei guter Oberhitze goldgelbgebacken, was ¼ bis ½ Stunde beansprucht, bilden sie ein eigenes Gericht oder werden am besten mit Koteletten serviert.

Schwarzwurzeln, geröstet

1 Kilo Schwarzwurzeln, 100 Gramm Butter

Nach Vorbereitung werden die Wurzeln in 5 Zentimeter lange Stücke zerlegt. In einer flachen Pfanne zerläßt man Butter. Sobald sie anfängt aufzusteigen, gibt man die Schwarzwurzeln hinein und brät sie unter fortwährender Bewegung der Pfanne gar.

Schwarzwurzeln mit Kalbfleisch

½ Kilo Schwarzwurzeln, 1—1½ Kilo Kalbfleisch, 1 Lorbeerblatt, 1 Zwiebel, ¼ Kopf Sellerie, 1 Porree, 50 Gramm Butter, 3 Löffel Mehl, 2 Eier, Weißwein (oder Zitronensaft)

Das Kalbfleisch von der Spitzbrust wird mit 1 Lorbeerblatt, 1 Zwiebel, ¼ Kopf Sellerie, Porree und 1 Liter heißem Wasser weichgekocht. ½ Kilo Schwarzwurzeln werden vorbereitet und dann in der Fleischbrühe, aus der das Fleisch herausgenommen wird, gargekocht, dann auf ein Sieb gehoben. 3 Löffel Mehl schwitzt man nun in 50 Gramm Butter weiß, füllt nach und nach die Fleischbrühe dazu und legiert diese ziemlich dicke Soße mit 2 Eigelben, schmeckt sie mit etwas Weißwein oder Zitronensaft ab und richtet die Wurzeln und das zerteilte Fleisch darin an.

Schwarzwurzeln mit frischer Butter und Käse

½ Kilo Schwarzwurzeln, 50—75 Gramm Butter, 60 Gramm geriebener Parmesankäse

In kurze Stücke geschnitten, werden die Wurzeln in wenig Wasser weichgekocht und auf ein Sieb zum Abtropfen gelegt. Noch heiß, gibt man nun ein gutes Stück Butter, auf ½ Kilo Wurzeln 50—75 Gramm gerechnet, und 60 Gramm fein geriebenen Parmesan-, Schweizer- oder auch Kräuterkäse darüber, schwenkt sie gut durch und richtet sie recht heiß an.

Golddistel

Von Kennern noch mehr als die Schwarzwurzel geschätzt.

Golddisteln oder Kardonen

1 Kilo Golddisteln, 1 Liter Fleischbrühe, Mehlschwitze, Zitronensaft, schwarzer Pfeffer

Die Golddisteln, auch spanische Artischocken genannt, hat man ähnlich wie Rhabarber zu schälen. Zu dem Zweck kocht man sie etwa ½ Stunde, gibt sie einen Augenblick in kaltes Wasser und kann dann die Fasern leicht mit einem Tuch abreiben. Mit Fleischbrühe werden sie gargekocht und dann herausgenommen. Die eingekochte Brühe wird durchgegossen, mit einer hellen Mehlschwitze verbunden, mit etwas Zitronensaft und etwas schwarzem Pfeffer gewürzt über die Golddisteln gegeben, die dann noch etwas ziehen müssen.

Golddisteln au gratin

1 Kilo Golddisteln, 100 Gramm Butter, 50 Gramm Mehl, Weißwein, 125 Gramm Parmesankäse, geriebene Semmel

Nachdem die Stiele vorbereitet und in knappem Salzwasser gargedünstet sind, nimmt man sie heraus und läßt sie abtropfen. Das Wasser wird, der Menge der Disteln entsprechend, mit Butter und Mehl sowie etwas Weißwein eingekocht. Dann wird eine porzellanene Backschüssel am Grund ziemlich dick mit Butter bestrichen und mit 2 Löffel Parmesankäse b.streut. Darauf kommt die Hälfte der Golddisteln, nochmals eine Lage Parmesankäse, eine zweite Lage Disteln, die nun eine dicke Decke von Käse, fein geriebener Semmel und Butterstückchen bekommt. Bei sehr guter Oberhitze müssen sie ¼—½ Stunde zu goldgelber Farbe backen.

Golddisteln auf spanische Art

1 Kilo Golddisteln, ½ Liter Fleischbrühe, Mehlschwitze, 1 Prise Paprika, 1—2 Glas Sherry, Zucker

Die Golddisteln werden in kräftiger Fleischbrühe weichgekocht, letztere mit einer dunkelbraunen Mehlschwitze gut verkocht und mit einer Prise Paprika und 1—2 Glas Sherry versehen. In dieser Soße, die noch mit etwas Zucker abgeschmeckt wird, müssen die Golddisteln noch ½ Stunde dämpfen.

Pastinake

Diese Wurzel ist für Salat trefflich geeignet.

Pastinaken

1 Kilo Pastinaken, 100 Gramm Butter, 1 Tasse Milch, Petersilie

Die runden Arten sind die wohlschmeckendsten, werden aber nicht so viel angebaut wie die langen. Man schabt sie und schneidet sie in runde Scheiben oder Streifen, die in leicht gesalzenem wenigem Wasser langsam gedämpft werden. Gar werden sie in frischer Butter und reichlich feiner Petersilie und einer Tasse Milch umgeschwenkt und zu Koteletten oder als Garnitur zu Braten angerichtet.

Pastinakenkotelette nach amerikanischer Art

1 Kilo Pastinaken, 2—3 Eier, Mehl, Salz, Pfeffer, Zucker, Muskat, Speck (oder Schmalz oder Butter)

Die Pastinaken werden in wenig Wasser weichgekocht und dann durch ein Sieb gegeben. Nun werden sie mit 2—3 ganzen Eiern und soviel Mehl, daß die Masse zusammenhält, vermischt, mit Salz und ein wenig Pfeffer, einer Kleinigkeit Zucker und etwas Muskat gewürzt, wie Kotelette geformt und in ausgelassenem Speck, Schmalz oder Butter in einer flachen Pfanne gebraten.

Pastinakenpüree

1 Kilo Pastinaken, ¼ Liter Sahne, Salz, Pfeffer

Die weichgekochten und durch ein Sieb getriebenen Pastinaken werden mit der Reibekeule noch recht fein verrührt, mit Sahne vermischt und, mit etwas Salz und Pfeffer gewürzt, noch so lange über dem Feuer verrührt, bis sie zu einem kurzen Püree verdampft sind.

Pastinakensuppe

6 Pastinaken, 2 Liter Fleisch- oder Würfelbrühe, Petersilie, Tomaten, Eierstich

6 vorbereitete und in kleine Stücke geschnittene Pastinaken werden mit 2 Liter Fleisch- oder Würfelbrühe gargekocht, dann aus der Brühe genommen und durch ein Sieb getrieben. Dann werden sie unter Hinzugabe von gehackter Petersilie und einigen Tomaten, die man auch zugleich mit den Pastinaken durchtreiben kann, der Fleischbrühe wieder hinzugefügt. Man kann auch noch Eierstich in die Suppe geben.

Hafer- oder Weißwurzel

Hafer- oder Weißwurzel

Diese in unserer Küche angewandte Wurzel kann in gleicher Art wie die Pastinaken zubereitet werden, ist aber etwas weichlich, auch nicht so fein im Geschmack wie die Pastinake, und wird wenig gebaut.

Kerbelrübe

Dieses seltene Gemüse wird in der Art von Maronen angewandt.

Kerbelrübe

Diese kleine Rübe verdiente, daß sie in den Küchen mehr angewandt würde. In Frankreich schätzt man sie sehr und hat vielerlei Zubereitungsarten dafür, während das Kerbelkraut nur als Würze und zu Suppen verwandt wird. Die Kerbelrübe, die nicht gleich nach der Ernte verwendet werden kann, erreicht ihre volle Güte erst nach längerer Aufbewahrung im Keller. Wer sie nicht selber zu ziehen in der Lage ist, bekommt sie meist nur in den Delikateßhandlungen, wo sie gut bezahlt wird. Sie soll sehr nahrhaft sein, ist jedenfalls sehr feinschmeckend. Sie sitzt in einer Art Schale, die man ähnlich wie bei Mandeln oder Kastanien entfernt, indem man sie eine Zeitlang in heißem Wasser liegen oder auch einige Male aufkochen läßt. Man dünstet die Rüben dann wie Kastanien in Butter, mit etwas Wasser und Zucker versetzt, in welcher Art sie zum Garnieren aller möglichen Gerichte wie auch als Mittelgericht dienen können. Man gibt sie einfach gekocht und von der Schale befreit an Stelle von Klößchen in Fleischsuppen. Kerbelrüben wie Teltower zubereitet schmecken eben-

10 Kochen

falls sehr gut. Mit einer kräftigen, mit gekochtem Schinken in kleinen Stückchen vermischten Béchamelsoße sind sie sehr gut zu Koteletten, gebackener Leber usw. Man reicht auch dieselben Beilagen wie zur Teltower Rübe, also Würstchen, geräucherte oder gebratene Zunge, gefüllte Kalbsbrust, Hammelrippchen, Bratwurst, Rauchfleisch, pommersche Gänsebrust.

Rote Rübe, auch Rote Beete genannt

Als beste Sorte ist die lange dunkelrote Erfurter zu bezeichnen und als kleine die ägyptische, plattrunde, die sehr fein im Geschmack ist.

Rote Rüben einlegen

2½ Kilo rote Rüben, 1 Liter Weinessig, ein fingerlanges Stück Meerrettich, Kümmel, Pfefferkörner

Die verbreitetste Art, diese nahrhafte und wohlschmeckende Rübe genießbar zu machen, ist das Einlegen in Essig nebst Gewürzen. Die rote Rübe ist aber auch den verschiedensten Zwecken dienstbar und in fast allen Ländern zu Hause. Man legt sie in folgender Weise ein: Gut abgewaschen, wird sie nur von den Blättern befreit, ohne daß man in die Rübe selbst einschneidet. Auch die Wurzelenden dürfen nicht abgeschnitten werden, da sonst während des Kochens der Saft aus Wurzel tritt und die Rüben damit die Güte und Farbe verlieren würden. Sie werden weichgekocht, was je nach der Größe 2—3 Stunden erfordert. Des gleichmäßigen Kochens wegen sind am besten gleichstarke Wurzeln zu verwenden. Gar und von der Haut befreit, werden sie in Scheiben geschnitten und am besten in einen irdenen Topf geschichtet, indem man kleingeschnittenen Meerrettich, etwas Kümmel und einige Pfefferkörner dazwischenmischt. Dann wird guter Weinessig mit so viel Rübensaft abgekocht, daß er einen milden Geschmack annimmt, und, mangelt es den Rüben an Süßigkeit, auch etwas Zucker dazugegeben. Dieses Gemisch wird abgekühlt über die Rüben gegossen.

Rote Rüben mit Meerrettich

1 Kilo rote Rüben, Salz, Kümmel, 2 Eßlöffel Meerrettich, 4 Eßlöffel Weinessig, Zucker

Hierzu werden die Rüben, nachdem sie gargekocht, auf einem groben Reibeisen gerieben, ein wenig Salz, Kümmel und auf 1 Kilo Rüben 2 Eßlöffelvoll Meerrettich und 2 Löffel Weinessig gegeben, schließlich das Ganze noch mit etwas Zucker abgeschmeckt. Diese Art hält sich sehr lange und schmeckt sehr gut zu kaltem Fleisch.

Rote Rüben mit Ente

1 Ente, 1 Kilo rote Rüben, 1 Lorbeerblatt, 1 Petersilienwurzel, Pfefferkörner, Kümmel, ¼ Liter saure Sahne (oder feiner Essig und Zucker), 1 Ei

Ein kräftiges und angenehm schmeckendes Gericht. Eine fette Ente wird in Stücke zerlegt und mit 1 Liter Wasser nebst 1 Lorbeerblatt, 1 Petersilienwurzel, einigen Pfefferkörnern und etwas Kümmel aufgesetzt. Inzwischen werden die roten Rüben gargemacht, abgezogen und in feine Scheiben geschnitten. So werden sie zu der Entenbrühe gegeben, die entweder mit ¼ Liter saurer Sahne und 1 Eigelb oder mit etwas feinem Essig und Ei bündig gemacht und dann noch mit etwas Zucker abgeschmeckt wird. Hierzu gibt man außerdem noch gute kleine runde Salzkartoffeln.

Rote Rüben mit Perlzwiebeln

½ Kilo rote Rüben, 2—3 Löffel Perlzwiebeln, 1 Zwiebel, 30 Gramm Butter, 1 Löffel Mehl, ¼ Liter Fleischbrühe, Zitronensaft, Zucker

½ Kilo rote Rüben werden abgekocht und abgezogen in Scheiben geschnitten. Eine große fein gehackte Zwiebel wird in Butter gelbgeröstet, ein guter Löffel Mehl dazugegeben, das nun bräunen muß. Man gießt ¼ Liter Fleischbrühe dazu, um alles schlank zu verkochen, würzt mit etwas Zitronensaft und einer Prise Zucker, gibt dann die roten Rüben nebst den Perlzwiebeln hinein und läßt sie anziehen.

Rote Rüben als Gemüse mit Rindfleisch

750 Gramm Rindfleisch, 750 Gramm rote Rüben, Salz, Lorbeerblatt, Sellerie, Porree, 1 Zwiebel, 1 Möhre, Gewürz, Kümmel, saure Sahne (oder Weinessig), 2 Löffel Mehl, Zucker

Das Rindfleisch wird mit 1½ Liter Wasser, Salz, einem Lorbeerblatt, Sellerie,

Dies ist die (kurze) ägyptische Salat-Roterübe

Porree, einer Zwiebel, einer kleinen Möhre, einigen Gewürzkörnern und etwas Kümmel aufs Feuer gesetzt und weichgekocht. Inzwischen sind rote Rüben gargekocht, abgezogen und grob gerieben. Diese werden nun zu der durchgegossenen Fleischbrühe gegeben und unter Hinzugabe von etwas saurer Sahne und einigen Tropfen Weinessig nebst etwa 2 Löffel verquirltem Mehl noch einmal durchgekocht. Man schneidet nun das Rindfleisch in kleinen Stücken in die Suppe, die man schließlich noch mit etwas Zucker in ihrer Säure milderte, oder man gibt es gesondert nebst Salzkartoffeln zu Tisch.

Rote Rüben mit Speck zu Kartoffeln in der Schale

1 Kilo Rüben, 125 Gramm magerer Speck, 1 Zwiebel, 1 Löffel Mehl, 1 Löffel Weinessig, 1 Löffel Zucker, Meerrettich

Die roten Rüben werden gekocht und grob gerieben. 125 Gramm magerer Speck wird in kleine Würfel geschnitten, ausgelassen und eine mittelgroße Zwiebel darin hellgelb gedünstet. 1 Löffel Mehl, 1 Löffel Weinessig und 1 Löffelvoll Zucker werden damit verkocht und alles nun über das Püree der Rüben gegeben, dem man, um es pikanter zu machen, noch etwas geriebenen Meerrettich beimischt.

Sellerie

Sellerie

Der Sellerie ist nicht allein eine vortreffliche Suppenwürze, sondern kann auch einen Platz als Gemüse beanspruchen. Natürlich ist vorauszusetzen, daß man keinen hohlen und holzigen Sellerie bekommt. Vortrefflich ist der sogenannte Stettiner Sellerie, der in der Regel um Oktober in den Handel kommt und der fast immer kernig und weiß gefunden wird. (Guter Sellerie darf am oberen Ende nicht einzudrücken sein!)

Sellerie mit Kartoffeln

2—3 Köpfe Sellerie, 1 Kilo Kartoffeln, 100 Gramm Butter, 2 Löffel Mehl, 1 Zwiebel, weißer Pfeffer, 3—4 Tomaten

Einige Köpfe Sellerie werden weichgekocht, ebenso eine entsprechende Menge Kartoffeln in der Schale. Beides wird in Scheiben geschnitten und mit folgender Soße fertiggedünstet: 100 Gramm Butter zu 2 Löffelvoll Mehl werden glatt verrührt, eine mittelgroße Zwiebel und etwas weißer Pfeffer sowie einige durchgeschlagene Tomaten damit verkocht und dann über den Sellerie, der mit den geschälten und geschnittenen Kartoffeln in eine Porzellanschüssel geschichtet war, gegeben.

Selleriegemüse

3—4 Köpfe Sellerie, 1 Kilo Kalbfleisch, Gewürz, 3 Löffel Mehl, Pfeffer, Butter (oder Backfett), Petersilie

3—4 Köpfe werden gekocht, in kaltem Wasser etwas abgekühlt, geschält und in längliche Streifen geschnitten, über die man etwas Milch füllt, damit sie weiß bleiben. Von 1 Kilo Kalbfleisch wird inzwischen mit Zugabe von 1 Liter Wasser, einem Lorbeerblatt und einigen Gewürzkörnern eine kräftige Brühe gekocht, die man mit 1 Löffel Mehl bündig macht. Hierhinein wird der Sellerie gegeben, mit etwas Pfeffer gewürzt und zum Durchziehen an eine warme Stelle gesetzt. Das Kalbfleisch wird paniert, in Butter gebraten oder in heißem Fett ausgebacken, ebenso ein kräftiger Büschel grüner Petersilie, und beides dem in die Mitte einer Schüssel gegebenen Sellerie als Garnitur beigegeben.

Selleriepüree auf amerikanische Art

4 Köpfe Sellerie, 125 Gramm Butter, 3 Löffel Mehl, ¼ Liter Milch, 1 Zwiebel, weißer Pfeffer

4 Köpfe Sellerie werden weichgekocht, geschält und kleingeschnitten, dann noch einmal mit 125 Gramm Butter, 3 Löffel Mehl und ¼ Liter Milch, einer fein geschnittenen Zwiebel und etwas weißem Pfeffer durchgekocht, wobei man die Speise vor dem Anbrennen hüten muß, und dann durch ein Sieb passiert. Fertig, wird noch ein Stück frische Butter darübergegeben und Koteletten dazu serviert.

Gebackener Sellerie

2 Köpfe Sellerie, Zitronensaft, Zucker, 5 Löffel Mehl, 2 Eier, 1 Eßlöffel Öl, 1 Eßlöffel Rum, Zucker und Salz zum Ausbackteig, Backfett

Guter zarter Sellerie, der volle Scheiben gibt, wird in eine Marinade von Zitronensaft und Zucker eine Stunde lang gelegt. Dann wird ein dicker Ausbackteig hergestellt von 5 Löffel feinem Mehl, 2 Eidottern, einem guten Eßlöffel feinem Olivenöl und einem Löffelvoll Rum nebst Zucker nach Geschmack und etwas Salz. Alles wird unter allmählicher Wasserzugabe wohl verrührt, und solange der Sellerie in der Marinade liegt, zum Ruhen hingestellt. Der Teig darf nicht zu dünn sein, damit die Selleriescheiben recht voll davon annehmen können. Nachdem der Teig das steifgeschlagene Weiß der Eier zugefügt ist, wird der Sellerie darin eingetaucht und in heißem Fett sofort schnell ausgebacken. Man kann eine Weinschaumsoße dazugeben.

Gefüllter Sellerie

3—4 Köpfe Sellerie, 1 Fleischfarce, Fleischbrühe oder Bratensoße

Einige Knollen werden recht gleichmäßig geschält. Dann schneidet man einen dünnen Deckel ab und höhlt den Kopf bis zur Hälfte aus. Einer Farce von gehacktem Fleisch, Semmel, Salz, Pfeffer und einigen gehackten Sardellen nebst 2 Eiern gibt man den herausgeschabten Sellerie bei und füllt damit die Köpfe ziemlich voll, bindet die Deckel darauf und stellt sie nebeneinander in eine Kasserolle. Mit Brühe oder mit verdünnter Bratensoße angefüllt, werden sie dann gargedünstet. Die restierende Flüssigkeit wird bündig gemacht und die Sellerie als selbständiges Gericht gegeben.

Sellerie mit holländischer Buttersoße

2 Köpfe Sellerie, 150 Gramm Butter, 6 Eier, ¼ Liter saure Sahne, Zitronenschale und Saft

150 Gramm Butter werden zu Sahne gerührt, nach und nach das Gelbe von 5 Eiern und ¼ Liter saure Sahne dazugeschlagen, so daß es eine ordentliche Creme gibt. Gewürzt mit ein wenig fein geriebener Zitronenschale und nötigenfalls noch etwas Zitronensaft, wird die gekochte und in dicke Scheiben geschnittene Sellerie mit dieser Soße überfüllt.

Bleichsellerie

Selleriesuppe

3 Köpfe Sellerie, ½ Kilo Rindfleisch, Kartoffeln, Petersilie oder:
3 Köpfe Sellerie, Milch, 100 Gramm Reis, 100 Gramm Butter, Salz, Muskatnuß, Zitronensaft

Man kann sie herstellen, indem man Rindfleisch mit den geschälten Sellerieknollen kocht und, nachdem das Fleisch herausgenommen, die Suppe durchschlägt und mit kleinen Kartoffeln und fein gehackter Petersilie versieht. Oder: 3 Köpfe Sellerie werden geschält und in Scheiben oder Streifen geschnitten, weichgekocht und zum Abtropfen auf ein Sieb gegeben. Das Wasser wird nicht fortgegossen, sondern mit so viel Milch versetzt, daß es 1—1½ Liter Flüssigkeit ergibt. Hierin werden 100 Gramm Reis weichgekocht, dann 100 Gramm Butter, etwas Salz und Muskatnuß sowie einige Tropfen Zitronensaft dazugegeben, dem dann der Sellerie zugefügt wird, um noch ¼ Stunde damit zu verkochen.

Selleriesoße

1 Kopf Sellerie, 1 Löffel Mehl, 50 Gramm Butter, 1 Tasse saure Sahne, Petersilie, Schnittlauch (od. Dill)

In England und Amerika ißt man diese Soße sehr viel zu Geflügel. Es wird eine starke Knolle geschält, in Stücke geschnitten, mit ganz wenig Wasser gargekocht und dann durchgeschlagen. 1 Löffel voll Mehl, mit 50 Gramm Butter verknetet, wird dazugegeben, 1 Tasse saure Sahne, fein gehackte Petersilie und Schnittlauch dazugemischt. Will man diese Soße zu Fisch geben, so setzt man statt des Schnittlauchs während der Frühjahrszeit grünen Dill dazu oder gibt getrockneten Dill in einem Mullbeutelchen daran.

Bleichsellerie

Das in Frankreich sehr beliebte Gemüse wird auch bei uns sicher größeren Eingang finden, wenn die Kultur erst in größerem Maße betrieben wird und der Preis den Käufer nicht mehr zurückschreckt.

Die Stiele der Staude werden abgelöst, nur das Harte der grünen Blätter entfernt, dann abgezogen und in fingerlange Stücke geschnitten. Sie werden dann nur mit so viel kochendem Wasser aufgesetzt, daß sie gerade bedeckt sind, und kochen darin weich. Auf zwei Stauden gibt man dann 100 Gramm Butter mit einem kleinen Löffelvoll Mehl verknetet zu dem Sellerie und läßt alles zusammen von der Seite langsam einziehen. Mit einer Prise Muskat, Salz und Zucker und etwas Zitronensaft wird dann nach persönlichem Geschmack gewürzt und das Gericht mit Koteletten oder gebackener Kalbsmilch serviert. Roh mit Salz, Pfeffer, Butter, eventuell mit ein wenig Tomatenketchup (catsup), sehr erfrischend und angenehm, z. B. zu Käse.

Topinambur

Art und Aussehen der Knollen sind der Kartoffel ähnlich, auch die Zubereitungsarten; der Geschmack aber wird von Kennern sogar noch höher als der des Spargels geschätzt, und es ist auch diesem dankbaren Gemüse daher die größte Verbreitung zu wünschen. Die Knolle ist noch wenig in unseren Küchen angewandt, wird sich mit vermehrtem Anbau aber sicher einen dauernden Platz erobern. Wie die Kartoffeln wird die Frucht fein geschält, in Scheiben geschnitten. Sie kocht sehr schnell weich, und man hat in der Zubereitung eines Gerichts nur mit etwa 30—40 Minuten zu rechnen. Mit wenig Salzwasser aufs Feuer gesetzt, schmecken sie am besten mit frischer Butter und reichlich frischer Petersilie nebst etwas Pfeffer und Salz durchgeschwenkt, sind aber auch mit einer kurzen geschlagenen holländischen Soße ausgezeichnet.

Außerdem sind sie mit Béchamelsoße zu bereiten oder auch mit brauner Butter übergossen, wenn sie abgekocht wurden, auch kann man sie roh in Scheiben geschnitten in offener Pfanne in Butter braten, wozu dann ein Strauß ebenfalls in Butter gebackener Petersilie sehr gut schmeckt.

Maiskörner

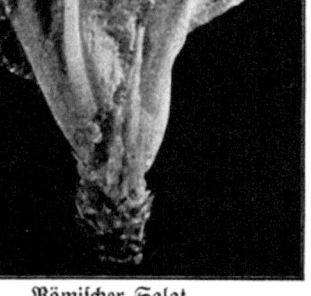

Römischer Salat

Topinambur, gebacken, mit Käse

2 Kilo Topinambur, 125 Gramm Butter, Sellerie, Mohrrübe, Porree, Salz, Pfeffer, 1 Zwiebel, 125 Gramm Parmesenkäse, ½ Liter saure Sahne, Semmelkrume, Zitronensaft, Zucker

Für dieses Gericht werden die Knollen geschält, in dicke Scheiben geschnitten. Eine Porzellanbackform wird mit Butter gut ausgestrichen und zu ¼ mit den Topinambur angefüllt. Es wird etwas Sellerie, Mohrrübe und Porree, fein geschnitten, daraufgegeben, auch Salz, Pfeffer und eine kleine, fein gehackte Zwiebel. Dann kommen kleine Butterstückchen und eine ½ Zentimeter starke Lage fein geriebener Parmesan-, Schweizer- oder Chesterkäse darüber. Diese ganze Lage wiederholt sich, nur daß der obersten Lage Käse noch etwas geriebene Semmelkrume beigemischt wird. Dann wird das Ganze mit ½ Liter saurer Sahne übergossen, so daß sie übersteht und genug zum

Einbacken vorhanden ist. In Ermangelung von Sahne kann man Vollmilch nehmen und dann einige Tropfen Zitronensaft und ein wenig Zucker hinzufügen. So wird das Gericht eine Stunde gebacken und in der Form mit Zugabe irgendwelcher kleiner Fleischstücke serviert.

Helianthi

Auch diese Frucht ist eine Bereicherung unserer Gemüsearten. Die Frucht schließt sich in ihrer ganzen Art der Topinambur an, und sie kann in erster Linie genau so behandelt werden wie das vorstehend geschilderte Topinamburgericht. Sie bedarf ebenfalls nur kurzer Zeit zum Garwerden, und man muß darauf achten, daß sie nicht zerfällt. Man tut daher auch gut, sie nicht zu klein zu schneiden.

Helianthi mit Champignons

½ Kilo Helianthi, ¼ Kilo Champignons, 50 Gramm Butter, Fleischbrühe, 2 Löffel Mehl, 1 Glas Weißwein, 1 Zwiebel, 1 Prise Paprika

Auf ½ Kilo Helianthi rechnet man mindestens ¼ Kilo Champignons. Beide werden vorbereitet in etwas Fleischbrühe halbgedämpft. Dann werden 50 Gramm Butter mit 2 Löffel Mehl recht dunkel geschwitzt und mit der Brühe, worin die Frucht kochte, gut verbunden. Mit einem Glas Weißwein — in Ermangelung dessen mit etwas Zitronensaft — und einer kleinen fein geriebenen Zwiebel nebst einer kleinen Prise Paprika wird diese Soße gewürzt und dann die Frucht hineingegeben, um noch einige Minuten darin anzuziehen, wodurch sie dann völlig gar wird.

Helianthi, gebacken

1 Kilo Helianthi, Backteig von 3 Löffel Mehl, 1 Ei, Zucker, Salz, abgeriebene Zitronenschale und etwas Weißbier, Backfett

Hierzu tut man gut, möglichst ganze, aber kleine Wurzeln zu nehmen. Sie werden leicht in heißem Salzwasser überkocht und in einen Backteig getaucht, der mit Hilfe von Weißbier, 3 Löffel Mehl, 1 Ei, etwas Zucker, Salz und fein geriebener Zitronenschale hergestellt wurde. Er muß dickflüssig sein. In heißem Fett werden sie ausgebacken.

Helianthi, in Butter gebraten

1 Kilo Helianthi, 1—2 Löffel Mehl, 1 Ei, geriebene Semmel, Butter

Hierzu werden die Knollen in nicht zu kleinen Stücken roh zunächst in Mehl, dann in geschlagenem Ei mit etwas Salz in recht fein gesiebter Semmelkrume gewälzt und in steigender Butter gebraten.

Richtiges Reiben der Kartoffel

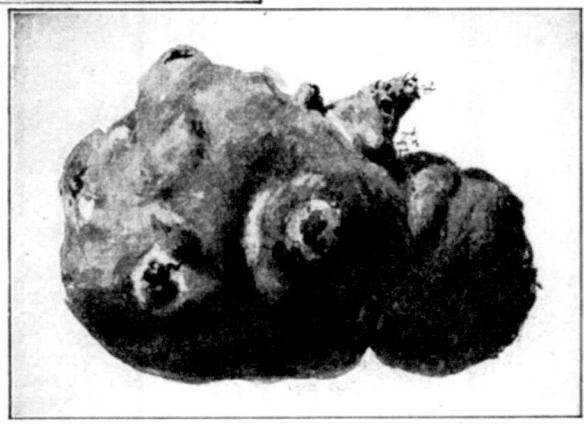

Topinambur („Erdschocke")

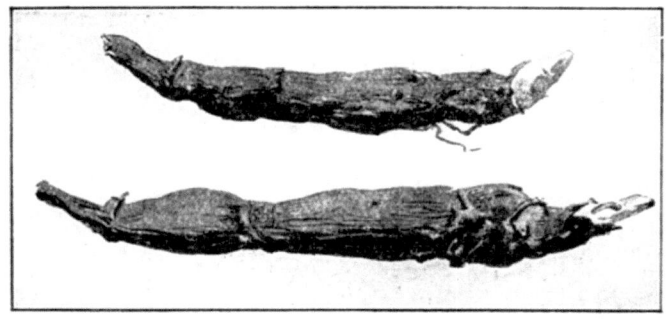

Helianthi

Helianthi mit Fisch

1 Schellfisch (oder Zander), ½ Kilo Helianthi, 2 Löffel Mehl, 1 Löffel Butter, 2 Löffel Milch, 1 Zwiebel, Petersilie

Gekochter Schellfisch oder Zander wird in beliebige Stücke zerpflückt und mit halbgargekochtem Helianthi vermischt. Aus 2 Löffel Mehl, 1 Löffel Butter und 2 Löffel Milch wird eine bündige Soße gekocht, der eine fein gehackte Zwiebel und reichlich fein gehackte Petersilie sowie etwas weißer Pfeffer beigemischt werden. Hierin zieht das Gericht dann völlig gar. Helianthi schmeckt auch sehr gut mit Reis gemischt, in kräftiger Fleischbrühe kurzgekocht und mit Petersilie versehen.

Helianthi, braun eingedünstet, wie Teltower Rüben

1 Kilo Helianthi, Zucker, 1 Löffel Butter, Salz, Pfeffer, Mehl

Etwas feiner Zucker wird in einem Tiegel gebräunt. Sobald er dunkel genug ist, wird etwas Wasser dazugefüllt und ein gutes Stück Butter darangegeben. Hierin schmoren die Helianthi unter Beigabe von etwas Salz und Pfeffer weich. Die Soße wird zum Schluß mit etwas klargerührtem Mehl bündig gemacht.

Helianthisuppe

1 Kilo Helianthi, 2 Liter Fleischbrühe (oder Milch und etwas Butter), Mehl

Die Wurzeln werden geschabt und gargekocht, dann durch ein großes Sieb gestrichen und entweder mit der Brühe von Kalb- oder Rindfleisch oder mit Milch vermischt. In letzterem Falle gibt man dann ein Stück Butter daran. In beiden Fällen aber ist es nötig, die Suppe durch etwas Mehl zu binden.

Knollenziest (Stachys tuberifera) und Glücksklee (Oxalis esculenta)

Die Knollen sind reizend geformt und von sehr gutem Geschmack.

Die rübenähnlichen Knöllchen des rot blühenden Glücksklees (Oxalis esculenta) sind kaum käuflich zu haben, sondern stehen eigentlich nur Gartenbesitzern zur Verfügung.

Stachys oder Knollenziest

Diese länglichen Knollen, die wie kleine abgebundene Würstchen aussehen, werden in ähnlicher Weise wie die Kerbelrübe und die Oxalis verwendet. Durch heißes Wasser von ihrer Schale befreit, werden sie in Butter mit etwas Zucker geröstet als Garnitur gegeben oder auch als selbständiges Gericht genossen. Man kann sie auch wie Maronen oder Kartoffeln im Ofen backen und mit frischer Butter essen.

Oxalis esculenta

Die Knöllchen werden durch heißes Wasser von den Schalen befreit und am besten, einfach abgekocht, mit einer holländischen Soße bereitet. Aber auch in einer dunklen pikanten Soße schmecken sie sehr gut. Man macht hierzu eine dunkelbraune Butterschmelze, die man mit Essig oder Zitronensaft würzt und mit etwas Zucker abschmeckt.

Zum Schluß des Kapitels „Wurzelgemüse" sei noch erwähnt, daß alle Knollen und Wurzeln sehr gut in heißer Asche backen und dann sehr wohlschmeckend sind. Bei einiger Aufmerksamkeit, da die Früchte natürlich nicht eintrocknen dürfen, kann man das Backen aber auch auf einem Kuchenblech im heißen Ofen vollziehen. Rote Rüben z. B. werden auf diese Weise vortrefflich und behalten dann ihre volle dunkelrote Farbe. Topinambur eignen sich ebenfalls vorzüglich zum Backen und werden dann mit einem Löffel aus der Schale geschabt und mit frischer Butter und etwas Salz und Pfeffer gegessen.

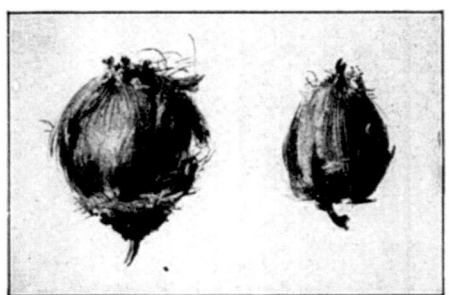

Vierblättriger Glücksklee
(Oxalis esculenta)

Spinat
2 Kilo Spinat, 4 Löffel Fett, 1 Löffel Mehl, 1 Zwiebel, einige Sardellen, Salz

Man kaufe den Spinat entwickelt, aber nicht, wenn er schon Samenansatz hat, da er dann nicht mehr gut schmeckt und im Gehalt auch wertloser ist. Zu kleiner Spinat ist in der Vorbereitung zu mühsam und oft gar nicht von Sand zu befreien. Die einfachste Behandlung ist, daß die verlesenen und gut gewaschenen Blätter in möglichst wenig kochendem Salzwasser aufgesetzt werden, das nur dann abgegossen werden muß, wenn der Spinat einen bitteren Geschmack hat, sonst aber mit verwendet wird. Am besten wird der Spinat, wenn er nur gedämpft wird; er bewahrt dann seinen vollen Gehalt. Ist er durch die Hitze zusammengefallen, so hackt man ihn oder treibt ihn durch eine Zerkleinerungsmaschine, setzt ihn mit der Menge entsprechender Butter oder Rinderfett, dies sind die geeignetsten Fette für Spinat, wieder auf, reibt eine kleine Zwiebel daran, fügt das nötige Salz und einige gehackte Sardellen zu und füllt dann das Wasser, in dem der Spinat vorgekocht war, wieder darüber, stäubt etwas Mehl darauf und läßt ihn nun noch ½ Stunde dünsten. Sehr passend sind dazu Setzeier oder halbierte Eier, die noch mit einigen Kapern und einer Sardelle belegt werden können.

Spinat auf amerikanische Art
1½ Kilo Spinat, 5 Eier, ¼ Liter Milch, besser Sahne, 75 Gramm Butter, 2 Dutzend Austern

5 Eidotter werden mit ¼ Liter guter Milch oder Sahne verquirlt. Hierhinein wird 1½ Kilo gut vorbereiteter, vorgekochter und fein gehackter Spinat gegeben und unter öfterem Rühren ¼ Stunde gedünstet, bis er cremeartig erscheint. Dann werden 75 Gramm frische Butter zu Sahne geschlagen und diese nach und nach mit dem Spinat verrührt. Die Amerikaner, denen die Austern fast in dem Maße zu Gebote stehen wie uns die Kartoffeln, geben nun noch einige Dutzend abgebartete Austern darunter.

Spinat auf französische Art
1½ Kilo Spinat, 100—150 Gramm Butter, 5 Eier

Die Spinatblätter, gut gewaschen, werden auch gedämpft oder in wenig siedendem Salzwasser einige Male überwällt und gehackt. Die Butter wird zu Schaum gerührt, das Gelbe von fünf hartgekochten Eiern durch ein Sieb gestrichen und dazugegeben. Nun wird genügend Fleischbrühe oder das Spinatwasser darübergegeben, um langsam in die Spinatmasse einzuziehen. In dieser Weise bereitet, kann man den Spinat als feines Gericht mit gebackenen Austern oder gebackener Kalbsmilch geben.

Es ist in dieser Behandlung ein Gericht ersten Ranges, aber auch ohne die Austern oder Kalbsmilch, mit Hammelkoteletten gereicht, vortrefflich.

Amerikanische Spinatfritters
½ Kilo Spinat, 3 Eier, 4 Löffel geriebenes Weißbrot, Zimt, Ingwer, 1 Löffel Zucker, Zitronenschale, 75 Gramm Korinthen, Fett zum Ausbacken

Der Spinat wird verlesen, gewaschen, schnell einige Male überwällt, mit kaltem Wasser geschreckt und dann zum Ablaufen auf ein Sieb gegeben. Fein gehackt, wird er nun mit drei Eiern, 4 Löffelvoll geriebenem Weißbrot, ein

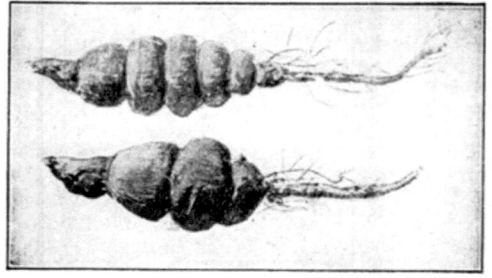

Knollenziest
(Stachys tuberifera)

wenig Zimt, Ingwer und 1 Löffelvoll Zucker, auch etwas geriebener Zitronenschale und 75 Gramm vorgequellten Korinther gut vermengt, dann in kugelförmige oder ovale Form gedreht, in heißem Schmalz gebacken, auf Löschpapier abgefettet und gleich auf den Tisch gegeben.

Spinat auf Neapeler Art

1½ Kilo Spinat, braune Mehlschwitze. ½ Teelöffel geriebener Knoblauch, einige Sardellen und 100 Gramm Korinthen

Zu einer braunen Mehlschwitze gibt man ½ Teelöffel voll geriebenen Knoblauch und einige fein gehackte Sardellen. Der gut vorbereitete Spinat wird zerkleinert damit verrührt, das Spinatwasser daraufgefüllt und nun unter Hinzugabe von 100 Gramm Korinthen noch ½ Stunde eingedünstet.

Spinat mit Sauerampfer

1 Kilo Spinat, 200 Gramm Sauerampfer, 50 Gramm Semmelkrume, 50 Gramm Butter, Fleischbrühe (oder Brühwasser)

Diese beiden Gemüse zusammengekocht nützen einander sehr. Gut vorbereitet, werden sie am besten gedämpft, da der Spinat, von der Säure des Sauerampfers unterstützt, dann eine sehr schöne grüne Farbe behält. Fein gehackt, wird er dann mit Semmelkrume, einem Stück Butter nebst dem Brühwasser oder der Fleischbrühe bündig- und gargedünstet und dann mit verlorenen oder Setzeiern aufgetragen.

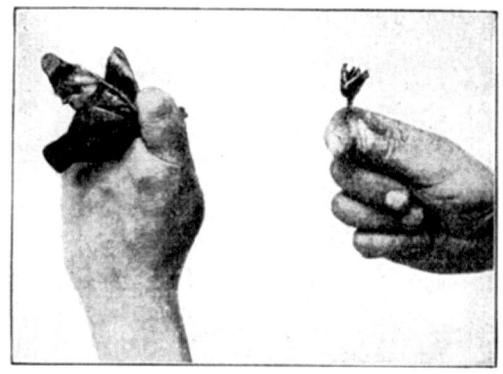

Spinat vorrichten
Die Kuppe wird mit dem Daumen vorgedreht

Spinatsuppe

½ Kilo Spinat, 30 Gramm Butter, 1 kleine Zwiebel, Mehl, 1 Liter Fleischbrühe, schwarzer Pfeffer, Muskat, geröstete Semmel

Der Spinat wird gewaschen und grob zerschnitten, dann in Butter mit einer kleinen Zwiebel durchschwitzt und mit etwas Mehl überstäubt. Dann wird 1 Liter Fleischbrühe oder Wasser nebst etwas Fleischextrakt aufgefüllt und gut damit durchgekocht. Man schlägt darauf die ganze Suppe durch, würzt sie mit etwas schwarzem Pfeffer und ein wenig Muskat, gibt noch ein nußgroßes Stück frischer Butter daran und reicht geröstete Semmelbrocken dazu. Kurz eingedämpfter und ausgepreßter Spinat ist das unschädlichste und beste Mittel, um Speisen zu färben.

Spinat mit Eiern garniert, oben geröstete Kartoffelstifte

Sauerampfer

Vorzüglich in der Küche zu verwenden, wenn man durch Pflanzenstoff leicht ansäuern will.

Sauerampfersuppe

Ein paar Händevoll Sauerampfer, 2 Löffel Mehl, 50 Gramm Butter, Soßenreste (oder Fleischbrühe), geröstete Semmelscheibchen

Diese Suppe, die schon bei den alten Römern als ein beruhigendes und erlösendes Mittel nach allzu üppigem Mahle galt, sollte auch bei uns mehr Eingang in die Küchen finden. An heißen Tagen äußerst erfrischend, ist sie auch schnell herzustellen. Ein paar Händevoll Blätter werden in kochendem Wasser übergewällt, dann auf ein Sieb gegeben, das Wasser aber nicht fortgegossen. Die Blätter werden gehackt und mit einer Mehlschwitze aus 50 Gramm Butter und 2 Löffel feinem Mehl und dem Brühwasser verbunden. Man vermehrt und verbessert sie dann noch durch vorhandene Soßenreste oder etwas Fleischbrühe oder gibt, wenn nötig, noch Wasser mit etwas Fleischextrakt dazu. Kleine dünne Semmelscheibchen werden in Butter oder Schmalz goldiggeröstet und zu der Suppe gereicht. Auch mit kleinen gerundeten Kartoffeln zusammengekocht schmeckt sie gut.

Sauerampfergemüse

½ Kilo Sauerampfer, 40 Gramm Butter, 1 Löffel Mehl, Muskat, 1 Ei

Verlesen und gut gewaschen, läßt man ihn ablaufen. Da er sehr zart ist, braucht man ihn nur grob zu hacken und ihn dann in Butter, 30 Gramm auf ½ Kilo, schwitzen. Er läßt viel Saft. Diesen gießt man ab und verbindet ihn wieder mit einer Mehlschwitze von 1 Löffel Butter und 1 Löffel Mehl, gibt den Sauerampfer hinein, würzt mit etwas Muskatnuß und bindet ihn noch mit einem Ei. Zu Sauerampfer ist gebackene Leber eine sehr passende Zulage.

Sauerampfer à la creme

½ Kilo Sauerampfer, 50 Gramm Butter, 1 Handvoll Zwiebackkrumen, 1 kleine Zwiebel, ¼ Liter dicke süße Sahne, 2 Eier

Die gewaschenen Sauerampferblätter werden fein gehackt. In 50 Gramm Butter wird eine Handvoll fein gesiebter Zwiebackkrumen geröstet — die Butter darf aber nicht zu dunkel werden —, eine kleine fein gehackte Zwiebel darin mitgedünstet und dann der Sauerampfer ¼ Stunde damit verkocht. Nun kommt ¼ Liter dicke, süße Sahne, die mit zwei Eigelb tüchtig verquirlt wurde, darüber. Der Sauerampfer zieht noch darin an und wird dann mit zierlich dressierten Lammkoteletten angerichtet.

Sauerampfersoße

1 Handvoll Sauerampfer, Schnittlauch, Petersilie, 1 Spitze Dill, Estragon, 1 Stück Butter, 1 kleiner Löffel Mehl, Fleischbrühe (oder Bratenjus), Salz, Pfeffer, 1 Ei

Diese zu allem Fleisch und Geflügel sich eignende Soße ist sehr zu empfehlen. Eine Handvoll Blätter nebst etwas Schnittlauch, Petersilie, einer Spitze Dill und etwas Estragon werden fein gewiegt, nachdem sie sorgsam gewaschen. In etwas Butter ausgedünstet, stäubt man einen kleinen Löffelvoll Mehl darüber, daß es eine bündige Soße darstellt, würzt sie mit Salz und etwas Pfeffer und legiert sie dann mit einem Eigelb.

Gartenmelde

Melde

½ Kilo Melde, etwa ¼ Liter Fleischbrühe, Salz, Pfeffer, Zitronensaft, 1 Löffel Mehl

Gelbe Melde, auch die blutrote Melde, ist sehr zart und ein sehr leicht verdauliches Gemüse. Die Melde wird gewaschen, in kochendem Wasser aufgekocht, abgegossen und fein gehackt, dann mit Fleischbrühe übergossen, mit Salz und Pfeffer gewürzt und durch einige Tropfen Zitronensaft abgeschärft oder mit Zugabe von Sauerampfer fertiggekocht. Durch etwas klargemachtes Mehl bindet man das Gemüse.

Eiskraut

Dieses köstlich schmeckende Gemüse ist wenig bekannt, auch durch die Menge, die man braucht, ein etwas luxuriöses Gericht.

Eiskraut

½ Kilo vorbereitetes Eiskraut, 50 Gramm Butter, 1 Zwiebel, 2 Löffel Mehl, Salz, weißer Pfeffer, Muskat, Petersilie

Die Zubereitung eines Gerichtes Eiskraut erfordert eine größere Menge Gemüse, da die dicken Blätter sehr saftreich sind und daher sehr zusammenfallen. Das Eiskraut wird einmal überkocht und dann abgetropft, fein gehackt und mit Butter, einer fein gehackten Zwiebel und etwas in kaltem Wasser klargerührtem Mehl gut durchgekocht, mit Salz, etwas weißem Pfeffer und einer Prise Muskat versehen und dann mit reichlich Petersilie gemischt.

Mangold oder Römischer Kohl und Endivien

Mangold, Reiskohl, Römischer Kohl, auch in manchen Gegenden Bete genannt. Ein köstliches und viel zu wenig angebautes Gemüse. Die jungen Blätter werden wie Spinat zubereitet. Das beste sind aber die starken Stiele und Blattrippen, die im Geschmack dem Spargel sehr ähnlich sind, aber weniger weichlich.

Mangold oder Römischer Kohl
1 Kilo Mangold, 50 Gramm Butter, Salz

Die abgestreiften Blätter werden meist wie Spinat zubereitet. Die Rippchen schneidet man in Finger lange Stücke, kocht sie, knapp mit siedendem Wasser bedeckt, weich, was nur kurze Zeit in Anspruch nimmt, und übergießt sie mit zerlassener gelber oder braunsteigender Butter.

Mangold in weißer Soße mit Kräutern
1 Kilo Mangold, 50 Gramm Butter, 1 Löffel Mehl, 1 Zwiebel, Sellerie, Schnittlauch, Borretsch, Kerbel, Tripmadam, Majoran, Petersilie.

Die Rippen, in Stücke geschnitten, werden in Salzwasser gargekocht und auf ein Sieb gebracht. Das bleibende Wasser wird mit einem Stück Butter, das mit 1 Löffelvoll Mehl verknetet war, nebst einer fein gehackten Zwiebel und etwas Sellerie bündiggekocht. Dann gibt man etwas gehackten Schnittlauch, Borretsch, Kerbel, ein wenig Tripmadam, Majoran und reichlich Petersilie, alles feingehackt, daran, läßt den Mangold darin ziehen und gibt in der Schüssel angerichtet noch ein gut Stück frischer Butter darüber.

Blätter des Mangold mit Speck
1 Kilo Mangold, 200 Gramm magerer Speck, 1 Zwiebel, 1 Löffel Mehl, Weinessig (oder Zitronensaft), Zucker

Die Blätter werden mehrmals gewaschen, in knappem kochendem Salzwasser überbrüht und dann grob zerkleinert. Zu einem Gericht für 4 Personen zerläßt man 200 Gramm mageren Speck, in Würfel geschnitten. Goldgelb werden die Speckwürfel aus dem Fett genommen und zur Seite an eine warme Stelle gesetzt, damit sie recht kroß bleiben. Mit der Specksoße wird eine kleine zerschnittene Zwiebel weichgedünstet, 1 Löffelvoll Mehl darin abgerührt und dann so viel von dem Brühwasser dazugetan, daß es genügend Soße für den Kohl gibt. Hinreichend durchgekocht, gibt man etwas Weinessig oder Zitronensaft nebst Zucker nach Geschmack dazu, läßt den Kohl damit ziehen und streut beim Anrichten noch warme Speckwürfel darüber.

Mangold mit Tomaten
½ Kilo Mangold, ½ Kilo Tomaten, 75 Gramm Butter, 1 Löffel Mehl, 1 Zwiebel, 1 Prise weißer Pfeffer, Zucker

Hat man von dem Mangold die Blätter benutzt, so kann man die Rippen aufkochen und bis zum nächsten Tage in dem Wasser aufbewahren; natürlich muß dieses Wasser dann ebenfalls benutzt werden. Nach Quantität der Rippen nimmt man ungefähr ein gleiches Maß Tomaten, setzt sie, nur in Stücke gebrochen, aufs Feuer und läßt sie Saft ziehen. Dann werden sie durch ein Sieb gestrichen, mit einem Stück Butter, das zum Nutzen des guten Geschmacks recht reichlich sein kann, genügend Mehl zum Binden, einer fein gehackten Zwiebel und einer kleinen Prise weißen Pfeffers nebst dem nötigen Zucker gut unter Rühren verkocht. In diese kurze Soße gibt man nun die Mangoldrippen und läßt sie 10 Minuten darin ziehen, um sie zu Koteletten oder Beefsteaks zu servieren.

Mangold mit Parmesankäse und Kartoffeln
½ Kilo Mangold, 1 Kilo Kartoffeln, Zwiebel, Pfeffer, Kümmel, Salz, 1 Löffel Parmesankäse, 125 Gramm Butter, 50 Gramm Mehl, ½ Liter Milch (oder Fleischbrühe)

Zu diesem Gericht werden nur die Blattrippen verwendet. Auf ½ Kilo Rippen kommt 1 Kilo Kartoffeln. Diese werden geschält und nur 10 Minuten gekocht, dann in dicke Scheiben geschnitten, der Mangold wird überbrüht und in Finger lange Stücke geteilt. In eine Backschüssel, die gut mit Butter ausgestrichen wurde, kommt nun zunächst eine Lage der Kartoffelscheiben, bedeckt mit in Scheiben geschnittenen Zwiebeln, ein wenig Pfeffer, Kümmel, Salz und ein Löffel geriebener Parmesankäse. Darauf die Hälfte des Mangold, wieder eine Lage Kartoffeln wie vorhin, die zweite Hälfte des Mangold und zum Schluß wieder eine Lage Kartoffeln. Von 125 Gramm Butter und 50 Gramm Mehl nebst ½ Liter Milch oder, nach Geschmack, Fleischbrühe oder auch vorhandenen Soßen, wird eine bündige Soße durchgekocht und über das Gericht gegossen, so daß sie reichlich darüber steht, damit es saftig bleibt. Man stellt das Ganze nun in den Ofen zum Garziehen.

Mangold in Milch
½ Kilo Mangold, ½ Liter Milch, 30 Gramm Butter, 1 Löffel Mehl, Petersilie, Dill

Blätter oder Rippen, nur in Milch gekocht, mit etwas Butter und Mehl bündiggemacht und mit reichlich gehackter Petersilie und jungem grünem Dill versehen, ergeben ein gutes, leichtverdauliches Gemüse für Rekonvaleszenten.

Endivien

1 Kopf Endiviensalat, Fleischbrühe oder Brühwasser mit Fleischextrakt, Pfeffer, 1 Zwiebel

Selten werden bei uns die Salate als Gemüse bereitet, und nur das Ausland gibt uns auf Reisen Gelegenheit, uns von der Vortrefflichkeit dieser Zubereitung zu überzeugen. Die goldgelbe krause Endivie wird verlesen, gewaschen und in wenig Salzwasser ziemlich weichgekocht, nicht zu weich, so daß sie noch Volumen hat. Hierauf wird sie grob zerkleinert, mit Fleischbrühe, die das Brühwasser, mit etwas Fleischextrakt verkocht, gut ersetzen kann, angefüllt und nur mit einer Zugabe von etwas Pfeffer und feiner Zwiebel eingedünstet, dann mit Zitronenviertel und Saucischen garniert serviert.

Endivien in Sahne

1 Kopf Endiviensalat, ¼ Liter Sahne, 20 Gramm Butter, 1–2 Eier

Die Blätter werden gut vorbereitet, gargekocht und dann gehackt. Mit Sahne unter beständigem Rühren durchgekocht, werden sie mit einem der Menge entsprechenden Stück Butter versehen und dann mit 1 oder 2 Eigelb legiert. Zu dieser Art eignet sich gebackene Kalbsmilch.

Endivienrippen

Stehen aus einem eigenen Garten reichlich Endivien zu Gebote, so kann man die krausen Blätter abschneiden, zu Salat verwenden und die Rippen, wie Mangold gekocht, bis zum nächsten Tage verwahren und dann, wie oben angegeben, als Gemüse zubereiten.

Escariol oder breitblättrige Endivie

Die breitblättrige Endivie wird ebenso wie die vorhergehenden Arten zubereitet. Ebenso der große Kopfsalat, der, da er in der Regel früher als die anderen Blattgemüse da ist, ein guter und auch nicht teurer Stellvertreter sein kann.

Zichorie (Chicoree)

Zichorie

½ Kilo Zichorie, 1 Löffel Mehl, Muskat, ¼ Liter Fleischbrühe, 1 Löffel saure Sahne (oder Milch), Zitronensaft

Als ein durch leichte Bitterkeit pikantes Gemüse mag es manchen Gegner haben. Nichtsdestoweniger sollte es Eingang in unsere Küche finden; denn es ist gleich der Milchbuschpflanze, die auch einen etwas bitteren Geschmack hat, ein äußerst gesundes Gericht. Man kann die ja meist festgeschlossenen Blattbüschel entweder teilen oder ganz kochen. Nachdem sie, in kochendes Salzwasser gegeben, nahezu weichgekocht sind und das Wasser ziemlich eingesogen ist, stäubt man etwas Mehl darüber und eine Messerspitze Muskat, füllt darauf noch etwas Fleischbrühe nach, kocht diese zum Völliggarwerden ein und gibt einen Löffelvoll saurer Sahne oder etwas Milch mit einigen Tropfen Zitronensaft zum Abschluß daran.

Zichorie mit holländischer Soße

Chicoree kann auch einfach in Salzwasser, dem man etwas Milch zufügt, um die Blätter möglichst hell zu erhalten, gekocht werden. Abgegossen, wird er dann mit einer holländischen Soße überfüllt zu Tisch gegeben. Es können Salzkartoffeln dazu gereicht werden.

Portulak (Portulaca oleracea), Hopfenkeimchen und Lauch

Es gibt grünen und goldgelben Portulak.

Portulak

3–4 Handvoll Portulak, 2–3 Löffel Olivenöl, Knoblauch, 1 Handvoll geriebene Semmel, Pfeffer, Salz, Milch (oder Fleischbrühe), Parmesankäse, geröstete Semmelschnitten

Portulak, der auch als heilkräftige Pflanze sehr nutzbringend ist, wird sowohl als Würze zu Soßen und an Salaten wie als Gemüse verwendet. Namentlich in Frankreich und Italien wird er viel gegessen und in folgender Weise bereitet. 3–4 Handvoll abgeschnittener Blätter werden einige Male aufgekocht und abgegossen. In 2–3 Löffelvoll Olivenöl wird etwas fein gehackter Knoblauch gegeben, 1 Handvoll geriebene Semmel, etwas Pfeffer und Salz und alles gut durchgedünstet. Dann kommt der Portulak dazu, und je nach Geschmack wird so viel Milch oder Fleischbrühe daß er gut gedeckt ist, darübergegeben und alles nun noch über ½ Stunde gekocht. In der Schüssel angerichtet, wird das Gericht dann noch mit etwas Parmesankäse bestreut und mit gerösteten Semmelschnitten garniert. Portulak ist ferner für alle Arten Fleisch und Suppen sehr angenehm; vorbereitet und abgewällt, wird er neben anderen Zugaben in der Suppe mitgekocht.

Hopfenkeimchen

½ Kilo Hopfenkeimchen, holländische oder Béchamelsoße oder Morcheln, Butter und Petersilie

Diese im Frühjahr aus den Wurzeln der Hopfenstange aufkeimenden Sprossen werden hauptsächlich in den süddeutschen Gegenden, wo Hopfen gebaut wird, viel gegessen. Sie haben den leicht bitteren Geschmack, den wir im Bier finden. Nachdem man sie einige Male gegessen, befreundet man sich damit. Wo sie zu Gebote stehen, mache man immerhin den Versuch damit, er wird glücken. Die Keime werden von der Pflanze getrennt und in beliebige Stücke geschnitten, in Salzwasser gargekocht, abgegossen und dann in eine holländische Soße gegeben, mit der sie recht kurz anziehen müssen. Auch mit einer guten Béchamelsoße sind sie ein sehr annehmbares Gericht, während sie, zusammen mit Morcheln gekocht und reichlich mit Butter und fein gehackter Peterfilie versehen, ein echtes Frühlingsgericht zu gebratenen Tauben abgeben.

Hopfenkeimchen mit Speck
3—4 Handvoll Hopfenkeimchen, 125 Gramm durchwachsener Speck, 1 kleine Zwiebel, 2 Löffel Mehl, 2 Löffel Weinessig (1 Löffel Zitronensaft), 2 Löffel feiner Zucker.

Die gargekochten Keime werden mit folgender Soße vermischt: Zu 3—4 Handvoll Keimen läßt man 125 Gramm durchwachsenen Speck und eine feingeschnittene Zwiebel aus. 2 Löffel Mehl und 2 Löffel nicht zu scharfer Weinessig oder 1 Löffel Zitronensaft werden unter Hinzugabe von 2 Löffel feinem Zucker verkocht und dahinein die Keimchen gegeben. An Stelle des Mehls kann man die Soße mit 2—3 Eigelb binden.

Porree oder Lauch
10—12 Porreestangen, Butter, Mehl, ¼ Liter saure Sahne (oder gute Milch).

Der Porree wird von dem harten Grün befreit, in Finger lange Stücke geschnitten, in kochendem Wasser überwällt und dann zum Abtropfen auf ein Sieb gelegt. Vielfach zerkleinert man den Porree, er schmeckt dann aber nicht so gut, als wenn man ihn grob läßt. Er wird dann mit Butter angedünstet, mit etwas Mehl bestäubt und unter Zugabe von ¼ Liter saurer Sahne (andernfalls kann es auch gute Milch sein) vollends gargekocht.

Johannislauch mit Rosinen
10—12 Lauchschäfte, 1 Handvoll Rosinen, Mehlschwitze, Essig, Zucker, Fleischbrühe (oder 1 Stück Butter).

In der Gegend von Hannover und in Westfalen ein beliebtes Pfingstgericht, den Namen „Pfingstlauch" hört man dort sehr viel, weil zu dieser Zeit der Lauch noch fein im Geschmack ist. Von dem Lauch werden die harten Blattenden entfernt, dann wird er in kürzere Stücke geteilt und in wenig kochendem Wasser weichgebrüht. Dann wird Fleischbrühe mit Zugabe einer Handvoll Rosinen auf 10 bis 12 Lauchschäfte aufgefüllt; damit kocht der Lauch völlig weich. Mit einer Mehlschwitze, etwas Essig und Zucker kocht dann alles noch einmal durch. Man kann die Fleischbrühe auch entbehren und den Lauch nur mit einer Mehlschwitze eindämpfen; dann muß man aber noch ein Stück Butter zum Schluß daraufgeben.

Zwiebeln

Zwiebeln
In der ganzen Welt verbreitet, dient die Zwiebel meistens als Gewürz, wird aber in vielen Gegenden als Gemüse genossen. Sehr häufig hört man die Klage, daß geröstete Zwiebeln, wie sie oft kleinen Fleischstücken, z. B. Beefsteaks, beigegeben werden, unverdaulich seien. Diese Klage wird fortfallen, wenn wir der Zwiebel nicht das nehmen, was sie verdaulich macht. Wir dürfen ihr durch zu starke Überhitzung in Fett nicht das ätherische Öl entziehen. Ist dieses aus der Zwiebel entfernt und sollen wir uns mit den dürren Schalen, wenn sie auch in Fett schwimmen, abfinden, nun — dann können wir ebensogut Stroh kauen. Goldgelbe, weichgedünstete Zwiebeln sind durchaus verdaulich und delikat. Wie alle Gewürze, maßvoll angewendet, zur Verdauung beitragen sollen, so auch die Zwiebel, aber in ihren unverminderten Bestandteilen. Um sie so herzustellen, gibt man einfach, sobald sie in Butter oder Fett eine goldgelbe Farbe angenommen hat, etwas Wasser dazu und dünstet darin die Zwiebel nun zu völliger Weiche.

Sobald das Wasser dazukommt, färbt sich die Zwiebel sofort etwas dunkler und nimmt jene weiche hellbräunliche Färbung an, ohne die Konsistenz der Zwiebelscheiben zu verändern, die uns beim Anblick schon anzeigt, daß sie unserem Magen keinerlei Schwierigkeit, sondern nur eine Wohltat erzeigen wird. Als Vollgemüse werden die Zwiebeln namentlich in Sachsen und Böhmen viel gegessen. Man kocht sie dann mit Hammel- oder Rindfleisch. Nachdem das Fleisch zur guten Hälfte gar und die Brühe kräftig eingekocht ist, gibt man die Zwiebeln nebst reichlich Kümmel daran, die nun mehr oder weniger, je nach dem persönlichen Geschmack, mit dem Fleisch zusammen garkochen und dann mit klargerührtem Mehl bündiggemacht werden. Mit Salzkartoffeln extra wird das Gericht aufgetragen.

Geschmorte Zwiebeln
½ Kilo Zwiebeln, 30 Gramm Butter, Kümmel, Salz.

Hierzu eignen sich die gelben, eierförmigen Zwiebeln, die man möglichst gleichmäßig aussucht, am besten. Sie werden gehäutet, dann

Praktische Zwiebelreibe
Auf dem Glas läuft die Zwiebel nicht an und kann voll ausgenutzt werden

in Wasser einige Male überkocht und mit einem Stück Butter oder Rinderfett angebräunt, etwas Wasser nebst Kümmel und Salz wird dazugegeben. Damit schmoren sie langsam ein, um zum Schluß noch mit etwas frischer Butter geschwenkt zu werden.

Glasierte Zwiebeln
½ Kilo Zwiebeln, 30 Gramm Butter, Zucker, Fleischbrühe (oder Wasser)

Man setzt der Menge entsprechend Butter nebst etwas feinem Zucker auf, läßt sie bräunen und gibt dann die Zwiebeln hinein, die unter öfterem Wenden goldgelb werden müssen. Damit die Butter nicht anbrennt, wird dann noch etwas Fleischbrühe oder Wasser dazugegeben.

Gefüllte Zwiebeln
5 große Oportozwiebeln, 1 Fleischfarce, aus frischem oder gekochtem Fleisch, Ei, Zwiebel, Semmel, Kümmel, Pfeffer und Salz bereitet, Fleischbrühe (oder Wasser)

Die großen Oporto- oder Madeirazwiebeln sind am besten geeignet. Nachdem sie gehäutet und in Wasser halbgargekocht wurden, schneidet man vorsichtig mit einem scharfen Messer einen Deckel ab, löst die Hälfte des Innern aus und füllt die Zwiebel nun mit einer Fleischfarce. Der Deckel muß auch etwas ausgehöhlt werden, um dem sich dehnenden Fleisch Raum zu geben; es sieht schlecht aus, wenn die Zwiebel nicht gut geschlossen ist. Der Deckel wird kreuzweise festgebunden und die Zwiebeln dann entweder in Fleischbrühe oder Wasser gargekocht. Eine Béchamelsoße eignet sich gut dazu, doch kann man sie auch mit vorhandenen Bratensoßen servieren, wozu sich die von Gänsebraten besonders eignet.

Zwiebelpüree zu Hammelkoteletten
½ Kilo Zwiebeln, ½ Liter Fleischbrühe (oder Wasser), 40 Gramm Butter, 1 Löffel Salz, Pfeffer

Die Zwiebeln werden überkocht, dann in Fleischbrühe oder Wasser mit einem Stück Butter kurz eingedünstet, durchgeschlagen und mit einer braunen Mehlschwitze vermischt mit Pfeffer und Salz zu Braten gegeben.

Braune Zwiebelsoße
1 Handvoll fein geschnittener Zwiebeln, Rinderfett oder Butter, 2 Löffel Mehl, Kümmel, Salz, Zitronensaft, Fleischbrühe oder Wasser

In Rinderfett oder Butter werden 2 Löffel Mehl braungeschwitzt, dann Kümmel, Salz, einige Tropfen Zitronensaft und eine Handvoll fein geschnittener Zwiebeln dazugegeben. Unter öfterem Rühren wird die Soße mit Zugabe von Wasser oder Fleischbrühe dann fertiggemacht.

Petersilie

Dieses unentbehrlichste aller Küchenkräuter ist in schönen Variationen für den Garten vorhanden. Da gibt es einfache, die alle anderen aber an Aroma übertreffen, ferner die niedrige dichtlaubige, der die „Non plus ultra" und die sehr fein gekrauste und üppige Zwergperfektion folgen.

Einfache Petersilienkartoffeln

1 Kilo Kartoffeln, 1 Zwiebel, 1 Lorbeerblatt, 1 Petersilienwurzel, 30—50 Gramm Butter, 1 gute Handvoll gehackte Petersilie

Mehlige Kartoffeln werden geschält und in reichlich Salzwasser gekocht mit Zugabe einer Zwiebel, eines kleinen Lorbeerblattes und einer Petersilienwurzel. Das Wasser wird nicht abgegossen. Sind die Kartoffeln nicht sehr mehlig, so daß sie das Gericht nicht bündig machen, so rührt man das nötige Mehl mit kaltem Wasser klar, verkocht es mit den Kartoffeln, die ein mäßig dickes Gemüse darstellen müssen, gibt 30—50 Gramm frische Butter und eine gute Handvoll gehackte Petersilie dazu. Hierzu schmeckt namentlich frische Blut- oder Leberwurst.

Petersiliensoße zu Fisch

1 guter Löffel Mehl, ¼ Liter Milch, 1—2 Eier, 1 Zwiebel, 1 Handvoll Petersilie, weißer Pfeffer, Salz, ein eigroßes Stück Butter

Mit einem guten Löffel Mehl, ¼ Liter Milch und 1—2 Eidottern verkocht man eine fein geschnittene Zwiebel, tut dann eine Handvoll gehackte Petersilie dazu, würzt mit etwas weißem Pfeffer und Salz und gibt, wenn die Soße zur richtigen Dicke gezogen hat, noch ein eigroßes Stück frische Butter daran.

Petersiliensoße mit saurer Sahne

1 Handvoll Petersilie, Butter, Pfeffer, Salz, Muskat, 3—4 Löffel Wasser, ¼ Liter saure Sahne

Die gewaschene und gehackte Petersilie wird in Butter nebst einigen Zwiebelscheibchen gedünstet, mit Pfeffer und Salz und ein wenig Muskatnuß gewürzt, mit einigen Löffeln Wasser verkocht und dann mit einer guten Portion saurer Sahne verrührt. Diese Soße eignet sich besonders zu Hammelkoteletten.

Frische Petersilie mit Schnittlauch

je zur Hälfte fein gehackt, ist eine sehr wohlschmeckende Zugabe zu gekochten Eiern. Ebenso mit gelber zerlassener Butter gemischt zu kleinen Fischen.

Gebackene Petersilie

1 Handvoll Petersilie, Backfett

Diese sehr wohlschmeckende Art, die dem einfachsten Gericht etwas Besonderes geben kann, muß mit Sorgfalt bereitet werden. Es ist nicht nötig, nur die Blätter zu nehmen, man entfernt nur die starken Stielenden. In einer kleinen, tiefen Pfanne zerläßt man Schmalz oder klares Backfett, mit Geschick kann sie auch in flacher Pfanne in Butter gebraten werden. Die Petersilie wird gewaschen und wieder getrocknet. So kommt sie dann, in nicht zu großen Portionen, auf einmal in das bereitstehende Fett. Man bewegt die Pfanne und wendet die Petersilie, falls sie nicht schwimmt, mit der Gabel. Sobald sie etwas kroß ist, muß sie herausgenommen werden, da sie sonst leicht braun und unschmackhaft wird. Sie muß dunkelgrün aussehen, wie Glas springen und auf der Zunge zergehen.

Schotengemüse

Grüne Erbsen

½ Kilo grüne Erbsen, 30 Gramm Butter, Petersilie oder Zucker

Die Erbse wird enthülst mit Dampf oder nur mit gerade bedeckendem Salzwasser, das bei Hineingabe springend kochen muß, gargekocht, nicht zerkocht. Der geringe Rest Wasser kann auf heißer Herdstelle noch einziehen. Mit einem reichlichen Stück bester frischer Butter und reichlich fein gehackter Petersilie werden die Erbsen dann nur umgeschwenkt auf den Tisch gegeben. Sind die Erbsen nicht von richtiger Süße, so gibt man dem Wasser, in dem sie gekocht werden, ein entsprechendes Stück Zucker zu.

Grüne Erbsen mit Sahne

½ Kilo grüne Erbsen, 50 Gramm Butter, 2 Löffel Mehl, 1 Zwiebel, Pfeffer, ¼ Liter dicke Sahne, 1 Löffel Petersilie

Die Erbsen werden in kochendes Salzwasser gegeben, um nahezu garzukochen, und dann aus dem Wasser gehoben. Auf ½ Kilo ausgelöster Erbsen macht man aus 50 Gramm Butter und 2 Löffel Mehl eine Bindung, gibt eine fein gehackte Zwiebel und ein wenig Pfeffer dazu sowie etwas von dem Erbsenwasser. Gut durchgekocht, kommen die Erbsen hinein, dann ¼ Liter dicke Sahne. Man läßt die Erbsen darin noch ¼ Stunde ziehen — es darf keine lange Soße verbleiben — und gibt fertig einen guten Löffel voll fein gehackter Petersilie darüber.

Grüne Erbsen mit Speck

½ Kilo grüne Erbsen, ¼ Kilo durchwachsener Speck, 1—2 Löffel Mehl, 1 Zwiebel, Petersilie, etwas Kartoffeln

Im Elsaß sehr gebräuchlich, mag das Gericht auch in anderen Gegenden Liebhaber finden. Es wird ¼ Kilo durchwachsener Speck in dünne Scheiben geschnitten und ausgebraten. Der Speck wird aus dem Fett genommen, 1 bis 2 Löffel Mehl darin verrührt, dann der Erbsenquantität entsprechend heißes Wasser dazugegossen und alles glatt gekocht. Hierhinein kommen die Erbsen nebst einer gehackten Zwiebel, um langsam darin weichzukochen, und am Schluß wird das etwas langgekochte Gericht noch mit gehackter Petersilie versehen. Vielfach kocht man auch noch etwas Kartoffeln darin, namentlich wenn es darauf ankommt, das Gericht zu „verlängern".

Grüne Erbsen mit Scholle oder Stockfisch

½ Kilo grüne Erbsen, 30 Gramm Butter, Mehlschwitze, Petersilie, 1 Scholle oder Stockfisch

Man kocht zunächst die Erbsen in Salzwasser mit einer kleinen Butterzugabe weich, verkocht mit dem Erbsenwasser eine Mehlschwitze nicht zu dick und gibt die Erbsen nebst fein gehackter reichlicher grüner Petersilie wieder hinein. Inzwischen hat man eine fleischige Scholle in Salzwasser mit einem Lorbeerblatt, einer mit Nelken besteckten Zwiebel und einer Petersilienwurzel gekocht, hebt sie auf eine flache Schüssel und gibt die Erbsen darüber. Einige Krebse garnieren das Gericht sehr hübsch. Nimmt man statt der Scholle Stockfisch, so muß dieser 3 Tage gewässert sein. Dann wird er gekocht und von den Gräten gepflückt mit den Erbsen vermischt.

Grüne Erbsen mit Krebsen

½ Schock Suppenkrebse, ½ Kilo grüne Erbsen, 1 Zwiebel, 125 Gramm Butter, Mehl, Petersilie, Dill, Ei, Semmel, Pfeffer, Salz

Ein halbes Schock Suppenkrebse werden in Salzwasser mit 1 Zwiebel, aber ohne den üblichen Kümmel, gekocht. Ein Teil des Krebswassers wird benutzt, um die Erbsen darin garzukochen. Wenn dieses geschehen ist, werden auf 2 Suppenteller voll Erbsen 125 Gramm Butter schaumig gerührt und einige Löffel von dem Krebswasser mit klargerührtem Mehl gut damit zu einer bündigen Soße verkocht, der dann reichlich gehackte Petersilie und etwas Dill zugegeben wird. Die Schwänze der Krebse werden ausgeschält, das Fleisch aus den Scheren mit etwas gebratenem oder frischem Fleisch nebst 1 Zwiebel fein gewiegt, mit 1 Ei, etwas Semmel, Pfeffer und Salz zu einer Farce verrührt und in die Krebsrücken gefüllt. Die Erbsen gibt man darauf in eine halbtiefe runde Schüssel, legt die Krebsschwänze herum und gießt nun erst die Soße, die man im letzten Augenblicke noch mit etwas saurer Sahne verrührt, darüber. Dann erst werden die Krebsrücken abwechselnd mit kleinen Petersiliensträußchen über dem Gericht geschmackvoll geordnet.

Suppe aus grünen Erbsen

½ Kilo grüne Erbsen, 50—75 Gramm Butter, 2 Löffel Mehl, Salz, Muskat, Zucker, Petersilie, Semmelstückchen

Es eignen sich dazu die schon stärkeren Erbsen und namentlich auch Büchsenerbsen von geringerer Qualität. Sie werden mit so viel Wasser gekocht, als man Suppe haben will. Sind sie gar, so nimmt man einige Löffelvoll heraus und schlägt die anderen mit dem Wasser durch. Dann wird auf 1 Liter Suppe eine Mehlschwitze von 50—75 Gramm Butter und 2 Löffel Mehl gemacht und die Erbsen langsam damit verbunden. Mit Salz und ein wenig Muskat, vielleicht auch etwas Zucker, schmeckt man die Suppe ab, gibt die ganzen Erbsen hinein, fügt Petersilie dazu und richtet sie mit in Fett gerösteten, extra gehaltenen Semmelscheiben an. — Zu dieser Suppe kann man auch in Ermangelung von frischen grünen Erbsen die getrockneten grünen Erbsen verwenden. Sie werden dann am Abend vor der Verwendung in Wasser geschüttet und die Nacht hindurch gewässert. Beim Kochen kann man dann zur Verbesserung des Geschmacks noch eine Serie Suppengrün hinzufügen.

Püree

½ Kilo grüne Erbsen, Salz, Pfeffer, Butter oder Speck, 1 Zwiebel

Schon recht mehlige Erbsen werden in knappem Salzwasser gekocht und durch ein Sieb getrieben, dann mit Salz und Pfeffer abgeschmeckt, in eine Schüssel gegeben und mit Butter oder Speck, worin eine kleine, würflig geschnittene Zwiebel gelbgeröstet ist, übergossen.

Grüne Erbsen mit Eierklößchen

½ Kilo grüne Erbsen, 1 Stück Butter, Zucker, 1 steifer Eierkuchenteig von 3—4 Eiern, Petersilie

Dieses Gericht ist in seiner Zusammenstellung sehr nahrhaft und bedarf kaum einer Fleischzulage, namentlich in heißen Tagen. Eine Portion Erbsen wird, reichlich bedeckt mit Salzwasser, gargekocht und ein Stück Butter nebst ein wenig Zucker dazugegeben. Dann macht man einen steifen Eierkuchenteig von 2—3 Eiern auf 2 Suppenteller voll Erbsen, den man in der Pfanne in Butter ziemlich trocken abwälzt. Hiervon sticht man mit einem Löffel taubeneigroße Klöße ab und setzt sie in das Gemüse, mit dem sie garkochen müssen, was in wenigen Minuten geschehen ist. Durch die Klöße, die etwas ablassen, wird das Gericht angenehm bündig. Wie stets zu Erbsen, darf auch hierbei zum Schluß eine reichliche Gabe Petersilie nicht fehlen. Andere passende Beilagen zu grünen Erbsen sind: Kalbs-, Hammel- und Fischkoteletten, Fischwürste, Räucherlachs, gebackene Hühner, arme Ritter, Spickaal usw.

Gartenpuffbohne, dicke, auch große Bohne genannt

Diese Bohne ist, gut zubereitet, ein vortreffliches Gemüse.

Puff-, große oder Speckbohnen

Die Frucht schmeckt am besten, wenn sie sich bis zu mittlerer Größe entwickelt hat. In ihrer vollen Reife nimmt die Haut etwas Zähes an, und in dem Zustand tut man gut, die Haut nach dem Abkochen ganz zu entfernen. Die Bohne ist dann wieder voll Zartheit und ebenso gutem Geschmack, behält entgegen anderen grünen Gemüsen beim Kochen ihre grüne Farbe.

Suppe von Puffbohnen

Die Bohnen werden in mildem Salzwasser weichgekocht, aus dem Wasser, das mit zur Suppe verwendet werden muß, gehoben und durch die Maschine getrieben. Diese Masse gibt man in das Bohnenwasser zurück, schneidet eine Zwiebel daran, würzt mit etwas Pfeffer und Bohnenkraut, bindet die Suppe nach gutem Durchkochen mit etwas in beliebigem Fett abgeröstetem Mehl und gibt zum Schluß noch fein gehackte Petersilie daran. Verwendet man getrocknete Bohnen, so müssen diese tags zuvor eingeweicht werden.

Große Bohnen mit Speck

½ Kilo ausgelöste Bohnen, 250—375 Gramm durchwachsener Speck, 2 Löffel Mehl, Pfefferkraut, Petersilie, etwas Kartoffeln

Auf einen Suppenteller voll ausgelöster Bohnen wird 250—375 Gramm recht zarter durchwachsener Speck allein gekocht. In einem Teil der Brühe werden die Bohnen gekocht, dann mit etwas klargerührtem Mehl oder einer Mehlschwitze, die einen gelblichen Ton annehmen kann, kurz bündiggemacht und mit gehackter Petersilie, der etwas Pfefferkraut beigemischt ist, versehen. Man kann auch ein Sträußchen Pfefferkraut den Bohnen während des Kochens zugeben, vor dem Anrichten wird es jedoch herausgenommen. In größeren Haushaltungen werden den auf diese Weise zubereiteten Bohnen noch zuletzt Kartoffeln zugegeben, die dann den Geschmack der Bohnen und der Speckbrühe annehmen. Der Speck wird in Scheiben geschnitten dazu gereicht.

Große Bohnen in Buttersoße

½ Kilo ausgelöste Bohnen, 50 Gramm Butter, 1 Löffel Mehl, Pfefferkraut, Salz, Pfeffer, Petersilie

Nachdem die noch ziemlich jungen Bohnen in möglichst wenig Wasser ziemlich weichgekocht wurden, gibt man auf einen Suppenteller 50 Gramm frische Butter, stäubt ein wenig Mehl darüber, gibt etwas Pfefferkraut dazu, das vor dem Anrichten wieder herausgenommen wird, würzt noch mit Salz und einer Prise Pfeffer und läßt darin die Bohnen völlig gardünsten. Fertig, werden sie mit gehackter Petersilie versehen und sind dann sehr zu Kasseler Rippespeer geeignet.

Große geschälte Bohnen

½ Kilo ausgelöste Bohnen, 50 Gramm Butter, Petersilie, Dill, Salz

Diese werden nur in frischer Butter nebst gehackter Petersilie und etwas gehacktem grünem Dill umgeschwenkt, nachdem sie vorher in knappem Wasser und etwas Salz gekocht wurden.

Puffbohnen auf italienische Art

½ Kilo ausgelöste Bohnen, 30 Gramm Butter (oder 2 Löffel Olivenöl), 1 Löffel Mehl, 1 Zehe Knoblauch, Pfefferkraut, Petersilie, Pfeffer, Salz, ⅛ Liter saure oder süße Sahne

Ziemlich junge Bohnen werden in Salzwasser überkocht und zum Ablaufen auf ein Sieb gegeben. Auf einen tiefen Teller Bohnen werden 30 Gramm Butter oder 2 gute Löffelvoll Olivenöl mit 1 Löffel Mehl verbunden und ein Teil des Bohnenwassers damit verkocht. Eine Zehe ganz fein gehackten Knoblauchs, ein wenig Pfefferkraut mit Petersilie, etwas feiner Pfeffer und Salz und noch ⅛ Liter saure oder süße Sahne werden dazugerührt und die Bohnen mit dieser Soße übergossen. Darin ziehen sie dann an heißer Stelle noch ¼ Stunde lang. — Puffbohnen sind endlich auch in der Art zuzubereiten, daß man von Fleischbrühe, Mehl, Butter, Salz, Pfeffer, Zucker, Petersilie und Pfefferkraut eine sämige Soße kocht, die gekochten und abgetrockneten Bohnen da hineintut und die Masse noch mit einigen in süßer Sahne gequirlten Eidottern bindet.

Zuckermais, das Sweetcorn der Amerikaner

Zuckermais liefert nach einem Bericht des Ackerbauministeriums der Vereinigten Staaten einen konzentrierten Nahrungsstoff, der bei richtiger Zubereitung ebenso wohlschmeckend wie nahrhaft ist und ganz besonders wertvoll, wo harte Muskelarbeit verlangt wird.

Zuckermais

Maiskolben, Butter

Die Kolben werden von den Blättern befreit und in Salzwasser, dem etwas Zucker zugesetzt wurde, je nach Größe der Kolben in ½—1 Stunde gargekocht, in eine Deckelschüssel getan, damit sie warm bleiben, und dann mit frischer Butter serviert. Sie werden gegessen, indem man reichlich Butter auf die Körner streicht und diese dann von den Kolben „abknabbert". Die Kolben dürfen nicht zu reif sein, sondern noch „in der Milch stehen". Zu jung sind sie auch nicht geeignet. In anderer Weise kann man die Körner auch von den Kolben abstreifen, in eben deckendem Salzwasser weichkochen und unter Hinzufügung von Milch, einem guten Stück Butter, etwas Pfeffer und Salz noch an heißer Stelle etwas ziehen lassen. Sie dienen dann als selbständiges Gericht.

Maiskolben, geröstet
Eine Anzahl Maiskolben, Butter

Die Kolben werden der Länge nach gespalten und dann in einer Pfanne in steigende Butter gegeben und unter öfterem Wenden geröstet. Sie müssen recht heiß zu Tisch gegeben werden.

Maismehlbrei
250 Gramm Maismehl, 1¾—2 Liter Wasser oder Milch, Salz, Zucker

Da uns die Amerikaner in der Verwendung des Zuckermais in der Küche vorangegangen sind, so ist es natürlich, daß wir ihnen auch die Arten der Verwendung, in der sie so erfinderisch sind, ablernen. Maismehl-Mush (Brei) ist ein Nationalgericht der Amerikaner, das in jedem Hause bekannt ist wie bei uns in vielen Gegenden die Buchweizengrütze. Mush, was zu deutsch Brei oder Mus besagen will, wird hergestellt, indem man Maismehl je nach Geschmack langsam in kochendes Wasser oder Milch laufen läßt, etwas Salz, auch wohl etwas Zucker hinzufügt und dann über dem Feuer zu einem ziemlich steifen Brei rührt. Dieser wird dann mit einer Schüssel voll Milch auf den Tisch gebracht.

Polenta von Maisgrieß
½ Kilo Maisgrieß, 1½—2 Liter Wasser, 1 Teelöffel Salz, 100 Gramm Butter, Parmesankäse

½ Kilo Maisgrieß läßt man langsam in 1½—2 Liter kochendes Wasser laufen und gibt einen Teelöffelvoll Salz daran. Man kocht es zu einem ganz festen Brei, der sich ablöst und den man dann zu einem dicken Kloß formt, nachdem er etwas auskühlte. Hiervon werden fingerdicke Scheiben geschnitten. Eine Backform wird mit Butter bestrichen, deren Boden mit Butterstückchen belegt und mit geriebenem Parmesankäse bestreut. Hierauf kommt eine Lage der Schnittchen, abwechselnd Lagen von Butterstückchen und Käse, so daß letzteres die oberste Schicht bildet. Diese Polenta wird 1—1½ Stunden in gutem Ofen mit Oberhitze gebacken, gestürzt und dann mit kleinen Fleischspeisen oder auch allein mit einer pikanten Soße serviert.

Grüne Bohnen

Grüne Bohnen
1 Kilo grüne Bohnen, 50 Gramm Butter, Salz, Petersilie

Die feinste Art dieser Bohnen sind die schmalen, langen, fleischigen Bohnen, die hier weniger als in Lothringen und Frankreich angebaut, in Konservenform unter dem Namen Haricots verts bekannt sind. Frisch sowohl wie als Konserve sind sie am besten, wenn sie in wenig kochendes Wasser mit einem guten Stück Butter und etwas Salz gegeben und langsam eingedünstet werden, bis sie Wasser wie Butter möglichst eingezogen haben. Auf die Weise geht nichts von ihrem Wert verloren. Sind sie weich, so werden sie in eine Deckelschüssel gegeben, ein gutes Stück Butter daraufgelegt und noch Petersilie darübergestreut. So werden sie serviert.

Brechbohnen mit Hammelfleisch
1½ Kilo grüne Bohnen, ½ Kilo Hammelfleisch, Bohnenkraut, Mehlschwitze von 2 Löffel Mehl und 40 Gramm Butter, Petersilie

Hammelrippen, besser noch Kotelettstück, wird mit einer Zwiebel, reichlich kochendem Wasser und Salz zu Feuer gebracht. Inzwischen werden recht frische, fleischige Bohnen von den Fasern befreit, in halbfingerlange Stücke gebrochen und nur abgewaschen dem Fleisch, wenn es etwa bis zur Hälfte gargeworden, zugegeben. Ferner darf nicht vergessen werden, ein Sträußchen Bohnenkraut mit einzulegen. Ist beides gar, so macht man von etwas Butter oder Rinderfett und 2 Löffel Mehl eine kurze Schwitze, gibt nach und nach etwas von der Brühe dazu, um dieses dann mit den Bohnen zu verbinden. Das Fleisch wird herausgenommen, etwas überspült und extra zu den Bohnen serviert, denen zum Schluß noch reichlich gehackte Petersilie zugegeben werden muß. In vielen Gegenden liebt man es, sie mit den Kartoffeln zusammenzukochen; diese werden ½ Stunde vor Schluß von den Bohnen und dem Fleisch zugegeben. Die Fleischbrühe zieht dann auch in die Kartoffeln ein, die dadurch sehr gut schmecken. Diese Art des Zusammenkochens bezeichnete Liebig einst dem Menschen überaus zuträglich und wies auf den kräftigen Menschenschlag Hannovers und Westfalens hin, wo diese Art Zubereitung sehr üblich ist.

Bohnen, säuerlich, mit Speck
1 Kilo grüne Bohnen, 125 Gramm durchwachsener Speck, 1 Zwiebel, 1 Löffel Mehl, Weinessig, Zucker, Pfeffer, Salz

Die Bohnen werden von den Fäden befreit,

gewaschen und kurz in Salzwasser gekocht. Auf 1 Kilo Bohnen schneidet man 125 Gramm durchwachsenen Speck in kleine Würfel, läßt ihn mit einer Zwiebel aus und verbindet das Fett, nachdem die Speckwürfel herausgenommen sind, mit einem Löffel Mehl, gibt etwas Weinessig, Zucker, Pfeffer und Salz dazu und verkocht damit die ziemlich eingekochten Bohnen. Die Speckwürfel, die inzwischen warmgestellt waren, werden dann darübergegeben.

Grüne Bohnen mit weißen trockenen zusammengekocht

1 Kilo grüne Bohnen, 1 Handvoll weiße Bohnen, 2 Löffel Speckfett, Speck, Butter oder Rinderfett, 2 Löffel Mehl, 1 Zwiebel, Petersilie, Bohnenkraut, Fleischbrühe

Hierzu wird am Abend vorher eine Handvoll weißer trockener Bohnen eingeweicht. Anderen Tages entsadet und wäscht man 1 Kilo grüne Bohnen, schnitzelt sie und gibt sie den schon früh angesetzten weißen Bohnen zu. Nachdem sie zusammen gar sind und das Wasser ziemlich eingekocht ist, wird mit ausgelassenem Speck, Butter oder Rinderfett nebst 2 Löffel Mehl eine bündige Soße gemacht, der eine fein gehackte Zwiebel sowie gehackte Petersilie und Bohnenkraut beigegeben sind. Diese gibt man nun über die Bohnen und füllt sie noch mit etwas Fleischbrühe oder Wasser mit Fleischextrakt an. Auch Soßenreste können diesem Gericht gute Dienste leisten, zu dem sich Salzbohnen gut eignen.

Grüne Bohnen mit Käse

1 Kilo grüne Bohnen, 75 Gramm Butter, Salz, Parmesankäse, roher Schinken

Hierzu wählt man lange, schmale Bohnen, entfadet sie und läßt sie ganz. In wenig Wasser mit einem Stückchen Butter oder Rinderfett und etwas Salz werden sie langsam gargekocht, dann lang wie Spargel auf eine Schüssel gelegt, mit zerlassener gelber Butter und fein geriebenem Parmesankäse überfüllt — auch Chesterkäse eignet sich sehr gut dazu — und dann mit rohem Schinken serviert.

Grüne Bohnen mit gelber Soße

1 Kilo grüne Bohnen, 50—75 Gramm Butter, 1 Löffel Mehl, 1 Zwiebel, Petersilie, Dill, weißer Pfeffer, Weinessig (oder Zitronensaft), 2 Eier

Recht spectige, das heißt fleischige Bohnen werden in wenig Wasser mit etwas Salz ziemlich gargekocht und abgetropft. Auf 1 Kilo Bohnen läßt man 50—75 Gramm Butter mit einem Löffel Mehl glatt verkochen, gibt eine fein gehackte Zwiebel, etwas Petersilie, grünen Dill und ein wenig weißen Pfeffer dazu. Auch das Bohnenwasser wird dazu verwendet, alles gut miteinander verkocht, etwas Weinessig oder Zitronensaft nebst einer Prise Zucker dazugegeben und dann mit 2 Eigelb schlank verbunden. In dieser Soße läßt man dann die grünen Bohnen bis zum Anrichten ziehen.

Grüne Bohnen in Milch

1 Kilo grüne Bohnen, Salzwasser, Milch, 2 Löffel Mehl, 50 Gramm Butter, 1 Zwiebel, schwarzer Pfeffer, Petersilie, Muskat

Die gut vorbereiteten Bohnen werden gebrochen oder geschnitzelt, in Salzwasser halbgar und in Milch ganz gargekocht. Etwas Mehl und ein Stück Butter werden zusammengeknetet, den Bohnen zum Sämigmachen beigegeben. Man muß aber sehr sorgsam darauf achten, daß das Gemüse infolge der Milchzugabe nicht anbrennt. Fertig, würzt man noch mit etwas geriebener Zwiebel, etwas schwarzem Pfeffer und reichlich fein gehackter Petersilie, auch wohl etwas feiner Muskatnuß. Wenn auch etwas weichlich, so schmeckt diese Art doch recht gut.

Gurkengemüse

Gurkengemüse

3—4 große Gurken, 125 Gramm magerer Speck, 1 Zwiebel, 1—2 Löffel Mehl, Wein oder Fruchtessig, Zucker, schwarzer Pfeffer

Nicht nur in Salatform schätzen wir die Gurken, sie geben uns auch ein treffliches Gemüse, das sich beliebig variieren läßt. Bedingung ist, daß sie nicht zu lange kochen, sondern immer noch einen gewissen Kern behalten. Auch ist darauf zu achten, daß nichts Bitteres mit in das Gemüse kommt. Da das Bittere sich in der Regel nur in den Spitzen, namentlich in dem Ansatz befindet, so ist es also ohne großen Verlust zu entfernen. Ist, was seltener vorkommt, eine Gurke durch und durch bitter, so soll man nicht noch Zutaten verschwenden, sondern die Gurke fortwerfen. Die einfachste und verbreitetste Art, sie als Gemüse zu bereiten, ist folgende: Recht fleischige Gurken werden glatt geschält und in der Länge geteilt. Die Kerne schabt man mit einem silbernen oder Hornlöffel heraus und teilt die Gurken von noch quer in einige Stücke. Da das Gurkenfleisch im Kochen sehr zusammengeht, so ist es ratsam, nicht zu kleine Stücke zu schneiden. Die Gurken werden nur eben mit kochendem, gesalzenem Wasser bedeckt, bis sie, was kurze Zeit in Anspruch nimmt, mäßig weich und glasig sind. Dann werden sie vom Feuer zurückgenommen. Inzwischen hat man auf 3 bis 4 große Gurken 125 Gramm mageren, würflig geschnittenen Speck ausgelassen und schließlich auch eine kleingeschnittene Zwiebel zum Weichdünsten darangegeben. Beides darf nicht zu dunkel werden. Hierin schwitzt man nun 1 bis 2 Löffel Mehl gelblich, gibt etwas Wein- oder Fruchtessig nebst Zucker nach Geschmack daran und würzt noch mit etwas schwarzem Pfeffer. Diese Soße wird mit der Flüssigkeit, die sich an den Gurken befindet, gut verkocht und dann die Gurken hineingelegt.

Gefüllte Gurken

3—4 starke Gurken, 1 Fleischfarce oder 1 Semmelfarce, Weinessig, Zucker, 1 Lorbeerblatt, einige Pfefferkörner, 50 Gramm Butter, 1 Strauß Petersilie, Mehl

Dieses sehr zu empfehlende Gericht erfordert etwas starke Gurken. Sie werden geschält, und dann wird am starken Ende ein Deckel abgeschnitten, aber nur so breit, daß in der Gurke eine Öffnung entsteht, durch die man mit einem langen hölzernen Limonadenlöffel oder einer langen silbernen Gabel die Kerne herausholen kann. In die gehöhlten Gurken wird dann eine Fleischfarce gebracht, oder eine solche von anderen Gemüsen, wie z. B. Schoten, Karotten und Morcheln, die in einer Béchamelsoße zusammen gedämpft wurden. Hiermit werden die Gurken gefüllt, der Deckel wieder darauf befestigt und sie dann in einer Mischung von etwas Wasser, Weinessig und Zucker, 1 Lorbeerblatt und einigen Pfefferkörnern nebst einem Stück Butter geschmort. Sind sie fertig, so werden sie auf einer Schüssel mit einem Strauß Petersilie angerichtet, die Soße mit etwas klargerührtem Mehl bündiggemacht und zum Teil über die Gurken gegossen, zum Teil extra gereicht. Dazu werden Salzkartoffeln gegeben.

Statt der Fleischfarce kann man aus einigen ausgedrückten Semmeln, 3—4 Löffel geriebenem Parmesan- oder Schweizerkäse, 2 ganzen Eiern, etwas Salz, Pfeffer, Muskat und einer fein gehackten Zwiebel eine feste Farce bereiten.

Frikassee von Gurken

½ Dutzend kleine Gurken, ¼ Kilo Champignons oder Steinpilze, ¼ Kilo Rhabarber, 1 Handvoll grüne Erbsen, 1 braune Mehlschwitze (oder Bratensoße), Pfeffer, geriebene Semmel, Zitronensaft, Zucker

Hierzu sind die kleineren, noch fast kernlosen Gurken am brauchbarsten. Sie werden geschält, der Länge nach geteilt und von etwaigen Kernen befreit, in 6—8 Zentimeter große Stücke geteilt, in wenig Salzwasser halb gargekocht und zur Seite gestellt. Eine gleiche Menge Champignons oder grob gehackte Steinpilze und eine entsprechende Menge abgezogener und zerschnittener Rhabarber werden schnell überdünstet und zu den Gurken gegeben; ferner eine Handvoll enthülste grüne Erbsen. Dann wird von Butter eine kurze braune Mehlschwitze, so viel, daß sie das Frikassee gut deckt, gemacht, oder wenn man gute Bratensoße hat, diese dazu verwendet. Man gibt das kurz gedünstete Gemüse zum Ziehen hinein, würzt mit etwas Pfeffer, auch etwas geriebener Zwiebel und gibt, falls der Rhabarber nicht genügend Säure gab, noch einige Tropfen Zitronensaft und etwas Zucker dazu. Dem Ganzen werden nun noch eine entsprechende Anzahl guter Fleischklößchen beigegeben, wodurch ein selbständiges Gericht entsteht. Auch Reste von Braten können diese Stelle vertreten. Wo man kein Fleisch wünscht, werden Semmelklößchen dazugemischt.

Gurken mit Sahne

3—4 Gurken, 1 Mehlschwitze, Muskat, Pfeffer, Petersilie, Dill, ¼ Liter Sahne

Mehrere Gurken werden geschält und in nicht zu kleine Stücke geschnitten, mit kochendem Wasser und einigen Tropfen Essig ziemlich weichgekocht. Dann wird eine Mehlschwitze von Butter oder feinem Rinderfett gemacht, das Gurkenwasser damit verkocht, etwas Muskat und Pfeffer sowie recht reichlich gehackte Petersilie und etwas grüner gehackter Dill dazugegeben und alles über die Gurken gegossen. Vor dem Anrichten gibt man erst die schaumiggerührte, mit etwas Zucker versüßte Sahne hinzu, schwenkt die Gurken vorsichtig damit um und richtet sie in einer Deckelschüssel an. Bratklöpse sind eine gute Zugabe.

Gefüllte Gurken
Die Kerne werden mit einem silbernen oder Hornlöffel herausgestreift

Einfach geschmorte Gurken
3—4 Gurken, Fleischbrühe oder Soße, Mehl, Zucker

Geschält und entfernt, werden die Gurken, wenn sie nicht sehr groß sind, nur in 4 Stücke geteilt. Hat man etwas Fleischbrühe oder Soßen, so gibt man hiermit die Gurken zu Feuer und würzt mit einer gehackten Zwiebel, etwas Pfeffer und Salz. Sonst vertritt Wasser, etwas Essig und Zucker diese Stelle. Es kommt im letzten Falle noch ein Stück Butter, Rinder- oder Hammelfett dazu. Darin schmoren die Gurken gar. Mit etwas in Wasser klargerührtem Mehl werden sie dann bündiggemacht und mit Zucker abgeschmeckt.

Gurken als Garnierung von Fleischstücken
3—4 Gurken, etwas Fleischbrühe oder Wasser, einige Löffel Bratensoße

Gurken zur Garnierung von Hammelkeule oder überhaupt großen Fleischstücken teilt man auch nur in breite lange Streifen, dünstet sie in etwas Fleischbrühe oder in Wasser, dem man einige Löffel von der Soße des Bratens, dem sie beigegeben werden sollen, zufügt. Dann werden sie mit Zitrone oder Essig nebst Zucker abgeschärft und nicht zu weich gedämpft an den Braten gelegt, aber ohne die Soße, also trocken.

Gebackene Gurken
½ Dutzend junge Gurken, Pfeffer, Salz, Muskat, Mehl, 60—100 Gramm Butter

Hierzu gehören junge, feste, noch kernlose Gurken. Gut geschält, werden sie in Mehl gewälzt, mit Salz und Pfeffer bestreut und in steigender Butter gebacken. Sie dienen als Garnitur.

Gurkensoße mit Tomaten
2 mittlere Gurken, ¼ Kilo Tomaten, 1 Löffel Mehl, 50 Gramm Butter, Zucker, Pfeffer, Salz, Zitronenschale

Die Gurken werden geschält und in kleine Stückchen geschnitten nebst den Tomaten in knapp Wasser gekocht. Gar, wird beides zusammen durch ein Sieb getrieben. 1 Löffel Mehl wird mit 50 Gramm Butter verrührt und hierhinein das Mus gegeben, alles gut miteinander verkocht und dann mit ein wenig Zucker, etwas Pfeffer und Salz und etwas geriebener Zitronenschale gewürzt.

Gurkensoße
3—4 Gurken, 1 Löffel Essig, 1 Löffel Zucker, 1 dunkle Mehlschwitze, 1 Zwiebel (oder Schnittlauch), Pfeffer, Salz, 1 Löffel Korinthen

Man schneidet die Gurken zu der gewünschten Menge Soße, nachdem sie geschält und entfernt sind, in ziemlich kleine viereckige Stücke, kocht sie einige Male in Essig mit etwas Wasser und Zucker gemischt über und gibt sie auf ein Sieb zum Abtropfen; den Essig verwahrt man. Eine recht dunkle Mehlschwitze wird gemacht, etwas von dem Essig dazugegeben und diese gut verkocht; dann wird sie mit gehackten Zwiebeln oder Schnittlauch nebst Pfeffer und Salz mit den kleinen Gurkenstückchen und 1 Löffelvoll Korinthen gut vermischt.

Gurkensuppe
2—3 große Gurken, 1 Tomate, etwas Butter (oder Fleischextrakt), Zitronensaft, Zucker, Salz, Pfeffer, geröstete Semmelbrocken

2—3 große Gurken werden nach Abschälen und Entkernen weichgekocht und nebst einer Tomate durch ein Sieb getrieben. 1—1½ Liter Wasser nebst etwas Butter oder Fleischextrakt werden mit diesem Püree verkocht, mit etwas klargerührtem Mehl bündiggemacht, dann nach Geschmack mit etwas Zitronensaft und noch etwas Zucker, Salz und Pfeffer gewürzt und mit gerösteten Semmelstückchen angerichtet.

Gurkensuppe auf andere Art
3—4 Gurken, 1 Handvoll Sauerampfer, 1 Liter Fleischbrühe, Salz, Pfeffer, 2 Eier, 60 Gramm Grieß

Vorbereitete Gurken werden gekocht und durchgeschlagen, etwas fein gehackter Sauerampfer mit ihnen verbunden und dann in Fleischbrühe aufgekocht. Zum Schluß wird zu der mit etwas Salz und Pfeffer gewürzten Suppe ein wenig Grieß gerührt und die Suppe mit 2 Eigelb abgezogen.

Kürbisgemüse

Kürbis als Gemüse
1—1½ Kilo Kürbis, 50 Gramm Butter, 3 Löffel Mehl, Salz, Pfeffer, Zitrone, Muskat

Der Kürbis wird in Salzwasser etwa 10 Minuten gekocht und dann in viereckige mäßig große Stücke geschnitten. Darauf werden 50 Gramm Butter mit 3 Löffel Mehl glatt verrührt, das Kürbiswasser damit verkocht, Salz und Pfeffer darangegeben, mit ein wenig geriebener Zitrone und einem Stäubchen Muskat gewürzt und alles mit gerösteten Semmelbröckchen über den Kürbis gegeben.

Kürbis mit Äpfeln
1½ Kilo Kürbis, ½ Kilo weinsäuerliche Äpfel, Zitronenschale, Zucker, Salz, Zimt

Der Kürbis wird in wenig Wasser weichgekocht und auf einem Sieb abgetropft. Recht angenehm weinsäuerliche Äpfel werden geschält und entfernt ebenfalls gekocht und mit dem Kürbis durch ein Sieb getrieben. Mit etwas abgeriebener Zitronenschale, etwas Zucker und ein wenig Zimt wird der Brei dann abgeschmeckt. Er bildet ein gutes Gericht zu Koteletten oder Frikandellen.

Kürbispudding

1½ Kilo Kürbis, 125 Gramm Butter, 4—5 Eier, 4—5 Semmeln, 75 Gramm Zucker, 100 Gramm süße Mandeln, 100 Gramm Korinthen, Zitronenschale, Zimt

Der Kürbis wird weichgekocht, abgetropft und durch ein Sieb getrieben. Nun reibt man 125 Gramm Butter recht schaumig, rührt nach und nach 4—5 Eier, 4—5 voll Milch gezogene Semmeln, 75 Gramm Zucker, 100 Gramm gehackte süße Mandeln und 100 Gramm Korinthen daran. Zum Schluß kommt noch etwas geriebene Zitronenschale und 1 Teelöffel Zimt dazu. Alles, mit dem Kürbis wohl verrührt, kommt dann in eine gut mit Butter ausgestrichene Form. Man kocht den Pudding im Wasserbade 1½ Stunde.

Kürbissuppe

1 Kilo Kürbis, 30 Gramm Butter, Salz, Pfeffer, 1 Liter Fleischbrühe, 1—2 Tassen Milch

Der Kürbis wird in scheibenartige Stücke geschnitten und in der nötigen Butter mit etwas Salz und Pfeffer einige Male umgeschwenkt. Inzwischen wird von einem Stück Kalbfleisch eine Brühe hergestellt, die nun mit dem Kürbis verkocht durch ein Sieb getrieben wird. Dann wird etwas Mehl in 1—2 Tassen Milch klargerührt, diese mit der Suppe nochmals aufgekocht, die dann mit gerösteten Semmelscheiben angerichtet wird.

Gebackener Kürbis

½ Kürbis, Zucker, Zimt, 1 Ausbackteig

Ein Stück Kürbis wird überkocht, abgetropft, in etwa 5 Zentimeter große fingerdicke Quadrate geschnitten und mit etwas Zucker und Zimt bestreut beiseite gestellt. Dann wird ein Ausbackteig hergestellt aus Mehl, wenn möglich Weißbier, einigen Eiern, etwas Salz und einem kleinen Stückchen Butter. Der Teig muß ziemlich dick sein. Die Kürbisstücke werden darin eingewälzt und dann schnell in springend heißem Fett ausgebacken, auf Löschpapier abgetropft und sofort angerichtet.

Eierfrucht (Solanum melongena)

Eierfrucht

1 Kilo Eierfrucht, 75 Gramm Butter oder 50 Gramm Öl, 1 Zwiebel, 3—4 Tomaten, 2 Löffel fein gehackte Petersilie

Die Früchte müssen sich noch hart anfühlen. Sie werden geschält, in etwa 5 Zentimeter große Quadrate geschnitten, gesalzen, in eine Schüssel gelegt, mit einem Teller bedeckt und beschwert. Darauf werden sie herausgenommen und mehrere Male mit erneutem Wasser gewaschen, da sie nach dem Pressen leicht noch etwas Bitteres haben, was durch das Wasser entfernt wird. In Butter oder Öl schwitzt man eine fein gehackte Zwiebel, gibt einige durchgeschlagene Tomaten dazu, ebenso 1 Löffelvoll fein gehackte Petersilie und legt dann die Eierfrucht hinein, die nun mit diesen Zutaten 1 Stunde gut kochen, aber nicht zerkochen muß. Man gibt sie zu Fleischspeisen.

Die Tomate

Tomatengemüse

½ Kilo Tomaten, 1 Mehlschwitze, Pfeffer, Zucker

Die Tomate wird gewaschen, einfach auseinandergebrochen und kaum halb mit Wasser angefüllt nebst etwas Salz zu Feuer gesetzt. Wenn sie anfängt stark zu kochen, wird eine Mehlschwitze von Butter, die sich in ihrer Menge nach der Tomaten richtet, bereitet und mit den Tomaten verkocht, so daß es kein suppiges, aber auch kein dickes Gemüse ist. Mit etwas Pfeffer und Zucker abgeschmeckt, wird es zu Tisch gebracht.

Tomaten in Butter

½ Kilo Tomaten, 50 Gramm Butter, 1 Zwiebel, Zucker, Salz, Pfeffer

Die Tomaten werden gewaschen und in Stücken in die Kasserolle gegeben. Sobald sie anfangen Saft zu lassen, wird ein gutes Stück Butter, eine gehackte Zwiebel, Zucker nebst etwas Salz und Pfeffer dazugegeben. Die Flüssigkeit muß dann ziemlich einkochen. So sind sie nebst Kartoffeln gut zu Beefsteaks.

Tomaten mit Sahne

½ Kilo Tomaten, Zucker, Pfeffer, Salz, 30 Gramm Butter, Mehl, ¼ Liter Sahne

Die Tomaten werden in Scheiben geschnitten, mit Zucker, Pfeffer und etwas Salz bestreut, in Butter angeschwitzt, dann mit Mehl reichlich überstäubt und mit fetter Sahne angefüllt. So müssen sie noch langsam an der Herdseite ziehen.

Tomaten mit Reis

½ Kilo Tomaten, Zwiebel (oder Schnittlauch), 1 gutes Stück Butter (oder Hühnerbrühe), 125 Gramm Reis, Zucker oder:
½ Kilo Tomaten, 50 Gramm geriebene Semmel, 1 große Zwiebel, Cayennepfeffer, Salz, 1 Stück Butter

Hierzu werden die Tomaten ebenfalls in starke Scheiben geschnitten, mit fein gehackten Zwiebeln oder etwas Knoblauch bestreut, in wenig Wasser mit einem guten Stück Butter oder mit kräftiger Hühnerbrühe angefüllt. Inzwischen hat man auf ½ Kilo Tomaten 125 Gramm Reis in reichlich Wasser körnig weichquellen lassen, hebt ihn mit einem

Schaumlöffel heraus und gibt ihn zu den Tomaten, damit er völlig weichkocht. Zum Schluß wird etwas Zucker und noch ein Stückchen frische Butter darangegeben. — In anderer Weise wird ein Tomatengemüse hergestellt, indem man die Tomaten durchschneidet, die Kerne zu entfernen sucht, ohne daß ein Saftverlust entsteht, und sie dann ohne Wasser in eine Kasserolle zu Feuer setzt und auf ½ Kilo Tomaten 50 Gramm geriebene Semmel, eine große gehackte Zwiebel, etwas Cayennepfeffer, etwas Salz und ein Stück Butter gibt. Unter öfterem Rühren werden sie dann eingeschmort und zu Geflügel oder als Zwischenspeise gegeben.

Gefüllte Tomaten
½ Kilo Tomaten, 1 Fleischfarce, Semmelbrösel, Butterstückchen

Recht große Tomaten werden hierzu ausersehen. Sie werden in der Mitte geteilt und bis auf 1 Zentimeter Rand ausgehöhlt. Das entnommene Mark wird durch ein Sieb gestrichen, mit fein gewiegtem Hammelfleisch, das mit etwas Semmel und 1 Ei zu einer Farce gerührt und mit etwas Knoblauch und weißem Pfeffer gewürzt wurde, gut verrührt und in die Tomaten gefüllt. Mit etwas feiner Semmel bestreut und mit Butterstückchen belegt, werden sie dann nebeneinander in eine Kasserolle gesetzt, mit Wasser und einem Stück Butter angegossen. Die Flüssigkeit muß dann ziemlich eindämpfen. Mit gebackener Petersilie garniert, bilden sie ein sehr beliebtes Zwischengericht.

Eine andere Art gefüllter Tomaten
½ Kilo Tomaten, 1 Handvoll Champignons, 75 Gramm Butter, Zitronensaft, Petersilie, 3 Eigelb, Semmel, Parmesankäse

Große Tomaten werden geteilt und etwas ausgehöhlt. In die Mitte kommt ein in Butter und etwas Zitronensaft weichgedünsteter Champignon, umgeben von fein gehackter Petersilie und gehacktem Eigelb. Etwas fein geriebene Semmel, mit Parmesankäse gemischt, wird darübergestreut, die Tomaten dann nebeneinander in eine flache Pfanne gesetzt, in der steigende Butter war, und unter ständigem Begießen mit der Butter goldgelbgebraten. Sehr gut als Garnitur dienend.

Tomatenomelett
5—6 Tomaten, Zwiebel, 1 guter Löffel Mehl, Pfeffer, Salz, Zucker, 3—4 Eier, 50 Gramm Butter

Für ein Omelett werden 5—6 Tomaten ohne Wasser in eine Kasserolle gebracht, zerdrückt und im eigenen Saft überdünstet und durchgeschlagen. Mit fein gehackter Zwiebel, einem guten Löffel Mehl, etwas Pfeffer, Salz, einer Prise Zucker und 3—4 Eigelb wird das Tomatenmark gut verquirlt, der Eierschnee dazugegeben und in steigender Butter als Omelett gebacken. Man schlägt es dann übereinander, bestreut es dick mit feinem Zucker und zieht mit einem glühenden Stieleisen schräge Striche darüber. Das Omelett muß sehr locker sein.

Omelett mit Tomateneinlage
1 Omelett, 5—6 Tomaten, Zucker, Salz, Pfeffer, Butter, Parmesankäse, Petersilie

Ein recht schaumiges Omelett wird hergestellt, indem man eine Seite gelbbackt, es dann in der Omelettpfanne etwas in einen Ofen stellt, damit die obere Seite nur antrocknet. Vorher hat man Tomaten in Scheiben geschnitten, mit etwas Zucker, Salz und Pfeffer überstreut und in einer flachen Pfanne in Butter nur leicht überbraten. Die Tomaten werden schuppenartig in das Omelett gelegt, geriebener Parmesankäse darübergestreut, dann das Omelett von beiden Seiten umgeschlagen und etwas gehackte Petersilie darübergesprenkelt.

Tomaten mit Rührei
½ Kilo Tomaten, Pfeffer, Salz, 1 Rührei, Zucker

Glatte Tomaten werden in Scheiben oder kleine Viertel geschnitten und müssen etwas Zucker einziehen. Dann werden sie mit Pfeffer und Salz bestreut. Ein Rührei wird in der Weise hergestellt, daß man in zerlassene Butter die ganzen Eier schlägt und dann nur mit einem Löffel umsticht, so daß das Eigelb von dem Eiweiß sich noch unterscheidet. Es muß so geschickt gemacht werden, daß es große weiße und gelbe Flecken gibt. Zu rechter Zeit, d. h. noch ehe das Rührei zu fest geworden, werden dann die Tomaten daruntergemischt und schnell angerichtet.

Tomatenpüree
½ Kilo Tomaten, 1 Zwiebel, Thymian, Petersilie, 1 Lorbeerblatt, 30 Gramm Butter, Mehl, Sahne oder Milch

Eine Anzahl Tomaten wird zerbrochen und aufgekocht, dann durchgeschlagen. Mit einer fein gehackten Zwiebel, einem Thymian- und Petersilienbündelchen nebst einem Lorbeerblatt wird das Mark durchkocht, Thymian und Lorbeerblatt werden entfernt und das Püree mit Butter nebst etwas Mehl noch einmal aufgekocht. Ist es zu dick geraten, so füllt man etwas Sahne oder Milch nach. Dieses Püree ist gut zu aufgeschnittenen harten Eiern.

Tomaten, gratiniert
1 Kilo Tomaten, 50 Gramm Butter, Zucker, geriebene Semmel, Zwiebeln, Champignons, Petersilie, Parmesankäse, 2 Eigelb, ⅛ Liter Milch oder Sahne

Die Tomaten werden gewaschen und in Scheiben geschnitten. Eine Porzellanbackform wird mit Butterstückchen belegt und darauf eine Lage der Tomatenscheiben, mit etwas Zucker bestreut. Dieses wird mit geriebener Semmel, fein gehackten Zwiebeln und in feine

Richtiges Schneiden der Tomate

Scheiben geschnittenen Champignons sowie fein gehackter Petersilie bedeckt und mit einigen Löffeln fein geriebenem Parmesankäse bestreut. Darauf kommt wieder eine Lage Tomatenscheiben mit etwas Zucker und so fort. Zum Schluß kommt die zweite Lage wieder, die dann reichlich mit Butterstückchen belegt und mit 2 in ⅛ Liter kalter Milch oder Sahne verrührten Eigelb übergossen werden muß. In einer halben Stunde bei guter Oberhitze goldgelbgebacken, wird dies

Warme Tomaten mit Reis

Gericht mit panierten Würstchen garniert.

Tomatensoße

½ Kilo Tomaten, 1 Zwiebel, etwas geriebener Meerrettich, 1 Stückchen Sellerie, 2 Löffel Fleischbrühe, 2 Löffel feines Öl, 2 Löffel feines Mehl, Pfeffer, Zucker, Salz

Die Tomaten werden nebst einer Zwiebel, etwas geriebenem Meerrettich, einem Stückchen Sellerie und 2 Löffel Fleischbrühe tüchtig durchkocht und dann durchgeschlagen. Aus 2 Löffel feinem Öl und 2 Löffel feinem Mehl wird eine weiße Soße hergestellt, das durchgeschlagene Mark dazugerührt und dann noch mit etwas Pfeffer, Zucker und Salz gewürzt.

Tomatensuppe

½ Kilo Tomaten, 1 Mehlschwitze oder einige alte Semmeln, Zucker, Salz, Pfeffer, Petersilie

Die Tomaten werden mit 1—1½ Liter Wasser gekocht und durchgetrieben. Es können auch einige alte Semmeln mitgekocht und durchgetrieben werden, oder es wird eine Mehlschwitze von 50—75 Gramm Butter gemacht, mit der die Tomatensuppe dann gut verkocht und mit etwas Zucker, Salz, Pfeffer und gehackter Petersilie gewürzt wird. Sehr gut schmecken Eierklößchen darin.

Durchpressen der Tomaten

Glückspilze aus Tomaten

Tomatensuppe mit Reis

½ Kilo Tomaten, 1½ Liter Fleischbrühe, 100 Gramm Reis, 25 Gramm Butter, Semmelscheiben mit Rindermark

Hierzu werden die durchgeschlagenen Tomaten mit Fleischbrühe in der gewünschten Quantität gekocht und mit Reis, der vorher mit einem Stück Butter und etwas Fleischbrühe unangerührt ausquellen mußte, so daß noch jedes Körnchen für sich ist, vermischt, noch einmal aufgekocht. Dieser Suppe werden kleine mit Rindermark belegte Semmelscheiben beigegeben. Grüne, nicht ausgereifte Tomaten können ebenfalls zu Suppen verwandt werden, es muß ihnen dann aber etwas Zucker zugesetzt werden.

Grünes Tomatengemüse

1 Kilo Tomaten, 1 Zwiebel, 50 Gramm Butter, einige Löffel Mehl, Petersilie, Majoran, Zucker, Salz, Pfeffer, einige Eigelb

Eine gehackte Zwiebel wird in Butter weichgeschwitzt. Einige Löffel Mehl auf 1 Kilo Tomaten werden damit verrührt, gehackte Petersilie und etwas Majoran nebst Zucker, Salz und Pfeffer darangegeben und darin die in Scheiben geschnittenen Tomaten, an der Seite des Herdes stehend, weichgedünstet. Nach Belieben können sie noch mit einigen Eigelb abgezogen werden.

Süße Tomatensoßen zu Mehlspeisen

½ Kilo Tomaten, 2 Glas Weißwein, Zucker, Zimt, ½ Zitronenschale, 2 Löffel Mehl, Salz, Zitronensaft

Tomaten werden mit recht knapp Wasser gargekocht und durchgeschlagen, dann 2 Glas Weißwein nebst dem nötigen Zucker und etwas Zimt sowie der abgeriebenen Schale einer halben Zitrone dazugegeben, das Ganze mit 2 Löffel in Wasser klar gerührtem Mehl glatt bündig gerührt und mit ein wenig Salz, nötigenfalls auch noch Zitronensaft und Zucker, versehen.

Tomatenflammeri

½ Kilo Tomaten, ¼ Flasche Rotwein, Zimt, Kardamom, Zitronenschale, 200 Gramm Zucker, 1 Löffel Orangenwasser, ¼ Kilo Maismehl oder Kartoffelmehl, 5 Gramm bittere, 50 Gramm süße Mandeln, Salz

Schöne Tomaten werden überkocht und abgetropft, dann mit ¼ Flasche Rotwein, feinem Zimt, ein wenig Kardamom, abgeriebener Zitronenschale und 200 Gramm Zucker gut verkocht und danach durchgeschlagen. Mit ¼ Liter Wasser, dem 1 Löffel Orangenwasser zugegeben ist, wird ¼ Kilo Maismehl oder Kartoffelmehl

Tomaten werden vor dem Einlegen durchstochen

verrührt und langsam mit dem Tomatenpüree unter ständigem Rühren verbunden. 5 Gramm bittere und 50 Gramm süße Mandeln werden entschalt, fein gerieben und der Masse nebst etwas Salz noch zugesetzt. Gut klargekocht, wird sie in eine mit Öl ausgestrichene Form gegossen und erkaltet gestürzt. Eine Vanillesoße ist am passendsten dazu.

Einige Dauergemüse

Artischocken

Artischocken

Der Zubereitungsarten sind nicht allzu viele. Die gebräuchlichste ist folgende: Von den Blättern der Frucht werden mit einer Schere die Spitzen abgeschnitten, dann wird die Frucht geschält und ganz oder der Länge nach geteilt in Salzwasser abgekocht. Lassen sich die Blätter leicht ausziehen, so ist die Artischocke gar und wird entweder als Garnitur an Braten gelegt oder allein mit zerlassener oder auch frischer Butter serviert. Sehr gut schmeckt auch eine geschlagene holländische Soße dazu.

Als Beilagen für sämtliche Artischockengerichte dienen alle, die man sonst zu Blumenkohl gibt. Also: kleine Bratwürstchen, Ochsenzunge, roher Schinken, gebratene Kücken, gefüllte Kalbsbrust, geräucherter Aal, Keulenstücke, Würstchen von Schweinefleisch usw. Auch die Beilagen zu Sellerie können hier auftreten. Also: Gedämpfte Kalbsrippen, Filet, Rouladen, Frikandellen, Bratwurst usw.

Artischockenböden mit Cremesoße

1 Dose Artischockenböden, 100 Gramm Butter, Zwiebel, Pfeffer, Salz, Petersilie ¼ Liter gute Sahne, 1 bis 2 Eier

Hierzu wird man meist genötigt sein, konservierte Artischocken zu kaufen, die vom Süden importiert werden und deren Geschmack voll erhalten ist. Da sie schon gekocht sind, hat man keine Vorbereitung nötig. Auf 1½ Kilo läßt man 100 Gramm Butter hell schmelzen, fein gehackte Zwiebel, Pfeffer und Salz, auch Petersilie dazu und verkocht dann ⅛ Liter recht gute Sahne damit. Die Artischockenböden ziehen hierin, werden dann auf eine Schüssel gegeben und die Soße noch mit 1—2 Eigelb glatt verbunden.

Gefüllte Artischocken

4 Artischocken, 1 Fleischfarce, etwas Speck, einige Schinkenscheiben, 1 Liter kräftige Kalbfleischbrühe, 1 Glas Madeira, 3—4 Eier

Ganze Artischocken werden gestutzt und in Salzwasser halb gargekocht. Die mittleren Blätter werden ausgezogen und die Artischocke bis auf den Boden ausgehöhlt, so daß nur noch äußere Blätter stehenbleiben. Dann wird aus gekochter Kalbsmilch, einigen frischen Champignons, gehackten Schalotten oder Zwiebeln, 2 hartgekochten Eiern und einigen Sardellen eine lockere Farce gemacht und in die Artischocke gefüllt. Die Blätter werden dann kreuzweise zusammengebunden. Den Boden eines hohen Tiegels legt man mit Speck und einigen Schinkenscheiben aus, und darauf werden

Feine Salatschüssel mit Krebsen, Eiern und gefüllten Tomaten

nebeneinander die Artischocken gesetzt. Überfüllt mit kräftiger Kalbfleischbrühe, der 1 Glas Madeira zugesetzt wurde, müssen sie dann gardünsten. Mit einer feinen Gabel oder Spicknadel untersucht man, ob sie gar. Fertig, werden sie vorsichtig herausgehoben, in eine tiefe Schüssel gelegt und die Soße, nachdem sie durchgeschlagen, kurz mit einigen Eidottern verbunden und noch mit etwas Pfeffer gewürzt.

Artischocken, gebacken

1 Dose Artischockenböden,
1 Ausbackteig aus Salz, Backfett,
100 Gramm Mehl, 2 Löffel Butter,
2 Eier und 1 Löffel Rum

Aus 100 Gramm Mehl, 2 Löffel Butter, 2 Eiern, 1 Löffelvoll feinem Rum und etwas Wasser wird ein guter bündiger Teig geschlagen, dem noch das recht fest geschlagene Weiß der Eier zugesetzt wird. Die Artischockenböden werden in fingerlange und 2—3 Zentimeter breite Streifen geschnitten, mit etwas Salz bestreut, dann in den Ausbackteig getaucht und in heißem Fett goldgelbgebacken. Auch die fleischigen Teile der Blätter schneidet man aus und backt sie in gleicher Weise.

Artischockenpüree

6 Artischocken, Milch, 100 Gramm Butter, 1 Zwiebel, weißer Pfeffer, Salz, Petersilie, Muskat, evtl. 1 Löffel Mehl mit kalter Fleischbrühe, 1 Dutzend gebackene Austern

Die Artischocken werden in Salzwasser so lange gekocht, bis sich alles Harte und alle

Füllen der Artischocke

Fasern davon entfernen lassen. Dann bringt man sie wieder mit einer entsprechenden Quantität Milch, einem Stück Butter, einer zerkleinerten Zwiebel, etwas weißem Pfeffer, Salz und fein gehackter Petersilie, auch etwas Muskatnuß zu Feuer, kocht unter ständigem Rühren alles gut durch und schlägt es dann durch ein nicht zu feines Sieb. Ist die Masse noch zu dünn, so wird ein Löffel voll Mehl mit etwas kalter Fleischbrühe oder Wasser mit Fleischextrakt klargerührt und damit das Püree verbunden. Fertig, wird es auf einer Schüssel etwas bergig angerichtet, noch ein Stück frische Butter zum Zerfließen daraufgelegt, dann gebackene Austern kreuzförmig darangegeben und das Gericht sofort serviert.

Rhabarber

Rhabarberauflauf

¼ Kilo Stengel, 1 Löffel Wasser, 200 Gramm Zucker,
1 Teelöffel Zimt, 4—5 Eidotter, Zitronenschale, Vanille,
1 Löffel dicke Sahne

Etwa ¼ Kilo abgezogene und in kurze Stücke geschnittene Stengel werden mit einem Löffel Wasser und 150 Gramm Zucker nebst einem Teelöffel Zimt gargedämpft. 4—5 Eidotter werden mit 50 Gramm Zucker recht schaumig geschlagen, etwas abgeriebene Zitronenschale, ein wenig Vanille, 1 Löffel dicke Sahne und der recht steife Schnee der Eiweiß dazugegeben. In eine gut gebutterte Form gibt man die Hälfte dieser Masse, darauf den recht kurz gedünsteten Rhabarber und oben darauf die übrige Masse. Bei mäßiger Hitze wird dieser Auflauf in einer knappen Stunde gebacken und muß dann serviert werden, da er leicht fällt.

Rhabarber-Pie

125 Gramm Mehl, 50 Gramm Rindertalg, ½ Kilo
Stengel, ¼ Kilo Zucker, Zitronenschale, Zimt, Anis
oder Kardamom, 1 Ei

Dieses in England und Amerika sehr beliebte Gericht wird hergestellt, indem man zunächst einen einfachen Teig aus 125 Gramm Mehl nebst 150 Gramm fein gehacktem Rindertalg, 1 Ei und zum Ausarbeiten des Teigs etwas kaltes Wasser und eine Prise Salz gut verarbeitet und dann dünn ausrollt. Mit diesem Teig wird eine flache Porzellanschale ausgelegt. Inzwischen ist ½ Kilo abgezogener und in kleine Stücke geschnittener Rhabarber mit ¼ Kilo Zucker, der abgeriebenen Schale einer Zitrone, etwas Zimt und ein wenig Anis oder Kardamom recht kurz eingekocht und in die teiggefütterte Schüssel gegeben worden. Der Rest des Teiges wird, zu einem

Wie man Spargel nicht essen soll:
Zerschneiden der Stangen ist verpönt

Deckel geformt, über den Rhabarber gelegt und mit dem anderen Teig zusammengepreßt, dann mit geschlagenem Ei überstrichen und in einem heißen Ofen gebacken. Dieses Gericht läßt sich auch sehr gut noch kalt essen.

Kalte Rhabarberspeise

½ Kilo Stengel, 400 Gramm Zucker, 1 Zitrone, 50 Gramm Mandeln, 2 Löffel Wasser, 2–3 Glas Weißwein, 10 Blatt weiße Gelatine, 1 Portion Schlagsahne

Geputzter, kleingeschnittener Rhabarber wird mit 400 Gramm feinem Zucker, der abgeriebenen Schale und dem Saft einer kleinen Zitrone, 50 Gramm fein gehackten Mandeln und 2 Löffel Wasser zu einem kurzen Mus gekocht. Mit 2–3 Glas Weißwein oder Wasser werden 10 Blatt weiße Gelatine aufgelöst und mit der Rhabarbermasse unter ständigem Rühren glatt vermischt. Dann wird diese in eine mit Wasser ausgespülte Form gegeben, auf Eis gestellt und dann zum Gebrauch gestürzt. Die Speise wird mit Schlagsahne gereicht.

Rhabarbersuppe mit Reis

½ Kilo Stengel, 3 tiefe Löffel Reis, 1 Liter Wasser, Zitronenschale, etwas ganzer Zimt, 100 Gramm Zucker, 30 Gramm Butter, 2 Löffel Mehl, Semmelscheiben

Der Reis wird in reichlich Wasser, so daß er körnig bleibt, gekocht und auf ein Sieb zum Abtropfen gegeben. Kurz geschnittener, abgezogener Rhabarber wird mit 1 Liter Wasser, Zitronenschale, einem Stück Zimt und etwas Salz nebst 100 Gramm Zucker gargekocht und dann durch ein Sieb gegeben. 30 Gramm Butter werden mit 2 Löffel Mehl bündiggekocht und nach und nach die Rhabarbermasse dazugerührt. Zuletzt gibt man den Reis dazu und richtet die Suppe mit in Butter gebackenen Semmelscheiben an.

Rhabarbersuppe

½ Kilo Stengel, 1 Liter Wasser, 2 alte Weißbrote, Salz, 100 Gramm Zucker, 1 Ei, 1 Portion Eierklößchen

Abgezogener und kurzgeschnittener Rhabarber wird mit 1 Liter Wasser mit 2 alten Weißbroten, etwas Salz und 100 Gramm Zucker gut durchgekocht, dann durch ein Sieb gestrichen, mit noch 2 Eigelb legiert und mit Eiweißklößchen versehen.

Spargel

Dieses feine Gemüse ist am schmackhaftesten, wenn es möglichst frisch aus der Erde genommen werden kann. Man sollte daher immer suchen, den Spargel aus nächster Nähe zu beziehen, selbst wenn der Preis ein etwas höherer ist. Suppenspargel soll die Länge von 15 Zentimeter, Gemüsespargel die Länge von 20 Zentimeter nicht überschreiten.

Wie man Spargel auch nicht essen soll:
Schnappen nach der in der Luft hängenden Stange wirkt unschön

Man schält den Spargel, unterhalb des Kopfes beginnend, zum Ende der Stange etwas mehr fortnehmend, in schmalen Streifen sehr sorgfältig ab. Das Ende, das meist etwas betrocknet ist, wird gekürzt, auch das Holzige abgeschnitten. Hat man größere Mengen Spargel zu schälen, so schlägt man die geschälten Stangen bis zum Gebrauch in ein feuchtes Tuch. Kochzeit je nach Stärke 25—35 Minuten.

Spargel mit Butter
½ Kilo Spargel, 60 Gramm Butter

Der Spargel wird in kleinere Bunde gebunden. Hat man einen Spargelkessel, dessen Anschaffung ratsam ist, dann ist das Binden nicht nötig, da diese Kessel einen Heber haben. Das Wasser zum Spargel muß reichlich gesalzen sein, doch richtet sich das auch nach der Stärke der einzelnen Stangen. Stärkere erfordern mehr, schwächere weniger Salz. Dem Wasser gibt man vorteilhaft, wie bei allen jungen Gemüsen, etwas Zucker zu, läßt es kochen und gibt dann erst den Spargel hinein, um ihn in gemäßigtem Tempo gar werden zu lassen. Ein rasch gekochter Spargel ist nie so gut. Am besten erprobt man das Garsein des Spargels, wenn man das untere Ende durch einen Druck prüft. Durch mangelhaftes Kochen geht viel von dem Spargel verloren; denn haben wir ihn richtig eingekauft und richtig geschält und harte Enden entfernt, so muß er auch bis zum letzten Bissen gegessen werden können. Der Spargel muß heiß angerichtet werden, entweder in einer verdeckten Schüssel, oder er muß mit einer nicht nach Seife riechenden Serviette bedeckt werden. Die Roste, die man bis zu den luxuriösesten Ausstattungen zum Anrichten von Spargel hat, sind nicht gerade praktisch. Es trocknet und kühlt der Spargel sehr schnell darauf aus, vor allen Dingen, wenn er nicht schnell zu Tisch gegeben wird, sondern noch eine Weile in der Küche steht. Es ist im Gegenteil besser, wenn der angerichtete Spargel ein wenig mit dem Kochwasser, dem ein Stückchen Butter zugegeben wird, überfüllt ist, damit er nicht sofort trocken ausdampft. Gelbe zerlassene Butter wird dann außerdem noch dazugegeben.

So sollst du Spargel essen:
Die rechte Hand ergreift das untere Ende der Stange, die linke führt darauf
den Spargelkopf mit der Gabel zum Munde

Spargel mit Petersilie
1 Kilo Spargel, 2—3 Eier, ⅛ Liter süße Sahne, Petersilie, Majoran, Dill, 1 eigroßes Stück Butter

Hierzu können die Spargel lang, auch in Stücke geschnitten gegeben werden. Zu einer Quantität von 1 Kilo Spargel kocht man 2 bis 3 Eier hart genug, um sie fein hacken zu können. 2—3 Eßlöffel voll fein gehackter Petersilie, der ein wenig Majoran oder auch Dill beigegeben ist, werden nebst ⅛ Liter dicker süßer Sahne und einem eigroßen Stück Butter mit den Eigelben leicht über dem Feuer verrührt, mit etwas Salz und Pfeffer abgeschmeckt und über den Spargel zu sofortigem Servieren gegeben.

Spargel mit Buttercreme
1 Kilo Spargel, 100 Gramm ungesalzene Butter, 2—3 Eier, 1 Löffel Sahne, ½ Zitrone, Salz

Die Spargel werden geschält und zusammengebunden in Salzwasser gargekocht. 125 Gramm ungesalzene Butter werden recht schaumiggerührt, nach und nach 3 Eidotter und 1 Löffelvoll Sahne sowie der Saft einer halben Zitrone dazugerührt und die Soße recht schaumiggeschlagen. Die Creme, die sehr gut zu Spargel schmeckt, muß ohne andere Beilagen gegeben werden, um keinen anderen Geschmack damit zu vermischen.

Spargel mit brauner Butter und Setzeiern
1 Kilo Spargel, Zwieback, 75 Gramm Butter, 8 Setzeier

Der Spargel wird abgeschält und lang zusammengebunden in Salzwasser gekocht. Auf der Schüssel angerichtet, wird fein gesiebte Zwiebackkrume darübergestreut und dann mit etwas Spargelwasser verdünnte goldbraune Butter darübergegossen. Zu beiden Seiten des angerichteten Spargels werden dann genau rund dressierte Setzeier, mit Petersilie bestreut, arrangiert.

Spargel mit Cremesoße
1 Kilo Spargel, ¼ Liter süße Sahne, 30 Gramm Butter

Hierzu wird der geschälte Spargel in fingerlange Stücke geschnitten und nur eben mit Salzwasser gargekocht. Es wird dann nur noch wenig Wasser auf dem Spargel sein. Man gibt nun ein gutes Stück Butter dazu und eine der Quantität des Spargels entsprechende, recht schaumiggeschlagene Sahne besser Qualität. Das Salz muß hierzu sehr genau abgeschmeckt und das ganze Gericht in die Sahne wie in eine Wolke gehüllt sein. Kleine Beefsteaks, rosig gebraten, sind vorzüglich hierzu.

Spargel mit holländischer Soße
1 Kilo Spargel, 2 Löffel Mehl, 50 Gramm Butter, ½ Zitrone, weißer Pfeffer, 2 Eier, Salz

Es kann der Spargel lang, besser aber kurz geschnitten dazu verwendet werden. Auf 1 Kilo Spargel wird aus 2 Löffel Mehl, 50 Gramm Butter und einem Teil des Spargelwassers eine bündige Soße verkocht. Dann gibt man den Saft einer halben Zitrone, von der die Schale in die Soße gerieben war, dazu, ferner etwas weißen Pfeffer und das nötige Salz und legiert sie mit 2 Eidottern. Der Spargel muß darin noch etwas ziehen.

Spargel in Fleischbrühe mit Kräutern
1 Kilo Spargel, 1 Liter Brühe, Kräuter, Butter, Mehl, 1 Glas Wein, Zitronensaft

Eine aus Fleischresten, Knochen und einigen Scheiben rohen Schinkens hergestellte, recht kräftige Brühe, die man noch mit etwas Fleischextrakt verstärkt, wird angesetzt. Kochend wird der geputzte und fingerlang geschnittene Spargel hineingegeben und darin gargekocht. Der Spargel wird herausgenommen und die Brühe mit etwas brauner Mehlschwitze verkocht, so daß sie kurz bündig ist. Dann werden Petersilie, Kerbel, Dill, Tripmadam, Borretsch, Thymian, Liebstock und eine kleine Zwiebel fein gehackt darangegeben. Ist die Soße reichlich konsistent, so gibt man etwas Madeira oder Weißwein dazu, sonst nur einige Tropfen Zitronensaft. Der Spargel wird wieder hineingegeben. Dazu junge Tauben als Beilage.

Spargel mit geröstetem Weißbrot
1 Kilo Spargel, Semmelscheiben, Butter, 1 Eigelb, Fleischklößchen

Runde Scheiben, wie Kaviarbrote sie geben, röstet man in Butter schön kroß. Geputzter und in 5 Zentimeter lange Stücke geschnittener Spargel wird in wenig Salzwasser weichgekocht und dann abgetropft. Die Semmelscheiben werden auf einer flachen Schüssel nebeneinander und die Spargelstücke darüber gegeben. Butter wird bis zum Aufsteigen zerlassen, mit einem Eigelb verquirlt, darübergegeben und kleine Fleischklößchen darumgarniert.

Spargel au gratin
1 Kilo Spargel, Béchamelsoße, Zwieback, Parmesankäse, 50 Gramm Butter

Abgeschält und in kleinere Stücke geschnitten, wird der Spargel halbgargekocht und dann abgetropft. Mit Zugabe des Spargelwassers wird eine kräftige Béchamelsoße hergestellt, die nicht zu schlank sein darf. Auf den Boden einer Porzellanbackform gibt man eine 5 Zentimeter starke Lage der Soße, dann eine ebenso starke Lage des Spargels, und fährt abwechselnd so fort, um das Ganze mit fein gesiebtem Zwieback und geriebenem Parmesankäse zu bestreuen. Kleine Butterstückchen kommen noch reichlich darauf, und mit guter Oberhitze wird das Gericht in ½ Stunde goldgelbgebacken und mit oder ohne Fleisch serviert.

Spargelauflauf oder -pudding
1 Kilo Spargel, 125 Gramm Butter, 125 Gramm feines Mehl, 5 Eier, 125 Gramm roher Schinken, Pfeffer, Salz, Milch

1 Kilo Spargel schneidet man, nachdem er geschält wurde, in zentimeterlange Stückchen. 125 Gramm Butter werden zu Sahne geschlagen und mit 125 Gramm feinem Mehl nebst 5 ganzen Eiern verrührt. 125 Gramm fein gehackter magerer Schinken und der Spargel werden nebst Pfeffer und Salz dazugegeben, außerdem so viel Milch, daß es einen gut verarbeiteten lockeren Teig gibt, der in einer mit Butter gut ausgestrichenen Form in einer Stunde gargebacken oder im Wasserbade gekocht wird. Man gibt ihn mit brauner Butter sofort zu Tisch. Passende Beilagen sind Koteletten, gebratenes Geflügel, Frikandeaus, Rührei, roher Schinken, geräucherter Lachs, Zervelatwurst usw.

Spargel mit Tomaten
1 Kilo Spargel, 1 holländische Soße, 10 handgroße Tomaten, 1 Fleischfarce, 50 Gramm Butter

Geschälter, in 5 Zentimeter lange Stücke geschnittener Spargel wird in wenig Salzwasser weichgekocht und eine kurze holländische Soße bereitet. Ferner teilt man 1 Dutzend gleichgroße Tomaten, höhlt sie etwas aus und füllt sie, wie früher schon angegeben, mit einer nicht zu festen Fleischfarce. In steigender Butter werden sie dann überbraten, unter ständigem Begießen mit der Butter. Der Spargel wird nun in der Mitte einer runden Schüssel hügelig mit der holländischen Soße angerichtet und die Tomaten kranzförmig darum aneinandergereiht.

Spargelsuppe I
½ Kilo Spargel, 50 Gramm Butter, 2—3 Löffel Mehl, Salz, Pfeffer, Muskat, 2—3 Eidotter, Petersilie

Der Spargel wird geschält, in kurze Stücke geschnitten und in so viel Salzwasser gekocht, wie man Suppe haben will. Ein Stück Butter wird mit einigen Löffeln Mehl weißgeschwitzt, mit Salz, Pfeffer und etwas Muskat gewürzt, dann mit dem Wasser und den Spargelstückchen gut verkocht, mit einigen Eidottern verrührt und mit Petersilie versehen.

Spargelsuppe II
½ Kilo Spargel, 1 Liter Kalbfleischbrühe, 1—2 Löffel feiner Grieß

Der geschälte, in kurze Stücke geschnittene Spargel wird nur überbrüht und dann in guter, kräftiger Kalbfleischbrühe gargekocht. Der Menge entsprechend quirlt man 1 bis 2 Löffel feinen Grieß in die Suppe und fügt das in kleine Stückchen geschnittene Kalbfleisch der Suppe bei.

Der Spargel ist ferner noch in Verbindungen mit anderen jungen Gemüsen zu bringen; der Kochkunst ist da der weiteste Spielraum gelassen.

Die Hülsenfrüchte

Bohnen, Erbsen, Linsen kann man getrocknet nach Jahresdauer nicht mehr gut verwenden; man kaufe daher nicht größere Vorräte, als für diese Zeit reichen. Sie lösen sich alt nicht mehr in allen ihren Teilen, weiße Bohnen versagen oft ganz. Die in der getrockneten Frucht enthaltenen reichen Nährwerte können uns aber nur zugute kommen, wenn wir sie unserem Magen in verdaulicher, d. h. gelöster Form zuführen. Wir können das aber nicht durch ein schnelles Kochen erreichen, sondern nur durch ein allmähliches Vorgehen. Es müssen die Früchte, namentlich Bohnen und Erbsen, am Tage zuvor in Wasser gegeben werden, damit sich dieser Prozeß vollzieht. Wo man es mit hartem Wasser zu tun hat, ist es notwendig, ihm eine Messerspitzevoll Natron zuzusetzen. Um die Hülsenfrüchte vom Staub zu befreien, wäscht man sie in heißem Wasser zuvor ab und gibt sie dann erst in das Wasser zum Einweichen, um sie mit demselben Wasser aufzusetzen. Linsen, namentlich die großen, sind so feinschalig, daß sie des Einweichens kaum bedürfen. Die ungeschälte Erbse ist die wohlschmeckendste, die geschälte immer gefärbt, was die unnatürliche gelbe Farbe ja schon anzeigt. Sie kommen auch oft beschwert im Handel vor, natürlich zum Nachteil der kaufenden Hausfrau. Ob Hülsenfruchtsuppen durchgeschlagen werden sollen oder nicht, ist Geschmackssache, dürfte bei empfindlichem Magen aber wohl anzuraten sein. Hülsenfrüchte dürfen erst gesalzen werden, wenn sie weich sind.

Weiße Bohnen mit Rind- oder Hammelfleisch
½ Kilo weiße Bohnen, ½ Kilo Rindfleisch (oder Hammelrippen), Suppengrün

Die tags zuvor eingeweichten Bohnen werden langsam ziemlich gargekocht, so daß nur noch möglichst wenig Wasser verbleibt. Inzwischen hat man ½ Kilo Rindfleisch von der Teilung oder Fehlrippe oder auch Hammelrippen mit reichlich Suppengrün und 1½ Liter Wasser aufgesetzt nebst dem nötigen Salz. Ist das Fleisch ziemlich weich, so werden die Bohnen dazugegeben, damit sie noch recht von der Fleischbrühe einziehen. Kleine runde Kartoffeln werden in beliebiger Menge ebenfalls zugefügt, so daß es nicht zu dünnes, mit der Fleischbrühe wohl gemischtes Gericht gibt. Das Fleisch wird herausgenommen und extra auf eine Schüssel gegeben. ½ Kilo Bohnen dürfte für 6 Personen ausreichend sein.

Weiße Bohnen mit Pökelfleisch
½ Kilo weiße Bohnen, ½ Kilo Pökelfleisch

Da das Salz bekanntlich das Erweichen der Hülsenfrüchte erschwert, so muß das Pökelfleisch für sich gekocht und die weißen Bohnen, die schon vorkochten, der Pökelbrühe erst zugegeben werden. Man kann etwas Zwiebel und ein paar Gewürzkörner beifügen.

Weiße Bohnen mit Petersilie
½ Kilo weiße Bohnen, 75 Gramm Butter, 1 Zwiebel, Pfeffer, Salz, Petersilie

Dazu werden 75 Gramm Butter zerlassen, 1 Zwiebel darin weichgedünstet, Pfeffer und Salz dazugegeben und dann mit ¼ Kilo weichgekochter Bohnen vermischt. Sie werden dann mit fein gehackter Petersilie umgeschwenkt.

Weiße Bohnen mit Äpfeln
½ Kilo weiße Bohnen, 1 Kilo weinsäuerliche Äpfel, Zitronensaft, Zucker, braune Butter (oder Speckwürfel)

Die Bohnen werden weichgekocht, recht gute weinsäuerliche Äpfel geschält, von dem Kernhaus befreit, in Achtel geschnitten, in wenig Wasser weichgekocht und dann mit den Bohnen vermengt — nicht durchgeschlagen. Mit Zucker, allenfalls um des herzhaften Geschmacks willen auch noch mit etwas Zitronensaft abgeschmeckt, werden sie dann mit brauner Butter oder gebratenen Speckwürfeln übergossen. Sehr gut zu Koteletten zu geben.

Weiße Bohnen mit Mohrrüben, sogenanntes „buntes Huhn"
¼ Kilo weiße Bohnen, ½ Kilo Mohrrüben, 1 Zwiebel, Pfeffer, Salz, Nelkenpfeffer, Speck, Essig

Mit weichgekochten Bohnen — etwa ¼ Kilo — wird ½ Kilo Mohrrüben, die in kleine Würfel geschnitten und nebst einer Zwiebel gekocht wurden, vermengt, so daß sie miteinander bündigkochen. Dann wird etwas Pfeffer, Salz, ein wenig fein zermahlener Nelkenpfeffer — dieser darf nicht fehlen — dazugesetzt und das Ganze dann mit etwas ausgebratenem Speck übergossen und mit ein wenig Essig so abgeschmeckt, daß es nur ganz wenig säuerlich schmeckt.

Weiße Bohnen mit Zucker und Zimt
½ Kilo weiße Bohnen, Zucker, Zimt, braune Butter

Dieses Essen galt im Hannoverschen auf dem Lande meist als Hochzeitsgericht und schmeckt wirklich nicht schlecht, wenn es zu befremden manchen Ohren klingen mag. Es werden dazu die Bohnen einfach gekocht und dann mit Zucker und Zimt bestreut, dem man auch noch braune Butter zusetzen kann.

Gebackene Bohnen nach Bostoner Art
½ Kilo weiße Bohnen, ½ Kilo durchwachsenes Schweinefleisch oder Speck, Salz, Pfeffer, 3—4 Löffel Sirup

Dieses in Amerika sehr verbreitete Gericht, das namentlich in Boston so beliebt ist, daß Töpfe mit fertigem Inhalt dort auf den Straßen feilgeboten werden, ist unter dem Namen „Boston Baked Beans" bekannt. Zu ½ Kilo weichgekochten Bohnen, die man in einen irdenen Topf oder eine Backform gibt, nimmt man ½ Kilo durchwachsenes frisches Schweinefleisch oder durchwachsenen Speck, legt dieses in die Mitte der Bohnen, gibt etwas Wasser, etwas Salz und Pfeffer dazu und übergießt das Ganze mit einigen Löffeln Sirup. So wird es in den Ofen gestellt und zu schöner goldgelber Farbe gebacken.

Bohnensuppe
½ Kilo weiße Bohnen, 1—2 Liter Fleisch-, Pökel- oder Gänsekleinbrühe, Kartoffeln, Majoran, Petersilie

Die Bohnen werden weichgekocht. Die Hälfte davon schlägt man durch, die Hälfte bleibt ganz. Gemeinsam werden sie dann in Fleischbrühe, auch in Pökelbrühe oder Gänsekleinbrühe, gegeben, die mit Wurzelwerk gekocht war. Man kann dann auch einige kleine Kartoffeln hinzugeben nebst etwas Majoran und fein gehackter Petersilie.

Gelbes Erbsenpüree
½ Kilo Erbsen, braune Butter und Speck mit 1 Zwiebel

Die Erbsen werden tags zuvor eingeweicht und andern Tages weichgekocht. Dann werden sie durch ein Sieb geschlagen, indem man immer wieder von der flüssigen Masse aufs Sieb gibt, daß sich alles gut durchdrückt. Das Püree wird mit brauner Butter oder mit fein geschnittenem, mit einer gehackten Zwiebel ausgebratenem Speck übergossen. Die Zwiebel darf aber nicht braun werden und darf erst dem Speck beigegeben werden, wenn er gelb ist.

Erbsensuppe mit Schweinsohren
½ Kilo Erbsen, Schweinsohr oder Spitzbein, Majoran

Hierzu werden die Erbsen für sich gekocht, ebenso die Schweinsohren. Letztere werden in feine Streifen geschnitten, mit den Erbsen in die Fleischbrühe gegeben und mit etwas Majoran gewürzt. Sogenannte „Löffelerbsen" werden nicht durchgeschlagen, während man sonst die Erbsensuppe meist durchschlägt. Den Löffelerbsen fügt man gewöhnlich etwas Mohrrüben und Kartoffelstückchen bei, die überbrüht etwa ½ Stunde vor dem Anrichten hineingegeben werden und mitkochen müssen.

Graue Erbsen mit saurer Soße
½ Kilo Erbsen, 125 Gramm Speck, Zwiebeln, Essig, Zucker, etwas Mehl

Auf ½ Kilo Erbsen macht man von 125 Gramm Speck mit Zwiebeln ausgebraten eine mit Essig, Zucker und etwas Mehl verrührte Soße, in der die Erbsen dann noch ziehen.

Linsensuppe
½ Kilo Linsen, Wurzelwerk, 50 Gramm Speck, 1 Zwiebel, Salz, Essig

½ Kilo Linsen werden mit 1½ Liter Wasser und Wurzelwerk weichgekocht. 50 Gramm Speck wird mit einer gehackten Zwiebel ausgebraten und nebst etwas Salz und nach Belieben etwas Essig und, wenn es nötig ist, zur Bündigkeit noch mit etwas Mehl verkocht. Die Linsensuppe läßt sich nun durch alle möglichen Zulagen variieren, als da sind kleine Fleischklößchen, kleine Würstchen usw. Auch schmecken sehr gut kleine Stückchen von Schwarzwurzeln oder Mohrrüben darin.

Linsengemüse
½ Kilo Linsen, 1 Liter Fleischbrühe oder eine sauersüße Soße aus Speck, Zwiebeln, Essig, Salz, Pfeffer und Zucker

Man kocht die Linsen kurz ein und übergießt sie mit kräftiger Fleischbrühe, oder man macht von Speck und Zwiebeln eine kurze, mit etwas Essig, Salz und Pfeffer vermischte Soße, die man noch mit ein wenig Zucker abschmeckt und über die Linsen gibt.

Pilze oder Schwämme

Wohlgeschmack und Bekömmlichkeit der Speisepilze hängen ganz von der Zubereitungsart ab, und wohl bei keinem unserer Volksnahrungsmittel werden so viele Fehler in bezug auf gute und zweckmäßige Zubereitung gemacht wie hier. Es gibt da aber auch ganz bestimmte Richtlinien, die befolgt werden müssen, um all das Gute und Nahrhafte, das in den Speisepilzen geborgen ist, für unseren Magen durch die Kochkunst aufnehmbar zu machen.

Ein Hauptgrund, weshalb so viele Fehler gemacht werden, liegt in der Furcht vor Pilzvergiftungen. Hiergegen kann man sich aber schützen, wenn man sich streng an folgende

Vorschriften hält: Kaufe oder sammle immer nur solche Pilze, die du genau kennst. Alles andere laß stehen. Schließe dich, sofern du Anfänger im Pilzsammeln bist, einer aufklärenden Pilzwanderung oder einem alten Pilzsammler an. Kaufe dir ein gutes Pilzbuch mit naturgetreuen Abbildungen der wichtigsten Gift= und Speisepilze, damit du lernen und vergleichen kannst. Kaufe oder sammle nur junge, feste, gesunde Pilze. Alle alten, madigen, nassen, gequetschten und unansehnlichen Pilze laß beim Sammeln stehen und weise sie auch beim Kauf zurück. Denn selbst geschenkt sind sie noch zu teuer, kosten sie doch leicht deine Gesundheit, wenn nicht gar dein Leben. Wenn du im Walde sammelst, putze die Pilze sofort ab, allen Sand, Schmutz, Nadeln, die abziehbare Oberhaut (aber niemals das Pilz= futter unter dem Hut), und bring nur gesunde Pilze nach Hause, die dünn ausgebreitet kühl zu stellen sind, falls sie nicht sofort bereitet werden. Am nächsten Tage müssen sie auf alle Fälle zubereitet werden. Dasselbe gilt auch von den Pilzen, die man in der Stadt kauft.

Die Speisepilze verderben schnell und produzieren hierbei Fäulnisgifte (Ptomaine), die viel verderblicher wirken als wirkliche Pilzgifte. Deshalb hebe man nie Reste von Pilz= gerichten zu späteren Mahlzeiten auf, denn so schnell ein Pilz wächst, so schnell verdirbt er auch.

Was die Zubereitung der Speisepilze betrifft, so brühe man alle Pilze kurz mit kochen= dem Wasser ab und gieße das Brühwasser fort. Dann setze man die Pilze ohne Wasser auf und koche resp. schmore sie im eigenen Saft, denn Pilze, die ja 70—90% Wasser resp. Saft besitzen, brennen nicht an. Beim Kochen, Braten und Schmoren verdampft ein Teil des Pilzwassers, und der übriggebliebene Teil ist gesättigt mit Nährstoffen aller Art, wäh= rend der Pilz im Topf selbst viel gehaltloser geworden ist. Deshalb gieße man das Pilz= wasser niemals fort, sondern verwende es zu Pilzsuppen und Tunken, während man die Pilze mittels Fett und verschiedenen Würzkräutern schmackhaft macht. Ein Mischgericht aus verschiedenen Pilzarten schmeckt am besten, während einzelne Pilzsorten immer einen hervorstechenden Eigengeschmack haben. Ein zu langes Kochen ist bei allen Pilzen vom Übel, je länger sie kochen, um so unverdaulicher werden sie.

Auch Pilze, die man einkochen oder trocknen will, lasse man niemals lange stehen, ehe sie in Angriff genommen werden, und schon manche Hausfrau hat hier die Erfahrung machen müssen, daß Pilze, am Abend noch fest und scheinbar gesund, am andern Morgen weich und vollständig von Maden zerfressen waren. Man schneide die Pilze in Scheiben und trockne sie, wobei das „Trocknen in der Sonne" am allerbesten ist.

Steinpilze, Pfefferlinge, Maronen, Rothäubchen, der leider eine schwarze Färbung an= nimmt, Birkenpilz, Feldchampignon, Kohler, Krämpling, Semmelpilz und der Schaft= porling lassen sich auch gut trocknen, während Rehpilz, Hallimasch, Grünling, Brätling, Edelreizker, Butterröhrling, Ziegenlippe, Maronenpilz und Morcheln sich gut sterilisieren lassen. Zu Pilzextrakten sind Echter Reizker, Kuhpilz, Semmelpilz, Sandpilz, Butterpilz, überhaupt alle Röhrenpilze, gut geeignet, und zu „Essigpilzen" eignen sich die Korallen= pilze (Ziegenbart, Krause Glück usw.) am besten.

Trüffeln

1 Kilo Trüffeln, ½ Flasche Burgunder, ½ Kilo Kalb= fleisch, ¼ Kilo magerer Schinken, 1 Mohrrübe, 1 Lor= beerblatt, 1 Zwiebel, 1 Petersilienwurzel, Thymian, Muskatnuß

Zu den Trüffeln bereitet man eine Mari= nade, aus einer halben Flasche Burgunder unter Zugabe ebensovieler Brühe aus ½ Kilo Kalb= fleisch und ¼ Kilo magerem Schinken her= gestellt, fügt dann eine Mohrrübe, ein kleines Stückchen Lorbeerblatt, 1 Zwiebel, etwas Thymian und ein wenig Muskatnuß hinzu, läßt alles gut zusammen durchkochen, gibt nach dem Durchguß durch ein Tuch die Trüffeln, die sorgsam von allen Erdteilen mit heißem Wasser und Bürsten befreit und fein geschält waren, hinein und läßt sie fest zugedeckt darin 1 Stunde gardämpfen. Man richtet sie auf einer Schüssel bergartig an und gibt die ein= gekochte und mit ein wenig Mehl bündig= gemachte Soße darüber.

Trüffeln gebacken und Trüffeln in Burgunder
½ Kilo Trüffeln, ¼ Kilo Speck, Pfeffer, Salz, frische Butter oder Burgunder, Butter, Zitrone, Gewürz

Die gut gereinigten und der gleichen Backzeit wegen möglichst gleichgroßen Trüffeln werden in mit Pfeffer und Salz bestreute Speckscheiben eingehüllt, daherum kommt eine vierfache Hülle von nicht zu starkem Papier und eine fünfte mit Wasser angefeuchtete. So legt man die Trüffeln in einen Topf mit heißer, natürlich nicht mehr glühender Asche, so daß jede für sich damit umgeben ist, deckt den Topf fest zu, stellt ihn an eine heiße Stelle und läßt so die Trüffeln in einer Stunde garbacken. Ausgewickelt werden sie unter einer heißen Serviette mit feiner frischer Butter serviert. — Sehr fein ist auch die Art, die sauber gewaschenen Trüffeln mit ½ Liter Burgunder, Gewürz, einem Stück Butter, Salz und einigen Zitronenscheiben so lange zu kochen, bis sie weich sind, und sie dann mit heißer Butter unter der Serviette zu reichen.

Trüffelpüree
½ Kilo Trüffeln, 60 Gramm Butter, Salz, Pfeffer, braune Grundsoße, 1 Glas Rotwein oder Madeira, 1 Stück frische Butter, Semmelscheiben

Je nach Bedarf werden Trüffeln samt den Schalen möglichst fein gehackt, mit der nötigen Butter, etwas Salz und Pfeffer nebst der entsprechenden Menge kräftiger brauner Grundsoße, die der Konsistenz des Pürees wegen dick eingekocht sein muß, nebst einem Glase Rotwein oder Madeira unter stetem Rühren gut verkocht. Beim Anrichten gibt man noch ein Stück frische Butter darauf nebst Garnitur von reich in Butter gerösteten Semmelscheiben.

Trüffeln einfach gedämpft
½ Kilo Trüffeln, 125 Gramm Speck, Suppenkräuter, Salz, Pfeffer, 1 Glas Madeira, frische Butter

Eine Kasserolle wird mit dünnen Speckscheiben ausgelegt, einige Suppenkräuter dazugegeben nebst je dem Trüffelmaß entsprechenden Menge Wasser, etwas Salz, ein klein wenig Pfeffer und einem Glase Madeira. Hierin dünsten die ganzen, aber geschälten Trüffeln gar und werden dann ebenfalls mit frischer Butter unter einer Serviette serviert.

Trüffelsoße
100 Gramm magerer Schinken, 1 nußgroßes Stück Sellerie, 1 kleine Mohrrübe, 1 Stück Petersilienwurzel, 1 kleine Zwiebel, 2 Glas Rotwein (oder Madeira), Paprika, 1 Prise Zucker, 1 große Trüffel, ¼ Liter Fleischbrühe (oder Wasser mit 1 Teelöffel Fleischextrakt), einige Löffel Mehl, 50 Gramm Butter, Zucker, Salz

Um ½ Liter Soße herzustellen, brauchen wir 100 Gramm fein geschnittenen mageren Schinken, ein nußgroßes Stück Sellerie, eine kleine Mohrrübe, ein Stückchen Petersilienwurzel und eine kleine Zwiebel, 2 Glas Rotwein oder nach Geschmack auch Madeira, etwas Paprika und 1 Prise Zucker, ferner eine große Trüffel und ¼ Liter Fleischbrühe oder Wasser mit 1 Teelöffelvoll Fleischextrakt sowie einige Löffel Mehl und Butter. Schinken und Suppengrün werden mit einem Stückchen Butter unter Rühren angeschwitzt und zuletzt mit der fein gehackten Zwiebel vermischt. 4 Löffel feines Mehl werden mit Butter möglichst braungeschwitzt und die Brühe resp. das Wasser langsam damit verrührt unter Hinzugabe auch des gedünsteten Wurzelwerks und des Weines, in dem vorher die gut gereinigte Trüffel weichgekocht wurde. Alles muß nun gut zusammen verkochen, später durch ein Sieb gepreßt und mit den möglichst fein geschnittenen Blättchen der Trüffel vereint werden. Die Schale wird so fein wie möglich gerieben und der fertigen Soße zugefügt, die noch mit Zucker und ein wenig Salz sowie etwas Paprika fein abgeschmeckt wird.

Trüffeln mit Kalbsmilch in kleinen Kasserollen
¼ Kilo Trüffeln, ¼ Liter Weißwein, 1 Kalbsmilch, 1 weiße Mehlschwitze, 1 Zwiebel, weißer Pfeffer, Zucker, Mehl, Eigelb, Zwiebackkrumen, 50 Gramm Butter, Parmesankäse

¼ Kilo Trüffeln wird sauber gebürstet und in ¼ Liter Weißwein gargedünstet. Eine Kalbsmilch wird in leicht gesalzenem Wasser, nach Aufwellen mit kochendem Wasser, gargekocht. Einer weißen, recht butterigen Mehlschwitze fügen wir dann den Trüffelwein sowie das Wasser, in dem die Kalbsmilch kochte, langsam hinzu, so daß sich eine dickliche Soße ergibt, der wir eine geriebene Zwiebel, etwas feinen weißen Pfeffer und ein wenig Zucker beigeben. In dieser Soße lassen wir nun die recht fein geschnittenen Trüffelscheibchen ziehen und füllen die kleinen Kasserollen zur Hälfte mit dieser Trüffelmasse aus. Die Kalbsmilch wird in taubeneigroße Stückchen geteilt, schwach mit Salz bestreut, in der Weise paniert, daß sie erst in Mehl, dann in geschlagenem Eigelb und dann in sehr feinen Zwiebackkrumen gewälzt werden, um dann in heißem Fett ausgebacken zu werden. Diese Kalbsmilchstücke werden auf die Trüffelmasse gelegt, das Ganze mit etwas fein geriebenem Parmesankäse bestreut und bis zum Servieren in einen warmen Ofen gestellt.

Champignons
Champignons müssen viel schneller behandelt werden als Trüffeln, wenn sie ihr Volumen und Ansehen nicht einbüßen sollen. Am besten zu verwenden sind die noch geschlossenen Köpfchen. Da man diese aber nicht immer bekommt, muß man auch mit den offenen Köpfen auszukommen suchen. Der sandige Teil der Stiele wird abgeschnitten; ist der Kopf offen,

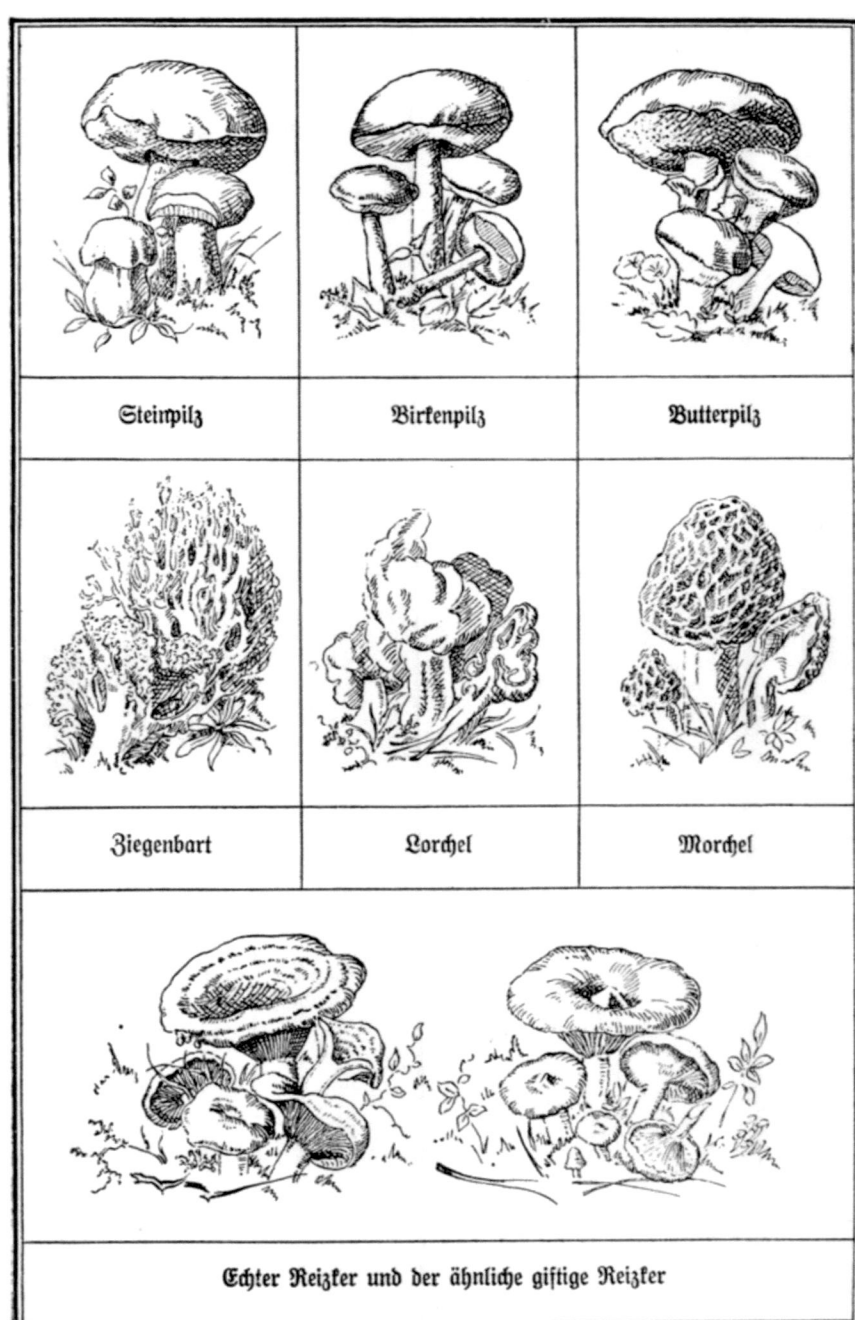

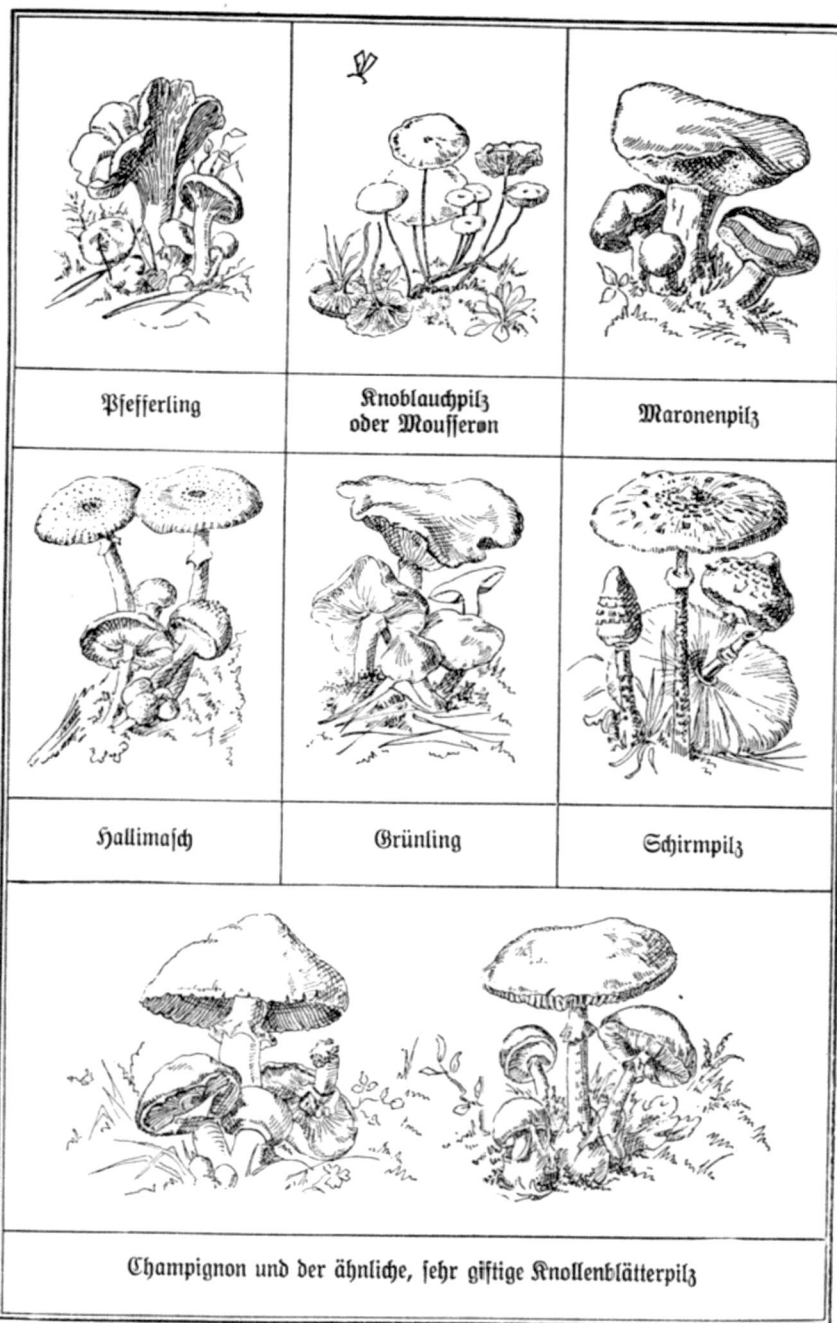

so werden vorsichtig die Lamellen entfernt. Sie werden in Wasser, dem etwas Essig zugegeben ist, von jeder Sandspur gereinigt.

Champignons à la crème
½ Kilo Champignons, 70 Gramm Butter, 1 Teelöffel Zitronensaft, ½ Glas gesalzenes Wasser, eine weiße Mehlschwitze, ¼ Liter Sahne.

Nach voraufgehender Vorschrift vorbereitet, werden die Champignons sofort in nur zerlassene, nicht gebräunte Butter gegeben. Auf ½ Kilo Champignons im Verhältnis 50 Gramm Butter, der 1 Teelöffel voll Zitronensaft beigegeben sein muß, um die Weiße der Champignons möglichst zu wahren. Etwa ½ Glas leicht gesalzenes Wasser wird hinzugegeben und unter Schütteln die Pilze nun schnell in kurzer Zeit gargemacht. Eine weiße Schwitze von etwa 4 Löffel Mehl wird gemacht, die Flüssigkeit, in der die Champignons gedünstet wurden, langsam darangegeben und zu einer kurzen, bündigen Soße eingekocht. Die Champignons waren inzwischen in ¼ Liter Sahne beiseite gestellt. Diese Sahne wird unter tüchtigem Schlagen der Soße bis zum Aufkochen zugefügt, noch ein Stück frische Butter zum Zerschmelzen dazugegeben und das Ganze über die Champignons gefüllt.

Frikassee von Champignons
½ Kilo Champignons, 30 Gramm Butter, Zitronensaft, 1 weiße Mehlschwitze, Fleischbrühe, Pfeffer, Salz, Petersilie, Weißwein, 2—3 Eidotter, Fleischklößchen.

Geputzt und in Scheiben geschnitten, werden sie schnell in etwas Butter und Zitronensaft geschwitzt. Einer weißen Mehlschwitze werden eine kräftige Fleischbrühe — im Notfall durch Fleischextrakt hergestellt — sowie etwas Pfeffer, Salz, Petersilie und etwas Weißwein zugesetzt. Dieser bündigen Soße, die noch mit 2—3 Eidottern legiert wird, werden die Champignons zugegeben sowie auch eine Anzahl aus Kalbfleischfarce hergestellter Klößchen.

Champignonpasteten mit Krebsschwänzen
½ Kilo Champignons, 30 Gramm Butter, Zitronensaft, 1 Béchamelsoße, Muskat, 6 Blätterteigpasteten, 1 Portion Krebsschwänze.

In Butter mit etwas Zitronensaft schnell geschwitzte, kleine, geschlossene Champignonköpfchen werden mit einer recht kurzen weißen Béchamelsoße, der etwas geriebene Muskatnuß zugefügt wurde, übergossen. Kleine Blätterteigpasteten, die zu diesem Zwecke mit recht weiten Öffnungen gebacken werden müssen, werden hiermit angefüllt und reichlich mit in Milch erwärmten Krebsschwänzen bedeckt. Diese Pasteten werden ohne Deckel serviert.

Champignonsuppe
¼ Kilo Champignons, 30 Gramm Butter, 1½ Liter Fleischbrühe, 1 Mehlschwitze.

Die Champignons werden, geputzt und beliebig geteilt, zunächst in etwas Butter geschwitzt und dann, dem Bedarf entsprechend, mit Fleischbrühe überfüllt. Da die Champignons ein starkes Aroma entwickeln, so erreicht man auch schon mit Wasser eine sehr gute Suppe. Im letzteren Falle wird es dann aber nötig, die Mehlschwitze, mit der wir die Suppe leicht bündigmachen, mit reichlich Butter zu versehen oder der Suppe zum Schluß noch ein Stück frische Butter, allenfalls etwas Fleischextrakt zuzufügen.

Braune Champignonsoße
¼ Kilo Champignons, 50 Gramm Butter, 2 Löffel Mehl, braune Brühe, Pfeffer, Salz, Zitronensaft.

In 50 Gramm Butter, die man braun aufsteigen läßt, dünstet man die in feine Scheiben geschnittenen Champignons weich, schwitzt 2 Löffel Mehl in etwas Butter dunkelbraun, gibt die Champignons nebst etwas brauner Fleischbrühe dazu, würzt mit etwas Pfeffer, Salz, schmeckt recht kräftig ab und läßt alles unter Zugabe von etwas Zitronensaft noch einige Male aufkochen.

Weiße Champignonsoße
75 Gramm Champignons, ¼ Kilo Kalbfleisch, Sellerie, Mohrrübe, Petersilienwurzel, Porree, eine weiße Mehlschwitze, 1 Glas Weißwein, 20 Gramm Butter, Zitronensaft, 2 Eigelb.

Aus etwas Kalbfleisch, Sellerie, Mohrrübe, Petersilienwurzel und Porree wird eine kurze kräftige Brühe hergestellt. Eine kurze weiße Mehlschwitze wird mit einem Glas Weißwein verkocht und mit der durchgegossenen Brühe vermischt. Die Champignons werden in heller Butter nebst etwas Zitronensaft weichgeschwitzt, nachdem sie in feine Blättchen geschnitten worden, dazugegeben und das Ganze mit 2 Eigelb legiert.

Champignons mit Kräutern und gebackenen Austern
1 Kilo Champignons, 100 Gramm Butter, ½ Zitrone, Sahne oder Milch, dicke Grundsoße, 1 Eigelb, Salz, Pfeffer, Petersilie, 1 Stück Porree, Majoran, Sellerie, 1 Dutzend gebackene Austern.

1 Kilo Champignons werden sauber gereinigt, in 100 Gramm Butter und dem Saft einer halben Zitrone weichgedünstet. Dann werden die Champignons in warmer Sahne oder Milch beiseite gestellt, dürfen aber nicht kochen. Inzwischen wird von der Butter und 4 Löffeln feinem Mehl eine dicke Grundsoße gemacht, der wir allmählich die Sahne, in der die Champignons lagen, unter ständigem Schlagen zugeben. Diese Soße muß recht kurz sein und wird zu dem Zweck noch mit 3 Eigelb gebunden. Hierhinein geben wir die Champignons wieder, um sie noch etwas ziehen zu lassen, fügen etwas Salz, eine kleine Prise weißen Pfeffer, reichlich fein gehackte Petersilie, ein Stück fein gehackten Porree, etwas Majoran — in Ermangelung von frischem kann

es getrocknetet sein — ebenso in Ermangelung frischen Selleriegrüns etwas Selleriesalz dazu und schwenken sie vorsichtig um. Bergartig auf einer Schüssel angerichtet, umkränzen wir sie mit gebackenen Austern, die, je schneller hergerichtet, desto besser sind. Zu dem Zwecke wälzen wir die erst im letzten Augenblick gelöste Auster leicht in Mehl, dann in Ei und darauf in fein gesiebtem Zwieback und geben sie 1 Minute in kochendes Fett. Damit die Austern luftig sind und nicht hart zum Genuß kommen, muß dieses Gericht sogleich serviert werden.

Steinpilze

1 Kilo Steinpilze, 50 Gramm Butter, 1 kleine Zwiebel, Pfeffer, Salz, Petersilie

Bei dem Einkauf hat man sehr vorsichtig zu sein, da die Brauchbarkeit der Ware schwer zu erkennen ist. Von Maden durchsetzt, bleibt oft nicht der vierte Teil übrig, und es ist daher ratsam, lieber einige Groschen mehr für ausgewählte Ware zu zahlen. Auch kaufe man keine Steinpilze bei anhaltender Trockenheit. Die gewöhnlichste Zubereitung ist folgende: Nachdem der sandige Teil der Stiele abgeschnitten, die Pilze nacheinander gut gewaschen wurden, schneidet man sie in nicht zu kleine Stücke, kocht sie schnell einmal in leicht gesalzenem Wasser auf, gießt sie ab und schmort sie nun in kochender Butter, der eine kleine Zwiebel beigegeben wurde, ganz weich, nachdem man mit etwas Pfeffer, Salz und fein gehackter Petersilie gewürzt hatte. Sie müssen kurz und ohne lange Soße sein. Da die Steinpilze sehr zusammensinken und bei aller Vorsicht sich doch immer einige madige finden werden, so hat man reichlich einzukaufen. In dieser Art zubereitet, sind sie eine delikate Beilage zu allen kleinen Fleischstücken.

Steinpilze mit Béchamelsoße

1 Kilo Steinpilze, Béchamelsoße

Gut gereinigt, in nicht zu dünne Scheiben geschnitten, werden sie in möglichst wenig Wasser schnell überkocht. Vorher, damit die Pilze nicht zu stehen brauchen, ist eine recht kräftige Béchamelsoße herzustellen, in die man die Pilze gibt, um sie darin vollständig garziehen zu lassen. Sie bilden so ein Gericht für sich.

Steinpilze auf russische Art

1 Kilo Steinpilze, 75 Gramm Butter, Salz, Pfeffer, dicke saure Sahne

Ganz kurz in Butter gedämpft, werden die Pilze mit Pfeffer und Salz gewürzt und dann unter allmählicher Zugabe von dicker saurer Sahne vollständig gargeschmort. Es ist nötig, dabei die Kasserolle immer in Bewegung zu halten.

Steinpilze, überbacken

2½ Kilo Steinpilze, 150 Gramm Butter, 5 Löffel feines Mehl, ½ Flasche Weißwein, Salz, Pfeffer, 10 Sardellen, 1 Eßlöffel Kapern, 1 Zwiebel, Parmesankäse, Semmelkrümchen

Zunächst wird folgende Soße bereitet: Zu 2½ Kilo Steinpilzen lassen wir in 125 Gramm Butter etwa 5 Löffel feines Mehl weißschwitzen, fügen dem ½ Flasche leichten Weißwein zu, würzen mit etwas Salz und Pfeffer, mischen etwa 10 Stück recht fein gewiegte Sardellen sowie 1 Eßlöffel gehackte Kapern und eine fein gehackte Zwiebel zu. Diese Ingredienzien kochen wir zu einer ziemlich dicken Soße auf. Dann werden die vorbereiteten Steinpilze in nicht zu dünne Scheiben oder nußgroße Stücke geteilt, in mildem Salzwasser aufgekocht und nachdem dieses abgegossen — mit der Soße abwechselnd in eine Backform gegeben. Die Oberfläche wird dann 1 Zentimeter stark mit Parmesankäse bedeckt, mit feinen Semmelkrümchen leicht bestreut, reichlich mit Butterstückchen belegt und dann bei guter Oberhitze schön goldgelb gebacken. — Eine gute S u p p e läßt sich in gleicher Weise wie von Champignons herstellen, und ganz vortrefflich eignen sie sich, nur ganz kurz in etwas Butter gedämpft, zu Beefsteaks, Koteletten usw. als Garnitur.

Getrocknete Steinpilze,

die man das ganze Jahr kaufen kann, finden eine nützliche Verwendung in Suppen und Soßen. Zu diesem Zweck wäscht man sie erst und läßt sie in heißem Wasser quellen, d. h. man gibt nur so viel Wasser darauf, wie sie einsaugen können. Sie behalten dann viel von ihrem natürlichen Aroma.

Pfefferlinge

Die Pfefferlinge sind am besten, wenn sie klein und fest im Hut wie im Stiel sind. Da man sie nicht ausgewählt kaufen kann, ersteht man ein reichliches Maß, wählt die kleineren aus zu Gemüse und bereitet von den losen, offenen, eine Suppe. Sorgsam verlesen und mehrere Male gewaschen, tut man gut, sie noch in kochendes Wasser zu geben und einmal aufzukochen. Diese schnelle Prozedur nimmt den Pilzen nichts von ihren Nährwerten; aus hygienischen Gründen ist sehr dazu zu raten. Am besten ist es dann, die Pilze je nach Qualität in Butter, gemischt mit etwas Salz und Pfeffer, schmoren zu lassen; man muß sie aber hin und wieder schütteln, damit die Butter nicht zu braun wird. Das Gericht muß sich kurz geben. Auf 1 Kilo Pfefferlinge kann man 125 Gramm Butter rechnen. Zum Schluß gibt man fein gehackte Petersilie darüber.

Pfefferlinge mit Sahne

½ Kilo Pfefferlinge, 1 Zwiebel, 100 Gramm Butter,
⅛ Liter Sahne, 1 Löffel Mehl

Hierzu muß auf ½ Kilo Pilze eine mittelgroße fein gehackte Zwiebel in etwa 100 Gramm Butter weißgeschwitzt werden. Hierhinein gibt man die gut gereinigten Pfefferlinge und läßt sie ½ Stunde langsam schmoren; wenn nötig, muß etwas Wasser zugefügt werden. Dann wird ⅛ Liter Sahne mit 1 Löffel Mehl verquirlt und darübergegeben und alles noch einige Minuten an eine warme Stelle gestellt. So sind sie für jeden Braten eine vorzügliche Zugabe.

Suppe von Pfefferlingen

¼ Kilo Pfefferlinge, 50 Gramm Butter, 2 Löffel Mehl,
Semmelscheiben oder Fleischklößchen, harte Eiviertel

Nach sorgfältiger Reinigung werden die Pilze, etwa ¼ Kilo auf 1 Liter Suppe, langsam recht weichgekocht, dann durch ein feines Sieb gestrichen, mit einer Mehlschwitze von 70 Gramm Butter und 2 Löffel Mehl gut verbunden und dann mit Semmelscheiben oder unter Hinzufügung ganz kleiner Fleischklößchen und harter Eiviertel serviert. Die Suppe schmeckt sehr kräftig.

Morcheln

Die Reinigung dieser Pilze ist schwierig. Dem Labyrinth von Zellchen, in denen die Sandkörnchen sitzen, ist kaum beizukommen. Ein möglichst gutes Resultat wird erzielt, wenn man sie in reichlich Wasser hin und her schwenkt, diese Prozedur 5—6mal wiederholt und die Pilze jedesmal durch ein weites Sieb ablaufen läßt. Ferner ist es gerade bei Morcheln notwendig, daß das erste Wasser, in dem sie mehrere Male stark aufkochten, abgegossen wird. Erst dann dürfen wir sie für den Gebrauch als geeignet betrachten. Ihre Zubereitung kann den Arten des Champignons angepaßt werden.

Morcheln auf italienische Art

1 Kilo Morcheln, Kräuter, 1 Weinglas feines Öl, Mehl,
¼ Liter Fleischbrühe, 1 Glas Weißwein

Die gut vorbereiteten Morcheln bringt man in einer Kasserolle mit knapp deckendem Wasser und verschiedenen Kräutern, als: Zwiebel, Estragon, Kerbel, Pimpinelle, Schnittlauch und Petersilie, sowie einem kleinen Weinglas voll feinem Öl zu einer Mischung zusammen und läßt sie so ½ Stunde dünsten. Dann werden sie mit Mehl überstäubt, noch etwas Fleischbrühe oder Wasser, in dem etwas Fleischextrakt aufgelöst war, hinzugegeben und dann noch einmal durchgekocht. — Zum Schluß kommt 1 Glas Weißwein dazu, und mit gerösteten Brotschnitten wird das Gericht dann serviert.

Morcheln mit Spargel und Krebsschwänzen

½ Kilo Spargel, ½ Kilo Morcheln, 50 Gramm Butter
1 Löffel Mehl, 1 Glas Weißwein, ½ Schock Krebse
1 Fisch- oder Fleischfarce

Ein rechtes Frühlingsgericht! Die Morcheln und Spargel werden vorbereitet und jedes für sich in leichtem Salzwasser weichgekocht. Da wir das Wasser zur Soße wieder verwerten und möglichst aromatisch haben wollen, so bedecken wir die Gemüse nur knapp damit. Auf ½ Kilo Morcheln und ½ Kilo Spargel machen wir von 50 Gramm Butter und 1 Löffel Mehl eine weiße Mehlschwitze, der wir 1 Glas Weißwein sowie das Gemüsewasser — in Ermangelung dessen 1 Teelöffel voll Zitronensaft — zufügen, gut durchkochen und dann die Morcheln und den Spargel darin ziehen lassen. Von ½ Schock Krebsen, die in Salzwasser gekocht werden, werden die Schwänze ausgebrochen, die Körper mit einer feinen Fleisch-, noch besser Fischfarce gefüllt und dann in schöner Anordnung dem Gemüse beigegeben.

Morcheln mit jungen grünen Erbsen

½ Kilo Morcheln, ½ Kilo grüne Erbsen, 1 Mehlschwitze,
Salz, Zucker, Petersilie

Auch hier wird zunächst jedes Gemüse für sich in knappem Wasser gekocht, dann durch eine sehr kurze Mehlschwitze, der das Wasser zugegeben ist, verbunden, mit etwas Salz und nach Geschmack mit etwas Zucker versehen und zum Schluß reichlich mit fein gehackter Petersilie durchmischt. Alle diese Pilzgerichte müssen ganz kurz, ohne lange Soße sein.

Morchelsoße

125 Gramm Morcheln, Braunmehl, ⅛ Liter Fleischbrühe, Salz, Paprika, Schnittlauch, Petersilie, 1 E.gelb,
1 nußgroßes Stück Butter

Frische Morcheln werden gut gereinigt, fein gehackt und nochmals auf ein feines Sieb zum Abtropfen gegeben. Dann kocht man sie mit ein wenig Wasser einmal auf und gießt dieses zum Gebrauch ab, um es mit etwas in Butter braun gemachtem Mehl zu verkochen. Man verdünnt diese Grundsoße mit etwas kräftiger Brühe — oder mit Fleischextrakt versehenem Wasser —, setzt etwas Salz, eine kleine Prise Paprika, etwas gehackten Schnittlauch sowie Petersilie dazu, zieht das Ganze mit einem Eigelb ab und gibt zuletzt die Morcheln sowie noch ein nußgroßes Stück frischer Butter dazu. Eine vortreffliche Soße zu allen Fleischarten wie auch zu Fischen.

Mousserons

Man bereitet sie nicht als selbständiges Gericht, sondern verwendet sie als Würze zu Soßen und zu Suppen, fügt sie auch in einzelnen Fällen zu Fleischfarcen. Sie haben einen an Knoblauch oder Schalotte erinnernden Geschmack.

Zum Schlusse dieses Kapitels sei erwähnt, daß seit langen Jahren in vielen Kochbüchern ein untrüglich sein sollendes Verfahren mitgeteilt wird, um beim Kochen der Pilze zu entdecken, ob sie giftig oder unschädlich sind. Die Probe sollte darin bestehen, daß man einen silbernen Löffel oder eine weiße Zwiebel mit den Pilzen kochen läßt. Auf Veranlassung des Vereins der deutschen Köche zu Berlin sind mehrfache Versuche mit Löffeln und Zwiebeln angestellt worden, die aber die Hinfälligkeit des Verfahrens erwiesen.

Der Salat

Grüne Blattsalate

kommen am besten nur gewaschen und ausgeschwenkt in einer verhältnismäßig großen Schüssel auf den Tisch. Der Hausherr, wie es in Amerika und England immer geschieht, oder die Hausfrau, wie es hier üblich ist, richtet den Salat dann erst an. Es ist natürlich nötig, daß in angenehmem Arrangement die nötigen Ingredienzien daneben zur Hand stehen, als da sind: ein runder Napf zum Verrühren der Soße, Öl, Essig, Salz, feiner Pfeffer, feiner Zucker und etwas Wasser. Wo es angängig ist, wird dann für eine etwa gewünschte Zubereitung mit saurer Sahne ein damit gefülltes Kännchen ebenfalls auf den Tisch stehen. Zu Salaten ist das Beste gerade gut genug. Kein schlechtes Öl, kein unpassender Essig soll die natürliche Qualität entwerten und den Genuß in Frage stellen. Also bestes Olivenöl, bester Weinessig oder anderer Fruchtessig. Zu Salaten mit Eiersoßen eignet sich am besten ein guter Kräuteressig, wie er an anderer Stelle dieses Buches angegeben ist. Er bietet fast vollen Ersatz für den französischen Essig von Maille und ist für Mayonnaisen nahezu unentbehrlich. Das Aroma des Essigs ist stark, und er muß daher mit Vorsicht angewandt werden. Guter Essig ist in der Regel konzentriert, und es ist ratsam, für den Gebrauch durch Zusetzung von abgekochtem und ausgekühltem Wasser einige Flaschen von mäßiger Stärke in Vorrat zu halten. Nur den Maille lasse man unverändert; er wird zu den entsprechenden Soßen immer nur tropfenweise verwandt. Auch ein Zuckerzusatz wird häufig nötig, um die äußerste Säure zu mäßigen. Schon in alten Zeiten wurden Salate gegessen, bei denen man Honig anwandte, wie uns vielfach berichtet wird. Der Pfeffer soll das Kühlende der Salate mildern und die Zwiebel neben ihrem Gaumenreiz der Verdauung zu Hilfe kommen. Man kann auch ein Stück Knoblauch nehmen und die Schüssel fest damit ausreiben, um dem Salat noch eine gewisse Würze zu geben. Als Regel gilt, daß jeder Salat erst gesalzen, dann das Öl und zuletzt der Essig unter die übrigen Ingredienzien zugegeben werden. Kräuter sind sehr wertvoll für Salate, und niemand, der einen Küchengarten hat, versäume, diese zu säen, eventuell in dauernden Stauden anzulegen. Der Geschmack entscheidet natürlich über die Art und die Quantität in der Anwendung.

Kopfsalat

3 Köpfe Salat, 1 Prise Salz, 1 Prise Pfeffer, ¼ fein geschnittene Zwiebel, 2 Löffel Öl, 1 Löffel Essig, Schnittlauch, Petersilie, etwas Zucker, 1 Ei

Zur Zeit der Blattsalate kann man von diesem Salat jedes Blatt und auch die vollen Rippen vermöge ihrer besonderen Zartheit verwenden. Die Blätter werden von dem Strunk gebrochen, gut gewaschen, ausgeschwenkt zu Tisch gegeben, gesalzen, mit Öl und dann Essig versehen, nach Geschmack etwas Zucker zugefügt, etwas fein geschnittener Schnittlauch nebst Petersilie darüber gesprengt und ein in Spalten geteiltes Ei darauf garniert.

Salat romaine

2 Köpfe Salat romaine, Salz, Pfeffer, Zwiebel, Öl, Essig, 1 fein gehacktes Ei. Garnitur: Tomaten, Eier, Gurken

Die langen Blätter dürfen nicht zu sehr verkleinert werden; es ist besser, sie nur der Länge nach in der Rippe zu teilen. Es wirkt hübsch, wenn die Blätter schuppenartig in eine etwas flachere Schüssel gelegt werden und die zubereitete Soße, mit der ein hartgekochtes und fein gehacktes Ei sowie ein wenig mit Wasser verrührter Mostrich vermischt wurde, zu übergießen. Ist der Sommersalat erst da, so nimmt man die äußeren harten Blätter ab, die in der Regel zäh und bitter sind, läßt den Kern, das sogenannte Herz, ganz oder teilt es nur einmal. Die übrigen Blätter, etwas kleiner gezupft, kommen in die Salatschüssel und das Herz in die Mitte. Diesen Blattsalaten können natürlich alle möglichen Garnituren zugegeben werden, gekochte Eiviertel, vor allen Dingen auch rohe Tomaten. Letztere gibt man dann schon vor dem Übergießen der fertigen Soße darauf, damit sie mit anziehen. Besonders eignet sich auch die Mischung mit Gurken. In diesem Falle wird der Salat auch etwas fein gehackte Zwiebel zugesetzt.

Specksalat

2—3 Köpfe Salat, 125 Gramm durchwachsener Speck, Essig, Salz, Pfeffer, Zucker, Schnittlauch

Diese in manchen Gegenden sehr gebräuchliche Zubereitung hat viele herausgebrachte Anhänger. Der Salatquantität entsprechend wird fetter oder durchwachsener Speck in haselnußgroße Würfel geschnitten und ausgebraten. Die Speckwürfel werden, um sie kroßzuerhalten, herausgenommen und an warmer Stelle zurückgestellt. Mit dem ausgelassenen Fett verkocht man dann den Essig, gibt Salz und Pfeffer dazu und so viel feinen Zucker, daß es eine herzhaft sauersüße Soße gibt. Diese gießt man nun über den in der Schüssel angerichteten Salat, dem man etwas fein geschnittenen Schnittlauch zugefügt hatte, und richtet die noch knusperigen Speckwürfel darüber an. Der Salat fällt schnell zusammen und muß gleich nach dem Anrichten auf den Tisch kommen. Eier schmecken gut dazu.

Kopfsalat mit saurer Sahne

3 Köpfe Salat, Salz, Pfeffer, ¼ Liter saure Sahne

Dieses Gericht ist in den heißeren Sommertagen eine ausgezeichnete Erquickung. Dazu wird der Salat einfach vorbereitet, mit dem nötigen Salz und etwas Pfeffer versehen und dann mit der sauren Sahne, die recht dick sein kann, übergossen und locker gemischt.

Escariol oder breitblättrige Endivie

1—2 Köpfe Escariol, Öl, Essig, Salz, 1 Messerspitze englischer Senf (oder weißer Pfeffer)

Auch hiervon wird der größte Teil der Rippen, die sehr zart sind, mitverwandt. Gut gewaschen, wird er mit Öl, Essig, Salz und einer Messerspitze englischem Senf — den man in etwas Wasser erst klarrühren muß — angerichtet. Als Essig empfiehlt sich bei allen Endivienarten der in ersten Abschnitt dieser Rezepte erwähnte Maille, da er zu der eigenartigen feinen Bitterkeit, namentlich der fein gekrausten Endivie, paßt und ihren Wohlgeschmack noch erhöht. Der Endivie dürfen keine Zwiebeln zugegeben werden, wohl aber etwas weißer Pfeffer, wenn man den Senf nicht will.

Eiskrautsalat

2 gehäufte Handvoll Eiskraut, 2 hartgekochte, 1 rohes Eigelb, 1 Teelöffel Mostrich, 2—3 Löffel Öl, 1 Löffel Essig, Salz, Pfeffer, Zucker

Mit 2 hartgekochten und 1 rohen Eigelb wird 1 Teelöffelvoll Mostrich verrührt, dann 2 bis 3 Löffelvoll Öl und 1 Löffelvoll gutem Essig dazugegeben. Mit Salz, Pfeffer und etwas Zucker abgeschmeckt, werden in diese Soße die von den Stielen abgepflückten Blätter gegeben.

Johannislauch oder Pfingstsalat

2 gehäufte Handvoll Lauch, 125 Gramm magerer Speck, Essig, Sirup (oder Zucker), 1 Handvoll Korinthen, Salz, Pfeffer

Das Lauch wird in kurze Stücke geschnitten, aber nicht geteilt, in siedendem Salzwasser weichgekocht, auf ein Sieb gegeben, mit kaltem Wasser übergossen und abgetropft. Dann wird zarter magerer Speck ausgelassen, die krossen Speckwürfel herausgenommen und beiseite gestellt. Mit der Specksoße wird Essig, ein wenig brauner Sirup, in Ermangelung dessen Zucker nebst einer Handvoll Korinthen verkocht, so daß diese aufquellen. Salz und ein wenig Pfeffer gibt man hierzu, gießt die Soße über das Lauch und gibt es mit Eiern zu Tisch.

Rapünzchen, Feld- oder Sonnenwirbelsalat

2 gehäufte Handvoll Rapünzchen, Öl, Essig, Salz, Pfeffer, 1 Zwiebel, evtl. Zucker

Dieser im Frühjahr sehr willkommene Salat muß, da er dicht an der Erde wächst, sehr gut verlesen, aber die Blätter nicht im einzelnen abgepflückt werden, wie das unverständigerweise oft geschieht. Man entfernt die Wurzelendchen allenfalls mit den äußersten schlechten oder zu großen und zu harten Blättern, die anderen müssen aber von dem Herzchen noch zusammengehalten sein; denn dieses gerade schmeckt am besten. Ist er nun vorbereitet, so wird er mit Öl, Essig, Salz und Pfeffer und — nicht zu vergessen — einer sehr fein gehackten Zwiebel und nach Geschmack mit etwas Zucker versehen. Der Salat muß sehr gut gemischt werden, damit alle Teile von der Soße beeinflußt werden. Die Rapünzchen werden, so zubereitet, auch anderen, namentlich Knollensalaten zugemischt, wozu sie sehr geeignet sind.

Sauerampfersalat

2 gehäufte Handvoll Sauerampfer, Öl, Essig, Salz, Schnittlauch, Kerbel

Die von den Stielen gestreiften Blätter werden gewaschen und dann mit Öl, Essig, Pfeffer und Salz, außerdem mit etwas fein gehacktem Schnittlauch und Kerbel bestreut.

Milchbuschsalat, Löwenzahn oder Dandelion

2 gehäufte Handvoll Löwenzahn, Öl, Essig, Pfeffer, Salz oder 1 bündige Eiersoße

Dieser Salat, den man auf allen Wiesen findet, hat einen etwas bitteren Geschmack, der aber nicht abstößt, sondern reizt und dem Stoffwechsel sehr dienen soll. Man nimmt davon nur die zarten Blätter, teilt sie etwas und richtet sie einfach mit den gewöhnlichen Salatingredienzien an. Aber auch eine bündige Eiersoße gibt sich sehr gut damit.

Porree
2 gehäufte Handvoll Porree, 2 bis 3 Löffel Öl, 1 Löffel Essig, Salz, Pfeffer, Borretsch

Recht fleischige Stangen werden in 2—3 Zentimeter lange Stücke geschnitten und in Wasser weichgekocht, doch so, daß sie möglichst nicht zerfallen. Abgetropft, wird er dann noch warm mit Öl gemischt und mit Salz, Pfeffer und Essig versehen. Nach dem Erkalten wird noch gehackter Borretsch darübergestreut.

Pflücksalat
Dieser Salat ersetzt den Kopfsalat in der späteren Sommerzeit vollkommen. Er ist zart und gut im Geschmack. Auf ihn finden alle Arten der bei „Kopfsalat" angegebenen Zubereitungen Anwendung.

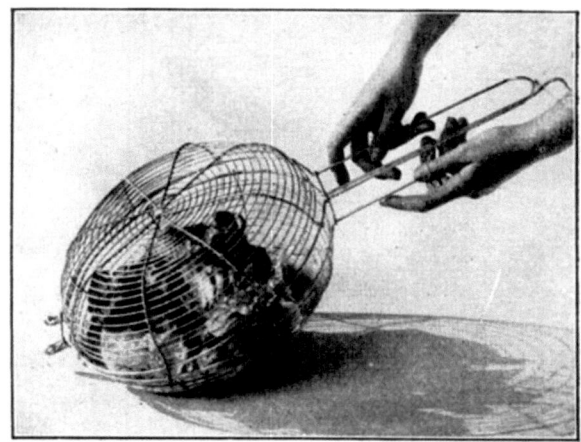

Blattsalat soll nach dem Waschen sehr gut in einer Salatschwenke oder einem Sieb ausgeschwenkt werden

Brunnenkresse, auch feine Kresse als Salat
2 gehäufte Handvoll Kresse, Öl, Essig, Salz, Pfeffer, Schnittlauch

Obwohl dieses Gewächs schon einen sehr aromatischen Geschmack hat, so erfährt es doch eine angenehme Abwechslung noch durch die Zubereitung als Salat, die unmittelbar vor dem Genuß geschehen muß, da die Kresse sehr schnell zusammenfällt. Dem Öl, Essig, Salz und Pfeffer gibt man noch fein gehackten Schnittlauch zu.

Chicoree oder Zichoriensalat
½ Kilo Chicoree, Öl, Essig, Salz, Pfeffer oder eine Soße aus 2 harten Eigelb, 1 rohes Eigelb, Sahne (oder Milch), Rotwein (oder Gewürzessig), Öl, Pfeffer, Salz, Zucker

Sehr pikant, auch etwas bitter im Geschmack, wird er in einzelne Blätter abgelöst oder nur der Länge nach geteilt, gewaschen, auf einem Sieb abgetropft und dann mit Öl, Essig, Salz und Pfeffer gemischt. Sehr gut und wohl noch besser geeignet dazu ist eine Soße, die man aus 2 hartgekochten Eigelb, 1 rohen Eigelb und aus etwas Sahne oder Milch herstellt, dann etwas Rotwein — in Ermangelung auch etwas Gewürzessig — nebst Öl dazufügt und mit Pfeffer, Salz und etwas Zucker abschmeckt.

Kapuzinerbart
Siehe vorher

Als Abart des Chicoree gleicht dieser Salat auch im Geschmack dem Chicoree. Die langen Strähnen zerteilt man. Der Salat muß aber ganz frisch sein. Liegt er einen Tag an der Luft, so ist er zäh und nicht mehr zu empfehlen. Die Zubereitung geschieht in gleicher Weise wie vorher beim Chicoree beschrieben.

Bleichsellerie als Salat
½ Kilo Bleichsellerie, Öl, Essig, Pfeffer, Salz, 1 Prise englischer Senf

Es werden nur die Stiele und die zarten Spitzen der Blätter verwendet. Man richtet ihn vorteilhaft nur mit Öl, Essig, Pfeffer und Salz und einer kleinen Prise englischen Senfs an. Er ist sehr erfrischend.

Gemüsesalate

Gemüsesalate reihen sich den Blattsalaten an. Wir können viele Gemüse, namentlich im jungen Zustande, gut dazu verwenden.

Gurkensalat
1 Salatgurke, Salz, Pfeffer, 1 Zwiebel (oder Schnittlauch), Öl, Essig, Petersilie

Man ist vielfach der Ansicht, daß Gurken in Salz liegen und ausgedrückt werden müssen. Dadurch aber wird die Frucht zu einer kompakten, schwerverdaulichen Masse. Gerade das Wasser ist es, das den Gurkensalat verdaulicher macht. Es ist darauf zu achten, daß die Frucht frisch und nicht bitter ist. Man untersuche die Spitze, in der sich das Bittere sammelt, und entferne, wenn nötig, diese. Dann ist es wichtig, sie so fein wie möglich zu schneiden; man bediene sich deshalb eines recht fein gestellten Gurkenhobels. Dann wird Salz und Pfeffer, 1 fein geschnittene Zwiebel oder auch grüner Schnittlauch dazugegeben, das Öl und der Essig zugefügt und noch reichlich fein gehackte Petersilie übergestreut.

Gurkensalat mit saurer Sahne
1 Salatgurke, ¼ Liter saure Sahne, Schnittlauch

Auch hierzu darf die fein geschnittene Gurke nicht ausgedrückt werden; am besten ist es, wenn in diesem Fall die Salatschüssel nur mit Knoblauch ausgerieben und, nachdem die etwas gesalzenen Gurken mit der Sahne gut vermischt sind, nur etwas Schnittlauch darübergestreut wird.

Gurkensalat mit Eiersoße
1 Salatgurke, 2 harte Eigelb, 1 rohes Eigelb, Milch (oder Sahne), Essig, weißer Pfeffer, Salz, 1 Löffel Öl, 1 Löffel Brühe, Schnittlauch

Zwei harte Eigelb werden mit etwas Milch oder Sahne verrührt und ein drittes rohes Eigelb dazugegeben. Langsam wird dann etwas Essig, weißer Pfeffer, Salz, Öl und nötigenfalls noch Brühe dazugerührt. Der Salat zieht etwas an und wird mit Schnittlauch überstreut.

Rotkrautsalat
1 Rotkohlkopf, Öl, Essig, Salz, schwarzer Pfeffer, Zucker

Das Kraut muß haarfein geschnitten werden, wozu man am besten die kleinen Kohlhobel verwendet. Es wird dann halbgargekocht, abgegossen und zunächst mit etwas Essig übersprengt, damit es eine schöne rote Farbe annimmt. Dann gibt man Öl, Salz, den etwa noch mangelnden Essig und etwas schwarzen feinen Pfeffer sowie für diese Art Salat den unerläßlichen Zucker dazu. Gut gemischt, gibt er dann einen selbständigen Salat wie auch eine hübsche Garnitur für Wurzel- oder Kartoffelsalat ab. In Ostpreußen richtet man ihn vielfach statt des Öles mit gebratenem Speck oder mit zerlassenem Gänseschmalz an.

Weißer Kohlsalat
(Siehe vorher)

ist in der Regel zarter, da das Blatt des Weißkohls in seiner Struktur schon nicht so hart ist wie das des Rotkohls. Man hat nur nötig, ihn zu brühen; er muß aber auch haarfein geschnitten sein. Seine Anrichtung ist genau wie die des Rotkohls.

Spargelsalat
½ Kilo Spargel, Öl, Salz, Essig oder Zitronensaft, Pfeffer, Zucker, Petersilie

Der Spargel eignet sich sehr gut zu Salat; man nehme aber nicht minderwertige harte Enden dazu. Im Gegenteil, der Spargel zu Salat muß durch und durch weich sein und auch nicht von zu geringer Stärke. Er wird sorgfältig abgeschält, in 5 Zentimeter lange Stückchen geschnitten und in Salzwasser gelegt, das zum Nutzen des Gemüsegehalts so knapp wie möglich sein muß. Der Spargel wird, wenn er weich ist, auf ein Sieb gehoben und noch warm mit dem nötigen Öl und Salz versehen. Das Öl soll erst etwas anziehen, ehe der Essig dazukommt. Man kann den Salat sehr schmackhaft auch mit Zitronensaft bereiten. Es kommt dann noch etwas Pfeffer eventuell Zucker dazu, und er wird mit etwas eingehackter Petersilie überstreut. Auch der Spargelsalat muß kurz angerichtet werden.

Spargelsalat mit Eiersoße
½ Kilo Spargel, 2 rohe Eier, 2 Löffel gutes Salatöl, Senf, 1 Prise Zucker, Essig, 3–4 Tomaten, 1 Salatherz

2 rohe Eier werden in einem Napf langsam dickgerührt, nach und nach 2 Löffel gutes Salatöl dazugegeben, etwas in Wasser aufgelöster Senf, eine Prise Zucker und zu viel Essig — möglichst guter Kräuteressig —, bis die Soße einen leicht säuerlichen Geschmack hat. Diese wird dann über ½ Kilo in kleine Stücke geschnittenen Spargel gegeben, der dann noch mit in Viertel geschnittenen Tomaten und einem Salatherz belegt wird.

Spargelsalat mit Kräutersoße
½ Kilo Spargel, ½–1 Liter Fleischbrühe, 1 Eigelb, weißer Pfeffer, Zitronensaft, 1 Serie Kräuter

Im Frühjahr, gerade zur Zeit des Spargels, ist es leicht, alle Küchenkräuter zu bekommen. Der Spargel wird zu diesem Salat in Fleischbrühe gekocht, die möglichst kurz einkochen muß. Weichgeworden, wird er herausgehoben und die Brühe mit einem Eigelb verquirlt, dann mit etwas weißem Pfeffer, etwas Zitronensaft und recht reich mit Kräutern, wie: Liebstock, Borretsch, Schnittlauch, Kerbel, etwas Zitronenmelisse, Tripmadam, Majoran, Estragon, Dill und Petersilie versehen. Diese Kräuter müssen recht fein gehackt sein und der Spargel gut damit durchgeschwenkt werden.

Spargel mit Champignons und Tomaten
½ Kilo Spargel, Öl, Essig, Salz, Pfeffer, Schnittlauch, ¼ Kilo Tomaten, Zucker, Zwiebel, ¼ Kilo Champignons, Petersilie

Der Spargel wird in Stückchen geschnitten, abgekocht, ebenso die Champignons, und jedes für sich mit Öl, Essig, Salz und Pfeffer, gehacktem Schnittlauch und Petersilie versehen. Tomaten, möglichst in gleicher Größe, werden in zollstarke Scheiben geschnitten, mit etwas Zucker, Salz und Pfeffer und etwas recht fein gehackter Zwiebel bestreut. Dann setzt man die Tomaten wieder zusammen, richtet davon in der Mitte einer ziemlich flachen Schüssel einen Hügel an, gibt einen Kranz von Champignons darum und dann einen solchen von Spargel. Die Salatsoße, die von den Gemüsen abfließt, wird schließlich über das Ganze gegossen und der weiße Spargelrand durch kleine Sträußchen grüner Petersilie unterbrochen.

Bohnensalat
½ Kilo Wachsbohnen, Öl, Essig, Salz, Pfeffer, Zucker, auch Gurken oder Speckjoße

Am besten eignen sich dazu die Wachsbohnen, die, von den Fäden befreit, einmal durchbrochen, in Salzwasser abgekocht werden. Abgetropft, werden sie dann mit Öl, Essig, Salz, Pfeffer und etwas Zucker vermischt. Grüne Perlbrechbohnen schmecken, namentlich wenn sich die kleinen weißen Bohnen schon etwas entwickelt haben, sehr gut als Salat, besonders in Verbindung mit Gurken. Die Gurken müssen dann, recht fein geschnitten, zunächst angerichtet und die abgekochten und erkalteten Bohnen dazugegeben werden. Bohnensalat kann auch mit einer Speckjoße angerichtet werden, wie sie bei den Blattsalaten schon Erwähnung fand.

Blumenkohlsalat
1 Blumenkohl, Essig und Zitronensaft, Salz, Öl, Pfeffer, Kresse

Der Blumenkohl wird in Wasser mit ein wenig Essig und Salz weichgekocht und dann in kleine Röschen geteilt. Noch warm, wird er

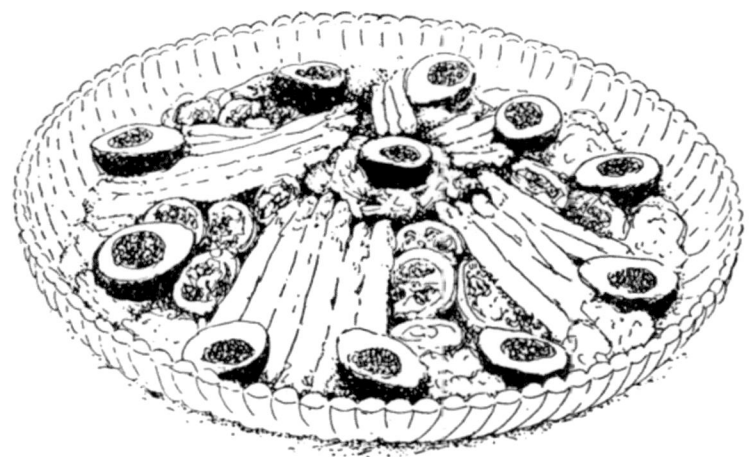

Spargel= und Tomatensalat mit Möveneiern

mit Öl, Essig oder Zitronensaft nebst Pfeffer und Salz gemischt und erkaltet mit Kresse angerichtet. Blumenkohl eignet sich besonders für Anrichtung mit Mayonnaise, wozu dann in Butter gebratene, wieder erkaltete Tomatenschnitten gut schmecken.

Gemischter Salat
1 Portion kleingeschnittener Spargel, grüne Erbsen und Karotten, 1 dicke Eiersoße, einige Tomaten

Kleingeschnittener Spargel, grüne Erbsen, in feine Scheibchen geschnittene Karotten werden in Salzwasser weichgekocht, abgetropft und ausgekühlt. Eine dicke Eiersoße wird, wie an anderer Stelle beschrieben, bereitet, das Gemüse damit gut vermischt und mit Tomaten garniert. Dieser gemischte Salat eignet sich auch sehr gut zur Garnitur größerer Braten oder zu Einleitungsgerichten. Er wird im ersten Fall in kleine Papierkästchen oder in kleine flache Muscheln gefüllt und abwechselnd mit in Butter und Kräutern geschwenkten Champignons oder auch Steinpilzen um den Braten garniert.

Große Bohnen als Salat
½ Kilo große Bohnen, Öl, Essig, Salz, Pfeffer, 1 Serie Kräuter, Pfefferkraut

Die Bohnen dürfen nicht zu groß sein, da die Haut sonst zu hart ist. Sie werden wie der Wachsbohnen= und „Grüne Salat" behandelt, indem sie mit Öl, Essig, Salz und Pfeffer vermengt werden. Außerdem kann man den etwa daran gewünschten Kräutern noch einige Spitzen Pfefferkraut zugeben, da gerade dieses Kraut die große Bohne ergänzt. Zwiebeln verträgt sie nicht so gut.

Große Bohnen in saurer Sahne
½ Kilo große Bohnen, Salz, saure Sahne, Petersilie

Für diesen Salat können größere Bohnen enthäutet werden, was nach dem Kochen leicht vorzunehmen ist. Man gibt etwas Salz daran, gießt die saure Sahne darüber und mengt den Salat durch. Man darf dann aber kein Pfefferkraut, sondern nur Petersilie verwenden.

Tomatensalat

½ Kilo Tomaten, etwas Essig oder Zitronensaft, Salz, Pfeffer, 1 Zwiebel (oder Schnittlauch)

Die Tomaten werden in Scheiben oder je nach der Größe in 4 Teile geschnitten. Tomaten haben selber so viel Säure, daß man mit der Zutat von Essig sehr vorsichtig sein muß. Bestreut man die Tomaten mit Zucker, so löst man dadurch schon Säure aus. Zitronensaft ist am meisten zu empfehlen, da er der Tomatensäure am verwandtesten ist. Man gibt dann noch Salz, Pfeffer und eine fein gehackte Zwiebel oder an dessen Stelle Schnittlauch dazu. Die Italiener, in der Campagna namentlich, essen die Tomaten sehr reich mit Zwiebeln, Pfeffer und Salz gemischt ohne irgendeine andere Zutat.

Tomaten mit Eiersoße

schmecken auch sehr gut. Dazu werden sie mit harten Eiern garniert. Der Tomatensalat hat die gute Eigenschaft, sich tagelang zu halten, und läßt die verschiedensten Mischungen zu, z. B. mit Sellerie gemischt ist er vorzüglich.

Knollensalate

Selleriesalat

2—3 kleine Selleriek̈opfe, Essig, Öl, Salz, Pfeffer, 1 Zwiebel, Rapünzchen

Die kleinen Köpfchen des Stettiner, auch des glatten Apfelselleries sind in der Regel zu Salat die besten, da die großen Köpfe oft innen hohl und stockig sind. Der Sellerie wird sauber ausgebürstet, weichgekocht. Ein zu schnelles Kochen läßt den Sellerie innen oft hart bleiben. Geschält und in Scheiben oder Streifen geschnitten, muß er dann gleich mit Essig besprengt werden, damit er weiß bleibt. Das Öl muß, solange er noch warm ist, dazugegeben werden, ebenso Salz, Pfeffer und eine gehackte Zwiebel. Mit zwei Holz- oder Hornlöffeln gut durchgemengt, muß er dann durchziehen und wird sehr vorteilhaft mit Rapünzchen garniert.

Sellerie mit Mayonnaise

2—3 kleine Selleriek̈opfe, 1 Mayonnaise

Beliebig in Scheiben oder in Streifen geschnitten, wird er mit einer dicken Mayonnaise überzogen. Er muß darin mehrere Stunden stehen, wie es bei Sellerie überhaupt gut ist, ihn einige Zeit vorher zu bereiten. Er hält sich auch tagelang, wenn er nicht mit Blättersalat garniert ist. Die Blätter halten sich nicht und teilen dem Sellerie leicht einen unangenehmen Geschmack mit.

Sellerie mit roten Rüben

2—3 kleine Selleriek̈opfe, Essig, ½ Kilo rote Rüben, 2 rohe Eier, Salz, Pfeffer, Zucker, Salatöl, Zwiebel, Kräuter, Petersilie, Kümmel

Der gekochte und abgeschälte Sellerie wird mit einem Ausstecher zu kleinen 3 Zentimeter im Durchmesser enthaltenden Bällchen geformt und gleich mit Essig besprengt. Starke rote Rüben werden nicht zu weich gekocht, geschält, ebenso behandelt und auch mit etwas Essig besprengt. Dann wird eine Soße aus 2 rohen Eiern mit Salz, Pfeffer, etwas Zucker und dem nötigen Salatöl unter langsamem Rühren hergestellt, etwas Zwiebel hineingetan und diese Soße über die Sellerieb̈allchen gegossen, die nun in einer etwas flachen Glasschüssel angerichtet, mit gehackten Kräutern oder nur Petersilie überstreut werden. Die roten Rüben werden nur noch mit Öl und, wenn noch erforderlich, mit etwas Essig und Zucker, Salz und einer Messerspitzevoll Kümmel gemischt und dann um die erhöhten Sellerieb̈allchen garniert.

Salat von Sellerie, Äpfeln und Kartoffeln

1—2 Selleriek̈opfe, ½ Kilo Äpfel, ½ Kilo Kartoffeln, 1 kleine Zwiebel, Öl, Essig, Pfeffer, Salz, 1 Prise Zucker, eine Mayonnaise, Salatblätter oder Endivien

Gekochter Sellerie, Apfel und Kartoffeln, zu gleichen Teilen in Würfel geschnitten, werden, wie üblich, mit Essig, Öl, geriebener Zwiebel, Pfeffer, Salz und einer Prise Zucker zu Salat angemacht. Wenn genügend durchgezogen, wird der Salat mit dicker Mayonnaise gemischt und mit Kopfsalat oder Endivien garniert.

Salat aus Stachys tuberifera

1 Kilo Stachys, Zitronensaft, Öl, Pfeffer, Salz, 1 Mayonnaise oder einfache Eiersoße

Die Stachys werden mit einer Bürste oder mit einem Tuch, nachdem sie mit kochendem Wasser übergossen wurden, gut abgerieben und einige Minuten in brausendem Wasser überkocht. Sie werden sehr schnell weich. Beim Reinigen darf nicht die hübsche geringelte Form der Stachys verwischt werden. Nachdem sie auf einem Sieb abtropfen, werden sie 1—2 Stunden in eine Marinade von Zitronensaft, Öl, etwas Pfeffer und Salz gegeben, dann mit einer dicken Mayonnaise oder einfacher Eiersoße gemischt.

Stachys tuberifera mit Mießmuscheln

25 Seemuscheln, 1 dicke Eiersoße, 1 Löffel Mostrich, ½ Kilo Stachys, Öl, Essig, Salz, Pfeffer, Zucker

Die Muscheln werden gut gebürstet und gespült, ohne Wasser angesetzt und, wenn sie sich geöffnet haben, aus dem Wasser, das zu der Salatsoße noch verwendet wird, gehoben. Sie werden von Zunge und Bart befreit, in einer dicken Eiersoße, der 1 Löffel Mostrich zugesetzt wird, gewälzt und dann um die in diesem Falle nur mit Öl, Essig, etwas Muschelwasser, Salz, Pfeffer und etwas Zucker angerichteten Stachys garniert.

Stachys tuberifera mit Kräutern
1 Kilo Stachys, ½ oder ¼ Liter kräftige Fleischbrühe, 1 Serie Kräuter, 1 Glas Weißwein, 1 Eigelb, Zitronensaft, 1 Messerspitze Zucker

Zu diesem Zweck werden sie in kräftiger Fleischbrühe schnell weichgekocht. Peterfilie, Schnittlauch, einige Blätter der Zitronenmelisse, etwas Borretsch, einige Blättlein Estragon, etwas Majoran und Thymian werden fein gehackt und mit der erkalteten Fleischbrühe vermischt, der nun noch etwas mit einem Eigelb verquirlter Weißwein und einige Tropfen Zitronensaft nebst einer Spitze Zucker zugesetzt werden. Wenn alles gut vermengt ist, wird der Salat zu kleinen Fleischspeisen, namentlich Beefsteaks, gegeben.

Topinambursalat
1 Kilo Topinambur, Öl, Essig, Pfeffer, Salz, 1 Zwiebel, 3—4 harte Eier

Die Topinambur werden gewaschen, gekocht und von ihrer Haut befreit. Man kann sie auch roh sein abschaben oder schälen und dann kochen. Sie werden geteilt und in dünne Scheiben geschnitten, noch warm mit Öl, Essig, Pfeffer und Salz, einer fein gehackten Zwiebel vermengt, um dann ausgekühlt und mit harten Eiern garniert serviert zu werden.

Topinambur mit Eiersoße
1 Kilo Topinambur, ½—¾ Liter Fleischbrühe, einige Eigelb, Zitronensaft, Cayennepfeffer, 1 Zwiebel, Salz, etwas Zucker

Sie werden hierzu kurz in Fleischbrühe weichgekocht, was nur kurze Zeit in Anspruch nimmt. In die Fleischbrühe werden, der Menge entsprechend, einige Eigelb über dem Feuer verrührt, bis die Brühe sich verdickt. Darauf gibt man Zitronensaft, etwas Cayennepfeffer, eine fein gehackte Zwiebel und das nötige Salz dazu, schmeckt nach Gefallen mit etwas Zucker ab und mengt die Topinambur hinein.

Topinambur mit Champignons
1 Kilo Topinambur, 1 dicke Eiersoße, ¼ Kilo Champignons, Butter, Essig (oder Zitronensaft), Öl, weißer Pfeffer, Salz, gemischte Kräuter

Man wählt dazu möglichst große Knollen und sticht gleichförmige Blättchen davon aus. Diese werden in Salzwasser weichgekocht und mit dicker Eiersoße, der Zitronensaft zugefügt wurde, vermischt. Auf einer halbflachen Schüssel werden sie bergartig angerichtet. Geschlossene kleine Champignons werden in Wasser mit Butter und etwas Essig oder Zitronensaft weichgedünstet und erkaltet mit Öl, etwas feinem Estragonessig sowie weißem Pfeffer und Salz und fein gehackten Kräutern vermischt und um die Topinambur angerichtet. Diese Art ist auch sehr geeignet, in kleinen Muscheln als Garnitur zu großen Bratenstücken angerichtet zu werden.

Topinambur mit Sellerie und roten Rüben
1 Portion Topinambur, Sellerie und rote Rüben, Öl, Essig, Zwiebel, schwarzer Pfeffer, Salz

Topinambur mit Sellerie und roten Rüben in einfacher Weise mit Öl, Essig, Zwiebeln, feinem schwarzem Pfeffer und Salz angerichtet ergeben einen sehr wohlschmeckenden Salat.

Topinambur mit saurer Sahne
1 Kilo Topinambur, ½—¾ Liter Milch, ¼ Liter saure Sahne, weißer Pfeffer, Salz, Schnittlauch, Petersilie

Die Knollen werden fein geschält, in Scheiben geschnitten einige Minuten in Milch gargekocht. Wenn sie darin erkaltet sind, wird dicke saure Sahne darübergegeben, weißer feiner Pfeffer nebst Salz dazugefügt und der durchmengte Salat mit geschnittenem Schnittlauch überstreut und mit kleinen Petersiliensträußchen garniert.

Topinambur mit Krabben oder Krebsschwänzen
1 Kilo Topinambur, 1 Büchse Krabben oder Krebsschwänze, 1 gute Eiersoße

Topinambur mit Krabben oder Krebsschwänzen, in einer guten Eiersoße angerichtet, geben ein schmackhaftes Zwischengericht oder in kleinen Papierkästchen oder Muscheln eine gute Garnitur.

Helianthi oder Sonnenwurzel
1 Kilo Helianthi, Öl, Essig, Pfeffer, Salz, Zwiebel (oder Schnittlauch)

Man legt sie am Abend vorher in kaltes Wasser und reibt sie ab, kann sie, wenn es eilig ist, auch durch heißes Wasser, wie bei dem Gemüse angegeben ist, reinigen. In beliebige Stücke geschnitten, werden sie mit Öl, Essig, Pfeffer und Salz sowie gehackter Zwiebel oder fein geschnittenem Schnittlauch vermischt. Diese Helianthi vertragen sehr gut ein Ausreiben der Salatschüssel mit Knoblauch.

Helianthi mit Kräutern
1 Kilo Helianthi, Marinade, gemischte Kräuter

Gereinigt und in zentimeterstarke Scheiben geschnitten, werden sie, nachdem sie abgekocht, in eine Marinade von Zitronensaft und etwas Kochwasser nebst einem kleinen Lorbeerblatt, Zwiebeln, Salz und Pfeffer für 1 Stunde gelegt. Nachdem sie dann herausgenommen, wird die Marinade durch ein Sieb gegossen und die Helianthi damit und mit gehackten Kräutern gemischt. Petersilie und Schnittlauch sowie Zwiebeln stehen während der Helianthizeit immer frisch zur Verfügung. Majoran und Thymian, die man in der Drogenhandlung trocken kaufen kann, sowie Selleriesalz müssen dann beide frischen Kräuter ersetzen. Man reibt auch hierzu die Schüssel mit Knoblauch aus und gibt die Helianthi in dieser Zubereitung hauptsächlich zu Hammelkoteletten. Helianthi bekommen durch Beimischung von Sellerie einen sehr angenehmen Geschmack und können ebensogut auch mit roten Rüben gemischt werden.

Helianthi mit Champignons
½ Kilo Helianthi, ¼—¾ Liter Milch, ¼ Kilo dicke saure Sahne, Petersilie, Schnittlauch, ½ Kilo gedünstete Champignons, Zitronensaft, weißer Pfeffer, Salz, Zucker

Hierzu werden sie in Scheiben geschnitten, in Milch weichgekocht und dann abgetropft. Mit dicker saurer Sahne, recht viel Petersilie und recht fein gehacktem Schnittlauch werden sie vermengt. Vorgerichtete Champignons werden feinblättrig geschnitten, in Butter mit etwas Zitronensaft schnell weichgedünstet und dann mit den Helianthi vermischt. Mit Zitronensaft, weißem Pfeffer, Salz und nach Geschmack Zucker wird der Salat gewürzt.

Helianthi mit Tomaten
½ Kilo Helianthi, Öl, Essig, Schnittlauch (oder Zwiebel), Pfeffer, Salz, ½ Kilo Tomaten, Zucker, Zitronensaft, Knoblauch, 3—4 harte Eier

Die Helianthi werden gereinigt, in kleine Stücke geschnitten und in Salzwasser gargemacht. Sie werden mit Öl, feinem Essig, geschnittenem Schnittlauch oder Zwiebel, Pfeffer und Salz vermischt und in der Mitte einer Schüssel angerichtet. Tomaten werden in der Mitte geteilt, mit Zucker, Pfeffer, Salz, etwas Zitronensaft vermischt und dann mit je einem stecknadelkopfgroßen Stückchen Knoblauch belegt. Schuppenartig gegen die Helianthi garniert, werden sie dann noch mit gehackten Eiern überstreut.

Alle Wurzeln müssen vorgekocht und möglichst einige Zeit oder am Tage vorher bereitet werden. Erst dann erhalten sie den richtigen Salatgeschmack.

Pastinakensalat
1 Kilo Pastinaken, Öl, Essig, Salz, Pfeffer, 1 Löffel Mostrich, Schnittlauch

Die Pastinaken werden gereinigt und in Salzwasser weichgekocht. Noch warm, mischt man sie mit Öl, Essig, Salz, Pfeffer und nach Geschmack mit etwas Zucker. Auch ein kleiner Löffelvoll Mostrich, in die Soße gerührt, schmeckt sehr pikant. Fein gehackter Schnittlauch erhöht den Geschmack noch. Pastinaken schmecken auch vorzüglich in einer mit Eigelb verrührten Soße und eignen sich gut zu den verschiedensten Verbindungen.

Petersilienfalat
2 Handvoll Petersilienwurzel, Öl, Essig oder dicke süße Sahne und Zitronensaft oder saure Sahne

Die Wurzel wird geschabt, in kaltem Wasser mehrmals abgebürstet und dann in siedendem Wasser weichgekocht. Sie schmeckt sehr gut in der gewöhnlichen Art mit Öl und Essig angerichtet, aber auch zu schweren Soßen und namentlich in der Anrichtung mit dicker süßer Sahne und Zitronensaft wie mit saurer Sahne gibt sie einen sehr guten Salat.

Roterübensalat
1 Kilo rote Rüben, Öl, Essig, Salz, Kümmel

Die roten Rüben, die eine recht dunkle Farbe haben müssen, dürfen nur abgewaschen und allenfalls von den großen Blättern, die man aber nicht dicht an der Rübe abschneidet, befreit werden. Sie kochen sonst ihren Saft aus, werden fade und nehmen eine häßliche blaßrote Farbe an. In den meisten Fällen wird die rote Rübe nur mit Essig, Salz und Kümmel behandelt. Zu wirklichem Salat gibt man indes auch Öl, das sich sehr gut mit der Rübe verträgt. Vorteilhaft ist die Verbindung der roten Rübe mit Kartoffel- oder Selleriesalat oder auch nur als Garnitur zu anderen Salaten. Im letzteren Falle muß sie aber immer doch erst richtig zubereitet werden, indem man sie einer Marinade von Essig, Öl, Salz, Zucker, etwas Kümmel und etwas geriebenem Meerrettich unterzieht.

Kartoffelsalat
1 Kilo Salatkartoffeln, Öl, Salz, schwarzer Pfeffer, Zwiebeln, evtl. Zucker, 1 Tasse kalte Milch, Garnitur

Man kann nicht jede beliebige Kartoffel zu Salat verwenden, am allerwenigsten übriggebliebene kalte Kartoffeln. Es gibt für Salatzwecke lange und runde Kartoffeln. Letztere namentlich sind in einigen Sorten sehr gut. Am besten, wenn sie goldgelbes Fleisch haben und sich glatt wie Speck schneiden lassen, ohne doch hart zu sein. Die langen, namentlich die sonst nicht zu verachtende Tannenzapfen, teilen sich beim Schneiden leicht, und man hat dann doch wieder keine einzelnen Kartoffelscheiben, sondern nur ein Durcheinander, und das darf bei einem echten Kartoffelsalat nicht sein. Kleinen runden Spiegelchen muß der Salat gleichen.

Um Kartoffelsalat herzustellen, kocht man die Kartoffeln gar, aber nicht zu gar. Noch heiß, werden sie abgezogen und in kaum ½ Zentimeter dicke Scheiben geschnitten. Die Hauptsache ist nun zunächst, das Öl auf die warmen Kartoffeln zu geben, so daß es sich den ganzen Kartoffeln mitteilt und einzieht, dann kommen Salz, Pfeffer — am besten schwarzer, weil er aromatischer als der weiße ist —, eine fein gehackte Zwiebel und Essig. Je nach dem persönlichen Geschmack gibt man noch Zucker daran und mischt oder mengt nun die Kartoffeln mit ihren Ingredienzien gut durcheinander. Ist er so weit bereitet, so gibt man ihn in eine Schüssel und läßt eine kleine Tasse voll abgekochter kalter Milch darüberlaufen. Es ist dies keine Notwendigkeit, er schmeckt aber dann über Erwarten gut. So zubereitet, ist der Salat eine gern genossene Zugabe zu allen möglichen Fleischspeisen. Der Kartoffelsalat kann auf allerlei Arten noch g a r n i e r t werden. Etwas fein geschnittenes Rotkraut in die Mitte gelegt, durch geteilte hartgekochte Eier in vier Abteilungen zerlegt, in die je eine Scheibe einer sauren Gurke kommt, und den äußeren Kreis durch Brunnenkresse, Rapunzen oder Endivien hergestellt, so gibt er ein buntes Bild. Auch dicke Tomatenscheiben, die man mit kleinen Perlzwiebeln belegt und mit Salatherzchen abwechseln läßt, wirken auf den Salat. Mit Ausnahme des Kopfsalates können fast alle grünen Salate zu Kartoffelsalat gegeben werden. Man bereitet sie aber besonders zu und gibt sie als Kranz um die Schüssel.

Gemischte Kartoffelsalate

Kartoffel- und Selleriesalat gemischt, besonders mit Rapunzen garniert, denen man noch kleine Perlzwiebeln zufügt, schmeckt vortrefflich. Auch haben wir in

K a r t o f f e l s a l a t m i t r o t e n R ü b e n

einen guten Salat. Kartoffelsalat mit frischen G u r k e n s c h e i b e n ist auch zu empfehlen. Kartoffelsalat mit W a c h s b o h n e n und G u r k e n gemischt und mit Krabben garniert, bildet an heißen Tagen ein Gericht für sich.

Kartoffelsalat mit Speck

1 Kilo Salatkartoffeln, 125 Gramm fetter oder durchwachsener Speck, Essig, Zwiebel, Salz, Pfeffer, Zucker

Hierzu wird ein zarter, durchwachsener oder auch fetter Speck in haselnußgroße Stücke geschnitten und ausgelassen, bis die Würfel goldgelb sind. Sie werden dann aus dem Fett genommen und beiseite gestellt, daß sie warm bleiben. Mit dem ausgelassenen Fett wird nun der Essig nebst Wasser verkocht und über die Kartoffeln gegossen. Dann wird noch eine feinwürflig geschnittene Zwiebel, Salz und Pfeffer sowie etwas Zucker dazugegeben und alles durchmengt. Schmeckt zu Eierkuchen, gekochten Eiern oder kleinen Fleischstücken oder auch mit kleinen Würstchen garniert ausgezeichnet.

Bunter Salat

Ein paar Handvoll Kartoffeln, 1 Serie Gemüse, Öl, Essig, Salz, Pfeffer, Zucker

Man kocht einige Handvoll Kartoffeln, schält sie und schneidet sie in feine Scheiben. Blumenkohlröschen, kleine grüne Essiggurken, in Sterne geschnitten, Perlzwiebeln, Tomaten, in Stückchen geteilt, grüne Perlbohnen, Karotten, in Sterne geschnitten, kurze Stückchen Spargel, wenn noch zu haben, etwas grüne Schoten, mit buntem Messer geschnittene Selleriestückchen und in Scheiben geschnittene Pastinaken oder Petersilienwurzel: alles wird dazu verwendet. Die Gemüse müssen weichgekocht werden, Tomaten und Perlzwiebeln bleiben roh. Ist der Kartoffelsalat fertiggemacht und in die Schüssel gegeben, so können die anderen Salatteile ebenfalls mit Öl, Essig, Salz, Pfeffer und etwas Zucker angerichtet und durcheinandergemischt als Maske darüber garniert und am Rande mit einem Kranz von Endivien oder Kresse abgeschlossen werden.

Kartoffelsalat mit Champignons oder Steinpilzen

½ Kilo Salatkartoffeln, ½ Kilo Champignons, ¼ bis ½ Liter saure Sahne, 1—2 Eigelb, Kräuter, Öl, Essig, einige Löffel Milch, Schnittlauch

Hierzu werden die Champignons, die noch nicht zu groß und geschlossen sein dürfen, mit saurer Sahne, die mit 1 oder 2 Eigelb abgequirlt und mit gehackten Kräutern vermischt wurde, übergossen. Selbstverständlich sind sie vorher gereinigt und in Essigwasser übergekocht. Der Kartoffelsalat wird mit Öl, Essig usw. wie gewöhnlich angerichtet und in der Schüssel mit einigen Löffeln Milch überzogen, dann mit Kräutern oder nur mit gehacktem Schnittlauch überstreut. Um diesen werden die gut mit der Sahnensoße getränkten Champignons garniert.

Pikanter Kartoffelsalat

1 Kilo Salatkartoffeln, 1 pikante Soße

Über die noch heißen geschnittenen Kartoffeln wird folgende Soße gegeben: 2 Eigelb werden gerührt und nach und nach mit 4 Löffel Öl, 1 Löffel Estragonessig, 1 Glas Rotwein und 1 Löffel feinem Mostrich verrührt. Einige Schalotten werden fein gehackt und mit 1 Löffel Kapern, etwas Salz, 1 Messerspitze Cayennepfeffer und nach Geschmack auch etwas Zucker untermischt. Wenn nötig, wird diese Soße mit etwas Fleischbrühe verdünnt und gemildert, die Kartoffeln damit vermischt und mit kleinen Buketts von Mixed Pickles garniert.

Kartoffeln mit Trüffeln und Austern

1 Portion Trüffeln, etwas Weißwein, Kräuter, Petersilie, 1 Portion Austern, Zitronensaft, Salz, weißer Pfeffer, etwas Mostrich

Zu diesem Salat werden, der Personenzahl entsprechend, einige Trüffeln in heißem Wasser gut gebürstet, von der äußersten Schale befreit, in feine Scheiben geschnitten, in etwas Weißwein etwa 5 Minuten gedünstet und herausgenommen. Der Abfall und eine kleine Trüffel werden ganz fein gewiegt, auch einige Minuten in dem Weißwein gedünstet und gleich der Soße zu dem Kartoffelsalat gegeben, der auch mit extra viel Petersilie und anderen Kräutern gemischt sein kann. Inzwischen sind, den Ansprüchen gemäß, von einer Anzahl Austern die Bärte getrennt und in etwas Zitronensaft mit Salz, etwas weißem Pfeffer und einer kleinen Dosis Mostrich gewendet worden. Der Kartoffelsalat wird in die Schüssel gegeben und dann geschmackvoll mit Trüffelscheiben und Austern abwechselnd garniert.

Kartoffelsalat Brillat-Savarin

1 Kilo Salatkartoffeln, 1 feine Eiersoße, 1 Portion Fleischbrühe, evtl. 1 rohes Eigelb, 1 Portion gebackene Austern, Backfett, Garnitur

Hierzu muß der Kartoffelsalat mit einer Eiersoße angerichtet werden, die aus hartgekochten, durchgestrichenen Eiern nebst einem Löffelvoll mit Weißwein verrührtem feinem Mostrich, einigen Tropfen feinem Essig und etwas Zucker nebst Salz und einem Stück Knoblauch verrührt wurde. Dann erhält die Soße noch so viel kräftige Fleischbrühe, daß sie nicht zu lang wird, und wird auch noch mit einem rohen Eigelb abgezogen, wenn sie nicht rund genug sein sollte. Der Salat wird gut damit vermengt und muß darin ziehen. Er darf aber nicht ganz kalt werden, sondern noch eine leichte Wärme besitzen. Dann werden im letzten Augenblick vor dem Anrichten die gebackenen Austern bereitet. Sie werden von den Bärten befreit und mit etwas Zitronensaft beträufelt, zunächst in fein gesiebtem Mehl, dann in einem mit dem Austernwasser kräftig geschlagenen Ei und schließlich erst in staubfein gesiebten Zwiebackkrumen gewendet. Es muß alles sehr schnell gehen, um nichts von der Frische der Austern zu opfern. In heißem Fett werden sie in kaum 1 Minute goldgelb gebacken, mit einem Sieblöffel herausgenommen und gleich schuppenartig um den Kartoffelsalat gelegt, der am besten in einer Kristallschüssel angerichtet und in der Mitte noch mit einigen mit Trüffelstückchen gespickten Champignons gekrönt wird.

Die Kartoffel

In Anbetracht der großen Bedeutung, die die Kartoffel in der Küche hat, soll hier eine Reihe Rezepte folgen, die die Kartoffel im Geschmack variieren und ihr durch Zutaten eine erhöhte Nährkraft verleihen, da die Kartoffel an sich keine sehr großen Nährwerte in sich trägt. Die **frühen Kartoffeln** sind noch sehr wässerig, und man sollte sie daher nicht, wie es am häufigsten geschieht, mit der Schale kochen, sondern immer nur geschält, vielmehr richtiger geschabt. Sind die neuen Kartoffeln schon zu trocken zum Schaben, so muß man sie eine Zeitlang vorher in Wasser legen, um sie in den Zustand zurückzuversetzen, in dem sie sich bei Entnahme aus der Erde befanden. Die **Herbst- und Winterkartoffeln** sind wertvoller. Man hüte sich aber, eine größere Menge der Herbstkartoffeln für den Winter zu kaufen, sie dauern nicht weit in den Winter hinein. Der große Vorrat muß aus echten Winterkartoffeln bestehen. Man hat dann auf einen trockenen, frostfreien und möglichst dunklen Aufbewahrungsart zu sehen, damit sie nicht vor der Zeit keimen. Läßt sich das nicht mehr verhindern, so muß man zum Abkeimen schreiten, sonst verliert die Kartoffel zu sehr an Geschmack. Sie läßt sich dann hinhalten, bis ausländische oder unsere neuen Kartoffeln eintreffen.

Kartoffeln zu kochen

1 Kilo Kartoffeln, 1 Liter Wasser, 1 großer Löffel Salz

Das einfache Kochen der Kartoffeln hat zu geschehen, indem man sie nach der Vorbereitung in gemäßigtem Tempo und unter sofortiger Zugabe von Salz nur gerade bedeckt mit kaltem Wasser kocht. Es ist darauf zu sehen, daß sie nicht zerkochen, da sie sonst zu viel Wasser anziehen, was in der Menge dann nicht mehr abdämpfen kann. Kochen sie zu schnell, so bleibt der Kern oft hart, während die äußere Schicht sich auflöst. Sind sie gar, was man mit einem spitzen, langen Hölzchen am besten erproben kann, so wird das Wasser abgegossen, die Kartoffeln nochmals über das Feuer gebracht und unter zwei- bis dreimaligem Schwenken abgedämpft. Die beste Art ist die Dampfkochung. Hierbei geht nichts von der Kartoffel verloren, sie kann sich nicht ansetzen und bewahrt ihr gutes Aussehen. Ein Dampftopf ist keine große Ausgabe und sollte in keiner Küche fehlen, da er auch zu Gemüse und ganz vortrefflich zu kleinen und großen Kartoffel-, Hefe-, Mehlklößchen zu verwenden ist. Im Fall des Dämpfens müssen die Kartoffeln am Schluß mit Salz bestreut werden.

Kartoffelpüree oder -brei
1 Kilo Kartoffeln, Salz, ½ Liter Milch, 1 Stück Butter

Es werden recht mehlige Kartoffeln dazu genommen, geschält und in Stücke geschnitten, in knappem Salzwasser gargekocht oder gedämpft. Dann werden sie abgegossen und an heißer Stelle mit der Reibekeule unter Hinzufügen von Salz, Milch und einem Stück Butter recht tüchtig verrührt, bis sich keine Stückchen mehr zeigen. Sie können aber auch erst durchgeschlagen werden, wodurch sie feiner werden und sich leichter schaumigrühren. Beim Anrichten werden mit einer querzinkigen Gabel auf der Oberfläche Querstreifen über Kreuz gezogen und braune Butter oder in Würfel geschnittener und mit einer gehackten Zwiebel goldgelb ausgebratener Speck darübergegossen.

Kartoffelbrei mit einer Kruste
1 Kilo Kartoffeln, Salz, Pfeffer, 1—2 Eigelb, 50 Gramm Butter, ½ Liter Milch, Semmelkrume

Die Kartoffeln werden geschält in Salzwasser abgekocht oder gedämpft und dann durch ein Sieb oder eine Kartoffelpresse gedrückt. Der Kartoffelbrei wird darauf mit Salz, etwas Pfeffer, 1 oder 2 Eigelb und einem Stückchen Butter versehen und unter Hinzugabe von Milch bis zur richtigen Konsistenz verrührt. In eine Backform aus Porzellan gegeben, überstreut man die Fläche mit fein gesiebter Semmelkrume, belegt sie mit kleinen Butterstückchen und läßt sie unter Oberhitze bräunen.

Kartoffeln mit Sahne
1 Kilo kleine Kartoffeln, 75—100 Gramm magerer Schinken, einige Zwiebeln, 50 Gramm Butter, ⅛ Liter Wasser, ¼ Liter gute Sahne, Mehl, Pfeffer

Es eignen sich hierzu am besten etwas kleine Kartoffeln, die in der Schale gekocht werden. Zu 1 Kilo Kartoffeln läßt man 75—100 Gramm mageren Schinken mit einigen Zwiebeln, recht fein geschnitten, in etwa 50 Gramm Butter langsam dünsten, bis die Butter braun ansetzen will. Dann gibt man ⅛ Liter Wasser dazu, läßt die Masse eine gute Viertelstunde durchkochen, füllt noch ¼ Liter mit 1 Löffel Mehl verquirlte Sahne dazu, läßt nochmals kochen und gibt die abgezogenen und in feine Scheiben geschnittenen Pellkartoffeln hinein, die, mit etwas Pfeffer gewürzt, über dem Feuer durchziehen müssen.

Pikanter Auflauf
1 Kilo Kartoffeln, 100 Gramm Butter, Salz, Cayennepfeffer, 4—5 Eigelb, ¼ Liter fette saure Sahne, 100 Gramm Parmesankäse

Mit etwa 1 Kilo Kartoffeln, die geschält, in Salzwasser abgekocht und dann abgegossen

Richtiges Schälen von Kartoffeln

werden, treibt man 100 Gramm Butter mit durch ein grobes Sieb oder verrührt sie in einer Kasserolle nebst etwas Salz und Cayennepfeffer. 4—5 Eigelb werden nach und nach dazugegeben, ebenso ¼ Liter fette saure Sahne und 100 Gramm geriebener Parmesankäse. Alles wird möglichst schaumig gerührt und zum Schluß das steife Weiß der Eier locker untergezogen. In einer mit Butter ausgestrichenen Form wird der Auflauf dann gebacken, der sich ordentlich heben muß. Man gibt ihn mit Brisoletten aus Kalbsmilch.

Kartoffelauflauf mit Käse, flach gebacken
1 Dutzend große Kartoffeln, 5 Eier, Milch, 50 Gramm Schweizerkäse, 1 eigroßes Stück Butter, Zucker, Muskat, Backfett

Ein Dutzend große Kartoffeln werden, nachdem sie in Salzwasser gekocht waren, mit Eiern, 50 Gramm fein gehacktem Schweizer-

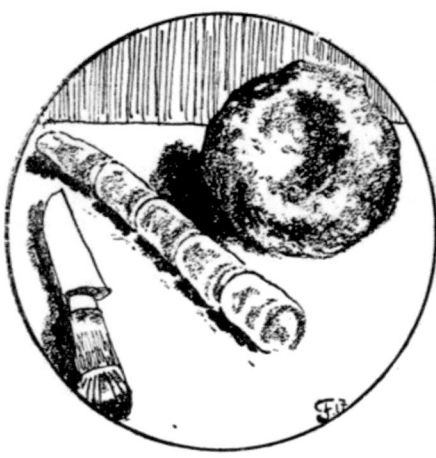

Kartoffelnudeln

Der Teig wird zu zwei Finger dicken Rollen geformt und in Stückchen zerteilt

Auf bemehlten Händen rollt man die Teigstückchen zu kleinen fingerdicken Nudeln, die in Salzwasser gekocht werden

käse und einem eigroßen Stück Butter gut vermengt, mit ein wenig Zucker und Muskatnuß abgeschmeckt und dann in flachen runden Kuchen in steigender Butter auf beiden Seiten goldgelbgebacken.

Kartoffelkuchen auf indische Art

½ Kilo Kartoffeln, 3—4 Eier, ⅛ Liter gute Sahne, Salz, Muskat, Zwiebel, Butter, Backfett, Mango Chutney

Auch hierzu werden in Salzwasser abgekochte Kartoffeln gerieben und im Verhältnis zu ½ Kilo Kartoffeln mit 3—4 Eiern und ⅛ Liter guter Sahne recht locker geschlagen. Unter Hinzufügung von etwas Salz, Muskat und einer in Butter geschwitzten, fein gehackten Zwiebel werden etwa tellergroße flache Kuchen geformt und in steigendem Fett auf der unteren Seite nur gebraten, dann mit Mango Chutney — einer ziemlich scharf mit Pfeffer und Zucker eingedickten indischen Frucht — dünn bestrichen, übereinandergeschlagen, mit Zucker bestreut und mit einem glühenden Eisen, das man durch den Zucker zieht, braungebrannt.

Gebackene Kartoffeln mit Bratwurst

½ Kilo Bratwurst, 50—75 Gramm Butter, Weißbier, 1 Zwiebel, Mehl, Pfeffer, Zucker, Zitronensaft, ½ Kilo Kartoffeln, geriebene Semmel

½ Kilo Bratwurst wird in Weißbier geschmort, herausgenommen und in 2 Zentimeter starke Scheiben geschnitten. In Butter wird dann noch eine große gehackte Zwiebel hell geschmort und ein guter Löffel Mehl damit verrührt. Nun füllt man noch etwas kräftiges Weißbier dazu, so daß es eine bündige Soße gibt, die man mit Pfeffer, ein wenig Zucker und eventuell auch noch etwas Zitronensaft abschmeckt. In dieser Soße läßt man abgezogene und in Scheiben geschnittene Pellkartoffeln einige Zeit anziehen. Dann gibt man auf den Boden einer Porzellanform, die mit Butter ausgestrichen und mit geriebener Semmel ausgestreut sein muß, eine gute Lage der Bratwurstscheiben, dann eine doppelt starke der Kartoffelscheiben und so fort. Die Soße wird voll dazu verbraucht, damit die Kartoffeln nicht trocken werden. Die oberste Schicht wird mit geriebener Semmel und Butterstückchen belegt und das Ganze goldgelbgebacken.

Kartoffelkotelette mit Schinken

½ Kilo Kartoffeln, 125 Gramm gekochter Schinken, 75 Gramm Butter, 1 Ei, gehackte Zwiebel, Salz, 2—3 Löffel Mehl, geriebene Semmel, Backfett

Recht mehlreiche Kartoffeln werden in Salzwasser abgekocht und abgegossen, dann grob gerieben oder durch die Kartoffelpresse gegeben, mit fein geschnittenem, gekochtem Schinken (auf ½ Kilo Kartoffeln 125 Gramm), 4 Eiern, 2—3 Löffel Weizenmehl, einem Stück Butter, Pfeffer, gehackter Zwiebel und Salz gemischt. Gut zu einem festen Brei verrührt, werden sie in Form von Koteletten gebracht, in Mehl, dann Ei und schließlich fein gesiebter Semmel gewendet und auf beiden Seiten in Butter goldgelbgebraten. Klein geformt sind diese Koteletten eine hübsche Zugabe zu Braten.

Prinzeßkartoffeln

1 Kilo Kartoffeln, 5—6 Heringe, 1 Löffel Kapern, 2 große Zwiebeln, 100 Gramm Speck, Butter, saure Sahne oder Milch, 2—3 Eigelb, geriebene Semmel

Zu einer großen Form gehört 1 Kilo Kartoffeln und je nach der Größe 5—6 Heringe, die sehr gut gewässert sein müssen. Sie werden dann mit 1 Löffelvoll Kapern und zwei großen Zwiebeln fein gewiegt. Die Kartoffeln, in der Schale gekocht, werden abgezogen und dann in dünne Scheiben geschnitten. Auf den Grund einer Backform, in der das Gericht auch angerichtet wird, gibt man gebratene Speckwürfel und darauf eine 3—5 Zentimeter starke Lage der Kartoffelscheiben, bestreut mit Pfeffer und ein wenig Salz. Man gibt darauf so viel saure Sahne, mit einigen Eigelb verquirlt, daß sie gerade bedeckt sind. Dann kommt der dritte Teil der Heringe, dann wieder Kartoffeln, ebenfalls mit Sahne bedeckt, und so fort, bis der Hering in 3 Teilen verbraucht ist. Dann kommt noch die letzte Lage Kartoffeln, über der die Sahne reichlich stehen muß. Einige Butterstückchen und geriebene Semmel werden obenaufgestreut und die Kartoffeln unter guter Oberhitze gebacken. Man darf bei diesem Gericht an Sahne und Butter nicht sparen, da es sonst durch das Backen trocken wird. Man kann sämtliche Zutaten aber in einem Schmortopf mischen und an heißer Stelle 1 Stunde ziehen lassen, dann spart man Sahne und Butter. Auch kann man die Sahne mit Milch mischen.

Kartoffeln mit Sardellen

1 Kilo Kartoffeln, 50 Gramm Butter, 125 Gramm Sardellen, Pfeffer, Salz, 1 Löffel gehackter Schnittlauch

Gekochte Kartoffeln in der Schale werden abgezogen, dann in Scheiben geschnitten und in Butter geschmort. Fein gehackte Sardellen, Pfeffer, Salz und ein Löffel gehackter Schnittlauch werden damit gut verschwenkt.

Kartoffeln auf holländische Art

1 Kilo kleine Kartoffeln, Zwiebel, Salz, Pfeffer, ½ Salzgurke, Bratenreste, ½ Liter Fleischbrühe

Kleine geschälte Kartoffeln werden mit reichlich in Scheiben geschnittenen Zwiebeln, Salz, Pfeffer, einigen feinen Salzgurkenscheiben und kleinwürflig geschnittenen Bratenresten vermengt, dann gute Fleischbrühe darübergegeben und das Ganze kurz eingedämpft.

Gefüllte Kartoffeln

1 Kilo große runde Kartoffeln, 125 Gramm gekochter Schinken, 1 Zwiebel, Salz, Pfeffer, 1 Ei, ¼ Liter saure Sahne, ½ Liter Fleischbrühe (oder Soßenreste)

Recht große runde Kartoffeln werden geschält und nicht ganz gargekocht, so daß sie sich nicht weich anfühlen. Abgegossen, wird ein flacher Deckel abgeschnitten und die Kartoffel zur Hälfte ausgehöhlt. Aus gekochtem, fein mit 1 Zwiebel gehacktem Schinken nebst Salz, Pfeffer, 1 Ei, dem ausgeschabten Kartoffelfleisch und etwas saurer Sahne wird eine gut durchmengte Masse hergestellt, die man in die Kartoffeln füllt. Die Deckel werden mit einem Faden kreuzweise festgebunden, oder man kann sie auch mit etwas Eiweiß darauf befestigen. Dicht nebeneinander in eine nicht zu flache Pfanne gestellt, werden sie mit Fleischbrühe oder Soßenresten gar gemacht.

Ungarische Röstkartoffeln

Gleichmäßig große Kartoffeln bürstet und wäscht man sehr sorgfältig und trocknet sie ab. Man schneidet von einer Seite eine Kuppe ab, höhlt die Kartoffeln aus und füllt sie mit Wurst, die man mit gehackter Petersilie und etwas Fett vermengt. In einer Pfanne nebeneinandergeschichtet, werden sie im Bratofen langsam geröstet. Man ißt sie mit der knuspriggewordenen Schale. — Auf feinere Art werden die gefüllten Kartoffeln mit Butter bestrichen und auf Speckscheiben im Ofen gebraten.

Serviettenkloß

Der Teig wird dünn ausgerollt, mit Füllung bestrichen und zusammengerollt, dann zur Schnecke geformt, in eine Serviette gebunden und in Salzwasser gekocht

Italienisches Kartoffelgericht

1½ Kilo Kartoffeln, ½ Liter Milch, 6—8 Eier, 125 Gramm Butter, Salz, Pfeffer, 1 pikantes Tomatenpüree, Parmesankäse

1½ Kilo werden geschält, gekocht und unter Zunahme von Milch zu einem festen Brei verrührt. Das Gelbe von 6—8 Eiern nebst 100 Gramm Butter wird nach und nach dazugeschlagen, dann mit Salz und Pfeffer gewürzt und der feste Schnee von 4 Eiern leicht daruntergezogen. Vorher hat man ein recht dickes Tomatenpüree, gewürzt mit fein gehackten Zwiebeln, Pfeffer und etwas Zucker bereitet. Kegelförmig bringt man nun auf eine flache, nicht zu große, mit Butter bestrichene Schüssel abwechselnd eine 4—5 Zentimeter starke Schicht der Kartoffeln, eine 1 Zentimeter starke Schicht der Tomaten usw., bis das Material verbraucht ist. Die Tomatenschicht muß sich von den Kartoffeln unterscheiden. Obenauf kommt dann ein Stück frische Butter, die sich auflösen soll. Man bestreut das Ganze noch mit Parmesankäse, überzieht es mit dem Schnee des übrigen Eiweiß und bäckt es im Ofen goldgelb.

Straßburger Kartoffeln

1 Kilo Kartoffeln, 2—3 große Zwiebeln, 50 Gramm Butter, ½ Liter gute Fleischbrühe, 1 Teelöffel Kümmel, Salz, 1 Lorbeerblatt, schwarzer Pfeffer

2—3 große Zwiebeln werden in 50 Gramm Butter geschwitzt, ohne gelb zu werden, und mit ½ Liter guter Fleischbrühe nebst 1 Teelöffel Kümmel, dem nötigen Salz, 1 Lorbeerblatt und etwas feinem schwarzem Pfeffer verkocht. Kartoffeln, in der Schale gekocht und noch recht heiß, werden abgezogen und in feinen Scheiben in die Soße geschnitten, der man zum Überfluß, aber doch gutem Geschmack, noch frische Butter und Milch zugeben kann. An heißer Stelle muß das Gericht noch ziehen.

Saure Kartoffeln mit Speck

1 Kilo Kartoffeln, ½ Kilo durchwachsener Speck, 1 Zwiebel, heißes Wasser, Essig, Zucker, Lorbeerblatt, Gewürz- und Pfefferkörner

Das erforderliche Maß Kartoffeln wird geschält und gargekocht. Ein entsprechendes Quantum zarter durchwachsener Speck wird in beliebig große Scheiben geschnitten, goldgelbgebraten, dann aus dem Fett genommen und an eine warme Stelle gestellt, damit er knusprig bleibt. In dem Fett wird eine gehackte Zwiebel hellgelbgedünstet, entsprechend der erforderlichen Soßenmenge Wasser und der nötige Essig sowie Zucker, um eine herzhafte, süßsäuerliche Soße zu bilden, dazugegeben. Diese Soße kocht man mit einem Lorbeerblatt, einigen Gewürz- und Pfefferkörnern noch ordentlich durch und gibt sie dann über die Kartoffeln, um sie damit gut durchziehen zu lassen. Der Speck wird zuletzt über die angerichteten Kartoffeln gegeben.

Petersilienkartoffeln

1 Kilo Kartoffeln, 125 Gramm Butter (evtl. Rinderfett), heißes Wasser, Salz, Petersilie, Schnittlauch (oder gehackte Zwiebel)

Möglichst gleichmäßige Kartoffeln werden geschält, in Salzwasser gekocht und dann gut abgegossen. Abdampfen sollen sie nicht. Man zerläßt der Menge der Kartoffeln entsprechend Butter oder, soll es weniger kostspielig sein, Rinderfett, gibt noch etwas heißes Wasser, Salz und eine tüchtige Portion gehackte Petersilie, die mit etwas Schnittlauch oder gehackter Zwiebel versehen sein kann, dazu. Darin kochen die Kartoffeln noch einmal ordentlich durch.

Brühkartoffeln

½ Kilo Rindfleisch, 1 Portion Suppengrün, 1 Kilo Kartoffeln, Petersilie, 1 Stich Butter

Von einem Stück Rinderbrust oder der saftigen Teilung wird eine kräftige Brühe mit Zugabe von kleingeschnittenem Sellerie, Zwiebel und Porree, Petersilienwurzel, Mohrrübe, einem kleinen Lorbeerblatt und einigen Gewürz- und Pfefferkörnern gekocht. Die geschälten Kartoffeln kochen hierin gar und erhalten noch eine reichliche Zugabe von gehackter Petersilie. Sehr gut schmecken sie, wenn zum Schluß noch ein Stück frische Butter darin zergeht. Das Fleisch wird dazugegeben.

Schinkenkartoffeln

1 Kilo Kartoffeln, 50—75 Gramm Butter, 1 Zwiebel, ¼ Kilo gekochter Schinken, ¼ Liter Sahne evtl. Milch, 2—3 Eier, Salz, Pfeffer, Zwiebackskrume

Zu 1 Kilo Kartoffeln zerläßt man 50 Gramm Butter, zugleich eine fein gehackte Zwiebel darin gelbschmorend. Die in der Schale gekochten und abgezogenen Kartoffeln werden in feine Scheiben geschnitten und lagenweise abwechselnd mit ¼ Kilo gekochtem, in Streifen geschnittenem Schinken in eine Porzellanform gebracht, indem jede Lage noch etwas von der zerlassenen Butter bekommt. ½ Liter saure Sahne oder gute Milch wird mit 2—3 Eiern verquirlt und mit Salz und etwas Pfeffer gewürzt über die Kartoffeln gegossen, die schließlich mit etwas feiner Zwiebackskrume und mit Butterflöckchen bestreut goldgelbgebacken werden.

Braune Kartoffeln

1 Kilo Kartoffeln, 100 Gramm Speck (oder Schmalz), 2—3 Löffel Mehl, heißes Wasser (oder Fleischbrühe), 1 Zwiebel, 1 kleine saure Gurke, 2 Löffel Korinthen evtl. Rosinen

In 100 Gramm ausgelassenen Speck oder Schmalz gibt man 2—3 Löffel Mehl und läßt es recht dunkel werden. Dann gibt man so viel heißes Wasser oder Fleischbrühe dazu, daß es eine sämige Soße wird, mit der man dann eine fein gehackte Zwiebel, eine in Würfel geschnittene kleine saure Gurke und 2 Löffel Korinthen oder auch Rosinen verkochen läßt. Die Kartoffeln, geschälte oder in der Schale gekochte, werden hineingeschnitten und ziehen darin.

Béchamelkartoffeln
1½ Kilo Kartoffeln, 75 Gramm Butter, 1 Löffel Mehl, ½ Liter Milch (oder Sahne), Salz, Pfeffer.

Auf 1½ Kilo Kartoffeln gibt man 75 Gramm Butter in die Pfanne und läßt eine mittlere fein gehackte Zwiebel darin weich=, aber nicht dunkelschwitzen, verbindet einen guten Löffel voll Mehl damit, füllt ½ Liter Milch, besser noch Sahne, darauf und würzt mit dem nötigen Salz und Pfeffer. Hierunter werden die in der Schale knapp gargekochten und abgepellten Kartoffeln in feine Scheiben geschnitten und vorsichtig umgeschüttelt zum Garziehen auf sanftes Feuer gestellt.

Klöße mit rohen Kartoffeln
1½ Kilo Kartoffeln, 3 Löffel Mehl, 2—3 Eier, Salz, Majoran, 1 alte Semmel, 125 Gramm Speck, Zwiebel

Hierzu wird die Hälfte der Kartoffeln roh gerieben und in einem Tuch trockengepreßt, dann mit den gekochten und geriebenen Kartoffeln gut gemischt. Auf 1½ Kilo Kartoffeln werden 3 Löffel Mehl, 2—3 Eier, Salz, etwas Majoran sowie eine alte, in Milch eingeweichte und wieder ausgedrückte Semmel gegeben. Nachdem alles Mehl vermengt ist, werden Klöße davon gedreht, die man in Mehl wälzt und in Salzwasser kocht, bis sie sich heben. Fertig, wird in Würfel geschnittener, mit 1 Zwiebel ausgebratener Speck darübergegeben.

Kartoffelbällchen zum Garnieren
1 Teller geriebene Kartoffeln, 30 Gramm Butter, Eier, Salz, Muskat, 1 Prise Zucker, 2 Löffel Mehl und Fett zum Ausbacken

Man rührt 30 Gramm Butter zu Schaum, gibt 2 Eier, etwas Salz, Muskat und eine kleine Prise Zucker dazu, verrührt einen Teller geriebene, tags zuvor gekochte Kartoffeln nebst 2 Löffel Mehl damit und formt längliche oder runde Bällchen davon, die paniert und in schwimmendem Fett zu goldgelber Farbe gebacken werden.

Kartoffelklöße
1 Kilo Kartoffeln, 4—5 Löffel Mehl, 2—3 Eier, Salz, Muskat, 1 Prise Zucker, 1 Semmel, 20 Gramm Butter

Hierzu muß 1 Kilo Kartoffeln unbedingt 24 Stunden vorher gekocht werden. Von frisch gekochten Kartoffeln lassen sich keine Klöße machen, da von diesen der Teig „klietschig" wird. Die Kartoffeln werden dann gerieben oder durchgepreßt und mit 4—5 Löffeln Mehl und 2—3 Eiern vermischt. Mit der Zugabe von Mehl richtet es sich allerdings nach dem mehr oder weniger mehligen Kartoffeln. Es muß eben so viel Mehl dazu, daß der Kloß nach der Verarbeitung sich bindet, ohne zu fest

zu sein. Der Teig wird mit Salz, ein wenig Muskat und einer Prise Zucker gewürzt und muß so bearbeitet werden, daß er sich von der Schüssel löst. Eine Semmel, in kleine Würfel geschnitten, hat man vorher in Butter goldgelb geröstet, und davon werden 5—6 Stück in die Mitte eines jeden Kloßes gegeben. Sie behalten so das angenehm Kroße, während sie weich werden, wenn man sie unter den ganzen Teig mischt. In gut gesalzenem Wasser kocht man die Klöße, bis sie sich heben. Ein Dampftopf eignet sich vorzüglich dazu.

Vogtländische Klöße ohne Eier

Man nimmt 1¼ Kilo geschälte rohe Kartoffeln, reibt sie in einem Eimer mit kaltem Wasser, das man öfters abgießt und erneuert, damit die Kartoffeln weiß bleiben. Außerdem reibt man 5 große gekochte Kartoffeln. ½ Liter Milch mit etwas Butter gibt man in eine Kasserolle und läßt sie mit 125 Gramm Grieß (Mittelsorte) zu einem dicken Brei kochen. Nun preßt man die rohen Kartoffeln am besten durch eine Kartoffelpresse gut trocken aus, gibt Salz, Pfeffer, Muskatblüte, die gekochten 5 Kartoffeln, den Grießbrei und die Hauptsache, das Kartoffelmehl, das von den geriebenen rohen Kartoffeln im Eimer auf dem Boden zurückgeblieben ist, hinzu. Man arbeitet nun die Kartoffelmasse gut durcheinander, nimmt einen Topf kaltes Wasser zur Seite und dreht die Klöße, die in der Mitte mit gerösteter Semmel gefüllt werden, schön rund. Man kocht sie 5 bis 10 Minuten in kochendem Salzwasser zugedeckt.

Schlesische Klöße
2 Kilo in der Schale gekocht, geriebene Kartoffeln, 1 Kilo rohe, geriebene Kartoffeln, 2 gestrichene Eßlöffel Salz. Nach Belieben 50 Gramm Zwiebelwürfel in 50 Gramm Fett gelbgeröstet

Zu den gekochten Kartoffeln werden die in Wasser geriebenen, rohen Kartoffeln, die man in einem Tuch fest ausdrückt, gegeben. Man knetet den Teig tüchtig mit Salz, nach Belieben mit Zwiebelwürfeln durch, fügt, wenn die Masse zu fest ist, etwas Wasser, außerdem das im Wasser abgesetzte Kartoffelmehl dazu, formt nach Fertigstellung eines Probekloßes gleichmäßige Klöße, die in Salzwasser 10—15 Minuten mehr ziehen als kochen müssen. Diese Klöße sind besonders geeignet zu fetten Bratensoßen, z. B. bei Schweine= und Gänsebraten.

Rohe gebratene Kartoffeln (Pommes frites)

Die Kartoffeln werden geschält, dann in feine Blättchen oder beliebige Streifen geschnitten, etwas übertrocknet und in kochendem Fett gebraten. Wenn sie nur leicht gelb angefärbt sind, ist es Zeit, sie herauszunehmen, da sie sonst zähe werden.

Aufgeblasene Kartoffeln (Pommes soufflées)

Man schneidet die Kartoffeln in 1 Zentimeter starke Scheiben, läßt sie übertrocknen und gibt sie dann für einige Minuten in heißes Fett; sie dürfen sich kaum färben. Dann nimmt man sie mit einer Schaumkelle heraus, legt sie auf Löschpapier oder auf ein Sieb, worauf sie etwas erkalten müssen. Nach etwa 5 Minuten gibt man sie zum zweitenmal in das siedende Fett, nimmt sie, sowie sie aufgegangen sind, heraus und bestreut sie mit feinem Salz.

Einige Küchenkräuter und Rettiche

Alle diese Gewächse gedeihen in einem gut bearbeiteten, lockeren Boden, dem im Frühjahr bei der Saat noch Kompost untermischt wurde. Im ganzen darf der Boden nicht zu schwer sein.

Basilikum, feines grünes, von feinem Aroma, wird Anfang April in Reihen nicht zu dicht ausgesät und dann bis auf eine Pflanzweite von 25 Zentimeter verzogen; es gibt dann schöne, runde, strotzende Büsche ab.

Beifuß. Diese Würze für den echten Gänsebraten braucht man im Frühling nur einmal auszusäen. Er sät sich dann selber wieder aus; geben wir ihm eine besondere Ecke, so können wir jahrelang Nutzen von ihm haben.

Borretsch oder Gurkenkraut. Dieses an Salat und Soßen angenehme Gewürz hat die Eigenschaft des Beifuß. Im Frühjahr ausgesät, erscheint es im nächsten Jahr von selber wieder, sobald wir die hübschen blauen Blüten in Samen schießen lassen. Es ist dann nur ein Verziehen und Reinigen zwischen den Pflanzen nötig.

Estragon. Eine Aufzucht aus Samen gelingt uns nicht. Wir sind genötigt, Stecklinge aus einer Pflanzenhandlung zu beziehen. Der beste ist der echte französische. Einmal angepflanzt, wuchert er in gutem, ihm zusagendem Boden aber bald so sehr, daß eine neue Teilung des Stockes nötig wird. Er ist vollständig winterhart und bedarf keiner Decke.

Kresse. Hiervon gibt es verschiedene Arten, von denen die neuerdings erschienene amerikanische Winterkresse besondere Beachtung verdient, da sie nicht wie die gewöhnliche Gartenkresse so leicht in Samen schießt. Sehr gut ist auch die englische goldgelbe und die gefüllte Gartenkresse. Alle werden im Frühjahr, auch in Zwischenpausen im Sommer noch ausgesät.

Majoran. Das feinste Aroma hat der französische Sommermajoran, der im Anfang April in Reihen ausgesät und dann bis auf 15 Zentimeter Entfernung verzogen wird. Man kann ihn im Laufe des Sommers zweimal schneiden und gewinnt auf die Art einen schönen Vorrat zum Trocknen.

Kerbel, zu Frühjahrssuppen so gut, wird Anfang April ausgesät und nur gelichtet. Man kann auch noch eine spätere Aussaat machen.

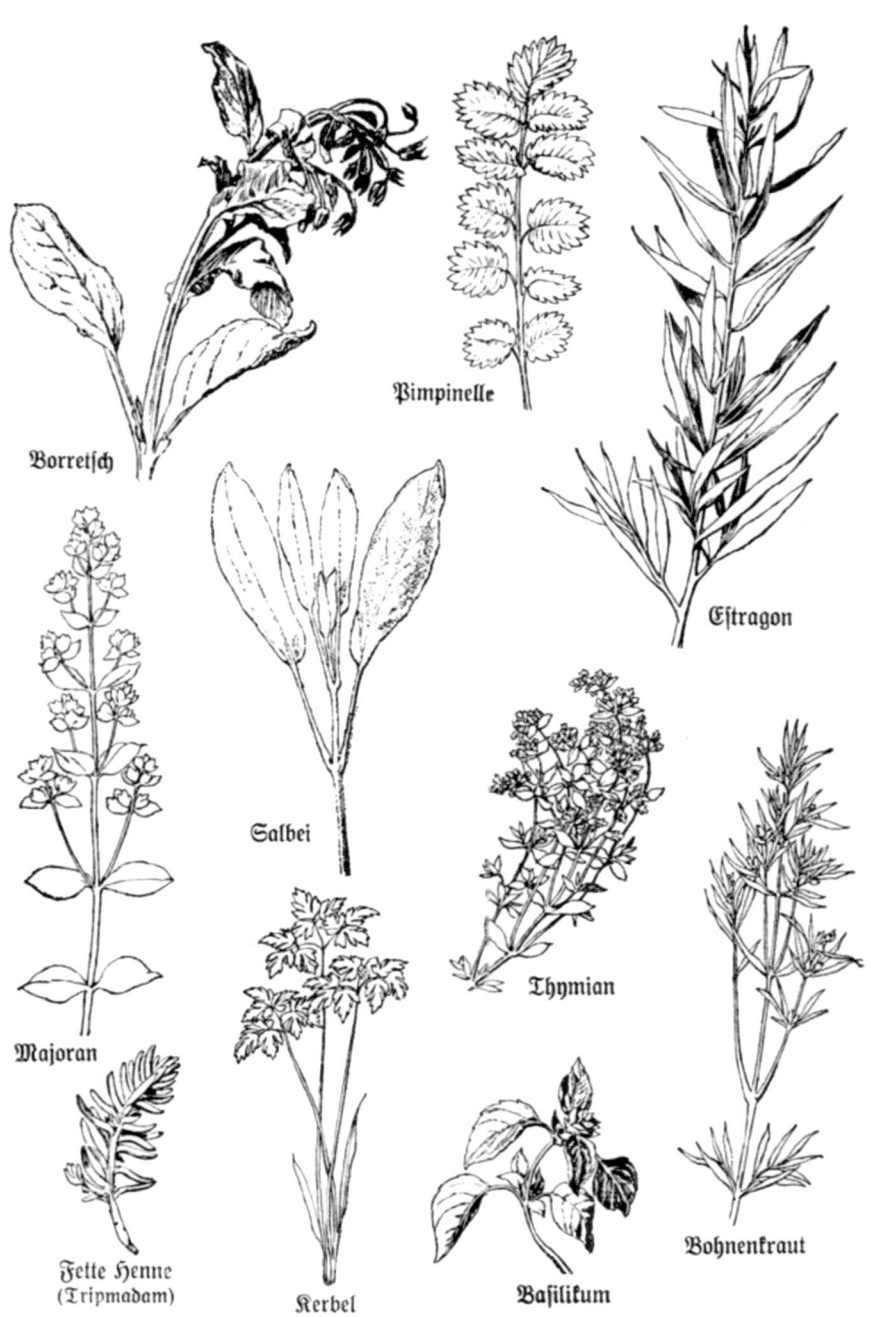

Unsere Küchenkräuter

Liebstock. Ein namentlich in Frankreich sehr beliebtes Kraut zu Salaten und Soßen. Es ist besser, es nicht im freien Land an Ort und Stelle auszusäen. Es ist eine Anzucht im Frühjahr nötig, da der Samen schwer keimt. Die in kleinen Töpfchen gezogenen Pflanzen werden mit dem Ballen ausgetopft und in das dazu bestimmte Land gesetzt. Einige Pflanzen genügen.

Zitronenmelisse. Eine prächtige, durch Geruch und Geschmack gleich erfrischende Pflanze mit schön geformten, saftigen, frischgrünen Blättern. Ich habe sie an warmer, sonniger Stelle Anfang April ausgesät und einen Wald von Pflanzen bekommen. Abgesehen von ihrer Verwendung in der Küche eignen sich die Blätter auch trefflich zum Parfümieren des für Fingerschalen bestimmten Wassers und zum Abreiben der Finger.

Dill. Frühjahrsaussaaten hiervon sind sehr unsicher; es ist daher die Herbstaussaat nötig. Im Oktober wird ausgesät. Der Winter schadet der Saat nichts. Auch sät er sich, einmal im Garten aufgenommen, immer wieder von selber aus.

Thymian. Als Gewürz wie als hübsche Einfassungspflanze soll er im Garten nicht fehlen. Er dauert einige Jahre aus und läßt sich auch sehr gut verpflanzen. Anfang April streut man den Samen aus und setzt dann die kleinen aufgegangenen Pflänzchen in Reih und Glied an den bestimmten Platz, vielleicht als Einfassung für die ganze Abteilung der Küchenkräuter. Er liebt mehr trockenen Boden und ist für eine Kalkgabe sehr dankbar.

Pfeffer (Paprika). Hierin gibt es viele hübsche Variationen. Die Kultur ist sehr einfach; denn man sät ihn auch im freien Land aus in milder, kräftiger Erde. Bedingung ist aber Sonnenschein, denn die Pfefferpflanzen sind Kinder des Südens. Sie sind so reizend, daß wir ihnen in der Blumenabteilung einen Platz geben können. Die hübschesten Sorten sind: Spanischer roter, schnabelförmiger Pfeffer, rote, lange Schoten. Roter eckiger, spanischer, tomatenähnlich. Elefantenrüssel, scharlachrote, bis 30 Zentimeter lange Schoten. Bukettständiger Pfeffer, schmale, lange, gedrehte, grüne, förmlich in Dolden stehende Schoten. Kardinal, lange, dunkelrote Schoten, bis 25 Zentimeter lang. Ruby King, große, rote, runde Früchte. Gelber und roter Traubenpfeffer. Kleiner kirschförmiger gelber, ebenso roter, sehr gut für Mixed Pickles geeignet. Golden Dawn, prachtvolle große, gelbe, hängende Früchte.

Rosmarin. Bedarf der Vorkultur. Auch bekommt man die Pflanzen käuflich meist in den Samenhandlungen. Das gleiche gilt von Tripmadam, Salbei und Wermut.

Knoblauch. Hiervon werden einzelne Zehen in 15 Zentimeter Abstand in die Erde gelegt. Es genügen einige Stauden, da der Verbrauch hierzulande nicht zu bedeutend ist, obwohl er, richtig angewandt, manches Gericht verfeinern kann.

Perlzwiebeln. Kleine Brutzwiebeln, durch die sich dies Gewächs allein vermehrt, bringt man im Laufe des August in 9—10 Reihen auf ein 1,20 Meter breites Beet in Abständen von 10 Zentimeter. Es bilden sich dann im nächsten Sommer Nester von Zwiebeln in jeder gelegten Brutzwiebel. Man nimmt sie im August heraus und trennt die neu zu legende Brut, was gleich wieder geschehen kann, ab. Man nimmt gern die größten und übergibt die Ernte den verschiedenen Verwendungen. Man sortiert sie je nach Zweck der Anwendung.

Porree oder Lauch. Da der Lauch den Winter ausgezeichnet aushält, so ist es ratsam, die Aussaat bereits Anfang September für das nächste Jahr vorzunehmen. Man verpflanzt dann Anfang Mai bei schon ziemlich gut entwickelten Pflanzen in Rillen von 15 Zentimeter Tiefe. Vier Rillen auf ein Beet mit 15 Zentimeter Abstand. Die Rillen dürfen nur allmählich sich schließen, erst gegen Ende werden sie ganz geschlossen. Es gibt dann prachtvolle weiße Stauden, deren Vorrat im Keller den Winter über in Sand aufbewahrt wird. Man kann den Winterporree aber auch in der Erde lassen und nach Bedarf ausgraben.

Schnittlauch. Hiervon machen wir keine Aussaat. Sie ist unsicher, und wir tun demnach besser, kleine Pflanzen davon zu kaufen. Er verlangt kräftigen Boden, fühlt sich in reinem, lockerem Kompost am wohlsten, verlangt subtile Reinhaltung und reichliche Feuchtigkeit. Geben wir ihm das alles, so dient er uns zu sehr hübschen, kräftigen Einfassungen, neben dem Nutzen, den er uns in der Küche leistet. Die beste Pflanzzeit ist die zweite Hälfte des April oder August. Alle zwei Jahre muß er umgepflanzt werden, sonst erstickt er.

Winterheckzwiebel. Johannislauch, auch Jakobslauch genannt, ist eine mehrjährige Pflanze, sehr nützlich in der Küche und genügsam in den Ansprüchen. Sie verlangt einen etwa 20 Zentimeter tief gelockerten Boden, leicht, aber nahrhaft. Sie gedeiht sonst an jedem Platz. Der Samen wird Anfang April breitwürfig auf dem Anzuchtbeet ausgesät und nur eingedrückt. Ein kleines Fleckchen genügt für eine große Anzahl Pflanzen. Anfang Juli werden sie in kleinen Büscheln in regelmäßiger Entfernung von 15—20 Zentimeter versetzt. Dieser Lauch ist nicht empfindlich, bleibt im Winter unbedeckt und treibt im ersten Frühjahr schon aus. Der Lauch wird in manchen Gegenden auch als Gemüse gekocht, ist als Würze zu Suppen und Soßen zu verwenden und kann den Schnittlauch ebenfalls in allen Fällen vertreten.

Chenille oder Raupenklee (Scorpiorus vermiculus sulcatus etc.). Man sät im Frühjahr aus, lichtet und hackt die Pflanzen und gibt Feuchtigkeit, wenn nötig.

Erdmandel (Cyperus esculentus). Eine andauernde Pflanze, die sich durch ihre Wurzelknollen, auch durch Teilung des Wurzelstocks vermehrt. Lockerer Boden und sonnige Lage sind ihr Bedürfnis. Man setzt sie in einem Abstand von 20 Zentimeter im April. Die Ernte findet Oktober statt. Man genießt die Erdmandel meist geröstet, sie hat dann einen sehr angenehmen, süßen Geschmack. Roh ist sie etwas mehlig. Die Aufbewahrung erfolgt in einem trockenen Raum.

Krauseminze (Menha crispa). Sie bedarf etwas schattiger und feuchter Lage und ist ausdauernd. Den sehr feinen Samen sät man zunächst in einer Saatschale aus. Die Pflänzchen setzt man dann in Abständen von 25 Zentimeter aus. Im Herbst wird das Kraut ab-

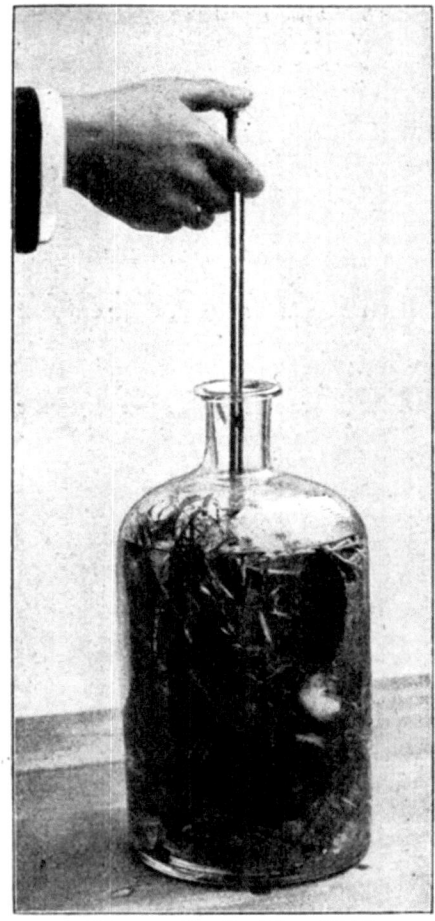

Wie man Gewürzessig aufstellt
Zu dem Artikel auf Seite 204

geschnitten und die Wurzelstücke mit altem Mist bedeckt. Nach einigen Jahren wird eine Stockteilung nötig unter anderer Platzbestimmung.

Pimpinelle (Poterium sanquisorba). Diese feine Salatwürze liebt einen trockenen, kalkgemischten Boden; unter großer Feuchtigkeit versagt sie. Im Frühjahr ausgesät, werden die Pflanzen verdünnt, so daß auf 15—20 Zentimeter eine Pflanze kommt. Man kann sie später durch Teilung des Wurzelstocks vermehren. Die jungen Wurzelblätter sind die besten.

Petersilienwurzel. Diese als Küchenwürze unentbehrliche Wurzel gedeiht nur gut in einem tief gelockerten Boden, sonst bildet sie nur Faserwurzeln und Kraut. Sie ist so zeitig als möglich im Frühjahr auszusäen in Reihenabstand von 25 Zentimeter und späterer Lichtung der Reihen auf 8—10 Zentimeter Pflanzenweite. Beste Sorten: Ruhm von Erfurt und Bardowicker.

Radieschen. Man sät während des ganzen Sommers vom ersten Frühjahr an in vierzehntägigen Raten auf recht milden, gut durchgearbeiteten, nicht frisch gedüngten Boden, denn sonst bekommt man nur Kraut mit strunkigen Enden. Für die Aussaat im Frühbeet gibt es

Sorten, wie „Non plus ultra", die nur 21 Tage zu ihrer Entwicklung brauchen. Im freien Land dauert die Sache etwas länger. Breitwürfig gesät, müssen die Pflanzen so verzogen werden, daß jede für sich 4—5 Zentimeter Raum hat. Sie müssen stets mäßig feucht gehalten werden; es ist daher gut, die Beete so an den Seiten anzuhäufeln, daß das Wasser nicht abläuft. Es gibt viele Sorten: rundes Würzburger Riesenradieschen, das bei einer Größe von 5—6 Zentimeter im Durchmesser ein schneeweißes, zartes, aromatisches Fleisch besitzt, ohne pelzig zu werden. Eine hohe Konkurrenz für alle anderen Radieschen. Ferner das reizend aussehende, dunkelrot auf weißem Grund geringelte, kugelrunde Triumph-Treibradieschen. Ferner das ovale Radieschen „Erste Nummer", das wenig Blätter bildet, sich aber äußerst schnell entwickelt. Schließlich rate ich noch zu einem Versuch des Mongri Radies von Java, das, von außerordentlicher Länge, sich in seltsamen Windungen gefällt.

Rettiche. Die Kultur ist einfach. Sommerrettiche werden in der zweiten Hälfte des April, Winterrettiche in der zweiten Hälfte des Juni auf lockerem Boden ausgelegt, die Samenkörner auf 25 Zentimeter Entfernung 5—6 Stück nebeneinander, und nach dem Aufgehen derart verzogen, daß nur 2—3 in richtigem Abstand stehenbleiben, wozu man die kräftigsten wählt. Rechtzeitiges Jäten und fleißiges Gießen gibt gute Resultate. Ernte der Sommerrettiche von Juni, der Winterrettiche von September ab. Beste Sorten: Weißer runder Münchener Bier- als Sommerrettich und weißer japanischer Mikado als Herbstrettich, wie auch langer violetter Gonnay.

Meerrettich. Einmal dem Garten einverleibt, verwildert er sehr leicht, da jedes Endchen einer Wurzel gleich wieder austreibt. Eine sehr einfache und bequeme Art, ihn für den Hausgarten anzupflanzen, ist, ihm irgendeinen abgegrenzten Platz im Garten anzuweisen. In einer Entfernung von 40 Zentimeter werden Rillen gezogen und in diese die etwa 6—8 Zentimeter langen Meerrettichsetzlinge, die man in jeder Samenhandlung erhält, ziemlich wagerecht gelegt, so daß der Kopf nach Zuschüttung ein wenig über der Erde steht. Es werden 6 Zentimeter breite Zwischenräume gelassen, die Kopfenden müssen in gleicher Richtung und die Wurzelenden etwas tiefer liegen. Nach der Entwicklung im Herbst nimmt man davon dann nach Bedarf für die eigene Küche und läßt die in der Erde bleibenden Wurzelstückchen für die Fortpflanzung sorgen. Um starke und glatte Stangen zu bekommen, sollte man die sich zeigenden Nebenwurzeln entfernen und nur die am unteren Ende sich bildenden belassen. Ein mehrmaliges Aufgraben im Laufe des Sommers ist nötig. Ein guter, kräftiger Gartenboden ist hier auch erforderlich.

Gewürzessige

Die Gewürzessige sollten in der Küche mehr angewandt werden, als es in der Regel geschieht. Bei Speisen, bei denen Essig benötigt wird, geben sie zugleich einen Ersatz der frischen Kräuter.

Schalotten- oder Knoblauchessig. Es werden in eine etwas weithalsige Flasche zirka 100 Gramm Schalotten oder Knoblauch gegeben, 1 Liter bester Weinessig daraufgefüllt und die Flasche 2—3 Wochen in die Sonne oder an eine warme Stelle gebracht. Man schüttelt ihn täglich einmal tüchtig um und füllt ihn zum Schluß nach Durchfiltrierung in kleinere Flaschen.

Estragonessig. Eine Handvoll von den Stengeln abgepflückte Estragonblätter, die man an der Sonne übertrocknen ließ, gibt man in eine Flasche oder in einen Krug, fügt einige Schalotten, 10 Gewürznelken und etwas Zitronenschale dazu und übergießt alles mit 1 Liter feinstem Weinessig. 14 Tage läßt man ihn unter öfterem Umschütteln an warmer Stelle stehen, filtriert ihn und füllt ihn auf kleine Flaschen.

Kräuteressig. Im Vollsommer stehen alle Kräuter dazu zur Verfügung. Es werden frische Sellerieblätter, Estragon, Pimpinelle, Schnittlauch, Pfefferkraut, Basilikum, Thymian, Zitronenmelisse und Knoblauch — von allem ein kleines Sträußchen — in eine Flasche gebracht, dann 1 Schote spanischer Pfeffer, 10 Gewürznelken und 2 Lorbeerblätter sowie etwas Zitronenschale dazugegeben, mit 1½—2 Liter feinstem Weinessig übergossen und wie oben beschrieben behandelt.

Himbeeressig. Dieser auch zu einem kühlenden Getränk gern benutzte Essig schmeckt am besten bei reichlichem Quantum Beeren. Auf 1 Liter Weinessig ist 1 Kilo Himbeeren ein gutes Maß. Man zerdrückt die Himbeeren in dem Essig, stellt die Flasche wenigstens 8 Tage an die Sonne und filtriert ihn dann. Zu Limonaden kann man ihn gleich mit Zucker verkochen.

Das Obst

Das Obst ist ein stark wasserhaltiges, vitaminreiches Nahrungsmittel, das von Nährstoffen hauptsächlich Zucker enthält und außerdem die feinen erfrischenden, leicht säuerlichen Geschmack bedingenden Obstsäuren. Wir nehmen das Obst nicht nur roh zu uns, sondern wir haben die allerverschiedensten Zubereitungs= und Trocknungsarten, die es uns ermöglichen, auch im Winter dieses gesunde und wohlschmeckende Nahrungsmittel zu genießen. Es enthält durchschnittlich 80—90% Wasser und 5—20% Zucker. Während des Krieges hat auch endlich die Marmelade ihre gerechte Würdigung in Deutschland gefunden und wird sich jetzt auch auf dem Tische behaupten, denn sie ist ein außerordentlich bekömmliches, die Verdauung regelndes Nahrungsmittel von gutem Geschmack. Auch die Obstweine oder alkoholfreien Weine müssen hier als gute Nahrungs= und Erfrischungsmittel erwähnt werden, besonders der alkoholfreie Traubensaft.

Die Samenfrüchte (Nüsse, Mandeln, Eßkastanien) sind wegen ihres Fett= und Vitamingehaltes wertvoll und wichtig. So enthalten Haselnüsse 56,3% Fett, Kokosnüsse 60,4% und Walnüsse 52,6%. Sie sind dadurch außerordentlich gut geeignet, fehlendes Fett der Nahrung zu ersetzen; besonders sind die Pflanzenöle, die 97% Fett enthalten, ein vom Körper leicht und gut ausgenutztes Nahrungsmittel.

Das rohe Obst

Das Ernten des Obstes hat in der Weise zu geschehen, daß es gepflückt und nicht geschüttelt wird. Das Fallobst, ob natürlich oder mit Gewalt abgeworfen, ist immer minderwertig und nicht haltbar. Der Hochstamm ist in bezug auf die Ernte daher auch weniger gut; sie stellt sich schwierig und teuer und obendrein lebensgefährlich. Für Äpfel und Birnen bedient man sich bei hohen Bäumen der Obstpflücker, von denen der Hohenheimer mit dem eingezackten Rand der praktischste ist. Für recht große Früchte empfehle ich den sogenannten Fingerpflücker. Für das feine Obst wird ein Korb mit Holzwolle ausgelegt bereitgehalten. Die Reife der Frucht zeigt sich dadurch an, daß sie sich bei leichter Drehung am Stielansatz vom Zweig löst. Soll gutes Obst verschickt werden, so ist jede einzelne Frucht in Seidenpapier zu wickeln. In Frankreich findet man das allgemein als selbstverständlich, während man hier häufig in dieser Beziehung noch rechtem Unverstand begegnet. Das Obst bleibt so lange am Baum, bis es völlig ausgebildet, aber noch nicht an der absoluten Grenze der Vollreife angelangt ist. Diese erhält es erst auf dem Lager. Nicht richtig entwickeltes Obst erhält auch auf dem Lager nicht die Vollreife, und wir werden in solch einem Fall immer den Verlust der Vollgüte sowie des charakteristischen Aromas zu beklagen haben. Läßt man solche Frucht länger liegen, so schrumpft sie völlig ein.

Als Aufbewahrungsraum kann mit Erfolg nur ein solcher dienen, der eine Ventilation ermöglicht. Ein gewisser Feuchtigkeitsgrad ist notwendig; die Feuchtigkeit darf aber keine stehende, wie in dumpfen Kellern, sein. Die Luft muß zerteilend eintreten können. In trockenen Räumen schrumpft das Obst bald ein; es sieht dann nicht nur schlecht aus, sondern verliert auch den saftvollen Geschmack. Am besten ist für einen solchen Raum die Nord= oder Westlage. Sehr gut eignen sich frostfreie Bodenkammern, die aber vorteilhaft dunkel gehalten sein müßten. Ganz tiefe Keller eignen sich weniger. Selbstverständlich ist, daß man nur gutes, fleckenloses Obst aufbewahren kann. Minderwertiges ist auszuscheiden und zu baldigem Gebrauch in besonderer Abteilung unterzubringen.

Zum Rohgenuß sollen Äpfel und Birnen nur auf den Tisch kommen, nachdem sie mit einem sauberen Leinentuch gut abgerieben sind. Von Stein= und Beerenobst scheidet man die angestoßenen Früchte aus, die, von den schlechten Stellen befreit, zum Kompott benutzt werden können. Die tadellosen Früchte werden abgewaschen und auf ein Sieb zum Abtropfen gelegt. Man bedenke, durch wie viele Hände das Obst geht, wenn man nicht in der Lage ist, es dem eigenen Garten zu entnehmen. Sauberkeit des Obstes in der heißen Sommerzeit ist ein doppeltes und dreifaches Gebot für unsere Gesundheit. Auf flacher Glas= schale, mit Unterlage einiger Wein= oder anderer grüner Blätter, oder in Ermangelung derer mit einer Papierserviette wird das Obst in schöner Farbenordnung arrangiert. Glasteller nebst Obstmesser und Gabel und hübsch gefalteter Serviette aus weichem, stoffähnlichem Papier sowie Fingerschalen mit lauem Wasser begleiten das Obst. Dem Wasser gibt man eine Zitronenscheibe oder einige Blätter der Zitronenmelisse bei, die im eigenen Garten nicht fehlen soll. Den Weintrauben gibt man gern weite Gläser, halb angefüllt mit Wasser, zum Abspülen der Trauben bei, die man in kleinere Teile zerlegt hat und die das vorherige Ab= waschen nicht so gut vertragen. Der Appetit reizende Anblick einer gefüllten Obstschale hängt mit von der Farbenzusammenstellung ab. Die Unterlage soll am vorteilhaftesten immer grün sein. Der grünen und rotwangigen Frucht sei eine goldigfarbene zugesetzt. Das Blau der Pflaume und das Braun der Wal= oder Haselnüsse erfordern wieder eine grüne Folie, und die blaue Traube vereinigt sich feintönig mit der rostfarbenen Birne. Einer Obstschale soll man nicht Schalmandeln und Traubenrosinen zusetzen. Diese gebe man in selbständiger Verbindung. In vorgerückter Winterzeit bil= den Apfelsinen und Bananen einen Bestandteil der Obstschale. Erdbeeren werden mit Puder= zucker und in sehr angenehmer Weise mit guter Sahne serviert. Namentlich die Walderdbeere, die man vorher sorgsam wäscht, nimmt in dieser Verbindung einen ersten Platz ein. Zum Essen der Pfirsiche bedient man sich der Obst= gabel und des Obstmessers. Man teilt die Frucht, um dann die Haut zu entfernen, die in ihrer Rauheit und oft auch Bitterkeit den Ge= schmack stört.

Das geschmorte Obst

Zum Obstkochen bedient man sich **irdener** oder tadellos emaillierter Töpfe.

Apfelkompott

Das einfache Apfelmus ist am schmackhaftesten, wenn es **nicht** durchgeschlagen wird. Zu dem Zweck muß außer der Schale besonders das Kern= haus sorgfältig entfernt werden. Man gibt die in feine Scheiben geschnittenen Äpfel kaum bedeckt mit Wasser zu Feuer und schlägt sie, nachdem sie weich sind, über dem Feuer so kräftig, daß eine cremeartige Masse entsteht. Zucker und etwas ab= geriebene Zitrone wird nach Geschmack hinzu=

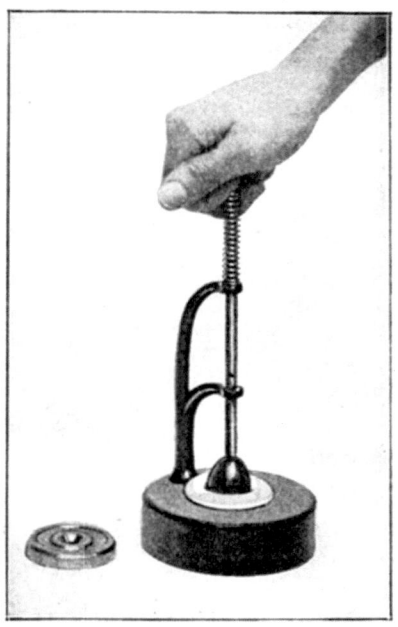

Entkernen von Kirschen mit dem Entkerner

Ausstechen des Kernhauses mit dem Entferner

gefügt. — In anderer Weise stellt man es her, indem man die Äpfel geschält und in Stücke geschnitten mit Wasser knapp bedeckt, garkocht und dann durch ein Sieb schlägt. Man mischt es mit Zucker und etwas abgeriebener Zitrone, richtet es in einer Schüssel an und garniert es mit ausgequollenen Korinthen und feinen Mandelstiftchen.

Äpfel mit Wein

Dazu werden die geschälten Äpfel in fingerstarke Scheiben geschnitten und das Kernhaus ausgestochen. Unter Zugabe von fein gehackten süßen Mandeln, etwas Korinthen, Zucker, dem ein wenig Zimt zugegeben wurde, und etwas Zitronenschale werden sie in eine Kasserolle geschichtet und, mit leichtem Weißwein knapp bedeckt, langsam gedämpft. Dann vorsichtig in eine Schüssel gelegt, werden sie mit kleinen Obstgeleestückchen garniert.

Ganze Äpfel, geschmort

Die Äpfel werden geschält und mit einem runden Apfelbohrer das Kernhaus so ausgestochen, da unten noch ein Boden bleibt. Die so entsta denen Kanäle werden mit irgendeiner z Gebote stehenden Marmelade gefüllt und d Äpfel dann nebeneinandergestellt in knapper Wasser und Zucker weichgedünstet.

Äpfel, in der Schale geschmort

Feinschalige Äpfel, wie z. B. der Hasenkopf oder Prinzenapfel, werden in eine Bra pfanne dicht nebeneinandergestellt, fingerbrei Wasser zum Verdampfen daruntergegebe und dann in den heißen Bratofen geschober Wenn sie anfangen zu platzen, nimmt ma sie heraus, ordnet sie auf eine Porzellan schüssel, bestreut sie dick mit Zucker und Zim und gibt sie nochmals auf kurze Zeit in de Ofen.

Äpfel mit Apfelsinen.

Gute Winteräpfel werden geschält, ent kernt, in Achtel geteilt und mit sehr knappen Wasser halbgargekocht, dann mit dem gleicher Quantum Apfelsinen, die geschält, in dünne Scheiben geschnitten und von den Kernen be freit sind, untermischt. Sind die Apfelsinen scheiben groß, so werden sie nochmls quer geteilt. Auf 1 Kilo Frucht gibt man 2 Glas leichten Weißwein und je nach Säure der Frucht Zucker. Gibt man nur Zucker dazu, so müssen die Äpfel mit etwas mehr Wasser aufgekocht werden.

Äpfel mit Ananas

bereitet man ebenso wie mit Apfelsinen.

Aprikosenmus

Die ausgekernten Aprikosen werden geschält,

Abstreifen von Johannisbeeren

durch ein Sieb gestrichen und mit dem in Wasser gelösten Zucker zu einem dicken Brei gekocht. Auf ½ Kilo Frucht rechnet man 350 Gramm Zucker.

Aprikosen

Die Frucht wird geteilt, entkernt und in einem Drahtsieb ½ Minute in kochendes Wasser getaucht, danach läßt sich die Haut leicht entfernen. Auf 1 Kilo Aprikosen werden 125 Gramm Zucker mit etwas Wasser klar bis zum Blasenwerfen gekocht, die Aprikosen hineingegeben und nur einige Minuten gekocht, um dann ohne Feuer bis zum Erkalten garzuziehen, ohne daß sie zerfallen. Man kann sie auch mit der Schale kochen, aber immer geteilt. Es kommt darauf an, ob es eine dünn- oder starkschalige Frucht ist.

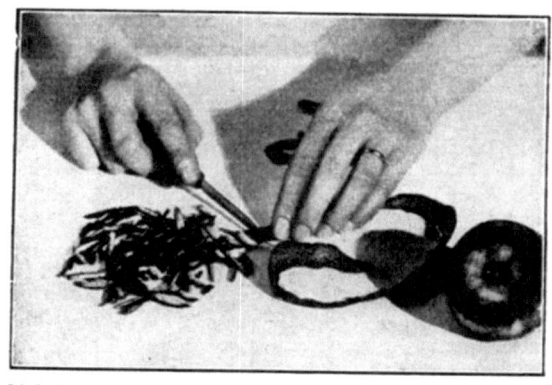

Apfelsinenschalen werden für das Kochen fein geschnitten

Aprikosen mit Weinschaumsoße

Ein sehr feines Kompott. Die Frucht wird wie vorher behandelt, nur einige Male überkocht und aus der Soße genommen in eine Glasschüssel gegeben. Die noch etwas einzukochende Soße wird darübergegeben, so daß die Frucht gerade bedeckt ist. Dann bereitet man eine der Menge entsprechende Weinschaumsoße von recht schaumiger Beschaffenheit und gibt sie über die Früchte kurz vor dem Servieren.

Ananaskompott in der eigenen Schale

Von einer beliebig großen Ananas wird ein zwei Finger breiter Deckel geschnitten und dann die Frucht völlig aus der Schale gehoben, ohne diese zu verletzen. Das Fruchtfleisch, in kleine Stückchen zerschnitten, wird im eignen Saft mit dem nötigen Zuckerzusatz, aber ohne einen Tropfen Wasser erhitzt und wieder in den Ananaskörper gefüllt. Beim Anbieten wird zunächst der Deckel wieder daraufgelegt, so daß die Frucht unverletzt erscheint. In dieser Weise wird die Ananas zu Filets aux truffes oder zu Wild mit Sahne gereicht.

Backobst

Das Backobst wird am Abend vor dem Genuß eingeweicht (auf ½ Kilo Obst ¾ Liter Wasser) und am Tage darauf mit diesem Wasser und allen Zutaten, mit etwas Zitronenschale, Zimt und 100 Gramm Zucker auf 1½ Kilo Obst auf langsamem Feuer zu voller Größe ausgequollen. — Genau wie dieses gemischte Backobst werden auch Ringäpfel, getrocknete Feigen, Prünellen und alles Dörrobst behandelt.

Birnen

Nachdem sie geschält, werden sie je nach Größe der Frucht ganz gelassen oder in Viertel oder Achtel geteilt. Kleine Birnen läßt man ganz, schält sie und schabt nur den Stiel, der an der Frucht bleiben muß, ab. Die Blüte wird ausgestochen. Nur bis ¾ mit Wasser bedeckt, werden sie

Entkernen der Pflaumen

unter Hinzugabe von etwas Zitronenschale und einem Stückchen ganzen Zimt über langsamem Feuer weichgedämpft. Will man die Fruchtsoße bündig haben, so verwende man etwas Mondamin oder Reismehl dazu. Die Birnen werden dann in einer Glasschale so arrangiert, daß die Stiele gleichmäßig nach oben liegen. Von irgendwelchem Färben sehe man ab. — In Stücke geschnitten, werden sie in gleicher Weise geschmort und je nach dem Geschmack der Birnen mit einer Zugabe von Zucker und etwas Zitronensaft gehoben.

Blaubeeren

Auf 500 Gramm Blaubeeren, die sorgsam verlesen und gewaschen sein müssen, gibt man 100 Gramm Zucker, durchschüttelt sie damit und stellt sie ohne Wasser über das Feuer. Durch etwas Zitronenschale und ganzen Zimt hebt man auch hier den Geschmack. Sollten sie zu viel Saft lassen, so gießt man ihn ab, läßt ihn noch etwas einkochen und gibt ihn wieder über die Beeren.

Brombeeren

Die großen Brombeeren werden in dem ausgepreßten Saft der kleinen mit allen Zutaten, wie Zucker (auf 1 Kilo 200 Gramm), Nelken, Zimt, Zitronenschale, weichgedünstet und der eingedickte Saft darübergegossen.

Erdbeeren

In reichlich Wasser, so daß die Erdbeeren schwimmen, werden sie durch ein paarmaliges Hin- und Herschütteln von etwas anhaftendem Sand und dann von den Stielen befreit. Auf ½ Kilo Erdbeeren kocht man 100—125 Gramm Zucker mit einem Löffel voll Wasser klar, läßt die Erdbeeren einmal darin überwallen, hebt sie mit einem Porzellan-Schaumlöffel heraus, gibt sie in die Kompottschüssel und läßt den Saft nun noch über schnellem Feuer einkochen, um ihn etwas ausgekühlt dann über die Beeren zu geben.

Rohe Erdbeeren als Kompott

Zu diesem Zweck werden die Erdbeeren gewaschen, von den Kelchen befreit, in eine Schüssel schichtweise mit Puderzucker gelegt (auf 1 Kilo 125 Gramm) und mit leichtem Weißwein übergossen. Es muß dieses mindestens 1 Stunde vor dem Genuß geschehen, da sich das Aroma erst nach und nach löst.

Hagebutten mit Rosinen

Man rechnet auf ½ Kilo getrocknete Hagebutten ¼ Kilo Rosinen, 100 Gramm Zucker und etwas Zitronenschale. Die Hagebutten werden am Abend vor dem Genuß in ¾ Liter Wasser geweicht und am Tage darauf mit diesem Wasser auf gelindem Feuer ¾ gargedünstet. In diesem Stadium kommen die gereinigten Rosinen und die Zitronenschale dazu. Der Saft für sich wird dann noch mit Zucker zu schöner Dicke eingekocht und über die Früchte gegeben.

Johannisbeeren

Diese brauchen reichlich Zucker. Zu ½ Kilo Beeren, die gewaschen und von den Stielen gestreift werden, wird ¼ Kilo Zucker mit 2 Löffelvoll Wasser blasig gekocht. Die Beeren werden einmal darin aufgewallt, mit dem Schaumlöffel herausgehoben und dann der Saft noch etwas eingedickt darübergegeben. Etwas Vanille verfeinert den Geschmack.

Johannisbeeren mit Himbeeren gemischt

geben ein sehr angenehmes Kompott. Mit dem Saft kann man auch etwas Zitronenschale verkochen, die man beim Anrichten entfernt.

Kirschen

Zu Kompott eignen sich in erster Linie die sauren, da sie ungleich erfrischender als die süßen wirken. Auch diese brauchen reichlich Zucker. Sie werden verlesen, gewaschen, zum Abtropfen auf ein Sieb gelegt und dann entsteint. Auf ½ Kilo werden 200—250 Gramm Zucker, unter Hinzugabe von Zitronenschale und etwas Zimt oder auch Vanille, blasiggekocht, die Kirschen hineingegeben und langsam durchgekocht, daß sie weich sind, aber nicht zerfallen. Dann werden sie mit einem Schaumlöffel herausgehoben, der Saft noch bis zur gewünschten Dicke eingekocht und dann über die Kirschen gegeben.

Süße Kirschen

Da diese als Kompott in der Regel etwas nüchtern schmecken, so setzt man dem Zucker, den man bei süßen Kirschen mit 100 Gramm auf ½ Kilo berechnet, so viel Zitronensaft zu, bis ein angenehm weinsäuerlicher Geschmack erreicht ist. Die Behandlung ist die gleiche wie vorhin gesagt.

Melonen

Die Melone wird geschält, in schöne Stücke geschnitten und diese Stücke in Wasser, dem man etwas Salz zusetzt, weichgekocht. Der Saft wird dann mit den Zutaten in üblicher Weise eingedickt und kalt über die Melone gegeben. Man rechnet auf 1 Melone 100 Gramm Zucker, etwas Zitronensaft und ¼ Liter Wasser.

Mirabellen

Diese lassen sich schlecht entsteinen, es ist daher meist nötig, sie mit den Steinen zu kochen, was beim Essen zwar nicht angenehm ist, andererseits aber den Früchten stärkeres Aroma verleiht. Wohl aber kann man sie leicht von der Haut befreien, die meist etwas dick und zähe ist. Zu dem Zweck übergießt man sie mit kochendem Wasser, worauf die Haut platzt und sich von der Frucht so abhebt, daß sie leicht abzuziehen ist. Sie dürfen dann natürlich nicht mehr in dem heißen Wasser liegen bleiben, sondern werden gleich in eine bereitstehende Zuckerlösung gegeben, die man aus 200 Gramm Zucker und einigen Löffeln Wasser hergestellt hat und in der sie nur einige Male aufzuwallen haben. Nachdem die Frucht mit einem Schaumlöffel herausgenommen ist, läßt man den Saft noch eindicken und gibt ihn noch heiß über die Frucht. — Eine andere Zubereitungsart ist die mit Weißwein. ⅛ Liter Weißwein wird mit dem Zucker geläutert. Die noch harten Mirabellen werden mit einer spitzen Nadel oft durchstochen und so lange in einer Kasserolle mit kochendem Wasser gelassen, bis die Früchte Risse bekommen. Dann werden sie in dem kochenden Zucker weichgeschmort und mit dem eingekochten, erkalteten Saft übergossen. Reife, weiche Früchte werden nach dem Waschen sofort in Zucker geschmort.

Maulbeeren

Diese Frucht ist sehr weich und läßt viel Saft. Sie wird daher mit Puderzucker dick eingeschichtet (auf ½ Kilo Frucht 200 Gramm Zucker), und wenn der Zucker geschmolzen ist, gießt man den ganzen Saft ab, läßt ihn einkochen und gibt dann die Maulbeeren zu einmaligem Aufwallen hinein. Etwas Zitronensaft verbessert den Geschmack sehr.

Pfirsiche

Die Schale der Pfirsiche hat etwas sehr Bitteres, gerade wenn sie gekocht ist. Wir schälen sie also auf jeden Fall, was ebenfalls sehr erleichtert wird, wenn wir kochendes Wasser darübergeben. Nachdem die Haut abgezogen ist, wird die Frucht halbiert, dick mit Zucker eingestreut, d. h. 200—250 Gramm auf ½ Kilo. Ist der Zucker mit dem Saft verschmolzen, so wird dieser zum Kochen gebracht, etwas eingedickt und die Pfirsiche hineingegeben, um mehr stark zu ziehen als zu kochen. Die Früchte sollen noch vollen Körper haben.

Preiselbeeren

Diese müssen sauber verlesen und gewaschen sein. Um die Schalen weich zu haben, gibt man die Preiselbeeren erst ohne Wasser auf gelindes Feuer, um sie in ihrem eigenen Saft 15 Minuten kochen zu lassen; erst dann gibt man 150 Gramm Zucker auf ½ Kilo nebst etwas Zitronensaft und einem kleinen Stückchen Zimt dazu und läßt alles zusammen aufkochen. Will man den Saft kürzer haben, so hebt man die Preiselbeeren heraus und läßt den Saft noch ¼ Stunde einkochen. — Preiselbeeren mit Äpfeln oder Birnen zusammen geschmort schmecken sehr angenehm.

Quitten

Am besten eignen sich dazu Birnquitten. Sie werden dünn geschält, in Achtel geschnitten und von dem Kernhaus befreit. Mit etwas Wasser und 200 Gramm Zucker auf ½ Kilo Frucht werden sie langsam weichgeschmort. Die Frucht wird dann aus dem Saft genommen, der noch etwas eindicken muß und dann darübergegossen wird. Die Quitte hat ein sehr starkes Aroma; man kann diesem eine etwas andere Richtung geben durch Zugabe von Zitronenschale und Saft nebst etwas Stangenzimt oder durch etwas Weinessig.

Reineclauden

Unreif sind sie nicht das Kochen wert, reif aber ein sehr feines Kompott. Auf ½ Kilo Frucht werden 150—200 Gramm Zucker nebst etwas Zitronenschale oder einem kleinen Stück Vanille blasig gekocht, die Frucht, die sich nicht gut entsteinen läßt, hineingegeben und langsam weichgedünstet. Den Saft läßt man noch eindicken und gibt ihn warm über die Früchte.

Rhabarber

Die Rhabarberstiele werden von den Blättern befreit, abgezogen und in fingerlange Stücke geschnitten. Die Rhabarberstücke werden mit allen Zutaten so lange gekocht, bis der Rhabarber sich vollständig in Schleim aufgelöst hat und das Ganze einen dicken Brei bildet. Auf Eis gestellt, gibt er ein sehr herzhaftes, an Stachelbeeren erinnerndes Kompott. Man rechnet auf ½ Kilo Rhabarber 200 Gramm Zucker, 1 Teelöffel Zitronensaft, etwas Zitronenschale und 3 Löffel Wasser.

Stachelbeeren, grün

Man wähle sie nicht zu klein, da sie dann noch zu herb sind. Auf ½ Kilo Stachelbeeren kann man ¼ Kilo Zucker rechnen, der unter Zugabe von etwas Zitronenschale und Stangenzimt sowie 1 Löffel Wasser etwas dick eingekocht wird. Ist er so, daß er sich zieht, dann gibt man die Beeren hinein, läßt sie einige Male aufwallen, hebt sie mit dem Schaumlöffel heraus, kocht den Saft weiter ein und gießt ihn etwas abgekühlt über die Beeren, um sie noch einige Zeit darin ziehen zu lassen.

Pflaumen oder Zwetschen

Je nach der Reife und Süße der Frucht gibt man 150—200 Gramm Zucker zu ½ Kilo Frucht. Die Früchte werden halbiert und entsteint. Der Zucker wird mit einem Löffel Wasser, Zitronenschale und einem Stückchen Zimt blasiggekocht, die Frucht hineingegeben und langsam weichgeschmort. Nach Belieben kann man auch die Zwetschen süß-säuerlich machen. Es wird dann der Zucker vermehrt und Zitronensaft oder feiner Weinessig dazugegeben. Das ist aber Geschmackssache.

Für Zuckerkranke werden alle vorgenannten Früchte nur im eigenen Saft gedünstet und dann zum Genuß durch Sacharin nach Geschmack gesüßt.

Die Obstgerichte

Apfelgemüse mit Kartoffeln und weiße Bohnen mit Äpfeln

1 Kilo weinsäuerliche Äpfel, 1 Kilo Kartoffeln, Zitronenschale, 125 Gramm Speck, 1 Zwiebel, Zitronensaft oder Zucker

Dem gewünschten Quantum entsprechend werden Kartoffeln geschält, gargekocht und abgegossen. Eine gleiche Portion guter weinsäuerlicher Äpfel wird geschält, von dem Kernhaus befreit, in Stücke geschnitten und ebenfalls mit Wasser bedeckt nebst einer Zugabe von etwas Zitronenschale weichgekocht. Die Kartoffeln werden dazugegeben und beides zusammen noch einmal durchgekocht. Dann schneidet man auf 1 Kilo Kartoffeln resp. Äpfel etwa 125 Gramm Speck in Würfel, brät diesen mit einer fein gehackten Zwiebel aus und gibt ihn über das Gericht. Sind die Äpfel nicht säuerlich oder nicht süß genug, so wird noch etwas Zitronensaft eventuell etwas Zucker zugesetzt. Das Gericht muß herzhaft schmecken und sich bündig geben, was in der Regel durch den Mehlgehalt der Kartoffeln bewerkstelligt wird. Man kann statt des Speckes auch braune Butter darübergießen. Gebackene Schweinskoteletten oder Würstchen schmecken vortrefflich dazu. — Ebenso kocht man weiße Bohnen mit Äpfeln.

Apfelklöße

½ Kilo Äpfel, ¼ Kilo Mehl, 2 Eßlöffel süße Mandeln, 50 Gramm Korinthen, 50 Gramm Zucker, Zitronenschale, Salz, 2—3 Eier, Milch, 75 Gramm Butter

½ Kilo gute Äpfel schält und schneidet man nach Entfernung des Kernhauses in kleine Würfel und gibt 2 Eßlöffel fein gehackte süße Mandeln, 50 Gramm gewaschene Korinthen, 50 Gramm Zucker, etwas geriebene Zitronenschale, etwas Salz und ¼ Kilo Mehl dazu. Mit 2—3 Eiern und nur so viel Milch, wie erforderlich ist, den Teig zu binden, arbeitet man das Ganze gut durcheinander zu einer Festigkeit, daß er sich ablöst. Dann werden Klöße geformt, die man in Butter abbacken oder in Salzwasser kochen kann. Im letzten Fall gibt man braune Butter und Zucker und Zimt darüber.

Apfelgrütze

1 Kilo weinsäuerliche Äpfel, 1 Liter Wasser, etwa 150 Gramm Sago, Kartoffel- oder Reismehl, Zucker, Zitronenschale, 1 warme Milch- oder Vanillesoße oder kalte süße Sahne

Weinsäuerliche Äpfel werden mit der Schale in Stücke geteilt, in reichlich Wasser weichgekocht und dann mit dem Wasser durchgeschlagen. Es entsteht dann eine lange Suppe. Hierzu wird so viel Sago, Kartoffel- oder Reismehl gerührt, bis es ein ziemlich dicker Brei ist, der dann mit genügend Zucker und etwas geriebener Zitronenschale gewürzt wird. Man kann sie warm mit warmer Milch- oder Vanillesoße essen, sie aber auch in eine Form geben, erkalten lassen und stürzen. Man gibt dann am besten kalte süße Sahne dazu.

Apfelauflauf (à la crème)

1 Kilo Äpfel, 100 Gramm Butter, 125 Gramm Zucker, 130 Gramm Mehl, ¾ Liter Sahne, eingemachte Kirschen, 6—8 Eier, Zitronensaft

1 Kilo Borsdorfer Äpfel (mittelgroß) werden geschält, mit dem Ausstecher entfernt, in Wasser, Zucker und Zitronensaft weichgedämpft und mit eingemachten Kirschen gefüllt. Inzwischen hat man aus ¾ Liter Sahne oder Milch, 130 Gramm Mehl, 100 Gramm Zucker, 100 Gramm Butter und 6—8 Eiern (das Weiße zu Schnee geschlagen) eine Auflaufmasse hergestellt, füllt etwas davon in eine mit Butter ausgestrichene Form, setzt die Äpfel darauf und gibt von der restlichen Masse so viel darüber, daß die Form nicht ganz voll ist. Nachdem feiner Zucker darübergestreut hat, bäckt man die Speise etwa 1 Stunde in einem mäßig heißen Ofen und überglänzt sie zum Schluß mit einer glühenden Schaufel.

Apfel mit Gänseklein

1 Kilo weinsäuerliche Äpfel, 1 Gänseklein, 1 Liter Wasser, 1 Lorbeerblatt, 1 Zwiebel, Salz, Pfefferkörner, 2 Löffel Mehl, 1 Löffel Butter, evtl. Zucker

Ein Gänseklein wird nach sauberster Reinigung in kleinere Stücke geschnitten und in 1 Liter Wasser nebst 1 Lorbeerblatt, 1 Zwiebel, Salz und einigen Pfefferkörnern weichgekocht.

Dann wird das Fleisch aus der zur Hälfte eingekochten Brühe genommen, diese durch ein Sieb gegeben und mit 2 gestrichenen Löffeln Mehl und einer in etwas Butter hellgeschwitzten, gehackten Zwiebel verbunden. In dieser gebundenen Brühe kocht man 1 Kilo geschälte, in Viertel geschnittene und vom Kernhaus befreite gute Äpfel weich, mischt das Gänsefleisch, das, um nicht unansehnlich zu werden, während der Zeit an warmer Stelle verdeckt stand, dazu und gibt nötigenfalls nach Geschmack noch etwas Zucker hinzu. Ein vortrefflich schmeckendes Gericht.

Äpfel mit Fleischresten

1 Kilo Äpfel, 1 Portion Fleischreste, 1 Zwiebel, 30 Gramm Butter, Pfeffer, Salz, Fleischbrühe (oder Wasser), Zucker, evtl. Kartoffeln

Hierzu kocht man der vorhandenen Quantität der Fleischreste entsprechend etwa 1 Kilo Äpfel, die geschält, vom Kernhaus befreit und in Viertel geschnitten werden. Das Fleisch wird in kleine Würfel geschnitten, eine gehackte, in Butter geröstete Zwiebel nebst etwas Pfeffer, Salz und etwas Fleischbrühe oder Wasser dazugegeben und alles mit den Äpfeln vermischt. Mit etwas Zucker mildert man evtl. den sauren Geschmack und kann bei zahlreichen Essern auch noch Kartoffeln dazugeben.

Apfelreis

1 Kilo Äpfel, ¼ Kilo Reis, 3–4 Löffel Sultaninen, süße Mandeln, 1 Zitrone, 100 Gramm Zucker, 50 bis 75 Gramm Butter

¼ Kilo Reis wird in viel Wasser schwimmend körnig gargekocht, dann abgegossen. Inzwischen ist 1 Kilo Äpfel geschält, zerteilt, von dem Kernhaus befreit, unter Hinzufügung von einigen Löffeln Sultaninen, etwas gehackten süßen Mandeln und der Schale und dem Saft einer Zitrone weichgekocht. Die Butter wird dann dem mit den Äpfeln gemischten Reis auch hinzugefügt und das Ganze mit Zucker abgeschmeckt.

Backobst mit Makkaroni

¼ Kilo Makkaroni, ½ Kilo Backobst, 50 Gramm Butter

In fingerlange Stücke gebrochene Makkaroni werden in Salzwasser weichgekocht und auf ein Sieb zum Abtropfen gegeben. Das Backobst wird mit etwas reichlich Wasser und den üblichen Würzen gekocht, dann mit den Makkaroni gemischt, einmal mit ihnen zusammen aufgekocht und mit brauner Butter angerichtet.

Frische Birnen mit Kartoffeln

½ Kilo Birnen, ½ Kilo Kartoffeln, Zitronenschalen, Zimt, 50 Gramm Speck, Zwiebel evtl. Zitronensaft und Zucker

Auf ½ Kilo mehlige Kartoffeln, die in Salzwasser abgekocht sind und gut abdampfen, rechnet man ½ Kilo Birnen, die nicht mehlig, sondern fein weinsäuerlich sein müssen, wie z. B. die Bergamotte. Diese werden geschält in Stücke geschnitten, reichlich mit Wasser bedeckt, mit etwas Zitronenschale und Zimt weichgekocht und mit den Kartoffeln samt dem Birnenwasser vermischt. Dann werden 50 Gramm Speck nebst 1 Zwiebel kleinwürflig geschnitten, goldgelbgebraten und darübergegossen. Der Geschmack muß entscheiden, ob noch etwas Zitronensaft oder etwas Zucker oder beides nötig ist. Frische Pflaumen und Kartoffeln werden in gleicher Weise hergestellt.

Backobst mit Klößen

½ Kilo Backobst, 1 Portion Kartoffelklöße nach dem Rezept unter „Kartoffeln", durchwachsener Speck oder Kasseler Rippespeer

Das Backobst wird abends zuvor, nachdem es gut abgewaschen ist, in einer irdenen oder Porzellanschüssel mit Wasser bedeckt zum Aufquellen gestellt. Andern Tags wird das Obst mit diesem Wasser und einer Zugabe von Zitronenschale und etwas ganzem Zimt an eine warme Stelle zum völligen Gardünsten gestellt oder langsam gargekocht. Viele lieben es, die Soße mit etwas Kartoffelmehl bündigzumachen. Besser ist, wenn das Obst kurz eindünstet. Sind Prünellen und Äpfel dabei, so bindet sich die Soße dadurch, daß sie etwas abkochen. Zu diesem Obst gibt man Kartoffelklöße und durchwachsenen Speck oder als feineres Gericht gebratenes Kasseler Rippespeer.

Backpflaumen mit sauren Linsen

½ Kilo Linsen, 1 saure Speckstoße, ½ Kilo trockene Pflaumen, Zitronenschale, Stangenzimt, Zucker

Verlesen, gewaschen und über Nacht eingeweicht, werden die Linsen mit dem Einweichwasser langsam weichgekocht und mit einer sauren Speckstoße überfüllt. Gute trockene Pflaumen werden nach vorherigem Ausquellen mit Zitrone, ganzem Zimt und nötigenfalls auch Zucker weichgekocht und nach Geschmack entweder mit den Linsen gemischt oder extra dazu gereicht.

Birnen mit Klößen und Speck

Hier werden die Bestandteile, wie auch bei dem trockenen Obst, einfach zusammengesetzt. Die Obstgerichte aller anderen Obstarten unterliegen der gleichen Behandlung, wie bei den Äpfeln vorgehend angegeben. Weiße Bohnen mit Äpfeln, Linsen mit Pflaumen, trockenen wie frischen, sind einfache Zusammensetzungen beider Teile, wie die Kombination mit Obst überhaupt dem Geschmack und der Gewohnheit überlassen bleibt.

Hefekloß mit Backobst
½ Kilo Mehl, 20 Gramm Hefe, ½ Kilo Backobst

Man löst die Hefe in lauwarmem Wasser auf, verquirlt sie mit einigen Löffeln des Mehles, macht in das übrige Mehl eine flache Vertiefung und gießt sie hinein. Ist sie bis zur Blasenbildung aufgegangen, dann knetet man unter Zugabe von etwas lauem Wasser und etwas Salz einen geschmeidigen Teig, dreht ihn zu einem Kloß und läßt ihn etwa 20 Minuten gehen. Dann gibt man ihn in einen passenden Kochtopf, füllt bis zur Hälfte Wasser daran und gibt dazu noch den Saft des inzwischen angekochten Obstes. Das Obst legt man dann auf den Kloß, unter den ein Holzkreuz gelegt sein muß, und läßt beides zusammen gardünsten. Man durchsticht den Kloß, der sehr aufgegangen sein muß, mit einem Hölzchen, um zu sehen, ob er gar ist. Das Hölzchen muß trocken wieder herauskommen.

Obstsuppen

Apfelsuppe
½ Kilo Äpfel, 75 Gramm Zucker, 1 Stück Zitronenschale, 1 Stück Zimt, einige Sultaninen oder Korinthen, 15 Gramm Kartoffelmehl, Zitronensaft, 1 Portion Grieß- oder Mehlklößchen

Äpfel (½ Kilo) werden gewaschen, von Stiel und Blume befreit, in Stücke geschnitten, mit 1 Liter Wasser gargekocht, dann durch ein Sieb getrieben. 75 Gramm Zucker, ein Stückchen Zitronenschale, auch ein kleines Stückchen Zimt werden mit der Apfelsuppe verkocht, auch kann man einige Sultaninen oder Korinthen dazutun. Dann wird sie mit einem Löffel — etwa 15 Gramm — Kartoffelmehl oder etwa 25 Gramm anderem Mehl bündiggemacht. Schmeckt sie nicht kräftig genug, so gibt man noch etwas Zitronensaft und Zucker dazu. Man kann auch kleinen gerösteten Zwieback in die Suppe geben. Vollkommener und zugleich nahrhafter wird die Suppe, wenn man ihr kleine abgebrannte Grieß- oder Mehlklößchen zusetzt, die eine sehr schmackhafte Verbindung mit der Obstsuppe darstellen. Man stellt sie folgendermaßen her: 100 Gramm Mehl werden mit 30 Gramm Butter, ⅛ Liter Wasser oder Milch nebst 50 Gramm Zucker, 1 bis 2 Eiern, etwas Salz und einem Stäubchen Muskat unter ständigem Rühren verkocht, bis die Masse steif ist und sich vom Topf löst. Ist sie ausgekühlt, so wird noch 1 Ei damit verrührt, und dann sticht man mit einem Teelöffel beliebig große Klößchen ab. Man kann sie gleich in die kochende Suppe tun oder in kochendes Wasser, um sie dann, wenn sie schwimmen, in die Suppe zu geben.

Alle Suppen aus frischem Obst werden in dieser Weise hergestellt. Dem Belieben und den Mitteln ist es anheimgestellt, mehr oder weniger Obst dazu zu verwenden, auch ist es Geschmacksache, die Früchte ganz zu lassen oder durchzutreiben. Ebenso ist der Grad der Süße individuell.

Suppen aus trocknem Obst
werden in gleicher Weise bereitet, das Obst ist aber abends zuvor, nachdem es gewaschen wurde, mit so viel Wasser, wie man Suppe wünscht, einzuweichen. Das Obst wird dann andern Tags mit demselben Wasser und etwas Zitronenschale sowie Zimt gekocht und dann durchgeschlagen. Zu Suppen aus getrocknetem Obst sind vorgenannte Klößchen besonders gut.

Kirschsuppe
1 Kilo saure Kirschen, 3 Löffel Weizenmehl, Zucker, Zitronenschale, 1 Portion gerösteter Zwieback

1 Kilo frische säuerliche Kirschen werden mit 1 Liter Wasser zu Feuer gesetzt, nachdem sie entsteint wurden. Die Kerne finden keine Verwendung dazu. Man läßt sie so lange kochen, bis die Frucht sich beinahe ganz aufgelöst hat. Dann rührt man 3 Löffel bestes Weizenmehl mit etwas Wasser klar, gießt dieses langsam unter ständigem Rühren den Kirschen zu, würzt die Suppe dann mit Zucker und etwas fein geriebener Zitronenschale und gibt sie über geröstete kleine Zwiebacke zu Tisch.

Suppe aus getrockneten Kirschen
Diese sind abends zuvor einzuweichen, damit sie langsam wieder Wasser aufsaugen. Auf ¼ Kilo getrocknete Kirschen gibt man 1—1½ Liter Wasser, kocht sie gut durch und reibt sie dann durch einen Durchschlag. Einige Löffel Mehl verquirlt man mit Wasser, verbindet dieses unter ständigem Rühren mit der Suppe und schmeckt sie mit Zucker ab. Man gibt entweder Grießklößchen daran oder nimmt statt des angequirlten Mehls einige Löffel losen Grieß.

Pflaumensuppe
1 Kilo frische Pflaumen, Zitronenschale, Zitronensaft, 1 kleiner Eierkuchen, Zucker

1 Kilo frische Pflaumen werden entsteint, mit 1 Liter Wasser und etwas Zitronenschale zu Feuer gesetzt, ziemlich zerkocht, dann mit Zucker abgeschmeckt und mit etwas Zitronensaft verschärft. Einen kleinen, recht luftig gebackenen Eierkuchen schneidet man in strohhalmbreite Streifchen und gibt sie in die Suppe, die gleich aufgetragen wird. Man kann die Suppe auch mit Mehl und Milch anrühren.

Hagebuttensuppe

1 Kilo Hagebutten, 1 Glas Weißwein, 2-3 Löffel Mehl, Zucker, 1 Portion Biskuitschnittchen

Die Frucht wird ganz weichgekocht und dann durch ein Sieb getrieben, das eng genug ist, die Kerne, die zahllos darin enthalten sind, nicht durchzulassen. Nun wird so viel Wasser, wie Suppe gewünscht wird, dazugefüllt, ein Glas Weißwein, in Ermangelung dessen Wasser und feiner Weinessig, mit einigen Löffeln Mehl dazugerührt, mit Zucker abgeschmeckt und über Biskuitschnittchen angerichtet.

Holundersuppe

1 Kilo Holunderbeeren, Zucker, Zitronensaft, 2-3 Löffel Mehl, 1 Portion Mehlklößchen

Die tiefbraune Frucht wird gewaschen, dann erst von den Stielen abgestreift und mit der Menge entsprechendem Wasser einige Male aufgekocht, unter Zusatz von genügend Zucker und etwas Zitronensaft. Dann wird sie durch ein Sieb getrieben, mit einigen Löffeln Mehl bündiggemacht und mit kleinen Mehlklößchen versehen. Man kann die Beeren auch mit Apfelwein oder mit Äpfeln kochen.

Stachelbeersuppe

½ Kilo grüne Stachelbeeren werden mit 1 Liter Wasser aufgekocht und dann durch ein

Obstmühle zum Zerkleinern des Obstes

Sieb getrieben. 10 Zwiebacke werden fein zerstoßen und der Suppe nebst Zucker und etwas feinem Zimt zugesetzt. In Ostpreußen rührt man die Suppe mit Mehl und Sahne an.

Aprikosensuppe

½—1 Kilo Aprikosen, Zitronenschale, Mehl, 1 Glas Weißwein, 1 Portion Makronen

½—1 Kilo reife Aprikosen werden aufgekocht und durch ein feines Sieb gestrichen. Darauf werden sie mit 1—1½ Liter Wasser und etwas Zitronenschale nochmals aufgekocht, mit etwas Mehl gebunden, mit einem Glas Weißwein gewürzt und über süße Makronen angerichtet.

Birnensuppe

½ Kilo Birnen, Zitronenschale, Zitronensaft, Mehl, Zucker, 1 Portion gekochte Kartöffelchen

Je feiner die Birne, desto wohlschmeckender diese Suppe. Die Birnen werden ungeschält weichgekocht, unter Hinzufügen von Zitronenschale und etwas Zitronensaft. Auf ½ Kilo Birnen rechnet man 1 Liter Wasser. Völlig weich, werden sie durch ein Sieb gestrichen, mit Mehl bündiggemacht und mit kleinen runden gekochten Kartöffelchen versehen, nötigenfalls auch mit etwas Zucker abgeschmeckt.

Die Obstsäfte

Unter allen Obstverwertungsprodukten erfreuen sich die Säfte mit Recht der größten Beliebtheit. Sind schon Marmeladen, Gelees und Dunstfrüchte von hohem Wert für die richtige Ernährung und somit für jeden Haushalt, so muß dies in noch weit höherem Maße von den Obstsäften gesagt werden. Ihre Verwendungsmöglichkeit zu Limonaden, Puddings, Suppen usw. ist so mannigfaltig, daß kein Tag vergehen sollte, an dem nicht Obstsäfte auf den Tisch kommen. Welche Hausfrau hätte nicht schon Gelegenheit gehabt, den großen Nutzen der Obstsäfte bei der Pflege von Kranken zu beobachten, und wie gern werden die erfrischenden Säfte von Kindern genommen. Es gibt kein besseres Getränk als einen naturreinen Obstsaft, der aus guten, reifen Früchten hergestellt ist. Am besten sind Obstsäfte, die nur aus dem Saft der Frucht und gutem ungeblautem Zucker bereitet wurden. Aber auch der Zucker darf nicht im Übermaß Verwendung finden, sondern nur nach Maßgabe des Geschmackes. Wie aber, wird manche Hausfrau fragen, sollen sich

Selbstgefertigter Filter

Säfte halten, für die weder Konservierungsmittel noch reichlich Zucker in Anwendung kommen? Ganz einfach durch Erhitzen in der verschlossenen Flasche, wodurch die Verderbnis verursachenden Bakterien abgetötet werden. Mit anderen Worten, der Saft muß sterilisiert werden. Dazu sind nicht besondere Flaschen und teure Apparate nötig, sondern nur die gewöhnlichen Einrichtungen, die man in jeder Küche hat. Die Sterilisation der Obstsäfte ist ein sehr einfaches Verfahren, das besser als alle Zusätze den Saft haltbar macht.

Sterilisieren der Fruchtsäfte

Die Sterilisation von Fruchtsäften ist leicht und sicher durchführbar, weil ihr natürlicher Gehalt an Fruchtsäure erheblich zur Konservierung beiträgt. Die Fruchtsäure läßt die vielen Fäulnisbakterien, die Fleisch= und Gemüsekonserven bedrohen, gar nicht aufkommen. Es handelt sich beim Haltbarmachen von Fruchtsäften nur um die Tötung der Hefe und der Schimmelpilze, die schon bei einer Temperatur von 75—80 Grad Celsius sicher vernichtet werden. Da die Wärmedurchlässigkeit der gewöhnlichen Flaschen sehr verschieden ist, so nehme man lieber 5 Grad Celsius mehr, um sicher zu sein, daß weder Gärung noch Schimmel den Saft verderben können. Der zu sterilisierende Fruchtsaft wird in Flaschen gefüllt, und zwar so, daß zwischen Kork und Fruchtsaft noch 2—3 Zentimeter Raum bleiben. Wer diese Vorschrift unbeachtet läßt, hat den Schaden davon, indem die Flaschen bei der Erwärmung platzen. Jede Flasche ist brauchbar, am besten aber sind Schaumweinflaschen. Zum Verschließen der Flaschen benutze man gute Weinkorke, die vor dem Gebrauch in kochendem Wasser geweicht werden. Die Korke müssen durch Überbinden mit Bindfaden auf der Flasche befestigt werden, da sie sonst durch die Ausdehnung des Saftes beim Erwärmen heraustreiben. Die Abbildung 1 zeigt, wie der sogenannte Apothekerknoten gemacht wird, Abbildung 2 veranschaulicht, wie sich diese Schlinge um den Hals der Flasche legt und über dem Kork zusammengebunden wird. Die so verschlossenen Flaschen werden bis zum Kork in einen hohen Topf mit Wasser gestellt und dann erwärmt, bis das Wasser 80 bis 85 Grad Celsius zeigt. Bei dieser Temperatur wird das Wasser 25—30 Minuten erhalten, dann läßt man es abkühlen, und danach kann man die Flaschen herausnehmen und versiegeln. Ein besonderer Sterilisierapparat ist also nicht erforderlich. Zum Schutz der

Flaschen legt man auf den Boden des Topfes ein Küchentuch oder einen Drahtboden, wie ihn die Haushaltsgeschäfte führen. Die Säfte sind haltbar, solange die Flasche verschlossen bleibt. Wird die Flasche geöffnet, so muß der Inhalt entweder in 3 Tagen verbraucht werden, oder aber man sterilisiert den Rest erneut, wenn man nicht vorzieht, ihn mit gleicher Gewichtsmenge Zucker aufzukochen. Das Sterilisieren der Säfte hat den Vorzug, daß im Sommer ganz unabhängig von der zur Verfügung stehenden Zuckermenge Saft haltbar gemacht werden kann. Wird der Saft nicht sterilisiert, so muß entweder ein reichlicher Zuckerzusatz (mindestens Kilo auf Kilo) oder ein Konservierungsmittel, das immer etwas gesundheitsschädlich ist, die Konservierung übernehmen.

Die Beschaffenheit der Früchte

Von der Qualität der rohen Frucht hängt die des Saftes ab. Die Frucht soll bezüglich ihres Reifestadiums so beschaffen sein, wie wir sie zum Rohgenuß schätzen, d. h. vollreif, doch nicht überreif. Je frischer die Frucht verarbeitet wird, um so besser. Sind schlechte, angefaulte Früchte unter dem Obst, so müssen diese sorgsam entfernt werden, damit nicht der faulige Geschmack auf den Saft übertragen wird. Da sich die aromatischen Stoffe vielfach nahe der Schale befinden, wäre es verkehrt, die Früchte zu schälen, um so mehr ist natürlich beim Waschen auf gründliche Reinigung zu halten.

Die besten Obstarten zur Saftgewinnung sind Himbeeren, Kirschen, Erdbeeren und Johannisbeeren. Doch können auch alle anderen Fruchtarten Verwendung finden, sofern der Saft unserem Geschmack entspricht.

Himbeersaft

Keine Frucht eignet sich so zur Saftbereitung wie die Himbeere, weil die Ausbeute beträchtlich ist, der Saft aber wenig Zuckerzusatz erfordert und ein ausgeprägtes Aroma hat. Bezüglich der Gewinnung des Saftes herrscht große Verschiedenheit. Die einfachste Methode ist, die gut gesäuberten Früchte zu zermahlen und dann die so gewonnene Masse abzupressen. Zu diesem Zweck sind eine kleine Beerenmühle und eine Presse erforderlich, da sonst die Ausbeute zu gering ist. Wo die Apparate fehlen, ist es besser, die Früchte mit ganz wenig Wasser (so viel, daß der Boden des Gefäßes gut bedeckt ist) weichzukochen. Beim Kochen werden die Früchte zerrührt. Ist die Masse breiig, so füllt man sie in einen starken Leinenbeutel, um zunächst den Saft abfließen zu lassen. Später hilft man durch Pressen mit den Händen nach. Die Rückstände sind zur Bereitung von Marmelade noch brauchbar, da mehr Saft zurückbleibt, als dies bei der Verwendung einer Presse der Fall ist. Der gewonnene Rohsaft kann als solcher einfach in Flaschen gefüllt werden und durch Erhitzen in der Flasche Haltbarkeit bekommen. Solche Säfte sind nicht ganz klar und bilden bald Bodensatz. Zum Gebrauch kann der Saft ganz nach Belieben gezuckert werden. Diesen Rohsaft kann man leicht zu einem schönen, glanzhellen Saft verarbeiten, indem man nach etwa 3 Wochen den Saft von dem Satz am Boden der Flasche abgießt, mit Zucker aufkocht, dabei recht gut abschäumt, heiß durch ein Flanellbeutelchen gießt und dann wieder in saubere Flaschen füllt, die wiederum verschlossen erhitzt (sterilisiert) werden. Bei diesem Verfahren ist es ratsam, den Rohsaft in größere Gefäße (etwa 5-Liter-Flaschen) zu füllen. Ein anderes Verfahren besteht darin, daß man die Beeren nur weichkocht, dann aber nicht abpreßt, sondern die Masse in einen Leinen-

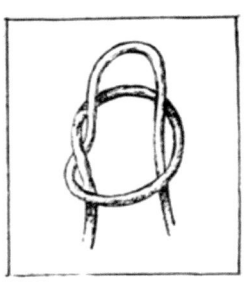

Richtige Schlinge zum Flaschen-Verschluß

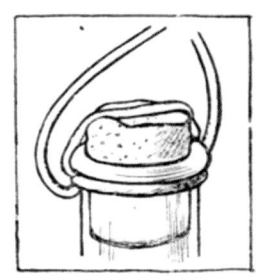

Die Schlinge wird fest angezogen

beutel tut und nun den Saft ablaufen läßt. Natürlich bleibt viel Saft in der Masse zurück, die aber nicht wertlos ist, sondern noch gute Marmelade liefert. Der Saft wird gleich mit Zucker aufgekocht, gut abgeschäumt und in Flaschen gefüllt, in denen er sterilisiert wird. Das dritte Verfahren ist das Gärverfahren. Es wird so genannt, weil der durch Abpressen gewonnene Saft in einem größeren Stein-, Glas- oder Holzgefäß zur Vergärung gebracht wird, wobei (siehe Weinbereitung) aus dem im Saft vorhandenen Zucker Kohlensäure und Alkohol entstehen. Die Kohlensäure muß entweichen können, ohne daß die Luft zum Saft gelangen kann, daher ist ein sogenannter Gärspund zum Verschließen nötig. Die Gärung vollzieht sich wie bei der Weinbereitung in einem gleichmäßig warmen Raum bei 18—20 Grad Celsius am besten. Nach Verlauf von etwa 8 Tagen ist der vorhandene Zucker vergoren, die Pektinstoffe sind durch den entstandenen Alkohol abgetötet und senken sich zu Boden, wodurch der Saft sehr schön klar wird. Vermittels eines Heberschlauches (siehe Weinbereitung) wird der Saft von dem Satz abgezogen, der Rest muß filtriert werden. Der so gewonnene Saft, oder richtiger Wein, muß einige Zeit (etwa 10 Minuten) sieden, damit der Alkohol entweicht, dann fügen wir Zucker hinzu, schäumen ab und füllen auf Flaschen. Der umsichtigen Hausfrau leuchtet es ohne weiteres ein, daß mit diesem Verfahren eine gewisse Verschwendung verbunden ist, nämlich der Verlust des wertvollen Fruchtzuckers bei der Vergärung. Der Zuckerzusatz ist, wie gesagt, ganz nach Geschmack zu geben. 250 Gramm auf 1 Liter Saft dürften ausreichen.

Was bis jetzt von der Gewinnung des Himbeersaftes gesagt wurde, kann auch für die anderen Früchte gelten. Doch hat sich die eine oder andere Methode für einzelne Fruchtarten besonders bewährt. Daher sollen kurze Anleitungen für die Herstellung der wichtigsten Säfte folgen. Außer den schon geschilderten Verfahren ist noch die Entsaftung der Früchte mit dem Fruchtsaftapparat von Dreyer, den die bekannte Firma Rex G. m. b. H., Homburg, liefert, zu empfehlen. Einen einfachen Ersatz hierfür bietet die auf nebenstehender Abbildung gezeigte Einrichtung. Die Früchte werden durch Dampf ausgelaugt. Dieses Verfahren ist besonders für weiche Früchte, wie Himbeeren, Erdbeeren, Heidelbeeren, Brombeeren usw., geeignet. Solange der Saft bei wenigstens 70 Grad Celsius abfließt, kann er ohne weitere Sterilisation aufbewahrt werden. Die Flaschen müssen vor der Füllung in heißem Wasser gereinigt werden, und das Verkorken muß sofort mit gut gebrühten Korken erfolgen. Die Korke sind zu versiegeln.

Saftapparat-Ersatz
Um einen Topfdeckel wird ein Gazebeutel befestigt, der die Frucht aufnimmt. Das Gefäß zur Aufnahme des abtropfenden Saftes steht auf einem Drahtgestell in kochendem Wasser

Erdbeersaft

Die Erdbeere ist der Himbeere sehr ähnlich, kann daher in ganz der gleichen Weise zu Saft Verwendung finden. Es ist aber gerade für die Erdbeere noch eine andere Methode zu empfehlen. Die gesäuberten Früchte werden mit ½ Kilo Zucker auf 1 Kilo Erdbeeren lagenweise in einen Steintopf eingeschichtet. Der Zucker entzieht den Beeren den Saft, der dann nur abgegossen zu werden braucht. Ist das Gefäß mit Beeren und Zucker gefüllt, so legt man einen Deckel auf, der in den Topf hineinpaßt, und beschwert diesen etwas. In einem warmen Raume würde sehr bald die Gärung eintreten; es ist daher nötig, den Topf sogleich in einen kühlen Keller zu tragen. Dort kann er bis zum dritten Tage bleiben. Darauf schüttet man den Inhalt auf ein Filtriertuch, das an den Beinen eines umgekehrten Küchenstuhles befestigt ist, und läßt den Saft in ein Gefäß ablaufen. Die Rückstände ergeben noch vorzügliche Marmelade, der Saft jedoch wird nur wenige Minuten aufgekocht, abgeschäumt und filtriert in Flaschen gefüllt, in denen er wie alle Säfte sterilisiert wird. Der so gewonnene Saft ist allerdings etwas süß, aber glanzhell und hoch aromatisch.

Siehe auch Himbeersaftbereitung.

Kirschsaft

Zur Gewinnung von Saft werden die dunklen Kirschsorten vorgezogen. Am beliebtesten sind Sauerkirschen. Vielfach ist es Sitte, die Kerne mitzuzermahlen, was von manchen als sehr gesundheitswidrig bezeichnet wird. So gefährlich ist es allerdings nicht, aber man läßt besser nur wenige Kerne dabei, die genügen, um das Aroma zu verbessern.

Die Früchte müssen zunächst zerkleinert werden, was mit einer Beerenmühle oder durch Zerstampfen in einem Steintopf geschieht. Der Saft wird sodann durch Pressen gewonnen. Kirschsaft muß sehr lange gekocht

Abpressen von Obstsaft mit der Haushaltungspresse

und abgeschäumt werden, wenn er gleich klar werden soll. Daher ist es besser, ihn erst als Rohstoff in 5-Liter-Gefäßen verschlossen und sterilisiert 3 Wochen aufzubewahren, damit sich die Pektinstoffe ausscheiden, wie beim Himbeersaft beschrieben. Für Süßkirschen sind 250 Gramm, für Sauerkirschen ½ Kilo pro 1 Liter Saft ein angemessener Zuckerzusatz.

Johannisbeersaft

Von den verschiedenen Sorten gibt man den tiefrot gefärbten Früchten den Vorzug. Je reifer die Früchte sind, um so besser, weil sich dann die herbe Säure etwas gemildert hat. Bei den Johannisbeeren wird das Vergärungsverfahren häufig angewendet, aber auch durch Lagernlassen des Rohsaftes erhält man einen klaren Saft. Bei sehr sauren Früchten sind ¾ Kilo Zucker pro Liter Saft erforderlich.

Heidelbeeren, Preiselbeeren und Brombeeren werden in der gleichen Weise zu Saft verarbeitet, wie unter „Himbeeren" ausführlich geschildert ist.

Apfel- und Birnensaft

Bei dem Kernobst kommt die Sortenfrage noch weit mehr in Betracht als beim Steinobst. Für die Saftgewinnung eignen sich natürlich nur die saftreichen, aromatischen Früchte. Die sauber gewaschenen Früchte werden nur in kleinere Stücke zerschnitten, aber nicht geschält und entfernt. Hat man eine gute Obstmühle und ebenso Obstpresse, so kann man den Saft roh gewinnen. Im Haushalt ist es aber besser, die Fruchtstücke mit wenig Wasser weichzukochen. Kocht man die Früchte nur eben weich und gießt dann den Saft durch ein Tuch ab, so wird er ganz klar. Größer ist die Ausbeute, wenn die zerkochten Früchte ausgepreßt werden. Der gewonnene Saft wird mit

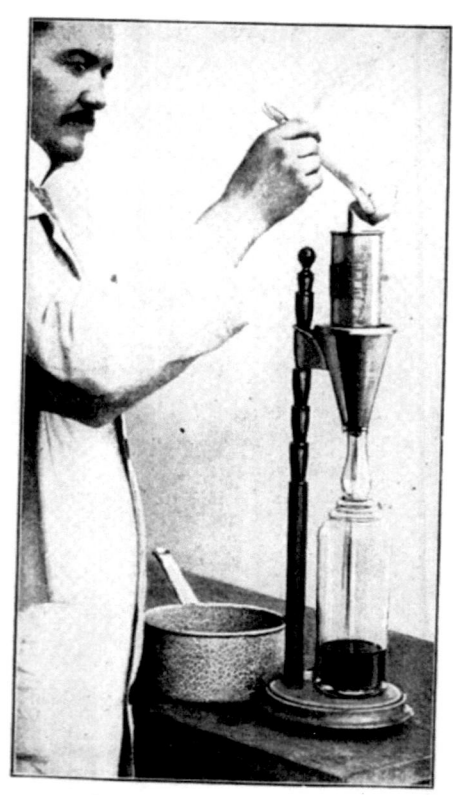

Durchfiltrieren von Obstsaft

Zucker (etwa 200 Gramm pro Liter bei Äpfeln, 100 Gramm bei Birnen) aufgekocht und abgeschäumt, heiß filtriert und dann in Flaschen gefüllt und sterilisiert. Soll der Saft ganz klar werden, so empfiehlt es sich, den Rohsaft erst 3 Wochen in der bei „Himbeersaft" geschilderten Weise ablagern zu lassen.

Quittensaft

wird ebenso hergestellt. Doch braucht man, um die Früchte weichzukochen, etwas mehr Wasser. Für 1 Liter Saft nehme man ¾ Kilo Zucker.

Rhabarbersaft

ist zwar kein Obstsaft, kann aber für Suppen in ganz der gleichen Weise Verwendung finden. Die Rhabarberstiele werden in fingerlange Stücke zerschnitten, mit etwas Wasser weichgekocht und dann ausgepreßt. Für Suppen ist es nicht erforderlich, daß der Saft ganz klar ist. Daher können wir den Saft gleich auf Flaschen füllen und sterilisieren. Der Zuckerzusatz wird am besten beim Bereiten der Suppe hinzugefügt.

Zum Schluß seien noch einige Winke für die Ausführung des Filtrierens und Sterilisierens gegeben.

Der Saft filtriert um so leichter, je wärmer er ist. Meist genügen Flanellbeutel. Soll aber ein besonders klarer Saft erzielt werden, so sind kleinere Mengen durch einen Papierfilter oder Filtrierapparat (siehe Likörbereitung) zu gießen.

Die Obstweine

In einem französischen Kloster soll der Obstwein zum ersten Male hergestellt worden sein. Ob das zutrifft, vermag ich nicht zu sagen, jedenfalls aber ist die Bereitung von Wein aus Obstsäften ein altes Verfahren. Leider hat es sehr lange gedauert, bis die Obstweine ihre jetzige Verbreitung und Beliebtheit erlangten. Die Ursache hierfür ist in dem Vorurteil zu suchen, daß Obstweine im Vergleich zu Traubenweinen minderwertig sind. Die Qualität der Obstweine kann allerdings außerordentlich wechseln, wie dies ja bei der Verwendung von so verschiedenartigem Material nicht anders möglich ist. Auch werden Obstweine selten mit der bei Traubenweinen üblichen Sorgfalt behandelt, was zur Folge hat, daß nur ein verhältnismäßig geringer Prozentsatz von wirklich tadellosen Obstweinen hergestellt wird. Es verlohnt sich aber, die gleiche Mühe und Aufmerksamkeit aufzuwenden, da es dann gelingt, aus Obst ein ebenso angenehmes und wegen seines niedrigen Preises für den Haushalt ungleich wertvolleres Getränk zu gewinnen, als dies aus Trauben möglich ist. Die Herstellung der Obst- und Traubenweine ist im wesentlichen ganz gleich. Beide entstehen durch die Vergärung der Fruchtsäfte, wobei aus Zucker durch Mitwirkung der Hefe Alkohol gebildet wird. Auf andere Weise hergestellte Getränke können nicht als Weine angesehen werden, obwohl die Fabrikanten sie zuweilen fälschlich so nennen. Hieraus ergibt sich auch, daß die sogenannten „alkoholfreien Weine" eine unrichtige Bezeichnung tragen, da der Alkohol zu den wesentlichen Bestandteilen des Weines gehört. Ein gewisser Alkoholgehalt ist nötig, um den Wein haltbar zu machen und ihm die Eigenschaften zu verleihen, die ihn als Genußmittel wertvoll erscheinen lassen. Andererseits hat der Alkohol — im Übermaß genossen — eine sehr schädigende Wirkung auf den menschlichen Organismus, weshalb wir es als einen Vorzug der Obstweine betrachten müssen, daß sie im Vergleich zu den meisten Traubenweinen alkoholarm sind. Während die Rebe nur in einigen klimatisch günstigen Teilen Deutschlands Trauben zeitigt, die zur Weinbereitung taugen, können wir überall das erforderliche Obst zu einem guten Wein für den eigenen Bedarf bekommen. Gerade im Haushalt und besonders da, wo man selber Obst erntet, kann ohne große Schwierigkeit ein guter Obstwein hergestellt werden, wozu in dem Nachstehenden die erforderliche Anleitung gegeben werden soll.

Allgemeines über Obstweine und ihre Herstellung

Mit Hilfe von Zucker und Wasser kann aus fast jeder Fruchtart Wein bereitet werden. Es ist aber vorteilhafter, sich auf jene Früchte zu beschränken, deren Saft annähernd die Zusammensetzung hat, wie sie für die Weinbereitung erwünscht ist. Dabei sind nicht alle Stoffe von gleicher Bedeutung, vielmehr kommen für den Wein nur folgende Stoffe in Betracht:

1. Zucker,
2. Säure,
3. Mineralstoffe,
4. Geschmacks- und Geruchsstoffe.

Schon einleitend wurde gesagt, daß bei der Gärung aus dem Zucker Alkohol entsteht; es ist also der Alkoholgehalt des Weines von dem Zuckergehalt des Mostes abhängig, woraus sich die Bedeutung des Zuckers bei der Weinbereitung zur Genüge erklärt. Man beachte, daß aus 2% Zucker annähernd 1 Gewichtsprozent Alkohol wird, und weiter, daß ein haltbarer Wein etwa 8—9% Alkohol haben muß. Somit ist ein Zuckergehalt zwischen 16—18% zu einem normalen Obstwein erforderlich.

Ebenso bedeutungsvoll ist die Säure, da sie besonders in dem noch unvergorenen Saft (Most genannt) konservierend wirkt. Außerdem ist ein gewisser Säuregehalt nötig, um den Wein zu einem erfrischenden Getränk zu machen, wobei zu berücksichtigen ist, daß schwere Weine mehr, leichte weniger Säure enthalten können. Bei leichteren Weinen ist 0,7% Säure genügend, doch sollte der Säuregehalt nie unter 0,6% betragen.

Die Mineralstoffe sind in unverdünnten Fruchtsäften fast immer ausreichend vorhanden, nur im Heidelbeersaft fehlt es daran, was eine langsame, ungenügende Gärung zur Folge hat, da es der Hefe an Nahrung fehlt. Durch Zusatz von Chlorammonium, 20—40 Gramm auf 100 Liter, kann dieser Fehler beseitigt werden. Schließlich sind noch die Geruchs- und Geschmacksstoffe zu erwähnen, von denen der Wohlgeschmack des Weines abhängt.

Die wichtigsten Bestandteile für den Obstmost sind also Zucker und Säure. Wären diese — wie bei den Traubenmosten — immer im rechten Verhältnis vorhanden, so brauchten wir weder Wasser noch Zucker hinzuzufügen. Da aber die Zusammensetzung der Obstsäfte fast immer ein Zuviel an Säure und ein Zuwenig an Zucker aufweist, so kann man einen wohlschmeckenden Obstwein selten ohne Zusatz bereiten. Es läßt sich nämlich das Übermaß an Säure nur durch Verdünnen beseitigen. Wohl hat man versucht, die Säure auf chemischem Wege abzustumpfen, was sich bei den Obstsäften aber nicht bewährt hat. Natürlich verliert der Wein durch die Verdünnung des Mostes an Fruchtgeschmack, darum betrachte man den Wasserzusatz als notwendiges Übel und beschränke ihn auf das absolut erforderliche Quantum. Oft hört man die Herstellung eines sogenannten Haustrunkes loben; wer aber selbst einmal einen Versuch nach dieser Richtung gemacht hat, weiß, welche Schwierigkeiten es macht, solch leichte Weine gesund zu erhalten. Unsere Obstweine sind nämlich einer großen Anzahl von Krankheiten ausgesetzt, und zwar je mehr, je leichter sie sind. Darum rate ich entschieden ab, Weine mit weniger als 8% Alkohol und 10,6% Säure herzustellen. Es ist bereits erwähnt worden, wie der Alkoholgehalt im Wein vermehrt und der Säuregehalt vermindert werden kann. Ehe wir aber mit Erfolg an die Zusammenstellung eines Mostes gehen können, müssen wir dessen natürlichen Zucker- und Säuregehalt ermitteln. Denn die Zusammensetzung der Obstsäfte ist nicht nur nach Art und Sorte, sondern auch in den einzelnen Jahren verschieden.

Die Säurebestimmung

Wir haben uns bereits ausgesprochen, daß ein Zuviel an Säure im Most nur durch Verdünnen mit Wasser vermindert werden kann. Es hängt also der Wasserzusatz von dem Säuregehalt ab; darum ist es nötig, diesen annähernd genau zu bestimmen. Allerdings erfordern Säure- wie Zuckerbestimmungen außer den verschiedenen Geräten auch eine gewisse Übung und Geschicklichkeit. Wem es hieran noch fehlt, wird gut tun, die Bestimmungen durch einen Chemiker oder Apotheker ausführen zu lassen.

Der Säuregehalt wird bestimmt, indem eine gewisse Menge Most mit einer Normallauge titriert wird. Oder, um mich für den Laien verständlicher auszudrücken: in einer bestimmten Menge Most wird die Säure durch Hinzufügen einer Normallauge neutralisiert. Je mehr Säure im Most ist, um so mehr Lauge wird verbraucht, daher läßt sich aus der Verbrauch an Lauge der Säuregehalt ermitteln. Bezüglich der nötigen Anleitung zur Ausführung dieser Arbeiten muß ich auf Spezialwerke verweisen*, da an dieser Stelle der Raum hierfür fehlt. Ist der Säuregehalt festgestellt, so gilt es, mit Wasser entsprechend zu verdünnen, um dem Most die richtige Zusammensetzung zu geben. Wie wir die erforderliche Wassermenge berechnen, will ich an einem Beispiel erläutern. Angenommen, unser Most hat 2% Säure, wie dies bei Johannisbeeren häufig ist, und wir wollen einen Wein mit 0,8% Säure, so verfahren wir folgendermaßen: Da 2% Säure 20 Gramm Säure, 0,8% also 8 Gramm Säure in 1 Liter Most entsprechen, so müssen wir 1 Liter Most auf so viel Liter verdünnen, als 8 in 20 enthalten ist. $20:8=2,5$ Liter. Es ist 1 Liter auf 2,5 Liter zu verdünnen, also sind 1,5 Liter pro Liter Most zuzusetzen.

Die Zuckerbestimmung

Nachdem der Säuregehalt des Mostes richtiggestellt ist, ermitteln wir den Zucker, um berechnen zu können, wieviel wir noch zusetzen müssen, damit in dem fertigen Wein der erwünschte Alkoholgehalt vorhanden ist. Für die Weinbereitung genügt die nur annähernd genaue Bestimmung mittels einer sogenannten M o s t w a g e. Die Mostwagen geben an, um wieviel eine Flüssigkeit schwerer ist als Wasser. Wir ermitteln also das spezifische Gewicht des Mostes, das um so höher ist, je mehr Zucker der Most enthält. Ganz genau ist dies Verfahren deshalb nicht, weil auch noch andere Stoffe das Mostgewicht beeinflussen. Diesem Umstand muß also Rechnung getragen werden. Auch hier verweise ich für diejenigen, die die Untersuchung selber ausführen wollen, auf die einschlägige Literatur.

Ist der Zuckergehalt im Most bestimmt, so ist leicht zu berechnen, wieviel Zucker noch hinzugefügt werden muß, um einen bestimmten Alkoholgehalt im Wein zu erhalten. Hat ein Apfelmost z. B. 10% Zucker, so würde das einen zu leichten Wein, nämlich mit 5% Alkohol, ergeben. Wollen wir nun den Alkoholgehalt auf 9% erhöhen, so fehlen 4% Alkohol, wozu 8% Zucker erforderlich sind. Vergegenwärtigen wir uns, daß eine Flüssigkeit mit 8% Zucker in 100 Kubikzentimeter 8 Gramm Zucker enthalten muß, so ergibt sich, daß zu 1 Liter 80 Gramm Zucker zuzusetzen sind, damit der Most um 8% Zucker bereichert wird.

Alle Zusätze zum Most müssen natürlich von bester Qualität sein, was besonders für den Zucker gilt. Geblaute Zuckersorten sind entschieden zu verwerfen, da hierdurch der Böcksergeschmack entsteht. Man verwende also nur beste ungeblaute Raffinade. Ebenso darf zum Verdünnen nur reines Trinkwasser genommen werden.

---

* Bestimmung des Zuckers und der Säure in Most und Wein von Dr. Th. Henkel, Professor an der staatl. Akademie für Landwirtschaft und Brauerei in Weihenstephan.
Untersuchung von Most und Wein für Praktiker von Dr. Th. Windisch.

Obstarten zur Weinbereitung

Obwohl die zur Weinbereitung erforderlichen Stoffe in all unseren Obstarten vorhanden sind, also aus jeder Obstart Wein bereitet werden kann, bevorzugen wir doch die Sorten, deren Zusammensetzung möglichst wenig Zusätze bedingen. Der Wohlgeschmack des Weines ist besonders von dem Aroma der Früchte abhängig, daher liefern Erdbeeren, Stachelbeeren usw. sehr angenehme Getränke. Im allgemeinen eignen sich Kern- und Beerenobst, aber nur wenige Arten Steinobst zur Weinbereitung. Vom Kernobst ist es der Apfel, der besonders in Süddeutschland in großen Mengen vermostet wird. Birnen sind allein nur in einigen herben Sorten brauchbar, dagegen werden sie ebenso wie Quitten, Speierling und Mispeln gern mit Äpfeln gemischt. Gute Beerenobstweine werden aus folgenden Früchten gemacht: Erdbeeren, Stachelbeeren, Johannisbeeren, Brombeeren, Himbeeren und Heidelbeeren. Als Vertreterin des Steinobstes ist die Kirsche zu nennen. Außerdem geben Schlehen einen vorzüglichen Zusatz zu roten Beerenweinen, in erster Linie zu Heidelbeerwein.

Reise und Ernte des Obstes

Es muß als Regel gelten, daß nur **völlig reifes Obst** zur Weinbereitung Verwendung findet, da unreife Früchte zu viel Säure und zu wenig Zucker haben. Eine Ausnahme machen Birnen, die man nicht vollreif werden läßt, und Stachelbeeren, die wohl reif, aber nicht überreif sein sollen, da sie dann an Aroma verlieren. Ganz selbstredend ist krankes und faules Obst unbrauchbar, da der Wein weder haltbar noch wohlschmeckend werden kann. Obwohl Mostobst nicht mit der Sorgfalt wie Tafelobst geerntet zu werden braucht, muß doch darauf gesehen werden, daß die Früchte möglichst unverletzt und sauber zur Verarbeitung gelangen.

Die Verarbeitung des Obstes

Die Obstweinbereitung umfaßt folgende Arbeiten: Waschen, Zerkleinern, Abpressen oder Keltern, Untersuchung des Mostes, Wasser- und Zuckerzusatz, Vergärenlassen und Abziehen.

Alle festen Obstarten werden vor der Verarbeitung zu Wein gewaschen. Es geschieht dies am besten in einem großen Bottich mit einem sauberen Reisigbesen. Nach dem Waschen wird das Obst gemahlen, wozu man sich einer Obstmühle bedient. In kleineren Haushaltungen leistet die amerikanische Frucht- und Saftpresse gute Dienste; sobald aber größere Mengen verarbeitet werden sollen, empfiehlt es sich, leistungsfähigere Maschinen anzuschaffen, die es in Haushaltungsgeschäften gibt. Die Aufgabe der Obstmühle ist, das Obst gleichmäßig zu zerkleinern. Beim Beerenobst wird dies durch zwei gegeneinanderlaufende gerippte Walzen aus Holz oder Aluminium erreicht, während an den Mühlen,

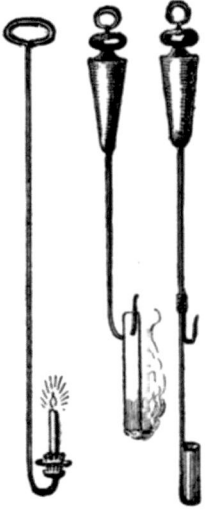

1. Visitateur zum Beleuchten des Faßinnern.
2. und 3. Patent-Brenndraht (verhütet das Abtropfen des fließenden Schwefels).

die auch für die Verarbeitung von Kernobst dienen, noch ein besonderer Zerkleinerungsapparat, der das Obst zunächst zerreißt oder zerschneidet, angebracht ist. Bei der gesamten Weinbereitung ist darauf zu achten, daß niemals freie Eisenteile mit dem Obst, Most oder Wein in Berührung kommen, da das Eisen von der Fruchtsäure gelöst wird und den Wein schwarzfärbt, sobald er dem Licht ausgesetzt ist. Nach dem Mahlen ist der Obstbrei — Maische — möglichst sofort abzupressen, um den Saft zu gewinnen. Vielfach ist ein vorheriges Angärenlassen üblich, was ich aber durchaus nicht empfehlen kann, da hierbei die Essigsäurepilze Gelegenheit zur Ansiedlung finden. Die Hausfrau kann in kleinen Mengen den Saft durch einen Beutel pressen, wer aber Zeit und Mühe sparen will, bedient sich der Haushaltungspresse. Für größere Obstmengen sind die Spindelpressen geeignet, die eine annähernd ebenso große Saftausbeute gestatten wie die in den Obstweinkeltereien üblichen hydraulischen Pressen. Von der Ausbeute hängt der Wert der Presse in allererster Linie ab, denn es liegt ja auf der Hand, daß wir der Maische so viel wie nur möglich von dem Saft entziehen wollen. Je schneller sich diese Arbeit ausführen läßt, um so besser für uns; darum stellen wir an eine gute Presse auch die Anforderung,

Gärflasche, luftdicht, aus Glas

daß sie schnell und sicher arbeitet. Die Traubenpressen lassen sich auch zum Obstwein gebrauchen; doch empfiehlt es sich bei Anschaffungen, eine spezielle Obstweinpresse zu wählen, da diese besonders zur Verarbeitung von Obst konstruiert ist und mancherlei Vorzüge hat. Die bei größeren Quanten etwas mühevolle Arbeit des Pressens wird durch das Duchscherscche Differential-Hebeldruckwerk sehr erleichtert. In den Katalogen der Maschinenfabriken ist in der Regel angegeben, welche Mengen mit einer Presse verarbeitet werden können; danach richtet sich auch der Preis. Die Ausführung der Arbeit erlernt sich natürlich am besten praktisch. Wer sich die Arbeitsweise selber ausprobieren will, beachte die folgenden Winke. Zunächst prüfe man, ob die Kelter sauber ist, und beachte, daß die Eisenteile, soweit sie mit dem Most in Berührung kommen, mit einem guten Lackanstrich versehen sind. Danach wird der sogenannte Preßkorb mit Tüchern aus festem, weitmaschigem Stoff ausgelegt, und zwar derartig, daß sowohl Boden wie Wände des Preßkorbes bedeckt sind. Das Tuch, das an den Wänden liegt, muß breit genug sein, um es über der Maische zusammenschlagen zu können. Der Preßkorb kann nun annähernd mit Maische gefüllt werden. Übrigens ist die Gewinnung des Mostes um so leichter und ausgiebiger, je weniger Maische auf einmal abgepreßt wird. Bei großen Keltern erleichtert man das Abfließen des Saftes durch 1 bis 2 Zwischenlagen von reinem Roggenstroh. Nachdem der Preßkorb gefüllt ist, werden Deckel und Preßklötze aufgelegt und noch einmal nachgesehen, ob sich alles in Ordnung befindet. Durch die Spindelschraube wird nun ein allmählich sich steigernder Druck ausgeübt. Auch die besten Keltern vermögen nicht allen Saft auszupressen; darum ist zur besseren Ausbeute eine zweite Pressung nötig. Zuvor aber haben wir den Most vom erstmaligen Pressen in ein Faß getan (seine Beschaffenheit wird noch näher besprochen) und eine Probe genommen, die zur Säurebestimmung dient, damit wir wissen, wieviel Wasser zuzusetzen ist. Einen Teil des Wassers brauchen wir nämlich, um darin Trester (so nennt man die abgepreßte Maische) aufzuweichen. Am besten stehen die Trester mit dem Wasser in einem weiten Bottich, doch nicht länger als einen Tag, und in einem kühlen Raum, da der Most sonst den Essigstich bekommt. In gleicher Weise wie beim ersten Pressen werden auch die aufgeweichten Trester behandelt.

Die Fässer und andere Gärgefäße

Es ist gesagt worden, daß der Most von der Kelter in ein Faß gebracht wird. In diesem Faß soll die Gärung — der wichtigste Vorgang der Weinbereitung — stattfinden. Darum ist es nötig, daß die Gefäße in jeder Hinsicht dazu geeignet sind. Hierzu gehört vor allen Dingen peinlichste Sauberkeit. Sowohl neue wie alte Fässer müssen so lange mit heißem Sodawasser ausgebrüht werden, bis das Wasser rein abfließt. Danach wird noch mehrfach mit kaltem Wasser nachgespült. Bis zum Gebrauch werden die Fässer eingeschwefelt, das heißt, es werden mit einem Brenndraht ein oder mehrere Schwefelschnitten in dem Faß verbrannt, worauf das Faß zu verschließen ist. Für Fässer mit weniger als 100 Liter Inhalt genügt ein Schnitt. Soll der Most eingefüllt werden, so gießen wir das Faß nochmals ganz voll Wasser und spülen es gut aus, damit etwaige schweflige Säure entfernt wird. Man verwende nur Weinfässer, da sich der Geschmack von anderen Flüssigkeiten, die etwa vordem im Faß waren, dem Wein während der Gärung mitteilt. Auch ist darauf zu achten, daß nicht Rotweinfässer für weiße Weine gebraucht werden, weil der Wein sonst eine unvorteilhafte Färbung bekommt. In Laienkreisen begegnet man häufig dem Irrtum, neue Fässer seien ohne weiteres brauchbar. Dem ist nicht so, denn das frische Holz der Fässer enthält Stoffe, die ausgelaugt werden müssen. Der Küfer nennt das „Weingrünmachen". Die neuen Fässer sind also gleich den alten zu behandeln. Wer vorsichtig ist, füllt in ein neues Faß zunächst einen minderwertigen, aber nicht etwa kranken Wein. Außer den Fässern können im Haushalt bei Herstellung von weniger als 15 Liter auch große Flaschen und besonders zu diesem Zwecke verfertigte Steinkrüge (sogenannte Gärstände) Verwendung finden. Kleinen Fässern gegenüber haben diese Gefäße den Vorzug, daß sie besser gereinigt werden können.

Die Behandlung der Weine während der Gärung

Sobald der Most im Gärgefäß ist, fügen wir das etwa noch erforderliche Wasser hinzu (ich erinnere an das unter „Säurebestimmung" Gesagte) und entnehmen nun eine Probe für die Zuckerbestimmung. Vom Pressen bis zur Zuckerbestimmung soll möglichst wenig Zeit vergehen, da der Most bald zu gären anfängt, was die richtige Zuckerbestimmung mittels Mostwage unmöglich macht. Nachdem der Zuckergehalt bestimmt wurde und daraus die zuzusetzende Zuckermenge berechnet ist, lösen wir das abgewogene Quantum in einigen Litern Most auf und gießen es dann zu der gesamten Menge. Durch mehrmaliges Bewegen des Fasses bewirke man eine gleichmäßige Verteilung der Zuckerlösung.

Filtrierständer aus Eisen

Überlassen wir nun den Most sich selbst, so tritt bei entsprechender Temperatur sehr bald die Gärung ein. Es sind nämlich mit dem Most Hefepilzchen in das Faß gelangt, die sich bald lebhaft vermehren und ihre Tätigkeit — die Zersetzung des Zuckers in Kohlensäure und Alkohol — beginnen. Wollen wir, daß die Gärung einen gleichmäßigen, sicheren Verlauf nehme, so erreichen wir dies — neben Erhaltung gleichmäßiger Temperatur von 15—18 Grad Celsius — am besten durch Verwendung sogenannter Reinhefe. Für die Anwendung von Reinhefe werde ich zum Schluß dieses Kapitels noch einige Winke geben.

Während der Gärung ist es nötig, der sich entwickelnden Kohlensäure freien Abzug zu ermöglichen; andererseits muß der atmosphärischen Luft der Zutritt zum Wein sorgsam verwehrt werden, da sich sonst neben der Hefe die Gärung verhindernde Bakterien ansiedeln. Diesen Luftabschluß erreichen wir durch den sogenannten Gärspund, der so eingerichtet ist, daß die Kohlensäure, weil sie die Flüssigkeit in der Gärröhre zu verdrängen vermag, entweichen kann, während nach außen ein luftdichter Verschluß erzielt wird. Es gibt die verschiedensten Gärspunde, die zum Teil ganz unnötig teure Apparate darstellen. Es ist bereits darauf hingewiesen worden, daß während der Gärung eine gleichmäßige Temperatur von etwa 15—18 Grad Celsius herrschen soll. Je gleichmäßiger die Temperatur, um so sicherer verläuft die Gärung, während bei Temperaturschwankungen ein Stillstand in der Gärung eintritt, der oftmals Veranlassung zu Erkrankungen des Weines gibt. Die anfangs nur in geringer Menge im Most vorhandene Hefe muß sehr gut ernährt werden, um sich recht üppig entwickeln zu können. Für die Ernährung der Hefe kommen in erster Linie die Ammoniakverbindungen in Frage. Bei stark verdünnten Mosten und beim Heidelbeerwein fehlt es oft an der nötigen Nahrung für die Hefe, daher empfiehlt es sich, auf 100 Liter 20—30 Gramm Chlorammonium anzuwenden. Durch dieses Mittel, das in jeder Apotheke erhältlich ist, geben wir der Hefe die erforderliche Nahrung.

Die Dauer der Gärung hängt von sehr vielen Umständen ab, so daß sie nicht auf Tag und Woche bestimmt werden kann, wie das in einigen älteren Lehrbüchern geschieht. Vor allem ist der Zuckergehalt des Mostes von Einfluß, außerdem aber die Temperatur im Gärraum. In den meisten Fällen ist die Hauptgärung nach 4—6 Wochen beendet, was daran erkenntlich ist, daß die Hefe sich zu Boden senkt und der Wein sich zu klären beginnt. Es ist nun an der Zeit, den ersten Abstich vorzunehmen, da der Wein bei längerem Lagern auf der absterbenden und in Fäulnis übergehenden Hefe in Gefahr ist, einen üblen Beigeschmack zu bekommen. Mit Ausnahme der ganz kleinen Fässer hat jedes Faß ein sogenanntes Zapfloch, das mit einem Kork verschlossen wird. Beim Abziehen wird der Zapfhahn auf den Kork gesetzt und mit einem Holzhammer eingetrieben, so daß der Kork ins Faß fällt. Die Zapflöcher sind so hoch angebracht, daß die am Boden lagernde Hefe nicht mit abfließt. Beim Anschlagen muß daher das Aufrütteln vermieden werden. Durch den Zapfen lassen wir den Wein in eine Kanne fließen, mit der wir ihn unter Zuhilfenahme eines Trichters in das neue Faß gießen. Bei Gefäßen ohne Zapfloch ziehen wir durch den Heberschlauch ab. Übrigens ist dies Verfahren für alle Fälle brauchbar, in denen man die Möglichkeit hat, das zu füllende Faß tiefer als das volle Faß zu lagern. Da der Heberschlauch — einmal richtig angelegt — selbsttätig arbeitet, ersparen wir uns mit diesem Verfahren die Mühe des Umgießens. Bei dem Gebrauch des Heberschlauches ist darauf zu achten, daß der in das volle Faß reichende Teil nicht in die Hefe taucht. Es muß daher mit einem Stab die rechte Tiefe, bis zu welcher der Schlauch eingesenkt werden darf, zuvor festgestellt werden. Am unteren Ende des Stabes, den man durchs Spundloch bis auf den Boden des Fasses senkt, zeichnet sich der Hefesatz ab, so daß man die Entfernung vom Spundloch bis zum Hefesatz messen kann. Während die Fässer für den Most nie Schwefeldämpfe enthalten dürfen, da sonst die Gärung verhindert wird, können die Fässer beim Abstich leicht eingeschwefelt werden, weil eine eigentliche Gärung nicht mehr nötig ist.

Die Lagergärung

Mehr noch als zuvor ist jetzt für Luftabschluß zu sorgen. Die Gärspunde müssen gut passen, werden fest eingesetzt und etwas mit Talg verstrichen. Die Fässer müssen natürlich heil sein und sind immer spundvoll zu halten. Unter „spundvoll" versteht der Küfer, daß der Spund bis in

Anleitung zur Herstellung von Obst- und Beerenweinen

Fruchtsäfte	Mischungsverhältnis auf 1 Liter gekelterten Saft ist Wasser zuzusetzen			Auf 1 Liter Mischung ist Zucker zuzusetzen
	mindestens Liter	im Durchschnitt Liter	höchstens Liter	Gramm
Rote Johannisbeeren:				
1. Tischwein	1	$1^{3}/_{4}$	$2^{1}/_{2}$	150—200
2. Dessertwein (herb)	1	$1^{1}/_{2}$	2	200—250
3. Dessertwein (süß)	1	$1^{1}/_{2}$	2	280—330
Weiße Johannisbeeren:				
1. Tischwein	1	$1^{1}/_{4}$	$1^{1}/_{2}$	150—180
2. Dessertwein (herb)	$3/_{4}$	1	$1^{1}/_{4}$	200—250
3. Dessertwein (süß)	$3/_{4}$	1	$1^{1}/_{4}$	280—330
Schwarze Johannisbeeren:				
Dessertwein (süß)	2	$2^{1}/_{2}$	3	330
Stachelbeeren:				
Dessertwein (süß)	$1/_{2}$	$3/_{4}$	1	330
Him-, Erd- und Brombeeren:				
1. Likörwein (herb)	unverdünnt	$1/_{4}$	$1/_{2}$	330
2. Likörwein (süß)	unverdünnt	$1/_{8}$	$1/_{4}$	330
Heidelbeeren:				
1. Tischwein (herb)	$1/_{4}$	$3/_{8}$	$1/_{2}$	180—200
2. Tischwein (mild)	$1/_{2}$	$5/_{8}$	$3/_{4}$	180—200
Weichsel- und Sauerkirschen:				
Likörwein (mild)	$1/_{4}$	$1/_{2}$	$3/_{4}$	280—300
Birnen:				
Tischwein	in der Regel ohne Wasserzusatz			in der Regel ohne Zuckerzusatz
Äpfel:				
Tischwein	in der Regel ohne Wasserzusatz			in der Regel ohne Zuckerzusatz

den Wein reicht, damit er nicht eintrocknen kann. Größere Fässer verlieren, das heißt, es verdunstet Wein etwas durch die Faßwandungen; daher muß von Zeit zu Zeit etwas Wein nachgefüllt werden. Die Temperatur im Keller soll nunmehr nicht über 10 Grad Celsius steigen, da sich der Jungwein bei niedriger Temperatur am leichtesten gesund erhält. Ist die Hauptgärung nicht vorzeitig unterbrochen worden, so kann von einer eigentlichen Nachgärung nicht mehr die Rede sein; trotzdem aber entweicht im Frühjahr noch Kohlensäure, was aber lediglich auf das Steigen der Temperatur im Keller zurückzuführen ist. Bei niedriger Temperatur vermag der Wein nämlich viel mehr Kohlensäure zu halten als bei höherer; daher bemühe man sich,

Abfüllen des Weins auf Flaschen mittels des Heberschlauches

das Steigen der Temperatur im Frühjahr möglichst zu verringern, damit die Kohlensäure, die dem Wein etwas angenehm Erfrischendes gibt, erhalten bleibt. Zuweilen tritt allerdings auch nach dem Abstich noch eine eigentliche Gärung ein, was dann der Fall ist, wenn die Hauptgärung durch Temperaturschwankungen oder aus anderen Gründen unterbrochen wurde. Diese Nachgärung muß ebenso wie die Hauptgärung unterstützt werden, da von ihrem Verlauf das Klarwerden des Weines abhängt. Schon beim Abziehen ist darauf zu achten, daß solch unvollkommen

Keller mit Obstweinen und Konserven

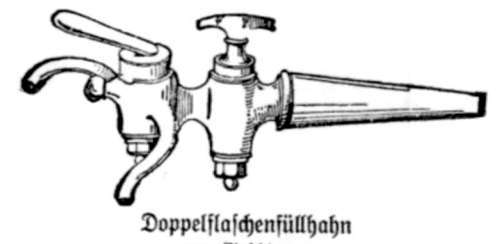
Doppelflaschenfüllhahn zum Einschlagen

vergorene Weine in nur ganz schwach eingeschwefelte Fässer kommen. Die Temperatur ist während dieser Nachgärung recht gleichmäßig auf 10 bis 12 Grad Celsius zu halten. Im übrigen gilt das von der Hauptgärung Gesagte. Sobald die Nachgärung beendet ist, wird der Wein noch einmal in ein eingeschweseltes Faß umgefüllt.

Die Anwendung der Reinhefe

Bislang haben wohl sehr wenige Hausfrauen etwas von Reinhefe gehört, obwohl deren Anwendung sehr einfach und bequem ist und außerordentliche Vorteile bietet. Erwähnt wurde schon, daß die Gärung dadurch sicherer und vollständiger, aber auch weit schneller vonstatten geht. Nach Prof. Wortmann erzeugen die Reinhefen an Traubenwein erinnernde Geruch- und Geschmackstoffe in den Obstweinen. In Verbindung mit den größeren Weinbauinstituten finden sich Hefereinzuchtstationen, die reingezüchtete Traubenhefe in verschiedenen Rassen käuflich abgeben.

Die älteste Station dieser Art ist die des Deutschen Weinbauvereins in Geisenheim a. Rh., aus deren Vorschriften für die Anwendung der Reinhefe folgendes wiedergegeben sei: „Das die Reinhefe enthaltende Fläschchen darf erst unmittelbar vor dem Gebrauch geöffnet werden. Bis dahin ist es, falls nicht sofortige Verwendung stattfinden kann, an einem kühlen und trocknen Ort stehend aufzubewahren, aber womöglich nicht länger als 2 Wochen, weil der Inhalt mit der Zeit an Wirksamkeit abnimmt. Etwa 5 Tage vor Beginn des Kelterns koche man (zur Vergärung von Mengen bis 200 Liter) 1 Liter ganz frisch gewonnenen und vorher gezuckerten Saft 10 Minuten lang auf und lasse ihn dann in dem gleichen Topfe wieder vollständig erkalten, wobei er mit einem Deckel sorgfältig geschlossen bleibt. Ist dies geschehen, so gieße man den Inhalt des Hefefläschchens in den Saft und spüle das Fläschchen noch einige Male mit dem Safte aus. Der Topf wird dann wieder gut zugedeckt und an einem staubfreien Ort aufbewahrt, bis sein Inhalt nach einigen Tagen kräftige Gärung zeigt. Je ½ Liter dieser stark gärenden Flüssigkeit genügt, um 100—150 Liter frisch gekelterten (eventuell schon verdünnten und gezuckerten) Saft in Reingärung zu versetzen. (Größere Mengen Saft werden im Haushalt wohl selten vergoren; ist es aber der Fall, so kann man in gleicher Weise bis 10 Liter statt 1 Liter mit dem Inhalt eines Fläschchens ansetzen.) Da in den zur Versendung gelangenden Hefefläschchen unter Umständen ein ziemlich starker Druck herrscht und daher beim Öffnen leicht Hefe durch Verspritzen verloren geht, so durchbohre man zunächst mit dem Korkzieher den Stopfen und lasse die während des Transportes eventuell gebildete, den Druck hervorrufende Kohlensäure entweichen. Dann erst öffne man die Flasche in der Weise, daß diese mit der Mündung nach unten über dem den abgekühlten Wein enthaltenden Topf (oder Stütze) gehalten wird. Ein Fläschchen Reinhefe ist von der genannten Station für 5 Mark erhältlich."

Die Krankheiten der Obstweine

Bezüglich der Krankheiten kann ich mich kurz fassen, nicht weil ich ihnen geringe Bedeutung beimesse, sondern weil Vorbeugung durch richtiges Behandeln der Weine viel wichtiger ist als Kurieren. Die Beseitigung irgendwelcher Fehler oder Krankheiten im Wein ist überdies ein langwieriges und schwieriges Geschäft, mit dem sich die Hausfrau nicht befassen kann. Zeigt der Obstwein eine Krankheit, so wird er in den meisten Fällen noch zu Suppen brauchbar sein. Also „schnell verbraucht" ist da die beste Hilfe. Sollten größere Mengen Wein Anzeichen von Erkrankung zeigen, so empfiehlt es sich, eine Probe des Weines an eine Versuchsstation für Obstverwertung (z. B. an die staatliche Gärtnerlehranstalt zu Dahlem bei Steglitz) mit dem Ersuchen um Ratschläge einzusenden.

Rezepte

In einem Kochbuch erwartet man Rezepte; trotzdem habe ich es unterlassen, solche zu geben, weil wirklich zuverlässige Zusammenstellungen von Obstweinen nicht nach Rezepten, sondern nur auf Grund der Zucker- und Säurebestimmungen möglich ist. Rezepte sind da brauchbar, wo es sich um die Verarbeitung eines sich annähernd gleichbleibenden Stoffes handelt. Für unsere Obstsäfte trifft dies nicht zu, wie ich ja schon anfangs ausführte.

Nun wird vielleicht die Hausfrau bei der Herstellung kleiner Mengen Obstwein die Ausgaben für eine Zucker- und Säurebestimmung scheuen; darum sei eine Zusammenstellung wiedergegeben, die ich unter Weglassung einiger für diesen Zweck weniger wichtigen Angaben aus dem Werk von Max Barth: „Die Obstweinbereitung, bearbeitet von Dr. E. von der Heide" entnehme. Versteht die Hausfrau nach dem Geschmack zu beurteilen, ob es sich um einen sehr oder weniger sauren Most handelt, so wird sie mit Hilfe der auf Seite 226 stehenden Tabelle ziemlich sichere Resultate erzielen.

Abguß des Obstsaftes vom Bodensatz

Das Schönen und Filtrieren

Beide Maßnahmen haben e i n e n Zweck, nämlich Trübungen aus den Weinen zu entfernen. Für die Hauswirtschaft halte ich es für weniger wichtig, daß der Wein absolut glanzhell ist, um so mehr, da das Schönen und Filtrieren immer etwas auf Kosten des Wohlgeschmacks geht. Ein einfacher und praktischer Filtrierapparat für den Haushalt ist der Experimentierapparat von Th. Seitz in Kreuznach. In dieses Sieb wird besonders dafür präparierter Asbest getan, der die Trübungen des hindurchsickernden Weines zurückhält.

Weinprobenzieher aus Aluminium

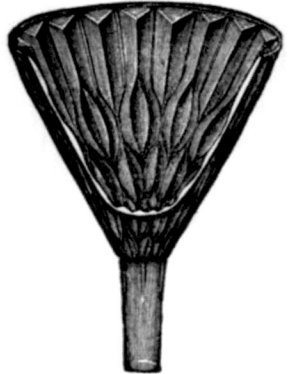

Filtriertrichter aus Glas

Das Abziehen auf Flaschen und die Aufbewahrung

Je nach der Stärke wird der Wein früher oder später flaschenreif. Um diesen Zeitpunkt zu erkennen, füllt man von Zeit zu Zeit eine Flasche ab und stellt sie in ein Zimmer. Solange sich der Wein noch trübt, ist er noch nicht ganz reif. Das Abziehen in die Flaschen geschieht am besten mittels Heberschlauches Größte Sorgfalt lege man auf das Reinigen der Flaschen, damit der Wein nicht von der Flasche fremden Geruch annimmt. Für Obstweine ist es allgemein besser, wenn sie nach der erlangten Reife bald auf Flaschen kommen, da sie auf dem Faß verlieren. Die gefüllten Flaschen werden mit guten Korken verschlossen, versiegelt und in einem kühlen Keller liegend aufbewahrt. Leichte Apfelweine sind bald zu verbrauchen, wohingegen schwere Beerenweine bis zum zehnten Jahre etwa besser werden.

Die Liköre

Die Ansichten über den Wert der Liköre sind außerordentlich geteilt, was wohl darin seinen Grund hat, daß viele der billigeren Marken sehr mangelhafte Produkte darstellen. Aus schlechten Spirituosen, mit Glyzerin und reichlich Gewürz hergestellt, können sie allerdings keinerlei Wert als Genußmittel haben. Ganz anders aber ist das mit guten Likören, deren wohltuende Wirkung besonders bei Diätfehlern niemand in Abrede stellen wird. Es ist eine verhältnismäßig leichte und dankbare Aufgabe für die Hausfrau, selber den Bedarf an Likören anzufertigen. Fast ausschließlich kommen hierfür die Fruchtliköre in Frage, da sie für die Gesundheit sehr zuträglich sind und ohne besondere Einrichtungen hergestellt werden können. Es soll daher auch in den nachfolgenden Ausführungen nur von Fruchtlikören die Rede sein.

Die Zutaten

Fruchtliköre werden aus Fruchtsaft, Zucker und Alkohol hergestellt. Alle Teile müssen erstklassig sein, um einen guten Likör daraus gewinnen zu können. Wir wollen uns daher etwas eingehender damit beschäftigen, wie die einzelnen Zutaten beschaffen sein müssen.

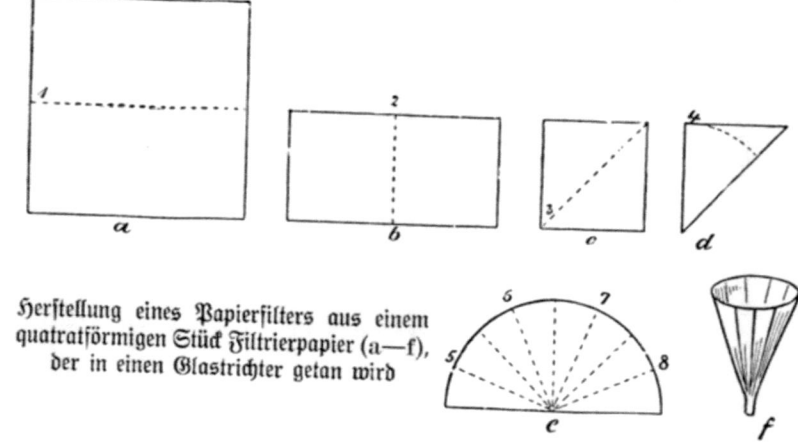

Herstellung eines Papierfilters aus einem quatratförmigen Stück Filtrierpapier (a—f), der in einen Glastrichter getan wird

Die Früchte

Nicht alle Fruchtarten sind gleichwertig für die Likörbereitung, vielmehr werden wir denen den Vorzug geben, die ein ausgeprägtes Aroma haben. Als solche sind zu nennen: Erdbeeren, schwarze Johannisbeeren, Himbeeren, Brombeeren, Quitten, Pfirsiche, Apfelsinen, Pomeranzen, Zitronen, Nüsse, Kirschen, Holunderbeeren und Heidelbeeren. Auch noch andere Früchte sind recht wohl brauchbar, doch nicht so allgemein beliebt. Nur die reifen Früchte haben volles Aroma, andererseits verliert die Frucht, sobald die Reife überschritten ist. Es gilt also, sorgsame Auswahl zu treffen. Fleckige oder gar faulige Früchte sind natürlich unbrauchbar, da der muffige Geruch sich auch dem Likör mitteilen würde. Wir brauchen nur geringe Mengen Obst zur Likörbereitung, daher können wir auch darauf sehen, nur tadellose Früchte zu verwerten. Am vorteilhaftesten ist es, wenn die Früchte so sauber geerntet werden, daß sie nicht gewaschen zu werden brauchen, weil zweifellos etwas Duftstoffe dabei verlorengehen.

Der Zucker

Das Beste ist auch hier gerade gut genug. Jedenfalls sind die billigen, gefärbten Zuckerarten unbrauchbar und verwerflich. Sogenannte ungeblaute Raffinade ist sehr zu empfehlen, außerdem ist unter dem Namen „Fruchtzucker" ein wasserheller Sirup im Handel, der sehr brauchbar ist. Der feste Zucker muß im Wasser gelöst werden, ehe er mit den übrigen Zutaten gemischt werden kann. Diese Mühe ersparen wir uns bei der Verwendung von Fruchtzucker, der ein gleichmäßiges Gemisch von Dextose und Lävulose mit 25% Wasser bildet. Ein weiterer Vorzug besteht darin, daß der Fruchtzucker eine milde Süße hat, die das Aroma nicht so verdeckt, wie dies der Rübenzucker tut. Beim Gebrauch ist 1 Liter Fruchtzucker gleichwertig mit 1 Kilo gewöhnlichen Zuckers.

Der Alkohol

Der dritte Bestandteil in Fruchtlikören ist der Alkohol, von dessen Qualität der Wohlgeschmack und die Bekömmlichkeit der Liköre am meisten abhängt. Nur fuselfreie Spirituosen sind brauchbar, da der Geruch des Fuselöls sehr unangenehm wirkt. Zu empfehlen ist, sogenannten „absoluten" Alkohol zu verwenden, wie er in Drogenhandlungen käuflich ist. Ungleich teurer, aber zur Likörbereitung noch besser, ist echter Kognak.

Das Wasser

Unser Brunnenwasser ist in den wenigsten Fällen zur Likörbereitung geeignet, weil es zu hart ist. Das sicherste ist immer, destilliertes Wasser zu verwenden. Der Preis dafür ist so gering, daß der Likör dadurch nur ganz unerheblich verteuert wird. Destilliertes Wasser ist in jeder größeren Drogenhandlung käuflich. Auf dem Lande hat man oft Gelegenheit, Regenwasser zu sammeln, das sich vorzüglich eignet, wenn wir es durch einen Papierfilter laufen lassen, damit es von den Schmutzbeimengungen befreit wird.

Die Gewinnung des Fruchtextraktes

Auf zweierlei Weise können wir den Extrakt für die Likörbereitung gewinnen. Die ausgiebigste und schnellste Methode ist das Abpressen des Saftes, die feinere Art ist aber, die Früchte mit absolutem Alkohol auszulaugen. Über das Pressen ist unter „Weinbereitung" das Erforderliche gesagt worden. Es hat den Nachteil, daß die Liköre meist nicht ganz klar werden oder doch mehrfach filtriert werden müssen. Auch ist das Aroma geringer, weil mit den Schalen viel Geruchstoffe verlorengehen, die bei der anderen Methode von dem Alkohol aufgenommen werden. Nichts ist einfacher, als durch Auslaugen einen Fruchtextrakt herzustellen. Die sorgfältig gesäuberten Beeren werden in ein größeres Glasgefäß getan und mit so viel absolutem Alkohol übergossen, daß sie ganz davon bedeckt sind. Dieser sogenannte Ansatz bleibt wenigstens 6 Wochen in einem temperierten Raum, am besten in der Sonne stehen. (Einige Wochen

Hand=Kork= maschine für den Haus= gebrauch

mehr schadet nicht.) Nach Ablauf der Zeit wird der so gewonnene Extrakt abgegossen und filtriert. Die Rückstände sind mittels Beutel oder Presse leicht abzupressen. Am besten ist es, den ersten Abguß als bessere Qualität von der Nachpresse gesondert zu behandeln.

Das Filtrieren

Von einem Likör verlangen wir, daß er absolut klar ist, was in den meisten Fällen nur durch Filtration erreicht werden kann. Ganz in gleicher Weise, wie bei der Weinbereitung erläutert wurde, können auch Liköre oder der Likörextrakt mit dem Asbestexperimentierfilter geklärt werden. Da die Herstellung der Liköre meist nur in kleineren Mengen erfolgt, ist auch der Faltenfilter brauchbar. Ein solcher kann aus geeignetem sogenanntem „Filtrierpapier" von jedermann selbst gefertigt werden. Die Skizze erläutert, wie dabei verfahren wird, indem die punktierten Linien zeigen, wo das Papier zu falten ist, während die Zahlen die Reihenfolge angeben. Dieser Papierfilter wird in einen Glastrichter getan und nun benutzt, wie Abbildung zeigt.

Zusammenstellung der Liköre

Nachdem Fruchtextrakt und Zuckerlösung in angegebener Weise vorbereitet sind, liegt uns noch das richtige Zusammenmischen ob. Hierbei muß uns in erster Linie der eigene Geschmack leiten und nur, um Anfängern die Arbeit zu erleichtern, gebe ich die folgenden Rezepte:

Leichte Liköre:
1 Liter Extrakt
1 Kilo Zucker
in 2½ Liter Wasser

Mittlere Liköre:
1 Liter Extrakt
½ Liter abs. Alkohol
1 Kilo Zucker
in 2 Liter Wasser

Schwere Liköre:
1¼ Liter Extrakt
1 Liter Alkohol
1 Kilo Zucker
in 1¼ Liter Wasser

Likör aus roten Johannisbeeren
1 Liter Extrakt, 1½ Liter Fruchtzucker, 1½ Liter Wasser.

Likör aus Himbeeren
2½ Liter Extrakt aus Waldhimbeeren, 1 Liter Fruchtzucker, 1½ Liter Wasser.

Likör aus Erdbeeren
2 Liter Extrakt (möglichst von Walderdbeeren), 1 Liter Fruchtzucker, 2 Liter Wasser.

Likör aus schwarzen Johannisbeeren
Die ganzen Beeren werden mit einigen Blättern zusammen 2 Monate mit reichlich Alkohol ausgelaugt. Die Zusammenstellung ist dann folgende: 1 Liter Extrakt, 1 Liter Alkohol 95%, 1 Liter Fruchtzucker, 2 Liter Wasser (destilliert).

In gleicher oder ähnlicher Zusammensetzung kann aus allen Beerenfrüchten Likör hergestellt werden. Man koste den durch Alkohol aus den Früchten gewonnenen Extrakt und bestimme nach der Herbe den Zucker- und Wasserzusatz.

Bei der Verarbeitung von Kern-, Stein- und Schalenobst ist es empfehlenswert, die Früchte zu zerkleinern, ehe sie mit Alkohol zum Auslaugen übergossen werden. Harte Früchte, wie Quitten, werden am besten auf einem Reibeisen zerrieben.

Likör aus Kirschen
Die Früchte — am besten Sauerkirschen — werden zerquetscht und mit den Steinen in angegebener Weise ausgelaugt. 1 Liter Extrakt, 1 Liter Alkohol, 2 Liter Fruchtzucker, 1 Liter Wasser.

Nußlikör
1 Liter Alkohol, ½ Kilo Zucker, ½ Kilo Walnüsse, die v o r Ende Juni gepflückt werden müssen.

Likör aus Quitten
1½ Liter Extrakt, ½ Liter Alkohol, 2 Liter Fruchtzucker, 1 Liter Wasser.

Likör aus Hagebutten
1 Liter Extrakt (in dem auch die Abfälle vom Einmachen, Schalen und Kerne zu gebrauchen sind), 1 Liter Alkohol, 1½ Liter Fruchtzucker, 1 Liter Wasser.

Es seien der Rezepte genug, denn es wird der Hausfrau ein leichtes sein, danach viele andere nach eigenem Geschmack zu erfinden. In älteren Büchern sind zu jedem Likör mehrere Gewürze angegeben, was aber den feinen Fruchtgeschmack beeinträchtigt. Bei Apfelsinenschalenlikör kann man mit Vorteil einige Tropfen Pomeranzenschalenöl verwenden, wodurch wir einen dem Curaçao ähnlichen Likör erhalten.

Das Lagern der Liköre

Es ist nicht empfehlenswert, den Likör schon bald nach der Herstellung zu trinken, da dann die einzelnen Zutaten herausschmecken, während nach längerer Lagerung alles zu einem Ganzen verbunden ist. Dieses Reifen des Likörs kann beschleunigt werden, indem wir den fertigen Likör auf mildem Feuer 15 Minuten lang auf 60 Grad Celsius erwärmen, langsam abkühlen und dann erst auf Flaschen füllen. Daß die Flaschen absolut sauber und geruchlos sein müssen, darf nie vergessen werden. Zum Verschließen der Flaschen verwende man gut ausgekochte Korken, überziehe den Flaschenhals mit Siegellack und verwahre den Likör im Keller.

Konservieren von Obst und Gemüse
Sterilisiertes Obst

Haben wir bis jetzt die Verwendung der frischen Gemüse und des frischen Obstes dargestellt, so wollen wir uns nun endgültig der Konservierung zuwenden. Um ihre Notwendigkeit zu betonen, haben wir immer wieder in Betracht zu ziehen, wie wichtig für unser Wohlbefinden der Genuß dieser beiden Naturprodukte in Verbindung mit anderen Lebensmitteln ist und daß es eine direkte Schädigung unserer Gesundheit bedeuten würde, wollten wir für den größten Teil des Jahres darauf Verzicht leisten. Wir haben uns also zu bemühen, die Schätze unserer Ernten, die in unserem Klima verhältnismäßig kurze Zeit umfassen, durch Haltbarmachung uns zu jederzeitigem Genuß zu sichern. Es stehen dazu verschiedene Wege offen, deren vornehmster — die Sterilisation — sich von allen anderen durch die mannigfaltigsten Vorteile auszeichnet. Als im allgemeinen bekannt setze ich voraus, daß das Verderben unserer Nahrungsmittel durch Bakterien hervorgerufen wird,

Hitzegrade und Zeitdauer beim Sterilisieren

Hitzegrade (Celsius)	Zeitdauer
Blumenkohl, Kohlrabi, Wirsingkohl, Puffbohnen 90—100°	40 Minuten, nach 1—2 Tagen nochmals 20 Minuten
Karotten 100°	45 Minuten, nach 1—2 Tagen nochmals 30 Minuten
Andere Gemüse 90—100°	50 Minuten, nach 1—2 Tagen nochmals 25 Minuten
Kernobst 80°	20—30 Minuten je nach Reife
Steinobst 80°	20 Minuten
Beerenobst 75°	15 Minuten
Erdbeeren 75°	18 Minuten
Fruchtsäfte 75°	20 Minuten
Fleisch 100°	60 Minuten
Fische 100°	30 Minuten

François Appert
der Erfinder der Sterilisation und Begründer
der modernen Konservenindustrie

die von außen eindringend sich rapid vermehren, von dem Stoff, den sie erkoren, sich nähren, ihn zersetzen und bald zugrunde richten. In ihrer unendlichen Kleinheit mit dem bloßen Auge nicht erkennbar, gewahren wir sie erst, wenn das Zerstörungswerk schon lebhaft Platz gegriffen hat und uns in Gestalt des allgemein bekannten Schimmelrasens usw. entgegentritt. Es ist festgestellt, daß die Bakterien durch hohe Kältegrade nicht betroffen, sondern in ihrer Entwicklung nur verlangsamt werden. Wohl aber können wir ihnen durch Hitze siegreich beikommen. In einer mittleren Temperatur von etwa 60 Grad entwickeln sie sich noch günstig, über 60—70 Grad bringen ihnen nach kurzer Dauer den sicheren Tod. Die Bakterien enthalten aber Keime, die Sporen entwickeln, und diese sind bedeutend hartnäckiger als die eigentlichen Bakterien, was wir namentlich bei der Gemüsekonservierung in Betracht zu ziehen haben. In der Tötung der Bakterien durch Hitze und dem nachherigen Abschluß der Luft, mit der sonst neue Bakterien eindringen würden, besteht nun die Sterilisation. Der französische Koch François Appert erfand dieses Verfahren um das Jahr 1800, und zwar in einer Vollkommenheit, die bis heute keiner Steigerung fähig ist. Lebensmittel, die er in eine Büchse mit einer ganz kleinen Öffnung zum Entweichen der dicken Luft brachte und dann eine bestimmte Dauer einem gewissen Hitzegrad aussetzte, übergab er der französischen Regierung, die nach 8 Monaten die tadellose Erhaltung des Büchseninhaltes feststellte. Seine Erfindung wurde ihm von der Regierung mit 12000 Franken gelohnt. Appert starb in dem hohen Alter von 91 Jahren. Man sieht, er verstand auch die Kunst, sich selbst zu konservieren, ohne uns leider die Lehre zu hinterlassen. Sein System bildete die Grundlage für unsere Konservenindustrie.

Die zu erwartende schnelle Verbreitung seiner Erfindung in den Haushaltungen fand ein Hindernis in mangelnden billigen Gefäßen. Blechbüchsen waren im Verhältnis zu teuer und umständlich durch das Verlöten. Erst langsam nach und nach, im Laufe der letzten Jahrzehnte, sind uns namentlich durch die Glasindustrie Gefäße mit Verschlüssen geworden, die uns das Appertsche Verfahren mit Leichtigkeit anwenden lassen. Es gibt auch Blech- und Steingutgefäße mit luftdichten Deckeln. Das Glas hat aber vor allen den Vorzug, daß der Inhalt leicht zu kontrollieren ist und einen appetitreizenden Anblick gewährt. Steingutgefäße bedürfen einer längeren Zeit bei der Sterilisierung. Es gibt gegenwärtig eine große Anzahl solcher Konservengläser, die wohl alle bei genauer Befolgung der Vorschriften ihren Zweck erfüllen, im Äußeren aber und namentlich in der bequemen Handhabung sich sehr unterscheiden. Das haltbarste ist ein geblasenes Glas, das natürlich teurer als das Maschinenglas ist. Zieht man aber die häufigen Verluste bei den letzteren durch leichteres Zerspringen usw. in Betracht, so wird der Preisunterschied nicht so bedeutend sein, daß er die geringe Schönheit des Glases und der Form aufwiegt. Mit Vorsicht können bei Maschinengläsern ja immerhin viele Verluste vermieden werden, und um der Sterilisation die weitesten Wege zu öffnen, müssen Gefäße bis zu den geringsten Preisen heruntererworben werden können. Ein

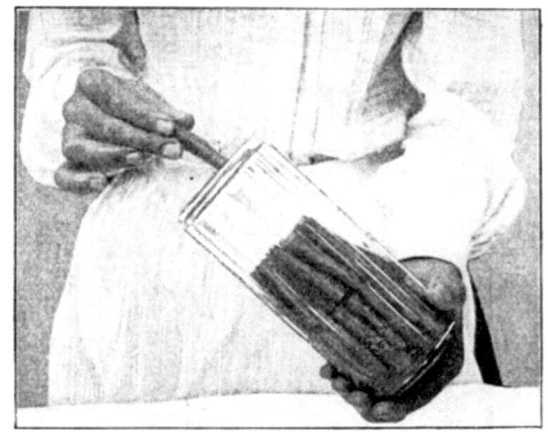

Einordnen von Karotten

Zur Vermeidung von Hohlräumen ordnet man die Karotten abwechselnd mit dem spitzen unteren und dem dicken oberen Ende nebeneinander

vollkommenes Konservenglas soll so beschaffen sein, daß es zunächst ein geblasenes weißes Glas in zylindrischer Form, ohne verengten Hals ist, damit die Einpackung der Früchte möglichst durch Hineinführen der Hand geschehen kann. Die Früchte so tadellos wie möglich in das Glas zu bringen, muß unser Bestreben sein, denn unter Verletzungen leidet nicht nur das Aussehen, sondern auch die Qualität. Der Deckel muß übergreifen, nicht flach aufliegen, denn wir wollen verhindern, daß durch ein Verschieben des Gummirings dieser mit den Früchten in Berührung kommt. Der Gummiring soll von bester Qualität sein, damit er bei sachverständiger Behandlung und Aufbewahrung mehr als einmal Dienste leisten kann. Die Verschlußklammer soll elastisch leicht, aber nicht zu fest den Deckel andrücken. Einen sogenannten Apparat halte ich nicht für nötig. Mit selbständigen Klammern kann man beliebig große Gläser des verschiedensten Inhalts auf einmal kochen und je nach ihrer Zeitdauer der Reihe nach herausnehmen. Natürlich müssen sie in Drahtkörbchen gestellt werden, damit sie den Boden nicht direkt berühren. Diese Körbchen sind aber sehr preiswert, und etwa 6—10 Stück dienen fortgesetzt der größten Anzahl von Gläsern. In einem mit Federn versehenen Apparat können nur immer gleichgroße Gläser mit einem die gleiche Kochzeit beanspruchenden Inhalt sterilisiert werden. Wie wir bei den speziellen Ausführungen später sehen werden, dürfen wir die Feder nicht eher von dem Glas lösen, als bis der Druck der kalten Luft den eigentlichen Schluß be-

Ausschwefeln der Gläser

Eingießen des Kochwassers in das mit Spargel gefüllte Glas

wirkt hat. Somit können wir aus einem Apparat mit Federn kein einzelnes herausnehmen, und die Abbildungen, auf denen man kleine und große Gläser, Fleisch und Flüssigkeiten vereinigt sieht, sind nur Bilder, entsprechen aber nicht dem praktischen Gebrauch. Sehr vorteilhaft sind Gläser mit geradem, d. h. nicht gewölbtem Deckel, so daß man von kleinen Gläsern zwei oder drei übereinanderstellen kann. Gläser mit weniger Inhalt sind oft sehr erwünscht, und das Kochen kleiner Gläser ist zeitraubend, wenn man sie nicht übereinanderstellt.

Die R e x g l ä s e r sind hierzu vortrefflich zu verwenden. Ich stelle in der Weise meine Suppengemüse für den ganzen Winter in kurzer Zeit her. Das Rexglas ist überhaupt vorzüglich, und ich wende es mit Vorliebe an, zumal es auch nicht einmal das teuerste ist. Wer aber den Ankauf solcher Gläser scheut, kann für ganz kleine Früchte auch Flaschen aller Art anwenden, wie sie sich im Haushalt finden. Sie müssen aber während der Sterilisation eine Bodenunterlage haben und eine Zwischenpackung, die das Berühren der Flaschen verhindert. Die Korke müssen überbunden werden, da sie sonst abfliegen, dürfen aber auch nicht so fest sitzen, daß während des Kochens keine Luft entweichen kann, sonst platzen die Flaschen. Der Kork wird erst nach Herausnahme der Flaschen fest eingetrieben und noch durch Lack oder irgendein anderes Schutzmittel überzogen. Die in solchen Flaschen aufbewahrten, gleich gekochten Früchte, wie Blaubeeren, Stachelbeeren usw., können auch ein sehr wirksames Konservierungsmittel durch einen Öl= oder Paraffinverschluß erhalten. Es ist dabei nötig, daß die Früchte, die mit oder ohne Zucker gekocht werden können, noch heiß in kurz vorher gründlich mit heißem Wasser gereinigte und ganz trockene Flaschen

Stachelbeeren werden in Flaschen gefüllt

kommen. Sind sie dann ein wenig abgekühlt, so kommt eine 1 Zentimeter starke Schicht von Öl oder reinem **Paraffin** darüber, und die Flaschen werden einfach, der Sauberkeit wegen, verkorkt oder mit Papier verbunden. Es ist dann also nicht nötig, zu sterilisieren. Ein anderes Konservierungsmittel steht uns ferner in dem **Watteverschluß** zu Gebote. Auch hierbei kocht man die Früchte mit oder ohne Zucker und gibt sie noch heiß in trockene, vorher gut gereinigte Flaschen. Zu größeren Früchten wählt man solche mit weitem Hals, wie etwa die zu Ananas gebräuchlichen Flaschen. Der Wattepfropfen, zu dem nur chemisch reine Watte verwendet werden darf, wird in der Weise hergestellt, daß man ein dünnes Stück Watte in die Hand legt und nach innen von allen Seiten zusammenrollt, so daß sie sich zu einem der Halsweite der Flasche entsprechenden festen Pfropfen dichtet. Zu bemerken ist, daß die Gläser kaum mehr als dreiviertel voll gefüllt werden dürfen und

Auflegen des Gummiringes

reichlich Saft haben müssen, denn der Wattepfropfen läßt wohl keine Bakterien ein, er läßt aber mit der Zeit doch Flüssigkeit von innen heraus verdunsten. Auch muß dafür gesorgt werden, daß die Gläser einen vollkommen trockenen Aufbewahrungsraum haben und zudem durch Bewegung der Gläser keine Flüssigkeit des Inhalts an die Watte tritt. Sobald diese nur die geringste Feuchtigkeit einzieht, ist es mit der Sicherung der Früchte aus.

Noch muß ich darauf hinweisen, daß die Anwendung von **Salizyl** durchaus zu verwerfen ist. Wohl konserviert es die Früchte, und vereinzelt, in großen Pausen genossen, mag es ja wohl noch keine absolut schädlichen Wirkungen hervorrufen. Es ist aber festgestellt, und die hervorragendsten Autoritäten der Wissenschaft stellen sich auf diese Seite, daß der häufigere Genuß des Salizyls auch in kleinsten Dosen die Herztätigkeit oftmals zu ungeahnten Folgen nachteilig beeinflußt. Auch neuerdings haben die Behörden gegen erneute Versuche der interessierten Kreise wieder Stellung genommen, und es bleibt nach wie vor bei dem Verbot. Ohne Grund ist das doch gewiß nicht. Es ist auch nicht unbekannt, wieviel Unheil in früheren Jahren, ehe die schlimmen Wirkungen in Erscheinung traten, das Salizyl, zum Beispiel bei Rheumatikern, angerichtet hat. Nehme man nur den zarten, in der Entwicklung begriffenen kindlichen

Das Pergamentpapier wird zurechtgeschnitten

Verschluß des Glases mit der Klammer

Organismus, und stelle man sich die Wirkung des Salizyls darauf vor. Denn, sobald im Haushalt Früchte in der einen oder anderen Art eingemacht werden, bekommen in bester Absicht gerade die Kinder den größten Teil. Während des Krieges und der Zeit der Zuckernot kam das benzoesaure Natron als Konservierungsmittel auf, wovon 1—1½ Gramm auf 1 Kilo Frucht genommen werden. Es darf jedoch nicht mitkochen, weil sich dadurch ein unangenehmer Geschmack entwickelt, sondern wird zum Schluß unter das Obst gerührt. Wohlverstanden: Wenn genügend Zucker angewendet werden kann oder die Früchte sterilisiert werden, ist ein Konservierungsmittel unnötig. Bevor man an das Einkochen geht, sind die Konservierungsgläser einer sachgemäßen Behandlung zu unterwerfen. Das Glas muß mit heißem Sodawasser und einer Glasbürste gereinigt, heiß nachgespült und dann bis zum baldigen Gebrauch umgestülpt werden. Das gleiche geschieht mit dem Deckel. Ein Austrocknen ist nicht nötig. Der Gummiring wird in gleicher Weise gereinigt, gespült und abgetrocknet. Die vorbereiteten Früchte werden dann in schöner Anordnung in das Glas gelegt, was ich nachfolgend im einzelnen darzustellen versuchen werde, da das richtige Einlegen nicht nur dem Auge wohlgefällig, sondern auch bezüglich der Raumersparnis von Wichtigkeit ist. Darauf werden sie mit einer Zuckerlösung, die je nach Art der Früchte einen mehr oder weniger starken Zuckergehalt haben soll, übergossen. Für Zuckerkranke bemerke ich, daß man den Zucker ganz fortlassen kann, die Früchte werden dann beim Genuß entsprechend gesüßt. Das Wasser zu der Lösung soll abgekocht sein. Die Lösung soll die Früchte ganz bedecken, also bis ziemlich an den Rand treten. Letzterer wird mit einem Tuch abgetrocknet, dann der Gummiring, schließlich der Deckel daraufgelegt, der dann mit der dazugehörigen Klammer befestigt wird, wennanders nicht zu bestimmter Absicht ein Apparat benutzt werden soll. So wird das Glas mit einer Unterlage (Drahtkorb oder dergleichen) in einen dafür bestimmten Topf, der natürlich mindestens die Höhe des Glases haben

Zwei Arten Quitten: Apfelquitten und Birnenquitten

muß, gestellt, dieser mit kaltem Wasser angefüllt, das bis zum Rande reicht. Stehen kleinere Gläser übereinander, so schadet es durchaus nichts, wenn das Wasser über die unteren hinweggeht. Es ist notwendig, daß der Deckel des Kochtopfs eine Öffnung hat, in der Größe etwa eines Markstückes, durch die man ein Thermometer zur Feststellung der Hitzegrade in das Wasser schieben kann. Von dem Augenblick an, wo das Wasser bis zu dem Grade erhitzt ist, den wir für eine Frucht wünschen, sagen wir auf 80 Grad Celsius für Kirschen, zählen wir die Sterilisierungszeit. Sind also 15 Minuten dafür festgesetzt, so nehmen wir das Glas danach vorsichtig aus dem Wasser, decken gleich ein Tuch darüber, um schroffen Temperaturwechsel zu mildern, stellen es auf Holz oder ein Tuch und lassen es so auskühlen. Während dieser Zeit bewirkt der kalte Luftdruck den eigentlichen Schluß, so daß Glas und Deckel nun mittels des Gummiringes fest aneinandergezogen werden. Dieser wichtige Vorgang nach der eigentlichen Sterilisation fordert also unbedingt das Belassen der Klammern auf dem Glase für wenigstens 20 bis 30 Minuten, wonach sie abgelöst werden können. Das Glas ist dann luftdicht geschlossen und kann von verderbenbringenden Bakterien niemals heimgesucht werden. Sollte durch irgendeinen Fehler bei der Behandlung ein Glas nicht geschlossen sein, so ist es noch einmal regelrecht geschlossen in den Kochtopf zurückzustellen, bedarf dann aber nur noch etwa 10 Minuten. Die Klammern auf den Gläsern zu belassen, ist aus dem Grunde nicht anzuraten, weil im ungünstigsten Fall der Deckel die Möglichkeit des Hebens haben muß. Wenn bei richtiger Behandlung es auch äußerst selten vorkommt, daß der Inhalt solch eines Glases verdirbt, so muß man doch alle Eventualitäten bedenken.

Die Aufbewahrung solcher Gläser kann eigentlich überall geschehen. Ich habe bei einem guten Glase noch

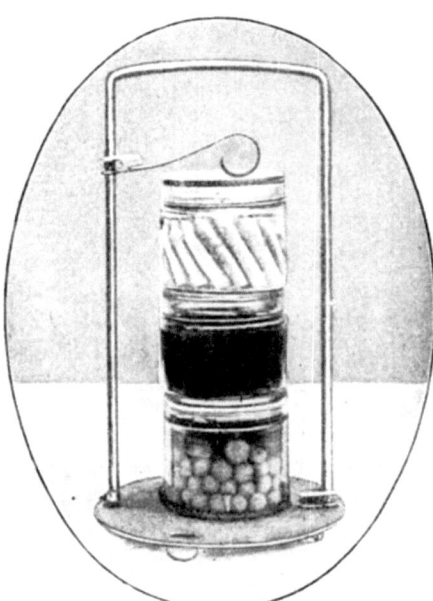

Mehrere kleine Büchsen gleichen Formates können an Stelle einer großen in den Einsatz des Sterilisationskessels eingeklemmt werden.

keinerlei Einfluß von Licht oder Wärme darauf bemerkt. Dessenungeachtet bewahrt man Konserven im allgemeinen gern in kühlen und luftigen Räumen auf und reinigt die Gläser äußerlich von Zeit zu Zeit. Vielfach ist die Ansicht verbreitet, daß das Obst zum Einlegen nicht reif zu sein braucht. Das ist ein großer Irrtum. Das Obst hat seine volle Güte nur in seiner Reife. Erst dann sind alle Stoffe entwickelt, die die Natur ihm zugedacht und in ihrer wunderbaren und liebevollen Fürsorge schon lange vorher aufspeicherte. Am glücklichsten ist daran, wer den Moment abzuwarten vermag, wo im eigenen Garten die Früchte am Baum reifen und die frisch abgenommene Frucht a tempo der Sterilisation zugeführt werden kann. Das ist für die meisten Hausfrauen indes leider nur ein Traum, und so müssen sie mit Früchten, die man als lagerreif bezeichnet, fürliebnehmen. Diese sind aber keineswegs als minderwertig zu bezeichnen, es gibt einige wenige Sorten, die sogar einer

Versenken des Einsatzes in den
Sterilisationskessel

Lagerung bedürfen, namentlich Kernobst. Da wir aber meist nur frühes Obst einmachen und der Handel oft die Zeit nicht abwarten will, wo er das Obst erst auf den Markt bringen soll, so kommt es nur allzu häufig vor, daß es zu unreif gepflückt wird, in welchem Falle auch eine Lagerung zur Entwicklung nichts mehr beitragen kann. Die Lagerung kann im nötigen Falle nur die letzten Stadien vollziehen. Obst zu früh dem Stamm zu entreißen, kommt mir immer wie eine Sünde und Undankbarkeit gegen die Natur vor. Es ist gerade einer der großen Vorzüge der Einmachetätigkeit im Haushalt, daß es in unserer Hand liegt, richtig reifes Obst wählen zu können, während der Umstand, große Quanten nicht so schnell verarbeiten zu können, ehe sie verderben, die Konservenindustrie zwingt, knapp drei Viertel reifes Obst einzulegen. Daher wird der Geschmack meist zugunsten des im Haushalt konservierten ausfallen. Überreifes Obst müssen wir ebenso von dem Einlegen ausschließen, wohl aber ist es vortrefflich zu Marmeladen zu verwerten. Nur zu Gelees verwenden wir nicht völlig reifes Obst (hierfür ist das Fallobst sehr vorteilhaft), da in diesem Zustand noch nicht die gallertartigen Stoffe, die uns die Konsistenz vermitteln sollen, in Zucker übergegangen sind. Hierdurch erklärt sich auch, warum es mancher noch nicht unterrichteten Frau trotz eifrigster Bemühung nicht gelingt, ein festes Gelee zu erzielen. — Das Trocknen des Obstes wird wohl nur in den Haushaltungen vorgenommen, wo ein eigener Garten oft in Hülle und Fülle seinen Segen über die glücklichen Besitzer ausschüttet und das Übermaß alle Mittel zur Konservierung anrufen läßt. Indes hat das auch seine große Berechtigung insofern, als es neben dem Nutzen eine Abwechslung im Geschmack darstellt. Letzterer hat sich an manches Obstgericht gewöhnt, dem nur das getrocknete Obst den eigentlichen Charakter gibt. Wer, von gesundem Herzen und Sinn und — last not least — gesundem Magen, möchte Backobst und Klöße (nach heimischer Mundart weniger poetisch „Klümpen") mit Speck oder, feiner, gekochtem Schinken missen? Bei Umfrage würde die Wage sicher zugunsten der Verneinenden sinken. Die in manchen Häusern angewandte Art, das Obst in dem gewöhnlichen Küchenbackofen zu trocknen, liefert recht ungleichmäßige Produkte, oft wird der ganze Vorrat in Frage gestellt. Es ist daher zu den jetzt zu habenden Obstdörren, in denen Obst mittels heißer Luft in sehr guter Qualität hergestellt wird, zu raten, um so mehr, als solche existieren, die keiner besonderen Feuerung bedürfen, sondern ihre Wärme vom Kochherd beziehen. Gebr. Waas in Geisenheim liefern solche in sehr guter Qualität für einen verhältnismäßig geringen Preis. Darin lassen sich auch Pasten ausgezeichnet trocknen, Gläser erwärmen und trocknen usw. Was das Färben der Früchte betrifft, so stehe ich dem entschieden ablehnend gegenüber. Wir wollen in unserem Haushalt uns das geben, was uns der Handel so häufig versagt: ein reines, von jedem Ballast und jeder Lüge freies Produkt! Nichts wirkt abstoßender als die so traurig nachgeahmte

Röte der Erdbeeren oder das grasige Grün der Stachelbeeren, Bohnen oder dergleichen, Farben, wie sie unsere Meisterin Natur noch keiner Frucht beilegte. Ich kann da nur staunen über die Gedankenleere der Abnehmer. Denn leider ist es wahr, daß die Konservenfabrikanten in vielen Fällen das Färben nur unternehmen — weil das Publikum es so will. Die Früchte können nur verlieren, nie dadurch gewinnen. In der Farbe, wie wir das frische Obst als Kompott auf den Tisch bekommen, können wir es getrost auch als Konserve hinnehmen. Wie manche Hausfrau läßt sich nicht durch das wundervoll weiße, zarte und durchsichtige Aussehen der Früchte in den Auslagen unserer größten Geschäfte — ich will keine Namen nennen — täuschen,

Formen des Wattepfropfens

betritt den Laden in der Begier, diese Kostbarkeiten ihren Lieblingen vorzusetzen, und bekommt — ganz andere Ware! Sie mache nur einmal den Versuch und verlange just diese Früchte, und der Verkäufer wird — wenn er ehrlich ist — ihr verlegen antworten müssen: „Verzeihung, meine Gnädige, das sind nur mit Glyzerin und Schwefelsäure präparierte Schaudosen!" Also: jeder stelle sich seine Konserven selbst her!

Äpfel

Obwohl Äpfel ziemlich lange frisch erhalten werden können, können in der apfellosen Zeit doch Fälle vorkommen, wie z. B. bei Krankheiten, wo gerade der Apfel als frisch konserviert uns große Dienste leisten kann. Um sie ganz einzulegen, wähle man nicht zu große Äpfel, möglichst mit weißem Fleisch. Besonders empfehlenswert ist der weiße Klarapfel, wie überhaupt die feinen ersten Äpfel sich am besten dazu eignen. Der pfirsichrote Sommerapfel kann mit der Schale eingelegt werden, ebenso der sehr wohlschmeckende, schon Ende August reifende Benoni. Nachdem sie gewaschen und von Stiel und Blüte befreit, dämpft man sie in einer Lösung von 400 bis 500 Gramm Zucker, je nach dem Zuckergehalt der Äpfel auf 1 Liter Wasser 5 Minuten vor, so daß sie sich etwas drücken lassen, ohne zu platzen. Dann werden sie aus der Lösung genommen und so eng wie möglich in das Glas gepackt, indem man mit der Hand immer wieder drückt. Ist das Glas voll, so wird dieselbe Zuckerlösung, in der sie kochten, darübergegossen, das Glas geschlossen und bei 85 Grad Celsius 20 Minuten, härtere Sorten 30 Minuten sterilisiert. In Viertel oder Achtel geteilte Äpfel müssen geschält und von den Kernen befreit werden. Solche lassen eine hübschere und dichtere Packung zu. Sie dürfen aber nur ganz schwach vorgekocht und dann gepackt nur mit einer Lösung von 300 Gramm Zucker und bei 75 Grad höchstens 20 Minuten sterilisiert werden.

Apfelmus

wird voll genußfertig bereitet in das Glas gegeben und dann bei 75 Grad 20 Minuten sterilisiert.

Ananas.

Zur Zeit, wo solche am billigsten sind, ist es lohnend, sie einzumachen. Die Ananas wird geschält und in gleichmäßige Würfel geschnitten. Die Schale wird ausgekocht, dieses Wasser pro Liter mit 500 Gramm Zucker versetzt und die gefällig eingepackten Ananasstücke voll damit begossen. Das Glas wird geschlossen und 20 Minuten bei 85 Grad Celsius sterilisiert. Will man die Ananas als ganze Frucht einlegen, so benötigt man ein breites und nicht hohes Glas. Die Ananas wird dann in dünne Scheiben geschnitten, eine auf die andere in das Glas gelegt, mit der Lösung überfüllt und wie oben sterilisiert.

Abbrennen des Wattepfropfens

Aprikosen

Sorten, die sich nicht vom Stein lösen — deren gibt es wenige — soll man nicht verwenden. Solche eignen sich nur zu Marmelade. Die Aprikosen werden halbiert und mit der Schnittfläche nach unten recht fest in das Glas gepackt. Mit einer Zuckerlösung von 500 Gramm Zucker auf 1 Liter Wasser werden sie voll übergossen und 15—20 Minuten je nach Stärke der Aprikosen bei 75 Grad Celsius sterilisiert. Will man sie abgezogen einlegen, so gibt man sie für 1 Minute in kochendes Wasser, worauf sich die Haut gut ablöst.

Apfelsinen

Auch diese können nach meiner Erfahrung in der Krankenstube gute Dienste leisten. Man löst die Schale von guten Apfelsinen, teilt sie, ordnet sie hübsch und dicht in das Glas und übergießt sie mit einer Lösung von 500 Gramm Zucker, der man etwas Zitronensaft zusetzt. Verschlossen werden sie dann 15 Minuten bei 80 Grad Celsius sterilisiert.

Apfelsinen mit Apfelschnitzen

in gleicher Weise behandelt, bilden ein ausgezeichnetes Kompott.

Birnen

Man wähle hierzu gute saftige Birnen. Kochbirnen gewöhnlicher Art lohnen sich nicht, auch sind sie bis fast in das Frühjahr hinein in späten Sorten immer frisch zu haben. Birnen müssen ohne Tadel und frei von Flecken sein. Solche fehlerhaften Birnen müssen gleich gekocht oder zu Mus verwandt werden, wozu sie noch ausgezeichnet nützen. Die Birnen werden geschält, in Viertel, kleine Birnen in Hälften geteilt, vom Kernhaus befreit und dann je nach Größe 5—10 Minuten in einer Lösung von 3—400 Gramm Zucker auf 1 Liter Wasser überkocht. Die Zuckergabe richtet sich ganz nach dem Gehalt der Birnen und dem persönlichen Geschmack, wie auch in der Wahl praktische Kenntnisse eine Rolle spielen. Die Birnen werden mit einer Schaumkelle ausgehoben und dann recht gleichmäßig im Glas geordnet und ebenfalls möglichst fest angedrückt. Dann wird die Lösung darübergegossen, das Glas geschlossen und 20 bis 30 Minuten nach Stärke der Birnen bei 85 Grad Celsius sterilisiert.

Birnen mit Zucker und Essig

sehr gut zu Fleisch schmeckend. Man wählt dazu etwas feste Birnen, teilt sie in Viertel, große Birnen in Achtel, übergießt sie mit einer Lösung von 500 Gramm Zucker auf ¾ Liter Wasser und einem knappen Viertel Liter feinstem Weinessig, unter Zusatz von etwas Zitronenschale und etwas Zimt. Die Sterilisation ist wie oben.

Brombeeren

Diese gelingen sehr gut in der Sterilisation, bedürfen aber zur Hebung des weichlichen Geschmacks einer Zugabe von Zitronensaft. Vorsichtig abgebeert, werden sie ohne jeden Druck vorsichtig gewaschen, auf ein Sieb zum Abtropfen gelegt und dann in das Glas gebracht, und zwar in einzelnen Schichten, die jedesmal mit feinem Zucker gut überstreut werden. Ist das Glas voll, so gibt man einen Eßlöffel Zitronensaft mit ebensoviel abgekochtem Wasser darüber. Die Beeren müssen ebenfalls dicht gepackt sein, und man kann ohne Schaden mit einem breiten Holzlöffel jede Lage leicht andrücken. Die Brombeeren lassen leicht Saft, eine dichte Packung ist daher notwendig. Die Sterilisation ist 12 bis 15 Minuten bei 75 Grad Celsius.

Erdbeeren

Diese Frucht ist in ihrer Form nicht ganz festzuhalten. Das Gewebe ist derart von Saft durchsetzt, daß sie den geringsten Angriffen nicht standhält. Ebenso haben wir nur wenige

Sorten, die die Farbe wahren. Die Hitze, die wir doch nun einmal anwenden müssen, bringt die Erdbeere ganz aus dem Gleichgewicht. Wir brauchen das aber gar nicht so tief zu bedauern; denn wir können uns genügen lassen, wenn wir diese edle Frucht in ihrem vollen Aroma erhalten, und das können wir. Es gibt allerdings Erdbeeren, so z. B. die herrlichen Ananas-Erdbeeren, deren Farbe nachher so schlecht aussieht, daß ich davon abrate, sie einzulegen. Eine gute Sorte ist Jacunda, auch Deutsch-Evern. Es ist schwer, da Sorten zu bestimmen, denn die Hausfrau ist in den meisten Fällen darauf angewiesen, sie zu nehmen, wie sie sich bieten. Bei der Vorrichtung dreht man vorsichtig den Stiel ab und verletzt, wenn angängig, die Frucht nicht. Das Waschen vollzieht sich am besten, wenn man sie in recht reichlich Wasser vorsichtig hin und her bewegt und dann mit einem Sieb herausnimmt und auf einen Durchschlag ablaufen läßt. Dann werden sie in einer Schale ausgelegt und schichtweise dick mit Zucker bestreut. Erdbeeren brauchen viel Zucker. Der Zucker wird sich im Laufe einiger Stunden aufgelöst haben. Die Erdbeeren werden dann einzeln mit einem Sieblöffel mit möglichst langem Stiel herausgenommen und dicht aneinander in das Glas gebracht. Ist es voll, so läßt man es noch etwas stehen — was bis zum nächsten Tage dauern kann —, daß sich die Früchte setzen und man eventuell noch nachfüllen kann. Fertig, gießt man dann den durch den Zucker entstandenen Saft darüber und sterilisiert bei 75 Grad Celsius 15 Minuten. Nicht kürzere Zeit, bei der sie zwar voller bleiben, auch etwas mehr Farbe wahren, aber nicht haltbar sind. In zweiter Art kann man sie mit geläutertem Zucker, der etwas auskühlen muß, übergießen und nach 5 Minuten in das Glas füllen und, wie vorhin gesagt, sterilisieren. Sollte sich ein Glas nicht geschlossen haben, so ist es besser, sie gleich zu verbrauchen, da Erdbeeren unter mehrmaligem Erhitzen zu sehr leiden.

Hagebutten

Schöne, große, eben reife Hagebutten werden mit einer Federpose von den Kernen befreit. Es ist dieses eine Arbeit, die sehr sorgsam in alle Winkel der Frucht gehen muß, und dabei eine rechte Geduldsprobe. Der feine Geschmack fordert aber immer wieder dazu auf. Gut gereinigt also werden sie in wenig Wasser ziemlich weichgekocht und dann auf einem Sieb abgetropft. Das Kochwasser davon nehme man zur Läuterung von ½ Kilo Zucker auf ½ Kilo gereinigte Frucht und füge dann etwas Weißwein, in Ermangelung dessen ein wenig Zitronensaft hinzu, fülle sie in kleine Gläser und sterilisiere 30 Minuten bei 80 Grad Celsius.

Heidelbeeren

Diese werden am vorteilhaftesten eingemacht, wenn man sie genußfertig mit Zucker — auf 2½ Kilo etwa ¾ Kilo —, etwas ganzen Zimt und etwas Zitronenschale einkocht und sie dann in vorhandene Flaschen, am besten mit nicht zu engem Hals, die kurz vorher heiß gereinigt wurden, noch in heißem Zustand einfüllt und dann nach ziemlicher Abkühlung, wie in der Einleitung angegeben, mit einer Decke von Öl versieht. Bei dem Gebrauch entleert sich die Flasche am leichtesten, wenn man sie in warmes Wasser stellt und nach und nach mehr erhitzt.

Johannisbeeren

Obwohl sich diese Frucht am besten zu Gelee eignet, da die zahlreichen, ziemlich schwellenden Körner nicht ohne Gefahr sind, mögen sie hier doch zu beliebiger Anwendung Platz finden. Man wählt hierzu nur recht großfrüchtige Sorten, streift sie nach dem Waschen mit einer silbernen Gabel ab, füllt sie in das Glas, füllt eine geläuterte Lösung von Zucker mit einigen Löffeln voll Wasser darüber und sterilisiert sie 15 Minuten bei 80 Grad Celsius.

Kirschen

Es ist bekannt, daß die frühen Kirschen sehr häufig madig sind. Man warte also von späteren Ernten ab, da diese sowieso erst die besseren Sorten bringen. Als besonders zu empfehlen sind die große spanische Glaskirsche, die Königin Hortense, die königliche Amarelle und besonders die große lange Lotkirsche und die große Ratte. Sie sind alle nicht rein süß, sondern haben mehr oder weniger jenen herzhaften, leicht säuerlichen Geschmack, den wir so sehr an der guten Kirsche schätzen. Die

Paraffin- und Ölverschluß
Andere Arten des Konservierens

Verschließen der Flasche mit Paraffin, Pech oder Siegellack

Kirschen müssen immer entsteint werden, es ist nicht angenehm und nicht appetitlich anzusehen, wie die Steine immer wieder den Rückweg aus dem Munde nehmen, abgesehen von der Gefahr, die sie durch Hinunterschlucken oft verursachen können. Auch bin ich nicht dafür, daß die Kerne zum Teil mit in die Konserven kommen. Sie enthalten Blausäure, wenn auch in noch so geringer Dosis, und — wenige Kerne haben keinen Zweck — sie ändern den Geschmack gar nicht, und viele sind der Gesundheit schädlich. Wir entsteinen sie also nach dem Abwaschen und werfen die Steine fort. Die Kirschen werden recht fest lageweise in das Glas gepackt, die sauren mit einer Lösung von 600 Gramm Zucker auf 1 Liter Wasser voll übergossen, die süßen erhalten 400 Gramm Zucker und einen Zusatz von 1 Löffel Zitronensaft, um einen etwas herzhaften Geschmack zu erzielen. Sterilisation 15 Minuten bei 80 Grad Celsius.

Mirabellen

Diese Frucht muß tadellos sein, da jeder Riß gleich eine braune Färbung bekommt. Nachdem sie gut gewaschen sind, werden sie vorsichtig entsteint, in das Glas gefüllt und mit einer Lösung, je nach der Süße, von 400—500 Gramm Zucker auf 1 Liter Wasser übergossen und 15 Minuten bei 80 Grad Celsius sterilisiert. Unentsteint sehen sie im Glase besser aus. Sie brauchen dann 20 Minuten.

Pfirsiche

Es ist nicht jede Sorte zum Einlegen zu verwenden, da sie sich durchaus vom Stein lösen müssen; man bekommt sonst ein trauriges Mus. Es sind nur die späten Sorten, die sich lösen, und als solche nenne ich rote Magdalene, weiße Magdalene, Silberpfirsich, Gr. Mignon und Cronestein. Um die Haut gut lösen zu können, legt man die Früchte 1—2 Minuten in heißes Wasser. Abgezogen, teile man sie dann mit einem Obstmesser durch einen festen Schnitt, worauf der Kern herausfallen muß. Mit der Schnittfläche nach unten werden sie in das Glas gelegt und mit einer Lösung von 750 Gramm Zucker auf 1 Liter Wasser überfüllt und 20 Minuten bei 80 Grad Celsius sterilisiert.

Preiselbeeren

Diese werden ihrer natürlichen Haltbarkeit zufolge aus ökonomischen Gründen am einfachsten genußfertig gekocht in Glastrausen oder kleine Steintöpfe gegeben. Sie müssen gut verlesen und gewaschen werden, da vom Waldaufenthalt ihnen vieles anhängt. Auf 2½ Kilo Preiselbeeren muß man 1—1¼ Kilo Zucker rechnen. Der Zucker wird mit etwas Wasser zum Kochen gebracht und die Beeren dann darin aufgekocht. Zu langes Kochen macht sie hart. Sie werden dann mit der Schaumkelle herausgenommen, und der Saft kocht unter Zugabe von ganzem Zimt und Zitronenschale noch ein, um dann über die Beeren zu kommen. Sehr gut schmeckt eine Zugabe von in ganz feine Blättchen geschnittenem Zitronat, das sich in dem Zucker glasig- und weichkocht. Ausgezeichnet schmecken auch Birnen im Verhältnis von 1 zu 4 oder Äpfel ebenfalls 1 zu 4 damit verkocht, ohne daß sie zerkochen. Die Gläser oder Töpfe werden dann gut mit chemisch reinem Pergamentpapier verbunden und kühl aufbewahrt. Statt Preiselbeeren nimmt man in Gegenden, die sie haben, oft Moosbeeren (Vaccinium oxycoccus), die weniger Säure und Herbe haben. Man muß diesen Beeren beim Einmachen, da sie viel Gallert entwickeln, einige Tassen Wasser zusetzen. Auch gibt man ihnen einige in Würfel geschnittene Grafensteiner Äpfel dazwischen. Zucker braucht man auf 5 Kilo nicht mehr als 2 Kilo. Preiselbeeren können auch ohne Zucker konserviert und die nötige Portion Zucker erst beim Genuß zugesetzt werden.

Quitten

Schöne reife Früchte werden mit einem Tuch sauber abgerieben, fein geschält in Achtel geteilt, das Kernhaus entfernt. Da die Quitten ziemlich festes Fleisch haben, ist es gut, sie in einer Lösung von 500—600 Gramm Zucker auf 1 Liter Wasser einige Minuten vorzukochen. Dann in ein Glas hübsch geordnet, übergießt man sie mit der Zuckerlösung und sterilisiert sie 30 Minuten bei 80 Grad Celsius.

Rhabarber

Da dieser wohl nur als Kompott verwendet wird, gebe ich ihn hier unter Obst. Er läßt ungemein viel Wasser. Man muß ihn, nachdem er abgezogen und in 5 Zentimeter lange Stücke geschnitten, nur einige Male schnell in kochendem Wasser aufwellen, hebt ihn dann mit dem Schaumlöffel heraus, gibt ihn sofort in das Glas, läßt ihn sich setzen und füllt eventuell nach. Er erfordert eine starke Zuckerlösung, zu der man auch den Saft, der sich bildete, mit verwendet. Der Geschmack entscheidet hier am besten. Etwas Zitronenschale, auch etwas Vanille ist sehr gut dazu. Sterilisation 15 Minuten bei 80 Grad Celsius.

Reineclauden

Diese müssen durchaus vollen — nicht übervollen — Reifegrad haben, da sie sonst im Aroma völlig versagen. Gewaschen, möglichst entfernt, werden sie mit einer Lösung von 400—500 Gramm Zucker auf 1 Liter Wasser übergossen und 15 Minuten bei 80 Grad sterilisiert. Unausgesteint erfordern sie 20 Minuten. Die große grüne Reineclaude eignet sich am besten.

Stachelbeeren

Diese sollen nicht so jung genommen werden, wie es oft geschieht. Sie bieten dann noch nichts als eine zähe, nur nach Zucker schmeckende, im übrigen undefinierbare Masse. Hübsch ist es ja, sie gleichmäßig auszusuchen und jede Größe für sich einzulegen. Sie werden, nach dem Waschen von Blüte und Stiel befreit, einmal in kochendem Wasser überwällt; man kann sie sehr wohl aber auch roh in die Gläser geben. Sie bedürfen mindestens 750 Gramm Zucker auf 1 Liter Wasser und werden bei 80 Grad Celsius 20 Minuten sterilisiert. Sehr gut lassen sich die Stachelbeeren auch genau in der Weise wie die Blaubeeren in Flaschen mit Ölverschluß einmachen. Sie trocken in Flaschen zu bewahren, ist insofern nicht ratsam, als eine Flasche voll frischer Stachelbeeren gekocht nur ein kleines Quantum ergibt. Auch das Pricken jeder einzelnen halte ich für müßige Zeitraubung, der man in der schaffenden Küche nicht so freundlich gesinnt ist. Nur bis eigentlich zum Zweck des Konservierens fast schon zu großen Stachelbeeren zeigen Neigung zum Platzen. Die richtige Zeit der Sterilisation läßt es

Mustergültiges Einordnen von Birnen

kaum dazu kommen, und platzt einmal eine, nun — so ist das kein so großer Schönheitsdefekt.

Walnüsse

Hierzu sind die Nüsse nur tauglich, wenn sie noch keinen Ansatz von der späten ganz harten Schale haben, was im Monat Juni der Fall ist. Beim Einkauf untersuche man daher, ob sich die Nuß mit einer starken Nadel durchstechen läßt. Sie werden dann mehrere Male mit der Nadel durchstoßen und darauf 2—3 Tage in einigemal zu wechselndes Wasser gelegt. Dann werden sie weichgekocht und nun in kaltes Wasser gelegt. Geläuterter Zucker, dem man einen Löffel voll Zitronensaft zusetzt, wird über die in das Glas fest eingelegten Nüsse gegeben und diese dann 30 Minuten bei 80 Grad Celsius sterilisiert. Die Nüsse können auch in kleine Steintöpfe eingelegt werden, erfordern dann aber auf ½ Kilo Zucker ¼ Liter guten Weinessig, wozu man noch einige Gewürznelken gibt. Dies ist mehr die alte Art und nicht so zuträglich, wie die erstere. Der Saft muß dann zwei- bis dreimal aufgekocht über die weichgekochten Nüsse gegeben werden. Für diese Art prophezeie ich dann aber trotzdem noch keine Haltbarkeit. Ich gebe sie nur als Beispiel an für sogenannte „Essigfrüchte", die alle in dieser Weise hergestellt werden, zu denen ich aber auf durchaus ablehnendem Standpunkt stehe. Jeder beliebige Salat leistet da, wenn es durchaus was Saures sein soll, entschieden bessere Dienste.

Zwetschen

Diese unterliegen der gleichen Behandlung wie die Reineclaude. Ausgesteint eignen sie sich konserviert außer zu Kompott auch vorzüglich im Winter zu Pflaumenkuchen, den man damit das ganze Jahr nach Wunsch haben kann. Auch halbsüß mit Zusatz von feinem Weinessig, Zimt und Zitrone sind sie unter Sterilisation milder herzustellen, als es sonst gewöhnlich der Fall ist.

Sterilisiertes Gemüse

Mit Ausnahme der in Essig oder Salz eingelegten Gemüse, die so ihres Wertes beraubt sind, daß sie eigentlich nur als Füllmittel oder Geschmackssache, nicht aber unserer Ernährung dienen, bietet uns die Sterilisation die einzig sichere Handhabe, um uns die Gemüse in ihrer Frische und appetitlichem Reiz tadellos zu erhalten. Wir haben z. B. auch Kohlsorten den ganzen Winter frisch, aber sie sind doch nicht so gut wie der junge Kohl. Den ersten zarten Wirsing erreicht die Winterfolge nicht im entferntesten an Feinheit, und wir tun gut, seine Zartheit zu fesseln für spätere erfreuliche Dienste. So Blumenkohl in seiner Frische, so Rotkohl in seiner ersten Geschmeidigkeit. Welche Annehmlichkeit zudem, dem überraschten Gast ohne weiteres aus dem Vorrat zu einem rosigen, schnell bereiteten, womöglich gegrillten Hammelkotelett oder Filetstückchen ein delikates Gemüse vorsetzen zu können. Das könnte Hexenkünsten ähnlich sehen! Aber, es braucht nicht einmal der Gast zu sein; ein plötzliches Verlangen eines unserer Lieben nach einem besonderen Bissen hilft der Gemüsekonservierung so prächtig in die Gleise. Bietet ein eigener Garten noch gar Überfluß, nun, so wird sie um so mehr zur Pflicht. Die Gemüse erfordern ihrer Säureentwicklung wegen eine doppelte Sterilisation. Es handelt sich dabei um die sichere Tötung der von den Bakterien etwa hinterlassenen, noch entwicklungsfähigen Sporenkeime. Wenn sie auch oft nicht vorhanden sind, so ist Vorsicht doch geboten. Wir brauchen daher auch höhere Temperaturen und längere Zeit zum Sterilisieren. Bedingung ist weiter die Frische des Materials. Spargel z. B. soll ungewaschen auf den Transport in die Küche kommen: wir verzeihen ihm sein Kleid, wenn es uns die Frische dafür verbürgt. Sollte es vorkommen, daß trotz anfänglichen Schlusses sich später ein Glas wieder öffnet, so opfern wir es lieber, als daß wir gesundheitlichen Schaden riskieren. Bei richtiger Behandlung kommt es aber selten vor. Ist ein Gemüsedämpfer vorhanden, so wird das Gemüse vorgedämpft, statt vorgekocht.

Artischockenböden

Die Böden werden glatt von den Körpern geschnitten und überbrüht. Dann werden sie von den noch restierenden harten, zähen Fasern befreit und 5 Minuten in Wasser mit etwas Zitronensaft vorgekocht, dann in die Gläser oder Büchsen schichtweise aufeinandergelegt, mit dem Kochwasser

Zwei schöne Gläser
Links: Rhabarber, rechts: Blumenkohl mit Tomaten

übergossen, geschlossen und 30 Minuten bei 100 Grad sterilisiert. Nach 1—2 Tagen Wiederholung von 30 Minuten bei 80 Grad.

Ganze Artischocken

Man wählt hierzu nicht zu große. Sie bedürfen weiter Gläser. Es läßt sich die Artischocke aber auch in der Mitte oder der Länge nach teilen, nachdem sie 15 Minuten vorgekocht ist. In Hälften lassen sie sich besser in die Gläser bringen. Nachdem sie eingelegt, werden sie mit frisch gekochtem Wasser, dem auf 1 Liter 15 Gramm Salz zugesetzt sind, übergossen, geschlossen und 40 Minuten bei 100 Grad sterilisiert. Nach 1—2 Tagen nochmals 30 Minuten bei 100 Grad.

Blumenkohl

Schöne, feste, weiße Blumen werden in kleinere Stücke geteilt und ½ Stunde in kaltes Salzwasser gelegt, um etwaigen kleinen Käfern und Raupen Gelegenheit zur Flucht zu geben. Die Blumen werden dann in springend kochendes Wasser gegeben, 5 Minuten überkocht, mit dem Schaumlöffel herausgehoben, zur leichten Abkühlung in kaltes Wasser gegeben und dann abgetropft. Hierauf legt man die Blumen in das Glas, mit den Stielen nach innen gerichtet, und drückt sie fest ein, füllt von dem Kochwasser darauf, schließt und sterilisiert 40 Minuten bei 100 Grad und nach 24—30 Stunden nochmals 20 Minuten bei 80 Grad.

Grüne Bohnen

Man wählt nicht solche Sorten, die dick sind, sondern möglichst fadenlose, zarte, die sich leicht brechen lassen. Sie werden gewaschen, in kochendem Wasser einige Minuten vorgebrüht und dann in kaltem Wasser gekühlt. Sie müssen gleichmäßig lang geschnitten werden, um hübsch eingeordnet werden zu können. Mit dem Kochwasser übergossen, werden sie 1 Stunde sterilisiert bei 100 Grad und nochmals 30 Minuten nach 24 Stunden, ebenfalls bei 100 Grad. — Wachsbohnen werden in gleicher Weise behandelt.

Puffbohnen

Noch nicht zu weit vorgeschrittene Bohnen werden enthülst, 5 Minuten vorgekocht, mit Wasser übergossen und 40 Minuten bei 100 Grad, nach 24 Stunden nochmals 30 Minuten sterilisiert.

Erbsen

Sie dürfen noch nicht zu mehlig sein. Einige Minuten vorgekocht und wieder gekühlt, werden sie in die Gläser gefüllt, mit abgekochtem Wasser voll übergossen und eine volle Stunde bei 100 Grad, nach 24 Stunden nochmals 30 Minuten sterilisiert. Erbsen mit Spargel und Erbsen mit Karotten behandelt man in gleicher Weise.

Karotten

Diese legt man zweckmäßig einige Minuten in heißes Wasser mit etwas Soda, wonach man mit Leichtigkeit die Haut entfernen kann. Man spült sie kalt nach und kocht sie dann 10 Minuten vor, ordnet sie hübsch im Glas, übergießt sie mit dem eigenen Kochwasser und sterilisiert sie bei 100 Grad 45 Minuten, nach 24 Stunden nochmals 30 Minuten. Junge, zarte Mohrrüben, gleichmäßig ausgesucht und zugerichtet, werden ebenso behandelt.

Kohlrabi

Sind diese sehr jung und klein, so läßt man sie ganz. Sonst schneidet man sie in feine Scheiben oder in Streifen. Es darf nicht vergessen werden, auch die Herzblättchen und zarten Teile der übrigen Blätter mit zu benutzen und dem Kohlrabi im Glase geschmackvoll beizuordnen. Köpfchen müssen 15 Minuten, Scheiben oder Streifen höchstens 5 Minuten vorkochen. In kaltem Wasser etwas gekühlt, werden sie 40 Minuten bei 100 Grad und nach 24—30 Stunden nochmals 20 Minuten bei 100 Grad sterilisiert.

Mairüben

werden genau so behandelt wie Kohlrabi.

Rosenkohl

Dazu wählt man nur feste, geschlossene Rosen. Er eignet sich vorzüglich zum Konservieren. Gewaschen und in brausendem Wasser 5 Minuten vorgekocht, füllt man ihn recht fest in die Gläser, sterilisiert 40 Minuten bei 100 Grad und nochmals nach 24 bis 30 Stunden 20 Minuten bei 100 Grad.

Rotkraut

Dieses wird am besten vollständig genußfertig gemacht, recht fest in das Glas gefüllt und dann bei 100 Grad 40 Minuten und nach 24 Stunden nochmals 30 Minuten sterilisiert.

Sauerkraut

unterliegt derselben Behandlung. Beide kann man gut mit durchwachsenem Schweinefleisch einlegen, damit sie als Helfer in der Not plötzlich einmal dienen.

Spinat

Auch dieser wird am besten völlig zubereitet, wenigstens gargekocht und dann fein gewiegt.

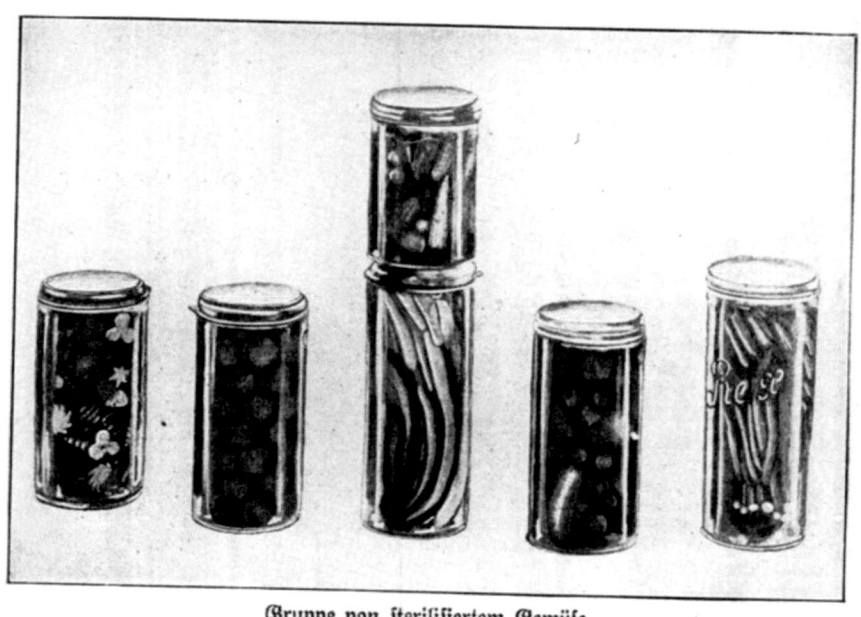

Gruppe von sterilisiertem Gemüse

Sterilisation 40 Minuten bei 100 Grad, nach 24—30 Stunden nochmals 30 Minuten bei 100 Grad.

Stangenspargel

Es ist durchaus erforderlich, daß dieser bald nach dem Stich zur Verwendung kommt. Lange Zeit transportierter und in der Sonne gelegener verspricht keinen Erfolg. Er säuert zu leicht. Gut geschält, wird er gleichmäßig, so daß er in die dazu ausersehenen Gläser paßt, geschnitten. Die Enden sind zur Suppe zu gebrauchen. Vorsichtig wird er einige Minuten in brausend kochendem Wasser o h n e S a l z vorgekocht, bis sich die Stangen etwas weich anfühlen. Er sinkt im Glase dann nicht mehr so zusammen, und es kann eine dichte Packung stattfinden. Damit beim Vorkochen die Köpfe nicht zu weich werden, ist es auch ratsam, die Spargel statt des Vorkochens in ein enges Gefäß nebeneinanderzustellen, mit kochendem Wasser nur bis zu den Köpfen anzufüllen und im Wasserbade zu erhitzen. Das Spargelwasser wird dann zum Aufguß benutzt. Recht dicht in das Glas gepackt, werden sie 45 Minuten bei 100 Grad sterilisiert, nach 24 Stunden nochmals 30—45 Minuten bei 100 Grad. Hat man sehr starken Spargel und 2-Liter-Gläser, so muß die gesamte Kochzeit auf 2 Stunden ausgedehnt werden. Ist er so behandelt, so können keine Mißerfolge vorkommen.

Savoyer- oder Wirsingkohl

Es werden die Blätter gelöst und nach dem Waschen 5 Minuten vorgekocht. Fest ineinandergerollt, werden sie dann dicht aneinander in das Glas geschoben, mit einem Teil des Kochwassers übergossen — vorausgesetzt, daß das Wasser keine üblen Gerüche aufzunehmen hatte, in welchem Falle es durch anderes, frisch gekochtes ersetzt werden muß — und dann 40 Minuten bei 100 Grad und nochmals nach 24—30 Stunden 20 Minuten sterilisiert.

Suppen- oder Gemüsespargel

wozu man ebenfalls nicht zu dünne Stangen nehmen mag, werden, da die kleineren Teile von der Hitze leichter durchdrungen und gewöhnlich auch in kleinere Gläser gegeben werden, im ganzen mit 40, danach 20 Minuten bei 100 Grad behandelt. Es richtet sich die Sterilisationsdauer bei Spargel überhaupt nach der Stärke der Stangen und Quantität des Glasinhalts. 1½ Stunde im ganzen dürften aber auch für 2-Liter-Gläser mit starken Stangen völlig genügen. Selbst bei diesem Suppenspargel kann man noch seine Phantasie spielen lassen und die Anordnung mit künstlerischem Geschmack vornehmen; denn das Auge muß auch seine Freude an den Konserven haben.

Sellerie

Dazu ist der sogenannte Apfelsellerie mit glatten, runden, nicht sehr großen Köpfen am besten zu verwenden. Er wird halb gargekocht, geschält und in Scheiben oder lange, viereckige Stücke geschnitten und dann sofort in das Glas gefüllt und mit abgekochtem Wasser, dem einige Löffel Weinessig zugegeben wurden, übergossen, wenn er zu Salat bestimmt ist. Soll er als Gemüse dienen, so übergießt man ihn nur mit Salzwasser und sterilisiert in beiden Fällen 30 Minuten bei 100 Grad und nach 24 Stunden nochmals 20 Minuten bei 100 Grad. Sellerie muß, um nicht grau zu werden, sehr schnell behandelt sein.

Schwarzwurzeln

Diese werden geschabt und sofort in Milch oder in mit etwas Mehl gemischtes Wasser gelegt, da sie sonst gelb werden. Man läßt sie lang, der Glashöhe entsprechend, oder schneidet sie in fingerlange Stücke. Sie werden in leicht gesalzenem, sprudelndem Wasser 5 Minuten vorgekocht, in kaltem Wasser abgekühlt und dann in die Gläser gegeben. Sie bedürfen einer Sterilisation von 30 Minuten bei 100 Grad und nochmals 20 Minuten bei 100 Grad.

Champignons

Diese müssen durchaus noch geschlossen sein. Sauber gereinigt, werden sie in recht kaltes Wasser mit so viel Zitronensaft, daß es leicht säuerlich schmeckt, gelegt und im Wasserbade bis zum Kochen gebracht. Dann werden sie abgetropft, in kleine Gläser gefüllt, mit leicht gesalzenem Wasser übergossen und bei 100 Grad 50 Minuten, nach 24 Stunden nochmals 20 Minuten sterilisiert. Sie behalten nach Möglichkeit ihr wundervolles Aroma.

Steinpilze

werden am besten auch mit geschlossenen Köpfen eingemacht, zerschnitten werden sie zu weich. Sie werden in leicht gesalzenem Wasser vorgekocht und dann wie die Champignons sterilisiert.

Pfefferlinge

sind vorzüglich zum Sterilisieren, sie behalten Farbe und Aroma in vollem Maße. Gut verlesen und gereinigt, werden die ausgesucht gleichmäßigen Pilze vorgekocht, mit der Kopffläche nach außen in das Glas gelegt, wozu Geschicklichkeit gehört. Mit abgekochtem Wasser übergossen, werden sie dann 40 Minuten bei 100 Grad und zum zweitenmal 30 Minuten sterilisiert.

Marmeladen

Marmeladen sollten in jedem Haushalt unbedingt angefertigt werden, da sie, wie uns die Kriegszeit lehrte, einen guten Brotaufstrich bilden und jeden Frühstückstisch als willkommene und gesunde Beigabe zieren. Es eignet sich dazu jede Frucht, sowohl einzeln wie

Reihe einiger nach unserer Methode hergestellter Konserven

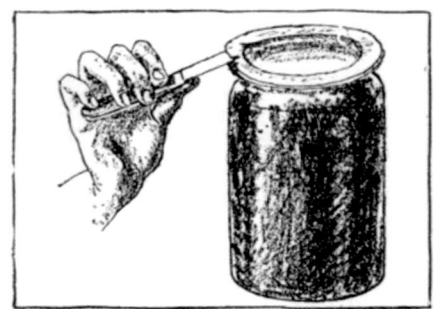 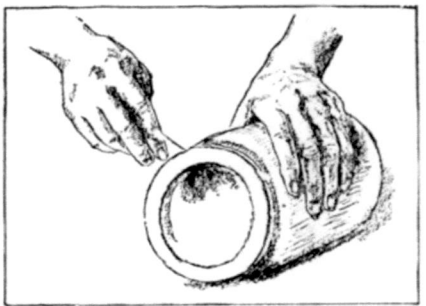

Öffnen von Konservengläsern

Falsch: Der Rand wird beschädigt   Richtig: Die Flüssigkeit hebt den Deckel

gegebenenfalls in Vereinigung mit einer anderen. Die Frucht muß dazu vollreif sein; an überreifen entfernt man sorgsam die zu weit vorgeschrittenen Stellen und verwendet sie mit. Marmelade erfordert, wenn sie nicht sterilisiert werden soll, viel Zucker. Feiner und bekömmlicher ist sie mit weniger Zucker unter Sterilisation zubereitet, da sie durch kürzere Kochzeit ihr Aroma auch natürlicher bewahrt. Will man die Sterilisation anwenden, so kocht man das Fruchtfleisch zunächst kurz ein und setzt dann erst den gewünschten Zucker dazu, mit dem es endgültig zur richtigen dehnbaren Konsistenz einkochen muß. Es wird darauf so fertig in Gläser gefüllt und 20 Minuten bei 90 Grad Celsius sterilisiert. Es ist auf diese Weise unbegrenzt haltbar, ohne zu fest zu sein, und ist für den Magen jedenfalls gesünder. Man wählt dann ¼-Liter-Gläser, deren Inhalt sich während des Gebrauchs auch nicht verändert. Will man so nicht verfahren, so wird ebenfalls das Fruchtfleisch kurz eingekocht und dann erst der Zucker hinzugegeben. Dann wird es so kurz unter fortwährendem Rühren eingedampft, bis am Boden des Kessels beim Durchstreichen des Löffels sich eine Gasse bildet. Die Gläser werden kurz zuvor in heißem Wasser mit Soda gereinigt, heiß nachgespült und in die noch warmen Gläser die heiße Marmelade gefüllt, die, ruhiggestellt, sich dann bald mit einer feinen Haut überziehen wird, aber nicht eher mit chemisch reinem Pergamentpapier oder Blase verbunden werden soll, als bis sie durch und durch erkaltet ist. Ein Rumpapier daraufzulegen, hat den Zweck, die während des Offenstehens sich niederlassenden niedrigen Lebewesen zu töten; einen eigentlichen Konservierungswert hat es aber nicht. Bei diesen Marmeladen in offenen Gläsern ist übrigens der Paraffinverschluß ausgezeichnet anzuwenden. Die Zuckerzugabe zu diesen Marmeladen muß 300—500 Gramm auf ½ Kilo Fruchtfleisch betragen, je nach der Art. Alles Steinobst erfordert 400 Gramm, Birnen 300 Gramm, Quitten und Äpfel 400—500 Gramm auf ½ Kilo. Da Zucker erst nach ziemlichem Einkochen des Fruchtfleisches zugegeben wird, so kann der persönliche Geschmack geringe Differenzen entscheiden, doch ist der Zucker immer als Konservierungsobjekt im Auge zu behalten. Eine Art von Marmelade, die in der Herstellung von den übrigen abweicht, ist die von bitteren Orangen oder Apfelsinen. Nur aus bitteren Früchten hergestellt, ist sie für den Geschmack der meisten zu herb. Das ist persönlich. Ich will daher im allgemeinen die so bei uns genannte Apfelsine annehmen. Es sind hierzu die späteren Ernten mit ganz dünner Schale die besten, z. B. die Marke Costarelli. Kann man sie nicht erhalten, so muß man den weißen Bezug der Schalen möglichst herausnehmen. Die Schalen von der Hälfte der einzukochenden Früchte werden in äußerst feine Fäden geschnitten und 24 Stunden in kaltes Wasser gelegt. Die Früchte werden geteilt und vollständig von den Kernen befreit. Diese werden samt den Schalen unter Hinzusetzung von 1 Liter Wasser auf 2½ Kilo Frucht und Schalen unter ständigem Rühren so lange gekocht, bis die Flüssigkeit ziemlich verdampft ist. Dann werden 2½ Kilo Zucker nebst dem Saft einer Zitrone dazugegeben und das Ganze bis zu obengenanntem Grad eingekocht. Sehr gut ist statt Wasser Apfelsaft, wodurch der Geschmack sich verfeinert. Will man Orangen verwenden, so genügt der zehnte Teil des Quantums. Diese Marmelade ist die richtige, wie man sie in dem Land der Marmeladen — England — "home made" nennt, also selbstgefertigt. Die von der Industrie in anderer Weise hergestellte mag vielleicht besser oder durchsichtiger aussehen, ist aber in Qualität mit der genannten nicht zu vergleichen. Da sie sich auch verhältnismäßig billig stellt — d. h. für wenig Pfennige, wie ich schon gelesen habe, stellt man solche das ½ Kilo nicht her, wenigstens nicht aus guten Früchten —, namentlich zu den Ladenpreisen, so sollten die Hausfrauen sich allgemein den Versuch dieser köstlichen und nie Überdruß hervorrufenden Marmelade nicht versagen.

Quittenmarmelade
verliert in der Mischung mit säuerlichen Äpfeln ihren wirklichen Geschmack, während wieder

Rhabarber
durch Zugabe von Äpfeln milder wird.

Hagebutten
erfordern eine lange Vorkochung, werden, wenn sie völlig weich, durchgestrichen und dann erst mit dem Zucker eingekocht. Es ist gut, der Marmelade etwas Zitronensaft zuzusetzen, der sie sehr im Geschmack hebt.

Tomatenmark
erfordert ein sehr langes Kochen. Man setzt die Tomaten ohne Wasser an, zerdrückt sie und preßt sie nach der Erweichung durch ein Sieb, um sie dann nur unter Hinzugabe von etwas Salz und stetem Rühren völlig einzudampfen, bis sie sich trocken vom Boden schieben lassen.

Tomaten-Ketchup (= catsup)
stellt man her, indem man mit den Tomaten je nach dem Quantum Sellerie in kleinste Stückchen geschnitten mitkocht und durchtreibt. Dann werden noch nach Geschmack geriebene Muskatnuß, etwas Ingwer, schwarzer feiner Pfeffer, Paprika, Weinessig und zur Milderung Zucker zugesetzt. Man sieht, es ist gerade keine sehr gesunde Soße. Die vielen Gewürzzugaben sollen sie haltbar machen, da die Tomate doch nicht so kurz eingekocht wird wie als Mark. Fertig gibt man sie in kleine Flaschen, die am besten mit dem Ölverschluß versehen und dann zugekorkt werden.

Gelees

Hierbei verweise ich auf die Einleitung bezüglich der nicht zu reifen Früchte. Alle dazu verwendeten Früchte werden gekocht, bis sie die Saftlässigkeit anzeigen, und dann auf ein Tuch, das man noch immer am besten über die Füße eines umgekehrten Stuhles spannt, zum Durchlaufen gegeben. Um ein schönes, klares Gelee zu bekommen, darf an der Masse nicht gedrückt werden, nur was ganz willig durchläuft, verwende man. Die Reste, die in keiner Weise mit den Resten, die sich durch äußerste Auspressung in der Konservenindustrie ergeben, zu vergleichen sind, können noch zu verschiedenen Zwecken im Haushalt verwandt werden. So geben sie nach Durchkochung mit etwas Wasser nach Zugabe von Zucker noch einen milden Saft. Auf ½ Kilo Saft, gleich ½ Liter Inhalt, muß man zu guter Konsistenz 450—500 Gramm Zucker rechnen, den wir hier auch wieder als Konservator mitbetrachten müssen. Am besten wird der Zucker geläutert, d. h. mit wenig Wasser angefeuchtet und klargekocht, bis er Blasen wirft, dann der Saft langsam hineingegossen und unter ständigem Rühren durch lebhafte Hitze bis zum Breitlauf eingekocht. Es muß dann die Geleeprobe gemacht werden, die darin besteht, daß einige Tropfen, auf einen kalten Porzellanteller gebracht, bald so fest werden, daß man sie ganz davon abheben kann. Dann muß es vom Feuer, da es, zu lange gekocht, sich wieder verdünnt.

Obstpasten

Diese in Rußland fast in jedem Haushalt heimische Art ist uns noch nicht so geläufig. Jedenfalls wird dort die Herstellung durch die immensen Heizvorrichtungen unterstützt, denn das Trocknen der Paste ist die Hauptschwierigkeit für uns. Sie lassen sich nur mühsam ohne eine Obstdörre herstellen, abgesehen von Quitten, die durch ihren großen Gallertgehalt gefördert werden. Pasten sind auf das kürzeste eingedampfte Marmeladen, zu deren Zusammensetzung usw. ich der Kombinationsgabe der Verfertigerinnen Raum gebe. Fertig, gießt oder vielmehr streicht man sie auf ein gefettetes Papier, bringt dieses in die Herddörre, füllt die Roste zum freieren Durchstreichen der Luft nicht ganz aus, sondern läßt abwechselnd an den verschiedenen Seiten noch etwas Raum. Richtig trocken sind sie, wenn der Finger, den man daraufdrückt, sich wieder frei erhebt. Sie müssen mehrere Tage einer gleichen Temperatur von etwa 100 Grad Celsius ausgesetzt sein. Eine Geduldprobe, der nur eine leidenschaftliche Neigung standhält und die, aufrichtig gesagt, eigentlich einer besseren Sache wert ist.

Essigfrüchte

Außer der Sterilisation und den anderen genannten Konservierungsmitteln haben wir neben dem Zucker noch das der S ä u r e, die keinen Nährboden für Bakterien bildet. Die Früchte, die wir in Zucker und Essig einlegen, werden nicht entsteint. In reiner Säure würden die Früchte nicht zu essen, wenigstens noch schädlicher sein als in der Mischung. Wir benötigen daher unbedingt des Zuckers dazu. Auf 1 Liter besten Weinessig ist im allgemeinen 1 Kilo Zucker erforderlich. Bei Obst setzt man auch etwas Zitronenschale dazu, läßt die Mischung aufkochen und gibt dann die Früchte hinein. Diese kochen, bis sie durchsichtig, d. h. glasig, aussehen, werden dann in Gläser oder Töpfe gegeben und mit chemisch reinem Pergamentpapier, das man, um es geschmeidig zu machen, durch kochendes Wasser zieht, zugebunden. Birnen schält man, entfernt das Kernhaus und teilt sie in Viertel oder Achtel. Steinobst durchsticht man einige Male mit einer Nadel, es springt dann beim Kochen nicht auf. Liebhaber geben dem Saft auch noch einige Nelken sowie Zimt bei. Die Früchte halten sich sehr gut bei richtigem Essigmaß.

Gurken in Essig

Recht feste kleine Gurken werden über Nacht in kaltes Wasser gelegt, das morgens noch einmal erneuert werden muß. Nach einigen Stunden werden sie gebürstet und abgetrocknet in einen Steintopf auf eine Unterlage gelegt, die aus Dill, Estragon, etwas Pfefferkraut, einigen Perlzwiebeln oder Zwiebelscheiben, einigen Wein- oder Kirschblättern und etwas spanischem Pfeffer sowie Gewürznelken besteht. Dann werden die Gurken zu einem Drittel eingelegt, darauf kommt wieder eine leichte Schicht der Gewürze und Gurken abwechselnd mit der Deckung, zuletzt noch eine Lage der Kräuter. Dann wird der

Apparat zum Schälen und Entkernen von Äpfeln

Weinessig ungekocht darüber, bis zur vollen Deckung, gegossen und, damit die Gurken sich nicht heben, zwei Holzstäbe kreuzweise darüber in den Steintopf geklemmt. Mit chemisch reinem Pergamentpapier zugebunden, müssen sie an einem kühlen Ort aufbewahrt werden.

Gurken in Essig und Zucker

Man wählt hierzu die großen, überreifen Gurken. Sie werden geschält, ausgekernt und in nicht zu kleine Stücke geschnitten. Mit Salz überstreut, läßt man sie 24 Stunden stehen. Dann werden sie abgetrocknet und dreimal mit Essig übergossen, mit dem sie bis zum anderen Tag stehenbleiben. Dann werden sie zum Ablaufen auf ein Sieb gegeben und frischer Weinessig, der mit 400—500 Gramm Zucker auf 1 Liter unter Zugabe von etwas Zimt und einigen Nelken aufgekocht ist, darübergegossen. Zimt und Nelken entfernt man wieder, da sie der Farbe schaden. Es ist gut, die Flüssigkeit nach einigen Tagen nochmals aufzukochen, klarzuschäumen und erkaltet wieder auf die abgetropften Gurken zu gießen.

Kürbis

Es eignet sich dazu am besten der englische Markkürbis, eine längliche Sorte, ebenso auch der große gelbe Zentnerkürbis. Er muß noch recht fest sein. Man schneidet ihn auseinander und sticht entweder Kügelchen aus oder schneidet längliche eckige Stücke. Er wird einige Minuten vorgekocht, dann zum Abtropfen auf ein Sieb gegeben. Auf 1 Kilo Kürbis läßt man 375 Gramm Zucker blasigkochen, gibt so viel guten Weinessig dazu, daß es einen herzhaften süßsäuerlichen Geschmack gibt, läßt in einem Beutelchen etwas ganzen Zimt und einige Nelken mitkochen und fügt außerdem noch die fein gehackte Schale einer halben Zitrone hinzu und nach Geschmack auch ein Stückchen Vanille. Nach Herausnahme des Gewürzbeutels gießt man den Saft über den Kürbis und läßt ihn bis zum nächsten Tag stehen, wo er dann in dem Saft glasiggekocht, in einen Steintopf oder Glas gefüllt, mit dem zu Zähigkeit gekochten Saft übergossen und mit Pergamentpapier zugebunden wird. Statt Vanille kann man auch Ingwer darannehmen.

Mixed Pickles

Aus allen zu Gebote stehenden und sich eignenden Früchten, wie: kleine ganze Gurken,

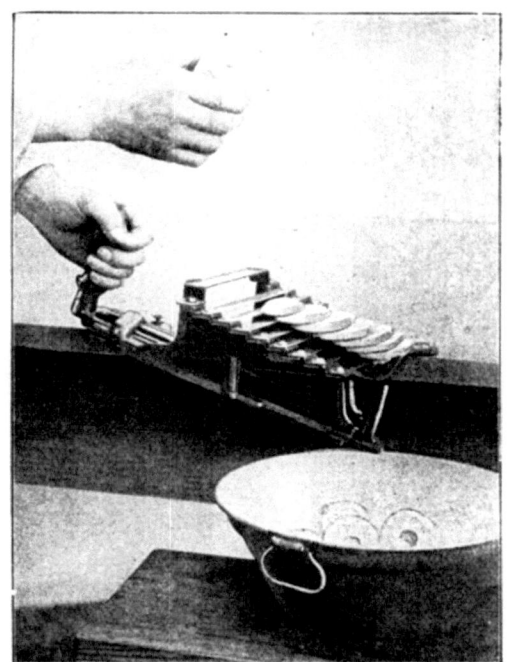

Obst dörren
Schneiden der Ringe mit der Maschine

Perlzwiebeln und größere Zwiebeln oder -Scheiben, grüne zarte Bohnen, Blumenkohlröschen, kleine Maiskolben, ausgestochene Mohrrübenscheiben oder ganz kleine Karotten, einem Stückchen spanischer Pfefferschote usw. macht man in geeigneten Gläsern eine geschmackvolle Packung. Dann wird guter Weinessig gekocht, dem man einige Pfefferkörner und 1 Lorbeerblatt zusetzt, und heiß über die Früchte gegossen. Nach 2 Tagen gießt man den Essig ab, kocht ihn auf und gießt ihn wieder heiß über die Früchte. Um sie etwas milder zu machen, kann man auf 1 Liter Essig 200 Gramm Zucker zusetzen. Die Gläser werden dann mit gebrühten Korken geschlossen. Nach einer anderen Art wird dem Essig, der in diesem Falle ein milderer, d. h. mit etwas Wasser gemischter, sein kann, Mostrich zugesetzt. Man läßt auf 1 Liter Essig 3 Löffel Weinmostrich mitkochen.

Birnen in Essig mit Senf

Hierzu werden recht große Herbstbirnen genommen, z. B. Bergamotte, der große Katzenkopf oder die Kamper Venus. Sie werden nicht geschält, und auch der Stiel wird darangelaſſen. Man wäſcht ſie nur und kocht ſie dann nur ſo weich, daß man gerade mit einem Holzſtäbchen eindringen kann. Auf 1 Liter feinen Weineſſig nimmt man ½ Kilo Zucker, kocht ihn auf und gießt ihn abgekühlt über die in Steintöpfe gelegten Birnen. Die Flüſſigkeit muß die Birnen decken. Obenauf wird dann ein Mullbeutel mit Senfkörnern gelegt. Er muß die ganze Fläche decken. Der Senf zieht aus und teilt ſich den Birnen mit, die erſt nach richtigem Durchziehen der Ingredienzien den charakteriſtiſchen Geſchmack bekommen.

Zwetſchen und anderes Steinobſt

Zwetſchen werden mit einem Tuch abgerieben, mit einer Nadel mehrere Male gepickt und in dem zu verwendenden Weineſſig, zu dem auf 1 Liter 1 Kilo Zucker kommt, einmal aufgekocht. Mit einem Schaumlöffel werden ſie herausgehoben und in einen Steintopf oder eine Glaskrauſe gelegt. Es dürfen immer nur ſo viel in den kochenden Eſſig gelegt werden, wie man auf einmal herausheben kann, da ſie ſonſt zu ungleich werden. Wenn alle auf dieſe Weiſe behandelt ſind, läßt man den Saft ſo weit einkochen, daß er noch zu reichlicher Deckung reicht. Nach 3 Tagen gießt man den Saft wieder ab, kocht ihn mit etwas ganzem Zimt, etwas Zitronenſchale und einigen Gewürznelken, die nach dem Kochen entfernt werden, nochmals gut durch und gießt ihn erkaltet wieder über die Pflaumen, die dann mit chemiſch reinem Pergamentpapier verbunden werden. Auf dieſe Weiſe wird alles Steinobſt in Eſſig eingelegt.

Birnen in Eſſig und Zucker

Die Birnen werden geſchält, in Viertel geſchnitten und von dem Kernhaus befreit. Dann werden ſie in 1 Liter Eſſig zu 1 Kilo Zucker nahezu weichgekocht und im übrigen genau wie die Zwetſchen behandelt, indes ohne Gewürznelken.

Pilze in Eſſig

Echte Pilze aller Art können zuſammen verwendet werden. Nach dem ſorgfältigen Waſchen werden ſie einmal in ſpringendem Waſſer überkocht und dann in Gläſer ziemlich feſt gefüllt. Guten Weineſſig miſcht man zu einem Drittel mit Waſſer, das vorher mit Salz, einem kleinen Lorbeerblatt, in Scheiben geſchnittenen Zwiebeln, weißen Pfefferkörnern und einem Stückchen ganzen Ingwer aufgekocht wurde. Dieſe Gewürzzutaten müſſen der Menge der Pilze entſprechen. Es iſt gut, die Schärfe der Säure durch eine Zugabe von Zucker zu mildern. Dieſe Flüſſigkeit wird über die Pilze gegoſſen. Sollte ſie ſich nach einiger Zeit etwas trübe zeigen, ſo wird ſie abgegoſſen und unter Zugabe von etwas Eſſig aufgekocht und abgekühlt wieder über die Pilze gegoſſen. Der Verſchluß geſchieht durch chemiſch reines Pergamentpapier.

Quitten in Eſſig

Nachdem die Quitten geſchält und in Achtel geſchnitten wurden, kocht man ſie einmal in mildem Weineſſig, dem etwas Zitronenſchale und ganzer Zimt zugefügt iſt, auf und ordnet ſie dann in Gläſer oder Steintöpfe. Den abgegoſſenen Eſſig kocht man nun nochmals unter Hinzugabe von ¼ Kilo Zucker pro Liter auf und gießt ihn über die Quitten. Nach 3 Tagen wiederholt man das Aufkochen des Eſſigs und nach abermals 3 Tagen wieder, um ihn abgekühlt wieder über die Früchte zu gießen. Der Verſchluß geſchieht durch Pergamentpapier.

Praktiſche Herddörre
Einordnen der Apfelringe in die Horden

Rumtopf

Melonen in Essig
ebenso.

Hagebutten oder Rosenäpfel in Essig
werden in gleicher Weise behandelt wie die vorher beschriebenen Essigfrüchte.

Nektarinen in Essig und Zucker
Diese dürfen nur eben reif sein. Sie werden mehrfach gepickt und dann in Weinessig einige Male überwällt, darauf mit einem Schaumlöffel auf ein Sieb gehoben. Dann wird der Weinessig pro Liter mit 1 Kilo Zucker, Zitronenschale und einem Stückchen Vanille so lange gekocht, bis er sich in Fäden zieht, d. h. gebunden vom Löffel fließt. Er wird heiß über die Nektarinen gegossen, nach 3 Tagen nochmals aufgekocht, kalt über die in eine Glaskruse oder Steintopf gepackte Frucht gegossen und dann mit Pergamentpapier verschlossen.

Früchte in Alkohol

Außer allen vorgenannten Konservierungsmitteln dient auch noch der Alkohol, dieser allerdings sehr sicher, dazu. Er wird nur bei Obst angewandt. Finden solche Früchte auch nur hier und da (verhältnismäßig noch zu viel!) Freunde, so sind sie normaler Lebensweise doch nicht einzufügen, und ich gebe sie hier nur als Abweichung vom besseren Weg, ohne Verantwortung. Zur Konservierung an sich genügen 25% Alkohol. Wir können somit immer noch beträchtlich den 95prozentigen Alkohol verdünnen. Es kommt für die Genießenden dann nur noch der Anspruch auf mehr oder weniger Stärke des Geschmacks in Frage.

Kirschen in Kognak
Eben reife Kirschen, am besten saure, werden nach dem Waschen abgetrocknet und in weithalsige Flaschen gefüllt. Dann wird der Menge entsprechend Kognak im Verhältnis von 1 Liter mit 1 Kilo Zucker gemischt, bis sich die volle Lösung des Zuckers vollzogen hat, und dann voll über die Kirschen gegossen. Verkorkt werden sie aufbewahrt. Die Stiele müssen an den Kirschen bis zur Hälfte geschnitten bleiben.

Anderes Steinobst in Kognak
Die Früchte werden nach Reinigung in weithalsige Flaschen gefüllt. Auf ½ Liter Wasser wird 1 Kilo Zucker blasiggekocht und heiß über die Früchte gegossen. Nach 2—3 Tagen gießt man den Saft ab, kocht ihn nochmals auf, versetzt ihn nach dem Erkalten mit einer gleichen Menge feinem Rum, Kognak, Arrak oder Branntwein, gießt die Flüssigkeit über die Früchte, so daß sie etwas übersteht, und verkorkt die Flaschen gut.

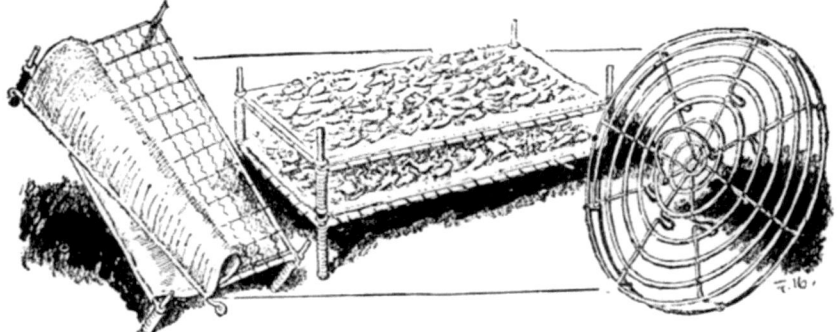

Dörrapparate aus Drahtgestellen; rechts Drahtboden für den Einkochtopf

Rumtopf

Sollen die Früchte gut sein und den Genuß allenfalls begreiflich machen, so darf nur feinster Jamaikarum oder Arrak dazu verwendet werden. Es wird davon eine Flasche in einen hohen, engen Steintopf gegeben und 1 Kilo Zucker zum Lösen hineingelegt. Der Topf muß stets gut verbunden sein, damit sich möglichst wenig Aroma verflüchtigt. Er wird Anfang Sommers angesetzt, um die Früchte der Reihe nach, wie sie die Zeit bringt, in sich aufzunehmen. Mit Ausnahme von Blaubeeren eignen sich alle Früchte dazu. Birnen, Aprikosen, Quitten und Pfirsiche müssen etwas vorgedünstet werden, so daß sie gerade weich sind. Die Früchte geben Saft ab und verdünnen dadurch den Alkohol. Der Menge der Früchte entsprechend muß, falls zu wenig Saft wird, Rum mit gelöstem Zucker nachgefüllt werden. Es können dem Rumtopf auch grüne Nüsse hinzugefügt werden, doch müssen diese zuvor wie eingelegte behandelt sein.

Obst zu dörren

Wo ein eigener Garten oftmals einen Überfluß an Obst gewährt, der auf andere Art nicht zu bewältigen, da ist das Dörren recht am Platze. Dem unzuverlässigen Dörren in der Sonne, im gewöhnlichen Backofen oder auf dem Boden hat eine Einrichtung ein Ende gemacht, die mit der täglichen Feuerung bequem ihre Funktionen erfüllen kann und deren Anschaffung wohl anzuraten ist. Es ist dies die kleine Herddörre, bei R. Waas (Erfinder R. Mertens) in Geisenheim erhältlich. Hierbei geht die Prozedur unter den Bedingungen

Herddörre
aus einfachen Holzrahmen, die mit luftigem Stoff bespannt sind

vor sich, die ein gutes Dörrobst verlangt. Und das ist nicht nur Hitze, sondern fortwährend durchstreichende heiße Luft. Auf dem unteren, auf vier Füßen ruhenden Kasten sind neun Hürden angebracht, die durch einen Hebel beweglich und auch auswechselbar sind. Diese sind mit doppelt verzinntem Eisengewebe versehen. Ist der Bestand der untersten Hürde, wo die warme Luft am stärksten wirkt, etwas trocken, so wird diese nach oben gestellt usw. Die Herdplatte muß geschlossen sein. Bei größeren Herden findet sie Platz neben den Kochtöpfen. Es gibt auch kleinere Dörren mit selbständiger Heizung. Eine solche, und zwar ebenfalls ausgezeichnet, soll die von R i e g e r in E ß l i n g e n sein, die ich aber aus eigener Erfahrung noch nicht kenne.

A p f e l werden geschält, in Scheiben geschnitten, vom Kernhaus befreit und einige Minuten in leicht gesalzenes Wasser gelegt, dann abgetropft und auf die Hürde neben-, n i c h t ü b e r einandergebracht. So werden alle Hürden belegt. F l e i s c h = B i r n e n werden, wenn sie nicht zu dicke Schalen haben, nicht geschält und größere oder harte Birnen leicht vorgedämpft. Die Dörre, der ein Thermometer beigegeben wird, muß auf 100 Grad erwärmt sein, wenn die Frucht hineinkommt, darf aber 110 Grad nicht übersteigen. Bei Scheiben dauert die ganze Dörrung etwa 8 Stunden, bei ganzer Frucht etwa 13 Stunden. Nach der ersten Viertelstunde beginnt man schon die Hürden zu wechseln, was dann in Zwischenräumen von etwa 20 Minuten fortgesetzt wird. P f l a u m e n wie die anderen Steinobstarten müssen bei mäßiger Hitze (75 Grad Celsius) dörren, erst nach allmählicher Eindörrung kann die Hitze bis auf 100 Grad gesteigert werden. Die Pflaumen werden mit der Spitze, also der dem Stiel entgegengesetzten Seite, dicht nebeneinander auf die Dörre gestellt. Anfangs müssen die Hürden öfter gewechselt werden, später nur etwa alle halbe Stunde.

Gemüse müssen vor dem Dörren entsprechend zerkleinert und vorgekocht, besser aber auf jeden Fall in einem Gemüsedämpfer vorgedünstet werden, da sie auf diese Weise bessere Farbe und den Nährwert behalten. Die Gemüse werden bei 80—90 Grad gedörrt, und es bedarf dazu meist nur einiger Stunden; die Hürden sind alle Viertelstunden zu wechseln. Sellerie, Z w i e b e l n und K a r o t t e n werden in Scheiben geschnitten, M o h r r ü b e n in längliche Streifen, alle K o h l a r t e n fein gehobelt, Bohnen geschnippelt, K ü c h e n k r ä u t e r im ganzen verwandt. Eine Dörre ist auch vortrefflich zur Herstellung von Obstpasten und zu manch anderen Dingen in der Küche. Das Aufbewahren des gedörrten Obstes und der Gemüse geschieht am besten in Beuteln aus solchem Stoff, der die Luft, aber keinerlei Insekten durchläßt, und die frei in der Luft in trockenen Räumen hängen, die möglichst staubfrei sind.

Jacob Jordaens, Faun und Nymphe
(Mauritzhuys, Haag)

Milch und Ei

Die Milch

Die Milch ist das Absonderungsprodukt der Milchdrüse (Euter, Gesäuge), eine wässerige Lösung, bzw. Aufschwemmung organischer und unorganischer Nährstoffe und Salze von weißer Farbe, süßlichem Geschmack und schwach-aromatischem Geruch. Ihre weiße Farbe erhält sie von den feinstens in ihr verteilten Fetttröpfchen, die als stark lichtbrechende Gebilde der Milchoberfläche eine stark reflektierende Eigenschaft verleihen.

Unter den festen Bestandteilen der Milch, die je nach Tiergattung, Rasse, Eigenart und anderen Bedingungen in ihrer Menge beträchtlich schwanken, sind die wichtigsten: Fett, Eiweißkörper (besonders Kasein = Käsestoff), Milchzucker und anorganische Salze (besonders wichtig Kalksalze). Bei ruhigem Stehen steigen die Fettkügelchen der Milch allmählich (infolge ihres geringeren spezifischen Gewichtes) an die Oberfläche, von der sie nebst Beimengungen anderer Milchbestandteile als „Sahne" abgehoben werden. Zur rascheren Gewinnung der Sahne bedient man sich heute gewöhnlich des Zentrifugierens, das gleichfalls auf dem geringeren spezifischen Gewicht des Milchfettes gegenüber ihren anderen Bestandteilen beruht.

Die am häufigsten bei uns genossene Milch ist die Kuhmilch, aber auch die Ziegenmilch wird vielfach genossen, die zwar mehr Milchzucker, aber weniger Fett als die Kuhmilch enthält. Gute Kuhmilch muß dickweiß und nicht bläulich oder durchscheinend sein. Sie ist schwerer als Wasser. Ein Milchtropfen auf den Fingernagel gebracht darf nicht auseinanderfließen, sondern muß seine halbkugelige Gestalt behalten. Gute Milch darf nicht riechen, muß angenehm schmecken und soll im Milchtopfe keinen Bodensatz bilden. Die Zusammensetzung der verschiedenen Milcharten und ihrer Abkömmlinge zeigt folgende Tafel:

Frauenmilch	1,4%	Eiweiß	3,6%	Fett	6,3%	Milchzucker	88,0% Wasser
Kuhmilch	3,1%	„	3,5%	„	4,7%	„	87,0% „
Sahne	3,8%	„	22,6%	„	3,8%	„	67,6% „
Saure Milch	3,2%	„	3,3%	„	3,4%	„	67,0% „
Buttermilch	3,5%	„	0,5%	„	4,0%	„	91,0% „
Kefir	3,0%	„	3,0%	„	2,1%	Alkohol	88,9% „

Die frische, unveränderte Milch heißt Vollmilch. Beim Stehen setzt sich auf ihrer Oberfläche eine Fettschicht ab, die wir als Sahne oder Rahm bezeichnen. Von der Sahne befreite Milch ist Magermilch. Nur aus ganz einwandfreien, sauberen Stallungen mit guter Kuhhaltung kommende Milch darf roh getrunken werden. Sie schmeckt in diesem Zustande zweifellos besser als die gekochte und ist reicher an Vitaminen, doch da man im Haushalt, besonders in der Großstadt, meist nicht über Alter und Herkunft der Milch unterrichtet ist, ist es immer besser und vorsichtiger, die Milch abgekocht zu reichen, da nur so ihre Keimfreiheit und Unschädlichkeit verbürgt wird. In der Ernährung des Menschen und der Tiere spielt die Milch die wichtigste Rolle, sie ist wegen ihrer Reizlosigkeit ein Hauptnahrungsmittel für Kinder und Kranke, doch wird sie nicht von allen Menschen gleich gut vertragen, da ihr oft unangenehme Nebenwirkungen auf die Verdauungswerkzeuge entstammen. Die Zahl der aus Milch hergestellten Nahrungsmittel ist sehr groß. Hier seien nur einige wichtige herausgegriffen. Als sehr gut und brauchbar hat sich der Kefir erwiesen, ein kohlensäurehaltiges, alkoholisches Milchgetränk, durch Vergärung des in der Milch enthaltenen Milchzuckers unter Einwirkung des gärungerregenden Kefirpilzes erzeugt.

Kefirrezept

Zur zweckmäßigen Herstellung von Kefir übergießt man (nach Hannemann) die im Handel erhältlichen Kefirkörner mit 30 Grad (Celsius) heißem Wasser und läßt sie darin mehrere Stunden lang quellen, dann gießt man das Wasser ab, wäscht die gequollenen Körner mit reinem Wasser aus und übergießt sie danach mit der zehnfachen Menge 20 Grad (Celsius) warmer Milch. Die Flüssigkeit bleibt in dieser Wärme stehen, muß aber wiederholt umgeschüttelt werden. Nach Verlauf 1 Stunde gießt man die Milch ab und wiederholt dies so lange, bis die Milch einen schwach säuerlichen Geruch zeigt und die Körner anfangen nach oben zu steigen. Nachdem die Körner so vorbereitet sind, werden sie mit dem zehnfachen Gewichte gekochter und auf 20 Grad abgekühlter Milch übergossen. Nun bleiben sie einen halben Tag bei 20 Grad stehen, dann gießt man durch ein Teesieb ab und setzt aufs neue Milch in gleicher Weise hinzu. Von dem abgegossenen Ansatze bringt man 5 Eßlöffel voll in halbe Champagnerflaschen, füllt mit gekochter, auf 20 Grad abgekühlter Milch voll und verkorkt. Man läßt die Flaschen bei etwa 15 Grad stehen, schüttelt sie am ersten Tage stündlich und nimmt sie nach 1—3 Tagen in Gebrauch. Die aufgequollenen Kefirkörner werden immer wieder benutzt, nachdem sie wöchentlich durch wiederholtes Waschen gereinigt worden sind. Die durchschiegen gewordenen werden durch frische ersetzt. Nach 1 Tag Stehen ist es schwacher, nach 2 Tagen mittelstarker, nach 3 Tagen starker Kefir. Man verwendet meist den zweitägigen und dreitägigen Kefir. Der eintägige wirkt leicht abführend, der dreitägige leicht stopfend.

Ein sehr viel verwendetes Milchpräparat ist die Joghurtmilch, die angeblich die Ursache der Langlebigkeit der Balkanvölker ist, da sie die Bildung fäulniserregender Keime im Darm verhindert.

Joghurtrezept

Die Herstellung der Joghurtmilch im Hause ist bedeutend einfacher als die des Kefirs. Ungefähr 2 Kubikzentimeter des käuflich zu habenden Mayafermentes läßt man in 1 Liter auf die Hälfte eingedampfter Milch 8—12 Stunden an einem warmen Orte stehen. Dann ist der Joghurt fertig.

Man kann von den blumenkohlartig aussehenden Pilzkolonien immer wieder neue Kolonien anlegen und weiterverwenden.

Von den Milcherzeugnissen ist das wichtigste die Butter. Sie enthält wichtige antirachitische Vitamine, 0,5% Eiweiß, 82% Fett, 0,5% Kohlehydrate, 0,1% Kochsalz (gesalzen 2%) und 13% Wasser. Gute Butter ist ein vorzügliches und leicht verdauliches Nahrungsmittel. Der nach ihrer Gewinnung übrigbleibende Rückstand ist die Buttermilch. Als Butterersatz gilt die Margarine. Sie ist im Gegensatz zur Butter kein Milchfett, sondern ein tierisches Fett und enthält 0,5% Eiweiß, 80,5% Fett, 0,5% Kohlehydrate, 2,15% Kochsalz und 13% Wasser, ist aber schwerer verdaulich als Butter und ärmer an Vitaminen.

Der Käse, gleichfalls ein Abkömmling der Milch, ist eines unserer eiweißreichsten Nahrungsmittel. Sein Eiweißgehalt bewegt sich bei den verschiedenen Käsearten von 18—35%, während der Fettgehalt 5—40% beträgt. Übermäßig reifer Käse führt bisweilen zu Vergiftungen, die sich in Übelkeit, Erbrechen und heftigen Kopfschmerzen äußern.

Margarinekäse sind im Sinne des Gesetzes diejenigen käseartigen Zubereitungen, deren Fettgehalt nicht ausschließlich der Milch entstammt. Herstellung von Käse aus Magermilch mit Ersatz des dieser entzogenen Fettes durch Margarine usw. ist also keine Verfälschung, muß aber angezeigt werden.

Milch richtig zu kochen

Die Vorbedingungen für ein rationelles Kochen der Milch sind eine gut emaillierte Kasserolle, die nur diesem Zweck dienen darf, ein sauberer Löffel, mit dem die Milch während des Kochens umgerührt wird, und ein sauberer Topf, in den sie nach dem Kochen gegossen wird. Die Kasserolle wird vor dem Kochen mit kaltem Wasser ausgespült. Die Milch muß nicht nur einmal rasch aufkochen, sondern muß 1—2 Minuten gut durchkochen. Im Sommer und bei Gewitter muß die Milch zweimal am Tage durchgekocht werden. Milch zum Kaffee sollte immer abgekocht und heiß gegeben werden. Unaufgekochte Milch und kalte abgekochte Milch schmecken nicht dazu. Das Feinste zum Kaffee ist natürlich süße Sahne.

Milchsuppe mit Mehl

1½ Liter Milch, 50—100 Gramm Mehl, nach Belieben Zucker, 1 Stückchen Zimt oder Zitronenschale, 1 bis 2 Eigelb, etwas Salz

Die Milch wird in einer eigens für Milchspeisen reservierten, gut emaillierten oder Aluminium-Kasserolle unter beständigem Umrühren zum Kochen gebracht, dann in kalter Milch klar verquirltes Mehl hineingerührt, Zucker nach Belieben hinzugefügt und das Ganze mehrere Minuten gekocht, bis das Mehl gar ist. Die Suppe kann mit 1—2 Eigelb abgezogen werden, ist aber auch ohne Eizutat schmackhaft und als Abendessen für Kinder, wie alle Milchsuppen, sehr zu empfehlen. Sehr gut ist die Suppe auch, wenn man Eier mit ein wenig Mehl gut verquirlt und die flüssige Masse langsam, immerfort rührend, in die kochende Milch einlaufen läßt.

Milchsuppe mit Reis

1½ Liter Milch, 100 Gramm Reis, Zucker, 1 Stückchen Zimt, Zitronenschale, 1—2 Eigelb

Der abgeschwemmte und gebrühte Reis wird mit kaltem Wasser aufgesetzt und, indem etwas erwärmte Milch nach und nach hinzugegossen wird, fast weich- und körniggequellt. Dann gibt man den Reis in die kochende Milch, fügt nach Belieben Zucker, 1 Stückchen Zimt und Zitronenschale dazu, läßt alles unter wiederholtem Rühren zusammen aufkochen und zieht zuletzt nach Belieben die Suppe mit 1—2 Eigelb ab.

Milchsuppe mit Grieß, Graupen, Buchweizengrütze oder Hirse

1½ Liter Milch, 100 Gramm Hirse, Grieß usw., Zimt, Zitronenschale, Zucker

Hirse muß mit kochendem Wasser dreimal, Grieß, Graupen, Buchweizengrütze einmal gebrüht, mit kaltem Wasser abgequirlt werden, dann mit kaltem Wasser aufgesetzt, langsam gargequellt und in der kochenden Milch mit durchgekocht werden. Als Würze dient Zimt, etwas Zitronenschale und Zucker.

Milchkaltschale

3 Liter Milch, 200 Gramm Zucker, ¼ Stange Vanille, 4 Eier, 30 Gramm Kartoffelmehl

Die Vanille wird in sehr kleine Stücke geschnitten, in einen Topf getan und mit ½ Liter kochender Milch übergossen. Dann wird der Topf zugedeckt 1 Stunde beiseite gestellt, so daß die Vanille in der Milch gehörig auszieht. Die Vanillemilch wird durch ein Sieb gegossen, mit der übrigen Milch vermischt, mit 200 Gramm Zucker gesüßt, zum Kochen gebracht, mit etwas in Milch glatt gerührtem Maismehl, Kartoffelmehl oder Arrowroot verkocht, mit 4 Eidottern abgezogen, zum Abkühlen in kaltes Wasser oder auf Eis gestellt, mit Eiweißschneeklößchen belegt und angerichtet.

Milchsoße für Fruchtspeisen

50 Gramm süße Mandeln, ½ Liter Milch, 3 Eier, Orangenblütenwasser, 1 Löffel Kartoffelmehl

50 Gramm süße Mandeln — unter denen 6 Stück bittere sein dürfen — werden abgezogen, mit ein wenig Orangenblütenwasser gestoßen oder gerieben, dann in ½ Liter Milch mit etwas Zucker aufgekocht und zum Ziehen auf die heiße Stelle gestellt. Dann wird die Milch durch ein Sieb gegossen, nochmals erhitzt, mit in Milch verquirltem Kartoffelmehl aufgekocht und mit 3 Eidottern abgezogen. Statt Mandeln kann auch Vanille genommen werden.

Süße Sahnensoße zu Kalbfleisch, Geflügel, Spargel oder Blumenkohl

¼ Liter süße Sahne, 50 Gramm Butter, 1—2 Löffel Mehl, Salz, Pfeffer, Muskatnuß, Zitronensaft

50 Gramm zerlassene Butter werden über dem Feuer mit 1—2 Löffel Mehl gut verrührt, mit der nach und nach dazugegossenen süßen Sahne verkocht, mit Salz, wenig Pfeffer und geriebener Muskatnuß gewürzt und mit 1 Eigelb abgezogen. Nach Belieben kann der Geschmack der Soße mit etwas Zitronensaft geschärft werden.

Milchnudeln

1½ Liter Milch, 100 Gramm Butter, 125 Gramm Zucker, Vanille, 2 Eier, 250 Gramm Mehl, Salz, Zimt

Aus 2 Eiern wird mit dem nötigen Mehl und etwas Salz ein fester, gewöhnlicher Nudelteig gemacht, dünn ausgerollt und in feine Nudeln geschnitten. Dann wird die Milch mit der Butter, dem Zucker und der Vanille zum Kochen gebracht, die gut getrockneten Nudeln hineingerührt und im Ofen langsam bei gelinder Hitze so lange gekocht, bis sie weich und gelblich sind. Sie können dann noch mit etwas Milch übergossen, gut damit durchgerührt, abgeschmeckt und mit Zucker und Zimt bestreut werden. Man kann auch Kompott oder Vanillesoße dazu reichen.

Milchreis

1¼ Liter Milch, 250 Gramm Reis, 50 Gramm Butter, Zucker, Zimt, 1 Prise Salz

Der gut abgeschwemmte, gebrühte, abgekühlte Reis wird in der Butter geschwitzt, bis die Körner gut blank sind, mit der Milch auf gelindem Feuer langsam aufgequellt, worauf der Topf hin und wieder vorsichtig geschüttelt werden muß, um das Anbrennen zu verhüten. Der Reis darf nicht verkochen, sondern muß körnig bleiben und doch weich werden. Beim Anrichten wird der Reis mit gestoßenem

Zucker und Zimt bestreut. — Der Reis kann auch zum Erkalten gestellt und kalt mit beliebigem Fruchtsaft oder eingemachtem Obst angerichtet werden.

Milchflammeri

1 Liter Milch, 50 Gramm Zucker, 100 Gramm Grieß, Reisgrieß, Mehl oder dgl., 1 Stück Zimt oder Zitronenschale, 2—3 Eier

Die Milch wird zum Kochen gebracht, dann das Bindemittel, also Maismehl, Kartoffelmehl, Grieß, Sago oder Reisgrieß, das in einer Obertasse Milch glatt verquirlt wurde, nach Belieben auch mit etwas gestoßener Vanille oder hackten Mandeln dazugefügt und unter beständigem Umrühren (Flammeri brennt leicht an) eine dicke glatte Masse davon gekocht. Zuletzt werden die Eigelb mit verrührt, kurz vor dem Ausschütten das zu festem Schnee geschlagene Eiweiß daruntergezogen, die Masse in eine mit kaltem Wasser ausgespülte Form gefüllt und nach dem Erkalten aus der Form gestürzt. Nach Belieben können auch die Eigelb weggelassen und der Flammeri nur mit Eiweißschnee bereitet werden. Sparsame Hausfrauen verkochen nur die dickenden Zutaten mit der Milch und nehmen gar keine Eier, weder Gelb noch Eiweißschnee, dazu. Dieser einfache Flammeri wird von Kindern sehr gern gegessen.

Sahnenauflauf

½ Liter süße Sahne, 150 Gramm Zucker, 250 Gramm bestes Mehl, 6 Eier

Die Sahne wird mit 2—3 Eßlöffel Zucker und 1 Teelöffel Zimt zu festem Schaum geschlagen. Dann werden 250 Gramm bestes trockenes Weizenmehl und zuletzt 6 mit dem Rest des Zuckers recht schaumig verquirlte Eier daruntergerührt. Die Masse wird in die mit Butter bestrichene Auflaufform gefüllt und im Ofen bei mäßiger Hitze 45—50 Minuten gebacken, um sofort in der Form angerichtet zu werden, da sie leicht fällt.

Schlagsahne

Die Schlagsahne oder der Rahmschaum, wie die andere Bezeichnung lautet, findet die mannigfaltigste Verwendung in der Küche. Sie läßt sich durch Beimischung verschiedener Gewürze, z. B. Vanille, Früchte, Liköre, feiner Weine, Schokolade usw. verschiedenartig ausgestalten, wird zur Füllung von Backwerk, z. B. von Hohlhippen und Schneebällen, ferner zur Verzierung von Cremes und Gelees, zur Bereitung von kalten süßen Speisen, von Gefrorenem (Speise-Eis) usw. benutzt. Zum Gelingen der Schlagsahne, die gut fest, steif, doch nicht zu steif, und von feinem Geschmack sein soll, darf die süße Sahne weder zu alt noch zu frisch sein. Auch darf die zum Schlagen bestimmte Sahne keinerlei Milchteile mehr enthalten, weil man sonst keine feste Schlagsahne erhält. Vor dem Schlagen wird die Sahne 1 oder 2 Stunden in Eis gestellt, dann, indem die Schale möglichst auf dem Eis stehen bleibt, mit der Schneerute zu leichtem schaumigem Schnee geschlagen, der nach einigen Minuten mit einem Schaumlöffel abgenommen und in ein Haarsieb gelegt wird. Die noch nicht dickgewordene sowie die durch das Sieb abgelaufene Sahne werden nun weiter geschlagen, der fertige Schaum zu dem anderen gehäuft und so fortgefahren, bis alle Sahne fest geworden ist. Manchmal wird etwas Eiweiß mit unter die Sahne gerührt und, um sie zu süßen, etwas feiner Zucker, dem, wenn die Sahne Vanillegeschmack erhalten soll, gestoßene Vanille beigefügt werden muß.

Schlagsahne verschiedener Art

Wenn die Schlagsahne Zitronengeschmack erhalten soll, wird die Schale von 2—3 sehr sauber abgewischten Zitronen auf einem Stück Zucker abgerieben, das Abgeriebene mit einem Messer abgeschabt, auf ein Stück weißes Papier getan und getrocknet, dann im Steinmörser gestoßen, mit 250 Gramm feinem Zucker gemischt und schnell unter die fertige Schlagsahne, aus 1 Liter Sahne hergestellt, gezogen.

Auf andere Weise wird ein gehäufter Teller schöner reifer, gut ausgelesener, ungezuckerter Erdbeeren oder Himbeeren durch ein feines Porzellansieb gestrichen und mit der Schlagsahne vermischt.

Soll die Schlagsahne nach Orangenblüten schmecken, so werden 200 Gramm fein gesiebter Zucker mit 2 Eßlöffel Orangenblütenwasser gemischt und der Schlagsahne beigefügt. Um Maraschinogeschmack zu erhalten, mischt man ein Weinglas Maraschino mit 250 Gramm geriebenem Zucker und fügt es der Schlagsahne bei.

Kaffeearoma wird erzeugt, indem 125 Gramm bester gemahlener Mokkakaffee mit einer Obertasse kochenden Wassers aufgebrüht und durch ein feines Sieb gegossen wird. Dann werden

250 Gramm feiner Zucker mit dem Kaffee vermischt und das Ganze mit der Schlagsahne schnell verrührt.

Schokoladenschlagsahne entsteht durch Mischen der Sahne mit 125 Gramm in einer kleinen Tasse Wasser gelöster und mit 200 Gramm feinem Zucker verrührter Schokolade.

Butterspäne machen
Richtig: Der Butterhobel wird flach über das Butterstück gezogen

Schlagsahnenspeise

½ Liter Schlagsahne, Pumpernickel, 125 Gramm Zucker, 1 Likörglas Maraschino oder Malaga

Ein großes Stück Pumpernickel (oder Schwarzbrot) wird fein gerieben, mit etwas Maraschino oder Malaga angefeuchtet, mit Zucker vermischt und unter die Schlagsahne gemischt. Anders kann diese Speise gestaltet werden, wenn der geriebene Pumpernickel und die Schlagsahne schichtweise in eine Glasschale gefüllt werden. Noch anders ist folgende Art. Gleiche Teile Haselnüsse, Brot und feine Schokolade werden gerieben. In eine Glasschale füllt man eine Lage Schlagsahne, darauf eine Lage geriebenes Brot, wieder Sahne, eine Lage geriebene Schokolade, wieder Sahne, eine Lage geriebene Haselnüsse und wiederholt diese Lagen noch einmal.

Reine Butter zu erkennen

Reine Butter kann man von solcher, die mit Kunstbutter vermischt ist, dadurch unterscheiden, daß sie beim Schmelzen durch den Duft, der ihr entsteigt, das Vorhandensein von Rindertalg verrät, anderseits dadurch, daß die mit Kunstbutter vermischte beim Schmelzen nicht klar gelb wird, sondern trübe und undurchsichtig. Um andere Mischungen der Butter festzustellen, bedarf es einer genauen chemischen Untersuchung. Die Hausfrau läßt sich aber beim Einkauf durch den Duft und Geschmack am sichersten leiten. Bei kalter Witterung bröckelt reine Butter leicht, während sie, mit Öl oder Kunstfett vermischt, geschmeidig bleibt.

Butter zu klären und zu bräunen

½ Kilo Butter wird in eine große Kasserolle gelegt, diese in einen mäßig heißen Ofen gestellt und die Butter langsam darin zum Schmelzen und Kochen gebracht. Sie muß ganz leise im Kochgrad erhalten werden und darf nicht bräunen. Sobald die austochende Buttermilch und das Salz oben auf der Oberfläche eine Decke und auf dem Boden einen Satz gebildet haben, wird sie vom Feuer genommen, 5 Minuten still hingestellt, dann vorsichtig vom Schaum befreit und die klare Butter ebenfalls vorsichtig abgegossen, damit der Bodensatz zurückbleibt. Um braune Butter zu erhalten, wird so viel Butter, als man bedarf, in einer Kasserolle langsam erhitzt, sobald sie aufhört zu zischen, leicht gerührt, bis sie braun genug ist.

Butter zu Schaum oder Sahne zu rühren

Wenn die Butter anscheinend zu viel Salz und Buttermilch enthält, muß sie vor dem Rühren in kaltem Wasser ausgewaschen werden. Wenn sie zu hart ist, muß sie erst auf warmer Stelle etwas weich werden. Dann wird sie in einer irdenen runden Schüssel so lange mit der Holzkeule nach einer Seite gerührt, bis sie ganz weich, weiß und schaumig geworden ist und zu knistern beginnt.

Butter anzurichten

Butterlämmer und -kühe, wie man sie früher auf die Tafel brachte, sind jetzt, gottlob! nur noch selten zu finden. Man serviert jetzt die Butter entweder in der Büchse oder als Kügelchen oder als Späne. Das Eindrücken in die Büchse geschieht mit einer naßgemachten Holzkelle, so daß sich keine leeren Räume bilden. Zum Herstellen der Kugeln bedient man sich zweier Holzkellen, zwischen denen man ein Butterstückchen rollt. Späne werden mit einer gerippten Hohlkelle aus der Butter herausgestochen.

Butter frisch zu halten

Die Butter wird fest in einen Steintopf gedrückt und dieser mit einem Musselinlappen überbunden. Man stellt dann den Topf in eine Schüssel mit Wasser, so daß die Musselinenden in das Wasser reichen. Der Lappen saugt sich voll Wasser, das Wasser verdunstet über der Butter und führt dieser dadurch Kühle zu, oder man überfüllt sie mit starkem Salzwasser. Bereits ranzig gewordene Butter verbessert man mit Durchkneten von Natronwasser, das man sich aus 1 Liter Wasser und 5 Gramm Natron herstellt.

Krebsbutter

30 Krebse, 250 Gramm Butter

Die Krebse werden gut gewaschen, in siedendes gesalzenes Wasser gelegt und rotgekocht. Dann wird das Fleisch aus den Schwänzen und Scheren gebrochen und fortgestellt, während die roten Schalen im Mörser sehr fein gestoßen, mit der Butter vermischt und 30 Minuten auf mäßigem Feuer unter öfterem Umrühren und Zugießen von etwas Wasser durchgedünstet werden. Die Masse wird durch ein sorgfältig gebrühtes Seihtuch in einen mit kaltem Wasser gefüllten Napf gegossen, wo sie sofort erstarrt. Eine Weile muß sie auf der Oberfläche fest werden, wird dann abgenommen und nach Bedarf verwendet. Hummerbutter wird auf die gleiche Art zubereitet, dazu bedient man sich auch der etwa vorhandenen, unter dem Schwanze befindlichen Hummereier.

Kräuterbutter

250 Gramm Butter, 1 Dosis Kräuter, Salz, Zitronensaft

Eine reichliche Handvoll verschiedener gewaschener Kräuter wird in kochendem Wasser abgewällt, gut ausgedrückt, fein gehackt und mit 250 Gramm frischer, zu Sahne gerührter Butter, Salz und etwas Zitronensaft verrührt. Die Mischung der Kräuter besteht aus Kerbel, Estragon, Pimpinelle, Schnittlauch und Petersilie. Vom Schnittlauch darf nur wenig genommen werden.

Sardellenbutter

125 Gramm Sardellen, 250 Gramm Butter

Die gut gewaschenen, von Gräten und Häuten geriebenen, fein gehackten Sardellen werden mit der zu Sahne gerührten Butter im Reibnapf mittels der Reibkeule recht gut vermischt und die Butter durch ein feines Sieb gestrichen.

Senfbutter

Senf, 4 Eier, 250 Gramm Butter, Salz, Pfeffer

Der Senf, die zerdrückten hartgekochten Eidotter, etwas Salz und Pfeffer werden mit der Butter im Reibnapf durch sorgfältiges Rühren gut vermischt, durch ein feines Sieb gestrichen und die Butter zu kaltem Fleisch serviert.

Weißer Käse

Die saure Milch wird an der Herdseite warmgestellt, doch so, daß die Temperatur nicht 28 Grad überschreitet. Nach einiger Zeit setzt sich der Käse ab, der auf ein mit einem Tuch belegtes Sieb getan und zum Abtropfen beiseite gestellt wird. Will man ihn recht trocken haben, so schüttet man ihn in ein poröses Tuch und preßt ihn, indem man einen beschwerten Teller daraufdeckt.

Weißer Käse mit Sahne und Schnittlauch

2 Stück weißer Käse, 1 Teelöffel Salz, ¼ Liter süße Sahne, 1 Bündchen Schnittlauch

Der weiße Käse wird mit der Reibkeule in einem runden Napf schön sämiggerührt oder durch ein Sieb gerührt. Erst dann, wenn keine Krümel mehr vorhanden sind, kommt die süße Sahne dazu, die mit dem Käsebrei gut vermischt wird. Das Ganze wird zum Schluß mit dem Salz und dem gehackten Schnittlauch verarbeitet. Schmeckt am besten auf Kommißbrot, und zwar in der Reihenfolge: dünn Kommißbrot, dick Butter, noch dicker Käse.

Kochkäse

1 Kilo trockner Quark wird in einem breiten Gefäß ausgebreitet, mit einem sauberen leichten Tuch umhüllt, daß die Fliegen keinen Zutritt haben, und beiseite gestellt, bis er ganz gelb geworden ist, was im Sommer 3 Tage, im Winter etwas länger dauert. Dann fügt man 75 Gramm Butter, Salz nach Geschmack, 1—2 Eßlöffel Kümmel dazu und läßt die Masse unter Rühren kochen, bis sie ganz glatt ist. In Schüsseln ausgegossen, muß der Käse erstarren. Er hält sich etliche Wochen lang und ist sehr milde im Geschmack.

Kümmelkäse

1 Portion weißer Käse, Salz, Kümmel

Der weiße Käse wird mit Salz und Kümmel gut vermischt, mit einem Tuch bedeckt und so lange an einen warmen Ort gestellt, bis sich eine Haut auf ihm gebildet hat. Dann knetet man den Käse nochmals durch, formt hübsche Handtäschen daraus und stellt sie abermals an einen warmen Ort, bis sich eine feste Haut um sie gebildet hat. Sie müssen dann rasch verzehrt werden.

Speise von Weiß-, auch Weichkäse (jüdisch)
125 Gramm Butter zu Sahne gerührt, 140 Gramm Zucker, 5 Eier, ½ abgeriebene Zitrone, 4 bittere Mandeln, gerieben, 15 Gramm geschnitzte süße Mandeln, 125 Gramm Sultan-Rosinen, ½ Kilo Weichkäse

Alles wird zusammen mit dem Eigelb durchgerührt und zuletzt mit dem Schnee von 5 Eiern vermischt. Die Blech-Backform wird gut mit Butter ausgestrichen, mit geriebener Semmel bestreut und die Speise 1 Stunde langsam gebacken. Bedingung für das Gelingen der Speise ist ein mäßig heißer Ofen.

Das Ei

Das Ei besitzt neben der Milch eine große Bedeutung für die Küche. Man unterscheidet im wesentlichen folgende Bestandteile: 1. die S c h a l e. Sie bildet eine derbe, mehr oder weniger dicke, stets aber poröse Hülle, die hauptsächlich aus kohlensaurem Kalk (etwa 90%) neben geringen Mengen kohlensaurer Magnesia, phosphorsaurer Erde und ganz wenig organischer Substanz besteht; 2. die S c h a l e n h a u t, eine zweischichtige, häutige Bekleidung des eigentlichen Eies. Zwischen beiden Schichten der Schalenhaut bildet sich beim Liegen der Eier an ihrem stumpfen Ende ein zunehmender Luftraum, der für die Atmung der bebrüteten Eier eine Rolle spielt. Unter der Schalenhaut liegen die eigentlich wertvollen Teile des Eies; 3. das sogenannte Eiweiß (besser „Eierweiß") und 4. den Dotter. Das Eiweiß bildet etwa zwei Drittel der Gesamtmasse des genießbaren Eies. Es ist eine schwach gelbliche, eiweißreiche Flüssigkeit, von fadem Geruch und Geschmack, an sich von dünnflüssiger Beschaffenheit, die jedoch dadurch zähflüssig ist, daß sie wie ein Fachwerk von feinsten Häuten eingeschlossen ist. Durch Schlagen wird das Eiweiß zu einem steifen Schaum.

Das Eiweiß enthält etwa 85—88% Salze und geringe Mengen von Extraktivstoffen (Zucker, Spuren von Fett usw.).

Der Dotter ist eine blaßgelbe bis rötlichgelbe Masse, durch eine ihn umgebende Membran zu einer kugligen oder flachkugligen Form zusammengehalten. Er ist reicher und reichhaltiger an festen Bestandteilen als das Eiweiß und besitzt im Verhältnis zu jenem einen charakteristischen, deutlich und angenehm würzigen Geschmack und Geruch.

Das Ei stellt ein außerordentlich wichtiges vitaminreiches Nahrungsmittel dar und ist besonders in der Krankenküche unentbehrlich. Schon wegen der abwechslungsreichen Zubereitung, die man je nach Beschaffenheit der Verdauungsorgane abstimmen kann, ist es eine beliebte und immer gern genommene Speise. Wir essen Vogel- und Fischeier, letztere (Rogen, Kaviar) sind aber mehr Genußmittel. Das Vogelei besteht aus Schale, Eiweiß und Eigelb, deren Einzelgewicht bei den einzelnen Vogelarten verschieden ist. Ein Hühnerei 5,5 Gramm Eiweiß, 5 Gramm Fett, ½ Gramm Kohlehydrate, $^{1}/_{10}$ Gramm Kochsalz und 33 Gramm Wasser. Nährwert 75 Kalorien.

Die einzelnen Nährstoffe verteilen sich im Ei folgendermaßen:

100 Gramm Eiweiß enthalten	12,3	Gramm	chemisches Eiweiß
	0,0	„	Fett
	0,5	„	Kohlehydrate
	0,32	„	Kochsalz
	86,0	„	Wasser
100 Gramm Eigelb enthalten	15,5	„	Eiweiß
	30,0	„	Fett
	0,5	„	Kohlehydrate
	0,03	„	Kochsalz
	51,0	„	Wasser.

Wir essen die Eier roh, weich- oder hartgekocht oder gebraten als Rühr- und Setzei. Alle drei Arten werden im Magen gut gelöst und im Darme vorzüglich ausgenutzt. Der für die Ernährung wichtigste und vorteilhafteste Teil des Eies ist der Dotter, der über zwei Drittel des gesamten Nährwertes des Eies beträgt. Das frische Ei darf beim Schütteln nicht plätschern und erscheint, gegen das Licht gehalten, voll, ferner soll das stumpfe Ende, in dem der Luftraum liegt, sich mit der Zunge wärmer anfühlen als das spitze, im Wasser muß das Ei untersinken. Die Daueraufbewahrung der Eier geschieht auf mannigfache Art, es sind dafür geeignete, gute Mittel im Handel erschienen, deren Handhabung sehr einfach ist und die auch eine gewisse Zuverlässigkeit besitzen.

Weichgekochte Eier

Ganz frische Eier werden mit Salz und Wasser gut abgewaschen, mit einem Eßlöffel behutsam in kochendes Wasser gelegt, nach 3 Minuten herausgenommen und sogleich serviert.

Kernweiche oder halbweiche Eier

Hierzu werden die wie vorher gereinigten Eier 4 Minuten lang gekocht, gleich nachher in kaltes Wasser gegeben, so daß sie geschält werden können und die Dotter noch weich sind.

Hartgekochte Eier

Die Eier werden in kaltes Wasser gelegt und, wenn es zu sieden beginnt, 10 Minuten gekocht.

Spiegeleier

In jede Vertiefung einer Eierpfanne wird etwas Butter gegeben und, wenn sie heiß, jedoch noch nicht braun ist, je 1 Ei eingeschlagen. Wenn das Weiße vollkommen fest geworden ist, sind die Eier gar, werden gesalzen und etwas gepfeffert. Die Eier dürfen aber nur auf schwachem Feuer braten, da sie keine harten Krusten haben sollen.

Verlorene Eier

Eier, Essig, Salz

In ein flaches Geschirr voll siedendem Wasser, dem 1—2 Eßlöffel Essig und Salz zugesetzt wurden, läßt man vorsichtig ein aufgeschlagenes Ei nach dem anderen aus der Schale hineingleiten. Wenn es richtig gemacht wird, schließt sich jedes Eiweiß langsam um das Eidotter, worauf die Eier einzeln und sehr vorsichtig mit einem Suppenlöffel herausgenommen und zu Brotsuppe, Fleischbrühe, Specksoße oder dergleichen verwendet werden.

Soleier

Die echten sächsischen und Halleschen Soleier werden bekanntlich in den Salinen selbst in einem Netz in natürlicher Sole gekocht. In der Küche müssen sie künstlich bereitet werden. Werden die Soleier in gelber Farbe gewünscht, so müssen die Eier in mit Zwiebelschalen gemischtem Wasser hartgekocht werden. Sollen sie weiß bleiben, werden sie natürlich in gewöhnlichem Wasser gekocht. Dann rollt man sie etwas hin und her, damit die Schalen einknicken, und legt sie für 24 Stunden in so kräftiges Salzwasser, daß sie darin schwimmen.

Eier und Speck

8 Eier, 8 Eßlöffel Milch, 175 Gramm magerer Speck, Schnittlauch

Auf jedes Ei rechnet man einen reichlichen Eßlöffel Milch. Man schlägt die Eier auf, verquirlt sie gut mit der Milch und versieht sie mit etlichen Körnchen Salz. Dann schneidet man den Speck in 1 Zentimeter große Würfel und schwitzt ihn in der Pfanne zu schöner gelber Farbe. Die Milch mit den Eiern wird dann über den Speck gegossen, mehrfach um-

Spiegeleier in der feuerfesten Glaspfanne

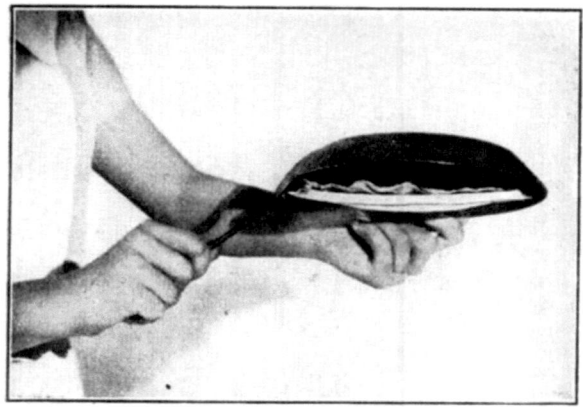

Omelett machen
Die rechte Hand hält die Pfanne umgedreht, die linke
fängt mit dem Deckel das Omelett auf

gestochen und — noch mit etwas Schnittlauch bestreut — auf eine bereitstehende warme Schüssel geschüttet oder in extra dazu vorhandener Pfanne angerichtet.

Marinierte Eier
18 Eier, 1 Liter Essig, 15 Gramm Pfeffer, 15 Gramm
Ingwer, 15 Gramm schwarzer Pfeffer

18 frische Eier werden hartgekocht, abgeschält und in einen kleinen Steintopf gelegt. Hierauf wird 1 Liter Essig mit 15 Gramm Pfeffer, 15 Gramm Ingwer und 15 Gramm schwarzem Pfeffer aufgekocht und durch ein Sieb über die Eier gegossen. Man bindet den Steintopf nach Erkalten des Essigs mit Pergamentpapier zu und reicht die Eier nach 3—4 Wochen als Beilage.

Einfaches Rührei
Eier, Salz, Butter, Pfeffer, Schnittlauch

6 Eier werden gequirlt, gesalzen und in 50 Gramm heiße Butter gegossen, mit einer Gabel leicht verrührt, bis sie gestockt, aber noch weich sind, auf einen Teller gestürzt und je nach Geschmack etwas gepfeffert oder mit Schnittlauch bestreut.

Bunte Eier
Die zu Ostern beliebten bunten Eier werden in Wasser hartgekocht, das mit irgendeinem Farbstoff vermischt ist. Man hat auch künstliche Eierfarben, doch ziehen die meisten Hausfrauen die alte Art, mit Naturfarben zu färben, vor. Durch größere Mengen Zwiebelschalen lassen sich alle Schattierungen gelb bis braun erzielen. Grün färbt man mit Spinatwasser, rot mit Pernambukspänen oder Cochenille, violett kann man mit Rotkohl färben. Werden die Farben heller gewünscht, so wird weniger Farbstoff genommen, sollen sie intensiver sein, entsprechend mehr. Nach dem Kochen, Abkühlen und Trocknen können die Eier, um die Farben glänzend zu gestalten, mit Speckschwarte abgerieben werden.

Gefüllte Eier, warm
8 Eier, Semmel, Milch, 40 Gramm
Butter, 5 Sardellen, Salz,
Pfeffer, Sahne

Von 6 hartgekochten Eiern, die der Länge nach halbiert werden, stößt man die Dotter mit in Milch geweichter, aut ausgedrückter Semmel, passiert sie und mischt sie mit zu einem Abtrieb von 40 Gramm Butter, 1 Ei und 1 Dotter, gibt 5 würflig geschnittene Sardellen, Salz und Pfeffer dazu, füllt damit die Eier gehäuft an, beträufelt sie mit Butter und streut geriebene Semmel darüber. Der Rest der Fülle wird mit saurer Sahne gemengt in

Die Eier-Probe:
Das gute Ei sinkt, das schlechte schwimmt

eine feuerfeste Schüssel gestrichen, in die die Eier gelegt und gebacken werden.

Gefüllte Eier, kalt
8 Eier, 1 kleine Büchse Hummer, 1 Mayonnaise, Salat, Aspik

8 Eier werden hartgekocht und abgeschält, dann an der einen Spitze etwas beschnitten, so daß sie stehen können. Die andere Seite des Eies schneidet man auf, nimmt den Dotter heraus und reinigt das Weiße gut. Die Dotter werden durchgetrieben, mit kleinen Hummerstückchen und Mayonnaise gemengt, die Eier wieder damit gefüllt, so daß auf dem angehäuften Ei oben ein Hummerstückchen sichtbar wird. Die Eier werden auf einer flachen Glasschüssel, in einen Kranz rangiert, auf grünen Salat und farbigen Aspik gestellt.

Eingerührte Eierspeise
Eier, Salz, Sardellen oder andere Beigabe

In 6 gequirlte, gesalzene Eier werden nach Belieben entgrätete, in kleine Filets geschnittene Sardellen oder Heringe, gedünstete Champignons oder gekochtes, würflig geschnittenes Bries eingerührt, die Masse in heißes Fett gegossen und wie das einfache Rührei fertig bereitet.

Eierspeise (Rührei) in Muscheln
5 Eier, 2 Dotter, 60 Gramm Lachs, 60 Gramm Butter, 1 Trüffel, Fleischbrühe, Milch, Salz, Pfeffer

1 Trüffel und 60 Gramm würflig geschnittener Lachs werden mit einem Stich Butter und guter Fleischbrühe gedünstet. 5 Eier, 2 Dotter, 2 Eßlöffel gute Milch, Salz und Pfeffer werden gequirlt, in 50 Gramm heiße Butter eingerührt und, wenn es dicklich wird, Trüffel und Lachs beigemengt. Die Eierspeise wird in Muscheln gehäuft und muß sogleich angerichtet werden.

Eierspeise (Rührei) mit Schinken

wird wie das einfache Rührei bereitet und, wenn sie fertig ist, dick mit gehacktem Schinken bestreut.

Omelett
10 Eier, Salz, Pfeffer, 1 Sträußchen Petersilie, 4 Eßlöffel Sahne, 1 Teelöffel Mehl, 120 Gramm Butter

Es werden 10 Dotter mit dem nötigen Salz, weißem Pfeffer nebst ½ Eßlöffelvoll fein geschnittener Petersilie, 4 Eßlöffelvoll süßer Sahne und 1 kleinen Löffel Mehl gut gequirlt, dann von 10 Eiern der Schnee daruntergemengt. Vor dem Gebrauche läßt man 120 Gramm frische Butter in einer Omelettpfanne heiß werden, gießt die Eier dazu, wenn nichts Flüssiges mehr vorhanden ist, noch etwas klare Butter über das Omelett und läßt es von unten eine schöne Farbe bekommen. Beim Anrichten muß die zur Hälfte herübergeklappte Unterseite schön lichtbraun, das Innere aber weich und cremeartig sein.

Gefülltes Omelett
Zutaten wie vorher, nebst Schinken, Trüffeln, Spinat oder anderem als Beigabe

Das nach obigem Rezept bereitete Eieromelett kann mit gehacktem Schinken, mit gedünsteten Trüffeln, Spinat, feinen Kräutern oder auch mit fein geschmortem Obst belegt werden, und zwar kommen diese Zutaten in die Mitte des Omeletts, das zusammengeklappt und auf flacher Schüssel angerichtet wird.

Paprikaeier
Eier, Butter, 2 Zwiebeln, 1 Messerspitze Paprika, ¼ Liter Wein, 1 Tomate, ¼ Liter Sahne

In 60 Gramm Butter läßt man 2 große, fein gehackte Zwiebeln gelblich anlaufen, gibt Paprika, ¼ Liter weißen Wein, 1 Tomate und ¼ Liter saure Sahne dazu, läßt es ½ Stunde gut verkochen und streicht die Soße durch ein Sieb über halbweichgekochte, geschälte Eier in eine Schüssel.

Eierstich

3 ganze Eier werden mit 1/10 Liter kalter, kräftiger Fleischbrühe, dem nötigen Salz, 1 kleinen Löffelvoll Butter, der gleichen Menge Mehl und etwas Muskatblüte sehr gut gequirlt; diese Masse wird dann in einer Dunstform ¾ Stunden in Dunst gekocht, gestürzt, kleine Nockerln (Bälle) davon ausgestochen, die in Bouillon eingelegt und so mit dieser angerichtet werden.

Eier-Soßen

Holländische Soße
4 Eigelb, 50 Gramm Butter, 7 Eßlöffel Fleischbrühe, 1 Eßlöffel Zitronensaft, Salz, Pfeffer

4 Dotter gibt man in eine Kasserolle und stellt diese in einen Topf mit heißem Wasser, mengt 50 Gramm zerlassene Butter, 7 Eßlöffel gute Rindsuppe nebst 1 Eßlöffel Zitronensaft, etwas Salz und Pfeffer dazu und schlägt es langsam im Becken, bis die Soße dick und schaumig ist. Die Soße wird warm zu Fisch oder Gemüse gereicht; statt der Fleischbrühe kann auch je nach der Verwendung Fischbrühe oder Gemüsewasser genommen werden.

Die kalte Soße auf Eis rühren und das Öl tropfenweise zugeben

Kalte Eiersoße mit Schnittlauch

5 Eier, 5 Eßlöffel Öl, 3 Eßlöffel Essig, Salz, Zucker, Schnittlauch

5 hartgesottene Dotter werden fein durchgetrieben und mit dem fein gehackten Weißen, 5 Eßlöffel Öl, 3 Eßlöffel gutem Weinessig, dem nötigen Salz, etwas Zucker und Schnittlauch verrührt.

Mayonnaise, kalt bereitet

3 rohe Eigelb, 1 Messerspitze Salz, 1 Messerspitze Pfeffer, 1 Messerspitze Senf, 125 Gramm Öl, Essig, Aspik, 1 Zitrone

In eine Porzellanschale gibt man die rohen Dotter von 3 Eiern, 1 Messerspitze feines Salz, 1 Messerspitze feinen, weißen Pfeffer und ganz wenig Estragonsenf. Die Porzellanschale wird auf Eis gestellt und die Mischung mit einem Holzlöffel langsam und gleichmäßig gerührt; wenn sie dick zu werden beginnt, gibt man ½ Eßlöffel feinstes Öl dazu und, wenn es sich wieder bindet, ½ Eßlöffel Zitronensaft, dann wieder Öl. Es muß aber immer fleißig gerührt werden. Nach ¼ Stunde gießt man 2 Eßlöffel Öl, 1 Eßlöffel Zitronensaft, auch einige Eßlöffel weißes Aspik dazu und rührt es wieder ¼ Stunde. Mit diesem wird fortgefahren, bis 125 Gramm des feinsten Öls, ³/₁₀ Liter Aspik und der nötige Essig, um die Mayonnaise angenehm sauer zu machen, eingerührt sind. Zuletzt gibt man Pfeffer, wenn zu dick auch ½ Eßlöffel frisches Wasser dazu, welch letzteres das Aspik noch weißer und zarter macht, und salzt nach Notwendigkeit.

Mayonnaise von hartgesottenen Dottern

3 Eier, 3 Sardellen, ¼ Liter Aspik, 70 Gramm Öl, 1 Zitrone

Die Dotter von 3 hartgesottenen Eiern und 3 Sardellen werden gestoßen und durchgetrieben mit ³/₁₀ Liter Aspik, 70 Gramm Öl und dem Safte einer Zitrone auf Eis gerührt.

Mayonnaise, warm bereitet

5 Eigelb, 5 Löffel Öl, Pfeffer, 2 Eßlöffel Essig, 5 Eßlöffel Sahne, 1 Zitrone

5 rohe Dotter werden nebst 5 Löffel feinem Öl, etwas Salz, einer Messerspitze weißem Pfeffer, 2 Eßlöffel gutem Essig, 5 Eßlöffel Sahne und dem Saft von einer Zitrone in einem Schneekessel auf dem Feuer geschlagen, bis sie dick und schaumig sind wie Chaudeau; dann nimmt man die Mayonnaise vom Feuer, schlägt sie weiter, bis sie ganz kalt und dick ist, und stellt sie bis zum Gebrauche auf Eis.

Sauce tartare

5 Eier, 4 Eßlöffel Öl, 1 kleine Zwiebel, 1 Eßlöffel gehackter Schnittlauch, 1 Eßlöffel Kapern, 1 Eßlöffel Senf, 2 Sardellen, 1 Zitrone

In einer Schüssel werden 5 rohe Dotter flaumiggerührt, hierauf tropfenweise 4 Eßlöffel feines Tafelöl beigemengt; wenn die Soße dick geworden ist, kommt 1 Eßlöffelvoll Estragonsenf, etwas fein gehackte Zwiebel, Schnittlauch, 1 Eßlöffelvoll Kapern, 2 Sardellen und der Saft von 1 Zitrone hinzu. Sobald dies alles gut verrührt ist, wird die Soße bis zur Verwendung auf Eis gestellt.

Remouladensoße

3 Eier, 4 Eßlöffel Öl, Zwiebel, Petersilie, 3 Sardellen, 25 Kapern, 3 Eßlöffel Senf, ⅛ Liter Essig, 1 Eßlöffel Zucker, 1 Messerspitze Pfeffer, Salz

Das Gelbe von 3 hartgekochten Eiern wird fein gestoßen, mit 4 Eßlöffel Tafelöl nach und nach angerührt und allmählich 1 fein gehackte Zwiebel, etwas Petersilie, 3 fein gehackte Sardellen, 25 Kapern, 3 Eßlöffel Kräutersenf, ⅛ Liter Weinessig, 1 Eßlöffel Zucker, 1 Messerspitze Pfeffer und das nötige Salz untermengt. Wenn das Ganze gut gemischt ist, wird es durch ein feines Haarsieb gestrichen und auf Eis gestellt.

Gestürzte Hummermayonnaise

2 hartgekochte Eier, 2 rohe Dotter, ¼ Liter Aspik, 1 Zitrone, ⅛ Liter Öl, Pfeffer, Salz, 1 Büchse Hummer, 100 Gramm Kaviar, 1 Eßlöffel Essig, Salat

Von 2 hartgekochten Eiern werden die Dotter durchgetrieben, mit 2 rohen Dottern, ¼ Liter Aspik, Saft von 1 Zitrone, 1 Eßlöffel Weinessig, ⅛ Liter Öl, dem nötigen Pfeffer und Salz in einem Schneekessel am Feuer gepeitscht, bis die Masse fest und cremeartig wird. In diese werden kleine Stückchen von Hummer oder Krebsschweifchen leicht eingerührt, das Ganze in eine mit Öl gut ausgestrichene Dunstform ohne Deckel gefüllt und auf Eis erstarren gelassen. Knapp vor dem Gebrauche wird die Mayonnaise auf eine flache Schüssel oder Platte gestürzt und mit Zitronenscheiben, auf die Kaviar gehäuft wurde, und etwas grünem Salat garniert.

Weinchaudeau

5 Eigelb, ¼ Liter Wein, 100 Gramm Zucker, Zitronenschale, ½ Teelöffel Mehl

Man schlägt in ein Schneebecken 5 Dotter, gibt ¼ Liter guten, leicht säuerlichen Wein, 100 Gramm Zucker und von ½ Zitrone die Schale hinein, quirlt dies gut und schlägt es mit der Schneerute auf schwachem Kohlenfeuer recht schaumig ab, bis die Flüssigkeit, die nicht sieden darf, heiß geworden ist. Chaudeau soll erst knapp vor dem Gebrauche bereitet und sogleich angerichtet werden. Um Dotter zu ersparen, kann man etwas Mehl nehmen, und zwar bei ⁴⁄₁₀ Liter Wein ½ Kaffeelöffel Mehl als Ersatz für 1 Dotter.

Einfache holländische Soße

50 Gramm Mehl, 50 Gramm Butter, 2—3 Eigelb, Gemüsebrühe oder Fischsud, Salz, 1 Prise Pfeffer, 1—2 Eßlöffel Zitronensaft

Die Soße läßt sich mit reichlich Butter und Eiern, aber ebensogut mit wenig Zutaten bereiten. In einer Kasserolle rührt man das Mehl mit wenig kaltem Wasser zu einem glatten, dicken Brei, gibt die Eigelb, das Stück Butter dazu und unter tüchtigem Rühren, je nach der Verwendung der Soße, so viel kochendes Gemüse- oder Fischwasser, als zur Konsistenz notwendig ist. Die Soße darf nur bis kurz vors Kochen kommen, muß dann an die Herdseite gerückt werden und wird abgeschmeckt. Für Fisch können ein paar Kapern beigefügt werden.

Einfache Mayonnaise, auch zum Verlängern von schweren Mayonnaisen geeignet

50 Gramm Mehl, 30—50 Gramm Butter oder Margarine, 1 Messerspitze geriebene Zwiebel, Fleischbrühe oder 2 Brühwürfel und das nötige Wasser, 1—2 Eßlöffel Öl, 1—2 Eigelb, Essig oder Zitronensaft, Salz, Pfeffer, Mostrich

Von Butter, Mehl, Zwiebel und Brühe wird eine dicke Mehlschwitze bereitet, zu der man nur wenig abgekühlt unter Rühren die Eigelb sowie das Öl gibt. Dann wird die Soße mit den übrigen Zutaten gewürzt, wenn nötig verdünnt, und beliebig verwendet. Etwas mehr Öl, auch ein Ei mehr, ist nicht von Schaden. Sehr zweckmäßig ist, eine reine Ölmayonnaise mit oben angegebener leichter Mayonnaise zu mischen; sie ist dann leichter verdaulich und sehr viel ausgiebiger.

Auf die Minute aufpassen!

Mehl, Zucker, Gallert

Das Mehl

Das Mehl wird durch Zermahlen des Kornes gewonnen, wozu Weizen, Gerste, Roggen, Hafer, Mais, Buchweizen und Reis verwendet werden. Es zählt zu den wichtigsten und ältesten Nahrungsmitteln des Menschen und hat eine hervorragende Bedeutung für die Ernährung. Das Getreidekorn wird aus einer äußeren unverdaulichen Zellulosehülle und dem von ihr umschlossenen Nährstoffe, der aus Stärke, Fett, Salzen und Eiweiß besteht, gebildet. Dieses Getreideeiweiß oder Kleber macht das Mehl erst backfähig, da es infolge seiner Klebekraft dem Teige seine Zähigkeit verleiht. Beim Mahlen wird die Hülle des Kornes durch Sieben abgesondert, sie wird zur Kleie, besitzt aber noch viel Kleber und Nährstoffe des Kornes und ist deshalb als sehr nährstoffreich zu bewerten. Es ist während des Krieges, wo sich die Erfassung auch der geringsten Nährstoffmengen als zwingende Notwendigkeit erwiesen hat, die volle Ausnutzung des Getreidekornes und seiner Hülle angestrebt und wesentlich gefördert worden.

Wichtig ist eine gesundheitsgemäße Aufbewahrung des Mehles, da es Feuchtigkeit anzieht und dadurch einen dumpfigen Geschmack annimmt. Es muß luftig und trocken stehen, weil es andernfalls leicht durch Einwanderung von Milben ungenießbar wird.

Mehlarten

Weizenmehl (Eiweißgehalt 9%, Kohlehydrate 72%). Es gehört zu den feinsten Mehlen, dessen Ausnutzbarkeit je nach der Feinheit wechselt, grobes Mehl wird schlechter ausgenutzt. Aus Weizenmehl werden hergestellt Weißbrot, Makkaroni und Weizengrieß, alles vorzügliche Nahrungsmittel.

Roggenmehl (6,5% Eiweiß, 74% Kohlehydrate). Es ist bei weitem nicht so fein und weiß wie das Weizenmehl, auch sein Nährwert und seine Ausnutzbarkeit sind geringer.

Gerstenmehl (7,5% Eiweiß, 71,5% Kohlehydrate). Es wird nicht so häufig genossen wie die beiden vorher erwähnten Mehle. Es werden Grieß und Graupen aus ihm gefertigt.

Hafermehl (10% Eiweiß, 64,5% Kohlehydrate). Hafergrütze und Haferflocken sind sehr gute Nahrungsmittel. Da das Hafermehl das eiweißreichste aller Mehle ist, wird es besonders zur Herstellung von Nähr- und Kindermehlen benutzt.

Maismehl (7,5% Eiweiß, 69,5% Kohlehydrate). Es kommt als Mondamin, reines Maismehl, und als Maizena, Maisstärke, in den Handel. Ein leicht lösliches und gut verdauliches Nahrungsmittel und besonders für Kinder- und Krankenkost zu empfehlen.

Reismehl und Reis (5,9% Eiweiß, 76,2% Kohlehydrate). Wir nehmen den Reis meist in Form von Brühreis und Milchreis zu uns, wozu er sich wegen seines starken Quellungsvermögens sehr gut eignet.

Unter den aus Mehl hergestellten Nahrungsmitteln steht das Brot an erster Stelle; es hat eine ungeheure Bedeutung für die Volksernährung.

Suppen mit Mehlschwitze oder Mehlpräparaten

Mehlschwitze (Einbrenne) zu Suppen

80 Gramm Butter läßt man in einer Kasserolle zergehen und heiß, aber nicht braun werden, gibt nach und nach 3 Eßlöffel Mehl dazu und läßt dieses in dem Fett gelbrösten. Wenn die Mehlschwitze eine schöne hellgelbe Farbe hat, wird sie zuerst mit 2 Eßlöffel kalter Flüssigkeit, Wasser oder Fleischbrühe, vergossen und gut verrührt, damit sie glatt bleibt und keine Mehlklümpchen entstehen; dann wird sie nach Bedarf mit heißer Brühe oder Wasser verkocht, bis die nötige Menge und die gewünschte Dicke der Suppe erreicht ist.

Mehlschwitzsuppe von Kalbfleisch

Das in Stücke geschnittene Fleisch wird eingesalzen, mit etwas Butter und Zugabe von einigen Champignons gedünstet und in eine lichte Mehlschwitze gegeben, die mit etwas fein gehackten Zitronenschalen und Muskatblüte gewürzt und mit Fleischbrühe vergossen wird. — Für Mehlschwitzsuppe von Kalbskopf oder -füßen kocht man Stücke vom gewällten Kopfe oder ein paar Füße, bis man die Knochen auslösen kann, schneidet das Fleisch zu länglichen Stückchen, vergießt mit der Kalbfleischbrühe eine lichte Einbrenne und gibt das Fleisch hinein. Außerdem gibt man gedünstete Champignons und gekochten Blumenkohl in die Suppe und serviert geröstete Semmeln oder Semmelklößchen dazu.

Mehlschwitzsuppe von Geflügelklein

Flügel und Hals vom Geflügel werden weichgekocht, Magen und Leber mit Champignons in Butter gedünstet und alles in eine lichte Mehlschwitze gegeben, die mit der Brühe, in der die Flügel gekocht wurden, aufgegossen wird. Die Suppe wird mit Muskatblüte gewürzt und mit gerösteten Semmeln aufgetragen.

Einbrennsuppe

Man läßt in 3 Löffel heißem Schweineschmalz ebensoviel Mehl anlaufen, bis dieses ziemlich dunkel ist, gießt die Einbrenne mit kaltem und dann mit heißem Wasser auf und gibt Salz, Pfeffer und Kümmel hinein. Wenn die Suppe eine gute halbe Stunde gekocht hat, gießt man sie über würflig geschnittene geröstete Semmeln.

Verkochte Weißbrotsuppe (Panade)

Abgeriebene Semmeln oder Weißbrot, dem Gewichte nach 150 Gramm, werden dünnblättrig geschnitten, mit 1 Liter kalter Fleischbrühe ans Feuer gestellt und ½ Stunde gekocht. Das verkochte Brot wird in der Suppe sehr fein gequirlt und diese, wenn nötig, noch verdünnt. Vor dem Anrichten werden 2 Dotter in der Suppe verrührt.

Brotsuppe

Dünne Schnitten von altbackenem Brot werden mit Butter oder Bratensaft geröstet, einmal in Fleischbrühe aufgekocht und sogleich serviert. Für jede Person wird noch 1 verlorenes Ei in die Suppe gegeben. — Oder man kocht das Brot weich, rührt es durch ein Sieb und verkocht es mit Äpfeln, mit Zucker und Zimt würzend, zur Suppe.

Grießsuppe

In siedende Rindsuppe kocht man, langsam einstreuend, für jede Person 1 Eßlöffelvoll Grieß ein, rührt ihn gut auf und läßt ihn ¼ Stunde kochen.

Geröstete Grießsuppe

Man läßt in Butter für jede Person 1 Eßlöffel Grieß rösten, vergießt ihn mit Wasser oder Brühe, läßt ihn ¼ Stunde verkochen, verrührt 2 Eier in der Suppe und gibt geriebenen Parmesankäse hinein.

Grünkornmehlsuppe

3 Löffel Grünkornmehl werden mit etwas kalter Fleischbrühe oder Wasser verrührt und ½ Stunde in siedender Fleischbrühe oder Wasser gekocht. In diese Suppe kocht man entweder Marktklößchen, Reis oder Butternockerln ein oder gibt geröstete Semmelschnitten dazu. Vor dem Anrichten wird die Suppe mit 1 Dotter, wenn sie mit Wasser bereitet wurde, mit 2 Dottern verquirlt.

Haferschleimsuppe

Die Hafergrütze wird 2 Stunden sehr langsam mit guter Rindsuppe gekocht und dann durch ein feines Haarsieb passiert. Die Suppe wird dann gehörig gesalzen und, im Falle sie zu dick wäre, mit Bouillon verdünnt.

Graupensuppe

Die Gerstengraupen werden mit kalter Fleischbrühe zugestellt und 2 oder 3 Stunden gekocht, bis sie weich sind. In die Suppe wird vor dem Anrichten 1 Eidotter und etwas Schnittlauch und Zitronensaft hineingegeben. Die Suppe wird geschmackvoller, wenn man ein Stück gepökeltes Fleisch oder Schinken

mitkochen läßt, es vor dem Anrichten herausnimmt und in kleine Stücke geschnitten wieder
in die Suppe gibt.

Gerstenschleimsuppe

⅛ Liter Gerstengraupen werden in guter
Fleischbrühe sehr langsam ganz weichgekocht,
durchgetrieben, mit 1 Dotter verrührt und mit
etwas Zitronensaft gesäuert.

Schalent (jüdisch)

½ Kilo Graupen, genannt Kälberzähne,
½ Kilo Erbsen mit Hülsen und ½ Kilo weiße
Bohnen werden in einen Topf getan. Dazu
kommt fettes Rauchfleisch, fette Wurst, Gänseschmalz oder Rindermark. Der Topf wird über
Nacht in einen warmen Bratofen gestellt, mit
Wasser gefüllt und muß über Nacht sieden.
Am Morgen wird der Topf herausgenommen,
der Inhalt mit Salz und Pfeffer nach Geschmack durchgerührt und bei Tisch mit einer
beliebigen Bratensoße serviert.

Crème de Menage

In sehr guter Fleischbrühe, mit ziemlich viel
Wurzelwerk bereitet, kocht man ⅛ Liter sehr
grobe Gerstengraupen, die über Nacht in
Wasser erweicht worden sind, ganz weich und
gibt 4 schöne Tomaten und Parmesankäse nach
Belieben hinein. Die Suppe wird durchgetrieben und mit 1 Dotter verrührt angerichtet.

Suppeneinlagen aus Mehl und Mehlpräparaten

Mehlgräupchen (Gerstel)

Für 1½ Liter Suppe 150 Gramm Mehl, 1 Ei, Salz

³/₁₀ Liter Mehl werden auf ein Nudelbrett
gegeben und etwas gesalzen.
In die Mitte des Mehles wird eine kleine Grube gemacht,
1 ganzes Ei und etwas Wasser hineingegeben,
mit dem Messer das Mehl dazugemengt, bis
der Teig so fest ist, daß man ihn mit der Hand
abarbeiten kann; darauf wird noch so viel
Mehl dazugeknetet, als der Teig aufnimmt.
Der Teig wird, wenn er ganz fest ist, auf dem
Reibeisen gerieben, das Geriebene ausein-
andergestreut und, wenn es trocken ist, in
1½ Liter siedende Rindsuppe eingekocht. Wenn
der Teig im Topfe zu steigen beginnt, kann er
mit der Suppe angerichtet werden.

Nudelteig
Mehl, Eier, Salz

Der Teig wird wie der obenstehende von
³/₁₀ Liter Mehl, jedoch mit 1 Ei und 1 Dotter
ohne Wasser gemacht. Aus dem fertigen Teige
formt man kleine Brötchen und rollt diese sehr
dünn aus. Rollholz und Brett müssen gut
mit Mehl bestreut werden, damit der Teig
nicht anklebt. Der ausgerollte Teig wird
getrocknet, die einzelnen Platten werden in
2 Teile geschnitten, zusammengerollt und mit
einem sehr scharfen Messer in lange, dünne
Faden geschnitten. Die Nudeln werden in
Rindsuppe eingekocht und angerichtet, wenn
sie in die Höhe steigen.

Kreppchen für die Brühe (jüdisch)

Von Mehl mit 2 Eiern und einer Kleinigkeit
Wasser rührt man einen Teig, bis er vom
Löffel losläßt, knetet ihn recht lose, rollt ihn
mit einem Nudelholz ziemlich dünn aus und
schneidet handgroße viereckige Stücke daraus.
Dann nimmt man etwas gekochtes Rindfleisch,
wiegt es recht fein und brät es mit Fett oder
Gänseschmalz, vermischt mit Pfeffer und Salz
sowie geriebener Zwiebel und etwas geweichter oder geriebener Semmel, auf der Pfanne
gelbbraun, nimmt dann ein Ei, rührt es darunter, legt diese Füllung in kleinen Häufchen
auf die handgroßen viereckigen Teigstückchen,
faltet sie zu kleinen Dreiecken übereinander
und kocht sie dann in kochendem Wasser, bis
sie hochkommen. Man reicht sie zur Brühe.

Fleckerln

Der Teig zu den Fleckerln wird genau so
bereitet und behandelt wie der Nudelteig, nur
werden aus ihm kleine viereckige Fleckchen geschnitten und wie die Nudeln in die Suppe
eingekocht.

Pfannenkuchen (Frittaten)
⅛ Liter Milch, 2 Eier, ¹/₁₀ Liter Mehl, Salz, Fett

Milch, Eier, Mehl und etwas Salz werden
gut gequirlt und nur so viel von dem Teige in
die heiße, mit einem Löffel Fett befeuchtete
Omelettpfanne gegeben, daß diese, wenn man
sie dreht, ganz dünn damit bedeckt ist. Sollte
zu viel Teig in der Pfanne sein, so muß er
wieder abgegossen werden. Nun wird die
Pfanne über mäßiges Feuer gehalten, bis
der eingegossene Fleck unten hellbraun wird,
worauf man ihn mit einer breiten, flachen
Schaufel in die Höhe hebt und mit der rohen
Seite in die Pfanne stürzt, wobei noch etwas
heißes Fett nachgegossen werden muß. Wenn
die Frittaten gebacken sind, werden sie zusammengerollt und zu Nudeln geschnitten.
Sie werden nicht in die Suppe eingekocht, sondern vor dem Anrichten in den Suppentopf
gegeben und mit heißer Suppe übergossen.

Butternocken
50 Gramm Butter, 2 Eier, 4 Eßlöffel Mehl, Salz

50 Gramm Butter werden sehr gut abgerieben und nach und nach 2 Eidotter und 4 Eßlöffelvoll Mehl dazugegeben. Der Teig wird gesalzen und Schnee von den 2 Eiweiß daruntergerührt. Der Abtrieb muß eine Weile stehen und wird mit einem kleinen Löffel in Form von kleinen Nocken (Bällen) in braune Rindsuppe eingekocht. Wenn die Nocken in die Höhe steigen, sind sie gar.

Grießnocken
30 Gramm Schmalz, 30 Gramm Butter, 2 Eier, 1/8 Liter Grieß, Salz

30 Gramm Schweineschmalz und 30 Gramm Butter treibt man gut ab, gibt 2 ganze Eier und 1/8 Liter Grieß dazu und salzt es gut. Den Teig läßt man 1/2 Stunde stehen und kocht ihn dann wie die Butternocken in die Suppe ein. Die Grießnocken müssen etwas länger in der braunen Rindsuppe kochen.

Semmelknödel
60 Gramm Butter, 2 Eßlöffel Milch, 2 Eier, Muskatblüte, Salz, geriebene Semmel

60 Gramm Butter werden mit 2 Eßlöffel Milch und 2 ganzen Eiern abgetrieben, etwas gestoßene Muskatblüte und Salz dazugegeben. Durch Beimengung von fein gesiebter, geriebener Semmel wird der Teig festgemacht. Mit in Wasser getauchten Händen werden nußgroße Klöße daraus geformt und in Suppe eingekocht.

Leberknödel
150 Gramm Kalbsleber, Zwiebel, Petersilie, Fett, 1 Ei, Salz, Gewürz, Milch, geriebene Semmel

Man streicht 150 Gramm Kalbsleber aus und treibt sie durch, läßt Zwiebel und Petersilie in etwas Schweinefett gelb anlaufen. 1 Ei wird mit dem Fett abgetrieben und die Leber, Salz, etwas Knoblauch, Majoran, Gewürz und mit Milch befeuchtete Semmel dazugerührt. Aus dem Teig werden nußgroße Knödel geformt und diese 10 Minuten in Rindsuppe gekocht.

Böhmische Knödel
1/2 Liter Mehl, 1/4 Liter Milch, 2 Eier, Salz, 5 Semmeln, Fett, Zwiebeln, Petersilie

Man bereitet einen weichen Teig aus 1/2 Liter Mehl, 1/4 Liter Milch, 2 Eiern und etwas Salz. Der Teig wird abgeschlagen, daß er Blasen bekommt, ehe man 5 würflig geschnittene, mit Schmalz, Zwiebel und grüner Petersilie geröstete Semmeln erkaltet hineinmengt. Es werden größere Knödel daraus geformt und in siedendes, gesalzenes Wasser eingekocht. Nach etwa 10 Minuten nimmt man sie einzeln heraus und gibt sie in Rindsuppe oder mit Semmelbrocken und Butter abgeschmalzen zu Fischsuppe.

Tiroler Knödel
150 Gramm Speck, Zwiebel, Petersilie, 300 Gramm Semmeln, 3 Eier, 1/4 Liter Milch, Mehl, Salz, 120 Gramm Schinken

150 Gramm Luftspeck schneidet man würflig und brät ihn, bis er durchsichtig ist, worauf man eine geschnittene Zwiebel und fein gehackte Petersilie in das Fett gibt, sie anlaufen läßt und 300 Gramm würflig geschnittene Semmel damit auf dem Herde so lange verrührt, bis sich das Fett aufgesogen hat, worauf man sie von der Platte zieht. Nach 1 Stunde rührt man 3 Eier und 1/4 Liter Milch hinein und nach einer weiteren halben Stunde so viel Mehl als nötig, etwas Salz und 120 Gramm fein gehackten Schinken. Aus dieser Masse formt man 12 Knödel und läßt sie in Rindsuppe kochen.

Biskuitschnitzelchen (-pfanzel)
70 Gramm Butter, 3 Eier, 2 Eßlöffel Mehl, Salz

In 70 Gramm Butter, die gut abgetrieben wird, werden nach und nach 2 Eidotter und 1 ganzes Ei hineingerührt, hierauf 2 Eßlöffel Mehl und das nötige Salz gut damit verrührt und zuletzt Schnee der 2 Eiweiß leicht damit vermengt. Das Ganze füllt man in eine mit Butter ausgestrichene, ausgemehlte Kasserolle kleinfingerdick und backt es schön gelb. Gestürzt und ausgekühlt, wird es in schiefe Scheiben geschnitten und in die Suppe gegeben.

Grießschnitzelchen (-pfanzel)
1/2 Liter Grieß, Fleischbrühe, Butter, 2 Eier, Salz

1/2 Liter Grieß wird mit Fleischbrühe abgebrüht. Ein Stückchen Butter wird mit 1 Ei und 1 Dotter gut abgetrieben, der ausgekühlte Grieß und eine Prise Salz damit verrührt. Die Masse wird kleinfingerdick wie das Biskuitpfanzel in eine Kasserolle gefüllt, gebacken und ausgekühlt nudlig geschnitten.

Brandkräpfchen (-plättchen)
Milch, Butter, Mehl, Eier, Schmalz

Es wird eine Schale Milch mit einem großen Stück Butter auf das Feuer gestellt. Wenn sie zu kochen beginnt, gibt man eine Schale Mehl dazu. Gut abgerührt, läßt man dies auskühlen, gibt 4 Eidotter und 1 ganzes Ei hinein, schlägt den Teig gut ab und legt mit einem Löffel kleine Kräpfchen davon in das heiße Schmalz. Die Kräpfchen werden schön goldgelbgebacken und erst vor dem Anrichten in den Suppentopf zur heißen Suppe gegeben.

Strudelteig
für die verschiedenen Strudel, die in Suppe eingekocht werden

²/₁₀ Liter Mehl, 1 Ei, Salz

Von ²/₁₀ Liter Mehl, 1 Ei, etwas Salz und lauwarmem Wasser macht man einen weichen, klebrigen Teig. Dieser muß auf einem bemehlten Brette so lange abgearbeitet werden, bis er Blasen bekommt, worauf man ihn mit lauwarmem Wasser bestreicht, eine warme Schüssel darüberstürzt und ihn ½ Stunde rasten läßt. Zum Ausziehen des Teiges bedeckt man einen viereckigen Tisch mit einem Tischtuch, bestäubt dieses mit Mehl, legt den Teig darauf, treibt ihn etwas aus und beginnt ihn so auszuziehen, daß man ihn in der Mitte faßt und dann mit beiden Händen dehnt. Man zieht ihn nun über den Rücken der Hände von der Mitte aus rundherum möglichst gleich und durchsichtig aus, und zwar so lange, bis der Teig ganz durchsichtig wird. Den dickbleibenden Rand schneidet man weg, gibt die Fülle auf den Teig und rollt diesen ein, indem man das Tuch auf der entgegengesetzten Seite von jener, an der man steht, mit beiden Händen langsam in die Höhe hebt, damit sich der Teig zusammenrollt.

Lungenstrudel
Butter oder Schmalz, Zwiebel, Petersilie, geriebene Semmel, Fleisch, Gewürz, Eier, Salz

In einer Kasserolle wird etwas Butter oder Schweineschmalz erhitzt. In dem Fett läßt man fein gehackte Zwiebel, Petersilie und geriebene Semmel anlaufen gibt gekochte, fein geschnittene Lunge, sehr fein gehackte Bratenreste oder Rindfleisch, Salz, Pfeffer und Majoran dazu, dünstet dies gut ab und mischt, wenn es ausgekühlt ist, 2 Dotter darunter. Die Masse wird auf einen sehr fein ausgezogenen, mit 1 Ei bestrichenen Strudelteig gestreut und der Teig leicht zusammengerollt. Man drückt nun mit einem Kochlöffel handbreite Stücke davon ab, die dann mit dem Messer abgeschnitten und an beiden Enden zusammengedreht werden, damit sie nicht aufgehen. Die Strudelstücke werden in guter Rindsuppe gekocht oder auch erst gebacken und dann in die Suppe gegeben.

Mehlsoßen

Lichte Grundsoße
Zu allen Soßen, die weiß gemacht werden, zu verwenden

80—100 Gramm frische Butter läßt man heiß werden, gibt so viel Mehl dazu, als die Butter in sich aufnimmt, und schwitzt dies, ohne es bräunen zu lassen. Wenn dies erreicht ist, wird diese Mehlschwitze mit kalter, sehr starker Fleischbrühe glatt verrührt, dann mit kochender Brühe verdünnt und zum Kochen gebracht. Die Soße wird vor dem Gebrauche durchgetrieben und dann wieder gerührt, damit sich keine Haut auf der Oberfläche bildet.

Braune Grundsoße
Zur Bereitung aller dunklen Soßen

Von 100 Gramm Butter oder 80 Gramm Schweineschmalz und dem nötigen Mehl macht man eine Mehlschwitze, die langsam lichtbraungeröstet wird. In diese gibt man etwas fein gehackte Zwiebel und 1 Lorbeerblatt, röstet es noch ein wenig und verrührt es hierauf mit kalter, guter Fleischbrühe und 1 Eßlöffel guten Wein und schließlich mit kochender Fleischbrühe zur Soße; diese wird wie die lichte Buttersoße durchgetrieben und nachher gerührt. — Beide Gattungen von Soßen müssen unter gelegentlichem Rühren ½ Stunde langsam kochen. In größeren Betrieben benutzt man diese Soße als Unterlage für andere Soßen.

Kräftige lichte Soße (Coulis)
Der Boden einer tiefen Kasserolle wird halbfingerdick mit frischer Butter bestrichen, einige Scheiben von gehackter Zwiebel, Mohrrüben, blättrig geschnittener Leber, rohem Schinken und Stücke von einem alten Huhn zerkleinert dazugegeben, ½ Liter gute Fleischbrühe daraufgegossen und alles zugedeckt langsam eingekocht. Die Brühe wird nach Belieben gesäuert und nach Abnehmen von Schaum und Fett die lichte Buttersoße, die, wie oben angegeben, bereitet wurde, damit aufgegossen.

Kräftige braune Soße
besteht aus denselben Zutaten wie die kräftige lichte Soße, nur werden alle Zutaten erst angebräunt.

Zwiebelsoße
25 Gramm Butter, 1 große Zwiebel, in Ringe oder Würfel geschnitten, 50 Gramm Mehl, ½—¾ Liter helle Brühe, Salz und Pfeffer nach Bedarf

Die nach Belieben geschnittenen Zwiebeln werden zugedeckt an der Herdseite mit der Butter gedünstet, bis die Zwiebeln glasig, aber keinesfalls gelb sind, dann wird das Mehl dazugegeben und unter Rühren geschwitzt, bis es Blasen wirft, dann kalt abgelöscht und mit kräftiger, heller Brühe aufgefüllt und verkocht. Man gibt die Soße z. B. zu Hammelfleisch häufig mit den Zwiebeln zu Tisch, streicht sie aber auch durch ein Sieb, je nach ihrer Verwendung.

Senfsoße (Soße Robert)

In die passierte Zwiebelsoße werden 1 Eßlöffel Sardellenbutter, 2 Eßlöffel Senf, etwas gestoßener Pfeffer, Gewürz und Zitronenschalen, nach Geschmack auch noch etwas Zitronensaft gegeben und damit aufgekocht.

Tomatensoße

Die gut gereinigten, aufgebrochenen Tomaten werden mit 3 Gewürznelken, Pfeffer, Salz und 1 Lorbeerblatt im eigenen Saft mit einem Stich Butter und fein geschnittener Zwiebel gedünstet. Wenn sie zerkocht sind, streicht man sie durch ein Sieb in lichte Buttersoße und läßt sie mit 2 Eßlöffel Weiß- oder Apfelwein und 1 Stückchen Zucker noch gut kochen.

Kapernsoße

In ½ Liter Rindsuppe kocht man 30 Kapern, ½ Würfel Zucker, 1 Eßlöffel weißen Wein, 1 Eßlöffel saure Sahne und etwas Essig. Mit dieser Brühe wird eine dunkle einfache Soße aufgegossen und verkocht.

Olivensoße

In einer kräftigen braunen Soße läßt man fein geschnittene Oliven, einige Kapern und eine durchgetriebene Sardelle aufkochen. Die Soße wird gepfeffert.

Nudeln und andere Mehlspeisen

Wasserspatzen

½ Liter Mehl wird mit ³/₁₀ Liter Wasser gequirlt, etwas zerlassenes Fett und 1 ganzes Ei sowie Salz dazugegeben und der Teig sehr fest abgeschlagen. Auf ein angefeuchtetes Spätzlebrett (kleines längliches Holzbrett) streicht man möglichst dünn Teig auf und schneidet nun mit einem großen Stahl-, besser Holzmesser feine kleine Spatzen ins kochende Salzwasser, je feiner, je besser. Schwimmen sie oben, so werden sie mit einem Schaumlöffel in einem anderen Topf mit heißem, aber nicht kochendem Wasser heißgehalten, bis alle Spätzle fertig sind, dann auf einem Durchschlag abgetropft. Man richtet sie mit in Butter gerösteten Semmelbröseln überstreut an oder quirlt 2 Eier mit 1 Eßlöffel saurer Sahne, schüttet dies über die Spatzen, rührt sie damit um und richtet sie an, wenn die Eier gestockt sind. Reste von Spätzle sind sehr schmackhaft in Butter aufgebraten oder als Einlage in Fleischbrühe.

Butternudeln

Nudelteig, wie bei den „Mehleinlagen in Suppen" angegeben bereitet, wird messerrückendick ausgetrieben und zu kurzen, zweimesserrückenbreiten Nudeln geschnitten. Die Nudeln werden in gesalzenem Wasser gekocht, abgeseiht, mit kaltem Wasser übergossen, nochmals abgeseiht und mit gerösteten Semmelbrocken, mit geriebenem Parmesankäse oder mit Mohn bestreut und in heißer Butter geschwenkt.

Grießnudeln

werden wie die vorhergehenden bereitet, jedoch mit Grieß, den man in heißem Fett anlaufen ließ, gut vermengt und in den Bratofen gestellt, bis sie steif sind und ein wenig Kruste bekommen.

Fleischnudeln

Gebratenes Fleisch wird fein geschnitten und mit Butter in fein gehackter Zwiebel und Petersilie geröstet. Gekochte, abgeseihte Nudeln werden mit Butter überfüllt, mit geriebenem Parmesankäse bestreut und eine Lage davon in eine mit Butter und Semmel bestreute Form gefüllt. Dann wird eine Schicht Fleisch, wieder eine Schicht Nudeln usw. eingedrückt, bis die Form voll ist, worauf man sie in die heiße Röhre stellt.

Kartoffelnudeln

½ Kilo gekochte Kartoffeln werden fein zerrieben und mit 120 Gramm Mehl, 2 ganzen Eiern, 1 Dotter, 40 Gramm Butter zu einem glatten Teige abgeschlagen und verarbeitet. Der Teig wird hierauf in Streifen gerollt, die in fingerlange und fingerdicke Nudeln zerteilt, in gesalzenem Wasser gekocht und abgeseiht mit Butter, geriebener Semmel und 1 Eßlöffelvoll saurer Sahne geröstet werden.

Nudelspeise, Nudelkugel (jüdisch)

Es wird von 3 Eiern mit dem nötigen Mehl ein guter Nudelteig gemacht, dieser ausgerollt und fein geschnitten in kochendem Wasser gekocht. Wenn die Nudeln nach oben kommen, sind sie gar. Dann vermischt man sie, nachdem sie abgekühlt sind, mit 6 Eiern, Zucker, Rosinen, Zitronat und fein gewiegten Mandeln, etwas geriebener Semmel sowie reichlich Fett oder Gänseschmalz, schüttet die Masse in eine ebenso reichlich mit Fett ausgestrichene Form und läßt die Speise etwa 1 Stunde recht gelbbraun backen.

Schinkenfleckerln

Aus gewöhnlichem Nudelteig werden mittelgroße breite Nudeln (Fleckerln) gemacht, diese gekocht, abgeseiht, mit fein gehacktem Schinken vermengt in heiße Butter gegeben. ½ Liter saure Sahne quirlt man mit 3 Eidottern, vermengt dies gut mit den Fleckerln, läßt sie im heißen Ofen backen, bis sie eine goldgelbe Kruste bekommen.

Topfenhaluschka

Dick ausgetriebenen Nudelteig schneidet man zu Fleckerln (breite Nudeln), kocht sie in Salzwasser, seiht sie ab und gibt zerlassenen, geräucherten Speck dazu. Die Fleckerln legt man auf die flache Schüssel, in der die Speise aufgetragen wird, streut geriebenen Weißkäse darüber und gibt geröstete Speckwürfel dazu.

Polenta (italienisch)

In 1 Liter kochendes, stark gesalzenes Wasser gießt man langsam ½ Kilo Polentamehl, das vorher gebrüht werden muß, damit es nicht bitter schmeckt, rührt es und sticht öfters in die Mitte des Mehles mit dem Kochlöffel ein Loch, durch das das Wasser aufkocht. Die Polenta wird gut gerührt, bis sie dick wird, was 10—12 Minuten dauert, worauf man sie durch Schütteln der Pfanne und Nachhilfe mit dem Löffel zu einem runden Laib formt und ein Stückchen Butter hineingibt. Sie bleibt noch ¼ Stunde bei mäßiger Hitze am Feuer stehen, wird dann auf einen Holzteller gestürzt, in breite Scheiben geschnitten und diese mit Parmesankäse überstreut und mit Butter übergossen. Wenn die Polenta zu Saftfleisch als Beigabe serviert wird, so läßt man die Butter fort.

Polenta mit Käse (Mamaliga)

Man bereitet Polenta wie oben, läßt sie aber ziemlich weich und füllt einen Teil kleinfingerdick in eine mit Butter ausgestrichene Form, streut sehr fetten Schafkäse (Brynza) darüber, dann wieder Polenta und so fort, bis die Form voll ist, worauf die letzte Schicht Polenta mit ziemlich viel heißer Butter übergossen wird. Die Speise wird in der heißen Röhre gebacken, bis sie eine gelbe Kruste bekommt, dann gestürzt und aufgetragen.

Sizilianische Maisspeise

In 1½ Liter heißes Wasser gibt man 100 Gamm Butter, läßt sie darin zergehen und kocht langsam 300 Gramm gebrühtes Polentamehl ein. Wenn die Polenta fertig ist, läßt man sie auskühlen, mengt sie zu einem Abtriebe von 100 Gramm Butter und 3 Eidottern und salzt das Ganze gut. Dann wiegt man ½ Kilo Pökelfleisch oder Schinken sehr fein und mengt das Fleisch mit 50 Gramm gerührter Butter, 3 Eidottern, Salz, Pfeffer, ⅛ Liter saurer Sahne und dem Schnee der 3 Eiweiß. In eine mit Butter ausgestrichene Form wird die Polenta zuerst, dann die gewiegte Fülle, dann wieder Polenta gegeben, das ganze ¼ Stunde in der Röhre gebacken, gestürzt und, mit Parmesankäse sehr dicht bestreut, serviert.

Makkaroni

250 Gramm dicke Makkaroni werden mit heißem Wasser überbrüht und, wenn sie sich biegen lassen, in stark gesalzenem Wasser gekocht, bis sie weich sind, worauf man sie seiht, mit kaltem Wasser nochmals übergießt, mit heißer Butter überfüllt und mit Parmesankäse bestreut.

Makkaroni mit Tomaten

Tomatenmus wird in heißem Wasser aufgelöst, unter die abgesiebten, mit etwas Butter überfüllten Makkaroni gemengt und gut verrührt. Es wird dann noch geriebener Parmesankäse dazugegeben und die Speise zugedeckt ¼—½ Stunde an der Seite des Herdes stehen gelassen, ehe man sie in einer Schüssel bergartig aufgehäuft zu Tisch bringt.

Makkaronipastetchen

Blätterteig wird in kleinen Formen hohl gebacken und mit folgendem gefüllt: Fein geschnittener Schinken wird in Butter geröstet, mit weichgekochten, geseihten Makkaroninudeln, etwas saurer Sahne und Parmesankäse vermengt und verkocht. Die gefüllten Pastetchen werden mit Parmesankäse bestreut und noch für einige Sekunden in den heißen Ofen gestellt.

Krautfleckerln

Gewöhnlicher Nudelteig wird in mittelgroße Fleckchen geschnitten. Diese werden in Salzwasser gekocht, abgeseiht und mit Fett überfüllt. Dann wird fein gehackter Weißkohl in etwas gelbgeröstetem Zucker mit Fett und etwas Fleischbrühe weichgedünstet, gesalzen und gepfeffert und mit den Fleckerln vermengt. Zum Schlusse läßt man die Krautfleckerln noch ¼ Stunde im heißen Ofen dünsten.

Quark- (Topfen-) Taschen

Man quirlt 1 Ei mit ⅛ Liter kaltem Wasser und etwas Salz und mischt dies in einer Schüssel mit ungefähr ½ Liter Mehl zu einem weichen, zarten Teig, den man auf dem bemehlten Nudelbrett noch recht gut abarbeitet und zu länglichen Flecken ausrollt. Diese werden mit dem Rädchen in kleine viereckige Teile geschnitten, in die man 1 Eßlöffelvoll Quarkfülle gibt, worauf man sie so zusammenschlägt, daß kleine Dreiecke (Tascherln) entstehen. Diese Tascherln müssen am Rande gut zugedrückt, der Teig womöglich etwas umgebogen werden,

Herstellung von Zwetschenknödeln
Die Zwetschen werden in die Teigstücke eingewickelt

damit sie sich beim Kochen nicht öffnen. Die Tascherln werden wie Nudeln in heißem Salzwasser gekocht, abgeseiht, mit kaltem Wasser übergossen, wieder abgeseiht und schließlich, mit Semmelbrocken überstreut, in Butter geröstet. — Q u a r k f ü l l e. In Butter läßt man fein gehackte Petersilie und Semmelbrösel etwas rösten, gibt geriebenen Quark, ferner 2 Dotter mit saurer Sahne und Salz abgequirlt dazu. — Die Tascherln können auch mit Pflaumenmus gefüllt werden.

Grießklößchen

⅔ Liter Grieß werden mit ½ Liter siedender Milch übergossen. Wenn der Grieß ausgefühlt ist, so wird er mit 60 Gramm Butter und 2 ganzen Eiern verrührt und der Teig zu Klößchen geformt, die man in gesalzenem Wasser kocht. Die Grießklöße werden mit Semmelbrocken bestreut, mit heißer Butter überfüllt und mit Pflaumenmus serviert.

Quarkklöße

Zu einem Abtriebe von 70 Gramm Butter und 3 Eiern mischt man 1 Teller geriebenen weißen Käse (Topfen), dazu Grieß, halb so schwer wie Käse, eine Handvoll geriebene Semmel, ½ Liter Mehl und das notwendige Salz. Von der Masse formt man Klöße, kocht sie in Salzwasser und überfüllt sie mit Butter und Semmelbröseln.

Pflaumenknödel von Kartoffelteig

10 gekochte Kartoffeln reibt man fein und vermengt sie, solange sie noch warm sind, mit 3 Eidottern und ½ Liter Mehl, so daß guter, glatter Teig entsteht. Der Teig wird ausgerollt und in kleine Scheiben geschnitten, in die man je eine ganze gereinigte rohe Pflaume gibt. Der Teig muß gut übereinandergedrückt werden, damit die Knödel sich nicht öffnen. Sie werden in Salzwasser gekocht, bis sie an die Oberfläche des Wassers steigen, und abgeseiht in eine Pfanne gegeben, in der man Butter mit geriebener Semmel geröstet hat. Dann stellt man die Knödel in den heißen Ofen, damit sie die Krusten bekommen, und zuckert sie vor dem Anrichten. Wenn die Pflaumen noch zu sauer sind, so öffnet man sie und gibt statt des Kernes ein Stückchen Zucker hinein.

Pflaumen- oder Zwetschkenklöße von Strudelteig

Man macht von 1 Ei, 30 Gramm Butter, etwas Salz, kalter Milch und 250 Gramm Mehl einen weichen, zarten Strudelteig und treibt ihn mit dem Rollholze dünn aus. Der Teig wird in kleine Vierecke gerädert und in jedes eine Pflaume eingedreht. Die Knödel werden wie vorher angegeben behandelt, jedoch nur mit Butter und geriebener Semmel oder auf böhmische Art mit Butter und Lebkuchen

Biskuitomelett
1. Wenn die Omelette fertig sind, werden sie mit Aprikosenmarmelade bestrichen

oder Topfen (weißem Käse) überfüllt und nicht in die Röhre gestellt.

Aprikosen- (Marillen-) klöße

1 Liter Mehl reibt man mit 80 Gramm Butter ab und gibt 2 in Milch erweichte, abgeriebene, gut ausgedrückte Semmeln, die man mit 3 Eidottern verrührt, und Salz dazu. Der Teig wird messerrückendick ausgerollt und in viereckige Stücke geschnitten, mit denen man je eine entkernte, mit einem Stückchen Zucker versehene Aprikose umgibt. Diese Knödel werden sonst ganz wie die Pflaumenknödel von Kartoffelteig behandelt.

Omelette, Schmarren, Pfannkuchen (Plinsen), Milchnudeln

Omelette

¼ Liter Mehl wird mit 2 Eßlöffel Zucker, ¼ Liter Milch, 4 Dottern und dem nötigen Salz fein abgerührt, mit festem Schnee der 4 Eiweiß untermengt und auf folgende Weise gebacken: Die Omelettpfanne wird auf dem Feuer erwärmt und mit Butter gut bestrichen. 4 Eßlöffel von dem dünnflüssigen Teig werden langsam in das heiße Fett gegossen, so daß der Pfannenboden mit dem Teig bedeckt ist. Wenn das Omelett unten eine schöne hellbraune Farbe hat, wird es umgedreht und auf der anderen Seite ebenso gebacken. Das fertige Omelett wird auf einer Seite mit beliebiger Marmelade bestrichen, zusammengerollt und gezuckert. Die fertigen Stücke stellt man in die warme Röhre, damit sie bis zur Fertigstellung aller Omelette warm bleiben.

Biskuitomelett

Für 2 Biskuitomelette rührt man 4 Dotter mit 2 Eßlöffel Zucker, 2 Löffel Milch und 2 Löffel Mehl, gibt 1 Messerspitze Salz und Schnee von 4 Eiweiß zu, gießt die Hälfte des Teiges auf die heiße Butter in der Omelettpfanne und stellt diese zum Backen in die Röhre. Das gleiche macht man mit dem zweiten Omelett. Wenn die Omelette fertig sind, werden sie mit Aprikosenmarmelade bestrichen, jedes wird in der Mitte zusammengelegt und mit Vanillezucker bestreut.

Fruchtomelett

wird genau so bereitet wie das Biskuitomelett. Wenn der Teig des Omeletts oben steif wird,

Biskuitomelett
2. Jedes wird in der Mitte zusammengelegt und mit Vanillezucker bestreut

streut man eingekochte, zu dünnen Scheiben geschnittene Früchte darauf, backt das Omelett fertig, biegt es zusammen und bestreut es mit Zucker.

Omelette soufflée

In einer Schüssel werden 4 Dotter mit 80 Gramm Zucker mit Vanille- oder Zitronengeschmack ¼ Stunde lang gerührt und nachher der Schnee von den 4 Eiweiß und 2 Eßlöffelvoll Stärkemehl leicht untermengt. Hiervon werden in der mit Butter bestrichenen Pfanne in der Röhre die Omelette nacheinander gebacken, mit Marmelade gefüllt oder mit geriebener Schokolade bestreut.

Pfannkuchen

Von ½ Liter Milch, die mit 2 Eiern, $1/10$ Liter Mehl und etwas Salz gequirlt wird, macht man einen dünnflüssigen Teig, von dem man nur so viel in die mit heißer Butter oder Fett bestrichene Pfanne gibt, daß, wenn man sie dreht, deren Boden gleichmäßig ganz dünn bedeckt wird. Sollte man zu viel Teig gegeben haben, so schüttet man wieder davon zurück. Nun hält man die Pfanne über mäßiges Feuer, dreht den Kuchen, wenn er unten bräunlich ist, um, gibt, wenn notwendig, etwas Butter nach und backt die andere Seite.

Pfannkuchen mit Mandelfülle

Die fertigen Pfannkuchen werden mit einer Fülle, bereitet aus 2 Dottern, 3 Eßlöffel Zucker und Schnee von 2 Eiweiß, bestrichen, mit abgezogenen, geriebenen Mandeln und Rosinen bestreut und zusammengerollt. Sie werden dann der Länge und Breite nach abwechselnd in eine Porzellanschüssel gelegt, mit Milch, die mit 2 Dottern und etwas Zucker gequirlt wurde, übergossen und in der Röhre gebacken. Pfannkuchen mit fein geriebenen Nüssen werden ebenso bereitet.

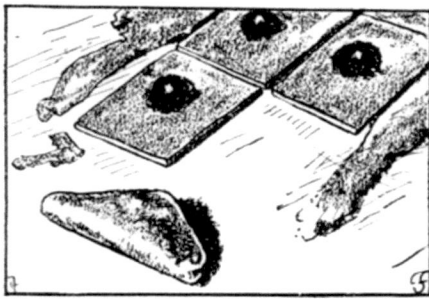

Gefüllte Tascherln

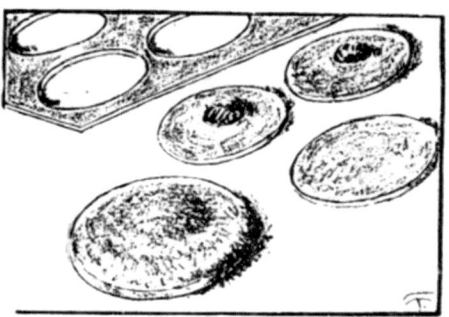

Berliner Pfannkuchen
Auf die untere, mit Marmelade befüllte Teigplatte wird eine zweite aufgelegt und am Rande festgedrückt

Mehlschmarren

In einer Schüssel quirlt man ⅔ Liter Milch, 3 Dotter, etwas Salz und 30 Gramm Butter und rührt $3/10$ Liter Mehl langsam ein. Wenn der Teig gut verrührt ist, gießt man ihn in eine Kasserolle mit 100 Gramm heißem Fett und stellt ihn in den heißen Ofen. Nach ½ Stunde stellt man ihn auf die heiße Platte, dreht ihn, wenn er steif und unten braun ist, mit einer Schmarrenschaufel um und läßt ihn wieder braun werden. Nachher zerreißt man den Teig mit einer Gabel in mittelgroße Stücke und trägt den fertigen Schmarren bald zu Tische, damit er nicht austrocknet. Man kann sauren Salat oder gedünstete Pflaumen, auch heiße Milch dazu auftragen.

Fleischschmarren

Ungefähr 4 Semmeln, denen man die Rinde abgerieben, schneidet man feinblätterig, schüttet $3/10$ Liter Milch, mit 3 Eiern abgequirlt, darüber, mischt gebratenes, fein geschnittenes Fleisch (oder Schinken) dazu, gibt es in heißes Schmalz, sticht das am Boden Braungewordene auf und serviert den Schmarren, solange er saftig ist.

Grießschmarren

In ½ Liter Milch quirlt man 2 Eier, Salz und ¼ Liter Grieß und läßt dies ½ Stunde ruhig stehen. Dann wird das Gemenge in 100 Gramm heißer Butter oder Schweineschmalz geschüttet und wie der Mehlschmarren behandelt; nur wird der Grießschmarren mit der Schmarrenschaufel in kleine Bröckchen zerstoßen, mit Staubzucker bestreut und mit gedünsteten Pflaumen oder Aprikosen als Beilage serviert.

Salzburger Nockerln

Man läßt 80 Gramm Butter zergehen, gibt 5 Eidotter, 1 Kaffeelöffel Mehl, 2 Kaffeelöffel Zucker und Schnee von 3 Eiweiß dazu und verrührt dies gut. In eine Pfanne gießt man kleinfingerhoch Milch, gibt 30 Gramm Butter hinein und schüttet, wenn die Milch aufkocht, den Teig dazu. Die Pfanne wird zugedeckt und bleibt einige Minuten ruhig stehen, worauf der Teig, wenn er unten gelb ist, stückweise umgedreht und, wenn auch die andere Seite gelb geworden ist, in Nocken ausgestochen serviert wird.

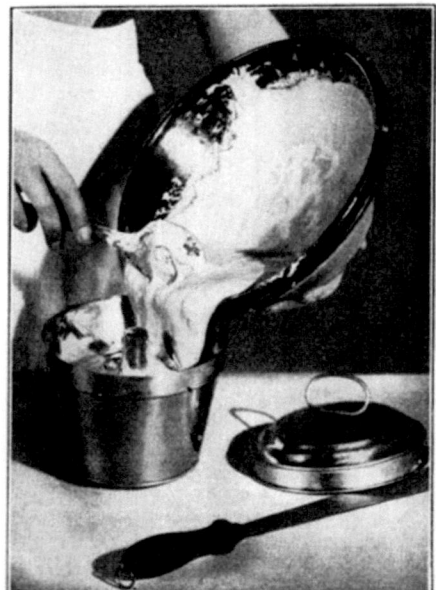

Die Puddingmasse kommt in die gut ausgefettete Form

Kaiserschmarren

Man quirlt ⅔ Liter gute süße Sahne mit 6 Dottern, Salz und ³/₁₀ Liter Mehl und rührt sehr festen Schnee von 6 Eiweiß leicht ein. Der Teig wird in heiße Butter gegossen und wie der Mehlschmarren behandelt. Wenn er zerrissen wird, mengt man gut gereinigte Rosinen dazu und streut beim Anrichten Staubzucker darüber.

Beim Kochen wird der Pudding beschwert

Nudeln in Milch

Nudelteig von 1 Ei treibt man nicht zu fein aus und schneidet die Nudeln kurz und breiter als die Nudeln zur Suppe und kocht sie in 1 Liter Milch, bis sie weich sind. Sie werden vor dem Anrichten mit Zucker und Zimt bestreut.

Ausgedünstete Nudeln

Von Nudelteig, aus ½ Liter Mehl und 2 Eiern bereitet, schneidet man ziemlich dicke, breite Nudeln und läßt sie nebst 80 Gramm Butter und 2 Eßlöffel Vanillezucker in 1 Liter Milch etwa 1 Stunde kochen. Die Nudeln

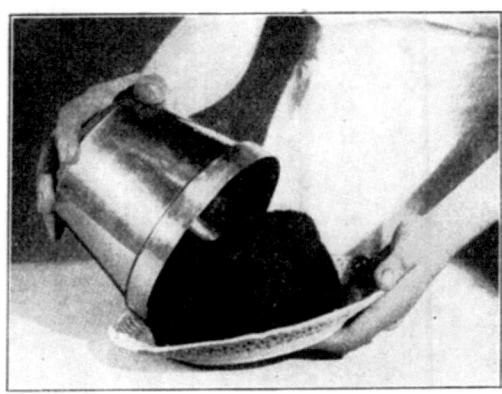

Behutsam stürzen

sollen am Boden der Kasserolle eine braune Kruste bekommen. Einige Minuten vor dem Gebrauch gießt man noch 2 Eßlöffel heiße Milch auf die Nudeln und läßt sie zugedeckt stehen. Beim Anrichten sticht man die Kruste auf, legt sie auf die Nudeln und bestreut sie mit Zucker.

Aufläufe und Puddings (Köche)

Das Vorbereiten der Form

Die Pudding- oder Auflaufform ist vor dem Gebrauch sorgfältig mit

Die Puddingform muß mit einem Teigstreifen gut geschlossen werden

Pudding kochen

Das Gefäß, in das die gefüllte Puddingform mit der zu kochenden Speise gestellt wird, muß höher als diese sein, darf jedoch nur mit so viel kochendem Wasser gefüllt werden, daß die Form mindestens zwei Finger breit über das Wasser hinausragt, damit dieses beim Sieden nicht in die Form eindringen kann. Um den gut passenden Deckel gibt man noch einen in heißes Wasser getauchten Lappen. Das Gefäß mit der Puddingform kann sowohl in der heißen Röhre wie auch auf dem Herde stehen. Es ist jedoch ratsam, die aus dem

Apfel im Schlafrock
1. Einwickeln des Apfels

Butter auszupinseln (Zapfen und Deckel nicht vergessen) und mit fein gesiebtem Semmelmehl auszustreuen. Von der Sorgfalt dieser Vorbereitung hängt häufig das Gelingen der Speise ab. Alle Formen sind nur ¾ voll zu füllen, daß Platz zum Aufgehen der Masse ist. Sowohl Aufläufe als Puddings müssen sofort nach dem Einfüllen der Masse gebacken resp. gekocht werden und werden nach Fertigstellung sofort zu Tisch gegeben, da sie sonst fallen.

Apfel im Schlafrock
2. Fertig

Wasser genommene Form vor dem Stürzen einige Minuten in die Röhre zu stellen. Um die Speise aus der Form zu stürzen, hebt man den Deckel weg, legt die erwärmte Schüssel, auf der die Speise serviert werden soll, auf die Form, dreht beides schnell um und läßt es 1 Minute ruhig stehen, damit sich die Speise lösen kann, ehe man die Form hebt. Wenn es notwendig ist, legt man ein kaltes, feuchtes Tuch auf die Form, wodurch sich die Speise rascher löst.

Reisauflauf

100 Gramm vom besten Reis werden in ⅔ Liter Milch mit einem Stückchen Vanille recht weich- und dickgekocht. Wenn der Reis ausgekühlt ist, wird er mit 70 Gramm Butter, 4 Dottern und 70 Gramm Zucker verbunden und ½ Stunde gerührt. ½ Stunde vor dem Gebrauch wird fester Schnee von 4 Eiweiß sehr langsam unter die Masse gerührt, diese in eine ausgebutterte Auflaufschale gefüllt, oben mit Zucker bestäubt und im heißen Ofen langsam gebacken.

Reisauflauf mit Äpfeln

Diese Bereitung ist die gleiche wie bei obenstehendem Reisauflauf, mit dem Unterschied, daß zuerst nur die halbe Reismasse in die Schüssel gefüllt und diese mit geschälten, feinblätterig geschnittenen Äpfeln belegt und mit Zucker bestreut wird. Die andere Hälfte der Masse wird auf die Äpfel gehäuft, mit Zucker bestreut und mit etwas weißem Wein begossen. Dann wird das Ganze gebacken. Statt mit Äpfeln kann man die Masse mit beliebigem Obst belegen oder auch mit geriebener Schokolade vermengen.

Reispudding (-koch)

wird wie der gebackene Reisauflauf bereitet, jedoch muß die Masse in eine mit Butter gut ausgestrichene, mit Mehl oder Semmelbrocken ausgestreute Form gefüllt und ¾ Stunde in Dunst gekocht werden. Der fertige Pudding wird mit heißer, verdünnter Marmelade übergossen serviert.

Grießauflauf

140 Gramm Grieß kocht man mit der nötigen Milch weich und dick, gibt 60 Gramm Butter und etwas Salz dazu, rührt dies in ¼ Stunde gerührt, die ausgekühlte Grießmasse beigemengt, der Schnee von 4 Eiweiß leicht eingemischt und das Ganze in eine mit Butter bestrichene Porzellanschüssel gefüllt und gebacken. Der Grießauflauf kann wie der Reisauflauf mit eingekochten Früchten oder mit geriebener Schokolade unterlegt werden.

Grießpudding (-koch)

Hierzu wird der wie oben angegeben bereitete Grießauflauf in eine mit Butter bestrichene, mit geriebener Semmel ausgestreute Form gefüllt, ¾ Stunde in Dunst gekocht, gestürzt und mit heißer Marmelade übergossen.

Grießpudding (-koch) mit gemischten Farben

Den abgetriebenen Grießauflauf, wie vorher angegeben bereitet, teilt man in 3 Portionen, färbt die eine mit Schokolade, die zweite mit Himbeersaft, läßt die dritte ohne weitere Beigabe, mischt dann erst zu jeder Portion je den dritten Teil des Schnees, gibt die Masse in Schichten übereinander in die Form und siedet sie in Dunst.

Brotauflauf

100 Gramm fein geriebenes Schwarzbrot werden mit der gleichen Menge gestoßenem Zucker mit Vanillegeruch, 70 Gramm sehr frischer Butter und 0,15 Liter Milch gekocht, dann in eine Schüssel gegeben und nach dem Auskühlen mit 5 Eidottern gut abgerührt. Sollte die Masse zu dick sein, so muß noch etwas Milch hineingegeben werden. Zum Schluß wird fest geschlagener Schnee von 5 Eiweiß leicht eingerührt und das Ganze in einer mit Butter ausgestrichenen Porzellanschüssel gebacken.

Brotpudding (-koch)

Man rührt 100 Gramm Zucker mit 5 Eidottern ½ Stunde, mischt 200 Gramm fein geriebenes Schwarzbrot, fein gehackte Zitronenschalen, gestoßenen Zimt, Gewürznelken, Gewürz und 50 Gramm fein geschnittenes Zitronat dazu, zieht den Schnee von 5 Eiweiß darunter, füllt die Masse in eine mit Butter ausgestrichene und mit Semmelbrocken ausgestreute Form und kocht sie ¾ Stunde in Dunst. Für den Überguß läßt man Zucker spinnen, kocht Orangensaft und ¼ Liter weißen Wein damit auf und schüttet ihn über den gestürzten Auflauf.

Mandelauflauf, gebacken

6 Eidotter werden mit 140 Gramm Zucker gemengt und ½ Stunde gerührt. Nach dieser Zeit werden 140 Gramm abgezogene geriebene Mandeln dazugegeben und das Ganze wieder gut verrührt, ehe der Schnee von 4 Eiweiß, fein gehackte Zitronenschalen und 40 Gramm Semmelbrocken hineingemischt werden. Die Mandelmasse wird in eine mit Butter bestrichene Porzellanschüssel gefüllt und in der heißen Röhre gebacken.

Mandelpudding (-koch)

Die gleiche Mandelmasse wie vorher wird in eine mit Butter bestrichene, mit Semmelbrocken ausgestreute Dunstform gefüllt und ¾ Stunde in Dunst gekocht. Gestürzt wird sie mit heißer Aprikosenmarmelade oder mit Schokoladeüberguß serviert.

Haselnußauflauf

70 Gramm Butter treibt man gut ab, rührt 70 Gramm Zucker mit Orangengeruch und 6 Dotter, eines nach dem anderen, dazu, vermengt dies mit 150 Gramm fein gestoßenen Haselnußkernen und 30 Gramm mit Rum befeuchteten Brotbrocken und mischt zuletzt den Schnee der 6 Eiweiß leicht ein. Die Masse füllt man in eine mit Butter ausgestrichene Schüssel und backt sie im heißen Ofen.

Haselnußpudding (-koch)

wird wie der Haselnußauflauf hergestellt, die Masse jedoch ¾ Stunde in Dunst gekocht und gestürzt mit Schokoladecreme serviert.

Kastanienauflauf

20 Gramm rohe Kastanien gibt man in kochendes Wasser, so daß man ihnen die innere Haut abziehen kann. Dann kocht man sie mit einem Stückchen Vanille in gezuckerter Milch, bis sie weich sind, passiert sie und verrührt das Püree mit 40 Gramm Butter, 4 Eidottern, 70 Gramm Zucker und 1 Eßlöffel Maraschino, gibt den Schnee von 4 Eiweiß leicht darunter und backt das Ganze in einer mit Butter bestrichenen Porzellanschüssel.

Kastanienpudding (-koch)

60 Gramm Butter werden mit 4 Eidottern ½ Stunde verrührt, mit 120 Gramm gebratenen, geriebenen Kastanien, 80 Gramm Zucker mit Zitronengeruch, 50 Gramm Mandeln, fein gestoßen, und dem Schnee von 2 Eiweiß vermengt ein in einer mit Butter ausgestrichenen Form ¾ Stunde in Dunst gekocht. Gestürzt, gibt man den gut verkochten Saft von 2 Apfelsinen und 1 Zitrone und 80 Gramm Zucker darüber.

Schokoladeauflauf

50 Gramm Butter werden mit 4 Eidottern sehr gut verrührt und nach und nach 50 Gramm geriebene Schokolade und 100 Gramm Vanillezucker untermengt. Zuletzt wird fester Schnee von 4 Eiweiß unter die schaumig gerührte Masse

Falscher Rehrücken
Spicken des falschen Rehrückens mit gestiftelten Mandeln

gezogen und 40 Gramm Semmelbrocken leicht zugerührt. Die Masse wird in eine mit Butter bestrichene Porzellanschüssel gefüllt und, mit Zucker bestreut, gebacken.

Schokoladepudding (-koch)

wird ebenso gemacht wie der gebackene Schokoladenauflauf, jedoch in Dunst gekocht und mit heißer Aprikosenmarmelade übergossen oder als „Mohr im Hemd" mit gezuckerter Schlagsahne überstrichen.

Apfel im Schlafrock

Schöne, kleinere Äpfel, ziemlich gleichmäßig in Form und Größe, werden geschält und mit einem kleinen Ausstecher vom Kerngehäuse befreit. Der Apfel darf nicht ganz durchstochen werden. Es muß auf einer Seite ein ganz dünner Boden bleiben, da die Höhlung mit Marmelade gefüllt wird. Von messerrückendick ausgetriebenem Blätterteig I werden kleine Vierecke geschnitten; jedoch müssen sie groß genug sein, um darin Äpfel einhüllen zu können. In die Mitte eines jeden Viereckes wird ein gefüllter Apfel gegeben und die vier mit abgeschlagenen Eiern bestrichenen Ecken des Teiges über dem Apfel zusammengedrückt, so daß sie haftenbleiben. Der Blätterteig wird mit abgeschlagenen Eiern bestrichen und auf einem mit Wasser befeuchteten Blech ¾ Stunde im heißen Ofen gebacken. Die Äpfel im Schlafrock werden mit Zucker bestreut serviert.

Falscher Rehrücken

120 Gramm Schokolade erweicht man im Wasserbad und rührt sie mit 240 Gramm geriebenen Mandeln, 180 Gramm Zucker und 7 Eidottern ½ Stunde. Dann gibt man noch

So sieht ein gut geratener Pudding aus!

fein gehackte Zitronenschalen, Zimt, gestoßene Nelken, 60 Gramm fein geschnittenes Zitronat und von 7 Eiweiß den Schnee dazu und läßt die Masse in der mit Butter ausgestrichenen, mit Zucker ausgestreuten Rehrückenform backen. Nach dem Backen bestreicht man die Furchen mit Aprikosenmarmelade, überzieht die Speise mit Schokoladeglasur und spickt sie mit abgezogenen gestiftelten Mandeln.

Kaffeeauflauf

⅔ Liter kochende Milch, mit starkem schwarzem Kaffee gemischt, läßt man erkalten und rührt sie mit 2 Eßlöffel Mehl, 70 Gramm Zucker und etwas Vanille auf der heißen Platte zu einem dicken Brei. Ausgekühlt mengt man dieses mit 70 Gramm Butter und 5 Dottern, mischt den Schnee von 5 Eiweiß dazu und backt es in einer Form.

Kaffeepudding (-koch)

Über 3 Milchbrötchen, von denen man die Rinde abgerieben hat, gießt man ³/₁₀ Liter starken gezuckerten schwarzen Kaffee und läßt die Brote damit ansaugen. Wenn sie ganz weich sind, verrührt man sie fein, mischt sie mit 60 Gramm heißer Butter und, wenn sie ausgekühlt sind, mit 5 Eidottern und 80 Gramm Zucker. Zum Schlusse rührt man noch den Schnee von 2 Eiweiß leicht darunter, füllt das Gemenge in eine mit Butter bestrichene, mit Semmelbrocken ausgestreute Form und kocht es ¾ Stunde in Dunst.

Karamelauflauf

110 Gramm Zucker läßt man mit einem eigroßen Stückchen Butter bräunen, verrührt in ½ Liter Milch 60 Gramm Mehl glatt, mengt dies mit dem Zucker und kocht die Masse

unter fortwährendem Rühren zu einem dicken Brei. Nun werden in einer Schüssel 40 Gramm Butter schaumiggerührt, dazu nach und nach 4 Eidotter, 20 Gramm Vanillezucker, 70 Gramm Mandeln und der ausgekühlte Brei gegeben und das Ganze noch ¼ Stunde gerührt. Zuletzt wird Schnee von 4 Eiweiß leicht untermischt und die Masse in einer mit Butter ausgestrichenen Porzellanschüssel gebacken.

Karamelauflauf (-koch)

Dieser wird so wie der gebackene Karamelauflauf bereitet. Die Masse wird in eine mit Butter ausgestrichene, mit Semmelbrocken bestreute Dunstform gefüllt und ¾ Stunde in Dunst gekocht, gestürzt, mit Vanillecreme übergossen.

Weinpudding (-koch)

Die Bereitung ist die gleiche wie vorher angegeben. Die Masse wird in eine mit Butter ausgestrichene, mit Semmelbrocken bestreute Form gefüllt, ¾ Stunde in Dunst gekocht gestürzt und mit Weinsoße übergossen. Zur Weinsoße werden ½ Liter Wein mit Zucker, Zimt und Gewürznelken gut verkocht. Diese Soße wird heiß über den Pudding geschüttet.

Cremeauflauf, gebacken

½ Liter Milch wird mit 4 Eidottern, 80 Gramm Zucker mit Vanillegeruch und einer Messerspitze voll Mehl auf der heißen Platte zu Creme geschlagen. Diese wird während des Auskühlens gerührt und, wenn sie vollständig erkaltet ist, mit Schnee von 4 Eiweiß vermengt. Die Creme wird in einer mit Butter bestrichenen und mit Biskuit ausgelegten Porzellanschüssel gebacken.

Cremepudding (-koch)

In eine mit Butter bestrichene, mit Biskuit ausgelegte Dunstform wird die nach den beim Cremeauflauf gemachten Angaben bereitete Masse gefüllt und ¾ Stunde in Dunst gekocht.

Zitronenauflauf

5 Eidotter werden mit 100 Gramm Zucker, den fein geriebenen Schalen und dem Safte einer Zitrone ½ Stunde gerührt, worauf man 30 Gramm geriebene Mandeln, den Schnee von 5 Eiweiß und 1 Eßlöffel voll Mehl dazugibt. Das Gemenge wird berg-

Der brennende Plumpudding

Weinauflauf

¼ Liter weißen Wein läßt man mit 80 Gramm Zucker und etwas Zimt und Gewürznelken aufkochen und gießt ihn über 100 Gramm abgeriebene, blättrig geschnittene Semmeln. Dies wird am Feuer so lange gerührt, bis ein feiner Brei entsteht, den man auskühlen läßt. Unterdessen werden 120 Gramm Butter mit 120 Gramm Staubzucker gut vermengt, nach und nach 6 Eidotter dazugerührt und das Ganze mit dem ausgekühlten Weinbrei vermischt. Eine mit Butter ausgestrichene Form wird mit der Masse gefüllt und diese im Ofen gebacken.

Viele Rosinen verfeinern den Plumpudding

artig in eine Schüssel gehäuft und im heißen Ofen gebacken. Sofort zu Tisch geben, da es sonst zusammenfällt.

Zitronenauflauf (-koch) in Dunst

1 Zitrone wird mit der Schale 1 Stunde in Wasser gekocht, das Wasser gewechselt und die Zitrone weitergekocht, bis sie ganz weich ist. Die Zitrone wird hierauf zerschnitten, entkernt und das Fleisch durch ein Sieb getrieben. 4 Eidotter, 100 Gramm Zucker mit Zitronengeruch und die durchgetriebene Zitrone werden ½ Stunde gerührt, mit dem Schnee von 4 Eiweiß vermengt und in einer mit Butter bestrichenen Dunstform ½ Stunde im Wasserbade gekocht. Der Pudding wird mit Zucker bestreut serviert.

Apfelsinenauflauf

90 Gramm Orangenzucker wird mit dem Safte einer Apfelsine, 4 Dottern und 1 Eßlöffel Rum ½ Stunde gerührt und mit Schnee von 3 Eiweiß und 40 Gramm Semmelbrocken vermengt. Der Auflauf wird in einer mit Butter bestrichenen Porzellanschüssel gebacken.

Apfelsinenpudding (-koch)

Die Masse, wie beim gebackenen Auflauf bereitet, wird in einer Form ¾ Stunde gekocht und gestürzt mit Aprikosenmarmelade serviert. Sie kann auch mit Früchten unterlegt werden.

Apfelauflauf

Eine Porzellanschüssel wird mit Butter ausgestrichen und mit geriebener Semmel bestreut. Dann wird sie mit einer Schicht blättrig geschnittener Äpfel belegt. Diese werden mit Zucker und geriebenen Mandeln bestreut. Nun wird abermals eine Schicht Äpfel, Mandeln und Zucker darübergelegt und dies so lange wiederholt, bis die Schüssel zur Hälfte gefüllt ist. Ein Teig, bestehend aus 3 Eiern, die mit 150 Gramm Zucker und fein gehackten Zitronenschalen gerührt wurden, und 150 Gramm Mehl wird über die Äpfel geschüttet und das Ganze 1 Stunde im heißen Ofen langsam gebacken.

Aprikosenauflauf

30 Gramm Butter werden mit 60 Gramm Aprikosenmarmelade flaumiggerührt, 60 Gramm Zucker und allmählich 5 Eidotter dazugegeben und ½ Stunde gerührt, worauf man den festen Schnee von 5 Eiweiß einmischt. In einer mit Butter ausgestrichenen, mit geriebener Semmel ausgestreuten Porzellanschüssel wird der Boden mit Biskuit belegt, die oben angegebene Masse eingefüllt und ½ Stunde im heißen Ofen gebacken.

Quittenauflauf

Man rührt 80 Gramm Zucker mit 4 Dottern, gibt 4 Eßlöffel gekochte, durchgetriebene Quitten, 2 Eßlöffel feine Biskuitbrocken und den Schnee der 4 Eiweiß dazu und backt es in einer mit Butter bestrichenen, mit geriebener Semmel bestreuten Porzellanschüssel.

Sauerkirschenauflauf

Eine Tafel erweichte Schokolade wird mit 120 Gramm Butter fein abgetrieben und mit 6 Eidottern, 120 Gramm Zucker und dem Safte einer halben Zitrone ½ Stunde gerührt. Dann werden 120 Gramm Semmelbrocken sowie 6 Eßlöffel Kirschsaft von in Dunst gekochten sauren Kirschen beigemengt und der feste Schnee der 6 Eiweiß leicht eingezogen. Die Masse wird in eine mit Butter ausgestrichene Porzellanschüssel gefüllt, mit in Dunst gekochten Kirschen dicht bedeckt und ¾ Stunde gebacken.

Scheiterhaufen

Man befeuchtet Schnitten von abgeriebenem mürbem Gebäck mit kalter Milch, legt sie in eine mit Butter bestrichene Schüssel schichtenweise mit Rosinen und abgezogenen gestifteten Mandeln bestreut aufeinander und gießt ⅛ Liter Milch, mit 2 Eidottern gequirlt, darüber. Das Ganze wird oben mit Zucker und Mandeln bestreut und im heißen Ofen gebacken.

Omelettauflauf mit Schokolade

Es werden 6 Eidotter, mit 150 Gramm Vanillezucker und 70 Gramm fein gestoßenem Biskuit untermengt, zusammen etwa ¼ Stunde gut gerührt und dann der Schnee der 6 Eiweiß leicht untermischt. Nun wird in eine Omelettpfanne 1 Eßlöffel frisch ausgelassener Butter gegossen, der vierte Teil der Masse hineingegeben und die Pfanne über dem Feuer leicht bewegt, bis das Omelett die richtige Farbe erhält, was für beide Seiten 2 Minuten dauert. Nun legt man das Omelett auf eine flache Schüssel und streut mit Zucker vermischte geriebene Schokolade darauf. Über diese kommt ein zweites, ebenso gebackenes Omelett, wieder mit Schokoladezucker bestreut. So werden alle 4 Omelette übereinandergelegt. Das Ganze wird mit Zucker bestäubt in einem nur warmen Ofen 20 Minuten langsam gebacken. Ehe man den Auflauf zu Tische gibt, wird er nochmals gezuckert und mit einer glühenden Schaufel glasiert.

Kabinettpudding

Eine runde glatte Puddingform wird mit Butter bestrichen, mit Papier ausgelegt und dieses wieder mit Butter überstrichen, sodann 140 Gramm Rosinen und 140 Gramm

Korinthen mit etwas Zucker, Wasser und Maraschino zugedeckt langsam gekocht und beiseite gestellt. Weiter werden 140 Gramm eingemachte Kirschen mit etwas kaltem Wasser übergossen und zum Abtropfen auf ein Sieb gelegt. Unterdessen hat man von 100 Gramm Zucker, 6 Eiern, 100 Gramm Mehl und fein gehackten Zitronenschalen eine Biskuitmasse bereitet, aus der man vier runde, fingerdicke Blätter lichtgelbbackt. Ferner werden 1 Ei und 4 Eidotter mit ¼ Liter Milch, 100 Gramm Zucker und etwas Maraschino zur Creme verrührt. Nun wird von den Rosinen in die Form gestreut, darüber ein Biskuitblatt gelegt und über dieses einige Eßlöffel von der Creme gegossen. Dann werden wieder Rosinen und der dritte Teil der Kirschen darübergegeben, das zweite Blatt daraufgelegt und ebenso belegt, dann das dritte Blatt gleichfalls. Das vierte Blatt wird mit dem Reste der Creme übergossen und mit einem mit Butter bestrichenen Papier überdeckt. Der Pudding wird 1 Stunde in Dunst gekocht, gestürzt und mit Creme mit Maraschinogeschmack serviert.

Wiener Kaiserpudding

120 Gramm Mandeln werden fein gestoßen und hierbei mit Orangensaft befeuchtet. Hierauf rührt man sie mit 120 Gramm Zucker, 4 Eidottern, gibt den festen Schnee von 3 Eiweiß und ziemlich viel fein geschnittenes Zitronat dazu. Die Puddingform wird mit Butter ausgestrichen, mit abgezogenen halben Mandeln und in Spalten geschnittenem Zitronat belegt und das Gerührte eingefüllt. Der Pudding wird 1 Stunde in Dunst gekocht, gestürzt und mit Likörcreme serviert. Man kann auch wie beim englischen Pudding Rum mit Zucker vermengt in die mittlere Höhlung gießen und diesen vor dem Servieren anzünden, so daß er brennend aufgetragen wird.

Berliner Pudding

Von 1 Ei, $^1/_{10}$ Liter Milch und $^1/_{20}$ Liter Mehl werden 5 ganz dünne Pfannkuchen gebacken und 1 davon in eine mit Butter ausgestrichene Form gelegt. Von ½ Liter gezuckerter Milch, etwas Salz und 80 Gramm Butter, die man in der Milch aufkochen läßt, rührt man mit 140 Gramm Mehl auf dem Herdfeuer einen glatten Teig, der sich von der Pfanne lösen muß. Der ausgekühlte Teig wird mit 3 ganzen Eiern und 3 Eidottern gut verrührt und Schnee von 3 Eiweiß eingezogen. Der in die Form eingelegte Pfannkuchen wird mit Butter bestrichen und mit eingemachten Früchten, wie Aprikosen, Kirschen, Pfirsichen, belegt. Über die Früchte gibt man den vierten Teil des Teiges, legt wieder eine genau zugeschnittene Scheibe darüber, die wieder mit Früchten belegt wird, und so fort, bis der fünfte Pfannkuchen die Oberfläche bildet. Der Pudding wird in einer mit Butter ausgestrichenen Form 1 Stunde in Dunst gekocht, gestürzt und mit verdünnter Marmelade zu Tisch gegeben.

Englischer Pudding

Es werden 60 Gramm abgeriebene Rundsemmeln würflig geschnitten, in kalter Milch geweicht und ausgedrückt. Dann werden die geweichten Semmeln mit 140 Gramm Butter, 2 Eiern und 2 Dottern schaumiggerührt, 70 Gramm Rosinen, 70 Gramm Korinthen, 50 Gramm fein geschnittene Pistazien, 30 Gramm gestoßene Mandeln, 30 Gramm Zitronat, länglich geschnitten, und 70 Gramm Zucker dazugetan und alles gut untermengt. Die Masse gibt man in eine mit Butter bestrichene, mit Semmelbrocken besäte Serviette, die fingerdick darüber festgebunden wird. Der Pudding wird in ein großes Gefäß mit sehr viel kochendem Wasser gelegt, so daß dieser schwimmen kann, und 1½ Stunde zugedeckt gekocht, wobei man öfter kochendes Wasser zugießen muß. Beim Anrichten wird der Pudding ausgehoben, auf ein Drahtsieb gelegt, der Bindfaden aufgeschnitten, die Serviette von allen Seiten losgemacht und der Pudding in eine Schüssel gestürzt und mit Weinsoße übergossen.

Englischer Plumpudding

½ Kilo Rindernierenfett (fein gehackt), 250 Gramm geriebene Semmel, 250 Gramm Weizenmehl, 250 Gramm Zucker, 375 Gramm Sultaninen (in Stücke geschnitten), 375 Gramm Korinthen, 100 Gramm Zitronat, 50 Gramm Orangenschalen (beides fein geschnitten), ½ Stange Vanille, 8 ganze Eier, 1 Eßlöffel Zimt, Nelken, Muskat gemischt, 1 Eßlöffel Salz, ½ Obertasse Rum oder Arrak. Nachdem alles richtig vorbereitet, das Fett fein gehackt, Rosinen und Korinthen sauber gewaschen, Zitronat und Orangenschalen geschnitten sind, werden alle Zutaten gleichmäßig vermischt. In gut vorbereiteter Form oder auf einem behelften Tuch, das zusammengebunden wird, muß der Pudding wenigstens 6 Stunden kochen. Man gibt ihn mit Rum oder Arrak begossen, der angezündet wird, zu Tisch und reicht eine Weinschaumsoße dazu. In einem Beutel aufbewahrt, hält sich der Pudding wochenlang und braucht dann nur 1 Stunde im Wasserbad erhitzt zu werden, um gebrauchsfertig zu sein.

Kalter Reispudding

140 Gramm abgewällten Reis dünstet man mit Zucker, Orangensaft und weißem Weine weich und rührt ihn zu 10 Gramm aufgelöster Gelatine und 70 Gramm dünner Aprikosen-

marmelade. Von ⅔ Liter Schlagsahne wird Schaum geschlagen und, mit würflig geschnittenen, in Zucker und Wein gedünsteten Äpfeln und 70 Gramm Rosinen in gesponnenem Zucker angeschwellt, dem Reis beigemengt. In eine Puddingform gefüllt, wird die Masse zum Erstarren gebracht, gestürzt und mit eingesottenen Aprikosen belegt.

Schaumspeisen

Zitronenschaumspeise

Saft und abgeriebene Schale von 1 Zitrone und 140 Gramm Zucker rührt man wie zu Glasur, mischt Schnee von 4 Eiweiß dazu und kocht es in einer mit Butter ausgestrichenen und mit Zucker ausgestreuten Form im Wasserbad. Man gibt kalte Vanille- oder Schokoladecreme um die erkaltete Speise.

Schololadeschaumspeise

100 Gramm geriebene Schokolade, 1 Eiweiß und 50 Gramm Zucker rührt man, bis es zähe wird, mischt von 4 Eiweiß festen Schnee und nochmals 50 Gramm Zucker zu und backt es in einer mit Butter ausgestrichenen Schüssel ½ Stunde.

Schaumspeise von frischem Obst

Von Erdbeeren, Himbeeren usw. treibt man ½ Liter durch, gibt etwas Zitronensaft dazu, um eine schönere Farbe zu erhalten, und rührt es mit gleich schwer Zucker und 2 Eiweiß recht lange, ehe man den festen Schnee dazumischt. Für 120 Gramm Zucker rechnet man Schnee von 3 Eiern. Die Speise wird gebacken.

Schaumspeise von Obstmus

Zwei gehäufte Eßlöffel voll Fruchtmus, z. B. von Aprikosen, Himbeeren, Hagebutten, rührt man mit 1 Eßlöffel Zucker und 1 Eiweiß ¼ Stunde lang, bis es recht zähe wird, und mischt dann sehr fest geschlagenen Schnee von 4 Eiweiß leicht dazu. Die Schneemasse wird in einer mit Butter ausgestrichenen Porzellanschüssel bergartig aufgehäuft und ½ Stunde im heißen Ofen gebacken.

Spanischer Reis

½ Liter herben, roten Wein siedet man mit 150 Gramm Zucker, Zitronenschalen und Gewürznelken, seiht ihn, kocht damit 150 Gramm Reis und gibt ein nußgroßes Stückchen Butter dazu. Wenn der Reis weich ist, häuft man ihn auf eine mit Butter bestrichene Schüssel, bedeckt ihn mit gezuckertem Schnee, streut gehackte Mandeln und Zucker darüber und backt das Ganze.

Äpfel mit Schnee

Man läßt in 70 Gramm Butter 100 Gramm Zucker lichtbraun schmelzen, gibt 11 kleine, zu Spalten geschnittene Äpfel und Aprikosenmarmelade dazu, dünstet sie, häuft sie in eine Schüssel und streicht gezuckerten Schnee darüber. Dann wird das Ganze mit Zucker und Mandeln bestreut und gebacken.

Kalter Obstschaum

Von 1 Liter Erdbeeren, Himbeeren oder Johannisbeeren sucht man die schönsten aus, bestreut sie mit Zucker und stellt sie an einen kühlen Ort. Die übrigen passiert man und rührt sie recht lange mit 6 Eßlöffel Zucker und Schnee von 1 Eiweiß, bis ein steifer Schaum entsteht, den man in eine Glasschüssel gibt. Diese wird in kaltes Wasser gestellt, der Schaum zierlich mit den frischen Beeren belegt und mit Biskuitbäckerei serviert.

Gebäck

Vorbereitungen

Alle Zutaten zum Backen müssen von auserlesener Güte sein, da das Gelingen der Kuchen davon abhängig ist. Das Mehl muß stets gesiebt, die Butter sowie Eier frisch, der Zucker recht fein, nicht grobkörnig sein. Auch alle anderen Zutaten, wie Mandeln, Rosinen, Korinthen, müssen von bester Qualität sein. Lieber an Quantität etwas weniger nehmen, als tranige Mandeln und ranzige Butter verwenden, die trotz der Backhitze doch noch hervorschmecken.

Bei der Behandlung der verschiedenen Teigarten sind besondere Regeln zu beachten: Hefeteig erfordert warme Zutaten und einen warmen Raum zur Zubereitung. Gerührte und Backpulvergebäcke werden kalt eingerührt. Für Mürbteig und Blätterteige ist im Sommer sogar Eis erforderlich. Einzelheiten über jede Teigbereitung befinden sich bei den Rezepten. Werden Eier verwendet, so sind drei Gefäße erforderlich: eins zum Aufschlagen des

Eies, um es auf seine Güte zu prüfen, eins für das Eigelb, eins für das Eiweiß, das sogleich kaltzustellen ist, wenn es als Eierschnee verbraucht wird. Alle Gebäcke dürfen warm nicht aufeinandergelegt werden.

Das Reinigen von Korinthen und Rosinen

Korinthen und Rosinen werden erst sauber verlesen, alle Stiele und Steinchen ausgesucht, dann mit einem Löffelvoll Mehl zwischen den Händen gerieben, bis das Mehl alle Schmutzteilchen an sich genommen hat, dann abgesiebt, entweder trocken verwendet oder über einem Sieb gewaschen.

Mandeln zu schälen und vorzubereiten

Will man Mandeln von der Schale befreien, so werden sie gebrüht; nach einiger Zeit löst sich die Schale durch leichtes Drücken. Sollen sie gerieben werden, so sind sie entweder auf einem Handtuch oder mit Vorsicht im kühlen Ofen zu trocknen.

Behandlung von Formen und Blechen

Werden Formen verwendet, so sind sie mit Butter sorgfältig auszupinseln und mit geriebener, fein gesiebter Semmel auszustreuen. Bleche werden meist mit Speckschwarte abgerieben. Nach dem Gebrauch wischt man die noch warmen Bleche mit Salz und Papier ab und reibt sie wieder mit Speckschwarte ab.

Das Ausprobieren des Ofens

S c h w a c h e H i t z e: Ein weißes Blatt Papier in den Bratofen gelegt, ist nach fünf Minuten noch unverändert in der Farbe.

M i t t e l h i t z e: Das weiße Papier ist nach der gleichen Zeit goldgelb geworden.

S t a r k e H i t z e: Ein weißes Papier ist in den fünf Minuten der Probezeit braun geworden und zerfällt beim Anfassen. Ist die Oberhitze des Ofens zu stark, so deckt man ein Butterpapier über den Kuchen.

Für Schmalzgebackenes

Eine gute B a c k f e t t m i s c h u n g ist folgende: Ein Teil Rindertalg, ein Teil Schweinefett, ein Teil Butter oder Margarine.

Das Fett muß dampfen, wenn das Gebäck hineingelegt wird. Dampft es stark, so können gleich mehrere Stücke eingelegt werden, aber nur so viel, daß sie genug Platz haben zum Aufgehen. Mit dem Schaumlöffel das Gebäck herausnehmen, auf Löschpapier entfetten.

B a c k f e t t z u r e i n i g e n: Ist man mit dem Backen fertig, so läßt man das Fett etwas abkühlen, gibt dann auf ½ Kilo Fett ¼ Liter Wasser dazu und läßt diese Mischung nun ½ Stunde kochen. Man gibt sie durch ein Sieb in eine breite Schüssel. Ist das Fett erkaltet, so löst man den Fettkuchen ab, säubert die Rückseite und schmilzt das Fett mit ein paar trockenen Erbsen und einem Stückchen Ingwer, bis es still wird, um es dann bis zum nächsten Gebrauch zu verwahren.

Hefeteig-Gebäck

Hefeteig

Das Mehl zur Bereitung von Hefeteig muß vollkommen trocken, die Butter süß und frisch sein. Für Hefeteig wird auf 1 Liter Mehl 20 Gramm Preßhefe gerechnet. Von der Anzahl der Eier und der Menge des Fettes hängt die Qualität des Teiges ab. Die Quantität der Milch, die zu dem Hefeteig verwendet werden muß, kann man nie ganz genau angeben, da sie von der Beschaffenheit des verwendeten Mehles abhängt, das heißt: trockenes Mehl erfordert mehr Milch als feuchtes. Alle Bestandteile, aus denen man den Teig bereitet, müssen lauwarm sein. Für das Hefestück (Dampfel) wird die Hefe in lauwarmer Milch aufgelöst, mit ein wenig Mehl zu einem dicken Brei verrührt und auf einen warmen, aber

Böhmische Dalken
1. Eingießen des Teiges in die Dalkenform

nicht heißen Teil des Herdes gestellt, damit sie in Gärung kommt und in die Höhe steigt. Das übrige Mehl zur Bereitung des Teiges siebt man indessen in eine warme Schüssel, salzt es, läßt das erforderliche Fett am Feuer zergehen und gibt es mit den gequirlten Eiern und der gegorenen Hefe in das Mehl, dem man sogleich die nötige lauwarme Milch zusetzt. Der dadurch entstehende Teig soll weich sein und muß schon jetzt die richtige Konsistenz haben, da später nichts Flüssiges mehr nachgefüllt werden darf. Die Schüssel mit dem Hefeteig wird jetzt auf den Schoß genommen und der Teig abgeschlagen, indem man die Rückseite des Kochlöffels an die Seitenwand der Schüssel drückt; bei jedem Schlage faßt man mit dem Kochlöffel etwas von dem Teig, bis man auf diese Weise den Teig auf einer Seite hat, worauf man die Schüssel umdreht und weiterschlägt, bis der Teig Blasen bekommt und sich vom Kochlöffel löst. Nach dieser Bearbeitung stellt man den Teig, mit einem gewärmten Tuch bedeckt an einen warmen Ort und läßt ihn gären, wodurch er in die Höhe steigt und seinen Umfang verdoppelt. Zur Bereitung von feinem Hefeteig rechnet man für ½ Kilo Mehl 30 Gramm Hefe, ¼ Liter Milch, 2 Eidotter und 2 ganze Eier, 250 Gramm Butter, 1 Messerspitzevoll Salz und 60 Gramm Zucker.

Bayrische Dampfnudeln

70 Gramm Butter, 40 Gramm Zucker, Salz und 3 Eidotter werden vermengt und gerührt. 15 Gramm Preßhefe werden in lauwarmer Milch aufgelöst, mit ein wenig Mehl vermischt und, wenn sie genügend in die Höhe gegangen sind, mit 375 Gramm Mehl dem Gerührten beigegeben. Der Teig wird abgeschlagen, bis er sich vom Löffel löst, und mit einem Tuch bedeckt an einen warmen Ort gestellt. Wenn er genügend in die Höhe gegangen ist, sticht man mit einem Löffel nußgroße Stücke davon aus, gibt diese auf ein erwärmtes, bemehltes Brett, bedeckt sie mit einem Tuch und läßt den Teig noch einmal gären. Während dieser Zeit gießt man in eine Kasserolle so viel Milch, daß der Boden bedeckt ist, gibt ein nußgroßes Stück Butter, 1 Eßlöffel Vanillezucker hinein, läßt es aufkochen und legt die aufgegangenen Nudeln ein. Man bestreicht die Dampfnudeln mit zerlassener Butter und läßt sie ½ bis ¾ Stunde in der Dampfnudelpfanne. Während

Böhmische Dalken
2. Je zwei werden mit Marmelade bestrichen und zusammengefügt

des Backens darf nun der Deckel der Pfanne nicht abgenommen werden, da sie sonst mißraten würden. Man darf sich von dem Garsein nur durch den Geruch überzeugen und die Pfanne nur vorsichtig drehen.

Böhmische Dalken

Man nimmt ½ Liter Mehl, 1 Eßlöffel Zucker, ½ Liter süße Sahne, 2 Eidotter, 20 Gramm in lauwarmer Milch gelöste Hefe, fein gehackte Zitronenschalen und 30 Gramm zerlassene Butter, quirlt alles gut ab und mischt ein wenig Salz und den festen Schnee der 2 Eiweiß dazu. Unterdessen stellt man die Dalkenform auf den heißen Herd und gibt in jede Vertiefung der Form 1 Kaffeelöffel Schweineschmalz. Wenn dieses recht heiß geworden ist, gibt man mit einem Schöpfer von dem mittlerweile in die Höhe gegangenen Teig in jede Vertiefung. Sobald eine solche Teigportion sich an der Oberfläche etwas bräunt, wendet man sie mit einer Gabel um und nimmt sie, wenn auch die andere Seite Farbe hat und ausgebacken ist, heraus. Man legt die fertigen Dalken an einen warmen Ort, damit sie nicht zusammenfallen. In die leergewordene Vertiefung gibt man gleich wieder Schmalz und Teig. Wenn alle Dalken fertiggebacken sind, bestreicht man sie mit Butter und dreht sie in Zimt und Zucker oder in geriebener

Napfkuchen
1. Der Hefeteig wird blasiggeschlagen

Schokolade, mit Zucker vermengt. Man kann sie auch auf einer Seite mit Marmelade bestreichen und je zwei und zwei zusammenkleben. Die Dalken werden warm serviert.

Apostelkuchen

Von 120 Gramm Mehl und 20 Gramm Hefe macht man mit der nötigen lauwarmen Milch einen dicken Brei, den man etwas gären läßt. Unterdessen wird auf dem Brett von 250 Gramm Mehl, 4 Eiern, 10 Gramm Zucker, etwas Salz, einigen Eßlöffeln guter Sahne und 200 Gramm blättrig geschnittener Butter ein Teig bereitet, mit dem man die Hefe verbindet. Der Teig wird geknetet, bis er zart ist und sich von den Händen und dem Brett löst, worauf man ihn, im Gegensatz zu anderem Hefeteig, zudeckt und an einen kühlen Ort stellt. Der Teig darf erst nach 10 Stunden verarbeitet werden. Dann knetet man ihn wieder durch, trennt den dritten Teil des Teiges ab und formt von der zurückbleibenden Masse einen runden Laib, den man auf ein mit Butter bestrichenes Papier legt, in der Mitte stark eindrückt und mit geschlagenem Ei bestreicht. Den

Napfkuchen
2. Die mit Mandelstiftchen ausgestreute Form des Napfkuchens

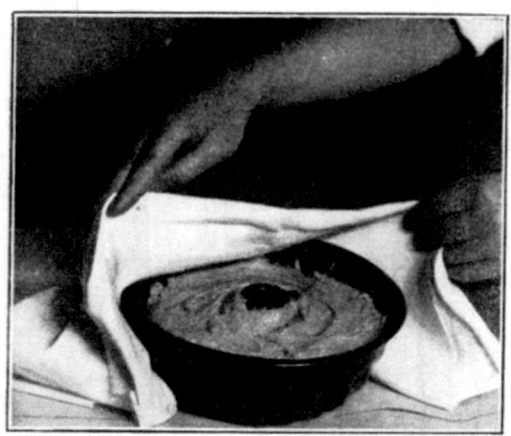

Napfkuchen
3. Der Teig wird zum Aufgehen warmgestellt

abgetrennten Teil des Teiges rollt man eiförmig und drückt ihn in die Vertiefung. Dann bestreicht man das Ganze mit geschlagenem Ei und kerbt es ringsum in zwei Finger breiten Entfernungen mit dem Messer ein. Der Kuchen wird 1 Stunde im heißen Ofen gebacken. In der ersten Zeit des Backens darf der Ofen nicht geöffnet werden. Der Kuchen muß während des Backens seinen Umfang verdoppeln und eine schöne braune Farbe haben.

Dresdner Stolle

2 Kilo feines Mehl, 875 Gramm Butter, 300 Gramm Zucker, 875 Gramm Sultaninen, 1—2 Eßlöffel Rum, 50 Gramm bittere Mandeln, 125 Gramm süße Mandeln, 125 Gramm Hefe, 50—75 Gramm Zitronat, ½ Stange Vanille, Schale einer halben Zitrone, ½ Liter Milch. Zum Bestreichen und Bestreuen nach dem Backen ¼ Kilo Butter, ¼ Kilo Zucker. Alle Zutaten werden gut vorbereitet, das Mehl gesiebt und warmgestellt, die Mandeln gebrüht und gerieben. Zitronenschale ganz fein gehackt. Das Zitronat ist tags zuvor fein würflig geschnitten, mit 1—2 Eßlöffel Rum begossen und zugedeckt aufbewahrt worden. Man macht mit den erwärmten Zutaten einen Hefeteig wie angegeben, fügt zuletzt Rosinen und Zitronat bei und läßt den Teig 2 Stunden gehen. Dann formt man 2 längliche Brote, die man der Länge nach überschlägt, auf das gefettete Blech legt, nochmals gehen läßt und bei guter Hitze etwa 1 Stunde backt. Während des Backens bepinselt man die Stolle mit Butter, ebenso wenn aus dem Ofen genommen, wird der Rest der Butter daraufgegeben und der Kuchen in Zucker gewälzt. In einem Steintopf aufbewahrt, hält sich solche Stolle sehr lange. Weihnachtsstolle ist noch zu Ostern schmackhaft.

Schlesischer Käsekuchen

Als Boden wird ein Hefeteig gemacht aus ½ Kilo Mehl, 1 bis 2 Eiern, 120 Gramm aufgelöster Butter, 100 Gramm Zucker, ¼ Liter Milch, 30—35 Gramm Hefe. In der Mitte des gesiebten erwärmten Mehls wird die mit lauwarmer Milch verrührte Hefe zu einem dünnen Brei glatt verrührt (Hefestück, Vorteig oder Dampfel). Ist er genügend gegangen, so werden alle übrigen Zutaten damit verrührt und der Teig tüchtig abgeschlagen, bis er blasig ist und von der Schüssel und dem Löffel losläßt. Man läßt den Teig 1 Stunde gehen, dann rollt man ihn auf einem gefetteten Blech aus, drückt ein Rändchen ringsherum und läßt ihn nochmals 10—15 Minuten gehen. Dann streicht man die Käsemasse darauf und backt den Kuchen zu guter Farbe bei Mittelhitze, was ungefähr 20—30 Minuten erfordert. — Käseauflage. 2 Kilo weißer Käse (Quark oder Topfen), 100 Gramm Butter, 200 Gramm Zucker, 4 Eigelb oder 2—3 ganze Eier, 6 bis 8 bittere Mandeln, 125 Gramm Korinthen, eine Messerspitze abgeriebene Zitronenschale. Die Butter wird schaumiggerührt, dann Zucker und Eier hinzugefügt, ¼ Stunde gerührt, dann der durch ein Sieb gerührte Käse, die Korinthen dazugefügt und alles tüchtig vermischt. Verwendet man ganze Eier, so ist der Eierschnee zuletzt darunterzuziehen.

Schlesischer Streuselkuchen

500 Gramm Mehl, 1—2 Eier, 120 Gramm aufgelöste Butter, 100 Gramm Zucker, ¼ Liter Milch, 30—35 Gramm Hefe, eine Messerspitze abgeriebene Zitronenschale. Zum Streusel: 450 Gramm Mehl, 225 Gramm Zucker, 1 Teelöffel gestoßenen Zimt, 225 Gramm flüssige Butter, nach Belieben 50 Gramm gemahlene süße Mandeln. — Der Hefeteig wird zubereitet, wie bei Käsekuchen angegeben. Für den Streusel werden alle Zutaten gemischt, leicht zwischen den Händen gerieben (abgebröselt), bis sich Streusel bilden, die auf den gut gegangenen Kuchen gestreut werden. Der Kuchen wird bei Mittelhitze leicht gebacken und noch heiß mit Vanillezucker bestreut. Backzeit etwa 20—25 Minuten.

Einfacher Streuselkuchen

Gewöhnlicher Hefeteig, aus 280 Gramm Mehl und den entsprechenden Zugaben bereitet, wird dünn ausgerollt, auf ein mit Butter bestrichenes Backblech gelegt und mit einem Tuch bedeckt an einen warmen Ort gestellt. Indessen mischt man $^3/_{10}$ Liter Mehl, 80 Gramm fein gestoßene Mandeln, ebensoviel Zucker, etwas Salz, fein gehackte Zitronenschale und Zimt und verbindet dies derart mit etwas lauwarmer zerlassener Butter, daß erbsengroße, gerstenartige Brocken entstehen. Die Brocken werden auf den mittlerweile in die Höhe gegangenen, mit einem abgeschlagenen Ei bestrichenen Hefeteig gestreut, dieser mehrmals mit einem Hölzchen durchstochen und in mittelheißem Ofen gebacken. Der Streuselkuchen wird mit Zucker und Zimt bestreut und in längliche, drei Finger breite Stücke geschnitten.

Napfkuchen

Zutaten: ¾ Kilo erwärmtes Mehl, 375 Gramm Butter, 4 ganze Eier, 125 Gramm Zucker, 50 Gramm Hefe, ¼ Kilo Sultaninen, 10 bittere Mandeln, 50 Gramm süße Mandeln, je nach Belieben 100 Gramm je gewürfeltes Zitronat, etwa ¼ Liter Wasser oder Milch. — Aus dem Mehl, Hefe und Flüssigkeit setzt man ein Hefestück an. Die Butter wird zu Sahne gerührt, dann Eier und Zucker ebenfalls gut abgetrieben und mit dem Hefestück und den übrigen Zutaten zu einem nicht zu lockeren Teig abgeschlagen, der Blasen werfen und von der Schüssel lassen muß. In gut geschmierter Form muß der Teig etwa 2 Stunden gehen, dann 1 Stunde bei guter Hitze backen.

Gugelhupf

30 Gramm Hefe werden in lauwarmer Milch aufgelöst und mit etwas Mehl verrührt an einen warmen Ort gestellt. Unterdessen verrührt man 280 Gramm frische Butter, bis sie leicht und flaumig ist, und gibt unter beständigem Rühren 100 Gramm Zucker, fein gehackte Zitronenschalen, Muskatblüte und nach und nach 6 bis 8 ganze Eier dazu. Man mischt nun die gegangene Hefe mit ¼ Liter Milch und ½ Kilo gesiebtem Mehl zu dem Gerührten und macht davon einen festen Teig, den man abschlägt, bis er sich vom Löffel löst, worauf 60 Gramm abgezogene, geriebene Mandeln und 70 Gramm Rosinen beigefügt werden. Eine Gugelhupf- (Napfkuchen-) Form wird mit zerlassener Butter bestrichen, mit Semmelbröseln bestreut und mit abgezogenen halben Mandeln belegt. Man füllt den Teig, der aber nicht bis an den Rand reichen darf, in die Form, bedeckt ihn mit einem erwärmten Tuche und stellt ihn an einen warmen Ort. Wenn der Teig genug in die Höhe gegangen ist, wird er 1 Stunde im heißen Ofen gebacken, aus der Form gestürzt und nach dem Erkalten mit Zucker bestreut.

Böhmischer Striezel

Man gibt in eine tiefe Schüssel 1 Kilo trockenes Mehl und macht in die Mitte eine Grube. In diese gibt man 60 Gramm Preßhefe, in lauwarmer Milch aufgelöst und mit etwas Mehl verrührt, ferner 1 Eidotter, 250 Gramm zerlassene Butter, 120 Gramm Zucker, das nötige Salz und ⅜ Liter lauwarme Milch. Das Ganze wird zu einem Teig vermischt und mit den Händen tüchtig geknetet, bis der Teig Blasen bekommt und sich von den Händen löst. Mit dem Teig verarbeitet man noch 70 Gramm abgezogene gestiftelte Mandeln, 70 Gramm Rosinen, 70 Gramm Korinthen und fein gehackte Zitronenschalen und läßt ihn zugedeckt an einem warmen Ort gären. Wenn der Teig doppelt so hoch geworden ist, gibt man ihn auf das bemehlte Brett, teilt ihn in drei ungleiche Streifen, von denen einer immer kürzer als der andere sein muß. Der größte Teil wird in vier Stücke geschnitten, diese zu dicken runden Streifen gerollt und davon ein vierteiliger Zopf geflochten. Von dem zweiten Teil, den man in drei Streifen rollt, wird ein dreiteiliger Zopf geflochten, und der dritte kürzeste Teil wird in zwei Streifen geschnitten, die nur leicht zusammengedreht werden. Man bestreicht nun ein Backblech mit Butter, gibt erst den vierteiligen Zopf, auf diesen den dreiteiligen und zuletzt den zweiteiligen darauf, bedeckt den geflochtenen Striezel (Stolle) mit einem Tuche und stellt ihn für ½ Stunde an einen warmen Ort. Nach dieser Zeit bestreicht man den Teig mit abgeschlagenen Eiern und backt ihn 1 Stunde im heißen Ofen.

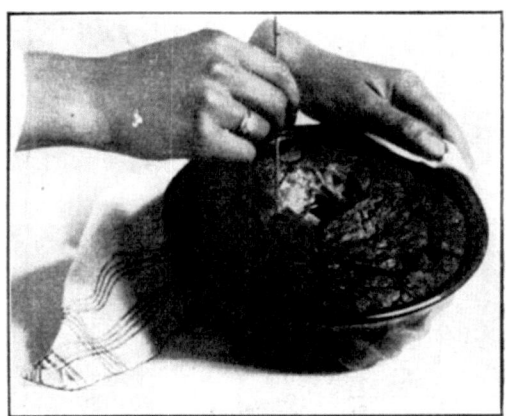

Napfkuchen
4. Die Probe, ob der Napfkuchen fertiggebacken ist

Hörnchen (Kipfel) machen
1. Der Teig wird zu regelmäßigen Dreiecken ausgeschnitten

Plunderbrezel

Zutaten: ¼ Kilo Mehl, ¼ Liter Milch, 30 Gramm Hefe zum Hefestück. Dazu kommen ¼ Kilo Mehl, 1 ganzes Ei, 65 Gramm Butter, 65 Gramm Zucker, die abgeriebene Schale einer Zitrone, eine Messerspitze Muskatblüte, 125 Gramm Butter. Zur Füllung: 100 Gramm Korinthen, 100 Gramm Sultaninen, 100 Gramm Zucker mit ½ Teelöffel Zimt gemischt, 1 Eigelb zum Bestreichen oder zur Glasur, 125 Gramm Puderzucker, 2 Eßlöffel Rosenwasser. — Aus ¼ Kilo Mehl, ¼ Liter Milch und 30 Gramm Hefe stellt man ein Hefestück zum Aufgehen. 65 Gramm Butter werden zu Sahne gerührt, dann gibt man Ei, Zucker, Zitronenschale und Muskatblüte hinzu und treibt die Masse gut ab, fügt das gegangene Hefestück bei und schlägt den Teig, bis er Blasen wirft. Dann wird der Teig auf dem Backbrett zu einem länglichen Viereck ausgerollt. Auf die Mitte des Teiges gibt man ein Stück ausgewaschene, nicht zu harte Butter von 125 Gramm und schlägt den Teig von unten und oben darüber zusammen, rollt ihn dann wieder länglich bis auf Daumenstärke aus und wiederholt dies dreimal. Dann teilt man den Teig in zwei gleiche Teile (die Masse ergibt 2 Brezeln), rollt ihn wieder länglich aus, belegt die eine Hälfte der Länge nach mit der gemischten Füllung, klappt die andere Hälfte des Teiges darüber, schneidet den Teig am Teigbruch auf, teilt ihn nochmals in der Mitte, legt die erhaltenen 4 Teigstreifen genau aufeinander und dreht sie umeinander. Man formt auf dem gefetteten Blech Brezeln oder einen Kranz davon, den man nach dem Gehen mit Eigelb bestreichen ½ Stunde bei Mittelhitze backen läßt. Man kann die Brezeln nach dem Backen mit Glasur überziehen.

Mohnstriezel

Zum Teig: ½ Kilo Mehl, 30 Gramm Hefe, 50—100 Gramm Zucker, 100 Gramm Butter, 1—2 Eier, ¼ Liter Milch. Zur Füllung: 375 Gramm blauer Mohn, ⅛ Liter Milch, 100 Gramm Zucker, 50 Gramm Sultaninen, 50 Gramm geriebene süße Mandeln, mit ein paar bitteren gemischt, 30—50 Gramm fein geschnittenes Zitronat, ½ Teelöffel Zimt, Abgeriebenes einer Zitrone, 1 Prise Muskatblüte, 1—2 ganze Eier, 100—150 Gramm Butter oder Schmalz. Aus den zum Teig angegebenen Zutaten bereitet man einen guten, ziemlich festen Hefeteig, den man zum Gehen warmstellt. Zur Füllung wird der blaue Mohn mit kochender Milch gebrüht und muß an der Herdseite quellen, dann werden die verquirlten Eier sowie alle vorbereiteten Zutaten dazugegeben und alles gut gemischt. Die Fülle muß gut süß sein. Der inzwischen gegangene Hefeteig wird länglich ausgerollt, und zwar so breit, als die Kastenform, in der er gebacken werden soll, lang ist. Die Fülle wird dick daraufgestrichen, der Teig zu einer Rolle geformt und in die gefettete Form gelegt, um nochmals einige

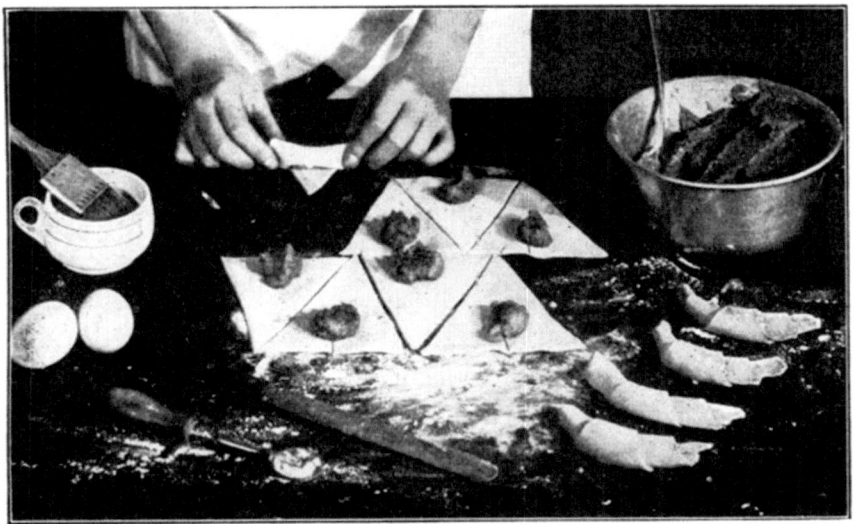

Hörnchen (Kipfel) machen
2. Die Dreiecke werden zusammengerollt und zu Hörnchen geformt

Zeit zu gehen. Mit Butter bepinselt, wird der Striezel dann gebacken. Wenn er gar ist und aus dem Ofen genommen wird, muß er nochmals mit Butter bestrichen werden und wird dann dick mit Zucker bestreut.

Mohn- und Nußhörnchen (Kipfel)

150 Gramm Butter, 320 Gramm Mehl, 40 Gramm Zucker, 20 Gramm Preßhefe, in ⅛ Liter lauwarmer Milch gelöst, werden zu einem feinen Hefeteig verarbeitet und messerrückendick ausgerollt. Dieser Teig wird in mittelgroße Dreiecke geschnitten und in die Mitte 1 Eßlöffel Mohn oder Nußfülle gelegt. Die mittlere Spitze des Teiges schlägt man über die Fülle, rollt den Teig zu einem Würstchen und formt daraus ein Hörnchen. Die Hörnchen bestreicht man mit abgeschlagenem Ei und läßt sie auf einem befetteten Backblech ungefähr ½ Stunde backen. Für die Mohnfülle wird ¼ Liter gemahlener Mohn in ¼ Liter Milch weichgekocht und mit etwas Honig, fein gehackten Zitronenschalen und einem eigroßen Stück Butter vermengt. Die Nußfülle besteht aus 250 Gramm geriebenen Nüssen, die man mit ¼ Liter Milch, etwas Honig und 2 Eßlöffel starkem, schwarzem Kaffee verkocht.

Kaffeehörnchen (Kipfel)

Man treibt 50 Gramm Butter mit 1 Eßlöffel Zucker gut ab, gibt 2 Eidotter, das nötige Salz, etwas Zitronensaft und 20 Gramm in lauwarmer Milch aufgelöste Hefe dazu und vermengt dies mit 250 Gramm Mehl zu einem festen Teig, den man zugedeckt an einen warmen Ort stellt. Wenn er genügend in die Höhe gegangen ist, wird er auf das bemehlte Brett gegeben. Es werden kleine Dreiecke davon abgeschnitten, zu Hörnchen geformt und auf ein mit Butter bestrichenes Backblech gelegt. Die Hörnchen bestreicht man mit verquirltem Ei, gehackten Mandeln und bestreut sie mit grob gestoßenem Zucker und läßt sie nochmals aufgehen. Sie werden in einem heißen Ofen gebacken.

Salzstangen

Man rührt 50—100 Gramm Butter schaumig, gibt 250 Gramm Mehl und 25 Gramm in lauwarmer Milch verrührte Hefe, etwas Salz und so viel Milch dazu, daß ein ziemlich fester Teig entsteht, den man tüchtig abschlägt, bis er Blasen wirft. Man rollt Stängelchen davon, legt sie auf ein gebuttertes Blech und läßt sie in der Wärme gehen, bestreicht sie dann mit verquirltem Eigelb, bestreut sie mit grobem Salz und Kümmel und backt sie bei Mittelhitze hellgelb.

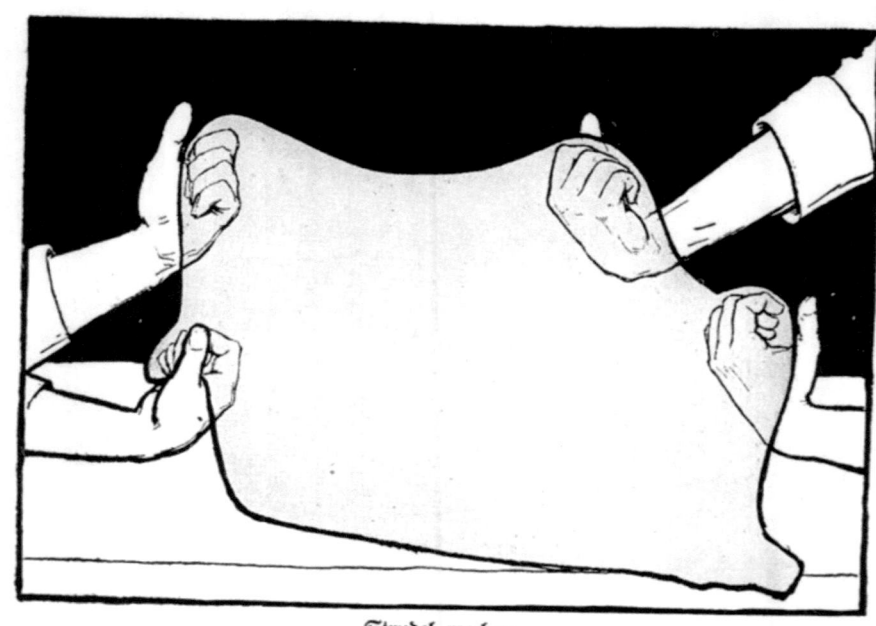

Strudel machen
1. Der Teig wird zu durchsichtiger Dünne ausgezogen

Strudeln

Strudelteig zu gebackenen Strudeln

½ Liter Mehl, 50 Gramm Butter und ½ Kaffeelöffel Salz werden gut gemengt und mit 1 ganzen Ei und ⅛ Liter Wasser zu einem glatten Teig verarbeitet. Der Teig wird weiter behandelt wie der Strudelteig für gekochte Strudeln.

Schinkenstrudel

¼ Kilo sehr fein gehackter Schinken wird mit 4 Eidottern und ¼ Liter saurer Sahne vermengt und Schnee von 4 Eiweiß dazugerührt. Strudelteig von ½ Liter Mehl, Butter, Salz, Eier, wie zu Anfang angegeben, bereitet, wird ¾ Stunde rasten gelassen, ausgezogen, erst mit Butter und dann mit der Schinkenfülle bestrichen, hierauf an beiden Seiten handbreit aufgeschlagen und eingerollt. Der Strudel wird in eine mit Butter ausgestrichene Kasserolle schneckenförmig gelegt, mit zerlassener Butter bestrichen und bei ziemlich starker Hitze ½ Stunde im Ofen gebacken. Man schneidet ihn, solange er in der Kasserolle ist, in schöne, schräge, viereckige Stücke, nimmt diese mit einer breiten Schaufel heraus und legt sie auf die Schüssel.

Topfen- (Quark-) Strudel

Von ½ Liter Mehl und den nötigen Beigaben wird Strudelteig, wie zu Anfang angegeben, bereitet. Während man ihn rasten läßt, bereitet man folgende Fülle: 60 Gramm Butter werden mit 80 Gramm Vanillezucker und 3 Eidottern gut verrührt und mit 300 Gramm fein geriebenen Topfen (weißer Käse), etwas Salz, ⅛ Liter saurer Sahne und festem Schnee von 3 Eiweiß vermengt. Der Strudelteig wird dann fein ausgezogen, mit Butter und der Fülle bestrichen und mit gerösteten Semmelbröseln und Rosinen bestreut. Wenn der Teig eingerollt und schneckenförmig in die Kasserolle gelegt ist, bestreicht man ihn mit Butter und backt ihn ½ Stunde im heißen Ofen. Der Strudel wird in Stücke geschnitten, mit Zucker bestreut und mit Eiermilch, bestehend aus ½ Liter Milch, in der 2 Eidotter und etwas Zucker gequirlt und gekocht wurden, serviert.

Strudel von saurer Sahne

Zu einem Abtriebe von 40 Gramm Butter, 3 Eidottern und ¼ Liter saurer Sahne mengt man festen Schnee von 3 Eiweiß, etwas Salz, Zucker und 100 Gramm Semmelbröseln. Diese

Strudel machen
2. Der Teig wird mit Hilfe des Tuches, auf dem er ruht, zusammengerollt

Fülle streicht man auf einen gut ausgezogenen Strudelteig von ½ Liter Mehl, 50 Gramm Butter, Salz und 1 Ei — wie oben angegeben, bereitet — und streut Rosinen und geschälte, gestiftelte Mandeln und, wenn die Sahne dünnflüssig war, noch etwas Semmelbrocken darüber und rollt ihn leicht zusammen. Der Strudel wird in eine mit Butter belegte Kasserolle schneckenförmig gedreht gegeben und, an der Oberfläche mit dem Rest der Fülle bestrichen, im heißen Ofen ½ Stunde gebacken. Dem in Stücke geschnittenen, mit Zucker überstreuten Strudel wird Eiermilch (siehe Topfenstrudel) beigegeben.

Schokoladestrudel

In einer Schüssel werden 5 Eidotter, 100 Gramm Zucker und 100 Gramm geschälte geriebene Mandeln ½ Stunde gerührt und nachher fester Schnee von 4 Eiweiß und 100 Gramm geriebener Schokolade leicht dazugemischt. Damit bestreicht man gerasteten, ausgezogenen Strudelteig, der vorher mit Butter eingefettet wurde. Der Strudelteig wird gerollt, schneckenförmig gedreht in eine Kasserolle gelegt, mit Butter eingefettet und ½ Stunde gebacken. Wenn er halb gebacken ist, wird er mit ½ Liter gezuckerter, gekochter Milch übergossen, fertiggebacken mit Zucker überstreut und in Stücke geschnitten.

Tiroler Strudel

Auf ausgezogenen Strudelteig streicht man eine Fülle, bestehend aus 100 Gramm Butter, die mit 2 Dottern, ¼ Liter milder saurer Sahne, 50 Gramm Zucker und fein gehackten Zitronenschalen gerührt wurde. Auf die Fülle werden geriebener Lebkuchen, Zimt, gestoßene Gewürznelken, 140 Gramm geriebene Nüsse, 50 Gramm Rosinen, 50 Gramm Korinthen, 5 Stück getrocknete fein geschnittene Feigen gestreut. Dann rollt man den Teig ein, dreht den Strudel schneckenförmig, bringt ihn in eine mit Butter ausgestrichene Kasserolle und backt ihn mit Butter bestrichen ¾—1 Stunde. Vor dem Anrichten wird der Strudel in Stücke geschnitten und mit Zucker und Zimt bestreut.

Apfelstrudel

Der Strudelteig wird von ½ Liter Mehl, 50 Gramm Butter, Salz und 1 Eidotter bereitet und ausgezogen erst mit in Butter gerösteten Semmelbrocken dicht bestreut, dann mit in feine Spalten geschnittenen Äpfeln belegt und mit Zucker, Zimt, Rosinen, fein gehackten Zitronenschalen und abgewällten gestiftelten Mandeln bedeckt. Der Teig wird eingerollt, mit Butter bestrichen in eine mit Butter ausgelegte Kasserolle schneckenförmig zusammengedreht und ½—¾ Stunde gebacken. Der fertiggestellte Strudel wird mit Zucker bestreut und in Stücke geschnitten. Man kann den ausgezogenen Teig auch mit zerlassener Butter bestreichen und die Fülle dicht auf die eine Längsseite des Teiges nur bis in die Mitte streuen und den bestrichenen ungefüllten Teig um den gefüllten Teig rollen. Er blättert sich durch diese Behandlung wie Blätterteig.

Kirschenstrudel

Dieser Strudel wird wie der Apfelstrudel bereitet, nur mit dem Unterschiede, daß man ihn statt mit Äpfeln mit von den Stielen und Steinen befreiten Kirschen belegt und die Rosinen wegläßt.

Pflaumenstrudel

Die Bereitung dieses Strudels ist ebenfalls die gleiche wie die des Apfelstrudels. Statt der Äpfel gibt man von den Kernen gelöste, in zwei Teile geschnittene Pflaumen dazu. Die Rosinen bleiben auch hier weg.

Weintraubenstrudel

Dieser Strudel wird statt mit Äpfeln mit frischen gewaschenen Weinbeeren, von den Stengeln gezupft, gefüllt. Die Bereitungsart ist genau die gleiche wie beim Apfelstrudel.

Mohnstrudel von Hefeteig

120 Gramm abgetriebene Butter wird mit 1 Eßlöffel fein gestoßenem Zucker, etwas Salz, 2 Eidottern und 1 ganzen Ei verrührt, mit 30 Gramm in ⅛ Liter Milch aufgelöster Hefe und mit 45 Gramm Mehl vermengt und abgeschlagen. Hierauf läßt man den Hefeteig an einem warmen Ort in die Höhe gehen, treibt ihn dann auf einem bemehlten, erwärmten Brett messerrückendick aus und bestreut ihn mit folgender Fülle: ¼ Kilo Zucker wird mit ⅛ Liter Wasser und der gleichen Menge mit Wasser aufgegossenen starken schwarzen Kaffees bis zum Spinnen gekocht, worauf man 300 Gramm gemahlenen Mohn, fein gehackte Zitronenschalen, gestoßene Gewürznelken, 30 Gramm Butter, ¼ Liter Milch damit so lange verkocht, bis eine dickflüssige Masse entsteht, der man eine Handvoll Rosinen beimengen kann. Die längere Seite von dem mit der Fülle bestrichenen Teige wird drei Finger breit umgeschlagen und die umgeschlagene Seite ebenfalls mit der Mohnfülle bestrichen. Hierauf wird der ganze Teig gerollt, auf ein mit Butter bestrichenes Backblech gelegt und an einem warmen Ort zugedeckt stehengelassen, damit er nochmals in die Höhe geht. Der Strudel wird vor dem Backen mit abgeschlagenen Eiern bestrichen, mit der Gabel mehrmals durchstochen. Er wird etwa ¾ Stunde gebacken.

Backpulvergebäck und gerührte Kuchen

Behandlung der Teigarten

Gerührte Kuchen erfordern kalte Zutaten, und ein gleichmäßiges Rühren von wenigstens ½ Stunde nach einer Seite ist die Hauptsache. Zuerst werden Eier und Zucker schaumiggerührt, dabei ist eine Schneerute von großem Nutzen. Sie verkürzt die Zeit des Rührens erheblich. Beim Teigrühren verwendet man eine Reibkeule oder einen Holzlöffel. Ein Zusatz von Alkohol dient auch zum Treiben und Auflockern. Der Eierschnee muß ganz steif und trocken sein, sonst geht der Kuchen nicht gut auf. Das gleiche gilt vom Backpulvergebäck, das aber sparsamer im Eierverbrauch ist. Man rechnet auf ½ Kilo Mehl 20 Gramm Backpulver. Gerührte Kuchen und Backpulverkuchen brauchen gute Mittelhitze. Man darf anfangs den Ofen nur vorsichtig öffnen, damit der Kuchen nicht fällt. Diese Kuchen müssen langsam in der Form erkalten, ehe sie gestürzt werden.

Einfacher altdeutscher Napfkuchen

3 große oder 4 kleinere Eier, 375 Gramm Weizenmehl, 125 Gramm Kartoffelmehl, 100 Gramm Butter, 100 Gramm Schmalz, 200—250 Gramm Zucker, ½ abgeriebene Zitronenschale, 1 kleine Obertasse kalte Milch, 10 abgezogene geriebene bittere Mandeln, 1 Backpulver oder 8 Gramm Natron und 16 Gramm Kremortartari. Die Butter wird mit dem Schmalz zu Sahne gerührt, dann abwechselnd Eidotter, Mehl, Milch und Zitronenschale beigefügt und der Kuchen ½ Stunde nach einer Seite gerührt. Zuletzt werden der steife Eierschnee und das Backpulver untermischt. Man backt den Kuchen in vorbereiteter Form bei Mittelhitze 1 Stunde.

Königskuchen

½ Kilo feines Weizenmehl, 375—500 Gramm Butter, 375 Gramm Zucker, die abgeriebene Schale einer Zitrone, 8 Eier, das Weiße zu Schnee, 125—150 Gramm Korinthen, ½ Weinglas Arrak, Rum oder Weinsprit. Man rührt die Butter zu Sahne, gibt nach und nach die Eigelb und den Zucker dazu und rührt ½ Stunde nach einer Seite, um dann alle übrigen Zutaten, zuletzt den Eierschnee beizufügen. In der gebutterten und gut ausgestreuten Kastenform backt der Kuchen bei Mittelhitze etwa 1 Stunde.

Schwarzes Bischofsbrot

250 Gramm Zucker werden mit 6 Eidottern schaumiggerührt und mit 200 Gramm Mehl, 140 Gramm Rosinen, 140 Gramm Korinthen, 70 Gramm länglich geschnittenen Mandeln, 4 Tafeln geriebener Schokolade und dem Schnee der 6 Eiweiß verbunden. Die Teigmasse wird in einer mit Butter ausgestrichenen, mit geriebener Semmel bestreuten Zwiebackform 1 Stunde lang im Ofen gebacken und die ausgekühlte Masse in kleinfingerdicke Scheiben geschnitten.

Weißes Bischofsbrot

wird aus demselben Teig bereitet wie das schwarze Bischofsbrot, mit dem Unterschiede, daß die Schokolade nicht gerieben, sondern würflig geschnitten dem Teig beigemengt wird.

Blitzkuchen

150 Gramm Zucker werden mit 3 Eidottern und 60 Gramm Butter ½ Stunde gerührt, fein gehackte Zitronenschalen und Schnee von 3 Eiweiß beigemengt und 100 Gramm Mehl leicht eingerührt. Der Teig wird in eine mit Butter ausgestrichene, mit Mehl bestäubte Kuchenform gefüllt, mit Mandeln bestreut und bei ziemlich starker Hitze im Ofen gebacken.

Schneekuchen (Eiweißverwertung)

Zutaten: 8 Eiweiß, 260 Gramm Puderzucker, 75 Gramm Kartoffelmehl, 60 Gramm Weizenmehl, 125 Gramm aufgelöste lauwarme Butter, ¼ Stange Vanille, 10—15 Stück süße, geschälte, gestiftelte Mandeln zum Ausstreuen der Form. Die Eiweiß werden zu steifem Schnee geschlagen, zuerst der Zucker, dann vorsichtig alle anderen Zutaten daruntergemischt und in vorgerichteter Form ½—¾ Stunde bei Mittelhitze gebacken. Die Masse ergibt nur eine kleine Form, die ausgestrichen, mit Semmelmehl und gestiftelten Mandeln bestreut wird.

Biskuite

4 Eier werden in einer Schüssel mit 200 Gramm Zucker und 2 Eiweiß 1 Stunde gerührt. Die 2 anderen Eiweiß schlägt man zu Schnee, den man mit 150 Gramm vom feinsten trockenen Mehl vermengt und mit dem Gerührten verbindet. Die Masse drückt man durch eine Papiertüte in schöne, gleichmäßig große Häufchen in Biskuitform auf Papier und bestreut sie mit fein gestoßenem Zucker.

Man läßt die Biskuite an einem kühlen Ort stehen, bis der Zucker sich gelöst hat, legt das Papier dann auf ein Backblech und in den Ofen. Zur Probe der Hitze soll ein in den Ofen gelegtes Papier sich zwar zusammenrollen, jedoch die Farbe wenig verändern. Wenn die Biskuite gebacken sind, dreht man sie mit dem Papier um, so daß die obere Seite auf das heiße Blech zu liegen kommt, und nimmt sie nach einigen Minuten aus dem Ofen. Erkaltet, befeuchtet man das Papier mit einem in Wasser getauchten Tuch und legt die Bogen aufeinander, und zwar Papier auf Papier und Biskuiten auf Biskuiten. Nach einer Weile löst man die Biskuiten vom Papier und legt sie auf das ausgekühlte Blech in den nicht zu heißen Ofen, um sie zu trocknen.

Biskuitroulade

200 Gramm Zucker rührt man mit 4 Eiern und gibt 150 Gramm Mehl dazu. Der Biskuitteig wird auf Schreibpapier gestrichen auf das Backblech gelegt und rasch im heißen Ofen gebacken. Sobald der Teig Farbe bekommt, wird er umgedreht und das Papier mit Wasser befeuchtet und abgezogen. Man bestreicht ihn nun rasch mit Aprikosenmarmelade, rollt ihn zusammen und backt ihn fertig. Die kalte Roulade wird in fingerdicke Scheiben geschnitten und mit Zucker bestreut.

Mohrenköpfe (Indianerkrapfen)

Von 6 Eidottern, 150 Gramm Zucker, 120 Gramm Stärkemehl und festem Schnee der 6 Eiweiß wird Biskuitteig gemacht und dieser in die kleinen, mit Butter bestrichenen Krapfenholzformen gefüllt und im mäßig heißen Ofen gebacken. Die fertiggebackenen Krapfen werden, falls es notwendig sein sollte, noch etwas ausgehöhlt, damit sie gleichmäßig dünn sind. Man taucht sie in Schokoladeglasur und füllt sie mit zu Schaum geschlagener Schlagsahne. Je zwei und zwei Stück werden zu einem Krapfen zusammengelegt.

Bismarckeiche oder Baumstamm

Zutaten: 6 ganze Eier, 120 Gramm Zucker, 60 Gramm Stärkemehl, 60 Gramm Weizenmehl, 120 Gramm zerlassene Butter. Zur Füllung: 190 Gramm Puderzucker, 190 Gramm Butter, 190 Gramm Kuvertüre (Schmelzschokolade), 10—12 Pistazien. Die Füllung muß zuerst bereitet werden. Man rührt die Butter zu Sahne, gibt Puderzucker, dann die im Wasserbade erweichte, lauwarme Kuvertüre dazu und stellt die Creme kalt. — Zum Teig werden die Eier mit dem Zucker auf kühlem Herd ganz dick- und schaumiggeschlagen, mit der zerlassenen, abgekühlten Butter und dem Mehl vermischt, auf ein mit weißem Papier belegtes längliches Blech mit Rand geschüttet und bei Mittelhitze schnell lichtgelbgebacken. Dann wird das Blech auf weißes Papier umgekehrt, das auf dem Blech gelegene Papier vorsichtig vom Teig abgezogen und, wenn etwas abgekühlt, mit der Creme bestrichen und fest zusammengerollt. Zum Füllen rechnet man die kleinere Hälfte, der Rest wird in eine Kuchenspritze oder Dressiersack gefüllt, der Kuchen der Länge nach besprißt, mit den abgezogenen, gehackten Pistazien bestreut und kaltgestellt.

Mürbe Teige, Brösel-Teige, Obstkuchen

Mürber Teig I zu Obstkuchen

Die mürben Teige und Brösetteige (Bröckelteige) müssen an einem kühlen Ort gemacht werden, damit die Butter festbleibt. 280 Gramm Mehl siebt man durch ein Sieb auf das Brett und gibt 180 Gramm in kleine Stücke geschnittene Butter dazu, die man mit dem Mehl vermengt, zerbröckelt. Hierauf macht man mit 3 Eidottern, Milch oder Wasser, 1 Eßlöffel Zucker und 1 Messerspitze Salz einen glatten Teig, läßt diesen in ein Tuch geschlagen an einem kühlen Ort 1 Stunde rasten und verwendet ihn.

Mürbteig (Bröselteig) II

160 Gramm Butter werden mit 240 Gramm Mehl mit den Händen gut gemengt und mit 70 Gramm Zucker, gehackten Zitronenschalen, Salz und 2 Eidottern zu einem Teig angemacht, den man wenig knetet, gleich ausrollt und verwendet. Sollte der Teig nicht gleich verarbeitet werden können, so muß man ihn zugedeckt an einem kühlen Ort mindestens 1 Stunde rasten lassen.

Mürbteig (Bröselteig) III ohne Eier

Dieser Teig wird aus 160 Gramm Butter, 240 Gramm Mehl, 100 Gramm Zucker, 80 Gramm Mandeln, dem Saft und der fein gehackten Schale einer Zitrone zusammengemengt, gut verarbeitet und sogleich verwendet.

Einfacher Apfelkuchen

Man macht ein rundes Blatt von Brösetteig II in der Größe des Tortenbleches und biegt den Rand 2—3 Zentimeter hoch um. Der Rand wird mit einem Streifen Papier in gleicher Höhe überwunden und das Papier zusammengeklebt oder genäht. Dieser Teig wird auf ein mit Papier belegtes Backblech gegeben und dicht mit 6 Stück geschälten, in Spalten geschnittenen Äpfeln belegt. Auf die Äpfel gibt man einige Stückchen frische Butter. Der Kuchen wird bei ziemlich starker Hitze gebacken und mit Zucker und Zimt auf einer Tortenplatte warm serviert.

Billiger mürber Apfelkuchen
(für 12 Personen ausreichend)

Zutaten: 375 Gramm Mehl, 100 Gramm Butter, 100 Gramm Schmalz oder Margarine, 2 Eier, das Weiße zu Schnee, die abgeriebene Schale einer Zitrone, 1 Messerspitze Salz, 2 Teelöffel Backpulver, 1½ Kilo Äpfel, 100 Gramm Korinthen, 100 Gramm Sultaninen, 1—2 Eßlöffel Rum, 50 Gramm in Stifte geschnittene, abgezogene, süße Mandeln. Butter und Schmalz wird zu Sahne und mit Eigelb und Zucker schaumiggerührt, dann gibt man das Mehl und den Eierschnee dazu und knetet einen weichen Teig daraus, der ausgerollt zum Auslegen der Form verwendet wird. Etwas Teig bleibt zurück, um als Gitterwerk verwendet zu werden. Der Tortenboden wird leicht überbacken, dann füllt man die an der Herdseite mit Korinthen, Rosinen, Rum und Zucker anzudämpften, fein geschnittenen Äpfel gleichmäßig darauf, streut die Mandelstifte darüber, verziert mit einem Teiggitter und backt den Kuchen zu guter Farbe; er wird gleich mit Zucker bestreut. Man kann auch anderes Obst für den Kuchen verwenden, nur darf es nicht zu saftig sein.

Apfelkuchen von mürbem Teig

Der Kuchen wird von dem mürben Teig I bereitet, indem man die Hälfte messerrückendick austreibt und über ein mit Butter bestrichenes Papier auf das Backblech legt. Auf diesen Teig wird die Fülle gestrichen und diese mit der ebenfalls messerrückendick ausgetriebenen zweiten Hälfte des Teiges bedeckt. Die Oberfläche des Teiges bestreicht man mit abgeschlagenem Ei, bestreut sie mit grobgehackten Mandeln und Zucker und backt den Kuchen langsam in dem mäßig heißen Ofen. — Apfelfülle: 6 große Äpfel werden geschält, in Spalten geschnitten und mit 80 Gramm Zucker und 3 Eßlöffel weißem Wein gedünstet, bis sie weich sind. Die ausgekühlten Apfelspalten vermengt man mit 100 Gramm abgezogenen, geriebenen Mandeln, 2 Eidottern, etwas fein gehackten Zitronenschalen und Aprikosenmarmelade und mischt den Schnee von 3 Eiweiß darunter.

Weißer Kirschkuchen

Es wird von dem Bröselteig II ein flacher runder Kuchen wie für den einfachen Apfelkuchen gemacht, mit gezuckerten, entkernten Kirschen belegt und auf einem mit befettetem Papier belegten Backblech im heißen Ofen gebacken. Vor dem Anrichten wird der Kuchen mit Zucker bestreut.

Brauner Kirsch- oder Weichselkuchen

70 Gramm mit den Schalen geriebene Mandeln werden mit 50 Gramm geriebenem Schwarzbrot, das mit Rum befeuchtet wurde, 100 Gramm geriebener Schokolade, den fein gehackten Schalen einer Zitrone, 5 Gramm Zimt und 5 Gramm gestoßenen Gewürznelken gemischt. Hierauf rührt man 140 Gramm Zucker mit 6 Eidottern ½ Stunde und gibt das Gemischte und Schnee von 6 Eiweiß dazu. Die Masse wird in eine mit Butter ausgestrichene, mit geriebener Semmel ausgestreute Tortenform 2 Finger hoch eingefüllt und mit 1 Oblate belegt, auf die man gewaschene schwarze Kirschen oder saure Kirschen (Weichseln) dicht nebeneinander gibt. Der Rest des Teiges wird über die Kirschen gestrichen und der Kuchen ¾ Stunde im mäßig heißen Ofen gebacken. Der Kuchen soll erst den nächsten Tag mit Zucker bestreut zu Tische gebracht werden.

Aprikosenkuchen

Aus der Teigmasse für Obstkuchen I wird ein Kuchen wie der Apfelkuchen vom mürben Teig gemacht und mit halbierten, recht reifen Aprikosen gefüllt. Der Kuchen wird auf dem mit Papier belegten Backblech bei guter Hitze gebacken und mit Zucker bestreut angerichtet.

Erdbeerkuchen

Man macht aus dem Bröselteig II eine Platte wie beim einfachen Apfelkuchen und backt diese. Der Teig muß jedoch vorher mehrmals mit einer Gabel durchstochen werden, damit er keine Blasen bekommt. Während die Platte backt, werden frische Walderdbeeren durchgetrieben und mit Zucker im gleichen Gewichte in einem Becken, das man in kochendes Wasser stellt, geschlagen, bis sie heiß sind. Die Erdbeerfülle wird zum Erkalten auf Eis gestellt und erst knapp vor dem Gebrauch auf den Kuchen gefüllt.

Himbeerkuchen

Es wird eine Platte von Bröselteig II wie beim einfachen Apfelkuchen hergestellt und gebacken. Diese wird mit Himbeeren gefüllt, die mit heißem Zuckersirup übergossen und zum Erkalten auf Eis gestellt wurden. Der Kuchen wird vor dem Gebrauch mit zu Schaum geschlagener Schlagsahne überstrichen.

Johannisbeerkuchen

Man backt aus Bröselteig II eine Platte wie für den einfachen Apfelkuchen und schlägt 2 Eiweiß zu festem Schnee, rührt 150 Gramm Zucker und ¾ Liter von den Stielen gezupfte Johannisbeeren darunter. Der Schnee wird auf den Kuchen gefüllt und ziemlich stark gezuckert. Der Kuchen wird für einige Minuten in die heiße Röhre gestellt, damit der Schnee Farbe und Rinde bekommt.

Sächsischer Obstkuchen

Der mürbe Teig I wird kleinfingerdick ausgetrieben, über ein Blatt Papier auf das Backblech gegeben und am Rande aufgebogen. Hierauf belegt man ihn mit beliebigen Früchten, wie Himbeeren, Erdbeeren und Johannisbeeren oder entfernten Kirschen, Pflaumen und Aprikosen, und überstreicht die Früchte mit einer gut verrührten weichen Masse aus 3 Dottern, 50 Gramm Zucker, 3 Eßlöffel saurer Sahne, 50 Gramm fein geriebenen Mandeln und dem Schnee von 3 Eiweiß. Die Fülle wird mit Semmelbröseln bestreut und der Kuchen langsam im Ofen gebacken.

Pflaumenkuchen

200 Gramm frische Butter werden abgetrieben und nach und nach mit 5 Eidottern, 120 Gramm Zucker, fein gehackten Zitronenschalen und etwas Salz vermengt und ½ Stunde gerührt. Unterdessen löst man 30 Gramm Preßhefe in lauwarmer Milch und ein wenig Mehl wie für den Hefeteig auf, vermengt sie mit der gerührten Masse und mit ½ Kilo Mehl und läßt den Teig zugedeckt an einem warmen Orte in die Höhe steigen. Der gut gegangene Teig wird in einen großen viereckigen Fleck ausgerollt und dieser über ein mit Butter bestrichenes Papier auf das Backblech gebracht. Er wird dicht mit gewaschenen, entfernten, halbierten Pflaumen belegt und mit Zucker und Zimt bestreut. Der Kuchen wird nochmals zugedeckt an einen warmen Ort gestellt und, wenn er schön aufgegangen ist, bei starker Hitze im Ofen gebacken. Man schneidet ihn in viereckige Stücke, bestreut diese mit Lebkuchen und Zucker und bringt den Kuchen warm zu Tische.

Traubenkuchen

210 Gramm Butter, 210 Gramm Mehl, 2 Eidotter und 5 Eßlöffel gute Sahne werden zu einem mürben Teig verarbeitet und dieser 1 Stunde an einen kühlen Ort gestellt. Nach dieser Zeit wird er über mehrere Lagen Papier auf das Backblech gelegt, am Rand aufgebogen und bei ziemlich starker Hitze gebacken. Ehe der Kuchen ausgebacken ist, bestreicht man ihn mit festem Schnee von 5 Eiweiß, in den man 250 Gramm Staubzucker, 140 Gramm geriebene Mandeln und 250 Gramm Weintraubenbeeren vorsichtig eingerührt hat. Der fertiggebackene Kuchen wird in viereckige Stücke geschnitten und warm serviert.

Fruchttorteletten

Butterteig I wird zur Hälfte in Blätter und zur Hälfte in Ringe ausgestochen. Die Blätter werden mit Butter bestrichen und mit in Wein gedünsteten Äpfeln oder Aprikosen oder auch mit Marmelade belegt. Die Fülle darf jedoch nicht bis an den mit Ei bestrichenen Rand des Teiges reichen. Dann werden die Ringe aufgesetzt und ebenfalls mit Ei bestrichen. Wenn die Torteletten gebacken sind, gibt man Wasserglasur mit Zitronensaft und Rum über die Fülle und verziert sie, wenn sie getrocknet ist, mit Früchten. Die Torteletten können auch nach dem Backen mit gedünsteten Früchten belegt werden.

Charlotte von mürbem Teig

Der Boden einer Auflaufform wird gitterartig mit mürbem Teig I ausgelegt und die Seiten der Form mit einem Teigstreifen bedeckt. Auf das Gitter legt man in gezuckerten Wein getauchten Zwieback, darauf Kirschfleisch, auf dieses Biskuit und auf dieses Aprikosen oder Pfirsiche, halbiert und entkernt. Diese bedeckt man wieder mit Zwieback und füllt die Form in dieser Reihenfolge. Statt der obersten Schicht macht man einen Deckel aus mürbem Teig. Die Charlotte wird im mäßig heißen Ofen langsam gebacken und gestürzt.

Ausstechen von Mürbkuchen

Spitzbuben

280 Gramm Mehl, 210 Gramm Butter, 105 Gramm Zucker und 2 Eidotter vermengt man zu mürbem Teig, treibt ihn messerrückendick aus, schneidet schräge Vierecke davon und backt diese in nicht zu heißem Ofen blaßgelb. Die Hälfte der Vierecke wird mit Aprikosenmarmelade bestrichen, mit den anderen Vierecken bedeckt und diese mit Vanillezucker bestreut.

Vanillehörnchen

210 Gramm Butter werden mit 280 Gramm Mehl gut abgeknetet und mit 3 Eidottern, 120 Gramm geriebenen Mandeln und 100 Gramm Zucker vermengt. Von dem festen Teig werden nußgroße Stücke abgetrennt, kleine Würstchen gerollt und zu Hörnchen geformt. Die Hörnchen werden im heißen Ofen gebacken und sofort in Vanillezucker gerollt, so daß sie ganz davon bedeckt sind.

Butterringe

Man verarbeitet 140 Gramm Butter, 60 Gramm Zucker und 210 Gramm Mehl zu einem ziemlich festen Teig und treibt ihn messerrückendick aus. Mit einem Ausstecher sticht man davon zierliche kleine Ringe aus, bestreicht sie mit Glasur von 1 Eiweiß und 70 Gramm Zucker und backt sie hellgelb.

Husarenkrapferln

2 Eidotter werden mit 140 Gramm Butter und 60 Gramm Zucker gut abgetrieben und mit der fein geriebenen Schale einer Zitrone und 150 Gramm Mehl zu Teig gerührt. Aus dem Teig formt man kleine Kugeln und drückt sie in der Mitte mit dem Kochlöffel ein. Die Krapferln werden mit Eidotter bestrichen und auf dem Backblech im Ofen hellgelbgebacken. In die durch das Eindrücken entstandene kleine Grube gibt man beliebige Marmelade und bestreut die Krapferln mit Zucker.

Sehr guter Mürbteig

250 Gramm Butter, 6 hartgekochte Eigelb, 90 Gramm gesiebter Zucker, ½ Kilo Mehl. Die Eigelb werden vom Weißen vorsichtig getrennt, dann in kochendem Wasser fünf Minuten gekocht, abgetropft und durch ein feines Sieb gerieben. Die Butter wird zu Sahne gerührt, dann werden alle vorbereiteten Zutaten dazugemischt und der Teig zum Ruhen kühlgestellt. Man verwendet ihn zum Auslegen für Obsttorten, auch für Torteletten, oder backt kleine Mürbkuchen davon.

Blätter- oder Butterteig

Blätter- (Butter-) Teig I

Dieser ist ziemlich schwierig zu bereiten und braucht vor allem trockenes feines Mehl und sehr frische gute Butter. Es ist unbedingt notwendig, daß der Teig an einem kühlen Ort gemacht wird. Auch die Hände soll man vorher einige Male in kaltes Wasser tauchen, damit sie kühl sind. Der fertige Teig wird für einige Stunden oder über Nacht auf Eis, in Ermangelung dessen in den Keller gestellt. Die Bereitungsart ist folgende: ½ Kilo sehr frische feste Butter wäscht man in kaltem Wasser gut aus, knetet sie eine Weile mit den Händen durch, formt sie zu einer daumendicken Scheibe und legt sie wieder in Wasser oder auf Eis. Unterdessen wiegt man ½ Kilo Mehl, siebt es durch ein Haarsieb auf das Brett, macht in das Mehl eine Grube und gibt eine Messerspitze Salz, 35 Gramm Butter, 1 Ei, ¼ Liter kaltes Wasser und den Saft einer halben Zitrone hinein, mischt alles zu einem Teig, den man einige Minuten tüchtig verarbeitet. Der Teig muß die gleiche Konsistenz wie die Butter haben. Er darf nicht zu fest und nicht zu weich sein. Wenn er gut verarbeitet und zart ist, formt man daraus einen Laib und läßt ihn mit einem Tuch bedeckt stehen. Nach ¼ Stunde wird der Teig auf das mit Mehl bestäubte Brett gelegt, mit etwas Mehl bestreut und zu einer Scheibe, die doppelt so groß wie die Butter ist, ausgetrieben. Die gut abgetrocknete, kalte Butter wird auf den Teig gelegt und dieser von allen Seiten gleichmäßig darübergeschlagen, so daß die Butter ganz eingehüllt ist. Hierauf rollt man den Teig behutsam zu einer doppelt so großen Scheibe aus, als es die frühere war, wobei man das Rollholz und das Brett etwas mit Mehl bestreut. Man kehrt das Mehl jedoch sofort von der Oberfläche des Teiges ab, schlägt ihn von beiden Seiten über, und zwar von rechts nach oben, von links nach unten, wodurch er dreifach übereinander zu liegen kommt. Der Teig wird zwischen Papier auf Eis oder an einen kühlen Ort gelegt und nach 10 Minuten wieder auf das Brett genommen, so daß die offenen Seiten rechts und links liegen, und so dünn als möglich ausgetrieben, ohne daß er reißen darf. Das Austreiben des Teiges muß jedoch mehr durch Klopfen als durch Rollen und ziemlich rasch geschehen, damit der Teig nicht zu trocken wird. Man schlägt ihn nochmals dreifach zusammen und läßt ihn rasten. Diese Prozedur wird viermal wiederholt. Das letztemal läßt man den Teig, wie schon gesagt, über Nacht auf Eis oder im Keller liegen. Des anderen Tages wird der Teig nochmals ausgetrieben, eingeschlagen und muß nochmals eine kurze Zeit rasten, ehe er weiter verwendet wird. Hierzu wird er kleinfingerdick oder, wenn es notwendig ist, noch dünner ausgerollt, auf ein mit Wasser befeuchtetes Backblech gelegt. Mit einem feinen Pinsel oder einer Feder mit abgeschlagenem Ei bestrichen, wird er im heißen Ofen gebacken.

Blätter- (Butter-) Teig II mit Sahne

300 Gramm Butter werden mit etwas Mehl gut geknetet und an einen kühlen Ort gestellt; dann macht man von 400 Gramm Mehl, 3 Eidottern, 3 Eßlöffel saurer Sahne, 3 Eßlöffel weißem Wein und etwas Salz einen geschmeidigen Teig, schlägt die Butter ein und behandelt ihn weiter genau so wie den Butterteig I mit Wasser.

Blätter- (Butter-) Teig III auf schnelle Art

250 Gramm Mehl werden mit 500 Gramm Butter geknetet und an einen kühlen Ort gestellt. Inzwischen macht man aus 250 Gramm Mehl, 3 Eidottern, 3 Eßlöffel Wein, etwas Salz und der nötigen süßen Sahne einen geschmeidigen Teig, treibt ihn aus und schlägt die mit Mehl geknetete Butter ein. Der Teig wird ohne Unterbrechung fünfmal nacheinander ausgetrieben und zusammengeschlagen und gleich verwendet.

Blätter- (Butter-) Teigpastete (Vol au vent)

Der fünfmal zusammengeschlagene Blätterteig I wird nochmals derart zusammengeschlagen, daß er in zehnfachen Teilen übereinander liegt, kleinfingerdick ausgerollt, rund geschnitten und über mehrfache Papierlagen auf das Backblech gelegt. Der Teig für die Pastete muß die Größe und Form der für diese bestimmten Schüssel haben. Die Oberfläche des Teiges wird mit 1 Ei, das mit Salz und Zucker abgeschlagen wurde, bestrichen, jedoch so, daß der Rand freibleibt, da sonst der Blätterteig nicht aufläuft und sich nicht blättert. 3 Zentimeter vom Rande des Teiges macht man in der Runde einen messerrückendicken Einschnitt in den Teig, wodurch der Deckel entsteht, den man durch Einschnitte mit dem Messer ziert. Der Rand oder Kranz wird mit den Abfällen des Butterteiges, die dünn ausgetrieben und in beliebige Formen ausgestochen werden, belegt und mit Ei bestrichen. Die Pastete wird ¾ Stunde im mäßig heißen Ofen gebacken und, wenn die Oberfläche Farbe bekommt, mit Papier belegt. Wenn der Teig hoch aufgelaufen und fertiggebacken ist, wird er aus der Röhre genommen, der Deckel vom Kranze vorsichtig abgelöst und der innere fette Teig behutsam entfernt. Die hohle Pastete wird im Ofen noch einige Minuten nachgetrocknet, mit Ragout oder Salmi oder auch Schlagsahne gefüllt und der Deckel aufgesetzt.

Kleine Blätterteigpasteten

Die kleinen Pasteten werden ebenfalls aus Blätterteig I, der bleistiftdick ausgetrieben wird, bereitet. Von dem Teig werden runde Platten ausgestochen und diese mit einem kleinen Ausstecher in der Mitte nochmals, jedoch nur halb durchstochen. Die Oberfläche des Teiges wird mit abgeschlagenem Ei derart bestrichen, daß der Rand frei bleibt. Die Pasteten werden bei ziemlich starker Hitze 10 Minuten im Ofen auf einem mit Wasser befeuchteten Backblech gebacken. Der ausgestochene Teil wird entfernt und die Pasteten mit beliebigem Haschee oder mit eingemachten Früchten oder mit Schlagsahne oder Creme gefüllt.

Butterteigkrapfen

Blätterteig I treibt man messerrückendick aus und sticht ihn in runde Scheiben aus, die mit kaltem Wasser bestrichen auf die Hälfte zusammengebogen werden. Die Krapfen werden auf ein mit Wasser befeuchtetes Blech etwa drei Finger breit voneinandergelegt, oben mit abgeschlagenen Eiern bestrichen und im heißen Ofen gebacken. Wenn der Teig aufgelaufen ist, werden die Krapfen umgedreht, mit Zucker bestäubt und fertiggebacken. Man löst die Krapfen mit einem Messer vom Backblech und verziert sie mit verschiedenem Gelee.

Cremeschnitten

Die Hälfte des messerrückendick ausgetriebenen Blätterteigs I wird auf das mit Wasser befeuchtete Backblech mit dem Rollholze übertragen und mit Vanillecreme bestrichen, jedoch so, daß ein zwei Finger breiter Rand an allen vier Seiten frei bleibt. Diesen Rand bestreicht man mit einem abgeschlagenen Ei und rollt nun den zweiten Teil des Teiges vorsichtig mit dem Rollholz auf den ersten Teil. Beide Teile müssen vollständig aufeinanderpassen, worauf man die Ränder leicht aneinanderdrückt und die Oberfläche des Teiges mit abgeschlagenem Ei bestreicht. Man läßt den Teig ¾ Stunde bei mäßiger Hitze backen, übergießt ihn, wenn er vollständig erkaltet ist, mit gesponnenem Zucker und schneidet ihn in längliche Vierecke.

Schaumrollen

Von ausgetriebenem Blätterteig I werden kleine Flecken geschnitten und über Rollen von etwas breiter geschnittenem Papier gebunden. Die Rollen werden über mehrere Lagen Papier derart auf das Backblech gegeben, daß die übereinandergebundenen Teigränder auf dem Papier aufliegen. Man bestreicht die Rollen mit abgeschlagenen Eiern, streut Zucker darüber und backt sie bei mäßiger Hitze. Der Faden wird gelöst und das Papier herausgezogen. Die Rollen werden entweder mit festem, gezuckertem Schnee von Eiweiß oder mit zu Schaum geschlagener Schlagsahne gefüllt.

Blätterteighörnchen

Blätterteig II treibt man messerrückendick aus, schneidet ihn in dreieckige Stückchen, gibt in die Mitte jedes Stückchens etwas Marmelade oder Mandel- oder Mohnfülle und formt Hörnchen (Kipferln) daraus. Die Hörnchen werden mit abgeschlagenem Ei bestrichen und auf einem mit Wasser befeuchteten Backblech im heißen Ofen gebacken.

Fruchtschnitten

Hierzu wird Blätterteig I genau so behandelt und gebacken wie bei den Cremeschnitten. Die Fülle besteht jedoch aus gedünsteten, durchgetriebenen Äpfeln, die mit Rosinen, Zucker, fein gehackten Zitronenschalen und Mandeln vermischt werden. Statt der Apfelfülle kann beliebige Marmelade verwendet werden.

Aprikosen und Pfirsiche im Schlafrock

Die Pfirsiche oder Aprikosen werden geschält und von den Kernen befreit, mit einem Stückchen Zucker versehen in Blätterteig eingeschlagen, wie die Äpfel im Schlafrock, und ebenso weiter behandelt und gebacken. Wenn eingemachte Früchte verwendet werden, so muß man diese 1 Stunde vorher aus dem Saft nehmen und trocknen lassen.

Blätterteigstangen mit Käse

Blätterteig I wird fein ausgetrieben, in zwei Finger breite und zwei Finger lange Stücke geschnitten und mit abgeschlagenen Eiern bestrichen. In die Mitte der Streifen gibt man

Formen von Torteletten
Aus der Teigplatte werden Scheiben ausgestochen und mit Teigröllchen umrandet

geriebenen Parmesankäse 1 Zentimeter hoch, schlägt den Teig so übereinander, daß fingerbreite Stangen entstehen, und bestreicht ihn mit abgeschlagenen Eiern. Die Stangen werden auf dem mit Wasser benetzten Backblech bei ziemlich starker Hitze gebacken.

Torten
(Glasuren sind unter „Zucker" angegeben)

Linzer Torte

180 Gramm Butter werden mit 180 Gramm Mehl mit den Händen geknetet und mit 4 hartgekochten, passierten Eidottern, 180 Gramm Zucker, 180 Gramm mit den Schalen geriebenen Mandeln, fein gestoßenem Zimt, Gewürznelken und Gewürz, Saft von 1 Zitrone und 2 rohen Eidottern zu einem Teig verarbeitet. Dieser wird auf einem mit Mehl bestreuten Brett ausgetrieben, in der Größe einer Tortenform rund geschnitten, am Rande mit abgeschlagenem Ei und in der Mitte mit Marmelade bestrichen. Von den Resten des Teiges werden kleine fingerdicke Stangen gedreht, auf die Marmelade gitterartig aufgelegt und ebenfalls mit Ei bestrichen. Um das am Rande gleichmäßig abgeschnittene Gitter wird eine Teigrolle in der Runde gezogen, die auch mit Ei überzogen werden muß. Die Torte wird ¾ Stunde gebacken, mit Zucker bestreut und vollkommen erkaltet in den Gittern nochmals mit Marmelade gefüllt.

Braune Linzer Torte

Von 280 Gramm Butter, 280 Gramm Mehl, 140 Gramm Zucker, 140 Gramm geriebenen Mandeln, Zimt, Gewürznelken, Gewürz, Saft und Schalen einer Zitrone, 70 Gramm geriebener Schokolade und 2 rohen Eidottern wird ein fester Teig gemacht und dieser genau wie bei der Linzer Torte weiter behandelt und gebacken.

Sandtorte

140 Gramm Butter rührt man ½ Stunde mit 140 Gramm Zucker und verbindet dies nach und nach mit 4 Eidottern, etwas abgeriebener Zitronenschale oder Vanille, 70 Gramm Kartoffel- und 70 Gramm Weizenmehl und dem Schnee der 4 Eiweiß. Eine mit Butter bestrichene und mit Mehl bestäubte Tortenform wird mit dem Teig, den man ¾ Stunde backt, gefüllt. Die Torte bestreut man mit Zucker.

Haselnußtorte mit Schlagsahne

150 Gramm Zucker schlägt man mit 5 Eidottern und 180 Gramm mit 2 Eiweiß gestoßenen Haselnüssen ½ Stunde mit der Schneerute und mengt dann Schnee von 4 Eiweiß leicht darunter. Die Masse wird zu gleichen Teilen in drei mit Butter bestrichene, mit Mehl

Füllen der fertiggebackenen Torteletten mit Früchten

bestreute Tortenreifen gefüllt und langsam gebacken. Wenn die Blätter vollkommen ausgekühlt sind, wird deren eines mit Zuckerglasur mit Rumgeschmack überzogen und getrocknet. Knapp vor dem Gebrauch bestreicht man ein Blatt mit zu Schnee geschlagener Schlagsahne, die gezuckert und mit geriebenen Haselnüssen vermengt wurde. Dann setzt man das zweite Blatt auf, gibt wieder von der Schlagsahne darauf und bedeckt sie mit dem dritten mit Glasur überzogenen Blatt.

Mandeltorte

160 Gramm Zucker werden mit 6 Eidottern ¾ Stunde gerührt und 180 Gramm abgezogene, geriebene Mandeln mit Schnee von 6 Eiweiß dazugegeben. Die Mandelmasse wird in einem sehr stark mit Butter bestrichenen Tortenreif gebacken, erkaltet mit Glasur von Apfelsinen- oder Punschgeschmack überzogen und mit in gesponnenen Zucker getauchten Apfelsinenspalten belegt.

Mandeltorte als Karmelitertorte

Zu 280 Gramm Zucker rührt man 4 Dotter und 4 ganze Eier und, wenn es recht flaumig ist, 280 Gramm geriebene Mandeln, 20 Gramm Zitronat, 20 Gramm Pistazien, von einer halben Zitrone Saft und Schalen, Orangenschalen, Zimt und Gewürznelken, backt es im Tortenreif und überzieht die Torte mit Glasur mit beliebigem Geschmack.

Napoleontorte

280 Gramm Butter treibt man mit 6 Dottern fein ab und rührt 2 ganze Eier, 105 Gramm gestoßene Mandeln ohne Schalen, 280 Gramm Zucker, 280 Gramm auf dem warmen Herde aufgelöste feine Schokolade, 105 Gramm Mehl und zuletzt von 6 Eiweiß den festen Schnee dazu. Die Tortenmasse wird in zwei mit Butter bestrichenen und mit geriebener Semmel ausgestreuten Tortenformen gebacken. Ein Blatt davon wird mit Aprikosenmarmelade bestrichen, das zweite aufgesetzt und mit Glasur mit Orangengeschmack überzogen.

Schokoladetorte à la Sacher

Man erweicht 140 Gramm feine Vanilleschokolade, verrührt sie fein und gibt sie zu einem sehr flaumigen Abtrieb von 140 Gramm Butter mit 140 Gramm Zucker und 5 Eidottern. Dann mischt man 40 Gramm Heidemehl (Buchweizenmehl) und 100 Gramm feines Mehl mit festem Schnee von 5 Eiweiß dazu, füllt die Masse in einen mit Butter ausgestrichenen, dann mit Papier ausgelegten Tortenreif und läßt sie bei mäßiger Hitze backen. Wenn die Torte ausgekühlt ist, stürzt man sie um, bestreicht die glatte Seite mit ziemlich zäher Aprikosenmarmelade und überzieht sie mit gekochtem Schokoladenüberguß.

Schokoladetorte mit Schlagsahne oder Creme gefüllt

100 Gramm geriebene Schokolade, 100 Gramm geriebene Mandeln mit den Schalen, 100 Gramm Zucker und 5 Dotter werden in festem Schnee von 5 Eiweiß leicht eingerührt und das Ganze in einer mit Butter bestrichenen, mit Zucker ausgestreuten Form gebacken. Die Torte wird, wenn sie ausgekühlt, durchschnitten und mit

Bestreichen des Tortenbodens mit Creme

Schlagsahne oder Schokoladecreme gefüllt. Creme: 70 Gramm Zucker und 100 Gramm Schokolade in $^1/_{10}$ Liter Wasser dick kochen, während des Auskühlens mit 2 Eigelb verrühren und erkaltet mit Schlagsahne unterziehen.

Nußtorte mit gerührter Schlagsahne

160 Gramm Zucker mit Zitronengeruch werden mit 8 Eidottern ½ Stunde gerührt und 160 Gramm geriebene Nüsse, 1 Messerspitze gebrannter, geriebener Kaffee und Schnee von 8 Eiweiß dazugegeben. Diesen Nußteig, den man in zwei mit Butter ausgestrichene Tortenformen zu gleichen Teilen füllt, backt man im heißen Ofen und läßt ihn auskühlen. Unterdessen schlägt man $^3/_{10}$ Liter Schlagsahne zu festem Schaum, rührt Vanillezucker, 2 Eßlöffel Rum und 10 Gramm aufgelöste Gelatine dazu und stellt die Sahne auf Eis. Wenn sie steif wird, streicht man sie zwischen die Tortenblätter und auf die Torte und verziert diese mit glasierten Nüssen.

Biskuittorte

Man rührt 5 Eidotter mit 140 Gramm Vanillezucker ½ Stunde, gibt Schnee von 5 Eiweiß und 100 Gramm Biskuit- oder Stärkemehl dazu und füllt es in eine mit Butter bestrichene und mit Papier ausgelegte Tortenform. Die Torte wird ¾ Stunde gebacken, aus der Form gehoben und, wenn sie ausgekühlt ist, der Quere nach durchschnitten. Die untere Hälfte bestreicht man mit Aprikosenmarmelade und betropft sie mit Rum, legt den zweiten Teil darauf und überzieht sie mit Punschglasur. Wenn die Glasur getrocknet ist, verziert man die Torte mit eingekochten Früchten.

Biskuittorte mit Creme

Die Biskuittorte schneidet man derart in zwei Teile, daß der untere Teil höher als der obere ist. Der untere Teil wird behutsam ausgehöhlt und der leere Raum mit Creme von beliebigem Geschmack ausgefüllt. Der dünnere Teil wird wieder aufgesetzt, mit Aprikosenmarmelade bestrichen und mit Früchten verziert.

Brottorte

180 Gramm Staubzucker werden mit 8 Eidottern ½ Stunde gerührt und mit 150 Gramm geriebenen Mandeln, 60 Gramm fein geschnittenem Zitronat, fein gehackten Zitronenschalen, 60 Gramm getrockneten und mit Rum befeuchteten Bröseln von Schwarzbrot, einigen gestoßenen Gewürznelken, Gewürz, Zimt vermischt. Die Masse wird noch ¼ Stunde gerührt und hierauf fester Schnee von 8 Eiweiß daruntergezogen. Eine mit Butter bestrichene, bemehlte Tortenform wird damit gefüllt und die Torte langsam gebacken. Die ausgekühlte Torte wird der Quere nach durchschnitten, mit beliebiger Glasur überzogen und mit folgendem gefüllt: 90 Gramm Zucker, 140 Gramm feine Schokolade und 6 Eßlöffel Wasser werden zu einem dicken Brei verkocht und ausgekühlt mit 3 Eidottern verrührt und mit fest geschlagenem Schnee von ¼ Liter Schlagsahne vermengt.

Apfelsinentorte

6 Dotter und 120 Gramm Zucker, an dem die Schalen von 2 Apfelsinen abgerieben

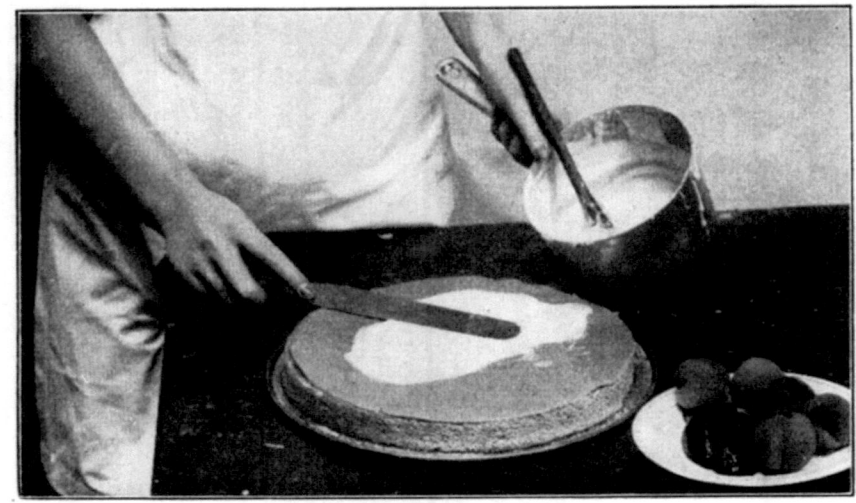

Bestreichen der Torte mit Glasur

Auflegen einer Marzipandecke über die Torte mit Hilfe des Nudelholzes

wurden, rührt man ½ Stunde und vermengt sie mit dem Saft von 2 Apfelsinen, 150 Gramm geschälten, geriebenen Mandeln und Schnee von 6 Eiweiß. Die Torte backt man in einer mit Butter bestrichenen, mit Mehl bestreuten Tortenform und überzieht sie, wenn sie erkaltet ist, mit Wasserglasur mit Apfelsinengeschmack. Man verziert die Torte mit in gesponnenem Zucker kandierten Apfelsinenspalten, indem man sie mit diesen kranzartig belegt.

Kastanientorte

½ Kilo Kastanien werden am Rücken eingeschnitten und mit so viel kaltem Wasser, daß sie davon überdeckt sind, bis zum Weichwerden gekocht. Geschält und passiert werden sie verwendet. 300 Gramm davon rührt man mit 6 Eidottern und 280 Gramm Zucker und zieht den Schnee von 6 Eiweiß darunter. Die flaumige Masse streicht man zur Hälfte auf ein mit Butter ausgestrichenes, bemehltes Tortenblech, belegt sie dicht mit eingekochten Kirschen und füllt die andere Hälfte darüber. Die Torte wird im heißen Ofen gebacken und erkaltet mit Wasserglasur mit Zitronengeschmack überzogen und mit verzuckerten,

Garnieren einer Torte mit der Spritztüte

faschierten Kastanien geschmückt. Man kann den Teig auch ohne Füllung backen, erkaltet durchschneiden und mit Schlagsahne, die mit passierten Kastanien und Zucker gemischt wurde, füllen und bestreichen.

Venezianer Torte mit Buttercremefüllung

4 Eidotter und 1 ganzes Ei werden mit 140 Gramm Zucker sehr gut verrührt und mit 140 Gramm geriebenen Mandeln und Schnee von 4 Eiweiß vermengt. In einer Tortenform, die mit Butter belegt und mit geriebener Semmel ausgestreut wurde, backt man den Teig im heißen Ofen und schneidet ihn der Quere nach durch, wenn er ausgekühlt ist. Dann füllt man die Torte mit folgender Creme: 4 ganze Eier werden mit 120 Gramm Vanillezucker in einer Kasserolle am Feuer zu einer dicken Masse geschlagen, diese vom Feuer gezogen und weiter geschlagen, bis sie ausgekühlt ist. In diesem Zustand wird sie löffelweise in 120 Gramm sehr fein abgetriebene Butter eingerührt. Die Torte wird mit der Buttercreme gefüllt und bestrichen und mit grob gehackten, gerösteten Mandeln und Zucker überstreut.

Berliner Torte nach Seleskowitz

2 ganze Eier, 3 Dotter und 120 Gramm Zucker schlägt man am Feuer in einer Kasserolle zu einer dicken Masse und rührt diese, bis sie vollständig erkaltet ist. Man mengt hierauf noch 60 Gramm Mehl ein, füllt sie in eine mit Butter bestrichene, bemehlte Form und läßt sie im heißen Ofen langsam backen. Die ausgekühlte Torte wird der Quere nach durchschnitten. In den fest geschlagenen Schnee von 4 Eiweiß werden 100 Gramm Vanillezucker leicht eingemischt und damit die untere Hälfte der Torte fingerhoch bestrichen. Wenn die andere Hälfte aufgesetzt ist, wird die Oberfläche der Torte mit dem Eierschnee mittels einer Papiertüte in fingerbreiter Entfernung schneckenförmig verziert. Die Zwischenräume füllt man ebenfalls mit Zuhilfenahme einer Papiertüte mit Marmelade. Man stellt die Torte mit dem Backblech für einige Minuten in die heiße, aber offene Röhre zum Trocknen.

Schnee-(Wind-)Bäckerei

Allgemeines über Schneebäckerei

Für alle Gattungen von Schaumbäckereien ist zu beachten, daß der Schnee sehr fest geschlagen und der Zucker, der eingerührt wird, durch ein feines Sieb geschüttet werden muß. Das Eiweiß muß vor der Verwendung in ein Becken, das in kaltem Wasser steht, gegeben werden, da es sich in kühlem Zustande leichter und besser schlagen läßt. Auf 1 Eiweiß rechnet man ungefähr 50—75 Gramm Zucker. Um schöne gleichmäßige Figuren, Ringe oder Busserln von der Windmasse zu machen, drückt man diese durch eine Tüte, die aus ziemlich festem Schreibpapier gemacht wird, auf das Backblech. Die untere Öffnung der Tüte darf höchstens bleistiftdick sein. Wenn die Schaumbäckerei innen weich bleiben soll, legt man das Papier, auf das sie gestrichen wird, auf ein mit kaltem Wasser befeuchtetes Brettchen und dieses auf das Blech, damit nur die Oberhitze auf die Masse einwirkt. Die Schneebäckereien werden am Ende der Kochzeit, wenn der Ofen nicht mehr zu heiß ist, gebacken und zum Austrocknen womöglich im Ofen gelassen, bis der Herd wieder geheizt wird.

Spanische Windbusserln

Man schlägt sehr festen Schnee von 3 Eiweiß und rührt sehr leicht 3 Eier schwer Zucker darunter. Von dieser Masse macht man kleine, ovale Häufchen auf ein mit Wachs bestrichenes Blech, backt sie, bis sie sich hellgelbfärben, läßt sie im Ofen trocknen und nimmt sie ab, nachdem das Backblech wieder erwärmt wurde.

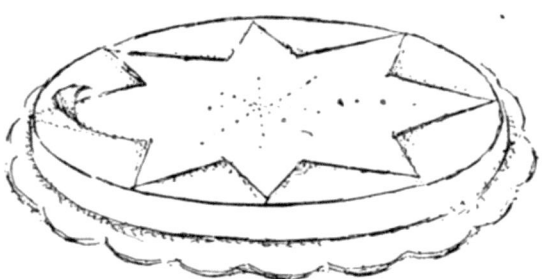

Garnieren einer Torte
Mit Hilfe eines Papiermusters wird ein Stern auf der Torte eingeritzt

Nußbusserln

Von 4 Eiweiß schlägt man sehr festen Schnee, rührt sehr leicht 200 Gramm Staubzucker ein, säuert die Mischung mit 2 Eßlöffelvoll Zitronensaft und mengt 120 Gramm nicht sehr fein geschnittene Nüsse dazu. Dann macht man davon kleine Häufchen auf das mit Wachs bestrichene Backblech und backt diese im kühlen Ofen. Diese Busserln müssen ihre weiße Farbe behalten.

Schaumhörnchen mit Mandeln

Zu diesen wird Schaummasse aus gesponnenem Zucker gemacht, und zwar werden 210 Gramm Zucker mit einer Kaffeeschale Wasser bis zum Spinnen gekocht. Wenn der Zucker diesen Grad erreicht hat, zieht man ihn an den Rand des Herdes. Dann wird von 3 Eiweiß sehr fester Schnee geschlagen und der heiße Zucker unter fortwährendem Schlagen beigemengt. Diese Masse wird in Hörnchenform (Kipfelform) auf Papier gedrückt, sehr dick mit gehackten Mandeln bestreut, auf das mit Wachs bestrichene Blech gelegt und gebacken.

Schaummakronen

120 Gramm süße und 120 Gramm bittere Mandeln werden in geriebenem Zustande in einem Kessel geröstet, mit 20 Gramm Mehl und 3 geschlagenen Eiweiß vermengt, in Form von kleinen Häufchen auf Papier gedrückt, mit Zucker bestreut und gebacken.

Kaffeebusserln

160 Gramm Zucker werden mit $^1/_{10}$ Liter gutem schwarzem Kaffee bis zum Spinnen gekocht und sehr langsam und vorsichtig in sehr festen Schnee von 2 Eiweiß gegossen. Der Schnee muß dabei immerfort bis zum vollständigen Auskühlen der Masse geschlagen werden. Aus der Masse werden kleine Busserln (Häufchen) auf Papier gedrückt, diese kühl gebacken, damit sie innen weich bleiben, und je zwei zusammengeklebt.

Teebuchstaben

Zu festem Schnee von 3 Eiweiß rührt man 210 Gramm Zucker mit Vanille und 120 Gramm Mehl, bis der Teig recht glatt ist, drückt davon mit einer Papiertüte beliebige Buchstaben oder Zahlen auf das mit Wachs bestrichene Backblech, trocknet sie 2 Stunden in einem warmen Raum und läßt sie sehr kühl backen.

Eiskrapferln

Von 5 Eiweiß wird fester Schnee geschlagen und dieser mit 220 Gramm Vanillezucker 1 Stunde gerührt. Es werden noch 30 Gramm Reismehl, 180 Gramm länglich geschnittene Mandeln, 30 Gramm kandierte Orangenschalen, 30 Gramm gehackte Pistazien eingerührt, kleine Häufchen davon auf das mit Wachs bestrichene Backblech gemacht und diese kühl gebacken.

Baisers und Baisertorte

Auf 1 Eiweiß rechnet man 50 Gramm feinen, ja nicht körnigen Zucker. Man entfernt den Hahnentritt an dem Eiweiß und stellt es bis zum Verbrauch kühl. Man schlägt das Eiweiß in einem kühlen Raum ganz steif, bis es fast krümelig aussieht, dann wird schnell der Zucker daruntergemischt. Man setzt mit einer Spritztüte oder Beutel beliebig große Häufchen auf ein mit Papier belegtes Blech, bestreut sie mit feinem Zucker und läßt sie bei schwacher Hitze mehr trocknen als backen. Sie dürfen kaum Farbe annehmen. Sind sie fest geworden, so löst man sie vorsichtig vom Papier (eventuell ist das Papier von der Unterseite etwas anzufeuchten, dann zieht es sich nach wenigen Augenblicken ganz leicht ab). Man höhlt das Innere der Baisers mittels Teelöffel noch etwas aus und läßt sie nach Bedarf noch etwas im Ofen nachtrocknen.

Will man die so beliebten Baisertorten herstellen, so schneidet man sich zwei runde Papierscheiben; die eine bildet den Boden, wird vom Rande anfangend schneckenförmig bespritzt, der Rand durch nochmaliges Umgehen erhöht.

Der zweite Kreis gibt die Auflage für die Torte. Dafür spritzt man erst den Rand, dann ein Gitter innerhalb des Kreises und verziert nach Belieben mit Punkten. Solche Baiserplatten halten sich, auf dem Papier bewahrt, wochenlang, sind beim Gebrauch nur vorsichtig abzulösen, der untere feste Boden mit Schlagsahne zu füllen und das Gitter darüberzulegen. Sehr beliebt ist es in Süddeutschland, die Schlagsahne mit geriebener Schokolade zu mischen und die Torte mit Schokoladeplätzchen zu garnieren.

Teegebäck und anderes

Vanillebrezeln

280 Gramm Mehl, 200 Gramm Butter, 125 Gramm Stückenzucker, 80—100 Gramm gemahlene süße Mandeln, ¼ Stange Vanille. Der Zucker wird mit der gespaltenen Vanille gestoßen und dann die Stange sorgfältig ausgekratzt. Alle Zutaten werden auf dem Backbrett zu einem glatten Teig geknetet, den man

Torten und kleines Gebäck

in der Kälte ½ Stunde ruhen läßt. Man formt Rollen von gleichmäßiger Länge und Stärke aus dem Teig, die man zu Brezeln formt. Man backt sie bei Mittelhitze ganz licht und bestreut sie noch heiß mit Puderzucker.

Linzer Sterne

200 Gramm Butter, 100 Gramm Schmalz, 4 hartgekochte Eigelb, 250 Gramm feiner Zucker, 200 Gramm abgezogene gemahlene Mandeln, 1 Messerspitze gestoßene Nelken, ebensoviel Zimt, 70 Gramm fein geschnittenes Zitronat, 625 Gramm Mehl. Butter und Schmalz werden zu Sahne gerührt, die gekochten Eigelb werden durch ein Sieb dazugegeben und die Masse mit dem Zucker ½ Stunde gerührt. Dann werden alle Zutaten untermischt und der Teig 1 Stunde ruhengelassen. Messerrückendick ausgerollt, werden Figuren ausgestochen, die bei Mittelhitze licht gebacken werden. Man bestreut sie mit Puderzucker oder überzieht sie mit einfacher Zitronenglasur.

Mürbe Teekuchen

1—2 Eier, 125 Gramm Zucker, 75—125 Gramm Butter, 250 Gramm Mehl, 1 Backpulver, Zitrone- oder Vanillearoma. Alle Zutaten werden zu einem glatten Teig verarbeitet, der messerrückendick ausgerollt und ausgestochen und auf ein vorbereitetes Blech gesetzt wird. Die Kuchen bestreicht man mit Ei, bestreut sie mit Zucker und Zimt oder mit gehackten Mandeln und backt sie lichtgelb.

Mürbkuchen

375 Gramm Mehl, 250 Gramm Butter, 125 Gramm Zucker, die herausgeschabten Samenkörner von 1 Stange Vanille, 1 Ei, 1 reichliche Messerspitze Backpulver werden zu einem glatten Teig verknetet, der 1 Stunde in der Kälte ruhen muß. Ein gefettetes Kuchenblech wird mit Mehl bestreut, darauf wird der Teig messerrückendick ausgerollt, mit dem Backrädchen in verschobene Vierecke geteilt, dann mit Zucker und Zimt, auch mit gehackten Mandeln bestreut und in nicht zu heißem Ofen gebacken. Die Masse ist sehr ausgiebig und in Blechbüchsen aufbewahrt lange haltbar.

Anisbogen

210 Gramm Zucker treibt man mit 4 ganzen Eiern, 2 Eidottern und 140 Gramm Mehl gut ab und macht von der Masse kleine flache viereckige Fleckchen auf ein mit Wachs bestrichenes Blech. Man bestreut die Fleckchen mit Zucker und Anis und backt sie nicht zu heiß. Wenn man sie vom Backblech löst, müssen sie gleich über das runde Holz von der Straubenspritze (Locken-) oder über einen dicken Kochlöffel gebogen werden.

Kels

250 Gramm Zucker, 4 Eier und 6 Gramm Hirschhornsalz werden 1 Stunde gerührt und hierauf mit 250 Gramm Mehl, gestoßener Vanille und ⅛ Liter lauwarmer Milch vermengt. Der Teig muß 24 Stunden ruhig liegenbleiben und wird nach dieser Zeit nochmals mit 250 Gramm Mehl vermengt und auf dem Brett messerrückendick ausgerollt. Man sticht ihn in beliebige Formen und backt ihn bei ziemlich starker Hitze im Ofen.

Ingwergebäck

Man gibt in eine Schüssel 280 Gramm Staubzucker, 4 Eidotter und 1 ganzes Ei und rührt dies ½ Stunde. Nach Ablauf dieser Zeit kommen fein gehackte Zitronenschalen, 1½ Eßlöffel geriebener Ingwer, eine Messerspitze Hirschhornsalz und 280 Gramm Mehl dazu, werden gut damit verrührt und auf dem Brett zu einem sehr festen Teig verarbeitet. Der Teig wird messerrückendick ausgerollt, in beliebigen Formen ausgestochen, auf ein mit Wachs bestrichenes Backblech gelegt und 4 Stunden an einem kühlen Ort stehengelassen. Man backt ihn im heißen Ofen ¼ Stunde und nimmt die Stücke erst, wenn sie erkaltet sind, vom Backblech.

Wespennester

250 Gramm rohe ungeschälte Mandeln länglich in feine Scheibchen geschnitten, 5 Eiweiß zu Schnee geschlagen, 125 Gramm geriebene Schokolade, 1 Messerspitze gestoßene Vanille. Die Mandeln werden, wenn in feine Späne geschnitten, mit ein paar Löffeln Zucker auf der Pfanne gelblichgeröstet und abgekühlt. Der steife Schnee wird mit dem Rest des Zuckers ½ Stunde gerührt, dann alle Zutaten leicht daruntergemischt und auf Oblaten kleine Häufchen in kühlem Ofen mehr getrocknet als gebacken.

Zimtsterne (Eiweißverwendung)

Zutaten: 3 Eiweiß, 250 Gramm Zucker, 15—20 Gramm gestoßener Zimt, 250 Gramm ungeschälte, gemahlene Mandeln. Zur Glasur: 125 Gramm Puderzucker, 1 Eiweiß. Die Eiweiß werden zu steifem Schnee geschlagen, dann verrührt man den Zucker zuerst damit und mischt zuletzt Mandeln und Zimt darunter. Unter Zuhilfenahme von Streuzucker rollt man den Teig ¾ Zentimeter stark aus, sticht Sterne aus, bestreicht sie mit Glasur und läßt sie bei gelinder Hitze auf einem mit Papier belegten Blech mehr trocknen als backen. Zur Glasur wird das Eiweiß mit 125 Gramm gesiebtem Puderzucker ¼ Stunde bis 20 Minuten gerührt, bis die Glasur die richtige Beschaffenheit hat. Sie darf nicht so flüssig sein, daß sie von den Sternen herunterläuft, sonst ist noch Zucker zuzusetzen. Man trägt die Glasur mit einem Pinsel oder einer Federpose auf.

Klötzenbrot (Früchtebrot)

½ Kilo gedörrte Birnen (Klötzen), ½ Kilo gedörrte Pflaumen, beides weichgekocht, ½ Kilo Feigen, ¼ Kilo Datteln, ¼ Kilo große Korinthen, ¼ Kilo Rosinen, 125 Gramm ausgelöste Haselnüsse, 125 Gramm Walnüsse, 150 Gramm verzuckerte Orangenschalen, 150 Gramm Zitronat werden fein geschnitten, mit der fein gehackten Schale einer Zitrone, 2 Eßlöffel Zimt und 32 gestoßenen Gewürznelken vermengt, mit ³/₁₀ Liter gutem Rum übergossen und über Nacht zugedeckt stehengelassen. Den nächsten Tag wird die Masse mit 4 Eßlöffel feinem Mehl und 4 Eßlöffel Buchweizenmehl verbunden und in schwarzen Brotteig oder in Milchbrotteig eingeschlagen. Der betreffende Teig wird zu diesem Zweck in einen dünnen Fleck ausgerollt und die zu länglichen Wecken geformte Fülle in die Mitte gelegt. Man schlägt den Teig über der Fülle zusammen und drückt die mit abgeschlagenen Eiern bestrichenen Enden aneinander. Der Wecken wird mit den Enden abwärts auf ein mit fettem Papier belegtes Backblech gegeben, mit einem Tuch bedeckt und 1 Stunde an einem warmen Ort stehengelassen. Man bestreicht ihn dann mit abgeschlagenen Eiern, backt ihn langsam im Ofen und benetzt ihn nach dem Backen mit Wasser.

Frankfurter Stanitzen

Der Teig wird mit einem flachen Messer durch die Form auf das Blech gestrichen, dann tütenförmig gedreht und in die Formen gesteckt. Man kann die Tüten auch sofort nach dem Backen ohne Form drehen

Zitronenschnitten

Es werden 6 Eigelb und 140 Gramm Zucker mit Zitronengeschmack in einem Topf mit der Schaumrute ¾ Stunde abgeschlagen, dann 140 Gramm Mehl und der Schnee von 6 Eiweiß beigemengt. Der Teig wird in eine mit Butter ausgestrichene Zwiebackform gefüllt und ½ Stunde gebacken. Ausgekühlt wird er in dicke Scheiben geschnitten und diese mit Zitronenglasur überzogen.

Zigarren

Von 140 Gramm Zucker, 140 Gramm Biskuitbrocken, 120 Gramm Mehl und Zimt wird mit 2 Eiern ein nicht zu fester Teig gemacht, dieser gut abgearbeitet, zu dünnen Würstchen gedreht, in fingerlange Stücke geschnitten, mit Ei bestrichen, in ein Gemenge von Zucker und Zimt gerollt und nicht zu heiß gebacken.

Frankfurter Stanitzen (Tüten) mit Schlagsahne

In sehr festen Schnee von 3 Eiweiß gibt man 150 Gramm Zucker, 2 Dotter, fein geriebene Zitronenschale und 100 Gramm Mehl. Das Backblech, auf dem der Teig, in kleinen, viereckigen oder runden Flecken aufgestrichen, gebacken wird, muß sehr gut mit Wachs bestrichen sein. Die Fleckchen werden langsam gebacken und gleich vom Backblech weg noch ganz heiß zu Stanitzen (Tütchen) gedreht, die mit Schlagsahne gefüllt werden, oder man backt die Tüten in Formen.

Spritzen von Schaumgebäck mit der Spritztüte

Nußwürfel

Man rührt 3 Dotter mit 140 Gramm Zucker 1 Stunde und gibt dann 140 Gramm gestoßene Nüsse, feingeschnittene Zitronenschalen und festen Schnee von 3 Eiweiß dazu. Den Teig streicht man auf ein stark mit Butter bestrichenes Backblech und backt ihn langsam und nicht zu dunkel. Wenn er fertig ist, schneidet man ihn in zwei Hälften, bestreicht die eine davon mit guter, weicher Nußfülle, bestehend aus ¼ Liter Sahne, 100 Gramm Nüssen und 80 Gramm Vanillezucker und gibt die andere Hälfte darauf. Die Oberfläche bestreicht man mit Zitronenglasur und schneidet die Masse, wenn sie etwas getrocknet ist, in viereckige Stücke. In die Mitte jedes Würfels drückt man einen in Zuckerwasser getauchten halben Nußkern.

Hohlhippen

In einem tiefen Topf schlägt man 70 Gramm Zucker mit Vanille oder Zimt, 3 Dotter und 4 Eßlöffel Mehl gut ab, gibt nach und nach ⁷/₁₀ Liter Sahne dazu und gießt, wenn die Masse recht glatt ist, einen Löffel davon in das heiße, mit Wachs ausgestrichene Oblateneisen. Man macht dieses leicht zu, legt es auf die Glut, preßt es nach und nach zusammen und wendet es nach 1 Minute auf die andere Seite. Nun nimmt man die Oblate schnell heraus, rollt sie über ein fingerdickes, glattes Holz und hält sie darüber, bis sie steif ist.

Karlsbader Oblaten

⁷/₁₀ Liter Mehl, 2 Dotter und ⁷/₁₀ Liter Sahne schlägt man recht fein ab. Dann macht man das Eisen heiß und backt aus dem Teig die Oblaten wie Waffeln. Jedoch muß die eine Seite heller gebacken werden als die andere. Die braune Seite wird mit aufgelöster Butter und mit folgender Fülle bestrichen: 140 Gramm Staubzucker, 70 Gramm geschälte, fein geriebene Mandeln werden mit Rum befeuchtet. Hierauf wird eine zweite Oblate wieder mit Butter bestrichen, auf die erste gelegt, beide nochmals in das heiße Eisen gegeben und ganz kurz gebacken, bis sie semmelfarben werden und der Zucker schmilzt.

Waffeln

Für Teigmasse mit Sahne rührt man 4 Dotter und 70 Gramm Zucker recht gut, gibt etwas Vanillezucker, ¼ Liter Sahne, 70 Gramm Mehl, 70 Gramm geschmolzene Butter und Schnee von 4 Eiweiß nach und nach dazu. Das Waffeleisen wird mit Butter gut ausgestrichen, mit der Teigmasse gefüllt, gut verschlossen und so in starke Glut gehalten, daß bald die eine, bald die andere Seite gebacken wird. Die Waffel wird herausgenommen und auf einer Seite gezuckert. Die gezuckerten Seiten werden flach aufeinandergelegt. In manchen Gegenden wird der Teig nicht gesüßt.

Windbeutel und Schneebälle

125 Gramm Butter, ⅜ Liter Wasser werden mit 100 Gramm Zucker erhitzt, dann 200 Gramm Mehl hineingeschüttet und die Masse so lange gerührt, bis sie vom Topf losläßt. Vom Feuer genommen, gibt man in die heiße Masse unter kräftigem Rühren 6 Eigelb, eines nach dem andern. Es muß 1 Ei erst vollständig verrührt sein, ehe man ein weiteres folgen läßt. Der Teig darf, wenn er gelungen ist, nach dem Hinzufügen der 6 Eigelb kaum dünner sein als vorher, was von gutem Abrühren auf dem Feuer sowie kräftigem Vermischen mit den Eigelb abhängig ist. Dann kann der Teig zu Windbeuteln sowie Schneebällen verwendet werden. Zu Windbeuteln setzt man mit einem Teelöffel kleine Häufchen auf ein gefettetes Backblech und backt die Windbeutel lichtgelb. Erkaltet werden sie durchgeschnitten, mit Sahne oder Creme gefüllt und dick mit Puderzucker bestreut. Man kann die Windbeutel auch mit einer einfachen Zuckerglasur überziehen. Will man Schneebälle bereiten, so sticht man mit einem in flüssiges Fett getauchten Teelöffel kleine Klöße ins dampfende Fett und bäckt die Schneebälle schwimmend. Man läßt sie auf Fließpapier abtropfen, wälzt sie in mit Zimt gemischtem Zucker und reicht gern eine Weinschaumsoße dazu, ein bei Herren sehr beliebter Nachtisch.

Feine Windbeutel

⅛ Liter Wasser, 125 Gramm Mehl, 65 Gramm Butter, 5 bis 6 Eier, 1 Prise Salz. Wasser,

Butter und Salz werden erhitzt, das Mehl hineingeschüttet und abgebacken, bis der Teig vom Topf läßt. Dann werden die Eier nach und nach darangerührt, wie im vorstehenden Rezept angegeben. Daraus lassen sich Windbeutel oder auch Spritzkuchen backen.

Eiserkuchen oder Zimtwaffeln

125 Gramm Zucker, 50 Gramm zerlassene Butter, 1 Eigelb, 250 Gramm Mehl, 1 Prise Zimt, etwas abgeriebene Zitronenschale, ½ Liter Milch. Aus diesen Zutaten wird möglichst ein paar Stunden vor dem Verbacken ein glatter Teig eingerührt. Zum Backen hat man gewöhnlich runde oder längliche Eisen, die man zuerst erhitzt, dann sauber mit Papier oder einer Bürste reinigt, dann mit Speck abreibt und wieder erhitzt. Man gibt nur so viel Teig ins Eisen, daß gerade alle Vertiefungen ausgefüllt sind. Man backt die Waffeln auf beiden Seiten schön gelbbraun und formt sie sofort nach dem Ablösen zu Tütchen oder Röllchen. Sie sind von großer Haltbarkeit. Sind sie durch feuchte Luft weich geworden, so braucht man sie nur für ein paar Augenblicke in den Bratofen zu legen, und sie sind wieder knusprig wie frisch gebacken. Man kann sie beliebig füllen, am besten mit Schlagsahne oder mit einer Creme.

Sandspritzen

375 Gramm Mehl, 175—200 Gramm Butter, 125 Gramm Zucker, das Abgeriebene einer halben Zitrone. Alle Zutaten gut vermischen und sogleich mit einer Spritzkuchenspritze auf ein mit Papier belegtes Blech beliebige Figuren, z. B. Ringe oder S, spritzen. Bei Mittelhitze licht backen, noch heiß mit Vanillepuderzucker besieben.

Mürbes Käsegebäck

125 Gramm Mehl, 80—100 Gramm geriebener Käse, am besten Parmesankäse, 75 Gramm Butter, 5—6 Eßlöffel saure Sahne, Buttermilch oder Weißwein, je eine Messerspitze Zucker, Salz und Paprika. Alle Zutaten werden zu einem glatten Teig verrührt, der stark messerrückendick ausgerollt wird. Man schneidet 1 Zentimeter breite und 10 Zentimeter lange Streifen davon, die man zu Locken dreht und auf dem Blech 10—15 Minuten bei gelinder Hitze licht backt.

In Schmalz Gebackenes

Berliner Pfannkuchen, auch Wiener Faschingskrapfen genannt

1 Kilo weißes Mehl, 60 Gramm frische Hefe, 2 ganze Eier, 2 Eigelb, 100—125 Gramm Zucker, 1 Prise Salz, eine halbe abgeriebene Zitronenschale, ½ Liter Milch, 125 Gramm Butter, Marmelade zum Füllen, Backfett

Man bereitet in dem gesiebten, erwärmten Mehl mit der Hälfte der Milch ein Hefestück. Wenn dies gegangen ist, gibt man die Eier, den in Milch gelösten Zucker dazu und schlägt den Teig recht fest ab. Man schlägt ihn so lange, bis er sich von der Schüssel löst, erst dann wird die aufgelöste Butter beigefügt und der Teig nochmals verarbeitet, bis er gut gemischt ist und Blasen wirft. Dann läßt man ihn ¾ bis 1 Stunde gären. Auf bemehltem Brett wird

Teekonfekt
Die Marzipanröllchen werden in allerhand Figuren auf das Blech geordnet

der Teig dann kleinfingerdick ausgerollt. Mit einem Wasserglas oder Ausstecher wird die Hälfte des Teiges mit Rundungen angezeichnet, auf deren Mitte man dicke Marmelade gibt. Die Marmelade darf ja nicht flüssig sein. Die Österreicher verwenden meist Aprikosenmarmelade, in Deutschland ist Himbeer=, Erdbeer=, Kirschmarmelade sowie auch Pflaumenmus beliebt. Den Rest des Teiges sticht man in Rundungen heraus und drückt jede Platte auf die vorher angezeichneten Kuchen rundherum an den Rändern fest, dann den ganzen Pfannkuchen nochmals mit dem Ausstecher ausstechend. Auf Tüchern, die mit Mehl bestreut wurden, gehen die Krapfen nochmals ¼ Stunde. Man backt sie in schwimmenden Fett, und zwar ohne sie zu berühren, bis sie auf der Unterseite goldbraun sind, dann werden sie gewendet und müssen auch auf der anderen Seite Farbe annehmen. Die Pfannkuchen dürfen sich nicht von allein im Fett drehen, dann sind sie nicht genügend gegangen, und sie bekommen nicht das als „gelungen" zu bezeichnende weiße Rändchen. Auf Fließpapier abtropfen lassen! In Österreich werden sie mit Puderzucker besiebt. In Deutschland ist grober Zucker oder Glasur beliebt.

Räder- oder Schürzkuchen

125 Gramm Weizenmehl, 125 Gramm Stärkemehl (Mondamin), 1 Ei, 2 Eigelb, 60 Gramm Butter, 50 Gramm Zucker, ½ Teelöffel Backpulver, Vanille oder Zitronenaroma, 4 Eßlöffel süße Sahne (auch Buttermilch), Backfett

Alle Zutaten werden schnell zu einem glatten Teig verknetet, der in der Kälte ½ Stunde ruhen muß. Dann wird der Teig messerrückendick ausgerollt. Man schneidet mit dem Backrädchen längliche Vierecke von 15 Zentimeter Länge und 6 Zentimeter Breite. In der Mitte wird ein Schlitz gemacht, durch den der Kuchen einmal durchgeschlungen wird. Man backt die Räderkuchen im schwimmenden Fett, tropft sie auf Fließpapier ab und wälzt sie in Zucker und Zimt.

Brandteig

³/₁₀ Liter Milch läßt man mit 70 Gramm Butter und einem Stück Zitronenschale aufkochen und rührt, nachdem man die Zitronen herausgenommen hat, 220 Gramm gesiebtes Mehl am Feuer gut damit ab, bis es sich von Topf und Löffel löst. Wenn der Teig etwas abgekühlt ist, rührt man nach und nach 5 ganze Eier darunter. Ein Ei muß erst vollständig vom Teig aufgenommen sein, ehe ein neues beigefügt wird. Dieser Teig wird zu allen Brandteigbäckereien verwendet.

Spritzkuchen (Brandstrauben)

Man bereitet dazu Brandteig wie vorher angegeben und füllt davon einen Teil in die unten mit einem Sterne eingelegte Spritzkuchen= (Locken=) Spritze. Diese drückt man in der Runde in heißes, rauchendes Schweineschmalz, zieht die Pfanne vom offenen Feuer auf die Seite und backt die Kuchen bei öfterem Schütteln der Pfanne, bis sie lichtbraun sind. Sie werden hierauf umgewendet, auf der anderen Seite ebenso gebacken und dann auf Löschpapier zum Trocknen gelegt und mit Zucker bestreut. Die Brandstrauben werden warm mit Marmelade, die man mit Rum und Wasser verdünnt hat, zu Tische gebracht.

Spritzkuchen und Schneebälle

250 Gramm Mehl, ¼ Liter Wasser, 50 Gramm Butter, 50 Gramm Zucker, 4–6 ganze Eier, 1 Prise Salz, 1 Messerspitze Hirschhornsalz. Aus Mehl, Wasser, Butter einen Teig abtrennen, wie im vorigen Rezept beschrieben, dann nach und nach die Eier beifügen. Mit der Kuchenspritze auf ein ins Backfett getauchtes Blatt Papier Kringel oder Stangen spritzen, vom Papier ins Fett gleiten lassen und goldgelb backen. Auf Fließpapier abtropfen und heiß mit Puderzucker besieben oder mit Wasserglasur überziehen. — Will man Schneebälle backen, so nimmt man den gleichen Teig und sticht mit einem in Fett getauchten Teelöffel Klößchen davon ab, die im heißen Fett gebacken werden.

Schneeballen, österreichisch

Auf einem bemehlten Brett werden 220 Gramm Mehl, 100 Gramm Butter, 2 Dotter und 1 Kaffeelöffel Zucker, etwas Salz und 2 Eßlöffel gute Milch und ebensoviel Rum zu einem weichen Teig verarbeitet. Wenn der Teig Blasen bekommt, läßt man ihn an einem kühlen Orte etwas rasten, formt kleine Brötchen davon und treibt sie mit dem Rollholze messerrückendick aus. Der Teig wird mit dem Rädchen in handgroße, viereckige Flecken geteilt und diese in gleicher Entfernung fingerbreit auseinander in 5 Linien durchgerädert, jedoch so, daß der Rand ebenso breit ganz bleibt. Dann faßt man von den entstandenen Streifen jeden zweiten mittels eines Kochlöffelstieles auf, schiebt den Teig auf dem Stiele zusammen und zieht den zuerst aufgezogenen Streifen über die anderen darüber, wodurch sich gleichsam ein Ballen bildet, den man mit dem Kochlöffel in eine Pfanne, worin Schweineschmalz sehr stark erhitzt wurde, hält. Die Schneeballen werden wie die Spritzkrapfen unter fortwährendem Schütteln der Pfanne gebacken, erst auf Löschpapier und dann auf die Schüssel gelegt und mit beliebiger Marmelade serviert.

Gebackene Schwämme

Man gibt in eine tiefe Schüssel ¼ Liter Mehl, gießt nach und nach unter beständigem

Rühren ¼ Liter Milch dazu, rührt 3 ganze Eier hinein und salzt den Teig, der ganz glatt sein muß, so viel als nötig. In einer Backpfanne läßt man Schmalz sehr heiß werden, hält die Schwammform in das heiße Fett, bis sie sehr stark erhitzt ist, läßt das Fett etwas ablaufen und fährt mit der Form in den Teig und mit diesem schnell wieder in das Schmalz. Die Form wird in das Fett gehalten, bis sich der Teig löst und schön braun ist, worauf er mit einem Messer behutsam von der Form gelöst und auf Löschpapier gelegt wird. Wenn alle Schwämme fertiggebacken sind, so werden sie mit Chaudeau oder beliebiger Creme gefüllt und gezuckert zu Tische gebracht.

Süße Posesen

Abgeriebene Semmeln oder weiße Rundbrote beschneidet man an beiden Enden und teilt den Rest in 6 Spalten, jedoch so, daß je 2 und 2 Spalten noch ein wenig zusammenhängen. Die Spalten taucht man in kalte Sahne, füllt sie mit Marmelade, läßt sie 1 Stunde liegen, dreht sie in abgeschlagenen Eiern, bestreut sie mit geriebener Semmel und backt sie in heißem Schweineschmalz. Sie werden warm, mit Zucker und Zimt bestreut, serviert. Die Spalten können statt in Sahne in roten Wein getaucht werden, worauf man sie ebenso wie die oben angegebenen Posesen behandelt.

Gebackene Cremewürfel

Zu 80 Gramm Mehl und 120 Gramm Zucker mit Zitronengeruch rührt man nach und nach ¼ Liter Milch und 6 Eidotter, gibt dies in eine mit Butter bestrichene Form und läßt es so lange in Dunst kochen, bis die Masse vollkommen gestockt ist, was ¾ Stunde dauert. Hierauf stürzt man die Creme und schneidet sie in ausgekühltem Zustande in fingerlange und fingerbreite Stücke oder sticht sie mit einem Krapfenstecher aus. Die Cremestückchen werden in abgeschlagenen Eiern gedreht, in geriebenem Weißbrot umgewendet, so daß sie ganz davon bedeckt sind, und in heißem Schweineschmalz schön hellbraungebacken. Man bestreut sie vor dem Anrichten mit Zucker und glasiert sie mit einer glühenden Schaufel.

Gebackene Schokoladescheiben

140 Gramm feine Vanilleschokolade wird mit $^1/_{10}$ Liter guter Sahne am Feuer gerührt und gekocht. Wenn die Flüssigkeit ausgefühlt ist, wird sie mit 4 Eidottern, 60 Gramm Zucker und ⅓ Liter kalter Sahne verbunden und auf dem Feuer in einer Pfanne zu einer dicken Creme gerührt. Die ausgefühlte Creme wird zu Scheiben geschnitten, diese in geschlagenen Eiern und Semmelbrocken gedreht, in heißem Schmalz gebacken und mit Zucker bestreut.

Charimsel (Ostergericht, jüdisch)

Man nimmt für 6 Personen 18 Eier, etwas Wasser, Gänse- oder Kalbsfett, Zucker, etwas geriebene bittere Mandeln, rührt alles zusammen und schüttet so viel Matzemehl hinein, bis ein loser Teig entsteht, den man dann 1 Stunde stehen läßt, bis er quillt. Dann macht man handgroße Platten von diesem Teig, füllt diese mit Apfelmus, Rosinen, länglich geschnittenen Mandeln, Zitronat und Gänsefett sowie mit etwas geriebener Matze, damit die Füllung nicht zu weich ist, und füllt die Masse auf diese handgroßen Platten, die noch mit einer ebensolchen Platte bedeckt werden. Man formt daraus längliche Kuchen, die in Gänsefett gelbbraungebacken werden.

Rollkuchen

Es wird ein weicher Teig zum Ausrollen gemacht, aus ½ Kilo Mehl, 1 Ei, saurer Sahne, Salz, 1 eigroßen Stück Butter, auch ein wenig Schmalz. Der Teig muß ½ Stunde ruhen. Dann werden Platten ausgerollt, die man mehrfach zusammenschlägt und wieder rollt. Sie müssen fertig etwa messerrückendick sein. Dann werden sie mit dem Kuchenrädchen in viereckige Stücke geschnitten und in Schmalz schwimmend gebacken. Sie werden noch heiß mit Zucker bestreut.

Apfelplätzchen

Man macht einen flüssigen Teig, indem man ½ Kilo Mehl mit 4 Eigelb, etwas saurer dicker Milch, etwas Salz verrührt und gut schlägt. Zum Schluß zieht man einen knappen Tellervoll sehr fein geschnitzelte und gezuckerte gute, reife Äpfel, die geschält und vom Kernhaus befreit wurden, darunter, ebenso den steifen Schnee der 4 Eiweiß. Von dem Teig läßt man mit einem Eßlöffel Plätzchen in kochendes Fett in die Eierkuchenpfanne und backt sie auf nicht zu schnellem Feuer, so daß die Äpfel gar werden. Man überstreut die heißen Plätzchen mit Zucker und Zimt.

Faschingskrapfen nach Seleskowitz

Die Krapfen müssen an einem warmen Ort, in warmen Geschirren und mit erwärmten Bestandteilen bereitet und vor jedem Luftzug behütet werden. Man gibt in eine Schüssel 600 Gramm trocknes, warmes, gesiebtes Mehl, 40 Gramm Zucker und 5 Gramm Salz. Nun teilt man ⅜ Liter Milch in drei gleiche Teile. Man gibt nämlich in eine Kasserolle ⅛ Liter lauwarme Milch und löst darin 30 Gramm Hefe auf. In eine zweite Kasserolle gibt man ebenfalls ⅛ Liter lauwarme Milch, in der man 140 Gramm zerlassene Butter verrührt, in das dritte ⅛ Liter Milch quirlt man 10 Eidotter. Nun macht man in das Mehl eine Grube, verrührt darin nach und nach die in der Milch aufgelöste Hefe, seiht hierauf durch ein Sieb die mit den Eiern gequirlte Milch dazu und gießt zuletzt die Milch mit der Butter nach. Beim Zugießen dieser Masse muß beständig gerührt werden. Hat man dies alles mit dem Mehl vermengt, so wird es wie beim Hefeteig zu einem leichten feinen Teig geschlagen, bis sich die Masse vom Löffel löst. Nun gibt man die Hälfte des Teiges auf ein mit Mehl bestreutes Brett, bestreut den Teig mit ein wenig Mehl und läßt das Treibholz sehr leicht darüber rollen, bis der Teig kleinfingerdick ausgetrieben ist. Hierauf werden mit einem Ausstecher die Krapfen durch leichtes Aufdrücken bezeichnet, jedoch nicht ausgestochen. In die Mitte eines jeden dieser Eindrücke gibt man ein haselnußgroßes Stück beste Aprikosenmarmelade, sticht dann mit demselben Ausstecher runde Scheiben aus dem Teig, die man mit der Seite, die nach oben gekehrt, also nicht bemehlt ist, über die Marmelade legt und den Teig um die Füllung leicht und vorsichtig niederdrückt. Indem man nun mit einem etwas kleineren Ausstecher beide Teile zusammen aussticht, erhält man einen Krapfen. Diesen sowie alle anderen legt man auf ein etwas erwärmtes, mit Mehl bestreutes Brett, jedoch so, daß die Seite, die früher auf dem Brette gelegen, nach oben gekehrt wird. Die fertig ausgestochenen Krapfen werden sogleich mit einem erwärmten Tuche bedeckt und die Reste des ausgestochenen Teiges zu der übrigen Teighälfte gegeben, aus der man wieder Krapfen formt. Hat man ein Brett ganz mit Krapfen bedeckt, so gibt man ein erwärmtes Tuch darüber und läßt die Krapfen an einem warmen Orte so lange stehen, bis sie um die Hälfte größer geworden sind. In eine Kasserolle gibt man ½ Kilo Rinderschmalz (ausgelassene Butter) und ½ Kilo Schweineschmalz und läßt dieses sehr heiß werden. Die zuerst gemachten Krapfen gibt man auch zuerst in das Fett, und zwar wieder so, daß die untere Seite nach oben kommt; nun gibt man gleich einen Deckel auf die Kasserolle, den man jedoch nach 2—4 Minuten in die Höhe hebt, während man die Krapfen, wenn ihre untere Seite braun ist, umwendet, die Kasserolle aber offen läßt, etwas schüttelt und den Schaum, der sich bildet, von der Seite der Krapfen wegbläst. Die Krapfen sollen so leicht sein, daß sie kaum zur Hälfte in das Fett sinken. Sobald sie auf beiden Seiten gebacken sind, was 6—8 Minuten dauert, nimmt man sie aus dem Fett und gibt sie mit der im Fett gelegenen Seite zuerst auf Löschpapier, hierauf umgedreht auf ein zweites und bestreut sie kurz vor dem Gebrauch mit Zucker. Von der angegebenen Masse erhält man 40—50 Stück Krapfen.

Gebackene Apfelscheiben

10—12 schöne säuerliche Äpfel werden geschält und, nachdem die Kerne ausgestochen, in bleistiftdicke Scheiben geschnitten. Diese Scheiben werden mit Zucker bestäubt, mit Rum befeuchtet und zugedeckt 1 Stunde liegengelassen. Kurz vor dem Anrichten bereitet man Weinteig aus ½ Liter feinem, gesiebtem Mehl, das mit der gleichen Menge weißem Wein und 2 Eßlöffel feinstem, erwärmtem Olivenöl zu einem dickflüssigen Teig verrührt wird, der leicht gesalzen und mit Schnee von 4 Eiweiß untermengt wird. Die Apfelscheiben werden in den Weinteig getaucht und damit in heißem Schmalz gebacken. Man legt sie auf ein Löschpapier zum Entfetten und bringt sie gezuckert zu Tische.

Gebackene Aprikosen

12 Stück große Aprikosen werden auseinandergeschnitten, geschält, entkernt, mit Zucker bestreut und 1 Stunde liegengelassen. Knapp vor dem Gebrauch werden sie in Weinteig, wie bei den gebackenen Apfelscheiben angegeben, getaucht, so daß sie ganz damit eingehüllt sind. Sie werden in heißem Schmalz lichtbraungebacken, zum Entfetten auf Löschpapier gelegt und mit Zucker bestreut aufgetragen.

Verschiedenes Obst gebacken

Pfirsiche, Reineclauden, Ananasscheiben und viele andere können auf die gleiche Weise wie die Aprikosen in Weinteig getaucht und gebacken werden.

Gebackene Pflaumen (Schlosserbuben)

Weichgekochte gedörrte Pflaumen werden gut abgetrocknet, von den Kernen befreit und mit ganzen Mandeln gefüllt. Man taucht die Pflaumen in Weinteig, backt sie in heißem Schmalz und dreht sie, solange sie noch fett und sehr heiß sind, in einem Gemenge von geriebener Schokolade und Zucker.

Erdbeer- oder Himbeerkrapfen

Von ½ Kilo frischen Erdbeeren oder Himbeeren, mit 240 Gramm Staubzucker vermengt, füllt man 1 Kaffeelöffelvoll in mit Wasser befeuchtete Oblaten und macht davon kleine Häufchen. Diese werden in Weinteig getaucht, in heißem Schmalz sehr schnell lichtbraungebacken, auf Löschpapier gelegt und mit Zucker bestreut noch heiß zu Tische gebracht.

Gebackene Reiswürstchen

160 Gramm gewaschenen Reis kocht man in ½ Liter guter Sahne nebst 80 Gramm Zucker und etwas Vanille weich, streicht ihn

auf ein mit Butter bestrichenes Backblech fingerdick auf und stellt ihn kalt. Von dem kalten Reis werden kleine Scheiben ausgestochen, zu Würstchen geformt, in abgeschlagene Eier getaucht und in Semmelbröseln paniert. Die Würstchen werden in heißem Schmalz gebacken, stark mit Zucker bestreut und mit Vanille- oder Schokoladecreme serviert.

Graubrot, Weißbrot und Zwiebäcke

Roggenbrot

2 Kilo Roggenmehl, 60 Gramm Hefe, 1 Eßlöffel Salz, 1 Liter lauwarmes Wasser, nach Belieben 1 Eßlöffel Kümmel. In dem im Backtrog warmgestellten Mehl wird mit einem Teil des Wassers mit der Hefe ein Hefestück angerührt, das man am besten über Nacht stehen läßt. Am anderen Tag knetet man den Teig mit dem Rest des Wassers und den übrigen Zutaten kräftig durch, bis er von der Schüssel und den Händen loslöst. Dann wird ein Brot geformt, das 1—2 Stunden aufgehen muß, mit Wasser bepinselt, im heißen Ofen gebacken und nach dem Backen sofort nochmals feucht abgerieben wird.

Schrotbrot

Schrotbrot wird mit Sauerteig gebacken, wovon man etwa 50 Gramm für 3 Kilo Mehl rechnet. Hat man keinen Sauerteig, so mengt man einige Löffel Mehl mit etwas Kümmel und lauem Wasser und stellt es an einen warmen Ort zum Gären, was mehrere Tage dauert. Später behält man dann stets etwas von dem gegorenen Brotteig als Sauerteig zurück. — Nun rührt man am Abend vor dem Backtag ⅓ des Mehles mit Sauerteig und lauwarmem Wasser an, bedeckt es und stellt es an einen warmen Ort. Es ist darauf zu achten, daß dieses Teigstück weich genug wird, um nachher das übrige Mehl aufzunehmen. Für ein Brot von 3 Kilo würden 1½ Liter Wasser erforderlich sein. Am anderen Morgen verknetet man tüchtig den gegorenen Teig mit dem übrigen Mehl, etwas Salz, beliebig auch Kümmel, bis er sich von den Händen löst, formt ein Brot daraus und läßt es nochmals 1—2 Stunden aufgehen. Dann schiebt man es, mit Wasser bestrichen, in den Ofen. Backzeit etwa 3 Stunden.

Kartoffelbrot

2 Liter Weizenmehl vermengt man auf dem Brett mit 40 Gramm Zucker und 2 Kaffeelöffel Salz und macht in der Mitte des Mehles eine Grube, in die man 120 Gramm zerlassene kühle Butter, 200 Gramm gekochte, durchgetriebene Kartoffeln, 4 Eidotter, ¼ Liter Milch und 40 Gramm in ⅛ Liter lauwarmer Milch aufgelöste Preßhefe gibt. Das Ganze verarbeitet man zu einem festen Teig, formt ein Brot daraus und läßt es 1 Stunde an einem warmen Ort stehen. Wenn das Brot um das Doppelte sich vergrößert hat, wird es über ein mit Butter bestrichenes Papier auf das Backblech gestürzt, mit Wasser bestrichen und 1½ Stunde gebacken. Man wischt das Brot gleich, wenn es aus dem Ofen kommt, mit einem nassen Tuch ab und stellt es dann zum Trocknen auf. Will man ganz sicher über die Qualität der Hefe sein, so ist es gut, vor dem Einrühren ein Hefestück, wie bei Hefeteig beschrieben, anzusetzen.

Grahambrot

Wird aus Weizenschrot ohne Hefe bereitet, indem man 1½ Liter Weizenschrot mit ungefähr ½ Liter lauwarmem Wasser (37 Grad Celsius) und etwas Salz zu festem Teige mischt, den man tüchtig knetet und zu kleinen Broten formt. Man läßt sie zugedeckt 2 Stunden liegen, backt sie 1 Stunde im heißen Ofen und bestreicht sie vor und nach dem Backen mit Wasser.

Milchbrot

Für ½ Kilo Weizenmehl nimmt man 20 Gramm Hefe, die man mit lauwarmer Milch und etwas Mehl verrührt und gären läßt. 40 Gramm Zucker, gestoßenen Anis, etwas Salz, 40 Gramm lauwarme Milch, 1 Eidotter und so viel lauwarme Milch, als nötig, um einen festen Teig zu machen. Die Zutaten verrührt man mit dem Hefestück zu einem ziemlich festen Teig, läßt ihn am warmen Ort gären, bis er doppelt so hoch geworden, und knetet ihn dann wie Brotteig, bis er Blasen bekommt und sich von den Händen löst. Man formt ihn zu einem länglichen Brot oder zu kleinen runden und läßt ihn zugedeckt nochmals gären. Dann wird er auf das mit Butter bestrichene, mit Mehl bestreute Backblech gestürzt, mit kalter Milch bestrichen und gebacken. Nach dem Backen bestreicht man das Milchbrot mit warmer Milch. Es können zu dem Teige auch Rosinen gemengt werden.

Semmeln

Man macht ein Hefestück von einem Drittel des zu verarbeitenden Mehles, indem man es mit lauwarmer Milch und der erforderlichen Hefe anrührt und an einen warmen Ort stellt. Sobald es gegoren ist, rührt man das übrige Mehl mit Milch, etwas Salz, beliebig auch etwas Butter zu einem ziemlich festen Teig, gibt das Hefestück dazu, verarbeitet alles sehr gut und dreht mit bemehlten Händen kleine runde Semmeln, von denen man je vier zu einer langen Semmel zusammensetzen kann. Man läßt sie nun nochmals aufgehen, bestreicht sie mit geschlagenem Ei oder auch nur mit Milch und backt sie zu schöner Farbe.

Ostpreußischer Striezel

Auf 1 Kilo Mehl rechnet man 50 Gramm Hefe, 250 Gramm Butter, 1—2 Eier, etwas Salz und so viel lauwarme Milch, daß sich ein weicher Teig rühren läßt. Mehl, Milch, Eier, Salz und das vorher angesetzte, gegorene Hefestück werden eingerührt und tüchtig geschlagen, doch läßt man etwa ein Drittel des Mehls zum Zukneten zurück. Wenn der Teig gegangen ist, knetet man ihn mit dem übrigen Mehl durch, drückt ihn auf ein bemehltes Brett, rollt ihn zu einer dicken Platte aus und bröckelt die steife Butter so darüber, daß die ganze Platte davon bedeckt ist. Dann drückt man die Butter in den Teig, schlägt ihn zusammen, rollt ihn wieder aus, schlägt nochmals zusammen und rollt ihn leicht, bis die Butter gut mit dem Teig vermischt ist. Zuletzt wird eine zwei Finger dicke längliche Platte geformt und der Länge nach doppelt geschlagen, so daß der übergeschlagene Teil den unteren nicht ganz bedeckt. Das Weißbrot muß nun nochmals an warmer Stelle, mit einem Tuch bedeckt, stehen, bis es sich rundet. Dann wird es in den ziemlich heißen Ofen geschoben. Es braucht ¾ Stunde, bis es gar ist, ein größeres natürlich mehr. — Das Brot kann auch ohne Butter gebacken werden, dann braucht man es aber nicht zu rollen.

Vanillezwieback

Zu 1½ Liter Mehl nimmt man 40 Gramm Hefe, 4 Eier, 100 Gramm Butter, 70 Gramm Zucker und ungefähr ½ Liter Milch und macht mit dem vorher angesetzten Hefestück einen festen Teig, den man tüchtig kneten muß. Den gut verarbeiteten Teig rollt man zu einem runden, dicken Wecken und schneidet diesen in 10 Teile. Aus diesen Teilen macht man runde Würstchen, die man auf ein mit Butter bestrichenes Backblech legt, mit einem Tuch bedeckt und an einen warmen Ort stellt. Sobald der Teig genügend in die Höhe gegangen ist, wird er im heißen Ofen hellbraungebacken. Am nächsten Tage schneidet man die Würstchen in bleistiftdicke Scheiben, bestreut sie sehr dicht mit Vanillezucker und legt sie wieder zusammen. Wenn der Zucker feucht wird, was 1 Stunde dauert, gibt man die Scheiben wieder auf das Backblech, stellt sie in den heißen Ofen und röstet sie, daß sie ganz steif und trocken werden, worauf man sie wieder in Vanillezucker rollt.

Kinderzwieback

Wenn man 150 Gramm Zucker mit 3 Eidottern ½ Stunde gerührt hat, gibt man Schnee von 3 Eiweiß, etwas Anis und 100 Gramm Mehl dazu. Die ordentlich vermengte Masse backt man in einer mit Butter bestrichenen, mit Mehl ausgestreuten Zwiebackform im heißen Ofen. Den erkalteten Zwieback schneidet man in bleistiftdicke Scheiben und röstet diese im abgekühlten Ofen auf beiden Seiten.

Makronenguß auf Zwiebackschnitten

Zutaten: 200 Gramm Puderzucker, 3 Eiweiß, 125 Gramm abgezogene, gemahlene Mandeln. Zucker und Eiweiß werden ¼ Stunde gerührt, dann werden die Mandeln untermischt und der Guß ½ Zentimeter dick auf ungeröstete Zwiebackschnitten gestrichen. Man läßt die Zwiebäcke im kühlen Ofen lichtgelbbacken.

Pfefferkuchen, Mandel- und Schokoladegebäck

Ein guter, einfacher Pfefferkuchenteig

½ Kilo braunen Sirup oder Kunsthonig läßt man so lange kochen, bis er Blasen wirft und einen Geruch wie gebrannter Zucker von sich gibt. Entstehenden Schaum hebt man ab. Dann zieht man ihn vom Feuer. In einem anderen Topf läßt man ½ Kilo Zucker mit ¼ Liter Wasser an heißer Stelle zergehen, ohne ihn zum Kochen zu bringen, gibt ihn dann zu dem Sirup oder Honig und läßt beides gemischt bis zu guter Lauwärme abkühlen. Dann rührt man 1 Kilo gewöhnliches Weizenmehl oder halb Roggen-, halb Weizenmehl gut darunter und läßt nun den Teig 2—3 Wochen ruhen. — Man braucht von diesem Quantum auch nur die Hälfte zu nehmen, oder man kann es verdoppeln. Will man den Teig verbacken, so knetet man auf einem mit Mehl bestäubten Brett 15 Gramm recht fein gepulvertes Hirschhornsalz fest darunter, gibt auch 10 Gramm gestoßene Nelken und ebensoviel Ingwerpulver hinein und verarbeitet ihn, bis er recht geschmeidig ist. Dann rollt man ihn 1 Zentimeter stark aus, teilt ihn in viereckige Kuchen und backt ihn in guter Mittelhitze. Man kann eine Zucker- oder Eiweißglasur zum Bestreichen nach dem Backen zur Verschönerung anwenden. Aus dem gleichen Teig kann man unter Zugabe von gehackten Nüssen, Orangenschale oder Zitronat, auch Zimt und Kardamom, reicheres Gebäck herstellen oder die beliebten Pfeffernüsse. Man dreht von dem Teig dann walnußgroße Kugeln und backt sie ebenfalls bei guter Mittelhitze.

Kleine Pfefferküchelchen

Mit ¼ Kilo gesiebtem Zucker werden 2 Eier 15—20 Minuten zu gutem Schaum gerührt. Die Schale einer Zitrone wird fein gehackt, 1 Teelöffel Zimt, ebenso Nelkenpfeffer und etwas fein gestoßenes Kardamom dazugegeben und dieses mit 250—300 Gramm Mehl und 10 Gramm Pottasche gut zu einem recht geschmeidigen Teig verarbeitet. Man gebe erst 250 Gramm Mehl dazu, um zu sehen, ob die Masse noch mehr Mehl aufnehmen kann. Auf einem mit Mehl bestäubten Brett rollt man den Teig messerrückenstark aus und sticht dann kleine Formen aus. Diese müssen erst gut abtrocknen, ehe sie im Ofen auf einem abgeriebenen Blech dunkelgelbgebacken werden.

Marmeladepfefferkuchen

Auf ¾ Kilo Mehl rechnet man 375 Gramm gemischte Marmelade, 2 Teelöffel Zimt, 1 Teelöffel gestoßene Nelken, 1 Messerspitze Kardamom, 2 gehäufte Teelöffel Natron, ¼ Liter Milch (Magermilch), wenn möglich, 1 Likörglas Rum oder Schwedischen Punsch. Dies alles muß gut miteinander verarbeitet werden. Dann streicht man den Teig auf eine Blechkuchenform, besteckt ihn mit halbierten Nüssen oder Mandeln und backt ihn 1 Stunde bei mäßiger Hitze.

Braune Kuchen

½ Kilo Sirup, ½ Kilo Mehl, ½ Kilo Zucker und 1—2 Löffel Fett, etwas Zimt, gemahlene Nelken und Kardamom. Man kocht Sirup und Zucker auf, läßt ihn abkühlen, mengt die übrigen Zutaten darunter, gibt zum Schluß 10 Gramm Pottasche daran, die man in etwas Rosenwasser klar auflöste. Die Masse muß 5—6 Tage mindestens stehen, kann aber sogar einige Wochen stehen, wenn man nicht gleich zum Backen kommt. Der Teig wird auf einem mit Mehl bestaubten Backbrett messerrückenstark ausgerollt, ausgestochen und auf einem mit Mehl leicht besiebten Blech lichtbraungebacken.

Honigkuchen

1 Kilo Honig, 1 Kilo Mehl, 250 Gramm Butter, 200 Gramm Mandeln mit der Schale, Schale einer Zitrone, 4 Gramm Nelken, 4 Gramm Kardamom, 30 Gramm gereinigte, in etwas Wasser aufgelöste Pottasche. — Honig und Butter läßt man kochen, nimmt den Topf vom Feuer, rührt Mehl, Gewürz und die gröblich gestoßenen Mandeln hinzu, mischt, wenn der Teig etwas abgekühlt ist, die Pottasche gut durch und läßt ihn über Nacht liegen. Dann rollt man den Teig einen kleinen Finger dick aus, schneidet ihn mit einer Form oder einem Backrädchen zu kleinen viereckigen Kuchen, legt auf jede Spitze eine gespaltene Mandel, auch ein Stückchen Zitronat, und backt sie gelbbraun. — Diesen Honigkuchen kann man die drolligsten Formen geben, kann Ritter, Bauern, Kinder oder Frauen daraus machen.

Braune Pfeffernüsse

500 Gramm Honig oder Sirup werden mit ungefähr 225 Gramm Zucker, 175 Gramm Fett gekocht, dabei tüchtig abgeschäumt. Wenn etwas abgekühlt, gibt man 1 Kilo Mehl, halb Roggen- und Weizenmehl, 30 Gramm in Rum aufgelöste Pottasche, 5 Gramm gestoßene Nelken und 3 Gramm Kardamom dazu. Man knetet den Teig tüchtig durch und läßt ihn dann mit einem Tuch zugedeckt 14 Tage ruhen. Zur Verwendung wird er 1 Zentimeter dick ausgerollt, zu runden Plättchen ausgestochen und auf gefettetem Blech bei Mittelhitze gebacken.

Einfache Pfeffernüsse

¼ Kilo Zucker wird zu Sirup gekocht. Etwa 30 Gramm Fett, am besten Schweinefett, wenn man es hat, wird zerlassen, nach dem Auskühlen mit dem Zuckersirup und etwa 300 Gramm Roggen- oder Gerstenmehl vermengt; dies wird mit Koriander, Ingwer, Anis und Nelken gewürzt und mit 10 Gramm in Wasser gelöster Pottasche zu einem festen Teig verarbeitet. Der Teig muß an warmer Stelle einen Tag stehen, wird dann tüchtig geknetet, mit der Hand zu kleinen Bällchen geformt und auf mit Fett bestrichenem Blech gebacken.

Weiße Pfeffernüsse

Aus dem Teig, wie vorher angegeben, rollt man ein Quantum 1 Zentimeter stark aus und sticht dann mit einem Weinglas runde Plätzchen aus. Bequemer noch ist es, wenn man gleichmäßige Vierecke schneidet. Es geht dabei auch nichts verloren. Dann rührt man aus einem Eiweiß mit Puderzucker und einigen Tropfen Zitronensäure eine schaumig dickliche Masse, bestreicht nach dem Backen die Plätzchen damit und läßt sie trocknen. Man kann einen Teil dieser Masse auch mit Altermesaft rosa färben.

Gewürzküchelchen

Hierzu wendet man den Grundteig, der im ersten Rezept angegeben, an, fügt außer dem Treibmittel sein gewiegtes Zitronat, feinwürfig geschnittene Pomeranzenschale, etwas abgeriebene Zitronenschale, ein wenig feinen Zimt und 1 Messerspitze gestoßenen Nelkenpfeffer dazu, wirkt alles gut durcheinander, rollt den

Künstlerpfefferkuchen   Zeichnung von Paul Simmel

Teig auf mehlbestreutem Brett aus und schneidet längliche kleine Streifen davon, die etwa 20 Minuten bei guter Hitze backen müssen. Man kann sie auch mit halbierten Nüssen spicken.

Marzipan

280 Gramm süße und 30 Gramm bittere Mandeln werden abgewällt, gestoßen und im Mörser mit einigen Tropfen Rosenwasser sehr fein verrieben. Die gestoßenen Mandeln rührt man mit 280 Gramm Zucker in einer Messingpfanne auf gelindem Feuer so lange, bis der Finger nicht klebt, wenn man ihn darauf drückt. Dann gibt man den Mandelteig auf das mit Zucker bestrichene Brett, treibt ihn aus und sticht Blättchen, Ringe oder beliebige Formen aus und läßt sie durch einige Stunden auf Papier an der Luft und dann in der Röhre trocknen.

Königsberger Marzipan

500 Gramm süße, 20 Gramm bittere Mandeln werden gebrüht, abgezogen und mit etwas Rosenwasser fein gerieben, wenn nötig, zweimal durch die Maschine gegeben. Dann mischt man ½ Kilo feinen Zucker darüber und rührt die Masse auf schwachem Feuer ab. Nach dem Abkühlen wird die Masse aufs Backbrett genommen und 250 Gramm Puderzucker darunter geknetet. Man rollt den Teig aus, formt beliebige Stücke, z. B. Herzen, Torten, legt Ränder aus Marzipan auf die Figuren, die mit Rosenwasser befeuchtet werden, und verziert die Ränder mit einer dazu erhältlichen Kneifschere hübsch bunt. Dann wird das Marzipan auf mit Papier belegtem Blech ohne Unterhitze gebacken oder mit der Glühschaufel gebräunt. Nach dem Backen werden die Figuren innerhalb der Ränder mit guter Marmelade bestrichen und mit beliebigem dickem Zuckerguß überzogen, z. B. Guß aus Rosenwasser, Zitrone oder Punsch. Den Guß belegt man mit kandierten Früchten.

Mandelstangen

280 Gramm Zucker, 4 Dotter und der fest geschlagene Schnee von 4 Eiweiß werden sehr gut gerührt. Dann kommen 280 Gramm abgewällte, gestiftelte Mandeln, 60 Gramm Zitronat, 60 Gramm kandierte Orangenschalen, 2 Eßlöffel Mehl und 1 Eßlöffelvoll geriebener Semmel dazu. Dieses wird mit dem Gerührten gut vermengt und die Masse auf Oblaten

Künstlerpfefferkuchen   Zeichnung von Paul Simmel

gestrichen gebacken, bis sie gelb ist. Sie wird, solange sie noch heiß ist, in Streifen geschnitten.

Mandelplätzchen

210 Gramm Mehl werden mit 140 Gramm Butter, 140 Gramm Zucker, 110 Gramm geriebenen Mandeln mit dem Saft einer Zitrone und 2 Eidottern zu Teig gerührt. Dieser wird kleinfingerdick ausgerollt und zu Plätzchen ausgestochen, die mit Ei bestrichen und mit grobgehackten Mandeln bestreut auf dem Backbleche goldgelbgebacken werden. Wenn sie ausgekühlt sind, werden sie mit Aprikosenmarmelade bestrichen und je zwei und zwei zusammengeklebt.

Mandeln im Schlafrock

Man schlägt 1 Eiweiß mit 150 Gramm Zucker ½ Stunde zu festem Schnee. Aus Oblaten schneidet man runde Blättchen, legt auf jedes 1 geschälte Mandel, bedeckt sie mit einem Häufchen der gerührten Schneemasse und trocknet sie im kühlen Ofen.

Mandelbrot

6 Eiweiß werden zu festem Schnee geschlagen und langsam 6 Eidotter, 120 Gramm Zucker, 120 Gramm ungeschälte, geriebene Mandeln und 50 Gramm mit Rum angefeuchtete geriebene Semmel eingerührt. Der Teig wird in einer Zwiebackform in einem nicht zu heißen Ofen gebacken und, wenn er ausgekühlt ist, in Scheiben geschnitten, die auch mit Glasur überzogen werden können.

Gebrannte Mandeln

500 Gramm Zucker werden mit ¼ Liter Wasser und ½ Stange Vanille ¼ Stunde gekocht. 500 Gramm süße Mandeln werden mit einem Tuch abgerieben, in den siedenden Zucker geschüttet und unter Umrühren so lange gekocht, bis sie knallen. Dann schüttet man sie auf eine geölte Schüssel.

Knuspernüsse

300 Gramm Mehl, 200 Gramm Zucker, 4 Eßlöffel Honig, 1 Ei, 1 Prise Natron, 1 Backpulver, ein paar Tropfen Anisöl oder eine Messerspitze Anissamen, ein paar Löffel Wasser. Mit dem angewärmten Honig werden alle Zutaten gut vermischt und so viel Wasser zugefügt, als zur Geschmeidigkeit des Teiges notwendig ist. Man formt kleine Kugeln, die auf gefettetem Blech 8—10 Minuten backen müssen. Die Masse ist sehr ergiebig und haltbar.

Makronen

500 Gramm süße und 100 Gramm bittere Mandeln werden abgezogen, gut abgetrocknet und mit etwas Eiweiß fein gestoßen oder mit der Mandelreibe zerrieben. Dann werden sie mit 800 Gramm Zucker auf gelindem Feuer so lange gerührt, bis die Masse dick und nicht mehr klebrig ist. Man läßt sie nun unter Rühren etwas abkühlen und mischt den steifen Schnee von 4—5 Eiweiß darunter. Dann setzt man von dem Teig walnußgroße Häufchen auf Papier oder Oblaten und backt sie bei gelinder Hitze.

Schokoladebrezel

Von 120 Gramm Butter, 120 Gramm Zucker, 120 Gramm geriebenen Mandeln, 2 Tafeln geriebener Schokolade, 250 Gramm Mehl, Zimt, Gewürznelken, 1 Zitrone Saft und Schale, 2 Dottern und 1 ganzen Ei wird ein fester Teig gemacht, ausgetrieben und kleine Bretzeln daraus geformt. Diese werden bei ziemlich starker Hitze gebacken und dann mit grob gestoßenem Zucker bestreut.

Künstlerpfefferkuchen
Zeichnung von Paul Simmel

Schokoladebußerln

140 Gramm Zucker rührt man mit 2 Eiweiß ½ Stunde, gibt dann unter fortwährendem Rühren 2 Tafeln geriebene Schokolade, 140 Gramm geriebene Mandeln und 30 Gramm Mehl dazu, setzt ein mit Wachs bestrichenes Backblech kleine Häufchen und backt diese langsam. Man kann die Bußerln auch aus Zucker, Eiweiß und gehackten Nüssen, ohne Mehlzutat, backen.

Karten

140 Gramm Mehl werden mit 70 Gramm Butter fein gerieben und mit Zugabe von

Falsche Butterschnitten

140 Gramm Butter werden mit 4 Dottern und 140 Gramm Zucker ½ Stunde gerührt und mit 280 Gramm erweichter Schokolade, 110 Gramm gebrühten, geriebenen Mandeln, dem festen Schnee von 4 Eiweiß und 10 Gramm Mehl leicht vermengt. Der Teig wird messerrückendick ausgetrieben und kleine Stückchen davon wie Brotschnitte zu Tee geschnitten. Die Schnitten werden mit Glasur von 1 Eiweiß, vermengt mit ½ Dotter, Staubzucker und Orangensaft, bestrichen und im kühlen Ofen mehr getrocknet als gebacken.

Schokoladebrot

4 Eier werden mit 140 Gramm Zucker mit der Schneerute geschlagen, bis sie schaumig sind, und 150 Gramm geriebene Schokolade, 40 Gramm fein geschnittene Haselnüsse und 70 Gramm Mehl eingerührt. Das Schokoladebrot wird in einer Zwiebackform gebacken und erkaltet in Scheiben geschnitten.

Schokoladewürfel

Man rührt 210 Gramm Zucker, 1 Ei, 5 Dotter und 100 Gramm gestoßene Mandeln, gibt Schnee von 5 Eiweiß, 70 Gramm geriebene Schokolade, 40 Gramm mit Rum befeuchtete Brotbröckchen, 3 Eßlöffel zerlassene Butter und 40 Gramm Mehl dazu. Die Masse wird in einer langen Form gebacken und ausgekühlt in Würfel geschnitten, die auf der Oberfläche mit Marmelade bestrichen und mit Schokoladeglasur überzogen werden.

Künstlerpfefferkuchen
Das lustige Mirzl aus dem Münchener Hofbräuhaus

110 Gramm Zucker, 2 Tafeln geriebener Schokolade, 1 ganzen Ei, etwas Gewürz, Nelken, Muskatnuß und Zimt ein Teig gemacht. Dieser wird dünn ausgetrieben und mit dem Rädchen kleine längliche Fleckchen davon gemacht. Die Fleckchen werden mit Ei bestrichen und kartenartig in den vier Ecken oder in der Mitte mit halben, abgewällten Mandeln belegt und kühl gebacken.

Der Zucker

Der Zucker spielt unter den kohlehydrathaltigen Nahrungsmitteln eine wichtige und bedeutungsvolle Rolle, da er nicht nur Genuß= und Versüßungsmittel, sondern auch Nahrungsmittel ist. Je nach ihrer Herkunft unterscheiden wir mehrere Zuckerarten: Der

Traubenzucker kommt hauptsächlich in den Trauben vor, er findet sich aber auch im Obst, im Honig und in Manna. Aus der Milch stammt der Milchzucker, der besonders in der Kinderpflege verwandt wird, aber auch Erwachsenen wegen seiner leicht abführenden Wirkung verordnet wird. Unser Gebrauchszucker ist der Rohrzucker, aus dem Zuckerrohr oder der Zuckerrübe stammend. Zu den zuckerhaltigen Nährmitteln zählt auch das Malzextrakt, das neben 67,7% Zucker noch 3,1% Eiweiß enthält. Hierher gehört ferner der Honig mit seinem ungefähr 75—80prozentigen Zuckergehalt und seinem blütenähnlichen Geschmack und dem Vorzug einer glatten Streichbarkeit, so daß er auch als Brotaufstrich Verwendung findet. Ein Zuckerersatzmittel ist das Sacharin. Es ist ungefähr 300mal so süß wie Zucker und gesundheitlich vollkommen unschädlich, aber es ist nur Süßmittel und kein Nahrungsmittel wie der Zucker, denn es verläßt den Körper vollkommen unverändert. In zu großen Mengen genommen erzeugt es einen widerlichen Nachgeschmack. Es dient besonders den Zuckerkranken als Süßungsmittel.

1 Tablette des im Handel befindlichen Sacharins entspricht ungefähr 1½ Stücken Würfelzucker. Für den Gebrauch in der Küche eignet sich am besten eine fertige Sacharinlösung, die man sich durch Auflösen von 1 Gramm Sacharin in ¼ Liter abgekochtem Wasser herstellt. Ein Kaffeelöffel dieser Lösung entspricht 1 Stück Würfelzucker.

Zucker läutern

Über ½ Kilo feinen Würfelzucker werden $^{3}/_{10}$ Liter Wasser gegossen und dies auf der warmen Herdplatte stehengelassen, bis sich der Zucker aufgelöst hat. Dann schlägt man 1 Eiweiß zu Schnee, mischt diesen zum Zucker und rührt ihn um, bis er warm ist. Man kocht den Zucker anfangs auf jäher Hitze und gießt, wenn er aufsteigt, einige Eßlöffel kaltes Wasser hinein, und zwar dort, wo er am stärksten wallt. Der Zucker wird dann vom Feuer gezogen und, wenn der Schaum abgenommen ist, wieder weitergekocht. So schreckt man ihn zweimal ab, nimmt jedesmal den Schaum weg und setzt 1 Löffel Zitronensaft zu. Der auf diese Art geläuterte Zucker wird durch ein Tuch gesiebt und kann dann weiter verwendet werden.

Von den Graden beim Zuckerkochen

Das Kochen des Zuckers wird in folgende sieben Grade geteilt: 1. Grad: Breitlauf. Geläuterten Zucker gibt man in der nötigen Menge in ein Gefäß, läßt ihn kochen, taucht den Schaumlöffel hinein, nimmt diesen wieder heraus und hält ihn in die Höhe. Läuft der Zucker in breiten Flocken vom Löffel, so hat er den ersten Grad, den Breitlauf. Kocht der Zucker weiter und bildet sich beim Herausheben des eingetauchten Löffels an einem Faden eine Perle, die in den Zucker fällt, während der Faden sich an den Löffel zurückzieht, so ist der zweite Grad oder die Perle erreicht. Taucht man nach einigen Augenblicken den Löffel wieder in den Zucker und berührt ihn mit dem Finger, so wird, wenn man den Daumen leicht an diesen legt und dann entfernt, sich zwischen beiden Fingern ein Faden ziehen. Dies ist der dritte Grad: der Faden oder das Spinnen, in welcher Gestalt der gekochte Zucker am häufigsten verwendet wird. Gleich hierauf stellt sich der vierte Grad: der kleine Flug oder die kleine Blase, ein. Bläst man nämlich gegen den vorher eingetauchten Schaumlöffel, so fliegt der Zucker in kleinen Blasen auf. Wenn der Schaumlöffel kurz darauf wieder in den Zucker getaucht und in die Höhe gehalten wird, so fliegen größere Blasen ab, wodurch der fünfte Grad: der große Flug oder die große Blase, erkannt wird. Beim weiteren Kochen stellt sich dann der sechste Grad, d. i. der Bruch, ein. Taucht man ein naßgemachtes Hölzchen schnell in den heißen Zucker und sogleich darauf in kaltes Wasser, so muß sich der Zucker augenblicklich härten und beim Abziehen krachend brechen. Noch sicherer erkennt man diesen Grad, wenn sich der Zucker beim Zerbeißen zwischen den Zähnen nicht mehr anhängt. Noch länger gekocht, wird sich der Zucker erst lichtbraun färben und immer dunkler werden. Es hat sich dann der siebente Grad: Karamel, eingestellt. In neuerer Zeit bedient man sich eines eigenen Dichtemessers, der den jedesmaligen Grad der Dichte des Zuckers anzeigt.

Zuckerglasuren

Unter Glasur versteht man eine Zuckermasse, die zum Überziehen der verschiedenen Torten und Bäckereien dient, damit diese ein schöneres Aussehen erhalten und zugleich auch einen feineren Geschmack gewinnen. Man gießt die Glasur auf die Oberfläche einer Torte, läßt sie auseinanderfließen und hilft mit einem Pinsel nach, um sie gleichmäßig zu verteilen.

Wasserglasur

Man rührt zu 2 Eßlöffel kaltem Wasser 120 Gramm gesiebten Staubzucker mit Vanille- oder Zitronengeruch oder auch mit Zitronensaft, zu Brei, den man über schwachem Feuer gelinde erwärmt, schnell messerrückendick aufstreicht und im mäßig warmen Ofen trocknet.

Kalte Glasur

Zu ungefähr 1 Teetasse bis zum Spinnen gekochten, dickfließenden, kalten Zucker rührt man noch so viel Staubzucker mit Geruch, daß eine dicke Masse daraus wird.

Warme Glasur

Man rührt 300 Gramm Staubzucker in einer Messingpfanne auf dem Feuer, bis der Zucker heiß ist, gießt dann so viel siedendes Wasser dazu, daß er sich auflöst und dickflüssig wird, mischt beliebigen Geschmack bei und glasiert schnell damit.

Fruchtglasur

200 Gramm Zucker befeuchtet man mit Saft von eingekochten Erdbeeren, Himbeeren, Johannisbeeren und dergleichen, läßt ihn eine Weile stehen, damit er sich auflöst, ehe man ihn rührt und wie die Wasserglasur erwärmt.

Weiße, gerührte Glasur

280 Gramm Staubzucker werden in eine Porzellanschale getan und mit dem Weißen von 2 Eiern ¼ Stunde gut abgerührt. Sollte das Eiweiß nicht reichen, so müßte man noch etwas dazugeben. Während des Rührens wird der Saft einer halben Zitrone, damit die Glasur recht weiß wird, dazugedrückt. Die Glasur muß, um richtig bereitet zu sein, dicklich vom Löffel fließen.

Schokoladeglasur

210 Gramm feine Vanilleschokolade werden mit etwas Wasser am Feuer aufgelöst, fein abgerührt und ebensoviel feiner Staubzucker mit einer Teetasse voll Wasser damit verrührt. Diese Masse wird unter beständigem Rühren so lange gekocht, bis sie zwischen den Fingern Faden zieht. Die Glasur wird vom Feuer genommen und so lange kalt gerührt, bis sich oben ein dünnes Häutchen zeigt, worauf sie sogleich auf die Torte gegossen, 1 Minute lauwarm getrocknet und dann kaltgestellt wird. Sie muß sich durch eine feine, glänzende, rotbraune Farbe auszeichnen, dabei trocken und spiegelglatt sein.

Farbige Glasuren

Die weiße, gerührte Glasur kann mit etwas Cochenille rosa, mit Spinatgrün grün, mit Safran gelb gefärbt werden.

Geruchzucker

erhält man von Zitronen und Apfelsinen durch Reiben an der Schale, bis der Zucker gelb geworden ist. Rosenzucker macht man von 10 Tropfen Rosenöl, die auf 100 Gramm Zucker gegeben werden. Für Vanillezucker wird ein Stückchen Vanilleschote mit etwas Zucker im Mörser gestoßen und verrieben und dann mit dem übrigen Zucker vermengt. Kaffeezucker wird erzeugt, wenn man 140 Gramm Zucker mit 4 Eßlöffel starkem, schwarzem Kaffee benetzt, warm trocknet, fein stößt und siebt. Orangenblütenzucker: Eine Obertasse Orangenblüten wird auf Papier an warmem Ort getrocknet und der Zucker damit gestoßen.

Schokoladeglasur für Pralinés

Bei der Selbstbereitung von Pralinés, Schokolademandeln und Bonbons kommt es sehr darauf an, daß die Schokoladeglasur schön glänzend wird. Hierzu genügt ein ganz einfacher Kunstgriff. Wenn man die zum Guß erforderliche Schokolade und den Zucker geschmolzen hat, so gebe man ein etwa erbsengroßes Stück Kakaobutter dazu, lasse es mit verschmelzen und rühre es gut unter. Kakaobutter erhält man in jeder Drogerie und auch in Konfitürenhandlungen. Man muß sich nur davon überzeugen, daß sie frisch ist und nicht etwa ranzig riecht. Wenn man größere Mengen Pralinés bereitet, so ist es besser, man kauft eine fertige Kuvertüre in der Niederlage einer Schokoladefabrik, die dann nur geschmolzen und zur Glasur verwendet wird.

Pralinés und anderes Zuckerwerk

Einfache Pralinés mit Zuckerfüllung

Gesiebter Puderzucker wird mit beliebiger Flüssigkeit, Kaffee, Fruchtsaft, Likör oder dergleichen befeuchtet, bis ein fester Teig entsteht, der sich zu Kugeln oder Stangen beliebiger Größe formen läßt. Man läßt die Pralinés etwas trocknen, taucht sie in Schokoladeglasur und setzt sie auf eine geölte Platte oder auf Ölpapier, wo sie vollends fest werden müssen. Bei diesen Füllungen ist dem persönlichen Geschmack weitester Spielraum gelassen.

Vorsicht beim Karamellieren des Zuckers, er darf nicht brennen

Nougatpralinés

Man erhitzt 500 Gramm Zucker trocken in einem blanken Kessel. Wenn er flüssig ist, streut man 300 Gramm ungeschälte, gehackte Mandeln hinein und rührt die Masse auf dem Feuer schnell durch. Die Masse schüttet man auf eine mit Butter bepinselte, angewärmte Emailleplatte, rollt sie mit einem Rollholz dünn aus und schneidet sie mit gebuttertem Messer zu Pralinésfüllungen, die man in die dickflüssige Schokoladenkuvertüre taucht.

Arrakpralinés

125 Gramm süße Mandeln werden 12 Stunden in kaltes Wasser gelegt, enthülst, auf der Mandelreibe sehr fein gerieben und mit 125 Gramm Zucker, 2 Eßlöffel Arrak, 20 Gramm vorbereiteten Korinthen und 2½ Eßlöffel Wasser mit der Hand zu einem Teig geknetet, aus dem man gleichmäßige Kugeln oder Formen ausrollt, die in Schokoladelösung getaucht werden.

Mokkapralinés

200 Gramm Haselnußkerne legt man in eine saubere Pfanne und bewegt sie so lange darin über dem Feuer, bis die Haut Risse hat, legt sie dann auf ein Tuch, reibt sie ab und reibt sie wie Mandeln. Die geriebenen Haselnußkerne werden mit 125 Gramm Puderzucker, 6 Teelöffel Kaffee-Extrakt und 10 Gramm Kakao oder fein gesiebtem Kaffee zu Teig geknetet, den man in kleine Formen teilt, die wie oben beschrieben mit Schokoladeguß umhüllt werden.

Gefüllte Bonbons

250 Gramm Zucker werden bis zum sechsten Grade oder Bruch gekocht und die Hälfte davon auf eine mit Mandelöl bestrichene Marmor- oder Steinplatte dünn gegossen. Dann wird sehr rasch beliebige Marmelade darübergestrichen und sofort die zweite Hälfte des heißen Zuckers darübergeschüttet. Nun werden mit einem langen Messer oder einer dazu bestimmten Form kleine Würfel bezeichnet, ohne das Messer oder die Form durchzudrücken. Erst wenn die Würfel ganz kalt sind, werden sie nach den Einschnitten auseinandergebrochen.

Kaffeebonbons

In ¼ Liter Wasser kocht man 32 Gramm hellbraungeröstete, fein gemahlene Kaffeebohnen, seiht die Flüssigkeit durch und gießt sie zu dem bis zum sechsten Grad oder Bruch gekochten Zucker, so daß eine dickliche Masse entsteht, der

Pralinés machen
Die Füllung wird mit dem Schokoladeguß versehen

man etwas wohlriechendes destilliertes Wasser zusetzt. Die Masse wird auf eine mit Mandelöl bestrichene Steinplatte gegossen und in viereckige Stücke geschnitten.

Veilchenbonbons

Frisch gepflückte Veilchen werden in Zucker, der bis zum dritten Grad oder Faden gekocht und etwas abgekühlt wurde, getaucht. Jedes Veilchen wird einzeln eingetaucht, sobald es von Zucker umgeben ist, herausgenommen und dann noch in feinem Staubzucker gewendet.

Gefüllte Datteln

250 Gramm feine Datteln werden der Länge nach oben aufgeschnitten und entkernt. Dann werden 50 Gramm Pistazien fein gerieben, mit 50 Gramm Vanillezucker gemengt, durch ½ Eiweiß verbunden und davon dattelkernförmige Würstchen gerollt, die statt des Kernes in die Datteln gefüllt werden. Die so gefüllten Datteln steckt man in hübsche Papierkapseln und läßt sie 2 Tage trocknen.

Vanillebutter

Ein 5 Zentimeter langes Stückchen Vanille wird mit etwas Zucker gut gestoßen und dann mit 4 Dottern und 120 Gramm Zucker sehr lange gerührt. Die sehr glatte Masse füllt man vorsichtig in kleine, mit Zucker ausgestreute Papierkapseln und gibt diese auf ein Backblech, das man jedoch erst, wenn keine Glut mehr im Herde ist, in die Röhre stellt und bis zum nächsten Morgen darin läßt.

Apfelhörnchen

140 Gramm Zucker werden in Wasser getaucht, dickgekocht, 140 Gramm Äpfel und 70 Gramm fein geschnittene Mandeln hineingegeben und mitgekocht, bis das Ganze fest wird. Aus dieser Masse werden mit Zuhilfenahme von Staubzucker kleine Hörnchen geformt und diese im kühlen Ofen getrocknet.

Verzuckerte Mandeln

200 Gramm Zucker taucht man in Wasser, gibt ihn in ein Becken und stellt ihn, wenn er sich aufgelöst hat, auf die Glut, bis er spinnt. Zu diesem Zucker gibt man 200 Gramm schöne, abgewischte Mandeln, die vorher in einer Pfanne erhitzt worden sind. Der Zucker wird mit den Mandeln umgerührt und aufgeschüttelt, bis er sich an diese angelegt hat. Wenn die Feuchtigkeit verdunstet ist, hält man das Becken schief über die Glut, damit der Zucker schmilzt, worauf man die Mandeln auf ein Brett gibt und etwas warmes Wasser über den restlichen Zucker schüttet. Die Mandeln löst man vom feinen Zucker ab und läßt diesen in dem Wasser nochmals dick einkochen, worauf man die Mandeln wieder mitkochen läßt, bis sie ganz glasiert sind.

Kandierte Früchte

Auf ½ Kilo Zucker rechnet man ¼ Liter Wasser zum Auflösen, kocht ihn, bis er Blasen wirft, fügt 1 Eßlöffel guten Essig dazu und macht die Probe, ob er die richtige Festigkeit hat. Man taucht dazu ein Hölzchen in den Zucker, darauf in kaltes Wasser. Der Zucker muß dann ganz hart sein und nicht mehr kleben. Man taucht die Früchte einzeln in den Zucker und läßt sie am besten auf einer geölten Marmorplatte trocknen. Verwendet man eingemachte Früchte, so müssen sie gut abgetropft sein, ehe man sie in den Zucker gibt.

Ischler Nußbusserln

2 Eiweiß schlägt man zu festem Schnee, vermengt diesen mit 100 Gramm feinem Zucker, etwas Vanillezucker, 50 Gramm fein gewiegten Walnüssen oder Haselnüssen und 1 Kaffeelöffel Stärkemehl. Ein mit Mehl bestreutes Blech belegt man mit kleinen Oblaten und setzt mit einem Kaffeelöffel runde Berge von der Masse darauf. Das Blech stellt man ein paar Stunden an eine warme Herdstelle, wo es Unterwärme hat, und backt dann die Busserln im ziemlich kühlen Ofen. Sie müssen ihre helle Farbe behalten.

Dattelbaisers

Man rührt 150 Gramm Zucker, etwas Vanillezucker, 2 Eiweiß ½ Stunde und mengt 140 Gramm fein gewiegte Nüsse und 140 Gramm in kleine Streifen geschnittene Datteln darunter. Auf ein mit Wachs bestrichenes Blech setzt man kleine Häufchen von der Masse und trocknet sie im Ofen bei gelinder Hitze.

Schokoladetrüffeln

125 Gramm gute Eßschokolade läßt man erweichen, fügt 125 Gramm Puderzucker, 2 Eßlöffel Kakao, 2—3 Eßlöffel süße Sahne, etwas gestoßene Vanille und 1 Eßlöffel Butter dazu. Nun formt man von dem ziemlich weichen Teig ungleichmäßige Kugeln, die in sehr guter Raspelschokolade gewälzt werden, und legt sie in kleine Konfektpapiere. Man braucht nicht zu befürchten, daß die Trüffeln zu weich sind, sie werden nach einigem Stehen fest.

Hagebuttenzuckerwerk

140 Gramm Zucker, 2 Eßlöffel Hagebuttenmarmelade und 70 Gramm ohne Schalen geriebene Mandeln werden mit dem Saft einer Zitrone angemacht, gut verarbeitet, dünn ausgerollt, in beliebige Formen gestochen und mit Glasur, von 1 Eiweiß und 100 Gramm Zucker gerührt, verziert.

Der Gallert

Gallerte sind leimhaltige Nahrungsmittel, die durch Kochen leimgebender Körper, wie Knochen, Sehnen, Knorpel, Bindegewebe, Hausenblase, entstehen. Sie sind eiweißähnliche Stoffe und in kleinen Mengen leicht verdaulich, größere Mengen erregen Durchfälle. An und für sich fade schmeckend, kann man sie durch Zusatz von allen möglichen Stoffen, wie Brühe, Milch, Fruchtsäften usw., schmackhaft machen und ihren Nährwert erhöhen. Die aus der Hausenblase hergestellte Gelatine enthält 70% Eiweiß, von dem aber nur ein kleiner Teil im Körper ausgenutzt wird.

Gelatine kann sehr leicht gelöst, darf jedoch nie stark erhitzt werden, da sie sonst ihre Bindekraft verliert. Sie wird in kleine Stücke geschnitten, mit Wasser abgespült und für Gesulztes (Gelee) mit Sahne oder warmer Milch — für 1 Blatt wird 1 Eßlöffel Flüssigkeit gerechnet —, für Chaudeaus und Obstgelees in Wein oder Wasser aufgelöst. Für klare Saftgelees muß sie aufgelöst, wie bei Aspik, mit Schnee und Zitronensaft geklärt werden. Für je 1 Liter Sulze werden 25 Gramm Gelatine, wenn sie geklärt wird, etwas mehr gerechnet.

Um Gallerte, von Schweinsschwarten bereitet, aufzulösen, gibt man sie über Nacht in Wasser oder Rindsuppe, löst sie dann langsam kochend auf und mischt sie vor dem Klären zur Brühe.

Von der Hausenblase, die für klare Sulzen verwendet werden muß, wird die nötige Menge geklopft, in kleine Stücke gerissen, mit lauem Wasser (¼ Liter zu 20 Gramm) nebst einigen Tropfen Zitronensaft in eine Schüssel gegeben und über Nacht an einen warmen Ort gestellt. Man kocht sie dann, in heißes Wasser gestellt, langsam von einer Seite 3—4 Stunden, bis sie sich ganz auflöst und stark eingekocht hat, wobei man sie öfters abschäumt, und seiht sie durch Mull zu gekochtem heißem Zucker, den man sie noch einige Minuten sieden läßt. Dann seiht man sie nochmals und mischt das übrige dazu.

Aspik

Um 1 Liter Aspik herzustellen, löst man 25—30 Gramm Gelatine in warmem Wasser oder Wein auf und seiht sie durch ein Tuch. Dann kocht man Rindsuppe, Fleischextrakt, guten Weißwein, Zitronensaft und Gewürzessig nach Geschmack, fügt die aufgelöste Gelatine bei und seiht die Flüssigkeit durch ein Tuch, so daß sie ganz rein und hell wird. (Über das Klären der Gallerte mit Eiweiß siehe unter Aal in Gelee S. 110). Zum Eingießen der Sulze in eine Form spült man die Form mit kaltem Wasser aus und stellt sie fest in gehacktes Eis. Wenn mehrere Schichten von Gelees (Sulzen) eingegossen werden, so muß die erste Schicht schon etwas gestockt sein, ehe die andere in lauwarmem Zustande daraufgegossen wird, damit sich die beiden Gelees wohl nicht vermengen, aber doch verbinden. Die verschiedenen Nuancen der Farbe des Aspiks erreicht man durch Zusatz von Fleischextrakt, Bratensaft oder Safran. Rot wird das Gelee mit rotem Rübensaft gefärbt. Zum Unterlegen der Gelees gießt man diese zuerst nur fingerdick in die Form und läßt sie fest werden. Dann gibt man das Einzulegende, wie kalte, harte Eier, Gurken, Hummerstückchen, Gänseleberstücke, Leberkäse, Wildhaschee, Hirn oder gebratenes Geflügel, gleich hinein, indem man es vorher Stück für Stück in die kalte, flüssige Masse taucht, damit es sich mit dem Gelee in der Schüssel noch verbindet. Auf die Einlage kommt wieder Gelee, dann wieder Einlage und so fort, bis die Schüssel ausgefüllt ist. Die oberste Schicht muß natürlich aus Gelee bestehen. Um die Form zu stürzen, hält man eine flache Schüssel auf die obere Seite der Form, dreht diese schnell um und legt ein feuchtwarmes Tuch darauf, bis das Gelee herausgeht, worauf man die Form langsam in die Höhe zieht. Bei gemischten Farben ist es ratsam, die Schüssel mit reinem Mandelöl auszustreichen; dann darf sie jedoch beim Stürzen nur wenig erwärmt werden.

Fischgelee (-sulze)

Zur Bereitung werden Fischköpfe und Abfälle, Zwiebel, Mohrrüben, Petersilie, Zitronenschalen, Lorbeerblätter, Thymian, Essig, Pfefferkörner, weißer Wein und so viel Wasser, daß es stark die Fischstücke überdeckt, gekocht, bis die Köpfe zerfallen. Dann gibt man aufgelöste Gelatine und das Sudwasser eines größeren Fisches dazu, erhöht die Farbe, wenn notwendig, durch Zusatz von Fleischextrakt, klärt das Gelee und seiht es mehrmals durch ein Tuch.

Süße Gelees und Cremes

Erdbeer- oder Himbeergelee (-sulze)

1½ Liter schöne Walderdbeeren oder Himbeeren werden mit 300 Gramm gesponnenem Zucker übergossen, gut zugedeckt und über Nacht an einen kühlen Ort gestellt. Den nächsten Tag erwärmt man das Ganze, vermengt es mit 30 Gramm aufgelöster Gelatine und dem Safte einer Zitrone und seiht es (wenn notwendig, auch mehrmals) durch ein Tuch. Dann stellt man die Masse in eine Glasschüssel oder in eine Form gefüllt in Eis. Für Himbeergelee muß Saft von 2 Zitronen verwendet werden.

Zitronengelee (-sulze)

Von einer großen Zitrone reibt man den Geruch mit Zucker ab, gibt den Saft von 3 Zitronen geseiht darauf, dann 20 Gramm Gelatine, ⅛ Liter Weißwein dazu und läßt die Mischung in mäßiger Wärme stehen. Dann mischt man 280 Gramm mit Wasser klargekochten Zucker darunter und gibt das Gelee durch ein Tuch in eine in Eis gestellte Form.

Kaffeegelee (-sulze)

Von 100 Gramm frisch gebranntem Kaffee gibt man 70 Gramm in ⅛ Liter siedende Milch und läßt diese erkalten. Von den übrigen 30 Gramm Kaffee macht man ⅛ Liter schwarzen Kaffee, mit Wasser aufgegossen, gibt beides in 20 Gramm aufgelöste Gelatine zu 280 Gramm Zucker, seiht es und läßt es erstarren.

Weingelee (-sulze)

½ Liter sehr guten Weißwein läßt man mit Zucker, Zimt, Gewürznelken, Zitronen- und Orangenschalen ½ Stunde kochen, gibt 280 Gramm geläuterten Zucker, von 1 Zitrone Saft und 20 Gramm in Wein aufgelöste Gelatine dazu, seiht es, füllt es in eine Form und läßt es im Eise erstarren.

Likörgelee

Man kocht 210 Gramm Zucker mit ½ Liter Wasser, gibt 20 Gramm Gelatine, Zitronensaft und Maraschino oder anderen Likör nach Geschmack dazu, auch etwas Cochenille, um die Farbe zu erhöhen, und behandelt das Ganze wie die anderen Gelees.

Früchte in Gelee

Von einem klaren Wein-, Wasser-, Zitronen- oder Likörgelee gießt man fingerhoch in eine glatte Form, läßt es fest werden und belegt es mit eingekochten Früchten oder frischem Obst, das tags vorher mit gesponnenem Zucker übergossen wurde. Dann kommt wieder eine Schicht Gelee, und so fort, bis die Form gefüllt ist.

Apfelsinengelee

Der Saft von 5 Apfelsinen und 2 Zitronen und 420 Gramm Zucker werden mit ⅓ Liter Wasser klar gekocht, 20 Gramm aufgelöste Gelatine dazugegeben und das Ganze geschlagen, bis sehr fester Schaum entsteht. Dieser wird in die gut gereinigten halben Kugeln der Apfelsinenschalen gegeben und so serviert.

Charlotte mit Makronen

Es wird ½ Liter Schlagsahne zu Schaum geschlagen, mit 15 Gramm aufgelöster Gelatine und 100 Gramm Zucker leicht untermengt, die Creme in eine Form gefüllt und diese in Eis gegraben. Vor dem Anrichten wird die Creme in eine flache Schüssel gestürzt und die äußere Seite mit Makronen, die innere mit Aprikosenmarmelade bestrichen, bis zum Rande ganz belegt und diese leicht aufgedrückt. Oben wird die Charlotte mit eingemachten Früchten verziert.

Geliertes Chaudeau

Von ⅔ Liter gutem Weißwein wird mit 6 Dottern und 140 Gramm Zucker am Feuer Chaudeau geschlagen, bis er dick ist. Während des Auskühlens wird er weiter geschlagen und nach und nach 10 Gramm aufgelöste, lauwarme Gelatine beigemengt. Wenn der Chaudeau abgekühlt ist, wird er in eine in Eis gegrabene Form gefüllt.

Sahnengelee

Die Schlagsahne wird sehr fest geschlagen, mit Zucker gemischt und aufgelöste Gelatine in lauwarmem Zustande nach und nach beigemengt. Wenn der Sahnenschaum nicht gestürzt, sondern in eine Glasschüssel gegeben wird, so genügen für 1 Liter Sahnenschaum 10 Gramm Gelatine mit Inbegriff der zum Auflösen verwendeten Flüssigkeit. Zum Stürzen muß aber jedoch für 1 Liter 30 Gramm Gelatine verwenden. Dem Sahnenschaum kann man beliebigen Geschmack durch Beifügen von Vanillezucker, Karamelzucker, Schokolade, Rum, Kaffee und dergleichen geben.

Blanc manger

⁷⁄₁₀ Liter heiße, aber nicht kochende Sahne verrührt man mit 140 Gramm Mandeln, die durch Einweichen in kaltem Wasser geschält, dann gestoßen und mit etwas Sahne im Mörser verrieben wurden. Man läßt dies zugedeckt 1 Stunde stehen. Nachher wird es durch ein Tuch geseiht und gedrückt, 15 Gramm lauwarme, aufgelöste Gelatine und Zucker nach Geschmack dazugegeben. Während des Auskühlens wird die Masse in kaltes Wasser gestellt und immerfort gerührt, damit sich keine Haut bildet. Ehe das Gelee zu stocken beginnt, wird es in eine Form gefüllt und diese in Eis eingegraben.

Erdbeercreme

1 Liter frische Walderdbeeren werden passiert und mit 200 Gramm Zucker verrührt. Dann wird ½ Liter Schlagsahne zu festem Schnee geschlagen, mit dem Passierten gemengt und nach und nach 25 Gramm aufgelöste Gelatine und ½ Liter ganze, gewaschene Walderdbeeren hineingerührt. Die Masse wird in eine Form gefüllt und diese in Eis vergraben.

Creme zum Füllen von Backwerk

Hierzu berechnet man für je ½ Liter Sahne 5 Dotter, 1 Kaffeelöffel Mehl, 100 Gramm Zucker mit beliebigem Geruch und 15 Gramm Butter. Wenn die Creme am Feuer dick gequirlt wurde und fertig ist, kann man noch 50 Gramm geröstete Mandeln daruntermischen.

Apfelsinenbuttercreme zum Füllen von Torten

5 Eigelb, 125 Gramm Zucker, ⅛ Liter Weißwein, 35 Gramm Stärkemehl, Saft und

Zierlich sieht die Apfelsinencreme in Weingläsern aus

Schale einer Zitrone und 1 Apfelsine werden auf dem Feuer zu einer Creme abgerührt und abgekühlt. 125 Gramm ungesalzene Butter wird zu Sahne gerührt, 1 Löffel Puderzucker und dann die abgerührte Creme gut untermischt. Diese Creme ist besonders zum Füllen und Bespritzen von Torten geeignet.

Warme Vanillecreme, zu Biskuit serviert

3/10 Liter Sahne, 5 Dotter und 80 Gramm Zucker mit Vanillegeruch werden am Feuer in einem Kessel mit der Schneerute geschlagen, bis die Creme dick und schaumig ist.

Kalte Creme

wird genau so bereitet wie warme Vanillecreme; wenn sie genügend dick ist, zieht man sie vom Feuer und schlägt sie bis zum völligen Erkalten fort. Das Becken stellt man hierzu in kaltes Wasser oder auf Eis.

Schokoladecreme

Man kocht 100 Gramm geriebene Schokolade und 100 Gramm Zucker mit ½ Liter Wasser, bis die Masse dick wird, rührt sie dann, in Wasser gestellt, während des Auskühlens fort und gibt nach und nach 4 Dotter dazu. Wenn sie ganz erkaltet ist, mengt man ⅛ Liter zu Schaum geschlagene Schlagsahne bei. Diese Creme kann auch in Kelchgläser gefüllt werden, die man in Eis stellt. In diesem Fall häuft man ⅛ Liter Schlagrahm (-sahne) bergartig auf die gefüllten Gläser.

Kaffeecreme

3/10 Liter guter, gemischter Sahnekaffee wird mit 70 Gramm Zucker und 5 Dottern gequirlt, bis die Creme dick wird.

Creme-Consommé

¼ Liter Sahne kocht man mit Vanillegeruch und etwas Zucker auf, läßt es erkalten und seiht es durch ein Tuch; dann schlägt man 4 Eidotter hinein, gibt 60 Gramm Staubzucker dazu, quirlt die Masse gut ab, stellt sie ans Feuer und quirlt sie zu Creme. Nun füllt man sie in Kelchgläser und stellt diese in heißes, aber nicht kochendes Wasser, so daß es über den Inhalt der Gläser emporreicht. Nach einer halben Stunde muß das Consommé wie gestockte saure Milch erscheinen. Beim Servieren reicht man Backwerk dazu.

Russische Creme

3 Eidotter werden mit 4 Eßlöffel Zucker sehr gut abgetrieben, langsam 2 Eßlöffel Rum eingerührt und das Ganze mit ¼ Liter guter, zu Schaum geschlagener Schlagsahne gemengt und einige Stunden auf Eis gestellt. Diese Creme kann wie die Schokoladecreme in Kelchgläsern serviert werden.

Alpenbuttercreme

120 Gramm süße, frische Butter treibt man gut ab, gibt 60 Gramm Vanillezucker, ausgefühlte dicke Creme von 5 Dottern, 3/10 Liter Sahne und 60 Gramm Zucker löffelweise dazu, füllt dann das Ganze in eine mit Mandelöl ausgestrichene Form und stellt es auf Eis. Die

Die fertige Scharlotte

Alpenbuttercreme wird auf dünne Schnitten von mürbem Gebäck gestrichen und so serviert.

Creme mit Schneenocken

½ Liter Sahne läßt man mit 140 Gramm Zucker und 1 Stückchen Vanille aufkochen. Dann schlägt man von 4 Eiweiß sehr festen Schnee und mischt 30 Gramm Zucker mit Vanillegeruch dazu. Den Schnee sticht man mit einem Eßlöffel nockenartig aus, legt die Klöße (Nocken) in die siedende Sahne ein, dreht sie vorsichtig mit einem Schaumlöffel um und nimmt sie heraus, wenn sie etwas steif geworden sind. Es ist dabei sehr darauf zu achten, daß die Schneenocken (=bälle) nicht zerkochen. Sie werden auf eine flache Schüssel gehäuft, mit abgewällten, gestiftelten Mandeln besteckt und mit Creme aus 5 Dottern, $3/10$ Liter Sahne und 60 Gramm Vanillezucker übergossen. Zur Creme kann die Sahne, in der die Nocken gekocht wurden, verwendet werden; ebenso kann man statt Vanillecreme Schokoladecreme zu diesem Zwecke bereiten. Recht kalt zu Tisch geben.

Dreifarbiges Pücklereis

Das Fruchteis

Hierzu bedient man sich heutzutage nur noch der Eismaschinen, die bis zum verhältnismäßig kleinsten Maß im Handel überall zu haben sind und durchaus bei häufigerem Gebrauch die Anschaffung lohnen, da sie mit großer Sicherheit und Zeitersparnis arbeiten. Wir können darin auch köstliche Eiscremes herstellen und den beliebten Eiskaffee mit Sahne für 1—2 Tage ständig bereithalten.

Die Hauptsache ist eine genaue Behandlung der Maschine. Das Eis muß durchaus klein, etwa nußgroß zerstückelt sein. Das Salz soll sogenanntes Steinsalz oder Viehsalz sein. Grobes Kochsalz kann man in Ermangelung auch nehmen, es ist aber weniger vorteilhaft. Es werden ⅔ Eis mit ⅓ Salz ordentlich durchgemengt und der Eisbehälter in die Maschine gegeben; das wirkt viel schneller, als wenn die Masse schichtweise eingelegt wird. Es wird den betreffenden Maschinen indes in der Regel eine so genaue Beschreibung beigegeben, daß es sich erübrigt, hier einige Rezepte folgen zu lassen. Die alte Weise, ohne Maschine Eis herzustellen, besteht darin, daß die Form in Eis eingegraben und, wenn die Eisspeise hineingegeben ist, diese ständig mit einem feinen Holzspatel von der Wand der Form abgestoßen und nach innen geführt wird, damit die ganze Masse regelmäßig zum Gefrieren kommt. Den Verschluß der Form bestreicht man mit Butter, damit kein Salz eindringen kann.

In überaus einfacher Weise stellen wir Gefrorenes mit Fruchtsäften und Wasser her, indem wir zu gleichen Teilen Fruchtsaft und Wasser unter Zugabe von Zucker nach Geschmack mischen und in die Eisform geben. Da dieses Eis aber leicht schmilzt, so ist es nach der Herstellung sofort zu servieren. In zweiter Linie setzt man vorgenannter Mischung auch die in kleine Stückchen zerschnittenen Früchte zu, wodurch das Eis mehr Gehalt bekommt. Es ist in dieser Zubereitung sehr vorteilhaft, immer auch noch den Saft einer Zitrone hinzuzufügen, der den Geschmack hebt.

Ende gut — alles gut: die Eisspeise

Eis von frischen Früchten

½ Kilo frische Früchte, 175 Gramm Zucker, 70 Gramm Eiweiß, 1 Eßlöffel Zitronensaft

Die Früchte werden durch ein feines Sieb gestrichen, mit Zucker, Zitronensaft und dem geschlagenen Eiweiß vermischt und gefroren.

Fürst Pückler

1 Liter Sahne, 250 Gramm Zucker, ½ Stange Vanille, 200 Gramm Makronen, 1 Glas Maraschino

Die steif geschlagene Sahne wird mit dem Zucker, der gestoßenen Vanille, dem Maraschino und den fein gehackten Makronen zu einer Masse gemischt, die in 3 Teile geteilt ist. Der eine bleibt weiß, der zweite wird mit Cochenille rot, der dritte mit erweichter Schokolade braun gefärbt. Dann werden 3 Schichten von verschiedenen Farben in die Büchse eingefüllt und diese recht fest in das Eis gestellt.

Ananaseis

1 kleine Ananas, 200 Gramm Zucker, 3 Löffel Zitronensaft, 75 Gramm Eiweiß, ¼ Liter Wasser

Die Ananas wird geschält und gerieben, mit dem geschlagenen Eiweiß, Zitronensaft, Zucker und Wasser vermischt und gefroren.

Vanille-, Maraschino-, Schokoladeeis u. a.

1 Liter gute Sahne, 340 Gramm Zucker, 1 Stange Vanille, 8 Eier

Die Sahne wird mit dem Zucker und der Vanille aufgekocht und auf eine heiße Stelle gesetzt. Dann rührt man die Eier dazu, bringt die Masse dem Kochen nahe, dickt sie gut ein, kühlt sie ab und gibt sie in die Gefrierbüchse.

Nach diesem Rezept werden auch andere Eissorten gemacht, z. B. Maraschino- (1 Liter Sahne, 340 Gramm Zucker, 8 Eier, 1 Glas Maraschino), Orangenblüten- (ebenso mit einer Handvoll frischen Orangenblüten), Schokolade- (mit 200 Gramm Schokolade), Brot- (mit 200 Gramm gesiebtem Schwarzbrot in Maraschino, Zimt und Nelken), Makronen- (mit 200 Gramm gesiebten Makronen [halb bitter, halb süß]), Mandel- (mit 250 Gramm süßen und 8 Gramm bitteren zerstoßenen Mandeln), Haselnußeis (mit 250 Gramm gestoßenen Haselnußkernen) usw.

Tutti-Frutti

400 Gramm Zucker, 4 Zitronen, 3 Apfelsinen, 300 Gramm kandierte Früchte, 1 Zitrone, 1 Glas Arrak, 1 Glas Weißwein

400 Gramm Zucker werden mit 1 Liter Wasser aufgekocht und nach dem Erkalten mit dem Saft von 4 Zitronen und 3 Apfelsinen gemischt. Inzwischen hat man 300 Gramm gemischte kandierte Früchte fein gehackt und mit der abgeriebenen Schale einer Zitrone, mit einem Gläschen feinen Arrak und einem Glas Weißwein begossen. Alles wird nun zusammengemischt, 1 Stunde zum Durchziehen gestellt und dann in die Gefrierbüchse gegeben, in der es nochmals bis zum Servieren ½ Stunde stehen kann.

Maiwein gefroren

½ Liter Maiwein, 2 Löffel Arrak, 5 Löffel Zitronensaft, 500 Gramm Zucker, 150 Gramm Eiweiß

Der Maiwein wird mit Zucker und der Hälfte des geschlagenen Eiweiß vermischt und gefroren. Wenn das Eis gut gefroren ist, gibt man die übrigen Ingredienzien dazu und richtet den Maiwein in Gläsern an.

Römischer Punsch

4 große Zitronen, 2 Apfelsinen, 600 Gramm Zucker, 1 Weinglas feiner Rum, ⅛ Liter Weißwein, 1 Likörglas Maraschino, Schnee von 4 Eiweiß

Von dem Saft von 4 großen Zitronen und 2 Apfelsinen, 1 Liter Wasser und 600 Gramm Zucker macht man zunächst ein Gefrorenes. Man rührt dann ein kleines Weinglas feinen Rum, ⅛ Liter Weißwein, 1 Likörglas Maraschino und schließlich noch den Schnee von 4 Eiweiß dazu und bringt die Masse nochmals in die Gefrierbüchse. In Gläsern anrichten.

Sachet von Pfirsich

¼ Liter Pfirsichpüree, 175 Gramm Zucker, 1 Teelöffel Vanillezucker, 60 Gramm Eiweiß, 1 Eßlöffel Maraschino, ⅛ Liter Mandelmilch

Das Pfirsichpüree wird mit Zucker, Eiweiß und Mandelmilch gemischt und unter häufigem Umrühren gefroren. Die Masse wird mit Maraschino verrührt und in Gläsern serviert.

Das Getränk

Wir nehmen die Getränke als Mittel gegen den Durst, als Nähr- und Genußmittel zu uns. Das wichtigste und unentbehrlichste Getränk ist

das Wasser.

Wir gebrauchen es sowohl als Trinkwasser wie auch zur Zubereitung fast aller Speisen und Getränke. Nicht jedes Wasser ist als Trinkwasser geeignet; ein gutes Trinkwasser muß durchsichtig, klar und ohne üblen Geruch oder Geschmack sein, es muß von schädlichen Verunreinigungen frei sein und darf keine Krankheitskeime enthalten; letztere können aber auch in einem Wasser vorkommen, dem man weder am Geruch noch an der Farbe noch am Geschmack irgend etwas Verdächtiges anmerkt. Es gehört deshalb zur Begutachtung der Trinkfähigkeit eines Wassers die Feststellung der Abwesenheit von Krankheitskeimen durch genaue Untersuchungen. Wir unterscheiden: 1. Quellwasser, ein meist von schädlichen Keimen freies Wasser, da es beim Durchsickern durch das Erdreich einer gründlichen Reinigung unterzogen wird. 2. Grundwasser ist, wenn es aus tieferen Schichten kommt, fast immer als einwandfrei zu bezeichnen. 3. Oberflächenwasser, aus dem Grundwasser der obersten Bodenschichten oder aus Flüssen oder Teichen stammend, ist niemals ohne vorherige Untersuchung auf Krankheitskeime und ohne Befreiung von diesen durch bestimmte gewissenhafte Reinigungsverfahren genießbar. Das beste und sicherste Mittel, sich in Zweifelsfällen vor Krankheiten zu bewahren, ist immer das gründliche Abkochen des Wassers. — Das Wasser kann auf seinem Wege durch das Erdreich verschiedene Bestandteile aufnehmen, wie Salze, Mineralien oder Gase, wodurch es gewisse heilkräftige Wirkungen bekommt. Wir nennen diese Wasser Mineralwasser, die auch künstlich hergestellt werden. Diese künstlichen Wasser können schädlich wirken, wenn das dazu benutzte Wasser nicht einwandfrei ist.

Wir kommen nun zu den Getränken, die wir als Genußmittel bezeichnen: Kaffee, Tee, Kakao und die alkoholischen Flüssigkeiten. Alle diese Getränke enthalten kleine Mengen von Stoffen, die in größerer Menge den Körper schädigen können. Sie sind aber Reizmittel für den Menschen und für den Lebensgenuß wichtig. Ewald sagt sehr treffend: „So mögen oft auch unsere Genußmittel vorübergehend leichte Schädigungen hervorrufen, ohne daß man selbst als Arzt das Recht hätte, sie deshalb schon als gesundheitsschädlich zu bezeichnen. Indem sie das eine Mal wichtige Arbeitsleistungen ermöglichen, die eben nicht aufgeschoben werden können, das andere Mal die überreizten Nerven beruhigen und dadurch aufreibende Sorge- beziehungsweise Unlustgefühle unterdrücken, haben sie eine Wirkung vollbracht, die eben in dem gegebenen Augenblick für den betreffenden Menschen die weitaus wichtigste war."

Wassersuppe

Sie ist infolge ihrer Bekömmlichkeit und leichten Verdaulichkeit die beste Krankensuppe. Zur Wassersuppe gehören kochendes Wasser, Weißbrot in Scheiben geschnitten, ein Stück Butter, etwas Salz, und eine Suppe ist fertig, die dem schwersten Kranken gereicht werden kann. Doch auch als schnell herzustellende Suppe für jedermann ist sie zu empfehlen, wenn man zu dem Vorstehenden 2 Eigelb quirlt.

Bohnen-Kaffee

Die Zusammensetzung des gebrannten Kaffees ist 14% Eiweiß, 14% Fett, 1,5% Zucker, 2,4% Wasser und 1,16% Koffein, der Anregungsstoff des Kaffees. Die Bekömmlichkeit des Kaffees ist verschieden. Der wesentliche Einfluß mäßiger Mengen auf den Menschen besteht in einer Erhöhung der Leistungen des Gehirnes, die sich durch Erleichterung des Denkens und Verminderung der Schläfrigkeit kenntlich macht. Wenn man auf eine Tasse Kaffee 10 Gramm Bohnen rechnet, so nimmt man damit $1/10$ Gramm Koffein auf. Mengen von über $5/10$ Gramm Koffein erzeugen Unruhe, Zittern, Herzklopfen und Angstzustände, Beschwerden, die auch bei Menschen auftreten, bei denen von vornherein Empfindlichkeit gegen Kaffee besteht. Diese meiden ihn am besten ganz und halten sich an die zahlreichen Ersatzmittel, denen aber das wesentliche Merkmal des Kaffees, das Koffein, und damit auch die dadurch hervorgebrachte Wirkung fehlt.

Will man sich den Kaffee selbst brennen, so ist eine Mischung von ⅓ gelbem Java, ⅓ grünem Ceylon und ⅓ Mokka sehr angenehm. Der Kaffee wird in kaltem Wasser abgewaschen (damit man die gefärbten Bohnen erkennt), verlesen, abgetrocknet und in die Kaffeetrommel geschüttet, in der er auf lebhaftem Feuer bei häufigem Umschütteln geröstet wird. Gut ist er, wenn er eine schöne mittelbraune Farbe hat und leicht bricht. Zur Bannung des Kaffeearomas kann man auch 1 Teelöffel Puderzucker in die Trommel geben, der den Kaffee mit einem Karamelüberzug versieht. Der Kaffee wird dann unter häufigem Umrühren abgekühlt und sofort in einer Porzellan- oder Blechdose verschlossen. Mit den sogenannten Kaffeezusätzen gehe man sparsam um: lieber dünn, aber dafür rein. Bei der Kaffeebereitung bedient man sich jetzt der Kaffeemaschine, von der viele Arten im Handel sind. Hat man keine Maschine, so brüht man den Kaffee in einem irdenen Topf auf und gießt ihn dann zum Auftragen in die Kanne um. Man sorge aber dafür, daß er ordentlich heiß ist. Tee wird wegen seines flüchtigen Aromas am besten kurz vor Genuß aufgebrüht. Muß er länger stehen, so entfernt man die Blätter.

Allerlei Kaffees

Gewinnung von Zichorienkaffee

Der bekannteste Kaffee-Ersatz, die Zichorie, wächst in einer Anzahl von Abarten als wild, wird aber sehr viel kultiviert. Es ist nur die Wurzel für Kaffee zu verwenden, und sie ist im Herbst am besten. Sie wird sorgfältig gereinigt, in kleine Stückchen zerschnitten und getrocknet, ebenso wie man Gemüse trocknet. Es ist sehr wichtig, daß das Zerschneiden und das Trocknen rasch aufeinander folgen, da die wasserhaltigen Wurzeln leicht schimmeln. Auf das Trocknen folgt das Rösten, wozu man entweder die Eierkuchenpfanne oder die für das Rösten des Kaffees dienenden Einrichtungen benutzt. Das Rösten muß genau so vorgenommen werden wie beim Kaffee; man kann etwas Sirup oder Zucker, eine Spur Fett und dergleichen zusetzen, wodurch eine gewisse Fülle des Geschmackes und eine Verbesserung des Aromas eintreten. Nach dem Rösten wird die Zichorie in der Kaffeemühle gemahlen. Das so entstehende Mehl drückt man in ein Glas und bewahrt es an feuchtem Ort auf.

Eichelkaffee

Die Eicheln müssen zunächst entbittert werden. Sie werden der Quere nach durchschnitten und mit kochendem Wasser übergossen; nach 24 Stunden wird das kochende Wasser erneuert, und nach weiteren 24 Stunden läßt man die Früchte abtropfen und gibt sie zum Dörren in den Backofen. Nach dem Dörren schält man sie und röstet sie unter Zusatz von ganz wenig frischer Butter. Eichelkaffee ist ein gesundes Getränk und besonders für Nervöse und Kinder empfehlenswert.

Gerste und Roggen

Die Getreidekörner werden geröstet und am besten mit Zichorie zusammen verwendet. Getreidekaffee muß in das wallende Wasser gegeben und gut umgerührt werden, dann noch einige Minuten kochen. Beim Aufbrühen erschließen sich die Werte der Körner nicht.

Malzkaffee kann man sich aus Gerste selbst herstellen. Zu diesem Zwecke wird die Gerste eingeweicht. Das Wasser wird mehrmals gewechselt und nach etwa 48—60 Stunden abgegossen. Die Körner werden herausgeschöpft, müssen trocknen und werden in Häufchen geschichtet. Nun beginnt die Keimung, man sieht, wie sich der Keim in Form eines dicken weißen Fadens am Korn ansetzt. Es muß nun alle 8 Stunden umgerührt werden, wobei man die Körner in die Luft wirft. Ist der Keim etwa 1½ mal so lang wie das Korn, so streicht man die Schicht auseinander, trocknet die Körner und röstet sie.

Tee

Der wichtigste Bestandteil des Tees ist das in seiner Wirkung und Zusammensetzung dem Koffein gleiche Tein, wovon 2,8% im Tee enthalten sind. Tee wirkt als Reizmittel milder als Kaffee.

Deutscher Tee

Die daraus bereiteten Getränke haben den Vorzug, durchaus unschädlich, ja in manchen Fällen sogar heilsam zu sein. Auch sind sie, besonders mit Zitrone gewürzt, schmackhaft, so daß sie nicht aus unserer Küche verschwinden dürften. Zu beachten ist jedoch, daß die deutschen Blättertees nicht aufgebrüht werden dürfen; sie müssen mit kaltem Wasser aufgesetzt und zum Kochen gebracht werden. Blütentee dagegen ist aufzubrühen. Sehr empfehlenswert ist

Lindenblütentee

Die duftende Lindenblüte gibt einen aromatischen Tee, der besonders mit etwas Zitronensaft angenehm schmeckt. Er regt den Stoffwechsel an und wird deshalb schon sich einen Platz im Haushalt sichern.

Erdbeer- und Brombeerblättertee

Erdbeerblätter müssen im ersten Frühjahr, wenn sie noch jung und zart sind, Brombeerblätter um Johanni gesammelt und schnell an der Sonne getrocknet werden. Es ist sehr darauf zu achten, daß sie ganz trocken sind, da sie sonst leicht schimmeln; man sollte sie daher längere Zeit in Mullsäckchen freihängend aufbewahren und erst später der Teebüchse übergeben.

Apfelschalentee

Sämtliche Apfelschalen, die es im Haushalt gibt, trocknet man auf einem Porzellanteller oder auf papierbedecktem Blech in der Röhre; die Äpfel müssen jedoch vor dem Schälen gut gereinigt sein. Die Vorräte hebt man in Mullbeuteln an trockenem Ort auf. Will man als Abendgetränk Apfeltee bereiten, so verfährt man wie folgt: Man setzt für je eine Tasse eine Handvoll Apfelschalen mit Wasser, Zimt und Zitronenschale auf. Nachdem sie ungefähr fünf Minuten zugedeckt gekocht haben, seiht man den Tee durch, setzt ihn nochmals auf und süßt ihn Etwas Zitronensaft macht dieses äußerst bekömmliche Abendgetränk, das auch Kinder gern genießen, ganz besonders schmackhaft.

Tee aus Hagebuttenkernen und Apfelschalen

Beides wird, dünn auf Papier ausgebreitet, in der Sonne oder im Ofen getrocknet. Man mischt ½ Kilo trockene Hagebuttenkerne mit 125 Gramm getrockneten Apfel- oder Quittenschalen und 65 Gramm Lindenblüten. Von dieser Mischung setzt man 1 Eßlöffel voll mit 1 Liter Wasser an und kocht den Tee 10 bis 15 Minuten, dann wird er durch ein Sieb gegossen. Dieser Tee ist sehr erquickend und auch für Kranke geeignet.

Heilsame Tees

Baldriantee. 5 Gramm auf ¼ Liter kalten Wassers 12 Stunden stehenlassen, dann abgießen und trinken.

Alle nun folgenden Tees werden mit heißem Wasser überbrüht, müssen eine kurze Zeit ziehen und werden dann durch ein sehr feines Sieb gegossen.

Kamillentee. 3—5 Gramm Blüten auf ½ Liter.

Fencheltee. 5 Gramm Kraut und 5 Gramm Samen auf ½ Liter Wasser.

Eibischtee. 10 Gramm Eibischwurzel auf ½ Liter Wasser.

Holundertee. 5—10 Gramm Blüte des schwarzen Holunders auf ½ Liter Wasser.

Lindenblütentee. 5—10 Gramm auf ½ Liter Wasser.

Löwenzahntee. 5—10 Gramm auf ½ Liter Wasser.

Schafgarbe. 5—10 Gramm auf ½ Liter Wasser.

Kakao und Schokolade

Der Kakao ist zugleich Genuß- und Nährmittel; er enthält 27% Eiweiß, 13% Fett, 20% Kohlehydrate. Wegen seines Gehaltes an Fett und Eiweiß ist er ein sehr wertvolles Nahrungsmittel.

Kakao gewinnt man aus der Kakaobohne, die gemahlen und durch Zusatz von Zucker eventuell Vanille zu Schokolade verarbeitet wird.

Die Schokolade gehört zu den vortrefflichsten, nahrhaftesten Genußmitteln. Um eine gute

Schokolade

zu bereiten, bediene man sich folgenden Rezeptes: Man läßt 1 Liter Milch zum Kochen kommen, bricht 200 Gramm Schokolade in Stücke (das Reiben oder Schaben wird nach neueren chemischen Beobachtungen ganz verworfen, weil dadurch der Zucker teilweise in Stärkemehl umgewandelt und der Schokolade viel von ihrem guten Geschmack genommen wird), wirft sie in die kochende Milch, läßt diese unter eifrigem Umquirlen einige Male aufkochen und zieht sie nach Belieben noch mit einigen in kalter Milch zerrührten Eidottern ab. Eine Zutat von Zucker ist überflüssig, da ohnehin jede Schokolade viel Zucker enthält.

Kakao

kocht man, indem man das Pulver in kochender Milch oder Wasser abquirlt und nach Belieben zuckert. Man rechnet auf 1 Tasse Milch oder Wasser 1 gehäuften Teelöffel Kakao und ebensoviel Zucker.

Alkoholische Getränke

Der Kampf für und wider den Alkohol ist immer noch nicht abgeschlossen, und die Schärfe der Bekämpfung hat wieder zugenommen. Es ist hier nicht der Ort, um auch in diesen Kampf einzutreten, sondern es sollen in Kürze nur diejenigen Tatsachen über den Alkohol angeführt werden, die als gesichert gelten. Genaue Kenntnis besitzen wir über die Gefahren und Wirkungen großer Alkoholgaben, während wir über kleinere Alkoholgaben nur wenig wissen. Folgende Anschauungen dürften etwa als gesichert gelten: Nach dem Genuß von Alkohol tritt ein angenehmes Wärmegefühl ein, das dadurch bedingt ist, daß der Alkohol zu einer Erweiterung der Hautgefäße führt, wodurch ein größerer Blutzufluß erzeugt wird. Fast der ganze eingeführte Alkohol wird im Körper zu Kohlensäure und Wasser verbrannt, nur ein kleiner Teil wird unverändert wieder ausgeschieden. Mäßige Mengen können schon die Leistung eines nicht ermüdeten Muskels ungünstig beeinflussen, aber den zur Arbeitsunfähigkeit ermüdeten wieder leistungsfähiger machen. Ein Mittel zur Stärkung des Körpers ist er nicht, auch bei der regelrechten Ernährung spricht er nicht mit. Für Kinder und junge Menschen bis zum 18. Lebensjahre ist auch die kleinste Menge Alkohol Gift. Die meisten Gefahren birgt von den alkoholischen Getränken der Branntwein, da er ja schon in kleinen Mengen viel Alkohol enthält und verhältnismäßig billig ist. „Das, was der Arme mit dem Branntwein erkaufen will, ist übrigens nur selten das Wärmegefühl allein und die kurzdauernde Behaglichkeit, sondern es ist zum großen Teil das Vergessen seiner kümmerlichen Erwerbsverhältnisse, das Vergessen seiner täglichen Sorgen wie jener für die Zukunft, die Durchbrechung der Einförmigkeit seines Lebens, die Hebung seines Kraftgefühles und Beseitigung der Abspannung, die er nach zurückgelegtem Tagewerk empfindet" (Rubner).

Der Alkoholgehalt der alkoholischen Getränke wird durch die folgende Zusammenstellung ersichtlich:

Bier . . . . 2— 5% Alkohol
Wein . . . . 7—17% „
Schnaps . . .30—60% „

Vergleicht man die einzelnen Getränke untereinander, so ergibt sich folgendes Bild:
20 Gramm Rum entsprechen

28 Gramm Kognak
72 „ Portwein
105 „ Ungarwein
116 „ Schaumwein
145 „ Rheinwein
154 „ Moselwein
355 „ Bier (hell)
440 „ Weißbier.

Es folgt hieraus, daß man erhebliche Mengen Bier oder Wein zu sich nehmen muß, um den Alkoholgehalt einiger Gläser Rum oder Kognak zu erreichen.

Bier

Das Bier hat den geringsten Gehalt an Alkohol. Von den zur Bierbereitung gebrauchten Stoffen hat das Malz die größte Bedeutung. Der Nährwert des Bieres ist recht gering, und der „Bierbauch" entsteht nicht allein durch Biertrinken, sondern dadurch, daß das Bier den Appetit anregt und daß deshalb auch mehr gegessen wird. Die schädigende Wirkung liegt übrigens nicht in seinem Alkoholgehalte, sondern in den übermäßig genossenen Mengen, die eine starke Herzbelastung darstellen und schädigend (Münchener Bierherz) wirken. Schlechtes und sauergewordenes Bier stört die Verdauung. Kranken und besonders Rekonvaleszenten werden vielfach die stärkenden Biere empfohlen, wie das kräftige Malzbier und die stark eingebrauten Ale und Porter.

Biersuppe

1 Einbrenne von 40 Gramm Butter, 30 Gramm Mehl und 1 Eßlöffel Zucker, 1 Liter Braun- oder Weißbier, etwas Zucker, Zimt, Zitronenschale, Salz, 1 Portion geröstete Semmelschnitten

Biersuppe ist ein wärmendes Getränk, das bei kaltem Wetter gute Dienste leistet; sie kann aus Braun- oder dem bekannten Weißbier zubereitet werden und setzt sich folgendermaßen zusammen: etwa 40 Gramm Butter werden gebräunt und mit Mehl durchgeschwitzt. Dann fügt man 1 Eßlöffel Zucker hinzu, bis die sogenannte Einbrenne tiefbraun ist, gießt 1 Liter Bier, das man mit etwas Zucker, ganzem Zimt, Zitronenschale und Kardamom zum Kochen gebracht hat, dazu, würzt es mit einer Prise Salz, kocht das Bier nochmals mit der Mehlschwitze auf und richtet es über gerösteten Semmelschnitten an. Als kalte Biersuppe oder Bierkaltschale vertritt es im Sommer häufig die Stelle der Suppe.

Bierkaltschale

1 Liter Braun- oder Weißbier, 1 Portion geriebenes Schwarzbrot, 125 Gramm gestoßener Zucker, 125 Gramm Korinthen, 1 Zitrone

Kaltschale bereitet man, indem man altbackenes Schwarzbrot auf dem Reibeisen reibt, 125 Gramm gestoßenen Zucker, 125 Gramm sorgsam gelesene und in kochendem Wasser gequollene Korinthen, eine in dünne Scheiben geschnittene und geschälte, aber von den Kernen befreite Zitrone in eine Terrine tut, alles gut vermischt, 1 Liter Braun- oder Weißbier darübergießt, alles auf Eis stellt und kalt aufgibt.

Eierbier

1 Liter Weißbier, 100—115 Gramm Zucker, Zimt, Zitronenschale, 5—6 Eier

1 Liter leichtes helles Bier (Berliner Weißbier) wird mit 110—115 Gramm Zucker, etwas Zimt und Zitronenschale aufgestellt und zum Kochen gebracht. Indessen werden 5 oder 6 Eier mit der Schneerute zu Schaum geschlagen, mit dem kochenden Bier unter fortgesetztem Rühren vermischt und gut verquirlt (darf aber nicht mehr kochen) und in Gläsern oder Tassen gereicht.

Ingwerbier

Auf 5 Liter Wasser rechnet man 2 Zitronen, 30 Gramm Ingwer, 570 Gramm Zucker, 15 Gramm Hefe und 8 Gramm Kremortartari. Die dünn geschälte Schale und den Saft der Zitrone gibt man mit dem Zucker, Ingwer und Kremortartari in ein irdenes Gefäß und gießt das Wasser kochend darüber. Wenn es halb abgekühlt ist, gibt man die Hefe dazu und rührt gut um. Dann muß die Flüssigkeit bis zum folgenden Tage gären; man schöpft die obenauf schwimmende Hefe ab, gießt das Bier behutsam ab, füllt es auf Flaschen und verkorkt es gut. Nach 3—4 Tagen ist das Bier genießbar.

Wein

Der Wein wird hauptsächlich seiner anregenden und belebenden Kraft wegen genossen, er wirkt in kleinen Mengen verdauungsbefördernd. Ein Kräftigungsmittel, wie vielfach angenommen wird, ist er nicht. Neben den Traubenweinen werden auch noch Obstweine hergestellt, von denen die Beerenobstweine meist sehr alkoholreich sind.

Waldmeister- oder Maibowle

1 Büschel junger Waldmeister, 4—6 Flaschen Mosel- oder leichter Rheinwein, Zucker, 2 Flaschen leichter Schaumwein

Ein Büschel ganz junger Waldmeister wird mit den Stengeln an einen Zwirnsfaden gebunden, 4—6 Flaschen Mosel- oder leichter Rheinwein nebst Zucker nach Geschmack werden in das Bowlengefäß getan und der Waldmeister 6—8 Minuten nur mit den Blättern, die Stengel nach oben, hineingehalten. Dann abschmecken, 2 Flaschen leichten Schaumwein zusetzen und recht kalt servieren.

Erdbeerbowle

½ Liter Erdbeeren, Zucker, 4 Flaschen Mosel-, 1 bis 2 Flaschen Schaumwein

Die Bowle kann aus Wald- oder Gartenerdbeeren zubereitet werden. Die Walderdbeere hat das größere Aroma. Das beste Aroma sitzt oben in der Haut, deshalb soll die Erdbeere nicht gewaschen, n i e gequetscht werden. ½ Liter ungewaschene Erdbeeren tut man in das Bowlengefäß, schüttet auf die Erdbeeren feinen Zucker, daß sie bedeckt sind, läßt das Ganze 1 Stunde zugedeckt ziehen, gießt 4 Flaschen leichten Mosel- oder Rheinwein auf und gibt beim Servieren noch 1—2 Flaschen leichten Schaumwein hinzu.

Ananasbowle

1 Ananas, Zucker, 4 Flaschen Mosel-, 1—2 Flaschen Schaumwein

Dies ist die dankbarste Bowle, da sie das größte Aroma hat. Ihre Zubereitung ist genau wie die der Erdbeer- und Pfirsichbowle. Es wären noch Pomeranzen-, Gurken-, Sellerie-, Weinblüten-, Rosenblätter- und viele andere Bowlen zu erwähnen, doch sind diese nicht so beliebt, weshalb darauf nicht näher eingegangen wird.

Pfirsichbowle

½ Kilo Pfirsich, Zucker, 4 Flaschen Mosel-, 1—2 Flaschen Schaumwein

Die Frucht wird sorgfältig geschält, halbiert, ausgekernt und stark eingezuckert. 1 Stunde ziehen lassen und genau so verfahren wie bei der Erdbeerbowle. Eine Abart der Bowlen ist die sogenannte

Kalte Ente

½ Zitrone, 3 Flaschen Mosel-, 1 Flasche Schaumwein, eventuell 1 Glas Kognak

½ Zitrone wird in dünne Scheiben geschnitten, 3 Flaschen Mosel- oder Rheinwein, mehrere Stückchen Würfelzucker, 1 Flasche leichter Schaumwein und eventuell 1 Glas Rotwein dazugetan. Nach 10 Minuten, ehe der Schaumwein hinzugegossen wird, nimmt man die Zitronenscheiben wieder heraus. Kalte Ente muß eiskalt serviert werden.

Kochwein

Zum Küchengebrauch bedarf man natürlich sehr verschiedenartiger Weine, je nach den Gerichten, die daraus zuzubereiten sind. Zu Obstsuppen, Kaltschalen und Weinsoßen kann man leichten Rot- und Weißwein verwenden, aber niemals ordinäre oder gar verdorbene Weine, was eine ganz verfehlte Sparsamkeit wäre. Man schaffe hierzu leichten Rhein- oder Neckarwein sowie einen leichten reinen Bordeaux an, von deren Unverfälschtheit man sich überzeugt hat.

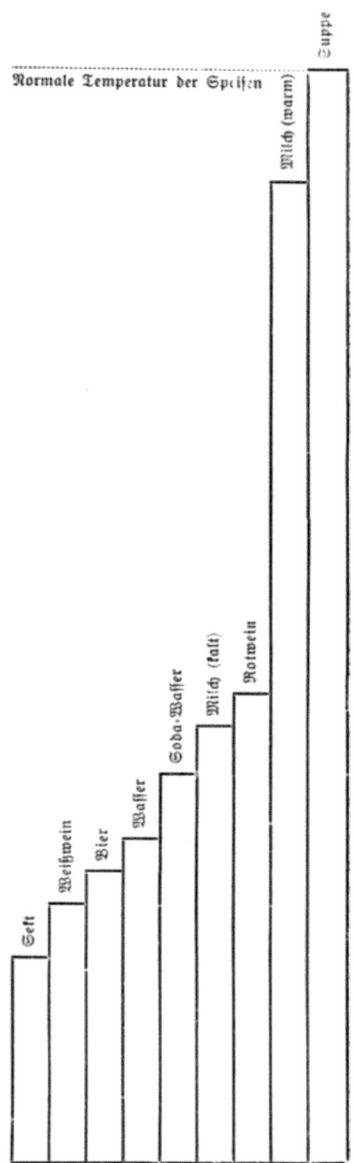

Die besten Temperaturen (Celsius) für Getränke

Tabellarisch dargestellt von Dr. med. Max Henius

Zu den Madeirasoßen kann man nur guten Madeira benutzen, da Soßen von schlechtem, verfälschtem Wein widerlich schmecken. Renommierte Firmen sorgen für die Güte der Qualität. Zu den Weingelees, Cremes usw. bedarf man des besten, feinsten Weines, sei es Rheinwein, Burgunder, Malaga. Zu Mehlspeisen und Backwerk nimmt man meist einen guten, ziemlich starken Wein, da sich der Geschmack beim Kochen und Backen sonst zu sehr verflüchtigen würde. Zu Marinaden, Fischsud und dergleichen kann man den gewöhnlichen Kochwein benutzen, muß jedoch wohl darauf sehen, daß er nicht sauer oder sonstwie schlecht, ganz besonders nicht mit Alkohol versetzt ist; denn es sei wiederholt gesagt: es ist durchaus keine Ersparnis, schlechten Wein in der Küche zu verwerten. Er überträgt den schlechten Geschmack auf die Gerichte, und alle aufgewandten Kosten sowie Zeit und Mühe sind fortgeworfen.

Weinsuppe

50 Gramm Butter, 2 Eßlöffel Mehl, ½ Liter Wasser, 1½ Zitronen, 125 Gramm Zucker, 1 Stück Zimt, 1 Flasche Weißwein, 4 Eidotter, Semmelwürfel

50 Gramm Butter werden mit 2 Eßlöffel Mehl hellbräunlichgeröstet, diese Mehlschwitze mit ½ Liter siedendem Wasser verkocht, der Saft einer ganzen und die Schale einer halben Zitrone, 125 Gramm Zucker, 1 Stück Zimt, 1 Flasche Weißwein hinzugetan und alles unter fleißigem Rühren etwa 10 Minuten gekocht. Mit 4 Eidottern wird die Suppe legiert und über geröstete Semmelwürfel angerichtet.

Weinkaltschale

Zwieback oder Makronen, 1 Zitrone, Zimt, 1 Flasche Weißwein, Wasser, Zucker, Korinthen

Fein in Stücke gebrochene Zwiebäcke oder Makronen werden samt Zitronenscheiben und einigen Stückchen feinem Zimt in eine Terrine getan und mit Weißwein übergossen, der mit etwas Wasser vermischt und mit Zucker versüßt ist. Hiernach stellt man die Kaltschale eine Weile auf Eis. Auch kann man eine beliebige Menge gut gereinigter Korinthen, die mit einem Stückchen Zimt einige Minuten im Wasser aufgekocht waren, hinzutun.

Chaudeau oder Weinschaum

1 Flasche Wein, 200 Gramm Zucker, 1 Zitrone, 8 Eidotter, 2 ganze Eier, Salz

Weinschaum wird als Getränk, meist jedoch als Soße zu süßen Speisen gereicht. Für ein Getränk wählt man einen feinen Wein wie Burgunderwein. Auf die Flasche Wein gibt man 250 Gramm gestoßenen Zucker, auf den man zuvor die Schale einer Zitrone abgerieben hat, den Saft der Zitrone, 8 Eidotter und 2 ganze Eier, nebst 1 Messerspitze voll Salz, mengt alles gut durcheinander und schlägt es über gelindem Feuer mit der Schneerute zu dickem Schaum, den man in Gläser füllt. Weinschaumsoße ist in dem Kapitel Eiersoßen zu finden.

Himbeerkaltschale mit Wein

1 Liter Himbeeren, Zucker, Rum, 1 Flasche Weißwein, ½ Liter Wasser, kleine Biskuits

1 Liter sauber ausgelesene Himbeeren werden dick mit Zucker bestreut, in eine Terrine getan, mit etwas Rum besprengt, zugedeckt und einige Stunden ins Kalte gestellt. Vor dem Anrichten gießt man 1 Flasche Weißwein und ½ Liter Wasser darüber, schmeckt das Ganze gut ab und serviert die Kaltschale mit kleinen Biskuits. In ähnlicher Weise werden Apfel-, Birnen-, Aprikosen-, Erdbeer-, Johannisbeer-, Pfirsich-, Pflaumen- usw. Kaltschalen zubereitet.

Sorbett oder Scherbett

2 Löffel Fruchteis, ½ Glas Zitronensirup, Rheinwein, frische Früchte

Es wird in hohen Spitzgläsern (Sektgläsern) mit Strohhalmen serviert und mit frischen Früchten garniert. Die einfachste, für den Haushalt praktischste Zubereitung ist folgende: 2 Löffel Fruchteis werden in das Glas gefüllt. Die nächste Zugabe ist ½ Dessertweinglas Zitronensirup. Der Rest des Glases wird mit Rheinwein angefüllt. Alles wird gut verrührt, mit frischen Früchten garniert und mit 2 Strohhalmen serviert. Nach dem Namen des Fruchteises richtet sich derjenige des Sorbetts.

Römischer Punsch

1 Portion Orangeneis, 6 Eier, 1 Tasse Zuckersirup, ³/₁₀ Liter Arrak, ³/₁₀ Liter Champagner

Eine Art Sorbett, als Zwischengericht bei einem größeren Essen sehr beliebt, wird bereitet, indem unter das festgefrorene Orangeneis der Eiweißschnee von 6 Eiern, der mit einer Obertasse Zuckersirup verrührt ist, nach und nach gezogen und mit diesem gut verarbeitet wird. Dann werden ³/₁₀ Liter guter Arrak, ebensoviel Champagner daruntergerührt und das Ganze in Gläsern serviert.

Wenn die Witterung für Bowlen zu kühl wird, dann tritt der Punsch in seine Rechte. Mäßig, zu passender Zeit genossen, ist Punsch nicht nur ein unschädliches, sondern oft sogar ein gesundheitlich zuträgliches Getränk, z. B. bei kaltem, nassem Wetter, bei anstrengenden Fußtouren oder Reisen im Winter, Herbst und Frühjahr. Natürlich darf man weder bei solchen

Gelegenheiten noch in fröhlicher Gesellschaft des Guten zu viel tun, wenn man nicht unangenehme Folgen verspüren will. Ein aus guten, unverfälschten Bestandteilen zusammengesetzter Punsch wird selten oder nie Kopfschmerzen verursachen. Die Bereitung an sich ist einfach. Die Hauptbestandteile eines Punsches sind Rum, Arrak oder Kognak, die beliebig mit Wasser oder Tee verdünnt werden können, Zitronensaft und Zucker. Doch beachte man, daß der Zucker mit Rum, Arrak oder Kognak zuerst ins Glas kommt und d a n n erst das kochende Wasser hinzugefügt wird.

Arrakpunsch
375 Gramm Zucker, 5 Zitronen, ½ Liter Arrak, 1 Liter Wasser

Auf 375 Gramm Zucker wird die Schale von 3 Zitronen abgerieben, der Saft von etwa 5 Zitronen hinzugetan und ½ Liter feiner Arrak aufgegossen, alles gut verrührt und 1 Liter kochendes Wasser oder dünner Tee zum Schluß darübergegossen. Bei

Rumpunsch
nimmt man statt Arrak guten Jamaikarum, bei

Kognakpunsch
Kognak.

Burgunderpunsch
8 Apfelsinen, ½ Liter kochender Zuckersirup, ½ Kilo Zucker, 1 Liter Wasser, 2 Flaschen Burgunder, ½ Flasche Arrak

Von 2 dünnschaligen Blutapfelsinen schält man die Schale allein ab, übergießt sie in einer Terrine mit ½ Liter kochendem Zuckersirup und läßt dieses zugedeckt einige Stunden stehen. Inzwischen klärt man ½ Kilo Zucker in 1 Liter Wasser, drückt den Saft von 6 Apfelsinen hinzu, seiht es nebst den Apfelsinenschalen durch, vermischt es mit 2 Flaschen Burgunder und ½ Flasche Arrak und macht den Punsch gut heiß; doch darf er nicht kochen. Ebenso kann man Ananaspunsch bereiten, nur daß man statt Rotwein Weißwein verwendet.

Glühwein
½ Kilo Zucker, ½ Liter Wasser, 3 Nelken, Zimt, Zitronenschale, 2 Flaschen Rotwein

Zu Glühwein, den man auch zu den Punschen rechnet, wird ½ Kilo Zucker mit ½ Liter Wasser, 3 Nelken, etwas ganzem Zimt und Zitronenschale gut aufgekocht. Hiernach werden 2 Flaschen Rotwein dazugegossen, alles zusammen bis ans Kochen gebracht, dann durch ein Sieb gegossen und recht heiß in Gläsern serviert. Ein bei Damen sehr beliebter Punsch ist der

Warmes Chaudeau

Eierpunsch
1½ Flaschen Weißwein, 10 ganze Eier, 6 Eidotter, 1 Zitrone, ½ Kilo Zucker, ¼ Liter Arrak

Für 12—15 Personen rechnet man etwa 1½ Flaschen guten Weißwein, 10 ganze Eier, 6 Eidotter sowie den Saft einer Zitrone. Man fügt je nach Geschmack etwa ½ Kilo gestoßenen Zucker hinzu, schlägt alles über gelindem Feuer mit der Schneerute bis zum Kochen, rührt ½ Liter feinen Arrak darunter und schlägt den Punsch nochmals so lange, bis Blasen aufsteigen, worauf man ihn serviert. Der Schaum muß hoch aus den Gläsern ragen.

Amerikanischer Milchpunsch
1 Liter Milch, 1 Liter Sahne, 180 Gramm Zucker, 1 Stange Vanille, 5 Eier, ⅜ Liter Arrak oder Rum

Die Stange Vanille muß in der kochenden Milch, die vom Feuer fort auf die heiße Stelle gestellt wird, gut ausziehen. Die Milch wird dann durch ein Sieb gegossen, mit dem Zucker und der Sahne aufgekocht, mit den Eidottern abgequirlt und nach dem Auskühlen mit dem Arrak oder Rum gut durchgequirlt.

Warmer Milchpunsch
1 Liter Milch, 4 Eidotter, Kognak, Rum, Zitronenschale

Die Milch wird mit etwas dünn abgeschälter Zitronenschale langsam zum Kochen gebracht, damit der Geschmack sich der Milch genügend mitteilt, dann durch ein Sieb gegossen, mit 3 bis 4 in kalter Milch gequirlten Eidottern abgezogen, mit dem Kognak und dem Rum vermischt und über ganz gelindem Feuer im Kessel mit der Schneerute zu Schaum geschlagen.

Russischer kalter Eierpunsch

10 Eigelb, 450 Gramm Puderzucker, ½ Muskatnuß, 1 Teelöffel gestoßener Zimt, ¾ Liter Kognak, 1 Liter süße Sahne

10 Eigelb, 450 Gramm Puderzucker, eine halbe, fein geriebene Muskatnuß, 1 Teelöffel fein gestoßener Zimt, ¾ Liter bester Kognak und 1 Liter gute süße Sahne werden mit dem Schneebesen ¼ Stunde geschlagen (am besten in einem auf Eis gestellten Gefäß) und in gut gekühlte Gläser gefüllt.

Punsch aus Fruchtsäften

Punsch aus Holundersaft

Zur Hälfte Holundersaft, zur Hälfte Apfelwein wird mit ein paar Nelken und einem Stückchen Zimt zum Kochen gebracht, gesüßt und möglichst heiß gereicht.

Himbeer- oder Kirschpunsch

Man erhitzt zu gleichen Teilen Himbeer- oder Kirschsaft und Apfelwein, fügt Zitronensaft, nach Belieben auch Arrak hinzu und reicht das Getränk heiß. Bei Verwendung von Kirschsaft ist Zimt mitzukochen.

Apfelweinpunsch

2 Teile Apfelwein, 1 Teil Wasser, Zucker nach Geschmack und als Gewürz ein Stück Zimt, ein paar Nelken und etwas Zitronenschale und -saft. Die Gewürze setzt man mit dem kalten Wasser und Zucker an und läßt alles tüchtig kochen. Dann gibt man den Apfelwein daran, der nur bis kurz vors Kochen kommen darf, und richtet den Punsch durchgeseiht und recht heiß an.

Spirituosen

Die Spirituosen teilt man in 3 Kategorien ein:

1. Branntwein,
2. Kognak,
3. Liköre.

Den meisten Branntwein gewinnt man aus Getreide und Kartoffeln. Aus Roggen bereitet man in Deutschland, besonders in Nordhausen, einen vorzüglichen Kornbranntwein. In England destilliert man aus Weizen den Whisky. Auch aus zuckerhaltigen Früchten wird Branntwein hergestellt, z. B. aus den Zwetschen Sliwowitz, aus den Kirschsteinen das Kirschwasser, aus den Wacholderbeeren Genever usw. Der beste Branntwein wird durch die Destillation von Wein gewonnen, und zwar ist am meisten der echte Kognak (so genannt nach der gleichnamigen Stadt in Frankreich) geschätzt. Der deutsche Kognak, der hauptsächlich am Rhein fabriziert wird, steht dem französischen an Güte nach. In den Tropenländern bereitet man aus Zuckerrohr durch Vergärung und Destillation den Rum. Den besten liefert die Insel Jamaika.

Liköre enthalten neben Wasser und Weingeist mehr oder weniger Zusätze von Zucker und Gewürzen. Bekannte Liköre sind Chartreuse, Benediktiner, Curaçao, Danziger Goldwasser, Magenbitter mit verschiedenen Benennungen usw. Nach dem eigenartigen Geschmack der Liköre unterscheidet man Rosen-, Ingwer-, Vanille-, Kümmel- und andere Liköre. Die besseren Sorten werden nicht selten durch mancherlei Zusätze gefälscht, und zum Färben werden wohl auch giftige Farbstoffe benutzt. Namentlich mit der Bezeichnung „Kognak" wird arger Mißbrauch getrieben. Ein guter Kognak sollte in keinem Haushalte fehlen, er hat schon manche Medizin ersetzt. Die Bereitung von Fruchtlikören ist in dem Kapitel „Liköre" behandelt.

Mineralwasser, Limonaden, Brausen

stillen den Durst und regen den Appetit an, ohne der Verdauung zu schaden. Das gebräuchlichste Mineralwasser ist das künstliche Selters, das aus destilliertem Wasser mit künstlicher Kohlensäure verbunden besteht. Der Gesundheit zuträglich sind die natürlichen Sauerbrunnen, wie natürliches Selters, Fachinger, Harzer, Gerolsteiner Sauerbrunnen und viele andere. Diese werden rein genommen sowie zur Mischung von Wein und Fruchtsäften verwandt, sie wirken erfrischend und belebend. Der größte Teil wird sogar zum Kurgebrauch verordnet.

Limonaden stammen aus Italien. Ihr Name rührt von „Limone" (Zitrone) her. Die bekanntesten sind Zitronen-, Himbeer-, Erdbeer- und Ananaslimonaden. Man stellt sie her, indem man die verschiedenen Fruchtsäfte mit kaltem Wasser oder Selters auffüllt und nach Belieben zuckert. Doch empfiehlt es sich, besonders wegen des hohen Vitamingehaltes, möglichst den Saft von frischen Früchten zu verwenden. Trinken von heißen Limonaden, besonders von Zitronenlimonade, dient bei Erkältungen als Hausmittel.

Brausen oder Gazeusen sind ein moussierendes Getränk, das aus einem kohlensauren Wasser in Verbindung mit Fruchtsaft gleich fertiggemacht in Flaschen in den Handel kommt. Die Limonaden, die aus frischen Früchten zubereitet werden, sind vorzuziehen.

Alkoholfreie Getränke dürfen keine Zusätze von künstlichen Essenzen, ätherischen Ölen, Farbstoffen und Säuren enthalten. Es gibt jedoch Brauselimonaden und Fruchtsäfte, die „von Natur keine Spur", sondern nur obige Bestandteile enthalten. Vielfach ist nicht einmal das verwendete Wasser destilliert.

Die feine Küche

Briefe an eine Jungvermählte

Meine liebe junge Freundin!

Gern komme ich Ihrem Wunsche nach, Ihnen in der ersten Zeit Ihrer jungen Ehe als — sagen wir „Küchenrätin" zur Seite zu stehen. Ich alte erfahrene Frau weiß zur Genüge, daß die Liebe fast jedes Mannes „durch den Magen geht", besonders aber, wenn man einen verwöhnten Junggesellen, der sich spät zur Ehe entschlossen hat, zum Gatten wählte.

Ich gebe Ihnen zunächst einige Grundregeln: Bedenken Sie immer, daß Sie für „Feinschmecker" kochen und nicht für „Fresser".

Reichen Sie nicht viele Gerichte, die wenigen aber erlesen.

Wählen Sie nur die besten Zutaten und vermeiden Sie alle Surrogate.

Setzen Sie Ihren Speisezettel so zusammen, daß man nach der Mahlzeit sich ohne ein Gefühl der Übersättigung erhebt.

Richten Sie die Speisen dem Auge wohlgefällig an.

Ergänzen Sie die Speisen durch die entsprechenden Getränke.

Legen Sie auch auf die Ausgestaltung der Tafel größten Wert; denn man ißt nicht nur mit den Geschmacksorganen, sondern auch mit den Augen.

Und nun, kleine Hausfrau, genug der Theorien! Nachstehend einige wohlerprobte Rezepte aus meinem „Lebenskochbuch", das sich aus den Erfahrungen vieler Jahre und Länder zusammensetzt. Haben Sie erst einmal alle durchprobiert, wird es Ihnen leicht werden, nach meinem Rezept selbständig zu verfahren und zu „erfinden".

Zunächst die Vorspeisen.

Sie sollen den müden Gaumen „reizen" und zur Aufnahme für die substantielleren Gerichte vorbereiten. Die Jahreszeit kommt einem dabei meist liebevoll zur Hilfe, und auch da wieder ist es mein Grundsatz, das Gewohnte, Übliche in einer etwas abweichenden Form zu reichen.

Fangen wir mit den

Austern

an. Gewiß, man reicht die Austern, 6 pro Kopf gerechnet, gern frisch, mit Zitrone und pikanten Soßen. Aber man will auch einmal etwas anderes.

„Überraschte" Austern

seien da empfohlen. Hierzu öffnet man die frischen Austern und entbartet sie. Vorher hat man eine Bratpfanne, Paniersemmel oder Mehl, 1 Ei oder einen ungesüßten Ausbackteig wie zu Beignets vorbereitet. In einem dieser Dinge wälzt man die Austern und backt sie ganz rasch in steigender Butter oder kochendem Öl. Dies muß so rasch vor sich gehen, daß die Austern beim Auftragen innen noch kalt sind. Es ist daher ratsam, sie vor dem Backen auf Eis zu stellen. Man reicht diese Austern auf geröstetem Weißbrot (Toast), mit Sardellenbutter bestrichen, und garniert ringsherum Lachs-, Sterlet-, Sigu- und Kaviarbrötchen. Man kann sie aber auch auf Ananas-, Bananen- oder Champagnersauerkohl reichen. Auch als Beilage zu jungem Spinat seien sie empfohlen.

Austernkokillen

Hierzu streicht man die nötigen Ragoutmuscheln, 2 pro Kopf, mit Butter oder Öl aus, bricht die Austern auf, hebt das Austernwasser gut auf, entbartet die Austern und legt etwa 5—6 Austern in jede Muschel. Man bereitet jetzt eine dicke Cremetunke, die man aus Würfeln von magerem Speck, Butter, feinem weißem Mehl, Salz, etwas Cayenne oder Paprika anschwitzt und mit Sahne (am schönsten geschlagener, ungesüßter Schlagrahm) glatt- und dickrührt. Zuletzt fügt man die aufgekochte, durch ein Passiertuch abgedrückte Austernbrühe abgekühlt dazu und gibt die dicke Tunke über die Austern, streut geriebenen Parmesankäse darüber, gibt Butterflöckchen darauf und backt die Muscheln schön goldgelb. Man kann das Ragout durch Beimischen von Fischstücken, etwa Resten von Lachs oder Zander, oder *frischen* Pilzen — man verwende keine anderen in der feinen Küche — etwas verlängern. Das Aufsetzen kleiner Kaviarhäufchen nach dem Backen ist zur Verfeinerung der Vorspeise geeignet.

Was von den Austern gilt, trifft auch auf die Hummern zu. Abwechslung ist auch da die Losung.

Gratinierte Hummern

sind stets ein willkommener Leckerbissen. 3 bis 4 Hummern (man rechnet etwa einen halben mittleren oder einen viertel größeren auf die Person) werden in Salzwasser mit Zwiebeln abgekocht und kaltgestellt. Erkaltet schlägt man die Schalen der Länge nach auf, wobei man vorsichtig darauf achten muß, die Schalen nicht zu verletzen. Man nimmt das Fleisch heraus, öffnet auch die Scheren am unteren Ende und nimmt auch dieses Fleisch heraus. Dann reinigt man die Schalen in Wasser, trocknet sie ab und legt sie auf ein Backblech. Jetzt bereitet man, wie zu den Austernkotillen, eine dicke Cremetunke, zu der man etwas Hummerbrühe gibt. Durch Beigabe gehackter Trüffeln oder Champignons (frische, wenn ich bitten darf!), auch etwas edlen Weines, wie herber Ungar oder weißer Bordeaux, kann man die Tunke beliebig variieren. Hat man die köstliche Tunke bereitet, hackt man das Hummerfleisch in grobe Stücke, vermischt es mit der Tunke und füllt es in die Hummerschalen zurück, streut geriebenen Parmesankäse darüber, legt kleine Butterflöckchen dazwischen und backt die Hummern etwa ½ Stunde vor dem Anrichten schön goldbraun. Man richtet die Hummern, hübsch zusammengestellt, auf einer Serviette oder auf Schüsselpapieren an und garniert mit Salatherzen oder Kresse. Man kann auch Salat, etwa Kressesalat oder Rapunzeln, dazu reichen. Ein sehr effektvolles Gericht für Feinschmecker erster Ordnung.

Die Frage, ob Hummern oder Krebse wohlschmeckender seien, wird unter Feinschmeckern wohl immer unentschieden bleiben. Die „Überseer", die die Süßwasserschaltiere nicht kennen, werden für die Hummern stimmen, wir „Europäer" aber, die wir den Wohlgeschmack der Krebse, namentlich an einem Sommerabend bei Erdbeer- oder Pfirsichbowle, kennenlernten, werden ihnen, wie den meisten Süßwasserfischen, den Vorzug geben. Nachstehend zwei Kochrezepte:

Krebswürstchen

Hierzu kocht man etwa 1 Schock (60 Stück) mittelgroße Krebse in Salzwasser, dem Zwiebeln, Kümmel und Gewürzkorn beigefügt sind, ab und passiert die Krebsbrühe durch ein Haarsieb oder Tuch. Den Krebsen werden die Scheren und Schwänze ausgebrochen, das Fleisch beiseite gestellt. Die Krebsschalen werden, nachdem man das Innere des Körpers herausgenommen hat, fein zerstampft und etwa mit ¼—½ Kilo Butter in einer Kasserolle aufgesetzt, bis die Butter zu schäumen anfängt und schöne rote Farbe bekommt. Dann wird sie, noch flüssig, durch ein geruchloses Tuch in kaltes Wasser gepreßt, wo man sie erstarren läßt. Die Krebsschalen werden hierauf nochmals mit Milch, etwa 1—1½ Liter, begossen, gut durchgekocht und schließlich durch ein Seihtuch oder Haarsieb gegeben. Nun bereitet man von feinem Fischfleisch (Hecht, Zander), etwa ½ Kilo, mit etwas geweichter Semmel und Krebsbutter eine Fischfülle vor und arbeitet dann eine feine Krebsbéchamelsoße aus weißem Mehl, der ausgekochten Krebsmilch, Krebsbutter, Salz und einer Spur Paprika. Die Fischfüllung und die Béchamelsoße werden gut verrührt und, wenn man es liebt, mit fein gehackten Kräutern gewürzt (letztere können aber auch fortbleiben). In diese Masse schlägt man 3—4 Eigelb, die in Stücke geschnittenen Krebsscheren und Schwänze und zum Schluß den steifgeschlagenen Schnee der Eier. Vorher hat man geruchlose, gut gereinigte Bratwurstdärme vorbereitet. In diese füllt man die auf Gewürz abgeschmeckte Masse hinein, indem man sie etwa fingerlang abbindet. Die Würstchen werden etwa ¼ Stunde lang ins kochende Wasser gegeben, man läßt sie ziehen und dann auf einem Sieb abtropfen. Vor dem Anrichten brät man die Würstchen in der übrigen Krebsbutter auf beiden Seiten schön knusprig und trägt sie sehr heiß in einer Deckelschüssel auf. Man reicht einen feinen grünen Salat dazu. Statt des Fischfleisches kann man auch Huhnfleisch, etwa vom Suppenhuhn oder einem älteren Fasan, verwenden. Die Mühe der Arbeit lohnt sich, die Würstchen sind ausgezeichnet. Sie eignen sich auch als Beilage zu feinen Gemüsen.

Krebskotelette

Hierzu werden etwa 30 Krebse mit Zwiebel und Kümmel abgekocht, das Fleisch der Schalen und Scheren ausgebrochen und beiseite gestellt. Die Schalen werden gestoßen und mit Butter aufgesetzt und diese dann, wie im vorstehenden Rezept, durch ein Tuch in kaltes Wasser gedrückt. Einige Scheren, soviel Kotelette zu haben wünscht, werden beiseite gestellt, um sie später als Kolettknochen zu benutzen. Jetzt blanchiert man 1—2 große Kalbsmilchen, hackt sie und vermischt sie mit dem gehackten Krebsfleisch, etwas geweichter Semmel, Salz, etwas Krebsbutter und 1—2 Eiern. Nachdem man die Masse gut verarbeitet hat, formt man kleine Kotelette daraus, paniert sie in geriebener Semmel, backt sie in Krebsbutter schön braun und steckt je eine Schere als Knochen hinein. Man richtet sie mit grünem Frühlingssalat und gerösteten Kartoffeln an. Auch sie eignen sich gut als Beilage zu Gemüsen bei einem größeren Essen.

Diese Art Vorspeisen sind aber nicht nach jedermanns Geschmack; doch da die Woche 7 Tage hat und 7 Speisezettel zu entwerfen sind, werden sie wohl auch einmal an die Reihe kommen, namentlich wenn man viel Krebse, vielleicht aus dem eigenen Teich, zur Verfügung hat. Viele werden pikanten, scharf geräucherten und gewürzten Vorspeisen den Vorzug geben. Ihnen kann durch Zusammenstellung einer Vorspeisenschüssel geholfen werden, zu der sich alles, was die Jahreszeit bietet, in Essig und Öl, in Gallert oder mit Mayonnaise mariniert, verwenden läßt. Sehr fein sind H ü h n e r s a l a t e mit Krebsschwänzen und Spargelspitzen, desgleichen alle Fischsalate oder Gallerte, in die man alle zeitgemäßen Gemüse mit hineintun kann, alle russischen Salate mit kernigen roten Rüben und Sahne, die ebenfalls durch feine Gemüse, wie Spargel oder Champignons, sehr verfeinert werden können. Hier kann die Phantasie Unerschöpfliches leisten.

Ein besonderes Kapitel der Vorspeisen sind die Eierspeisen, die namentlich zum Frühstück, d. h. da, wo die Hauptmahlzeit des Abends genommen wird, wie im Auslande, gewöhnlich statt der Suppe den Anfang der Mahlzeit bedeuten.

Ein sehr einfaches, selbst erfundenes Omelett hatte stets großen Erfolg.

Gefülltes Parmesanomelett

3—4 Eidotter, eines pro Kopf gerechnet, werden mit etwas feinem Mehl, 1 Teelöffel pro Ei, etwas Sahne und sehr viel geriebenem Parmesankäse eingerührt, gesalzen und mit dem steifgeschlagenen Schnee der Eier vermischt. Man backt diese Omeletts sehr rasch in Butter und Öl, es genügt sogar, sie auf einer Seite zu backen, und füllt sie nun mit einer bereitgehaltenen Füllung. Sehr zu empfehlen sind gedünstete Kalbsnieren mit frischen Champignons gemischt, Hühnerlebern, frische Morcheln, Spargelspitzen, frische Tomaten, Sardinen, Bücklinge, gehackter Schinken, kurz, was Jahreszeit oder Küche und Keller bieten. Die Omeletts sind so ausgezeichnet, daß sie mit jeder Füllung gut schmecken.

Nicht vergessen seien auch Kiebitz- und Möweneier.

Kiebitzeier auf Friesländer Art

Von 250 Gramm Mehl bereitet man mit Milch oder Sahne einen geschmeidigen, cremeartig dickflüssigen Teig, dem man Salz und kurz vor dem Gebrauch ½ Teelöffel Natron beimischt. Von dieser Masse backt man etwa 8—10 Plinsen von etwa 8 Zentimeter Durchmesser schön goldgelb. Vorher schon hatte man die nötigen Kiebitz- oder Möweneier, 2—3 pro Kopf, mit einigen Eßlöffeln Sahne oder einem Stück Butter eingeschlagen und gesalzen. Von dieser Masse wird ein großflockiges Rührei gebacken und auf die mit frischer Butter bestrichenen Plinsen angerichtet. In die Mitte gibt man frische Morcheln, Krebsschwänze mit Krebsbutter, geriebene Trüffeln, Champignons oder Hühnerlebern. Die eigene Phantasie muß da stets ein bißchen mitarbeiten.

Gefüllte Wurstnestchen mit Möweneiern

Pro Kopf werden 2 Möwen- oder Kiebitzeier hartgekocht (kalt aufsetzen und 20 Minuten kochen lassen). Während sie kochen, schneidet man von einer dickdarmigen Zervelat- oder Salamiwurst so viele Scheiben m i t Schale, als man Nestchen zu haben wünscht. Diese brät man rasch in Butter recht resch, so daß sich durch das Zusammenziehen der Schale kleine Nestchen bilden. Die Nestchen füllt man mit Gemüse, wie Morcheln, Spargelspitzen, Pilzen, auch mit Spinat, auf den man 1—2 Spargelspitzen gibt, und legt sie um die halbgeschälten Eier, die man auf einem Salzbeet oder auf einer gebrochenen Serviette anrichtet.

Eier auf Toast

Jedes beliebige Ei kann man auf Toast folgendermaßen anrichten. Man röstet so viel

Mit Creme gefüllte Apfelsinenkörbchen zieren den Tisch

Scheiben Toast, als man Eier anzurichten wünscht, legt auf jede Scheibe Toast eine Scheibe Zunge, Schinken (Prager, wenn's geht) oder gebratenen mageren Speck. Dann richtet man ein „verlorenes" Hühnerei (in kochendem Essigwasser gekocht) oder ein hartgekochtes Möwen- oder Kiebitzei auf diesem „Sockel" an und gibt eine beliebige Soße darüber. Sehr beliebt sind: Tomatensoße, Krebssoße, Burgundersoße, weiße Kräutersoße, Mayonnaise. Aber auch hier kann Erfindungsgabe beliebig Neues schaffen. Man garniert diese Eier gern mit Kresse oder Gemüsesalat.

Suppen

„Die Suppe ist der Trost des betrübten Magens." Ihre Konsistenz und ihre Zusammensetzung soll von den darauf folgenden Gerichten abhängen. Sind die Gerichte schwerer angelegt, schickt man eine leichte Suppe voran, und umgekehrt. Sehr sättigende Suppen reicht man am besten zum Frühstück, an kalten Wintertagen, wo „inneres Einheizen" besonders nottut, oder zu Herrenessen. Etwa Aalsuppe. Am leichtesten sind alle mit Fleischbrühe angemachten und alle Gemüsesuppen, die denn auch in der feinen Küche bevorzugt werden.

Trüffelsuppe

gehört zu den feinsten Suppen. Man bereitet eine kräftige Fleischbrühe aus Rind-, Kalb- und Hühnerfleisch, klärt sie mit Eiweiß und stellt sie beiseite. Inzwischen kocht man schwarze Trüffeln — Brillat-Savarin spricht auch von der „weißen Magie" der hellen von Piemont, die einen leicht knoblauchartigen Beigeschmack haben — in Rotwein weich, schält sie, reibt sie über einem groben Reibeisen und stellt sie ebenfalls beiseite. Nun schwitzt man Mehl in Butter schön hellgelb und verrührt es mit der Fleischbrühe, der man auch die Trüffelbrühe beifügt, gibt die geriebenen Trüffeln hinein und zieht das Ganze mit 1—2 Eigelb ab. Gibt man Trüffelsuppe, darf zum übrigen Essen keine Trüffel mehr verwendet sein.

Für die Festtafel: Überraschungs-Ananas

Feine Hühnersuppe mit Einlagen

Hierzu verwendet man eine kräftige Hühnerbrühe. Ist das Huhn weich, schneidet man die Brüste und Keulen heraus und stellt sie beiseite. Dann kocht man alles übrige so weich, bis man alles durch ein Sieb rühren kann. Jetzt macht man die Brühe mit einer weißen Mehlschwitze leicht sämig und rührt sie gleichfalls mit 1—2 Eigelb an. Als Einlage verwendet man gleichmäßig geschnittene Huhn-, Zungen- und Trüffelstreifen.

Krebssuppe

Eine leichte Fleischbrühe wird bereitgehalten, die Krebse gewaschen, abgekocht, das Fleisch aus Scheren und Schwänzen gebrochen und beiseitegestellt. Die Schalen werden inzwischen zerstampft und dann mit Butter, 125 Gramm auf 1 Mandel (15 Stück) Krebse, aufgesetzt, bis sie eine rötliche Farbe bekommt, dann wird sie, noch flüssig, durch ein geruchloses Tuch in kaltes Wasser gepreßt. Hat man Milch, kocht man Schalen und Körper nochmals mit Milch gut durch und verrührt diese Milch dann mit gutem, feinem Mehl. Nun gießt man Brühe und Krebsmilch zusammen, läßt beides gut verkochen, fügt dann die Krebsbutter und, falls man es schätzt, etwas Paprika dazu. Zuletzt das Fleisch der Krebse. Sehr beliebt ist außerdem eine Einlage von Spargelköpfen, wobei man das Spargelwasser selbstverständlich mitverwendet, ebenso kann man junge grüne Erbsen hineingeben.

Austernsuppe

Die Austern werden geöffnet, entbartet, das Austernwasser aufgehoben. Dann wirft man die Austern, etwa 3—4 pro Kopf, in kochendes Salzwasser, läßt sie einmal aufwallen, nimmt sie heraus und legt sie in die Suppenterrine. Nun fügt man der Austernbrühe das Austernwasser bei, sämt sie mit einer recht buttrigen Mehlschwitze an, gibt etwas Sahne dazu, 1—2 Eigelb, etwas Weißwein oder Zitrone und, falls man es liebt, etwas Cayenne. Die Eier werden zuletzt angerührt. Dann gießt man die fertige Suppe über die Austern. Muschelsuppe wird auf die gleiche Weise bereitet, sie ist ausgezeichnet, nur kocht man die Muscheln, wie bei der Muschelbrühe angegeben. Diese Suppen sind für Fasten- und fleischlose Tage geeignet oder falls man einmal keinen Fisch oder keine Vorspeise reichen will. Ebenso Krebs- und alle Fischsuppen.

Königinsuppe

Ein fettes Suppenhuhn wird mit Suppengrün weichgekocht, das Fleisch abgelöst und Brustfleisch sowie das Keulenfleisch warmgehalten. Das übrige Fleisch wird sorgsam abgelöst, ein paarmal durch die ganz fein gestellte Maschine getrieben, dann mit einer Mehlschwitze (in Butter) verbunden und mit der Hühnerbrühe abgelöscht. Das Brustfleisch wird würflig geschnitten, auf jeden Teller etwas davon gelegt, nach Belieben auch winzige Fleischklößchen, Spargelspitzen oder Krebsschwänze. Die Suppe wird mit Eigelb abgezogen, mit ungesüßter Schlagsahne abgeschlagen und sofort aufgetragen.

Gurkensuppe

Grüne Gurken werden geschält, halbiert und die Kerne herausgenommen, in Stücke geschnitten, in Butter gedämpft, durch ein Sieb gedrückt. Das Püree wird mit Buttermehlschwitze gebunden, mit Fleischbrühe abgelöscht, mit Currypulver und Madeira gewürzt. Wer es liebt, reicht kleine Grießklößchen dazu.

Gemüsesuppen

A. Spinatsuppe. Diese gehört zu den weniger bekannten, schmeckt aber ausgezeichnet. Man kocht den gewaschenen Spinat in leichter Fleischbrühe ab, rührt ihn durch ein Haarsieb oder die Maschine. Inzwischen macht man eine recht buttrige Mehlschwitze, rührt sie an die Brühe und läßt sie aufkochen, dann gibt man den Spinat hinein und rührt vor dem Auftragen ¼ Liter ungesüßte Schlagsahne hinein. B. Sauerampfersuppe. Der Sauerampfer wird ebenso gekocht, aber nicht passiert, statt der Schlagsahne nimmt man süße Sahne und 1—2 Eigelb. Auf die gleiche Art lassen sich alle Pilz- und Gemüsesuppen herstellen. Sie sind sehr nahrhaft, leicht und wohlschmeckend.

Muschelbrühe in Tassen mit Schlagsahne

Einer beliebten Sitte folgend, gibt man zum Abendbrot nur eine Tasse Brühe statt des Tellers Suppe nach der Vorspeise. Um eine Abwechslung zu bieten, sei auf Muschelbrühe aufmerksam gemacht, die genau wie die berühmte amerikanische Clam broth schmeckt. Man bereitet hierzu etwa 100 Muscheln schön sauber vor, setzt sie mit Pfeffer, Salz und Zwiebeln sowie recht reichlich Wurzelwerk ohne Wasser auf und läßt sie etwa 10 Minuten kochen. Dann nimmt man die Muscheln heraus, stellt sie beiseite (man kann sie am nächsten Tag für ein Ragout verwenden) und gießt die zurückgebliebene Brühe durch ein Haarsieb oder Seihtuch, so daß sie ganz klar wird. Man kann sie mit etwas Kalbsfuß aufkochen, so daß sie ein bißchen dick wird, oder mit echtem Paprika ansämen, aber nur ein paar Körner auf jede Tasse, kann sie aber auch ganz klar reichen, nachdem man sie auf Salz abgeschmeckt hat. Man füllt sie in Bouillontassen und gibt u n g e s ü ß t e Schlagsahne darauf. Die Wirkung ist jedesmal verblüffend, deshalb sei diese Brühe als etwas besonders Originelles empfohlen.

Von den Fischen

Auf dem knappen Raum, der mir zur Verfügung steht, kann ich Ihnen, kleine Hausfrau, unmöglich über alle Fische und Fischrezepte ausreichende Belehrung geben. Ich beschränke mich daher nur darauf, Ihnen einige besonders „erfolgreiche" und wohlschmeckende Fischrezepte aufzuschreiben, die man nicht alle Tage vorgesetzt bekommt und die daher auf die Gäste stets „Eindruck" machen. Seezungen gehören zu den geschätztesten Fischen der feinen Tafel, teils gebraten (ich ziehe Öl zum Braten der Fische stets der Butter vor), teils als Filets, in Weißwein gedämpft und garniert oder mit einer dicken Cremetunke à la Marguery gebacken. Seezungen auf Spinat ernteten bei mir stets großen Beifall. Möge es Ihnen ebenso ergehen!

Seezungen auf Spinat

Dazu benötigen Sie einer flachen, ovalen oder runden Porzellanbackform. In diese wird auf den Boden ganz flach etwa ½—1 Kilo, je nach Größe der Form, Blätterspinat gelegt, der aber nicht passiert, sondern nur in Salzwasser abgewällt wird und seine Blätterform behält. Die Seezungen werden ebenfalls abgewällt, nachdem sie mit Zitrone mariniert wurden, dann entgrätet und die Filets (2 Seezungen sind meist für eine derartige Mittelform notwendig) flach auf den Spinat gelegt. Dann gibt man Butterflöckchen und frische, ebenfalls abgekochte oder in Butter gedünstete und in Stücke geschnittene Champignons darüber. Zuletzt einen Überguß einer dicken Béchameltunke, die niemals vom Übel ist, sondern zum Backen von Fischen, selbst den einfachsten, sehr zu empfehlen ist. Eine gute

Béchameltunke

ist ein Kunststück und dabei sehr einfach zu machen, wenn man sie erst einmal „heraus" hat. Ich nehme dazu eine flache Kasserolle, gebe mageren Speck in Würfel und ein großes Stück Butter (Butter verdirbt bekanntlich nichts), 4 in Stücke geschnittene Zwiebeln (diese ja nicht vergessen!) und dann 4 Eßlöffel gutes Mehl hinein. Dieses schwitze ich mäßig an und gieße dann langsam Milch oder Sahne darauf, tue Salz, etwas Cayenne und Paprika dazu und sehr viel Parmesan- oder anderen Reibkäse (guten alten Emmentaler). Ist die Soße zu dick oder habe ich zu wenig Milch, verlängere ich mit dem Fleischwasser oder mit Fleischbrühe (etwa bei Béchamelkartoffeln, die ausgezeichnet als Beigabe zum Fleisch sind), auch ist das Champignonwasser hierzu erlaubt. Will man die Soße sehr verfeinern, kann man sie noch mit 2 Eidottern abrühren.

Unter beständigem Rühren lasse ich die Soße einmal aufkochen, dann gieße ich sie über Spinat und Fisch, streue dick Parmesankäse darüber, gebe kleine Butterflöckchen darauf und schiebe das Ganze etwa ¾—1 Stunde vor dem Anrichten in den Ofen und lasse es so schön braunkrustig backen. Habe ich sehr große Formen, spritze ich einen Rand von Kartoffelpüree ringsherum, der ebenfalls braunbackt. Gibt man Seezunge auf Spinat, kann man den Gemüsegang fortlassen, höchstens Artischocken oder Palmenherzen nach dem Fleisch reichen.

Gefüllter Zander oder Steinbutt

Hierzu nehme ich 1 Fisch von 1½—2½ Kilo, wobei ich etwa 250 Gramm Fisch pro Kopf berechne. Der Fisch wird sauber geputzt, gewaschen, mit einem Tuch abgetrocknet, entgrätet und an einer Seite der Länge nach aufgeschnitten. Jetzt bereitet man eine Füllung aus gehacktem Fischfleisch (Zander oder Seefisch), gehackten Champignons, Salz, Pfeffer, 2 Eiern, etwas in Butter geschwitzten Zwiebeln, etwas ausgedrücktem, geweichtem Weißbrot und zum Schluß ¼ Liter ungesüßter, geschlagener Schlagsahne. Ist diese Füllung gut durchgearbeitet, füllt man sie zwischen den Fisch und näht ihn zu. Jetzt bereitet man eine längliche Bratpfanne mit Butter, Wasser und Weißwein vor, legt den Fisch vorsichtig hinein, nachdem man ihn dick mit Parmesankäse bestreut hat. Ist der Fisch gar, nimmt man ihn heraus, stellt ihn warm und macht aus dem Fond eine Soße, die man mit einer Mehlschwitze ansämt und mit 1—2 Eidottern abzieht, man kann auch frische Champignons hineingeben oder gehackte Frühlingskräuter.

Die Steinbutte kann man auch nur mit frischen Champignons füllen und eine Krebsbrühe dazu reichen. Man garniert dann mit den gefüllten Krebsnasen, in die man eine Fisch- oder Grießfarce gibt.

Zitronenkarpfen
(aus Großmutters Kochbuch)

Die Karpfen werden meist blau, grün oder polnisch gereicht. Meine Großmutter pflegte aber Zitronenkarpfen zu kochen, die das Entzücken unserer Familienabende bildeten. Für ein derart intimes Essen seien diese herrlichen Karpfen bestimmt.

Wasser, Zwiebel, Pfefferkorn, Lorbeerblatt, Salz, Saft und Schale einer Zitrone werden in einer Fischkasserolle aufgesetzt und langsam zum Kochen gebracht. Die gut gereinigten Karpfenstücke — es dürfen bemooste, fettreiche Häupter sein — werden in das kochende Wasser gebracht und darin abgekocht. Auch Aale und Schleie im holden Verein sind für diese Soße sehr geeignet. Sind die Fischstücke gar, hebt man sie heraus, legt sie in die Schüssel, auf der man sie später anrichten will, und stellt sie warm oder auf Dampf. Jetzt gießt man die Soße durch und sämt sie mit einer guten Mehlschwitze an (keine Milch dazu) und tut außerdem kurz vor dem Auftragen ein großes Stück ungesalzene Butter hinein, nachdem man sie vorher auf Gewürz und Zitronensäure abgeschmeckt hat. Die kochende Soße wird über die Fische gegeben, ein Soßennapf extra bereitgehalten und die Fischschüssel mit Zitronenscheiben garniert. Der Fisch schmeckt, auch als kalte Schüssel, vielleicht als Vorspeise, ausgezeichnet, man garniert dann mit Zitronen- und Eierscheiben und Salatherzen oder Kresse.

Gespickter Hecht

Der Hecht gehört zu den Fischen, die man entweder grün, d. h. mit Petersilienzoße, oder gebraten vorgesetzt bekommt. Versuchen Sie es aber einmal mit „gespicktem Hecht", und Sie und Ihre Gäste werden den alten Raubritter nicht wiedererkennen. Er kann 2 bis 2½ Kilo, mindestens 250 Gramm pro Kopf, also reichlich gerechnet, wiegen, wird ausgenommen, gewaschen, gesalzen und enthäutet, d. h. beide Häute werden abgezogen. Nun spickt man wie beim Filet das Fleisch recht dick und regelmäßig, legt ihn in eine mit Speck und Butter reichlich austaffierte Bratpfanne, bestreut ihn dick mit Parmesankäse und läßt ihn recht schön goldgelbbraten, nimmt ihn heraus und stellt ihn auf der Fischschüssel warm. Jetzt bereitet man aus Sahne, möglichst saurer, eingequirltem Mehl und Parmesankäse eine Soße, die man dem Fond in der Bratpfanne verbindet. Man kann auch frische Champignons, Trüffeln, Morcheln oder Krebsschwänze einfügen, hier sind der Phantasie der Köchin keine Grenzen gesetzt. Sie können auch Zander, ja selbst schöne Seefische auf die gleiche Weise zubereiten, doch schmeckt Hecht in diesem Falle am herzhaftesten.

Aal in Rotwein

Ein sehr feines Essen ist Aal in Rotwein, auch „nach Matrosenart" genannt. Hierzu wird ein schöner dicker Aal vorbereitet, mit Salz abgerieben, mit der Haut in Stücke geschnitten und beiseite gestellt. Inzwischen „komponiert" man in der Fischkasserolle die Soße. Man nimmt Rotwein und Wasser, Zwiebeln, Lorbeerblatt, Gewürz, 1 Nelke, einige Zitronenscheiben, einige Scheiben Weißbrot zum Sämigmachen und läßt dies alles etwa ½ Stunde kochen, bis die Soße schön sämig und gut im Geschmack ist. Dann gießt man sie durch ein Sieb, und sollte sie nicht dick genug sein, sämt man sie mit Mehlschwitze an. Jetzt tut man frische Champignons, ein großes Stück Butter und die Aalstücke in die Tunke und läßt sie darin garkochen. Kurz vor dem Anrichten gibt man noch geröstete Semmelscheiben hinein und serviert das Gericht mit reichlich Soße in einer Terrine.

Fische vom Rost

In Ihrer Küche haben Sie doch sicher einen Rost. Nun also, er ist nicht nur für Entrecôte und Muttonchops bestimmt, sondern auch grillierte Fische schmecken ausgezeichnet. Vor allem die fetten, wie Lachs, Aal, Makrelen usw. Lachs und Aal schneide ich in Stücke, bestreiche sie nach dem Salzen mit Öl und brate sie recht resch, Makrelen behandle ich auf die gleiche Art, nur röste ich sie ebenso wie Fogasch, Renken oder Felchen im ganzen. Dazu reiche ich die verschiedensten Beigaben. Entweder Gemüsepürees, von jeglichem feinen Gemüse bereitet, und Röstkartoffeln, oder kalten Gemüsesalat, auch Mayonnaise. Sehr fein schmeckt aber auch eine abgerührte weiße, warme Cremesoße mit Kräutern, Champignons oder Tomaten, in die man die gerösteten warmen Fische gibt. Auch ein Marinieren der gebratenen Fische in Estragonessig, Öl, feinen Kräutern, Tomaten und Champignons ist sehr zu empfehlen, sie schmecken als kalte Platte ganz ausgezeichnet. Man sollte überhaupt bei keinem feinen Essen versäumen, einen kalten Gang dazwischen zu reichen. Er belastet den Magen weniger und reizt den Appetit von neuem.

Zwischengerichte

Um wieder einmal meinen alten Freund Brillat-Savarin zu zitieren, dessen „Physiologie des Geschmacks" auf Ihrem Arbeitstisch nicht fehlen dürfte: Beherzigen Sie den Reiz der

Karnevalsalat, geschmückt mit Gurke in Rollmops

 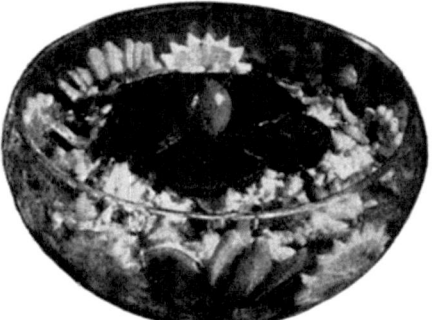

Silvestersalat in bunter Schüssel mit dem glückbringenden Hering

Salat in der Glasschüssel, die die Verzierung an den Seiten mit Zitronenrädchen und Gurkenfächern appetit= reizend durch das Glas schimmern läßt

Lachsmayonnaise, verziert mit Krebsschwänzen, Füllhörnern aus Schinken, Trüffeln, Sardellen usw.

kleinen Vögel! Es müssen ja nicht gerade Singvögel sein! Mein alter Freund singt dem Kleingeflügel Hymnen, das er nur zu dem Zweck erschaffen glaubt, um unsere Speisekammern zu bereichern. Ich reiche diese Art Gerichte entweder nach der Suppe, wenn nach dem Fisch ein großer Braten folgt, oder umgekehrt nach dem Fisch, wenn „das große Stück" nach der Suppe gereicht wurde. Das muß ich Ihrem Ermessen überlassen. Beides ist nach den Regeln der Gastronomie zulässig. Folgt noch ein besonderer Gemüsegang, reiche ich die Zwischengerichte nicht nach der Suppe.

Rebhuhnbrüstchen nach Souvaroff

Die Rebhuhnbrüste werden roh losgelöst, flachgeklopft, gesalzen und leicht in Butter angeschmort. Aus dem übrigen Fleisch macht man ein Püree mit feinem Gewürz, Trüffelwürfeln, 1 Ei und ungesüßter Schlagsahne. Diese Farce wird dick auf die flache angebratene Seite der Brüstchen gestrichen. So vorbereitet, richtet man die Brüstchen auf einer runden Schüssel an, bedeckt sie mit Papier und schiebt sie 10 Minuten in den Ofen. In die Mitte der Schüssel kommt dann Ananaskohl, den man in einer ausgehöhlten Frucht serviert. Man reicht eine Trüffelsoße dazu, die aus dem Fond der ausgekochten Knochen hergestellt wird. Das gleiche Gericht können Sie aus jedem anderen Wildgeflügel, wie Haselhühnern, Birkhühnern, Schnepfen, Wachteln, Wildtauben, Krickenten usw., herstellen.

Junge Krickentenbrüste auf Feinschmeckerart

Eine andere Art Geflügelbrüste von Kleingeflügel zu verwenden, ist nicht minder schmackhaft. Das Fleisch der Enten wird losgelöst, die Brüste flachgeklopft, die Haut einige Male eingeritzt, damit sich die Brüstchen beim Braten nicht verziehen. Die Brüstchen werden in Butter oder Öl schön kroßgebraten und auf Croûtons auf einer runden Schüssel angerichtet. Aus dem Fleisch der Keulen stellt man ein Püree her, das man in die Mitte gibt oder womit man die Croûtons dick bestreicht. In diesem Falle gibt man noch ein Champignonpüree in die Mitte. Man reicht dazu eine Soße, die aus den Knochen der Enten gezogen und mit altem Portwein und Trüffeln oder Champignons fertiggemacht wird.

Tournedos à la Rossini

Nächst dem Kleingeflügel gehört die Gansleber in vielerlei Gestalten zu den gesuchtesten Zwischengerichten. Da habe ich auch einige Spezialgerichte, die stets großen Eindruck machen. Aus einem großen Filet schneide ich kleine „Filets mignons", die sehr rasch in Butter, lieber aber auf dem Rost, halb durchgebraten werden. Vorher wird eine Stopfleber in kleine flache Stücke geschnitten und einen Augenblick in Butter und Wasser blanchiert, nicht gebraten. Auf jedes Filet mignon wird eine passende Scheibe Gänseleber gelegt, darüber eine Scheibe Trüffeln. Das Ganze wird auf einer runden Schüssel angerichtet, dazu gehört eine Trüffelsoße mit Madeira. Sehr oft lasse ich aber die Soße fort und gebe feine Gemüse dazu, wie Haricots verts, Zuckererbsen, Palmenherzen, Artischockenböden, Stachys usw. Es müssen trockne Gemüse sein, die keine Soße erfordern.

Gänseleberpastete in Reisrandform mit Champignons

(Rezept meiner Großmutter)

Unter den Weihnachtsfestgerichten fehlte niemals die große rosa Stopfleber, mit Trüffeln gespickt, im Gänsefett geschmort, nicht gebraten. Sie wurde kalt zum Abendbrot und Frühstück gereicht, und wir freuten uns stets auf diese besondere Delikatesse. Ich empfehle sie Ihnen in dieser Zubereitung, geeist, mit schönem Salat als Vorspeise, oder sie, wie die Franzosen, nach dem Fleisch, vor der Süßspeise zu reichen. Das hier beschriebene köstliche Zwischengericht aus Gänselebern fehlte wohl niemals auf unserer Weihnachtstafel. 5—6 gewöhnliche Gänselebern wurden gewiegt, mit Trüffeln vermischt, dann kam etwas geweichte und geriebene Semmel hinzu, 1—2 Eidotter, das Weiße zu steifem Schnee, etwas Gänsefett oder Speck, zum Schluß ein paar Stückchen Stopfleber. Nachdem das Ganze gut verarbeitet war, wurde es in eine große Reisrandform gefüllt und im Wasserbade etwa 1 Stunde gekocht. Inzwischen wurden Champignons mit Sahne und Butter, etwas Paprika und Salz gedünstet und Stopflebern in Scheiben geschnitten, in Gänseschmalz geschmort, nicht gebraten. Auf einer großen runden Schüssel wird zunächst der Pastetenrand gestürzt, in die Mitte die Champignons hineingegeben und außen herum die Scheiben Stopfleber arrangiert. Man kann sie noch mit Trüffeln belegen. Dieses Gericht hat mir stets höchste Anerkennung eingetragen!

Gespickte Kalbsmilch

Einige schöne große Kalbsmilchen (Schneser, Bries) werden gewaschen und gut vorbereitet, dann leicht in Wasser abgewällt. Nachdem sie gut abgetropft sind, werden sie reich gespickt und scharf in Butter im ganzen angebraten, dann unter Hinzufügung von etwas Weißwein weichgedünstet. Sie lassen sich gut in Scheiben schneiden, werden aber wieder zusammengesetzt und im ganzen in der Mitte einer runden Schüssel angerichtet. Ringsherum garniert man Gemüse wie gefüllte Tomaten, gefüllte Artischockenböden, Haricots verts, Palmenherzen, Schoten und gedünsteten Salat, auch englischen Bleichsellerie mit Rindermark. Man gibt Röstkartoffeln dazu. Dieser Gang ist sehr leicht, daher für Magenleidende und für ein Frühstück sehr zu empfehlen.

Lammkotelette oder Rehkotelette mit Bearnaisesoße

Die Kotelette eines gut abgehangenen Lamm- oder Rehrückens werden halbrosa durchgebraten und je mit einer Trüffelscheibe belegt. Die Bearnaisesoße wird im Wasserbade bereitgestellt. Inzwischen wird eine Gemüseschüssel fertiggemacht, zu der sich alle feinen Saisongemüse verwenden lassen, die Kotelette herumgelegt und die Bearnaisetunke daneben gereicht.

Gespickte Kalbsvögel

Haben Sie einmal eine Kalbskeule, die Ihnen im ganzen zu groß ist, und wollen Sie nicht immer Schnitzel geben, so empfehle ich Ihnen, es einmal mit den „Kalbsvögeln" zu probieren, die zwar nicht fliegen können, nicht zum Federvieh gehören, aber trotzdem sehr gut munden. Kleine flache Kalbsteaks werden abgeschnitten, mit Speckwürfeln und in Milch gewässerten Sardellen gefüllt und zusammengerollt, dann fest zusammengebunden. Jetzt werden sie scharf angebraten, dann langsam fertiggedünstet und mit Rahmsoße fertiggemacht. Dazu wird trockenes Gemüse, Makkaroni oder trockener Reis gereicht. Sehr hübsch ist ein Reis- oder Kartoffelrand, in dessen Mitte die Kalbsvögel angerichtet werden, etwas Soße gebe ich darüber, die andere in dem Soßennapf. Auch ein paar Tomaten schmore ich zuweilen mit.

Bearnaisesoße

4—5 Schalotten, fein gehackt, läßt man in 3 Eßlöffel Essig einige Minuten kochen, dann durchseihen und abkühlen. 4 Eigelb verquirlt man mit ein paar Löffel guter kräftiger Brühe, erhitzt sie im Wasserbad und gibt nach und nach unter sorgfältigem Quirlen etwa 100 bis 125 Gramm frische Butter in Stückchen heran. Es wird mit dem Schalottenessig abgeschmeckt, außer dem nötigen Salz und Pfeffer noch etwas Zitronensaft beigefügt. Die Soße darf nicht stehen.

Einige besonders gute Bratenrezepte

Ich brauche Ihnen nicht über die Reize eines gutgebeizten Rehrückens, eines Kalbs- oder Hammelschlegels zu plaudern, Sie und Ihre Küchenchefin kennen sie genau! Ich will Ihnen nur einige besonders erprobte Rezepte aus meinem selbstgeschriebenen Kochbuch geben, die sicher das Entzücken Ihres Mannes und Ihrer Gäste sein werden. Zunächst

Gefülltes Filet (Ochsenlende)

Die Ochsenlende muß selbstverständlich gut abgehangen sein, je älter, je besser! Ist sie gehäutet, geputzt und gewaschen, schneide ich sie von oben bis unten der Länge nach tief ein. In diese tiefe Kerbe, wenn ich mich so ausdrücken darf, lege ich folgende Füllung: Ich wiege Gans-, Geflügel- oder, wenn's nicht anders sein kann, Kalbsleber, mische sie mit gewiegtem Speck, etwas Gansfett oder Butter, Salz und gehackten Trüffeln zu einer geschmeidigen Farce. Ist diese der Ochsenlende „einverleibt", lege ich Speckscheiben darüber, die ich fest darüberbinde. Außerdem wird das Filet reichlich gespickt. Nun brate ich es möglichst rasch halb durch (in Butter und Zwiebeln), säme die sich bildende Tunke ein wenig an und gebe etwas Sherry und gehackte Trüffeln hinein. Manchmal reiche ich sie aber auch mit einer sauren Rahmtunke, je nachdem es zum übrigen Menü paßt. Schmeckt ausgezeichnet. Guten Appetit!

Gefülltes Milchlamm

Ein junges Milchlamm wird sorgsam vorbereitet und ausgenommen. Der Rücken wird reichlich gespickt und mit Trüffeln besteckt. Zunge, Magen, Herz, Leber, das Fleisch der Vorderläufchen, ein Teil der Bauchlappen werden gewiegt und mit Salz, Pfeffer, geweichter und geriebener Semmel, 2 Eidottern, das Weiße zuletzt zu Schnee, einem schönen Stück Butter, hackten Trüffeln, zu einer geschmeidigen Farce verarbeitet, der man aber noch etwas gewiegte Gansleber oder fettes, abgekochtes Schweinefleisch, ebenfalls gewiegt, beimischen kann. Ist die Füllung fertig, gibt man sie in das Innere des Lamms, näht dieses zu und brät es schön braun und knusprig in Butter, Zwiebeln, Trüffeln und Weißwein. Die Soße wird zum Schluß leicht angesämt, das Lamm so tranchiert, daß unter jedem Stück Fleisch ein Stück Fülle liegt. Man kann hierzu auch die in England sehr beliebte Mint-sauce (Pfefferminzsoße) reichen, die ich persönlich gar nicht mag, manchmal aber Freunden zuliebe (siehe das Gedenkbuch!) reichen muß. Ich serviere sie dann stets als zweite Soße, nebenbei. Ebenso wie das Osterlamm fülle ich Hasen und Kaninchen; durch die Füllung, die Soße und die Art des Anrichtens werden auch diese Braten zu etwas Nichtalltäglichem. Statt der Trüffeln lassen sich auch Champignons, ebenso alle anderen Weine für die Soße verwenden, auch Rahmsoßen sind in beiden Fällen möglich.

Rehrücken mit Gänselebermus, kalt zu essen

Eine jener erwähnten kalten Platten, die ich immer gebe, wenn ich ein warmes Vorgericht nach der Suppe reiche, auch für kalte Abendessen sehr geeignet, ebenso für eine Frühstückstafel, ein kaltes Büfett, ist Rehrücken mit Gänselebermus. Der Rehrücken wird halbdurch-, zartrosagebraten, dann löst man, erkaltet, die Filets vom Knochen und schneidet sie in schmale Schrägscheiben. Inzwischen hat man einige Gänselebern (Stopflebern je nach Größe) in Wasser blanchiert, die man mit Gänsefett durch ein Sieb treibt und mit Salz und gewiegten Trüffeln vermischt. Ist das Mus abgeschmeckt, streicht man es über den in Scheiben zerteilten Rehrücken, so daß man nichts mehr von den Scheiben sieht, dann überzieht man den Braten ganz dünn mit Fleischjus, womit man ihn auch ringsherum (gehackt) garniert. Auf den Mittelrückenknochen legt man abwechselnd Scheiben bitterer Orange und Trüffeln, mit den gleichen Scheiben garniert man das Fleischjus rings um den Rand. Dazu kann man kalte Orangensoße reichen. Ist aber nicht unbedingt nötig, ich ziehe ihn ohne Soße vor!

Poularde à la Nansen, kalt zu essen

Diese herrliche Poularde wird g e e i s t, also ganz kalt, gereicht. Die Poularde wird hierzu gebraten, kaltgestellt, dann alles Fleisch vom Knochen gelöst und hierauf das ganze Knochengerüst mit Gänselebermus (genau wie das zum Rehrücken verwendete) bestrichen. Darauf wird das Fleisch kunstvoll wieder zusammengelegt, nachdem es vorher in Stücke tranchiert wurde. Liegt das Fleisch über dem Knochengerüst, wird der ganze Vogel dick mit Gänselebermus bestrichen und kunstvoll in schönen Mustern mit Trüffeln geschmückt. Man arrangiert den „Eisvogel" auf einem Sockel (Brot) und ringsherum Fleischjus, das aber nur einen Eisblock vortäuschen soll. Man kann auch Zuckerkant für diese „optische Täuschung" verwenden. Der Vogel muß sehr kalt gereicht werden.

Kalbsrücken, kalt zu essen

Der Kalbsrücken wird zartrosagebraten. Dann läßt man ihn erkalten, löst die Filets vom Knochen, schneidet sie in Scheiben und stellt sie beiseite. Vorher hat man ein feines Ragout aus Kalbsmilch, Kalbszunge, gehackten Champignons mit Brühe und Butterschwitze, Salz, Pfeffer und feinem Gewürz sowie 1—2 Eigelb, das Weiße zu Schnee, bereitet. Mit diesem bestreicht man den Rückenknochen und legt dann die Fleischscheiben darüber. Auf die Mitte des Knochens streicht man noch einmal einen Streifen Ragout und garniert darüber Trüffelscheiben.

Gehackte Gänsebrust

Die Fettgänse eignen sich nicht zum Braten, so daß man oft nicht weiß, wie man das Fleisch verwenden soll, das mir weder gepökelt noch geschmort sonderlich zusagt. Da habe ich einmal, nach einem Rezept eines alten Israeliten, das Folgende versucht und bin dabei sehr gut gefahren: Die Brust der Fettgans wird mit dem Knochen für sich allein verwendet, die Haut aber darüber gelassen, wenn möglich auch die Haut des Halses, die in der Mitte aufgeschnitten wird, daran gelassen. Nun löse ich die Haut ab, lege sie beiseite, trenne das Brustfleisch los und beschäftige mich zunächst damit. Es wird gewiegt (durch die Maschine), mit Pfeffer, Salz geriebenen Zwiebeln vermischt, wer es mag, kann auch eine Spur Knoblauch verwenden, dann kommt etwas geriebene und geweichte Semmel hinein, 1—2 Eier und gekochte Trüffeln oder Champignons. Diese Fleischmasse bringe ich auf den oberen Hautknochen und nähe die Brusthaut darüber. Habe ich die Halshaut daran, so fülle ich auch noch die Unterseite der Brust und nähe dann die Halshaut dagegen, so daß die Brust oben und unten mit Haut überzogen ist. Als Füllung verwende ich je nach Laune und Vorrat: Äpfel und Rosinen mit Zucker und Gänseschmalz vorgeschmort, Maronen, gleichfalls in Gänseschmalz vorgeschmort, eventuell mit Kartoffeln oder Äpfeln vermischt oder aber eine Gänseleberfüllung, wie man sie auch zum gefüllten Gänsehals verwendet Alles schmeckt gleichgut. Die Gänsebrust wird mit Gänseschmalz und Zwiebeln im Ofen schön braun und knuspriggebraten, wer es vorzieht, kann sie aber auch schmoren. Ich ziehe das Braten vor, lösche die Haut mehrmals mit kaltem Wasser ab, so daß sie ebenso knuspig wie bei der Bratgans wird. Die Soße wird mit Mehl angesämt. Dazu kann man Kartoffelklöße oder Püree reichen, auch etwas Champagner-, Ananas- oder Bananensauerkohl, dazu dann gebratene Bananen.

Wildente mit bitteren Orangen

Die tranige, fischige Wildente wird bei uns in Deutschland meist „verkannt" und nicht wie in Frankreich zu einer Delikatesse verarbeitet. Zunächst handelt es sich natürlich um j u n g e

Wildenten, die man nur vom Frühjahr bis Herbst zu erwarten hat. Diese werden zum Braten vorbereitet, und zwar mit dem Saft bitterer Orangen mariniert, gesalzen und ein paar Stunden liegengelassen. Dann stopft man das Innere der Ente mit englischem Bleichsellerie aus, umwickelt die Ente mit Speck und brät sie am besten in einem Huhntopf mit Butter und Speck schön kroß, gibt an die Soße Saft und Schale der bitteren Orange und macht mit etwas Mehl daraus eine schöne Orangensoße, die von dunkler Farbe sein muß. Die Ente darf nicht ganz durchgebraten sein, die Brustscheiben müssen in der Mitte noch rosa sein. Der Bleichsellerie zieht jeden Fischgeschmack an und schmeckt ausgezeichnet als Gemüse dazu.

Huhn im Topf

Wir alle wissen Brathühner in jeder Form zu schätzen. Viel reizvoller aber sind sie im Huhntopf gebraten, wie man sie in Frankreich in jedem besseren, ja sogar einfacheren Restaurant serviert bekommt. Das Huhn wird vorbereitet, dann legt man Speckwürfel, Butter, kleine rohe Kartöffelchen in den Topf, brät das Ganze an und gibt dann das Huhn hinein, das gewissermaßen im eigenen Fett und Dampf dünstet, aller Saft bleibt darin. Ist das Huhn dreiviertel gar, gibt man frische Champignons, junge Erbsen oder Tomaten hinein und läßt sie roh mit dem Huhn fertigbraten. Auf diese Weise ist das Huhn nie trocken. Auch Rebhühner und andere kleine Vögel brät man, mit Speck und Weinlaub umwickelt, am besten in solchen Töpfen. Hierzu gebe ich nie Rahmsoße, weil sie den Eigen- und Edelgeschmack des Geflügels verdirbt. Nur beim Fasan, den ich auch am liebsten so vor aller „Trockenheit" schütze, gebe ich zuweilen, wenn's zum übrigen Menü paßt, Rahmsoße. Dazu Champagnersauerkohl mit Speckscheiben, kleinen gebratenen Würstchen und Kartoffelcroquettes.

Bärenrücken oder Bärenschinken

Vielleicht gelingt es Ihnen, einmal einen Bärenrücken oder Bärenschinken zu ergattern! Beides sind seltene Leckerbissen, die von Kennern voll gewürdigt werden. Zunächst muß das Fleisch gut abgehangen sein. Dann spickt man den Rücken reichlich, mariniert ihn mit einem Glase Whisky, ½ Flasche Rotwein, Wurzeln und Zwiebeln. Nach 3 Tagen nimmt man den Rücken aus der Marinade, brät ihn in Butter schön durch und verwendet die Flüssigkeit zur Soße, die man mit Mehl oder, falls man es hat, mit Arrowroot ansämt. Man garniert den Rücken mit kleinen Muscheln, mit Hagebuttenmark oder Johannisbeergelee und gibt junge Maiskolben oder Maispüree dazu, auch Stachys, in Butter geschwenkt, schmecken dazu ausgezeichnet, ebenso geschmorte und gefüllte Tomaten, damit man etwas Pikantes hat. Salat kann selbstverständlich auch dazu gereicht werden.

Frischer Bärenschinken

Der gut abgehangene Bärenschinken wird, falls er nicht geräuchert und gepökelt werden soll, frisch zubereitet. Zunächst wird er reichlich gespickt, dann gibt man ihn in eine Pfanne oder Kasserolle, die genau seiner Größe entspricht. Man legt den Fond mit geräucherten Speckscheiben aus, gibt Wurzeln, wie Petersilienwurzel, Mohrrüben, Zwiebel, Porree, Thymian, ½ Lorbeerblatt hinein, röstet sie an und legt sie trocken auf die Schwarten und Speckscheiben. Der Bärenschinken ist inzwischen in einer Pfanne gleichmäßig von allen Seiten gut angebraten worden, dann legt man ihn auf Speck und Wurzelwerk, gießt bis etwa ⅔ Höhe Kalbsbrühe von Hesse und Kalbsfüßen darauf. Jetzt deckt man das gut passende Gefäß fest zu und läßt die Keule langsam braisieren, so daß der Schinken zum Schluß als schön glaciertes Tafelstück erscheint. Man reicht dazu Champagnersauerkohl mit Ananas, Bananen oder Äpfeln, der recht pikant schmecken muß. Geschmorte Gurken, auch pikant geschmorte Zwiebeln, beliebig gefüllt, können ebenfalls dazu gereicht werden, ebenso schöner, gemischter Salat. Ferner Kartoffelpüree oder Maronensoße kann man aus Brühe, Wurzelwerk, Reis und Burgunder ansämen, man kann aber auch eine Cumberlandsoße oder eine andere pikante Soße reichen. Ich lasse sie meist fort und reiche wie zur Rinderbrust schöne fette Béchamelkartoffeln, die sich am besten zu Fleisch ohne Soße eignen.

Roastbeef in Brotteig

Wer kennt nicht Schinken in Brotteig? Nur zu gern reiche ich ihn! Dazu Gemüsesalat, Burgundersoße, Schmorgurken und was weiß ich alles! Aber kennen Sie Roastbeef in Brotteig? Nein, sicher nicht! Ich aß es zum erstenmal im Hause eines gastfreundlichen Rumänen in Braila, und seitdem habe ich es oft nachgemacht. Mit bestem Erfolge! Denn etwas „Saftigeres" können Sie sich kaum denken. Dazu keine Soße als den Saft, Béchamelkartoffeln und Gemüse. Damit können Sie jeden Engländer bezwingen. Und dann am Abend oder am nächsten Tage kalt mit Remoulade oder noch besser mit Kaviar! Einfach unerreicht. Bedingung ist, daß das Fleisch schön und abgehangen genug war.

Einiges von der Zusammensetzung des Speisezettels

Beim modernen Speisezettel folgt auf den Fisch, zumal wenn eine reichliche Vorspeise voranging, der Braten. La grande pièce, wie es im Küchen-Latein oder besser -Französisch heißt. Das Zwischengericht (Entrée) fällt heut oft fort, man reicht statt dessen einen kalten Gang oder ein Gemüsegericht nach dem Fleisch. Man verfolgt in der modernen Gastronomie, auch auf Wunsch der Ärzte, der „Küchen-Diätare", heut das Prinzip, mit dem schweren Geschütz anzufangen und dann immer Leichteres zu reichen. Ein vorbildliches Menü dieser Art wäre folgendes:

Vorspeise (je nach der Jahreszeit). Etwa Austern gebacken.
Suppe: Gemüsepüreesuppe.
Fisch: Gefüllter Steinbutt mit Krebssoße.
Braten: Filet gefüllt oder Geflügel, auch beides ist im Winter zu empfehlen.
Gemüsegang: Champignons mit Gänseleber. Frische Gemüse nach der Jahreszeit, mit Beilage.
Nachspeisen: Ein warmer Pudding oder in der Form Gebackenes. Eine kalte Creme oder Eis.
Käsegericht: Käseplatte oder Käsegebackenes.
Früchte, Dessert.

Für ein normales Essen würde diese Zusammensetzung reichlich genügen. Bei einer größeren Personenzahl besetzt man jeden Gang doppelt und reicht zwei verschiedene Platten zu gleicher Zeit, wobei die Bedienung auf der einen Seite oben, auf der anderen Seite unten herumzureichen beginnt. Selbstverständlich wird allen Gästen von beiden Platten gereicht. Bis zu 12 Personen etwa, und das sind die hübschesten Festessen, genügt es, für jeden Gang nur ein gewähltes Gericht bereitzuhalten. Will man das Mahl besonders opulent gestalten, so kann man nach der Suppe gleich ein großes Stück Fleisch reichen, etwa bei Herrenessen, Hochzeiten. Man gibt dann einen garnierten Reh- oder Hammelrücken (dunkles Fleisch) nach der Suppe, läßt Fisch folgen, dann Geflügel (weißes Fleisch, denn auf dunkles Fleisch darf nur helles, auf helles nur dunkles folgen). Gibt man also nach der Suppe Kalbsrücken, muß man dunkles Geflügel wie Gans, Pute oder Wildente folgen lassen, aber auch alles andere Wildgeflügel gehört hierher. Man kann diesen Gang nach der Suppe vor dem Fisch auch kalt reichen, stilvoller aber ist es, ihn warm zu geben und nach dem Fisch einen kalten Fleischgang zu servieren (Poularde à la Nansen, Rehrücken mit Gänseleber, Kalbsrücken à la Herzog von Westminster usw). Bei einem solchen Gang kann man dunkles und helles Fleisch zusammenreichen. Eine andere Möglichkeit sind Fleischgerichte nach der Suppe mit Gemüsen, wie Lammkotelette mit Bearnaise, Tournedos à la Rossini, Krebskotelette, Kalbsmilch gespickt usw., mit Gemüsen, je nach der Jahreszeit. Ragouts und Frikassees gehören in diese Rubrik und vervollständigen den Speisezettel. Hier muß sorgfältige Auswahl getroffen und vor allem auf die Zusammensetzung der Speisen Rücksicht genommen werden, damit der Magen nicht überlastet, die Zunge nie abgestumpft, der Gaumen stets aufs neue gereizt wird. Und vor allem keine Wiederholungen! Nicht zweimal Trüffeln, Champignons, ähnliches Fleisch, Krebse, Austern usw. verwenden! Gerade in der richtigen Zusammensetzung und Abwechslung liegt die große Kunst der Hausfrau!

Dazu dann die entsprechenden Getränke. Hier hilft ein verständnisvoller Gatte meist mit, auch der Ihre gewiß.

Nach einem schweren Fischgericht muß leichtes Fleisch folgen, ist das ganze Menü etwas schwer gehalten, müssen die Süßspeisen so leicht sein, daß sie den Magen nicht mehr belasten, sondern nur Zunge und Gaumen erfrischen. Gefühl ist alles, auch hier, und Sie werden gewiß die Grundregeln der Physiologie des Geschmacks bald erlernt haben. Vor allem beherzigen Sie: **Ein gutes Mahl soll anregen**, wozu es auch immer sei, zum Beispiel zur geistreichen Konversation. Wieviel Geschichte wurde nicht bei Tisch gemacht! **Das Essen darf nie ermüden!** Das lassen Sie sich besonders angelegen sein.

Der Nachtisch

Und nun schließlich der Nachtisch. Das ist ein Kapitel für sich und zerfällt wiederum in mehrere Gänge. Schon deshalb ist in allen großen Hotels und in luxuriösen Haushalten diese Abteilung einem besonderen Ressortchef anvertraut. In meiner Praxis gliedere ich folgendermaßen:

>Eine warme Nachspeise
>Eine kalte Nachspeise
>Käse oder Käsegericht
>Obst.

Zu warmen Nachspeisen rechne ich alle Arten von Eierkuchen, Beignets, Soufflés, Puddings.

Ich brauche Ihnen nicht zu sagen, daß es einen Feld-, Wald- und Wiesen-Eierkuchen und einen High-class-Eierkuchen gibt. Nur um letzteren handelt es sich bei meinen Nachspeisen, und er wird dann gewöhnlich crêpe genannt.

Crêpes à la Suzette sind jene „besoffenen" Eierkuchen, wie Felix Poppenberg sie zu nennen pflegte, die in eleganten Lokalen der maître d'hôtel, im Privathaushalt die Hausfrau selbst am Tisch im chafing-dish fertigzumachen pflegt. Natürlich nur für eine kleinere Gesellschaft, am besten à deux!

Hierzu werden die Eierkuchen, sprich Plinsen, ganz dünn gebacken, ungezuckert, flach ausgebreitet, auf einer länglichen Schüssel angerichtet. Dazu werden frische Butter, Kochzucker, frischer Zitronensaft und Likör, wie Maraschino, Grand Marnier, Kirschwasser oder etwas Ähnliches in entsprechenden Luxusgefäßen angerichtet. Dazu das chafing-dish, die Mischplatte, entweder auf Spiritus oder elektrisch. Der Spiritus tut's aber sehr gut. Jetzt mischt man ein großes Stück Butter, Zucker, Zitronensaft und Likör zusammen, läßt alles flüssig werden und erhitzt das Ganze bis zum Sieden. In diese Masse legt man die Eierkuchen, läßt sie von der Flüssigkeit durchziehen und rollt sie zusammen, serviert sie sehr heiß von der Platte direkt auf den Teller. Ein reizender Zeitvertreib zu zweit! Die gleichen crêpes serviert man neuerdings auch mit Orangenessenz oder warmer Schokoladesoße, die in der Süßspeisenküche eine große Rolle spielt. So ist **Vanilleauflauf** (man spare die Eier nicht, sie lohnen es einem!) mit Schokoladesoße, lange Zeit außer Mode, im Kriege wieder modern geworden. Und selbst die kribblig-krabbligen Beignets, nicht nur von pomme, gibt man heut gern mit Schokoladesoße, in die man möglichst etwas Ambra (sehr zu empfehlen) mischt.

Für die Beignets anbei einen Teig, der besonders gut, aber wenig bekannt ist. 2 Eigelb, 2 Eßlöffel Öl, 2 Eßlöffel Weiß- oder Braunbier, 1 Prise Salz, 30 Gramm Mehl und der Schnee der beiden Eier werden kalt zusammengerührt, die Frucht darin gewälzt (Ananas, Pfirsiche, Aprikosen, Apfelsinen) und in Butter oder Backfett ausgebacken. Dann reichlich in Zucker wälzen. In dem Teig kann man übrigens auch Fische, Sardellen, Gemüse usw. ausbacken. Ist das Gebackene zu fett, muß man es vor dem Anrichten auf Löschpapier legen.

Obstpasteten

Sehr beliebt sind warme Obstpasteten, die ich entweder mit einer Creme, Chaudeausoße, geschlagener oder ungeschlagener Sahne reiche. Hierzu werden Kirschen, Johannisbeeren, Himbeeren und Blaubeeren, eine gute Mischung (man kann aber natürlich jedes Obst und jede Mischung dazu verwenden) mit Zucker roh in eine englische Pieform gegeben. In die Mitte legt man einen umgestürzten Tassenkopf, damit der darüberzubreitende Teig leicht einsinkt. Nun bereitet man einen schweren Teig aus Butter, recht reichlich, sehr gutem Mehl, 1 Ei, Vanille, abgeriebener Zitrone, Rum, sehr viel Mandeln, etwa ¼ Liter auf ½ Kilo Mehl gerechnet, und etwas Zucker. Diesen Teig knetet man gut durch und fügt vor dem Backen etwa ½ Backpulver hinzu, rollt ihn dick aus und legt ihn über die Pastetenform, so daß der ä u ß e r e Porzellanrand mit Teig bedeckt und verschlossen ist. Das Ganze muß 1 Stunde im Ofen schön goldgelbbacken. Den gleichen Teig kann man zum Auslegen einer Porzellanbackform benutzen. Man läßt ihn halb garbacken und füllt ihn erst dann mit geschmorten Äpfeln mit Rosinen oder mit Nudeln mit Mandeln und Rosinen, auch Äpfel dazwischen sind beliebt, ebenso ist alles andere Obst, eingemacht oder geschmort, möglich. Man kann über die Füllung noch eine Teigdecke geben oder Streifen des Teigs kreuzweise darüberlegen.

Außer diesen schweren Pasteten sind Aufläufe sehr beliebt, die entweder über Früchten oder selbständig gebacken werden und dann mit einer Soße (Schokolade-, Vanille-, Fruchtsoße) gereicht werden.

Kalte Speisen

Hier steht das Eis obenan. Viele aber ziehen Eiscreme, aus Sahne bereitet, vor, ich auch deshalb kommt für mich nur solches Eis in Betracht, das aus Sahne gemischt wird. Entweder in der Eisbüchse gefroren oder, mit Gelatine verrührt, auf Eis zum Erstarren gebracht. Um die empfindlichen Mägen zu trösten, reiche ich auch hier gern eine warme Soße zu allzu Kühlem; eine Chaud-froid-Mischung, die immer sehr angenehm empfunden wird. So ist Mokkaeis mit warmer Schokoladesoße sehr beliebt, noch beliebter als Vanilleeis mit der gleichen Soße.

In die Grundmischung von Sahne und Eigelb kann man jeden Geschmack einfügen, der Mischung jede Färbung aus unschädlichen Konditorfarben geben. Als besonders reizvoll und nicht täglich sei V e i l c h e n e i s und P i s t a z i e n e i s , also Pistaziengrün mit Violett, die halbe Bombe grün, die andere violett, empfohlen. Die Bombe wird mit kandierten, außerdem auch mit frischen Veilchen garniert. Roseneis sei für die Rosenzeit empfohlen. Man kann hier ein paar Sommerfrüchte miteinfrieren lassen, ebenso Croquant, Makronen, Schokolade usw.

Gelees

Eine andere Art der kalten Speisen sind die Gelees, die sich auf die raffinierteste Art zusammenstellen lassen, z. B.:

Ananasgelee

Die Ananas wird in geklärtem Zucker abgewällt, der Saft mit Gelatine eingedickt und abgekühlt. Jetzt wird das Gelee schichtweise in eine runde Tiegelform gegossen und zwischen jede Schicht die abgeschwellte Ananas gegeben. Um dem Ganzen Halt zu geben, legt man Löffelbiskuits um den Rand. Das Ganze wird auf Eis gestellt und erst vor dem Anrichten gestürzt. Man garniert mit Früchten und gespritzter Schlagsahne.

Ein anderes Gelee, namentlich für den Sommer geeignet, stellt man aus geschmortem Obst, z. B. Himbeeren, Johannisbeeren und Kirschen, her, fügt Rum und Vanille dazu, zuletzt Gelatine und läßt das Ganze auf Eis in Glasschüsseln, halb gefüllt, erstarren. Ist das Gelee steif, gibt man einen Wein- oder Vanille- oder Kognakcreme darüber, der mit oder ohne Gelatine angerührt sein kann. Man läßt ihn ebenfalls auf Eis starr werden. Diese Art Speisen dürfen nur direkt vom Eis angerichtet werden.

Reisspeisen

Außer dem erwähnten kalten Nachtisch seien Ihnen auch einige Reisspeisenrezepte empfohlen, die stets geschätzt werden. Der Reis, leicht ausgequollen (in Milch und Vanille oder Wein), wird mit Schlagsahne und Kognak oder Maraschino vermischt und in der Reisrandform oder in einer anderen Form auf Eis gesetzt. Will man den Reis sehr locker haben, so gibt man in die Schlagsahne etwas Gelatine und nur ganz wenig Reis. Man reicht immer Früchte dazu. Man kann aber auch schichtweise Reis mit Schlagsahne und Gelee mit Früchten einfrieren: eine ausgezeichnete Verbindung. Das Ganze wird vor dem Anrichten mit Sekt begossen.

Obstgerichte

Früchte auf Vanilleeis

Sehr geschätzt sind unter anderem Früchte auf Vanilleeis serviert, die erst im letzten Augenblick mit Sekt beträufelt werden. Reicht man Früchte solcher Art, so ist es nicht nötig, noch extra Obst zu servieren.

Pfirsichgelee

gehört hierher: es sind frische, halbierte Pfirsiche, mit Erdbeermark bestrichen, auf Vanilleeis. Wenn man will, noch mit Sekt übersprudelt.

Birne Belle Hélène

ist halbierte, in Zuckerwasser oder Sekt blanchierte Birne auf Vanilleeis mit warmer Schokoladesoße.

Diese Gerichte haben Weltruf, man kann sie statt Obst reichen und gibt nur einen warmen Pudding vorher.

Grape fruit mit Maraschino

Als Fruchtgang wird sehr oft Grape fruit mit Maraschino und Melone mit Zucker oder Pfeffer und Salz, natürlich geeist, gereicht. Beides kann aber auch als Vorspeise, besonders zum Frühstück, serviert werden. Die Grape fruit wird sehr kunstvoll zurechtgemacht, man genießt nur den Saft, und diesen mit Kirsch oder Grand Marnier gemischt.

Erdbeeren mit Crème double und Kirsch

Sobald die ersten Erdbeeren, namentlich Treibhaus-Ananaserdbeeren, im Januar auftauchen, werden sie mit Crème double, hat man nichts anderes, mit Sahne, gut gemischt, etwas Kirsch dazugegeben und vor dem Anrichten auf Eis gegeben. Man hat sehr hübsche Eisschüsseln, in denen man die Erdbeeren in Eis betten kann, so daß sie dauernd die gleiche Temperatur behalten.

Obstsalat

An Stelle des Obstes serviere ich sehr oft nichts weiter als einen gut dressierten Obstsalat, für den ich jedes Obst verwende, das die Jahreszeit bietet. Niemals vergesse man Nüsse, jede Sorte, die man mit Ausnahme der Haselnüsse verkleinert dem Salat beimische. Ist alles gut beisammen, gebe man Likör, wie Kognak, Rum, Maraschino, Grand Marnier oder Kirsch mit Zucker darüber, stelle es auf Eis und richte den Salat sehr kalt an. Man kann ihn auch in Gläsern auf Vanilleeis servieren und mit Schaumwein besprudeln.

Käsegerichte

Außer der gut gemischten Käseschüssel schätze ich nur zwei Arten warmen Käsegebäcks. Eines sind Wales rarebits, die ich stets als Ergänzung der Käseschüssel, bei einem einfacheren Mahl auch allein, als Gaumenreiz reiche.

Hierzu werden Kaviarbrote in Scheiben geschnitten, dick mit Butter bestrichen, darauf eine Mischung von Eierschnee, Chesterkäse, gerieben natürlich, und Paprika gegeben. Diese Schnittchen werden entweder auf einem Blech im Ofen gebacken oder in einer Pfanne mit Butter gebraten. Die Masse geht hoch auf.

Ein anderes, ähnlich schmeckendes Käsegericht sind warme K ä s e = B u f f i s. Dies sind Keks (Schweizer Buffis), die man in feinen Delikatessengeschäften kauft. Man legt zwei davon aufeinander, mit Butter bestrichen und mit Chesterkäse belegt. Man legt sie auf ein Backblech und backt sie so vorbereitet gut durch. Sie schmecken ganz ausgezeichnet, und jeder ist von der Feinheit der Zusammenstellung entzückt.

Die Küche des Auslandes

Frankreich

Das Urteil aller Gourmets der Erde rühmt die französische Küche als die beste. In Frankreich ist ein jeder Gourmet, und nirgends zählt man so viele Feinschmecker. Keine Küche ist so abwechslungsreich wie die französische, keine so leicht zu verdauen. Das Wohlschmeckende der Gerichte beruht darin, daß von keiner Zutat ein Zuviel zu finden ist, daß keine Würzen und Ingredienzien sich aufdringlich der Zunge bemerkbar machen. Im Gegenteil, bei einem fein zubereiteten französischen Gericht fragt sich der Genießende oft: „Was mag wohl drin sein?" An einer französischen Tafel ist kein Gericht zu fett, niemals hat man sich durch klebrige Soßen durchzubeißen, auch der Salat erscheint völlig abgetropft. Ein großer Teil unserer besseren Gerichte entstammt der Küche Frankreichs, was übrigens auch in anderen Kulturländern der Fall ist. Diese Gerichte, die längst ihr „gastronomisches Bürgerrecht" bei uns erworben haben, bringen wir also mit Fug und Recht in unserem Kochbuch unter den deutschen Gerichten. Dagegen mögen hier einige Gerichte und deren Zubereitung folgen, die noch immer als typisch französisch gelten.

Provenzalische Suppe Bouille-à-baisse

3 Liter Fischbrühe, 1 Weißfisch, ½ Steinbutte, 1 Hummer (oder Krebse), weißer Porree, Provenceröl, 2 Tomaten, ½ Flasche Weißwein, 1 Lorbeerblatt, Petersilie, 1 Prise Safran, Fenchel, 1 Nelke, 2 Zitronen, geröstete Brotscheiben

Man bereitet 3 Liter Fischbrühe aus Gräten, Köpfen und eines Aal, streicht sie durch ein Sieb und schäumt sie ab. Dann schneidet man 1 mittelgroßen Weißfisch und ½ Steinbutte, 1 frischen Hummer oder Krebse in Stücke. Nun wiegt man weißen Porree und läßt ihn in etwas Provenceröl auf gelindem Feuer braten und tut 2 entfernte, geschälte Tomaten hinzu, darauf die Fischstücke und ein wenig warme Fischbrühe, zuletzt ½ Flasche Weißwein. Jetzt kommen 1 Lorbeerblatt, etwas Petersilie, eine Prise Safran und Fenchel, 1 Nelke und 2 zerschnittene, geschälte und entkernte Zitronen in die Brühe, die 15 Minuten rasch kochen muß, so daß, wenn der Fisch weich ist, die Flüssigkeit auf die Hälfte weniger geworden ist. Man hebt Fisch und Hummer heraus, entfernt Gräten usw. und tut das Fleisch in die Brühe, aus der die Kräuter und Zitronen entfernt sind, zurück; nur der Porree bleibt in der Suppe, die mit dünnen gerösteten Brotscheiben aufgetragen wird.

Aubergines (Eierpflanzen) mit Parmesankäse

6 Aubergines, Salz, Butter, Béchamelsoße, Parmesankäse

Man schält 6 zarte Aubergines, schneidet sie in Scheiben, bestreut sie mit Salz, um ihr Wasser herauszuziehen, läßt sie abtropfen, brät sie schnell halbweich und tut etwas Béchamelsoße darauf. So legt man sie schichtenweise in eine Pfanne, bestreut sie mit Parmesankäse, tut geschmolzene Butter darüber und brät sie bei mäßiger Hitze ¼ Stunde im Ofen.

Kaldaunen nach Bordeaux-Art

¾ Kilo Kaldaunen, 36 junge Zwiebeln, Schmalz, Salz, 1 Prise Zucker, 12 Champignons, 1 Prise Schnittlauch, Butter, Petersilie

Man reinigt, zerschneidet und kocht ¾ Kilo Kaldaunen. Man wällt 36 junge, geschälte Zwiebeln ab, schmort sie mit Schmalz, tut Salz und 1 Prise Zucker daran und bedeckt sie mit Brühe. Nun fügt man 12 in Schmalz geschmorte Champignons mit 1 Prise Schnittlauch hinzu und läßt sie ½ Stunde langsam ziehen, schäumt die Brühe ab und verdickt sie durch geknetete Butter. Vor dem Anrichten tut man gewiegte Petersilie hinzu.

Beefsteaks

¾ Kilo Filet, 3–4 Löffel gutes Speiseöl, Salz, Pfeffer, Petersilie

Die gut geklopften Filetscheiben werden in eine Schüssel gelegt, mit Olivenöl übergossen und 6–8 Stunden beiseite gestellt. Dann bestreut man sie mit Pfeffer, Salz und etwas fein gehackter Petersilie und brät sie auf dem mit Öl bestrichenen Rost oder in siedendem Öl in der Pfanne. Wenn sie auf dem Rost gebraten werden, werden sie mit dem von dem

Einlegen übrigbleibenden Öl beträufelt. Wer Öl zum Braten nicht liebt, kann sie auch in Öl marinieren und auf butterbestrichenem Rost oder in steigender Butter in der Stielpfanne braten.

Geschmorter Hase mit Rotwein

1 Hase, 125 Gramm Speck, 1 Dosis Zwiebeln und Gewürz, ½ Flasche Rotwein, 2—3 Löffel Mehl

Der Hase wird gesäubert und in Stücke gehackt. In einer nicht zu tiefen Kasserolle werden 125 Gramm in Würfel geschnittener, fetter Speck zerlassen und hellbraungemacht. Die Hasenstücke werden hineingelegt und, sobald sie sich zu bräunen beginnen, mit 2—3 Löffel Mehl bestreut. Dann werden einige kleine Zwiebeln und Schalotten dazugefügt, ½ Liter kochendes Wasser dazugegossen, Salz, 2 Gewürznelken, Pfeffer, ein Sträußchen Petersilie, 2 Lorbeerblätter und, wenn es beliebt ist, ein erbsengroßes Stückchen Knoblauch dazugetan und alles über gelindem Feuer 1½ Stunde langsam geschmort. Hierauf wird ½ Flasche Rotwein dazugegossen, alles damit verkocht, die Brühe entfettet, durch ein Sieb gerührt und abgeschmeckt. Fleisch und Soße werden zusammen angerichtet.

Hirschbraten

1 Rücken, Olivenöl, Weißwein, Kräuter, Schalotten, Salz

Der gehäutete und gespickte Rücken wird mit Salz und Olivenöl (Provenceröl oder Speiseöl) eingerieben, an den Spieß gesteckt und fleißig mit dem abtropfenden Saft begossen, den man nachher zur Soße mit Weißwein, gehackten Schalotten, Estragon und Petersilie verkocht und abschmeckt.

Schnecken

Zur Bereitung sind nur die Weinbergsschnecke und die Kreiselschnecke zu gebrauchen, wenn die Häuschen geschlossen sind. Man kocht sie 1 Stunde in kochendem Salzwasser, zieht sie mit einer Gabel aus dem Häuschen, nimmt das schwarze Häutchen oben davon, schneidet den Ring, der an dem Häutchen um die Schnecke herumgeht, ab und einigen in der Spitze vorn weg, bestreut sie mit einer Handvoll Salz, wodurch der Schleim sich löst, wäscht sie 3—4mal in warmem Wasser und drückt sie aus, so daß kein Wasser darin bleibt. Man nimmt nun etwa 50 gereinigte Schnecken, kocht sie in Fleischbrühe weich, nimmt sie heraus, hackt ⅔ davon ganz fein, dämpft sie ein wenig in Butter, gießt so viel Fleischbrühe hinzu, als zur Suppe nötig ist, läßt sie mit etwas Muskatblüte einigemal aufkochen, rührt sie mit einigen Eidottern ab und richtet die Suppe über gerösteten Weißbrotschnitten und den zurückbehaltenen ganzen Schnecken an. — Will man die Suppe als Fastensuppe reichen, so kocht man die Schnecken in Wasser weich, wiegt alle mit 4 hartgekochten Eiern, 2 Zwiebeln, etwas gehackter Petersilie und einigen in Milch geweichten Semmeln fein und dünstet dies ¼ Stunde in Butter. Dann gießt man einen Teil des Schneckenwassers, ½ Flasche leichten Wein und 1 Liter Erbsensud hinzu, würzt die Suppe mit Salz und Pfeffer und rührt sie mit einigen Eidottern ab.

Italien

Die alte Verurteilung der italienischen Küche als „Ölpumpe" hat längst ihre Berechtigung verloren. Wer heute in Italien Gasthäuser ersten Ranges, ja schon viele zweiten Ranges besucht, wird überhaupt nichts mehr zu kosten bekommen, das nicht nach der Gewohnheit der Herren Forestieri, die sich meist aus den nordischen Butterländern rekrutieren, mit meistens recht guter Butter bereitet ist. Auch das italienische Volk hat längst die Wohltat der Butter kennengelernt, obschon hier noch immer frisches, gutes Öl, wie man es im Norden kaum kennt, die gleichen Dienste leistet wie bei uns die Butter. Im übrigen aber ist an der italienischen Küche nicht allzu viel zu rühmen. Zweifellos hat das italienische Volk, dessen Mäßigkeit im Essen und Trinken bekannt ist, niemals viel Gewicht auf Herstellung exquisiter Gerichte gelegt. Die im Norden beliebte Polenta, die Makkaronigerichte im Süden und auch die aus einem wahren Wust von Gemüsen bestehende, vielgepriesene Gemüsesuppe mögen ja recht nahrhaft sein, aber von einem besonders feinen Geschmack des Volkes legen sie kein Zeugnis ab.

Gnocchi nach Florentiner Art

1–1½ Liter Milch, ¼ Kilo Grieß, 1 Prise Zucker, Salz, 3–4 Eier, 2 Eßlöffel Wasser, Butter, Parmesankäse

Man läßt 1—1½ Liter Milch kochen, fügt ¼ Kilo Grieß, 1 Prise Zucker und Salz hinzu und rührt es auf dem Feuer, bis es dick und weich ist. Dann fügt man 3—4 in 2 Eßlöffel Wasser geschlagene Eier unter beständigem Rühren hinzu, gießt die Mischung auf ein feuchtes Ofenblech, läßt sie abkühlen und schneidet sie in kleine Figuren. Dann legt man sie in eine mit Butter ausgeschmierte Schüssel, streut geriebenen Parmesankäse darüber, begießt sie mit Butter und schiebt sie in den Bratofen zum Überbacken.

Ragout nach Mailänder Art

12 dicke Poulardenflügel, 1 Zwiebel, Butter, 1 Löffel Mehl, etwas Weißwein, Fleischbrühe, 12 kleine Kalbsdrüsen, einige Kalbsamouretten (Rückenmark), 16 weiße Hahnenkämme, einige Handvoll grüne Schoten, Blätterteig

Man nimmt 12 dicke Poulardenflügel, sengt sie, löst die Knochen aus, drückt das Fleisch in die hohlen Stellen und legt sie nebst einer gehackten Zwiebel und etwas Butter in eine Kasserolle. Sind sie hellbraungebraten, so tut man ein wenig Mehl, etwas Weißwein und Fleischbrühe dazu und läßt sie auf mäßigem Feuer kochen. Wenn sie weich sind, fügt man 12 kleine, in heißem Wasser gebrühte Kalbsdrüsen, einige blanchierte und in Stücke geschnittene Kalbsamouretten, 16 weiße, für sich gekochte Hahnenkämme und einige Handvoll grüne Schoten hinzu und läßt es langsam kochen. Vor dem Anrichten garniert man das Gericht mit Blätterteig.

Gebratene Artischocken auf italienische Art

4 zarte Artischocken, Salz, Pfeffer, Mehl, 2—3 Eier, Backfett

Man nimmt zarte Artischocken, entfernt den unteren Teil und nimmt nur die zarten Blätter. Man schneidet die Frucht der Länge nach in zwei Teile, hackt sie fein, tut sie in eine Schale, würzt sie mit Salz und Pfeffer, läßt sie ¾ Stunden lang ziehen, dann abtropfen, bestreut sie mit Mehl, gibt sie in geschlagene Eier und dann in heißes Fett. Sie müssen eine schöne Farbe bekommen.

Artischocken nach Vater Abrahams Art

4 junge Artischocken, frisches Pfefferminzkraut, feinstes Provenceröl

Im ehemaligen Gettoviertel von Rom existiert noch heute das seit Jahrhunderten bestehende Lokal „Al padre Abramo", das sich bei der jüdischen Kolonie der Tiberstadt großer Beliebtheit erfreut, obschon es neben gutem Rebensaft nur ein einziges Gericht bietet, nämlich Artischocken, die nach „ältester Überlieferung" wie folgt bereitet werden:

Junge Artischocken klopft man breit auseinander, wäscht sie sorgsam und füllt sie mit frischem Pfefferminzkraut. Darauf siedet man sie in feinstem Provenceröl gar und läßt sie vor dem Anrichten auf Fließpapier gut abtropfen.

Spanien und Portugal

Eine reine Ölküche genannt zu werden verdienen weit eher die Länder der iberischen Halbinsel.

Außer Öl, in dem Spanier und Portugiesen mit größter Freigebigkeit ihre Speisen baden, werden noch viele Würzen, wie spanischer Pfeffer, Knoblauch, von Gemüsen besonders süße Zwiebeln und Tomaten, verwendet. Daß spanische und portugiesische Gerichte oft dem verwöhntesten fremden Gaumen vortrefflich munden, darf nicht unerwähnt bleiben.

Olla Podrida nach spanischer Art

½ Liter graue spanische Erbsen, 3 Kilo Rinderbrust, ⅓ einer Hammelkeule, ¼ Kilo magerer Speck, ¼ Kilo Schinken, 1 Huhn, 1 Rebhuhn, 1 Kürbisscheibe, 2 Mohrrüben, 1 Zwiebel, 1 Lorbeerblatt, Petersilie, 3 kleine Würstchen, 12 Salat-, 2 Weißkohlköpfe, 150 Gramm Reis, 1 Portion Tomatensoße

½ Liter graue spanische Erbsen, die 12 Stunden lauwarm geweicht sind, 3 Kilo Rinderbrust, das Drittel einer Hammelkeule, ¼ Kilo mageren Speck und ¼ Kilo Schinken (die letzteren abgewällt), kocht man auf hellem Feuer in irdenem Topf, schäumt sie ab und läßt sie dann 2 Stunden ziehen. Nun kommen 1 Huhn, 1 Rebhuhn, 1 Kürbisscheibe, 2 Mohrrüben, 1 Zwiebel, 1 Lorbeerblatt und Petersilie dazu. Nach wieder 1 Stunde kommen 3 kleine geräucherte Würstchen hinein. 12 Salat- und 2 Weißkohlköpfe werden abgewällt. Die Suppe kocht 6 Stunden, die Fleischstücke werden einzeln, je nachdem sie weich sind, herausgenommen. ½ Stunde vor dem Anrichten streicht man die Brühe durch eine Serviette, kocht sie auf, schäumt sie ab, fügt 150 Gramm abgewällten Reis hinzu und läßt ihn langsam darin kochen. Vor dem Anrichten schneidet man das abgetropfte Fleisch in Stücke, ebenso die Würste. Dann garniert man es mit den Gemüsen und gibt Tomatensoße dazu.

Spargel nach spanischer Art

½ Kilo Spargelköpfe, Essig, 12 Eier, 1 Soße

Man kocht zusammengebundene Spargelköpfe in Salzwasser ab. Nachdem sie weichgeworden, stellt man sie beiseite und gießt einen Teil der Brühe in eine Kasserolle mit Zusatz von Essig, um 12 verlorene Eier darin zu kochen, die man abgetropft um die Spargelköpfe legt. Alles wird auf der Serviette serviert und eine Soße von Öl, Essig, Salz und Pfeffer dazu gereicht.

Fricco

1 Kilo gutes Rindfleisch, 1 Kilo Kartoffeln, 125 Gramm Butter, saure Sahne

Das Fleisch wird gut geklopft und in ungefähr löffelgroße Scheiben geschnitten. Die Kartoffeln werden geschält, in Scheiben geschnitten, 10—15 Minuten in siedendem Wasser abgewällt und durch ein Sieb abgegossen. Eine Puddingform wird mit Butter ausgestrichen. Dann wird eine Lage Kartoffelscheiben aufgeschichtet, darauf einige Fleischscheiben gelegt, Pfeffer, Salz und Butterflöckchen darübergestreut und so lagenweise fortgefahren, bis die Form fast voll ist. Nun wird eine Obertasse saure Sahne darübergegossen, die Form gut verschlossen in ein Wasserbad gestellt, 2 bis 2½ Stunden gekocht, auf eine erwärmte Schüssel gestürzt und warm serviert.

Puchero nach spanischer Art

1 Kilo Rinderbrust, 1 Hühnerklein, 1 Schweinsohr, ¼ Kilo Pökelfleisch, 3 Handvoll graue Erbsen, 5 bis 6 Liter Wasser, 2 Porrees, Kerbel, 1 Prise Pfefferminz, 1 Kürbisscheibe, 1 Salatkopf, 1 Mohrrübe, ½ Wirsing, 1 geräucherte Wurst, Brotscheiben

Man setzt 1 Kilo Rinderbrust, Hühnerklein, 1 Schweinsohr, ¼ Kilo Pökelschweinefleisch und 3 Handvoll Garbancos (graue Erbsen) mit 5—6 Liter Wasser auf, schäumt es ab und läßt es leise kochen. 2 Stunden später gibt man 2 Porree, Kerbel und 1 Prise Pfefferminze, 1 geschälte Kürbisscheibe, 1 Salatkopf, 1 Mohrrübe und ½ Wirsing dazu. 1 Stunde darauf fügt man 1 geräucherte Wurst bei und läßt alles langsam kochen. Vor dem Anrichten gießt man die Suppe durch, legt die Porree und kleingeschnittenen Wirsing nebst gebratenen Brotscheiben hinein und gibt das Fleisch und das übrige Gemüse auf besonderer Schüssel dazu.

Cucido nach portugiesischer Art

1 Kilo Rindfleisch, 1 Stück roher Schinken, 1 Hammelbein, 1 Huhn, 2—3 Handvoll graue Erbsen, 5—6 Liter Wasser, 1 Kohlkopf, 2 Porrees, 1 Tomate, 1 Mohrrübe, einige Gewürznelken, 1 geräucherte Wurst, 1 Zwiebel, Schmalz, 4—5 Handvoll Reis, 1 Löffel Jamaikapfeffer, 1 Löffel Tomatensoße

In einen irdenen Topf kommen 1 Kilo Rindfleisch, 1 Stück roher Schinken, das Bein einer Hammelkeule, 1 Huhn und 2—3 Handvoll erweichte Garbancos, darüber Wasser. Man schäumt es ab, und sobald es aufkocht, stellt man den Topf auf die warme Stelle. 2 Stunden später gibt man einen abgewällten Kohlkopf und 2 Porrees, 1 Tomate, 1 Mohrrübe und einige Gewürznelken hinzu. 1 Stunde später fügt man eine geräucherte Wurst bei. Sobald das Fleisch weich ist, wird alles durchgeschlagen warmgestellt. Nun brät man eine feingewiegte Zwiebel in Schmalz hellbraun und mischt sie unter 4—5 Handvoll Reis, gießt reichlich Suppe darüber und läßt den Reis langsam einkochen, bis er trocken und weich ist. Nun fügt man 1 Löffelvoll süßen Jamaikapfeffer und 1 Löffel Tomatensoße hinzu. Die übrige Suppe wird geschäumt und in die Terrine gegossen. Alles Fleisch mit den Garbancos und dem Kohl wird zusammen angerichtet, der Reis auf besonderer Schüssel.

Der Orient

Wenn Griechenland, die Balkanländer und die Türkei ursprünglich vielleicht ihre nationalen Eigentümlichkeiten hatten, so hat doch der griechische Koch, der wieder dem französischen in die Töpfe geguckt hat, ihnen allen eine gewisse Gleichartigkeit beigebracht. Das Charakteristische dieser Küche sind zunächst die schwarzen, gedörrten oder grünen Oliven als unvermeidliche hors d'œuvres. Lammbraten, solange er nur beschafft werden kann, und Indian (wie man von der Donau südostwärts den Truthahn nennt) als Hauptspeise, orientalische Konfitüren (wie Rachat und viele andere) und der Café à la turca zum Beschluß. Kuhmilch ist kaum aufzutreiben. Dagegen wird aus der überall erhältlichen Büffelmilch das jetzt auch bei uns bekannte Jaurt (Yoghurt) bereitet, das vielen Gerichten beigegeben wird, etwa wie bei uns die Kartoffeln. Wenn schon die orientalische Küche an und für sich keine Ambrosiagerichte aufzuweisen hat, so werden diese für europäische Zungen oft unerträglich, nämlich sofern Schafbutter für deren Bereitung gebraucht wird. Zum

Glück ist dieses Ingrediens, an das sich Europäer nach Monaten noch nicht gewöhnen, nur in Hotels zweiten Ranges in Griechenland und der Türkei (dagegen bei den eingeborenen Familien allgemein) gebräuchlich.

Dolmas nach griechischer Art
1 Portion (etwa 40) Weißkohlblätter, 625 Gramm Farce, Tomatensoße, Butter, Fleischbrühe, 1 Risotto, Parmesankäse

Man läßt gewaschene Weißkohlblätter 25 Minuten in Salzwasser kochen. Abgetropft taucht man sie in kaltes Wasser und trocknet sie mit einem Tuche ab. Man macht 625 Gramm Farce aus durchwachsenem Speck, magerem Hammelfleisch, Brotkrume und 2 Eiern, einer Prise Zwiebel, gewiegten Champignons und Petersilie und füllt etwa 30 Kohlblätter mit dieser Farce, legt sie in eine Kasserolle, würzt sie, begießt sie mit Butter, gießt Brühe darauf, läßt sie rasch aufkochen und stellt sie beiseite. Daneben bereitet man Risotto von 300 Gramm Reis mit Butter und geriebenem Parmesankäse. Man bedeckt Boden und Seiten einer Form mit großen, zarten Kohlblättern, tut eine Schicht von 3 Zentimeter Risotto hinein, begießt sie mit Tomatensoße, darauf 10 Dolmas (Kohlrollen), wieder Parmesankäse, Risotto usw., bis die Form gefüllt ist; ein Kohlblatt und dünne Speckscheiben bilden den Beschluß. Nun setzt man die Form in einen gelinde geheizten Bratofen und läßt sie 1 Stunde langsam braten.

Gebratenes Hammelfleisch (shashi-kebassi) nach türkischer Art
1 Hammelkeule, Salz, Pfeffer, Zwiebelsaft, saure Sahne

Man schneidet das Fleisch einer Hammelkeule oder -rippe in große Würfel, würzt es mit Salz und Pfeffer und begießt es mit Zwiebelsaft. Man spießt die Würfel auf lange Spicknadeln und brät sie über mäßigem Feuer. Nachdem die Spicknadeln entfernt sind, legt man das Fleisch auf eine Schüssel und begießt es mit saurer Sahne.

Farcierte Gurken auf türkische Art
1 Portion Gurken, 1 Fleischfarce, etwas Tomatenbrühe, etwas Fleischbrühe

Man schneidet die Gurken in Stücke, wällt sie ab, höhlt sie aus und füllt sie mit roher Fleischfarce aus Hammelfilet, Nierenfett, etwas gehackter Zwiebel, Petersilie und einigen Eßlöffeln abgewälltem Reis. Man kocht die Gurken in wenig Tomatenbrühe und Fleischbrühe auf, legt sie in eine Schüssel und übergießt sie mit der Soße.

Aubergines (Eierpflanzen) nach türkischer Art
8 Aubergines, 1 Farce, Zwiebeln, heißes Fett, 1 Portion Tomatensoße

Man schält acht zarte Eierpflanzen, höhlt sie mit einem Löffel aus, füllt sie mit Farce von zerhacktem Hammelfleisch und rohem Reis, würzt sie, spickt sie mit gehackten Zwiebeln, legt sie 2 Minuten lang in heißes Fett und, nachdem sie abgetropft, in eine Kasserolle, bedeckt sie mit Tomatensoße und läßt sie langsam schmoren, indem man Kohlenglut auf den Deckel tut. Vor dem Anrichten werden sie mit ihrem eigenen Saft begossen.

Skandinavien

Im Norden Europas findet sich außer Zweifel die Küche, die den kräftigsten Magen voraussetzt. Charakteristisch ist die Legion von Vorspeisen, die an besonderer Tafel aufgestellt an die russische Sakuska erinnern. Zu ihnen gehören die obligaten Getränke, Aquavit, Kümmel und andere kräftige Spirituosen. Ein zu den Frühstückszeiten viel genossenes Gericht ist die berühmte rote Grütze, an deren Stelle im Sommer oft Erdbeeren treten. Sahne von einer Güte, wie man sie in den südlicheren Ländern gar nicht kennt, wird für die Zubereitung aller möglichen Gerichte verwendet, ebenso als Zutat zu der erwähnten roten Grütze oder Erdbeeren in großen Mengen genossen. Sympathisch berührt die peinlich saubere Zubereitung und Servierung der Speisen. Eine rühmenswerte Spezialität der nordischen Küche bilden die mit wahrer Kunst und auf mannigfaltigste Weise präparierten Brötchen, die Smörbrote, für die besonders Kopenhagen bekannt ist.

Geräucherte Aale nach schwedischer Art
Aale, Öl, Essig, Salat

Man wählt mittelgroße Aale, häutet sie und salzt sie einige Stunden, trocknet sie ab, zieht sie, mit dem Kopf nach oben, auf Stäbe und hängt sie in ein umgekehrtes Gefäß. Man stellt das Gefäß auf drei Steine über ein halb erloschenes, durch die Rinde harzigen Holzes genährtes Feuer. In dem dicken, warmen Rauch sind die Aale in 5—6 Stunden geräuchert. Man schneidet sie in Stücke, würzt und begießt sie mit Öl und Essig. Später legt man die Aalstücke in folgenden Salat: Gekochte Kartoffeln, rote Rüben, Sellerie, gekochte Mohrrüben, Pfeffergurken, Salzgurken und Kapern werden gemischt, gut gewürzt und mit Öl und Essig leicht durchzogen.

Grüne Heringe mit Zwiebeln
15 Heringe, 300 Gramm Zwiebeln, 200 Gramm Butter

Die sauber vorgerichteten Heringe werden von den Köpfen, Flossen und Schwänzen befreit und leicht gesalzen. Inzwischen werden die geschälten Zwiebeln in dünne Scheiben geschnitten und einige Minuten in der auf der Pfanne siedendgemachten Butter durchgeröstet. Ein Stückchen Butter wird auf heißer Stelle zerlassen. Die Heringe werden schnell hineingetaucht, dann zu den Zwiebeln in die Pfanne gelegt, auf hellem Feuer unter fleißigem Schütteln der Kasserolle gar- und goldbraungebraten und auf erwärmter Schüssel mit den Zwiebeln und der Zwiebelbutter angerichtet. Auch einige frische Kartoffeln können dazugeschnitten werden. Das ganze Gericht ist dann in der Pfanne zu Tisch zu bringen.

Holland

Es ist wohl nicht ohne Grund, daß die Delfter Steingutindustrie so viel Wert legte auf die Herstellung von besonders großen Tellern. Diese Teller haben oft einen doppelten Boden, in deren Zwischenraum durch eine kleine Öffnung heißes Wasser zum Warmhalten der Speisen gegossen wird. Vergleicht man die Delfter Teller mit den zierlichen Sèvrestellern Frankreichs, so hat man bereits den Unterschied der respektiven Küchen vor Augen. Milch und Sahne spielen in der Küche Hollands eine große Rolle. Schwimmt, wie man sagt, im Süden alles in Öl, so schwimmt in dem wiesenreichen Holland alles in Butter. Der Holländer liebt eine kräftige, gute Fleischkost, aber auch Gemüse, das er à la naturelle abkocht, so daß es unserem Gaumen etwas fade und nüchtern schmeckt.

Linsensuppe nach holländischer Art
2 Schweinsohren, 1 Stück Schinken, 4 Liter Wasser, ½ Kilo Linsen, 1 Zwiebel, 1 Sellerie, etwas Brühe, gebackene Brotscheiben

Man richtet 2 Schweinsohren sauber zu und setzt sie mit einem Stück Schinken und 4 Liter Wasser bei. Nach dem Aufkochen stellt man den Topf beiseite. Sobald die Ohren weich, schneidet man sie in kleine Stücke, fügt ½ Kilo geweichte Linsen, 1 Zwiebel und 1 Sellerie bei. Die Linsen streicht man, sobald sie weich, durch ein Sieb, und darauf nochmals mit etwas Brühe durch ein Haarsieb und läßt sie unter Rühren aufkochen. Dann kommen sie mit den kleingeschnittenen Ohren in die Suppe zurück. Man gibt gebratene Brotscheiben dazu.

Mockturtlesuppe von braunen Bohnen
2½ Tassenkopf braune Bohnen, 2 Liter Wasser, 1 Nelke, 1 Stück spanischer Pfeffer, 1 Lorbeerblatt, 1 mittelgroße Zwiebel, 40 Gramm Butter, 30 Gramm Maizenamehl, etwas Salz

Wasche die Bohnen, weiche sie eine Nacht ein und koche sie am nächsten Tage mit den Gewürzen, der fein geschnittenen Zwiebel und dem Salz etwa 2 Stunden oder länger, bis die Bohnen fein gerieben werden können und die Suppe dicklich wird. Brate die Butter mit dem Mehl dunkelbraun und füge, stets rührend, etwas von der kochenden Suppe hinzu. Binde diese mit dem vorbereiteten Maizenamehl, gieße sie durch ein Sieb, wärme noch einmal auf und gieße dann die Suppe in die Terrine. Zur Beilage sind gebratene Brotwürfel zu empfehlen.

Graupenbrei mit Sirup
Grobe Graupen werden tüchtig gewaschen und mit Wasser, Salz und einem Stückchen Zimt fest herausgequollen, dann verquirlt man frische Buttermilch mit einem Löffel Mehl (damit sie beim Kochen nicht käsig gerinnt) und gibt nach und nach so viel davon an die Graupen, als sie aufnehmen, die, wenn vollständig weich, die Beschaffenheit von Milchreis haben müssen. Man reicht guten Sirup dazu und ißt das Gericht in der Weise, daß sich jeder auf seinem Teller in der Mitte der Graupen eine Vertiefung macht, in die der Sirup gegeben wird, der als Soße zu den Graupen gegessen wird.

Chicorée nach holländischer Art
1 Kilo Chicorée, ¾ Liter Milch oder Wasser, 15 Gramm Mehl, 25 Gramm Butter

Man reinige die Chicorée gut, indem man sie mit einem Messer abkratzt, kocht sie dann mit möglichst wenig Wasser in etwa ¾ Stunde gar und läßt sie abtropfen. Nun verrührt man das Mehl mit der gewärmten Butter und fügt langsam die ausgetropfte Chicoréebrühe hinzu. Noch wohlschmeckender wird das Gericht, wenn statt des Wassers Milch gebraucht wird. In dieser Brühe läßt man das Gemüse schließlich noch ½ Stunde langsam dämpfen. Etwas Muskat wird in der Schüssel darübergestäubt.

Sauerampfergemüse
1½ Kilo Sauerampfer, 100 Gramm Sirup, 1 Ei, 60 Gramm Korinthen

Streife den Sauerampfer ab, d. h. entnerve die Blätter, wasche sie und lasse sie in dem anhaftenden Wasser etwa 20 Minuten garkochen. Ab und zu umrühren, um das Anbrennen zu verhüten. Binde mit etwas Maizenamehl, gib den Sirup und das verquirlte Ei hinzu. Wenn gewünscht, können die vorher gut gewaschenen Korinthen mitgekocht werden.

Gedämpfter Lauch
2 Bündel Lauch, 50 Gramm Essig, 50 Gramm Salz, etwas Pfeffer, 10 Gramm Mehl, 20 Gramm Butter

Säubere den Lauch, schneide ihn in fingergliedlange Stücke und koche ihn in etwa ½ Stunde in nicht zu viel Salzwasser gar. Lasse austropfen und hebe die Brühe für die Tunke auf. Wärme die Brühe, nachdem das Gemenge von Butter, Mehl und Essig hinzugetan ist, und dämpfe das gargekochte Gemüse darin. Man kann auch vor dem Auftragen 1 geschlagenes Ei hineintun.

Gedämpfte Salatköpfe mit Hackfleisch
12 schöne Salatköpfe, ¼ Kilo Hackfleisch vom Rind, ¼ Kilo Hackfleisch vom Schwein, Pfeffer, Salz, Muskatnuß, 200 Gramm Tunkenreste (Jus)

Putze die Köpfe, wasche sie tüchtig und koche sie in kochendem Salzwasser gar. Bereite inzwischen das Hackfleisch mit den Gewürzen zu und verteile es in 12 Teile für die Köpfe, von denen der größte in die Mitte kommt. Koche den Salat vorsichtig gar. Nimm die gargekochten Köpfe aus der Pfanne und fülle sie mit dem zu Buletten geformten Fleisch. Lege dann den größeren Kopf, der so lange wie möglich in der Brühe gekocht hat, in die Mitte einer feuerfesten Backschüssel und die übrigen herum. Gieße nun die Fleischtunke darüber und streue etwas Paniermehl darauf, füge ein paar Stückchen Butter oder Fett hinzu und schiebe nun die Schüssel in den Bratofen, wo sie so lange stehenbleibt, bis sich ein hellbraunes Krüstchen bildet. Den Rest der Brühe kann man am nächsten Tage zu Gemüsesuppe verwenden.

Holländisches Fischgericht
Ungefähr 300 Gramm Schellfischreste, ½ Kilo gekochte Kartoffeln, 2—3 Eßlöffel zerlassene Butter mit etwas Wasser zur Soße verkocht, 30 Gramm Butter, ½ Zitrone

Entferne die Gräten, lege dünne Kartoffelscheiben lagenweise mit dem Fisch in eine mit Butter und Paniermehl bestrichene feuerfeste Schüssel. Jede Lage muß zuvor mit Soße befeuchtet werden; die Kartoffeln bilden die obere Lage. Darauf einige Stückchen Butter und Zitronenscheiben.

Gedämpfter Aal
¾ Kilo Aal, 50 Gramm Butter, 1 Zitrone, Salz, Paniermehl

Schneide den enthäuteten Aal in Stücke, wasche sie, reibe sie mit etwas Salz ein und lege sie in eine feuerfeste Schüssel. Gieße so viel Wasser darauf, daß der Boden bedeckt ist, und gib den Saft der Zitrone hinzu. Streue etwas Paniermehl und Butterstöckchen über den Fisch und lege 2 Scheiben Zitrone darauf. Stelle nun die Schüssel zugedeckt etwa 20 Minuten lang in den Bratofen, nimm dann den Deckel ab und lasse die Schüssel ungedeckt noch einen Augenblick im Bratofen stehen.

Holländische Jagdschüssel
¾ Kilo kalte (gekochte) Kartoffeln, 300 Gramm kaltes Fleisch, 100 Gramm Zwiebeln, 300 Gramm saure Äpfel, 30 Gramm Butter, etwas Pfeffer, Muskat, Salz, 300 Gramm magere Fleischtunke

Schneide das Fleisch, die Kartoffeln und die Äpfel in Scheiben, brate die geschnittenen Zwiebeln und die Apfelscheiben in der Butter hellbraun, aber lege etwa 6 Scheiben Zwiebel beiseite. Lege alles lagenweise in eine feuerfeste Schüssel. Bestreue nun mit Muskat, Pfeffer oder Currypulver. Die oberste Lage müssen Kartoffeln und der Rest der Zwiebeln sein. Befeuchte alles mit der Tunke, lege einige Stückchen Butter oder Fett obenauf und lasse das Gericht im Bratofen hellbraun werden.

Kalbspolet nach holländischer Art
1 Kalbsbrust, 5 Liter Wasser, Salz, 1 Portion Gemüse, zarte Selleriewurzeln, ½ Kilo Reis, 2 Handvoll Schoten, 4 Eidotter, 1 Prise Kerbel

Man teilt 1 Kalbsbrust in handgroße Stücke und setzt sie, kurz gewässert, mit 5 Liter Wasser und Salz auf. Nach dem Aufkochen und Abschäumen tut man Gemüse hinzu. Ist das Fleisch weich, so nimmt man es heraus, streift die Brühe durch eine Serviette, tut zarte Selleriewurzeln daran, darauf ½ Kilo besten Reis und läßt ihn langsam kochen. ¼ Stunde darauf kommen 4 zerschnittene Salatköpfe und 2 Handvoll Schoten dazu. Sobald der Reis weich ist, schneidet man das Fleisch und tut es in die Suppe, die man mit 4 Eidottern abzieht. Vor dem Anrichten kommt 1 Prise Kerbel in die Terrine.

Kalbspolet gedämpft
½ Kilo Kalbsbrust, 1 Liter Wasser, 7½ Gramm Salz, Muskatblüte, Saft von ½ Zitrone, 10 Gramm Maizenamehl

Wasche das Fleisch, stelle es mit dem kochenden Salzwasser und der Muskatblüte auf und lasse es auf ganz kleinem Feuer in etwa einer

Stunde gar werden. Rühre dann das mit etwas kaltem Wasser gemischte Mehl durch, füge Butter und Zitronensaft hinzu und nimm die Muskatblüte heraus. Wenn gewünscht, kann man 1 Ei (Weiß und Gelb) schlagen und vorsichtig mit der Soße verrühren. Man gibt trocken gekochten Reis dazu.

Holländisches Apfelgericht (Appelenprol)
200 Gramm trocknes Brot (ohne Kruste), 60 Gramm Butter, 1 Kilo gewöhnliche Äpfel, ¼ Liter Wasser, 100 Gramm Zucker, 1 voller Teelöffel Zimt

Schneide das Brot in dünne Schnitten und bestreiche sie mit Butter. Koche inzwischen die geschälten Äpfel zu Brei und füge 75 Gramm Zucker hinzu. Streiche nun den Apfelbrei in dicker Schicht auf die Brotschnitten und tue alles lagenweise in eine feuerfeste Schüssel, so daß die Brotseiten nach oben kommen. Auf diese wird der Rest des Zuckers mit Zimt gemischt gestreut. Die Schüssel kommt dann in den Bratofen und bleibt hier so lange, bis die obere Lage knusprig ist.

Hammelnieren nach vlämischer Art
8 Hammelnieren, 2 Eßlöffel Zwiebeln und Schnittlauch, 1 Stück Knoblauch, 12 Champignons, Pfeffer, Salz, ½ Glas Madeira, ½ Glas Gelatine, Butter

2 Eßlöffel Zwiebeln und Schnittlauch werden mit einem Stückchen Knoblauch und 12 gewiegten Champignons eingekocht und mit Pfeffer und Salz gewürzt. Dazu tut man ⅓ Glas Madeira und ebensoviel aufgelöste Gelatine, läßt die Soße aufkochen und verdickt sie mit gekneteter Butter. Man häutet 8 Hammelnieren ab, schneidet sie der Länge nach durch, brät sie in Butter und Salz weich, hebt sie, trockengeworden, heraus und tut sie in die Soße.

England

Wenn auch das britische Volk in vielem voranmarschiert, für seine Küche vermag ich mich nicht zu begeistern. Vor allem fehlt es ihr an Mannigfaltigkeit. Ihre Suppen teilen die Bewohner Albions ein in clear soups und thick soups, von denen aber sämtliche clear soups ebenso wie sämtliche thick soups sich zum Verzweifeln gleichen. Ihre Lieblingsfleischspeise sind Beefsteak, Roastbeef, Muttonchop, die allerdings ersten Ranges sind. Als süße Speisen treten die schweren Pies, das nach unserem Geschmack für Kinder berechnete Caramel-Papp oder der Plumpudding auf. Eine gewisse Fadheit kennzeichnet die gesamte englische Küche. Es ist fast, als sähe der Engländer das selbst ein und hätte, um diesem Übel abzuhelfen, die berühmte Worcestershiresoße erfunden. Wer kennt sie nicht, diese Soße, die auch auf dem geringsten Tische nicht fehlt! Sie hat einen ganz eigenartigen, penetranten Geschmack, den sie eben wieder allen den Dingen verleiht, die an und für sich nicht schmecken wollen, sei es Fisch, Geflügel oder sonst etwas.

Indische Suppe Mulligatawny
½ Huhn (oder entsprechend Kaninchenfleisch), Butter, Mehl, gute Kalbsbrühe, 2 Löffel Reis, Curry-powder, Salz, ½ Liter Sahne

½ Huhn oder entsprechend viel Kaninchenfleisch läßt man in etwas Butter weichschmoren. Darauf wäscht man das Fleisch warm ab, tut in einen Kochtopf etwas Mehl und Butter und fügt unter Rühren langsam gute Kalbsbrühe, die vorher mit Suppengrün durch ein feines Sieb gestrichen, hinzu. Wenn diese Soße ¼ Stunde gekocht hat, gibt man das Hühner- oder Kaninchenfleisch in Frikasseestücken hinein, nebst zwei tüchtigen Löffeln Reis, etwas Currypowder und Cayennepfeffer und Salz. Ist der Reis weich und alles abgeschäumt, so tut man vor dem Anrichten ½ Liter Sahne dazu.

Schottische Suppe Hotch-Potch
1½ Kilo Hammelfleisch, ½ Kilo Schoten, einige Mohrrüben, Kohlrabi, Zwiebel, Sellerie, Salz, Pfeffer

In einen Suppentopf mit 3 Liter kaltem Wasser schneidet man kleine Würfel von Hammel- oder Lammfleisch, kocht sie mit ½ Kilo Schoten, einigen Mohrrüben, Zwiebel, Sellerie, Salz und Pfeffer nach gutem Abschäumen langsam 8 Stunden. ½ Stunde vor dem Anrichten fügt man noch einige Schoten hinzu.

Gedämpftes Rinderfilet
2 Kilo Rinderfett, ¼ Kilo fetter Speck, Gewürz, Kräuter, Suppengrün, ¾ Liter Brühe aus Knochen

Das gut von Haut und Fett befreite Filet wird auf eine Lage von Speckscheiben in den Schmortopf gelegt, mit Salz bestreut, mit ¾ Liter Knochenbrühe übergossen und mit in Scheiben geschnittenem Sellerie, Mohrrüben, 1 spanischen Pfefferschote, 1 geschnittenen Essiggurke, Schalottenscheiben, etwas Estragon- und Thymiankraut, Gewürzkörnern und Muskatblüte bedeckt. Dann wird ein gut passender Deckel aufgelegt und das Fleisch auf gleichmäßigem Feuer langsam weichgedämpft. Zuletzt wird das Filet mit einer glühenden Schaufel gebräunt, die Soße entfettet, durch ein Sieb gerührt, abgeschmeckt, wenn nötig mit etwas in Wasser klargerührtem Kartoffelmehl sämig gekocht und neben dem schön in Scheiben geschnittenen Filet gereicht.

Currygerichte

1 Portion Fleischreste, 2 Löffel Mehl, 1 Löffel Currypulver, 1 Teelöffel Essig, etwas Wasser, 1 Zwiebel, 10 Gramm Butter, ¼ Liter Fleischbrühe, 1 Reisrand

Curry ist ein sehr beliebtes, aus Indien stammendes Gewürz. Folgende Gerichte werden unter dem Namen Curry vom Rind, Curry und Huhn usw. oder einfach als Curry und Reis bezeichnet. Reste von Ochsen-, Hammelfleisch oder Huhn oder harte Eier werden fein geschnitten, in Curry gelegt, den man so bebereitet: 2 Löffel Mehl, 1 Löffel Currypulver, 1 Teelöffel Essig werden mit etwas Wasser glatt verrührt. Eine gelbgebratene kleine Zwiebel, 30 Gramm Butter, ¼ Liter Fleischbrühe werden mit dem Curry unter Rühren 5 Minuten gekocht. Darauf steht die Soße 2 Stunden, ehe man das Fleisch hineinlegt und es sehr heiß darin macht, ohne es jedoch kochenzulassen. Hierzu gibt man einen Reisrand von bestem Carolinareis. Er wird gewaschen, mit viel Wasser und etwas Salz 20 Minuten lang gekocht, aber nicht z e r kocht, durchgegossen und eine Zeitlang zugedeckt auf den Herd gestellt.

Lammsteaks

1 Kilo Lammkeule, ¼ Kilo Butter, 1 Ei, geriebene Semmel, Salz, Pfeffer, Muskatnuß, Petersilie, Zitronenschale

Aus der Keule werden fingerstarke, beliebig große Steaks geschnitten, die geklopft, in zerquirltes Ei getaucht und in geriebener Semmel, die mit Salz, weißem Pfeffer, geriebener Muskatnuß, gehackter Petersilie und gehackter Zitronenschale vermischt ist, gewendet werden. Die Steaks werden in heißer Butter auf beiden Seiten zu schöner Farbe gebacken und mit gebackener Petersilie serviert. Gleicherweise können die in Ei und der beschriebenen Semmelmischung gewendeten Steaks auch auf dem mit Butter bestrichenen Rost gebraten werden. Dazu Champignonsoße, grüne Erbsen, Spargel oder gedämpfte Gurken.

Geschmorter Schellfisch

¾ Kilo Fisch, 60 Gramm Butter, 1 Mohrrübe, 1 Zwiebel, Gewürz, Cayennepfeffer, 1 Löffel Mehl, Salz

Der gut gereinigte Fisch wird aus Haut und Gräten gelöst und in nette Stücke geschnitten, die gesalzen und weggestellt werden. Die Abfälle und Gräten des Fisches werden mit 1 Liter Wasser, 1 Mohrrübe, 1 Zwiebel und einigen Pfefferkörnern ½—¾ Stunde gekocht. Die Brühe wird durch ein Sieb gerührt, mit etwas in Butter gar- und gelbgedünstetem Mehl verkocht, mit Salz und Cayennepfeffer vermischt, mit den Fischstücken zusammengetan und alles auf gelindem Feuer langsam gargedämpft. Die Fischstücke können auch für sich allein in Butter oder Speck bräunlichgebraten und dann in die Brühe zum Durchziehen gelegt werden.

Nieren- und Beefsteakpudding

½ Kilo Rinderniere, ½ Kilo Speck, Backfett, 1 Talgteig, Salz, Mehl, Pfeffer, etwas Fleischbrühe

½ Kilo Rinderniere und ½ Kilo Speck werden in feine Scheiben geschnitten und die Niere ½ Stunde in laues Wasser gelegt. Ein tiefer Napf mit Rand wird mit Fett bestrichen und mit Talgteig ausgelegt. Darauf werden die Fleischstücke mit Salz, Mehl und Pfeffer bestreut, in den Napf getan, etwas Brühe oder Wasser hinzugetan, ein Teigdeckel aufgelegt und ein weißes, mit Mehl eingestreutes Tuch fest daraufgebunden. Der Napf wird in kochendes Wasser gestellt und kocht 3 Stunden; wenn das Wasser einkocht, wird kochendes dazugegossen. Ist der Pudding gestürzt, gießt man etwas Fleischbrühe darüber.

Englischer Tipsy-Pudding

¼ Kilo Zucker, 4 ganze Eier, 2 Eidotter, Eiweiß von 3 Eiern, ¼ Kilo Butter, 125 Gramm Mehl, 1 geriebene Zitronenschale, warmer Madeira, Aprikosenmarmelade, süße Mandeln

Man bereitet Teig aus ¼ Kilo Zucker, 4 ganzen Eiern, 2 Eidottern, dem geschlagenen Eiweiß von 3 Eiern, ¼ Kilo Butter, 125 Gramm Mehl und geriebener Zitronenschale. Man schmiert eine Form mit Butter aus und bestreut sie mit Mehl, ehe man den Teig einfüllt, deckt sie zu, umwickelt die Form mit einem Tuche und läßt sie, in kochendes Wasser gestellt, 2 Stunden kochen. Darauf läßt man sie vor dem Anrichten abtropfen, stürzt den Pudding und begießt ihn mit so viel warmem Madeirawein, wie er aufsaugen kann. Dann bestreicht man ihn mit Aprikosenmarmelade und spickt ihn mit abgewällten, abgetrockneten Mandeln.

Mince-Pies

¼ Kilo gewiegte Äpfel, ¼ Kilo Korinthen, ⅛ Kilo roher Rindertalg, ¼ Kilo große Rosinen, ¼ Kilo Zucker, 125 Gramm Zitronat, die gehackte Schale einer halben Zitrone und ½ Apfelsine, ½ Teelöffel Zimt, Muskatblüte und Nelke, der Saft von 1 Zitrone und 1 Apfelsine, 1 Weinglas Kognak, Blätterteig zum Belegen der Formen

Die hier angegebenen Zutaten werden gut verrührt und ergeben dann das „Mince-Meat", das sich, in Töpfe gedrückt, monatelang hält. Hiervon füllt man kleine Pastetenformen aus Blech, belegt sie mit 1½ Zentimeter starkem Blätterteig und läßt sie ½ Stunde im Ofen backen.

Weihnachtsplumpudding

¾ Kilo Rindertalg, ¾ Kilo große Rosinen, ¾ Kilo Korinthen, 625 Gramm geriebene Semmel, ½ Kilo Zucker, ½ Kilo Zitronat, ¼ Kilo Sultanrosinen, 125 Gramm Mehl, ½ Teelöffel Muskatblüte, Nelken und Zimt, 12 Eier, 10 Tropfen Apfelsinenessenz, 2 Weingläser Kognak, Milch, Butter, brennender Kognak oder eine süße Soße.

Für 3—4 Puddings, die sich ein Jahr an trocknem Ort halten, nimmt man ¾ Kilo Rindertalg, ¾ Kilo große zerschnittene Rosinen, ¾ Kilo nach dem Waschen getrocknete Korinthen, 625 Gramm geriebene Semmel, ½ Kilo Zucker, ½ Kilo Zitronat, grob gewiegt, ¼ Kilo Sultanrosinen, 125 Gramm Mehl, 1 Teelöffel Muskatblüte, Nelken und Zimt, 12 geschlagene Eier, 10 Tropfen Apfelsinenessenz, 2 Weingläser Kognak und so viel Milch, daß es eine geschmeidige Masse wird. Gut verrührt, wird sie in mit Butter ausgestrichene Näpfe gefüllt, die einen Rand haben, um den man ein Tuch festbindet. Sie werden in kochendes Wasser gestellt und 8 Stunden gekocht. Vor dem Gebrauch wird jeder Pudding nochmals 1 bis 2 Stunden gekocht, gestürzt und mit brennendem Kognak oder einer süßen Soße angerichtet.

Roly-Poly-Pudding

1 Blätterteig, 1 Portion Aprikosen- oder Pflaumenmarmelade.

Man rollt Blätterteig 2 Zentimeter dick aus, bestreicht ihn mit Aprikosen- oder Pflaumenmarmelade, drückt den Teig an beiden Seiten an, rollt ihn in Wurstform zusammen, bindet ihn fest in ein Tuch, kocht ihn schnell 2½ Stunden und richtet ihn heiß an.

Nordamerika

Von einer „amerikanischen" Küche kann man, will man ehrlich sein, eigentlich nicht reden. Was in den Vereinigten Staaten als „amerikanisch" gilt, ist im Grunde nichts als eine recht minderwertige, degenerierte e n g l i s c h e Küche. Alle besseren Restaurants werden von europäischen Chefs geführt. Französische, italienische, deutsche und österreichische Köche sind überall bestens eingeführt. Eine Stadt wie New York rühmt sich sogar einer Zahl Restaurants allererstem Ranges. Dennoch muß ich so boshaft sein, zu bemerken, daß in einem Lande, wo die Gourmandise so gering gewertet wird, auch die Kunst des besten Koches bald bergab geht.

Stockfischbälle

½ Kilo Stockfisch, ¾ Kilo Kartoffeln, Pfeffer, Petersilie, Gewürz, 1 Ei, etwas Milch, Zwieback, Backfett (Schmalz).

Man weicht ½ Kilo Stockfisch über Nacht in kaltem Wasser, läßt den Fisch, in kaltem Wasser aufgesetzt, ½ Stunde kochen und darauf das Wasser vom Fisch abtropfen. Hierauf löst man das Fleisch von den Gräten, treibt es durch die Hackmaschine, ebenso ¾ Kilo kalte abgekochte Kartoffeln, mischt Pfeffer, Petersilie und Gewürz bei und formt aus dem Ganzen runde Bälle. 1 Ei wird mit etwas Milch angerührt, die Bälle hineingetaucht, in Zwieback gewälzt und in heißem Schmalz gebacken.

Lammfleisch mit Tomaten und Kartoffeln

1 Kilo Lammfleisch, 8 Tomaten, ¾ Kilo Kartoffeln.

Das Fleisch wird in Stücke geschnitten, diese mit kaltem Wasser und Salz auf gelindes Feuer gestellt, zum Kochen gebracht und abgeschäumt. Sie müssen ganz langsam gut dünsten, bis sie fast weich sind. Es muß gleich genug Wasser (zum Einkochen) aufgegossen werden, damit nicht zugefüllt zu werden braucht. Dann werden 6—8 große Tomaten abgerieben und in Hälften geschnitten, ungefähr ¾ Kilo Kartoffeln geschält und in Viertel geschnitten, beides zu dem Fleisch gefügt, mit Cayennepfeffer gewürzt und alles so lange gedämpft, bis die Kartoffeln die Tomaten völlig verkocht sind und die Soße dadurch sämig geworden ist. Das Gericht wird abgeschmeckt und in erwärmter Schüssel angerichtet.

Schweinefleisch mit Äpfeln

¾ Kilo Schweinefleisch aus Kamm oder Keule, ½ Kilo säuerliche große Äpfel, 125 Gramm Butter.

Das Fleisch wird in gleichmäßige runde Scheiben geschnitten und schwach gesalzen. Die Äpfel werden sauber mit einem weichen Tuch abgerieben und mit der Schale in fingerstarke Scheiben geschnitten. Die Butter wird gelb gemacht, die Fleischscheiben darin auf beiden Seiten angebraten, die Apfelscheiben dazugelegt und beides zusammen noch ein Weilchen gebraten, bis das Fleisch gar ist. Die Apfelscheiben sollen nicht zerfallen. Das Fleisch wird nebst Äpfeln und Bratbutter in einer Schüssel angerichtet.

Hummer

1 Hummer, 7 Tomaten, 100 Gramm Butter, ¼ Liter Weißwein, 5—6 Schalotten, ½ Liter braune Grundsoße, 1 Prise Cayennepfeffer.

Der Hummer wird in Salzwasser gargekocht, gespalten, aus den Schalen gelöst, in Scheiben und Würfel geschnitten und beiseite gestellt. 5—6 kleine geriebene oder feingehackte Schalotten werden in der zerlassenen Butter gedünstet, 15 Minuten unter fortgesetztem Rühren mit dem Weißwein verkocht und mit den gut abgeriebenen, durch ein Sieb gerührten Tomaten vermischt. Dann wird entweder ½ Liter braune Grundsoße oder eine dunkle Mehleinbrenne dazugefügt, die Soße ein Weilchen unter fleißigem Umrühren eingekocht, durch ein Sieb gestrichen, mit einer Prise Cayennepfeffer gewürzt und die Hummerstücke noch 10 bis 15 Minuten darin durchgeschmort. Das Gericht muß sorgfältig abgeschmeckt werden.

Rußland

Wenn es eine Küche gibt, die sich von französischem Einfluß frei halten konnte, so ist es die russische, und ich möchte die Küche des alten Russenreiches — trotz des universellen Lobes der französischen — als die schmackhafteste Küche Europas hinstellen. Ihre Eigentümlichkeiten aufzuzählen, würde hier zu weit führen. Genannt sei nur die „Sakuska", die Vortafel, die zur Anregung des Appetits dienen soll. Sie enthält kleine Leckerbissen, Kaviar, der löffelweis genossen wird, verschiedene Fischrogen, dutzenderlei Fischstückchen, Käsesorten und so weiter, dazu Wodka oder andere Spirituosen. Die Tafel selbst beginnt gewöhnlich mit einer der kräftigen nationalen Suppen, Borscht oder Schtschi, an denen der Westeuropäer sich bald „über" ißt.

Russische Sauerkrautsuppe

2—3 Kilo Rindfleisch, Butter, Mehl, 1 Portion Sauerkraut, Pfeffer, Sahne

Von einem beliebigen Stück Rindfleisch von 2—3 Kilo Gewicht, das man auch teilweise durch ein Stück Schinken ersetzen kann, wird eine hinreichende Menge Fleischbrühe gekocht. Darauf läßt man reichlich Butter mit so viel Mehl, als nötig ist, die Suppe zu binden, gelblich werden und rührt es nach dem Herausnehmen des Fleisches hinzu. Dann wird etwas weichgekochtes, gutes, kleingehacktes Sauerkraut nebst Pfeffer hinzugefügt, gut durchgekocht, die Suppe mit etwas dicker Sahne abgerührt und mit dem in kleine Stücke zerschnittenen Fleisch angerichtet. Die Suppe muß ganz sämig sein. In Rußland reicht man stets gebackene Buchweizengrütze (Kascha) dazu.

Borscht

½ Kilo Rinderbrust, 1 Portion Gemüse, 1 Stück Speck, rohe rote Rüben, Zwiebel, Sellerie, roter Rübensaft, 3—4 Löffel saure Sahne, 1 Prise gehackter Fenchel

Man setzt ein Stück Rinderbrust, Gemüse und ein Stück Speck bei. Wenn das Fleisch weich ist, brät man geweigte rohe rote Rüben, Zwiebel und Sellerie auf mäßigem Feuer, salzt, gibt die Brühe durch ein Sieb über das Gemüse — worunter ¼ Weißkohlkopf —, würzt alles und läßt es langsam kochen. Fleisch und Speck kommen würfelig geschnitten hinein. Vor dem Anrichten verdickt man roten Rübensaft mit 3—4 Löffel saurer Sahne und tut sie mit einer Prise gehacktem Fenchel hinzu.

Borscht auf ukrainische Art

1—1½ Kilo rote Rüben werden geschält, geschnitten und in Wasser gekocht. Einige Zwiebeln, etwas Weißkohl, Reis oder Buchweizengrütze, Kartoffeln und etwas Fleisch, vielleicht auch kleine Knochen, werden hinzugegeben und so lange gekocht, bis alles weich ist. Dann wird ein wenig Essig oder Zitronensaft und Zucker, je nach Geschmack, beigegeben. Zum Schluß wird vor dem Auftragen saure Sahne hinzugefügt.

Hausen

Ein oder mehrere schöne Fischstücke, 50 Gramm fetter Speck, Salz, Pfeffer, Ingwer, englisches Gewürz, 100 Gramm Butter, 1 Portion rohe Kartoffeln, ½ Liter saure Sahne, Senf, Kapern, Zitronenscheiben

Ein schönes Fischstück oder deren mehrere werden nach sorgfältigem Reinigen mit dünnen Speckstreifen gespickt, die vorher in Salz, gestoßenem Pfeffer, Ingwer und englischem Gewürz gewendet worden sind, mit Salz und gestoßenem Gewürz bestreut, in eine Pfanne mit zerlassener Butter gelegt und unter fleißigem Begießen recht braun- und gargebraten. Es werden auch einige große geschälte rohe Kartoffeln mit hineingelegt und mitgebraten. Ehe der Fisch vollends gar ist, wird noch ½ Liter saure Sahne dazugefüllt. Wenn diese ein wenig eingebraten ist, wird der Fisch vorsichtig herausgenommen, die Soße abgeschmeckt, mit etwas Senf, Kapern und Zitronenscheiben verkocht und über den Fisch gefüllt.

Wariniki (ukrainisch)

Ein Weizenmehlteig wird gerollt und zu Vierecken geschnitten. Dann wird folgende Füllung bereitet. Weißer Käse wird mit Ei verrührt, oder (nach anderer Art) Buchweizengrütze wird gekocht, Zwiebeln werden gelbgeschwitzt und Gänsegrieben oder gewiegtes Fleisch werden zu einer Farce bereitet, auch kann (nach dritter Art) fein gehackte Leber verwendet werden. Die Teigvierecke werden nun mit der Farce belegt und dann taschenartig zusammengeklappt. Das Ganze wird in Wasser gekocht und mit zerlassener Butter angerichtet.

Lachs mit Gemüse

1 Kilo Lachs, Gewürz, Zwiebeln, 10—12 Mohrrüben, ⅛ Liter süße Sahne, 1 Stück Butter, Salz, 1 Löffel Mehl, Petersilie

Der Lachs wird nach dem Reinigen mit Salz, etwas Gewürz und Zwiebelscheiben bestreut und 1—2 Stunden beiseite gestellt. Inzwischen werden ungefähr 10—12 zarte mittelgroße Mohrrüben geputzt, in Stifte geschnitten und in Wasser mit etwas Butter und Salz halbweichgekocht. Dann wird der Fisch abgetrocknet, in kleine Stücke zerschnitten, zu den Mohrrüben getan, etwa 15 Minuten leise damit gekocht. Die mit etwas feinem Mehl verquirlte Sahne und etwas gehackte Petersilie werden dazugegeben, alles ein Weilchen noch verkocht, das Gericht mit Salz abgeschmeckt und in erwärmter Schüssel angerichtet.

Haluktschi (ukrainisch)

Kohlblätter werden abgekocht, mit einer Farce von gewiegtem Fleisch, Reis, saurer Sahne und Tomaten gefüllt, zusammengebunden und aufgekocht.

Polen

bildet ein Verbindungsglied zwischen der deutschen und der russischen Küche.

Srajzy

90 Gramm Buchweizengrütze, Salz, Butter, Brühe, 3—4 Teelöffel Gewürzkörner, ½ Kilo Filet, Zwiebel, Weißwein, Petersilie

90 Gramm Buchweizengrütze werden zu fester Masse mit Salz, Butter und Brühe weichgekocht und mit einigen Teelöffeln feiner Gewürzkräuter vermischt. Man schneidet ½ Kilo Filet in zwei Streifen und füllt die Grütze darauf, schneidet davon 5 Zentimeter breite Stücke, die man umbindet. Diese tut man mit Butter und zerhackter Zwiebel in eine Kasserolle und läßt sie langsam schmoren — mit Glut auf dem Deckel — bis das Fleisch weich ist. In die Soße tut man etwas Brühe und Weißwein und läßt sie einkochen, bis sie sämig ist. Dann streicht man sie durch ein Sieb, fügt gehackte Petersilie hinzu und gießt sie über das Fleisch.

Weihnachtskarpfen

1 lebender Karpfen, Zwiebeln, Petersilienwurzel, frische Petersilie, Salz, Thymian, 1 Lorbeerblatt, Pfeffer, Nelken, Weißwein, Met, Butter, 2 Zitronen, 1 Handvoll süße Mandeln

Man stößt einem lebenden Karpfen ein Messer in den Kopf, läßt ihn ausbluten, bewahrt das Blut, schuppt und reinigt ihn. Seine Milch wird in Wasser und Essig überwällt. Darauf zerteilt man den Fisch in Stücke, tut sie mit zerschnittenen Zwiebeln, Petersilienwurzel, Salz, grüner Petersilie, Thymian, 1 Lorbeerblatt, Pfeffer, Nelken in eine Mischung von Weißwein und Met und läßt sie 10 Minuten lang stark kochen. Dann läßt man die Karpfenstücke so lange langsam ziehen, bis sie weich sind. Darauf gießt man die Brühe durch ein Sieb in einen anderen Topf, schäumt sie beim Aufkochen ab und tut Butter daran, läßt sie 15 Minuten lang kochen und streicht sie durch ein Sieb. Jetzt tut man die Fischscheiben, 2 Zitronen, eine Handvoll gewiegte süße Mandeln, die in Weißwein gekocht sind, dazu, läßt die Soße zweimal aufkochen, verdickt sie mit dem aufgehobenen Blut und etwas Essig und schüttet sie über den Karpfen, dessen Milch man mitanrichtet.

Hecht

1 Hecht, 1 Julienne, 1 Zwiebel, Weißwein, Butter, 2 Handvoll Nudeln, Petersilie

Man reinigt und häutet einen schönen Flußhecht und schneidet ihn in dicke Stücke. Hierauf wällt man Mohrrüben, Sellerie und Petersilienwurzel und wiegt eine Julienne daraus. 1 feingewiegte Zwiebel brät man hellbraun, tut die Fischstücke dazu, würzt sie, brät sie 10 Minuten und bedeckt sie mit Weißwein. Beim Aufkochen tut man die Julienne hinzu, kocht die Soße auf die Hälfte ein, verdickt sie mit gekneteter Butter und tut 2 Handvoll Nudeln hinein, die in Salzwasser gekocht und fein gewiegt werden. 5 Minuten darauf hebt man die Fischstücke heraus, richtet sie ohne den Kopf an, tut noch etwas Butter und fein gehackte Petersilie in die Soße und gießt sie über den Fisch.

Dampfnudeln

¾ Kilo Dampfnudelteig, Apfelmarmelade, Rum, Butter, Zucker

Man läßt ¾ Kilo Dampfnudelteig hochgehen und bearbeitet ihn minutenlang auf einem mehlbestreuten Tische. Dann rollt man ihn aus und sticht Teigplatten davon. Auf jede tut man Apfelmarmelade mit Rum gemischt und wickelt sie in Teig ein. Jetzt tut man die Dampfnudeln in eine mit Butter ausgeschmierte Pfanne und läßt den Teig darin ¾ Stunde lang gehen, bestreicht die Nudeln mit geschmolzener Butter und backt sie in mäßig heißem Ofen. Vor dem Anrichten werden sie mit Zucker bestreut.

Spanisch-Amerika

Es ist die von Mexiko südwärts über Zentral- und ganz Südamerika verbreitete Küche. Aus der spanischen entstanden, zeigt sie doch eine Menge Eigentümlichkeiten, die wieder von Land zu Land variieren. Mit „pikant" kennzeichnen wir die Küche der Kreolen am besten. Daß sie spanischen Pfeffer und Knoblauch vollauf würdigt, kann man sich denken. Zahlreiche Gerichte erfreuen sich großer Beliebtheit im Kreise der landesansässigen Fremden. Als Besonderheit erwähne ich nur die braunen Bohnen (frijoles), ohne die in Mexiko keine Mahlzeit schließt. Dieselben Bohnen, die mit Tapiokamehl bestreut, als feijaõ com farinha auch bei keiner brasilianischen Mahlzeit fehlen. Tapiokamehl ist übrigens in Brasilien so beliebt, daß man es häufig über alle möglichen Gerichte, Suppen, Fleischspeisen, Gemüse, Süßigkeiten usw. schüttet. Übrigens müssen wir die brasilianische Küche als eine talentvolle Tochter der portugiesischen ansehen. Die Küche Venezuelas allein hat mir niemals gemundet, besonders weil es hier Brauch ist, jedem Gericht, was es auch sei, das Ajikraut, an dessen üblen Geschmack sich der Europäer schwer gewöhnt, beizufügen.

Chili con carne (mexikanisch)

½ Kilo Fleisch, 125 Gramm Zwiebeln, Schmalz, 1 Gramm Chilipfeffer, ¾ Kilo Bohnen, Salz, Pfeffer, Nelken, 1 Eßlöffel gebrannter Zucker

½ Kilo kaltes, abgekochtes Fleisch wird in Würfel geschnitten; dazu 125 Gramm fein gewiegte Zwiebeln gemischt. In einer Pfanne wird Schmalz siedend gemacht, darin Fleisch und Zwiebeln braungebraten. Dazu kommt 1 Gramm gestoßener Chilipfeffer. Nun läßt man alles 1 Stunde schmoren. ¾ Kilo kalte, abgekochte Bohnen werden durch die Hackmaschine getrieben, mit dem anderen vermischt, ½ Stunde geschmort, darauf mit Salz, Pfeffer und Nelken gewürzt. Nun fügt man 1 Eßlöffel gebrannten Zucker hinzu und läßt es weitere 20 Minuten kochen.

Casuela chilena

1 Kilo Hammelfleisch (oder 1 Huhn), Rinderfett (oder Butter), 1 Serie Gemüse und Gewürz, 2 Eidotter, Petersilie, etwas Milch, Fleischbrühe

Diese berühmte Nationalsuppe der Chilenen, die Königin aller Suppen, wird folgendermaßen bereitet: Man zerschneidet mageres zartes Hammelfleisch oder besser ein Brathuhn, roh, in mäßige Stücke, Hals, Leber, Magen beigefügt und alles mit Rinderfett angebraten. Es kann statt Fett auch Butter genommen werden. Sobald sich die rohen Stücke blondfärben, tut man folgendes darüber: 1 kleine Teetasse rohen Reis, 6 geschälte, unzerschnittene, rohe Kartoffeln, 3 Eßlöffel frische oder eingemachte Schoten, 3 Eßlöffel frische oder eingemachte Bohnen, 4—5 Stückchen Blumenkohl, 4—5 Stückchen Sellerie, 1 süße Zwiebel in so feinen Scheiben, daß man beim Schneiden das Messer hindurchschimmern sieht. Einige Karotten und Tomaten, wenn möglich auch einige frische Maiskörner und je nach Geschmack Salz und etwas Knoblauch. Nun gießt man über das Ganze kochendes Wasser, je nach Größe des Huhns für 6—10 Teller, läßt es zugedeckt einmal aufkochen und darauf 3 Stunden langsam ziehen. Vor dem Anrichten vermischt man in der Suppenterrine 2 Eidotter mit gehackter Petersilie und ganz wenig Milch. Nun gießt man ein wenig Fleischbrühe, dann etwas Gemüse und so das Ganze unter Umrühren hinzu.

Tamales (mexikanisch)

1 Kilo fettes Schweinefleisch (oder Pute oder Huhn), ¼ Kilo Maismehl, 1 Prise Chilipfeffer, Salz, roter Farbstoff, Bananen- oder Maisstaudenblätter

Maismehl wird zu einem dicken Brei gekocht, fettes Schweinefleisch in ganz kleine Stückchen geschnitten und daruntergemengt; statt Schweinefleisch kann man auch Putenfleisch oder Huhn gebrauchen. Dann würze man mit spanischem Pfeffer (Chili) und Salz und verwende einen neutralen Stoff, um die Masse schön rot zu färben. (In Mexiko verwendet man für diesen Zweck die Ajontafrucht.) Dann wickle man portionenweise die Masse in Bananen- oder Maisstaudenblätter zu länglich-ovaler Form, binde sie mit dünnen Fäden und koche sie in Wasser.

Südafrika und Australien

Die englische Küche Südafrikas ist natürlich durchaus ähnlich der Küche des Mutterlandes, nur daß sie an Gemüsen sehr knapp ist und daß unter den Fleischgerichten Hammel (Mutton chop) eine große Rolle spielt. Australien ist besonders reich an vortrefflichen Fischen.

Asien

Den Indiern verdanken die Engländer das **Currygewürz**, das, mit Reis und Fleisch gekocht und mit Zutaten gegessen, unter denen Chutney und Bombay Duck (ein getrockneter Fisch) nie fehlen sollten, unter dem Namen Curry and Rice weit bekanntgeworden ist. Curry und andere Würzen sind auch die wichtigsten Bestandteile der sogenannten „Reistafel", die der Holländer in seinen Kolonien zu genießen liebt. Zu einer solchen Reistafel gehören außer dem Reis, der stets die Masse bildet (etwa einen halben Teller füllend), mindestens noch ½ Dutzend jener Würzen, von denen man sich ¼ bis ½ Teelöffels bedient, ferner ½ Entenei (hart gekocht), mehrere Stück Geflügel, in Würzen gekochte Fleischstücke, gedörrte, geräucherte oder gebratene Stücke Fisch, verschiedene Sorten von Gemüsen. Bei besonders festlichen Tafeln erreichen die Beitaten die Zahl 50 und darüber. Man benutzt für den Reis mit den Würzen, würzigen Soßen und anderen Beitaten kleineren Umfangs den großen holländischen Teller, während die größeren Beilagen auf Nebenteller gelegt werden. Nur der Reis ist heiß, die Beilagen sämtlich kalt. In dem großen Teller wird alles durcheinandergerührt und mit dem Löffel gegessen.

Von der Krausheit der **chinesischen Küche** hat wohl schon jeder gehört. In der Tat verspeist der Chinese jedes Gewürm, das da kreucht und fleucht, ebenso jede Art Gewächs in entsprechender Zubereitung. Begnügt sich der Kuli mit ein wenig Reis und halbfaulem Fisch, so vertilgt der vornehme chinesische Kaufherr endlose Gänge bei Gastmählern, die viele Stunden dauern und ein Vermögen kosten; wenigstens gelten 100 Mark für ein Kuvert noch nicht als hoher Preis. Solch ein Gastmahl fängt mit mehreren Suppen an, unter denen die aus indischen Vogelnestern und die Suppe aus Haifischflossen nie fehlen dürfen. Auch faule Eier gehören unbedingt zu einem besseren chinesischen Mahl. Diese Eier, die als Börsenwert gehandelt werden, werden monatelang unter der Erde vergraben. Das Weiße wird dann pechschwarz, das Gelbe dunkelorangenfarbig und der Geruch ist — eben der von faulen Eiern. Auf der Zunge jedoch nimmt solch ein Stückchen Ei den Wohlgeschmack des zartesten Käses an. Man legt sich minimale Portionen von jedem Gericht auf winzige Teller und speist mit zwei Stäbchen (aus Holz oder besser Elfenbein), die der Chinese mit großem Geschick zwischen Daumen und Mittelfinger der rechten Hand zu balancieren weiß. Über jedes Gericht wird eine (und zwar stets dieselbe lauwarme) Soße gegossen. Ein warmer Wein wird zu der Mahlzeit getrunken, neuerdings jedoch viel französischer Champagner.

Unleugbar hat die **japanische Küche** eine gewisse Verwandtschaft mit der chinesischen. Sie ist aber total degeneriert und spottschlecht. Charakteristisch sind die halbroh gegessenen Fische. Das einzige Gericht, das mir an der japanischen Tafel trefflich mundete, waren Stücke delikater, junger Aale, die ausnahmsweise gut durchgeschmort waren. Daß das sonst so erfinderische Volk Nippons keine rühmenswerte Küche hervorgebracht hat, darf uns nicht wundern, denn der Japaner besitzt keine Zunge. Das allergewöhnlichste Unterscheidungsvermögen in Geschmacksdingen geht ihm ab.

Bunt ist schließlich das Essen im ganzen asiatischen Weltteil. O. E. Ehlers erzählt von den Völkern in Laos (im nördlichen Siam): „Als Leckerbissen gelten ihnen Larven von abgesponnenen Seidenkokons, Ameiseneier, gekochte weiße Ameisen, gewisse Wasserinsekten, jede Art Schnecken, Pilze, getrocknete Fische; besonders beliebt ist gebackene Büffelhaut, die in lange Streifen geschnitten ist."

Einfacher sind die Gerichte in Zentralasien. Den **Turkmenen** gilt Maismehl mit Öl als Lieblingsgericht, ferner ein Gemisch aus gestoßenem Weizen und saurer Milch (Kumys), das Yarma genannt wird. In **Persien** liebt man wieder die möglichst natürlich zubereiteten, am Spieße gebratenen Lammfleischgerichte, die sich übrigens schon im näheren

Orient finden. Von der Küche der afrikanischen Völker seien nur als bekannteste Gerichte erwähnt: das aus Kaffeehirse hergestellte Gebäck, ebenso eine Art Brot aus gedörrten und zerriebenen Heuschrecken.

Persisches Kebab

1 Hammelende, 1 Portion Hammelschwanzfett, 1 Zwiebel, Saft einiger Zitronen, frische Pfefferminze, Basilienkraut, Lorbeerblätter, Sellerieschleiben

Das in Würfel geschnittene Fleisch einer Hammelende legt man mit einer gleichen Masse in dicke Scheiben geschnittenen Hammelschwanzfettes in einen irdenen Topf, tut zerhackte Zwiebel und den Saft einiger Zitronen dazu und läßt es einige Stunden ziehen. Dann spickt man die Fleischwürfel mit dem Fett abwechselnd mit frischer Pfefferminze, Basilienkraut und Lorbeerblättern. Man brät das Fleisch auf neapolitanische Art und serviert es mit Selleriescheiben auf einer heißen Schüssel.

Hammelragout (ägyptisches)

Das Fleisch einer Hammelkeule, Salz, Pfeffer, Gewürze, 1 Glas Essig, 300 Gramm durchwachsener Speck, Schnittlauch, 2 Lorbeerblätter, 3—4 Löffel Tomatensoße, Reis

Von einer Hammelkeule löst man das Fleisch ab, zerschneidet es würfelförmig, würzt es in einer Schüssel mit Salz, Pfeffer und Gewürzen, gießt 1 Glas Essig darüber und läßt alles einige Stunden kalt ziehen. 5 Stunden vor dem Auftragen läßt man das Fleisch abtropfen. Man wiegt 300 Gramm durchwachsenen Speck, fügt ihn geschmolzen zu dem Fleisch und läßt es 20 Minuten schmoren. Dann fügt man etwas von der marinierten Brühe, einige Prisen Schnittlauch und 2 Lorbeerblätter hinzu und läßt das Fleisch, mit einem Papier und einem Teller bedeckt, weichschmoren. Darauf hebt man es aus der Brühe, fügt zu dieser einige Löffelvoll Tomatensoße, kocht sie nochmals auf und gießt sie über das Fleisch. Dazu serviert man Reis.

Gebackener Reis (niederländisch-indische Art)

½ Kilo gekochter Reis, 5—6 große, geschnittene Zwiebeln, 2 Löffel Butter, 3 Teelöffel geriebener spanischer Pfeffer oder Sambal belit (s. am Schluß des Kapitels), Salz, kleine Fleischreste oder Schinken, 2 Eier, aus denen ein Omelett gemacht wird

Man brätet zunächst die Zwiebeln in Butter und etwas Salz gelb, fügt dann den spanischen Pfeffer hinzu und läßt alles 10 Minuten schmoren. Dann kommt das Fleisch hinzu. Nun gut rühren und mit dem Reis, stets rührend, vermischen. Das Gericht wird zum Schluß auf nicht zu großem Feuer ungefähr 10 Minuten gebacken. Das Omelett wird, in Stücke geschnitten, auf den fertigen Reis gelegt.

Lammfleisch (indisch, Mutton Curry)

½ Kilo Lammschnitten, 4—5 Stück Knoblauch, 1½ volle Eßlöffel Currypulver, 1½ Eßlöffel Zitronensaft, 2 Löffel fein geschnittene Zwiebeln, Fleischbrühe und etwas Butter

Die Fleischschnitten werden mit Salz eingerieben. Der Curry wird mit den Zwiebeln und dem Knoblauch, die vorher fein gerieben sind, vermengt und dann das Fleisch damit gehörig eingerieben. Dann wird dieses in der Butter auf beiden Seiten hellbraungebraten und beim Anrichten der Zitronensaft darübergeschüttet. Wenn Soße gewünscht wird, so gießt man etwas Fleischbrühe darüber und läßt das Fleisch noch ein wenig darin dämpfen.

Sesaté Lombok (malaiisches Gericht)

¼—½ Kilo Kalbshackfleisch, 1 Eßlöffel Currypulver, 1 Teelöffel Salz, 3 Eßlöffel fein geschnittene Zwiebeln, 2 Stück Knoblauch, 1 Ei, 1 Stückchen eingeweichtes Brot, 10 Stück ausgekernte spanische Pfefferschoten, etwas geschlagenes Eiweiß, Butter oder Öl

Man vermenge gut den Curry mit dem Knoblauch, den Zwiebeln, dem Salz, Ei und Brot und rühre alles mit dem Hackfleisch durcheinander. Nun füllt man die Mengung in die spanischen Pfefferhülsen, bestreicht sie (d. h. die Mengung) nachträglich noch mit dem Eiweiß und backt sie in heißer Butter oder in Öl hellbraun.

Garnelen (indisch, Shrimps Curry)

250—375 Gramm gekochte Garnele, 3 Eßlöffel fein geschnittene Zwiebeln, spanischer Pfeffer, 1 Eßlöffel Zucker, 1—2 Tassen Milch, Salz, etwas Tamarindenwasser, Butter oder Öl

Die Gewürze werden zerrieben, vermengt und in Butter oder Öl geschmort. Dann wird die Garnele mit dem Tamarindenwasser dazugegeben und gerührt. Danach fügt man die Milch hinzu. Man kocht nun so lange, bis das Öl hervorkommt.

Hühnerfilets (Java)

5—6 Schwalbennester, 1 Portion Hühnerbrühe, 1 Portion Hühnerfilets, Salz, Currypulver, Butter, Veloutésoße, 1 Prise Cayennepfeffer, 1 Fleischfarce

Man läßt 5 oder 6 Schwalbennester in Wasser weichen, nachdem sie gereinigt sind, und kocht sie in Hühnerbrühe weich. Nun bereitet man Hühnerfilets wie gewöhnlich zu, bestreut sie mit Salz und Currypulver, tut sie in eine Pfanne mit geklärter Butter und wendet sie bei schnellem Braten um. Man läßt sie abtropfen, tut sie zurück in die Pfanne, zieht diese beiseite, wälzt die Filets in Veloutésoße, fügt eine Prise Cayennepfeffer hinzu und richtet sie auf Fleischfarce an. Die Schwalbennester nimmt man aus der Brühe, läßt sie abtropfen, würzt sie, legt sie in eine Pfanne, verdickt sie mit einem Löffel Soße, legt sie in die Mitte der Filets, begießt diese mit Soße und serviert den Rest in einer Sauciere.

Boedjak manis (javanische Tunke)

8 spanische Pfeffer, 1 Stückchen Javazucker oder 1 Eß=
löffel brauner Zucker, ¾ Löffel Tamarindenwasser
(oder Essig), Salz, ¾ Teelöffel Soja

Alle Gewürze werden fein zerrieben, und so viel Wasser wird hinzugetan, bis die Masse breiig wird. Diese sehr pikante Tunke wird am liebsten zu rohem Obst oder auch zu gekochtem Gemüse verwendet.

NB. Von den hier oben mit indisch=javanischen Gerichten genannten Ingredienzien ist Currypulver heute fast in jeder besseren Delikatessenhandlung zu erhalten. Die übrigen, wie Sambal belik, Soja, ebenso braune Bohnen, sind in den deutschen Kolonialgeschäften zu haben, außerdem aus holländischen Delikateß=geschäften leicht zu beziehen.

Le Souper fin Kupferstich von Helman nach J. M. Moreau

Die moderne Geselligkeit

Zu einer schönen Häuslichkeit gehört ein anregender Verkehr. Sind die ersten Wochen der jungen Ehe vorüber, in denen jeder Dritte als Störung empfunden wurde, so hegen beide Ehegatten den Wunsch, ihre Freunde an ihrem Glück teilnehmen zu lassen, sich ihnen in ihrer neuen Würde als Hausherr und Hausfrau zu zeigen.

Ist die junge Frau nicht schon aus ihrem Elternhause rege Geselligkeit gewohnt, so mag sie wohl mit einigem Bangen dem Tag entgegensehen, an dem sie zum erstenmal eine größere Anzahl von Gästen im eigenen Heim aufnehmen soll. Wenn sie auch noch so gut zu kochen und das Hauswesen wie am Schnürchen zu leiten versteht, ganz unberechtigt ist dieser Zweifel an der eigenen Tüchtigkeit nicht.

Jeder Empfang von Gästen, außer in Haushalten mit großem Personal und ebenso großem Geldbeutel, stellt an Kopf und Hände der Hausfrau große Ansprüche. Fleiß und

Pünktlichkeit, Kochtalent und Ordnung — unerläßlich in jeder guten Wirtschaft — genügen hier nicht allein. Jetzt ist das Wichtigste die kluge Voraussicht und Einteilung, Einteilung der für den Zweck zur Verfügung stehenden Mittel, der Zeit und der Arbeit und nicht zuletzt der eigenen Arbeitskraft, damit die Wirtin nicht im letzten Augenblick, wenn der erste Gast schon an der Tür klingelt, aus der Küche stürzt und die Puderquaste noch schnell die Spuren des Herdfeuers tilgen muß. Das liebenswürdige Begrüßungslächeln kann nicht natürlich wirken, wenn die Gastgeberin, körperlich und seelisch abgehetzt, den Gast willkommen heißt.

In der letzten halben Stunde vor dem „Einzug der Gäste" darf für die Hausfrau keine wirkliche Arbeit mehr zu tun sein. Das zu erreichen, ist Sache der richtigen Einteilung. Die Hausfrau muß sich einen Plan machen, nach dem sie ihre Vorbereitungen trifft. Hierbei wollen wir ihr jetzt ratend zur Seite stehen und die Möglichkeiten und Aufgaben besprechen, die sich für eine Frau aus gastlichen Pflichten aller Art ergeben.

Wie bewirte ich meine Gäste?

Mindestens acht Tage vorher müssen wir uns entscheiden, welche Form wir unserer Geselligkeit geben wollen. Das hängt in erster Linie von dem Anlaß zu der Festlichkeit und von unseren Verpflichtungen ab. Dann spricht aber auch die Jahreszeit ein Wörtchen mit. Es wird niemandem einfallen, etwa im Mai zu Rebhühnern oder im Dezember zu einer Maibowle einzuladen.

Am zweckmäßigsten erscheint es, zunächst einmal die verschiedenen Gesellschaftsformen durchzugehen und die dabei übliche Speisenfolge zu besprechen.

Die am häufigsten angewandte Form der Geselligkeit ist

das warme Abendessen,

schon weil das Berufsleben in der Regel nur die Abendstunden zur Entspannung und Erholung frei läßt. Sodann kann man das Abendessen am leichtesten in jedem beliebigen Rahmen gestalten, von bescheidener bis zu anspruchsvollster Aufmachung. Gewöhnlich reicht man eine Suppe in Tassen, dann einen Fisch, Braten mit Gemüsen, Süßspeise, Butter und Käse. Will man nicht so viel Geld ausgeben, so genügt beispielsweise als Vorspeise ein Heringssalat, dem Braten mit Gemüsen und Kompott und eine Käseschüssel folgen.

Hat man Gäste zum

Frühstück

eingeladen, was zur Feier von Jubiläen, aus geschäftlichen Anlässen, als Abschiedsessen und bei dergleichen Ereignissen der Fall sein kann, so reicht man zunächst einige pikante Vorspeisen, dann ein Omelett mit Kräuter-, Gemüse- oder Pilzfülle, darauf einen Fleischgang, etwa Kotelette oder Steaks mit Gemüsen und Kartoffeln. Dann Käse und Kaffee. Eine Süßspeise ist nicht nötig.

Das festliche

Mittagessen

umfaßt je nach Geschmack folgende Gänge: Vorspeisen, Suppe, Fisch, Hauptbraten, Geflügel oder Wild, Süßspeise oder Eis, Käsegebäck.

Bei den Familienfesten sind wir an bestimmte traditionelle Vorschriften bezüglich Einladung, Tischordnung usw. gebunden. Zu einer

Hochzeit

soll die Einladung drei bis vier Wochen vorher ergehen, der späteste Termin ist zwei

Wochen vor dem Hochzeitstage. Man bedient sich gedruckter Einladungen. Meist findet die Trauung im Gotteshause, das Essen in einem Festsaal statt. Es kann aber bei großen Räumen auch beides im Hause veranstaltet werden. Dann muß ein Zimmer zur Kapelle umgewandelt, ein Altar aufgebaut werden (der Kirchendiener liefert auf Wunsch die Kirchengeräte), ein Harmonium geliehen und das Zimmer mit hohen, grünen Blattpflanzen dekoriert werden. Blühende, jedoch nicht zu stark duftende Topfgewächse ein und derselben Art geben dem Raum eine freudige Note.

Die Tischordnung zur Hochzeit ist feststehend. Rechts und links vom Brautpaar sitzen, falls die Eltern noch leben, diese als die nächsten Verwandten, und zwar so, daß an der Seite der Braut die Verwandtschaft des Bräutigams, an der Seite des Bräutigams die der Braut sitzt. Die nächsten Blutsverwandten reihen sich rechts und links an. Die Ehrentafel ist in der Mitte, die Jugend wird an die Enden verteilt. Kinder erhalten einen besonderen Tisch. Alle Reden, Aufführungen usw. sind bei dem Festordner, der gewöhnlich ein naher Verwandter ist, anzumelden. Es folgen etwa auf den Toast aufs Brautpaar der auf die Familie der Braut, auf die Familie des Bräutigams, der Damentoast. Während der Reden und Vorträge darf nicht serviert werden.

Das Festessen setzt sich ungefähr, wie folgt, zusammen: Vorspeise, Suppe, Fisch, Geflügel, Süßspeise, Butter und Käse. Zur Suppe reicht man einen Süßwein, eventuell zur Vorspeise weißen Bordeaux, später Rhein=, Mosel= und Rotwein, schließlich Sekt. Nach Tisch werden Kaffee, Zigarren, Zigaretten und Liköre angeboten, später Selters, Limonaden, belegte Brötchen und Bier. Natürlich können Gänge hinzugefügt oder fortgelassen werden. Es genügen auch zwei gute Tischweine, auf die später der Sekt folgt.

Bei

Verlobungen,

zu denen besonders eingeladen wird, gewöhnlich um die beiderseitigen Familien miteinander bekannt zu machen, reicht man ein kleines Abendbrot oder kaltes Buffet, je nach der Zahl der Gäste und der Größe der Räumlichkeiten.

Einen

Polterabend

pflegt man in der Stadt nicht mehr zu feiern. Auf dem Lande empfiehlt sich ein kaltes Buffet und ein Servieren an kleinen Tischen.

Fallen

standesamtliche Trauung

und die kirchliche nicht auf den gleichen Tag, so erfolgt nach dem Standesamt meist eine Gratulationscour im Hause der Braut. Hierzu bereitet man Fleischbrühe, Mayonnaisen, belegte Brötchen, Torten und Wein vor. Findet keine kirchliche Trauung statt, so schließt sich als Hochzeitsfeier ein Frühstück (reicheres kaltes Buffet) oder Mittagessen, meist im Hause, an.

Die

Taufe

feiert man ebenfalls gern im eigenen Heim. Ein Zimmer wird zur Kapelle umgewandelt und entsprechend dekoriert. Die Einladungen werden möglichst zwei Wochen vorher verschickt, wobei wieder die Verwandten zunächst berücksichtigt werden müssen. Es gilt hier das gleiche wie bei der Hochzeit, ebenso für die Bewirtung.

Auch zur

Einsegnung

ladet man mindestens zwei Wochen vorher ein und macht die Tischordnung ähnlich wie zur Hochzeit. Nach der kirchlichen Feier werden belegte Brötchen, Torten und Wein gereicht, und entweder mittags oder abends findet ein Essen mit geladenen Gästen statt.

Die

silberne und goldene Hochzeit

wird vormittags durch einen Empfang gefeiert, zu dem man ein kaltes Buffet und Wein aufstellt. Abends findet ein Essen im Familienkreise statt, zu dem man auch die nächsten Freunde einladet.

Den weitesten Spielraum bezüglich der Art der Bewirtung gewähren dem Gastgeber die

Tanzveranstaltungen,

von dem kleinen Nachmittags-Tanztee angefangen bis zu dem elegantesten Ball.

Ist eine erwachsene Tochter im Hause, so werden schnell einmal durch das Telephon drei oder vier Paare eingeladen. Der Zwanglosigkeit der Einladung entspricht die Art der Bewirtung. Je größer die Zahl der Gäste ist, desto mehr Wert muß auf die gereichten Speisen gelegt werden. Jedoch auch beim

Ball,

zu dem zwei bis drei Wochen vorher geladen werden muß, ist es nicht mehr üblich, mehrere warme Gänge zu reichen. Die Jugend läßt sich nicht gern allzulange vom Tanz zurückhalten. Am beliebtesten ist deshalb die Form des kalten Buffets, das man je nach den dafür aufgewandten Mitteln einfach oder reichhaltig gestalten kann. Beispielsweise würden bei jugendlichen Festteilnehmern eine Vorspeise (italienischer oder Heringssalat), ein Braten (Kalbsbraten oder Roastbeef mit Remoulade) und zweierlei Torten durchaus genügen. Dazu Bowle, Limonade und Selters.

Gestatten die Mittel eine große Aufmachung und wird auf kulinarische Genüsse besonderer Wert gelegt, so zieren Lachs oder Hummer mit Mayonnaise die Tafel, dann vielleicht Gänseleberpastete, feines Geflügel in Aspik, Rehrücken, kalter Schinken, Eis und Weingelee mit feinem Gebäck. Austern und Kaviar, die früher bei besonders festlichen Anlässen in wohlhabenden Häusern zu finden waren, können sich heute nur noch ganz wenige, mit Glücksgütern besonders Begabte leisten.

Für

Kostümbälle und Maskenfeste

gilt dasselbe wie für Tanzgesellschaften. Das Essen wird erst nach der Demaskierung gereicht. Vorher bietet man nur Getränke an. Statt der Kaffeetafel mit obligatem Kuchen, die früher auf keinem Tanzvergnügen fehlen durfte, erscheint jetzt meist in vorgerückter Nachtstunde ein Würstelmann, dessen warme Wiener mit Salat reißenden Absatz finden.

Feste mit Kostümzwang erfordern, wenn sie gelingen sollen, besonderes Geschick und ein eigenes Talent. Es genügt nicht, zu einem Babyball, einem Alpenfest oder einer Kopfredoute einzuladen, für Essen und Trinken zu sorgen und nun das Amüsement den Gästen und dem Zufall zu überlassen. Der einheitlichen Idee muß sich die Ausschmückung der Räume entsprechend anpassen. Die gute Laune muß geweckt werden durch eine flotte Kapelle, durch witzige Plakate, drollige Kostümierung des Personals und dergleichen mehr. Ist eine Tischordnung geplant, so enthalte z. B. die Tischkarte möglichst nicht den Namen dessen, für den sie bestimmt ist, sondern glossiere seine Persönlichkeit in launiger, aber doch so charakteristischer Form, daß kein Zweifel über die Zugehörigkeit aufkommen kann. Viel Arbeit und Nachdenken, Liebe zur Sache und etwas Geist sind für die Veranstalter solcher Feste unerläßlich.

Der Damenkaffee alten Stils, zu dem sich eine Anzahl meist älterer Damen zur Besprechung der chronique scandaleuse und der Dienstbotensorgen zusammenfand, erfreut sich nicht mehr seiner ehemaligen Beliebtheit. Es ist kein Schade, daß er sang- und klanglos in die Versenkung verschwunden ist. Die Dame der Gesellschaft hat heute ihren

Jour fixe,

den sie ihren Freunden der Saison durch eine lithographierte Karte bekanntgibt. Sie setzt ihren Ehrgeiz darein, interessante Männer und Frauen des öffentlichen Lebens bei sich zu empfangen, und muß es verstehen, in liebenswürdigster Weise die verschiedensten Elemente zusammenzuführen und anzuregen. Das ist eine der schwersten Aufgaben moderner Geselligkeit, die restlos nur wenige Frauen zu lösen vermögen.

Deshalb ist der Ausweg der

literarischen und musikalischen Tees

sehr geschätzt, bei dem die Besucher durch künstlerische Darbietungen unterhalten werden und der Mühe eigener Geistesentfaltung enthoben sind. Die Bewirtung ist bei solchen Gelegenheiten sehr einfach, schon aus dem Grunde, weil man die Zahl der Besucher und die Dauer ihrer Anwesenheit vorher nicht weiß. Kaffee oder Tee sowie einige Platten appetitlich hergerichteter Sandwichs werden vorbereitet.

Bei der wachsenden Vorliebe der Damenwelt für Kartenspiele, wobei hauptsächlich Bridge und Rommé in Frage kommen, spielt der

Bridgetee

am Nachmittag oder Abend eine große Rolle. Dabei wird mehr Wert gelegt auf interessante Zusammensetzung der Partien als auf materielle Genüsse. Die leidenschaftliche Spielerin — und es gibt heute deren eine ganze Anzahl — sieht die Zeit, die zum Essen verwandt wird, als Verschwendung an. Daher beschränkt man sich auch hier meist auf Tee und belegte Brötchen, denen man später eventuell einen Obstsalat, Eis, Weincreme oder dergleichen folgen läßt. Befinden sich unter den Spielern auch Herren — so mancher Skatbruder ist seiner Fahne untreu geworden und zum Bridge abgeschwenkt —, so muß für etwas kräftigere Getränke, für Bier und Schnäpse, gesorgt werden.

Eine reizende, in den letzten Jahren immer mehr in Aufnahme gekommene Art der Geselligkeit sind

Gartenfeste und Picknicks

im Freien. Allerdings muß man bei ihrer Veranstaltung darauf achten, daß ein schützendes Dach nicht zu weit entfernt ist, für den Fall, daß der Wettergott eine ungnädige Miene annimmt. In großen Körben wird ein fertiges kaltes Essen zum Festplatz befördert und außerdem Kocher für Tee, Kaffee oder zum Wärmen eines Gerichtes, das nicht im Thermos oder in einer Kochkiste mitgenommen werden kann. Tischtücher, Teller, Bestecke, Trinkbecher, alles wird mitgeführt. Einer der Teilnehmer stellt zu dem Zweck sein Auto zur Verfügung, das den in früheren Zeiten sehr beliebten, zwar gemütlichen, aber unbequemen Kremser ersetzt. Man läßt sich beim Picknick gern überraschen von dem, was die anderen beisteuern, aber es ist doch notwendig, vorher die Art der Speisen genau zu besprechen, die der einzelne liefert, damit die Teilnehmer nicht nachher ihren Hunger an Reihen von Schüsseln voller Heringssalat stillen müssen, weil niemand daran gedacht hat, einen Fleischgang mitzubringen.

Bei Gartenfesten empfiehlt es sich, kleine Tische aufzustellen, an denen man Tee, Eiskaffee, Eisschokolade, Baisers, Torten, Eisfrüchte und Limonaden nehmen kann. Abends ist eine gemeinsame Tafel vorzuziehen. Man reicht im Garten am besten ein kaltes Abendessen, höchstens Krebse vorher und dazu Bowle. Der Garten wird durch Lampions beleuchtet, eine Jazzband beschwingt die Stimmung bei Tisch und steigert die Tanzlust auf

dem im Freien hergerichteten Tanzboden durch den rhythmischen und amüsant orchestrierten Vortrag der neuesten Schlagerweisen. Bei größeren Festen erhöht ein richtiger Jahrmarkts=
rummel mit Schießstand, Würfelbuden, wahrsagenden Zigeunerinnen usw. die Lustigkeit.

Beim

Jagdfrühstück

oder Jagdessen bestimmt der Gastgeber auf der Einladung die Zeit des Anrichtens. Das Frühstück wird meist ohne Damen eingenommen, dagegen hat man abends auf dem Lande die Damen gern dabei. Dann wird auch gewöhnlich Toilette gemacht. Das Essen geht in Form eines Abendessens mit Suppe vor sich.

Zum Schluß wollen wir noch die

Kindergesellschaften

erwähnen, bei denen es erheblich leichter fällt, die Gästeschar zufriedenzustellen. Zeremoniell wie bei den Großen werden die Einladungen geschrieben und gewöhnlich zu vier Uhr zu Schokolade und Kuchen gebeten. Später wird eine Speise oder ein Flammeri mit Saft ge= reicht, und zum Abendbrot gibt es belegte Schnitten oder Brötchen und Limonade. Ein warmes Abendbrot zu geben, ist nicht angebracht, da man dadurch vielleicht Kinder in Ver= legenheit bringt, die dies bei der Wiedereinladung nicht bieten können. Je mehr Freiheit man den Kindern zum Umhertollen gewährt, desto köstlicher wird ihr Vergnügen sein. Zur Erhöhung der Freude dient das Aussetzen von kleinen Geschenken oder Gewinnen bei Ge= sellschaftsspielen und Lotterien, wobei nur darauf zu achten ist, daß jedes Kind bedacht wird.

Nachdem nun alle Arten der Einladung besprochen worden sind und wir uns entschieden haben, w o z u wir einladen, kommt jetzt die ebenso wichtige Frage:

Wen laden wir ein?

Also Papier und Bleistift her, um eine Liste zusammenzustellen!

Wir notieren zuerst die Namen derjenigen, zu deren Einladung wir durch Annahme ihrer Gastfreundschaft verpflichtet sind, dann folgen neue Bekanntschaften, mit denen wir gern den Verkehr aufnehmen möchten, junge Leute, die wir heranziehen wollen. Möglichst lade man einige Herren mehr ein als Damen, erstens, weil die Herren aus beruflichen Gründen eher einmal im letzten Augenblick abzusagen gezwungen sind als die Damen (Ärzte z. B.), und zweitens, weil es beim Tanz doch immer an tanzlustigen Kavalieren mangelt. Und getanzt wird heute nun einmal fast bei jeder gesellschaftlichen Zusammenkunft.

Bei der Zahl der einzuladenden Gäste spielt der zur Verfügung stehende Raum die Hauptrolle. Zum warmen Essen wird man nur so viel Personen bitten, wie man im Eß= zimmer bequem unterbringen kann. Ausnahmsweise deckt man auch in anderen Räumen an kleinen Tischen, die nach dem Essen vom Personal schnell und möglichst geräuschlos wieder entfernt werden müssen. Beim Tee oder kalten Buffet kann man schon freigebiger mit den Einladungen sein, weshalb diese Form der Bewirtung bei beschränkten Räumen sehr geschätzt wird.

Der Wortlaut der

Einladung

ist möglichst kurz und einfach abzufassen. Die Frau trägt nie den Titel des Mannes. Es muß also lauten: „Justizrat Dr. Hans Franzius und Frau Lotte Franzius bitten Herrn und Frau Konrad Link . . ." Bei besonders feierlichen Anlässen bedient man sich einer ge= druckten oder lithographierten Karte, bei kleineren Gesellschaften genügen Visitenkarten, bei

Schön gedeckte Tische

Mittagstafel mit modernen Gläsern und künstlerischem Tafelaufsatz
Spezialaufnahme von Friedmann u. Weber, Berlin

Gemütlicher Platz am Kamin
Phot. Becker u. Maaß, Berlin

Schön gedeckte Tische

Fastnacht!
Phot. Becker u. Maaß, Berlin

Moderne Tafel ohne Tischtuch auf kostbarer Tischplatte
Spezialaufnahme von Friedmann u. Weber, Berlin

denen der Name nicht in der Mitte, sondern links oben in der Ecke steht, so daß man daran anschließend weiter schreiben kann. Die Buchstaben „U. A. w. g.", die früher bei keiner Einladung fehlten, sind heute nicht mehr gebräuchlich. Die Beantwortung der Einladung, und zwar eine möglichst umgehende, wird als selbstverständlich vorausgesetzt.

Von den Vorarbeiten, die man bequem vom Schreibtischsessel aus erledigen kann, bleibt jetzt nur noch die

Zusammensetzung der Speisenfolge

übrig. Wir haben sie bereits bei der Aufzählung der verschiedenen Festlichkeiten besprochen. Letzten Endes entscheidet dabei Jahreszeit, Geschmack und Geldbeutel. Aber, ob man nun eine Reihe erlesener Delikatessen oder nur einen Gang nebst Vor= und Nachspeise reicht, eines beherzige man stets: Nie zu knapp einkaufen! Es gibt für die Gastgeberin nichts Peinlicheres, als wenn sie in Angst schweben muß, daß das Essen nicht reicht, während jede einigermaßen geschickte Hausfrau die eventuellen Reste auf Tage hinaus klug zu verwenden versteht.

Im allgemeinen wird heute weniger gegessen als in früheren Jahren. Die schlanke Linie ist eine strenge Gebieterin, der sich nicht nur die Frauen ohne Widerspruch unterwerfen, auch viele Männer legen ihrer Eßlust Zügel an, um aus Eitelkeits= oder Gesundheitsgründen einem Bäuchlein vorzubeugen.

Eine ungefähre Auskunft über die erforderlichen Mengen gibt die nachstehende Tabelle. Sind nur Herren am Tisch, so muß man etwas mehr rechnen, überwiegen Damen und Kinder, so kann man weniger nehmen.

Brötchen, Pastetchen und ähnliche kleine Vorgerichte: 2—3 Stück pro Kopf.
Beilagen zum Gemüsegang: Für 12 Personen reichen 4 Stück Kalbsmilch und 1 Kilo geräucherter Lachs (zu jungen Schoten), 2 Hammelkotelette pro Kopf (grüne Bohnen). Kalbs= und Schweinekotelette je 1 pro Kopf.
Braten (Rinder=, Kalbs=, Hammel=, Schweine=) inkl. Knochen 375 Gramm pro Kopf, wenn der Braten der Hauptgang ist. Sonst rechnet man:
  1 Rinderfilet, mittel, auf 10—13 Personen,
  1 Roastbeef, mittelgroß (ganz) auf etwa 20 Personen,
  1 Zunge, mittel, auf 5—6 Personen Hauptgericht, 6—8 als Ragout=Nebengericht,
  1 Kalbsrücken auf 12 Personen,
  1 Kalbskeule auf etwa 12—15 Personen,
  1 Hammelrücken auf 10—12 Personen,
  1 Hammelkeule auf 8 Personen,
  1 Schweinsrücken, mittel, für 15—18 Personen,
  1 Schweinskeule, mittel, für 15 Personen,
  1 Schinken (in Burgunder) für etwa 20 Personen.
Eis von ½ Liter Rahm reicht für 5 Personen.
Fisch, wenn Hauptgericht, 350—500 Gramm pro Person, im größeren Menü die Hälfte.
Geflügel: Ente, mittel, reicht für 3—4 Personen,
Fasan, mittel, für 5 Personen,
Feldhuhn, Schneehuhn, Haselhuhn, Rebhuhn, Schnepfe für 2 Personen halbiert,
Gans für 8 Personen,
  1 Huhn, junges, ein halbes pro Person,
  1 Huhn, altes, zur Suppe, Frikassee für etwa 3—4 Personen,
Poularde, Kapaun, mittel, für 5—6 Personen,
Puter, mittel, gefüllt, für 10 Personen als Hauptgericht, für 15 als Nebengericht,
  1 Taube pro Person.
Wild: Hase reicht für 5—6 Personen als Hauptgericht, für 6—8 Personen bei mehr Gerichten.

Rehrücken reicht für 10—12 Personen,
Rehkeule reicht für 10—12 Personen.
  Gemüse. Spargel, frisch, 250—300 Gramm pro Person, Büchsenspargel 150—200 Gramm pro Person, Schneide- oder Brechbohnen, Schoten, Möhren, Morcheln, Teltower Rübchen usw., wenn geputzt, ½ Suppenteller voll pro Person, Sauerkohl 125 Gramm.
  Hummer, mittel, reicht für 3 Personen bei mehr Gerichten.
  Kaffee: ½ Lot pro Tasse.
  Kiebitz- und Möweneier: 2 Stück pro Person.
  Krebse, große, 3—5 Stück pro Person als Eingangsgericht, 6 als Frühstücks- und 10 als Abendplatte.

  Wieviel Wein oder Bowle auf die Person zu rechnen ist, ist schwerer zu bestimmen, da die Trinklust verschieden ist. Es kann nur geraten werden, wenn es sich nicht gerade um ein Herrenessen handelt, bei dem viel getrunken wird, außer den Servierweinen und Sekt pro Person eine halbe Flasche Wein zu veranschlagen, die man richtig temperiert bereithält, aber nur nach Bedarf öffnet. Bei der Gelegenheit sei erwähnt, daß Rotwein Zimmertemperatur haben muß. Bowle und Sekt stellt man vorher auf Eis, während Weißwein leicht gekühlt gereicht wird. Auch Kognak und Likör munden besser, wenn man sie kurz vorher kaltstellt.

  An Hand der festgesetzten Speisenfolge machen wir uns nun eine

Aufstellung der einzukaufenden Lebensmittel.

  Für jedes Gericht notieren wir uns die Zutaten und machen uns danach Auszüge, was beim Fleischer, beim Gemüsehändler, beim Konditor usw. zu bestellen oder einzuholen ist. Jetzt ist es dringend nötig, die Gedanken zusammen zu haben, denn am Tage der Gesellschaft ist die Zeit zu kostbar, um das Mädchen nach Vergessenem hinunterzuschicken.

Was ist noch zu besorgen?

  Die fürsorgliche Hausfrau hat außerdem noch allerhand Dinge zu bedenken, die gar nicht mit der Küche zusammenhängen. Sind Ersatzbirnen, Sicherungen oder Glühstrümpfe im Haus, falls eine unvorhergesehene Störung der Beleuchtung eintritt? Besitzen wir genügend Nadeln und Platten, um nach den Klängen des Grammophons tanzen zu können? Oder wenn uns gar die Tanzmusik durch den Lautsprecher am Radio übertragen wird — ist der Akkumulator geladen? Haben wir Bridgeblocks und Karten im Hause für die Spielratten? Ist das Mädchen geschult, und hat es sich schon beim

Servieren

bewährt? Wenn nicht, muß es noch etwas eingedrillt werden. Ungeübtes Personal kann heillose Verwirrung anstiften. Je klarer und bestimmter die Anordnungen der Hausfrau lauten, desto sicherer arbeiten die Hausangestellten.
  Auf acht Personen rechnet man je eine servierende Kraft. Das Hausmädchen trägt zum schwarzen Kleid eine weiße Latzschürze, nach Belieben auch ein weißes Häubchen und leichtes Schuhwerk, damit unnötiges Geräusch vermieden wird.
  Die Hausfrau muß angeben, bei wem das Servieren zu beginnen hat. Die Speisen werden von links angeboten, benutzte Teller und Bestecke von rechts fortgenommen. Beim Abtragen bedient sich das Mädchen am besten eines sogenannten Besteckkorbes, der über den linken Arm gehängt wird und in den die benutzten Messer und Gabeln getan werden.
  In der Regel macht jeder Gang, außer Suppe und Vorgericht, zweimal die Runde. Die Suppe, besonders klare Brühe, wird am einfachsten in Tassen gereicht. Beilagen zur Suppe

und zum Fleisch, Soßen, Salate usw. werden neben den zuerst zu bedienenden Gast auf den Tisch gestellt, der sie weitergibt, nachdem er sich bedient hat. Hierbei muß die Hausfrau etwas Umschau halten, damit die Schüsseln nicht irgendwo haltmachen, bevor alle versorgt sind. Der Braten geht, nachdem er einmal herumgereicht ist, gleich wieder in die Küche und wird dort warmgestellt, bis man ihn zum zweitenmal anbietet.

Den Tischwein, besonders den Rotwein, stellt man häufig in Karaffen auf, und die Herren bedienen ihre Damen und sich selbst. Extraweine werden stets aus den Originalflaschen geschenkt.

Am sichersten ist es, wenn die Hausfrau die

Servierordnung

für die Küche schriftlich niederlegt und der Reihenfolge nach angibt, was hereinzubringen und was draußen zu tun ist. Dabei ist es ratsam, auch für die Zeit nach dem Essen Dispositionen zu treffen. Schon während des letzten Ganges muß das Licht in dem Salon und in den anderen Gesellschaftsräumen wieder angemacht werden. Zigarren und Zigaretten, Kognak und Liköre nebst den dazugehörigen Gläsern, auch genügend Aschenschalen müssen zurechtgestellt sein, und in der Küche muß der Mokka bereitet werden, falls nicht eine große elektrische Kaffeemaschine zur Verfügung steht, die die Arbeit des Kaffeemachens selbsttätig verrichtet. Da solche Maschine ein hübsches Schmuckstück ist, wird die Sitte des Kaffeebereitens im Salon immer beliebter. Der Zeitpunkt, an dem später warme Würstchen, Sandwiches oder dgl. gereicht werden sollen, muß ebenfalls angegeben werden.

Jetzt können wir den Bleistift aus der Hand legen, denn die praktische Arbeit beginnt. Beim

Einkauf

machen wir es uns zur Regel, nur das Beste zu erstehen, es ist erfahrungsgemäß immer das Billigste. Die Bestellungen der Waren, die wir erst am Festtage brauchen, können bei den Lieferanten sogleich gemacht werden. Die übrigen Einkäufe besorgen wir an Hand unserer Liste zwei Tage vor der Gesellschaft. Haben wir alles im Hause, so ist es, besonders für Ungeübte, sehr praktisch, wenn alles, was zu einem Gericht gehört, zusammengelegt wird. Das erleichtert die Arbeit und die Übersicht und ist wieder eine Kontrolle, ob wirklich nichts fehlt.

Alles Rohmaterial wird nun, soweit es möglich ist, gebrauchsfertig gemacht, das heißt, die Suppe wird so weit fertiggestellt, daß sie nur noch nach Madeira, Cayennepfeffer oder dgl. abzuschmecken und zu erhitzen ist. Der Braten, der eventuell schon seit mehreren Tagen in der Beize liegt, kann herausgenommen, abgetrocknet, gespickt und in Butterpapier gewickelt aufbewahrt werden. Salzen darf man ihn jedoch erst kurz bevor er in die Pfanne kommt. Kalte Süßspeisen, Torten, Kompotte können vollständig fertiggemacht werden. Das Gemüse wird geputzt, das Geflügel in bratfertigen Zustand gebracht und leicht eingesalzen. Das Obst wird gefällig auf Silber- oder Kristallschalen arrangiert.

Auf diese Weise haben wir am Tage der Gesellschaft nur noch die Arbeiten zu leisten, deren Erledigung vorher unmöglich war.

Damit die Hausfrau, wenn nötig, in der Küche mit zugreifen kann, ist es gut, am frühen Morgen gleich die Gesellschaftsräume, auch die Tafel fertigzumachen. Zunächst begeben wir uns also an das

Tischdecken.

Das moderne, elegante Tafeltuch, kostbar und vornehm wirkend, besteht aus feinem Leinen mit in den Stoff eingearbeiteter Handstickerei, feinsten Hand-Hohlsäumen und Durchbruchsarbeit in Point-tiré-Technik. Dazu passend die Mundtücher. Sehr mondäne Kreise ahmen die aus England und Frankreich herübergekommene Mode des Deckens ohne Tischtuch nach. Auf der polierten Tischplatte steht nur das Notwendigste an Tellern, Bestecken und Gläsern, und zwar jedes Stück auf einem entsprechend großen, handgearbeiteten Deckchen in zartem Filet, feinstem Klöppel und dergleichen. Eine Mode, die ihrer Kostspieligkeit halber wohl nur sehr wenige mitmachen dürften. Im Ausland sieht man auch vereinzelt farbige Crêpe-de-Chine-Tischtücher. Bei uns wird nach wie vor weiß gedeckt, eventuell mit einer farbigen Seidenunterlage, die das Handarbeitsmuster des Tafeltuches zu ausdrucksvollerer Wirkung bringt. Farbige Gedecke

Richtiges Herumreichen des Bratens

sind nur für den Kaffee- und Teetisch, im Garten und auf dem Balkon erlaubt.

Das Tafeltuch muß bis fast auf den Stuhlsitz hinabhängen. Jede Person soll die nötige Bewegungsfreiheit haben, unter deren Mangel nicht nur der Gast leidet, sondern auch das Servieren ungünstig beeinflußt wird. Von Tellermitte zu Tellermitte sollen 75 Zentimeter Entfernung sein. Der Teller schneidet mit der Tischkante ab. Werden zwei Teller übereinandergestellt, so muß ein sogenanntes Klapperdeckchen dazwischengetan werden, meist nimmt man hierfür eine Klöppeldecke oder leichte Seide mit Handmalerei. Die Bestecke werden mit dem Monogramm nach oben gelegt, rechts die Messer mit der Schneide nach dem Teller, links die Gabeln, deren Griffe ebenfalls mit dem Tischrand abschneiden. Oberhalb des Tellers liegen quer Kompott- und Eislöffel. Neben die Gabel kann man schon von Anfang an Kompott- oder Salatteller stellen. Auf dem Teller liegt die Serviette, einfach dreieckig zusammengefaltet. Sie darf nicht zu steif geplättet sein, damit sie nicht so leicht vom Schoß hinunterrutscht. Neben jedes Gedeck legt man einen in geschlossener Seidenpapierhülle befindlichen Zahnstocher, wie sie jetzt überall zu kaufen sind.

Als Tafelschmuck sind am reizvollsten frische, grüne Ranken oder Girlanden, in ovaler Form oder läuferartig flach auf den Tisch arrangiert, mit losen Blüten einer Art und Farbe bestreut. Bei ihrer Auswahl spielen Veranlassung und Jahreszeit eine große Rolle. Hohe Vasen oder umfangreiche Blumenkörbe, die den Ausblick auf das Gegenüber verdecken, soll man nicht verwenden. Immer soll die Ausschmückung einheitlich und ruhig wirken, nur das ist guter Geschmack. Feines Porzellan, blitzendes Kristall und glänzendes Silber bringen an sich schon genügend Bewegung in das Bild.

Tischkarten sind in den einschlägigen Geschäften in allen erdenklichen Ausführungen erhältlich. Praktisch für kalte Buffets, bei denen man nicht an festen Plätzen sitzt, sind die

Richtiges Einschenken der Getränke

kleinen Kärtchen, die man an den Stengel des Glases bindet. Dadurch ist eine Verwechslung der Gläser ausgeschlossen.

Vor jedes Gedeck stellt man ein Rotwein= und ein Weißweinglas. Gibt man auch Sekt, so tritt das Sektglas daneben, und zwar ordnet man die Gläser schräg nach der Mitte des Tisches zu. Andere Weinsorten werden in einzelnen Gläsern serviert, die nach dem betreffenden Gang wieder abgetragen werden. Die Gläser sollen, wie das Porzellan und das Silber, im Muster harmonieren, vom Madeira= bis zum Wasser= und Kognakglas. Sie sind heute meist aus weißem, dünnem, geschliffenem Kristall. Farbige Römer, die dicken, mit Steinschliff versehenen Gläser, in denen der Burgunder so herrlich blinkt, erscheinen nur dann, wenn man sich mit ein paar Freunden zum frohen Genuß einiger guter Flaschen zusammentut.

Kleine Salz= und Pfeffernäpfchen stellt man so reichlich auf, daß jeder Gast davon nehmen kann, ohne seinen Nachbar belästigen zu müssen. Essig und Öl gehören bei der Gesellschaft nicht auf den Tisch.

Gibt es Krebse oder wird zum Schluß frisches Obst gereicht, so pflegt man vor dem Aufheben der Tafel Handschalen, mit lauwarmem Wasser halbgefüllt, zum Abspülen der Finger vor jeden Gast zu stellen. Einige Tropfen Eau de Cologne oder Lavendelwasser hineingespritzt erhöhen die angenehme Wirkung.

Außerhalb des Eßzimmers, möglichst dicht bei der Eingangstür, richtet man einen

Kredenztisch

ein, auf dem alles, was von Tafelgeschirr außer dem aufgelegten gebraucht wird, geordnet zur Hand steht. Die zu wärmenden Teller kommen in die Küche, die übrigen stehen stoßweise auf dem Kredenztisch. Dort liegen auch die Löffel für Soßen, Gemüse, Kartoffeln, die Spargelzange, die Fleischgabeln, das Eismesser usw. Nötigenfalls muß man sogar zwei feste Tische zu diesem Zweck aufstellen, denn auch für die Mokkatassen, Likörgläser und sonstiges Geschirr, das noch nach dem Essen Verwendung findet, muß Platz vorhanden sein. In der Küche darf nichts herumstehen, was die Köchin nicht braucht und was sie in der Arbeit behindert.

Nun sorgt man noch für etwas Blumenschmuck in den Zimmern und überzeugt sich, daß die Temperatur behaglich ist.

Und dann in die Küche!

Hier muß jetzt alles geschehen, was am Tag vorher nicht gemacht werden konnte. Das Gemüse wird gekocht, so daß es nur noch erhitzt, abgeschmeckt und vollendet zu werden braucht. Der Fisch kommt vom Händler und wird sofort bis zum Kochen oder Braten fertiggemacht. Die Käseschüssel wird hergerichtet. Was hier in so wenig Worten ausgedrückt ist, erfordert Stunden. Darum muß sich die Hausfrau überlegen, wann jedes Gericht in den Ofen bzw. auf den Herd muß. Die Suppe braucht nur heißgemacht und abgeschmeckt zu werden, dazu genügt eine Viertelstunde. Der Fisch ist in einer halben Stunde gar, das Ablösen kann auch schon früher geschehen. Die Soße ist in 20 Minuten gemacht, Kartoffelpüree zum Rand in 30 Minuten. Anrichten und Gratinieren im Ofen dauert auch 30 Minuten. Um 9 Uhr soll der Fischgang serviert werden, also kochen wir ihn gleich nach dem Mittagessen, das heute natürlich möglichst schnell erledigt wird, und fangen mit der Platte um ¾8 Uhr an. Die Hammelkeule soll um ½10 gegessen werden, 3 Stunden muß sie braten, also kommt sie um ½7 in den Ofen.

Das

Tranchieren

geschieht am besten in der Küche, weil man das Fleisch dort auf ein großes Brett legen kann und zum Aufschneiden die Hände zu Hilfe nehmen darf, was im Zimmer nicht gut möglich ist. Das Fleisch muß, nachdem es aus dem Ofen gekommen ist, noch 5—10 Minuten stehen, ehe es angeschnitten wird, damit der Saft sich verteilt und nicht sofort hinausläuft.

Das

Anrichten

auf der Platte ist eine Kunst für sich. Es soll möglichst schnell geschehen, damit die Wärme erhalten bleibt. Nach Fertigstellung soll die Schüssel den Anblick eines dem Auge wohlgefälligen, appetitreizenden Stillebens darbieten. Wieviel Talente eine tüchtige Köchin haben muß! Im allgemeinen soll man beim Anrichten darauf achten, daß die Form des Bratens wieder hergestellt wird. Gemüsegarnituren müssen fertig im Wasserbad heißgehalten und im letzten Augenblick in beliebiger Abwechslung um den Braten gruppiert werden. Ebenso werden die durch ein Haarsieb gestrichenen Soßen in heißem Wasser

Richtiges Abräumen der Teller

warmgehalten. Große Fische (Lachs, Zander) stellt man auf die Schüssel, flache Fische (Steinbutt) legt man mit der weißen Seite nach oben.

Aber das sind Arbeiten, die erst in Frage kommen, wenn die Gäste schon da sind. Wir können uns jetzt in Ruhe anziehen, nicht gar zu elegant, weil das für die Hausfrau nicht guter Ton ist, der Hausherr bei nicht ganz großer Veranlassung am besten im Cutaway, um die nicht im Smoking Erschienenen nicht in Verlegenheit zu setzen. Noch ein inspizierender Blick — und schon kommen die ersten Gäste. Wenn nicht noch ganz unvorhergesehene Zwischenfälle geschehen, muß alles klappen, und wir dürfen dem Essen mit Ruhe entgegensehen.

Als sehr förderlich für das Zustandekommen einer von Anfang an heiteren Stimmung hat sich die russische Sitte erwiesen, den Gästen schon beim

Empfang im Salon

kleine Delikateßhäppchen nebst feinen Schnäpsen anzubieten. Dann darf es natürlich bei der Tafel kein ähnliches Vorgericht geben. Sache des Hausherrn ist es, jedem Herrn zu sagen, welche Dame er zu Tisch führen soll, falls nicht in der Garderobe eine Tischordnung ausliegt, nach der sich jeder leicht orientieren kann. Der höchststehende oder zum ersten Male eingeladene Gast führt die Dame des Hauses. Entsprechend verfährt der Hausherr, bei dessen Dame auch das Servieren des ersten Ganges beginnt. Sind weniger Herren als Damen anwesend, so verzichten zuerst die Hausfrau und die dem Hause nahestehenden Damen auf einen Tischherrn.

Ist der letzte Gang vorüber, so zögere die Wirtin nicht zu lange mit dem

Aufheben der Tafel.

Wir verlassen das Eßzimmer, die Türen werden geschlossen, damit das Geräusch des Abräumens nicht hinüberdringt, und jetzt bieten die Gastgeber die vorbereiteten Spirituosen, Zigarren und Zigaretten an. Das Wasser brodelt in der elektrischen Kaffeemaschine, und der Mokka verbreitet verheißungsvollen Duft. Eine Trennung der Herren- und Damenwelt in Rauchzimmer und Salon findet nicht mehr statt, da auch die meisten Damen heute nach dem Essen auf ein paar Züge aus der Zigarette nicht verzichten mögen. Etwas anderes ist es, wenn zur Unterhaltung musikalische Darbietungen in Aussicht stehen. Es wäre unhöflich gegen den Künstler, in einem Raum, in dem gesungen werden soll, vorher zu rauchen.

Erfreulicherweise besteht neuerdings das Bestreben, die Gäste nach ihrer Fasson selig werden zu lassen. Für die Spiellustigen sind in dem der Musik entferntest gelegenen Raume Bridge- und Skattische aufgestellt. Das größte oder mehrere zusammenhängende Zimmer dienen als Tanzsaal für die jüngere und ältere Jugend, ein paar gemütliche Ecken mit bequemen Sesseln sind für solche Gäste vorbereitet, die bei einer Gesellschaft auch nach der Tafel ganz gern ein Stündchen im Gespräch zusammensitzen.

Nicht genug kann gewarnt werden vor der Ansicht, den Gästen um jeden Preis Kunstgenüsse bieten zu müssen. Vorträge schlechter Dilettanten — es gibt auch ausgezeichnete! — sind eine Zumutung. In unserer Zeit der Technik können Grammophon oder Radio leicht als Retter einen toten Punkt überwinden helfen. Und sind die letzten ergreifenden Töne von Carusos „Holde Aida" verschwebt, so hat der Gastgeber nicht einmal nötig, dem Künstler seine leidenschaftliche Dankbarkeit durch mehr oder minder aufrichtige Phrasen zu bezeigen. Ebenso wie die Gäste sich mit Beifallsäußerungen nicht weiter zu bemühen brauchen, wenn Kreislers süße Geigentöne durch den Lautsprecher erklungen sind. Das begeisterte Klatschen wird gleich mitgeliefert.

Wie man sich bei Tisch nicht benehmen soll!

Der Degenschlucker
Die Gabel genügt nicht, das Messer muß nachhelfen

Der Spritzenmann

Wer es sich leisten will, kann natürlich für seine Gäste Theater-, Varieté- oder Kabarettaufführungen veranstalten, oder es erscheint gegen Mitternacht dieser oder jener bekannte Komiker, dessen todernstes Gesicht schon beim Eintritt allgemeine Heiterkeit auslöst, und treibt die hoffentlich schon vorgeschrittene Stimmung durch seine mit trockenster Miene zum Vortrag gebrachten Schnurren weiter in die Höhe.

Doch das sind Einzelfälle, die nur bei ganz großen Festlichkeiten in Frage kommen. Im allgemeinen herrscht zur Zeit die Neigung, die Gastlichkeit intim zu gestalten und sie nicht nur als unumgängliche Erledigung von Verpflichtungen anzusehen. Man gibt lieber drei Gesellschaften von 12 als eine von 36 Personen. Die kleinere Gästezahl ermöglicht es, mit dem eigenen Tafelgeschirr, den eigenen Tischen und Stühlen und ohne Zuhilfenahme fremden Personals auszukommen. Die Gastgeber können sich auch dem einzelnen ganz anders widmen und auf die Unterhaltung Einfluß nehmen. Außerdem ist es ratsam, Menschen zusammenzubringen, die durch Beruf, Gesinnung, soziale Stellung usw. irgendwelche gemeinsamen Interessen haben. Der witzsprühende Schriftsteller, der weltbereiste Kaufmann, der geistvolle Gelehrte, — sie sind als gesellschaftliche Talente häufig krasse Versager. Finden sie sich aber mit gleich Interessierten zum Gedankenaustausch zusammen, so entsteht sicherlich nicht die gefürchtete Fachsimpelei, sondern ein wahres Gespräch, das auch die nicht daran teilnehmenden Zuhörer fesselt.

Die Gastgeber fühlen genau, ob ihre Gäste sich unterhalten oder nicht. Sie merken es bestimmt an dem Zeitpunkt des Aufbruchs. Je angeregter und behaglicher sich der Besuch fühlt, desto länger wird er verweilen. Naht dann aber doch die Zeit des Nachhausegehens, so müssen die dienstbaren Geister wieder zur Hand sein, um beim Anlegen der Überkleider und beim Hinausgeleiten behilflich zu sein.

Am nächsten Tage kann sich die Hausfrau durchaus noch nicht auf ihren Lorbeeren ausruhen. Das Säubern und Forträumen von Geschirr und Bestecken, das Wiederinstandsetzen der Wohnung erfordert noch manche Stunde Arbeit, die jedoch gern getan wird, wenn der Abend gelungen ist.

Je gastfreier ein Haus ist, je häufiger Besuch kommt, desto lautloser geht die Wirtschaftsmaschine, desto besser weiß das Personal Bescheid und desto leichter fallen der Hausfrau die aus gastlichen Anlässen entstehenden Pflichten. Was zuerst Anstrengung und Kopfzerbrechen verursachte, wird zur angenehmen Gewohnheit, und auch ein unerwarteter Besuch bringt nicht in Verlegenheit. Die sich daraus ergebende wohltuende Sicherheit, heitere Liebenswürdigkeit und kluge Gewandtheit der Hausfrau verbürgen im Verein mit guter Küche das Aufblühen einer schönen Geselligkeit.

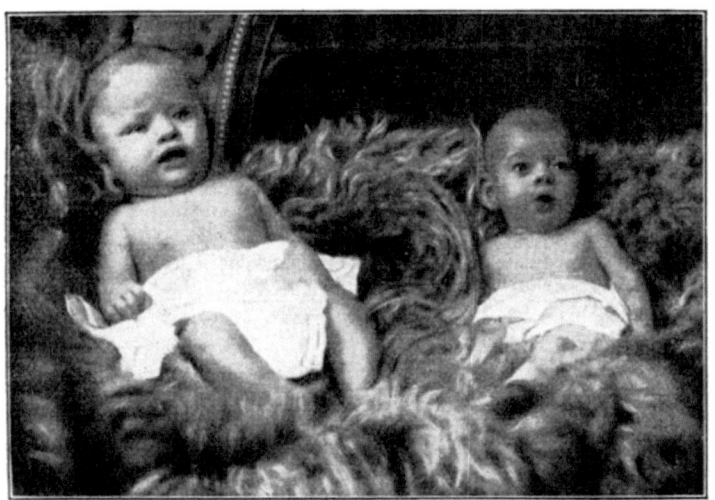

Brustkind im Alter von 3 Monaten und Flaschenkind im gleichen Alter

Kinder- und Krankenkost

Wenn wir die Schwangerschaft als das betrachten, was sie wirklich ist, nämlich als einen durchaus natürlichen, nicht krankhaften Zustand, so ergeben sich die Regeln für die Kost ganz von selbst. Die gewohnte Nahrung muß beibehalten werden, nur alle scharf gewürzten Speisen sowie alkoholreiche und erhitzende Getränke sind zu meiden. Der Magen darf nicht überladen werden, besonders soll das Abendessen nicht zu spät kommen, und es darf auch nicht zu reichlich sein. Bestehen Abneigungen gegen gewisse Speisen, so kann man sie weglassen, andererseits aber darf auch Gelüsten nach unzuträglichen Speisen nicht nachgegeben werden. Gegen das Erbrechen in den ersten Monaten läßt sich nichts tun, das muß als Begleiterscheinung mitgenommen werden, nur wenn es übermäßig und mehrere Monate hintereinander auftritt, ist ärztlicher Rat notwendig.

Die Kost der Wöchnerin oder der stillenden Frau ist nicht, wie es früher Sitte war, eine reine Suppen= und Breikost, die durch ihre Reiz= und Geschmacklosigkeit die Eßlust mindert, sondern die Wöchnerin darf essen, was sie früher zu genießen gewohnt war. Sie braucht eine ausreichende und schmackhafte Nahrung, die aber so beschaffen sein muß, daß keine Verdauungsstörungen auftreten. Das große Durstgefühl der Stillenden wird durch reichliche Zuführung von Flüssigkeiten, deren Menge 2 Liter am Tage beträgt, befriedigt. Es können Milch, Tee, Brühe, Mehlsuppen und auch geringe Mengen Bier gereicht werden. Die Scheu vor dem Genusse von rohem Obst, sauren Speisen und Salaten ist unbegründet. Nahrungsmittel oder Arzneien, die die Milchabsonderung steigern, gibt es nicht.

Ernährung des Kindes

Zahlreiche Kinder gehen noch immer alljährlich infolge unzweckmäßiger Ernährung zugrunde. Andere wieder sind und bleiben schwächlich und führen ein ewig von Krank=

heiten bedrohtes Dasein, und noch am Erwachsenen rächt sich eine ungeeignete und schlechte Kost seiner Kindheit. Was und wie gerade auf dem Gebiete der Säuglings= und Kinderernährung gesündigt wird und wie sich alter und schädlicher, von Urzeiten überkommener Aberglaube hier noch immer breitmacht, davon kann jeder Arzt viel und Trauriges berichten. Allen Angriffen auf Leben und Gesundheit stehen ja Säugling und Kind vollkommen wehrlos gegenüber. Durch die Einführung der Mütterberatungsstellen und der Krippen und die Unterweisung in den oberen Klassen unserer Mädchenschulen durch verständige Kinderärzte ist zwar schon viel Gutes und Segensreiches auf dem Gebiete der Kinderernährung und =pflege erreicht worden, aber es werden doch noch alljährlich viele Kinder Opfer einer unzweckmäßigen und verständnislosen Ernährung.

Jede Mutter soll ihr Kind selbst stillen! Nur ausdrückliches Verbot des Arztes sollte von dieser selbstverständlichen und ernsten Pflicht befreien, denn auch die beste Milch vermag die Muttermilch nicht zu ersetzen. Wie wesentlich dies für die Gesundheit des Säuglings ist, zeigt die folgende Berechnung des Berliner Statistischen Amtes:

Es starben von 1000 Kindern:

mit Muttermilch genährte	7,4
mit Ammenmilch genährte	7,7
mit Tiermilch genährte	42,1
mit Tiermilch und Ersatzmitteln genährte	125,7

Es starben also von den nicht mit Muttermilch genährten Kindern 25mal mehr als von den natürlich ernährten. Diese Angaben sollten jeder Mutter zu denken geben und sie an ihre Pflichten mahnen. „Jeder Monat, jede Woche, jeder Tag, an dem der junge Säugling Muttermilch bekommt, gibt ihm Stärkung der Widerstandskraft für den Kampf um sein junges Dasein, wie sie keine andere, noch so schön ausgeklügelte Nährmethode ermöglicht!"

Wird der Mutter ärztlich verboten, ihr Kind zu stillen, und wird auch von einer Amme aus gesundheitlichen oder aus Sparsamkeitsgründen abgesehen, so tritt die künstliche oder, wie sie ein bekannter Kinderarzt im Gegensatz zu der natürlichen Ernährung durch die eigene Mutter nennt, die u n n a t ü r l i c h e Ernährung in ihr Recht. Sie soll sich in ihrer Durchführung möglichst genau dem Muster der natürlichen Ernährung anpassen: Uffelmann stellt dafür folgende Forderungen auf:

1. Die künstliche Ernährung soll dem Kinde die für den Aufbau seines Körpers nötigen Stoffe in genügender, aber auch nicht in zu reichlicher Menge darbieten;

2. sie soll die Nährstoffe möglichst in dem gleichen gegenseitigen Verhältnisse wie gute Muttermilch und

3. in möglichst ebenso leicht verdaulicher Form wie diese enthalten;

4. sie soll auch hinsichtlich ihrer Flüssigkeitsdichte der Muttermilch gleichen und wie diese

5. eine Wärme von ungefähr 38 Grad Celsius haben;

6. sie darf nicht neben den Nährstoffen andere Stoffe enthalten, die schädlich wirken (Säuren, Krankheitskeime, Gifte);

7. sie muß ebenso langsam und ebenso regelmäßig wie die Muttermilch zugeführt werden;

8. sie muß leicht und rasch fertiggestellt werden können, ohne daß sie dadurch an Güte einbüßt, und muß nicht zu teuer sein.

Das bei uns gebräuchlichste Ersatzmittel für Muttermilch ist die K u h m i l c h. Sie bedarf, bevor sie trinkfertig ist, noch gewisser Maßnahmen, damit sie für das Kind nutzbar wird.

Bei der künstlichen Ernährung ist peinlichste, ja geradezu übertriebene Sauberkeit notwendig. Die Milch muß von Kühen gewonnen sein, die gesund sind und streng sauber gehalten werden, sie muß so frisch wie möglich sein und soll sofort nach dem Melken stark abgekühlt werden, da nur stark abgekühlte Milch sich längere Zeit hält. Milch, die auch nur einige Zeit kuhstallwarm gestanden hat, verdirbt sehr schnell, säuert, zersetzt sich leicht und wird für das Kind zu einem gesundheitsgefährlichen Nahrungsmittel. Derartige Milch, die noch nicht einmal sauer zu schmecken braucht, ruft bei Säuglingen Verdauungsstörungen und Brechdurchfall hervor. Milch darf nie einen

Ollendorfscher Hauspasteurisierungs-Apparat für Kindermilch
Aus Biedert: Kinderernährung

Satz haben, sie muß in einem sauberen Topfe geholt und zu Hause sofort abgekocht werden. Im Sommer wird sie kühl gehalten. Der Milchtopf, die Milchflasche und der Pfropfen müssen immer blitzblank sein, dürfen keine geronnenen Milchreste enthalten, nicht sauer riechen und sind jedesmal nach dem Gebrauche sorgfältig zu reinigen. Milchflasche und Sauger sollen doppelt vorhanden sein, da durch den abwechselnden Gebrauch eine sorgsamere Reinigung erzielt wird. Milch, die kleinen Kindern gegeben wird, muß vor Verabfolgung jedesmal von einem Erwachsenen gekostet werden, um festzustellen, ob sie auch nicht sauer oder bitter ist. Der Pfropfen der Flasche aber darf dabei nicht in den eignen Mund genommen werden.

Das Abtöten der schädlichen in der Milch enthaltenen Keime gewährleistet das kurze Aufkochen in geeigneten Gefäßen oder im Sorhletapparat. Er besteht aus einem Blechtopfe, der mit Wasser gefüllt wird, und dem Flascheneinsatz. In diesen werden die mit Milch gefüllten und durch eine Gummikappe geschlossenen Flaschen gestellt und 5 bis 10 Minuten lang gekocht (vom Beginn des Siedens des Wassers an gerechnet). Längeres Kochen ist schädlich, beeinträchtigt die Verdaulichkeit der Milch und zerstört wichtige Nährstoffe (Vitamine). Nach dem Kochen muß die Milch schnell abgekühlt und kaltgehalten werden.

Die Kuhmilch besitzt fast dreimal soviel Eiweiß und Salze als die Frauenmilch, aber nur halb soviel Zucker, wir müssen daher den hohen Eiweiß- und Salzgehalt durch Verdünnung und den Zuckermangel durch Zusatz von Milchzucker ausgleichen. Bestimmte Vorschriften über Art und Menge der Verdünnung und des Zuckerzusatzes lassen sich nicht aufstellen, da dies bei jedem Kinde verschieden ist.

Pfaundler hat eine Berechnung der täglich notwendigen Mengen angegeben: Die Milchmenge betrage den zehnten Teil des Körpergewichtes, dazu kommt der hundertste Teil des Körpergewichtes (aber nicht mehr als 50 Gramm am Tage) Kohlehydrate (bis zu 4 Monaten in Form von Milchzucker, bei älteren Kindern 2—3%iger Haferschleim oder 3- bis 4%ige Mehlabkochung). Das Ganze wird mit Wasser auf 1 Liter verdünnt und auf 5 Mahlzeiten verteilt, von jeder soll das Kind nach Belieben trinken. Mehr als 1 Liter bedarf ein gesundes Kind am Tage nicht.

Beispiel: 14 Tage altes Kind, 3200 Gramm schwer, bedarf:

320 Gramm Milch + 32 Gramm Milchzucker + 648 Gramm Wasser.

Das Trinkgefäß des Säuglings ist eine glattwandige, leicht zu reinigende Flasche. Sie wird sofort nach Gebrauch sehr sorgfältig gesäubert und mit der Mündung nach unten aufgestellt. Zur Milchentnahme aus der Flasche dient der Sauger, in den man, am besten mit einer glühend gemachten Nadel, eine kleine Öffnung sticht, so daß die Milch beim Umdrehen der Flasche nur sehr langsam und tropfenweise herausfließt, denn das Trinken ist für das Kind nicht nur Ernährungszweck, sondern auch eine Arbeitsleistung, die Ermüdung herbeiführt und es wie an der Mutterbrust einschlafen läßt.

Eine törichte Unsitte ist es, dem Kinde einen mit Zucker gefüllten Gummisauger zur „Beruhigung" in den Mund zu stecken, da durch diesen blödsinnigen Brauch schwere Mund- und Verdauungskrankheiten entstehen.

Die Zahl der täglichen Mahlzeiten ist fünf. Nachts darf das Kind nichts bekommen. Es soll von vornherein an Pünktlichkeit in der Innehaltung der für die Nahrungsaufnahme festgesetzten Zeiten gewöhnt werden.

Die Behauptung „Speikinder — Gedeihkinder" ist nicht richtig, was zurückkommt, war eben zu viel, oder es wurde zu schnell und hastig getrunken und dadurch viel Luft mitgeschluckt.

Auf das Säuglingsalter des Kindes folgt das Spielalter. Die Ernährung hat in dieser Zeit ganz besonders wichtige Aufgaben zu erfüllen, um das Kind gesund und kräftig in das Schulalter hinüberzuführen, sie muß jetzt auch besonders dem Wachstume des Kindes und der durch die vermehrte Bewegung geschaffenen Umwertung seines Stoffwechsels Rechnung tragen. Dies ist aber nicht dadurch zu erreichen, daß eine überreichliche Ernährung mit Milch, Fleisch und Eiern erfolgt und damit gewissermaßen eine Mästung der Kinder eintritt. Hierdurch stiftet man mehr Schaden als Nutzen, die Verdauungswerkzeuge werden überlastet, und es treten Verfettungen an lebenswichtigen Körperteilen auf, die die Widerstandskraft schwächen.

Vom siebenten Monat an kann reine Milch gegeben werden, doch soll die Menge von 1 Liter nicht überschritten werden. Jetzt ist es Zeit, mit Breikost anzufangen, mit Zwiebackbrei, Haferflockenbrei, Grießbrei und Kartoffelbrei mit Milch zubereitet. Bald darauf beginnt man mit Gemüsen, die durch ein feines Haarsieb gestrichen werden müssen: Spinat, Mohrrüben, auch Kohlarten, Artischockenböden. Eier sind für gesunde Kinder im ersten Lebensjahre nicht nötig. An Stelle der Milchbreie kann im achten bis neunten Monate Fleischbrühe mit Reis oder Grieß, der überhaupt ein sehr gutes Nahrungsmittel für Kinder ist, treten. Gegen Ende des ersten Lebensjahres werden kleine Mengen Fleisch in feinster zerkleinerter Form gegeben. Die Ansicht von der Schädlichkeit des Fleisches ist, wie ein erfahrener Kinderarzt sagt, mehr Glaubenssache als Ergebnis genauer Beobachtungen. Daneben werden die vitaminreichen Säfte von frischen Früchten, Apfelmus, Bananenbrei, Tomatensaft, Mohrrübensaft gereicht.

Wenn die Zahnbildung so weit fortgeschritten ist, daß Brot gekaut werden kann, so kann man eine Breimahlzeit durch ein Butterbrot, belegt mit fein geschabtem Fleisch oder Wurst, die das Fleisch in feinst zerteilter Form enthält (Teewurst, feine Kalbsleberwurst) ersetzen. Dazu kann rohes Obst genommen werden, das aber möglichst frisch sein muß, an seiner Stelle können auch Tomaten genossen werden.

Der Kostplan im Beginn des zweiten Lebensjahres wäre (nach Keller-Czerny) folgender:

1. Brei von 200 Gramm Milch mit Zwieback und etwas Zucker.
2. Gemüse-Kartoffelbrei zu gleichen Teilen, dazu ein Eßlöffel fein gewiegtes oder zermahlenes Fleisch, Obstmus oder Kompott.
3. 100 Gramm Milch mit Keks oder Biskuit.
4. Brei von 200 Gramm Milch und Grieß, Hafer- oder Reisflocken mit Fruchtsaft.

Da das kleine Kind sehr langsam ißt, muß das Abkühlen der Speisen durch einen Teller mit Wärmevorrichtung verhindert werden.

Abwechslungsreicher wird die Kost im dritten Lebensjahre, dafür gelte folgendes Beispiel:

Erstes Frühstück: Milch mit Tee oder Kakao, gut ausgebackenes Schwarzbrot oder Weißbrot mit Butter oder Honig.

Zweites Frühstück: Brot mit Butter, weißer Käse und Obst.

Mittagessen: Suppen mit Einlagen. 2—3mal wöchentlich wenig gekochtes oder gebratenes Fleisch. Gemüse, Kartoffeln, Kompott, Obst.

Nachmittags: wie erstes Frühstück.

Abendessen: Mehlspeisen oder ein weiches Ei. Gemüse, Kartoffeln. Butterbrot mit Wurst. Milch oder Limonade.

Das Abendbrot soll mindestens eine Stunde vor dem Schlafengehen eingenommen werden.

Diese Kost, die man mit den Jahren in ihren Mengen steigern kann, mag bis zum Schulalter bleiben. Die Mahlzeit am Nachmittage kann vom dritten Jahre an ohne Schaden fortfallen. Das Kind muß zur Pünktlichkeit, Ordnung und Sauberkeit beim Essen erzogen werden, besonders sei man auch nicht zu freigebig mit Süßigkeiten und Näschereien außerhalb der Mahlzeiten. Sorgfältige Z a h n = und M u n d p f l e g e muß zur Gewohnheit werden. Alkoholische Getränke sind s t r e n g zu verbieten.

Das Schulalter

Im sechsten Lebensjahre hat sich das Kind der Kost der Erwachsenen genähert. Es kommt die Zeit der Schulpflicht und mit ihr in der Ernährung ein Abschnitt, der den Eltern oft viele Sorgen und Kopfzerbrechen macht. Daß Kinder, die wachsen und die sich in ständiger Entwicklung befinden und vielleicht noch durch reichliche körperliche Bewegung, Spiel und Turnen ein größeres Nahrungsbedürfnis als Erwachsene haben, leuchtet ein. Aber gerade in den Schuljahren bürgern sich Mißbräuche in der Ernährung ein, die zu Gesundheitsschädigungen führen. Da müssen oft schwere Kämpfe zwischen Eltern und Kind ausgefochten werden, und es bedarf des ganzen Geschickes und sehr liebevollen Eingehens, um schlechte Gewohnheiten auszurotten. Schon beim ersten Frühstück am Morgen geht die Plage los. Die Kinder laufen ohne Frühstück in die Schule oder nehmen es schnell und überhastet ein, das zweite Frühstück wird irgendwo ungegessen abgelegt oder als Tauschgegenstand für Briefmarken und andere schöne Dinge verwendet. Zu Mittag sind die Kinder dann wieder matt, müde und unlustig zum Essen, einige Stunden nach dem Mittagessen tritt wieder Heißhunger auf usw. Die Hauptursache aller dieser Mängel liegt meist in schlechter Zeiteinteilung und schlechter Aufsicht. Das Schulkind soll nicht zu spät schlafen gehen, damit es morgens so frühzeitig aufsteht, daß es a m T i s c h e s i t z e n d in aller Ruhe sein erstes Frühstück einnehmen kann, dazu muß es mindestens ¼ Stunde Zeit haben. Das zweite Frühstück muß sauber und appetitlich zugerichtet dem Kinde mitgegeben werden und darf nicht zu eintönig sein. Kommt das Kind aus der Schule, so ist es ratsam, es vor Beginn der Hauptmahlzeit noch mindestens 10—20 Minuten ruhen zu lassen. Auch das Mittagessen muß abwechslungsreich gestaltet werden. Weiß das Kind, daß es Montag Rüben, Mittwoch Graupen und Sonnabend Grießbrei gibt, so wird sein Appetit schon wesentlich zum Schlechteren beeinflußt. Eine Nachmittagsmahlzeit ist nicht notwendig. Das Abendessen, das nicht später als um 8 Uhr genommen werden soll, ist nicht zu reichlich zu bemessen. Die Ernährung wäre ungefähr folgende:

Erstes Frühstück: 1 Tasse Milch oder Milchkaffee. Oder eine Milchmehlsuppe. Schwarz= oder Weißbrot mit Butter, Honig oder Marmelade.

Zweites Frühstück: Butterbrot und Obst.

Mittagessen: Suppe. Gemüse mit Kartoffeln und wenig Fleisch oder Fisch. Mehlspeisen. Geschmortes Obst. Als Getränke klares Wasser oder Wasser mit Fruchtsaft.
Abendessen: Schwarzbrot mit Belag oder Brei. Kartoffeln oder Gemüse. Weißer Käse. Obst. 1 Ei.

Zu vermeiden ist Alkohol auch in leichtester Form, ferner scharfe Gewürze, rohes Fleisch und rohe Milch. Das Kind soll langsam essen, gut kauen und keine Zwischenmahlzeiten machen.

Das Durchschnittsgewicht und Längenmaß des gesunden, sich regelrecht entwickelnden Kindes zeigt die folgende Tafel (nach Camerer zusammengestellt von Pirquet):

Alter		Länge cm	Gewicht kg
Geburt		50	3,48
1 Monat		54	4,4
2 Monate		57	5,3
3	"	60	6,2
4	"	62	6,8
5	"	64	7,3
6	"	66	7,9
7	"	68	8,5
8	"	70	8,9
9	"	71	9,2
10	"	72	9,5
11	"	74	9,9
1 Jahr		75	10,2
2 Jahre		85	12,7
3	"	93	14,7
4	"	99	16,5
5	"	104	18
6	"	109	20,5
7	"	115	23
8	"	120	25
9	"	125	27,5
10	"	130	30
11	"	135	32,5
12	"	140	35
13	"	145	37,5
14	"	151	41
15	"	157	45

Das kranke Kind

Große Schwierigkeiten macht die Ernährung des kranken Kindes. Im allgemeinen gelten auch hier die Regeln der noch später zu besprechenden Krankenkost der Erwachsenen. Die Feststellung dieser Kost ist allein Sache des Arztes; denn die Ernährung des erkrankten Kindes bedarf einer gesicherten ärztlichen Erfahrung und Beobachtung, und jedes Versäumnis rächt sich. Die folgenden Zeilen sollen daher nicht ärztliche Ratschläge für bestimmte Krankheiten geben, sondern nur Fingerzeige, wie die ärztlichen Ernährungsvorschriften auszuführen sind und was man dem kranken Kinde bis zur Ankunft des Arztes reichen darf. Niemals aber soll es gestattet sein, ohne Arzt beim kranken Kinde herumzuproben, „bis man vielleicht doch das Richtige trifft", auch kinderliebe Verwandte und Bekannte müssen mit ihren guten Ratschlägen sehr zurückhaltend sein und diese lieber dem gesunden Kinde zukommen lassen.

Das kranke Kind soll die ihm vorgeschriebene Nahrung zur Zeit erhalten, es dürfen keine Unregelmäßigkeiten in der Tageseinteilung vorkommen. Ob die gewählte Kost an=

schlägt oder nicht, zeigt die Wage an. Die einzelnen Mahlzeiten sind möglichst klein und der Krankheit entsprechend zuzubereiten, immer aber ist ein Übermaß in der Zuführung von Flüssigkeiten und zu große Eintönigkeit in der Nahrung zu vermeiden; am schwierigsten ist das bei der Milch, deren Geschmack den kleinen Kranken oft zuwider wird. Dem kann man aber abhelfen, indem man den Milchgeschmack durch andere Stoffe verdeckt. So ist z. B. durch Zusatz von Pfefferminz, Fenchel, Anis zur Milch ein Ausweg geschaffen. Die betreffenden Gewürze werden in kleiner Menge in Leinwand- oder Mullbeutelchen genäht und kochen mit der Milch auf.

Den größten Teil aller Kinderkrankheiten bilden Verdauungsstörungen, deren Ursache meist auf Kostfehler (sogenannte Nährschäden) zurückzuführen ist. Die Klagen über Appetitlosigkeit sind oft weiter nichts als die Folgen einer Überfütterung mit Süßigkeiten außerhalb der regelmäßigen Mahlzeiten oder einer unüberlegten Zugabe eines künstlichen Nährmittels, deren laut angepriesene Nährkraft zum Gebrauch verführt hat. Besonders bei den Verdauungsstörungen im Säuglingsalter ist die größte Umsicht und Vorsicht notwendig, da diese bei längerer Dauer lebenbedrohende Zustände herbeiführen. Hier kommt es darauf an, durch eine zweckmäßige und wohl überlegte Ernährung der Krankheit Herr zu werden, denn die Nahrung soll in diesem Falle nicht nur der Erhaltung der Kräfte dienen, sondern soll auch zugleich Heilmittel sein. Während man früher alle diese Erkrankungen mit allen möglichen Latwergen und Tränken zu heilen suchte, hat die stete und nicht rastende Forschung in den letzten Jahren neue Bahnen in der Erkennung und Behandlung eingeschlagen, die zu großen Erfolgen geführt haben. Ganz besonderes Augenmerk haben die Kinderärzte auf die sogenannten Nährschäden im Säuglingsalter gerichtet und haben zwei Arten unterschieden:

1. Milchnährschaden. Seine Ursache ist die Überfütterung mit Milch und die dadurch hervorgerufene Störung des Fett- und Salzstoffwechsels.

2. Mehlnährschaden. Er ist bedeutend gefährlicher als der vorige und kann zu einer lebenbedrohenden Stoffwechselkrankheit führen. Er entsteht durch Überfütterung mit Mehl oder durch langen Gebrauch kohlehydratreicher, fettarmer Nahrung.

In der Behandlung der Verdauungsstörungen des Säuglingsalters werden jetzt Nährgemische verwendet, deren Hauptvertreter folgende sind:

1. Die von Finkelstein und Meyer eingeführte E i w e i ß m i l c h. Sie hat sich nicht nur bei Erkrankungen der Verdauung, sondern auch bei allgemeiner Schwäche der Kinder bewährt. Man kann sich diese Milch im Hause selbst herstellen (siehe Anweisung S. 409), doch ist das Verfahren sehr mühevoll und zeitraubend, bequemer ist die von den Trockenmilchwerken M. Töpfer, Böhlen, hergestellte konzentrierte Eiweißmilch, die mit Wasser (1 Teil Milch auf drei Teile Wasser) verdünnt werden muß. Genaue Weisung über die Art und Menge der Verdünnung muß der Arzt geben. Diese Milch hat auch den Vorzug, daß sie bei kühler Aufbewahrung lange haltbar ist.

2. Die Buttermilchgemische, deren häusliche Herstellung leichter ist als die der Eiweißmilch. Sie eignen sich besonders bei Verdauungskrankheiten der ersten drei Monate.

3. Die Buttermehlnahrung (von Czerny und Kleinschmidt eingeführt), die aus einem Gemisch von Butter, Mehl, Zucker und Wasser besteht und besonders für schwächliche Kinder geeignet ist (Kochvorschrift S. 410).

Die Krankenkost

Die Krankenernährung soll nur ein Ziel im Auge haben, nämlich: die Gesundung zu befördern. So einfach und selbstverständlich auch diese Forderung klingt, so schwer ist ihre Erfüllung. Durch die Fortschritte, die wir durch neuere Forschungen in der Kenntnis

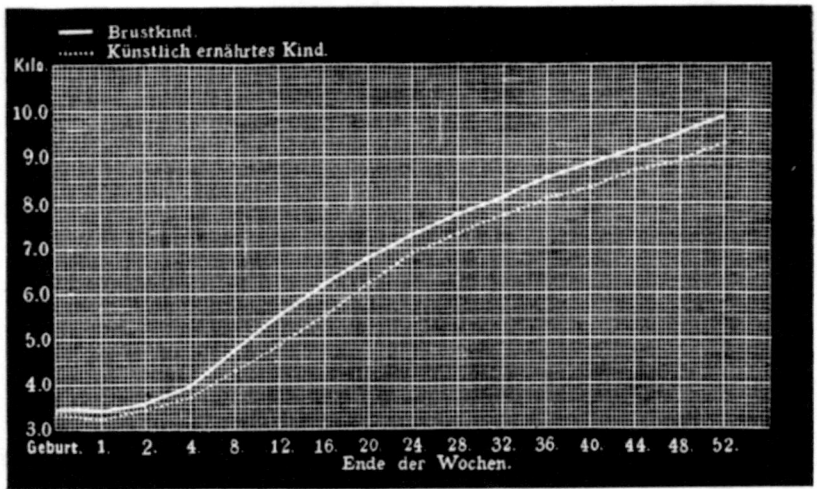

Normale Gewichtszunahme eines Säuglings von der 1. bis zur 52. Woche
(Aus Benedig: Lehrbuch der Kinderheilkunde)

der Ernährung der Gesunden gemacht haben, ist auch die Ernährung Kranker in sichere Bahnen gelenkt und die Wichtigkeit der richtigen Krankenkost für schnellere Wiederherstellung der Gesundheit bewiesen worden. Auch heute noch hat der Ausspruch des alten Hufeland Gültigkeit: „Vergeßt nie die gehörige Regulierung der Diät des Kranken. Schon manche Kur ist bloß durch eine strenge, alles Schädliche, die Krankheit Nährende ausschließende Diät zustandegekommen, und dagegen ist die beste ärztliche Behandlung durch Übermaß oder Fehler in der Diät unwirksam gemacht worden."

Wie soll die Ernährung des Kranken sein? Sie soll keinen schädigenden Einfluß auf die Krankheit ausüben, und deshalb muß immer die größte Aufmerksamkeit auf die Verfassung der Verdauungsverhältnisse verwendet werden. Auch den allgemeinen Ernährungszustand darf man nicht aus den Augen lassen. Über die Zeiten, wo man die Kranken nach Schema F ernährte, wo das Hochziel und der Inbegriff aller Krankenernährung das Krankensüppchen und der Haferschleim war, sind wir ja glücklich längst hinaus, und wir haben heute gelernt, jedem Kranken die seiner Krankheit angemessene Kost vorzuschreiben. Es hat langer Jahre bedurft, ehe wir durch mühsame und gewissenhafte Forschungen so weit gekommen sind, und doch ist der Glaube an die allheilende Suppe noch nicht ausgestorben und spukt lustig in bezopften und unbezopften Köpfen weiter, und oft machen die Kranken ein außerordentlich erstauntes Gesicht, wenn der Arzt ihnen die Suppe verbietet oder ihnen gar klarzumachen versucht, daß das Leiden nur eine Folge unvernünftiger Suppenernährung sei. Die Frage, ob ein Kranker mehr flüssige oder feste Kost genießen soll, entscheidet der Arzt.

Krankheiten beeinflussen den Appetit ungünstig, deshalb ist es notwendig, ihn zu heben. Das ist oft recht schwer und stellt große Anforderungen an Köchin und Küche. Folgende alte bewährte Ratschläge seien der Beachtung empfohlen:

1. Frage den Kranken nicht zu viel und quäle ihn nicht mit: „Was möchtest du denn heute gern essen?" Er wird dir meist darauf antworten: „Am liebsten gar nichts!" Überlege daher selbst genau, was du ihm geben kannst.

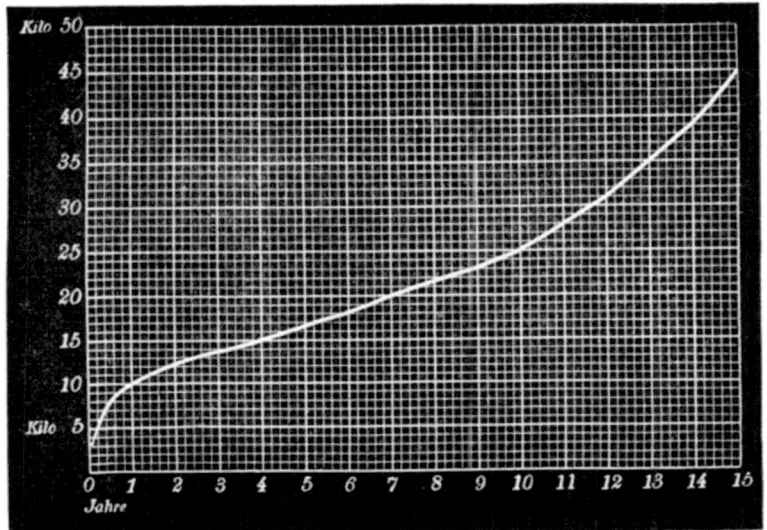

Normale Gewichtszunahme eines Knaben vom 1. bis 15. Jahre

2. Sprich nicht zu viel vom Essen und vom schlechten Appetit des Kranken.

3. Häufe vor dem Kranken nicht große Berge von Essen auf, die du nachher doch wieder hinaustragen mußt. Bringe ihm kleine, aber wertvolle Mahlzeiten, die auch durch ihr äußeres Ansehen und ihre geschmackvolle Zurichtung den Appetit anregen.

4. Warte nicht, bis der Kranke sein Essen fordert, und lasse ihn auch nicht auf sein Essen warten. Gib ihm wenig, aber öfter zu essen.

5. Richte all deinen Scharfsinn und dein Nachdenken darauf, wie du dem Kranken auch innerhalb des beschränkten Kreises der ihm gestatteten Speisen möglichst viel Abwechslung schaffst. Eine der wichtigsten Forderungen der Krankenpflege! Das Essen darf nicht langweilig sein, denn auch die schönste Speise, die du täglich zu nehmen gezwungen bist, erregt erst Widerwillen, dann Abscheu und schließlich Ekel, so daß schon der bloße Geruch der Nahrung unangenehm empfunden wird. Auch die einfachste Nahrung kann, wie die Seiten dieses Kochbuches zeigen, in der verschiedensten Form gereicht werden.

6. Während des Essens entferne aus der Nähe des Kranken alles, was ihn an seine Krankheit erinnern könnte.

7. Die Reste der Mahlzeit sind so schnell als möglich aus dem Krankenzimmer zu entfernen. Nach dem Essen muß das Zimmer gelüftet werden.

8. Nimm auch Rücksicht auf die Eigenheiten des Geschmackes. Was in gesunden Zeiten nicht genommen wird, wird in den Tagen der Krankheit erst recht nicht gegessen.

9. Nachts soll nur Schwerkranken Nahrung gereicht werden. Wecke den Kranken aber nicht zum Essen, denn auch der Schlaf ist für ihn Nahrung.

10. Der Kranke soll sich sein Essen nicht selbst zurechtmachen, es muß ihm mundgerecht gereicht werden. Sorgfältige Mund= und Zahnpflege nach dem Essen ist Pflicht.

Die Anzahl der für die Krankenernährung in Betracht kommenden Nahrungsmittel ist nicht allzu groß. An erster Stelle steht die Milch und die aus ihr hergestellten Erzeugnisse: Sahne, Butter und die verschiedenen Käse, ferner Eier und Eierspeisen, dann Geflügel, Fleisch und Fische in ihren mannigfachen Zubereitungsarten, die Hülsenfrüchte in Form von Suppen und Brei und die Mehlspeisen. Sehr großer Wert ist auf die Gemüse zu legen, auf rohes und gedünstetes Obst und dessen Säfte und, nicht zu vergessen, die verschiedenen für die Appetitreizung so wichtigen Gewürze. Als Anregungsmittel werden alkoholische Getränke, Kaffee, Tee und Fleischbrühe gereicht.

Hunger und fast alle Erkrankungen führen zur Herabsetzung des Körpergewichtes, zur Unterernährung. Nun gibt es aber auch gesunde Menschen, die immer außerordentlich mager sind und sich dabei ganz wohl fühlen. Das geht jedoch nur so lange, wie sie von Krankheiten verschont bleiben, dann aber haben sie, wie der Volksmund sehr treffend sagt, „nichts zuzusetzen", und ihre Widerstandskraft ist nur sehr gering. — Das Durchschnittsgewicht des gesunden Menschen beträgt annähernd so viel Kilo, als seine Körperlänge in Zentimetern über 1 Meter beträgt. Berechnungen zahlreicher Gewichte ergeben:

Im Alter von 15 Jahren	beim Manne	46,4 Kilo,	bei der Frau	41,3 Kilo
16	"	52,4	"	44,4	"
17	"	57,4	"	49	"
18	"	61,2	"	53,1	"
19	"	65	"	54,5	"
20	"	65	"	54,5	"
25	"	68,3	"	55,1	"
30	"	68,9	"	56,1	"
40	"	68,8	"	56,6	"
50	"	67,4	"	58,4	"
60	"	65,5	"	65,7	"
70	"	63	"	53,7	"

Diese Zahlen sind eher etwas zu niedrig als zu hoch gegriffen. Jede größere Abweichung von diesem Durchschnittsgewichte nach unten nennen wir Unterernährung. Als Gegenmittel verwenden wir die Mastkuren, deren Zweck ist, durch reichliche Zuführung von Eiweiß und Fetten das Körpergewicht zu steigern. Das hört sich ganz natürlich und leicht ausführbar an, ist aber in Wirklichkeit oft ungeheuer schwer. Erst längere sorgfame ärztliche Beobachtung kann den Speisezettel genau festlegen, und Sache der Küche ist es, die ärztlichen Anordnungen so auszuführen, daß sie auch einen Erfolg zeitigen. Vor allen Dingen bedarf derjenige, der die Kur durchmacht, geistiger und körperlicher Ruhe. Der Kunstgriff besteht darin, dem Kranken, ohne daß er sonderlich viel davon merkt, größere Mengen Fett und Eiweiß einzuverleiben, man muß also gewissermaßen diese beiden Nährstoffe in den gereichten Speisen verstecken und durch schmackhafte Zubereitung und verständiges Würzen den Appetit rege erhalten. Nun besitzen aber nicht alle Speisen eine genügende Aufnahmefähigkeit für Fett, sondern es gibt große Unterschiede. Ein außerordentlich guter Fettträger ist die Kartoffel, und zwar in Form des Kartoffelbreies, in dem sich erhebliche Mengen von Butter und Sahne unterbringen lassen, außerdem finden diese beiden für die Überernährung wichtigen Nahrungsstoffe auch noch gute Unterkunft in Suppen, auf Brot und in Soßen. Über den Fettzusatz zu Gemüsen, wie ihn auch ein empfindlicher Gaumen verträgt, belehrt die folgende Zusammenstellung (nach von Noorden):

Auf 125 Gramm	Rohgewicht	Rotkohl oder Sauerkohl	. . . . .	50 Gramm Butter
" 125	"	"	zerblätterten Wirsing	. . . . .	40	" "
" 125	"	"	grünen Salat, Bohnen	. . . . .	25	" "
" 125	"	"	Schneidebohnen	. . . .	40	" "

404

Bei einiger Überlegung und Erfahrung im Verlaufe der Kur wird man sehr bald selbst herausbekommen, welche Speisen und Getränke dem Kranken besonders gut schmecken und bekommen, und danach den Küchenzettel einrichten. Die Wage beweist dann, ob die Bemühungen auch Nutzen gebracht haben. Allerdings ist zu einem vollen Erfolge nötig, daß nach Beendigung der Kur die Nahrung auch noch weiterhin so beschaffen ist, daß Gewichtsabnahmen vermieden werden. Während einer Mastkur zuzunehmen, ist keine besondere Kunst, aber das erreichte Gewicht zu halten, das ist eine schwere und wichtige Aufgabe.

Das Gegenteil der Unterernährung ist die Fettsucht. Hier gilt es, den Fettgehalt des Körpers durch Entziehung fettbildender Stoffe zu mindern. Jede Entfettungskur muß ärztlich überwacht werden, da sonst schwere Schädigungen, besonders des Herzens, entstehen können. Gewarnt sei vor den unzähligen Mitteln, die als Heilmittel gegen die Fettsucht in überschwenglicher Weise angepriesen werden und durch das berühmte Bild des Dicken und Dünnen mit der erklärenden Unterschrift: „Vor und nach Gebrauch unseres Heilmittels" von Entfettungswundern zu berichten wissen. Alle diese Entfettungsmittel sind S ch w i n d e l, denn es ist unmöglich, allein durch Einnahme irgendeiner Arznei das Körperfett zum Schwinden zu bringen. Gegen die Fettsucht gibt es nur ein Mittel, und das heißt Hunger. Jede Entfettungskur ist eine Entziehungskur mit Einschränkung des ganzen Nahrungsbedarfes. Nur darf es nicht allzu schnell geschehen, und außerdem ist auch hier wie bei der Mastkur mit Beendigung der Kur die Sache noch nicht zu Ende, denn es muß nach denselben Grundsätzen weitergelebt werden, sonst schwindet der mühsam erreichte Erfolg gar schnell dahin. Wilhelm Busch beschreibt in seinem unsterblichen Tobias Knopp eine solche Schnellentfettung sehr richtig:

> Dieses treibt er vierzehn Tage,
> Danach steigt er auf die Wage,
> Und da wird es freudig kund:
> Heißa, minus zwanzig Pfund!"

Aber der Erfolg ist nicht von Dauer:

> Wieder schwinden vierzehn Tage,
> Wieder sitzt er auf der Wage:
> Autsch, nun ist ja offenbar
> Alles wieder, wie es war.

Jede Entfettungskur muß sehr langsam begonnen und ärztlich überwacht werden, es darf nicht zu schnellen und großen Gewichtsstürzen kommen, die Abnahme soll nach und nach, aber stetig erfolgen. Der Fettleibige muß für sich allein essen und darf nicht durch seine Umgebung zur Aufnahme verbotener Speisen verleitet werden. Die hauptsächlichsten Nahrungsmittel, aus denen sich die Kost zusammensetzt, sind folgende: Fettarmes Fleisch, gekocht oder auf dem Roste gebraten ohne jeden anderen Fettzusatz, und Fische, auf dieselbe Weise zubereitet. Von Gemüsen sind besonders die grünen zu gebrauchen, die nur mit wenig Mehl oder Zucker, aber ziemlich kräftig gesalzen, zubereitet werden. Von Obst sollen die säuerlichen Arten bevorzugt werden, zumal da sie auch durststillend wirken und den Verbrauch an Getränken (am besten dünner Tee oder Kaffee) einzuschränken vermögen. Kartoffeln werden meist von Fettleibigen nicht gegessen, aber mit Unrecht, denn wenn sie fettarm zubereitet werden, sind sie in kleinen Mengen gestattet.

Zu den Ernährungskrankheiten rechnet auch die Zuckerkrankheit. Es handelt sich bei der Zuckerkrankheit um Ausscheidung von Zucker mit dem Harne, die nach der Aufnahme von Kohlehydraten eintritt. Die täglich ausgeschiedene Gewichtsmenge (nicht die so beliebten Prozente) des Zuckers ist bestimmend für die Schwere der Erkrankung. Auch bei diesem Leiden werden eine große Menge Heilmittel angepriesen, von denen einer unserer bedeutendsten Erforscher der Zuckerkrankheit, von Noorden, sagt: „Sie liefern nur Scheinerfolge. Doch den Scheinerfolgen jagt das Publikum nach, sie sind mühelos zu erreichen, der wahre Erfolg aber fordert Energie, Entsagung und Selbstzucht. Schlimm und verwerflich ist es, wenn dem leichtgläubigen Völkchen der Zuckerkranken noch das Geld aus der Tasche geholt wird, ehe sie trügerische Scheinerfolge einheimsen können. Fast alle zwei Monate erscheinen glänzende Anpreisungen kostspieliger und fast völlig wertloser Geheimmittel, leider oftmals unter dem Deckmantel eines ebenso arglos wie verständnislos abgegebenen ärztlichen Gutachtens. Über die Zusammensetzung vieler ist nichts bekannt. Es sind unkontrollierbare Mischmasche." Daß die Behandlung der Zuckerkrankheit nur durch Regelung der Kost möglich ist, ist allgemein bekannt. Sie verlangt aber große Sachkenntnis und Aufmerksamkeit des Pflegenden und Mäßigkeit im ganzen für den Kranken. Der Zuckerkranke darf nicht überfüttert werden, es soll im Gegenteil immer ein Mindestmaß der Kost angestrebt werden. Mit der Anschaffung eines der vielen und meist recht brauchbaren Kochbücher für Diabetiker allein ist es nicht getan, sondern es sind, bevor zu einer Diät geschritten wird, sehr genaue und wichtige Untersuchungen notwendig. Das sind die sogenannten Toleranzprüfungen, die vom Arzte vorgenommen werden müssen, d. h. die Prüfung der Ausnutzungsmenge zuckerbildender Nahrung. Auf Grund dieser Untersuchungen kann erst die allein richtige und heilsame Kost aufgestellt werden. Als mächtiger Helfer tritt uns jetzt das in jüngster Zeit entdeckte Insulin zur Seite, das ungeahnte Erfolge in der Behandlung der Zuckerkrankheit gezeitigt hat und ihr einen großen Teil ihrer Schrecken genommen hat. Es ist aber ein großer Irrtum, zu glauben, daß durch das Insulin die bisher so sorgsame Diät vernachlässigt werden könne, es ist ihr gerade im Gegenteil bei dieser Behandlung noch mehr Sorgsamkeit zu widmen.

Der Zuckerkrankheit nahe verwandt ist die Gicht, die als „vornehme" Erkrankung häufig das Gefolge berühmter Persönlichkeiten bildet. Ihre Entstehungsursachen sind noch nicht voll aufgeklärt, eine Vererbung ist sicher vorhanden, am häufigsten ist aber eine unzweckmäßige Lebensweise an der Erkrankung schuld, besonders überreichliche Mahlzeiten und der Alkohol. Bevor daher eine bestimmte Ernährung des Gichtkranken vorgeschrieben wird, muß erst eine genaue Beurteilung der bisherigen Lebensweise vorgenommen und versucht werden, aus ihr die als schädigend erkannten Ursachen zu entfernen. Eine der ältesten Ernährungsvorschriften bei der Gicht oder dem Zipperlein, wie es früher so schön hieß, fordert, daß der Gichtkranke sehr mäßig leben und alkoholische Getränke meiden müsse. Besonders soll er sich des allzu reichlichen Fleischgenusses enthalten. Dies hat auch heute noch seine Gültigkeit. Da die Gicht durch Ablagerungen von Harnsäure im Körper gekennzeichnet ist, so muß die Kost des Gichtkranken so beschaffen sein, daß die Bildung dieses für den Kranken schädlichen Stoffes im Körper verhindert wird. Zu verbieten sind deshalb dem Gichtkranken Leber, Nieren, Kalbsmilch, Hirn. Gebratenes Fleisch ist schädlicher als gekochtes, mehr als 150 Gramm Fleisch täglich soll nicht genossen werden. Von Gemüsen sind besonders die grünen Gemüse empfehlenswert. Die Darreichung von Fett richtet sich nach dem allgemeinen Ernährungszustande, ebenso von stärkehaltigen Nahrungsmitteln, die fetten Kranken entzogen, mageren aber gegeben werden können. Von Getränken sind die alkoholischen ganz verboten oder nur in sehr kleinen Mengen erlaubt, dagegen sind Mineralwasser, Kaffee und Tee in kleinsten Mengen gestattet. Niemals aber dürfen durch die Kost Schwächezustände entstehen. Von großen Gesellschaften und Trinkgelagen muß sich der Gichtkranke fernhalten, da nach dem trefflichen Ausspruche eines englischen Arztes der „gewohnheitsmäßige Festesser" das beste Opfer für die Gicht ist. Die Zahl der Mahlzeiten ist möglichst auf drei am Tage zu beschränken, deshalb soll auch das erste Frühstück gehaltvoller sein als sonst. Mäßigkeit ist die Hauptsache. „Alles, was nicht zur Ernährung des Körpers notwendig ist, ernährt nur die Krankheit."

Als Kostgerüst für den Gichtkranken diene folgendes:

Frühstück: Dünner Tee oder Kaffee mit Milch. Schwarzbrot, Weißbrot oder Zwieback mit Butter. 1 Ei oder wenig kaltes gekochtes Fleisch.
Mittag: Obstsuppe. Gemüse. 1—2 Eßlöffel Kartoffelbrei. Mageres Fleisch oder Fisch. Kopfsalat, Endivien, Kresse, Lattich. Mineralwasser.
Abendessen: Eier. Magerer Käse. Salat. Schwarzbrot. 1 Glas leichter Wein oder leichtes Bier.

Ein großes und weites Feld für die Krankenküche ist das Gebiet der Magen- und Darmkrankheiten, das hier natürlich nicht in allen seinen Einzelheiten und wechselvollen Bildern besprochen werden kann.

Der sogenannte „verdorbene Magen" spielt eine bedeutende Rolle in den Erzählungen der Kranken, er ist es auch, der bei zahlreichen Erkrankungen das erste Warnungszeichen gibt und zum Eingreifen auffordert. Die häufigste Ursache des verdorbenen Magens ist seine Überladung mit schwer verdaulichen oder die Einführung unbekömmlicher Speisen. Das beste Mittel gegen diese Beschwerden ist eine vorsichtige und sehr leicht verdauliche Kost oder bei Menschen in sonst gutem Ernährungszustande mal ein Hungertag und die Einnahme eines leichten Abführmittels, um schädigende Stoffe möglichst schnell aus dem Körper zu entfernen. Halten aber die Störungen längere Zeit an, so ist ärztliche Hilfe notwendig; leider wird diese aber von vielen Kranken hinausgeschoben und zu den „Magenmitteln" gegriffen. Hilft der Kognak oder der Magenbitter nicht, so greift man zu Salzsäure, kommt man auch damit nicht weiter, so muß das doppeltkohlensaure Natron heran oder eines der zahlreichen Mittelchen mit den Endsilben auf in, ol und on. Bei Beginn derartiger Zustände des Magens ist eine flüssig-breiige Kost angezeigt, am meisten empfehlen sich Schleimsuppen mit Wasser oder Brühe gekocht, in lauwarmem Zustande gereicht, und zur Durstlöschung Fruchtsäfte. Milch bleibt besser fort. Sobald der geschwundene Appetit sich wieder zu regen beginnt, kann vorsichtig mit fester Kost begonnen werden.

Von den Erkrankungen des Darmes ist die allerhäufigste die Verstopfung, die vorübergehend und dauernd auftreten kann. Schon im frühen Kindesalter ist in der Ernährung der größte Wert darauf zu legen, daß durch sie nicht Anlagen für dieses später so lästige Leiden geschaffen werden. Eine richtige Ernährung wird diese Störung verhüten. Bekommt ein Kind eine länger anhaltende Verstopfung, so muß die Kost ärztlich geregelt werden, und es dürfen von der Mutter nicht wahllos Abführmittel oder Klistiere gegeben werden, um die Darmtätigkeit wieder zu erregen. Meist wird durch solche Maßnahmen das Gegenteil erreicht, und die Folge ist eine Darmerschlaffung mit all ihren schädlichen Folgen. Der an chronischer Verstopfung leidende Erwachsene muß sich einer regelmäßigen und vernünftigen Lebensweise befleißigen. In der Kost sollen diejenigen Nahrungsmittel vorwiegen, von denen man weiß, daß sie anregend auf die Tätigkeit des Darmes einwirken. So ist bekannt, daß kalte Getränke diese Eigenschaft besitzen, daher ist der Genuß von einem Glase kalten Wassers morgens nüchtern zweckmäßig. Außer Wasser kommen als Getränke noch in Betracht Obstweine und leichte Moselweine, bei vielen Menschen wirkt auch der Kaffee verdauungregelnd. Von den verschiedenen Abarten der Milch ist die Buttermilch und die saure Milch, dick oder mit Zucker verquirlt, zu bevorzugen. Zur Verstärkung der abführenden Wirkung können zu den Getränken und Speisen noch verschiedene andere Stoffe hinzugesetzt werden, so Milchzucker, der eßlöffelweise genommen werden kann, ferner gewöhnlicher Zucker und Kochsalz. Als Brot kommt ein grobes Vollkornbrot in Betracht, Weißbrot ist nicht erlaubt, wohl aber Honigkuchen und Pumpernickel. Gemüse und Obst sollen die Hauptbestandteile der Nahrung sein, während das Fleisch mehr zurücktritt. Ganz zu unterlassen ist der Genuß von Mehlspeisen, Kakao und Rotwein. Diese Nahrungsmittel werden bei Durchfällen gebraucht. Hier hat die Kost die Aufgabe, den Darm zu schonen. Alle die Speisen, die bei Verstopfung empfohlen worden sind, müssen bei Durchfällen streng gemieden werden. Bei plötzlich auftretenden Durchfällen ist eine 1—2 Tage dauernde Einschränkung der Kost am besten, die nur in dicken Schleimsuppen, Eichelkakao, Tee mit oder ohne Rotwein bestehen darf. Bei kleinen Kindern muß bei jedem Durchfall sofort jede Nahrung ausgesetzt werden, bis der Arzt seine Verordnungen gegeben hat. Besonders in den Sommermonaten und in der Zeit, wo ansteckende Krankheiten, wie Typhus und Cholera, auftreten, ist jede Erkrankung an Durchfall ernst zu nehmen und sofortige Zuziehung eines Arztes dringende Pflicht. Bei chronischen Durchfällen oder bei Neigung zu solchen müssen alle kalten Getränke und rohes Obst gemieden werden, eine Ausnahme machen die Heidelbeeren und der Heidelbeersaft, die hier eine heilsame Wirkung entfalten. Im großen und ganzen soll eine Einschränkung der Flüssigkeitszufuhr überhaupt Platz greifen und die Kost mehr aus magerem, weißem Fleisch, Fisch, Kartoffelbrei, Mehlspeisen, Weißbrot und Zwieback bestehen. Als Getränke dienen Eichelkakao, Rotwein und Heidelbeerwein.

Ein leider viel zu wenig beachteter und doch außerordentlich wichtiger Teil der Krankenkochkunst ist die Ernährung der an der Krankheit „des Jahrhunderts" Leidenden, der Nervösen. Ihre Ernährung stößt oft auf unüberwindliche Schwierigkeiten, besonders da sie meist selbst ganz eigene Ansichten über ihre Ernährung haben, in einem Meere von Vorurteilen schwimmen und von jeder Speise schon vorher ganz genau wissen, daß „sie ihnen sicher und ganz gewiß nicht bekommt". Sind diese Voreingenommenheiten erst einmal fest eingewurzelt, dann kann die Hausfrau mit sämtlichen Kochbüchern der Welt und mit den schönsten und besten Leckerbissen niemals die Zufriedenheit des Kranken erwecken, und nur ein sofortiger Wechsel der Umwelt ist für den Kranken die einzige Rettung. Die Kost der Nervösen soll eine sehr abwechslungsreiche und muß auch äußerlich besonders gut und appetitlich sein. Aussehen, Geruch und Geschmack müssen berücksichtigt werden, und hier kann die Küche einmal zeigen, was sie zu leisten vermag. Der Genuß von Fleisch ist zu beschränken, dafür sollen aber viele frische Gemüse gegeben werden, besonders Blumenkohl, Spinat, Schoten, Bohnen, Mohrrüben, Kohlrabi, daneben noch Grieß-, Reis- und Makkaronigerichte, die man ja in der verschiedenartigsten Weise zubereiten kann. Auf den reichlichen Genuß von Obst ist Wert zu legen. Ob Alkohol, Kaffee oder Tee erlaubt sind, entscheidet der Arzt. Immer aber muß die Ernährung die Hebung des Körpergewichtes und des Kräftezustandes im Auge haben.

Die Ernährung Blutarmer erfordert Umsicht und Überlegung. In früheren Zeiten waren Milchkuren außerordentlich beliebt, es wurde Milch im wahrsten Sinne des Wortes „bis zum Erbrechen" gegeben, aber diese Kuren sind, abgesehen davon, daß sie bald Widerwillen erregen, auch ganz unzweckmäßig und deshalb zu verwerfen, denn die Milch führt sehr leicht zu Verstopfung und hat außerdem nicht den Nährstoff, der für Blutarme wichtig ist, nämlich das Eisen. Dies finden wir in den grünen Gemüsen, wie Spinat usw., die sich alle durch Eisengehalt auszeichnen, ferner enthält auch das Eigelb eine Eisenverbindung, die zur Blutbildung verwendet wird. Im übrigen soll die Nahrung sehr eiweißhaltig sein, deshalb kann man Blutarmen schon morgens zum ersten Frühstück etwas Fleisch vorsetzen. Die sonstige Kost richtet sich ganz nach dem Körperzustande und dem Körpergewichte. Als Getränk sind mäßige Mengen Alkohol gestattet, am besten leichtes Bier oder das eisenhaltige Malzbier. Wein wird meist schlecht vertragen, da danach häufig Herzklopfen auftritt. Außerdem sind Obst und Obstsäfte sehr angebracht.

Eine besondere Betrachtung verdient die Ernährung Fiebernder. Die Zeiten, wo man den Fiebernden fast alle Nahrung entzog, um „die inwendige Hitze nicht zu vermehren", sind vorüber, wir haben jetzt das Bestreben, die Fieberkranken möglichst ausreichend zu ernähren. Dabei sind aber mannigfache Schwierigkeiten zu überwinden; denn die meisten Fieberkranken haben keinen Appetit, andererseits verliert jeder Fiebernde durch

Umänderung seines Stoffwechsels große Mengen Eiweiß. Diesen beiden wichtigen Tatsachen soll die Ernährung Rechnung tragen. Alle Fiebernden haben ein großes Durstgefühl und meistens einen Widerwillen gegen feste Speisen. Die Ernährung muß deshalb eine hauptsächlich flüssige sein und sowohl dem Durste wie der Ernährung Rechnung tragen. Als Hauptnahrungsmittel gilt die Milch, deren Genuß durch Zusatz von bestimmten geschmackändernden Stoffen abwechslungsreich gestaltet werden kann (siehe Kochvorschriften).

Außerdem kann man die Milch durch Zusatz von Kirschwasser, Tee, Kaffee und Vanille angenehmer machen. Als rein durstlöschende Getränke kommen die Limonaden und die verschiedenen Mineralwässer in Betracht. Dann kämen die Suppen und als besonders appetitanregend die Brühe.

Auch die G e m ü s e = und O b s t s u p p e n leisten in der Kost Fieberkranker sehr gute Dienste, ebenso die mannigfachen Marmeladen. Besonders erfrischend und nahrhaft für Fiebernde sind die Gallertspeisen, in denen sich eine große Menge sowohl von wichtigen Nährstoffen wie auch von erfrischenden Stoffen unterbringen läßt.

Sehr strittig sind die Ansichten, ob man Fieberkranken Alkohol geben soll. Unbedingt nötig ist er jedenfalls nicht, aber er regt den Appetit und die Herztätigkeit an und hat auch außerdem einen gewissen Nährwert. Es kann daher Wein, Sekt und leichtes Bier in geringen Mengen verabreicht werden.

Kurz sei auch die Kost bei bestehenden Epidemien gestreift. Grundsätzlich soll nichts genossen werden, was roh ist; alles, was lange an der Luft gestanden hat, von fremden Händen berührt worden ist oder mit ungekochtem Wasser in Berührung gekommen ist, muß sorgsam gereinigt und gründlich gekocht werden. Das Wasser soll 10 Minuten lang gekocht und im Kochtopf bis zum Gebrauch aufgehoben werden.

Einige Vorschriften für die Krankenkost

Die nachfolgenden Kochvorschriften für die Krankenküche sind nur eine Art Beispielsammlung, wie für Kranke gekocht werden soll. Sie machen keinen Anspruch auf Ausführlichkeit, sollen aber zum Nachdenken anregen, und es wird sich dann zeigen, daß man jede Krankenkost abwechslungsreich und zweckentsprechend herstellen kann, wenn man die in diesem Kochbuche auf den vorhergehenden Seiten gegebenen zahlreichen praktisch erprobten Speisen für die Gesunden nur ein wenig ändert oder bestimmte Zutaten durch andere ersetzt. So kann man z. B. viele Speisen dadurch für Zuckerkranke genießbar machen, daß man den Zucker durch Sacharin ersetzt oder daß man, wie von Noorden vorschlägt, zum Binden der Gerichte anstatt des Mehles dicken Rahm, süß oder sauer, bei gelinder Hitze mit Eidotter vermischt, einsetzt. Man kann die angegebenen Fettmengen verringern oder vermehren, kann Gewürze fortlassen oder ändern u. a. m. Oft sind es harte Geduldsproben, die die Hausfrau durchmachen muß, bis sie dem augenblicklichen Geschmackssinn des Kranken Rechnung getragen hat, andrerseits ist es aber auch eine große Genugtuung, durch eine heilsame Kost die Gesundung herbeigeführt zu haben.

Kost für den kranken Säugling und das Kind

Eiweißmilch (für Säuglinge)

1 Liter roher Vollmilch wird mit einem Eßlöffel Labessenz versetzt und bleibt so ½ Stunde warm (40—45 Grad) stehen. Die dann zu einem festen Käseklumpen geronnene Milch wird zerrührt und bleibt dann ½ Stunde stehen, dann läßt man die Molke durch ein reines Tuch abtropfen, was ungefähr eine Stunde dauert. Dann wird der Käseklumpen unter vorsichtigem Reiben mit einem Löffel unter allmählicher Zugabe von ½ Liter Wasser so oft durch ein feines Haarsieb gestrichen, bis der Käse ganz gleichmäßig fein verteilt ist. Jetzt wird ½ Liter Buttermilch zugesetzt und

unter dauerndem Schlagen mit einem Schaumschläger, damit keine Klumpung entsteht, kurz aufgekocht, Nährzucker oder Mehl wird je nach ärztlicher Vorschrift während des Kochens zugegeben.

Buttermehlnahrung (Czerny-Kleinschmidt)

Auf je 100 Gramm Wasser kommen 5 bis 7 Gramm Butter, 5—7 Gramm Mehl und 4 bis 5 Gramm Kochzucker. Das Verhältnis zwischen Butter und Mehl muß immer gleich sein, Kochzucker kann je nach Geschmack, auch ein wenig mehr oder weniger, gegeben werden. Beispielsweise bringt man 20 Gramm Butter in einem Kochtopfe unter gelindem Feuer und Umrühren mit einem Holzlöffel zum Kochen, bis sie schäumt und der Geruch nach Buttersäure verschwindet. (3—5 Minuten. Bei größeren Mengen muß entsprechend länger gekocht werden.) Dann wird die Butter mit ebensoviel, also 20 Gramm feinen Weizenmehles vermischt und auf einer Asbestplatte unter s t a r k e m Umrühren so lange gekocht, bis die Masse etwas dünnflüssig und bräunlich geworden ist (4—5 Minuten). Dann wird unter Zugabe von 300 Gramm Wasser und 15 Gramm Kochzucker nochmals aufgekocht und durch ein Haarsieb gegeben. Diese Einbrenne wird der Milch, deren Menge vorgeschrieben wird, zugesetzt.

Moros Karottensuppe (Schwere akute Magendarmstörungen der Säuglinge)

250 Gramm gelbe Karotten werden geputzt und zerkleinert und mit 1 Liter Wasser etwa 1 Stunde lang gut weichgekocht. Sie werden dann durch die Fleischmaschine und ein Haarsieb gegeben, und das gewonnene Mus wird mit dem ursprünglichen Kochwasser und heißem Wasser auf 1 Liter aufgefüllt und nach Zusatz eines kleinen Kaffeelöffels Kochsalz nochmals aufgekocht. Die Suppe muß kühl aufbewahrt und angewärmt und gut umgerührt gegeben werden. Bei Besserung der Erkrankung kann diese Suppe auch mit Eiweißmilch gemischt werden.

Milchzusätze für Kinder

Schleim

30 Gramm Reis, Graupen oder Haferflocken werden mit 1 Liter Wasser ungefähr 1 Stunde lang gekocht und noch heiß durch ein feines Haarsieb getrieben und nach Zusatz einer Prise Kochsalz verabreicht.

Mehlabkochungen

30 Gramm Mehl (Hafer, Weizen, Mondamin, Gerste, Reis) werden mit kaltem Wasser aufs feinste verrührt und unter dauerndem Rühren mit 1 Liter Wasser ungefähr 20 Minuten lang gekocht und nach Zusatz einer Prise Kochsalz gegeben.

Zwiebackbrei für Kinder

20 Gramm Friedrichsdorfer Zwieback werden gerieben, mit 200 Gramm Milch kalt aufgesetzt und kurz aufgekocht.

Reisbrei für Kinder

50 Gramm gewaschener Reis werden mit reichlich Wasser gekocht. Das erste Wasser wird abgegossen und noch einmal mit neuem Wasser aufgekocht. Dann wird der Reis mit ¼ Liter Milch und etwas Salz weichgekocht.

Gemüsekochvorschrift für Kinder
(nach Kleinschmidt)

½ Pfund mit kaltem Wasser gewaschener Spinat wird mit wenig kochendem Wasser und etwas Salz 20—30 Minuten gekocht. Dann wird er gewiegt und das Kochwasser möglichst eingeengt. Beides wieder vereinigt wird mit etwas Butter und geriebenem Zwieback versetzt. An Stelle des Kochwassers kann man auch wenig Milch beifügen, falls die erste Bereitungsart nicht genommen wird.

Desgleichen andere Art

Es wird eine Mehlschwitze aus 5 Gramm Mehl und 5 Gramm Butter hergestellt, sobald sie Blasen bildet, wird sie mit Spinatwasser (oder Milch) ausgerührt und eingekocht, dann wird der gekochte und gewiegte Spinat hinzugegeben.

Mohrrübensaft (vitaminhaltig)

1—2 große sauber gewaschene Mohrrüben werden gerieben und durch eine Kartoffelpresse der Saft abgepreßt. Falls dieser Saft nicht genommen wird, kann man ihn mit Kartoffelbrei vermengen.

Krankenkost für Erwachsene

Getränke

1. Kräuterabkochungen

Baldriantee (für Nervöse)

5 Gramm Baldriantee werden mit ½ Liter kochenden Wassers übergossen und durch ein Sieb gegossen. (Besser ist es noch, wenn man den Tee mit kaltem Wasser ansetzt und 12 bis 24 Stunden zugedeckt stehen läßt.) Ebenso (5 Gramm auf ½ Liter Wasser) werden Kamillen-, Fenchel-, Pfefferminz-, Thymian- und Wacholdertee zubereitet.

Heidelbeertee (gegen Durchfall)

30—40 Gramm Heidelbeeren (getrocknet) werden mit ½ Liter Wasser ½ Stunde gekocht. Das verdampfte Wasser muß immer wieder durch frisches ersetzt werden.

Lindenblütentee (für Nervöse)

10 Gramm Lindenblüten (getrocknet) werden in einem gut schließenden Gefäße mit ½ Liter heißen Wassers übergossen, müssen dann 5 bis 10 Minuten ziehen.

2. Suppen und Getränke

Flaschen-Bouillon (nach Uffelmann, Rekonvaleszenz)

300 Gramm fettfreies Rindfleisch wird fein gehackt und in eine Flasche mit weitem Halse gefüllt. Die Flasche wird nun in ein Gefäß mit Wasser gestellt, langsam auf dem Feuer erwärmt und danach 30—40 Minuten gekocht. Die Bouillon wird dann mit dem Bodensatze in eine Tasse gegossen und zum Trinken gegeben. Die Menge Bouillon, die man so erhält, beträgt 90—100 Gramm.

Ambrosia (Kübler. Anregendes Getränk bei Widerwillen gegen Milch)

1 Liter Milch wird gekocht und abgekühlt. In die Milch werden hineingetan 1 halber Teelöffel pulverisierte Vanille, 20 Gramm Kirschwasser, eine halbe fein zerschnittene Ananas und 100—150 Gramm Zucker. Das Ganze bleibt 3 Stunden zugedeckt stehen und wird vor dem Genuß durchgeseiht.

Gulpo (nach Uffelmann)

2 Kaffeelöffel Maismehl werden geröstet und in ¼ Liter Wasser, das mit 4 Stück Zucker versüßt ist, getan. Nachdem es gut durchgemischt ist, bleibt es 1 Stunde stehen und wird durch ein Tuch filtriert.

Brotwasser

25 Gramm Brotrinde wird in kleine Stückchen geschnitten und unter Umrühren in einer Pfanne geröstet, dann werden 400 Gramm siedendes Wasser darübergossen. Diese Flüssigkeit bleibt 1 Stunde lang stehen und wird dann durch Leinwand filtriert. Den Geschmack kann man durch 1—2 Eßlöffel Zitronensaft, Rotwein oder ein wenig Kognak verändern.

Peptonsuppe (nach Jaworski, bei Magendarmentzündungen)

500 Gramm Kalb-, Rind- oder Hühnerfleisch werden vom Fett befreit, fein gewiegt und mit 1 Liter weichem Wasser vermischt. Dazu werden 30 Gramm Salzsäure und 1 Gramm Pepsin (deutsches lösliches Pepsin der Apotheken) gegeben. Diese Mischung läßt man 12 Stunden an einem warmen Orte am Herde (40 Grad) stehen und rührt von Zeit zu Zeit um. Dann kocht man die Mischung unter Umrühren 1 bis 2 Stunden lang, bis sich ein dünner Brei bildet. Das Fett wird sorgfältig abgeschöpft, die übrige Masse durch ein feines Sieb getrieben. Nun wird so lange vorsichtig Natron zugegeben, bis der stark saure Geschmack schwindet und nur schwach säuerlich ist. Beim Zusatz braust die Mischung auf, man muß deshalb das Natron sehr vorsichtig in kleinen Mengen zusetzen und nach jedem Zusatze umrühren. Je nach der Fleischgattung besitzt die Suppe einen verschiedenen Geschmack.

Pflanzenmilch

Mohnmilch

30 Gramm weißer Mohn wird mit siedendem Wasser abgebrüht und nach Abguß des Brühwassers noch einmal mit warmem Wasser durchgewaschen. Dann wird er in einem Mörser sehr kräftig zerstoßen und zerrieben und mit ½ Glas Wasser ½ Stunde lang stehengelassen und dann durch ein Leinentuch gedrückt.

Diese Flüssigkeit wird je nach Geschmack der Milch zugesetzt und mit Zucker gesüßt.

Nußmilch

30 große Walnußkerne werden gebrüht und abgezogen und in einem Mörser mit einem Kaffeelöffel Sahne und Wasser fein verrieben. Das Ganze wird mit 1 Glas Wasser übergossen und nach ¼ stündigem Stehen durch ein Leinentuch gedrückt. Dies Verfahren wird dreimal wiederholt, indem jedesmal die gleiche Menge Wasser hinzugesetzt wird. Versüßung nach Geschmack.

Mandelmilch

250 Gramm Mandeln werden mit kochendem Wasser gebrüht, abgezogen und getrocknet. Dann werden sie fein gerieben, mit 3—4 Eßlöffel Wasser gestoßen und zerrieben und mit 1 Liter Wasser verrührt. Nach zweistündigem Stehen wird die Mischung durch ein feines Tuch gedrückt. Ebenso kann man eine Paranußmilch bereiten. Der Nährwert der Pflanzenmilch erreicht fast den der Sahne.

Dr. Michaelis' Eichelkakao (bei Darmkatarrhen)

Auf eine Tasse kommen 2 Teelöffel Eichelkakao und etwas Sacharin nach Geschmack. Man lasse den Kakao einmal kurz aufkochen. Um den Nährwert zu erhöhen, kann man noch ein Eigelb hineinschlagen.

Heidelbeerabkochung (bei Durchfällen)

30—40 Gramm getrocknete Heidelbeeren werden in ½ Liter Wasser ½ Stunde lang gekocht. Zur Verbesserung des Geschmackes kann Sacharin oder ½ Glas Rotwein zugegeben werden.

Speisen für Mastkuren

Mandelsuppe

20 süße Mandeln werden gebrüht, abgezogen und fein gewiegt. Dann werden sie mit 100 Gramm Sahne übergossen und ebensoviel Wasser und mit Zucker und Vanille aufgekocht. Die Suppe wird auf Eis gestellt und kalt genossen.

Reisspeise nach Dr. Turban

40 Gramm Reis werden mit heißem Wasser mehrfach gebrüht und mit Milch, etwas Vanille und Zucker zu einem dicken Brei weichgekocht. Die Reiskörner müssen aber dabei ganz bleiben. Dann wird der Brei vom Feuer entfernt und 1 Eigelb und 2 Teelöffel Rum dazugemischt. Das Ganze wird danach auf einer mit Butter bestrichenen Platte aufgehäuft und mit zu starkem Schnee geschlagenem, mit 40 Gramm Zucker vermengtem Eiweiß überzogen und im Ofen bis zur Gelbfärbung gebacken.

Saurer Sahnenpudding

3 Löffel saure Sahne werden mit 3 Eigelb und 2 Löffel Puderzucker verquirlt. Dazu werden 2—3 Löffel geriebene Semmel, etwas Zimt und 3 geschlagene Eiweiß gegeben. Das Ganze wird gut durchmischt in einer mit Butter und geriebener Semmel ausgelegten Form ½ bis ¾ Stunde gebacken.

Setzeier mit Käse (für Zuckerkranke und Mast)

Auf dünne Scheiben Schweizerkäse, die man in eine feuerfeste, mit Butter ausgestrichene Porzellanpfanne gelegt hat, legt man je ein Setzei, das vorher fertiggemacht worden ist. Das Ei wird mit Salz und Pfeffer und geriebenem Parmesankäse bestreut.

Tapioka mit süßem Rahm (nach Jaworski, für geschwächte Rekonvaleszenten)

Eine Portion Wasser wird mit zerhackten Knochen, Suppenkräutern und Salz 1 Stunde lang gekocht, die Suppe wird durch ein Haarsieb getrieben, zum Kochen ans Feuer gestellt, 1 gestrichener Eßlöffel Tapioka eingerührt, 10 Minuten gekocht, mit etwas Maggi-Würze versetzt, 1 Eigelb mit $^{1}/_{16}$ Liter süßer Sahne oder Eiweißmilch auf einem erwärmten Teller verrührt und die Suppe damit angerichtet. Bei Nervösen kann auf ärztliche Anordnung an Stelle von Maggi 1 Würfel Sedobrol treten.

Diätetisches Kartoffelpüree (nach Jaworski)

250 Gramm geschälte, möglichst mehlige Kartoffeln werden in Fleischbrühe weichgekocht, zu Brei verrührt und durch ein Haarsieb gegeben. Der Brei wird dann mit 4 Eßlöffel Brühe verdünnt und noch einmal aufgekocht.

Eine andere Art

Es wird nach der Zugabe der Fleischbrühe 1 Eidotter dazugeschlagen.

Dritte Art

Die Kartoffeln werden wie oben gekocht und verrührt, dann gebe man 4 Eßlöffel Sahne und 1 Teelöffel Butter dazu und mische gut um.

Feigenpüree (abführend wirkend)

Getrocknete Feigen mit Backpflaumen zu gleichen Teilen werden einige Stunden lang in kaltem Wasser geweicht, fein zerschnitten und mit wenig Wasser, so daß die Früchtemasse gerade bedeckt ist, gekocht. Dann werden die Früchte zerrührt und durch ein Sieb gestrichen und nach Geschmack mit Honig oder Zucker gesüßt und noch einmal mit dem zurückgebliebenen Safte zur nötigen Dicke eingekocht.

Mondaminzwieback (nahrhaft und schmackhaft)
125 Gramm Zucker werden mit 3 Eigelb und etwas fein geriebener Zitronenschale schaumiggerührt. Dazu kommen 100 Gramm Mondamin und Schnee von 6 Eiern. Alles wird gut verrührt und in einer mit Butter bestrichenen Form 40—50 Minuten lang bei mäßiger Hitze gebacken. Am nächsten Tage werden Zwiebäcke herausgeschnitten.

Nahrhafter Brotaufstrich
2 hartgekochte Eigelb werden mit 1 Eßlöffel Butter und ein wenig fein geriebenem Parmesankäse in einem Mörser fein zerdrückt und zerrührt und auf Toast gegeben. An Stelle der Butter kann man auch zur Geschmacksveränderung Sardellenbutter geben.

Makronen ohne Zucker (nach L. Morgenstern)
1 Pfund Walnüsse werden fein zerstoßen, mit 3 Eidottern und Sacharin nach Geschmack versüßt, mit Zimt und Zitronenschale gewürzt und mit dem Schnee von 3 Eiweiß verrührt. Auf ein mit Wachs bestrichenes Blech werden walnußgroße Häufchen aufgelegt und in nicht zu heißer Röhre gebacken.

Porridge von Hafergrütze (für Zuckerkranke)
40 Gramm Hafergrütze wird goldgelbgeröstet und mit ¼ Liter heißem Wasser gut verrührt. Der geschlossene Kochtopf wird 30—40 Minuten lang im siedenden Wasserbade erhitzt. Zum fertigen Gerichte werden 20 Gramm Butter gegeben.

Sacharinlösung (Süßstoff für Diabetes und Erkrankungen, bei denen Zuckergenuß verboten wird. Nach von Noorden)
3 Gramm Kristallsacharin löst man in 50 Gramm Wasser (kalt!) in einer Tropfflasche und schüttelt kräftig durch. Die vollkommene Lösung erfolgt meist erst nach 1—2 Tagen. 16 Tropfen hiervon entsprechen der Süßkraft von 20—25 Gramm Zucker. Sacharin verträgt längeres Kochen nicht und nimmt dadurch einen widerlichen Geschmack an. Erwärmen, kurzes Kochen und Backhitze schaden nicht.

Endivienpüree I (für Zuckerkranke), enthaltend 5 Gramm Kohlenhydrate
200 Gramm Endivienblätter werden in wenig gesalzenem Wasser abgekocht und fein gewiegt. Der Brei wird mit 20 Gramm Butter, 30 Gramm Fleischbrühe und wenig Zitronensaft ½ Stunde gedünstet und zuletzt 20 Gramm süßer Rahm zugegeben.

Endivienpüree II (für Zuckerkranke), enthaltend 5 Gramm Kohlehydrate
300 Gramm Endivienblätter werden in Salzwasser, dem etwas Zitronensaft zugesetzt ist, abgekocht und sehr gut abgespült. Das Gemüse wird dann fein gewiegt und in 35 Gramm zerlassenem Speck, 15 Gramm Knochenmark und 40 Gramm Fleischbrühe ½ Stunde gedünstet.

Radieschen gedünstet (für Zuckerkranke), enthaltend 3,5 Gramm Kohlehydrate
100 Gramm Radieschen werden in 15 Gramm Butter, Zitronensaft und etwas Salz 20 Minuten gedünstet.

Gerichte aus entmehltem Kartoffelbrei für Zuckerkranke
(Nach von Noorden)

Entmehlen der Kartoffeln (nach F. Wolfner)
Die geschälten rohen zerriebenen Kartoffeln werden in ungestärkte Leinwand eingeschlagen und unter kaltem Wasser so lange wiederholt ausgepreßt, bis kein Mehl mehr auszuringen ist. Nach wenigen Minuten bereits besteht der Brei im Leinwandbeutel fast nur noch aus Kartoffelfaser und enthält nur noch 1 bis 2% Stärkemehl. Aus diesem Faserbrei lassen sich aber schmackhafte Speisen nicht bereiten. Man muß einen Teil des ausgewaschenen Mehles wieder hinzufügen. Zu diesem Zwecke gießt man das Wasser von dem zu Boden gesunkenen Mehlbrei größtenteils ab, bringt den Rest des Wassers mit dem Mehlbrei im Trichter auf ein Filter. Nach Ablaufen des Wassers preßt man den Mehlbrei zwischen ungestärkten Leintüchern mäßig scharf aus und mischt 1 Teil Mehlbrei mit 2 Teilen Faserbrei. 200 Gramm Brei enthalten 12 Gramm Kohlehydrate (entsprechend einem Brötchen von 20 Gramm Gewicht).

Marienbader Götzen
Die Masse wird mit einem rohen Ei, 3 Eßlöffel dickem, saurem Rahm, ein wenig Salz innig gemischt. Daraus werden flache Fladen geformt, die man mit Butter oder Schmalz in der Pfanne backt.

Kartoffelklöße

Die Masse wird mit einem rohen Ei, Salz, ein wenig Pfeffer, Muskatnußpulver, 20 bis 30 Gramm fein gewiegtem Knochenmark und fein gewiegter Petersilie vermischt, zu Klößen geformt und gargedämpft.

Auswaschverfahren für Mandeln und Nüsse
(nach J. Seegen, für Zuckerkranke)

125 Gramm fein geriebene Mandeln oder Nüsse werden in einem feinmaschigen Leinwandbeutel 15 Minuten lang in siedendes Wasser gehängt, dem einige Tropfen Essigsäure zugesetzt sind. Die Masse wird darauf im Leinwandbeutel gut abgepreßt und wie geriebene Vollmandel verwendet.

Seegensches Mandelbrot

Die Mandelmasse wird mit 100 Gramm Butter und 2 rohen Eiern verrührt. Später setzt man noch 3 Eidotter und etwas Sacharin dazu. Nach längerem Rühren wird noch ein steifer Schnee von 3 Eiweiß daruntergemengt. Der Teig wird in einer mit geschmolzener Butter bestrichenen Papierform bei gelindem Feuer gebacken.

Richtiges Tranchieren

Richtiges Tranchieren

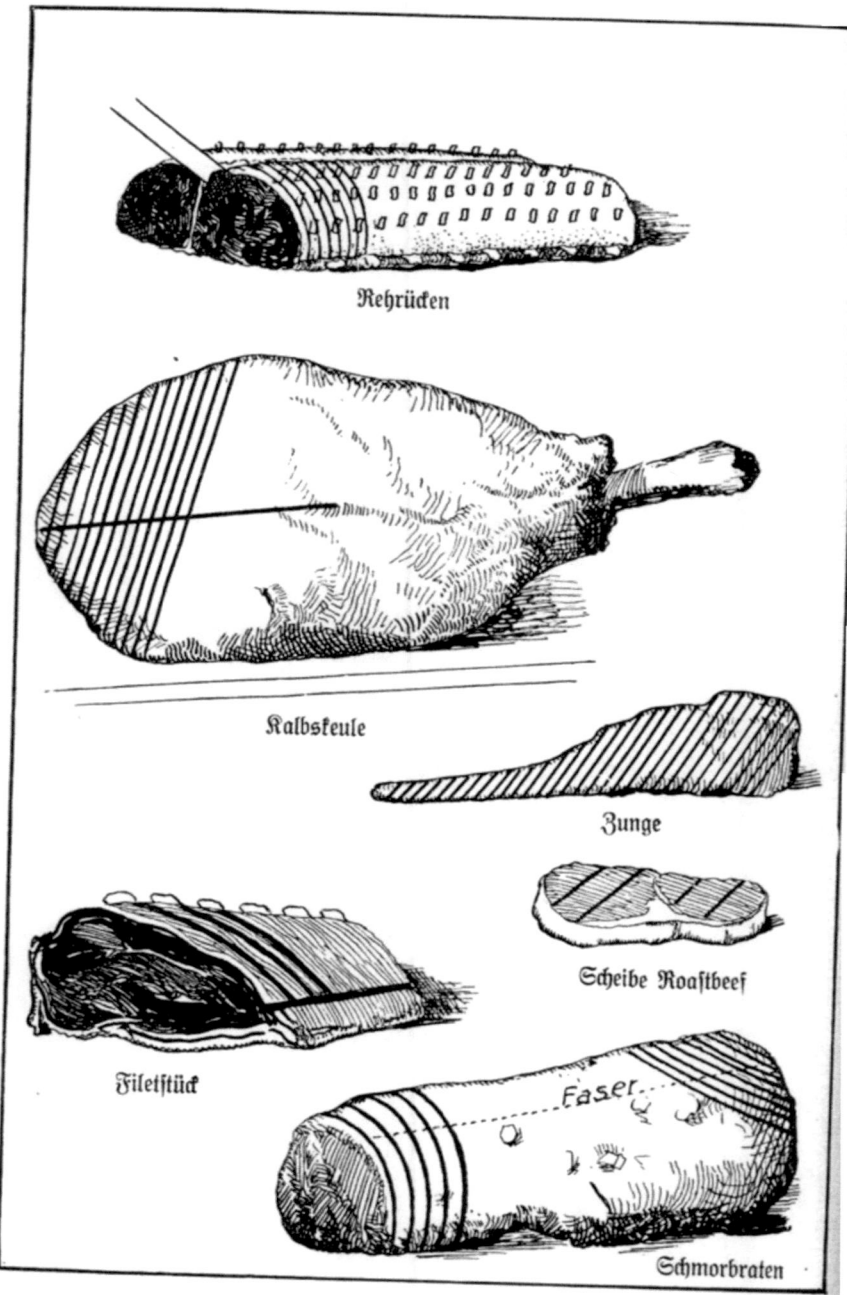

Vegetarische Rezepte

Vorspeisen

Verlorene Eier mit Sauerampfersoße

Sauerampfer wird feingehackt, mit Butter, Sahne, Maggibrühe und etwas Salz abgeschmeckt und durch etwas Mehl bündig gemacht. Die heiße Soße wird über verlorene Eier gegossen, die hübsch auf einer Platte angerichtet sind. Das Gericht wird heiß serviert.

Makkaroni in Muscheln

Aus einem Stück Butter und einem Löffel Mehl stellt man eine Mehlschwitze her und verkocht sie mit etwas Maggibrühe zu einer bündigen Soße. Mit dieser Soße werden in Stücke gebrochene Makkaroni und etwas Salz vermischt und das Gericht in die mit Butter ausgeschmierten Muscheln getan. Darüber kommt ein Eßlöffel geriebener Parmesankäse. Im heißen Ofen hellbraun backen lassen.

Indianereier

100 Gramm Linsen werden in Wasser weichgedämpft. Dazu kommen eine in Butter weichgedämpfte, kleingeschnittene Zwiebel, 2 ganze Eier, etwas Salz und feingehackte Petersilie. Wenn die Masse noch nicht zusammenhält, wird so viel geriebene Semmel dazugetan, bis sie fest ist. Für die Person berechnet man 1 Ei. Dieses hartgekochte Ei wird mit der Masse so umgeben, daß es die doppelte Größe annimmt. Panieren und in schwimmendem Fett backen. Nach dem Erkalten wird jedes Ei längs durchschnitten und mit einer Remouladensoße angerichtet.

Eierröllchen

Kalte, hartgekochte Eier werden in Würfel geschnitten und mit Béchamelsoße vermischt. Zu der Masse kommen 2 ganze geschlagene Eier. Aus dem Teig dreht man Röllchen, die in geriebener Semmel gewälzt und in heißem Fett gelb gebacken werden.

Gebackener Sellerie

Junge zarte Sellerieknollen werden geschält und in Scheiben geschnitten. Eine Sekunde in kochendes Wasser geworfen und mit Salz bestreut. Die Scheiben werden in Backteig getaucht und in heißer Butter gebacken.

Tomaten im Schlafrock

Große Tomaten werden halbiert und von ihrem Innern befreit. In die Öffnung füllt man 1 weichgekochtes Ei, das mit geriebenem Parmesankäse bestreut ist, legt die Hälften wieder zusammen, bindet sie und umgibt sie mit einer gekochten Reismasse. In schwimmendem Fett backen. Zu den Tomaten wird Tomatensoße gereicht.

Gefüllte Tomaten

Von großen, rohen Tomaten wird ein Deckel abgeschnitten. Dann höhlt man sie mit einem silbernen Löffel aus und salzt sie. In die Hohlräume wird eine Fülle getan, die aus folgenden Gemüsen besteht: Mohrrüben und Sellerie, zu kleinen Würfeln geschnitten, die kleinen Röschen vom Blumenkohl, beides abgekocht in leichtem Salzwasser, kleingekochte Kartoffelstückchen, Erbsen und Salzgurken. Alles vermischt man mit Mayonnaise, füllt die Tomaten mit der Masse und deckt den Deckel wieder darauf.

Käse-Soufflé

4 Eßlöffel geriebener Parmesankäse werden mit ¼ Liter Milch, 4 Eigelb, dem Schnee von den 4 Eiern und einer Prise Salz verrührt. Die Masse wird in eine gut ausgebutterte Form gefüllt. Die Form darf aber nur halbvoll sein, weil die Masse stark geht. ½ Stunde in mäßig heißem Ofen backen.

Suppen
Mit Beilagen und Einlagen

Frühlingssuppe

In eine vegetarische Brühe, die aus einer halben Sellerieknolle, einer Mohrrübe, Petersilienwurzel, Porree, einem Kohlrabi, Blumenkohl und 2 Tomaten hergestellt und mit reichlich Butter und Maggi abgeschmeckt ist, tut man 100 Gramm Tapioka und läßt sie noch ½ Stunde auf dem Herd ziehen. Ein Strauß Frühlingskräuter, also Sauerampfer, Kerbel, Sellerickraut, grüne Petersilie, Portulak, Tripmadam und Pimpernelle, wird feingewiegt, mit zerpflückten Blättchen von jungem Kopfsalat vermischt und das Ganze in die Suppe getan. Einlagen werden in die Suppenschüssel geschüttet und mit der Brühe überfüllt.

Grießsuppe

In 2 Liter kochende vegetarische Brühe läßt man Grieß so lange in feinem Strahle einfließen, bis sie gut bündig ist. Dazu gibt man

Blumenkohlröschen, die vorher in schwachem Salzwasser abgekocht waren. Um den Geschmack der Suppe noch zu verbessern, kann man die Suppe mit etwas Maggi und gequirltem Eigelb abziehen.

Tomatensuppe

1 Stück Butter wird mit einer kleinen, feingeschnittenen Zwiebel zu heller Farbe durchgeschwitzt. Hinein gibt man 3 Eßlöffel Mehl und 1 Pfund in Stücke geschnittene Tomaten und füllt so lange vegetarische Brühe auf, bis sie schön sämig ist. Wenn die Suppe gut durchgekocht ist, rührt man sie durch ein Sieb, damit die festen Bestandteile der Tomaten zurückbleiben, und verbessert den Geschmack noch mit etwas süßer Sahne. In die Suppenschüssel sind Eierklößchen oder verlorene Eier getan. Darüber gießt man die Suppe.

Mangoldsuppe

Die gut gewaschenen Rippen des Mangold werden feingewiegt, in Butter weichgedünstet, mit Mehl vermischt und so lange vegetarische Brühe darübergefüllt, bis die Suppe bündig ist, etwas Maggi dazugetan und mit Ei abgezogen. Auf die Suppe in Butter geröstete Semmelwürfel.

Kartoffelsuppe

In die kochende vegetarische Brühe werden 4 große, geschälte rohe Kartoffeln gerieben, eine Prise Salz darübergestreut und die Suppe mit 1 Ei abgezogen. Die Suppe wird verbessert durch Hinzufügen von 2 Eßlöffel Tomatenpüree.

Selleriesuppe

2 große Sellerieknollen werden abgeschält und in dünne Scheibchen geschnitten. Die ganze Masse dämpft man mit einem großen Stück Butter, etwas Zwiebel und Petersilie und füllt 2 Liter vegetarische Brühe darüber. 2 große, in kleine Stückchen geschnittene Kartoffeln werden noch hinzugefügt und in der Suppe weichgekocht. Die Suppe kann durchpassiert, aber auch mit sämtlichen Zutaten angerichtet werden.

Mit einem Eigelb abziehen und mit Semmelschnitten anrichten.

Rhabarbersuppe mit Reis

1 Pfund Rhabarber wird abgezogen, in kleine Stücke geschnitten und mit dem nötigen Quantum Wasser verkocht, wozu noch 100 Gramm Butter, etwas Zimt und Zitronensaft kommen. Wenn der Rhabarber gar ist, wird die Suppe durchpassiert und mit einer hellbraunen Mehlschwitze bündig gemacht. ¼ Pfund weichgedünsteter Reis wird dazugetan und die Suppe über gerösteten Semmelschnitten angerichtet.

Holundersuppe

1 Liter Wasser und ½ Liter Holundersaft werden mit 100 Gramm Zucker und 500 Gramm Sago verkocht. Die Suppe muß so lange kochen, bis der Sago durchsichtig ist.

Milchkaltschale mit Reis

¼ Pfund Reis wird weichgekocht. Nachdem das Wasser abgegossen ist, wird der Reis mit 1 Liter Milch, 200 Gramm Zucker und einem Stück Vanille fertiggekocht. Dazu kommen 4 Eigelb, die mit 1 Liter Milch verrührt sind. Die Kaltschale auf Eis stellen und mit ein paar Löffel Schlagsahne garnieren.

Eierklößchen

Ein großes Stück Butter wird in einem Topf mit 2 Eiern geschlagen und mit 3 Eßlöffel Mehl, etwas gehackter Petersilie und einer Prise Salz vermischt. Klößchen formen, in die Suppe legen und 10 Minuten darin ziehen lassen. Schmecken am besten in Tomatensuppe.

Sagoklößchen

100 Gramm Sago werden mit soviel vegetarischer Brühe aufs Feuer gesetzt, daß er darin langsam dick aufquillt. Man schüttet ihn dann in eine Schüssel und sticht, wenn er abgekühlt ist, kleine runde Klößchen davon aus. Die Klößchen werden in die Suppenschüssel getan, wenn die Suppe schon darin ist, damit sie nicht zerfallen.

Soßen

Spargelsoße

2 Eigelb werden mit 1 Eßlöffel Mehl gerührt und mit 2 Eßlöffel süßer Sahne und ¼ Liter Spargelbrühe vermischt. Mit dem Saft einer viertel Zitrone abschmecken und eine Messerspitze Zucker dazutun. Die Soße wird über dem Feuer so lange geschlagen, bis sie dicht vor dem Kochen ist, dann schnell vom Feuer genommen und mit 1 Stück Butter verrührt.

Saure-Sahnen-Soße

¼ Liter saure Sahne wird mit etwas Mehl verrührt und in vegetarischer Brühe aufgekocht. Mit Zitronensaft abschmecken und mit 1 Eigelb abziehen. Paßt besonders zu Blumenkohl.

Dillsoße

Aus 2 Eßlöffel Butter und 50 Gramm Mehl wird eine Mehlschwitze hergestellt, die mit ¼ Liter vegetarischer Brühe, gewürzt durch Maggi, verrührt wird. Dazu feingewiegten Dill und etwas feingewiegte Petersilie. Gut durchkochen lassen und noch 2 Eßlöffel saure Sahne dazutun.

Tomatensoße

1 Pfund reife Tomaten werden in Stücke geschnitten und in einer Mehlschwitze mit einer feingeschnittenen kleinen Zwiebel gedämpft. Wenn die Masse gut durchgeschwitzt ist, ungefähr nach 10 Minuten, wird soviel vegetarische Brühe aufgefüllt, bis die Soße schön sämig ist. Durch ein Sieb rühren und mit Zitronensaft und Salz abschmecken.

Gurkensoße

Gurken werden abgeschält und kleingeschnitten, nachdem das Innere mit einem silbernen Löffel ausgekratzt ist. Die Gurkenstücke werden in Butter und Mehl gedämpft und etwas Zuckercouleur dazugetan. Vegetarische Brühe wird, wenn es nötig ist, hinzugefügt und die Soße durch ein Sieb passiert. Mit Zitronensaft und Salz abschmecken.

Selleriesoße

Ein schöner, fester, weißer Selleriekopf wird geschält, in kleine Stücke geschnitten und mit Butter und Mehl durchgeschwitzt. Vegetarische Brühe im nötigen Quantum dazutun. Die Soße durch ein Sieb passieren, eine Portion feingehackte Sellerieblätter dazutun und mit einem Glas Apfelsaft abschmecken. Statt Apfelsaft kann man auch 1 Eßlöffel saure Sahne nehmen.

Haselnußsoße

1 Eigelb wird mit 2 Eßlöffel Zucker, 1 Teelöffel Mehl und ¼ Liter Milch so lange auf dem Feuer geschlagen, bis es kurz vor dem Kochen steht. Dazu tut man 3 Eßlöffel geriebene geschälte Haselnüsse, nimmt die Soße vom Feuer und schlägt noch weiter, bis sie abgekühlt ist. Zum Schluß den Schnee des Eiweiß darunterziehen.

Erdbeersoße

1 Pfund Erdbeeren wird durch ein Sieb gerührt und mit 1 Glas Apfelsaft vermischt. Dazu ¼ Pfund Zucker, Saft einer Zitrone und einer Apfelsine und 1 Teelöffel verrührtes, aufgekochtes Maizena.

Mandelsoße

60 Gramm geriebene Mandeln werden mit 1 Löffel Mehl, 2 Eigelb und 1 Glas Milch glattgerührt. Aufs Feuer stellen und unter fortwährendem Rühren allmählich ein zweites Glas Milch, 50 Gramm Zucker und die abgeriebene Schale einer Zitrone hinzufügen.

Gemüse

Mit Beilagen

Spargelauflauf

3 Pfund Spargel werden geschält, in fingerlange Stücke geschnitten, weichgekocht, abgetropft und in die mit Butter gut ausgestrichene Auflaufform getan. Aus ½ Liter Spargelwasser, einem großen Stück Butter, 100 Gramm Mehl, 3 Eigelb, Saft einer halben Zitrone, 2 Eßlöffel Sahne und 2 Eßlöffel geriebenem Parmesankäse wird eine dicke Soße hergestellt, die über die Spargelstückchen in der Auflaufform gefüllt wird. Darüber etwas geriebene Semmel, nochmals Parmesankäse und den Auflauf im Ofen ½—¾ Stunden backen.

Mangold

Die Rippen werden von den Blättern befreit, in Stücke geschnitten und in mildem Salzwasser weichgekocht. Aus Milch, Mehl und Butter hat man eine weiße Soße hergestellt, in der die Mangoldstiele ziehen müssen. Die Mangoldblätter sind inzwischen gut gewaschen, in kochendem Salzwasser abgewellt, auf ein Sieb zum Ablaufen gegeben und feingewiegt. Die gewiegten Mangoldblätter werden in heißer Butter aufgeschwitzt und mit etwas Mehl überstäubt. Man richtet den Mangold so an, daß in der Mitte der grüne ist und außen der weiße.

Endivien

Endivien werden so hergerichtet, daß die äußeren, grünen Blätter entfernt und die inneren, gelben in fingerlange Stücke geschnitten werden. Ein großes Stück Butter wird mit Mehl geschwitzt und mit etwas Salz abgeschmeckt. Die Endivien müssen in der Mehlschwitze langsam dämpfen, bis alle Flüssigkeit verschwunden ist.

Gefüllter Wirsing

Ein schöner, großer Wirsingkopf wird von dem Strunk befreit und in einzelne Blätter geteilt. Diese Blätter läßt man in mildem Salzwasser weichkochen, gut ablaufen und füllt sie mit gedämpftem Reis. Die so erzielten Kugeln werden in Butter mit einer Tomate schön durchgeschwitzt.

Topinambur

1½ Pfund Topinambur (Erdschocken) werden sauber gewaschen und in Salzwasser mit 2 Eßlöffel Essig weichgekocht. Man schält sie, schneidet sie und läßt sie in 50 Gramm Butter weich werden. Etwas vegetarische Brühe kann hinzugefügt werden.

Gedämpfte Tomaten

Man legt die Tomaten 1 Minute in kochendes Wasser, damit sich die Haut leicht abziehen läßt. Aus einem Stück Butter, einer kleingewiegten Zwiebel und 1 Teelöffel Mehl stellt man eine Mehlschwitze her, tut die Tomaten hinein und läßt sie ungefähr 15 Minuten darin dämpfen. Die Tomaten dürfen nicht zerfallen.

Porreegemüse

Porreestangen, besonders die gelben im frühen Frühjahr, werden gut gereinigt, in kleine Stücke geschnitten und in leichtem Salzwasser eine Viertelstunde gekocht. Dann abgetrocknet. Mehlschwitze, die mit dem Porreewasser aufgefüllt ist, etwas Saft einer Zitrone, etwas Sahne und ein geschlagenes Ei dazu. In dieser Soße kochen die Porreestückchen noch 15 Minuten.

Chicoree

Von den Stauden werden die schlechten Blätter entfernt. Man stellt eine Mehlschwitze her, füllt etwas von der Brühe auf, in der die Stauden gekocht haben, und tut in die Soße die kleingeschnittenen Stauden. Nochmals ungefähr 15 Minuten durchkochen.

Spinatauflauf

Ein großes Stück Butter wird mit 2 Eßlöffel Mehl verrührt und 1 Tasse Milch dazugefügt. 2 Eigelb, 4 Eßlöffel Parmesankäse, der abgewellte und feingewiegte Spinat (ungefähr 1 Pfund), etwas Salz und der Schnee der 2 Eier werden dazugetan. Champignons, in Viertel geschnitten, werden mit etwas Petersilie gedämpft. In eine gut mit Butter ausgestrichene Auflaufform tut man lagenweise die Spinatmasse und die Champignons und schließt so, daß oben Spinat ist. Obenauf etwas Butter und geriebener Parmesankäse. Den Auflauf ¾ Stunden im Ofen backen lassen.

Blumenkohl mit Pilzen

Ein schöner Blumenkohl wird in Röschen zerlegt und in mildem Salzwasser abgekocht. 1 Pfund Pilze werden in Stücke geschnitten, mild gesalzen und in Butter gedämpft. In eine mit Butter gut ausgestrichene Auflaufform werden die Blumenkohlröschen und die Pilze lagenweise geschichtet und mit einer dicken Soße überfüllt. Obenauf geriebener Parmesankäse. 15 Minuten im Ofen backen.

Bratkartoffeln mit Äpfeln

In eine mit Butter gut ausgestrichene Pfanne werden geschälte, in Scheiben geschnittene Pellkartoffeln gelegt. Über diese Kartoffeln kommt eine Lage mürbe, rohe Apfelscheiben mit Zucker. Obenauf Butterstückchen. In mäßig heißem Ofen backen, bis die Äpfel gar sind.

Gefüllte Pfannkuchen

Auf dünne Eierkuchen werden gedünstete Zwiebelstückchen oder eine Pilzfarce dünn gestrichen. Der Pfannkuchen wird zusammengerollt, in Stücke geschnitten, paniert und ausgebacken. Man kann die Fülle auch von Gemüse machen: Erbsen und Spargel werden in Butter und Wasser mit etwas Petersilie gar gedämpft. Das Gemüse wird aus der Brühe genommen und die Brühe eingedickt, indem man etwas Mehl und 1 Ei hineingibt. Dann füllt man das Gemüse mit der Soße auf den Eierkuchen und bäckt ihn in der obenerwähnten Weise.

Salate

Tomatensalat

Reife Tomaten werden in dünne Scheiben geschnitten, mit feingehackten Zwiebeln vermengt. Dazu Zitronensaft und etwas Öl. Die Tomaten haben sehr viel Flüssigkeit, bedürfen also keiner weiteren Beimischung. Vor dem Anrichten feingewiegte Petersilie darüber.

Spargelsalat

Die Spargel werden geschält und in Salzwasser langsam weichgekocht. Wenn sie gar sind, läßt man sie gut abtropfen, tut sie in eine Salatschüssel und streut feingeschnittenen Schnittlauch darüber. Dazu Zitronensaft mit Öl vermischt und etwas Spargelbrühe.

Blumenkohlsalat

Blumenkohl wird in kleine Röschen zerteilt und diese in Salzwasser weichgekocht. Man läßt sie gut abtropfen und schichtet sie auf eine Salatschüssel hübsch bergartig. Eine Soße wird hergestellt von 3 hartgekochten Eigelb, etwas feingewiegter Zwiebel, 1 Eßlöffel Petersilie, ebenfalls feingehackt, 2 Eßlöffel Gemüseöl, einigen Tropfen Maggi und etwas Salz. Das Weiße der 3 Eigelb kann man zerschneiden und mit feingehackten roten Rüben als Garnitur um den Blumenkohlsalat benutzen. Die Soße kommt über den Blumenkohlsalat.

Rettichsalat

Große Rettiche werden gewaschen, geschält und in dünne Scheiben geschnitten. Darüber eine Soße aus 2 Eßlöffel Öl, etwas Zitronensaft und einer Prise Salz.

Kartoffelsalat mit Tomaten

1 Pfund Kartoffeln wird gekocht und in kleine Würfel geschnitten, dazu tut man eine feingehackte Zwiebel, etwas gewiegte Kräuter und den Abfall von 2 Pfund Tomaten. Diese 2 Pfund Tomaten, kleine, feste, werden in dünne Scheiben geschnitten, von den Kernen befreit und mit Zitronensaft beträufelt. Die Kartoffeln und Tomaten arrangiert man zu einem schönen Salat, übergießt ihn mit Mayonnaise und garniert ihn mit Eigelb, gehackten roten Rüben usw.

Bananensalat

Schöne feste Bananen werden geschält und in Scheiben geschnitten. Mit Zucker bestreuen, mit Zitronensaft beträufeln und rings um den Salat eingemachte Preiselbeeren schichten.

Kompotte

Apfelkompott

Äpfel werden vorsichtig geschält, entfernt und in nicht zu dünne Scheiben geschnitten. Die Scheiben legt man nebeneinander in eine Kasserolle, gießt etwas Apfelsaft hinzu und ein klein wenig Wasser, streut 1 Eßlöffel Zucker darüber, gibt den Saft einer halben Zitrone und etwas Schale hinzu und läßt die Scheiben in zugedeckter Kasserolle langsam schmoren. Wenn die Scheiben weich, aber nicht zerfallen sind, werden sie aus der Kasserolle genommen, in eine Schale getan und mit dem Saft übergossen.

Rhabarberkompott

Die Stengel werden von den Blättern befreit, abgezogen, rasch gewaschen und in kleine Stücke geschnitten. Die Stücke setzt man trocken auf das Feuer — Rhabarber sondert viel Flüssigkeit ab — und kocht sie langsam und mit viel Zucker, etwas Zitronenschale und Kaneel weich. Rhabarber darf nicht zerkochen. Auf je 500 Gramm Rhabarber rechnet man 240 Gramm Zucker.

Quittenkompott

Vier Birnenquitten werden geschält, in je vier Teile geschnitten, von Kernen gereinigt und in Wasser halb weichgekocht. Inzwischen hat man ein Glas Apfelwein mit 40 Gramm Zucker aufs Feuer gesetzt, etwas Zimt und Zitronerschale hinzugefügt, und schäumt nun den Wein gut ab. Die Quitten hineinlegen und wie Äpfel fertigdämpfen.

Apfelsinenkompott

½ Pfund Zucker wird mit ½ Liter Wasser zu einer Zuckerlösung gekocht. 5—6 schöne Apfelsinen hat man geschält, von dem Weißen befreit und entfernt. Die Scheibchen legt man in den Zucker, wenn er ganz klar ist. Mit dem Schaumlöffel die Scheibchen herausnehmen, in eine Glasschale legen und mit dem eingedickten Saft übergießen.

Mehlspeisen

Grießklöße

In ¾ Liter Milch, der man ein großes Stück Butter hinzugefügt hat, läßt man 150 Gramm Mittelgrieß so lange einlaufen, bis die Masse, unter kräftigem Rühren, konsistent ist und sich von der Topfwand löst. Wenn die Masse erkaltet ist, zieht man 2—3 Eier durch, sticht mit einem in heiße Butter getauchten Löffel kleine Klößchen ab und läßt sie in mildem Salzwasser garziehen. Man kann die Klöße auch in schwimmender Butter schön hellbraun backen und sie als Beilage zu geschmortem Backobst geben.

Quarkklöße

2 Pfund gut ausgedrückter Quark werden mit 3 Eiern, 3 Eßlöffel Zucker, etwas Zitronenschale, ½ Pfund Mehl, 3 bis 4 Eßlöffel geriebenem Weißbrot und einer Prise Salz gut verrührt. Wenn der Teig gut durchgearbeitet ist, sticht man ihn mit einem Löffel zu flachen Klößen aus, die entweder in Butter goldgelb gebacken oder in Salzwasser langsam gargekocht werden. Zu diesen letzteren Klößen reicht man braune Butter.

Zwiebackspeise

1 Pfund Teezwieback wird in zwei Hälften geteilt. Die eine Hälfte bestreicht man mit Aprikosen- oder Himbeermarmelade, die andere Hälfte benutzt man dazu, um auf jeden bestrichenen einen unbestrichenen Zwieback zu legen. In eine mit Butter ausgestrichene Puddingform werden die Zwiebacke so einsortiert, daß kleine Zwischenräume entstehen. Über die Zwiebacke gießt man nun eine Soße, die aus 4 Eiern und ½ Liter Sahne gequirlt ist. Das Ganze steht 1 Stunde, dann wird es 1 Stunde im Wasserbad gekocht und mit einer Weinschaum- oder Schokoladensoße gereicht.

Gemüsenudeln auf italienische Art

1 Pfund Gemüsenudeln wird in schwach gesalzenem Wasser mit einem Stück Butter

gekocht. Das Wasser muß so bemessen sein, daß es eingekocht ist, wenn die Nudeln gar sind. Dann werden sie ganz heiß mit 1 Teelöffel Zitronensaft gemischt und beim Anrichten dick mit Parmesankäse bestreut und mit zerlassener Butter beträufelt. Die Nudeln müssen beim Anrichten gut heiß sein.

Sagoauflauf

¼ Pfund Sago wird mit ½ Liter Milch so lange eingekocht, bis er sich von der Topfwand löst. 50 Gramm Butter werden zu Sahne gerührt, mit 50 Gramm Zucker vermischt, etwas Zitronenschale, der Saft einer viertel Zitrone, 50 Gramm Mandeln, 3 Eidotter und der abgekühlte Sago zusammengetan. In der Auflaufform ½ Stunde backen lassen.

Schwammpudding

⅛ Liter Milch wird mit einem Stück Butter erhitzt, mit 2 Eßlöffel Weizenmehl auf langsamem Feuer durchgeschlagen und dann zum Erkalten gebracht. Unter die Masse werden 4 Eidotter mit ⅛ Pfund Zucker schaumig gerührt, die geriebene Schale einer Zitrone, 3 Eßlöffel gehackte Mandeln und die festgeschlagenen 4 Eiweiß daruntergezogen. Der Schwammpudding wird in richtig vorbereitete Puddingform eingefüllt und muß 2 Stunden kochen. Dazu Fruchtsoße.

Früchtepudding

2½ Weißbrötchen oder Zwieback werden gerieben und mit ½ Liter süßer Sahne übergossen. Dazu tut man 60 Gramm abgezogene und geriebene Mandeln, 60 Gramm feinen Zucker und läßt die Masse auf gelindem Feuer zu einem feinen Teig dämpfen. Dann wird sie abgekühlt. Aus 60 Gramm Zucker, der zu Schaum gerührt ist, 2 ganzen Eiern, 3 Eidottern und dem abgekühlten Teig wird eine Masse gerührt, die durch feingeschnittenes Zitronat, Orangeade, gezuckerte Reineclauden, feingeschnittene Datteln, eingemachte Nüsse, einige eingemachte Kirschen und den Schnee der 3 Eiweiß vermehrt wird. In die Puddingform einfüllen und im Wasserbad 2 Stunden kochen.

Kalte, süße Speisen

Ambrosia

½ Liter saure Sahne wird geschlagen, mit 200 Gramm Zucker, 2 Eßlöffel Rosenwasser, 1 Päckchen Vanillin und 6 Blatt aufgelöster Gelatine vermischt. Das Ganze wird in einer Glasschale angerichtet und, wenn es fest geworden, mit ¼ Liter Schlagsahne verziert.

Sagoflammeri

¼ Pfund Sago wird in ¾ Liter Milch so lange eingekocht, bis er klar und fest ist. Eine Prise Salz dazu nach Geschmack. Noch heiß, wird er mit einer Tasse Milch durchgerührt, in der man die Schale einer halben Zitrone und ein Stück Zimt ausziehen ließ. Die heiße Masse wird in eine mit Wasser gut angefeuchtete Form geschüttet und nach einigen Stunden gestürzt. Dazu Fruchtsoße.

Ananasspeise

½ Liter Ananassaft, ½ Liter Apfelsaft, 10 Blatt rote und 10 Blatt weiße Gelatine, gelöst, werden vermischt und zu einer in kleine Würfel geschnittenen Ananas getan. ¼ Pfund vanillierter Zucker kommt hinzu, und dann stellt man die Masse in Eis, bis sie anfängt zu erstarren. Der steife Schnee von 3 Eiern und ½ Liter Schlagsahne werden daruntergezogen, die Masse wird in eine Glasschale gefüllt und bis zum Auftragen wiederum in Eis gestellt.

Holundergrütze

Von einem Liter Holunderbeeren wird Saft gekocht und mit Wasser so weit nachgeholfen, daß der Saft 1 Liter ergibt. Die Flüssigkeit wird nun mit 75 Gramm Maizena, die mit 3 Eßlöffel Apfelsaft verrührt sind, unter beständigem Rühren noch 5 Minuten gekocht. Die Grütze wird in eine mit Wasser gut ausgespülte Form gefüllt und nach einigen Stunden gestürzt.

Gebäck

Kringel

Aus 2 Pfund Mehl, ½ Pfund Butter, ¼ Pfund Zucker, 4 Eiern, einem Päckchen Vanillin, ½ Liter Milch, ½ Pfund Korinthen und 50 Gramm Hefe wird ein Hefekuchenteig hergestellt. Den Teig rollt man nicht zu dünn aus, bestreut ihn mit etwas Zucker und Korinthen oder bestreicht ihn mit Gelee. Der Teig wird zusammengerollt, zum Kranz geformt und zum Gehen beiseite gestellt. Wenn er gegangen ist, wird er mit Butter bestrichen und ¾ Stunden im heißen Ofen gebacken.

Bremer Klöven

Aus ¾ Pfund Butter, 2½ Pfund erwärmtem Mehl, 60 Gramm Hefe und ½ Liter Milch wird ein Teig gemacht, der tüchtig durchgearbeitet und zum Gehen 1 Stunde an eine warme Stelle gestellt werden muß. Nach 1 Stunde fügt man noch ½ Pfund Korinthen, ½ Pfund Rosinen, die Schale einer Zitrone, die ganz fein geschnitten wurde, etwas Zimt, etwas Sukkade und ½ Pfund Zucker hinzu und arbeitet den Teig noch einmal kräftig durch. Aus der Masse formt man ein Brot, das man auf ein mit Butter ausgestrichenes Blech zieht, läßt es noch einmal gehen, bestreicht es mit zerlassener Butter und bäckt es 1½ Stunden im heißen Ofen.

Mohrrübentorte

Aus 280 Gramm Zucker, 3 Eigelb, dem Saft einer halben Zitrone, der geriebenen Schale einer ganzen Zitrone, 400 Gramm geriebenen Mandeln, einem Gläschen Kirschwasser, einer Messerspitze Zimt, 2—3 Eßlöffel Pudermehl, dem steifen Schnee der 3 Eier wird ein Teig gerührt, unter den 400 Gramm rohe, geriebene Mohrrüben gemischt werden. Der Teig wird in eine gut ausgestrichene Form gefüllt und die Torte 1 Stunde im mittelheißen Ofen gebacken.

Apfelkrapfen

1 Pfund Mehl, 60 Gramm Butter, 1 Tasse saure Sahne und 1 Messerspitze Salz werden gut durchgearbeitet, der Teig dann ausgerollt. Vorher sind 12—15 Äpfel geschält, in kleine Würfel geschnitten und mit einem Glas Apfelsaft, zwei Eßlöffel Zucker, kleinen Rosinen, einer Messerspitze Zimt und 2 Eßlöffel feingewiegtem Zitronat gut eingedämpft. Aus dem ausgerollten Teig sticht man kleine Kuchen in Größe eines Dessertellers aus, füllt die gekochten Äpfel auf die eine Hälfte, bestreicht die Ränder mit Eigelb und schlägt die andere Hälfte, die Ränder gut andrückend, darüber. Die Krapfen werden ganz mit Eigelb bepinselt und im Ofen schön gelb gebacken.

Schneebälle

80 Gramm Butter werden mit ½ Liter Milch, ½ Pfund Mehl und einer Prise Salz zu einem Kloß abgebacken. Wenn der Teig abgekühlt ist, gibt man etwas geriebene Zitronenschale hinein und schlägt nach und nach 8 Eier und 75 Gramm Zucker darunter. Die Schneebälle werden mit dem Löffel abgestochen, in siedendem Fett gebacken und mit Zucker bestreut.

Prophetenkuchen

Ein eigroßes Stück Butter wird zerrührt, mit 40 Gramm feinem Zucker, 2 Eßlöffel Rum, 4 Eiern, einer Prise Salz und soviel Mehl vermischt, als die Masse annimmt, ohne steif zu werden. Der Teig wird auf ein mit Butter bestrichenes Blech gezogen, rasch goldgelb gebacken und mit etwas Butter beträufelt. Noch heiß, schneidet man ihn in schräge Stücke und bestreut ihn mit Zucker.

Getränk

Malzkaffee

Auf 6 Tassen 40 Gramm Malzkaffee und 1 Liter Wasser. Der Malzkaffee wird nicht zu fein gemahlen, in kaltem Wasser aufgekocht und 5 Minuten durchgekocht. Dann stellt man den Kaffeetopf beiseite, läßt den Kaffee noch einige Minuten ziehen und gießt ihn in eine vorher angewärmte Kanne.

Apfeltee

Apfelschalen, unter denen die besten aromatischen Stoffe des Apfels liegen, werden beiseite am Herd langsam getrocknet. Wenn sie getrocknet sind, nimmt man eine Portion davon, setzt sie mit 2 Zitronenscheiben in 2 Liter kaltem Wasser auf und läßt sie 1 Stunde lang ziehen. Der Apfelsaft wird dann durch ein Sieb gegossen und nach Belieben mit Zucker gesüßt.

Hagebuttentee

1 Tasse getrocknete Hagebutten werden mit 2 Liter Wasser und 2 Zitronenscheiben 1 Stunde langsam gekocht. Durch ein Sieb gießen und nach Belieben süßen.

Orangenlimonade

Auf 1 Liter Wasser rechnet man 2 Orangen und 2 Zitronen, die fein abgeschält werden müssen. Die Schalen werden in ¼ Liter Wasser ausgekocht. Der Saft der Früchte wird ausgepreßt und mit etwas gelöstem Zucker, 1 Liter Wasser und dem Siedewasser der Schalen vermischt. Kalt stellen, wenn möglich, auf Eis.

Rohkostrezepte

Rohkost setzt sich aus folgenden Produkten zusammen:

Obstfrüchte

Äpfel, Birnen, Apfelsinen, Weintrauben, Kirschen, Pflaumen, Aprikosen, Mirabellen, Pfirsiche, Bananen, Datteln, Zitronen, Ananas, Feigen, Johannisbrot.

Äpfel werden sauber und trocken abgerieben, Blüte, Stiel und schadhafte Teile entfernt. Äpfel, die zur Rohkost verwendet werden sollen, werden mit der Schale auf einer groben Gemüsereibe gerieben oder durch die Maschine getrieben, jedenfalls aber sofort unter den Salat gemischt, damit sie nicht die weiße Farbe verlieren. Zitronen und Orangen werden in zwei Teile geteilt und mit einer Zitronen- oder Apfelsinenpresse aus Glas oder Porzellan ausgepreßt. Früchte, aus denen Saft oder Brei gewonnen werden soll, werden mit einer Schraubenpresse behandelt oder auf der Raffel grob zerkleinert.

Beerenfrüchte

Erdbeeren, Himbeeren, Brombeeren, Johannisbeeren, Heidelbeeren, Preiselbeeren, Stachelbeeren. Beerenfrüchte werden kleingehobelt oder kleingeschnitten. Zur Saft- oder Breigewinnung gehen sie durch die Schraubenpresse.

Trockenfrüchte

Feigen, Pflaumen, Ringäpfel, Birnen, Aprikosen, Rosinen, Weinbeeren. Trockenfrüchte werden zuerst in heißem Wasser gewaschen und dann mit frischem Wasser 24 Stunden geweicht. Durch das Weichen saugen sie das Wasser ein, quellen auf und lassen sich leicht zerkleinern. Die Kerne werden entfernt. Dann werden sie durch eine Rohkostmaschine B. E. R. getrieben.

Wurzeln

Karotten, rote Rüben, Radieschen, Rettich, Kohlrabi, Sellerie, Zwiebeln, Mairüben, Kohlrüben, Teltower Rüben, Schwarzwurzeln, Golddistel, Pastinake, Hafer- oder Weißwurzel, Kerbelrübe, Topinambur, Helianthi, Stachys.

Alle Wurzeln werden mit Wasser gut gebürstet, fleckige und faule Stellen entfernt, dann geschabt oder geschält. Junge, gelbe Rüben, Radieschen und Rettich brauchen nicht geschält zu werden. Denn gerade unter der Haut der Wurzeln wie auch der Früchte liegen die Nährsalze und damit verbunden die Vitamine. Im Frühjahr, wenn das Gemüse an Kraft und Frische verloren hat, kocht man die Wurzeln besser und verwendet zur Rohkost nur die neuen, grünen Salate. Wurzeln werden nur verwendet, wenn sie gerieben oder durch die Maschine getrieben sind. Sellerie und Schwarzwurzeln legt man sofort nach dem Schälen in mit Zitronensaft gesäuertes Wasser oder streut eine Handvoll Mehl darüber. Sellerie und Schwarzwurzeln verwendet man, da sie leicht die Farbe verlieren und die daraus hergestellten Salate unansehnlich werden, feingerieben zu Mischsalaten, denen sie immer einen anregenden Geschmack geben.

Gemüsefrüchte

Gurken, Kürbis, Melonen, Tomaten. Gemüsefrüchte werden kleingehobelt, kleingeschnitten, durch die Maschine getrieben oder auf der Glasreibe zerrieben. Tomaten sind Nahrung und Medizin zugleich, da sie reich sind an Vitamin A und günstig wirken auf Leber, Nieren und Haut. Will man die Tomaten feingewiegt haben, zu Soßen, zum Brotaufstrich usw., so legt man sie ein paar Minuten in heißes Wasser, dann läßt sich die Haut gut abziehen. Mit der Entfernung der Kerne braucht man nicht ängstlich zu sein.

Blattgemüse und Salate

Kopfsalat, Lattich, Endivie, Löwenzahnblätter, Spinat, alle Arten Kresse, Kohl, Wirsing, Rotkohl, Weißkohl, Bleichsellerie, Bleichfenchel, Kräuter wie Schnittlauch, Petersilie, Kerbel, Borretsch, Schalotten, Estragon. Alle Blattsalate müssen schnell in viel Wasser gewaschen werden. Langes Wässern vermindert Nährwert und Geschmack. Auch Endivie ist so zu behandeln. Schnell in viel Wasser gewaschen, schmeckt sie nie bitter. Jeder grüne Salat muß auf dem Sieb 1 Stunde abtropfen. Nur frische, zarte Blätter verwenden! Als Würze Selleriesalz verwenden! Statt Essig nur Zitronensaft! Statt Zitronensaft ist auch roh gepreßter Rhabarbersaft verwendbar. Reichlich Öl nehmen. Salate nie zu sauer anmachen. Alle Kohlarten, die mit Jauche gedüngt sind, 5 Minuten abwellen, ohne ihre Nährsalze zu vernichten. Gekochter Kohl hat wenig Nährwert. Roh zubereitet, ist er ein gutes Auskehrmittel für Magen und Darm. Zum Würzen der Gemüserohkost verwendet man Schnittlauch, Petersilie, junge Sellerieblätter, Zwiebel, Tomate, Kresse, Kerbel, Bohnenkraut, Fenchel, Dill, Kümmel, geriebene oder ganze Nüsse, Zitronensaft. Schärfere Würzen sind Rettich und Meerrettichbeigaben, Senfpulver, Nelken, Salzgurken, Kapern, Oliven. Alle Gewürze bekommt man in Pulverform in den Reformhäusern. Als Garnituren für Gemüserohköstler verwendet man Petersilie, Brunnenkresse, Radieschen, saure Gurkenscheiben, Tomatenscheiben und ganze Oliven. Man kann auch Chrysanthemenblätter als Dekoration verwenden und dann mitessen. Die Blätter von Waldmeister, Gundelrebe, Hirtentäschelkraut eignen sich vorzüglich zum Würzen von grünen Salaten und Gemüserohkost. Richtet man mehrere Salate einzeln auf einer Platte an, so stellt man sie schön farbig zusammen: z. B. Blumenkohl, gelbe Rüben, grüner Salat; oder Rettich, Tomaten, grüner Salat, rote Rüben. Bei gemischten Gemüsesalaten mischt man nicht mehr als 3—4 Gemüse zusammen, von denen das eine vorherrschen muß. Bei gemischtem Blumenkohlsalat z. B. nimmt man 3 Teile Blumenkohl, 2 Teile Tomaten, 1 Teil Radieschen.

Mehlfrüchte

Weizen, Hafer, Mais, Reis. Mehlfrüchte werden mit der dreifachen Wassermenge 12 Stunden lang geweicht. In die Mitte Nüsse, Mandeln, Oliven. Baumnüsse, Haselnüsse, Walnüsse, Paranüsse, Kokosnüsse. Nüsse sind ein sehr wertvoller Bestandteil der Süßrohkost, werden aber auch zu Gemüsesalaten verwendet. Im allgemeinen sind Nüsse zu mahlen, und zwar mit der kleinen B.-E.-R.-Nußmühle. Geschnitten und gehackt schmecken die Nüsse zwar besser, verlassen aber unausgenützt den Darm. Haselnußkerne, die man ganz oder zerstückelt zu gemischten Gemüsesalaten verwenden will, müssen ein paar Minuten im Ofen erhitzt werden, damit die braune Haut sich lockert. Mahlt man sie jedoch, so kann man die Haut mitmahlen. Das gilt auch für Walnüsse, Paranüsse und rohe Erdnüsse. Mandeln und Walnüsse legt man in kochendes Wasser, dann läßt sich die Haut gut entfernen. Erdnüsse soll man meiden. Dagegen sind ausgezeichnet zu verwenden Pinienkerne und Zirbelnüsse. Kokosnüsse soll man nur feingerieben genießen und sie dann mit etwas Milch anrühren.

Rohkostsuppen und Kaltschalen

Weizenflocken-Milchsuppe

In einem Suppenteller werden Weizenflocken (1 Tasse) mit 1¼ Tassen Milch übergossen und mit 1 Teelöffel Bienenhonig gut verrührt. Vor dem Essen ½ Stunde stehen lassen.

Beerensuppe

Erdbeeren, Himbeeren, Heidelbeeren, Brombeeren oder Kirschen ohne Kerne werden zu Mus zerquetscht und mit etwas Bienenhonig gesüßt. 1 Tasse Puffreis wird mit 1¼ Tassen

Milch übergossen. 2—3 Eßlöffel des Fruchtmuses kommen auf jeden Teller. Die Suppe muß sofort gegessen werden. Statt Puffreis sind auch Weizenflocken oder Haferflocken zu verwenden, dann aber muß die Suppe ½ Stunde bis zum Essen stehen.

Tomatensuppe

Tomaten werden gehäutet, feingewiegt, mit gewiegter Petersilie, Schnittlauch und Zwiebel vermischt und mit etwas Selleriesalz gewürzt. 1 Tasse Weizen- oder Haferflocken übergießt man mit 1 Tasse Milch. Auf jeden Teller kommen 2—3 Eßlöffel des Tomatenmuses.

Kaltschale aus gemischten Früchten

In einer Suppenterrine werden ¼ Liter süße Sahne und ¼ Liter Apfelsaft mit 25 Gramm Rohrzucker gut geschlagen. In die Flüssigkeit kommen 2 säuerliche Äpfel, 2 Orangen, 2 Bananen in feine Scheibchen geschnitten. Vor dem Servieren werden 2 Eßlöffel geriebene Mandeln oder Haselnüsse oder Pinienkerne darübergestreut. — Nach diesem Muster sind sämtliche Kaltschalen herzustellen.

Kaltschale von getrockneten Früchten

¼ Pfund getrocknete Pflaumen, 2 getrocknete Bananen, 2 Eßlöffel Traubenrosinen werden 12 Stunden in Fruchtsaft geweicht und dann durch die Maschine gedreht. Unter die Früchte kommen süße Sahne und Apfelsaft, die zu Schaum geschlagen sind. Vor dem Essen geriebene Mandeln oder Nüsse darüberstreuen und Flocken dazu essen.

Soßen

Salatsoße

3 Eßlöffel Öl, Saft einer halben Zitrone und eine Messerspitze Selleriesalz werden in einer Schüssel gut durchgeschlagen und unter den Salat gemischt.

Sahnensoße

⅛ Liter süße Sahne, eine Messerspitze Selleriesalz, eine kleine Messerspitze Senfpulver, Saft einer halben Zitrone und ein Eßlöffel Öl werden in einer Schüssel tüchtig geschlagen. Als Würze 1 Teelöffel feingewiegte Petersilie oder Schnittlauch dazugeben.

Eiersoße

1 ganzes Ei, Saft einer halben Zitrone, eine Messerspitze Selleriesalz, eine kleine Messerspitze Senfpulver werden in einer Schüssel kräftig geschlagen. Zuletzt gibt man 2 Eßlöffel Öl, etwas feingewiegte Petersilie, Schnittlauch oder Zwiebel in die Soße.

Tomatensoße

Einige reife Tomaten werden von der Haut befreit und durch die Maschine gedreht. In den Brei rührt man zur Hälfte süße Sahne und würzt mit einer feingewiegten, mittleren Zwiebel, einer Messerspitze Selleriesalz, Petersilie und etwas Muskat. Die Soße wird zum Schluß in einer Schüssel gut durchgeschlagen.

Mayonnaise

2 rohe Eidotter werden mit 8 Eßlöffel gutem Öl, das man tropfenweise zugibt, verrührt. Etwas Salz hinzufügen und vor dem drittletzten Eßlöffel Öl den Saft einer ganzen Zitrone. Wenn die Mayonnaise schön dick geworden ist, fügt man etwas gewiegte Zwiebel, Schnittlauch oder eine kleine Messerspitze Senfpulver hinzu.

Gemüserohkost

Grüner Salat

Alle grünen Salate, Kopfsalat, Lattichsalat, Endiviensalat, Kressesalat usw., werden mit 3 Teilen Olivenöl, 1 Teil Zitronensaft und einer Messerspitze Selleriesalz angerichtet. Auch Schnittlauch ist reichlich zu verwenden. Die Rippen der Salate sind nicht zu essen. Keinen Essig verwenden. Keinen Zucker verwenden! Grüne Salate kann man auch mit saurer Sahne anrichten. Folgende Kombinationen sind denkbar: Grüner Salat mit Radieschen, grüner Salat mit Gurken, grüner Salat mit Tomaten, grüner Salat mit Rettich, grüner Salat mit Blumenkohl, grüner Salat mit grünen Erbsen und Spargel, grüner Salat mit Schwarzwurzel, grüner Salat mit gelben Rüben, grüner Salat mit roten Rüben, grüner Salat mit Teltower Rübchen, grüner Salat mit Topinambur, grüner Salat mit Rotkohl, grüner Salat mit Weißkohl, grüner Salat mit Sauerkohl.

Spinat mit Lauch

1 Pfund Spinat wird mit zwei jungen Lauchstengeln durch die Maschine gedreht. Petersilie, Sellerieblätter, Schnittlauch werden feingewiegt und, mit 25 Gramm gemahlenen Hasel- oder Piniennüssen vermischt, an den Salat getan. Dazu Salatsoße oder Sahnensoße und eine kleine Messerspitze Kümmelpulver.

Tomaten mit Radieschenfüllung

Von großen, festen Tomaten wird ein Deckel abgeschnitten. Dann höhlt man sie vorsichtig aus und füllt sie mit Radieschensalat, der mit Sahnensoße angerichtet und mit angerösteten Weizenflocken gedickt ist. Zum Schluß dicke Sahnensoße oder Mayonnaise über die gefüllten Tomaten.

Geriebene Gurke mit Grünkernflocken

3 Teile geriebene Gurke werden mit 1 Teil Grünkernflocken, geriebener Zwiebel, etwas Kümmelpulver, Schnittlauch, Petersilie und gemahlenen Haselnüssen vermischt. Darüber Sahnensoße oder rohe Tomatensoße oder Nußsoße.

Blumenkohl-Rohkostplatte

Von einem schönen Blumenkohl werden die Röschen entfernt und beiseitegelegt. Die großen Rosen und die geschälten Strünke werden durch die Maschine gedreht und zu gleichen Teilen mit gelben Rüben und Tomaten vermischt. Als Würze etwas Schnittlauch oder feingeschnittener, zarter Lauch darüber und Sahnensoße oder Mayonnaise. Diese Masse wird in der Mitte einer flachen Schüssel aufgehäuft. Den Hügel besteckt man mit den kleinen Blumenkohlröschen, die man zuvor mit Zitronensaft beträufelt hat, legt noch einen Kranz von Röschen um den Hügel und schließt außen mit Tomatenscheiben. Mayonnaisenspritzer über das Ganze.

Kürbis mit gelben Rüben und Tomaten

Kürbis, gelbe Rüben und Tomaten werden im Verhältnis von 2:1:1 durch die Maschine gedreht. 1 Selleriestengel, 1 Lauchstengel, 2 Eßlöffel geriebene Nüsse werden der Masse hinzugefügt und alles gut vermischt. Nachdem Sahnensoße daruntergezogen ist, häuft man den Salat in einer flachen Schüssel zum Berg und umkränzt diesen mit Kresse oder grünem Salat.

Gefüllte Früchte

Gefüllte Äpfel

Von einigen mürben Äpfeln schneidet man einen Deckel ab und höhlt den Apfel aus, aber so, daß der Apfel dünnwandig ist. Aus einem anderen, geriebenen Apfel, Rosinen, gewiegten Nüssen und feingewiegten Datteln stellt man eine Mischung her, mit der man die ausgehöhlten Äpfel füllt.

Gefüllte Apfelsinen

Apfelsinen werden halbiert und von dem Fruchtfleisch befreit. Dieses Fruchtfleisch mischt man mit Weizenflocken, einem geriebenen Apfel und etwas süßer Sahne und füllt es wieder in die Apfelsinenschalen ein. Darüber süße Sahne oder Schlagsahne. Genau so macht man es mit Zitronen und Melonen.

Gefüllte Datteln

Datteln werden der Länge nach aufgeschnitten und vom Kern befreit. In die Höhlung legt man eine längs geschnittene Paranuß mit der Schnittfläche nach außen.

Beerenspeisen und Fruchtsalate

Preiselbeerspeise

Ein Teil reife Preiselbeeren wird zerdrückt. Bananen und Birnen werden im Verhältnis von 1:2 in feine Scheibchen geschnitten und mit den Preiselbeeren, Schlagsahne und geriebenen Nüssen vermischt. Als Garnitur um diesen Fruchtsalat legt man entsteinte Datteln, die in Scheibchen geschnitten, mit etwas Zitronensaft beträufelt und mit Schlagsahne gemischt sind.

Fruchtsalat

2 große mürbe Äpfel, 2 Bananen, ¼ Ananas und 3 Orangen werden in feine Scheibchen geschnitten, mit dem Saft einer Zitrone beträufelt und mit 1 Eßlöffel Rohrzucker gesüßt. Der Fruchtsalat muß 1 Stunde ziehen und kann auch mit süßer Sahne gemischt oder mit Schlagsahne serviert werden.

Geraspelte Äpfel mit Sahne

2 Pfund schöne, süßsäuerliche, geraspelte Äpfel werden mit 50 Gramm grobgewiegten Mandeln oder Haselnüssen und ¼ Liter Sahne gemischt, die man mit dem Saft einer Apfelsine und einer halben Zitrone gut zusammengeschlagen hat. Eine kleine Messerspitze Veilchenwurzelpulver und eine Messerspitze Zimt als Würze dazugeben.

Fruchtspeise aus getrockneten Früchten

4 getrocknete Bananen, 8 Feigen, 10 Datteln werden mit einer Handvoll Hasel-, Para- oder Piniennüssen durch die Maschine gedreht und mit einer Handvoll Traubenrosinen gemischt. Das Ganze wird mit Frucht- oder Traubensaft verdünnt. 1 Stunde ziehen lassen.

Festspeise

Aus Weizen- oder Haferflocken, die mit geriebenen Äpfeln, Nüssen und Rohrzucker vermischt sind, formt man auf einer flachen, runden Glasschale einen ziemlich festen Berg. Mit etwas Zimt und Ingwer würzen. Als Garnitur um den Berg kommen zwei Reihen weißer und blauer Weinbeeren. Aus Äpfeln, Birnen,

Apfelsinen und Bananen, die in feine Scheibchen geschnitten, mit etwas Rohrzucker gesüßt und mit etwas Zitronensaft beträufelt sind, mischt man einen Fruchtsalat, den man in vier Häufchen um den Berg schichtet. Den Zwischenraum zwischen den Häufchen füllt man mit Schlagsahne aus. Der Berg wird mit halbierten Mandeln oder Piniennüssen garniert.

Obstsalate

Türkischer Salat

Tomaten, Bananen und süßsäuerliche Äpfel werden im Verhältnis von 2 : 1 : 1 in feine Scheiben geschnitten, mit dem Saft einer Zitrone abgeschmeckt und mit saurer Sahne oder saurer Milch oder Joghurt vermischt. Dazu wird Toast, Nährzwieback oder Schrotbrot gereicht.

Serbischer Obstsalat

4 große geschälte Äpfel werden in feine Scheibchen geschnitten. 1 große Zwiebel wird feingewiegt, 1 schöne Essiggurke wird ebenfalls gewiegt, 1 Banane halbiert und in Scheibchen geschnitten, dann der Saft einer Zitrone hinzugefügt und etwas Paprika oder Currypulver. Dazu Sahnensoße oder Mayonnaise. Um diese Speise wird ein Rand von Hafer- oder Weizenflocken oder Puffreis gelegt.

Süße Kürbisspeise

½ Pfund Kürbis mit 100 Gramm Hasel- oder Walnüssen durch die Maschine drehen, mit etwas Bienenhonig süßen, mit Zitronensaft und Ingwer würzen.

Süßspeisen

Bananenspeise

Auf den Boden einer Glasschüssel legt man eine Mischung von Nährzwieback und einer Handvoll Para- oder Haselnüsse, die man durch die Maschine gedreht und mit etwas Frucht- oder Traubensaft befeuchtet hat. Auf diese Masse kommt in Lagen eine Schicht von zerdrückten Erdbeeren- und Bananenscheiben (im Verhältnis von 2 : 1) und wieder angefeuchteter Zwieback. Obenauf eine dünne Schicht von gemahlenen Nüssen und Schlagsahne.

Gefüllte Bananen

Geweichte Rosinen werden mit gemahlenen Nüssen, etwas süßer Sahne und Zitronensaft gemischt. Diese Füllung gibt man in schöne, vollreife Bananen, von denen man einen Streifen der Schale zurückgezogen und in dem Fleisch mit dem Messer einen Schlitz angebracht hat. Nach der Füllung wird die Schale wieder vorsichtig angedrückt.

Flockenspeisen

Grünkernflocken mit Tomaten

½ Pfund Grünkernflocken wird mit 1 Pfund grobgewiegten Tomaten vermischt. Eine Zwiebel, Petersilie, junge Sellerieblätter und Schnittlauch werden feingewiegt, ein Bund Radieschen wird durch die Maschine gedreht. Beide Massen werden gut vermischt und zu grünem Salat gereicht.

Flockenwürstchen

Grünkern- oder Haferflocken und Nüsse werden im Verhältnis von 3 : 1 durch die Maschine gedreht und mit feingewiegten Sellerieblättern, Petersilie, Kresse, Bohnenkraut vermischt. Um die Masse geschmeidig zu machen, fügt man etwas feingewiegte Tomaten oder Sahne hinzu. Aus der Masse werden Würstchen geformt.

Haferflocken mit Spinatsaft

Haferflocken werden mit frisch gepreßtem Spinatsaft, feingewiegter Petersilie, Schnittlauch und Zwiebel vermischt und mit Salat- oder Eiersoße gewürzt. Auf Salatblätter tut man kleine Häufchen dieser Masse und verwendet sie als Rand einer Gemüse-Rohkostplatte. Als Garnitur noch ganze Hasel- oder Piniennüsse. Haferflocken können auch mit rotem Rübensaft in derselben Weise angerichtet werden.

Früchte-Flockenspeisen

Pflaumenspeise

Plochinapflaumen und Haferflocken werden im Verhältnis 10 : 2 geweicht, ebenso Traubenrosinen in Ananas- oder sonst einem Fruchtsaft. Die geweichten Pflaumen werden entsteint und mit einer Handvoll Nüsse durch die Maschine gedreht. Alle Teile werden zusammengerührt und mit soviel Milch verdünnt, daß die Speise nicht zu fest wird.

Beeren-Flockenspeise

125 Gramm zerquetschte Beeren werden mit 2 Eßlöffel geweichten Haferflocken, 10 Eßlöffel Wasser und 1 Eßlöffel kondensierter Milch vermischt; mit etwas Bienenhonig süßen und mit Zimt und geriebener Zitronenschale würzen.

Ananas-Flockenspeise

Weizenflocken in Milch zu einem dickflüssigen Brei weichen, Saft von einer Apfelsine und einer viertel Ananas hinzufügen, mit gemahlenen Nüssen mischen und mit etwas geriebener Zitronenschale würzen.

Flocken-Süßspeisen

Weizenflocken mit Fruchtsaft

50 Gramm Weizenflocken mit 200 Gramm Fruchtsaft und 30 Gramm geriebenen Nüssen zu einem Brei mischen. Frische Früchte dazu essen. Zu Weizenflocken kann man auch Rhabarbersaft nehmen, zu Haferflocken Traubensaft.

Johannisbrotflocken

Johannisbrot wird die Nacht über geweicht, am nächsten Morgen von den Kernen befreit und durch die Maschine gedreht. 25 Gramm von dieser Masse kommen zu 50 Gramm Hafer- oder Weizenflocken, die mit 125 Gramm geriebenen Nüssen gemischt sind. Die Masse mit etwas Rohrzucker süßen, mit Veilchenwurzel, Zimt und geriebener Zitronenschale würzen und mit Milch oder Fruchtsaft verdünnen.

Hafermarkspeise

Hafermark mit gemahlenen Nüssen, geweichten Traubenrosinen und zerquetschten Beeren oder geriebenen Äpfeln und Birnen mischen. Mit etwas Veilchenwurzelpulver, Zimt und geriebener Zitronenschale würzen und mit etwas Fruchtsaft oder Rhabarbersaft verdünnen.

Trockenspeisen

Sonnengebackenes

1½ Tassen gemahlene Hafer- oder Weizenflocken werden mit 1 Tasse geriebenen Nüssen und 2 Eßlöffel geriebenem oder durch die Maschine gedrehtem Johannisbrot vermischt. Nachdem die Masse mit einem gehäuften Eßlöffel Honig gesüßt und mit geriebener Zitronenschale und Zimt gewürzt ist, wird sie mit Wasser zu einem steifen Brei geknetet. Den Brei dünn ausrollen und ein paar Stunden in der Sonne stehen lassen. Dann in kleine, dünne, längliche Streifen oder Vierecke schneiden oder kleine Formen ausstechen.

Dattel-Feigen-Paste

1 Pfund Datteln und 1 Pfund Feigen, die mit heißem Wasser schnell gewaschen und auf dem Sieb getrocknet wurden, werden mit 200 Gramm Hasel- oder Piniennüssen durch die Maschine gedreht. Das Ganze kommt in eine Schüssel und wird dort mit 2 Eßlöffel warmem, flüssig gemachtem Honig verknetet. Dann streicht man die Mischung gleichmäßig auf Oblaten, garniert sie mit halbierten Mandeln oder legt eine zweite Oblate obenauf. Die Pasten werden mit Zellufan luftdicht abgeschlossen und halten sich sehr lange.

Feigenfrühstück

Feigen, getrocknete Pflaumen, rohe Erdnüsse und Nährzwieback werden im Verhältnis 3 : 1 : 1 durch die Maschine gedreht. Die Feigen und getrockneten Pflaumen waren natürlich über Nacht eingeweicht. Die Masse wird morgens auf nüchternen Magen gegessen und ein Glas Fruchtsaft dazu getrunken.

Nußfruchtwurst

Fertiges Nußmus, das man in jedem Reformhaus bekommt, getrocknete Früchte, wie Datteln, Feigen, Aprikosen, Bananen, werden im Verhältnis von 1 : 3 durch die Maschine gedreht. Man rollt die Masse in Wurstform und schneidet davon runde Scheiben ab, die man in gewiegten Mandeln oder gemahlenen Nüssen wälzt.

Nußbreie und Nußbutter

Flocken mit Nußbrei

Nuxo-Nußmus wird mit etwas Sahne und ein paar Löffeln Hafer- oder Weizenflocken gemischt. Dazu gut verdrückte Beeren oder fein zerriebene Äpfel.

Nußbrei mit Zwieback

Nußmus wird mit Trauben- oder Fruchtsaft zu Sahne verrührt und mit feingeriebenem Nährzwieback vermischt.

Mandelbutter

Mandeln werden in der gewohnten Weise mit kochendem Wasser überbrüht, geschält, getrocknet und mit der Nußmühle zermahlen. Die Masse wird mit etwas Wasser verdünnt und an einen kühlen Ort zum Aufquellen gestellt. Genau so bereitet man Walnußbutter, Haselnußbutter und Piniennußbutter.

Brotaufstriche

Kräuterbutter

Butter wird 10 Minuten lang flaumig gerührt und mit gewiegter Petersilie, Seleriegrün, Zwiebeln, Kapern, Radieschen oder etwas Meerrettich vermischt. Zum Schluß gibt man etwas Tomatensaft unter die Butter.

Eieraufstrich

Das Gelbe von 2 hartgekochten Eiern wird 5 Minuten lang mit 125 Gramm Butter verrührt und mit dem feingehackten Eiweiß vermischt. Dazu kommen noch eine abgezogene, gewiegte Tomate, feingehackte Petersilie und Schnittlauch und etwas Salz.

Tomatenaufstrich

2 zerschnittene Tomaten tut man in eine Kasserolle mit zerlassener Butter (ein guter Eßlöffel) und schlägt 2 Eier hinzu. Vor dem Abnehmen verrührt man die Masse mit einem Holzlöffel und streicht sie warm auf die bereitgehaltenen Brotschnitten.

Pilzaufstrich

Eine Anzahl Pfifferlinge, Steinpilze oder andere Pilze werden sorgfältig gewaschen und feingewiegt. Feingewiegte Petersilie, eine kleine Zwiebel und eine Tomate oder Tomatenmus kommen dazu, nach Geschmack etwas Salz. Alles zusammen schmort ungefähr 5 Minuten in der Pfanne, wird mit kleinem Eßlöffel Mehl bestreut und mit 2—3 Eßlöffel Wasser beträufelt. Der Pilzaufstrich wird zu gerösteten Brötchen gegeben.

Radieschenbutter

¼ Pfund Butter wird schaumig gerührt und mit feingewiegten Radieschen (2 gehäufte Eßlöffel) und etwas Schnittlauch vermischt. Mit der Butter werden Brotscheiben bestrichen und der Rand mit Kresseblättern verziert.

Quarkaufstrich

Quark wird mit etwas Sahne oder Milch, feingewiegter Zwiebel, Petersilie, etwas Seleriesalz und Kümmel verrührt. Die Masse streicht man auf Brotscheiben und garniert diese mit feingeschnittenen Radieschen.

Kräuternußbutter

1 Pfund B.-d.-R.-Butter wird glattgerührt und mit 2—3 Tomaten, einer Handvoll Kräuter und einer großen Zwiebel, die zusammen durch die Maschine gedreht wurden, vermischt. Mit feingewiegtem Schnittlauch, 1 Teelöffel Seleriesalz würzen und alles gut zusammenkneten.

Nuxo-Tomatenbrötchen

Nußmus wird mit feingewiegten enthäuteten Tomaten vermischt und auf Vollkornbrot oder Knäckebrot gestrichen. In die Mitte Quarkgerichte.

Quarkspeise

Quark wird mit etwas Sahne oder Milch gut verrührt und mit einem Bund feingeriebenen Radieschen vermischt. Dazu kommen etwas feingewiegte Petersilie, Schnittlauch und Zwiebel. Diese Quarkspeise ist ein gutes Abendessen zu Vollkornbrot oder rohen Hafer- und Weizenflocken oder zu Reis.

Quarkspeise mit Tomaten

Die Quarkspeise wird wie vorher mit Radieschen hergestellt, außerdem mischt man noch 2 feingewiegte Tomaten darunter.

Getränke

Erdbeermilch

Saft von reifen Erdbeeren wird zu gleichen Teilen mit frischer Milch vermischt. Auf dieselbe Weise kann man Himbeermilch, Heidelbeermilch, Johannisbeermilch und Stachelbeermilch herstellen.

Honigmilch

1 Eßlöffel flüssiger Honig wird in ½ Liter heißer Milch aufgelöst.

Knoblauchmilch

4 Knoblauchzehen werden fein zerschnitten, mit ¼ Liter heißer Milch übergossen und 15 Minuten zum Ziehen auf den heißen Herd gestellt. Wirkt blutreinigend und verjüngend.

Mandelmilch

¼ Pfund süße Mandeln werden mit ½ Liter warmer Milch übergossen. Mit etwas Zitronensaft und Honig abschmecken.

Meerrettichmilch

2 Eßlöffel feingeriebener Meerrettich werden mit ½ Liter heißer Milch übergossen und zum Ziehen auf den Herd gestellt. Diese Milch muß, ebenso wie die Knoblauchmilch, vor dem Genuß durchgeseiht werden.

Sauermilch mit Früchten

Sauermilch wird so lange geschlagen, bis sie schaumig ist, und dann mit zerdrückten Erdbeeren, Himbeeren, Brombeeren oder entsteinten, gut zerquetschten Kirschen vermischt. Mit Honig süßen und Flocken dazu geben.

Zitronenmilch

Der Saft einer Zitrone wird in ½ Liter frische Milch gegossen und diese so lange mit der Gabel geschlagen, bis sie gleichmäßig geronnen ist.

Fruchtbrause

Fruchtsaft von Erdbeeren, Himbeeren, Brombeeren usw. wird mit Mineralwasser vermischt, und zwar 3 Teile Saft auf 1 Teil Mineralwasser.

Erdbeerbowle

1 Pfund Erdbeeren wird mit 200 Gramm Zucker 1 Stunde lang zum Ziehen gestellt. Dazu 1¼ Liter alkoholfreier Wein und ¼ Liter Wasser. Kleine Erdbeeren läßt man ganz.

Früchte-Joghurt

Joghurt wird gut verrührt und mit durchpassierten frischen Heidelbeeren vermischt. Wenn nötig, mit etwas Weizenflocken verdicken, mit wenig Honig süßen und mit etwas Zimt oder Veilchenpulver mischen.

Kalte Schale aus gemischten Früchten

¼ Liter süße Sahne, ¼ Liter Apfelsaft und 25 Gramm Rohrzucker werden gut geschlagen. Hinein schneidet man 2 süßsäuerliche Äpfel, 2 Orangen, 2 Bananen in feinen Scheibchen. Darüber werden gestreut 2 Eßlöffel geriebene Mandeln oder Haselnüsse oder Pinienkerne.

Kalte Schale aus getrockneten Früchten

Eine Handvoll getrocknete Pflaumen, 2 getrocknete Bananen und 2 Eßlöffel Traubenrosinen, die über Nacht in Fruchtsaft geweicht hatten, werden durch die Maschine gedreht. Süße Sahne und Apfelsaft werden geschlagen und unter die Masse gerührt. Darüber dann geriebene Mandeln oder Nüsse. Flocken dazu essen.

Hagebuttenwein

Hagebutten, die man von den Blüten gesäubert hat, werden durchschnitten. Auf je 1 Pfund Hagebutten kommen 1 Pfund Zucker und 1 Liter rohes Wasser. Das Wasser, in dem man den Zucker gelöst hatte, schüttet man über die Früchte. Die Mischung bleibt 4 Monate stehen, im ersten Monat wird sie jeden Tag geschüttelt. Das Gefäß wird nur mit einem Gazeläppchen überbunden, damit der Gärungsprozeß nicht gestört wird. Nach 4 Monaten wird der fertige Wein gefiltert und auf Flaschen gefüllt.

Champagnermilch

Kuhmilch wird mit Mandelmilch oder zerriebenen Nüssen verrührt und mit beliebiger Milch verdünnt. Nach dem Erkalten kann Kohlensäure daraufgepreßt werden.

Einige Rohkost-Speisefolgen

Frühstück

Pflaumen-Diätspeise, Birnen und Nüsse, Brot, Butter, Mandelmilch.

Oder: Geriebener, roher Apfel mit Nüssen, Hagebuttentee mit Vollkornbrot, Honig und Marmelade.

Oder: Früchte, Haferschleim, Tee, Vollkornbrot mit Butter und Honig.

Mittagessen

Tomatensuppe, grüne Soße, Flocken, Himbeerschnee.

Oder: Kräutersuppe, grüner Salat mit Radieschen, Pellkartoffeln, gebratene Tomatenscheiben, Erdbeerspeisen.

Oder: Gemüsesuppe, verschiedene Salate, Nudeln mit Tomaten, Obstspeise, Obstwein.

Abendessen

Früchte und Nüsse, Quarkkäse mit Zwiebeln, Vollkornbrot mit Brotaufstrich, Kräuterbutter, Tomaten, Mandelmilch.

Oder: Pellkartoffeln, grüner Salat, Sauermilch.

Oder: Früchte und Nüsse, dicke Milch mit Vollkornbrot und Butter, Radieschen, Mandelmilch.

Lebergerichte
gegen Erkrankungen an perniziöser Anämie
Von Dr. med. A. von Werthern

Als im Herbst 1926 die amerikanischen Forscher Minot und Murphy ihre Versuche mit Leberdiät bei schwerer Blutarmut, speziell bei der perniziösen Anämie, veröffentlichten, begegnete man in deutschen Ärztekreisen den berichteten Erfolgen mit einem gewissen Skeptizismus. Heute, nachdem Nachprüfungen vieler deutschen Kliniken gezeigt haben, daß wir in der Leberdiät die wirksamste Waffe im Kampf gegen die perniziöse Anämie, die schwerste Form der Blutarmut, haben, ist die Leberbehandlung der Blutarmut überall in der Praxis fest verankert. Worauf der erstaunliche therapeutische Effekt der Diät beruht, wissen wir noch nicht mit Sicherheit.

Die Leber wird in roher und gekochter Form gegeben, und zwar in einer täglichen Menge von 200 bis 250 Gramm. Daneben wird von den Amerikanern Wert darauf gelegt, möglichst wenig Fett, Eiweiß und süße Speisen zu geben, aber reichlich Obst und Gemüse, besonders grüne Gemüse und Salate. Die Leber kann ab und zu ersetzt werden durch andere innere Organe der Schlachttiere, wie z. B. Gehirn, Niere, Kalbsmilch usw.

Lebersuppe nach amerikanischem Rezept
250 Gramm Leber werden in Würfel geschnitten, in 400 Gramm Wasser 10 Minuten gekocht, durch ein Sieb gerührt und mit dem Wasser gut vermengt.

Lebersuppe
Man setzt eine Kalbsleber mit kochendem Wasser auf und kocht sie eine knappe Stunde. Nach dem Kochen schneidet man sie in Stücke und läßt sie einmal durch die Fleischhackmaschine passieren. Auf die passierte Masse gießt man langsam zirka 1½ Liter Fleischbrühe und läßt alles einmal kurz aufkochen. Vor dem Anrichten tut man in die Terrine 1 Eigelb, 1 Löffel saure Sahne, 1 Glas Portwein; darauf gibt man nach und nach die kochende Bouillon.

Rohe Leberspeisen

Leber als Brotaufstrich
Die von Haut und Sehnen gereinigte Leber wird zweimal durch die Fleischhackmaschine getrieben, dann verrührt man sie mit Eigelb, gehackten Zwiebeln, Kapern, Salz und Pfeffer und serviert sie als Brotaufstrich.

Leberbeefsteaks
Man formt aus der passierten Leber kleine Beefsteaks, die man mit gehackten Zwiebeln, Sardellen, Kapern und kleinen sauren Gurken garniert.

Rohe Leberpastete
200 Gramm rohe Leber passieren zweimal die Fleischmaschine und werden mit gleichfalls durchgetriebenem rohem Schinken, Sardellen, etwas Zwiebeln, Salz und Pfeffer gründlich vermischt. Mit Trüffeln garniert, eignet sich das Gericht nach halbstündigem Stehen zur Paste auf Brot.

Leber-Cocktail
Amerikanisches Originalrezept: 250 Gramm gereinigte Kalbsleber werden zweimal durch die Fleischmaschine getrieben und auf Eis gestellt. Die Masse wird mit einer Soße, die hergestellt ist aus ½ Tasse Tomatentunke, ¼ Tasse Zitronensaft, 2 Teelöffel Worcestersoße, ½ Teelöffel feingehackter Zwiebel, Salz und Pfeffer, gemischt und kalt getrunken.

Gebratene und gebackene Leberspeisen

Gänseleber, gebraten
Man nimmt die Leber einer möglichst mageren Gans, befreit sie von der Galle, wäscht sie, schneidet sie in dicke Stücke, klopft sie leicht, bestreut sie mit Salz und etwas Pfeffer, wälzt sie in Mehl und brät sie rasch in gut gebräunter Butter so, daß die Leber nicht ganz durchgebraten ist.

Kalbsleberschnitten, gebraten
Nachdem die Leber von Haut und Sehnen befreit ist, wird sie in zirka 1 bis 2 Zentimeter dicke Scheiben geschnitten. Die Scheiben werden leicht gesalzen und in mit Bröseln gemischtem Mehl umgewendet. In einer Pfanne läßt man Butter braun werden, legt die Schnitten hinein und brät sie kurz auf beiden

Seiten in ziemlich starkem Feuer. Nachdem die Schnitten aus der Pfanne genommen sind, bräunt man nach Belieben in der Butter, in der die Leber gebraten ist, Zwiebel und Äpfel, oder man fügt zu der Butter etwas Fleischbrühe hinzu und macht mit etwas Mehl eine sämige Tunke. Man kann auch vor dem Braten die Leber mit feingeschnittenen Zwiebeln bestreuen.

Geschmorte Leber

Eine Kalbsleber wird 1 Stunde lang in Milch gelegt, von Haut und Sehnen befreit und gespickt. In einem Tiegel läßt man Butter hellbraun werden, legt die mit Salz bestreute Leber hinein und bräunt sie auf beiden Seiten. Dann gießt man eine kleine Tasse kochendes Wasser und etwas Brühe dazu und läßt sie unter öfterem Begießen gut zugedeckt ¾ bis 1 Stunde langsam schmoren. Zu der Tunke tut man je nach Geschmack etwas saure Sahne und gestoßene Wacholderbeeren.

Kalbsleber nach Wildbretart

Die Leber wird in dünne Scheiben geschnitten, gesalzen, etwas gepfeffert, in Mehl gewälzt und in heißer Butter auf ziemlich starkem Feuer rasch gebraten. In die Tunke tut man einige gestoßene Wacholderbeeren, etwas Fleischbrühe und saure Sahne. Dann läßt man die Leber noch einige Minuten dünsten und serviert sie mit Kartoffel- oder Kastanienpüree.

Geröstete Leber

Die Leber wird in feine Scheiben geschnitten und mit feingeschnittenen Zwiebeln in heiße Butter getan. Dann röstet man sie auf scharfem Feuer einige Minuten und würzt sie vor dem Anrichten mit etwas Salz und Pfeffer. Dazu gibt man Béarnaise-Soße.

Leber-Croquettes

Man läßt 100 Gramm rohe Leber durch die Maschine passieren, vermischt die Masse mit 1 Eigelb, Salz, geriebenen Zwiebeln und gestoßener Muskatnuß nach Geschmack. Es werden nun Rouladen geformt, die man in Mehl und Eigelb wälzt und kurz brät. Man kann auch die mit Öl usw. vermischte Lebermasse zwischen zwei ohne Zucker gebackene Omeletts tun und sie auf der Pfanne noch kurz durchziehen lassen.

Leberknödel

200 Gramm Leber werden abgehäutet und feingehackt. In einer Schüssel werden zirka 30 Gramm Butter zu Schaum gerührt und 1—2 Eier dazugetan. Dann fügt man die Leber, Salz, Pfeffer, etwas gehackte Petersilie, nach Geschmack geriebene Zwiebeln und Muskatnuß dazu und mischt das Ganze mit zirka 100 Gramm feingeriebener Semmel gut durcheinander. Aus dem Gemisch werden Knödel geformt, die in Fleischbrühe gargekocht werden, bis sie schwimmen.

Leberklöße

200 Gramm Leber werden ¼ Stunde gekocht, auf der Reibe gerieben und mit einem ganzen gekochten Ei vermischt. 25 Gramm Butter, die zu Schaum gerührt sind, werden mit der Lebermasse, geriebener Semmel, Salz und wenig geriebenen Zwiebeln vermischt. Aus der gut durcheinandergerührten Masse formt man runde Klöße, die so lange in kochendem Wasser bleiben müssen, bis sie oben schwimmen.

Leber in Gelee (Sulze)

250 Gramm Kalbs- oder auch Gänseleber werden schwach gesalzen und in einer gut zugedeckten Pfanne mit Butter und sehr wenig Wasser weichgedünstet. Nach dem Erkalten wird die Leber in fingerdicke Scheiben geschnitten oder mit einem Ausstecher ausgestochen. Nun bereitet man Sulze, bestreicht eine Form etwas mit Speckschwarte, gießt eine Schicht flüssiger Sulze hinein und belegt sie, wenn sie erkaltet ist, mit den Leberschnitten und gießt wieder Sulze darüber. Die Form wird zirka 1 Stunde in kaltes Wasser oder auf Eis gestellt, vor dem Anrichten einen Augenblick in heißes Wasser gehalten und auf eine Schüssel gestürzt. Besonders schmackhaft wird das Gericht, wenn man die erste Schicht Sulze, nachdem sie erkaltet ist, mit Trüffeln belegt.

Leberwurst

3 Pfund frische Leber werden in kaltem Wasser gut abgewaschen, dann mit kochendem Wasser einen Augenblick gebrüht. Das Wasser läßt man gut abtropfen, 1 Pfund frischer Speck wird abgekocht, Leber und Speck werden in Stücke geschnitten, zweimal durch die Fleischmaschine und dann durch einen Durchschlag getrieben. Nach Geschmack tut man 2 bis 3 weichgekochte Zwiebeln vor dem Durchpassieren in die Masse. Ist alles durchgeschlagen, dann würzt man mit Salz, weißem gestoßenem Pfeffer, feingeriebenem Majoran und einer Prise Zucker. Die Masse füllt man jetzt locker in Schweinedärme, tut sie in kochendes Wasser und läßt sie 1 Stunde langsam ziehen (nicht kochen).

Leberspeise

¼ Pfund rohe Leber passiert zweimal die Fleischmaschine und den Durchschlag. Man löst zwei Blatt Gelatine in Fruchtsaft und vermischt den Saft mit dem gesalzenen Leberbrei. Entweder garniert man die steif gewordene Speise mit Schlagsahne oder man fügt schon vor dem Kaltwerden ¼ Liter geschlagene Sahne hinzu.

Anregung für das Aufstellen von Küchenzetteln

1. Feine Küchenzettel, den Jahreszeiten entsprechend

Januar: Fleischbrühe mit Spargel oder Klößchen. Forellen blau mit frischer Butter. Hasenbraten mit Apfelmus. Sellerie. Salat. Aprikosenspeise.

Februar: Ochsenschwanzsuppe. Zander mit feinem Frikassee, überbacken. Rinderfilet mit Gemüsen und roh gebratenen Kartoffeln. Vanilleeis. Waffeln oder Hippen.

März: Grüne Erbsensuppe mit Grießklößchen. Steinbutte mit Austern oder Champignonsoße. Getrüffelte Pute mit Kompott und Salat. Kaffeecreme und kleines Gebäck.

April: Morchelsuppe. Lachs mit feiner holländischer Soße. Junge Hühner mit frischem Kopfsalat. Malta-Reis mit Früchten garniert.

Mai: Krebssuppe. Aal grün mit Gurkensalat und neuen Kartoffeln. Stangenspargel mit frischer Butter oder Morcheln in Sahnensoße. Kalbsfrikandeau, Kartoffelbällchen. Gefrorener Maiwein. Feines Gebäck.

Juni: Brühe mit Eierstich. Grüne Bohnen mit Matjesheringen und neuen Kartoffeln. Rehrücken, Salat, Kompott. Erdbeercreme oder Torteletts mit frischen Erdbeeren und Schlagsahne.

Juli: Fleischbrühe mit Gemüsen. Hummermayonnaise. Hammelrücken oder -keule mit Gemüsen garniert. Rote Grütze mit süßer Sahne oder Fruchteis. Waffeln.

August: Fischsuppe. Hühnerfrikassee. Spießerkeule mit Salat und Kompott. Aprikoseneis. Gebäck.

September: Tomatensuppe. Ochsenzunge mit Gemüsen. Rebhuhn mit Sauerkraut oder Apfelmus. Schokoladecreme mit Schlagsahne.

Oktober: Königinsuppe. Hammelkotelette mit Bearnersoße. Roh gebratene Kartoffeln. Getrüffelter Fasan mit Salat oder Kompott. Mürbe Torte, mit geschältem Pflaumenkompott belegt.

November: Kraftbrühe in Tassen, mit Rindermark. Pastete mit feinem Geflügelfrikassee. Schinken in Burgunder mit Gemüsen. Pfirsich mit Erdbeermark.

Dezember: Schildkrötensuppe. Gebackene Seezunge mit Remouladesoße. Gänsebraten, mit Äpfeln und Maronen gefüllt. Salat. Apfelsinencreme in Gläsern.

2. Küchenzettel für ein Jagdfrühstück

Fleischbrühe in Tassen. Schmorbraten, mit Straßburger oder Béchamelkartoffeln in der Form gebacken. Hummermayonnaise. Eier auf Tomaten. Kalte Schinkenpastete. Butter, Brot, Käse, Käsestangen. Obst und verschiedenes kleines Gebäck.

3. Eine Damen-Nachmittagsgesellschaft

Kaffee und Tee. Butterhörnchen und Zwieback mit frischer Butter, feiner Apfelsinenmarmelade oder Gelee. Königskuchen. Windbeutel mit Schlagsahne. Gemischte Teekuchen.

Abends: Heringsalat. Verschiedene belegte Brötchen. Gemischter, feiner Obstsalat mit Schlagsahne. Tee oder Bowle.

4. **Kaltes Buffet für eine Tanzgesellschaft von etwa 30 Personen**

Kalter Prager Schinken mit Cumberland- oder Remouladesoße. Getrüffelter Kartoffelsalat. Kaltes Rinderfilet, mit Gemüsesalat und Mayonnaise garniert. 1 Platte mit verschiedenen belegten Broten. 1 Platte Käsebrote verschiedener Art. 1 Apfelsinencreme, 1 Mokkacreme. Bunte Schüssel. Bowle, Rotwein oder Tee. Siphons. Diverses Obst und kleine Süßigkeiten.

Erklärung von Fachausdrücken

Abtreiben = österreichischer Ausdruck für Schaumigrühren von Eiern, Zucker und Butter zu Kuchen und Speisen.
Bardieren = mit Speckscheiben bewickeln.
Blanchieren = Nahrungsmittel mit kochendem Wasser begießen oder langsam erhitzen.
Brandteig = eine auf dem Feuer abgerührte Teigmasse aus Flüssigkeit, Fett und Mehl.
Buletten = kleine Fleischbrötchen aus gehacktem oder faschiertem Fleisch.
Carcasse = Gerippe eines Geflügels.
Chateaubriand = Rippenstück vom Rind auf dem Rost gebraten, meist mit Gemüsen garniert.
Consommé = kräftige Fleischbrühe.
Coulis = Grundsoße. Man unterscheidet weiße oder braune Coulis, je nach der zugrundeliegenden Mehlschwitze und der Farbe der Brühe.
Croquettes = sind kleine gebackene Beilagen aus Fisch oder Fleisch, in Teig gewickelt oder paniert und in Fett gebacken.
Dressieren = Geflügel in die zum Braten gewünschte Form bringen.
Entrecôte = eine dicke Scheibe von hohem Roastbeef geschnitten, meist auf dem Rost gebraten.
Escaloppes = Fleischklöße aus gehacktem oder faschiertem Fleisch.
Faschieren = fein hacken oder durch die Maschine treiben.
Flammieren = Flambieren, Absengen des Geflügels.
Fond = der sich an den Kochgeschirren ansetzende Niederschlag, aus dem Soße gebildet wird.
Friture = kochende Butter zum Ausbacken.
Germ = Hefe oder Bärme.
Glacieren. Glacé = stark eingekochte Fleischbrühe, mit bindenden Substanzen, sei es Kalbsfuß oder Gelatine, gemischt, zum Bestreichen kalter Gerichte, die beim Erstarren die Speise mit glänzender und schmackhafter Hülle umgibt.
Gratinieren = überbacken oder überkrusteln von Speisen im Bratofen oder mittels Glühschaufel.
Karamel = gebräunter Zucker.
Legieren = abziehen. Suppen oder Soßen durch Zugabe von verquirltem Eigelb sämiger machen.
Marinade = pikante Flüssigkeit, die Fisch, Fleisch oder Gemüse vor ihrer Zubereitung durchziehen muß oder zum Haltbarmachen dient.
Midder = Bries = Kalbsmilch.
Palatschinken = österreichische Bezeichnung für ganz dünne Eierkuchen, Pfannkuchen oder Omelette.
Panieren = Umhüllen eines Bratstückes mit Mehl, Semmelmehl, vorheriges Eintauchen in verquirltem Ei.
Passieren = durch ein Sieb rühren.
Sautieren = Fleischscheiben oder dergleichen in Butter schnell gardämpfen.
Soufflé = schaumige gebackene Speise aus Eiern, die sofort angerichtet werden muß, da sie sonst zusammenfällt.
Stand = Aspik = stark eingekochte Brühe aus Kalbsfüßen oder Schwarten, die zu Sülzen oder Gelees verwendet wird.
Sterilisieren = Abtöten von Bakterien durch Erhitzen im Dampf- oder Wasserbad unter Abschluß der Luft.

Stoven = schmoren, schwitzen.
Timbale = Speise in Kuppelform.
Tranchieren = zerlegen.
Vol-au-vent = blindgebackene Pastete, die mit beliebigem Ragout gefüllt zu Tisch gegeben wird.

Kleine Küchenwinke

Kein Wässern der Nahrungsmittel, da sonst die Nährstoffe ausgezogen werden.

Hartes Wasser wird weich durch Hinzufügen einer Messerspitze Natron oder reiner Soda.

Nudeln sowie Makkaroni sind stets mit kochendem Wasser aufzusetzen, damit sie Form behalten und nicht durch langsames Erweichen ihren Mehlgehalt ans Wasser abgeben.

Hülsenfrüchte müssen nach dem Waschen 12 Stunden in weichem Wasser (eine Prise Natron) eingeweicht werden. In demselben Wasser erhitzen bis zur Schaumbildung, das Wasser abgießen und neues heißes Wasser zusetzen. Wird statt dessen kaltes genommen, so bleiben die Hülsenfrüchte hart.

Reis darf nie gerührt, nur geschüttelt werden. Irdene Kochtöpfe (Kochkiste!). Reiskocher im Wasserbad verwenden, damit Körner ihre Form behalten, aber trotzdem weich sind, ohne zu zerfallen.

Reis à la Victoria = Ganzkörniger Reis, wie er in Indien bereitet wird, Reis in viel Wasser schwimmend kochen. Auf ½ Kilo Reis etwa 5 Liter Wasser und das nötige Salz rechnen. Ins kochende Wasser geben und 15—20 Minuten kochen lassen, auf ein Sieb schütten, gut abtropfen und sofort zu Tisch geben.

Pudding kochen erfordert ein häufiges Nachgießen von verdampftem Kochwasser. Das Wasser muß stets kochend sein, da der Pudding sonst aus dem Kochen kommt. Die Puddingform muß bis drei Finger breit unterhalb des Verschlusses im Wasser stehen.

Kräftige Fleischbrühe wird kalt angesetzt, damit durch langsames Erhitzen das Fleisch ganz ausgelaugt wird und alle Eiweißstoffe nach Möglichkeit in die Brühe übergehen.

Saftiges Kochfleisch ist kochend anzusetzen. Durch die plötzliche Einwirkung der Hitze wird das Eiweiß an der Außenfläche zum Gerinnen gebracht, der Fleischsaft wird dadurch dem Fleisch erhalten. Soll beides vereinigt werden, kräftige Brühe sowie saftiges Fleisch, so setzt man die Knochen kalt an, und wenn die Brühe kocht, fügt man das Fleisch bei, erst nach dem Schäumen das Suppengrün.

Suppengrün = Mohrrübe, Porree oder Zwiebel, Sellerie und Petersilienwurzel.

Zum Klären und Bräunen von Brühen ist eine mit der Schale auf dem Herd von allen Seiten gebräunte Zwiebel sehr zu empfehlen.

Gute Fettmischung zum Kochen, Braten und Ausbacken: 1 Kilo ausgelassenes Rinderfett, 1 Kilo Schweineschmalz, ½ Kilo Butter.

Gebrauchtes Backfett, das durch mehrfache Verwendung, z. B. durch Backen von Fischen, nicht mehr verwendbar ist, läßt sich durch Auskochen mit Wasser reinigen. Auf 2 Kilo erkaltetes Fett etwa 1—1½ Liter Wasser geben, 1 Stunde nicht zu scharf kochen lassen, dann durch ein Sieb in eine Schüssel seihen. Wenn erstarrt, wird das Fett abgelöst, sauber abgekratzt, dann nochmals unter Beifügen von 4—6 Erbsen (Hülsenfrüchten) erhitzt. Die Hülsenfrüchte ziehen die noch im Fett befindliche Feuchtigkeit an sich, und das Fett ist wieder gebrauchsfertig.

Helle Mehlschwitze bereitet man aus zerlassenem Fett, schwitzt darin Mehl, bis es Blasen wirft, und kocht mit heller Brühe zu sämiger Soße.

Dunkle Einbrenne. Fett bräunen, darin Mehl zu gewünschter Farbe rösten, dunkle Brühe verwenden. Wenn nicht die gewünschte Farbe erzielt ist, werden ein paar Tropfen Zuckerfarbe beigefügt.

Zuckerfarbe. Streuzucker in eisernem Tiegel rühren, bis er dunkelbraun ist (vom Feuer rücken, Vorsicht), dann mit kaltem Wasser ablöschen, einmal aufkochen. In Flaschen gefüllt zu gelegentlicher Verwendung aufbewahren. Nur tropfenweise verwenden, da in größeren Mengen angewendet leicht bitter schmeckend.

Gewürzdosis 6 Pfefferkörner, 3 Gewürzkörner, 1 Nelke, ¼ Lorbeerblatt.

Zitronenschale darf niemals bei Kuchen und Speisen lange mitgerührt werden, da sie dann nicht mehr aromatisch, sondern bitter schmeckt.

Heiße Töpfe, die eben entleert wurden, dürfen nicht mit kaltem Wasser gefüllt werden, da sonst die Glasur springt.

Kuchenformen sowie Bleche sollen möglichst nicht abgewaschen werden, sondern nur mit Papier abgerieben werden. Bleche, die, wie es bei Obstkuchen häufiger der Fall ist, angesetzt haben, sowie Eierkuchenpfannen sind mit Salz, dann mit einer Speckschwarte abzureiben.

Pudding- und Backformen werden mit Butter ausgepinselt, dann mit fein geriebener Semmel (Stoßbrot) bestreut.

Gelee- und Flammeriformen spült man kalt aus, damit sie sich stürzen lassen.

Hefeteig verlangt warme Zutaten: Erwärmtes gesiebtes Mehl, lauwarme Milch usw.

Backpulverteig darf nur mit kalten Zutaten bereitet werden.

Brandteig. Flüssigkeit und Butter bis vors Kochen erhitzen, dann Mehl trocken hineinstreuen, rühren, bis sich die Masse (der Kloß) vom Topf löst.

Rosinen und Korinthen sind gut zu verlesen, alle Steine, Stiele sind zu entfernen, dann mit 1 Löffel Mehl zwischen den Händen zu reiben, dann abzusieben.

Gallerte klären. Zu klärende Flüssigkeiten durch ein Sieb geben, lauwarm mit gewaschener, zerkleinerter Gelatine, zerdrückter Eierschale und dem leichten Schnee des Eiweiß mischen, 1—2 Minuten kochen lassen, dann mit Deckel bedeckt an die Herdseite vorne, aber nicht heiß stellen, bis sich Eiweiß von der klaren Flüssigkeit trennt. Dann durch ein Tuch oder Beutel gießen. Auf 1 Liter Flüssigkeit 2 Eierschalen, 1 Eiweiß und 25—30 Gramm Gelatine rechnen.

Register

K = Krankenkost, R = Rohkost, V = Vegetarische Kost

A

Aal	108
— in Bier (märk.)	109
— gebacken (norbd.)	109
— gedämpft	368
— in Gelee	110
— geräuchert (schwed.)	366
— grün	109
— Räucher- (Spick-)	110
— Rotwein	352
— sauer	109
— Suppe, Hamburger	108
— töten, vorrichten	108—112
Abendessen, warm, f. Gäste	379
Alant	102
— gebraten	112
Alkoholfreie Getränke	345
Alkoholische Getränke	339
Alpenbuttercreme	332
Aluminiumgeschirr	25
Ambrosia K	411
— V	422
Ananas-Bowle	341
— Eis	334
— Flockenspeise R	429
— Gelee	360
— Kompott	209
— Speise V	422
— sterilisiert	241
Anisbogen	312
Anrichten	391
Äpfel, -Auflauf	212, 286
— mit Ananas	208
— mit Apfelsinen	208
— und Birnensaft	219
— mit Fleischresten	213
— mit Gänseklein	212
— ganze, geschmort	208
— gefüllte R	427
— Gemüse (2)	212
— geraspelte, mit Sahne R	427
— Gericht, holländ.	369
— Grütze	212
— Hörnchen	328
— mit Kartoffeln	212
— Klöße	212
— Kompott	207
— Kompott V	421
— Krapfen V	423
— Kuchen (3)	300
— Plätzchen	317
— Reis	213
— Saft	219
— in der Schale geschmort	208
— Schalentee	338
— Scheiben, gebacken	318
— im Schlafrock	284
— im Schnee	288
— sterilisiert (Apfelmus)	241
— Strudel	297
— Suppe	214
— Tee V	423
— mit Wein	208
— Weinpunsch	344
Apfelsinen mit Apfelschnitzen (sterilisiert)	242
— Auflauf	286
— Buttercreme	331
— gefüllte R	427
— Gelee	331
— Kompott V	421
— Pudding (Koch)	286
— sterilisiert	242
— Torte	307
Apostelkuchen	291
Aprikosen	209
— Auflauf	286
— gebacken	318
Aprikosen-Klöße	278
— Kuchen	301
— Mus	208
— im Schlafrock	304
— sterilisiert	242
— Suppe	215
— mit Weinschaumsoße	209
Arrak-Pralinés	327
— Punsch	343
Artischocken	170
— Böden	170
— — mit Cremesoße	170
— — sterilisiert	246
— ganze, steril.	247
— gebacken	171
— gebraten, ital.	364
— gefüllt	170
— Püree	171
— nach Vater Abraham	364
Asche, siehe Forellen	107
Aspik	330
Auberginen m. Parmesan	362
— türkisch	366
Auerhuhn, gebraten	91
Auerwild	91
Aufläufe u. Puddings (Köche)	281
Austern	128, 129, 346
— gebraten	128
— mit Champagner	129
— essen, öffnen	128
— Kokillen	346
— Soße, helle	129
— Suppe	350
— „Überraschte"	346
— Vergiftung	97

B

Backbleche und -Formen behandeln (Bäckerei)	289
Backhühner (österr.)	73
Backobst	209
— mit Klößen	213
— mit Makkaroni	213
Backofenhitze (Bäckerei)	289
Backpflaumen m. saur. Linsen	213
Backpulver-Gebäck u. gerührte Kuchen	298
— Behandlung der Teigarten	298
Baisers	310
Baisertorte	310
Baldriantee K	338, 411
Ball	381
Bananen, gefüllte R	428
— Speise R	428
— Salat V	421
Barbe, gebraten	112
Bär, der	80
Bärenbraten	80
Bärenrücken	357
Bärenschinken (2)	357
Bärenschinken in Burgunder	80
Barsch	99, 100
Basilikum	200
Baumstamm	299
Béarnaise-Soße	355
Béchamel-Soße	351
Beefsteak, deutsches	46
— Nelson	45
— Tartar	49
Beefsteaks, französische	362
Beeren-Suppe R	425
— Flockenspeise R	429
Beete, rote, siehe Rote Rüben	146
Beifuß	200
Bekassine	95
Beleuchtung	29
Berliner Pfannkuchen	315
Berliner Torte (nach Selesko-witz)	309
Bewirtung bei besonderen Gelegenheiten	379—392
— Vorbereitungen	387
Biberschwanz	114
Bier	340
— Kaltschale	340
— Suppe	340
Birkenpilz	180
Birkhuhn	91
— gebraten	92
Birnen	209
— Belle Hélène	361
— frische, mit Kartoffeln	213
— mit Klößen und Speck	213
— in Essig und Senf	253
— in Essig und Zucker	254
— sterilisiert	242
— mit Zucker und Essig, steril.	242
— Saft, sterilisiert	219
— Suppe	215
Bischofsbrot, schwarzes	299
— weißes	299
Biskuite	299
Biskuit-Omelette	278
— Roulade	299
— Schnitzeln (Pfanzel)	273
— Torte (2)	307
Bismarckeiche	299
Blanc manger	331
Blätterteig (Butterteig) (3)	303
— Hörnchen	304
— Pasteten (2)	303, 304
— Stangen mit Käse	304
Blattsalate, grüne	185
Blaubeerenkompott	210
Blei	101, 102
Bleichsellerie-Salat	187
Blitzkuchen	299
Blumenkohl	139
— Auflauf	139
— in Béchamelsoße	139
— in brauner Butter	139
— in Eiersoße	139
— in Kalbsbrühe gedünstet	140
— mit Pilzen	420
— Rohkostplatte R	420
— Salat	189
— — V	420
— sterilisiert	247
— Suppe (2)	140
— überbacken	139
Blutarme, deren Ernährung	408
Blutwurst (3)	64, 65
Boedjak manis	377
Bœuf à la mode	46
Bohnen, dicke oder große: unter Puffbohnen	161
— grüne	162
— — mit gelber Soße	163
— — mit Hammelfleisch	162
— — mit Käse	163
— — mit Milch	163
— — mit Speck, säuerlich	162
— — sterilisiert	247
— — mit weißen Bohnen	163
— weiße, mit Äpfeln	176, 212
— — gebackene	177
— — mit Petersilie	176
— — mit Pökelfleisch	176
— — mit Rindfleisch (oder Hammel)	176
— — mit Zucker und Zimt	176
— Salat	189
— Suppe	177
Bohnenkaffee	337

Bonbons, gefüllte 327
Borretsch (Gurkenkraut) . 200
Borsch (2) 372
Bouille-à-baisse 362
Brandträpfchen (-plättchen) 273
Brandstrauben 316
Brandteig 316
Brandwunden 31
Bratenrezepte, besonders gute 355
Bratkartoffeln m. Äpfeln V 420
Bratklopse in Sahnensoße . 48
Bratofen 15
Bratofen mit Gasfeuerung . 16
Bratwurst 63
— in Bier 61
Bratwürste, Wiener . . . 64
Bratzeit-Tabelle für Geflügel, Schlachtvieh, Wild . . 41
Braune Kuchen 321
Brausen (Gazeusen) . 344, 345
Breitfische . . . . 120—122
Bremer Klöben V 422
Brennmaterial 29
Bridge-Tee 382
Briketts 29
Brombeerblättertee 338
Brombeeren, sterilisiert . . 242
— -Kompott 210
— -Saft, sterilisiert . . . 219
Bröselteige 300
Brotauflauf 282
Brotaufstrich, nahrhafter K 413
Broteis 334
Brotpudding 282
Brotsuppe 271
Brottorte 307
Brotwasser K 411
Brühe mit Einlagen . . . 42
— klare 42
Brunnenkresse als Salat . . 187
Bücklinge, gebraten . . . 123
— in Rührei 123
Buletten (Frikandellen) . . 50
Buntes Huhn (Bohnen und Mohrrüben) 176
Burgunderpunsch 343
Butter anzurichten . . . 262
— erkennen 263
— frischhalten 263
— klären und bräunen . . 262
— zu Sahne rühren . . . 262
— -Creme, siehe Alpenbuttercreme 332
— -Mehlnahrung K . . . 410
— -Nährwert 259
— -Rocken 273
— -Nudeln 275
— -Pilz 180
— -Ringe 302
— -Schnitten, falsche . . . 324
Butterteig (3) 303
— — -Krapfen 304
— — -Pasteten . . . 303, 304

C

Casuela chilena 374
Champagnermilch R . . . 431
Champignons . . . 179, 181
— à la crème 182
— -Frikassee 182
— mit Kräutern und gebackenen Austern . . . 182
— -Pasteten mit Krebsschwänzen 182
— -Soße, braune 182
— — weiße 182
— -Suppe 182
Champignons, sterilisiert . . 249
Charimsel (jüdisch) . . . 317
Chateaubriand 46
Chaudeau, geliertes . . 331, 342
Chenille oder Raupentlee . 203
Chicorée (siehe Zichorie) . 156

Chicorée-Gemüse V . . . 420
— holländisch . . . 156, 367
— - (Zichorien-) Salat . . 187
Chili con carne 374
Coulis (siehe lichte Soße) . 274
Cremes 330
Creme-Auflauf, geb. . . . 285
— -Consommé 332
— zum Füllen von Backwerk 331
— kalte 332
— -Pudding (-Koch) . . . 285
Creme mit Schneenocken . 333
— -Schnitten 304
— -Würfel, geb. 317
Crème de Ménage 272
Cucido 365
Curry-Gerichte 370
— -Gewürz 375

D

Dachs, der 87
— -Braten 87
Dalken, böhm. 291
Damhirschrücken (Karlsbader Art) 83
Dampfnudeln, bayr. . . . 290
— poln. 373
Damwild, das 83
Darm, gefüllter (jüd.) . . 57
Darmkrankheiten 407
Dattelbaisers 329
— -Feigenpaste R 429
Datteln, gefüllte 328
— R 427
Dauergemüse 170
Deutscher Tee 338
Dill 202
— -Soße V 418
Dolmas 366
Dorsch 119
— gebacken mit Kartoffeln . 119

E

Ei, das 264
— Nährwert 264
Eibischtee 338
Eichel-Kaffee 337
— -Kakao nach Michaelis K 412
Eier-Aufstrich R 430
— -Bier 340
— bunte 266
— gefüllte, kalt 266
— — warm 266
— halb- oder fernweiche . . 265
— hartgekochte 265
— -Klößchen V 418
— marinierte 266
— -Paprika- 267
— -Punsch 343
— -Röllchen V 417
— -Rühr- 266
— -Sol- . . . . 265.
— und Speck 265
— -Speise, eingerührte . . 267
— — in Muscheln . . . 267
— — mit Schinken . . . 267
— -Spiegel- 265
— -Sotzen 267
— -Soße R 426
— — kalte, mit Schnittlauch 267
— -Stich 43, 267
— auf Toast 348
— -Verlorene 265
— — m. Sauerampfersoße V 417
— — weichgekochte . . . 265
Eierfrucht 166
Einbrenne (siehe Mehlschwitze) 271
Einbrennsuppe 271
Einlauf 43
Einsegnung 380
Eis von frischen Früchten . 334
Eisbein mit Erbsen und Sauerkohl 60

Eierkuchen 315
Eiskrapferln 310
Eiskraut 154
— -Salat 186
Eiweiß-Milch K . . . 401, 409
Elchrücken 81
Elchwild, das 81
Elektrizität zum Kochen . 18
Emaillegeschirr 23
Endivien (Escariol) . . . 156
— -Gemüse V 419
— in Sahne 156
— -Püree (2) K 413
— -Rippen 156
— -Salat 186
Ente, die 78
Entenbraten 78
Erbsen, graue, mit saurer Soße 177
— grüne 159
— mit Eierklößchen . . . 160
— mit Krebsen 160
— -Püree 160
— mit Sahne 159
— mit Scholle oder Stockfisch 160
— mit Speck 159
— -Suppe 160
— -Püree, gelbes 177
— sterilisiert 247
— -Suppe mit Schweinsohren 177
Erdbeer-Blättertee 338
— -Bowle 341
— R 431
— -Creme 331
— -Gelee (-Sülze) 330
— -Kompott 210
— — roh 210
— -Krapfen 318
— -Kuchen 301
— -Likör 232
— -Milch R 430
— -Saft, sterilisiert 218
— -Soße V 419
Erdbeeren mit Crème double und Kirsch 361
— sterilisiert 242
Erdmandel 203
Erdschocke, s. Topinambur 149, 150
Ernährung im Schulalter . 399
Escariol (breitblättr. Endivie) 156, 186
Essen, das, im Leben des Menschen . . . . 1—10
Essigfrüchte 252
Esterhazy-Rostbraten (österr.) 46
Estragon 200
— -Essig 204
Euter 48

F

Fachausdrücke, verschiedene . 418
Fasan, der 92
— Alter des 92
— gebraten 93
— mit Sauerkraut . . . 93
— mit Trüffeln 93
Faschingskrapfen (Selestowitz) 317
— Wiener 315
Federwild, das . . . . 91—95
Feigenfrühstück R 429
— -Püree K 412
Feine Küche, die 346
Feldsalat (Rapünzchen) . . 186
Fenchel 338
Festspeise R 427
Fettsucht 405
Fiebernde, deren Ernährung 408
Filetbeefsteaks 45
Filet, gefülltes 355
Fisch . . . . . 97—123, 351
— -Einkauf 98
— gedämpfter 101

Fisch-Gericht (holländ.)	368
— -Gulyás (österr.)	113
— -Konserven	115
— -Kotelette	120
— -See-	97
— -Süßwasser-	97
— -Vergiftung	98
— -Zubereitung	98
Fische vom Rost	352
Fischsülze	330
— -Sülze	113
Fischotterbraten	114
Flaschen-Bouillon K	411
Fleckerln	272
Fleisch-Füllung (zur Pute)	74
— -Klößchen, deutsche	42
— -Nudeln	275
— -Schmarren	279
— und Wurstvergiftung	40
— zahmes (Nutzwert, Einteilung, innere Organe)	34—40
Flocken m. Nußbrei R	429
— -Würstchen R	428
Flunder, frische, gebacken	121
— gekocht	120
Fogosch, siehe Schill	111
Forellen	106
— blau	107
— gebacken (österr.)	108
— gekocht	107
— in Tokayer (ung.)	107
Frankfurter Stanitzen	313
Fricco	365
Frikandellen (Buletten)	50
Frikassee (Kalb)	55
Frühlingsbraten	86
Froschkeulen, gebacken	114
Frucht-Brause R	431
— -Eis, das	333
— -Omelette	278
— -Säfte, Sterilisieren	216
— -Salat R	427
— -Schnitten	304
— -Speise a. Trockenfrüchten R	427
— -Torteletten	302
Früchte in Alkohol	255
— -Brot (Klötzenbrot)	313
— in Gelee	330
— kandierte	528
— -Pudding V	422
— auf Vanilleeis	361
— -Yoghurt R	431
Frühlingssuppe V	417
Frühstück (Gäste)	349
Füllungen (3) zur Pute	74
Fürst-Pückler-Eis	334

G

Gallert, der	270, 329
— (oder Stand) von Kalbsfüßen	57
Gans, die	75
— gebraten	75
— gekocht (mecklenburg.)	75
Gänse-Brust, gehackte	356
— -Klein	76
— -Leber mit Äpfeln und Zwiebeln	76
— -Leber, gebr. K	432
— -Leberpastete in Reisrandform	354
— -Leberpastete, Straßburger	77
— -Pökelfleisch	76
— -Schmalz	78
— -Schwarzsauer	77
— -Weißsauer	76
Garnelen, siehe Krabbe	128
— (indisch)	376
Garten-Feste	382
— -Melde (siehe Melde)	154
Gas-Feuerung für Bratöfen	16
— -Herd, der	16
— -Schlauch	17

Gäste, wie bewirte ich meine?	379—392
Gebäck	288
Geflügel, Nährwert	70
— vorzurichten	70—72
Gelatine	329
Gelees	240, 251, 360
— süße	330
Gemse, die, auf Tiroler Art	82
Gemüse, das	131
— -Dämpfer	132
— dörren	257
— -Kochvorschrift für Kinder (2) K	410
— -Nudeln, ital. V	421
— -Salate	187
— sterilisiertes	246
— -Suppen	350, 409
Gersten-Kaffee	337
— -Mehl	270
— -Schleimsuppe	272
Geruchzucker	326
Geselligkeit, die moderne	378
Getränk, das	336
Getränke, alkoholische	339
— Temperatur für	341
Gewichte	28
Gewürz-Essige	204
— -Küchelchen	321
Glasuren, siehe Zucker	325
Glücksklee	151, 152
Glühwein	343
Gnocchi, florentinisch	364
Golddisteln (Kardonen)	144
— au gratin	144
— spanische Art	145
Grade beim Zuckerkochen	325
Grahambrot	319
Grape fruit mit Maraschino	361
Graubrot	319
Graupen-Brei mit Sirup	367
— -Suppe	271
Grieß-Auflauf	282
— -Klöße V	421
— -Klößchen	277
— -Nocken	273
— -Nudeln	275
— mit gem. Farben	282
— -Pudding	282
— -Schmarren	279
— -Schnitzelchen (-Pfanzel)	273
— -Suppe (2)	271
— -Suppe V	417
Grude	21
Grund-Soße, braune	274
— lichte	274
Grünkernflocken m. Tomaten R	428
Grünkohl, französische Art	137
— hannoversche Art	137
— holsteinische Art	137
— lang gekocht	136
— -Suppe	137
Grünkornmehlsuppe	271
Grünling	181
Grützblutwurst	65
Gugelhupf	293
Gulasch (Kalbs-, Rindfleisch-)	47
— österreichisch	47, 59
Gulpo K	411
Gulyás, Szegediner (österr.)	59
Gurken in Essig	252
— in Essig und Zucker	253
— farcierte (türk.)	366
— -Frikassee	164
— -Garnierung	165
— gebackene	165
— gefüllte	164
— -Gemüse	163
— geriebene, mit Grünkernflocken R	427
— geschmorte, einfach	165
— mit Sahne	164
— mit Speck (Gemüse)	163

Gurken-Kraut	200
— -Salat	187
— — mit Eiersoße	188
— — mit saurer Sahne	188
— -Soße	165
— -Soße V	419
— — mit Tomaten	165
— -Suppe (3)	165, 350

H

Hafer-Flocken m. Spinatsaft R	428
— -Markspeise R	429
— -Mehl	270
— -Schleimsuppe	271
— oder Weißwurzel	145
Hagebutten (Rosenäpfel) in Essig	225
— -Likör	232
— -Marmelade	251
— -Rosinenkompott	210
— sterilisiert	243
— -Suppe	215
— -Tee V	123
— -Wein R	431
— -Zuckerwerk	329
Hallimasch	181
Halutschi	373
Hammel-Brust	68
— -Einteilung	67
— -Fleisch in Currysoße	68
— -Fleisch (türk.)	366
— -Fleischbrühe	66
— -Keule	66
— — geschmort	67
— — wie Wild	67
— -Kotelette	67
— -Nieren (fläm.)	369
— — am Spieß	68
— -Ragout (ägypt.)	376
— -Rücken	67
Hase (und Kaninchen)	88—90
— falscher	48
— farciert (österr.)	88
— geschmort in Rotwein	363
Hasen-Braten	88
— -Leber, gebraten	89
— -Pfeffer	89
— -Suppe	89
Haselhuhn	91
— gebraten	92
— -Suppe (russ.)	92
Haselnuß-Auflauf	283
— -Eis	334
— -Pudding (-Koch)	283
— -Soße V	419
— -Torte mit Schlagsahne	305
Haufen	372
— -Blase	329
— gebraten	112
Hecht	99
— -Brat	99
— -Braten gespickt	100
— gefüllt (jüd.)	101
— gespickter	352
— grün	99
— -Petersilien	100
— polnischer	373
— ungarischer	100
— -Suppe	99
Hefekloß mit Backobst	214
Hefeteig	289
— -Gebäck	289
Heidelbeerabkochung R	412
Heidelbeeren, sterilisiert	243
Heidelbeer-Saft, sterilisiert	219
— -Tee K	411
Heilsame Tees	338
Helianthi	150—151
— gebacken	150
— in Butter gebraten	150
— mit Champignons	150
— mit Fisch	151
— wie Teltower Rüben	151

440

Helianthi-Salat	191
— — mit Champignons	192
— — mit Kräutern	191
— — mit Tomaten	192
— -Suppe	151
Herd, der	12
Herde, kombinierte	15
Hering, der	116
— frischer, gebacken	116
— gebraten und mariniert	116
— gekocht	116
— in Gelee	116
— grüner, mit Zwiebeln	367
— Sulz-	116
— Bismarck-	117
— gebacken	117
— mariniert	117
— Rollmops	117
Heringskartoffeln	117
— -Milch, gehackt	118
— -Salat	117
— -Soße	118
Herz, gespicktes (österr.)	51
Himbeer-Essig	205
— -Gelee (-Sulze)	330
— -Kaltschale mit Wein	342
— -Krapfen	318
— -Kuchen	301
— -Likör	232
— -Punsch	344
— -Saft, sterilisiert	217
Hirsch-Braten	82, 363
— -Leber	83
— -Ragout	83
— am Spieß	82
— -Steaks	82
Hochzeit	379
— silberne, goldene	381
Hohlhippen	314
Holländische Soße	267, 269
Holunder-Grütze V	422
Holundersaft-Punsch	344
— -Suppe	215
— — V	418
— -Tee	338
Honig	325
— -Kuchen	321
— -Milch R	430
Hopfenkeimchen	156
— mit Speck	157
Hotch-Potch	369
Huchen	106
— -Schnitzel (österr.)	108
Huhn, das	69
— Eigenschaften des Schlachthuhns	69
— auf Jägerart	72
— junges	73
— mit Reis	72
— im Topf	357
Hühnerfilets (Java)	376
— -Frikassee	72
— -Salat	348
— -Suppe	72
— — m. Einlage	350
Hülsenfrüchte	176
Hummer	126—128, 371
— -Butter (siehe Krebsbutter)	263
— gratiniert	347
— zu kochen	126
— -Mayonnaise	128, 129
— -Salat	128
— -Soße	127
— -Suppe	127
Husarenkrapferln	302

J

Indianer-Eier V	417
— -Krapfen	299
Ingwer-Bier	340
— -Gebäck	312
Irish-Stew	68
Ischler Nußbusserln	329

J

Jagd-Frühstück	383
— -Schüssel (holländ.)	368
— -Tabelle für Preußen	81
Joghurtrezept	259
Johannisbeer-Kompott	210
— -Kuchen	301
— -Likör (rot)	232
— — (schwarz)	232
— -Saft, sterilisiert	219
Johannisbeeren, sterilisiert	243
Johannisbeer-Himbeerkompott	210
Johannisbrotflocken k	429
Johannislauch m. Rosinen	157
— -Salat	186
Jour fixe	382

K

Kabeljau	119
— -Curry	119
Kabinettpudding	286
Kaffee, allerlei (Ersatz)	337
— -Auflauf	284
— -Bonbons	327
— -Busserln	310
— -Creme	332
— -Gelee (-Sulze)	330
— -Hörnchen (Kipfel)	295
— -Pudding (-Koch)	284
Kaiser-Pudding, Wiener	287
— -Schmarren	280
— -Schnitzel	54
Kakao	338, 339
Kalb, das	50
— -Fleisch in Bier	54
— -Fleisch: Einteilung, Nährwert	50
— -Fleischsuppe	51
Kalbsbeuschel (österr.)	56
— -Braten	52
— — jüdisch	52
— -Bries, eingemachtes (österreichisch)	56
— -Brust, gefüllte	53
— -Filet mit Champignons	53
— -Frikassee	55
— -Füße, gebacken	57
— -Gulasch	55
— -Hase	53
— -Hirn, gebacken	57
— -Kopf	57
— -Kotelette	54
— -Leber, gebraten	55
— — gedämpft und gespickt	55
— — -Schnitten K	432
— — wie Wildbret K	433
— -Milch	57
— — gespickt	354
— -Nieren (2)	56
— -Braten	52
— -Nuß, auf der Pfanne gebraten	53
— -Polet (holländ.) (2)	368
— -Rücken	52
— — kalt	356
— -Schnitzchen, faschierte (österreichisch)	54
— -Schnitzel, Wiener Art (4)	54
— -Vögel, gespickte	355
— -Zungen, gebacken	55
Kaldaunen n. Bordeaux-Art	362
Kalte Ente	341
Kalteschale a. gem. Früchten R	426, 431
— aus Trockenfrüchten R	426, 431
Kamillentee	338
Kandierte Früchte	328
Kaninchen (Hase)	88—90
— -Braten	90
— -Ragout	90
— -Suppe	89

Kaninchen, ungarisch	90
Kapernsoße	275
Kapuzinerbart	187
Karamelauflauf (2)	284, 285
Karausche	102
— in Dill	112
Kardonen (siehe Golddistel)	144
Karlsbader Oblaten	314
Karmelitertorte (siehe Mandeltorte)	306
Karotten	140
— -Püree	141
— mit Sahne	141
— mit Spargel und Schoten	141
— -Schneider	24
— sterilisiert	247
— -Suppe für Säuglinge K	410
— und Mohrrüben	140
Karpfen	101—103
— bemoofter	102
— Bier-	101
— blau	102
— gespickt	102
— jüdisch	102
— mariniert (2)	103
— Rotwein-	102
— -Rogensuppe	103
Karpfenartige Fische	101
Karten	323
Kartoffel	194
— -Auflauf mit Käse	195
— — pikanter	195
— -Bällchen zum Garnieren	199
— -Breigerichte, entmehlte, für Zuckerkranke	413
— -Brot	319
— -Gericht (italienisches)	198
— -Klößchen	43
— -Klöße	199
— — mit rohen Kartoffeln	199
— — für Zuckerkranke K	414
— -Kotelett mit Schinken	196
— -Kuchen (indisch)	196
— -Nudeln	275
— -Püree oder -Brei K	195, 412
— — mit Kruste	195
— -Salat	192, 193
— — mit Austern und Trüffeln	194
— — Brillat-Savarin	194
— — als bunter Salat	193
— — mit Champignons oder Steinpilzen	193
— — gemischter	193
— — pikanter	193
— — mit Speck	193
— — mit Tomaten V	421
— -Suppe V	418
Kartoffeln zu entmehlen	413
— zu kochen	194
— Aufgeblasene (Pommes soufflées)	200
— Béchamel-	199
— braune	198
— Brüh-	198
— gebackene, mit Bratwurst	196
— gefüllte	197
— holländische	197
— Peterfilien-	197
— Prinzeß-	197
— roh gebr. (Pommes frites)	199
— mit Sahne	195
— mit Sardellen	197
— saure, mit Speck	198
— Schinken-	198
— Straßburger	198
— ungarische Röst-	197
Käse-Gebäck (mürbes)	315
— -Gerichte	361
— -Kuchen (schlesischer)	292
— -Nährwert	259
— -Soufflé V	417
Kasseler Rippespeer	61
Kastanien-Auflauf	283

Kastanien-Pudding (-Koch)	283
— -Torte	308
Kaulbarschsuppe	101
Kaviar	114
— -Schnitten	114
— -Soße	114
Kebab (pers.)	376
Kefir-Rezept	259
Kefs	312
Kerbel	200
— -Rübe	145
Kiebitzeier, Friesländer Art	348
Kind, Ernährung	396—399
— Kost für das kranke	409
— das kranke	400
Kinder-Gesellschaften	383
— -Kost	395
— -Zwieback	320
Kirschen in Kognak	255
— -Kompott (2)	210
— -Kuchen, brauner	301
— — weißer	300
— -Likör	232
— -Punsch	344
— -Saft, sterilisiert	219
— -Suppe (2)	214
— sterilisiert	243
— -Strudel	298
Kletzenbrot (Früchtebrot)	313
Klippfisch (unter Stockfisch)	120
Klöße, schlesische (Kartoffel-)	199
— vogtl. (Kartoffel-)	199
— Suppeneinlagen	42—43
Knoblauch	202
— -Essig	204
— -Milch R	430
Knödel, böhmische	273
— Tiroler	273
Knollen-Blätterpilz	181
— -Gemüse, Nährwerte	131
— -Salate	190
— -Ziest (Stachys)	151, 152
Knusperküsse	323
Koch-Apparate, elektrische	13—16
— -Buch	27
Köche (siehe Puddings)	281
Kochen mit Elektrizität	18
Kochgeschirre verschied. Art	23—25
Koch-Herd	12
— -Käse	263
— -Kiste	26
— -Wein	341
— -Wurst	64
Kognakpunsch	343
Kohlgemüse, Nährwerte 131, 132	
Kohlrabi	138
— in brauner Soße	138
— auf einfache Art	138
— in Eiersoße	138
— gefüllte	138
— in Tomatensoße	139
— sterilisiert	247
— -Suppe	138
Kohlrüben (Steckrüben)	141
— mit Pökelrippen	141
— russische Art	142
Königinsuppe	350
Königsberger Fleck	48
— Klopse	50
Königskuchen	298
Konservieren von Obst und Gemüsen	233
Kopfsalat	185, 186
Korinthen reinigen	289
Kostümbälle	381
Krabbe	128
Kramtsvögel	95
— gebraten	95
Krankenkost	395, 409
— für Erwachsene	401, 411
— Kräuterabkochungen	411
— Pflanzenmilch	411
— Suppen, Getränke	411

Krankenkost, Vorschriften	409—411
Krauseminze	203
Kräuter-Butter	263
— -R	430
— -Essig	205
— -Nußbutter R	430
Krautfleckerln	276
Krebs	124—126
— -Butter	124, 263
— -Frikassee	124
— -Klöße	125
— zu kochen	124
— -Soße	126
— -Suppe	125, 350
— -Kotelette	347
— -Würstchen	347
Kredenztisch	390
Kreppchen für die Brühe (jüdisch)	272
Kresse, feine, als Salat 187, 200	
Kridentenbrüste auf Feinschmeckerart	354
Kringel V	422
Krusten- u. Schalentiere	124—130
— Nährwert	97
Küche, die	11
— — des Auslandes	362
Küchen-Geräte	23—26
— -Kalender	32—33
— -Kräuter	200
— -Maschinen, elektrische	25
— -Möbel	21
— -Tracht	27
— -Vorbereitungen bei Gesellschaften	391
— -Winke, kleine	436
— -Zettel, Anregung für das Aufstellen der	434
Kümmelkäse	263
Kürbis, eingemacht	253
— mit Äpfeln	165
— mit gelben Rüben und Tomaten R	427
— gebacken	166
— -Gemüse	165
— -Pudding	166
— -Speise, süße R	428
— -Suppe	166

L

Laberdan, gebacken	120
— gekocht	120
Lachs	106
— blau	106
— gebraten	106
— gekocht	106
— -Kotelette	106
— mariniert	107
— -Mayonnaise	107
— zu räuchern	107
— mit Gemüse	373
Lamm-Braten	68
— -Fleisch (indisch)	376
— — (ungarisch)	68
— — mit Tomaten und Kartoffeln	341
— -Kotelette in Béarnaisesoße	355
— -Steak	370
Lamprete	123
Languste (siehe Hummer)	127
Lauch (Porree) 157, 187, 202	
— gedämpft	368
Lebensmitteleinkauf für Gesellschaften	387, 388
Leber-Aufstrich, roh K	432
— -Beefsteaks K	432
— -Cocktail K	432
— -Croquettes K	433
— -Füllung (z. Pute)	74
— -Gerichte gegen perniziöse Anämie	432
— geröstet K	433
— geschmort (2) jüdisch	56

Leber geschmort K	433
— -Klößchen	42
— -Klöße K	433
— -Knödel	273
— -Knödel K	433
— -Pastete K	432
— -Speise K	433
— -Sulz K	433
— -Suppe (2) K	432
— -Wurst K	433
— -Wurst	64, 65
Lichtstärke	30
Liebstock	202
Liköre, die	230, 344
Liköre: Alkohol	231
— Filtrieren	232
— Früchte zur Likörbereitung	231
— Fruchtextraktgewinnung	231
— Lagern der	233
— Wasserzusatz	231
— Zucker	231
— Zusammenstellung	232
— Zutaten	230
Likör-Gelee (-Sulze)	330
Limonaden	344
Lindenblütentee	338, K 411
Linsen-Gemüse	177
— -Suppe	177
— — (holländisch)	367
Linzer Sterne	312
— -Torte (2)	305
Lorchel	180
Löwenzahn (Dandelion)	186
— -Tee	338
Lungen-Braten (Filet) als Wiener Braten (österr.)	45
— -Strudel	274

M

Magen-Krankheiten	407
Mai-Bowle	340
— -Fisch, gekocht	107
Mairüben (Speiserüben)	142
— mit Hammelfleisch	142
— mit Steinpilzen	142
— sterilisiert	247
Mais (siehe Zuckermais)	161
— -Mehl	270
— -Speise (sizilianische)	276
Maiwein, gefroren	235
Majoran	200
Makkaroni	276
— in Muscheln V	417
— mit Tomaten	276
— -Pastetchen	276
Makrele, gekocht	122
Makronen	323
— -Eis	334
— -Guß auf Zwiebak	320
— ohne Zucker K	413
Malz-Extrakt	325
— -Kaffee	337
— V	423
Mandel-Auflauf, geb.	282
— -Brot	323
— — Seegensches K	414
— -Butter R	430
— -Eis	334
— -Füllung (z. Pute)	74
— -Gebäck	320
— -Milch K	412
— -Milch R	430
— -Plätzchen	323
— -Pudding (-Koch)	283
— -Soße V	419
— -Stangen	322
— -Suppe K	412
— -Torte (2)	306
Mandeln (Nüsse) auswaschen (für Zuckerkranke)	414
— gebrannte	323
— schälen	289
— im Schlafrock	323

Mandeln, verzuckerte	328
Mangold (Römischer Kohl)	155
— V	419
— in Milch	155
— mit Parmesankäse und Kartoffeln	155
— in weißer Soße mit Kräutern	155
— mit Tomaten	155
— -Suppe V	418
Maräne, gebacken	112
Maraschino-Eis	334
Margarine-Käse	259
— Nährwert	259
Marienbader Götzen K	413
Marmelade	206
Marmeladen	249
Marmeladepfefferkuchen	321
Maronenpilz	181
Marzipan (2)	322
Maskenfeste	380
Maßturen	404
— Speisen für	412
Maße und Gewichte, Ersatz	28
Maulbeerkompott	211
Mayonnaise, kalt bereitet	268
— R	426
— von hartgesottenen Dottern	268
— zum Verlängern	269
— warm bereitet	268
Meerkohl	140
Meerrettich	204
— -Milch R	431
— -Reißer	22
Mehl, das, Arten und Nährwert	270
— -Abkochungen K	410
— -Gräupchen	272
— -Schmarren	279
— -Schwitze zu Suppen	271
— -Schwitzsuppe von Geflügelklein	271
— — von Kalbfleisch	271
— -Soßen	274
— -Speisen	275
— -Zucker, Gallert	270
Melde (Gartenmelde)	154
Melonen in Essig	255
— -Kompott	210
Metallgeräte: Aluminium, Kupfer, Eisen, Nickel	25
Mettwurst	63
Miesmuscheln, Vergiftung	97
Milch (Kuhmilch, Ziegenmilch)	258
— -Brot	319
— und Ei (Nährwert)	258
— -Flammeri	261
— -Kaltschale	260
— — mit Reis V	418
— -Lamm, gefülltes	355
— -Nudeln	260, 278
— -Punsch, amerik.	343
— — warmer	343
— -Reis	260
— -Soße	260
— -Suppe mit Buchweizen	260
— — mit Graupen	260
— — mit Grieß	260
— — mit Hirse	260
— — mit Mehl	260
— — mit Reis	260
— -Zucker	325
— -Zusätze für Kindernahrung	410
— zu kochen	259
— -Buschsalat	186
Milz, gefüllte (jüd.)	57
Mineralwasser	344
Mince-Pies	370
Mirabellen-Kompott	211
— sterilisiert	244
Mittagessen (Gäste)	379
Mixed Pickles	253
Mockturtlesuppe	51, 367

Mohn- und Nußhörnchen	295
— -Milch K	411
— -Striezel	294
— -Strudel von Hefeteig	298
Mohrentöpfe (Indianerkrapfen)	299
Mohrrüben(Möhren), Karotten	140
— -Saft K	410
— -Torte V	423
Möhren mit Äpfeln (rhein.)	141
— mit Fleisch und Kartoffeln	141
— mit Pastinaken	141
Molkapralinés	327
Mondaminzwieback K	413
Moosbeeren (sterilisiert)	244
Morcheln	180, 184
— mit jungen grünen Erbsen	184
— auf italienische Art	184
— mit Spargel und Krebsschwänzen	184
— -Soße	184
Mousserons	181, 184
Mulligatawny-Suppe	369
Mürbe- oder Bröselteig (3)	300
— -Teige	300
— -Teig, sehr guter	303
Mürbkuchen	312
Muschel, die	129, 130
— -Brühe mit Schlagsahne	350
— -Fritassee	130
— -Gemüse	130
— zu kochen	129
— -Salat	130
— -Soße	130
— -Suppe, feine	130

N

Nachtisch, der	359
Napfkuchen	293
— einfacher, altdeutscher	298
Napoleontorte	306
Naturschnitzel	54
Nektarinen in Essig und Zucker	255
Neunaugen, gebraten	123
— töten, zurechtmachen	123
Nieren- und Beefsteakpudding	370
— gebratene	56
Rougatpralinés	327
Nudeln und andre Mehlspeisen	275
— ausgedünstete	280
— in Milch	280
Nudel-Teig	272
— -Kugel (jüd.)	275
— -Speise (-Kugel) (jüd.)	275
Nuß-Brei m. Zwieback R	429
— -Busserln	310
— -Fruchtwurst R	429
— -Likör	232
— -Milch K	412
— -Torte m. gerührter Schlagsahne	307
— -Würfel	314
Nuxo-Tomatenbrötchen R	430

O

Obst, das rohe	206
— Aufbewahrungsraum	206
— zu dörren	256
— Ernten	206
— gebackenes	318
— -Gerichte	212, 361
— geschmortes	207
— -Kuchen	300
— — (sächsisch)	301
— Nährwert	206
— -Pasten	252
— -Pasteten	359
— -Säfte, die	215
— -Salat	361
— — serb. V	428
— -Schaum, kalter	288
— sterilisiert	233

Obst-Suppen	214
— Trocknen	240
— Weine, abfüllen	220, 227
— — abziehen, Aufbewahrung	230
— — Allgemeines	221
— — Behandlung während der Gärung	225
— — Fässer	224
— — Gärflasche, Gärgefäße	224
— — Haushaltungspresse	223
— — Herstellung	228
— — Krankheiten	228
— — Lagerapparate	226
— — Mischungsverhältnis von Obst- u. Beerenwein	226
— — Mostwage	222
— -Obsttarten, Ernte, Reife	223
— -Obstmühle	223
— -Obstverarbeitung	223
— — Reinhefe-Anwendung	228
— — Rezepte	229
— — Säurebestimmung	222
— — Schönen, Filtrieren	229
— — Spindelpresse	223
— — Zuckerbestimmung	222
Ochsenschwanz, gedämpft	47
— -Suppe	42
Ochsenzunge, zu kochen	48
— zu pökeln	48
Olivensoße	275
Olla Podrida	364
Omelett-Auflauf m. Schokolade	286
— -Biskuit	278
— -Frucht	278
— gefüllt	267
Omelette, Schmarren, Pfannkuchen (Blinsen), Milchnudeln	267, 278
Omelette soufflée	279
Orange-Blüteneis	334
— -Limonade V	423
Oxalis, siehe Glücksklee	151

P

Panade (Weißbrotsuppe)	271
Panierte Schnitzel	54
Paprika, siehe Pfeffer	202
— -Hühner	73
— -Schnitzel	54
Parmesanomelett, gefüllt	348
Pastinaken	145
— -Kotelette (amerik.)	145
— -Büree	145
— -Salat	192
— -Suppe	145
Peptonsuppe K	411
Perl-Huhn, gebraten	74
— -Zwiebeln	202
Petersilie	158
— frische, mit Schnittlauch	159
— gebackene	159
Petersilien-Kartoffeln	159
— -Salat	192
— -Soße, zu Fisch	159
— — mit saurer Sahne	159
— -Wurzel	203
Pfannkuchen (Fritatten)	272
Pfannkuchen	279
— gefüllte V	420
— mit Mandelfülle	279
Pfau, gebraten	74
Pfeffer (Paprika)	202
— -Küchelchen	321
— -Kuchen	320
— -Teig	320
Pfefferlinge	181, 183
— mit Sahne	184
— sterilisiert	249
— -Suppe	184
Pfeffernüsse (3)	321
Pfirsich-Bowle	341
— -Gelee	361
— -Kompott	211

Pfirsich im Schlafrock	304	
— sterilisiert	244	
Pflanzen-Milch K	411	
— -Öle	206	
Pflaumen, gebackene	318	
— -Knödel von Kartoffelteig	277	
— — von Strudelteig	277	
— -Kompott	212	
— -Kuchen	301	
— -Speise m. Flocken R	428	
— -Strudel	298	
— -Suppe	214	
Pflücksalat	187	
Pichelsteiner Fleisch	46	
Picknids	382	
Pilze oder Schwämme	177	
— Aufstrich R	430	
— in Essig	254	
Pilzvergiftung	132	
Pimpinelle	203	
Pistazieneis	360	
Blinsen	278	
Plötzen	113	
Plumpudding (Weihnachts-)	371	
Plunderbrezel	294	
Pofesen, süße	317	
Polenta (italienisch)	276	
— mit Käse	276	
Polpetti mit Polenta (österreichisch)	45	
Polterabend	380	
Pörkelt (Paprika-)Hühner	73	
Porree (Lauch) . . . 157, 187,	202	
— -Gemüse V	429	
Porridge von Hafergrütze K	413	
Portulak	156	
Poularde	73	
— nach Nansen	356	
Prager Schinken	62	
Pralinés	326	
— einfache	326	
Preiselbeeren, sterilisiert	244	
Preiselbeer-Kompott	211	
— -Saft, sterilisiert	219	
— -Speise R	427	
Preßwurst (österr.)	65	
Prinzeßkartoffeln	197	
— (Herings-)Kartoffeln	117	
Prophetenkuchen V	423	
Puchero, span.	365	
Pudding, Berliner	287	
— englischer	287	
— engl. Plum-	287	
— kochen, vorbereiten	281	
Puddings	281	
Puffbohne, siehe Gartenpuffbohne, dicke oder große Bohne	161	
Puffbohnen (Speckbohnen)	161	
— in Buttersoße	161	
— geschälte	161	
— italienisch	161	
— mit Speck	161	
— Salat (2) (große Bohnen)	189	
— sterilisiert	247	
— Suppe	161	
Punsch aus Fruchtsäften	344	
Pute, die	73—74	
Puten-Braten	74	
— -Füllungen (3)	74	

Q

Quark- (Topfen-) Aufstrich R	430	
— -Klöße	277	
— -Klöße V	421	
— -Speise R	430	
— -Speise m. Tomaten R	430	
— -Taschen	276	
Quetschungen	31	
Quitten-Auflauf	286	
— in Essig	254	
— -Kompott	211	
— -Kompott V	421	

Quitten-Likör	232	
— -Marmelade	251	
— -Saft, sterilisiert	220	
— sterilisiert	244	

R

Räderkuchen	316	
Radieschen	203	
— -Butter R	430	
— gedünstet K	413	
Ragout nach Mailänder Art	364	
Rapünzchen	186	
Raubfische	99	
Rauchfleisch, Hamburger	50	
Raupenklee	203	
Rebhuhn 93, 94,	95	
— gebraten	94	
— gedämpft	94	
— in Sauerkraut	94	
— -Brüstchen nach Souvaroff	354	
— -Suppe	93	
— — mit Linsen	94	
Reh-Fleisch (Hirschfleisch)	86	
— -Keule	83	
— -Kotelette mit Béarnaise	355	
— — mit Champignons	84	
— -Leber, gebraten	85	
— -Pastete	85	
— -Rouladen	85	
— -Rücken	84	
— — falscher	284	
— — mit Gänselebermus	356	
— -Schlegel, gebeizt (österreichisch)	84	
— -Wild, das	83	
Reineclauden-Kompott	211	
— sterilisiert	245	
Reis, Reismehl	270	
— -Auflauf	282	
— — mit Äpfeln	282	
— -Brei für Kinder K	410	
— geb. (nied.-ind.)	376	
— -Pudding (-Koch)	282	
— kalter	287	
— spanischer	288	
— -Speise nach Dr. Turban K	412	
— -Speisen	360	
— -Würstchen, gebacken	318	
Reizker	180	
Remouladensoße	269	
Rettiche 200,	204	
Rettich-Salat V	421	
Rhabarber	171	
— -Auflauf	171	
— -Kompott	211	
— -Kompott V	421	
— -Marmelade	251	
— -Pie	171	
— -Saft, sterilisiert	220	
— -Speise, kalte	172	
— sterilisiert	245	
— -Suppe (2)	172	
— -Suppe mit Reis V	418	
Rind	37	
— feine Fleischeinteilung in Berlin	36	
— — in Wien	37	
Rinder-Braten	43	
— — sauer	43	
— -Fett, Ausbraten von	50	
— -Filet 44,	369	
— — -Beefsteaks	45	
— — Rossini	44	
Rinder-Pökelbrust, hamburgisch	50	
Rindfleisch, Eigenschaften und Nährwert	37—40	
Roastbeef	44	
— in Brotteig	357	
Robert-Soße	275	
Roche mit Butter	122	
Rogensuppe	103	
Roggen-Brot	319	

Roggen-Kaffee	337	
— -Mehl	270	
Rohkost-Speisenfolgen	431	
Rohzucker	325	
Rollkuchen	317	
Rollmops	117	
Roly-Poly-Pudding	371	
Römischer Kohl, siehe Mangold	155	
— -Punsch	335, 342	
Rosenkohl	137	
— in Fleischbrühe	137	
— in Sahne und Butter	137	
— auf spanische Art	137	
— sterilisiert	247	
Rosmarin	202	
Rostbraten, gedämpfter	44	
— mit Gemüse garniert	46	
Rotkraut, sterilisiert	247	
— -Salat	188	
Rote Rübe (Beete)	146	
— — einzulegen	146	
— — mit Ente	146	
— — als Gemüse mit Fleisch	146	
— — mit Meerrettich	146	
— — mit Perlzwiebeln	146	
— — mit Speck	147	
Roterübensalat	192	
Rotwild, das	82	
Rotzunge	115	
Rouladen	47	
Rumpsteak	45	
Rum-Punsch	343	
— -Topf	256	
Russische Creme	332	
Russischer kalter Eierpunsch	344	

S

Saccharin K	325	
— -Lösung K	413	
Sachertorte	306	
Sachet von Pfirsich	335	
Sago-Auflauf V	422	
— -Flammeri V	422	
— -Klößchen V	422	
Sahne oder Rahm	258	
Sahnen-Auflauf	261	
— -Soße R	426	
— — V	418	
— — süße, zu Kalbfleisch usw.	260	
— -Gelee	331	
Saibling siehe Forellen	107	
Salami	63	
Salat, der	185	
— gemischter	189	
— grüner R	426	
— -Köpfe, gefüllte, gedämpfte	368	
Salat romaine	185	
Salat-Soße R	426	
— türkischer R	428	
Salm, Salmoniden	106	
Salzburger Nockerln	280	
Salz-Hering . . . . 116—118		
— -Stangen	295	
Samenfrüchte	206	
Sand-Spritzen	315	
— -Torte	305	
Sardellen	123	
— -Butter	123, 263	
— -Soße	123	
— wässern, herrichten	123	
Sauce tartare	268	
Sauerampfer	154	
— à la crème	154	
— -Gemüse	154, 368	
— -Salat	186	
— -Soße	154	
— -Suppe	154, 350	
Sauerbraten (saurer Rinderbraten)	43	
Sauerkirschen-Auflauf	286	
Sauerkraut, gebacken mit Eierguß	134	

Sauerkraut, gebacken mit Kartoffeln	134
— -Pastete	135
— mit Schinken	135
— mit Schweinsrippchen	134
— sterilisiert	247
— -Suppe	135, 372
— — mit Sahne und Fleisch	135
— Schtschi (russische Kohlsuppe)	135
Sauermilch mit Früchten R	431
Säugling, Kost f. d. kranken	409
Saurer Sahnenpudding K	412
Schaf, das, Einteilung	66
— -Fleisch, siehe Hammelfleisch	66—68
Schafgarbe	338
Schalent (jüd.)	272
Schalentiere, siehe Krustentiere	97
Schalotten-Essig	204
Scharlotte mit Makronen	331
— von mürbem Teig	302
Schaum-Hörnchen mit Mandeln	310
— -Makronen	310
— -Rollen	304
— -Speisen	288
— -Speise von frischem Obst	288
— — von Obstmus	288
Scheiterhaufen	286
Schellfisch	115, 118, 370
— gebacken	118
— gekocht	118
— -Suppe, engl.	118
Scherbet (Sorbet)	342
Schildkrötensuppe	114
Schill (Fogosch) gebraten auf dem Rost	111
— mit Mayonnaise	112
Schinken in Burgunder	61
— -Fleckerln	275
— kochen	61
— pökeln und räuchern	66
— -Strudel	296
Schirmpilz	181
Schlachttag der Hausfrau	62
— -Rezepte	63
Schlackwurst	63
Schlagsahne	261
— -Speise	262
— verschiedener Art (mit Kaffee, Schokolade usw.)	261
Schleie	101
— blau	103
— in Dill	103
— mit saurer Sahne	103
Schleim K	410
Schlesische Klöße	199
Schlosserbuben	318
Schmalzgebackenes	299, 315
Schmarren	278
Schmerlen, gekocht	113
Schnecken	363
Schnee- (Wind-) Bäckerei	309
— — Allgemeines	309
Schneebälle (3)	314, 316
— V	423
Schneehuhn	91, 92
Schneekuchen	299
Schnepfe, gebraten	96
Schnittlauch	202
Schnittwunden	31
Schokolade	338
— -Auflauf	283
— -Brezel	323
— -Brot	323
— -Busserln	323
— -Creme	334
— -Eis	334
— -Gebäck	323
— -Pudding (-Koch)	284
— -Schaumspeise	288
— -Scheiben, geb.	317
— -Strudel	297

Schokolade-Torte, gefüllt	306
— -Trüffeln	329
— -Würfel	324
Scholle	115
— gebacken	121
— gekocht	121
Schotengemüse	159
Schreitvögel	95
Schrotbrot	319
Schulalter, das	399
Schürzkuchen (Räderkuchen)	316
Schwämme, gebackene (Kuchenteig)	316
— siehe Pilze	177
Schwammpudding V	422
Schwan	96
Schwangerschaft	395
Schwarzsauer von Gans	77
Schwarzwild, das	86, 87
Schwarzwurzeln	143
— mit Butter und Käse	144
— à la crème	144
— gebacken	143
— gebacken mit Parmesan	144
— geröstet	144
— mit Kalbfleisch	144
Schwein, das	58
— Bewertung, Nährwert	58
Schweine-Braten, sauer	59
— -Filet	59
— -Fleisch mit Äpfeln	371
— -Kamm in Bier (märk.)	59
— -Karree, gedämpft	59
— -Kopf (nied.-österr.)	60
— -Kotelette (Schnitzel)	60
— — mit Kräutern	60
— -Ohren in Senfsoße	60
— -Schinken, frischer	58
— — pökeln, räuchern	66
— — schlachten	62
— -Schmalz	65
Schweine-Schwarten	329
Schwemmklößchen für klare Brühe	42
Schwimmvögel	96
Seefische	115
— Bemerkungen	115
— Kochvorschriften	115
— Vorbereitung	115
See- oder Meerkohl	140
Seezunge, gebacken	121
— gekocht	121
— auf Spinat	351
— überbacken	121
Sellerie	147
— -Bleich-	148
— gebadener	147
— -V	417
— gefüllter	147
— -Gemüse	147
— mit holländ. Soße	148
— mit Kartoffeln	147
— -Salat	190
— — mit Äpfeln und Kartoffeln	190
— — mit Mayonnaise	190
— — mit roten Rüben	190
— -Soße	148
— -V	419
— sterilisiert	249
— -Suppe	148
— -V	418
Semmelknödel	273
Semmeln	319
Senfbutter	263
Senfsoße (Robert-Soße)	275
Servieren	387, 388
Sesaté Lombok	376
Setzeier mit Käse K	412
Shashi kebassi	366
Soleier	265
Sonnengebackenes R	429

Sonnenwirbelsalat (Rapünzchen)	186
Sorbet (Scherbet)	342
Soße, kräftige braune	274
— lichte	274
Sozhletapparat	397
Spanferkel	58
Spanische Windbusserln	309
Spargel	172
— Nährwert	132
— -Auflauf (Pudding)	175
— -Auflauf V	419
— mit brauner Butter und Setzeiern	174
— mit Butter	173
— mit Buttercreme	174
— mit Cremesoße	174
— in Fleischbrühe mit Kräutern	175
— au gratin	175
— mit holländ. Soße	174
— mit Petersilie	174
— spanisch	365
— mit Tomaten	175
— mit ger. Weißbrot	175
— -Salat	188
— — mit Eiersoße	188
— — mit Kräutersoße	188
— — mit Tomaten und Champignons	188
— V	420
— -Soße V	418
— sterilisiert	248
— -Suppe (2)	175
Sparkochapparate	26
Specksalat	186
Speisen, kalte	360
Speisenfolge, Zusammensetzung der	386
Speisezettel, Zusammensetzung	358
Spick-Aal	110
— -Gans	77
Spiegeleier	265
Spielalter des Kindes	398
Spinat	152
— amerikanisch	152
— -Auflauf V	420
— französisch	152
— -Fritters (amerit.)	153
— Neapeler Art	153
— mit Lauch R	426
— mit Sauerampfer	153
— sterilisiert	247
— -Suppe	153, 350
Spirituosen	344
Spiritus-Herd und -Kocher	17
Spitzbuben	302
Spritzkuchen (2)	316
Sprossengemüse, Nährwert	132
Sprotten, Kieler, mit Rührei	123
Stachelbeeren-Kompott (grün)	211
— sterilisiert	245
— -Suppe	215
Stachys (Knollensiest)	151, 152
— -Salat	190
— — mit Kräutern	191
— — mit Miesmuscheln	190
Stand (Gallert)	57
Steckrüben, Bruken (s. Kohlrüben)	141
Steinbutt, gefüllt	351
— gekocht	122
— auf dem Rost	122
Stein-Obst in Kognat	255
— -Pilze	180, 183
— — mit Béchamelsoße	183
— — getrocknet	183
— — auf russische Art	183
— — überbacken	183
Sterilisationstabelle	233
Sterlet	112
Stillende Frau	395

Stinte, gekocht	113
— in saurer Sahne	113
Stockfisch	119
— -Bälle	371
— gebraten	120
Stollen, Dresdner	292
Streuselkuchen, einfacher	292
— schlesischer	292
Striezel, böhmisch	293
— ostpreußisch	320
Strudeln	296
Strudel-Teig	274
— 3. geb. Strudeln	296
— von saurer Sahne	296
Studentenkaviar	118
Sülze	65
Suppen	349
— -Einlagen	42
— — aus Mehl und Mehlpräparaten	272
— — mit Mehlschwitze oder Mehlpräparaten	271
— — aus trockenem Obst	214
Süßwasserfische . . 97,	123
Sweet corn (siehe Zuckermais)	161
Szrafy 47,	373

T

Tafel, Aufheben der	392
Tamales	374
Tanzveranstaltungen	381
Tapioka mit süßem Rahm K	412
Taube, die	79
Tauben, gebratene	79
— mit Spargel	79
— -Suppe	79
Taufe	380
Tee	338
— aus Hagebuttenkernen und Apfelschalen	338
— -Buchstaben	310
— -Gebäck	310
— -Kuchen, mürbe	312
Tees, musikalische, literarische	382
Teltower Rüben	142
— — mit Hammelfleisch	143
— — mit Hecht oder Zander	143
Thunfisch	122
Thymian	202
Tipsy-Pudding	370
Tiroler Strudel	297
Tisch decken	388
Tomaten-Aufstrich R	430
— in Butter	166
— -Flammeri	169
— gedämpfte V	420
— gefüllt (2)	167
— — R	426
— — V	417
— -Gemüse	166
— — grünes	169
— gratiniert	167
— -Ketchup, -Mark	251
— -Omelett (2)	167
— -Püree	167
— mit Reis	166
— mit Rührei	167
— mit Sahne	166
— -Salat	190
— — mit Eiersoße	190
— — V	420
— im Schlafrock V	417
— -Soße 168,	275
— — R	426
— — süß	169
— -Suppe (2) . . 168,	169
— — R	426
— — V	418
Topfenhaluschka	276
Topfen-(Quark-)Strudel	296
Topinambur	149
— gebacken, mit Käse	149
— -Gemüse V	419

Topinambur-Salat	191
— — mit Champignons	191
— — mit Eiersoße	191
— — mit Krabben	191
— — mit saurer Sahne	191
— — mit Sellerie und roten Rüben	191
Torten	305
Tournedos nach Rossini	354
Tranchieren	391
Trappe	95
— gebraten	96
Trauben-Kuchen	301
— -Zucker	325
Trauung, standesamtliche	380
Trinkgefäß des Säuglings	398
Trüffeln	178
— in Burgunder	179
— gebacken	179
— einfach gedämpft	179
— mit Kalbsmilch	179
— -Püree	179
— -Soße	179
— -Suppe	349
Tutti-Frutti	334
Typhus	408

U

Ukelei, gebacken	113
Unterernährung	404

V

Vanille-Brezeln	310
— -Butter	328
— -Creme, warm	332
— -Eis	334
— -Hörnchen	302
— -Zwieback	320
Veilchen-Bonbons	328
— -Eis	360
Venezianertorte	309
Verbrennungen beim Kochen	31
Vergiftungen	31
Verletzungen beim Kochen	31
Verlobungen	380
Vögel, die	69
Vogtländische Klöße (ohne Eier)	199

W

Waffeln	314
Waldmeister- (Mai-) Bowle	340
Waldschnepfe	95
Walnüsse, sterilisiert	245
Wariniki	372
Wasser	336
— -Spatzen	275
— -Suppe K	336
Weihnachtskarpfen (polnisch)	373
— -Plumpudding	371
Wein	340
— -Auflauf	285
— -Chaudeau	269
— -Gelee (-Sulze)	330
— -Kaltschale	342
— -Pudding (-Koch)	285
— -Schaum (Chaudeau)	342
— -Suppe	342
— -Traubensturdel	298
Weine, alkoholfreie	221
Weißbrot	319
— -Suppe, verkochte	271
Weißer Käse	263
— mit Sahne und Schnittlauch	263
Weißkäsespeise (jüdisch)	264
Weißkohl . . . . 132—135	
— Bayrisch Kraut	133
— mit Eiersoße und Fleischklößchen	134
— gefüllter	133
— mit Hammelfleisch	132
— als Jägerkohl	134
— -Rollen	133

Weißkohl mit Sahne	133
— mit Speck	133
Weißkrautsalat	188
Weißsauer von Gans	76
Weizenflocken m. Fruchtsaft R	429
— -Milchsuppe R	425
Weizenmehl	270
Wels	99
— gekocht	101
Wespennester	312
Wiener Faschingskrapfen	315
— -Schnitzel (4)	54
Wild, das	80
— Nährwert	80
Wildbret-Haschee	90
— -Salat	91
— -Suppe	90
Wildente	96
— gebraten	96
— mit bitteren Orangen	356
Wildgans	96
— gebraten	96
Wildkaninchen	88
Wildschwein-Fleisch mit Hagebutten (österr.)	87
— -Keule mit Burgunder	86
— -Kopf	86
Windbeutel (2)	314
Winterheckzwiebel	203
Wirsingkohl	135
— gefüllt V	419
— gekocht	135
— italienische Art	136
— mit Rindfleisch	136
— -Rollen mit Fleischfarce	136
— — mit Pilzfarce	135
— sterilisiert	248
Wirtschaftsbuch	27
Wöchnerin	395
Wurst-Restchen m. Möweneiern	348
— -Vergiftung	40
Wurzelgemüse	140
— Nährwerte	131

Z

Zahn- und Mundpflege des Kindes	399
Zander	110
— gefüllt	351
— gekocht	110
— -Peterfilien	111
— überbacken	111
Zervelatwurst	63
Zichorie (Chicorée)	156
— mit holländ. Soße	156
Zichorien-Kaffee	337
— -Salat	187
Ziegenbart	180
Zigarren (Gebäck)	313
Zimt-Sterne	312
— -Waffeln	315
Zitronen-Auflauf (2) . 285—286	
— -Gelee (-Sulze)	330
— -Karpfen	352
— -Melisse	202
— -Milch R	421
— -Schaumspeise	288
— -Schnitten	313
Zucker, der . . . 270,	324
— -Glasuren . . . 325,	326
— — farbige	326
— — Frucht-	326
— — kalte	326
— — Schokolade- (2)	326
— — warme	326
— — Wasser-	326
— — weiße, gerührte	326
— kochen (Grade)	325
— Krankheit	405
— läutern	325
— -Mais	161
— — -Grieß-Polenta	162
— — -Kolben, geröstet	162

Zucker-Mais-Mehlbrei	162
— -Werk	326
Zwetschen- (Pflaumen-) Kompott	212
— und anderes Steinobst in Essig	254
— sterilisiert	246
Zwieback-Brei für Kinder K	410
— -Speise V	421
Zwiebäcke	319
Zwiebeln	157
— gefüllte	158
— geschmorte	157
— glasierte	158
— -Püree	158
— -Soße	158, 274
Zwischengerichte	352

Abbildungen

Aal töten, vorrichten	109—111
Abfüllen mit Hebeschlauch	227
Abwäscherin, von Beauvaulet	30
Äpfel, Apparat zum Schälen und Entkernen der	252
— entfernen	208
— im Schlafrock (2)	281
Apfelsinen-Creme in Gläsern	331
— -Körbchen	349
Apfelsinenschalen schneiden	209
Appert, François	234
Artischocke, Füllen der	171
Ausschwefeln der Gläser	235
Biskuitomelett (2)	278
Bleichsellerie	148
Bratröhre, elektr. „Carnifix"	13
Brustkind, Flaschenkind	395
Butterspäne machen	262
Carnifix, elektr. Bratröhre	13
Chaudeau, warmes	343
Dalken, böhmische (2)	290
Doppelflaschen-Füllhahn	228
Dörr-Apparate (3)	253—256
Eier-Probe	266
— -Soße rühren	268
— -Uhr	269
Einlauf in die Brühe	43
Eisspeise	334
Elektrische Kochapparate 13, 15, 16, 19, 21	
Fasan, Alter zu erkennen	92
Faun und Nymphe	257
Filter (über Stühlen)	216
Filtrier-Ständer	225
— -Trichter	230
Fisch abschuppen	99
— mit Tomaten garniert	121
Fischplatte, kalte	122
Fischteller, altgriechisch	130
Fleischstücke, verschiedene	38, 39
Frankfurter Stanitzen	313
Gans, Vorbereitung und Zerteilen	76—78
Gärflasche	224
Gebäck einschieben i. d. „Carnifix"	27
Gemüsedämpfer, praktischer	132
Gewichtszunahme von Kindern, Tabelle	402, 403
Gewürz-Essig ansetzen	203
Glücksklee-Nudeln	152
Grünkohl, Abpflücken	136
Gurken, gefüllte	164
Hammel, Fleischeinteilung	67
Handkorkmaschine	231
Hasen, Vorrichten des	87, 88, 89
Hecht ausnehmen	100

Helianthi	151
Herd, elektrischer (Volks-)	14
— — Koch- und Bratofen	20
— — Kochplatte, Brotröster	21
Hörnchen (Kipfel) machen (2)	294, 295
Hummer, garnierter	128
— Zerteilen (3)	126, 127
Johannisbeeren, Abstreifen von	208
Kalb, Fleischeinteilung	51
Kalbsbrust, gefüllte	53, 54, 55
Kalorienbedarf (Tabelle)	9
Karotten, Einordnen in Gläser	235
Karpfen zu töten	102
Kartoffel-Nudeln	196
Kartoffeln, richtiges Reiben	150
— richtiges Schälen	195
Keller mit Obstwein, Konserven	196, 207, 227
Kirschen-Entkerner	207
Knollenziest	152
Kochapparate, elektr. 13, 15, 16, 19, 21	
Kohlrabi, gefüllte	138
Konservengläser zu öffnen	250
Krabben (2)	129
Krebse, wie man — ißt (3)	124—126
Küchenapparate, verschiedene	24
Küchenkräuter	201
Küchenmaschine, elektrische	25
Küchenschrank m. eingebauten Schütten	11
Kühlschrank, moderner	12
Künstlerpfefferkuchen	322—324
Maiskörner	149
Mayonnaise rühren	268
Mürbkuchen, Ausstechen von	302
Napfkuchen (4)	291—293
Obst-Dörrapparate (3)	253—256
— -Mühle	215
— -Presse	219
— -Saft, Abguß vom Bodensatz	229
— — zu filtrieren	220
— -Wein abfüllen	227
— — abgießen	229
— im Lagerkeller	227
„Oekonom", elektr. Kochapparat	19
Omelett machen	266
Papierfilter	230
Paraffin- und Ölverschluß	243, 244
Pasteurisierungsapparat	397
Pech-Siegellack-Verschluß	244
Pergamentpapier-Schneiden (z. Einmachen)	237
Pfannkuchen, Berliner	279
Pflaumen entfernen	209
Pilz-Tafeln	180, 181
Plumpudding (2)	285
Poularde vorrichten	69—71
Pralinés machen	328
Puddereis	333
Pudding zu kochen (4)	280, 281
Puddings, gut geratene (3)	284, 285
Pute mit Gemüsen	74
Quitten	238
Rebhühner herrichten	94
Rehrücken, falscher	283
— spicken, anrichten	84, 85
Rind, Fleischeinteilung	36, 37
Rinderfilet spicken	45
— vorrichten	44
Rouladen machen	49
Rumtopf	255
Saft-Apparatersatz	218
— -Presse	219
Salat, Römischer	149
— -Roterübe	146
— -Schüssel, feine	170
Salate, verschiedene	353

Salatschwenke	187
Schaltuhr, elektr.	19
Scharlotte	332
Schaumgebäck spritzen	332
Schlingen zum Flaschenverschluß (2)	217
Scholle vorrichten (3)	118—120
Schwein, Fleischeinteilung	58
Schweinenieren vorrichten	60, 61
Seefische	105
Servieren, richtiges	389—391
Serviettenkloß	197
Le Souper fin	378
Spargel richtig zu essen (3)	172—174
Spargel- und Tomaten-Salat mit Möweneiern	189
Speisen, Weg der — im Körper	4
Speisen- u. Geschirrwärmer	26
Spiegeleier in feuerfester Glaspfanne	265
Spinat mit Eiern	153
— vorrichten	153
Sterilisations-Tabelle	233
Sterilisieren: Anordnung der Früchte	238
— Auflegen des Gummiringes	237
— Birnen, mustergültig eingeordnet im Glas	245
— Blumenkohl	247
— Büchsen, mehrere einzuklemmen	239
— Einfüllen von Stachelbeeren	236
— Eingießen von Kochwasser	236
— Einordnen von Karotten	235
— Gruppen von sterilisiertem Gemüse	246, 248, 249
— Gummiring	238
— Klammerverschluß	238
— Paraffinverschluß	237
— Pergamentpapier zuzuschneiden	237
— Versenken des Einsatzes	240
— Watteverschluß	237, 242
— Zuckerlösung	238
Strudelmachen	296, 297
Süßwasserfische	104
Taschen, gefüllte	279
Tauchsieder, elektr.	13
Teetopf	315
Teltower Rübe	143
Tische, schön gedeckte	384—385
Tischsitten, schlechte	393
Tomaten durchpressen	168
— durchstechen	169
— -Glückspilze	169
— mit Reis	168
— richtig schneiden	168
Topinambur (Erdschocke)	150
Torte, Bestreichen mit Glasur	308
— Garnieren	309
— — mit Spritztüte	308
— Marzipandecke auflegen	308
Torteletten, Formen von (2)	305, 306
Torten, kleines Gebäck	311
Tortenboden, Bestreichen mit Creme	307
Tranchieren, richtiges	415, 416
Überraschungsananas	349
Vergütungszähler, elektr.	18
Visitateure	223
Wärmplatte f. d. Eßtisch	26
Wattepfropfen, Abbrennen	241, 242
Weinprobenzieher	229
Weiß- und Rotkohl-Hobeln	133
Zucker, Karamellieren	327
Zwetschenknödel-Herstellung	277
Zwiebelreibe	158

JULIE ELIAS

Kochkunst

Ein Führer durch die feine Küche

„Gut essen ist die einzige erlaubte Wollust" – das ist das Motto dieses Buches. Die Verfasserin, bekannt als feingeistige Darstellerin der angenehmen Dinge des Lebens, unterweist Sie in der Kunst, die erlesensten Leckerbissen zuzubereiten.

In Leinen 7.50 Mark

Dr. ERICH URBAN

Das goldene Buch der Küche

Ein Ratgeber für Küche und Wirtschaft

Dies alles umfassende Kochbuch ist das Einmaleins der Küche und ihr letztes Kapitel zugleich. Mit seinem farbigen Rezeptteil, Preis-Skala der Gerichte für 7 Pf. bis zu 28 Mark und vielen Abbildungen ist es praktisch wie kaum eins zuvor.

In Leinen 20 Mark / In Halbleder 25 Mark

VERLAG ULLSTEIN · BERLIN